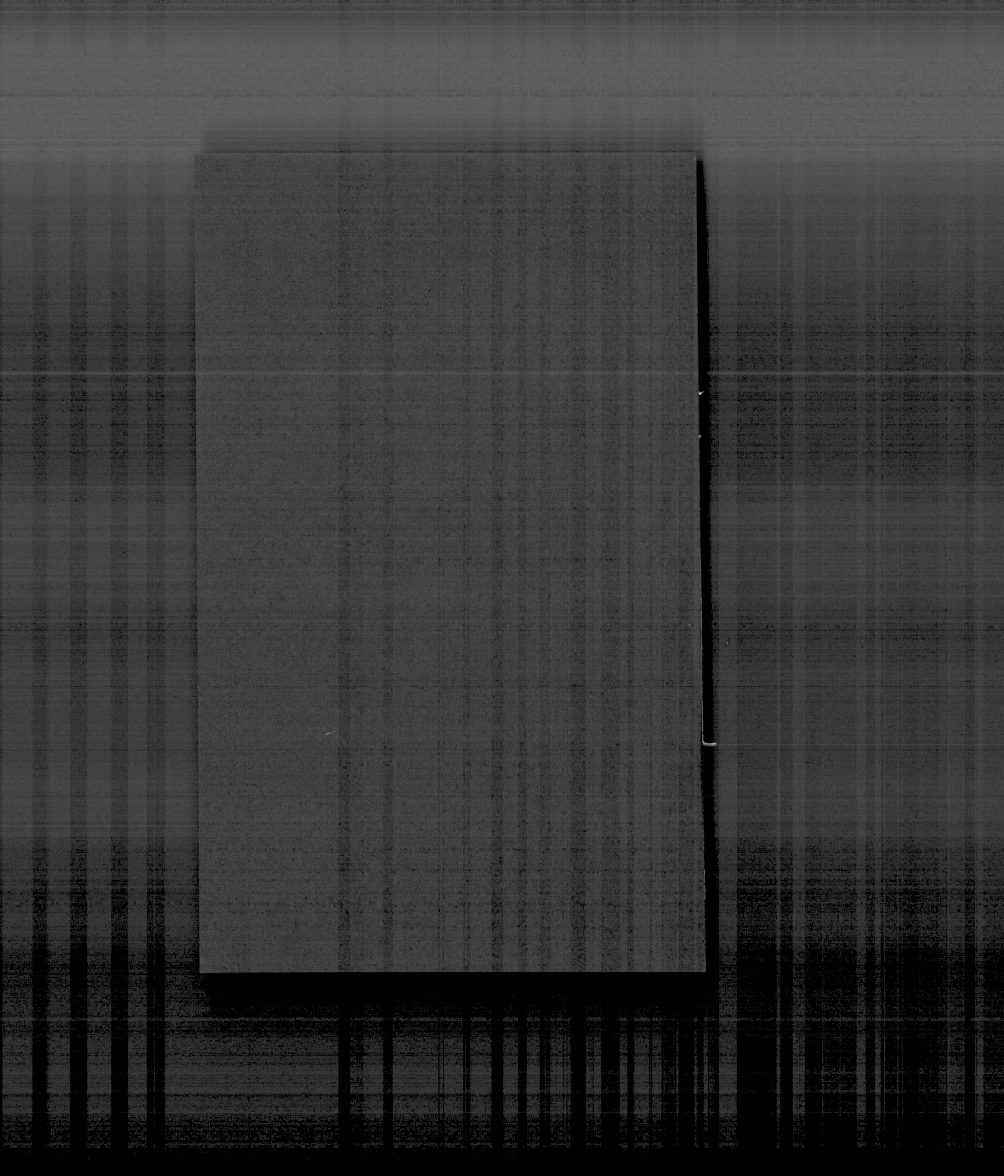

전후
유럽

전후 유럽 1945~2005

1

토니 주트 지음
조행복 옮김

POSTWAR: A HISTORY OF EUROPE SINCE 1945
by TONY JUDT

일러두기
1. 이 책은 2008년 열린책들 인문 브랜드에서 출간한 『포스트 워 1945~2005』의 개역판이다.
2. 주석의 경우, 토니 주트 자신이 붙인 원주는 별도 표시 없이 각주 처리했고, 옮긴이주는 각주 뒤에
   〈— 옮긴이주〉라고 표시했다.

이 책은 실로 꿰매어 제본하는 정통적인 사철 방식으로 만들어졌습니다.
사철 방식으로 제본된 책은 오랫동안 보관해도 손상되지 않습니다.

제니퍼에게

국경선

독일의 소련 점령 지구

오늘날의 유럽

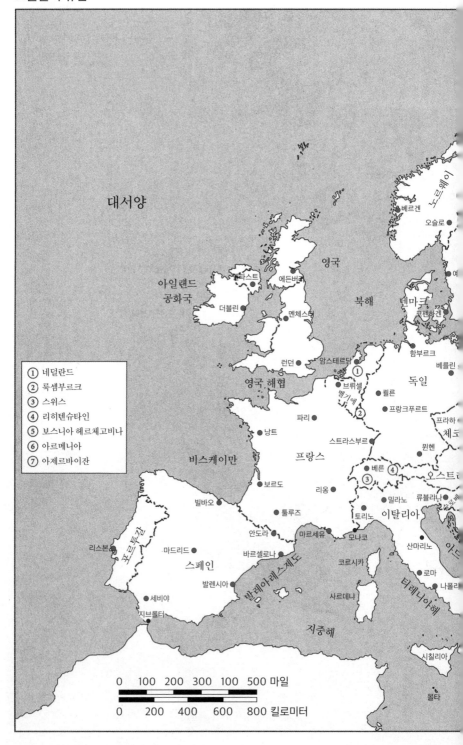

대서양

노르웨이
베르겐
오슬로

영국
에든버러

아일랜드
공화국
벨파스트
더블린
맨체스터
런던

북해

덴마크
코펜하겐

여

함부르크
베를린

암스테르담
브뤼셀
쾰른
프랑크푸르트

독일

프라하
체코

① 네덜란드
② 룩셈부르크
③ 스위스
④ 리히텐슈타인
⑤ 보스니아 헤르체고비나
⑥ 아르메니아
⑦ 아제르바이잔

영국 해협

벨기에
파리
낭트

스트라스부르
뮌헨

베른
뮌헨
오스트

비스케이만

프랑스
보르도
리옹
밀라노
류블랴나
토리노
이탈리아

포르투갈
리스본
빌바오
툴루즈
안도라
마르세유
모나코
산마리노
로마
나폴리

마드리드
스페인
바르셀로나

발렌시아
발레아레스제도
코르시카
사르데냐
티레니아해

세비야
지브롤터

지중해

시칠리아

0 100 200 300 100 500 마일

0   200   400   600   800 킬로미터

몰타

과거가 현재 앞에 가까이 다가올수록,
과거의 과거성은 더 깊고 더 전설적이지 않은가?
— 토마스 만,『마의 산』

머리말

유럽은 가장 작은 대륙이다. 사실 대륙도 아니다. 단지 아시아에 붙은 아대륙에 지나지 않는다. 유럽 전체의 면적은 (러시아와 터키를 제외하고) 겨우 550만 평방킬로미터에 불과하다. 브라질의 3분의 2에 못 미치며, 중국이나 미국의 절반보다 조금 더 크다. 1700만 평방킬로미터에 달하는 러시아에 비하면 왜소해 보일 정도다. 그러나 내부의 차이와 대조가 강하다는 점에서 유럽을 따를 곳이 없다. 현재 유럽에는 마흔여섯 개 나라가 있다. 이들 대부분은 고유의 언어를 지닌 정부와 민족으로 구성되어 있고, 적지 않은 나라가 정부를 갖지 못한 다른 민족과 언어를 포함하고 있다. 모든 나라는 고유의 역사와 정치, 문화, 기억을 갖고 있으며 이것들은 때로 서로 중첩되기도 한다. 모든 나라는 상세히 연구되어 왔다. 제2차 세계 대전 이후 60년간의 짧은 유럽사만 보더라도(사실 다른 어느 시기보다 바로 이 시기의 역사에 관하여) 영어로 된 이차 문헌이 무진장 쌓여 있다.

사정이 이러니 누구도 현대 유럽에 관하여 완벽하리만큼 포괄적인 역사나 최종적인 역사를 써보려는 뜻을 품을 수 없다. 나도 이 과제에 적합하지 않으며, 근접성 때문에 어려움은 배가된다. 제2차 세계 대전이 끝난 지 얼마 되지 않아 태어난 나는 이 책에 기술된 대부분의 사건들과 동시대 사람으로, 이 역사가 전개될 때 그에 대해 전해 들었거나 아니면 직접 목격했던 순간을, 심지어 그 역사에 참여했던 일을 기억할 수 있다. 이 때문에 내가 전후 유럽사를 이해하는 일이 더 쉬워질까 아니면 더 어려워질까? 나도 모르겠다. 그러나 이 점이 때때로 역사가의 냉정한 거리 두기를 매우 어렵게 만든다는 사실만은 알고 있다.

이 책은 그러한 초연함을 목표로 삼지 않는다. 나는 『전후 유럽』이 객관성과 공정성을 포기하지 않으면서도 유럽의 최근 과거에 대해 명백히 나 자신의 해석을 제공하기를 원한다. 부당하게 경멸적인 함의를 얻은 말로 표현하자면 이 책은 주장이 강한 책이다. 몇 가지 판단에는 논쟁의 여지가 있을 테고, 몇 가지는 분명코 오류로 판명될 것이다. 전부가 틀릴 수도 있다. 좋든 싫든 모두 나의 판단이다. 이처럼 길고 광범위한 저작에 필시 끼어들 수밖에 없을 오류들도 마찬가지로 전부 나의 책임이다. 그러나 설령 이 책에서 오류들이 발견되더라도, 다만 몇 가지 평가와 결론들만이라도 오래 유지될 수 있는 것으로 드러난다면, 이는 대체로 내가 이 책을 연구하고 쓰던 중에 도움을 받았던 여러 학자들과 친구들의 덕이다.

이러한 종류의 책은 우선 다른 책들에 많이 의존한다.[1] 내게 착상을 주고 모범이 된 현대사 서술의 고전에는 에릭 홉스봄의 『극단의 시대The Age of Extremes』, 조지 리히트하임의 『20세기 유럽Europe in the Twentieth Century』, A. J. P. 테일러의 『영국사 1914~1945 English History 1914~1945』, 그리고 작고한 프랑수아 퓌레의 『환상의 소멸 The Passing of Illusion』 등이 있다. 이 책들과 그 저자들은 모든 점에서 완전히 다르지만, 모든 역사가의 귀감인 명료한 문체뿐만 아니라

---

[1] 이 책에서 각주는 대부분 전통적인 성격을 띤다. 즉 출처를 밝히는 것이 아니라 문장에 대한 주석을 제시한다. 일반 독자들을 대상으로 이미 매우 길게 쓴 책에 완전한 참고문헌 목록을 덧붙이는 일은 불필요한 듯하여 피했다. 대신, 『전후 유럽』의 자료와 완전한 참고문헌 목록은 조만간 레마르크 연구소의 웹 사이트에 게재할 것이다. (http://www.nyu.edu/pages/remarque/)

해박한 지식에서 비롯된 확신과 후배들에게서는 좀처럼 찾아볼 수 없는 지적인 자신감을 공유했다.

최근의 유럽사에 관해 필자에게 가장 많은 지식을 전해 준 학자들 중에서 특히 해럴드 제임스와 마크 마조어, 앤드루 모라비칙을 언급하지 않을 수 없다. 그들에게 감사한다. 그들의 영향은 책에서 분명하게 드러날 것이다. 필자는 앨런 밀워드의 전후 경제에 관한 박학하면서도 우상 파괴적인 연구에 특별한 빚을 졌다. 현대 유럽을 연구하는 이라면 누구라도 마찬가지일 것이다.

내가 대륙 서쪽의 전공자들이 서술한 일반적인 유럽사에서 종종 등한시되는 주제인 중부 유럽과 동유럽 역사에 정통함을 주장할 수 있다면, 이는 브래드 에이브럼스, 캐서린 메리데일, 마시 쇼어, 티머시 스나이더와 같은 재능 많은 젊은 학자들의 연구와 나의 친구 자크 루프닉과 이스트반 데아크의 덕이다. 티머시 가튼 애시로부터는 중부 유럽(애시가 여러 해 동안 독특한 연구를 내놓았던 주제)뿐만 아니라 동방 정책Ostpolitik 시기의 두 독일에 관해서 — 이 분야에 관해서는 특히 더 — 많은 것을 배웠다. 얀 그로스와 수년 동안 대화를 나누면서, 그리고 그의 개척적인 저작들 덕에 폴란드의 잘 알려지지 않은 역사뿐만 아니라 그가 누구도 넘볼 수 없는 통찰력과 인류애로 서술했던 전쟁의 사회적 귀결들을 이해하는 방법을 익혔다.

이 책의 이탈리아에 관한 부분은 폴 긴스보그의 저작에 빚졌다는 것이 뻔히 보일 것이며, 스페인을 다룬 부분은 비범한 학자인 빅토르 페레스 디아스로부터 듣고 그의 저작을 읽어 배운 것을 반영하고 있다. 이 두 사람에게, 그리고 아네트 비비오카에게 특별히 감사를 드린다. 비비오카의 권위 있는 연구 『강제 이송과 종족 학살Déportation et Génocide』은 전후에 프랑스가 홀로코스트에 보인 상반되는 반응을 분석한 것으로 그 괴로운 이야기에 관한 나의 설명에 큰 흔적을 남겼다. 〈유럽, 하나의 생활양식〉에 관한 종장의 견해는 뛰어난 국제법학자인 앤 마리 슬로터의 저술로부터 큰 영향을 받았다. 〈해산된 국가들disaggregated states〉에 관한 슬로터의 저작은 유럽 연합 형태의 국제적 통치에 강력히 찬성하는데, 국제적 통치가 본래 좋다거나 이상적인 모델을 대표하기 때문이 아니라 우리가 사는 세계에서는 그 밖에 달리 작동할 것이 없기 때문이다.

나는 유럽 대륙의 최근 과거와 현재에 관하여 책과 기록보관소에서 많은 것을 찾았지만, 유럽 전역의 친구들과 동료들, 독자들은 그보다 훨씬 더 많은 것을 내게 가르쳤다. 필자는 특히 크지슈토프 치제프스키, 피터 켈너, 이반 크라스테프, 데니스 라콘, 크지슈토프 미할스키, 미르체아 미허이에슈, 베르티 무슬리우, 수전 네이먼, 데이비드 트래비스의 친절과 도움에 감사드린다. 부다페스트의 〈테러의 집〉 방문은 끔찍했지만 말할 수 없이 소중한 경험이었다. 꼭 찾아보아야 한다고 고집했던 이스트반 레프에게 큰 빚을 졌다. 뉴욕에서는 나의 친구와 동료인 리처드 미튼, 캐서린 플레밍, 제럴드 시걸이 시간과 생각을 아낌없이 나누어 주었다. 디노 부투로비치는 친절하게도 복잡한 유고슬라비아어에 대한 나의 설명을 조목조목 검토해 주었다.

레마르크 연구소를 지원해 준 데 대해 뉴욕 대학교의 예술·과학부 학장들인 필립 퍼먼스키, 제스 벤하비브, 리처드 폴리에게 감사한다. 레마르크 연구소는 나의 연구를 진행하고, 또 다른 사람들이 유럽에 관해 연구하고 토론하는 것을 장려하기 위해 내가 설립했다. 이브 앙드레 이스텔의 아낌없는 지원과 후원이 없었다면 레마르크 연구소를 발전시킬 수 없었을 것이다. 연구소가 주최한 많은 연수회와 강의에서 나는 매우 많은 것을 배웠다. 또한 레마르크 연구소의 행정실장 제어 케슬러는 아무런 불평도 하지 않고 이루 말할 수 없이 효율적으로 일했다. 그의 협조가 없었다면 연구소를 운영하면서 이 책을 쓰기는 불가능했을 것이다.

다른 사람들과 마찬가지로, 필자도 대리인인 앤드루 와일리와 사라 챌펀트의 호의와 조언에 큰 신세를 졌다. 이들은 예상보다 훨씬 더 오래 걸렸고 규모가 더 커진 이 연구를 충실하게 지원했다. 편집자인 래비 머챈더니와 스콧 모이어스에게도 감사한다. 특히 뉴욕 펭귄출판사의 스콧과 그의 동료 제인 플레밍은 각별히 언급하지 않을 수 없다. 이 책을 성공리에 출판하기까지 내가 얼마나 많은 신세를 졌는지 그들도 알 것이다. 12장과 14장에 나오는 몇 가지 평가와 견해는 리언 위절티어의 『뉴 리퍼블릭 *The New Republic*』 뒤편에 실린 삽화들 사이에 하나의 시론으로 처음 개진되었다. 위절티어의 호의에 감사드린다. 필자가 직업적으로 가장 큰 빚을 진 사람은 단연 로버트 실버스이다. 『뉴욕 리뷰 오브 북스 *The New York Review of Books*』의 유례없이 뛰어난 편집자인 실버스는 여러 해 동안 나에게 정치적으로나 역사적으로 더 큰 영역을 연구해 보라고, 그러한 모험주의에 뒤따르는 모든 위험과 혜택을 즐겨 보라고 권했다.

이 책은 뉴욕 대학의 학생들로부터 큰 도움을 받았다. 그중 몇몇은, 특히 폴리나 브렌 박사, 대니얼 코헨 박사(지금은 라이스 대학교에 있다), 니콜 루돌프 박사의 연구 성과는 내가 이 시대를 이해하는 데 기여했다. 그들에게 감사의 말을 전한다. 제시카 쿠퍼맨과 애비 패트는 연구 보조원으로서 이루 말할 수 없이 중요한 역할을 했다. 미첼 핀토는 사이먼 잭슨과 함께 사진 조사 작업을 불평 없이 능숙하게 수행했고 시선을 잡아끄는 많은 사진들을 찾아냈다. 3부의 끝머리를 장식한 가리개로 둘러싼 레닌 상의 사진을 찾아낸 것도 그의 공이다. 알렉스 몰로는 이러한 종류의 책이 불가피하게 이용할 수밖에 없으며 또 매우 적절하게 이용해야 하는 통계 보고서와 자료를 출간되지 않은 것조차 부지런히 확인하고 모았다. 이들이 없었다면 이 책은 쓸 수 없었을 것이다. 진정이다.

나의 가족은 전쟁이 끝난 후 유럽에서 매우 오랫동안 살았다. 아이들의 경우 어린 시절의 전부를 보냈다. 나는 책을 쓰느라 어쩔 수 없이 집을 비웠고 오랫동안 여행했으며 오직 그 일에만 몰두해 있었다. 나의 가족은 이를 참아 주었을 뿐만 아니라 책의 내용에도 뚜렷하게 기여했다. 책의 제목이 이렇게 정해진 것은 대니얼의 덕이며, 니콜라스는 좋은 이야기가 언제나 행복한 결말을 갖는 것은 아니라는 점을 일깨워 주었다. 이 책이 나오기까지 아내 제니퍼의 공이 컸다. 두 번이나 꼼꼼하게 읽어 주었는데 큰 도움이 되었다. 그러나 저자의 책임은 훨씬 더 크다. 이 책을 제니퍼에게 바친다.

1권 차례

2부
번영과 불만 1953~1971

2권 차례

서문

모든 시대는 그 수수께끼가 풀리자마자 나락으로 떨어지는 스핑크스다.
— 하인리히 하이네

환경은 (몇몇 신사들에게는 아무것도 아니지만) 실제로 모든 정치적 원리에 독특한 색채와 식별 효과를 부여한다.
— 에드먼드 버크

사건들이다, 사랑하는 아들아, 사건들이다.
— 해럴드 맥밀런

세계사는 행복이 자라나는 토양이 아니다. 행복의 시기는 그 안의 빈 페이지들이다.
— 게오르크 빌헬름 프리드리히 헤겔

빈의 주 종착역인 서부역에서 기차를 갈아타는 동안 나는 처음 이 책을 쓰기로 결심했다. 때는 1989년 12월이었고, 그렇게 결심하기에 적절한 순간이었다. 나는 프라하에서 막 돌아온 참이었다. 프라하에서는 극작가이자 역사가인 바츨라프 하벨이 공산주의 경찰국가를 몰아내고 40년간의 〈현실 사회주의〉를 무너뜨려 역사의 잿더미로 만들고 있었다. 몇 주 전에는 베를린 장벽이 예기치 않게 붕괴되었다. 폴란드에서 그랬듯이 헝가리에서도 사람들은 공산주의 체제 이후의 정치라는 도전해 볼 만한 일에 마음을 빼앗겼다. 몇 달 전까지만 해도 만능이었던 구체제는 뒷전으로 밀려났다. 리투아니아 공산당은 얼마 전 소련으로부터 즉각 독립한다고 선언했다. 철도역으로 택시를 타고 가던 중에 오스트리아 라디오에서는 루마니아에서 니콜라에 차우셰스쿠의 친족 독재에 반대하는 봉기가 일어났다는 첫 번째 보도가 흘러나왔다. 정치적인 지각 변동이 제2차 세계 대전 이후 얼어붙은 유럽의 지형을 뒤흔들고 있었다.

　한 시대가 끝나고 새로운 유럽이 탄생하고 있었다. 이 점만은 분명했다. 그러나 옛 질서가 소멸하면서 오랫동안 존속했던 많은 가정들에 의문이 제기될 것이다. 한때 영원할 듯했고 여하튼 불가피해 보였던 것들이 이제는 더 일시적인 성격을 띠게 될 것이다. 냉전의 대치, 동유럽과 서유럽을 갈라놓았던 분열, 〈공산주의〉와 〈자본주

의〉사이의 경쟁, 번영하는 서유럽과 그 동쪽의 소련 위성 국가들의
서로 연결되지 않는 별개의 이야기들. 이 모든 것은 더는 이데올로
기적 필연의 산물이나 냉혹한 정치 논리로 이해될 수 없었다. 그것
들은 역사의 우연한 결과였으며, 이제 역사에 의해 밀려나고 있었다.

유럽의 미래는 매우 다르게 보일 것이다. 그 과거도 마찬가지다.
이제 와서 돌이켜 보건대 1945년에서 1989년에 이르는 시기는 새로
운 시대의 문턱이 아니라 하나의 중간 시대로, 즉 전후의 막간극으
로 간주될 수 있다. 다시 말해서 1945년에 종결되었으나 반세기 동
안이나 그 여파가 지속된 분쟁의 마무리되지 않은 뒤끝이었다. 다가
올 미래에 유럽이 어떠한 형태를 띠든 간에, 앞서 지나가 버린 일들
의 친숙하고 정리된 이야기는 영원히 변해 버렸다. 그 쌀쌀했던 중
부 유럽의 12월에 나는 분명하게 전후 유럽의 역사를 다시 쓸 필요
가 있다는 생각을 갖게 되었다.

시기는 딱 좋았다. 장소 역시 마찬가지로 적합했다. 1989년의 빈
은 유럽의 복잡하고 상호 중첩되는 과거들의 팔림프세스트[1]였다.
20세기 초에는 빈이 유럽이었다. 종말의 문턱에 서 있던 문화와 문
명의 중심으로 풍요롭고 날카로우며 자기기만적이었다. 두 차례의
대전을 겪으며 영광스러운 제국의 대도시에서 조그마한 자투리 나
라의 작고 빈곤한 수도로 전락한 빈은 신의 은총에서 끊임없이 멀어
져 갔고, 결국 나치 제국의 지역 전초 기지로 전락했다. 오스트리아
시민 대다수는 나치 제국에 열정적으로 충성을 맹세했다.

독일이 패전한 후, 오스트리아는 서구 진영으로 분류되었으며 히
틀러의 〈첫 번째 희생자〉라는 지위를 얻었다. 빈은 이 이중으로 부당
한 행운 덕에 과거를 떨쳐 버릴 수 있었다. 나치에 충성했던 일은 편
리하게 망각되었고, 소비에트 〈동〉유럽에 둘러싸인 〈서〉유럽의 도
시인 오스트리아의 수도는 자유세계의 정찰병이자 표본이라는 새

---

1 palimpsest. 사용한 양피지에서 글씨를 지워 내고 다시 쓴 양피지 문서 — 옮긴이주.

로운 신분을 획득했다. 빈은 이제 체코슬로바키아와 폴란드, 헝가리, 루마니아, 유고슬라비아에 갇힌 이전의 백성들에게 〈중부 유럽〉을 대표했다. 〈중부 유럽〉은 유럽인들이 20세기가 지나는 동안 어디에 두었는지 잊어버렸던, 세계주의적 정중함을 지닌 상상의 공동체였다. 공산주의 체제가 몰락하던 때에 그 도시는 자유의 청음초(聽音哨)와도 같았다. 서방으로 탈출하는 동유럽인들과 동부로 이어지는 가교를 놓는 서유럽인들이 조우하고 출발하는 지점으로서 활기를 띤 곳이었다.

그리하여 1989년에 빈은 유럽에 대해 〈생각〉하기에 좋은 장소였다. 오스트리아는 전후 서유럽의 조금은 자족적인 온갖 속성을 구현했다. 풍족한 복지 국가가 자본주의의 번영을 뒷받침했고, 모든 주요 사회 집단들과 정당들을 통해 일자리와 혜택이 골고루 나뉜 덕분에 사회 평화가 보장되었으며, 오스트리아 자체는 유별하게 여전히 〈중립국〉이었지만 서방 핵우산의 은밀한 보호로 대외적인 안전이 확보되었다. 한편, 동쪽으로 몇 킬로미터 떨어진 라이타강과 도나우강 건너편에서는 냉혹한 빈곤과 비밀경찰이 지배하는 〈다른〉 유럽이 있었다. 두 유럽 사이의 거리는 빈의 자기과시적이며 활발한 서부역과 가고 싶은 생각이 들지 않는 음침한 남부역 사이의 대조적 차이에 잘 드러나 있다. 서부역에서는 사업가들과 관광객들이 뮌헨이나 취리히, 파리로 가는 날씬한 몸체의 최신식 급행열차에 탑승하는 반면, 남부역은 부다페스트나 베오그라드에서 출발한 오래되고 불결한 열차에서 하차하는 더러운 외국인들의 소굴로서 초라하고 생기 없으며 조금은 위협적이다.

빈의 두 주요 기차역이 뜻하지 않게 유럽의 지리적 분리를 자인했듯이(하나는 낙관적이고 유익하게 서쪽을 향하고 있고, 다른 하나는 빈의 동부의 소명을 태만하게 인정하고 있다), 오스트리아 수도의 거리들도 유럽의 평온한 현재와 불쾌한 과거를 분리하는 침묵의 간극을 증언하고 있었다. 거대한 링슈트라세Ringstrasse를 따라 늘어선 위압적이며 대담한 건물들은 빈이 단 한 차례 떠맡았던 제국의 소명을 되새기게 했으며(링슈트라세는 유럽 국가의 수도로 중간 정도 크기인 빈의 통근자들에게 단순한 일상의 간선도로 기능만 수행하기에는 지나치게 크고 장대했다), 빈은 공공건물들과 도시의 공간들에 자부심을 가질 만했다. 실제로 빈은 옛 영광을 불러일으키는 데 많이 언급되었다. 그러나 빈은 가까운 과거에 관해서는 단호히 침묵했다.

그리고 유대인들에 대해서도 빈은 극도로 침묵했다. 유대인은 한때 도심의 건물들을 점령했으며, 전성기 빈 그 자체였던 미술과 음악, 연극, 문학, 언론, 사상에 결정적으로 공헌했다. 빈은 폭력적으로 유대인들을 집에서 쫓아내 도시 동편으로 추방하고 그 기억을 말살했다. 그 폭력은 현재의 빈에서 엿보이는 떳떳하지 못한 침묵을 설명해 준다. 전후의 빈은 전후 서유럽처럼 입에 담기 어려운 과거의 맨 꼭대기에 세워진 위압적인 건축물이다. 최악의 과거는 대부분 소련이 통제하던 지역에서 발생했기 때문에 (서구에서) 쉽게 망각되거나 (동구에서) 억압되었다. 동유럽이 복귀했어도 과거는 여전히 입에 담기 어려울 것이다. 그러나 어쩔 수 없이 말해야만 하는 상황이 올 것이다. 1989년 이후 아무것도, 미래도 현재도, 특히 과거는 이전과 똑같지 않을 것이다.

내가 전후 유럽의 역사를 쓰기로 작정한 때는 1989년 12월이었지만, 이후 몇 년간 책은 쓰이지 않았다. 상황이 허락하지 않았다. 되돌아보면 상황 때문에 책을 쓸 수 없었던 게 오히려 행운이었다. 그때는 많은 일들이 여전히 모호했지만 지금은 조금 더 분명해졌기 때문이다. 기록보관소도 많이 개방되었고, 혁명적 변화에 수반되는 불가피한 혼란이 정리되었으며, 1989년의 격변이 초래한 장기적인 귀결들 중 적어도 몇 가지는 이해할 수 있게 되었다. 그리고 1989년이 가

저온 충격의 여파는 쉽게 줄어들지 않았다. 내가 빈에 다시 갔을 때 도시는 인접한 크로아티아와 보스니아로부터 들어온 수만 명의 피난민들을 수용하느라 애쓰고 있었다.

그 후 3년이 지나 오스트리아는 전후에 힘들여 확보한 자율성을 포기하고 유럽 연합에 가입했다. 유럽 연합이 유럽의 일들을 해결하는 힘으로 등장했다는 사실은 동유럽 혁명들의 직접적인 결과였다. 1999년 10월, 빈을 방문한 나는 서부역을 뒤덮은 외르크 하이더의 자유당 포스터들을 보았다. 하이더는 동부 전선에서 〈자신의 의무를 수행한〉 나치 군대의 〈명예로운 인물들〉을 공개적으로 찬양했는데도 그해 선거에서 27퍼센트를 득표했다. 지난 10년간 자신들의 세계에서 발생한 변화들에 대한 동료 오스트리아인들의 불안과 몰이해를 잘 이용한 결과였다. 빈은 서유럽의 나머지 지역들처럼 대략 반세기 동안 유지된 침묵을 깨고 역사에 다시 진입했다.

•

이 책은 제2차 세계 대전 이후의 유럽을 다루고 있다. 그래서 독일인들이 〈스툰데 눌Stunde Null〉, 즉 0시라고 부르는 1945년에서 시작한다. 그러나 20세기의 다른 모든 것과 마찬가지로 1914년에 시작된 30년간의 전쟁이 이 이야기에 그림자를 드리웠다. 그때 유럽 대륙은 내리막길로 접어들어 파국으로 치달았다. 제1차 세계 대전은 그 자체가 모든 참전국들에 깊은 상처를 남긴 학살장이었지만(세르비아에서는 18세에서 55세 사이의 남성 절반이 전사했다) 아무것도 해결하지 못했다. 독일은 (당시 널리 퍼진 믿음과는 반대로) 전쟁 중에나 전후에 체결된 협정으로 몰락하지 않았다. 그랬다면 독일이 겨우 25년 뒤에 유럽을 거의 전면적으로 지배하게 된 일을 설명하기는 어려울 것이다. 실제로 독일이 제1차 세계 대전의 배상금을 지불하지 않았기 때문에 연합국의 승리 비용이 독일의 패전 비용보다 많았다. 그리하여 독일은 1913년 당시보다 상대적으로 더 〈강력한〉 상태로 등장했다. 한 세대 전 프로이센의 흥기가 유럽에 가져온 〈독일 문제〉는 여전히 해결되지 않았다.

1918년에 오래된 육상 제국들이 붕괴하여 탄생한 작은 나라들은 가난하고 불안정했으며 이웃 국가들에 분개했다. 두 대전 사이 유럽은 〈수정주의〉 국가들로 가득했다. 러시아와 독일, 오스트리아, 헝가리, 불가리아는 모두 제1차 세계 대전에서 패배했으며 영토로써 배상할 때를 기다리고 있었다. 1918년 이후 국제적인 안정이 회복되지 않았고 강대국들 사이의 균형도 복원되지 않았다. 단지 힘의 소진에 기인한 막간극이 있었을 뿐이다. 전쟁의 폭력은 줄어들지 않았다. 단지 국내의 일들로, 즉 민족주의적 논쟁들과 인종주의적 편견, 계급 간의 대립, 내란으로 형태를 바꾸었을 뿐이다. 유럽에서는 하나의 전쟁이 남긴 여파가 강하게 남아 있는 상황에서 또 다른 전쟁이 어렴풋이 출현하고 있었다. 그 시기는 두 전쟁 사이의 중간 지대였다.

두 대전 사이에 나타난 국내의 알력과 국가 간 반목은 그에 동반된 유럽 경제의 붕괴로 더욱 악화되었다(어느 정도는 경제의 붕괴가 국내외의 갈등을 유발한 측면도 있었다). 실제로 그 시기 유럽의 경제생활은 삼중의 타격을 받았다. 제1차 세계 대전은 정부를 파산시켰음은 물론, 국내의 고용을 왜곡했으며 교역을 파괴했고 유럽 전역을 황폐하게 했다. 많은 나라는, 특히 중부 유럽의 나라들은 전쟁의 영향에서 회복하지 못했다. 회복된 나라들도 1930년대의 침체기에 다시 쇠락했다. 그때 통화 수축과 기업의 도산, 외국의 경쟁에 맞서 보호 관세를 도입하려는 필사적인 노력으로 실업은 전례 없는 수준에 이르렀다. 산업 생산력이 악화되었을 뿐만 아니라 국제 무역도 붕괴했고(1929년에서 1936년까지 프랑스와 독일 사이의 교역은

83퍼센트나 하락했다), 국가 간의 혹독한 경쟁과 원한도 동반되었다. 이어 제2차 세계 대전이 발발했다. 제2차 세계 대전에 연루된 국가들의 민간인과 국내 경제는 전쟁으로 막대한 충격을 받았다. 이에 대해서는 책의 1부에서 다루겠다.

이러한 타격의 영향이 누적되자 문명은 파괴될 수밖에 없었다. 당대의 유럽인들은 유럽이 스스로 초래한 재앙의 규모가 엄청나다는 사실을 재앙이 내리던 당시에도 더할 나위 없이 분명하게 인식했다. 부르주아 유럽이 스스로 제물이 되는 것을 보았던 일부 사람들은, 극좌파와 극우파 공히 투쟁을 통해 좀 더 나은 성과를 얻어 낼 기회가 왔다고 생각했다. 1930년대는 오든의 말대로 〈저급하고 부정한 10년〉[2]이었으나 결국에는 스페인 내전의 환상과 인명 손실로 끝난 헌신과 정치적 신념의 시대이기도 했다. 1930년대는 19세기의 급진적 전망이 더 냉혹한 시대의 이데올로기적 충돌에 던져진 인디언 서머[3]였다. 〈두 세계 대전 사이에 인간 사회의 새로운 질서를 바라는 열망이 얼마나 간절했던가, 그 열망을 실현하려는 노력은 얼마나 비참한 실패로 돌아갔는가!〉(아서 케스틀러).

유럽에 절망한 자들은 도망쳤다. 처음에는 유럽 서쪽 끝에 아직도 남아 있던 자유 민주주의 국가들로, 그다음에는 제때 빠져나올 수만 있었다면 미국으로 도망했다. 그리고 슈테판 츠바이크나 발터 베냐민 같은 사람들은 자살했다. 유럽 대륙이 나락으로 추락하기 직전 유럽의 전도는 절망적이었다. 유럽 문명이 안으로부터 파괴되는 동안에 잃어버린 것은 무엇이든 결코 되찾을 수 없을 것이었다. 츠

2 위스턴 휴 오든은 1907년 잉글랜드의 요크에서 태어나 미국으로 이주한 시인이다. 다수의 시와 희곡, 산문을 썼으며 학교 교사를 지내기도 했다. 1973년 빈에서 사망했다. 〈상스럽고 부정한 10년 low, dishonest decade〉은 정치적으로 비겁하고 냉담한 1930년대에 오든이 붙인 이름으로 그의 시 「1939년 9월 1일」에 나오는 구절이다 — 옮긴이주.
3 Indian summer. 이상 온난 현상. 9월 초순 무더운 여름이 지나가고 가을이 왔다고 느낄 무렵, 갑자기 지나간 여름의 무더위가 다시 찾아오는 현상을 말함 — 옮긴이주.

바이크의 도시 빈에서 카를 크라우스와 프란츠 카프카는 오래전부터 그 상실이 함축하는 바를 직관적으로 이해했다. 장 르누아르가 1937년에 제작하여 이제는 고전이 된 영화의 제목처럼 그 시대의 〈거대한 환상La Grande Illusion〉은 전쟁과 그것에 동반된 명예, 신분, 계급의 신화들에 호소하는 것이었다. 그러나 1940년에 관찰력이 예리한 유럽인이라면 유럽의 모든 환상 중에서도 이제 회복 불능의 판정을 받은 〈유럽 문명〉 그 자체가 가장 거대한 환상이었음을 알아챘을 것이다.

그러므로 지나간 일들에 비추어 볼 때 1945년 이후 예기치 않게 회복된 유럽의 이야기를 자축하듯이, 심지어 서정적인 기조로 서술하고 싶은 유혹이 생기는 것은 이해할 만하다. 그리고 실제로 그러한 기조가 전후 유럽사, 특히 1989년 이전에 쓰인 모든 유럽사의 밑바탕에 놓인 지배적인 주제였다. 그것은 유럽의 정치가들이 그 시기에 자신들이 쌓은 업적을 회상할 때 취했던 바로 그 논조였다. 유럽 대륙의 개별 국가들이 총력전의 격변에서 살아남고 헤어났다는 단순한 사실, 국가 간 분쟁의 부재와 제도로 정착된 유럽 내 협력의 꾸준한 확대, 30년간의 경제적 붕괴에서 벗어난 회복의 지속 그리고 번영과 낙관주의와 평화의 〈정상화〉, 이 모든 것이 과장된 반응을 야기했다. 유럽의 회복은 〈기적〉이었다. 〈탈국민국가 시대의〉 유럽은 최근의 역사에서 쓰라린 교훈을 배웠다. 서로 죽고 죽이던 과거의 잿더미에서 협력적이며 평화로운 대륙이 〈불사조처럼〉 되살아났다.

20세기 후반의 유럽에 대한 이 같은 설명은 어느 정도 동의할 만하고 일말의 진실을 내포하고 있지만 다른 많은 신화들처럼 많은 이야기를 빠뜨리고 있다. 이 설명은 일단 동유럽에는(오스트리아 국경에서 우랄 산맥까지, 탈린에서 티라나까지⁴) 적합하지 않다. 동유럽의 전후 시기는 앞선 시기와 비교해 볼 때 확실히 평화로웠으나, 그

4 탈린은 에스토니아, 티라나는 알바니아의 수도이다 ─ 옮긴이주.

평화는 오로지 불청객인 소련군의 진주 때문이었다. 탱크가 강요한 교도소 안마당의 평화였던 것이다. 만일 소련 진영의 위성 국가들이 피상적으로나마 서유럽에서 전개된 상황과 비견할 만한 국제적 협력에 참여했다면, 그 이유는 모스크바가 그 국가들에 〈형제 국가〉의 제도와 우애의 교류를 무력으로 강제했기 때문이었다.

반으로 나뉜 전후 유럽의 두 역사는 서로 분리하여 이야기할 수 없다. 제2차 세계 대전의 유산은, 그리고 전쟁 이전 시기와 그에 앞선 전쟁이 남긴 유산은 서유럽과 동유럽의 정부들과 국민들에게 똑같이 어려운 선택을 강요했다. 자신들의 일을 잘 정리하여 과거로 되돌아가는 것을 피할 최선의 방법은 무엇인가? 한 가지 대안은 1930년대의 인민 전선 운동이 지녔던 급진적인 과제를 수행하는 것이었는데, 이는 초기에 유럽의 양 진영에서 크게 인기를 끌었다 (1945년이 때때로 그렇게 보였던 것과는 달리 결코 새로운 출발이 아니었음을 일깨운다). 동유럽에서는 어떤 형태로든 급진적 변혁이 불가피했다. 치욕스러운 과거로 회귀할 가능성은 전혀 없었다. 그렇다면 무엇이 대신 들어설 수 있었을까? 공산주의는 그릇된 해결책이었겠지만, 공산주의가 대응하고 있던 딜레마는 매우 현실적이었다.

서유럽에서는 근본적인 변화의 전망이 제거되었는데, 주로 미국의 원조(그리고 압력) 때문이었다. 인민 전선과 공산주의가 내세운 의제들의 호소력은 서서히 사라져 갔다. 둘 다 어려운 시절의 처방이었는데, 서유럽에서는 늦어도 1952년 이후에는 시절이 그렇게 어렵지 않았기 때문이다. 그래서 그 후 몇십 년 동안 전쟁 직후의 불확실성은 잊혔다. 그렇지만 사태가 다른 방식으로 전개될 가능성은 1945년에는 매우 현실적으로 보였다(확실히 다른 방식으로 전개될 수도 있었다). 서유럽이 선택한 길은 지금은 우리에게 친숙하지만, 그 길은 옛 악마들, 다시 말해 실업과 파시즘, 독일의 군국주의, 전쟁, 혁명의 귀환을 저지하기 위한 선택의 결과였다. 탈국민 국가, 복지 국가, 협력적이며 평화로운 유럽은 낙관적이며 야심적이고 미래지향적인 계획에서 탄생하지 않았다. 그런 계획은 오늘날의 유럽이상주의자들이 보여 주는 분별없는 회고 속에 상상으로나 존재한다. 서유럽은 위험에 처한 근심의 자식이었다. 역사에 짓눌린 지도자들은 과거의 부활을 막기 위한 예방책으로 사회 개혁을 이행하고 새로운 제도들을 수립했다.

이러한 점은 소련 진영의 당국들이 본질적으로 동일한 계획에 착수했다는 사실을 떠올리면 더 쉽게 이해할 수 있다. 소련 진영도 무엇보다 정치적 퇴보를 방지하려고 노력했다. 물론 공산주의의 통치를 받던 나라들에서는 사회적 진보가 아니라 물리적 힘을 통해 정치적 퇴보를 막을 수밖에 없었다. 최근의 역사는 공산당이 지도한 사회 혁명으로 과거의 결점뿐만 아니라 그러한 결점을 가능하게 만들었던 조건들까지 확실하게 지워졌다는 주장에 따라 다시 쓰였으며 시민들은 그 역사를 잊으라는 권고를 받았다. 앞으로 보겠지만, 이주장도 신화였다. 기껏해야 절반의 진실일 뿐이었다.

그러나 공산주의의 신화는 유럽의 두 진영에서 공히 성가신 유산의 관리가 중요하다는(어렵다는) 사실을 뜻하지 않게 증언하고 있다. 제1차 세계 대전은 구유럽을 파괴했다. 제2차 세계 대전은 새로운 유럽의 필요조건들을 만들어 냈다. 그러나 1945년 이후 몇십 년간 유럽 전체는 직전 과거의 독재자들과 전쟁들이 드리운 긴 그림자 속에서 살았다. 이는 전후 세대의 유럽인들이 공유한 경험으로서, 20세기로부터 매우 다르고 대체로 더 낙관적인 교훈을 배운 미국인과 유럽인을 구별되게 했다. 1989년 이전의 유럽사를 이해하려는 사람이라면, 그리고 1989년 이후 역사가 얼마나 많이 변했는지 판단하려는 사람이라면 누구나 제2차 세계 대전의 영향이 오래 지속되었다는 사실로부터 출발해야 한다.

이사야 벌린은 톨스토이의 역사관을 설명하면서 〈여우는 많은 것을 알지만 고슴도치는 한 가지 큰 것을 알고 있다〉는 고대 그리스 시인 아르킬로코스의 유명한 시구를 인용하여 두 가지 형태의 지적 추론을 구별하였다.

이 구분은 큰 영향력을 지닌다. 벌린의 용어로 말하자면 이 책은 분명히 〈고슴도치〉가 아니다. 이 책에서 제시할 유럽 현대사에 관한 거대한 이론이 내게는 없다. 책을 관통하는 한 가지 주제의 상술도 없으며, 전체를 포괄하는 단일한 이야기의 서술도 없다. 그렇다고 해서 필자가 제2차 세계 대전 이후의 유럽사에 주제가 될 만한 것이 없다고 생각하는 것은 아니다. 오히려 그 반대다. 그 역사에는 한 가지 이상의 주제가 있다. 마치 여우처럼 유럽은 많은 것을 알고 있다.

우선 이 책은 유럽의 축소에 관한 역사다. 1945년 이후, 유럽을 구성하는 국가들은 더는 국제적인 지위나 제국의 지위를 열망할 수 없었다. 이 원칙의 두 가지 예외, 즉 소련과 부분적으로만 예외인 영국은 둘 다 자신들의 눈으로 볼 때에는 절반만 유럽에 속했는데, 어쨌든 여기서 자세히 다루는 시기가 막바지에 다다를 무렵에는 역시 크게 축소되었다. 나머지 유럽 대륙의 대부분은 패배와 점령으로 굴욕을 당했다. 스스로 파시즘에서 해방될 수 없었을 뿐만 아니라, 도움 받지 않고는 공산주의를 저지할 수도 없었다. 전후 유럽을 해방한 이들, 즉 감금한 이들은 외부인이었다. 유럽인들은 수십 년에 걸쳐 상당한 노력을 기울인 끝에 자신들의 운명에 대한 통제권을 되찾았다. 이 시기가 지나는 동안 유럽의 옛 해상 제국들, 즉 영국과 프랑스, 네덜란드, 벨기에, 포르투갈은 모두 해외의 영토를 빼앗긴 채 유럽 내의 핵으로 줄어들었다. 그들의 관심은 다시 유럽 자체로 방향을 틀었다.

둘째, 20세기 후반 몇십 년은 유럽사의 〈지배 담론들〉의 쇠퇴를, 다시 말해서 20세기 전반기에 유럽을 분열시켰던 정치적 기획과 사회 운동에 진보와 변화, 혁명과 변혁의 모델들을 통해 동력을 공급했던 위대한 19세기 역사 이론들의 쇠퇴를 목도했다. 서유럽에서는 (주류에서 밀린 소수의 지식인들은 예외이지만) 정치적 열정이 쇠퇴했고, 이와 동시에 동유럽에서도 이유는 매우 달랐지만 정치적 신념이 사라지고 공식 마르크스주의는 불신임을 받았는데, 이것도 유럽 전체를 배경으로 삼아야만 이해할 수 있는 이야기다. 1980년대라는 짧은 시기 동안 우파 지식인들이 〈사회〉를 해체하고 자유로운 시장과 최소주의 국가에 공무를 내맡기는 계획을 중심으로 부활할 것처럼 보였다. 그러나 경련은 지나갔다. 1989년 이후 유럽에서는 좌파든 우파든 포괄적인 이데올로기적 기획을 제안하지 못했다. 자유의 전망만이 예외였으나, 자유는 대부분의 유럽인들에게 이미 이행된 약속이었다.

셋째, 유럽의 이데올로기적 과거가 품었던 큰 목표가 사라진 뒤 그것을 적절히 대신할 대용물로서 〈유럽 모델European Model〉이 뒤늦게 등장했다. 이는 대체로 우연이었다. 사회 민주당과 기독교 민주당의 입법과 유럽 공동체와 이를 계승한 유럽 연합의 문어발식 제도 팽창이 절충주의적으로 융합되어 탄생한 이 모델은 사회적 교류와 국가 간 관계를 규제하는 〈유럽적〉인 성격이 두드러진 방식이었다. 아동 보호에서 국가 간 법률적 기준까지 모든 것을 망라한 이 유럽적 방식은 유럽 연합과 그 회원국들의 관료 정치 실행만 의미하는 것은 아니다. 21세기 초에 유럽 모델은 유럽 연합에 가입하기를 원하는 나라들에는 횃불이자 본보기였으며, 미국에는 전 세계적인 도전이었고, 〈미국적 생활방식〉과 경쟁하는 다른 하나의 모델이었다.

이처럼 유럽이 하나의 지리적 표현에서 개인이나 국가에 똑같이 매력적인 역할 모델로 바뀐 것은 전혀 예기치 못한 것이었고 매우 더디고 점진적인 과정이었다. 유럽은 두 대전 사이 폴란드 정치인들의 망상에 대한 알렉산드르 바트[5]의 반어법적 설명을 빌리자면 〈위대해질 운명을 타고났다〉. 유럽이 이러한 능력을 갖추고 등장하리라고는 1945년의 상황에서는 물론 1975년의 상황에서도 단연코 누구도 예견할 수 없었다. 이 새로운 유럽은 사전에 미리 구상한 공동의 기획이 아니었다. 아무도 그러한 유럽을 세우는 데 착수하지 않았다. 그러나 1992년 이후 국제적인 구도 속에서 유럽이 이 새로운 지위를 정말로 차지했다는 사실이 일단 분명해지자, 특히 유럽과 미국 사이의 관계가 유럽인에게나 미국인에게나 똑같이 다른 양상을 띠게 되었다.

이것이, 말하자면 복잡하면서도 종종 오해를 받는 유럽과 미국 사이의 관계가 전후 유럽에 관한 이 설명의 네 번째 주제이다. 1945년 이후에 서유럽인들은 미국이 유럽의 일에 관여하기를 원했지만, 동시에 미국의 개입 자체와 그것이 유럽의 쇠퇴에 뜻한 바에 분노했다. 게다가 〈서방〉의 두 편은, 특히 1949년 이후 몇 년간 유럽에 미군이 주둔해 있었는데도, 매우 다른 공간으로 남아 있었다. 미국은 냉전에 난리법석을 떨었지만, 서유럽에서 냉전은 그러한 미국의 반응과는 상당히 다르게 인식되었다. 그리고 1950년대와 1960년대에 이어진 유럽의 〈미국화〉는 앞으로 보겠지만 종종 과장되었다.

물론 동유럽은 미국과 그 속성들을 달리 보았다. 그러나 그곳에서도 1989년 이전이나 이후나 동유럽에 대한 미국의 모범적 영향력을 과장한다면 오해의 소지가 있다. 유럽 양측의 반체제적 비판자들은, 예를 들면 프랑스의 레몽 아롱이나 체코의 바츨라프 하벨은 미국을

---

5 1900~1967. 폴란드의 작가. 본명은 알렉산드르 흐바트이다. 1920년대에 여러 잡지를 편집했고, 마야콥스키와 미래파를 폴란드에 소개했다. 공산당에 동조했는데도 나치에서 해방된 뒤 소련의 감옥에 투옥되었고 카자흐스탄으로 추방되었다가 귀국했다. 1963년에 프랑스로 망명했으며 이듬해 캘리포니아 대학교에 초청받았을 때 동포 시인 체스와프 미워시와 나눈 대담이 사후에 『나의 세기 *My Century*』라는 제목으로 출판되었다 — 옮긴이주.

그들 사회의 모범이나 표본으로 간주하지 않는다고 조심스럽게 강조했다. 그리고 비록 1989년 이후 젊은 세대의 동유럽인들이 한정된 공익사업과 낮은 세금, 자유 시장이라는 미국 모델에 따라 자국을 자유화하려는 열망을 잠시 보였지만, 그 방식은 인기를 얻지 못했다. 유럽의 〈미국적 순간〉은 과거에 묻혔다. 동유럽의 〈작은 미국들〉의 미래는 분명히 유럽에 있었다.

마지막으로, 전후 유럽의 역사에는 침묵, 즉 부재의 그림자가 드리웠다. 유럽 대륙은 한때 중첩되는 언어들과 종교들, 공동체들, 민족들이 복잡하게 뒤얽힌 융단이었다. 그 많은 도시들, 특히 트리에스테와 사라예보, 테살로니키, 체르니우치, 오데사, 빌뉴스 같이 옛 제국과 새로운 제국의 경계가 교차하는 지점에 있던 작은 도시들은 가톨릭교도와 그리스정교도, 무슬림, 유대인, 여타 사람들이 사이좋게 나란히 살고 있던 진정한 다문화 사회였다. 우리는 이 구유럽을 이상으로 삼을 수는 없다. 폴란드 작가 타데우시 보로프스키가 〈유럽의 심장부에서 위험스럽게 지글거리는 민족들과 국민들의 놀랍고도 익살스러운 도가니〉라고 표현했던 구유럽은 폭동과 대량 학살, 소수 민족 학살로 주기적으로 분열되었다. 그렇지만 구유럽은 실재했으며, 생생하게 기억되고 있다.

그런데 1914년에서 1945년 사이에 〈그〉 유럽은 잿더미로 변해 버렸다. 20세기 후반에 짐짓 과거를 모른 체하며 등장한 단정한 유럽이 매듭짓지 못한 문제는 거의 없었다. 전쟁과 점령, 국경 조정, 추방, 종족 학살 덕분에 거의 모든 사람들이 자신의 나라에서 동족과 함께 살았다. 제2차 세계 대전 이후 40년 동안 동서 양측의 유럽인들은 밀폐된 국민적 공간 속에 거주했다. 이를테면 프랑스의 유대인처럼 그곳에서 여전히 살아남은 종교적·인종적 소수 집단들은 전체 국민에서 아주 낮은 비율을 차지했고 주류 문화와 정치에 완전히 통합되었다. 국가라기보다 제국이었으며 여하간 부분적으로만 유럽에 속했던 유고슬라비아와 소련만이 이렇게 연이어 늘어선 새로운 동질적 유럽에서 한 걸음 벗어나 있었다.

그러나 1980년대 이후, 특히 소련이 붕괴하고 유럽 연합이 확대된 후 유럽은 다문화적인 미래를 맞이하고 있다. 그 기간 동안에 피난민들과 이주노동자들, 과거에 유럽의 식민지 주민이었으나 일자리와 자유를 얻기 위해 제국의 수도로 이끌린 귀화인들, 확대된 유럽의 변두리에 있는 실패한 국가나 억압적인 국가들로부터 들어온 자발적·비자발적 이민자들은 런던과 파리, 안트베르펀, 암스테르담, 베를린, 밀라노와 다른 많은 장소들을 그곳 사람들이 좋아했든 싫어했든 상관없이 세계주의적 국제도시로 변모시켰다.

현재 유럽 연합을 구성하고 있는 국가들의 무슬림은 1500만 명에 이르고, 대기 중인 불가리아인과 터키인은 800만 명에 이른다. 이처럼 새로이 등장한 유럽의 살아 있는 〈타자〉는 유럽의 다양성이 한층 더 확대되리라는 전망에서 오는 불안감뿐만 아니라, 과거의 죽은 〈타자〉를 기억 밖으로 멀리 내던져 버리며 유럽이 느꼈던 편안함을 똑같이 돋보이게 했다. 전후 유럽의 안정이 이오시프 스탈린과 아돌프 히틀러의 성취에 얼마나 크게 의존하고 있는지는 1989년 이후 그 이전보다 훨씬 더 분명해졌다. 독재자들은 공동으로 그리고 전시 부역자들의 도움을 받아 인구학상의 관목 숲을 싹 쓸어 버렸고, 그 위에 덜 복잡한 새로운 대륙의 토대가 놓였다.

유럽이 윈스턴 처칠이 표현한 대로 〈햇빛 찬란한 광대한 고지〉[6]로 나아가는 매끄러운 이야기 속에서 이처럼 당황스러운 결함을 지녔다는 사실은 적어도 1960년대까지는 전후 유럽 양 진영에서 대체로 언급되지 않았다. 그 후에도 보통은 독일인에 의한 유대인 절멸에

---

6 1940년 6월 18일 윈스턴 처칠이 하원에서 행한 연설에 나오는 한 대목이다. 「만일 우리가 히틀러에 용감히 맞설 수 있다면, 전 유럽은 자유롭게 될 수 있으며, 이 세계의 삶은 햇빛 찬란한 광대한 고지로 나아갈 수 있습니다.」— 옮긴이주.

관해서만 언급되었다. 다른 가해자들과 희생자들에 관한 기록이 이따금 언급되어 논란을 불러일으킨 경우도 있기는 했지만 대체로 공개되지 않았다. 제2차 세계 대전의 역사와 기억은 일반적으로 선 대 악, 반파시스트 대 파시스트, 저항 세력 대 부역자들 등 익숙한 도덕적 규범에 국한되었다.

1989년 이후, 오랫동안 확고하게 유지되었던 금제(禁制)가 극복되면서, 유럽의 재생을 위해 치렀던 도덕적 대가를 (때때로 악의에 찬 반대와 부정을 무릅쓰고) 인정할 수 있다는 점이 입증되었다. 폴란드와 프랑스, 스위스, 이탈리아, 루마니아를 비롯한 여러 나라 사람들은 이제 불과 몇십 년 전 자기 나라에서 진정 무슨 일이 벌어졌는지, 정녕 알기를 원한다면, 더 잘 알 수 있는 위치에 있다. 독일인조차 자기 나라의 표준적인 역사를 재검토하고 있다. 그 귀결은 역설적이다. 이제 수십 년 만에 처음으로 독일인의 고통과 희생이 주목을 받았다. 영국의 폭격기에 의한 것이든, 러시아의 병사들에 의한 것이든, 독일인을 추방했던 체코인에 의한 것이든 상관없었다. 존경할 만한 사람들이 다시금 시험적으로 말을 꺼내고 있듯이, 유대인만이 유일한 희생자는 아니었…….

이러한 논의가 좋은 일인지 나쁜 일인지는 토론할 문제이다. 이 모든 공적 기억은 정치적 건강함의 징표인가? 아니면 다른 누구보다도 드골이 너무나 잘 이해했듯이 잊어버리는 것이 때로 더 신중한 태도인가? 이 문제는 에필로그에서 제기하겠다. 여기서는 분열을 초래하는 파괴적인 회상이라는 이 최근의 돌발적 문제를, 현대의 소수 민족에 대한 편견이나 인종적 편견의 분출과 나란히 병치시켜 (주로 미국에서) 때때로 그렇게 이해하는 것처럼, 유럽의 원죄를 보여 주는 재앙 같은 증거로 이해할 필요가 없다는 점만을 언급하고 넘어가겠다. 다시 말해 과거의 범죄에서 배우지 못하는 무능력, 기억상실증에 걸린 듯 과거를 동경하는 것, 늘 급박하게 1938년으로 돌아가려는 경향으로 간주할 필요가 없다는 말이다. 이는 요기 베라의 말을 빌리자면 〈이미 본 것을 또 보는 것〉이 아니다.

유럽은 그 난처했던 전시의 과거로 다시 들어가고 있지 않다. 반대로 그로부터 벗어나고 있다. 오늘날 독일은 다른 유럽 국가들처럼 자국의 20세기 역사를 지난 50년간의 그 어느 때보다도 지금 더 잘 의식하고 있다. 그러나 그렇다고 해서 독일이 과거의 역사로 끌려 들어가고 있다는 뜻은 아니다. 왜냐하면 그 역사는 결코 사라지지 않았기 때문이다. 이 책이 보여 주려 하듯이, 제2차 세계 대전은 전후 유럽에 무겁고 긴 그림자를 드리웠다. 그러나 이 점은 완전히 인정될 수는 없었다. 유럽의 가까운 과거에 대한 침묵은 유럽의 미래를 구성하는 필수 조건이었다. 오늘날 유럽에서 거의 하나 걸러 하나꼴로 많은 나라에서 벌어진 쓰라린 공론의 결과로, 마침내 독일인들도 선의의 공식적 기억이라는 규범에 공공연히 의문을 제기할 수 있다는 견해가 타당성을 얻고 있다(어쨌거나 불가피해 보인다). 우리는 독일이 공식 기억에 이의를 제기할 수 있다는 점에 매우 불편한 감정을 느낄 수도 있다. 나아가 이러한 상황은 좋은 징조가 아닐지도 모른다. 그러나 이는 일종의 마감이다. 히틀러가 죽은 지 60년이 지나서 히틀러의 전쟁과 그 결과는 역사에 진입하고 있다. 전후 유럽은 매우 오랜 기간 지속되었으나, 마침내 끝나고 있다.

1부

전후 시대
1945~1953

1장
전쟁의 유산

이것은 유럽화된 세계에 천천히 다가온 쇠퇴가 아니었다. 다른 문명들은 무너져 내렸고, 유럽 문명은 말하자면 폭발했다.

— H. G. 웰스, 『공중전』, 1908년

이 전쟁이 남겨 놓을 인간의 문제는 아직 누구도 상상하지 못했다. 하물며 직접 대면한 사람이 있겠는가. 여태껏 삶의 구조가 그토록 심하게 파괴되고 해체된 적은 없었다.

— 앤 오헤어 매코믹

기적과 치유에 대한 열망은 어느 곳에나 있다. 이 전쟁은 나폴리 사람들을 중세 시대로 되돌려 놓았다.

— 노먼 루이스, 『나폴리, 44년』

제2차 세계 대전 직후 유럽의 모습은 극도로 비참하고 황폐했다. 당시의 사진들과 기록 영화들은 파괴된 도시들과 황량한 벌판의 쓸쓸한 풍경 사이로 줄 지어 지나가는 불쌍하고 무기력한 민간인들을 보여 준다. 기진맥진한 여인들은 쓸 만한 것을 찾느라 무리 지어 돌더미를 뒤지고, 고아가 된 아이들은 아무런 희망도 없이 그 사이를 헤맨다. 머리털이 밀리고 줄무늬 파자마를 입고 있는 추방된 자들과 강제수용소 재소자들은 굶주리고 병에 걸린 채 멍하게 카메라를 응시한다. 단속적으로 흐르는 전류의 추진력에 손상된 궤도를 따라 변덕스럽게 움직이는 시가 전차도 전쟁신경증을 앓는 것처럼 보인다. 모든 사람과 모든 것이 지치고 의지할 곳 없으며 기운을 빼앗겨 버린 듯했다. 잘 먹어 살찐 연합국 군대만 눈에 띄는 예외였다.

산산이 파괴되었던 대륙이 이후 어떻게 그토록 신속하게 회복될 수 있었는지 이해하기 위해서는 이러한 영상의 의미를 미묘하게 구분할 필요가 있을 것이다. 그러나 이 이미지는 독일의 패배에 뒤이은 유럽의 상황에 관하여 근본적인 진실을 담고 있다. 유럽인들은 희망이 없다고 느꼈으며 지쳐 있었다. 거기엔 분명한 이유가 있었다. 1939년 9월 히틀러의 폴란드 침공으로 시작되어 1945년 5월 독일의 무조건 항복으로 종결된 유럽의 전쟁은 총력전이었다. 전쟁은 군인은 물론 민간인도 끌어들였다.

사실 프랑스에서 우크라이나까지, 노르웨이에서 그리스까지 나치 독일이 점령한 나라들에서 제2차 세계 대전은 주로 민간인의 경험이었다. 정규군의 전투는 전쟁의 시작과 끝에 한정되었다. 그 사이의 전쟁은 점령과 억압, 착취, 절멸에 관한 전쟁이었으며, 그 전쟁에서 군인, 돌격대원, 경찰이 수천만 명의 수용소 재소자들의 일상생활과 생존을 처리했다. 몇몇 나라들에서는 전쟁 시기 대부분에 걸쳐 점령이 지속되었으며, 어느 곳에서나 전쟁은 공포와 궁핍을 가져왔다.

그리고 제2차 세계 대전은, 즉 히틀러의 전쟁은 제1차 세계 대전과는 달리 거의 전 세계적인 경험이었다. 또 전쟁은 오랫동안 지속되었다. 처음부터 끝까지 참전한 나라들은 거의 6년 가까이 전쟁을 치렀다. 체코슬로바키아에서는 1938년 나치의 주데텐란트 점령으로 전쟁이 더 일찍 시작되었다. 동유럽과 발칸반도 국가들에서는 히틀러의 패배로도 전쟁이 종결되지 않았다. 독일이 힘을 쓰지 못하게 된 후로도 (소련 군대의) 점령과 내란이 오랫동안 계속되었기 때문이다.

물론 유럽에 점령 전쟁이 없지는 않았다. 전혀 그렇지 않았다. 17세기 독일의 30년 전쟁 동안에는 외국인 용병 부대들이 현지에 기식하고 지역 주민을 위협했는데, 그 전쟁에 대한 민중의 기억은 300년이 지난 후에도 여전히 지역의 신화와 동화에 보존되어 있다. 스페인의 할머니들은 1930년대에 들어서도 고집 센 아이들을 혼낼 때면 나폴레옹으로 을렀다. 그러나 제2차 세계 대전 중의 정복 경험에는 특이한 격렬함이 있었다. 그 격렬함은 한편으로는 피지배 주민들에 대한 나치의 독특한 태도 때문이었다.

17세기 독일의 스웨덴 군대나 1815년 이후 프랑스의 프로이센 군대처럼, 과거의 점령군들은 점령지에 기식하며 이따금 무계획적으로 지역의 민간인들을 공격하고 살해했다. 그러나 1939년 이후 독일의 지배를 받은 국민들은 제국에 이용되거나 아니면 파멸의 일정표에 들어갔다. 유럽인들에게 이는 완전히 새로운 경험이었다. 유럽 국가들은 해외 식민지에서 자신들의 이익을 위해 습관적으로 토착민과 노예 노동 계약을 맺거나 그들을 노예로 삼았다. 유럽인들은 희생자들에게 복종을 강요하기 위해 고문이나 사지 절단, 대량 학살을 마다하지 않았다. 그러나 18세기 이후 이러한 관행들은 유럽 내부에서는, 적어도 부크강과 프루트강 서쪽에서는 대체로 알려지지 않았다.[1]

그 이후로 유럽의 현대 국가가 다른 유럽 국가들의 정복과 착취를 주된 목적으로 전시 체제를 동원한 것은 제2차 세계 대전이 처음이었다. 영국은 전쟁에서 싸우고 승리하기 위해 자국의 자원을 남김없이 이용했다. 전쟁이 막바지에 도달했을 무렵 영국은 국민 총생산의 절반 이상을 전쟁 수행에 소비했다. 그러나 나치 독일은, 특히 전쟁 말기에, 희생자들의 경제를 약탈함으로써 (1805년 이후 나폴레옹이 그랬던 것처럼, 그렇지만 비교할 수 없을 정도로 더 효율적으로) 전쟁을 수행했다. 노르웨이와 네덜란드, 벨기에, 보헤미아-모라비아, 그리고 특히 프랑스는 독일의 전쟁 수행에 본의 아니게 중요한 기여를 했다. 그 나라들의 광산과 공장, 농장, 철도는 독일의 요구에 도움이 되도록 관리되었으며, 주민들은 독일의 전시 생산을 위해 처음에는 자국에서, 나중에는 독일에서 일해야만 했다. 1944년 9월, 독일에는 748만 7천 명의 외국인이 있었다. 대부분 자신들의 의사와 무관하게 그곳에 왔던 이들은 독일 노동력의 21퍼센트를 차지했다.

나치는 희생자들의 부를 빼앗을 수 있는 한에서만 생존했다. 실제로 독일은 희생자들의 부를 매우 성공적으로 강탈했기에 독일의 민간인들은 1944년에나 가서야 전시의 제한과 결핍의 충격을 느꼈다.

1 부크강은 우크라이나 중부에서 발원하여 폴란드와 우크라이나, 폴란드와 벨라루스의 접경을 이루어 흐르다가 비스와강에 합류하여 발트해로 접어든다. 전통적으로 그리스정교와 로마가톨릭 지역을 구분하는 경계선으로 간주되었다. 프루트강은 우크라이나의 카르파티아산맥에서 발원하여 도나우강에 합류한다 — 옮긴이주.

그러나 그때쯤이면 군사적 충돌이 독일의 민간인들에게 닥쳤다. 우선은 연합군의 폭격을 통해서, 그다음에는 연합군이 동서 양쪽으로부터 동시에 진격함으로써 전쟁이 그들을 덮쳤다. 그리고 최악의 물리적 파괴는 대부분 바로 이 시기, 즉 전쟁 막바지에 소련 서부에서 활발하게 전개된 상대적으로 짧았던 전투 기간에 발생했다.

당대인들의 관점에서 보자면 전쟁의 충격은 산업의 손익계산, 즉 1938년에 대비한 1945년 국가 자산의 순 가치가 아니라 주변 환경과 지역 사회들이 입은 눈에 보이는 피해로 판단되었다. 1945년에 관찰자들의 주목을 끌었던 황량함과 절망의 이미지들의 배후에 놓인 상처를 이해할 수 있으려면 바로 이 점에서 출발해야 한다.

유럽의 도시들은 크기에 상관없이 거의 전부가 전쟁을 무사히 넘기지 못했다. 로마, 베네치아, 프라하, 파리, 옥스퍼드 등 고대와 근대 초에 유럽의 중심지였던 몇몇 유명한 도시들은 비공식적 승인이나 요행으로 타격 목표에서 제외되었다. 그러나 전쟁 초기에 독일의 폭격기들은 로테르담을 폐허로 만들었으며 영국의 산업 도시인 코번트리를 계속해서 파괴했다. 독일 국방군은 폴란드를, 뒤이어 유고슬라비아와 소련을 지나며 침공하는 길에 수많은 작은 도읍들을 휩쓸어 버렸다. 런던 중심부의 전 지구들은, 특히 이스트엔드 부둣가의 빈민 구역들은 전쟁 중 독일 공군의 전격전에 희생되었다.

그러나 가장 큰 물질적 피해는 1944년과 1945년에 서방 연합군이 미증유의 폭격 작전을 수행하고 소련군이 스탈린그라드에서 프라하로 가차 없이 진격할 때 발생했다. 루아양, 르아브르, 캉 같은 프랑스 해안 도시들은 미국 공군에 난도질을 당했다. 함부르크와 쾰른, 뒤셀도르프, 드레스덴, 그 밖의 많은 독일 도시들이 영국과 미국 항공기들의 융단 폭격으로 폐허가 되었다. 동쪽에서는 전쟁 말기에 벨라루스의 도시 민스크의 80퍼센트가 파괴되었으며, 우크라이나의 키예프는 연기에 휩싸여 폐허가 되었고, 1944년 가을에 퇴각하는 독

축축국이 점령한 유럽, 1942년 11월

일군은 폴란드의 수도 바르샤바를 집집마다 거리거리마다 계획적으로 방화하고 다이너마이트로 폭파했다. 유럽에서 전쟁이 끝났을 때, 다시 말해서 1945년 5월 베를린이 마지막 14일간 4만 톤의 포탄을 받아 낸 후 소련군의 수중에 들어갔을 때 독일 수도의 대부분은 연기가 피어오르는 잡석과 뒤틀린 쇠붙이 더미들로 변해 버렸다. 베를린 건물들의 75퍼센트가 사람이 거주할 수 없는 곳이 되었다.

폐허가 된 도시들은 참화의 가장 명백한 증거였으며(사진 촬영에 가장 적합했다), 전쟁의 전체적인 참상을 집약적으로 보여 주는 시각적 표현의 기능을 수행했다. 손상된 것은 대체로 주택과 아파트 건물이었고 그 결과로 많은 사람이 집 없는 처지로 전락했기 때문에(추정치는 소련에서 2500만 명, 독일에서 2000만 명이었는데, 함부르크에서만 50만 명이 집을 잃은 것으로 추산되었다), 파괴의 잔해로 뒤덮인 도시의 광경은 막 종결된 전쟁을 가장 직접적으로 떠올리게 했다. 그러나 그것이 전부가 아니었다. 서유럽에서는 교통과 통신의 두절이 심각했다. 전쟁 이전 12,000량이었던 프랑스의 기관차 중 독일이 항복할 당시 움직이고 있던 것은 겨우 2,800량에 불과했다. 많은 도로와 철도, 교량이 퇴각하는 독일군이나 진격하던 연합군, 프랑스 레지스탕스에 의해 폭파되었다. 프랑스 상선의 3분의 2가 침몰했다. 1944년과 1945년에만 프랑스는 50만 채의 주택을 잃었다.

반면 프랑스인들은 비교적 운이 좋았다. 다만 그 점을 인지하지 못했을 따름이다. 영국인들과 벨기에인들, 네덜란드인들(독일인들의 쇄도로 21만 9천 헥타르의 국토를 상실했으며 1945년에 철도와 도로, 운하의 운송이 전쟁 전의 40퍼센트 수준으로 감소했다), 덴마크인들, 노르웨이인들도(독일의 점령으로 전쟁 이전 자본의 14퍼센트를 상실했다) 마찬가지였다. 전쟁의 진정한 공포를 경험한 사람들은 동쪽으로 더 나아간 곳에 있었다. 비록 이용해 먹기 위한 방편에 불과했지만, 나치는 서유럽인들을 어느 정도 존중했고, 서유럽인들은 비교적 독일의 전쟁 수행을 망치거나 방해하려 하지 않음으로써 이에 보답했다. 동유럽과 남동부 유럽에서 독일 점령군은 가혹했다. 그 지역의 빨치산들, 특히 그리스와 유고슬라비아, 우크라이나의 빨치산들이 희망이 없는 중에도 독일 점령군에 맞서 격렬하게 투쟁했기 때문이기도 했지만 그것이 전부는 아니었다.

그러므로 동부에서 독일의 점령, 소련의 진격, 빨치산 투쟁이 가져온 물질적 결과는 서유럽의 전쟁 경험과는 전혀 다른 성격을 띠었다. 소련에서는 7만 개의 촌락과 1,700개의 도읍, 3만 2천 개의 공장과 4만 마일(약 6만 4,370킬로미터)의 철로가 전쟁 중에 파괴되었다. 그리스는 나라에 지극히 중요했던 상업 선단의 3분의 2를 잃었고, 숲의 3분의 1이 파괴되었으며 1천여 개의 촌락이 초토화되었다. 동시에 그리스의 지불 능력이 아니라 독일군의 필요에 따라 점령 비용을 정한 독일의 정책 때문에 고도 인플레이션이 야기되었다.

유고슬라비아는 전쟁 이전 주민의 10퍼센트를 잃은 것 외에 포도밭의 25퍼센트, 모든 가축의 절반, 도로의 60퍼센트, 배장기(排障器)와 철도 교량의 75퍼센트, 전쟁 이전 주택의 5분의 1, 얼마 되지도 않는 산업 자원의 3분의 1을 잃었다. 폴란드에서는 표준 궤간 철로의 4분의 3이 못쓰게 되었고, 농장의 6분의 1이 운영을 멈추었다. 대부분의 도읍과 도시들은 간신히 기능하고 있었다(바르샤바는 완전히 파괴되었다).

그러나 이러한 수치들도 극적이기는 하지만 그림의 일부만을, 즉 흐릿한 물리적 배경만을 보여 줄 뿐이다. 유럽인들이 전쟁 중에 겪은 물질적 손실은 비록 끔찍하기는 해도 인명 손실에 비하면 하찮다. 1939년에서 1945년 사이에 전쟁과 관련된 이유로 사망한 유럽인은 3650만 명으로 추산된다. 이는 전쟁 발발 당시 프랑스의 인구과 같은 수치로서 그 시기에 자연사한 사람들은 포함되지 않았으며 그때나 그 이후에나 전쟁 때문에 임신되지 못했거나 태어나지 못한 아이들의 추정치도 포함되지 않았다.

전체 사망자 수는 어마어마하다(여기에 제시된 숫자에는 일본인이나 미국인, 그 밖의 비유럽인 사망자는 포함되지 않는다). 이에 비하면 1914년에서 1918년 사이에 벌어진 제1차 세계 대전의 사망자 수는 끔찍하기는 해도 상대적으로 적어 보인다. 역사에 기록된 그 어떤 전쟁도 그처럼 단기간에 많은 사람들을 죽이지는 못했다. 그러나 가장 두드러진 것은 비전투원 민간인들의 사망자 수였다. 민간인 사망자는 최소한 1900만 명 이상으로 전체 사망자의 절반을 넘었다. 소련과 헝가리, 폴란드, 유고슬라비아, 그리스, 프랑스, 네덜란드, 벨기에, 노르웨이에서는 민간인 사망자가 군인 사망자보다 많았다. 오직 영국과 독일에서만 군 병력의 손실이 민간인의 손실보다 컸다.

소련 영토에서 사망한 민간인의 추정치는 매우 다양하다. 1600만 명을 넘는다는 것이 그중 가장 그럴듯하다(이는 대략 소련군 사망자 수의 두 배에 해당하는데, 소련군은 베를린 전투에서만 7만 8천 명이 사망했다). 전쟁 전의 폴란드 영토에서 사망한 민간인은 500만 명에 달한다. 유고슬라비아에서 140만 명, 그리스에서 43만 명, 프랑스에서 35만 명, 헝가리에서 27만 명, 네덜란드에서 20만 4천 명, 루마니아에서 20만 명이 사망했다. 특히 폴란드와 네덜란드, 헝가리의 사망자 수가 현저한데, 이 중 약 570만 명이 유대인이었고 집시가 22만 1천 명이었다.

민간인의 사망 원인들은 이러하다. 학살수용소들과 오데사에서 발트해에 이르는 지역의 여러 학살 현장에서 자행된 대량 학살, 인위적으로 유발되었거나 기타 원인에 의한 질병과 영양실조와 기아, 국방군과 소련군과 온갖 종류의 빨치산들이 자행한 인질의 사살과 소각, 민간인들에 대한 보복, 동부 전선에서는 전쟁 내내, 서부에서는 1944년 6월 노르망디 상륙 때부터 다음 해 5월 히틀러가 사망할 때까지 지속된 폭격과 포격과 보병 전투의 결과, 피난민 행렬을 겨냥한 의도적인 기총 소사, 전쟁 산업과 포로수용소에서 죽을 때까지 일한 노예 노동자들의 사망.

　군사적으로 가장 큰 손실을 입은 나라는 860만 명의 무장 남녀를 잃은 것으로 판단되는 소련이었다. 독일군의 사상자는 400만 명이었고, 이탈리아는 40만 명의 육해공군을 잃었다. 약 30만 명의 루마니아군이 대부분 러시아 전선에서 추축국 편에서 싸우던 중에 사망했다. 그러나 인구 비례로 따지면 오스트리아와 헝가리, 알바니아, 유고슬라비아가 가장 큰 군사적 손실을 입었다. 민간인과 군인을 다 포함하여 사망자를 계산할 때 폴란드와 유고슬라비아, 소련, 그리스가 최악이었다. 폴란드는 전쟁 이전 인구의 약 5분의 1을 잃었다. 교육받은 주민들의 사망 비율이 매우 높았는데 나치가 의도적으로 그들을 파멸의 대상으로 삼았기 때문이다.[2] 유고슬라비아는 전쟁 이전 주민의 8분의 1을, 소련은 11분의 1을, 그리스는 14분의 1을 잃었다. 현저한 대비를 돋보이게 하자면, 독일은 15분의 1, 프랑스는 77분의 1, 영국은 125분의 1의 비율을 보였다.

　특히 소련의 손실에는 전쟁 포로가 포함된다. 독일은 전쟁 중에 약 550만 명의 소련군을 포로로 잡았는데, 그중 4분의 3이 1941년 6월에 소련을 공격한 이후 7개월 동안 포로가 되었다. 이 중 330만 명이 독일의 수용소에서 굶주림과 유기, 학대로 사망했다. 1941년에서 1945년 사이 독일의 포로수용소에서 사망한 러시아인이 제1차 세계 대전에서 사망한 러시아인보다 더 많았다. 1941년 9월 독일군이 키예프를 점령했을 때 포로가 된 75만 명의 소련군 병사들 중에서 독일의 패전을 살아서 목격한 사람은 겨우 2만 2천 명에 불과했다. 소련도 350만 명을 전쟁 포로로 잡았는데, 대체로 독일인과 오스

2 어쩌면 스탈린이 저지른 일일지도 모른다. 스탈린은 1940년 카틴 숲에서 2만 3천 명의 폴란드 장교들을 사살하라는 명령을 내렸고, 이후 그 책임을 독일에 뒤집어 씌웠다.

트리아인, 루마니아인, 헝가리인이었던 이들은 종전 후 대부분 집으로 돌아갔다.

이러한 수치에서 알 수 있듯이 전후 유럽이, 특히 중부 유럽과 동유럽이 극심한 인력 부족에 시달린 것은 그리 놀라운 일이 아니다. 소련은 여성이 남성보다 2천 만 명가량 더 많은 불균형을 보여 주었는데, 이를 교정하는 데에는 한 세대 이상이 걸렸다. 소련의 농촌 경제는 온갖 노동에서 여성에 크게 의존했다. 남자가 없었을 뿐만 아니라, 말도 거의 없었기 때문이다. 유고슬라비아에서는 열다섯 살 이상의 모든 남성을 사살한 독일의 보복 행위 탓에 성인 남성이 단 한 명도 남지 않은 마을이 많았다. 독일에서도 1918년에 출생한 남자들의 셋 중 둘은 히틀러의 전쟁에서 목숨을 부지하지 못했다. 상세한 자료가 남아 있는 어느 지역 사회에서(베를린 근교의 트렙토) 1946년 2월 열아홉 살에서 스물한 살 사이의 성인 중 여자는 1,105명이었는데 남자는 겨우 181명이었다.

특히 전후 독일의 이와 같은 여초 현상은 누차 지적되었다. 독일 남성은 휘황찬란한 히틀러 군대의 초인에서 누더기를 걸친 채 기진맥진하여 뒤늦게 귀환하는 포로들로 전락했으며 부득이 그들 없이도 살아남고 그럭저럭 지내는 법을 배운 한 세대의 고생한 여인들과 멍하니 해후했다. 이들이 굴욕을 당하고 지위의 하락을 경험한 것은 허구가 아니다(독일 총리 게르하르트 슈뢰더는 전쟁 이후에 아버지 없이 성장한 수많은 독일 아이들 중 한 명일 뿐이다). 라이너 파스빈더는 이 전후 독일 여성의 이미지를 영화 「마리아 브라운의 결혼Die Ehe der Maria Braun」(1979)에서 효과적으로 사용했다. 영화의 제목을 장식한 여주인공은 〈영혼에 해가 될 수도 있는 일〉은 아무것도 하지 말라는 어머니의 간청에도 불구하고 자신의 빼어난 외모와 냉소적인 에너지를 이용한다. 그러나 파스빈더의 마리아가 이후 세대의 분노의 환멸이라는 짐을 졌던 반면, 1945년의 실제 여성은 더 직접적인 어려움에 직면했다.

전쟁 막바지에 소련군이 중부 유럽과 동프로이센으로 밀고 들어왔을 때, 대부분 독일인이었던 수백만 명의 민간인은 소련군에 앞서 피신했다. 미국의 외교관인 조지 케넌은 자신의 회고록에서 그 장면을 이렇게 묘사했다. 〈소련군의 진주로 이 지역에는 현대 유럽인들이 일찍이 경험해 본 적이 없는 재앙이 닥쳤다. 존재하는 모든 증거로 판단할 때 그 지역의 상당 부분에서 소련군의 최초 통과 이후 생존한 사람은 단 한 명도 없었다. ……러시아인들은…… 아시아 유목민들의 시대 이후 전례 없는 방식으로 원주민들을 모조리 쓸어 버렸다.〉

주된 희생자들은 성인 남성(남아 있는 남자가 있었다면)과 모든 연령대의 여성이었다. 병원과 의사의 보고에 따르면 빈에서 소련군의 도착 이후 3주 동안 8만 7천 명의 여성이 소련군 병사들에게 강간당했다. 베를린에서는 소련군이 도시에 진입하면서 그보다 더 많은 여성들이 강간당했다. 그들 대부분은 독일이 항복하기 직전인 5월 2일에서 7일 사이에 당했다. 이 수치는 분명 둘 다 적게 어림한 것이며, 소련군의 오스트리아 진격로와 서부 폴란드를 가로질러 독일로 진격하는 길에 있던 촌락과 도시의 여성들에 대한 성폭행은 합산하지 않은 것이다.

소련군의 행위는 조금도 비밀이 아니었다. 유고슬라비아 빨치산 부대에서 티토의 긴밀한 협력자였고 한때 열렬한 공산주의자였던 밀로반 질라스조차 이 문제를 스탈린에게 직접 제기했다. 질라스가 기록으로 남긴 독재자의 반응은 시사하는 바가 크다. 〈작가 질라스는 인간의 고통과 인간의 마음이 무엇인지 아는가? 피와 포화와 죽음을 넘어온 병사들이 여인과 재미를 보는 것 따위의 하찮은 일 좀 했기로서니 이해할 수는 없는가?〉

스탈린은 그의 기괴한 방식으로는 어느 정도 옳았다. 소련 군대에 휴가란 없었다. 많은 보병들과 전차병들은 3년이라는 끔찍한 시간 동안 중단 없이 일련의 전투를 계속했고 러시아와 우크라이나를 지나 서부 소련을 가로질러 진격했다. 그들은 전진 중에 독일군의 잔학행위들에 대한 넘치는 증거들을 보고 들었다. 국방군이 처음에는 볼가강으로 또 모스크바와 레닌그라드의 입구로 자랑스럽게 진격하면서, 그다음에는 쓰라린 퇴각의 와중에 전쟁 포로와 민간인, 빨치산 그리고 실로 그 앞길에 놓인 모든 사람과 모든 것을 처리한 방식은 그 지역의 지형과 주민들의 영혼에 깊은 흔적을 남겼다.

소련군이 마침내 중부 유럽에 도달했을 때, 지친 병사들은 다른 세계를 보았다. 러시아와 서유럽은 언제나 극명한 차이를 드러냈고 (차르 알렉산드르 1세는 오래전에 러시아인들에게 서유럽인들이 어떻게 사는지 보도록 허락한 것을 후회했었다), 그 전쟁 중에 차이는 훨씬 더 두드러졌다. 독일군 병사들이 동부 유럽에서 파괴와 대량 학살을 자행하는 동안, 독일은 계속 번영하고 있었다. 너무나 번영한 나머지 독일의 모든 민간인들은 전투가 막바지에 이르기까지 전쟁의 물질적 비용을 거의 의식하지 못했다. 전시 독일은 도회지의 세계요 전기의 세계, 식량과 의복과 상점과 소비재의 세계, 영양 상태가 상당히 좋은 여인들과 아이들의 세계였다. 보통의 소련 병사들은 황폐해진 고향과의 이 극명한 차이를 이해하기가 분명 어려웠을 것이다. 독일인들은 소련 사람들에게 만행을 저질렀다. 이제 그들이 당할 차례였다. 독일의 재산과 여인들이 그곳에서 수탈당할 준비를 하고 있었다. 소련군은 지휘관들의 암묵적인 동의 아래 새로이 정복한 독일 영토의 민간인 주민들을 거침없이 공격했다.

소련군은 서부로 가는 길에 헝가리와 루마니아, 슬로바키아, 유고슬라비아에서 강간하고 약탈했다(이 표현은 이 경우만큼은 잔인할 정도로 적절하다). 그러나 독일인 여성들이 단연 최악의 상황을 경험했다. 1945년에서 1946년 사이 소련의 독일 점령 지구에서는 15만 명에서 20만 명에 이르는 〈러시아인 아기들〉이 태어났으며, 이 숫자는 보고되지 않은 수많은 낙태 수치를 고려하지 않은 것이다. 낙태의 결과로 많은 여성들이 원치 않은 태아와 함께 사망했다. 살아남은 많은 유아들은 점점 더 늘어나고 있던 고아와 집 없는 아이들의 무리, 즉 전쟁이 낳은 인간 잡동사니에 합류했다.

1945년 말경 베를린 한 곳에만 약 5만 3천 명의 미아가 있었다. 로마의 퀴리날레 광장은 수족이 절단되고 외모가 손상되었으며 그 누구도 자기 자식이라고 주장하는 이가 없는 수천 명의 이탈리아 아이들의 집합소로 잠시나마 악명이 높았다. 해방된 체코슬로바키아에는 4만 9천 명의 고아가 있었고, 네덜란드에는 6만 명의 고아가 있었으며, 폴란드에서는 고아의 수가 약 20만 명으로, 유고슬라비아에는 대략 30만 명으로 추산되었다. 유대인 어린아이들은 없었다. 전쟁기의 종족 학살과 절멸에서 살아남은 유대인 아이들은 대부분 사춘기 소년들이었다. 부헨발트에서는 수용소가 해방될 때 800명의 아이들이 생존해 있었다. 벨젠에서는 정확히 500명이 생존했는데, 그중 일부는 아우슈비츠에서 출발한 죽음의 행진에서도 살아남았다.

전쟁을 견디고 살아남는 것과 평화 시기를 견디고 생존하는 것은 별개의 문제였다. 제1차 세계 대전에 뒤이어 퍼졌던 아시아 유행성 감기에 대한 기억은 여전히 생생했기에, 새로 형성된 국제 연합 구제 부흥 사업국UNRRA과 연합국 점령군은 신속하고 효과적으로 개입했다. 그 덕에 대규모 유행성 전염병과 전염성 질병의 무제한 확산은 피할 수 있었다. 그러나 상황은 매우 냉혹했다. 1945년 대부분의 기간 동안 빈 주민들은 하루 800칼로리의 배급 식량에 의존하여 살아갔다. 부다페스트에서는 1945년 12월에 공식적으로 제공된 배급 식량이 겨우 일일 556칼로리였다(탁아소의 아이들은 800칼로리를 받았다). 1944~1945년 네덜란드의 〈굶주린 겨울〉 동안(나라의 일부분은 이미 해방된 상태였다) 몇몇 지역의 주간 배급식량의 칼로리는 연합국 파견대가 병사들의 일일 할당 식량으로 권고한 수준 이하로 떨어졌다. 네덜란드 시민들은 죽어 갔다. 대부분 노인과 어린이들이었다.

독일에서는 성인의 일일 평균 섭취량이 1940~1941년에 2,445칼로리였고 1943년에 2,078칼로리였는데, 1945~1946년에는 1,421칼로리로 낮아졌다. 그러나 이러한 수치는 단지 평균이었다. 1945년 6월 미국 점령 지구에서 〈보통의〉 독일인 소비자들이 받은 일일 공식 배급량은 (특혜를 받은 부류의 노동자들을 제외하면) 정확히 860칼로리였다. 이 수치는 〈전쟁을 더 즐겨라. 평화는 끔찍할 것이다〉라는 전시 독일의 농담에 비참한 의미를 부여했다. 그러나 이탈리아의 대부분 지역에서도 상황은 별반 더 낫지 않았고, 유고슬라비아와 그리스의 몇몇 지방이 처한 상황은 이보다 더 나빴다.[3]

문제는 한편으로는 파괴된 농장에, 다른 한편으로는 붕괴된 교통에, 그리고 가장 중요하게는 무기력하여 먹여 살려야만 하는 비생산적 인간들의 단순한 숫자 그 자체에 있었다. 식량을 재배할 수 있는 곳의 농부들은 도시에 식량을 공급하기를 주저했다. 대부분의 유럽 통화들은 가치가 없었으며, 식량 값을 경화로 받을 수 있던 곳에서도 농민들은 별 관심을 갖지 않았다. 살 물건이 전혀 없었기 때문이다. 그래서 식량은 암시장에 등장했으나, 그 가격은 범죄자와 부자, 점령군만이 지불할 수 있는 수준이었다.

그동안 사람들은 굶주렸고 병들어 쓰러졌다. 그리스의 피레우스의 주민 3분의 1이 1945년 극심한 비타민 결핍으로 트라코마를 앓았다. 베를린에서는 1945년 6월 하수도 체계가 붕괴되고 식수가 오염된 결과로 이질이 확산되었으며 신생아 100명당 66명이 사망했다. 독일의 미국인 정치 고문이었던 로버트 머피가 1945년 10월에 보고한 바에 따르면 베를린의 레터 기차역에서 하루 평균 열 명이 피로

3 비교하자면, 1990년에 프랑스의 일일 평균 칼로리 소비량은 3,618칼로리였다.

와 영양실조, 질병으로 사망했다. 베를린의 영국 점령 지구에서는 1945년 12월에 한 살 미만 유아는 네 명에 한 명꼴로 사망했으며, 같은 달 새로이 발생한 장티푸스와 디프테리아 환자가 각각 1,023명과 2,193명이었다.

1945년 여름, 전쟁이 끝난 후 여러 주 동안 부패해 가는 시체들에서 비롯한 질병 때문에 특히 베를린에 심각한 위기가 있었다. 바르샤바에서는 네 명 중 한 명이 결핵을 앓았다. 체코슬로바키아 당국은 1946년 1월 70만 명에 달하는 그 나라의 가난한 아이들 중 절반이 결핵에 감염되었다고 보고했다. 유럽 전역의 어린이들이 궁핍으로 인한 질병으로 고통받고 있었다. 무엇보다 결핵과 구루병이 많았으나 펠라그라와 이질, 농가진도 있었다. 아픈 아이들은 의지할 데가 없었다. 해방된 바르샤바의 아이들은 9만 명이었지만 병원은 50병상짜리 하나뿐이었다. 건강한 아이들은 우유가 부족하여 죽어 갔고(수백만 두에 이르는 유럽의 가축이 1944년에서 1945년 사이에 남부와 동부 유럽 전역에서 벌어진 전투 중에 도살되었다), 대부분은 만성적인 영양 결핍 상태에 있었다. 1945년 여름 동안 빈의 유아 사망률은 1938년에 비해 거의 네 배로 증가했다. 상대적으로 부유했던 서유럽 도시들의 거리에서도 아이들은 굶주렸고 식량은 엄격한 배급제로 분배되었다.

호되게 당한 유럽의 민간인들과 투옥되어 있는 수백만 명의 옛 추축국 병사들을 먹이고 재우고 입히고 돌보는 문제는 피난민 위기의 엄청난 규모 때문에 복잡해졌고 확대되었다. 유럽은 이러한 상황을 전혀 겪어 본 적이 없었다. 모든 전쟁은 비전투원의 삶을 혼란에 빠뜨린다. 그들의 토지와 가정을 파괴하며, 교통을 두절시키고, 남편과 아버지와 아들을 징집하고 살해한다. 그러나 제2차 세계 대전에서 최악의 손해를 초래한 것은 무력 충돌이 아니라 국가의 정책이었다. 스탈린은 모든 민족들을 소련 제국 전역으로 이주시키는 전쟁 이전의 사업을 전후에도 지속했다. 1939년에서 1941년 사이 소련이 점령한 폴란드와 서부 우크라이나, 발트 지역에서 동쪽으로 강제로 이송된 사람들의 수는 100만 명을 훨씬 넘었다. 같은 해 나치도 75만 명의 폴란드 농민들을 서부 폴란드에서 동쪽으로 추방하고, 주민들이 퇴거한 그 땅을 새로이 팽창한 제국으로 〈귀향〉하라는 권유를 받은 동유럽 점령지 출신의 국외 독일인들에게 제공했다. 토지 제공은 약 12만 명의 발트 지역 독일인들과 소련이 점령한 폴란드에서 13만 6천 명, 루마니아와 그 밖의 지역에서 20만 명의 독일인들을 끌어들였다. 몇 년 후에는 이들 모두 다시 쫓겨나게 된다. 그러므로 독일이 점령한 동부 유럽에서 종족의 이주와 학살이라는 히틀러의 정책은 중세 시대부터 독일인들이 널리 퍼져 살았던 정착지들을 제국에 되돌리려는, 그리고 희생자들에게서 빼앗은 새로운 재산에 독일인을 정착시키려는 나치의 계획과 직접적인 연관 속에서 이해되어야만 한다. 독일인들은 슬라브인을 내쫓았고 유대인을 절멸했으며 서쪽과 동쪽에서 공히 노예 노동자들을 데려왔다.

1939년에서 1943년까지 스탈린과 히틀러 두 사람은 약 3천 만 명을 거주지에서 몰아내 다른 곳으로 이주시키고 추방하고 강제로 이송하고 흩어지게 했다. 추축국이 퇴각하자 이 과정은 역전되었다. 새로 재정착한 독일인들은 수백만 명에 달하는 동유럽 전역의 기존 독일인 지역 사회에 합류하여 소련군을 피해 서둘러 도망쳤다. 독일까지 안전하게 돌아온 자들은 그곳에 우글거리는 다른 피난민 무리와 만났다. 영국군 장교였던 윌리엄 비퍼드존스는 1945년의 그 상황을 이렇게 묘사했다.

잡동사니! 남편과 아이들을 잃은 여자들, 아내를 잃은 남자들, 집과 아이들을 잃어버린 남녀들, 농장과 토지, 상점, 양조장, 공장, 방앗간, 저택을 빼앗긴 가족들. 홀로된 어린아이들이 연민을 불러일으키는 꼬리표를 단 채 작은 꾸러미를 들고 돌아다닌다. 이 아이들은 이러 저러한 이유로 엄마와 떨어졌다. 아니면 이들의 엄마는 이미 죽어 다른 피난민들에 의해 길가 어딘가에 묻혔을 것이다.

동쪽에서 온 자들은 발트인, 폴란드인, 우크라이나인, 카자크인, 헝가리인, 루마니아인 등이다. 단지 전쟁의 공포를 피해 도망친 자들도 있었고, 공산주의의 지배를 피하기 위해 서유럽으로 탈출한 자들도 있었다. 『뉴욕 타임스』 통신원은 남부 오스트리아를 지나 이동하는 2만 4천 명의 카자크인 병사들과 가족들의 행렬을 보고 이렇게 묘사했다. 〈중요한 세부 장면에서 나폴레옹 전쟁 때 어느 화가가 그린 그림과 전혀 다르지 않다.〉

발칸 국가들에서 독일인 소수 민족이 왔을 뿐만 아니라, 안테 파벨리치[4]의 전시 파시스트 정권의 몰락으로 10만 명의 크로아티아인이 티토가 이끄는 빨치산의 분노를 피해 떠나 왔다.[5] 독일과 오스트리아에는 연합군에 억류되었던 국방군 병사들과 독일의 전쟁 포로 수용소에서 풀려난 수백만 명에 이르는 연합군 병사들 외에도, 독일 편에 서거나 독일의 명령에 따라 연합군에 대항해 싸웠던 많은 비독일인들이 있었다. 안드레이 블라소프[6] 장군 밑에서 소련에 맞서 싸웠던 러시아와 우크라이나 등지의 군인들, 노르웨이와 네덜란드, 벨기에, 프랑스 출신의 무장 친위대 지원병들, 독일인 보조 전투원, 강제수용소 직원들과 라트비아와 우크라이나, 크로아티아 등지에서

---

4 1889~1959. 1930년대 크로아티아 파시스트 운동인 우스타셰 운동의 창설자이자 지도자. 1941년 4월 10일에 나치가 선포한 괴뢰 정권인 크로아티아 독립국의 지도자가 되어 세르비아인, 유대인, 집시, 크로아티아인 공산주의자들에게 조직적으로 테러를 가했다. 거의 종족 말살 수준이었다 — 옮긴이주.

5 크로아티아인들의 두려움에는 충분한 근거가 있었다. 오스트리아의 영국군은 훗날 크로아티아인들을 (그러한 포로들은 그들과 맞서 싸웠던 정부에 인도한다는 연합국 협정에 따라) 유고슬라비아 당국에 인도했고 그중 최소한 4만 명이 살해당했다.

6 1900~1946. 소련의 장군으로 제2차 세계 대전 중 나치 독일에 협력했다 — 옮긴이주.

아무렇게나 충원된 자들이 그들이다. 이들 모두 소련의 보복을 피해 도피해야 할 충분한 이유가 있었다.

그 밖에 나치에 의해 모집되어 독일에서 일했던 남녀들이 막 해방되었다. 대륙 전역에서 독일의 농장과 공장으로 끌려온 이들은 수백만 명을 헤아렸으며 독일 본토와 그 병합 지역에 널리 퍼져 있었고 나치에 의해 추방된 사람들로는 1945년에 가장 큰 단일 집단이었다. 그러므로 비자발적인 경제적 이주는 제2차 세계 대전 중 유럽의 많은 민간인들이 겪은 주된 사회적 경험이었다. 1943년 9월에 이탈리아가 연합국에 항복한 이후, 이전의 동맹국에 의해 독일로 강제 이주당한 28만 명의 이탈리아인도 거기에 포함된다.

독일의 외국인 노동자 대부분은 자신들의 의지와 무관하게 그곳에 왔지만, 전부가 그렇지는 않았다. 1939년 이전에 나치 독일의 일자리 제공을 수용하고 계속 머물렀던 네덜란드의 실업자들처럼[7] 일부 외국인 노동자들은 자신들의 자유 의지에 따라 들어왔다. 이들은 1945년 5월 독일이 패배하자 그 여파에 시달렸다. 전시에 독일의 고용주들은 보잘것없는 임금을 지급했지만, 동유럽과 발칸 국가들, 프랑스, 베네룩스 국가들 출신의 남녀들은 고국에 머무를 때보다 그곳에서 종종 더 여유로운 생활을 누렸다. 그리고 소련 노동자들은 (1944년 9월 독일에 있던 소련 노동자들은 200만 명이 넘었다) 강제로 끌려오기는 했지만 독일에 있는 것이 반드시 유감스럽지만은 않았다. 끌려온 소련인 중 한 명인 옐레나 스크리야베나는 전후에 이렇게 회상했다. 〈그들 중 아무도 독일인들이 자신들을 독일 산업에서 일하게 한 과정에 관하여 불평하지 않았다. 그들 모두에게 그것은 소련에서 벗어날 유일한 기회였기 때문이다.〉

다른 추방된 사람들의 집단인 강제수용소 생존자들은 상당히 다

7 그러나 그들에게도 실질적인 선택의 여지는 없었다. 대공황 시기에 독일이 제의한 노동 계약을 거절하는 사람은 누구나 네덜란드의 실업 수당을 잃는 위험을 감수해야 했다.

르게 느꼈다. 수용자들의 〈범죄〉는 다양했다. 나치즘이나 파시즘에 대한 정치적인 반대나 종교적인 반대, 무장 저항, 국방군 병사들이나 시설에 대한 공격, 점령군 규칙의 사소한 위반, 실제의 범죄 행위나 조작된 범죄 행위, 나치의 종족법 위반 등이 있었다. 결국에는 시체들이 높이 쌓이고 이질과 결핵, 디프테리아, 장티푸스, 발진 티푸스, 기관지 폐렴, 위장염, 괴저 등 온갖 질병들이 창궐했던 수용소에서 이들은 살아남았다. 그러나 이 생존자들도 유대인들보다는 운이 좋았다. 그들은 체계적이고 집단적인 절멸 계획에는 포함되지 않았기 때문이다.

살아남은 유대인은 거의 없었다. 해방된 자들 중에서 열에 넷은 연합군이 도착한 지 몇 주 만에 사망했다. 그들의 상태는 서구 의학의 경험을 넘어선 것이었다. 그러나 생존한 유대인들은 집을 빼앗긴 수백만 명의 다른 유럽인들과 마찬가지로 독일로 들어왔다. 독일은 연합국 기관들과 주둔군이 있는 곳이었고, 어쨌거나 동유럽은 여전히 유대인에게 안전한 장소가 아니었기 때문이다. 전후 폴란드에서 일련의 종족 학살이 자행된 후로 많은 생존 유대인들이 터전을 영영 떠났다. 1946년 7월에서 9월 사이 폴란드를 떠나 독일로 들어온 유대인은 6만 3,387명이었다.

그러므로 1945년에 벌어졌던 일, 그리고 적어도 일 년 동안 진행되었던 일은 전례 없는 민족 정화와 주민 이주의 실행이었다. 이러한 상황은 부분적으로는 〈자발적인〉 민족 분리의 결과였다. 예를 들면 유대인 생존자들은 안전하지도 않고 살기에 바람직하지 못한 폴란드를 떠났고, 이탈리아인들은 유고슬라비아의 통치를 받느니 차라리 이스트리아 반도를 떠나기로 결정했다. 점령군에 협력했던 많은 소수 민족들은(유고슬라비아의 이탈리아인, 지금은 루마니아령으로 회복되었으나 한때 헝가리인들이 점령했던 북부 트란실바니아의 헝가리인, 서부 소련의 우크라이나인 등) 현지인의 보복이나

다가오는 소련군을 피하기 위해서 퇴각하는 국방군을 따라 피신했
고, 이후 결코 돌아오지 않았다. 그들의 출발은 지역 당국이 법적으
로 명령하거나 집행한 것은 아니었지만, 그들에게 선택의 여지는 없
었다.

그렇지만 다른 곳에서는 전쟁이 끝나기 훨씬 전부터 공식적인 정
책이 집행 중이었다. 당연하게도 이를 시작한 이들은 독일인들이었
다. 독일인들은 유대인들을 내쫓고 학살했으며 폴란드인들과 여타
슬라브 민족들을 대규모로 추방했다. 1939년에서 1943년 사이에 루
마니아인들과 헝가리인들은 분쟁의 대상이었던 트란실바니아에서
독일의 감독을 받아 국경선을 넘어 이동했다. 소련 당국은 일련의 공
작을 통해 우크라이나와 폴란드 간의 주민 교환을 강제했다. 1944년
10월에서 1946년 6월 사이 100만 명에 이르는 폴란드인들이 지금의
서부 우크라이나의 자기 집에서 도망하거나 추방당했으며 50만 명
의 우크라이나인들이 폴란드를 떠나 소련으로 들어갔다. 한때 상이
한 종교들과 언어들, 공동체들이 서로 뒤섞인 지역이었던 곳이 몇 달
만에 두 개의 뚜렷이 다른 단일 민족의 영토가 되어 버렸다.

불가리아는 16만 명의 터키인을 터키로 이주시켰고, 체코슬로바
키아와 헝가리는 1946년 2월에 체결된 협정에 따라 헝가리에 거주
하는 12만 명의 슬로바키아인과 슬로바키아의 도나우(두나이)강 북
쪽 지역에 거주하는 동수의 헝가리인을 서로 주고받았다. 폴란드와
리투아니아 사이, 체코슬로바키아와 소련 사이에도 이 같은 성격의
상호 이동이 있었다. 남부 유고슬라비아에 살던 40만 명의 사람들이
북쪽으로 이주하여 60만 명의 독일인들과 이탈리아인들이 떠나고
난 자리에 정착했다. 다른 곳과 마찬가지로 이곳에서도 해당 주민
들과 협의는 없었다. 그러나 가장 큰 영향을 받은 집단은 독일인이
었다.

아마도 동유럽의 독일인들은 어떠한 경우라도 서쪽으로 피신했

을 것이다. 1945년, 수백 년 동안 독일인 가족들이 정주했던 나라들은 그들을 원하지 않았다. 대중은 전쟁과 점령의 참화에 대한 보복으로 지역 내의 독일인을 처벌할 것을 진정으로 원했으며, 전후 정부들은 이러한 분위기를 이용하고자 했다. 따라서 유고슬라비아와 헝가리, 체코슬로바키아, 폴란드, 발트 지역, 서부 소련의 독일어를 말하는 지역 사회들의 운명은 정해졌으며, 그들도 그 사실을 알고 있었다.

결과적으로 동유럽의 독일인들에게는 선택의 여지가 없었다. 영국은 일찍이 1942년에 전후 주데텐란트의 독일 주민을 이주시켜 달라는 체코의 요청에 은밀히 동의했으며, 러시아와 미국은 이듬해 그 방침에 찬성했다. 1945년 5월 19일, 체코슬로바키아의 대통령 에드바르트 베네시[8]는 이렇게 공포했다. 〈우리는 우리 공화국에서 독일 문제를 영원히 제거하기로 결정했다.〉[9] 독일인들은 (헝가리인들과 여타 〈반역자들〉과 마찬가지로) 자신들의 재산을 국가의 통제에 맡겨야 했다. 1945년 6월, 독일인들은 땅을 빼앗겼으며, 그해 8월 2일에는 체코슬로바키아 시민권을 상실했다. 그다음, 대부분이 체코의 주데텐란트 출신인 약 300만 명의 독일인들은 이후 18개월 동안 독일로 추방당했다. 대략 26만 7천 명이 축출 과정에서 사망했다. 1930년에 독일인들은 보헤미아-모라비아 인구의 29퍼센트를 차지했지만, 1950년의 인구 조사 때에는 겨우 1.8퍼센트에 불과했다.

그 외에 헝가리에서는 62만 3천 명의 독일인이 추방당했고, 루마니아에서 78만 6천 명, 유고슬라비아에서 약 50만 명, 폴란드에서

---

8 1884~1948. 체코슬로바키아 독립 운동의 지도자였으며 체코슬로바키아 2대 대통령을 지냈다 — 옮긴이주.

9 베네시는 1945년 5월 9일 브라티슬라바에서 행한 연설에서 체코인과 슬로바키아인은 더 이상 헝가리인과 독일인과 같은 국가에서 살기를 원하지 않는다고 선언했다. 이러한 정서와 그에 따른 조치는 이후 내내 체코인과 독일인 사이의 관계, 그리고 슬로바키아인과 헝가리인 사이의 관계에 붙어 다녔다.

130만 명이 쫓겨났다. 그러나 단연 최대의 독일인 피난민은 독일 자체의 옛 동부 지역, 즉 슐레지엔과 동프로이센, 서부 포메른, 동부 브란덴부르크에서 들어왔다. 포츠담 회담(1945년 7월 17일~8월 2일)에서 미국과 영국, 소련은 뒤이어 체결한 협정 제13조의 문구대로 세 나라 정부가 〈폴란드와 체코슬로바키아, 헝가리에 남아 있는 독일 주민이나 독일 분자들을 독일로 이송해야 한다는 점을 인정한다〉고 합의했다. 이 합의는 부분적으로는 이미 발생한 일들을 단지 승인했을 뿐이었으나, 폴란드 국경을 서쪽으로 옮겨 변경하는 의미를 공식적으로 인정하는 것이기도 했다.[10] 그래서 약 700만 명의 독일인이 자신들이 폴란드에 있음을 알게 되었고, 폴란드 당국은(그리고 소련 점령군은) 그들의 이주를 원했다. 한 가지 이유는 그래야만 소련에 흡수된 동부 지역에서 토지를 상실한 폴란드인들과 다른 사람들이 서쪽의 새로운 땅에 재정주할 수 있었기 때문이었다.

최종 결말은 새로운 현실에 대한 법률상의 승인이었다. 동유럽의 독일 주민들은 강제로 제거되었다. 스탈린은 1941년 9월에 약속했듯이 〈동프로이센을 원래 소속이었던 슬라브인의 영토로 다시〉 되돌려 놓았던 것이다. 포츠담 선언에서는 〈진행되는 모든 이동은 질서 정연하게 또 인도적으로 실행되어야 한다〉고 합의되었으나, 이 합의는 그 상황에서 전혀 가능하지 않았다. 몇몇 서유럽인 평자들은 독일인 지역 사회들을 취급하는 방식에 충격을 받았다. 『뉴욕 타임스』의 통신원 앤 오헤어 매코믹은 1946년 10월 23일에 자신의 생각을 이렇게 기록했다. 〈이 재정착의 규모와 진행 과정의 상황은 역사상 유례가 없는 것이다. 이 참사를 직접 목도한 사람은 누구라도 그것이 반인류 범죄이며 역사의 가공할 심판을 받으리라는 점을 의심할 수 없다.〉

10 포츠담 협정의 8조에 따르면 폴란드의 잠정적인 서쪽 국경선은 오데르-나이세 선을 기준으로 정해졌다 — 옮긴이주.

역사는 그러한 심판을 내리지 않았다. 실제로 1300만 명의 추방된 자들은 서독 사회에 놀라우리만큼 성공적으로 정착하고 통합되었다. 물론 기억은 남아 있었고, 많은 사람들의 목적지였던 바이에른에서 그 문제는 여전히 격렬한 감정을 유발할 수 있었다. 독일인의 이름으로 자행된 전혀 차원이 다른 규모의 범죄가 폭로된 지 몇 달 지나지 않았을 때 바로 그 독일인들을 추방한 것이 〈반인륜 범죄〉라는 말은 당대인들의 귀에 약간은 거슬렸을 것이다. 그러나 그때 독일인들은 살아 있었고 현존했던 반면, 그들에게 희생된 자들, 특히 유대인들은 대개 사망했고 사라져 버렸다. 나치 지도부를 재판한 뉘른베르크 법정의 미국인 검사 텔퍼드 테일러는 수십 년 뒤 전후의 추방과 전시의 주민 제거 사이에는 결정적인 차이가 존재한다고 썼다. 테일러의 말에 따르면 〈전쟁 중에는 추방하는 자들이 추방당하는 자들과 동행했다. 추방당하는 자들을 확실하게 게토에 가두고 이후 죽이거나 강제 노동에 이용하기 위해서였다〉.

제1차 세계 대전이 종결되면서, 사람들은 대체로 살던 곳에 계속 살았던 반면 국경선은 다시 만들어지고 조정되었다.[11] 1945년 이후 일어난 일은 오히려 그 반대였다. 한 가지 중요한 경우를 예외로 한다면 국경선은 대체로 원래대로 유지되었고 대신 사람들이 이동했다. 서방의 정책 입안자들 가운데는 국제 연맹과 베르사유 조약의 소수 민족 조항들은 실패했으며 그것들을 부활시키려는 시도도 잘못된 생각이라는 의견이 존재했다. 이런 이유 때문에 서방의 정책 입안자들은 주민 이동을 아주 쉽게 묵묵히 받아들였다. 중부 유럽과 동유럽에 살아남은 소수 민족들이 실질적으로 국제적 보호를 받을 수 없다면, 그들을 더 편안한 곳으로 보내는 것도 괜찮았다. 그때

---

11 그리스인과 터키인은 중요한 예외였는데, 이 예외는 1923년의 로잔 조약에 따른 것이다.

까지만 해도 〈민족 정화ethnic cleansing〉란 용어는 없었으나, 그러한 현실은 분명히 존재했다. 그리고 그 현실은 전혀 대대적인 비난이나 당혹감을 불러일으키지 않았다.

다른 경우와 마찬가지로 이번에도 폴란드는 예외였다. 폴란드는 동쪽 소련 접경지대의 6만 9천 제곱마일을 소련에 빼앗겼으며, 4만 제곱마일에 달하는 오데르-나이세강 동편 독일 영토의 더 나은 땅으로 보상받았다. 이러한 폴란드의 지리적 재조정은 해당 지역에 거주하던 폴란드인, 우크라이나인, 독일인에게는 극적인 사건이었고 중요한 결과를 가져왔다. 그러나 1945년의 상황에서 이는 이례적인 일이었으며, 스탈린이 자신의 제국 서쪽 가장자리 전역을 따라서 강요한 전반적인 영토 조정의 일부로 이해해야 한다. 스탈린은 루마니아에서 베사라비아를 되찾았고, 루마니아와 체코슬로바키아로부터 각각 부코비나와 카르파티아 루테니아를 강탈했으며, 발트 국가들을 소련에 병합했고, 전쟁 중에 핀란드로부터 빼앗은 카렐리아반도를 계속 보유했다.

새로운 소련 국경의 서쪽에서는 약간의 변화가 있었다. 불가리아는 도브루자 지역에서 루마니아로부터 긴 띠 모양의 땅을 되찾았으며, 체코슬로바키아는 헝가리로부터 브라티슬라바 반대편 도나우강 우안의 세 촌락을 얻었고(헝가리는 패전한 추축국이었기에 이의를 제기할 수 없었다), 티토는 이전에 이탈리아 영토였던 트리에스테 주변과 전쟁 말에 그의 군대가 점령한 베네치아줄리아의 일부를 사수할 수 있었다. 그 밖에 1938년에서 1945년 사이에 무력으로 강탈된 땅은 반환되었으며 이전 상태가 회복되었다.

결과적으로 예외가 없지는 않았지만 유럽은 그 어느 때보다 민족적으로 훨씬 동질적인 국민 국가들로 구성되었다. 물론 소련은 다민족 제국으로 존속했다. 유고슬라비아의 민족적 복잡성은 전쟁 중에 지역 사회들 사이에 유혈 투쟁이 전개되었는데도 전혀 약해지지 않았다. 루마니아에는 여전히 상당수 헝가리인들이 트란실바니아에 소수 민족으로 남아 있었고, 숫자를 정확히 파악할 수 없는 수백 만 명의 집시들이 있었다. 그러나 폴란드에서 폴란드인들은 1938년에는 인구의 68퍼센트에 불과했지만 1946년에는 압도적인 다수를 차지했다. 독일 주민은 일시적인 피난민과 추방 난민을 제외하면 거의 전부가 독일인이었다. 뮌헨 회담 전에 체코슬로바키아 주민에는 독일인 22퍼센트, 헝가리인 5퍼센트, 카르파티아−우크라이나인 3퍼센트, 유대인 1.5퍼센트가 포함되어 있었으나, 이제는 거의 체코인과 슬로바키아인뿐이었다. 5만 5천 명의 체코슬로바키아 유대인이 전쟁에서 살아남았지만 1950년이면 1만 6천 명을 제외하고 모두 그곳을 떠났다. 예로부터 유지된 유럽의 디아스포라는(발칸반도 남부와 흑해 주변의 그리스인과 터키인, 달마치아의 이탈리아인, 트란실바니아와 발칸반도 북부의 헝가리인, 볼리니아와 리투아니아와 부코비나의 폴란드인, 발트해에서 흑해까지 또 라인강에서 볼가강까지 퍼져 있는 독일인, 도처의 유대인) 줄어들어 사라졌다. 〈더 잘 정돈된〉 새로운 유럽이 탄생하고 있었다.

추방 난민과 피난민에 대한 초기 관리는, 다시 말해 난민을 모아 수용소를 설치하고 음식과 의복, 의료 지원을 제공하는 일은 대부분 독일을 점령한 연합군, 특히 미국 군대가 맡았다. 독일에 다른 권력은 없었으며, 피난민들이 모여 있는 다른 지역인 오스트리아와 북부 이탈리아에서도 사정은 마찬가지였다. 오직 군대만이 중간 크기의 국가에 상당하는 인구를 관리할 수 있는 재원과 조직력을 갖추고 있었다. 난민 관리는 불과 몇 주 전까지만 해도 독일 국방군과 싸우는 데 전념했던 거대한 군사 기구로서는 전례 없는 책무였다. 연합군 총사령관인 드와이트 아이젠하워는 1945년 10월 8일 피난민과 강제수용소 생존자들을 군대가 관장하는 데 대한 비판에 답하여 해리 트루먼 대통령에게 이렇게 보고했다. 〈몇몇 경우에서 우리는 수준 이하였습니다. 그러나 나는 군 전체가 전투에서 벗어나 대량 송환 업무에, 그리고 독특한 후생 문제를 안고 있는 작금의 정적인 국면에 적응해야 하는 번잡한 과제에 직면해 있음을 지적해야만 하겠습니다.〉

그러나 수용소 체제가 일단 자리를 잡자, 수백만 명의 추방 난민을 돌보고 최종적으로 본국에 송환하거나 재정착시키는 일은 점차 구제 부흥 사업국의 업무가 되었다. 구제 부흥 사업국은 1943년 11월 9일 향후 국제 연합의 회원국이 될 44개국 대표들이 전후에 필요하리라 생각되는 것들을 예상하여 모인 워싱턴 회의에서 창설되었는데, 전후 비상시기에 계속해서 핵심적인 역할을 수행했다. 이 기관은 1945년 7월에서 1947년 6월 사이에 100억 달러를 지출했으며, 그 자금은 대부분 미국과 캐나다, 영국 정부가 제공했다. 그 지원의 상당 부분은 폴란드와 유고슬라비아, 체코슬로바키아 등 동유럽 동맹국들에 직접 투입되었으며, 독일과 기타 지역의 추방 난민을 관리하는 데는 물론이고 소련에도 들어갔다. 이전에 추축국이었던 나라들 중에서는 헝가리만이 구제 부흥 사업국의 지원을 받았지만, 액수는 그리 많지 않았다.

1945년 말에 구제 부흥 사업국은 독일의 추방 난민과 피난민을 위해 227개의 수용소와 구호소를 운영했고, 인접한 오스트리아에서 추가로 25개를, 프랑스와 베네룩스 국가들에서 약간 더 많은 수의 수용소를 운영했다. 1947년 6월 구제 부흥 사업국은 서유럽에서 762개에 달하는 시설을 운영했는데, 그중 대다수가 독일의 서쪽 점령 지구들에 있었다. 국제 연합 소속의 해방된 시민들로서(종전의 추축국 시민들은 포함되지 않는다) 구제 부흥 사업국과 여타 연합국 기관들이 보호하거나 본국으로 송환한 자들의 수는 1945년 9월 정점에 달했을 때 679만 5천 명이었다. 이들에 추가로 소련 당국의 보호를 받고 있는 700만 명과 추방된 독일인 수백만 명을 더해야 한다. 국적별로 최대 집단들은 소련으로부터 왔다. 포로들과 이전의 강제 노역자들이 석방되었던 것이다. 그렇게 송환된 자들은 프랑스인 200만 명(전쟁 포로와 노동자와 강제 이송되었던 자들), 폴란드인 160만 명, 이탈리아인 70만 명, 체코인 35만 명, 네덜란드인 30만 명 이상, 벨기에인 30만 명이었고, 그 외에도 많은 사람들이 있었다.

구제 부흥 사업국의 식량 공급은 특히 유고슬라비아 사람들을 먹이는 데 결정적인 역할을 했다. 그 기관의 보급 물자가 없었다면 1945년에서 1947년 사이에 더 많은 사람들이 사망했을 것이다. 구제 부흥 사업국의 도움으로 식량 소비는 폴란드에서 전쟁 이전 수준의 60퍼센트로, 체코슬로바키아에서는 80퍼센트로 유지되었다. 구제 부흥 사업국은 독일과 오스트리아에서는 추방 난민과 피난민들의 관리 책임을 국제난민기구와 공유했다.

국제난민기구의 자금도 대체로 서유럽 연합국들이 공급했다. 그 최초(1947년) 예산에서 미국이 분담한 몫은 46퍼센트였고 1949년이면 60퍼센트까지 증가했다. 영국의 기부는 15퍼센트, 프랑스의 기부는 4퍼센트에 상당했다. 강제 송환 문제에 관한 서방 연합국들과 소련 사이의 의견 차이로, 소련은(훗날에는 소련 진영이) 국제난민기구를 언제나 순전한 서유럽의 도구로 간주했으며, 따라서 그 활동은 서유럽 점령군이 통제하는 지역의 피난민에 한정되었다. 또한 국제난민기구는 피난민의 요구를 돌보는 데에만 집중했기 때문에, 추방된 독일인들은 혜택을 받지 못했다.

이처럼 추방 난민displaced person(어느 곳엔가 돌아갈 집이 있다고 짐작되는 사람들)과 피난민(집이 없다고 분류된 사람들) 사이의 구분은 이 시기에 받아들여진 여러 가지 미묘한 문제들 중 하나였다. 사람들은 전시에 동맹국이었던 나라들(체코슬로바키아, 폴란드, 벨기에 등)의 국민인지 아니면 이전의 적국(독일, 루마니아, 헝가리, 불가리아 등) 국민인지에 따라 다른 대접을 받았다. 피난민의 본국 송환에서 우선순위를 결정할 때도 이러한 구분이 이용되었다. 제일 먼저 처리되어 집으로 돌아간 사람들은 국제 연합 소속 시민들로 강제수용소에서 해방된 자들이었다. 그다음에는 국제 연합 소속 시민들로 전쟁 포로였던 자들이 송환되었고, 국제 연합 소속 시민들로 추방 난민이 그 뒤를 이었으며, 그다음으로 이탈리아의 추방 난민이, 마지막으로 이전의 적국 국민들이 돌아갔다. 독일인들은 있던 곳에 남겨져 그 지역에 흡수되어야 했다.

프랑스인이나 벨기에인, 네덜란드인, 영국인, 이탈리아인 시민들을 고국으로 돌려보내는 일은 상대적으로 간단했으며, 유일한 장애는 병참에 관련된 업무였다. 즉 누가 어디로 갈 권리를 지녔는지를 결정하고 그들을 그곳으로 데리고 가기에 충분한 만큼의 열차를 찾는 일이 문제였다. 1945년 6월 18일, 한 달 전 독일이 항복했을 때 독일에 있었던 120만 명의 프랑스인들 중 4만 550명을 제외한 나머지 전부가 프랑스로 돌아갔다. 이탈리아인들은 좀 더 오래 기다려야만 했는데, 이전의 적국 국민이기도 했거니와 이탈리아 정부가 그 시민들을 송환할 체계적인 계획을 세우지 못했기 때문이기도 했다. 그렇지만 이탈리아인조차 1947년이면 모두 집으로 돌아갔다. 그러나 동쪽에서는 두 가지 중대하고 복잡한 사정이 있었다. 동유럽에서 추방된 난민 일부가 기술적으로 무국적자여서 돌아갈 나라가 없었던 것이다. 그리고 이 추방 난민 중 상당수가 돌아갈 뜻이 없었다. 서유럽의 관리자들은 처음에는 이 문제에 직면하여 당혹스러워했다. 1945년 5월 독일의 할레에서 서명된 협정에 따르면 소련의 전쟁 포로와 소련인 시민들은 모두 고국으로 귀환해야 했으며, 그들도 그러기를 원한다고 추정되었다. 예외는 단 하나였다. 서방 연합국들은 스탈린이 전시에 발트 국가들을 소련에 병합한 것을 인정하지 않고, 따라서 독일의 서방 점령 지구와 오스트리아에 있던 추방 난민 수용소의 에스토니아인과 라트비아인, 리투아니아인에게는 동부로 돌아갈 것인지 아니면 서유럽에서 새로운 집을 찾을 것인지 선택할 권리를 부여해야 했다.

그러나 돌아가지 않으려는 사람들은 발트 사람들뿐만이 아니었다. 과거에 소련과 폴란드, 루마니아, 유고슬라비아의 시민이었던 수많은 사람들도 귀국하느니 차라리 독일의 임시 수용소에 남아 있기를 원했다. 소련 시민들은 설령 포로수용소에 갇혀 있었더라도 서유럽에서 잠시라도 머무른 자들에게 보복을 가할지도 모른다는 두려움을 느꼈다. 여기에는 상당한 근거가 있었다. 발트 지역 사람들과 우크라이나인, 크로아티아인들은 명칭에서는 아직 아니었지만 사실상 공산주의자들이 통치하는 국가로 돌아가는 것이 내키지 않았다. 여러 경우에 이러한 저항은 실제였든 모함이었든 전쟁 범죄에 대한 보복의 공포로 유발되었으나, 더 나은 삶을 찾아 서유럽으로 탈출하고 싶은 단순한 열망이 원인이기도 했다.

1945년과 1946년 내내 서유럽 당국들은 그러한 감정을 대체로 무시했고 때로 무력까지 동원해 가면서 소련과 여타 동유럽 시민들의 귀국을 종용했다. 소련 관리들이 독일의 수용소에서 온 자국민들을 적극적으로 에워싼 상태에서, 동유럽 출신 피난민들은 곤혹스러워하는 프랑스와 미국과 영국의 관리들에게 자신들은 〈집으로〉 돌아가기를 원하지 않으며 차라리 독일에 남겠다는, 독일의 어느 곳이라도 좋다는 의사를 필사적으로 납득시키려 했다. 이들이 언제나 성공하지는 못했다. 1945년에서 1947년 사이 서방 연합국이 돌려보낸 소련 시민은 227만 2천 명이었다.

결코 소련 시민이었던 적이 없는 러시아인 망명자들과 우크라이나인 빨치산, 그 밖의 많은 사람들이 영국군이나 미국군에 둘러싸여 국경 너머에서 대기하고 있는 내무인민위원부NKVD 부대로, 때때로 말 그대로 떠밀려 넘겨졌을 때, 특히 전후 초기 몇 달 동안에는 필사적인 투쟁의 끔찍한 장면들이 연출되었다.[12] 이들은 일단 소련의

12 1945년 5월 말 영국군은 오스트리아로 피난했던 1만 명의 슬로베니아인 병사들과 민

손에 넘어가자 소련군이 동쪽으로 강제 이송한 헝가리인과 독일인, 기타 이전의 소련의 적이었던 자들과 함께 수십만 명에 달하는 다른 소련 국적 송환자들에 합류했다. 1953년까지 총 550만 명의 소련 국민이 본국으로 송환되었다. 송환된 자들 중 다섯에 하나는 결국 사살되거나 굴라크Gulag에 보내졌고, 더 많은 사람들이 곧장 시베리아로 유배되거나 노동 부대에 배치되었다.

강제 송환은 1947년에 가서야 중단되었다. 냉전이 시작되고 소련 진영 출신의 추방 난민을 정치적 망명자로 대우하려는 의지가 새로이 출현한 덕이었다(1948년 2월 프라하에서 공산주의 쿠데타가 발생했을 때 독일과 오스트리아에 여전히 남아 있던 5만 명의 체코인들은 즉각 이 지위를 획득했다). 그리하여 전부 150만 명에 달하는 폴란드인과 헝가리인, 불가리아인, 루마니아인, 유고슬라비아인, 소련인, 유대인이 송환되지 않는 데 성공했다. 그들은 발트 국가 사람들과 더불어 독일의 서방 점령 지구와 오스트리아, 이탈리아에 남은 추방 난민에서 압도적 다수를 차지했다. 1951년에 유럽 인권 조약ECHR은 그와 같은 추방된 외국인들이 보호받을 권리가 있음을 조문에 포함시켰으며 마침내 강제로 송환하여 박해받는 일이 없도록 보장하게 된다.

그래도 문제는 남았다. 그들은 어떻게 될 것인가? 피난민과 추방 난민 자신들은 아무런 의심도 없었다. 1948년 10월 『뉴요커』에 쓴 주네(재닛 플래너)[13]의 말에 따르면, 〈(추방 난민은) 고향이 아니라면 지구상의 그 어느 곳이라도 기꺼이 갈 것〉이었다. 그러나 누가 그들을 데려갈 것인가? 서유럽 국가들은 노동력이 부족하고 경제적·물질적 재건의 와중에 있었기에 처음에는 특정 부류의 무국

간인을 유고슬라비아 당국에 넘겨주었다. 그들 대부분은 트럭에 태워져 남쪽의 코체베 숲으로 끌려가 즉결 처형되었다.

13 1892~1978. 미국의 작가이자 기자. 1925년부터 1975년에 은퇴할 때까지 『뉴요커』 지의 파리 통신원을 지냈다. 주네는 필명이다 ― 옮긴이주.

적자들을 들여오는 데 매우 개방적이었다. 벨기에와 프랑스, 그리고 특히 영국은 광부와 건설 노동자, 농업 노동자가 필요했다. 1946년에서 1947년 사이에 벨기에는 2만 2천 명의 추방 난민을 그들의 가족과 함께 받아들여 왈론 지역 광산에서 일하게 했다. 프랑스는 3만 8천 명을 데려와 여러 종류의 육체노동에 종사하게 했다. 영국도 이런 식으로 8만 6천 명을 데려왔는데, 그중에는 폴란드 군대의 제대 군인들과 무장 친위대의 〈할리치니아〉 사단에서 싸웠던 우크라이나인들이 다수 포함되었다.[14]

입국 허용의 기준은 단순했다. 서유럽 국가들은 강한 남성 육체노동자들에 관심이 있었고, 그런 이유로 발트 국가 사람들과 폴란드인, 우크라이나인을 전시 이력에 상관없이 애호했으며 그 점에 대해 전혀 난처하게 생각하지도 않았다. 독신 여성들은 육체노동자나 가정부로 환영받았다. 그러나 1948년 캐나다 노동부는 소녀나 성인 여성이 가사 노동으로 이민을 신청할 경우 중등 교육을 받았다는 징후가 조금이라도 보이면 거절했다. 노인이나 고아, 아이가 딸린 독신 여성을 원하는 나라는 없었다. 그 당시 피난민들은 일반적으로 진심 어린 환영을 받지 못했다. 전후 미국과 서유럽의 투표 결과를 보면 피난민들의 곤경에 대한 동정이 매우 적었음이 드러난다. 대부분의 사람들은 이민이 늘기보다는 줄어들기를 원했다.

유대인 문제는 특히 달랐다. 서유럽 당국들은 처음에는 추방된 유대인을 다른 추방 난민과 똑같이 취급했고, 이전에 그들을 박해했던 많은 사람들과 함께 독일의 수용소에 집어넣었다. 그러나 1945년 8월 트루먼 대통령이 독일의 미국 점령 지구에서는 모든 추방된 유대인들에게 독립된 시설이 제공되어야 한다고 공표했다. 대통령은

14 갈리치아 사단이라고도 불렸던 무장 친위대의 할리치니아 사단은 두 대전 사이에 폴란드 시민이었던 우크라이나인들로 구성되었다. 그 기원이 된 지역은 전쟁 후에 소련에 병합되었다. 그러므로 그들은 국방군 편에 서서 소련에 대적하여 싸웠음에도 소련으로 송환되지 않았고, 서유럽 당국은 그들을 무국적자로 대우했다.

그 문제의 면밀한 조사를 주문했고, 이전의 통합된 수용소와 구호소
는 〈문제에 대한 명백히 비현실적인 접근 태도였다. 유대인을 유대
인으로 인정하기를 거부하는 것은…… 이전에 그들이 받았던 잔인
한 학대에 눈을 감는 것이다〉라고 말했다. 1945년 9월 말이면 미국
점령 지구의 모든 유대인이 별도 시설에서 보호를 받게 되었다.

유대인을 동부로 돌려보내는 문제는 전혀 제기되지 않았다. 소련
이나 폴란드, 다른 어느 곳에서도 유대인을 되돌려 받는 데 최소한
의 관심이라도 보인 당국자는 단 한 명도 없었다. 서유럽에서도 유
대인은 환영받지 못했다. 특히 교육을 받았거나 육체노동이 아닌 분
야에 자격을 갖고 있는 자들이라면 더욱 그랬다. 그래서 매우 역설
적이게도 추방된 유대인들은 독일에 남았다. 유럽의 유대인을 〈배
치〉하는 어려움은 오로지 이스라엘의 창설을 통해서만 해결되었다.
1948년에서 1951년 사이에 33만 2천 명에 이르는 유럽의 유대인들
이 이스라엘을 향해 떠났다. 독일의 국제난민기구 시설들에서 출발
하거나 루마니아와 폴란드 등지에 여전히 남아 있던 사람들의 경우
현지에서 직접 출발했다. 남은 16만 5천 명은 결국 프랑스나 영국,
호주, 북아메리카, 남아메리카로 떠났다.

그곳에서 그들은 제2차 세계 대전 당시 추방된 자들과 피난민들
에 합류했으며, 이후 1947년에서 1949년 사이에 중동부 유럽의 새
로운 정치 망명자 세대가 추가로 합류한다. 전체적으로 미국은 이
시기에 40만 명을 수용했으며, 1953년에서 1957년 사이에 추가로
18만 5천 명이 미국에 도착했다. 캐나다는 총 15만 7천 명의 피난민
과 추방 난민을 받아들였으며, 호주가 18만 2천 명을 받아들였다(이
중 폴란드인이 6만 명이고 발트 국가 사람들이 3만 6천 명이었다).

이러한 성취의 규모를 강조할 필요가 있다. 어떤 사람들은, 특히
유고슬라비아와 루마니아 출신의 일부 독일인 소수 민족들은 포츠
담 선언에 포함되지 않았기 때문에 망각의 구렁에 빠져버렸다. 그러

나 연합국 군사정부들과 국제 연합의 민간 기구들은 6년간의 끔찍한 전쟁을 겪고 난 뒤에 상처만 남고 더욱 비참하고 궁핍해진 대륙에서 6년 동안 활동했고, 그사이 대륙 전역의 수십 개 나라와 공동체 출신 수백만 명을 본국으로 송환하거나 국내로 통합하고 재정착시키는 데 성공했다. 1951년 말, 새로이 설립된 국제 연합 난민 고등판무관UNHCR이 구제 부흥 사업국과 국제난민기구를 대체했을 때, 추방 난민들이 모여 있던 유럽의 수용소에는 단지 17만 7천 명만 남아 있었다. 그들은 대부분 연로하고 허약했기에 어떤 나라도 원하지 않았다. 바이에른의 푀렌발트에 있던 독일의 마지막 추방 난민 수용소는 1957년에 폐쇄되었다.

유럽의 추방 난민과 피난민들은 전면전에서 살아남았을 뿐만 아니라 그 모든 국지전과 내란도 견뎌 냈다. 실제로 1934년에서 1949년 사이에 기존 유럽 국가들의 국경 내부에서는 미증유의 잔학한 내전이 연이어 발생했다. 잇따른 외국의 점령은, 독일의 점령이든, 이탈리아나 러시아의 점령이든 많은 경우에 새로운 폭력 수단을 통해 전쟁 이전의 정치적 과제와 적대 행위의 수행을 조장하고 정당화하는 데 기여했다. 점령군은 당연히 중립을 지키지 않았다. 일반적으로 점령군은 점령당한 국민 내부의 분파 세력과 결합하여 공동의 적에 대항하여 싸웠다. 평화로운 시절에는 정치에서 불리한 처지에 놓였던 정치 집단이나 소수 민족은 바뀐 환경을 이용하여 이런 식으로 지역의 숙원을 해결할 수 있었다. 특히 독일인들은 기꺼이 그러한 정서를 이끌어내고 이용했다. 그 목적은 단지 분열시켜서 더욱 용이하게 정복하는 것뿐만 아니라 점령지의 관리와 통치에 드는 수고와 비용을 줄이는 데에도 있었다. 독일인들은 현지의 부역자들에게 그 일을 맡길 수 있었던 것이다.

1945년 이후 〈부역자〉란 용어는 명백히 경멸적인 도덕적 함의를 획득했다. 그러나 전시의 분열과 협력은 현지에서는 단순히 〈부역〉과 〈저항〉이라는 전후에 부여된 속성보다 훨씬 더 복잡하고 모호한 의미를 지녔다. 그리하여 점령된 벨기에에서는 플란데런어를 말하는 일부 사람들이 자치에 대한 약속과 프랑스어를 말하는 엘리트들의 벨기에 국가 장악을 종식시킬 기회라는 생각에 마음을 빼앗겨 독일의 지배를 환영하는 실수를 저질렀다. 제1차 세계 대전 당시에 저질렀던 실수를 되풀이한 것이다. 다른 곳과 마찬가지로 벨기에에서도 나치는 자신들의 목적에 적합하기만 하면 기꺼이 지역 간의 대립이라는 수를 꺼내들었다. 1940년, 교전이 중단되었을 때 플란데런어를 말하는 벨기에인 전쟁 포로들은 석방된 반면, 프랑스어를 말하는 왈론 사람들은 전쟁 내내 전쟁 포로수용소에 머물렀다.

노르웨이에서도 그랬지만 프랑스와 벨기에에서도 독일에 대한 저항은 대단했고, 특히 점령기의 마지막 2년 동안에는 더욱 거세졌다. 나치가 젊은이들을 독일로 징용하여 강제 노동에 투입하려 한 까닭에 많은 젊은이들이 위험이 적은 대안으로 마키[15]를 선택했기 때문이었다. 그러나 적극적인 저항 운동가들이 신념이나 매수, 사리사욕 등의 이유로 나치에 부역한 자들보다 많아진 것은 점령이 끝나가는 때의 일이었다. 프랑스에서 완전히 투신한 사람은 양 진영에서 거의 똑같이 최대 16만 명에서 17만 명 사이로 추정되었다. 그리고 이들은 흔히 상호 간에 주적이었다. 독일인은 대체로 존재하지 않았다.

이탈리아의 상황은 더욱 복잡했다. 파시스트들은 1943년 7월 궁정 쿠데타로 무솔리니가 무너질 때까지 20년 동안 권좌에 있었다. 아마 이 때문이겠지만, 정권에 대한 현지의 저항은 거의 없었다. 적극적인 반파시스트들은 대부분 망명 중에 있었다. 이탈리아가 공식

15 marquis. 밀림이라는 뜻. 독일에 저항한 레지스탕스의 농촌 게릴라를 말한다 — 옮긴이주.

적으로 연합국 편의 〈공동 교전국〉이 된 1943년 9월 이후, 독일이 점령한 북부 이탈리아는 무솔리니의 〈살로 공화국〉이라는 괴뢰 정권과 이에 저항하는 빨치산으로 분열되었다. 소규모였으나 용감했던 빨치산은 진격해 들어가는 연합군과 협력하면서 때로는 연합군의 지원을 받으며 저항했다.

두 진영 모두 올바른 생각을 지닌 대다수 이탈리아인이 외세와 결탁한 한줌의 흉악한 테러리스트들과 싸우고 있다고 주장했지만, 실제로 이 싸움은 1943년에서 1945년 사이에 많은 이탈리아인들이 두 진영의 어느 한편에 가담하여 벌인 진정한 내란이었다. 살로 공화국의 파시스트들은 잔인한 점령군의 부역자들로서 사실상 대표성이 없었다. 그러나 그 당시 파시스트들이 국내에서 얻었던 지지는 무시할 수 없는 수준이었고, 파시스트의 가장 호전적 적대자들인 공산당 주도의 빨치산이 얻은 지지보다 눈에 띄게 적지는 않았다. 반파시즘 저항은 사실상 이탈리아인들끼리 벌인 싸움의 한 단면이었다. 전후 몇십 년 동안 이탈리아인들은 이러한 실상을 편리하게 기억에서 지워 버렸다.

동유럽에서는 문제가 훨씬 더 복잡했다. 슬로바키아인들과 크로아티아인들은 독일군의 주둔에 기대어 전쟁 전에 분리주의 정당들이 신봉했던 계획에 따라 관념적으로나마 독립적인 국가를 건설하려 했다. 폴란드에서는 독일인들이 부역자를 찾지 않았다. 그러나 북쪽의 발칸 국가들에서, 심지어 핀란드에서도 국방군은 처음에는 소련의 점령과 병합의 대안으로 환영받았다. 특히 오랫동안 독립을 추구했던 우크라이나는 목적을 달성하기 위해 1941년 이후 전력을 다해 독일의 점령을 이용했고, 동부 갈리치아와 서부 우크라이나 지역에서는 각각 반나치 전쟁과 반소련 전쟁을 기치로 내세워 싸웠던 우크라이나 빨치산과 폴란드 빨치산 사이에 잔혹한 내전이 벌어졌다. 이러한 상황에서 이데올로기 전쟁과 지역 간의 대립, 정치적 독립을 위한 투쟁 사이의 미묘한 차이를 구분하는 것은 의미가 없었다. 특히 모든 경우에서 가장 주된 희생자였던 지역 주민들에게 그것들은 똑같았다.

폴란드인과 우크라이나인은 때와 장소에 따라 국방군이나 소련군에 협력하거나 그들에 대항했으며 또 상호 간에도 싸웠다. 폴란드에서 이 싸움은 1944년 이후에는 공산주의 국가에 맞선 게릴라전으로 변질되었는데, 1945년에서 1948년 사이에 약 3만 명의 폴란드인이 이 와중에 사망했다. 소련이 점령한 우크라이나에서는 최후의 빨치산 사령관이었던 로만 슈헤비치가 1950년에 리비우 근처에서 살해되었다. 우크라이나와 특히 에스토니아에서는 반소련 활동이 간헐적으로 몇 년 더 지속되었다.

그러나 제2차 세계 대전을 다른 무엇보다 내전으로, 그것도 유례없이 잔혹한 내전으로 경험한 곳은 발칸 국가들이었다. 부역자와 저항 투사라는 상투적인 꼬리표들은 유고슬라비아에서는 더욱 불분명했다. 체트니치 빨치산[16]의 세르비아 지도자 드라자 미하일로비치[17]는 누구였는가? 애국자인가? 저항 투사인가? 부역자인가? 사람들을 투쟁으로 이끈 것은 무엇이었나? (독일과 이탈리아) 점령군에 맞선 저항이었나? 두 대전 사이 유고슬라비아 국가가 국내의 정적들에 가한 복수였나? 세르비아인과 크로아티아인, 무슬림 지역 사회들 간의 분쟁이었나? 그 목적은 공산주의에 대한 찬성이었나? 아니면 반대였나? 많은 사람들이 한 가지 이상의 동기를 지녔다.

그리하여 안테 파벨리치가 이끈 크로아티아 괴뢰 국가의 〈우스타세Ustaše〉 정권은 20만 명이 훨씬 넘는 세르비아인과 무슬림을 살해

16 전시의 〈체트니치〉 빨치산은 18세기 세르비아의 오스만 통치자들에 대항하여 싸웠던 고지대 게릴라 부대에서 이름을 빌려 왔다.

17 1893~1946. 세르비아의 장군. 제2차 세계 대전 중 유고슬라비아 왕국 망명 정부에 충성하는 저항 운동인 일명 체트니치의 지도자. 종전 후 공산당 빨치산들에 의해 추축국에 협력하고 민간인을 살해, 암매장한 혐의로 재판을 받았다 — 옮긴이주.

했다. 그러나 대부분 세르비아인이었던 미하일로비치의 왕당파 빨치산도 무슬림을 죽였다. 보스니아의 무슬림이 때때로 자신들을 보호하기 위해 독일군에 협력했던 것은 다른 이유가 없었다면 바로 이 때문이었다. 티토의 공산당 빨치산은 유고슬라비아에서 독일군과 이탈리아군을 제거하는 것을 전략적 목표로 삼았음에도 우선 체트니치를 궤멸하는 데 시간과 재원을 쏟았다. 특히 이러한 목표가 그들의 능력이 미치는 범위 안에 있었기 때문이다. 밀로반 질라스는 빨치산과 체트니치 사이의 전투에서 영웅적인 역할을 수행했지만 그 결과에 환멸을 느꼈는데, 10년 뒤에 쓴 글에서 점령기 유고슬라비아에서 경험한 전쟁과 저항에 관해서 이렇게 증언했다. 〈양측 부대는 전멸을 피하려고 아니면 동포들로 구성된 소집단을 몰살하려고 바위 협곡을 몇 시간 동안 기어올랐다. 6천 피트(약 1830미터) 높이의 우뚝 솟은 봉우리에 있던 그들은 굶주리고 피 흘리며 포위된 나라에 함께 살던 이웃이기도 했다. 이것이 노동자와 농민의 반(反)부르주아 투쟁이라는 우리의 모든 이론과 이상이 낳은 결과라는 생각이 뇌리를 스쳤다.〉

  마찬가지로 유고슬라비아 남쪽의 그리스에서도 제2차 세계 대전은 침공과 점령, 저항, 보복, 내란의 연속이었다. 이 순환은 1944년 12월 아테네에서 왕당파를 지원하는 영국군과 공산주의자들 간의 5주에 걸친 충돌로 절정에 이르렀고, 그 후 1945년 2월에 휴전 협정이 체결되었다. 그러나 1946년에 전투가 재개되어 3년을 더 지속한 뒤 공산주의자들이 북부 산악 지대의 근거지에서 패주함으로써 이 싸움은 종결되었다. 이탈리아와 독일에 맞선 싸움에서 그리스의 저항이 프랑스나 이탈리아의 더 유명한 저항 운동들보다 효과적이었다는 데에는 의심의 여지가 없지만(1943년에서 1944년 사이에만 독일군 사상자가 6천 명이 넘었다), 그 일로 그리스가 입은 손실은 훨씬 더 컸다. 그리스 공산당의 게릴라와 서방의 지지를 받는 아테네의 국왕 정부는 이후 수십 년간 촌락들을 위협하고 교통을 파괴하여 그리스를 분열시켰다. 1949년 9월 전투가 끝날 즈음, 주민의 10퍼센트가 집 없는 사람들이었다. 그리스 내전에서는 유고슬라비아와 우크라이나에서 벌어진 싸움의 민족적 복잡성을 많이 볼 수 없었지만,[18] 인적 손실은 훨씬 더 많았다.

유럽에서 벌어진 내전들은 전후에 매우 큰 영향을 끼쳤다. 단순하게 생각하면 이 내전들은 유럽의 전쟁이 1945년에 독일인들이 떠나면서 종결된 것이 아님을 의미했다. 내전이 남기는 깊은 상처 중 하나는 적이 패배한 뒤에도 그 자리에 그대로 존재한다는 사실이다. 적과 더불어 싸움의 기억도 남게 된다. 그러나 이 시기의 서로 죽고 죽이는 싸움들은 무엇인가 달랐다. 이 싸움들은 전대미문의 잔혹함을 보여 준 나치의 점령과 뒤이은 소련의 점령과 더불어 유럽 국가의 구조 자체를 부식시켰다. 내전을 겪은 이후로는 어느 것도 이전과 같지 않았다. 사회 혁명이란 크게 남용된 용어이지만, 이 내전들이 제2차 세계 대전을, 히틀러의 전쟁을 가장 진정한 의미에서 사회혁명으로 바꿔 놓았다.

우선 외세에 의한 일련의 영토 점령은 불가피하게 현지 통치자들의 권위와 정당성을 침해했다. 비시 정부는 명목상으로는 독립적이었지만 슬로바키아의 요제프 티소 신부[19]나 자그레브에 수립된 파벨리치의 우스타셰 정권처럼 히틀러에 예속된 대리인이었으며, 대부분의 사람들은 그 사실을 알고 있었다. 지방 정부 차원에서는 점령군에 협력했던 네덜란드나 보헤미아의 지역 당국들이 어느 정도

18 그러나 민족적 성격이 전혀 없지는 않았다. 전후에 그리스 공산주의자들은 불가리아 공산주의 정권이 슬라브인 지역인 북부 그리스를 병합한 것을 기회주의적으로 지지했지만, 이는 그들의 대의를 끌어올리는 데 별다른 도움이 되지 않았다.
19 1887~1947. 슬로바키아 인민당의 파시스트 정치인. 로마가톨릭 사제로서 체코슬로바키아 의회 의원, 정부 각료를 역임했고 1939년에서 1945년까지 슬로바키아 독립공화국의 대통령을 지냈다 — 옮긴이주.

의 주도권을 쥐고 있었지만, 그나마 독일인 주인의 희망과 충돌하지 말아야 했다. 동쪽으로 더 가면 나치는, 그리고 나중에 소련은 한동안 현지의 분열과 야망을 활용하여 이를 취하는 것이 더 편리한 곳을 제외하고는 기존의 제도를 자체의 인력과 기구로 대체했다. 얄궂게도, 적어도 1944년까지 어느 정도 실질적인 독립을 유지한 나라는 나치와 동맹을 맺어 자치를 허용받은 핀란드와 불가리아, 루마니아, 헝가리였다.

독일과 소련 중심부를 제외하면 제2차 세계 대전에 말려든 유럽 대륙의 국가들은 전부 최소한 두 번씩, 처음에는 소련군에, 그다음에는 해방군에 점령당했다. 폴란드와 발트 국가들, 그리스, 유고슬라비아 같은 몇몇 나라는 5년 동안 세 차례 점령당했다. 연이었던 각각의 침공 뒤에는 앞선 정권이 붕괴되었으며, 그 정권의 권위는 실추되었고, 엘리트들의 지위는 격하되었다. 어떤 곳에서는 완전한 청산이 이루어져 옛 계급 질서 전체가 신뢰를 잃고 그 대표자들의 명예가 더럽혀졌다. 예를 들어 그리스에서는 전쟁 이전의 독재자 메탁사스가 옛 의회 집단을 일소해 버렸다. 독일은 메탁사스를 제거했다. 그다음에는 독일인들의 차례였다. 독일인들도 밀려났고, 그들에게 협력했던 자들은 비난받을 처지에 놓였으며 망신을 당했다.

옛 사회적·경제적 엘리트들의 숙청이 아마도 가장 극적인 변화였을 것이다. 나치의 유럽 유대인 절멸은 당연히 파괴적이었다. 그렇지만 그것이 전부는 아니었다. 유대인의 절멸은 그들이 의사와 변호사, 사업가, 교수 등 지역의 전문직 계층을 이루고 있었던 중부 유럽의 많은 도시들에서 심각한 사회적 결과를 초래했다. 앞서 살펴보았듯이 훗날, 대개는 바로 그 도시들에서 현지 부르주아의 다른 중요한 일부였던 독일인들도 마찬가지로 추방된다. 그 결과로 사회적 풍경이 근본적으로 변화했다. 폴란드인과 발트 국가 사람들, 슬로바키아인, 헝가리인 등은 떠난 자들의 직업을, 그리고 그들의 집을 취하여 신분 상승을 이룰 기회를 얻었다.

중부 유럽과 동유럽의 원주민들이 추방당한 소수 민족의 자리를 꿰차는 방편이었던 이러한 파괴적 과정은 히틀러가 유럽의 사회사에 기여한 것 중에서 가장 지속적인 영향력을 지녔다. 독일의 계획은 폴란드와 소련 서부의 유대인, 그리고 교육받은 현지 지식인들을 몰살하고 나머지 슬라브인들을 새로운 노예의 신분으로 전락시키며 그 땅과 정부를 이주해 정착한 독일인들에게 맡기는 것이었다. 그러나 소련군이 도착하고 독일인들이 축출됨으로써, 이 새로운 상황은 진정 더 근본적이었던 소련의 계획에 더할 나위 없이 적합한 것으로 판명되었다.

그 한 가지 이유는 점령 시기에 급속한 상향 사회 이동이 무참하게 집행되었을 뿐만 아니라 법치 국가의 법률과 생활 습관이 철저히 붕괴되었기 때문이다. 독일의 유럽 대륙 점령기가 전지전능한 권력의 빈틈없는 감시 속에서 평화와 질서가 유지된 시기였다고 보는 것은 오해이다. 점령된 지역들 중에서도 가장 폭넓게 감시받고 탄압받았던 폴란드에서도, 사회는 새로운 통치자들과 무관하게 작동했다. 폴란드인들은 자신들을 위해 지하에 병행 세계를 건설했던 것이다. 신문과 학교, 문화 활동, 복지 서비스, 경제적 교환과 심지어 군대까지 독일이 금지한 이 모든 것은 법의 영역 밖에서 개인적으로 큰 위험을 무릅쓰고 실행되었다.

그러나 그것이 바로 요점이었다. 점령된 유럽에서 정상적으로 산다는 것은 법의 위반을 뜻했다. 우선은 점령군이 시행한 법(통행금지, 여행 규제, 인종 법률 등)의 위반이었을 뿐만 아니라 관습적인 법과 규범의 위반이었다. 예를 들면, 농산물을 얻을 수 없었던 대부분의 보통 사람들은 가족을 먹이기 위해 암시장이나 불법적인 물물 교환에 의존할 수밖에 없었다. 국가로부터 훔친 것이든 동료 시민에게서 훔친 것이든 유대인 상점에서 약탈한 것이든, 절도는 만연한 현상이어서 많은 사람들의 눈에 범죄로 보이지도 않았다. 실제로 점령군을 대표하고 점령군에 봉사하는 헌병과 경찰, 지역의 시장들이나 일부 민간인을 선별하여 조직적인 범죄 행위를 자행한 점령군에게, 흔히 발생하는 중죄는 곧 저항 행위로 바뀌었다(해방 이후에 생각해 보니 그렇다는 것이다).

특히 폭력은 일상의 한 부분이 되었다. 근대 국가의 궁극적인 권위는 언제나 극한적인 상황에서는 무력의 독점과 필요할 경우 무력을 쓰겠다는 그 의지에 있었다. 그러나 점령된 유럽에서 권위는 오로지 무력의 함수, 제한 없이 사용된 무력의 함수였을 뿐이다. 그런데 이상하게도 국가는 바로 이 상황에서 폭력의 독점권을 상실했다. 빨치산 집단들과 군대가 일정한 영역에서 자신들의 영장을 집행할 수 있는 능력으로 결정되는 합법성을 쟁취하기 위해 경쟁했다. 이러한 상황은 근대 국가의 권위가 확립된 적이 전혀 없었던 그리스와 몬테네그로, 폴란드의 동부 변경 지역 등 유럽의 외진 지역에 가장 잘 들어맞았다. 그러나 제2차 세계 대전이 끝날 무렵에는 프랑스 일부와 이탈리아도 마찬가지였다.

폭력은 냉소를 낳았다. 나치와 소련은 둘 다 점령군으로서 만인 대 만인의 투쟁을 조장했다. 그들은 앞선 정권이나 국가의 사라진 권위에 대한 충성뿐만 아니라 개인들 간의 예절이나 유대 의식도 성공적으로 방해했다. 통치 권력이 이웃을 잔인하고 부당하게 대했다면(그 이웃이 유대인이거나 교육받은 엘리트나 소수 민족의 일원이었기 때문에, 아니면 정권의 마음에 들지 않았기 때문에, 그것도 아니라면 전혀 아무런 이유도 없이), 당신이 그 이웃을 더 존중할 이유가 어디에 있겠는가? 실제로 한 걸음 더 나아가 이웃을 곤경에 빠뜨림으로써 미리 정권의 비위를 맞추는 게 종종 현명한 처사일 때가 많았다.

독일에 점령된 유럽 전역에서(심지어 점령되지 않은 곳에서도)

점령이 끝날 때까지, 익명의 제보와 사사로운 고발, 순전한 풍문이 놀랄 만큼 많았다. 1940년에서 1944년 사이에 헝가리와 노르웨이, 네덜란드, 프랑스에서 친위대와 게슈타포, 지역 경찰에는 엄청난 수의 고발이 들어왔다. 상당수는 보상이나 물질적 이득도 없는 고발이었다. 소련이 통치할 때에도, 특히 1939년부터 1941년까지 소련이 점령한 동부 폴란드에서, 자코뱅 당 방식으로 밀고자를 격려하고 타인의 충성심을 의심하는 (프랑스) 혁명적 관행이 만연했다.

요컨대 누구나 다른 모든 사람을 두려워해야 할 충분한 이유가 있었다. 타인의 동기를 의심했던 사람들은 그들이 일탈했다거나 부정한 이득을 취했다고 재빨리 비난했다. 물론 이러한 비난은 단지 추정일 뿐이었다. 위로부터 제공되는 보호는 전혀 없었다. 실제로 권력자들이 대체로 법을 가장 잘 어겼다. 1939년에서 1945년 사이에 대부분의 유럽인들에게 권리는, 시민적·법률적·정치적 권리는 이제 존재하지 않았다. 국가는 법과 정의의 수호자가 아니었다. 오히려 그 반대로 히틀러의 신질서Neue Ordnung 체제에서는 정부 자체가 주된 약탈자였다. 생명과 신체에 대한 나치의 태도가 악명 높았던 것은 당연하다. 그러나 나치의 재산 처리 방식은 사실상 그들이 전후 세계에 물려준 가장 중요한 실질적 유산이었는지도 모른다.

독일 점령기에 재산권은 기껏해야 불확정적 권리였다. 유럽의 유대인들은 돈과 물건, 집, 상점, 사업을 빼앗겼다. 유대인의 재산은 나치와 부역자들, 그들의 친구들이 나누어 가졌고, 그 나머지는 지역 사회가 약탈하고 훔쳐 갔다. 그러나 몰수와 징발은 유대인에게만 국한되지 않았다. 소유의 〈권리〉는 침해되기 쉬웠으며 종종 의미 없는 것이었고 오직 권력자의 선의나 이익, 변덕에 좌우되었다.

이 일련의 철저한 강제적 재산 변동에는 패자는 물론 승자도 있었다. 유대인과 여타 민족의 희생자들이 떠나가자 그들의 상점과 아파트는 지역민들이 차지했다. 희생자들의 도구와 가구, 의복은 새로운 소유자들이 몰수하거나 도적질했다. 이 과정은 오데사에서 발트 해에 이르는 〈죽음의 지대〉에서 가장 심했으나, 도처에서 발생했다. 1945년에 파리나 프라하로 돌아온 강제수용소 생존자들은 종종 전시의 〈무단 거주자들〉이 자신들의 집을 점거하고 있는 것을 보았고, 그들은 화를 내며 자신들의 권리를 주장했고 떠나기를 거부했다. 이런 식으로 수십만 명의 평범한 헝가리인, 폴란드인, 체코인, 네덜란드인, 프랑스인 등이 수혜자로서 나치의 종족 학살에서 공범이 되었다.

모든 피점령국에서 공장과 자동차, 토지, 기계, 완제품이 새로운 지배자의 이익을 위해 보상 없이 몰수되었다. 대대적인 사실상의 국유화나 매한가지였다. 특히 중부 유럽과 동유럽에서 나치는 상당한 사유재산과 수많은 금융기관을 탈취하여 전시경제에 이용했다. 이러한 현상이 언제나 종전의 관행과 근본적으로 단절된 것은 아니었다. 1931년 이후 중동부 유럽의 재앙 같은 자급자족 경제 전환에는 강도 높은 국가 개입과 조작이 동반되었으며, 폴란드와 헝가리, 루마니아에서는 전쟁 직전과 전쟁 초기에 독일의 경제적 침투에 대한 예방 조치로서 국영 기업 부문이 크게 팽창했다. 동유럽에서 국가의 경제 지도는 1945년에 시작된 것이 아니었다.

전후에 폴란드에서 유고슬라비아까지 독일 주민들이 축출됨으로써 독일인의 유대인 추방으로 시작된 근본적인 변화가 완성되었다. 주데텐란트와 슐레지엔, 트란실바니아, 북부 유고슬라비아의 많은 독일인이 상당한 토지를 보유하고 있었다. 이 땅들이 재분배를 위해 국유화되자 그 충격은 즉시 나타났다. 체코슬로바키아에서는 독일인과 그 협력자들에게서 빼앗은 물품과 재산이 국부의 4분의 1에 이르렀으며, 농지의 재분배만으로도 30만 명 이상의 농민과 농업 노동자, 그들의 가족이 직접적으로 수혜를 입었다. 이러한 규모의 변화들은 혁명적이라고 할 수밖에 없다. 이러한 변화는 전쟁 그 자체가 그랬듯이 근본적인 중단, 즉 과거와 뚜렷이 단절되었음을 의미했던 동시에 아직 닥치지 않은 훨씬 더 큰 변화를 준비했다.

해방된 서유럽에는 재분배할 만한 독일인 소유의 재산이 거의 없었으며, 전쟁은 동쪽의 경우와는 달리 대격변으로 경험되지 않았다. 그러나 서유럽에서도 당국의 정통성에는 의문이 제기되었다. 프랑스와 노르웨이, 베네룩스 국가들의 지역 행정부들은 명예롭게 처신하지 못했다. 그 반대로 대개 점령군의 명령을 신속하게 수행했다. 1941년에 독일은 점령지 노르웨이를 겨우 806명의 행정 인력으로 관리할 수 있었다. 나치는 겨우 1,500명의 자국민으로 프랑스를 관리했다. 나치는 프랑스 경찰과 의용군을 믿을 수 있다고 확신했기에 3500만 명에 달하는 국민의 순응을 보장하는 데 (행정 관료에 더하여) 고작 6천 명의 독일인 경찰과 헌병을 배치했다. 네덜란드에도 같은 방식이 적용되었다. 전후의 증언에 따르면 암스테르담의 독일 보안부 수장은 이렇게 단언했다. 〈경찰 부문과 그 외 부문에서 독일군의 주된 지지력은 네덜란드 경찰이다. 네덜란드 경찰이 아니었다면 독일은 점령 임무를 10퍼센트도 달성하지 못했을 것이다.〉 무장 빨치산을 저지하는 데만 전 독일군 사단의 끝없는 주의가 필요했던 유고슬라비아와는 현저한 차이가 있었다.[20]

이 점은 서유럽과 동유럽 사이의 차이 중 하나였다. 또 다른 차이는 나치가 점령지 국민을 대하는 태도에 있었다. 노르웨이인과 덴마크인, 네덜란드인, 벨기에인, 프랑스인, 그리고 1943년 이후에는 이탈리아인도 굴욕을 당하고 착취당했다. 그러나 나치는 유대인이나 공산주의자, 이러저러한 저항 투사가 아닌 경우 대체로 그냥 내버려 두었다. 결과적으로, 서유럽의 해방된 국민들은 과거와 유사한 상태

20 그러나 1942년에 보헤미아 보호령은 겨우 1,900명의 독일인 관료들이 관리했음에 주목하라. 다른 점과 마찬가지로 이 점에서도 체코슬로바키아는 적어도 부분적으로는 서유럽에 속했다.

로 복귀하리라고 짐작할 수 있었다. 실로 두 대전 사이의 의회민주주의 체제들조차 나치 점령의 막간기 덕분에 덜 초라해 보였다. 히틀러는 어쨌든 정치적 다원주의와 법치의 여러 대안 중 적어도 한 가지의 신뢰를 무너뜨리는 데 이바지했기 때문이다. 유럽 대륙 서부의 지쳐 버린 주민들은 무엇보다 적절하게 통제되는 국가에서 정상적으로 생활하기를 간절하게 원했다.

그때 새로이 해방된 서유럽 국가들의 상황은 매우 나빴다. 그러나 독일의 미국 통제위원회의 존 매클로이의 말에 따르면, 〈중부 유럽은 경제적·사회적·정치적으로 완벽하게 붕괴되었다. ……역사상 비슷한 사례를 찾으려면 로마 제국의 몰락까지 거슬러 올라가야 할 정도였다.〉매클로이는 독일에 관해 말하고 있었다. 연합국 군사정부는 법과 질서, 공공시설, 교통, 행정 등 모든 것을 폐허에서 건설해야 했다. 그러나 군사정부는 여하간 필요한 재원은 갖고 있었다. 동쪽으로 가면 상황이 더욱 열악했다.

그러므로 유럽 대륙을 쐐기를 박아 쪼개 버린 자는 히틀러였다. 적어도 스탈린만큼은 했다. 중부 유럽의 역사, 다시 말해서 독일 제국과 합스부르크 왕국의 영토, 옛 오스만 제국의 북부 지역, 차르 러시아의 서쪽 끝 영토의 역사는 서유럽 국민 국가들의 역사와 언제나 정도의 차이가 있었다. 그렇다고 성격까지 꼭 달랐던 것은 아니다. 1939년 이전에 헝가리인과 루마니아인, 체코인, 폴란드인, 크로아티아인, 발트 사람들은 프랑스나 저지대 국가들의 운 좋은 주민들을 부러운 눈길로 바라보았다. 그들에 버금가는 번영과 안정을 희구하는 것은 당연하며 그러지 못할 이유도 없다고 생각했다. 루마니아인들은 파리를 꿈꾸었다. 1937년에 체코의 경제력은 이웃한 오스트리아를 능가했으며 벨기에와 어깨를 나란히 했다.

전쟁이 모든 것을 바꿔 놓았다. 엘베강 동쪽에서는 소련과 현지의 소련 대리인들이 이미 과거와 근본적으로 단절된 아대륙을 상속했다. 완전히 신뢰를 잃지 않은 것도 회복할 수 없는 손상을 입었다. 런던으로 피했던 노르웨이와 벨기에, 네덜란드의 망명 정부들은 복귀하여 1940년에 강요에 못 이겨 포기했던 합법적인 권위를 회복할 수 있었다. 그러나 부쿠레슈티와 소피아, 바르샤바, 부다페스트의 옛 통치자들에게, 심지어 프라하의 통치자에게도 미래는 없었다. 그들의 세계는 모든 것을 변화시키는 나치의 폭력으로 소멸되었다. 회복 불능의 과거를 대신하여 새로운 질서가 들어서야 했지만, 나치의 폭력이 지닌 변화의 힘이 여전히 남아 새로운 질서의 정치적 형성에 영향을 미쳤다.

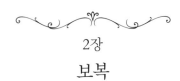

2장
보복

벨기에인과 프랑스인, 네덜란드인은 속이고 거짓말하고 암시장을 열며 의심하며 사기를 치는 것이 자신들의 애국적 의무임을 전쟁에서 배워 믿게 되었다. 이러한 습관은 5년 후에는 고질이 되었다.
— 폴앙리 스파크(벨기에 외무장관)

복수는 무의미하다. 그러나 몇몇 사람들은 우리가 건설하려는 세계에 있을 자리가 없다.
— 시몬 드 보부아르

국민의 명예가 요구하듯이 그리고 가장 중한 반역자들이 응당 받아야 하듯이, 엄정한 선고가 내려지고 집행되게 하라.
— 1946년 11월, 요제프 티소 신부의 가혹한 처벌을 요구하는 체코슬로바키아 저항 단체들의 결의안

해방된 유럽의 정부들은 정통성을 찾고 올바르게 구성된 정부의 권위를 주장하기 위해, 먼저 신뢰를 잃은 전시 정권들의 유산을 처리해야 했다. 나치와 그 지지자들은 패배했으나 그들이 저지른 범죄의 규모를 고려할 때 분명 패배만으로 충분하지 않았다. 전후 정부들의 정통성이 단지 파시즘을 물리친 군사적 승리에만 의존한다면, 전시의 파시스트 정권들보다 그들이 더 나은 점이 무엇인가? 파시스트 정권들의 활동을 범죄로 규정하고 그 죄를 처벌하는 것이 중요했다. 법률적이고 정치적인 면에서 근거는 충분했다. 그러나 보복의 열망은 한층 더 강한 욕구의 표현이었다. 대부분의 유럽인들은 제2차 세계 대전을 기동과 전투의 전쟁이 아니라 일상적인 퇴보로 경험했다. 그 와중에 사람들은 배신당하고 굴욕을 겪었으며 불가피하게 작은 범죄와 자기비하의 행위들을 나날이 보일 수밖에 없었다. 그러면서 사람들은 모두 무엇인가를 잃었고, 전부를 잃어버린 사람들도 많았다.

게다가 1945년에는 자부심을 느낄 만한 것은 없었고 당혹스럽고 죄스럽게 느낄 것은 많았다. 이러한 사정은 여러 곳에서 아직도 생생한 제1차 세계 대전의 기억과 뚜렷이 대비되었다. 앞서 살펴보았듯이 많은 유럽인들은 전쟁을 수동적으로 경험했다. 일군의 외국인들에게 패배하고 점령당했으며 그다음에 다른 외국인들의 손에 해방되었다. 집단적인 국민적 자부심의 유일한 원천은 침략자들에 대항하여 싸웠던 무장 빨치산 저항 운동이었다. 레지스탕스의 신화가 가장 크게 문제시된 곳이 서유럽인 이유도 바로 여기에 있다. 서유럽은 실질적인 저항의 증거가 사실상 가장 적은 곳이었기 때문이다. 엄청난 수의 진짜 빨치산들이 점령군과 교전하고 또 상호 간에도 공공연히 교전했던 그리스나 유고슬라비아, 폴란드, 우크라이나에서는 사정이 훨씬 복잡했다.

예를 들어 소련 당국은 해방된 폴란드에서 무장 빨치산이 공개적으로 찬양받는 것을 환영하지 않았다. 무장 빨치산은 최소한 나치에 반대했던 만큼은 공산주의에도 반대했기 때문이다. 전후 유고슬라비아에서는 앞서 보았듯이 어떤 저항 투사들은 다른 투사들보다 더 많은 역량을 발휘했다. 적어도 티토 원수와 승리한 공산주의 전사들이 볼 때에는 그랬다. 우크라이나와 마찬가지로 그리스에서도 1945년에 정권은 찾을 수 있는 모든 무장 빨치산을 체포하여 투옥하거나 사살했다.

요컨대 〈저항 운동〉은 변화무쌍하고 불분명한 범주였고 어떤 곳에서는 창안된 범주이기도 했다. 그러나 〈부역〉은 다른 문제였다. 부역자들은 어디서나 정체가 드러나 증오의 대상이 될 수 있었다. 그들은 점령군과 함께 일한 남자들이나 그들과 동침한 여자들, 나치나 파시스트에게 자신의 운명을 내맡긴 사람들, 전쟁을 틈타 기회주의적으로 정치적 이익이나 경제적 이익을 추구했던 사람들이었다. 부역자들은 때때로 종교나 민족, 언어에서 소수자였고 그래서 이미 다른 이유로 멸시를 받거나 두려움의 대상이었던 자들이었다. 그리고 〈부역〉은 법률로써 정의되고 형량이 규정된 기존 범죄가 아니었지만, 부역자들은 반역죄로 고발될 수 있었다. 반역죄는 더할 나위 없이 혹독한 처벌을 수반하는 진짜 범죄였다.

부역자들은, 진짜 부역자들과 부역을 했다고 추정된 자들은 전쟁이 종료되기 전부터 처벌을 받았다. 실제로 개인적 차원에서나 지하 저항 단체들의 지령으로써 전쟁 내내 처벌이 이루어졌다. 그러나 독일군이 퇴각하고 난 후 연합군 정부의 효율적인 통제가 수립될 때까지, 짧은 기간 동안이었지만 대중의 좌절과 개인의 복수는 숙원을 해결하는 유혈극을 초래했다. 이 과정에는 종종 정치적 기회주의와 경제적 이득이 개입되었다. 프랑스에서는 약 1만 명이 〈법정 밖의〉 절차에 따라 죽임을 당했고, 그중 많은 사람이 무장 저항 단체들의 독립적인 무리들, 특히 애국의용대Milices Patriotiques에 살해되었다. 이들은 부역 혐의가 있는 자들을 체포하고 그들의 재산을 강탈했으며 많은 경우 별 생각 없이 사살해 버렸다.

이런 식으로 즉결 처형된 자들의 3분의 1은 1944년 6월 6일 노르망디 상륙 작전 이전에 급하게 처리되었으며, 나머지 대부분은 그 이후 넉 달 동안 프랑스 땅에서 지속된 전투에서 희생되었다. 4년간의 점령과 페탱 원수의 비시 정권을 경험한 뒤 프랑스 전역에 퍼진 상호 간의 증오와 의심을 고려하면, 그 수는 오히려 적은 편이었다. 아무도 보복 행위에 놀라지 않았다. 프랑스 총리를 역임했던 에두아르 에리오는 이렇게 말했다. 〈프랑스는 공화파들이 다시 권력을 장악하기까지 피투성이 살육전을 거쳐야만 할 것이다.〉

이탈리아에서도 동일한 정서가 감지되었다. 보복과 비공식적 응징은 특히 에밀리아로마냐와 롬바르디아 지방에서 전쟁 막바지 몇 달 동안 약 1만 5천 명의 사망자를 낳았으며, 이후 적어도 3년 동안은 간헐적으로 지속되었다. 서유럽의 다른 지역에서는 학살극의 정도가 훨씬 약했다. 벨기에서 이런 방식으로 폭행을 당하거나 처형된 사람은 약 265명이었고, 네덜란드에서는 100명이 채 못 되었다. 그러나 다른 형태의 복수가 만연했다. 프랑스어 지역의 냉소적인 사람들이 이미 〈매춘 협력collaboration horizontale〉이라는 죄목으로 여성을 고발하는 일이 매우 흔했다. 네덜란드에서 〈훈족의 여자들〉[1]은

---

1 moffenmeiden. 훈족은 독일군을 말한다 — 옮긴이주.

타르와 깃털을 뒤집어쓰는 폭행을 당했으며, 프랑스 전역에서는 점령군으로부터 해방되던 날이나 그 직후에 광장에서 옷이 벗겨지고 머리털이 밀린 여성들이 종종 목격되었다.

독일인과 교제한 여성들이 다른 여성들에 의해 빈번하게 고발되었다는 사실은 암시하는 바가 크다. 여러 경우에 그러한 고발에는 일말의 진실이 들어 있었다. 음식이나 의복, 이러저러한 성격의 개인적인 도움을 대가로 성적인 봉사를 제공하는 것은 절망적인 궁핍에 처한 여성들과 가족들이 이용할 수 있는 한 가지 수단이었고, 유일한 수단이었던 경우도 많았다. 그러나 고발이 만연하고 처벌에서 복수의 기쁨을 취했다는 사실은 남자나 여자 똑같이 점령을 굴욕으로 경험했음을 일깨웠다. 장폴 사르트르는 훗날 부역을 명백하게 성적인 용어로 점령군의 권력에 〈드러누운〉 것이라고 기술했으며, 1940년대 프랑스 소설에서 부역자를 튜턴족 지배자들의 남자다운 매력에 반한 여성이나 허약한(〈여자 같은〉) 남자들로 묘사하는 사례가 많이 발견된다. 타락한 여자들에게 분풀이하는 것은 개인적으로나 집단적으로 무력했던 시절의 불편한 기억을 극복하는 한 가지 방법이었다.

해방된 동유럽에서도 무정부적인 보복 폭력 행위가 만연했으나 그 형태는 달랐다. 독일인들은 서유럽에서는 적극적으로 협력자를 찾았으나 슬라브인들의 나라에서는 점령한 뒤 직접 무력으로써 통치했다. 독일인이 지속적으로 조장했던 유일한 부역은 현지 분리주의자들의 부역이었고 이 경우에도 독일의 목적에 도움이 된다는 조건이 있었다. 그러므로 독일인이 퇴각한 뒤 동유럽에서 자연발생적으로 일어난 보복의 첫 번째 희생자들은 소수 민족들이었다. 소련군과 그들의 현지 동맹자들은 이를 만류하기 위한 어떤 조치도 취하지 않았다. 오히려 그 반대였다. 자발적인 원한의 해결은(그중 일부는 누군가에 의해 사주되지 않았다고 할 수 없다) 공산주의의 전후 야심에 장애가 될 수도 있는 지역 엘리트들과 정치가들을 더 많이 제거하는 데 기여했다. 예를 들어 불가리아에서 새로이 구성된 조국전선은 〈파시스트 동조자들〉을 일괄적으로 고발하고 서방에 우호적인 감정을 지녔다고 의심되는 자들을 탄핵함으로써 온갖 성격의 전시 부역자들을 겨냥한 비공식적 보복을 조장했다.

폴란드에서는 유대인이 종종 대중적 보복의 주된 표적이었다. 1945년의 첫 넉 달 동안 해방된 폴란드에서 150명의 유대인이 살해되었다. 1946년 4월경 그 숫자는 거의 1,200명에 달했다. 1945년 9월 슬로바키아의 벨케토폴차니와 1946년 5월 헝가리의 쿤머더러시에서 소규모 공격이 발생했지만, 최악의 종족 학살은 1946년 7월 4일 폴란드의 키엘체에서 일어났다. 마흔두 명의 유대인이 살해되었으며, 유대인들이 지역의 어린아이 한 명을 유괴한 뒤 살해하여 의식에 사용했다는 소문이 돈 뒤에는 더 많은 사람들이 폭행을 당했다. 어떤 의미에서는 이것도 부역자에 대한 보복 행위였다. (반나치 빨치산이었던 자들을 포함하여) 많은 폴란드 사람들이 보기에, 유대인들에게는 소련 점령군에 동조한 혐의가 있었기 때문이다.

소련이 점령한 동유럽이나 유고슬라비아에서 〈인가받지 않은〉 숙청과 살인이 진행된 처음 몇 달 동안 얼마나 많은 사람이 살해되었는지는 정확히 알려지지 않았다. 그러나 통제되지 않은 복수는 어느 곳에서도 아주 오래 지속되지는 않았다. 복수 행위는 전혀 보편적으로 인정받지 못했으며, 대개는 명백히 임시변통 수단이었다. 허약한 새 정부들의 입장에서는 무장 집단들이 시골을 배회하며 닥치는 대로 체포하고 고문하고 살해하도록 내버려두는 것이 이롭지 않았다. 새로운 정권들의 첫 번째 과제는 무력과 정통성, 사법 제도의 독점을 주장하는 일이었다. 어떤 사람이 점령기에 저지른 범죄로 체포되고 고발되어야 한다면, 그 일은 해당 관계 당국의 소관이었다. 만일 재판이 열려야 한다면 법 규정을 따라야 했다. 피 흘리는 일이 있어야 한다면, 이는 오직 국가만의 독점적인 업무였다. 이러한 변화는 새로운 정권들이 빨치산으로 활동했던 자들의 무장을 해제하고 자체 경찰의 권한을 행사하며 가혹한 형벌과 집단적인 처벌을 요구하는 민중을 꺾기에 충분할 만큼 강해졌다고 인식하자마자 나타났다.

적어도 서유럽과 중부 유럽에서는 저항 투사들의 무장 해제가 놀랄 만큼 이론 없이 진행되었다. 광포했던 해방기의 몇 달 동안 이미 자행된 살인과 여타 범죄들을 사람들은 못 본 체했다. 벨기에의 임시 정부는 공식 해방일에 뒤이은 41일 동안 레지스탕스의 이름으로, 레지스탕스에 의해서 자행된 모든 범죄 행위와 관련하여 사면령을 발포했다. 그러나 누구나 마음속으로는 새로 구성된 정부 기관들이 죄 있는 자들을 처벌하는 책무를 떠맡아야 한다고 이해했다.

문제는 여기서 시작되었다. 〈부역자〉란 어떤 사람인가? 부역자는 어떤 목적으로 누구에게 협력했는가? 살인이나 절도 같은 명백한 경우가 아니라면, 〈부역자〉의 죄는 무엇인가? 누구든 국민이 겪은 고통에 대한 대가를 치러야 했다. 그렇지만 그 고통은 어떻게 정의할 것이며 누구에게 그 책임을 돌릴 것인가? 이러한 난제들의 구체적인 형태는 나라마다 달랐으나 일반적인 딜레마는 동일했다. 앞선 6년간 유럽인들이 겪은 경험에는 선례가 없었던 것이다.

첫째, 독일에 협력한 부역자들의 행위를 다루는 법은 불가피하게 소급적일 수밖에 없었다. 1939년 이전에는 〈점령군에 협력〉했다는 범죄는 존재하지 않았다. 점령군이 피점령국 국민들로부터 협력과 지원을 구하고 얻어 낸 전쟁은 이전에도 있었다. 하지만 1914년에서 1918년 사이에 독일이 점령한 벨기에에서 플란데런 민족주의자들이 보인 협력 같은 매우 특수한 사례들을 제외하면, 이는 범죄가 아니라 전쟁에 따르는 폐해의 일부로 여겨졌다.

이미 말했듯이, 부역 죄가 기존 법률의 적용을 받는다고 말할 수 있을 때 그 유일한 의미는 부역이 반역이나 매한가지일 경우였다.

대표적인 사례를 들자면, 프랑스의 많은 부역자들은 그들 행위의 세세한 내용에 상관없이 1939년 형법 75조에 따라 〈적과 내통〉한 죄로 재판을 받고 유죄를 선고받았다. 그러나 프랑스 법정에 선 남녀들은 흔히 나치를 위해서 일한 것이 아니라 프랑스인이 지휘하고 관리했으며 분명히 전쟁 이전 프랑스 국가의 합법적인 계승자였던 비시 정권과 협력했다. 슬로바키아와 크로아티아, 보헤미아 보호령, 무솔리니의 살로 사회주의 공화국, 이온 안토네스쿠 원수의 루마니아, 전시 헝가리와 마찬가지로 프랑스에서도 부역자들은 자신들의 국가를 위해 일했고 그 당국에 협력했을 뿐이었다고 주장하며 스스로를 변호할 수 있었고 또 실제로 그렇게 했다.

자신들을 고용했던 괴뢰 정권을 통해 나치의 이익에 봉사한 죄를 지었음이 명백한 고위급 경찰이나 정부 관리들의 경우, 이러한 변명은 아무리 잘 보아 넘기려 해도 부정직했다. 그렇지만 이러한 정권들의 일자리나 정권에 협력했던 기관들과 사업체들의 일자리를 받아들인 죄목으로 고발된 수천 명의 사람들은 말할 것도 없고, 힘없는 사람들은 진정으로 당황했다. 예를 들어, 전쟁 전에는 적법한 절차를 통해 의정 활동을 수행했으나 점령기에는 독일에 지속적으로 협력했던 정당에 1940년 5월 이후 가입했다는 혐의로 누구를 고발하는 것이 정당했을까?

프랑스와 벨기에, 노르웨이의 망명 정부들은 전시에 법령들을 포고하여 전쟁이 끝나면 가혹하게 보복하겠다고 경고함으로써 이러한 딜레마를 예방하려 했다. 그러나 이 법령들은 사람들이 나치에 협력하지 못하도록 저지하려는 것이었지, 법리와 공평이라는 더 큰 문제들에 역점을 두지는 않았으며, 특히 개인의 책임을 집단의 책임과 견주는 문제를 미리 해결할 수 없었다. 1944년과 1945년의 정치적 이점은 전쟁 범죄와 부역 죄의 포괄적인 책임을 미리 결정된 범주의 사람들, 즉 특정 정당과 군사 조직, 정부 기관에 소속된 자들에게 돌리는 데 있었다. 그렇지만 그러한 조처는 널리 처벌이 요구되었던 많은 개인들을 여전히 건너뛰며, 기껏해야 무기력이나 비겁이 주된 죄목이었던 사람들을 다수 포함했고, 특히 일종의 집단 기소를 유발할 수밖에 없었다. 이는 대부분의 유럽 법학자들에게는 결코 마주하고 싶지 않은 일이었다.

그러나 법정에 끌려나온 사람들은 개인이었고, 그 결과는 때와 장소에 따라 매우 다양했다. 많은 남녀들이 부당하게 지목되어 처벌을 받았다. 징벌을 완전히 모면한 사람들은 더 많았다. 절차상의 불법과 얄궂은 결말이 여럿 있었으며, 정부와 검사, 판사의 동기는 이를테면 사욕이나 정치적 계산, 감정 따위로 인해 순수함과는 거리가 있었다. 이는 불완전한 성과였다. 그렇지만 우리는 유럽이 전쟁에서 평화로 이행하던 시기의 특징이었던 형사 소송과 그에 연관된 카타르시스를 평가할 때, 실제로 있었던 드라마에 끊임없이 유의할 필요가 있다. 1945년의 상황에서 법치가 재수립되었다는 사실은 놀랄 만한 일이다. 어쨌거나 하나의 대륙 전체가 그러한 규모로 일련의 새로운 범죄들을 규정하고 범죄자들을 재판이라고 할 만한 것에 부쳐 처벌하려 했던 적은 과거 그 어느 때에도 없었다.

처벌받은 자의 숫자와 처벌의 규모는 나라마다 엄청나게 달랐다. 인구가 겨우 300만 명에 불과한 노르웨이에서는 친나치 부역자들의 주된 조직이었던 국민연합[2]의 5만 5천 명에 달하는 당원 전부가 약 4만 명의 다른 사람들과 함께 재판을 받았다. 1만 7천 명의 남녀가 징역형을 선고받았으며, 사형 선고는 서른 명에게 내려졌는데 그중 스물다섯 명의 사형이 집행되었다.

그 어느 곳도 그렇게 높은 비율을 보이지는 않았다. 네덜란드에서는 20만 명이 조사를 받았다. 그중 거의 절반이 투옥되었는데, 나치

---

2 Nasjonal Samling. 국방장관을 역임했던 비드쿤 키슬링 일파가 세운 노르웨이의 파시스트 정당 — 옮긴이주.

경례를 했다는 죄로 투옥된 자들도 있었다. 1만 7,500명의 공무원이 직업을 잃었고(교직자나 사업가, 배우는 전혀 없었다), 154명이 사형을 선고받았으며 그중 마흔 명이 처형되었다. 인접한 벨기에에서는 사형 선고가 더 많았으나(2,940명), 사형 집행 비율은 더 낮았다(242명). 투옥된 부역자의 숫자는 대체로 비슷했으나, 네덜란드가 유죄 판결을 받은 사람들 대부분을 사면한 반면, 벨기에는 그들을 더 오래 감옥에 가두었으며, 중죄로 유죄를 선고받았던 부역자들은 다시는 완전한 시민권을 회복하지 못했다. 전후 여러 해 동안 지속된 신화와는 반대로, 플란데런 주민들이 부당하다고 느낄 정도로 처벌의 표적이 되지는 않았다. 그러나 가톨릭교도와 사회주의자, 자유주의자 등으로 구성된 전쟁 전의 벨기에 엘리트들은 대부분 플란데런 사람이었던 전시 신질서의 지지자들을 효과적으로 진압함으로써 플란데런과 왈론에 대한 통제력을 재확립했다.

합법 정부가 망명길에 올랐던 노르웨이와 벨기에, 네덜란드, 덴마크와 비시 정권이 합법 정부였던 프랑스 사이의 현저한 차이는 많은 것을 생각나게 한다. 덴마크에서는 사실상 부역죄가 없었다. 그렇지만 덴마크인들은 10만 명당 374명꼴로 전후 재판을 통해 징역을 선고받았다. 전시에 부역이 만연했던 프랑스에서 부역을 이유로 처벌을 받은 경우는 오히려 적었다. 국가 자체가 주된 부역자였기 때문에, 하층 시민들을 부역 죄로 고발하는 것은 가혹한 조치로 보였고 분열을 야기할 가능성도 컸다. 프랑스에서 부역자 재판에 참여한 판사 네 명 중 세 명이 부역 정부에 의해 고용되었던 자들이었기에 사정은 한층 복잡했다. 결국 전 인구의 0.1퍼센트가 안 되는 10만 명당 94명이 전시 범죄로 투옥되었다. 3만 8천 명의 수감자 중 대부분은 1947년에 부분 사면으로 석방되었고, 나머지 중에서는 1,500명을 제외한 전부가 1951년에 사면으로 풀려났다.

1944년에서 1951년 사이에 프랑스의 공식 법정은 6,763명에게 반역죄와 그에 연관된 범죄로 사형을 선고했지만(이 중 3,910명은 결석 재판을 받았다), 형이 집행된 사람은 겨우 791명이었다. 프랑스의 부역자들이 선고받은 주된 처벌은 파리가 해방된 직후인 1944년 8월 26일에 도입된 〈공민권 박탈〉이었다. 재닛 플래너는 이를 냉소적으로 기술했다. 〈공민권 박탈은 프랑스인들이 좋게 여기는 것을 거의 전부 빼앗는 것이다. 예를 들어, 전쟁 장식물을 부착할 권리, 변호사나 공증인, 공립학교 교사, 판사가 될 권리, 심지어 증인이 될 권리, 출판사나 라디오 회사, 영화사를 운영할 권리, 그리고 특히 보험 회사나 은행의 이사가 될 권리가 박탈되었다.〉

4만 9,723명의 프랑스인이 이 같은 처벌을 받았다. 1만 1천 명의 공무원이(국가에 고용된 자들의 1.3퍼센트에 달했지만 비시 정권 때 실직한 3만 5천 명에 비하면 훨씬 적은 숫자이다) 해고되거나 제재를 받았으나 대부분 6년 안에 복직되었다. 숙청은 알려진 대로 도합 35만 명에 관계되었으며, 그들의 생명과 이력에는 대체로 극적인 영향이 없었다. 오늘날이라면 반인류 범죄로 규정했을 범죄로 처벌받은 사람은 한 명도 없었다. 다른 전쟁 범죄와 마찬가지로 이러한 범죄에 대한 책임은 오로지 독일에게만 돌려졌다.

이탈리아의 경험은 여러 가지 면에서 독특했다. 이탈리아는 한때 추축국이었지만, 1943년 9월 진영을 바꾸었기 때문에 연합국 정부들로부터 자체적으로 재판과 숙청을 수행할 권한을 부여받았다. 그렇지만 누구를 무슨 혐의로 기소해야 하는지는 상당히 모호했다. 유럽의 다른 곳에서는 대부분의 부역자들이 자명하게도 〈파시즘〉의 오명을 뒤집어썼지만, 이탈리아에서 그 용어는 지나치게 폭넓고 불분명한 지지자들을 포함했다. 1922년부터 1943년까지 자국 파시스트들의 통치를 받았던 이 나라를 무솔리니의 지배로부터 처음으로 해방시킨 사람은 무솔리니의 휘하 원수들 중 한 사람인 피에트로 바돌리오였는데, 바돌리오의 첫 번째 반파시스트 정부도 대체로 파시스트 전력자들로 구성되었다.

분명하게 기소할 수 있었던 유일한 파시스트 범죄는 1943년 9월 (독일의 침략) 이후에 적과 협력한 행위였다. 그 결과, 고발된 사람들은 대부분 북쪽의 점령지 출신이었고 가르다 호숫가의 살로에 수립된 괴뢰 정권과 연관되어 있었다. 〈당신은 파시스트였는가?〉라는 조롱 섞인 질문서(〈개인 기록Scheda Personale〉)가 1944년에 배포되었는데, 초점은 정확히 살로 파시스트와 살로공화국과 무관한 파시스트를 구별하는 데에 맞춰졌다. 살로 파시스트들은 법령 제159호에 의거하여 제재를 받았다. 1944년 7월 임시 입법부가 통과시킨 그 법령은 〈범죄의 영역에 들지는 않지만 절제와 정치적 품위라는 규범을 위반했다고 여겨진, 특별히 위험한 행위들〉을 규정했다.

이 모호한 법률은 인정된 국가 권위에 고용된 사람들을 그 동안에 벌어진 일들로 기소하는 어려움을 피하기 위해 제정되었다. 그러나 1944년 9월에 더 중대한 죄를 범한 피고인들을 재판하기 위해 설립된 고등법원의 판사들과 변호사들은 대개 파시스트 전력을 가진 자들이었다. 협력 정권의 하급 직원들을 처벌하기 위해 설립된 특별중죄재판소의 인사들도 마찬가지였다. 이런 상황에서 재판 과정이 주민 대다수로부터 존중받기를 기대하기란 사실상 거의 불가능했다.

아무도 그 결과에 만족하지 못했다는 사실은 놀랍지도 않다. 1946년 2월까지 39만 4천 명의 정부 직원들이 조사를 받았고, 그중 겨우 1,580명이 해고되었다. 심문을 받은 사람들은 대부분 파시스트의 압력에 직면하여 교묘한 이중 게임을 했을 뿐이라고 주장했다. 파시스트당의 당원 자격은 모든 공무원의 필수 조건이었다. 설문을 시행했던 많은 사람들도 책상의 반대편에 있는 자신의 모습을 상상하기가 조금도 어렵지 않았기에 이러한 방식의 변명에 확실히 공감했다. 대대적으로 공론화되었던 소수의 고위 파시스트들과 장군들에 대한 재판이 끝나자 약속되었던 정부와 행정 기관의 숙청은 점차 사라졌다.

숙청 관리 임무를 맡은 최고위원회는 1946년 3월에 폐지되었고, 석 달 후 첫 번째 사면이 선언되었으며, 여기에 더하여 5년 미만의 징역형을 선고받은 사람들의 기록도 전부 삭제되었다. 1944년에서 1945년 사이에 숙청된 모든 지사와 시장, 중간 관료가 사실상 복직했거나 부과된 벌금의 지불을 면하게 되었으며, 파시스트 활동으로 투옥된 약 5만 명의 이탈리아인 대부분이 단 하루도 수감 생활을 하지 않았다.[3] 자신이 저지른 범죄로 재판을 받고 처형된 사람은 50명에 불과했다. 여기에 1945년 7월 17일 스키오 교도소에서 빨치산이 학살한 55명의 파시스트들은 포함되지 않는다.

이탈리아는 냉전기에 추축국에서 민주주의의 동맹국으로 의심스러울 정도로 힘 들이지 않고 변화했는데, 종종 바티칸의 정치적 영향과 외국(미국)의 압력에 그 책임이 있다고 이야기되었다. 그러나 실제로 사정은 더 복잡했다. 교황 피우스 12세와 파시즘 간의 우호적 관계와 피우스 12세가 이탈리아와 그 밖의 여러 곳에서 나치가 자행한 범죄들을 처음부터 외면했다는 점을 고려할 때, 가톨릭교회는 확실히 매우 수월하게 처벌을 면했다. 교회의 압력은 분명 존재했다. 그리고 영-미 군사 당국은 확실히 반도 전체에 정상적인 생활을 재수립하려 애쓰는 동안 파시즘과 타협했던 관리들을 제거하기를 주저했다. 또한 전체적으로 파시스트는 좌파 저항 운동과 그 정치적 대표자들이 지배했던 지역에서 더 효과적으로 숙청되었다.

그러나 1946년 7월의 사면령을 초안한 사람은 팔미로 톨리아티였다. 쉰한 살의 이탈리아 공산당 지도자였던 톨리아티는 전후 연립정부의 법무장관이었다. 20년의 망명 생활과 수년에 걸친 공산주의 인터내셔널의 고위직 시기를 마감한 톨리아티는 유럽 전쟁이 끝난

3 1962년까지도 이탈리아의 지방 행정을 관장하고 있던 64명의 지사 중 62명이 파시즘이 통치할 당시 관직을 보유했던 자들이었고, 경찰 간부는 135명 전원이 그러했다.

직후 무엇이 가능하고 무엇이 가능하지 않은지에 관해 분명히 알고 있었다. 1944년 3월, 모스크바에서 귀국한 톨리아티는 살레르노에서 자신의 당이 국민적 통합과 의회민주주의에 헌신할 것이라고 선언했다. 이에 톨리아티의 많은 추종자들은 당황했고 크게 놀랐다.

수백만 명이 파시즘과 연합했지만 그들 전부가 정치적으로 우파는 아니었다. 이런 나라에서 톨리아티는 국민을 내란 직전으로 내몰거나 이미 진행 중인 내란을 더 연장해 보았자 아무런 이득도 없으리라는 사실을 깨달았다. 파시스트 시절은 잠시 잊은 채 질서와 정상적인 생활의 재수립을 위해 노력하고 투표함을 통해 권력을 추구하는 편이 더 나았다. 나아가 톨리아티는 그리스의 상황을 일종의 주의와 경고로서 받아들였다. 이러한 선택은 톨리아티가 국제 공산주의운동의 선배로서 이탈리아 해안 너머 외국까지 전략적으로 고려할 수 있었기 때문에 가능했다. 그러한 시각은 톨리아티만이 지닐 수 있었다.

그리스에서는 엘리트 관료들과 사업가들 가운데 전시에 심각한 수준으로 부역한 자들이 있었는데도 전후 숙청은 우파가 아니라 좌파를 겨냥했다. 그리스의 사례는 특이한 경우였지만 사태의 핵심을 드러내는 무엇이 있었다. 1944년에서 1945년 사이에 벌어진 내전은 영국으로 하여금 아테네에 보수주의 정권을 확고히 재수립해야만 작지만 전략적으로 극히 중요한 이 나라가 안정되리라고 믿게 했다. 혁명적 좌파가 권력 장악을 준비하고 있는 나라에서는 이탈리아인이나 독일인에 협력했던 사업가들이나 정치가들을 숙청하거나 위협하는 행위가 중대한 의미를 지닐 수 있었다.

그래서 곧 에게해와 발칸반도 남부에서 안정을 위협하는 세력은 퇴각하는 독일군에서 산악지대에 근거지를 마련한 그리스 공산주의자들과 그 빨치산 동맹자들로 바뀌었다. 전시에 부역했다는 이유로 중죄를 선고받은 사람은 극소수였지만, 좌파 인사들에게는 말 그

대로 사형이 언도되었다. 아테네에는 히틀러에 대항하여 싸웠던 좌파 빨치산들과 전후 그리스를 붕괴시키려 했던 공산주의 게릴라들을 명확하게 구분할 근거가 없었기 때문에(실제로 그들은 흔히 같은 사람들이었다), 향후 재판을 받고 투옥될 가능성이 많았던 자들은 부역자들이 아니라 전시의 저항 투사들이었다. 이들은 이후로도 수십 년 동안 시민생활에서 배제되었다. 심지어 그 자녀들과 손자 손녀들도 1970년대에 들어선 이후에도 오랫동안, 크게 팽창한 공직에 고용을 거부당하는 대가를 치러야 했다.

그러므로 그리스에서는 숙청과 재판이 정치적으로 이루어지고 있다는 것이 빤히 보였다. 그러나 어떤 의미에서는 서유럽의 더 관습적인 재판들도 정치적이었다. 전쟁이나 정치 투쟁의 직접적인 귀결로 초래된 재판 과정은 모두 정치적이다. 프랑스에서 피에르 라발이나 필리프 페탱이 재판받을 때나 이탈리아에서 경찰청장 피에트로 카루소가 재판받을 때의 분위기는 전혀 관습적인 재판 절차의 분위기가 아니었다. 이러한 재판들과 전후의 다른 여러 재판과 숙청에서는 해묵은 원한의 해결과 유혈극, 복수, 정치적 계산이 결정적인 역할을 했다. 전후 중부 유럽과 동유럽에서 진행된 공식적인 보복을 살필 때는 이러한 사정에 유념해야 한다.

스탈린의 관점과 소련군의 통제를 받은 영토 전역의 소련 점령 당국의 관점에서 볼 때 부역자들과 파시스트, 독일인에 대한 재판과 처벌이 언제나 공산주의의 통치에 방해가 되는 현지의 정치적·사회적 장애물을 제거하는 방편이었음은 분명하다. 이러한 사정은 티토의 유고슬라비아에도 똑같이 적용되었다. 많은 사람들이 파시스트라는 중죄로 고발되었지만, 이들이 저지른 주된 범죄는 부정한 민족 집단이나 사회 집단에 소속되었다거나 해로운 종교 공동체나 정당에 참여했다거나 아니면 단지 지역 사회에서 눈치 없이 행동했다거나 인기가 있었다는 것이었다. 앞으로 살펴보겠지만, 정적을 고발하여 그 뿌리를 뽑을 목적으로 시행된 숙청과 토지 몰수, 추방, 징역 선고, 처형 등은 사회적·정치적 변혁 과정의 중요한 발판이었다. 그러나 진짜 파시스트와 전쟁 범죄자들도 표적이 되어 처벌을 받았다.

티토가 크로아티아의 가톨릭교회를 공격하던 중에 자그레브의 악명 높은 추기경 알로이지에 스테피나츠를 기소했던 것도 그런 경우였다. 스테피나츠는 크로아티아의 우스타셰 정권이 자행한 최악의 범죄들을 변호한 자로 이후 1960년에 침상에 누워 죽을 때까지 14년을 가택연금 상태에 있었는데, 그 자신은 이를 행운이라고 생각했을지도 모른다. 체트니치 지도자인 드라자 미하일로비치는 1946년에 재판을 받아 처형되었다. 유고슬라비아의 해방 이후 2년간 수만 명의 다른 비공산주의자들이 미하일로비치의 뒤를 따라 살해되었다. 이들은 모두 정치적 동기가 있는 보복 정책의 희생자들이었다. 그러나 그중 많은 사람들은 전시에 체트니치 빨치산과 우스타셰 정권, 슬로베니아의 백위대Bela Garda나 도모브란치Domobranci에서 저지른 행위들을 고려하면 어떤 법률 제도에서도 중형을 선고받았을 것이다.[4] 유고슬라비아인들은 많은 헝가리인 소수 민족을 처형하고 추방했으며, 그들의 토지를 새로운 정권을 지지하는 다른 사람들에게 넘겼다. 1942년 1월 보이보디나에서 벌어진 헝가리 군부의 학살에서 그들이 수행한 역할이 있었기 때문이었다. 이러한 조치는 계산된 정치적 행동이었지만, 많은 경우 희생자들은 고발된 대로 확실히 유죄였다.

유고슬라비아는 유달리 복잡한 사례였다. 그 북쪽의 헝가리를 보자면, 전후의 인민법정은 처음에는 실제의 전범들을, 그중에서도 특히 1944년에 스토여이 되메와 살러시 페렌츠의 친독일 정권에서 일했던 활동가들을 재판했다. 헝가리에서 유죄 판결을 받은 파시스트

---

4 도모브란치는 전시 크로아티아의 조국방위대를 말한다. 물론 티토의 공산주의 빨치산들도 빈번히 그에 못지않은 짓을 저질렀으나, 어쨌든 공산주의 빨치산은 승리했다.

와 부역자는 전후에 벨기에나 네덜란드에서 유죄로 확인된 사람들의 수를 넘지 않았다. 그리고 그들이 수십만 명의 헝가리 유대인들을 체포하고 학살장으로 이송하는 독일의 계획을 열정적으로 실행했던 것을 포함하여 중죄를 저질렀다는 데에는 의심의 여지가 없다. 나중에 가서야 헝가리 당국은 〈사보타주〉와 〈음모〉 같은 범주들을 추가했는데, 그 목적은 훨씬 더 넓은 범위의 적들과 그 밖에 공산주의의 정권 장악에 저항할 가능성이 있는 자들을 잡아들이는 것이었다.

체코슬로바키아에서는 1945년 5월 19일에 대통령령으로 설치된 특별인민법정이 〈체코와 슬로바키아 국민 여러 계층의 반역자들과 부역자들, 파시스트 분자들에게〉 713건의 사형 선고와 741건의 종신형, 1만 9,888건의 단기 징역형을 내렸다. 이 표현은 소련의 법문(法文)을 연상시키며 체코슬로바키아의 암울한 미래를 분명하게 예기한다. 그러나 점령된 체코슬로바키아에는 반역자와 부역자, 파시스트가 실제로 존재했다. 그중 한 사람인 티소 신부는 1947년 4월 18일에 교수형을 당했다. 티소와 다른 사람들이 공정한 재판을 받았는지, 다시 말해 그 당시 분위기에서 그들이 공정한 재판을 받을 수 있었는지 묻는 것은 정당하다. 그렇지만 그들이 받은 처우는 이를테면 피에르 라발이 받은 대접보다 나쁘지 않았다. 전후 체코의 재판은 〈반국민 범죄〉라는 성가시고 모호한 범주가 차지했다. 〈반국민 범죄〉는 특히 주데텐란트의 독일인들을 집단적으로 처벌하기 위해 고안한 방책이었다. 그러나 당시 프랑스의 재판에도 대의는 덜 확실하지만 분명 그 같은 범주가 존재했다.

점령되었던 유럽 국가들에서 벌어진 전후의 재판과 반파시스트 숙청이 성공적이었는지 평가한다는 것은 쉬운 일이 아니다. 선고의 유형은 당시에 큰 비판을 받았다. 전쟁 중에 재판을 받았거나 해방 직후에 재판을 받았던 자들은 훗날 기소된 자들보다 더 가혹한 처벌을 받기 쉬웠다. 결과적으로, 1945년 봄에 처리된 사소한 범죄자들이 한두 해 뒤에야 법정에 서게 된 주요 부역자들보다 더 오랜 기간의 징역형을 선고받았다. 보헤미아와 모라비아에서는 사형수는 형이 선고되고 두 시간 이내에 처형한다는 규정 때문에 사형 집행 비율이 매우 높았다(95퍼센트). 반면 다른 곳에서는 즉각적인 처형을 모면한 사람들이라면 감형을 기대할 수 있었다.

그 당시 사형 선고는 빈번했고 별다른 반대도 없었다. 전시였던 까닭에 생명의 가치가 저하되어 사형 선고도 평시보다는 덜 극단적이고 더 정당한 조치로 보인 듯했다. 사람들을 불쾌하게 했던 것은, 그리고 몇몇 곳에서 전체 재판 과정의 가치를 궁극적으로 저하시킨 것은 명백히 처벌의 일관성이 없었다는 사실이다. 전시 이력에 오점이 있거나 오히려 더 나쁜 이력을 지녔던 판사들이나 배심원들이 처벌을 내렸다는 사실은 말할 것도 없다. 작가들과 기자들은 전시의 충성을 기록으로 남겼기 때문에 고초를 겪었다. 1945년 1월 파리에서 진행된 로베르 브라지야크[5]의 재판처럼 널리 알려진 저명한 지식인들의 재판은 알베르 카뮈 같은 선의의 저항 투사들로부터 항의를 받았다. 카뮈 같은 사람들은 아무리 혐오스럽더라도 사람을 그 견해를 이유로 비난하고 처형하는 것은 부당하고 경솔한 짓이라고 생각했기 때문이다.

이와는 반대로 점령으로부터 이득을 취했던 사업가들과 고위 관리들은 적어도 서유럽에서는 고초를 겪지 않았다. 이탈리아에서 피아트의 비토리오 발레타 같은 사람이 파시스트 당국과 긴밀한 관계를 유지했다는 것은 누구나 다 아는 사실이었지만 연합국은 그들이 제자리에 그대로 있어야 한다고 고집했다. 다른 이탈리아 기업의 임

---

5 1909~1945. 비시 프랑스 시절 나치 독일을 옹호했던 프랑스의 문인. 반유대주의와 같은 나치 정책에 찬성하고, 좌파 정치인과 저항 투사들의 처형을 요구하기도 했다. 전후 부역죄로 처형되었다 — 옮긴이주.

원들은 이전에 무솔리니의 살로 사회주의 공화국에 반대했음을 증명함으로써 살아남았다. 실제로 그들은 종종 살로 공화국에 반대했는데, 정확하게 말하자면 살로 공화국이 지나치게 〈사회적〉이었기 때문이다. 프랑스에서 경제적 부역에 대한 기소는 선택적 국유화로 예방되었다. 예를 들면 르노 공장은 루이 르노가 독일의 전쟁 수행에 크게 기여한 데 대한 징벌로 국유화되었다. 그리고 점령 정권의 행정, 프랑스의 침공에 대비한 〈대서양 장벽〉[6]의 건설, 독일군에 대한 물자 공급 등을 지원했던 소규모 사업가와 은행가, 관리들은 도처에서 계속 그 자리에 남았고, 점령 정권의 계승자인 민주주의 체제를 위해 유사한 직무를 수행하여 연속성과 안정을 제공했다.

그러한 타협들은 불가피한 면이 있었다. 1945년의 파괴와 도덕적 붕괴는 엄청났기에, 온전히 남아 있는 것은 무엇이든 미래를 건설하는 데 필요한 벽돌이 될 가능성이 높았다. 해방기의 임시 정부들은 거의 무용지물이었다. 무력하고 굶주린 주민에게 식량과 의복, 연료를 공급하려면 경제와 금융, 산업 엘리트들의 무조건적 협력이 지극히 중요했다(그들의 협력은 오히려 감사할 일이었다). 경제적 숙청은 생산을 저해할 수 있었으며 나아가 큰 손해를 입힐 수도 있었다.

그러나 이 때문에 지불한 대가는 정치적 냉소주의와 해방에 대한 환상과 희망의 소멸이었다. 일찍이 1944년 12월 27일 나폴리의 작가 굴리엘모 잔니니[7]는 『보통사람 L'Uomo Qualunque』에서 이러한 환멸의 감정을 분명하게 드러냈다. 〈나는 전직 대주교를 만나서 《당신이 어떻게 숙청자가 될 수 있었는가?》라고 물었던 사람이다. ……나는 주위를 돌아보고 《이것들이 파시스트의 방법이요 제도였다》라

6 제2차 세계대전 중인 1942년에서 1944년까지 연합군이 영국으로부터 공격해 들어오는 것을 막기 위해 유럽 대륙의 서쪽 해안을 따라 제3제국이 건설한 해안 요새 — 옮긴이주.
7 1891~1960. 이탈리아의 극작가이자 정치인. 1944년에 〈보통 사람〉이라는 뜻의 주간지인 『루오모 콸룬퀘』를 창간했다. 동명의 정치 운동은 정당과 국가 제도에 대한 총체적인 환멸을 드러냈는데, 1946년 의회 선거에서 36명의 의원을 배출한 뒤 쇠락했다 — 옮긴이주.

고 말한 사람이다. …… 나는 이제 어떤 것도, 누구도 믿지 않는 사람이다.〉

앞서 보았듯이 이탈리아는 어려운 경우였다. 그러나 잔니니가 느낀 것과 같은 감정은 1945년 말이면 유럽에 폭넓게 확산되었고 분위기가 급변했다. 아주 최근에 독일에 점령당했던 나라들의 대다수 주민은 우선 불과 얼마 전에 경험한 과거에 대한 책임 소재를 결정하고, 엄청난 잘못을 저지르거나 심리적으로 만족감을 줄 만한 사람들을 처벌했다. 일단 그런 후에는 불편하고 불쾌한 기억들을 뒤로 한 채 망가진 일상을 계속하는 데 열중했다. 어쨌든 당시에 최악의 범죄들에 대해 동포를 비난하려 했던 사람들은 극소수였다. 그러한 범죄들의 책임은 독일인들이 온전히 져야 한다는 것이 일반적인 정서였다.

제2차 세계 대전의 참사에 대한 궁극적인 책임은 독일이 홀로 감당해야 한다는 견해가 매우 널리 퍼져 있었기에 심지어 오스트리아까지도 면죄부를 받았다. 1943년에 체결된 연합국 협정에 따라 오스트리아는 공식적으로 히틀러의 〈최초 희생자〉로 선언되었으며, 그리하여 전쟁이 끝난 후 독일과는 다른 대접을 받았다. 이는 윈스턴 처칠이 나치즘의 프로이센 기원을 주장한 데 따른 것이었다. 이러한 견해는 19세기의 마지막 3분의 1이 지나는 동안 프로이센이 유럽의 안정에 위협이 되었다는 처칠 세대의 강박 관념이 만들어 냈다. 그러나 나치의 프로이센 기원론은 다른 동맹국들에도 편리했다. 오스트리아의 위치는 지정학적으로 중요했고 중부 유럽의 정황은 앞날이 불확실했으므로, 오스트리아의 운명과 독일의 운명을 분리하는 것이 신중한 일처리로 보였다.

그렇지만 오스트리아를 나치가 점령한 다른 국가들과 똑같이 처리하기는 어려웠다. 다른 피점령국들에서는 현지의 파시스트들과 나치 부역자들이 처벌을 받아야 했고 그 후에야 정상적인 생활이 재개될 수 있었다. 전체 인구가 700만 명이 안 되는 오스트리아에서 나치 당원은 70만 명이었고, 전쟁 말기에도 53만 6천 명이 여전히 당원으로 등록되어 있었으며, 120만 명이 전시에 독일군에서 복무했다. 오스트리아인들은 친위대와 강제수용소 관리 기구에 어울리지 않을 정도로 많이 참여했다. 오스트리아의 공공 생활과 고급문화에는 나치 동조자들이 가득했다. 빈 교향악단이 거느린 117명의 단원들 중 마흔다섯 명이 나치였다(반면 베를린 교향악단은 110명 중 겨우 여덟 명만이 나치 당원이었다).

이러한 상황에서 오스트리아는 놀라울 정도로 손쉽게 처벌을 피했다. 13만 명이 전쟁 범죄로 조사를 받았고, 그중 2만 3천 명이 재판을 받았으며, 1만 3,600명이 유죄 선고를 받았다. 사형 선고를 받은 사람은 마흔세 명이었고 형이 집행된 사례는 서른 건이었다. 약 7만 명의 공무원이 해직되었다. 오스트리아를 점령한 4개 연합국은 1946년 가을에 향후 오스트리아로 하여금 자체적으로 범죄자들을 처리하고 〈탈나치화〉 작업을 수행하도록 하자는 데 합의했다. 나치가 유달리 심하게 득시글댔던 교육 제도는 충분히 나치의 색채를 벗어던졌다. 초등학교 교사 2,943명과 중학교 교사 477명이 해직되었다. 그러나 4년제 대학들에 유명한 나치 동조자들이 다수 있었는데도 해직된 대학교 교수는 단지 스물일곱 명뿐이었다.

1947년, 오스트리아 당국은 죄가 〈큰〉 나치와 죄가 〈작은〉 나치를 구분하는 법을 통과시켰다. 죄가 작은 5만 명은 이듬해 사면되었고, 그들의 선거권도 회복되었다. 죄가 큰 나치는 도합 약 4만 2천 명이었는데 1956년에 모두 사면되었다. 이후 오스트리아인들은 자신들이 히틀러에 휩쓸렸던 일을 아주 잊어버렸다. 오스트리아가 나치즘에 허비했던 시절에서 그렇게 쉽게 빠져나올 수 있었던 한 가지 이유는 최근의 과거를 자신들에게 유리하게 조정하는 것이 지역의 모든 이해 당사자들의 마음에 들었기 때문이다. 전쟁 이전 기독교사회당의 계승자인 보수적인 인민당은 1934년에 자신들이 강제로 나라에 떠맡긴 코포러티즘 정권으로부터 사람들의 관심을 돌리기 위해 자신들과 오스트리아의 〈비독일〉 신임장을 빛낼 충분한 이유가 있었다. 의심의 여지없는 반(反)나치 세력이었던 오스트리아 사회 민주당조차 1933년 이전 독일과 병합을 요구했던 자신들의 이력을 극복해야 했다. 다른 한 가지 이유는 모든 정당들이 나치 전력자들을 회유하고 그들에게 아첨하여 표를 얻어내는 데 관심이 있었다는 점이다. 나치 전력자들은 나라의 정치적 미래를 결정할 정도로 상당히 큰 규모의 유권자였기 때문이다. 앞으로 보겠지만 그 후, 냉전의 촉발로 새로운 지형이 형성되었다.

이와 같은 계산은 당연히 독일에도 존재했다. 그러나 독일 주민들은 자신들의 운명에 대한 발언권을 부여받지 못했다. 오스트리아에게서 나치에 충성했던 죄과를 면해 준 1943년 10월 30일의 바로 그 모스크바 선언에서 연합국은 독일에 전쟁 범죄의 책임을 져야 할 것이라고 경고했다. 그리고 실제로 독일인은 그 책임을 떠안았다. 연합국 점령국들은 1945년에서 1947년 사이에 일련의 재판을 통해 독일에서 전쟁 범죄와 반인륜 범죄, 살인, 그리고 여타 나치의 목적을 추구하면서 빈번히 자행한 중죄들로 나치와 그 부역자들을 기소했다.

이 재판들 중에서 1945년 10월에서 1946년 10월까지 나치의 주요 지도자들을 재판했던 뉘른베르크 국제 군사 법정이 가장 잘 알려져 있으나, 다른 재판도 많았다. 미국과 영국, 프랑스의 군사 법정은 각각 독일 점령 지구에서 하급 나치들을 재판했으며, 소련과 함께 나치를 그 범죄가 자행된 곳에서 재판을 받도록 다른 국가들에, 주로 폴란드와 프랑스에 넘겨주었다. 전범 재판은 독일의 연합군 점령 지구 전역에서 계속되었다. 서쪽 지구에서는 5천 명 이상이 전쟁 범죄나 반인륜 범죄로 유죄 선고를 받았는데, 그중 사형을 선고받은 사람은 800명이 채 안 되었으며, 최후로 형이 집행된 경우는 486건이었다. 마지막 사형 집행은 1951년 6월, 독일인들이 소란스럽게 자비를 호소하는 중에 란츠베르크[8]에서 집행되었다.

뉘른베르크 재판에서 나치당이 범죄 조직이었다는 점이 드러나기는 했지만, 독일인을 단지 나치 당원이라는 이유만으로 처벌하기에는 문제가 있었다. 그 숫자가 너무 많았고 집단적 유죄에 반대하는 주장도 강력했다. 어쨌든 수백만 명의 사람들이 이런 식으로 유죄로 판명되고 난 뒤의 결과가 무엇일지는 분명하지 않았다. 그러나 나치 지도자들의 책임은 명백했으며, 그들에게 닥칠 운명에 관해서는 추호의 의심도 없었다. 뉘른베르크 법정의 미국 검사 중 한 사람이자 추후 재판들에서 주임 검사를 맡았던 텔퍼드 테일러의 말에 따르면, 〈제3제국 지도자들에 의해 부당하게 고통을 받았다고 생각하고 그런 취지에서 재판을 원한 사람들이 너무 많았다.〉

독일의 전쟁 범죄 재판은 처음부터 정의에 관한 것인 만큼이나 교육에 관한 것이기도 했다. 뉘른베르크 본재판은 독일 라디오로 하루에 두 번 방송되었으며, 수집된 증거는 전국의 학교와 영화관, 재교육 시설에 전시될 예정이었다. 그러나 재판이 지닌 일벌백계의 이점이 언제나 자명하지는 않았다. 강제수용소 지휘관들과 위병들에 대한 초기 재판에서 많은 사람들이 완전히 처벌을 면했다. 그들의 변호사들은 증인과 수용소 생존자들을 반대 심문하고 굴욕을 줌으로써 영-미의 당사자대립주의 재판을 자신들에게 유리하게 이용했다. 1945년 9월 17일에서 11월 17일 사이에 뤼네베르크에서 열린 베르겐벨젠 수용소 직원들의 재판에서 자신들의 의뢰인들은 오로지 (나치의) 법을 준수했을 뿐이라고 주장하여 어느 정도 성공을 거둔 사

8 바이에른주 남서쪽에 있는 도시. 1924년에 히틀러가 수감 중에 『나의 투쟁』을 집필했던 곳으로 유명하다. 이곳에서 1945년 이후 150명 이상이 전쟁 범죄로 처형되었다 — 옮긴이주.

람들은 피고 측의 영국인 변호사들이었다. 마흔다섯 명의 피고인 중 열다섯 명이 무죄로 석방되었다.

따라서 나치에 대한 재판이 독일과 독일인들의 정치적·도덕적 재교육에 얼마나 기여했는지 알기는 어렵다. 많은 사람들은 그 재판들이 〈승자의 재판〉이라고 분개했으며, 실제로 그것은 승자의 재판이었다. 그렇지만 동시에 명백한 범죄 행위를 저지른 진짜 범죄자들에 대한 실제 재판이기도 했으며, 미래의 국제 재판에 중요한 판례가 되었다. 1945년부터 국제 연합 전쟁범죄위원회가 해산된 1948년까지 진행된 재판과 조사는 독일인과 그 밖의 사람들이 최대한 빠른 시일 내에 잊어버리고 싶어 했던 바로 그 순간에 (특히 유럽 유대인의 절멸이라는 독일의 계획에 관하여) 엄청난 양의 문서와 증거를 기록으로 남겼다. 재판은 개인이 저지른 범죄는 이데올로기적 목적이나 국가적 목적에서 했더라도 개인의 책임이며 법에 따라 처벌할 수 있다는 점을 분명히 했다. 명령을 따랐을 뿐이라는 말은 변명이 되지 못했다.

그런데 연합국의 독일인 전범자 처벌에는 두 가지 필연적인 결점이 있었다. 소련 검사와 소련 판사의 존재를 독일과 동유럽 출신의 많은 평자들은 위선의 증거로 해석했다. 소련군의 행위와 소련군이 〈해방한〉 지역에서 소련이 보인 행동은 전혀 비밀이 아니었다. 실제로 소련의 행태는 훗날보다 그 당시에 더 잘, 더 널리 알려져 있었다. 그리고 여전히 많은 사람들이 1930년대에 저질러진 숙청과 학살을 생생하게 기억했다. 소련을 나치 재판의 판사석에, 때때로 소련 스스로 저지른 범죄를 다루는 재판의 판사석에 앉히는 것은 뉘른베르크 재판과 여타 재판들의 가치를 떨어뜨렸으며, 재판이 오로지 독일에 대한 복수로만 보이게 했다. 미국의 외교관이자 역사가인 조지 케넌의 말에 따르면, 〈결국 이 재판 과정이 전하는 유일한 의미는 그러한 범죄들이 어떤 상황에서 어느 정부의 지도자들에 의해 자행되었을 경우에는 정당화되고 용서할 수 있지만, 다른 상황에서 다른 정부에 의해 자행되었을 경우에는 정당화되지 못하고 용서할 수 없으며 죽음의 처벌을 받는다는 사실이었다.〉

소련이 뉘른베르크 재판에 참여한 것은 전시 동맹에 대한 대가이자 히틀러를 패망시키는 데 소련군이 수행한 뛰어난 역할에 대한 대가였다. 그러나 재판의 두 번째 결점은 재판 절차의 성격에 내재했다. 히틀러 자신을 비롯한 나치 지도부의 개인적인 죄과는 온전히, 면밀하게 밝혀졌다. 바로 그 때문에 많은 독일인들은 나머지 국민은 무죄이며, 독일인도 집단적으로는 다른 사람들만큼이나 나치즘을 거역하지 못한 희생자였다고 믿어도 된다고 생각했다. 나치의 범죄들은, 반세기 후에 전직 독일 총리 헬무트 콜이 한 발언을 인용하자면, 〈독일의 이름으로 자행되었을지는 모르지만〉 독일인들이 그 범죄를 저질렀다는 진정한 인식은 없었다.

특히 미국은 이를 잘 의식하고 있었으며 곧 자신들의 점령 지구에서 재교육과 탈나치화 일정을 시작했다. 그 목표는 나치당을 폐지하고 그 근거를 파괴하며 독일의 공적 생활에 민주주의와 자유의 씨앗을 심는 것이었다. 독일의 미국 군대에는 일단의 심리학자들과 기타 전문가들이 동행했는데, 이들에게는 독일인들이 그토록 심하게 탈선한 이유가 무엇인지 밝혀 내라는 과제가 주어졌다. 영국은 미국에 비해 회의론이 더 컸고 쓸 수 있는 자원은 더 적었지만 유사한 사업을 수행했다. 프랑스는 그 문제에 거의 아무런 관심도 보이지 않았다. 반면 소련은 처음에는 완전히 동의했다. 공격적인 탈나치화 조치들은 연합국 점령 당국들이 잠시 동안만이라도 합의할 수 있었던 몇 안 되는 문제들 중 하나였다.

독일인의 삶에서 나치즘의 뿌리를 뽑으려는 일관된 사업 계획에 내재한 실질적인 문제는 1945년의 상황에서 사업의 실행이 불가능하다는 단순한 사실이었다. 미군 군정청장 루시어스 클레이 장군의

독일과 오스트리아: 연합국 점령 지구들

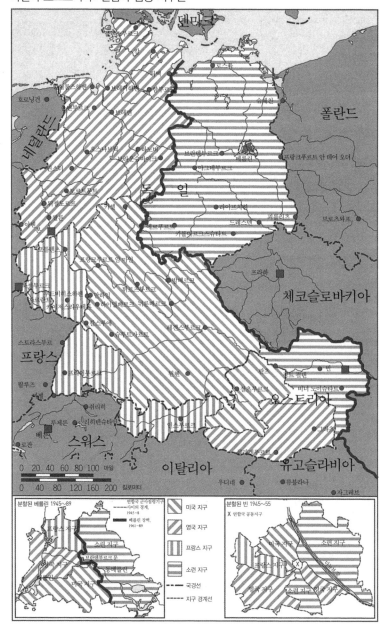

덴마크

폴란드

네덜란드

호로닝건

브레멘

독일

베를린

브란덴부르크

마그데부르크

로스토크

슈테틴

프랑크푸르트 안 데어 오더

라이프치히

드레스덴

괴를리츠

브로츠와프

체코슬로바키아

프라하

프랑크푸르트 암 마인

빈

슈투트가르트

스트라스부르

프랑스

물루즈

프라이부르크

취리히

루체른

베른

로잔

스위스

리히텐슈타인

이탈리아

우디네

류블라나

자그레브

오스트리아

빈

클라겐푸르트

그라츠

유고슬라비아

| 0 | 20 | 40 | 60 | 80 | 100 | 마일 |
| 0 | 40 | 80 | 120 | 160 | 200 | 킬로미터 |

분할된 베를린 1945~89

연합국 군사점령지구 사이의 경계, 1945~8
베를린 장벽, 1961~89

프랑스 지구

소련 지구

브란덴부르크 문

동베를린

영국 지구

미국 지구

미국 지구

영국 지구

프랑스 지구

소련 지구

국경선

지구 경계선

분할된 빈 1945~55

X 연합국 공동지구

미국 지구

소련 지구

프랑스 지구

영국 지구

소련 지구

영국 지구

말은 그러한 사정을 잘 드러낸다. 〈우리 행정의 주된 난제는 상당히 유능한 독일인 중 어떤 식으로든 나치 정권에 참여하지 않았거나 연루되지 않은 자를 찾는 일이었다. ……자격을 갖춘 사람들은…… 공직자인 경우가 많았는데…… 그중 상당수는 나치당 활동에서 (우리의 정의에 따르자면) 단순 가담자의 수준을 뛰어넘었다.〉

클레이는 과장하지 않았다. 유럽에서 전쟁이 끝난 1945년 5월 8일에 독일에는 800만 명의 나치가 있었다. 본에서는 112명의 의사 중 102명이 나치당 당원이었거나 과거 당원이었던 경력을 지니고 있었다. 산산이 파괴된 쾰른에서는 상하수도 체계를 복구하고 질병을 예방하는 데 필수적인 기술을 보유한 시 상수도국의 전문가 스물한 명 중 열여덟 명이 나치였다. 전후 독일에서 시 행정과 공공 보건, 도시 재건, 민간 기업은 비록 연합국의 감시를 받았지만 불가피하게 이런 사람들이 수행할 수밖에 없었다. 독일의 업무에서 이들을 간단하게 없애버리기는 불가능했다.

그렇지만 그렇게 하려는 노력이 있기는 했다. 독일의 서쪽 점령 지구에서 1600만 장의 질문서Fragebogen에 답변이 이루어졌다. 대부분은 미국이 통제하던 지역에서 거둔 것이다. 비록 많은 사람들이 1946년 3월에 독일이 연합국의 감독을 받아 설치했던 현지의 탈나치화 법정에 소환되지 않았지만, 미군 군정 당국은 지구 전체 인구의 4분의 1인 350만 명의 독일인을 〈고발 가능한 사례〉의 명단에 올렸다. 독일의 민간인들은 의무적으로 강제수용소를 방문해야 했으며, 나치의 잔혹한 행위들에 관한 기록영화를 관람해야 했다. 나치 교사들은 퇴출되었고, 도서관의 책은 새로 교체되었으며, 신문 용지와 종이는 연합국의 직접적인 통제를 받아 공급되어 진정한 반나치 신임장을 받은 새로운 소유주와 편집자들에게 분배되었다.

이러한 조치들에 대해서도 상당히 큰 반대가 있었다. 1946년 5월 5일, 장래 서독의 총리가 될 콘라트 아데나워는 부퍼탈에서 행한 대중 연설에서 〈나치 동조자들〉을 그냥 내버려 두라고 요구하며 탈나치화 조치에 반대했다. 아데나워는 두 달 뒤에 새로이 결성된 자신의 신생 정당 기독교민주연합에서 행한 연설에서 동일한 견해를 밝혔다. 아데나워가 볼 때 탈나치화는 너무 오래 지속되었고 전혀 이롭지 않았다. 그의 견해에 따르면 재판을 통해서든 법정이나 재교육 사업을 통해서든 독일인을 나치의 범죄에 대면하게 하는 것은 회개를 부르기보다는 민족주의자들의 반발만 불러일으킬 공산이 더 컸다. 나치즘은 그 정도로 독일에 깊이 뿌리박고 있었기 때문에, 장래에 총리가 될 이 사람은 그 문제에 관해 침묵을 허용함은 물론 한 발 더 나아가 침묵을 장려하는 것이 더 현명하다고 생각했다.

아데나워가 완전히 틀린 것은 아니었다. 1940년대에 독일인들은 나머지 세계가 왜 자신들을 그런 식으로 바라보는지 이해하지 못했다. 독일인들과 독일의 지도자들은 자신들이 무슨 일을 저질렀는지 이해하지 못했으며, 피점령국 유럽의 희생자들이 겪었던 고통보다 식량 부족과 주택 부족 같이 전후에 자신들이 마주했던 힘든 상황에 더 골몰해 있었다. 실제로 독일인들은 자신들이 희생자라고 생각하곤 했으며, 따라서 재판을 받고 나치 범죄와 대면해야 했던 것을 소멸한 정권에 대한 승전국의 복수로 여겼다.[9] 훌륭한 예외가 없지는 않았지만, 독일의 전후 정치적·종교적 권력은 이러한 견해에 거의 반대하지 않았으며, 그중에서도 자유직업인과 법률가, 공무원 등 그 나라의 타고난 지도자들이 가장 크게 명예를 더럽혔다.

그러므로 질문서는 조롱을 받았다. 대체로 혐의자들이 좋은 성격의 인물이라는 증명서(소위 〈페르실Persil〉 증명서. 동명의 세탁 비누에서 이름을 따왔다)를 얻도록 도와줌으로써 면죄에 이바지했

---

9 1946년 서독의 주 의회는 연합국 당국에 독일의 식량 부족 상황을 고려하여 추방 난민에 대한 식량 배급을 줄여야 한다고 권고했다. 루시어스 클레이 장군은 문제의 식량은 독일이 벌인 침략 전쟁의 희생자들인 다른 유럽 국가들이 제공한다는 점을 상기시키는 선에서 답변을 마무리했다.

을 뿐이다. 재교육의 효과는 확실히 제한적이었다. 독일인들을 다큐멘터리 영화를 상영하는 곳에 데려갈 수는 있었지만, 그들에게 영화를 보도록 하는 것은 전혀 다른 문제였고 본 내용에 대해 생각하게 하는 것은 훨씬 더 어려웠다. 한때 독일인들은 다하우와 부헨발트의 수용소를 다룬 다큐멘터리 영화를 관람해야만 식량 배급표를 받을 수 있었는데, 그러한 상황이 몇 해 이어진 후 작가 슈테판 헤름린[10]은 프랑크푸르트의 한 극장 풍경을 묘사했다. 〈나는 어슴푸레한 영사기 불빛에 의지하여 사람들을 볼 수 있었다. 그들은 영화가 시작되자 대부분 고개를 돌렸고 영화가 끝날 때까지 그대로 있었다. 오늘 나는 생각한다. 외면한 얼굴이 진정 수백만 명의 태도였다고. …… 내가 속한 불행한 민족은 감상적이면서도 냉담했다. 사건들에 휘둘릴 생각이 없었고 《너 자신을 알라》 따위에는 관심이 없었다.〉[11]

서방 연합국들이 냉전의 도래로 탈나치화 노력을 포기했을 때쯤, 탈나치화의 영향이 단연코 제한적이었다는 사실이 분명해졌다. 바이에른에서는 1946년까지 중학교 교사의 절반이 해직되었으나 2년 후 다시 복직되었다. 1949년 새로이 수립된 연방 공화국은 공무원과 군 장교의 과거 행위에 대한 모든 조사를 중단했다. 1951년에 바이에른주에서는 판사와 검사의 94퍼센트, 재무부 직원의 77퍼센트, 지역 농업부 공무원의 60퍼센트가 나치 전력자였다. 1952년 서독 외무부 공무원은 세 명 중 한 명꼴로 나치 당원의 전력을 지닌 자였다. 새로 구성된 서독 외교단의 43퍼센트는 전직 친위대원이었고 17퍼센트는 보안대나 게슈타포에서 근무한 경력을 지니고 있었다. 1950년대 내내 아데나워 총리의 주요 보좌관이었던 한스 글로브케는 1935년 히틀러가 공표한 뉘른베르크법의 공식 주석에 책임이 있

10 1915~1997. 구동독의 유명 작가 ─ 옮긴이주.
11 Stephan Hermlin, *Bestimmungsorte* (Berlin,1985), p. 46. Frank Stern, *The White-washing of the Yellow Badge*(1992), p. x vi에서 재인용.

는 사람이었다. 라인란트팔츠의 경찰서장이었던 빌헬름 하우저는 전시에 벨라루스에서 자행된 학살에 책임이 있는 선임 돌격대장이었다.

공직 밖에서도 같은 유형이 적용되었다. 대학교와 법조계는 히틀러 정권에 공감했다는 사실이 널리 알려졌음에도 탈나치화의 영향을 가장 적게 받은 영역이었다. 기업가들도 처벌을 면했다. 1947년에 전범자로 유죄 선고를 받은 프리드리히 플리크는 3년 뒤 서독 당국에 의해 석방되었으며, 다임러벤츠의 주요 주주로서 과거의 명성을 되찾았다. 이게파르벤과 크루프의 고위 임원으로 고발되었던 사람들은 모두 일찍 석방되었으며, 이전의 지위에 못지않게 높은 지위로 공공 생활에 다시 입문했다. 1952년에 포드자동차의 독일 지사인 포드베르케Fordwerke는 나치 시대의 모든 고위 경영진을 다시 불렀다. 심지어 미국의 법정에서 유죄 판결을 받은 나치의 판사와 강제 수용소 의사들도 (미국 행정관 존 매클로이에 의해) 감형을 받았다.

종전 직후의 여론 조사 자료를 보면 연합국의 노력이 효과적이지 않았음이 확인된다. 뉘른베르크 재판이 끝난 1946년 10월에 재판이 〈불공정〉했다고 인정한 사람은 독일인의 6퍼센트에 지나지 않았는데, 4년 후에는 3분의 1이 그런 견해를 지니고 있었다. 독일인이 그렇게 느꼈다는 사실은 전혀 놀랍지 않다. 1945년부터 1949년까지 내내 대다수 독일인은 변함없이 〈나치즘은 좋은 생각이었지만 잘못 적용되었다〉고 믿었기 때문이다. 1946년 11월에 미국 점령 지구에서 조사에 응한 독일인의 37퍼센트는 〈유대인과 폴란드인, 기타 비(非)아리아인의 절멸은 독일인의 안전을 위해 필요했다〉는 견해를 지녔다.

1946년 11월에 실시된 같은 조사에서 세 명 중 한 명은 〈유대인은 아리아 인종에 속하는 사람들과 동일한 권리를 가져서는 안 된다〉는 주장에 동의했다. 이는 그 사람들이 그러한 견해를 공약으로 내세운 권위주의적 정부의 통치를 12년간이나 받았다는 사실을 고려할 때 그다지 놀랄 만한 일이 아니었다. 진정으로 놀라운 일은 6년 뒤에 이루어진 여론 조사였다. 조사 결과, 약간 더 높은 비율(37퍼센트)의 독일인들이 독일 영토에 유대인이 없는 것이 더 낫다고 단언했다. 그러나 같은 해(1952년)에 히틀러를 〈높이 평가한다〉고 인정한 사람은 서독인의 25퍼센트였다.

소련 점령 지구에서 나치의 유산은 약간 다르게 처리되었다. 소련의 판사와 변호사가 뉘른베르크 재판에 참여했지만, 동쪽 지구에서 탈나치화의 주된 강조점은 나치를 집단적으로 처벌하고 삶의 모든 영역에서 나치즘을 근절하는 데 있었다. 현지 공산주의 지도부는 실제 일어났던 일들에 대해 어떤 환상도 지니지 않았다. 훗날 독일 민주 공화국의 지도자가 된 발터 울브리히트는 나라가 패전한 지 정확히 6주 후에 베를린의 독일공산당 대의원회에서 이렇게 연설했다. 〈독일 민족의 비극은 그들이 범죄 집단의 명령에 복종했다는 사실에 있다. ……독일의 노동 계급과 생산에 종사하는 주민들은 역사 앞에 실패했다.〉

이러한 인정은 아데나워나 대부분의 서독 정치가들이 기꺼이 공개적으로 시인하려 했던 것보다 더 나아갔다. 그러나 울브리히트는 소련 당국과 마찬가지로 나치 범죄를 처벌하는 것보다 독일에서 공산주의 권력의 안전을 보장하고 자본주의를 제거하는 데 더 큰 관심이 있었다. 결과적으로, 소련 점령 지구의 탈나치화는 몇몇 경우에서 서쪽 지구의 탈나치화보다 실제로 진일보한 측면이 있었지만, 나치즘에 대한 두 가지 그릇된 설명을 토대로 이루어졌다. 소련 점령 지구의 탈나치화는 공산주의 이론의 한 요소로 통합되었으며, 기회주의적이었고 다분히 계산적이었다.

나치즘은 단순히 파시즘일 뿐이며 파시즘은 위기에 처한 자본가들이 이익을 추구하는 과정에서 나온 부산물이라는 것이 마르크스주의의 진부한 설명이자 소련의 공식 해석이었다. 따라서 소련 당국은 나치즘의 독특한 인종주의적 측면과 그 종족 학살의 결과에 주목하지 않았으며, 대신 기업가와 부패한 관리, 교사 등을 체포하고 그들의 재산을 몰수하는 데 힘을 집중했다. 이들이 히틀러의 배후에 숨어 있다는 사회 계급의 이익을 도모하는 데 책임이 있었기 때문이다. 이렇게 소련이 독일에서 나치즘의 유산을 제거하는 과정은 중부 유럽과 동유럽의 다른 지역에서 진행되던 사회적 변화와 근본적으로 다르지 않았다.

나치 전력자들에 대한 소련 정책의 기회주의적 특징은 독일 공산당의 약점과 상관관계가 있었다. 점령된 독일의 공산주의자들은 강한 운동을 이루지 못했다. 그리고 유권자들은 소련군의 화물열차를 타고 도착한 공산주의자들에게 마음을 주지 않았다. 잔인한 폭력과 선거 부정을 제외하면, 유일한 정치적 전망은 계산적인 사욕 추구에 호소하는 데 있었다. 동쪽과 남쪽의 여러 나라에서 공산주의자들은 독일인 소수 민족의 추방을 조장하고, 독일인들이 남기고 간 농장과 기업과 아파트를 새로이 차지한 폴란드인, 슬로바키아인, 세르비아인의 보증인이자 보호자로 자처함으로써 이러한 전략을 실행에 옮겼다. 물론 이러한 방식은 독일에서는 취할 수 없었다. 오스트리아에서는 1945년 말에 실시된 선거에서 현지 공산당이 하급 나치와 과거 나치당원의 지지를 거부하는 실수를 저질렀다. 그들의 지지는 결정적일 수도 있었다. 그로써 전후 오스트리아 공산주의의 전망은 어두워졌다. 베를린은 그 교훈을 잊지 않았다. 독일 공산당은 반대로 수백만 명의 나치 전력자들을 돌보고 보호했다.

신조와 타산이라는 두 가지 관점이 반드시 충돌할 필요는 없었다. 울브리히트와 그의 동료들은 독일에서 나치즘을 제거하는 방법은 사회경제적 변화를 완수하는 것이라고 확고하게 믿었다. 그들은 개인의 책임이나 도덕적 재교육에는 특별한 관심을 두지 않았다. 그러나 또한 나치즘이 단지 죄 없는 독일 프롤레타리아를 얽어맨 속임수가 아니라는 점도 이해했다. 독일 노동 계급은 독일 부르주아처럼 그 책임을 다하지 못했다. 그렇지만 정확히 바로 그렇기 때문에 채찍과 당근을 제대로 결합하기만 하면 노동 계급은 공산주의의 목적에 적응할 가능성이 많았다. 어쨌든 동독 당국도 서독 당국과 마찬가지로 선택의 여지가 없었다. 나치 전력자들이 아니면 도대체 누구와 함께 국가를 운영해야 했겠는가?

그리하여 한편으로는 소련군이 그들의 점령 지구에서 1948년 4월까지 52만 명에 이르는 엄청난 수의 나치 전력자들을 직장에서 해고하고 〈반파시스트〉들을 행정직에 등용하는 와중에, 다른 한편에서는 독일 공산당 지도자들이 나치 전력자들 중에서 명예가 손상될 정도로 기록이 널리 공개되지 않은 자들에게 적극적으로 합류를 권했다. 이들이 크게 성공했다는 사실은 그다지 놀랍지 않다. 나치 전력자들은 승자와 운명을 함께함으로써 자신들의 과거를 지울 수 있어서 너무 행복했을 따름이었다. 그들은 당원으로서, 지역 행정관으로서, 정보원과 경찰로서 공산주의 국가의 필요에 유례없이 잘 적응했다.

결국 새로운 체제는 그들이 이전에 알았던 체제와 놀랄 만큼 유사했다. 공산주의자들은 노동전선Arbeitsfront이나 구역 감시인 같은 나치의 제도들을 단순히 넘겨받아 새로운 명칭을 부여하고 새로운 우두머리를 앉혔을 뿐이었다. 그러나 나치 전력자들의 적응력은 그들이 협박에 취약했다는 사실을 반영하기도 했다. 소련 당국은 동독에서 이전의 적들과 공모하여 나치즘의 성격과 범위에 관해 거짓말할 준비가 되어 있었다. 독일의 자본가들과 나치의 유산은 서쪽의 점령 지구에 한정되었으며 장래의 독일 민주 공화국은 노동자와 농민, 반파시스트 영웅들의 나라가 되리라고 주장했던 것이다. 그러나 소련도 실상을 잘 알았으며 필요할 경우 입증에 사용할 수 있도록 나치에 관한 자료를 보유했다. 그렇게 해서 암시장 상인, 전시에 부당이득을 챙긴 자, 온갖 종류의 나치 전력자들이 훌륭한 공산주의자가 되었다. 그럴 만한 유인이 충분했기 때문이다.

1950년대 초에 동독의 고등 교육 기관장의 절반 이상이 과거에 나치당 당원이었으며, 10년 후 의회 의원 중 나치 당원의 전력을 지닌 자는 10퍼센트를 넘었다. 새로 설립된 슈타지(국가보안국)는 나치 게슈타포의 역할과 활동 방식뿐만 아니라 수천 명에 이르는 고용인과 정보원도 인계받았다. 후임 공산주의 정권에 정치적으로 희생된 자들은 종종 〈나치 범죄자〉라는 혐의를 뒤집어썼는데, 나치 전력을 지닌 경찰에 체포되어 나치 전력을 지닌 판사들의 재판을 받고 나치 시대에 감옥과 강제수용소에서 일한 전직 나치 위병들의 감시를 받았다. 새로운 당국은 이 모든 것을 통째로 인수했다.

개인과 제도가 나치즘이나 파시즘에서 공산주의로 쉽사리 옮겨 간 상황은 규모는 다를지 모르지만 동독에만 특유한 것은 아니었다. 이탈리아의 전시 저항 운동에는 다양한 성격의 파시스트 전력자들이 적지 않게 포함되어 있었고, 이탈리아 공산당의 전후 온건화는 어느 정도는 잠재적 지지자들의 다수가 파시즘과 타협했다는 사실에 기인했을 것이다. 전후에 헝가리 공산주의자들은 공공연히 파시스트 화살십자당 당원이었던 자들의 환심을 사려 했는데, 심지어 재산을 되찾으려고 유대인과 싸웠던 그들을 지지하기도 했다. 전시에 런던에서 슬로바키아 공산주의자 블라디미르 클레멘티스와 에브젠 뢰블은 전쟁 전에 체코 파시스트 정당들에서 활동했던 소련 첩보원들에게 추적당했다. 이 첩보원들의 증언은 10년 후 시범 재판에서 클레멘티스와 뢰블에게 불리하게 이용된다.

전후의 정치적인 봉사를 대가로 주민의 나치 전력이나 파시스트 전력에 눈감은 자들은 공산주의자만이 아니었다. 오스트리아에서는 서방 당국들이 종종 파시스트 전력자를 애호하여 언론이나 기타 민감한 직종에서 일하도록 허용했다. 파시스트 전력자들이 전쟁 이전 오스트리아의 권위주의적 코포러티즘 정권과 연합했던 일은 나치의 침공으로, 그리고 그들이 좌파에 보인 반감으로 중화되었다. 좌파에 대한 그들의 반감은 매우 확실했으며 점점 더 유용했다. 북서 이탈리아 변경 지대의 연합국 군사정부는 과거의 파시스트들과 부역자들을 보호했는데, 그중 많은 사람이 유고슬라비아가 원하는 자들이었다. 반면 서방 정보기관들은 도처에서 경험 많고 정보에 밝은 나치 전력자들을(〈리옹의 도살자〉라는 별명을 지녔던 게슈타포 장교 클라우스 바르비 같은 자들) 나중에 쓸 목적으로 충원했다. 특히 이들은 소련을 위해 일하는 나치 전력자들을 잘 확인할 수 있었기 때문에 유용했다.

콘라트 아데나워는 1949년 9월 20일 독일 연방 공화국 의회에서 행한 첫 번째 연설에서 탈나치화와 나치의 유산에 관하여 이렇게 말했다. 〈연방 공화국 정부는 많은 사람들이 중하지 않은 죄과에 대해서는 개인적으로 속죄했다고 믿는다. 따라서 정부는 과거를 잊는 것이 받아들여질 만한 경우에는 그렇게 하기로 결정했다.〉 많은 독일인들이 이 주장에 진심으로 찬성했다는 데에는 의심의 여지가 없다. 탈나치화가 무산되었다면, 그 이유는 1945년 5월 8일에 독일인들이 정치적 목적에서 자발적으로 〈나치의 굴레를 벗어던졌다〉는 데 있었다.

그리고 망각은 독일 국민만의 일이 아니었다. 이탈리아의 신생 기독교 민주당의 일간지는 히틀러가 사망하던 날 똑같이 망각을 호소했다. 신문은 선언했다. 〈우리에겐 잊을 힘이 있다. 가능하면 빨리 잊어라!〉 동유럽에서는 혁명적으로 새롭게 시작하겠다는 약속이 공산당이 내놓을 수 있는 가장 강력한 패였다. 그 나라들에서는 누구나 무엇을, 자신들이 당한 일이든 자신들 스스로 저지른 일이든, 잊어야 했다. 마치 펠로폰네소스 전쟁이 끝날 무렵 이소크라테스[12]가 아테네인들에게 제시한 권고를 따르듯이, 유럽 전역에서 과거를 잊

고 새롭게 시작하려는 성향이 강하게 존재했다. 〈나쁜 일은 전혀 없었던 것처럼 우리 공동으로 통치하자.〉

이와 같은 단기 기억에 대한 불신과 유용한 반파시즘 신화(독일인에게는 반나치의 신화, 프랑스인에게는 저항 투사의 신화, 폴란드인에게는 희생자의 신화)의 모색은 제2차 세계 대전이 유럽에 남긴 가장 중요한 보이지 않는 유산이었다. 긍정적으로 보자면 그 유산 덕분에 티토 원수나 샤를 드골, 콘라트 아데나워 같은 사람들은 자신들에 대한 그럴듯한 설명, 심지어 자랑 가득한 설명을 동료 국민들에게 제시할 수 있었고 그로써 국가의 부흥이 촉진되었다. 동독조차 1945년 4월에 공산주의자들이 일으킨 부헨발트 〈폭동〉 같은 고귀한 기원을 주장했다. 그것은 대체로 조작된 설화로 일종의 만들어진 전통이었다. 네덜란드처럼 전쟁을 수동적으로 겪은 나라들은 그러한 설명을 통해 타협의 이력을 잊었으며, 크로아티아처럼 그릇된 행동주의에 오도된 나라들은 서로 경합하는 영웅적 행위들의 불분명한 이야기 속에 타협의 전과를 묻어 버렸다.

그러한 집단적 기억상실이 없었다면 전후 유럽의 놀라운 회복은 불가능했을 것이다. 계속해서 마음을 불편하게 만들 많은 기억들이 확실하게 지워졌다. 그러나 전후 유럽이 시간이 지나면 무너지고 변할 창설 신화들에 정확히 얼마나 의존했는지는 한참 뒤에야 분명하게 밝혀졌다. 1945년의 상황에서, 폐허 더미로 뒤덮인 대륙에서, 마치 과거는 정말로 죽어 매장되고 새로운 시대가 열린 것처럼 행동함으로써 얻을 것은 많았다. 그 대가는 주로 독일에서 나타난 어느 정도의 선택적이고 집단적인 망각이었다. 그러나 그때, 특히 독일에서는 잊어야 할 것이 많았다.

---

12 B. C. 436~B. C. 338. 고대 그리스 아테네의 철학자. 펠로폰네소스 전쟁 이후의 난국을 타개하기 위해 아테네인들의 단합을 권고했다 ― 옮긴이주.

3장
유럽의 부흥

이제 우리는 모두 이 전쟁에서 벗어나 자유방임적 사회 질서로 되돌아갈 길이 없다는 사실을, 전쟁 자체가 새로운 형태의 계획된 질서에 이르는 길을 준비함으로써 조용한 혁명을 일으켰다는 사실을 알고 있다.
— 카를 만하임

자본주의적 방식은 재건의 과제를 감당할 수 없다는 견해가 거의 일반적인 듯하다.
— 요제프 슘페터

우리는 영국으로 돌아왔지만 많은 사람들이 실망했다. ……누구도 하룻밤 새에 영국을 우리가 원하는 대로 바꾸어 놓을 수 없었다.
— 위니 화이트하우스 부인(폴 애디슨, 『이제 전쟁은 끝났다』)

치유책은 악순환의 고리를 끊고 유럽 사람들이 자국과 유럽 전체의 경제적 미래에 대한 자신감을 회복하는 데 있다.
— 조지 마셜

유럽의 재난은 그 규모만으로도 새로운 기회를 열어 놓았다. 전쟁은 모든 것을 바꿔놓았다. 거의 어디서나 1939년 이전의 상황으로 되돌아가기란 불가능했다. 이는 당연히 청년들과 과격한 자들의 견해였지만, 노년 세대의 현명한 관찰자들에게도 똑같이 분명한 사실이었다. 북부 프랑스의 보수적인 가톨릭 부르주아 집안 태생으로 프랑스가 해방되었을 때에 쉰네 살이었던 샤를 드골은 그답게 문제의 특징을 정확하게 짚어 냈다. 〈대재난이 진행되는 동안, 패배의 짐을 안고 살던 사람들의 마음속에는 큰 변화가 일어났다. 많은 사람들에게 1940년의 재앙은 지배 계급과 지배 체제가 모든 영역에서 저지른 실패처럼 보였다.〉

그러나 프랑스에서나 다른 곳에서나 문제는 1940년에 시작되지 않았다. 도처의 반파시스트 저항 투사들은 전시의 점령국과 그들의 대리인뿐만 아니라 정치적·사회적 체제 전체와도 싸우고 있었다. 저항 투사들이 생각하기에 조국이 겪고 있는 재앙의 직접적인 책임은 그 체제에 있었기 때문이다. 조국을 파국에 몰아넣은 자들은 두 대전 사이에 활동했던 정치가와 은행가, 기업가, 군인이었다. 그들은 제1차 세계 대전의 희생을 배반하고 제2차 세계 대전의 씨앗을 뿌렸다. 1940년 이전에 유화 정책을 옹호한 보수당을 격하게 비난한 어느 영국 소책자의 표현을 빌리자면, 그들은 〈죄인〉이었다. 그들과 그들의 체제는 전쟁 중에 이미 전쟁이 끝나면 바꿔야 할 대상이 되었다.

그러므로 저항 운동은 어디에서나 은연중에 혁명적이었다. 혁명은 저항 운동의 논리에 내재해 있었다. 파시즘을 초래한 사회를 거부하면 자연히 〈백지상태에서 시작하게 될 혁명의 꿈〉(이탈로 칼비노)[1]에 이르게 되었다. 앞서 보았듯이 동유럽 여러 곳에서 과거는 깨끗하게 청산되었다. 그러나 서유럽에서도 극적이고 급격한 사회 변화를 바라는 마음은 컸다. 결국, 누가 그 길을 방해할 것인가?

전시 저항 운동의 관점에서 볼 때, 전후의 정치는 전시에 벌였던 투쟁의 연속일 수밖에 없었다. 이는 비밀리에 활동했던 그들의 특성이 자연스럽게 투사되고 연장된 결과였다. 전시 지하 운동에서 전면에 섰던 많은 청년 남녀들은 다른 형태의 공적 생활을 알지 못했다. 1924년 이후의 이탈리아와 1930년대 이후 독일, 오스트리아, 동유럽 대부분, 그리고 1940년 이후 점령된 유럽 대륙 곳곳에서, 정상적인 정치란 없었다. 정당들은 금지되었고 선거는 각본대로 치러지거나 아니면 폐지되었다. 당국에 반대하거나 사회 변화를 옹호하거나 심지어 정치 개혁을 옹호하는 것조차 테두리를 벗어나는 일이었다.

그러므로 이 새로운 세대에게 정치는 저항의 문제, 곧 권위에 대한 저항, 관습적인 사회경제적 제도에 대한 저항, 과거에 대한 저항의 문제였다. 프랑스 저항 운동의 활동가였고 전후에는 저명한 좌파 잡지의 편집자이자 작가였던 클로드 부르데는 자신의 회고록 『불확실한 운명L'aventure incertaine』에서 그 분위기를 이렇게 포착했다. 〈레지스탕스는 우리 모두를 사회 체제뿐만 아니라 인간에 대해서도 철저하게 항의하는 사람이 되게 했다.〉 파시즘에 대한 저항이 1930년대의 오류로 후퇴하는 것에 대한 전후의 저항으로 이어지

1 1923~1985. 이탈리아의 기자이자 작가. 1943년에 이탈리아 저항 운동에 참여했으며 이후 공산당에 입당했다 — 옮긴이주.

는 것까지는 자연스러워 보였다. 이로부터 해방 직후 많은 관찰자들이 언급한 바 있는 이상하게 낙관적인 분위기가 형성되었다. 빈곤이 만연했는데도, 실은 빈곤이 만연했기 때문에, 무엇인가 새롭고 더 나은 것이 출현할 듯했다. 1945년 11월, 이탈리아의 잡지 『소시에타 *Società*』의 편집자들은 이렇게 썼다. 〈우리 중 아무도 자신의 과거를 인식하지 못한다. 과거는 우리에겐…… 불가해한 것으로 보인다. 오늘날 우리의 삶은 혼미함과 본능적인 방향 찾기가 지배하고 있다. 우리는 그저 사실에 압도되어 무장해제를 당했을 뿐이다.〉

히틀러가 패배한 이후 급격한 변화를 가로막은 주된 장애물은 반동주의자나 파시스트가 아니었다. 그들은 독재자에 운명을 걸었고 독재자와 함께 제거되었기 때문이다. 주된 장애물은 대부분 전쟁에서 벗어나 런던에서 귀국을 준비했던 합법적인 망명 정부였다. 망명 정부들은 본국의 저항 조직들을 동맹자가 아니라 골칫거리로 여겼다. 망명 정부는 이 부주의한 젊은이들의 무장을 해제하여 민간 생활로 돌려보낼 필요가 있었고, 부역자와 반역자가 적절히 제거된 정치권에 공적 업무를 맡겨야 했다. 그보다 못하다면 무정부 상태 아니면 연합군의 무기한 점령을 의미했다.

1944년에서 1945년 사이에 다양한 정치 운동으로 조직된 전시 저항 단체들도 마찬가지로 의혹을 갖고 있었다. 이들이 보기에 점령을 피해 달아났던 정치가와 공무원, 고위 관료는 전쟁 이전에 잘못을 저지른 데다 전쟁이 발발한 후에는 나라를 떠나 있었기에 이중으로 믿을 수 없었다. 프랑스와 노르웨이에서 1936년에 선출된 입법부 의원들은 1940년에 보인 행태 때문에 자격이 없었다. 벨기에와 네덜란드의 귀환 정부는 5년간 떠나 있었던 까닭에 나치 점령기에 국민이 겪은 고초와 국내 사회 분위기의 변화를 파악할 수 없었다. 체코슬로바키아가 중요한 예외이기는 하지만, 중부 유럽과 동유럽에서도 이전 정부들은 소련군의 도착으로 의미 없게 되어 버렸다(때로 그들은 이러한 사실을 좀처럼 이해하지 못했다).

귀환 정부들은 정책 문제에서, 특히 앞으로 보겠지만 사회 개혁과 경제 개혁에 관한 정책에서 기꺼이 타협할 생각이었다. 그러나 귀환 정부들은 드골 등이 생각한 〈질서 있는 이행〉을 고집했다. 서쪽 점령군이든 동쪽 점령군이든 연합국 점령군 또한 이를 원했기 때문에, 저항 운동의 환상은 곧 산산이 깨져 버렸다. 동유럽에서 전후의 정부 형태를 결정하고 그 활동을 지휘한 것은 소련이었다(유고슬라비아는 예외였다). 서유럽에서는 임시 정권이 현안인 새로운 선거를 관리했다. 그리고 저항 운동 단체는 예외 없이 무기를 반납하고 조직을 해산하라는 권고를 받았으며 사실상 그렇게 하지 않을 수 없었다.

돌이켜 보건대 이와 같은 제도적 현상 회복에 대한 저항은 놀라울 정도로 적었다. 폴란드와 서부 소련의 여러 곳에서는 무장 빨치산 단체들이 몇 년 더 잔존했으나, 그들의 투쟁은 본질적으로 민족적인 투쟁이자 반공산주의 투쟁이었다. 노르웨이와 벨기에, 프랑스, 이탈리아의 저항 운동 단체들은 전후에 평화적으로 정당과 정치 협회로 전환되었다. 이의는 거의 없었다. 벨기에에서는 1944년 11월에 전시 저항 운동의 무장요원들에게 무기를 양도할 기간으로 2주의 여유가 주어졌다. 이 때문에 11월 25일에 브뤼셀에서 거대한 항의 집회가 열렸고, 경찰이 발포하여 마흔다섯 명이 부상했다. 그렇지만 그러한 사건은 흔하지 않았다.[2] 20만 명의 프랑스 저항 투사들은 자신들의 조직인 프랑스 국내군Forces Françaises de l'Intérieur이 해산될 때 아무런 이의도 제기하지 않았으며 이후 정규군으로 성공리에 통합되었는데, 이 같은 경우가 더 일반적이었다.

서유럽에(명목적으로는 동유럽에서도) 의회 제도가 회복되는 것

---

2 이탈리아 최후의 무장 빨치산들은 1948년 가을에 볼로냐 부근에서 벌어진 일련의 군사 작전으로 체포되었다.

에 찬성했던 소련의 전략은 저항 운동의 해산을 크게 촉진했다. 프랑스의 모리스 토레즈와 이탈리아의 팔미로 톨리아티 같은 공산주의 지도자들은 (때때로 망연자실했던) 동료 공산주의자들의 조용한 협력을 확보하는 데 중요한 역할을 했다. 그러나 많은 사람들은 저항 운동의 힘과 큰 뜻이 국가 재건을 위한 정치적 계획에 쓰이리라고 기꺼이 믿고 싶었다.

저항 운동 내에서 이루어진 교류는 때때로 정말로 지속되었다. 예를 들면, 네덜란드 사회의 〈대치 해소〉, 다시 말해서 가톨릭 사회와 프로테스탄트 사회 사이의 수백 년에 걸친 종파 간 분열의 극복은 전시에 형성된 개인적인 유대에서 시작되었다. 그러나 전후에 〈레지스탕스 당〉을 세우려던 계획은 어디서나 실패했다. 이탈리아에서는 그러한 계획이 거의 결실을 맺을 뻔했다. 1945년 6월에 총리가 된 페루초 파리는 자신의 행동당이 저항 운동의 정신과 목표를 추구할 것이라고 약속했다. 그렇지만 파리는 정치가가 아니었고, 여섯 달 뒤 파리가 실각하자 정치권력은 종래의 정당들로 완전히 넘어갔다. 프랑스의 드골은 훨씬 더 뛰어난 정치 전략가였으나, 그 또한 전시에 품었던 큰 뜻을 일상적인 의회 정치에 맞게 조절하기보다는 (파리가 사퇴한 지 한 달 후) 자리에서 물러났다. 그렇게 드골은 공화국의 연속성을 훌륭하게 재확립한 자신의 성공에 뜻하지 않게 경의를 표했다.[3]

그래서 종전 직후 대다수 유럽인들을 통치한 것은 저항 투사들의 새로운 우애 공동체가 아니라 1930년대의 인민 전선과 유사한 좌파와 중도좌파 정치가들의 동맹이었다. 이 점은 이해할 만했다. 전쟁 이전의 정당 중에서 이 시기에 정상적으로 활동할 수 있었던 정당으로는 반파시스트의 신임장을 얻은 정당이나 소련이 점령한 동유럽의 경우 새로운 당국이 일시적으로나마 그러한 신임장을 부여할 필

---

3 드골은 헌법 초안이 의회에 너무 많은 권력을 부여했다고 생각하고 이를 거부한 후 1946년 1월에 제4공화국 임시 정부 대통령직을 사임했다 — 옮긴이주.

요가 있었던 정당뿐이었다. 이는 실제로 공산당과 사회당, 소수의 자유주의 파벌이나 급진파를 의미했다. 따라서 종전 직후 몇 년간은 이 정당들이 새롭게 약진했던 기독교 민주당과 함께 집권당이 되었으며, 더불어 인민 전선 시기의 여러 정책과 인물들도 다시 나타났다.

기존의 좌파 정당들은 전시 저항 운동에 참여했다는 사실로부터 엄청나게 많은 것을 얻었다. 이 점은 특히 프랑스에서 두드러졌다. 프랑스에서 공산당은 전시의 (때때로 과장된) 공적을 정치적 자원으로 전환하는 데 성공했으며, 심지어 냉정한 구경꾼들에게도 자신들의 독특한 도덕적 지위를 납득시켰다. 재닛 플래너는 1944년 12월 그들을 〈레지스탕스의 위대한 영웅들〉이라고 묘사했다. 그러므로 전후 유럽 정부들의 개혁 정책이 1930년대의 미완의 사업을 되풀이하고 반복했다는 사실은 그다지 이상하지 않았다.

노련한 정당 정치가들이 1945년 이후 별다른 어려움 없이 전시의 활동가들을 제거할 수 있었던 이유는 레지스탕스와 그 후계자들이 반파시스트 정서와 변화에 대한 열망을 폭넓게 공유했으면서도 구체적인 문제에 관해서는 태도가 분명하지 않았기 때문이었다. 이탈리아의 행동당은 군주제를 폐지하고 대자본과 산업을 국유화하고 농업을 개혁하려 했다. 프랑스 레지스탕스전국회의CNR의 행동 강령에는 폐위시킬 왕이 없었으나, 그 야망은 이탈리아의 행동당과 마찬가지로 명료하지 못했다. 저항 운동 단체들은 싸우거나 단지 살아남는 데만 지나치게 열중했기 때문에 전후의 입법을 세세하게 준비할 시간을 갖지 못했다.

그러나 저항 투사들에게 특히 불리했던 조건은 경험 부족이었다. 비밀 조직들 중에서도 오로지 공산당만이 실제적인 정치적 경험을 지니고 있었고, 공산당조차 프랑스의 경우를 제외하면 그다지 대단하지 않았다. 그렇지만 특히 공산당은 장래의 전술적 동맹자들을 소원하게 만들 수도 있는 상세한 일정을 제시하여 스스로를 구속하는 일은 피하려 했다. 그래서 레지스탕스는 목적과 일반적인 원칙을 담은 고상한 성명서 외에는 전후 계획으로 남긴 것이 거의 없었다. 그조차 다른 점에서는 동조적이었던 프랑수아 모리아크가 1944년 8월에 언급했듯이 〈급조된 환상의 강령〉이었다.

그러나 저항 투사나 정치가나 한 가지 점에서는 의견일치를 보았다. 〈계획〉이었다. 두 대전 사이의 재앙, 즉 1918년 이후의 잃어버린 기회, 1929년의 주식 시장 붕괴에 뒤이은 대공황, 실업으로 인한 낭비, 그토록 많은 사람들에게 독재의 유혹을 안겨 준 자유방임 자본주의의 불평등과 부정과 비효율, 거만한 통치 엘리트와 무능한 정치권의 뻔뻔스러운 무관심, 이 모든 것은 사회를 보다 좋게 계획적으로 조직하는 데 완전히 실패했기 때문에 나타난 결과처럼 보였다. 민주주의 체제가 제대로 작동하고 그 매력을 회복하려면, 민주주의 체제는 계획되어야만 했다.

전후 유럽의 정치적 종교였던 계획에 대한 이와 같은 믿음은 소련의 사례로부터 유래했다는 견해가 때때로 제시되었다. 소련의 계획경제는 표면상 자본주의 유럽의 상처를 피했고 나치의 공격을 막아 냈으며 일련의 상세한 5개년 계획 덕분에 제2차 세계 대전에서 승리했다는 말이었다. 이러한 지적은 완전한 오해이다. 전후 서유럽과 중부 유럽에서는 공산당만이 소련식 계획경제를 신뢰했고(공산당은 사실 계획경제에 대해 잘 알지도 못했다), 공산당조차 그러한 계획경제를 자신들의 상황에 어떻게 적용할 수 있는지 전혀 이해하지 못했다. 수치상의 목표와 생산 할당량, 중앙 지도에 관한 소련식의 강박 관념은 당대 서유럽의 일부 계획 옹호자들을 제외한 나머지 모두에게는 생소했다. 그 소수의 옹호자들은(매우 다양했다) 서로 매우 다른 자료에 의존했다.

계획과 입안의 유행은 1945년이 되기 훨씬 전에 시작되었다. 두 대전 사이에 공황을 겪는 동안 헝가리에서 영국에 이르기까지 이러저러한 종류의 계획경제를 지지하는 목소리가 높았다. 특히 오스트리아에서, 그리고 영국의 페이비언주의자들 중 일부가 제시한 몇 가지 견해는 옛 사회주의 전통에서 유래했으나, 1914년 이전의 자유주의적 개혁에서 유래한 것이 더 많았다. 방위와 치안에만 전념한 19세기의 〈문지기〉 국가는 구식이 되어 버렸고, 그래서 그 논거도 사라졌다. 이제 (정치적 동란을 예방하기 위해) 만전을 기하는 차원에서, 경제 문제에 개입하여 불균형을 시정하고 비효율을 제거하며 시장의 불평등과 부정에 대해 보상할 필요가 있었다.

1914년 이전에는 그러한 개혁주의적 사업의 주된 강조점이 누진세와 노동자 보호, 그리고 이따금씩 요구되었던 소수 자연독점 산업의 국유화에 한정되었다. 그러나 국제 경제가 붕괴되고 뒤이어 전쟁이 발생하자 계획은 더 긴요해졌고 더 큰 뜻을 담았다. 프랑스와 독일의 젊은 기술자들과 경제학자들, 공무원들 사이에 국가적 계획에 관한 여러 가지 제안들이 경쟁적으로 널리 유포되었는데, 그 제안들에서 국가는 적극적으로 경제에 개입하여 핵심 부문을 지원·장려하고 필요할 경우 지도하기로 되어 있었다.

두 대전 사이 대부분의 기간 동안 장래의 계획가들과 그 지지자들은 정치적 한계에 부딪쳐 좌절했다. 선배 세대의 정치인들은 그들의 호소에 귀를 막았다. 보수적인 우파와 중도파는 여전히 국가의 경제 개입을 용납할 수 없었으며, 반면 사회주의 좌파는 일반적으로 혁명 이후의 사회만이 경제 문제를 합리적으로 계획할 수 있다고 믿었다. 그때까지는 자체의 모순으로 병들고 결국 붕괴하는 것이 자본주의의 운명이었다. 두 진영 모두 자본주의 경제를 〈계획〉할 수 있다는 생각은 터무니없다고 보았다. 그리하여 경제 계획을 옹호한 자들은 좌절했고, 자신들의 방식에 분명하게 호의를 보였던 권위주의적인 과격한 우파 정당들에 이끌렸다.

그러므로 오즈월드 모슬리[4]와 몇몇 영국 노동당원이 대공황에 부적절하게 대처한 노동당에 좌절하여 파시즘으로 전향한 일은 우연이 아니었다. 벨기에도 마찬가지였다. 헨드릭 더만[5]은 동료 사회당원들에게 자신의 〈계획〉이 지닌 실행 가능성을 납득시킬 수 없게 되자 좀 더 권위주의적인 해결책을 제시했다. 프랑스에서는 사회당의 수많은 총명한 청년 지도자들이 당이 경제 위기에 창조적으로 대응하지 못하는 데 실망한 나머지 탈당하여 새로운 조직을 결성했다. 이들 중 많은 사람들이, 그리고 그들과 유사한 사람들이 결국은 파시스트가 되었다.

프랑스와 영국에서 무솔리니를 응원했던 자들은, 1940년 이전에는 무솔리니가 국가가 지도하는 계획과 전 경제 부문을 포괄하는 상급 기관들의 수립을 통해서 이탈리아의 불리한 경제적 사정을 극복하는 데 성공했다고 보고, 그 점을 부러워했다. 히틀러가 표명한 신질서의 실행자였던 알베르트 슈페어는 경제적 지휘와 조정 계획으로 외국에서 더 많은 칭송을 받았다. 1943년 9월 슈페어와 비시 정권의 산업생산부 장관이었던 장 비셸롱은 두 대전 사이의 〈계획주의적〉 사고를 토대로 관세 인하 제도를 만들어 냈는데, 그러한 생각은 훗날 나타나는 유럽의 교역 관계와 프랑스와 독일 사이의 경제적 협력과 유사했다. 1933년에 젊은 사상가들과 정치가들이 정책 형성의 새로운 방향을 정하려고 설립한 단체인 〈청년 유럽Jeune Europe〉에서 장래에 벨기에 정치인이 되는 유럽 애호가 폴앙리 스파크는 국가의 역할 증대에 관하여 유럽 대륙 전역의 비슷한 생각을 지닌 당대인들과 의견을 교환했다. 그중에는 훗날 전시에 파리의 나치 행정관이 될 오토 아베츠도 있었다.

4 1896~1980. 영국 파시스트연합의 창설자 — 옮긴이주.
5 1885~1953. 당대 벨기에의 선도적인 사회주의 이론가. 더만이 입안한 계획은 훗날의 뉴딜과 비견되는 것으로 파시즘의 등장을 예방할 수 있는 정책이었으나, 더만은 나중에 나치 독일에 협력한다 — 옮긴이주.

요컨대 〈계획〉의 역사는 복잡했다. 그 옹호자들 다수가 독일과 이탈리아는 물론 프랑스와 이탈리아, 벨기에, 체코슬로바키아의 전시 점령 정권에서 공무원과 기업의 관리자로 첫 경험을 쌓았다. 영국은 점령당하지는 않았지만, 영국에서도 그때까지는 추상적이었던 정부의 〈계획〉이라는 개념을 도입하고 익숙하게 만든 것은 전쟁이었다. 실제로 영국에서는 다른 무엇보다 전쟁이 정부를 경제생활의 중심에 가져다 놓았다. 1940년 5월의 비상통치권법으로 정부는 누구에게나 국가의 이익을 위해 무엇을 하도록 명령하고 재산을 관리하며 산업 시설을 정부가 선정한 국가적인 목적에 쓸 권리를 부여받았다. 전후 영국 노동당의 지도자 클레먼트 애틀리의 전기를 쓴 케네스 해리스에 따르면, 〈1945년에서 1951년 사이에 노동당 정부가 사회주의의 원리를 실행에 옮긴 결과로 보였던 국가 기획과 국가 소유는 사실상 총력전을 수행하기 위해 조직된 국가가 남긴 유산이었다〉.

그러므로 파시즘과 전쟁은 이단적이며 부차적이고 종종 논쟁적이었던 경제 계획의 개념들을 전후 경제 정책의 주류와 연결하는 가교였다. 그렇지만 이러한 절충의 유산은 계획의 매력에는 그다지 영향을 미치지 못했다. 계획은 극우와 결합되었든 극좌와 결합되었든 아니면 점령이나 전쟁과 결합되었든 두 대전 사이의 신뢰를 상실한 정치와는 아무런 관련도 없음이 매우 분명했다. 이는 계획에 대한 찬성을 이끌어 내기 위해 널리 언급된 논점이었다. 계획은 실제로 국가에 대한 믿음이었다. 이러한 믿음은 조정이나 분배를 담당할 별다른 기관이 없는 상황에서 오직 국가만이 개인과 궁핍 사이에 끼어들 수 있다는, 여러 나라에 퍼진 인식을 반영했다. 근거가 충분한 이 같은 인식은 전쟁을 체험함으로써 강화되었다. 그러나 개입주의적 국가를 바라는 당대의 열광은 절망이나 이익의 추구를 넘어섰다. 1945년에 극적인 선거 결과로 처칠의 보수당에 패배를 안긴 영국 노동당 지도자 클레먼트 애틀리의 이상은 당대의 분위기를 잘 포착했다. 필요한 것은 〈잘 계획해서 훌륭하게 건설한 도시와 공원, 운동장, 집, 학교, 공장, 상점〉이었다.

정부가 인력과 물자를 동원하여 모두에게 유용한 목적에 이용함으로써 큰 문제들을 (해결해야 하는 것이 아니라) 해결할 수 있다는 믿음이 강하게 존재했다. 확실히 이런 믿음은 사회주의자들에게 특히 더 매력적이었다. 그렇지만 잘 계획된 경제가 더 부유하고 더 공정하며 더 잘 정비된 사회를 의미한다는 생각은 매우 폭넓은 지지층을 확보했다. 그중에는 서유럽 전역에서 두각을 나타내던 기독교 민주당들도 포함된다. 영국의 역사가 A. J. P. 테일러는 1945년 영국 방송 공사 청취자들에게 이렇게 말했다. 〈유럽에서는 아무도 미국적 생활 방식을, 즉 사기업을 신뢰하지 않는다. 더 정확히 말하면 사기업을 신뢰하는 자들은 1688년 이후 잉글랜드의 재커바이트(제임스 2세의 복위를 지지한 자들)보다도 더 미래가 없어 보이는 패배자들뿐이다.〉 테일러는 여느 때처럼 과장했고 결국은 틀렸으며(그렇지만 틀리지 않은 사람이 있는가?), 당시 독일 미군정에서 두드러진 많은 뉴딜 지지자의 계획주의 열정에 대해 들었다면 깜짝 놀랐을 것이다. 그렇지만 그 당시에는 테일러가 대체로 옳았다.

〈계획〉은 무엇이었는가? 이 용어는 오해하기 쉽다. 모든 계획가들의 공통점은 사회 문제와 경제 문제에서 국가의 역할이 증대되어야 한다는 믿음이었다. 이를 넘어서면 편차가 매우 심했다. 국가별로 정치적 전통이 달랐기 때문이다. 실제로 계획이 거의 이루어지지 않던 영국에서 실질적인 논점은 그 자체가 하나의 목적인 국가 소유를 통한 (산업들과 사회경제적 서비스의) 〈통제〉였다. 그리하여 주로 광산과 철도, 운송, 공익사업 시설 등에 대한 국유화와 의료 서비스의 제공은 1945년 이후 노동당 강령의 핵심이었다. 요컨대 경제의 〈커맨딩 하이츠(경제 주도권)〉는 이양되었다. 그러나 그것이 전부였다.

이탈리아에서는 국가가 거대한 경제 영역을 감독하게 했던 파시즘의 제도적 유산이 종전 후에도 거의 손상되지 않고 그대로 남았다. 변한 것은 지주 회사와 국영 기관이 부여한 산업적·재정적 권력 기반으로부터 이익을 얻었던 정당들의 정치적 색채였다. 1948년 이후 서독 경제는 대체로 민간인의 수중에 있었으나, 공장 관리와 노사관계, 고용과 분배의 조건에 관하여 널리 인정된 상세한 제도가 더불어 잔존했다. 네덜란드의 중앙계획에는 민간 기업을 위한 다양한 규범적 명령들이 포함되었다.

정부 지출이나 종사자 숫자로 측정할 때, 대부분의 서유럽 국가에서 공공 부문은 급속하게 성장했다. 그러나 오직 프랑스에서만 국가의 계획을 바라는 열망이 실질적인 계획으로 실현되었다. 영국처럼 전후 프랑스에서도 정권들은 국유화를 실천했다. 항공 교통과 은행, 서른두 개 보험 회사, 공익사업 시설, 광산, 군수 산업, 항공기 제조, 거대 콘체른 르노가 그 대상이었다(르노의 국유화는 소유주가 독일의 전쟁 수행에 협조한 데 대한 처벌이었다). 1946년 5월, 프랑스 전체 산업 생산 능력의 5분의 1이 국가 소유가 되어 있었다.

한편 1945년 12월 4일 장 모네는 드골 대통령에게 근대화·설비 계획을 제시했다. 한 달 후 모네를 수장으로 총괄계획국이 설립되었다. 이후 몇 달 동안 모네는 다양한 산업의 근대화위원회를 설립했고(광업, 전기, 운송, 건축 자재, 강철, 농업 기계에 나중에 석유, 화학, 비료, 해운, 합성 섬유가 추가된다), 각 위원회들은 여러 제안과 분야별 계획을 제시했다. 총괄계획국이 창설된 지 정확히 1년 만인 1947년 1월, 그 첫 번째 국가적 계획을 프랑스 내각은 토론 없이 승인했다.

모네 계획은 독특했다. 비범한 인간의 작품이었다.[6] 그러나 모네

6 장 모네는 1888년 코냐크에서 브랜디 상인의 아들로 태어났다. 학교를 떠난 후 수년간 해외에서, 주로 런던에서 거주하며 일했다. 제1차 세계 대전 후 새로이 탄생한 국제 연맹의

계획은 무엇보다 권위주의적 의사결정과 정부의 명령에 따른 합의 형성에 이미 우호적이었던 정치 문화의 산물이었다. 총괄계획국의 후원으로, 프랑스는 경제 성장과 경제의 근대화를 공공 정책으로 삼아 전력을 다하겠다고 천명한 첫 번째 유럽 국가가 되었다. 모네 계획은 프랑스가 독일의 원료와 시장을 이용할 수 있다는 가정에 크게 의존했으며, 따라서 그 성공담은 종전 후 10년간 프랑스가 독일과 기타 유럽 국가들과 맺은 관계에 관한 이야기의 일부이다. 다시 말해 여러 번의 잘못된 출발과 제약, 좌절에 관한 이야기다.

최초의 모네 계획은 프랑스의 전후 위기를 타개하려는 비상조치의 성격이 짙었으며, 나중에 가서야 마셜 원조의 조건에 맞게 확대되고 조정되었다. 그러나 전후 프랑스 경제 전략의 기본적인 개요는 처음부터 존재했다. 프랑스의 계획은 〈유도적 수준〉을 결코 넘지 않았다. 언제나 목표만 설정했을 뿐 생산 할당량은 정하지 않았다. 이 점에서 프랑스의 계획은 소련의 계획과 많이 달랐다. 소련의 계획은 부문별, 물자별로 임의적이고 엄격하게 정해진 산출량의 수치를 고집한 것이 특징이었다(그리고 가장 중대한 결함이었다). 모네 계획은 정부에 몇몇 시급한 목표의 달성을 적극적으로 추진하기 위한 전략과 수단을 제공하는 데 머물렀다. 모네 계획은 당시로서는 놀랄 만큼 독창적인 사업이었다.

체코슬로바키아에서는 모네 계획과 유사한 특징과 열망을 지닌 중앙계획위원회가 1946년 6월에 설립되어 1945년 베네시 대통령이 국유화한 꽤 큰 규모의 공공 부문을 지도하고 조정했다. 1948년 2월 공산주의자들이 프라하에서 쿠데타를 일으키기 전에, 운송 종사자의 93퍼센트와 공업 종사자의 78퍼센트가 이미 국가를 위해 일하고

사무총장으로 지명되었다. 제2차 세계 대전 기간에는 대부분 미국에서 영국 정부와 자유프랑스군을 위해 무기 공급을 협상하며 보냈다. 따라서 경제 계획에 대한 헌신과 훗날 유럽 경제 협력을 위한 쉬망 플랜에 대한 기여는 모네가 자신의 시대와 계급에 속한 프랑스인에게는 현저하게 생소했던 대규모 조직과 국가 간 협력에 익숙했다는 사실에 뿌리를 두고 있다.

있었다. 은행과 광산, 보험 회사, 주요 공익사업, 강철 공장과 화학 공장, 음식 가공 산업, 모든 대기업이 국유화되었다. 모두 더해서 전체 제조업 산출량의 약 75퍼센트를 차지하는 2,119개 회사가 국유화되었다.

따라서 체코슬로바키아의 경우 국유화와 국가의 경제 계획은 공산당의 권력 장악 이전에 시작되었고 유권자의 절대 다수가 선호한 정책이었다. 공산당 쿠데타가 발생한 지 한 해 뒤인 1949년 2월에야 계획위원회는 숙청되었고, 매우 다른 성격의 〈국가계획국〉으로 개명되었다. 동유럽 다른 지역의 대규모 국유화는 공산당이 참여한 연립 정부들의 작품이었다. 이를테면 1946년 1월에 제정된 국유화법에 따른 폴란드의 국유화를 들 수 있다. 그러나 여기서도 공산당 이전의 뿌리가 발견되었다. 전쟁 이전인 1936년에 이미 폴란드 공화국의 권위주의적 정부는 초보적인 중앙 지도 계획이 동반된 〈4개년 투자 계획〉을 시작했다.

전후 유럽 대륙에서 계획의 주된 목적은 공공 투자였다. 자본이 심각하게 부족하고 모든 부문에서 투자 요구가 거셌던 시절에, 정부의 계획은 어려운 선택의 연속이었다. 국가의 제한된 자원을 어디에 쓸 것이며 무엇을 희생할 것인가? 동유럽에서는 불가피하게 기본적인 지출, 즉 도로, 철도, 공장, 공익사업이 강조되었다. 그렇지만 식량과 주택에 쓸 자본은 매우 적었으며, 의료 사업과 교육, 기타 사회 복지 사업을 위해 남겨진 자본은 더욱 적었고, 필수품이 아닌 소비재에 투입할 자본은 전혀 없었다. 이러한 형태는 특히 물질적 결핍으로 이미 고초를 겪은 나라의 유권자들이 좋아할 소비 유형이 아니었으며, 이러한 종류의 계획이 극단적인 결핍이라는 조건에서는 거의 언제나(빠르거나 늦는 차이는 있겠지만) 권위주의적 통치와 경찰국가를 필요로 했다는 사실은 조금도 놀랍지 않다.

그러나 서유럽의 상황도 크게 다르지 않았다. 앞으로 보겠지만,

영국은 경제 회복의 대가로 부득이 〈내핍〉 생활을 감내해야 했다. 장기적인 민간 자본 시장이 없었던 프랑스나 이탈리아에서는 모든 주요 투자 자금은 공적으로 조성되어야 했다. 첫 번째 모네 계획이 국내 소비와 주택, 서비스를 희생하며 주요 산업에 집중적으로 자본을 투자한 이유도 바로 이 때문이었다. 그 정치적 귀결은 예상할 수 있었다. 1947년에 프랑스는 이탈리아처럼 파업과 폭력 시위, 공산당과 공산주의 노조에 대한 지지의 꾸준한 증가로 위기를 맞았다. 소비재 부문을 의도적으로 무시하고 부족한 국가 자원을 소수 핵심 산업 부문에 전용한 일은 장기적으로 경제적인 의미가 있었다. 그러나 매우 위험한 전략이었다.

계획 경제학의 직접적인 뿌리는 1930년대가 남긴 교훈이었다. 전후의 회복 전략이 성공하려면 경기 침체와 불황, 보호 무역주의 그리고 특히 실업으로 되돌아가는 일이 없도록 해야 했다. 현대 유럽의 복지 국가가 탄생한 배경에도 동일한 동기가 숨어 있었다. 1940년대의 통념에 따르면, 지난 두 대전 사이의 정치적 양극화는 경제 불황과 이에 따른 사회적 비용의 직접적인 결과였다. 파시즘과 공산주의 둘 다 사회적 절망이, 부자와 가난한 자를 가르는 엄청난 간극이 키워 냈다. 민주주의 체제가 회복되려면, 〈국민의 상태〉라는 문제를 해결해야 했다. 토머스 칼라일은 100년 전에 이렇게 말했다. 〈어떤 일은 누군가 하지 않는다면 언젠가 저절로 벌어질 것이다. 누구도 만족하지 않을 방식으로.〉

그러나 〈복지 국가〉는, 즉 사회적 계획은 정치적 격변에 대비한 단순한 예방책에 그치지 않았다. 종족이나 우생학, 〈퇴화〉 같은 개념들은 20세기 전반에 유럽인의 공적 사고에서 중대한 역할을 수행했다. 단지 오늘날 우리가 불편함을 느낀다는 이유로 그런 사실이 가려졌을 뿐이다. 다시 말해서 그러한 문제를 진지하게 받아들인 자들이

나치만은 아니었다. 1945년까지 유럽의 의사들과 인류학자들, 공중보건 공무원들, 정치 평론가들은 이미 두 세대에 걸쳐 〈종족 건강〉과인구 성장, 환경과 직업에 관련된 복지, 공공 정책에 관한 문제들을개선하고 해결할 수 있는 광범위한 토론과 논쟁에 기여했다. 시민의신체적·도덕적 상태는 공동의 관심사이며 그러므로 국가의 책임에속한다는 폭넓은 합의가 존재했다.

그 결과, 이러저러한 종류의 초보적인 복지 제공은 1945년 전에이미 널리 확산되었다. 물론 질적 수준과 범위는 매우 다양했다. 비스마르크가 통치하던 1883년에서 1889년 사이에 이미 연금보험과 상해보험, 의료보험 제도를 도입한 독일은 가장 선진적인 국가였다. 그렇지만 다른 나라들도 제1차 세계 대전을 전후하여 독일을 따라잡기시작했다. 영국에서는 애스퀴스의 자유당 정권이 1910년대에 초보적인 국민보험과 국민연금을 도입했다. 영국과 프랑스는 제1차 세계 대전이 끝난 직후, 각각 1919년과 1920년에 보건부를 설치했다.

1911년 영국에 처음으로 도입된 의무적인 실업보험은 이탈리아(1919)와 오스트리아(1920), 아일랜드(1923), 폴란드(1924), 불가리아(1925), 독일(1927), 유고슬라비아(1927), 노르웨이(1938)에서도 시행되었다. 루마니아와 헝가리는 제1차 세계 대전 전에 이미 상해보험과 질병보험을 갖추었고, 동유럽의 모든 나라가 두 대전 사이에 국민연금 제도를 도입했다. 가족 수당은 출산율을 높이려는 계획에서 핵심적인 요소였고(출생률의 제고는 1918년 이후에 특히 전시에 인명 손실이 컸던 나라들에서 일종의 강박 관념이었다) 벨기에(1930)에서 최초로, 이어 프랑스(1932)에, 제2차 세계 대전 발발 직전에는 헝가리와 네덜란드에 도입되었다.

그러나 이러한 제도들 중 어느 것도, 심지어 나치의 제도조차 포괄적인 복지 제도를 대표하지 못했다. 그 제도들은 각각 특정한 사회 문제를 다루거나 앞선 기획에서 확인된 결점을 개선하려는 임시 개혁이 누적된 결과물이었다. 예를 들어 영국의 다양한 연금 제도와 의료보험 제도는 급부금이 매우 적었고 오로지 노동자에게만 적용되었다. 처와 부양가족은 배제되었다. 두 대전 사이 영국에서 실업 급여를 받을 수 있는 자격은 〈자산 조사〉를 통해 결정되었다. 19세기 구빈법의 〈최소 선정least eligibility〉 원칙을 채택한 이 방식에 따르면 공공 지원 신청자가 수급 자격을 얻으려면 자신의 빈곤이 실제임을 증명해야 했다. 국가가 남성이든 여성이든, 고용된 자든 실직자든, 노인이든 청년이든 모든 시민에게 일정한 서비스를 보장해야 할 의무가 있다는 인식은 아직 어디에도 없었다.

이 모든 상황을 바꾼 것은 전쟁이었다. 제1차 세계 대전이 비록 전쟁 직후에 미망인과 고아, 병약자, 실업자를 다루기 위한 것이었지만 입법과 사회 복지를 촉진했듯이, 제2차 세계 대전도 국가가 맡은 역할과 사람들이 국가에 무엇을 기대할 수 있는지에 대한 생각에 변화를 가져왔다. 변화는 영국에서 가장 두드러졌다. 케인스가 전후의 〈사회적·개인적 안전의 갈망〉을 예견했던 것은 옳았다. 그러나 어느 곳에서나 (역사가 마이클 하워드의 말을 빌리자면) 〈전쟁과 복지는 동반자였다〉. 몇몇 나라에서 실제로 전쟁 중에 식량 공급과 의료 서비스 제공이 개선되었다. 사람들을 총력전에 동원하려면 그들의 상태에 관해 더 많이 알아내고 그들의 생산력을 유지하기 위해 필요한 일은 무엇이든 해야 했다.

1945년 이후 유럽의 복지 국가들이 자원을 분배하고 이에 필요한 자금을 조달한 방식은 나라별로 상당히 달랐다. 그렇지만 몇 가지 일반적인 사항을 지적할 수는 있다. 사회 복지의 제공은 교육과 주택, 의료뿐만 아니라 도시 재개발 지구, 보조금을 지원받는 대중교통, 공공자금의 지원을 받는 예술과 문화, 기타 개입적인 국가가 간접적으로 주는 여러 가지 혜택에도 관련되어 있었다. 사회 보장은 주로 질병과 실업, 사고, 노년의 위험에 대비한 국가의 보험 공급으로 구성되었다. 전후 유럽의 모든 국가가 이러한 자원을 거의 대부분 공급하거나 그 자금을 조달했고, 몇몇 국가는 다른 나라들보다 더 앞섰다.

중요한 차이는 새로운 사회 복지에 필요한 자금을 충당하는 방식에 있었다. 어떤 나라들은 과세를 통해 세금을 거두어 무료로 또는 보조금을 지급하여 보호와 서비스를 제공했다. 영국이 선택한 제도가 그러했는데, 이는 국가 독점을 선호한 당대의 분위기를 반영한 것이었다. 다른 나라들은 사회적으로 결정된 선정 기준에 따라 시민들에게 현금을 지급하여 수혜자들이 마음대로 서비스를 구매할 수 있게 했다. 예를 들어 프랑스와 몇몇 작은 나라들의 시민은 특정 범주의 의료를 제공받을 때 비용을 지불해야 했지만, 추후 국가로부터 그 비용을 대부분 돌려받을 수 있었다.

이러한 차이는 각국이 지닌 재정과 회계 제도의 특징을 반영했지만, 동시에 기본적인 전략적 선택을 드러내기도 했다. 사회보험은 따로 떼어놓고 생각하면 아무리 관대하다고 해도 원칙상 정치적으로 과격하지는 않았다. 가장 보수적인 정권에서도 비교적 일찍 도입되었기 때문이다. 그러나 포괄적인 복지 제도는 본질적으로 재분배의 성격을 지닌다. 그 보편적인 특성과 운영 규모는 특권 계급으로부터 덜 부유한 사람들에게 — 보통은 과세를 통해 — 자원이 이전될 것을 요구한다. 따라서 복지 국가는 그 자체로 과격한 사업이었으며, 1945년 이후 유럽의 다양한 복지 국가들은 제도적 절차뿐만 아니라 정치적 계획도 반영했다.

예를 들면 동유럽에서 1948년 이후의 공산당 정권들은 보편적인 복지 제도에 일반적으로 찬성하지 않았다. 그럴 필요가 없었다. 부족한 국가의 재원을 공익사업에 쓰지 않고도 강압으로써 마음대로 재원을 재분배할 수 있었기 때문이다. 예를 들어 농민은 정치적인 이유로 사회보험과 연금제도에서 종종 배제되었다. 서유럽에서는 벨기에와 이탈리아, 노르웨이, 오스트리아, 독일 연방 공화국, 영국만 1945년 이후에 의무적 실업보험을 도입했다. 국가의 보조를 받는 임의보험은 네덜란드에서 1949년까지, 프랑스에서는 1967년까지, 스위스에서는 1970년대 중반까지 남아 있었다. 유럽의 가톨릭 국가들에서는 오랫동안 존립했던 지역 자치 단체의 실업 대책이 보편적인 보험 제도의 필요성을 감소시킴으로써 필시 그 발달을 저해했을 것이다. 영국 혹은 벨기에처럼 두 대전 사이 실업으로 유달리 큰 상처를 받은 나라들에서 지출된 복지 비용은 부분적으로는 완전 고용이나 완전 고용에 가까운 상태를 유지하려는 욕구에서 비롯되었다. 프랑스나 이탈리아 등 실업의 상처가 그렇게 심각하지 않았던 곳에서 복지비의 지출은 다른 우선순위를 반영했다.

폭넓은 사회 복지 사업에서 급부금 지급에 앞장선 나라는 스웨덴과 노르웨이였고(덴마크는 아니었다), 서독은 과거 정권으로부터 물려받은 복지 제도를(높은 출생률을 장려할 목적으로 시행된 나치 시대 정책들을 포함한다) 그대로 유지했지만, 무에서 시작하여 진정한 〈복지 국가〉를 건설하기 위해 가장 야심적인 노력을 기울인 나라는 영국이었다. 이러한 상황은 어느 정도 영국 노동당의 독특한 위치를 반영한다. 노동당은 1945년 7월 선거에서 완벽한 승리를 거두었으며, 다른 대다수 유럽 국가들과 달리 선거 공약 전체를 연정 상대들의 눈치를 보지 않고 자유롭게 법제화할 수 있었기 때문이다. 그렇지만 이는 또한 영국 개혁주의의 매우 독특한 뿌리에서 나온 것이기도 했다.

전후에 이루어진 영국 사회 입법의 토대는 윌리엄 비버리지 경이 전쟁 중에 작성한 보고서였다. 유명세를 탈 만한 이유가 충분했던 그 보고서는 1942년 11월에 간행되어 즉각 인기 도서가 되었다. 1879년에 영국령 인도에서 영국인 판사의 아들로 태어난 비버리지는 에드워드 시대 영국의 탁월한 개혁적 자유당원이 지녔을 법한 감수성과 야망을 지녔다. 비버리지 보고서는 1939년 이전 영국 사회의 불공평에 대한 고발장이었던 동시에, 전쟁이 끝난 후에는 철저한 개혁을 위한 정책 지표가 되었다. 심지어 보수당조차 그 핵심 권고 사항에는 감히 반대하지 못했으며, 보고서는 전후 노동당의 정책에서 가장 인기 있고 지속적이었던 요소들의 도덕적 토대가 되었다.

비버리지는 전후의 복지에 관해 네 가지 가정을 세웠는데, 그 전부가 다음 세대 동안 영국의 정책으로 흡수된다. 공공 의료 서비스, 적절한 국민연금, 가족 수당, 완전 고용이 그것이다. 이 중 완전 고용은 그 자체로 복지는 아니었지만, 전후 건강한 성인은 정상적인 상황이라면 정규 직업을 갖는 것이 당연하다고 인정되었기에 다른 모든 것의 밑바탕이 되었다. 이 가정에 따라 실업보험과 연금, 가족 수당, 의료 서비스와 기타 복지가 풍부하게 제공될 수 있었다. 비용은 노동 인구 일반에 부과한 누진세는 물론 임금에 부과된 세금으로 지불될 것이기 때문이었다.

여기에는 중대한 의미가 내포되어 있다. 민영 의료보험에 들지 못한 일하지 않는 여성들이 처음으로 의료 서비스의 적용 대상에 포함되었다. 과거의 구빈법과 자산 조사 제도가 강요하는 굴욕과 사회적 의존은 제거되었다. 복지 국가의 시민은 이제 공적 부조가 필요한 (추정컨대) 드문 경우에 당연한 권리로서 이를 받을 수 있게 되었다. 의료 서비스와 치과 진료는 진료 받는 시점에서 무료였으며, 연금 제도는 예외 없이 보편적으로 적용되었고, 가족 수당이(둘째 아이부터 주당 5실링) 도입되었다. 이러한 규정들을 담은 주요 법안이 1946년 11월 국왕의 재가를 받았으며, 복지 제도의 핵심을 규정한 국가 의료 제도NHS가 1948년 7월 5일에 법으로 통과되었다.

영국 복지 국가는 19세기 중반의 공장법에 뿌리를 두고 있는 초기 개혁들의 완성인 동시에, 진정으로 근본적인 출발이었다. 조지 오웰의 『위건 부두로 가는 길Road to Wigan Pier』(1937년 출판)에 나타난 영국과 20년 후 보수당 총리 해럴드 맥밀런이 자신을 야유하는 자들에게 내뱉은 유명한 반박(〈당신들에게 이토록 좋은 시절은 없었다〉) 속의 영국은 뚜렷한 차이를 보인다. 이렇게 현저한 차이는 국가 의료 제도와 그것에 동반된 안전과 생활 보조금, 고용의 제공에 대한 찬사였다. 전후 처음으로 개혁에 나선 자들의 잘못된 예측을 지금에 와서 돌이켜 보면, 그들의 업적을 깎아 내리기는 쉬우며 심지어 깨끗이 잊어버릴 수도 있다. 몇 년 지나지 않아 국가 의료 제도의 자산 조사 없는 보편적 제공은 더 지속할 수 없을 정도로 많은 비용이 들었다. 시간이 흐름에 따라 서비스의 품질을 유지할 수 없었고, 보험 통계상의 몇몇 기본적인 가정은(영구적인 완전 고용이라는 낙관적 예측을 포함하여) 근시안적이었거나 그보다 더 나빴음이 명백해졌다. 그러나 (나처럼) 전후 영국에서 성장한 사람이라면 누구나 복지 국가에 감사할 만했다.

이러한 사정은 유럽 전역의 전후 세대에 똑같이 해당된다. 물론 영국 밖에서는 어디에서도 그토록 광범위하고 포괄적인 사회 보장이 시도되지 않았다. 복지 국가가 등장한 덕에 유럽인들은 그 어느 때보다 더 많이 먹고 (대개는) 더 잘 먹었으며 더 오래 더 건강히 살았고 더 좋은 집에 거주했으며 더 좋은 옷을 입었다. 특히 그들은 더 안전했다. 대부분의 유럽인들이 공공 서비스를 무엇이라고 생각하느냐는 질문에 거의 언제나 전후 국가들이 제공했던 보험이나 연금 제도의 안전망을 우선 거론했던 것이 우연은 아니다. 유럽적 기준으로 볼 때 복지 제공이 확연히 적은 나라인 스위스에서도, 많은 시민이 1948년 12월에 통과된 연방노년·유족연금법을 자기 나라의 가장 뛰어난 업적의 하나로 생각한다.

복지 국가는 거저 생긴 것이 아니었다. 전쟁의 폐허와 1930년대의 경제 침체에서 아직 회복되지 못한 나라들에서 그 비용은 매우 컸다. 프랑스가 사회 복지에 들인 비용은 1938년 국내 총생산의 5퍼센트에서 1949년 8.2퍼센트로 64퍼센트가 증가했다. 영국에서는 1949년 사회 보장 한 분야에만 전체 공공 지출의 약 17퍼센트가 투입되었다(그 항목으로 편입되지 않은 서비스와 시설의 공적 제공은 포함하지 않은 것이다). 이는 국가 재정이 심한 압박을 받던 때였는데도 1938년에 비해 50퍼센트가 증가한 것이다. 훨씬 더 가난했고 정부가 서비스와 복지의 공급을 민간 부문이나 회사로 떠넘겨 사회 보장 비용을 크게 덜어내려 애썼던 이탈리아에서도, 정부의 사회 복지 지출은 1938년 국내 총생산의 3.3퍼센트에서 1949년 5.2퍼센트로 증가했다.

삶이 여전히 진실로 고단하고 물자는 극도로 부족했을 때, 유럽 국가들은 왜 그렇게 많은 자금을 보험과 기타 장기적인 복지 제공에 기꺼이 투입하려 했을까? 첫째, 어려운 시절이었기 때문에 전후 복지 제도는 최소한의 정의나 공정함에 대한 보증서였다. 복지 제도는 전시의 레지스탕스가 꿈꿨던 정신적·사회적 혁명은 아니었지만, 전쟁 이전 시기의 절망과 냉소에서 벗어나는 첫걸음이었다.

둘째, 서유럽의 복지 국가는 정치적인 분열을 야기하지 않았다. 복지 국가의 전반적인 취지는 사회적 재분배였지만(다른 제도보다 재분배의 의미가 조금 더 컸지만) 전혀 혁명적이지 않았다. 〈부자들의 피를 빨아먹는〉 일은 없었던 것이다. 오히려 그 반대였다. 즉각적으로 가장 큰 혜택을 느낀 자들은 가난한 사람들이었지만, 장기적으로 실질적인 수혜를 입은 자들은 전문직과 상인들로 구성된 중간 계급이었다. 중간 계급은 이전에는 대체로 직장과 관련된 보건 급여나 실업 급여, 퇴직 급여의 수혜 대상자가 아니었으며, 전쟁 이전에는 그러한 서비스와 수혜를 민간 부문에서 구매해야만 했다. 이제 중간 계급은 무료로 또는 적은 비용으로 그러한 수혜를 받을 수 있게 되었다. 이러한 복지 제공에 더하여 국가가 아이들의 중등 교육과 대학 교육을 무상으로 제공하거나 보조금을 지급함으로써, 전문직과 사무직에 종사하는 봉급생활자들의 삶의 질은 더 나아졌으며 실소득은 더 커졌다. 유럽의 복지 국가는 사회 계급들을 분열시켜 상호 간 적대하게 만들기는커녕 이전보다 더욱 긴밀하게 결합시켰고, 따라서 복지 국가의 보존과 방어는 공동의 관심사가 되었다.

그러나 국가의 자금으로 제공되는 복지의 주된 지지 기반은 복지의 제공이 정부 본연의 임무에 부합한다는 대중의 인식에 있었다. 전후 유럽 전역에서 국가는 시민의 복지에 암묵적으로 (종종 헌법에 명시된) 책임을 지는 〈사회〉 국가였다. 국가는 안전하고 번영하는 잘 정비된 나라라면 반드시 갖추어야 할 제도와 서비스를 제공해야 할 뿐만 아니라 점점 더 많은 지표들로써 주민의 상태를 측정하여 개선할 의무도 지녔다. 국가가 이 모든 욕구를 실제로 충족시킬 수 있는가는 차후의 문제였다.

〈요람에서 무덤까지〉라는 사회 국가의 이상은 확실히 이탈리아보다는 스웨덴처럼 인구가 적고 동질적인 부자 나라에서 더 쉽게 실현될 수 있었다. 그러나 국가에 대한 믿음은 부유한 국가만큼이나 빈곤한 국가에서도 두드러졌다. 어쩌면 빈곤한 국가에서 더 강했을 수도 있다. 가난한 나라에서는 국가만이 주민 대다수에게 희망이나 구원을 제공할 수 있었기 때문이다. 그리고 불황과 점령, 내란의 뒤끝에서 국가는 복지와 안전, 공평함의 대행자로서 공동체와 사회적 유대에 절대적으로 필요한 원천이었다. 오늘날 많은 평자들은 국가의 소유와 국가에 대한 의존은 유럽의 문제이며 위로부터 내려지는 구원은 그 시대의 환상이라고 생각하는 경향이 있다. 그러나 1945년의 세대는 정치적 자유와 행정 국가의 합리적이고 공정한 분배 기능 사이의 적절한 균형이 나락에서 탈출하는 유일한 길이라고 느꼈다.

1945년 이후 변화를 추동했던 힘은 복지를 제공하는 데서 멈추지 않았다. 제2차 세계 대전에 뒤이은 몇 년은 일종의 축소판 개혁 시대였다. 오랫동안 속을 썩였던 많은 문제들이 그 기간에 뒤늦게 집중적으로 다루어졌다. 그중 가장 중요했던 문제는 당대의 박식한 인사들이 유럽의 가장 절박한 딜레마로 보았던 농업 개혁이었다. 유럽 대륙의 농민은 여전히 과거의 무게에 짓눌려 있었다. 영국과 저지대 국가들, 덴마크, 알프스 지역, 프랑스의 일부에서만 독립적인 농민 계층의 번영을 말할 수 있었다. 농촌 주민이 여전히 압도적이었던 유럽에서 대다수 농민은 부채를 떠안고 가난하게 살았다.

사정이 그렇게 된 한 가지 이유는 최상의 경작지와 특히 초지의 상당 부분을 상대적으로 소수인 부유한 지주들이 소유했기 때문이다. 이들은 대체로 부재지주였으며, 많은 경우에 자신의 토지나 차지인, 노동자의 상태를 개선하려는 모든 시도에 완강하게 반대했다. 다른 요인은 공산물 가격에 비해 농산물 가격이 오랫동안 지속적으로 하락했다는 사실이다. 이 과정은 1870년대 이래로 아메리카와 영연방으로부터 저렴한 곡물이 수입되고 뒤이어 저렴한 육류도 수입됨으로써 악화되었다. 1930년대까지 유럽의 농민은 거의 세 세대 동안 악화일로를 걸으며 참혹하게 살았다. 그리스와 남부 이탈리아, 발칸 국가들, 중부 유럽과 동유럽의 많은 사람들이 미국과 아르헨티나, 기타 지역으로 이민을 떠났다. 남은 사람들은 민족주의와 파시스트 선동가들의 손쉬운 먹이가 되었다. 그리하여 전쟁이 끝난 후에 파시즘은 주로 절망적인 농민에게 호소했으며, 특히 좌파 진영에서는 유럽에서 파시즘이 부활한다면 농촌에서 시작되리라는 믿음이 널리 퍼졌다. 따라서 농업 문제는 농민의 경제적 전망을 개선하고 그로써 농민을 권위주의의 유혹에서 벗어나게 하는 이중의 문제였다.

첫 번째 목표는 제1차 세계 대전 후에 주로 루마니아와 이탈리아에서, 그러나 어느 정도는 사실상 유럽 전역에서 일련의 농지 개혁을 통해 이미 시도되었다. 개혁의 목적은 거대 농지를 재분배하고 〈소농지〉(쓸모없는 소토지)의 수를 줄이며 농민에게 시장을 위해 더 효율적으로 생산할 기회를 제공하는 것이었다. 그러나 이러한 개혁들은 목적을 달성하지 못했다. 한편으로는 물가가 1914년 이전보다 더 빠른 속도로 하락했던 두 대전 사이의 비참한 경제적 상황에서 새로이 농지를 보유한 〈독립적인〉 농민은 사실상 그 어느 때보다 약점이 많았기 때문이다.

제2차 세계 대전 후 다시 농업 개혁이 시도되었다. 1945년 3월 시행된 루마니아의 토지 개혁은 〈쿨라크Kulak(부농)〉와 〈전범자〉로부터 100만 헥타르의 토지를 빼앗아 그때까지 토지 없이 지낸 60만 명 이상의 가난한 농민에게 분배했다. 두 대전 사이의 호르티 미클로시 장군 정권이 토지 재분배를 철저히 봉쇄했던 헝가리에서는 전후 임시 연립 정부가 1944년 12월의 세게드 정책Szeged Programme으로 국토 표면적의 3분의 1에 해당하는 토지를 이전 소유주들로부터 몰수했다. 전시의 체코슬로바키아 국민전선 정부는 같은 해에 유사한 정책을 입안했고, 상당한 크기의 토지를(주로 주데텐란트의 독일인과 헝가리인에게서 빼앗은 농장) 전쟁 직후 몇 달 동안 지체 없이 재분배했다. 1944년에서 1947년 사이에 모든 동유럽 국가에서는 새로운 정권의 은혜로 토지를 얻은 대규모 소농 계급이 창출되었다. 몇 년 뒤 그들은 공산당 정권의 집단 농장 추진 과정에서 재산을 빼앗기게 된다. 그러나 그동안 폴란드와 동프로이센, 헝가리, 루마니아, 유고슬라비아에서는 지주와 부농 계급 전체가 완전히 소멸했다.

서유럽에서는 오로지 남부 이탈리아에서만 동쪽의 극적인 변화와 견줄 만한 상황이 벌어졌다. 1950년에 실시된 포괄적인 개혁으로 바실리카타, 아브루초, 시칠리아에서 토지가 강탈되고 점유된 데 이어 시칠리아와 메초조르노[7] 전역에서 토지의 재분배가 선언되었다. 그렇지만 이러한 소동을 제외하면 바뀐 것은 거의 없었다. 옛 대토

---

7 메초조르노는 이탈리아 남부 지역을 말한다. 보통 바실리카타, 캄파니아, 칼라브리아, 아풀리아, 아브루초, 몰리세, 시칠리아, 사르데냐 등 8개 주를 가리킨다 — 옮긴이주.

지를 분할하여 분배한 땅에는 대체로 물이나 도로, 주택이 부족했다. 제2차 세계 대전 후 시칠리아에서 재분배된 7만 4천 헥타르 중 95퍼센트는 농사에 적합하지 않은 〈경작 한계지〉였거나 척박한 토지였다. 빈곤한 농민은 그러한 토지를 받는다고 해도 자금도 없고 대출받을 수도 없었기에 새로운 보유지로 할 수 있는 일이 별로 없었다. 이탈리아의 토지 개혁은 실패했다. 〈남부 문제〉의 해결이라는 개혁의 목적은 10여 년 뒤 남부의 과잉 농민이 토지를 포기하고 이탈리아의 〈기적〉을 낳은 호경기의 북부 도시들로 일자리를 찾아 떠났을 때, 그것도 부분적으로만 해결된다.

그러나 남부 이탈리아는 어려운 경우였다. 프랑스와 여타 지역의 소작농은 새로이 획득한 법적 권리를 통해 자신들의 소규모 보유지에 투자할 동기를 찾았으며, 혁신적인 대출 제도와 농촌 은행으로 투자를 실행에 옮길 수 있었다. 국가의 보조금으로 유지되는 농산물 가격 보전 제도는 농민에게 생산량을 최대한 늘리도록 장려하는 동시에 생산물을 고정된 최저 가격에 구매할 것을 보장함으로써 장기적인 농산물 가격의 하락을 역전시키는 데 도움이 되었다. 한편, 전후의 도시에서는 노동력에 대한 수요가 전례 없이 컸기에 빈곤한 농촌 지역의 잉여 노동력이 외부로 배출되었고, 결과적으로 농촌에는 부양 인구가 감소하고 더 유능한 주민들만 남게 되었다.

농업 문제의 정치적 차원은 종전 직후에 도입된 더 광범위한 종합적 정치 개혁 속에서 간접적으로 다루어졌다. 이러한 개혁들은 대체로 헌법과 관련된 것으로 1918년에 끝내지 못한 사업을 마무리했다. 이탈리아와 프랑스, 벨기에에서 마침내 여성이 선거권을 획득했다. 1946년 6월, 이탈리아인들은 투표를 통해 공화국을 수립하기로 결정했지만 표 차이는 적었다(군주제 폐지에 찬성하는 표는 1270만 표였고 반대표는 1070만 표였다). 그 결과, 이탈리아의 역사적 분열은 오히려 더 악화되었다. 남부는 바실리카타주를 제외하면 압도적으로 국왕 편에 섰다(나폴리에서는 유지 대 폐지의 비율이 4 대 1이었다).

반대로 그리스는 1946년 9월에 실시된 투표로 군주제의 유지를 결정했다. 벨기에도 군주제를 유지했지만, 국왕 레오폴드 3세는 나치에 협력한 죄에 대한 처벌로 쫓겨났다. 1950년에 과반을 약간 넘는 국민들의 바람에 반하여 반대 여론에 떠밀려 내려진 이 결정에 벨기에는 지역과 언어에 따라 갈가리 찢겼다. 프랑스어를 말하는 왈론 사람들은 레오폴드를 권좌에서 축출하는 데 찬성했던 반면, 네덜란드어를 쓰는 플란데런 사람의 72퍼센트는 국왕의 유임에 찬성했다. 프랑스인들은 군주가 있었다면 전시에 당한 굴욕의 기억을 군주에게 토해 냈겠지만, 1946년에 투표로써 치욕스러웠던 제3공화정을 제4공화정으로 대체하는 데 만족했다. 제4공화정의 헌법은 독일의 1949년 기본법처럼 권위주의나 전제 정치의 신호에 굴복할 위험성을 최대한 제거한다는 목표를 지녔다. 그 열망은 대실패로 판명된다.

이처럼 전후에 헌법을 공포하고 논란의 여지가 있는 문제들에 관해 국민 투표를 제안했으며 주요 제도적 개혁을 투표에 부쳤던 임시 의회나 제헌 의회는 대체로 좌파에 치우쳤다. 이탈리아와 프랑스, 체코슬로바키아의 공산당들은 전쟁 이후에 좋은 성과를 보였다. 이탈리아 공산당PCI은 1946년 선거에서 19퍼센트를 얻었으며, 그해에 프랑스 공산당은 두 번째 선거에서 역사상 최고의 성적인 28.6퍼센트를 얻었다. 체코슬로바키아 공산당은 1946년 자유선거에서 38퍼센트를 (체코에서는 40퍼센트를) 확보했다. 이후 다른 곳에서 치러진 자유선거에서 공산당은 그만큼 잘 해내지 못했지만, 벨기에의 13퍼센트에서 영국의 0.4퍼센트까지 다양했던 그 성과는 이후 다시 얻을 수 없는 것이었다.

서유럽 공산당들이 처음에 사용했던 정치적 수단은 사회주의 정당과 연합하는 것이었다. 대부분의 사회주의 정당은 1947년 이전에는 저항 운동으로 형태를 바꾼 인민 전선 방식의 동맹을 깨뜨리는 데 주저했다. 프랑스와 이탈리아의 사회주의 정당들은 종전 직후의 선거에서 공산당만큼이나 좋은 성적을 거두었고, 벨기에에서는 공산당보다 좋은 성과를 냈다. 스칸디나비아의 사회 민주당은 다른 어떤 정당보다도 더 큰 성적을 거두었다. 1945년에서 1948년 사이의 선거에서 덴마크와 노르웨이, 스웨덴의 사민당은 38퍼센트에서 41퍼센트까지 득표했다.

그렇지만 영국과 북유럽 국가들을 제외하면, 공산당과 사회당의 〈옛 좌파〉는 결코 단독으로 통치할 수 없었다. 서유럽에서 결정권을 쥔 것은 언제나 정치권에 새로이 출현한 기독교 민주당이었고, 대체로 그들이 지배했다. 유럽 대륙에서 가톨릭 정당은 친숙했다. 가톨릭 정당은 네덜란드와 벨기에에서 오랫동안 번창했다. 빌헬름 시대와 바이마르 시대의 독일에도 가톨릭 중앙당이 있었고, 오스트리아 정치의 보수파는 오랫동안 (가톨릭) 인민당과 긴밀하게 결합되었다. 〈기독교 민주주의〉도 아주 새로운 개념은 아니었다. 그 기원은 정치적으로 중도파였던 20세기 초의 가톨릭 개혁주의와 가톨릭 운동에 있었다. 이 운동들은 비록 성공하지는 못했지만 제1차 세계 대전 직후의 혼란스러웠던 시절에 성과를 내려 노력했다. 그러나 1945년 이후의 상황은 전혀 달랐고 가톨릭 운동에 전적으로 유리했다.

우선 이 정당들은, 특히 서독의 기독교민주연합과 이탈리아의 기독교 민주당, 프랑스의 인민공화운동은 이제 가톨릭 신도들의 표를 거의 독점했다. 1945년의 유럽에서 이 같은 사실은 상당히 중요했다. 가톨릭의 표는 아직도 심히 보수적이었다. 특히 사회 문제에 관해, 그리고 가톨릭 의식이 엄숙히 유지되는 지역에서 더했다. 이탈리아와 프랑스, 벨기에, 네덜란드, 남서부 독일의 전통적인 가톨릭 유권자들이 사회당에 투표하는 일은 드물었고, 공산당에 투표하는 일은 전혀 없었다. 그러나 여러 나라에서 보수적인 가톨릭교도조차도 인물이나 정책이 종종 개혁적인 성향을 띠었던 기독교 민주당에 투표할 수밖에 달리 도리가 없었다. 이러한 사정은 전후 시대의 독특한 특징이기도 한데, 전통적인 우파 정당들은 숨어 있거나 철저히 금지되었기 때문이다. 심지어 가톨릭이 아닌 보수주의자들도 〈마르크스주의〉 좌파를 차단하는 수단으로서 기독교 민주당에 점점 더 크게 의지했다.

둘째, 이와 관련된 이유에서 기독교 민주당은 여성 표의 주된 수혜자였다. 1952년에 프랑스의 실천적인 가톨릭 여성의 약 3분의 2가 인민공화운동에 투표했다. 강단의 영향력이 역할을 했다는 점에는 의심의 여지가 없었다. 그렇지만 여성들이 느꼈던 기독교 민주당의 매력은 대부분 그 정책에 있었다. 사회당과 공산당의 어법은 가장 순화된 형태로도 폭동의 논조를 쉽게 버리지 못했던 반면, 프랑스의 모리스 쉬망과 조르주 비도, 이탈리아의 알치데 데가스페리, 독일 연방 공화국의 콘라트 아데나워 같은 저명한 기독교 민주당원들은 언제나 화해와 안정을 강조했다.

기독교 민주당은 계급에 근거한 호소를 삼가는 대신 사회적·도덕적 개혁을 강조했다. 특히 가족의 중요성을 역설했다. 편부모 가정, 무주택 가정, 빈곤한 가정의 욕구가 그 어느 때보다 컸던 시절이었으므로 가족은 중대한 정치적 함의를 지녔고 기독교적 주제로 매우 적당했다. 따라서 기독교 민주당은 안정과 안전의 희구, 회복의 기대, 전통적인 우파 대안의 부재, 국가에 대한 기대 등 전후 상황의 거의 모든 측면에 편승할 수 있는 더할 나위 없이 좋은 자리에 있었다. 기독교 민주당의 지도자들과 이들보다 더 과격한 청년 당원들은 앞선 세대의 전통적인 가톨릭 정치인들과는 달리 국가 권력을 이용하여 목표를 추구하는 데 조금도 거리낌이 없었다. 종전 직후의 기독교 민주당 당원들은 좌파 집산주의자들이 아니라 자유로운 시장 경제를 옹호하는 자유주의자들을 주적으로 간주했으며, 현대 국가가 비사회주의적인 형태의 자선적 개입에 적응할 수 있다는 사실을 증명하려 애썼다.

그 결과, 이탈리아와 서독에서는 기독교 민주당이 향후 오랫동안 (미국의 지원을 받아 가면서) 정권을 거의 독점했다. 프랑스에서는 두 차례의 식민지 전쟁과 뒤이은 1958년 드골의 권좌 복귀로 인한 잠식 효과 탓에 인민공화운동의 성과가 그만큼 좋지는 않았다. 그렇지만 프랑스의 인민공화운동도 1950년대 중반까지 몇몇 핵심 부처 (주로 외무부)를 확고히 장악함으로써 권력의 중재자로 머물렀다. 기독교 민주당의 성향을 지녔던 가톨릭 정당들은 베네룩스 국가들에서 한 세대 이상, 오스트리아에서는 1970년대까지 계속 권력을 행사했다.

기독교 민주당 지도자들은 영국의 윈스턴 처칠처럼 구세대의 인물이었다. 콘라트 아데나워는 1876년에 태어났고, 알치데 데가스페리는 그보다 5년 뒤에, 처칠은 1874년에 태어났다. 이는 단순한 우연의 일치나 전기적으로 진기한 사건이 결코 아니다. 1945년에 유럽 대륙의 여러 나라는 두 세대의 잠재적인 지도자들을 잃었다. 첫 세대는 제1차 세계 대전에서 사망하거나 부상당했으며, 두 번째 세대는 파시즘의 유혹에 넘어갔거나 나치와 그 지지자들에 의해 살해되었다. 이러한 결핍은 이 시기의 더 젊은 정치가들이 보여 준 대체로 평범한 자질에 명백히 드러났다. 1944년에 이탈리아로 돌아오기까지 약 20년을 대부분 모스크바에서 정치 공작원으로 지냈던 팔미로 톨리아티는 예외였다. 비시 정권에 의해 투옥되고 다하우와 부헨발트에 감금되었다가 프랑스의 공적 생활에 복귀한 레옹 블룸의 특별한 매력은 그의 영웅적 행위뿐만 아니라 그의 나이(1872년생)에도 있었다.

전후 유럽의 그토록 빠른 회복이 수십 년 전에 성년에 이르고 정치에 입문했던 자들의 업적이라는 사실은 상당히 이상해 보일 수도 있다. 1901년에 처음으로 의회에 입성한 처칠은 언제나 자신을 〈빅토리아 시대의 자식〉이라고 말했다. 클레먼트 애틀리도 1883년에 태어났으니 빅토리아 시대 사람이었다. 그러나 결국 그다지 놀랄 만한 일은 아닐 것이다. 우선 그 노인들은 30년간의 혼란을 정치적으로나 윤리적으로 무사히 보내고 생존했다는 점에서 평범하지 않았다. 말하자면 그들의 정치적 위신은 희소가치 덕에 높아졌다는 얘기다. 둘째, 그들은 사회주의자든(블룸, 애틀리), 자유주의자든(비버리지, 훗날 이탈리아의 대통령이 된 1874년생 루이지 에이나우디), 진보적인 가톨릭교도이든(데가스페리, 아데나워) 모두 1880년에서 1910년 사이에 성년에 도달한 유럽의 훌륭한 사회 개혁가 세대에 속했다. 그들의 천성과 관심은 전후 시대의 분위기에 매우 잘 들어맞았다.

그러나 세 번째이자 아마도 가장 중요한 요인은 서유럽을 재건한 노인들은 연속성을 대표했다는 사실이다. 두 대전 사이에는 새로운 것과 현대적인 것이 유행했다. 파시스트나 공산당원뿐만 아니라 많은 사람이 의회와 민주주의를 퇴폐적이고 정체되었으며 타락했다고, 어쨌거나 현대 국가의 과제를 떠맡기에는 적당하지 않다고 보았다. 전쟁과 점령은 이러한 환상을, 지식인들은 아닐지 몰라도 적어도 유권자들은 지녔던 환상을 깨뜨려 버렸다. 평화를 맞아 냉정하게 생각해 보니 입헌 민주주의라는 흐릿한 타협안에는 새로운 매력이 있었던 것이다. 1945년에 대다수 사람들이 염원했던 것은 확실히 사회적 진보와 회복이었지만, 이는 안정되고 익숙한 정치 형태에 대한 확신과 결합되어야 했다. 제1차 세계 대전이 정치화와 과격화라는 효과를 가져왔다면, 뒤이은 제2차 세계 대전은 반대의 결과, 즉 정상 상태를 바라는 동경을 낳았다.

따라서 세월을 거슬러 혼란스러웠던 두 대전 사이뿐만 아니라 1914년 이전의 보다 차분하고 자신감에 차 있던 시기까지 두루 경험했던 정치인들은 특별한 매력을 지녔다. 직전 과거의 과열된 정치로부터 다가오는 급격한 사회 변화의 시기로 이행하기는 쉽지 않았을 테지만, 이 정치인들은 인물의 연속성 속에서 그 이행을 쉽게 할 수 있었다. 1945년까지 유럽의 원로 정치인들은 소속 정당의 〈꼬리표〉가 무엇이든 간에 모두 가능성의 예술을 실용적으로 실천하는 전문가들이었다. 이처럼 두 대전 사이의 자신만만한 정치적 신조로부터 이격된 인격상의 거리는 유권자들의 마음을 충실하게 반영했다. 탈〈이데올로기〉의 시대가 시작했다.

제2차 세계 대전 이후 유럽의 정치적 안정과 사회 개혁의 전망은 무엇보다 그 대륙의 경제 회복에 달려 있었다. 어떤 국가의 계획이나 정치적 지도력도 1945년에 유럽인들 앞에 놓인 태산과도 같은 숙제를 없애 버릴 수는 없었다. 전쟁이 가져온 가장 명백한 경제적 충격은 주택 수에 있었다. 수도권에서 350만 채의 주택이 파괴된 런던의 피해는 1666년 대화재로 입은 피해보다 더 심했다. 바르샤바에서는 전체 주택의 90퍼센트가 파괴되었다. 1945년 부다페스트에서는 주거용 건물의 27퍼센트에서만 사람이 거주할 수 있었다. 독일 주택의 40퍼센트, 영국 주택의 30퍼센트, 프랑스 주택의 20퍼센트가 사라졌다. 이탈리아에서는 120만 채가 파괴되었는데, 대부분 인구 5만명 이상의 도시에 있던 주택이었다. 무주택 문제는 앞서 보았듯이 종전 직후에 전쟁의 가장 명백한 결과였을 것이다. 서독과 영국에서는 주택 부족 현상이 1950년대 중반까지 지속되었다. 어느 중간 계급 여성은 런던에서 개최된 전후 주택 전시회를 보고 나오면서 이렇게 말했다. 〈어떻게 해서든지 집을 구하려고 사방팔방으로 찾아다니고 있어요. 네 벽과 지붕만 있으면 더 바라지도 않아요. 그것이 내가 바라는 전부예요.〉[8]

8 Maureen Waller, *London 1945* (2004), p. 150에서 인용.

피해가 두드러졌던 두 번째 영역은 운송이었다(상선, 철로, 철도 차량, 교량, 도로, 운하, 궤도 전차 선로). 파리에서 바다에 이르기까지 센강을 가로지르는 다리는 전혀 없었고, 라인강을 건너는 다리는 단 하나만이 손상되지 않고 남았다. 그래서 광산과 공장에서 필수품이 생산되더라도 운반할 수가 없었다. 유럽의 많은 석탄 광산은 1945년 12월부터 재가동되었으나 빈에는 여전히 석탄이 없었다.

눈에 보이는 충격은 최악이었다. 많은 나라들이 복구를 기대할 수 없을 정도로 파괴된 듯했다. 제2차 세계 대전에 말려든 거의 모든 유럽 국가에서 국민 경제는 두 대전 사이의 평범한 성과와 비교해도 확실히 정체되거나 축소되었다. 그러나 전쟁이 경제적으로 언제나 재앙은 아니다. 오히려 특정 부문에서는 강력하게 급속한 성장을 자극하는 요인일 수 있다. 제2차 세계 대전 덕분에 미국은 나폴레옹 전쟁 동안 영국이 그랬듯이 상업과 기술에서 난공불락의 선도 국가로 급부상했다.

연합국의 사정관들이 곧 깨달았듯이, 히틀러 전쟁이 경제에 미친 파괴적인 영향은 실제로 처음 생각했던 것만큼 절대적이지 않았다. 심지어 독일에서도 그랬다. 폭격 작전은 많은 인명 손실을 가져왔지만 경제적 타격은 작전을 주장했던 자들이 기대했던 것보다는 작았다. 1945년 5월까지 파괴된 독일의 산업 시설은 전체의 20퍼센트 미만이었다. 연합군의 폭격이 집중되었던 루르에서도 공장과 기계류의 3분의 2가 멀쩡했다. 다른 곳에서도, 예를 들면 체코 땅에서 공업과 농업은 독일 점령기에도 번창했으며 사실상 점령기를 무사히 벗어났다. 슬로바키아도 헝가리의 일부 지역처럼 전쟁 동안 빠른 공업화를 경험했으며 실제로 전쟁 이전보다 더 부유한 상태로 종전을 맞았다.

피해의 대부분은 극적으로 대비되었다. 다시 말해 사람과 건물은 큰 손실을 입었던 반면 공장과 물품은 상대적으로 보존되었고, 그래서 1945년 이후 핵심 경제 부문은 의외로 신속하게 복구될 수 있었다. 기계 공업은 전쟁 중에 번창했다. 영국과 소련, 프랑스, 이탈리아, 독일은(일본과 미국도) 전부 전쟁이 시작되었을 때보다 끝났을 때 더 많은 기계를 보유했다. 이탈리아에서는 항공 산업과 조선업만 심한 타격을 입었다. 북부에 자리 잡은 덕에 이탈리아에서 벌어진 가장 격렬한 교전을 피할 수 있었던 기계 회사들은 (제1차 세계 대전 때처럼) 상태가 좋았다. 그 회사들의 전시 생산량과 투자는 손실을 보상하고도 남았다. 서독이 된 지역의 공작 기계 산업에 관해서 말하자면 전시에 망실된 설비는 전체의 6.5퍼센트에 불과했다.

당연한 얘기지만 몇몇 나라는 전쟁 피해를 전혀 입지 않았다. 아일랜드와 스페인, 포르투갈, 스위스, 스웨덴은 모두 분쟁 중에 중립을 유지했다. 이 나라들이 전쟁의 영향을 받지 않았다는 말은 아니다. 오히려 유럽 중립국들은 대부분 간접적으로나마 독일의 전쟁 수행에 깊이 연루되었다. 독일은 전시의 망간 공급에서 스페인의 프랑코에 크게 의존했다. 텅스텐은 포르투갈의 식민지에서 리스본을 거쳐 독일에 도착했다. 독일의 전시 철광 수요의 40퍼센트는 스웨덴이 자국 선박으로 독일 항구에 인도하여 공급했다. 이 모든 것은 금으로 값을 치렀으며, 그 많은 금은 독일에 희생된 국가들로부터 무단으로 절취되어 스위스를 통해 유입되었다.

스위스인들은 독일의 자금을 세탁하고 그 지불 통로를 제공했을 뿐만 아니라 히틀러의 전쟁에 크게 기여했다. 1941년에서 1942년 사이에 스위스 군수 산업의 60퍼센트, 광학 산업의 50퍼센트, 기계 생산량의 40퍼센트가 독일을 위해 생산되었고, 스위스는 그 대가로 금을 받았다. 소화기(小火器) 제조 회사인 외를리콘 뷔를레 Oerlikon-Bührle는 1945년 4월에도 여전히 국방군에 속사포를 판매하고 있었다. 독일 제국은행은 제2차 세계 대전 동안 스위스에 모두 합해서 16억 3800만 스위스 프랑에 상당하는 금을 예치했다. 그리고 전쟁 발발 전에 원치 않는 사람들의 입국을 규제하기 편하도록 독일

여권에 그 소지자가 유대인인지 아닌지 표시해 달라고 요청한 것도 스위스 당국이었다.

스위스 당국은 자국을 지키기 위해서라도 나치와 우호적인 관계를 유지할 이유가 충분했다. 1940년 6월, 국방군 최고 사령부는 스위스 침공 계획을 연기했지만 그 계획을 결코 포기하지는 않았다. 벨기에와 네덜란드의 경험은 히틀러의 길을 방해하는 허약한 중립국에 어떤 운명이 기다리고 있는지를 냉혹하게 일깨웠다. 같은 이유로 스웨덴 사람들도 베를린과 더 많이 협력했다. 스웨덴은 역사적으로 독일의 석탄에 의존했다. 스웨덴은 오랫동안 독일에 철광석을 수출했다. 전쟁 이전에도 독일의 철광석 수입량의 절반은 발트해 건너편에서 들어왔으며, 스웨덴의 철광석 수출량의 4분의 3이 독일로 향했다. 어쨌든 스웨덴의 중립은 러시아의 야망에 대한 두려움 때문에 오랫동안 독일로 기울었다. 따라서 스웨덴이 나치와 협력한 것은 관행에서 이탈하지 않은 것이었다. 스웨덴은 노르웨이에서 휴가차 독일로 귀환하는 독일군 병사들은 물론 바르바로사 작전이 시작할 때 1만 4,700명의 국방군 부대를 통과시켰고, 철광석의 정기적인 독일 공급을 보장하기 위해 스웨덴 철광산 노동자의 징병을 연기했다.

전쟁이 끝난 후 스위스인들은(스웨덴 사람들은 아니었다) 분노한 여러 나라들로부터 독일이 일으킨 전쟁의 공범이라는 혐의를 받았다. 스위스는 1946년 워싱턴 협약에서 스위스의 은행을 통한 제국 은행의 거래와 관련된 모든 청구권의 최종 해결책으로서 유럽의 재건에 부득이 2억 5천만 스위스 프랑을 〈자발적으로〉 기부해야 했다. 그러나 그때쯤이면 스위스는 이미 정확한 회계의 안전지대라는 지위를 회복하여 번창하고 있었다. 스위스 은행들은 매우 높은 이윤을 거두었으며, 스위스의 농장과 기계 공업은 가난한 유럽 시장에 식량과 기계류를 공급했다.

전쟁 이전에는 스위스도 스웨덴도 특별히 부유한 나라가 아니었다. 실로 그 나라들에는 빈곤한 농촌 지역이 폭넓게 자리했다. 그러나 전쟁 중에 그들이 확보한 우세는 지속성을 지녔음이 판명되었다. 두 나라 모두 지금은 유럽에서도 선두에 서 있으며, 40년간 꾸준히 그 지위를 유지했다. 다른 곳에서는 복구의 여정이 약간 험난했다. 그렇지만 동유럽에서도 경제 기반 시설은 어쨌거나 놀랄 만한 속도로 회복되었다. 국방군의 퇴각과 소련군의 전진이라는 최악의 상황에서도, 헝가리와 폴란드, 유고슬라비아의 교량과 도로, 철도, 도시가 재건되었다. 1947년에 중부 유럽의 교통망과 철도 차량은 전쟁 이전 수준에 도달했거나 그것을 능가했다. 이 과정에 소요된 시간은 유고슬라비아나 폴란드보다 전쟁과 관련된 파괴가 적었던 체코슬로바키아와 불가리아, 알바니아, 루마니아에서 더 적었다. 그렇지만 폴란드 경제조차 매우 빠르게 회복되었다. 한 가지 이유는 독일로부터 새로이 빼앗은 서쪽의 영토가 실제로 더 비옥했고 산업 도시와 공장도 그곳에 더 많았기 때문이었다.

서유럽에서도 물질적 피해는 현저히 빠른 속도로 복구되었다. 전체적으로 벨기에에서 가장 빨랐고, 프랑스와 이탈리아, 노르웨이에서는 그보다 약간 느렸으며, 전쟁의 마지막 몇 달에 최악의 피해가 (농장과 제방, 도로, 운하, 인간의 피해) 집중되었던 네덜란드에서 가장 느렸다. 벨기에인들은 종전 무렵 유럽의 주요 항구로는 유일하게 대체로 손상을 입지 않은 안트베르펜의 특권적 지위와, 연합군이 그 나라에 고도로 집결해 있다는 사실로부터 이익을 얻었다. 네덜란드는 석탄과 시멘트, 금속 반제품을 오랫동안 특화했는데, 이 모두가 재건 사업에 필수적이었으므로 네덜란드 경제에 꾸준히 경화가 흘러들어 왔다.

노르웨이의 사정은 이와 대조적으로 상당히 어려웠다. 국가의 생존에 지극히 중요했던 어선과 상선의 절반이 전쟁 중에 망실되었다. 국방군이 후퇴하는 과정에서 의도적으로 선박을 파괴했기 때문에

1945년에 노르웨이의 산업 생산고는 1938년 수준의 57퍼센트에 불과했고, 주식 자본은 5분의 1 가까이 사라졌다. 세월이 흐른 뒤에도 스웨덴과의 극명한 대비는 비참했던 노르웨이인들의 마음에서 지워지지 않았다. 그러나 노르웨이조차 1946년 말이면 철도와 도로망을 대부분 복구할 수 있었다. 그리고 그 이듬해, 서유럽의 나머지 나라들과 동유럽 대부분에서 그랬던 것처럼, 연료 부족과 불충분한 교통은 이제 경제 회복의 장애물이 아니었다.

그러나 당대의 관찰자들이 보기에 가장 놀라웠던 것은 독일의 회복 능력이었다. 이는 산산이 파괴된 조국을 재건하겠다는 한 가지 일념으로 일했던 주민들의 노고를 증명했다. 히틀러가 사망한 날, 사용 가능한 독일 철도는 10퍼센트에 불과했고, 그 나라는 말 그대로 정지 상태였다. 1년 후인 1946년 6월에 다시 열린 독일의 기찻길은 전체의 93퍼센트였으며 800개의 교량이 다시 건설되었다. 1945년 5월에 독일의 석탄 생산은 1939년 생산량의 10분의 1을 간신히 채웠으나, 한 해 뒤 생산량은 다섯 배로 증가했다. 1945년 4월 서독에 진주한 미국 군대의 참관인이었던 솔 파도버[9]는 폭삭 주저앉은 도시 아헨을 재건하는 데 20년의 세월이 걸릴 것으로 보았다. 그러나 파도버는 몇 주 지나지 않아 벌써 그 도시의 타이어 공장과 직물 공장의 조업 재개와 경제생활의 개시에 관해 기록하고 있었다.

노동자들의 집이 재건되고, 도로망이 다시 제자리를 찾자 독일 산업은 물자를 인도할 완벽한 준비를 갖추게 되었다. 이것이 독일이 초기에 빠른 속도로 회복된 한 가지 이유였다. 폴크스바겐 공장에서는 기계 설비의 91퍼센트가 전시의 폭격과 전후의 약탈을 견뎌 냈고, 1948년에 폴크스바겐 공장은 서독에서 제작된 자동차 두 대 중 한

9 1905~1981. 오스트리아 태생의 미국인 학자. 1944년에서 1946년까지 미군 정보장교를 지냈다. 제2차 세계 대전 이후 서구의 정치와 정치인에 관해 여러 편의 글을 남겼다 — 옮긴이주.

대를 생산했다. 포드의 독일 지사는 대체로 피해를 입지 않았다. 전시의 투자 덕분에 독일 산업 설비의 3분의 1이 1945년을 기준으로 5년이 채 안 된 것들이었다. 1939년에 5년을 넘기지 않은 설비는 겨우 9퍼센트뿐이었다. 그리고 전시 독일이 가장 많이 투자했던 산업들은(광학, 화학, 기관차 제조, 운송 수단, 비철 금속) 1950년대의 호황에 토대가 되었던 바로 그 산업들이었다. 1947년 초, 전쟁 피해는 이제 독일의 회복을 가로막는 주된 장애물이 아니었다. 오히려 원료와 여타 물품의 부족, 그리고 특히 나라의 정치적 미래에 관한 불확실성이 문제였다.

훗날 1947년은 유럽 대륙의 운명이 걸린 결정적인 시기로 판명 난다. 그때까지 유럽인들은 복구와 재건에 몰두해 있었거나, 장기적인 회복을 위한 제도적 토대를 세우느라 분주했다. 연합군이 승리한 뒤 18개월이 흐르는 동안, 대륙의 분위기는 평화와 새로운 출발에 대한 기대감에서 지독한 체념과 환멸로 바뀌었다. 풀지 못한 과제들이 여전히 산적해 있었기 때문이다. 1947년에 들어설 무렵, 가장 어려운 결정은 아직 내려지지 않았으며 더 늦출 수 없다는 사실은 분명했다.

우선 식량 공급이라는 근본적인 문제가 아직 해결되지 않았다. 식량 부족은 스웨덴과 스위스를 제외하면 어디서나 고질적이었다. 1946년 봄에 급조된 구제 부흥 사업국의 식량 덕분에 이후 12개월 동안 오스트리아 사람들은 굶주림을 면할 수 있었다. 독일의 영국 점령 지구에서 성인의 일일 칼로리 공급은 1946년 중반 1,500칼로리에서 1947년 초 1,050칼로리로 하락했다. 1945년과 1946년 두 해 연속 굶주림으로 고통받은 이탈리아 사람들의 식량 공급량은 1947년 봄에 모든 서유럽 주민들 중에서도 가장 낮은 수준이었다. 1946년에 시행된 프랑스의 여론 조사에서 〈식량〉과 〈빵〉, 〈고기〉가 대중의 첫 번째 중대 관심사로서 늘 다른 모든 것을 압도했다.

이 문제는 부분적으로 이제 서유럽이 전통적인 식량 공급원이었던 동유럽의 곡창 지대에 의지할 수 없다는 사실에 있었다. 왜냐하면 그곳에서도 배불리 먹는 사람이 전혀 없었기 때문이다. 루마니아에서는 토지 개혁의 관리 실수와 나쁜 기후 탓에 1945년의 작황이 좋지 않았다. 1946년 가을, 서부 왈라키아에서 몰다비아[10]를 거쳐 소련의 서부 우크라이나와 볼가강 중류 지역에 이르기까지 흉작과 가뭄으로 기근에 가까운 상태가 초래되었다. 구호 단체들은 두 살배기 아이들의 몸무게가 겨우 3킬로그램이라고 보고했으며 식인 행위에 관한 보고서를 제출했다. 알바니아의 실업자 구제 사업에서 일했던 노동자들은 그 상황을 〈끔찍한 재난〉이라고 묘사했다.

그다음으로 1947년의 잔인한 겨울이 찾아왔다. 1880년 이후로 최악의 겨울이었다. 운하는 얼어붙었고, 도로는 한번 막히면 몇 주씩 뚫리지 않았으며, 철도망은 군데군데 결빙된 곳이 있어서 전체가 마비되었다. 전후 초기의 복구 작업은 중단되었다. 여전히 공급이 달렸던 석탄은 국내 수요를 충족할 수 없었으며, 어쨌거나 운반할 수도 없었다. 산업 생산은 침체되었다. 이제 막 회복 단계에 들어선 강철 생산량은 전년도보다 40퍼센트 급락했다. 눈이 녹을 즈음하여 유럽의 여러 곳에서 홍수가 났다. 몇 달 후인 1947년 6월, 유럽 대륙은 기상 관측이 시작된 이래 가장 덥고 건조한 여름을 맞았다. 작황이 충분하지 않으리라는 것은 뻔했다. 몇몇 지역에서는 3년째 흉작이 지속되었다. 농작물 수확량은 형편없었던 전년도 수확에 비해서도 약 3분의 1이 감소했다. 부족한 석탄은 미국에서 수입하여 일부를 보충할 수 있었다(1947년에 3400만 톤을 들여왔다). 식량도 미국과 영연방에서 구매할 수 있었다. 그러나 이 모든 수입 비용은 경화로, 보통은 달러로 지불해야 했다.

---

10 현재 왈라키아와 몰다비아의 서부는 루마니아이며, 몰다비아의 동부는 몰도바공화국, 몰다비아의 북부와 남동부 일부는 우크라이나에 속한다 ─ 옮긴이주.

1947년에 초래된 유럽 위기의 밑바탕에는 두 가지 구조적인 딜레마가 놓여 있었다. 하나는 독일이 유럽 경제에서 실질적으로 이탈한 것이었다. 전쟁 전에 독일은 네덜란드와 벨기에, 지중해 지역은 물론이고 중부 유럽과 동유럽 대부분의 나라에 주요 시장이었다(예를 들어 1939년까지 독일이 그리스의 수출과 수입에서 차지하는 몫은 각각 38퍼센트와 3분의 1이었다). 독일의 석탄은 프랑스 강철 제조업자들에게 필수적인 원료였다. 그러나 독일의 정치적 미래에 깔린 불안이 해소되기 전까지, 그 경제는 잠재력이 축적되어 있었는데도 봉쇄되어 있었고 사실상 유럽 대륙 나머지 지역의 경제 회복을 방해했다.

　두 번째 문제는 두 나라가 서로 연결되어 있기는 하지만 주로 독일이 아니라 미국과 관련되어 있었다. 1938년에 영국의 기계류는 금액으로 44퍼센트가 미국에서, 25퍼센트가 독일에서 수입되었다. 1947년에 그 수치는 각각 65퍼센트와 3퍼센트였다. 이 상황은 다른 유럽 국가들에서도 비슷했다. 이와 같은 미국 물품의 수요 급증은 역설적으로 유럽의 경제 활동이 활발해지고 있다는 징표였다. 그러나 미국의 생산품이나 물자를 구매하려면 미국 달러가 필요했다. 유럽은 다른 세계에 판매할 것이 전혀 없었다. 경화가 없이는 식량을 구입하여 수백만 명을 굶주림에서 벗어나게 할 수 없었고, 생산 증대에 필요한 원료와 기계를 수입할 수도 없었다.

　달러 위기는 심각했다. 1939년 이후로 국가 채무가 네 배로 늘었던 영국은 1947년에 전체 수입품의 거의 절반을 미국에서 구입했고, 현금은 빠른 속도로 고갈되었다. 세계 최대 석탄 수입국인 프랑스는 대 미국 지불 적자가 연간 20억 4900만 달러였다. 다른 유럽 국가들도 대부분 무역에 쓸 화폐가 없었다. 루마니아의 인플레이션은 1947년 8월에 최악이었다. 이웃 나라 헝가리의 인플레이션은 1923년의 독일 인플레이션을 훨씬 능가하여 역사상 최악으로 기록되었는데, 정점에 달했을 때 펭괴pengö의 달러당 환율이 5의 30제곱

(5 ^{30})이었다. 1946년 8월 펭괴가 포린트forint로 대체되었을 때, 유통 중인 헝가리 지폐 전체의 달러 가치는 겨우 1센트의 1천분의 1에 불과했다.

독일에는 통화 구실을 제대로 하는 화폐가 없었다. 암시장이 번창했고, 담배가 교환 수단으로 인정되었다. 추방 난민 수용소의 교사들은 급료로 주당 담배 다섯 갑을 받았다. 베를린에서 미국 담배 한 보루의 가치는 60달러에서 165달러 사이였다. 그래서 미국 점령군 병사들은 보급품으로 받은 담배를 현금으로 바꾼 뒤 다시 담배로 바꾸는 과정을 반복하며 큰돈을 벌 수 있었다. 연합군 점령기의 첫 넉 달 동안 미군이 고국에 송금한 액수는 베를린 부대 한 곳에서만 임금으로 받은 것보다 많은 1100만 달러였다. 브라운슈바이크에서는 담배 600개비면 자전거 한 대를 살 수 있었다. 자전거는 비토리오 데 시카가 1948년 영화 「자전거 도둑」에서 인상 깊게 묘사했듯이 이탈리아에서는 필수품이었는데, 독일에서도 그에 못지않았다.

유럽이 처한 위기의 심각성은 미국인들에게도 영향을 미쳤다. 앞으로 보겠지만, 그것은 미국이 소련의 협조가 있든 없든 독일 문제의 해결책을 서둘러 제시하게 된 주된 이유 중 하나였다. 조지 케넌처럼 정보에 밝은 대통령 고문들이 보기에 1947년 봄 유럽은 벼랑 끝에서 비틀거리고 있었다. 서유럽인들은 처음에는 매우 빠른 회복과 정상적인 경제 상황으로 복귀할 것을 기대했지만 곧 좌절했다. 독일인과 여타 중부 유럽인들은 절망적인 상태에 있었는데 1947년의 예상치 못한 생계 위기는 이를 더욱 악화시켰고, 그 결과 공산주의의 호소력이 커지고 무정부 상태로 추락할 위험성도 높아졌다.

공산주의의 매력은 현실적이었다. 이탈리아와 프랑스, 벨기에의 공산당은 (핀란드와 아이슬란드의 공산당과 마찬가지로) 1947년 5월까지도 연립 정부에 남아 있었다. 이들은 당에 가입한 노조와 대중 시위를 통해 대중의 분노를 동원했고, 자신들도 참여했던 정부의 실정을 이용할 수 있었다. 각 지역 공산당이 선거에서 성공을 거두었고, 여기에 무적의 소련군이라는 후광이 더해져 이탈리아(또는 프랑스, 체코) 방식의 〈사회주의에 이르는 길〉이 그럴듯하고 매력적으로 보였다. 1947년까지 프랑스 공산당에 가입한 사람은 90만 7천 명이었다. 이탈리아 공산당의 당원은 225만 명으로 폴란드나 심지어 유고슬라비아의 공산당원보다 더 많았다. 덴마크나 노르웨이에서도 유권자 여덟 명 중 한 명은 처음에는 공산당을 대안으로 기대했다. 독일의 서쪽 점령 지구에서 연합군 당국은 탈나치화 정책에 대한 반감과 식량 부족, 만연한 경범죄에 나치즘의 좋았던 시절에 대한 향수가 결합되어 네오나치가 등장하거나 더 나아가 소련에 유리한 상황이 전개되지 않을까 우려했다.

서유럽 국가들은 운이 좋았던 것 같다. 1947년 봄, 서유럽의 공산당들은 1944년에 채택한 온건하고 민주적인 방식을 여전히 추구하고 있었기 때문이다. 프랑스의 모리스 토레즈는 광부들에게 〈생산〉을 독려하고 있었다. 이탈리아의 영국 대사는 톨리아티를 〈성급한〉 동료 사회주의자들을 온건하게 만들 수 있는 인물로 묘사했다. 스탈린은 자신의 문제 때문에 아직은 중부 유럽과 서유럽의 많은 지지자들에게 대중의 분노와 좌절을 이용하라고 권하지 않았다. 그러나 그렇더라도 내전과 혁명의 망령은 결코 사라지지 않았다. 벨기에의 연합군 참관인들은 지역 간의 긴장과 정치적 긴장이 심각했다고 기술했으며, 벨기에를 그리스와 이탈리아와 더불어 〈불안정〉 국가로 분류했다.

프랑스에서 1947년 겨울에 닥친 경제적 고난은 이미 전후의 새로운 공화국에 대한 대중의 환멸로 이어지고 있었다. 1947년 7월 1일에 실시된 프랑스의 여론 조사에서 설문에 응한 자의 92퍼센트가 프랑스의 상황이 〈나쁘게 또는 상당히 나쁘게〉 바뀌고 있다고 생각했다. 영국 노동당 정부의 재무장관 휴 돌턴은 종전 직후의 열정이 식은 것에 대해 숙고하면서 일기에 이렇게 적었다. 〈화창한 아침을 자신감 넘치게 맞이하는 일은 결코 다시 없을 것이다.〉 프랑스의 연립 정부에 국민 경제부 장관으로 입각한 사회당의 앙드레 필리프도 1947년 4월에 행한 연설에서 같은 견해를 더 극적으로 표현했다. 〈우리는 총체적인 경제적·재정적 대재난의 위협에 처해 있다.〉

이러한 절망감과 재앙이 임박했다는 인식은 도처에서 발견되었다. 1947년 3월, 재닛 플래너는 파리에서 이런 기사를 썼다. 〈지난 두 달 동안 파리에 막연한 불안의 분위기가 분명하게 확산되고 있었다. 어쩌면 유럽 전역에 퍼졌을 것이다. 마치 프랑스 국민이, 아니 모든 유럽인이 무슨 일이 벌어질 것처럼, 아니면 더 나쁜 경우이겠지만 아무 일도 일어나지 않을 것처럼 예상하는 것 같았다.〉 유럽 대륙은 플래너가 몇 달 전에 주목했듯이 새로운 빙하 시대로 천천히 진입하고 있었다. 조지 케넌도 동의했을 것이다. 케넌은 6주 후 국무부 정책기획국의 한 보고서에서 진짜 문제는 공산주의가 아니라고, 설사 공산주의가 문제라고 해도 간접적으로만 그럴 뿐이라는 견해를 표명했다. 유럽인이 느끼는 막연한 불안감의 진짜 근원은 전쟁의 영향과, 케넌이 진단한 이른바 〈필수 기반 시설과 영적 활력의 극심한 소모〉였다. 유럽 대륙 앞에 놓인 장애물은 너무나 거대해 보였다. 전후 초기에 존재했던 희망과 재건의 폭발적인 힘이 고갈되었기 때문이다. 미국 외교 정책 기구의 유력한 관보인 『포린 어페어스*Foreign Affairs*』의 편집장 해밀턴 피시는 1947년 7월 유럽에 받은 인상을 이렇게 설명했다.

모든 것이, 기차, 전차, 버스, 자동차가 너무 적었다. 사람들을 휴일에 태우는 것은 고사하고 제시간에 일자리로 데려다 주기에도 모자랐다. 밀가루가 너무 적어 다른 것을 섞지 않고는 빵을 만들 수 없었다. 설령 다른 것을 혼합하여 만든다고 하더라도 고된 노동에 충분한 에너지를 공급할 수 있을 정도로 빵이 많지는 않았다. 종이도 너무 부족하여 신문은 단편적인 세계 소식만을 전달할 수밖에 없었다. 파종할 씨앗도 너무 적었고, 양분을 공급할 비료도 너무 적었다. 거주할 집도 너무 적었고, 창문에 끼울 유리도 충분하지 않았다. 신발을 만들 가죽도 너무 적었고, 스웨터를 만들 털실과 음식의 조리에 필요한 가스, 기저귀를 만들 무명, 잼에 들어갈 설탕, 프라이팬에 쓸 식용유, 갓난아이에게 먹일 우유, 세탁비누가 너무 적었다.

오늘날 학자들은 대체로 당대에는 그렇게 암울했지만 전후 초기의 회복과 1945년에서 1947년 사이에 시행하고 마련한 개혁과 계획이 장래 유럽이 누린 안녕의 토대를 놓았다고 믿는다. 그리고 확실히 적어도 서유럽에 관한 한, 1947년은 유럽 대륙의 회복에서 전환점이었음이 입증되었다. 그러나 그 당시에는 분명하지 않았다. 오히려 그 반대였다. 제2차 세계 대전과 그 불확실한 여파는 유럽의 최종적인 몰락을 촉진할 수도 있었다. 다른 많은 사람들처럼 콘라트 아데나워도 유럽에서 발생한 혼돈의 규모가 1918년보다 더 심해진 듯 느꼈다. 유럽과 미국의 많은 관찰자들은 제일 먼저 제1차 세계 대전 이후 저지른 실수를 떠올렸고 실제로 최악의 경우가 찾아오지 않을까 두려웠다. 유럽 대륙은 아무리 잘해도 수십 년간 가난과 분쟁에 휩싸이리라고 그들은 짐작했다. 미국 점령 지구의 독일인 거주자들은 조국이 회복하기까지 적어도 20년은 걸릴 것이라고 예상했다. 1945년 10월 샤를 드골은 프랑스 국민에게 프랑스가 소생하려면 25년간의 〈맹렬한 노동〉이 필요할 것이라고 절박하게 얘기했다.

그러나 비관론자들의 견해를 따르자면 유럽 대륙은 회복되기 전에 다시금 붕괴하여 내전과 파시즘, 공산주의로 되돌아갈 것이었다. 미국 국무장관 조지 마셜은 1947년 4월 28일 모스크바의 연합국 외무장관 회담에서 독일 문제를 해결하는 데 협력할 뜻이 없던 소련에 실망하고 서유럽의 경제적·심리적 상태에 충격을 받은 채 돌아오면서, 조만간 무엇이든 극적인 일을 해야 한다고 확신했다. 그리고 파리와 로마, 베를린 등지에 만연한 체념과 숙명의 분위기로 판단할 때, 워싱턴이 그 일을 주도해야 했다.

마셜의 유럽 부흥 계획, 즉 마셜 플랜은 이후 몇 주 동안 그의 조언자들과 논의를 거친 후 1947년 6월 5일 하버드 대학의 그 유명한 졸업식 연설에서 공개되었는데, 내용은 극적이면서도 독특했다. 그러나 유럽 부흥 계획이 무에서 출현한 것은 아니었다. 전쟁이 끝난 후부터 마셜 플랜이 공표될 때까지 미국은 보조금과 차관으로 유럽에 수십 억 달러를 쏟아부었다. 그때까지 주된 수혜국은 각각 44억 달러와 19억 달러를 차관으로 받은 영국과 프랑스였으나, 배제된 국가는 없었다. 이탈리아에 건넨 차관은 1947년 중반까지 5억 1300만 달러를 넘어섰고, 폴란드(2억 5100만 달러), 덴마크(2억 7200만 달러), 그리스(1억 6100만 달러), 그 외 여러 나라도 마찬가지로 미국에 채무를 졌다.

그러나 이러한 차관은 터진 구멍을 메우고 비상사태에 대처하는 데 사용했다. 그때까지 미국의 원조는 재건이나 장기적인 투자가 아니라 필수적인 식량, 서비스, 보수에 투입되었다. 게다가 차관에는, 특히 서유럽 주요 국가들에 제공된 차관에는 가시가 붙어 왔다. 트루먼 대통령은 일본의 항복 직후 경솔하게도 전시 대여 협정[11]을 폐기했다. 이 때문에 케인스는 1945년 8월 14일에 쓴 한 메모에서 영국 내각에 나라가 〈경제의 됭케르크〉에 직면해 있다고 충고했다.[12] 케인스는 이후 몇 달이 지나는 동안 미국과 협상을 통해 차관을 이끌어 내는 데 성공하여 영국이 대여 협정으로는 획득할 수 없었던 물

11 1941년에서 1945년까지 미국이 영국과 소련, 중국, 프랑스, 기타 연합국에 전쟁 물자를 공급하던 계획 — 옮긴이주.
12 1940년 5월 프랑스 북부 해안의 됭케르크에서 독일군에 포위당한 영국 원정군의 상황을 빗대어 말하고 있다 — 옮긴이주.

자들을 구매할 달러를 공급받을 수 있었다. 하지만 미국이 내건 조건은 비현실적이었다. 특히 해외 자치령에 대한 특혜 관세를 포기하고 외환 관리를 그만두며 파운드화를 완전 태환 화폐로 전환하라고 요구했다는 점에서 비현실적이었다. 그 결과로, 케인스와 여러 사람들이 예견했듯이, 전후 여러 차례 반복되었던 영국 파운드화의 폭락이 시작되었으며, 영국의 달러 보유고가 급감했고, 이듬해 훨씬 더 심각한 위기가 찾아왔다.

1946년 5월, 워싱턴에서 미국과 프랑스의 협상으로 결정된 차관 조건도 마찬가지로 까다로웠다. 프랑스 정부는 22억 5천만 달러에 달하는 전시 차관의 탕감에 더하여 수백만 달러의 신용 차관을 얻었으며 향후 저리의 차관 제공을 약속받았다. 그 대가로 파리는 보호 무역주의적인 수입 할당제를 포기하고 미국과 다른 외국 생산품이 더 자유롭게 프랑스 시장에 진입하도록 허용하겠다고 약속했다. 이 협약은 영국에 제공한 차관과 마찬가지로 부분적으로는 자유로운 국제 무역, 공개적이고 안정적인 환전, 긴밀한 국제 협력이라는 미국의 의제를 진척시킬 의도로 계획되었다. 그러나 실제로 차관으로 들어온 자금은 한 해가 못 되어 소진되었고, 중기적으로 유지된 유일한 유산은 자신들의 경제력을 착취하는 미국에 대한 대중의 분노가 증가한 것이었다(좌파가 그 분노를 크게 이용했다).

그래서 1947년 봄이면, 유럽의 경제적 근심을 해결하려는 워싱턴의 양자 간 협의 방식은 명백히 실패로 돌아갔다. 1947년 미국과 유럽 사이의 무역 적자는 47억 4200만 달러에 달하여 1946년에 비해 두 배 이상 늘었다. 이러한 무역 적자가 훗날의 평자들이 말했듯이 〈성장에 동반된 일시적인 문제〉였다고 해도, 당시 유럽은 거의 질식할 지경이었다. 영국의 외무장관 어니스트 베빈이 마셜의 졸업식 연설에 〈역사상 가장 뛰어난 연설 중 하나〉라는 반응을 보였던 이유도 바로 여기에 있다. 그리고 베빈은 틀리지 않았다.

마셜의 제안은 과거의 관행과 깨끗이 단절하자는 것이었다. 우선 몇 가지 기본적인 조건 외에는 미국의 원조를 받을 것인지, 받으면 어디에 쓸 것인지 결정하는 일은 유럽인들에게 맡겼다. 물론 자금의 관리에서는 미국인 고문들과 전문가들이 두드러진 역할을 하게 되어 있었다. 둘째, 원조는 수년간에 걸쳐 이루어질 예정이었고 따라서 재난 기금이라기보다는 처음부터 복구와 성장을 위한 전략적인 계획이었다.

셋째, 원조금의 규모는 실제로 매우 컸다. 1952년 마셜 원조가 종결되었을 때, 미국이 지출한 액수는 약 130억 달러로 그전까지 이루어진 대외 지원금 전체보다 많았다. 이 중 영국과 프랑스가 액수로는 단연 가장 많이 가져갔지만, 이탈리아와 소규모 수혜국들이 상대적으로 훨씬 더 큰 영향을 받았을 것이다. 오스트리아에서 마셜 원조는 유럽 부흥 계획의 첫 일 년, 즉 1948년 7월에서 1949년 6월까지 나라 전체 수입의 14퍼센트를 차지했다. 이러한 수치는 당시로서는 엄청난 것이었다. 유럽 부흥 계획은 현금으로 환산하면 오늘날 (2004년)의 달러로 약 1천억 달러가 된다. 그러나 마셜 원조는 미국의 국내 총생산에서 차지한 몫으로 계산할 때(1948~1951년에 국내 총생산의 0.5퍼센트였다) 21세기 초였다면 약 2010억 달러에 상당했을 것이다.

마셜의 연설 직후 영국과 프랑스, 소련의 외무장관이 베빈의 제안에 따라 파리에서 만나 대응 방안을 논의했다. 7월 2일, 소련 외무장관 뱌체슬라프 몰로토프는 회의장을 떠났으며, 이틀 후 영국과 프랑스는 그 제안을 의논하기 위해 22개 유럽 국가의 대표들을 공식 초청했다(스페인과 소련만 제외되었다). 7월 12일에 16개 유럽 국가가 논의에 참여했다. 이 모든 나라가(영국, 프랑스, 이탈리아, 벨기에, 룩셈부르크, 네덜란드, 덴마크, 노르웨이, 스웨덴, 스위스, 그리스, 터키, 아일랜드, 아이슬란드, 오스트리아, 포르투갈) 사실상 원조 수혜국에 포함되었다. 그러나 폴란드와 체코슬로바키아, 헝가리, 불가리아, 알바니아 등 향후 공산주의 체제가 된 국가들은 초기에 관심을 보이긴 했지만 유럽 부흥 계획에 결코 참여하지 않았고, 마셜 원조에서 단 한 푼도 받지 않았다.

이것이 무엇을 의미하는지 잠시 생각해 볼 필요가 있다. 지원금이 서유럽에 국한될 것이라는 사실 때문에(그리스와 터키는 서유럽의 명예회원이었다) 이듬해 트루먼이 유럽 부흥 계획의 의회 통과를 확보하기가 더 쉬웠다는 것은 의심의 여지가 없다. 그렇지만 그때까지 사정은 크게 바뀌었고, 의회는 마셜 원조가 소련의 팽창을 가로막는 경제적 장벽이라고 기꺼이 믿으려 했다. 그러나 1947년 6월, 마셜의 새로운 계획에 따른 원조는 모든 유럽 국가에 차별 없이 제공되었다. 물론 스탈린과 몰로토프는 미국의 동기를 의심했지만(마셜이 제안한 조건은 소련의 폐쇄된 경제에는 어울리지 않았다), 아직까지는 블록을 형성하지 못했던 동유럽의 다른 국가들은 그들의 생각을 공유하지 않았다.

그리하여 공산주의자가 아닌 체코슬로바키아 외무장관 얀 마사리크는 7월 4일의 프랑스-영국 공동 초대를 열렬히 환영했다. 바로 그다음 날 체코 공산당 지도자이자 총리인 클레멘트 고트발트는 모스크바로 소환되었으며 처음에는 파리 회의에 참석하라는 지령을 받았다. 그러나 고트발트가 받은 명령의 의미는 명확했다. 고트발트는 회의에 참석하여 〈영국-프랑스 안의 수용이 불가함을 입증하고 만장일치로 채택되지 못하도록 방해한 후 가능한 한 많은 나라의 대표들을 데리고 회의를 떠날〉 작정이었다.

나흘 후 스탈린은 생각을 바꿨다. 고트발트는 파리의 초청에 응하겠다는 답변을 철회하라는 지령을 받았다. 스탈린은 마사리크를 포함한 체코 정부 대표단을 접견하는 자리에서 이렇게 충고했다. 〈우리는 이 일이 (체코와) 소련의 우호 관계가 걸려 있는 근본적인 문제라고 생각한다. 당신들이 만일 파리에 간다면, 소련을 고립시키려는 목적을 지닌 행동에 협조하겠다는 뜻을 밝히는 것과 같다.〉 체코 연립 정부는 다음 날 지체 없이 파리에 대표단을 파견하지 않겠다고 선언했다. 〈우리의 참가는 소련과 우리의 다른 동맹국들에 대한 우호 관계에 반하는 행위로 해석될 것이다. 그래서 정부는 이 회의에 참여하지 않기로 만장일치로 결정했다.〉

체코인들은 왜 굴복했는가? 인접한 폴란드와 헝가리는 공산당이 이미 정권을 장악했고 소련군이 가까이 있었기에 소련의 〈지도〉를 따를 수밖에 없었다. 그러나 체코슬로바키아에서는 소련군이 떠난 지 이미 오래되었고 공산당도 아직은 권력을 독점하지 못했다. 그런데도 마사리크와 그의 동료들은 스탈린이 불쾌감을 보이자마자 뜻을 굽혔다. 체코의 비공산주의 정당들이 마셜 원조를 받아들이자고 끝까지 고집했다면, 압도적 다수의 시민들이 (그리고 적지 않은 체코 공산주의자들이) 지지를 보냈을 것이고, 스탈린은 자신의 뜻을 강요하는 데 훨씬 더 애를 먹었을 것이다. 뮌헨 회담 이후의 정치라는 더 넓은 맥락에서 볼 때 소련의 주장을 수용하기로 한 체코의 결정은 이해할 만하다. 그러나 그 결정 때문에 일곱 달 뒤 프라하에서 공산당의 쿠데타가 성공할 수 있는 길이 열린 것만은 거의 확실했다.

마셜 원조 계획에서 배제되었다는 사실은 체코슬로바키아로서는 경제적으로나 정치적으로 대재난이었다. 동유럽의 다른 모든 나라에 강요된 〈선택〉도 마찬가지였다. 어쩌면 소련에서 특히 더했을 것이다. 유럽 부흥 계획에서 한 발 벗어나 있겠다는 스탈린의 결정은 전략적으로 매우 큰 실수였다. 미국은 내밀한 속셈이 무엇이었든 간에 어느 나라나 원조를 이용할 수 있도록 하여 동유럽을 유럽 부흥 계획에 포함시킬 수밖에 없었을 것이다. 그리고 미래에 대한 그 영향은 헤아릴 수 없을 만큼 엄청났을 것이다. 그러나 원조는 서유럽에 국한되었고, 둘로 쪼개진 유럽이 서로 다른 길을 걷게 되는 이정표였다.

마셜 원조는 처음부터 자체에 한계를 설정할 예정이었다. 그 목표는 마셜 자신이 하버드 대학교의 연설에서 정했듯이, 〈사악한 집단을 파괴하고, 유럽인들에게 자신들의 나라와 유럽 전체의 경제적 미래에 대한 확신을 회복시켜〉 주는 것이었다. 그래서 마셜 원조는 단순히 현금을 지원하는 대신 물자의 무료 공급을 제안했다. 원조를 받는 유럽 국가들이 각각 4개년 계획을 수립하고 그에 따라 매년 필요한 양을 요구하면 그만큼의 물자를 전달하는 방식이었다. 이 물자들은 각 나라에서 판매되어, 워싱턴과 각국 정부 사이에 체결된 양자 협약에 따라 현지 통화로 〈대충자금(對充資金)〉을 형성하게 된다. 몇몇 나라들은 이 자금으로 수입 물자를 더 구매했고, 이탈리아 같은 나라들은 향후 외환이 필요할 때를 예상하여 국가의 적립금으로 전환했다.

이처럼 특이한 원조 제공 방식은 혁신적인 의미를 담고 있었다. 원조 계획으로 유럽 정부들은 장래의 투자 필요성을 미리 계획하고 계산해야 했다. 또한 미국뿐만 아니라 그들 상호 간에도 협상하고 의논해야 했는데, 원조 계획에 포함된 무역과 외환이 조만간 양자 체제에서 다자간 체제로 전환될 예정이었기 때문이다. 정부와 재계, 노동조합은 서로 협력하여 생산 속도의 증가와 그 속도를 촉진시킬 조건들을 계획해야 했다. 그리고 특히 원조 계획은 두 대전 사이에 경제를 그토록 방해했던 유혹, 즉 과소 생산, 공멸하는 보호 무역주의, 무역 붕괴가 재발하는 것을 방지했다.

마셜 플랜을 관리한 미국인 행정관들은 비록 원하는 바를 감추지는 않았지만, 원조의 수준과 그 분배 방식을 결정할 책임을 유럽인에게 맡겼다. 앞서 차관에 관한 양자 협약에서 미국의 뻔뻔한 이기심에 익숙해 있던 유럽의 정치인들은 크게 놀랐다. 그들의 혼란스러운 감정은 이해할 만하다. 마셜 플랜의 목적에 관해서는 미국인들도 의견의 일치를 보지 못했다. 전후의 미국 행정부에도 많았던 뉴딜 이상주의자들은 근대화와 기반 시설 투자, 산업 생산성, 경제 성장, 노동과 자본의 협력을 강조함으로써 유럽을 미국적 이미지로 재건할 기회를 포착했다.

따라서 마셜 플랜으로 자금을 지원받은 〈생산성 사절단〉으로 수천 명의 경영자와 기술자, 노조원이 미국적인 사업 방식을 연구하기 위해 미국에 입국했다. 1948년에서 1952년 사이에 프랑스 한 나라에서만 5천 명이 입국했다(전체 입국자의 4분의 1이다). 1951년 3월에서 7월 사이에 145개의 〈유럽 생산성 팀〉이 미국에 도착했다(대체로 그때까지 유럽 밖으로는 한 발자국도 내딛은 적이 없었던 남자들이었고 드물긴 했지만 여자도 있었다). 동시에 유럽 부흥 계획 자금의 통로로서 1948년에 창설된 유럽경제협력기구의 열광적인 뉴딜 주의자들은 유럽인 동료들에게 자유 무역, 국제 협력, 국가 간 통합이라는 가치를 강조했다.

미국의 이러한 강요가 즉각적으로는 그다지 성공적이지 못했다는 점을 언급해야겠다. 유럽의 정치인과 계획가는 대부분 국제적인 경제 통합이라는 거대한 사업을 기획할 준비가 되어 있지 않았다. 이 점에서 마셜 플랜을 계획한 자들이 이룬 가장 큰 업적은 1949년 12월에 제안되어 한 해 뒤 업무를 시작한 유럽 지불 동맹일 것이다. 그 목적은 유럽 통화들의 대차 정리를 위해 일종의 교환소를 설립함으로써 유럽의 무역을 〈다각화〉하는 데 국한되었다. 유럽 각국은 다른 유럽 국가들에서 들여오는 수입을 제한하여 절실히 필요한 달러를 아끼려 할 수도 있었다. 그렇게 되면 결국 모두에게 손해가 돌아가는데, 유럽 지불 동맹EPU은 그런 위험을 극복하기 위해 계획되었다.

유럽 국가들은 국제결제은행을 대리자로 삼아 자국의 교역 조건에 알맞은 크레디트라인[13]을 확보하라는 권고를 받았다. 그래서 유럽 국가들은 부족한 달러를 소비하는 대신 유럽 국가 간 계좌 대체를 통해 자국의 채무를 청산할 수 있었다. 중요했던 것은 어느 나라와 교역하는가가 아니라 유럽 통화들의 전체적인 대차 균형이었다. 유럽 지불 동맹은 1958년에 해산될 때까지 유럽 내 교역의 지속적인 팽창뿐만 아니라 상호 간에 이익이 되었던 전례 없는 협력에 조용히 기여했다. 물론 그 자금은 상당액의 미국 달러가 투입되어 초기의 공동 신용 대부credit pool를 형성함으로써 제공되었다는 사실을 지적해야겠다.

그러나 좀 더 전통적인 미국적 관점에서 볼 때 자유 무역과 그에 부수되는 이득은 유럽 부흥 계획의 목적과 명분으로 충분했다. 미국은 1930년대 교역과 수출의 침체로 유달리 큰 타격을 입었으며, 전후에 개방적인 관세 제도와 태환 화폐를 회복하는 것이 중요하다는 점을 타국에 납득시키기 위해 노력을 아끼지 않았다. 그러므로 미국이 상품의 자유로운 이동을 주장한 것은 1914년 이전 영국 자유당의 자유 무역에 대한 열정과 마찬가지로 이기심의 발로가 아니었다고는 결코 말할 수 없다.

그럼에도 이 이기심은 명백히 진보한 이기심이었다. 결국 미국 중앙정보국 국장 앨런 덜레스는 이렇게 말했다. 〈마셜 플랜은 우리가 세계 시장에서 우리와 경쟁할 수 있고 또 경쟁하게 될 유럽, 또 바로 그렇기 때문에 우리 생산품을 대량으로 구매할 수 있게 될 유럽의 재건을 도우려 한다는 전제를 갖는다.〉 몇몇 경우에서는 더 즉각적인 이득도 있었다. 다시 미국 얘기를 하자면, 미국에서 나가는 모든

13 credit lines. 은행이 고객이 되는 은행이나 개인에게 일정한 조건으로 제공하는 신용 공여. 한도 내에서는 미리 정한 조건에 부합하는 한 자유롭게 자금을 사용할 수 있다. 한국에서는 1997년 10월 이후 외국 은행들이 국내 은행에 제공했던 크레디트라인을 한꺼번에 끊어 자금이 공급되지 않음으로써 국제 통화 기금 구제 금융을 신청하는 일이 벌어졌다 — 옮긴이주.

현물 이전은 미국 노동 총동맹AFL-CIO에 소속된 미국인 부두 노동자들이 미국 국적선에 선적하여 내보낸다는 약속을 통해 조직 노동자의 마셜 플랜 지지를 확보했다. 그러나 이처럼 직접적이고 즉각적인 이점은 드문 경우였다. 덜레스는 대체로 옳았다. 마셜 플랜은 유럽을 제국의 속국으로 전락시키는 것이 아니라 미국에 주요 교역 상대국을 되찾아줌으로써 미국에 이득을 가져다주게 된다.

그렇지만 이것이 전부는 아니었다. 그 당시에는 모든 사람이 다 알아볼 수 없었지만, 1947년의 유럽은 한 가지 선택에 직면해 있었다. 그 선택의 일면은 회복인가 몰락인가였는데, 더 근본적인 질문은 따로 있었다. 유럽과 유럽인들은 자신의 운명에 대한 통제권을 상실했는가? 30년에 걸친 잔학한 유럽 내 갈등으로 대륙의 운명은 변방의 거대한 두 나라, 즉 미국과 소련에 넘겨졌는가? 소련은 그러한 가능성을 기꺼이 기다렸다. 케넌이 회고록에서 주목했듯이, 1947년 유럽에 드리웠던 공포의 장막으로 유럽 대륙은 마치 다 익은 과일처럼 스탈린의 손아귀에 떨어질 찰나에 있었다. 그러나 유럽의 취약성은 미국의 정책 수립자들에게는 기회가 아니라 난제였다. 1947년 4월 중앙정보국 보고서는 이렇게 주장했다. 〈미국의 안전을 가장 심각하게 위협하는 것은 서유럽 경제의 붕괴 가능성과 그에 뒤이은 공산당의 권력 장악이다.〉

국무부와 육군성, 해군성의 합동조정위원회 내에 설치된 특별대책반은 1947년 4월 21일 자의 한 보고서에서 이 점을 더 완벽하게 설명했다. 〈이러한 지역들을 우호적으로 관리하는 것이 중요하다. 금속과 석유, 여타 천연자원의 원천을 보유하거나 보호하는 지역, 전략적 목표나 전략상 중요한 곳에 자리를 잡은 지역, 상당한 산업적 잠재력을 보유한 지역, 인력 자원과 조직화된 군사력이 풍부한 지역, 정치적 이유나 심리적인 이유에서 미국으로 하여금 세계의 안정과 안전, 평화에 더 큰 영향력을 행사할 수 있게 해주는 지역.〉 이것이 마셜 플랜이 자리한 폭넓은 맥락이다. 정치적으로 또 안전의 관점에서도 음울했던 이 상황에서 미국의 이익은 허약하고 병든 유럽 아대륙의 이익과 불가분의 관계로 뒤얽혀 있었다.

정보에 밝은 유럽의 마셜 원조 수혜자들은, 특히 베빈과 프랑스 외무부의 조르주 비도는 이러한 사정을 완벽하게 이해하고 있었다. 그러나 유럽 부흥 계획과 그 효과에 대한 유럽 내부의 관심은 당연히 나라마다 상당히 달랐다. 미국의 지원을 바라는 절실함이 아마도 가장 적었을 벨기에서 마셜 플랜은 장기적으로 해로운 영향을 가져왔을 수도 있다. 마셜 플랜으로 벨기에 정부는 전통적인 산업 설비와 탄광 같은 정치적으로 민감한 산업들에 장기 비용을 고려하지 않고 과도하게 투자할 수 있었을 것이기 때문이다.

그렇다고 해도 마셜 플랜은 대부분의 경우에서 애초의 의도대로 실행되었다. 마셜 플랜이 시행된 첫해에 이탈리아에 대한 원조는 대체로 긴급했던 석탄과 곡물의 수입, 그리고 직물 같은 악전고투하는 산업에 투입되었다. 그러나 그 이후에는 이탈리아 대충자금의 90퍼센트가 곧바로 기계 공업과 에너지, 농업, 운송망의 투자에 쓰였다. 실제로 알치데 데가스페리와 기독교 민주당이 통치하던 1940년대 말에, 이탈리아의 경제 계획은 동유럽 국가들의 경제 계획과 상당히 유사했다. 소비재를 의도적으로 소홀히 했으며 식량 소비는 전쟁 이전 수준으로 억제되었고 재원을 기반 시설 투자에 전용했다. 그러나 이러한 전략은 너무 지나친 것이었다. 미국의 관찰자들은 불안해졌고, 이탈리아 정부에 더 높은 누진세를 도입하고 내핍적인 방식을 완화하며 외환 보유고가 하락하도록 내버려 두고 경기 침체를 피하라고 권고했다. 그렇지만 그다지 성공적이지 못했다. 서독에서 그랬듯이 이탈리아에서도 마셜 플랜을 계획한 미국인들은 사회 정책과 경제 정책이 좀 더 중도파에 가깝게 다가하고 전통적인 통화수축 정책에서 이탈하기를 원했을 것이다.

프랑스에서 마셜 원조는 〈계획가〉들의 목적을 매우 크게 충족했다. 모네의 동료였던 피에르 위리는 훗날 이렇게 인정했다. 제약을 풀라는 미국의 원망은 무시하고 투자와 근대화의 간곡한 권유는 열렬히 따름으로써 〈우리는 미국을 이용하여 우리가 필수적이라고 생각한 것들을 프랑스 정부에 강요했다.〉 유럽 부흥 계획이 공급한 달러는(1948년에서 1949년 사이에 공급된 13억 달러와 뒤이은 3년간의 16억 달러) 마셜 원조 시기 중 모네 계획에 따른 프랑스 공공 투자에서 거의 50퍼센트를 차지했다. 프랑스는 그 원조가 없었다면 결코 잘 해내지 못했을 것이다. 따라서 마셜 플랜이 가장 커다란 대중적 비판에 직면한 곳이 프랑스였다는 점은 지극히 모순적이다. 1950년대 중반에 프랑스인은 성인 세 명 중 한 명꼴로 마셜 플랜에 관해 한마디라도 들어봤으며, 이 중 64퍼센트가 마셜 플랜이 자국에 〈부정적〉 영향을 미쳤다고 단언했다!

　　프랑스에서 마셜 플랜이 얻은 상대적으로 초라한 이미지는 프랑스 공산당이 대중과 어느 정도 성공적인 관계를 유지했음을 의미했다. 아마도 공산당 편에서 볼 때에는 가장 큰 성공이었을 것이다.[14] 오스트리아에서는 동쪽 지역을 여전히 점령하고 있던 소련군의 후원을 받은 공산당이 미국인과 그 원조의 인기에 아무런 흠집도 내지 못했다. 그리스의 상황은 훨씬 더 명확했다. 1948년 4월 마셜 원조는 잔인한 내전이 진행 중인 그리스까지 확대되어 생존과 궁핍이 어떻게 다른지 보여 주었다. 유럽 부흥 계획에 따라 미국이 그리스에 지원한 6억 4900만 달러는 난민을 구호하고 굶주림과 질병을 피하는 데 쓰였다. 가난한 농민들에게 단지 노새를 건네준 것만으로도

14　그렇지만 프랑스에서 공산당에 투표한 유권자 열 명 중 네 명은 당이 반대했는데도 마셜 원조를 받아들이는 데 찬성했다. 마셜 플랜에 대한 프랑스인들의 의혹은 정치적이라기보다는 문화적이었다. 미국인 관료들이 뿌린 〈수많은 진부한 질문서〉가 많은 사람들의 마음을 각별히 상하게 했던 것 같다. 질문서는 자신들이 열등한 문명에 종속되어 있음을 상기시켰기에 특히 짜증스러웠다.

수천 명의 농민과 그 가정이 삶과 죽음의 경계선에서 구원을 받았다. 1950년에 마셜 원조는 그리스 국민 총생산의 절반을 차지했다.

유럽 부흥 계획은 얼마나 성공했는가? 서유럽은 정확히 마셜 플랜 시기(1948~1951)에 뚜렷하게 회복되었다. 1949년이면 프랑스의 산업 생산과 농업 생산은 처음으로 1938년 수준을 뛰어넘었다. 동일한 기준으로 판단할 때 1948년에는 네덜란드가, 1949년에 오스트리아와 이탈리아가, 1950년에 그리스와 서독이 회복되었다. 전쟁 기간에 점령되었던 나라들 중에서는 벨기에와 덴마크, 노르웨이만이 조금 더 이른(1947년) 회복을 보였다. 1947년에서 1951년 사이에 서유럽 국민 총생산의 총합은 30퍼센트 증가했다.

단기적으로 볼 때 이 같은 회복에 유럽 부흥 계획이 크게 기여한 바는 말할 것도 없이 달러 신용의 공급이었다. 그 덕에 무역 적자를 메울 수 있었고, 긴요한 원료의 대량 수입이 용이했으며, 결국 유럽은 1947년 중반에 닥친 위기를 넘길 수 있었다. 1949년에서 1951년 사이에 유럽인이 소비한 밀의 5분의 4가 달러 사용 권역에서 들어왔다. 마셜 원조가 없었다면 연료와 식량, 면직물, 여타 물품의 부족을 어떻게 정치적으로 수용할 만한 대가를 치르고 극복할 수 있었을지 분명하지 않다. 서유럽 경제는 미국의 지원 없이도 계속 성장할 수 있었겠지만, 그 성장은 국내의 수요를 억제하고 새로이 도입된 사회 복지를 축소하며 생활 수준을 더욱 낮춤으로써만 달성할 수 있었을 것이기 때문이다.

대부분의 선출 정부들은 이러한 위험을 무릅쓰려 하지 않았으며, 이는 이해할 만했다. 1947년에 서유럽의 연립 정부들은 덫에 걸렸고 그 사실을 잘 알고 있었다. 마셜 원조는 거듭된 수요가 해소되지 못하여 생겨난 정체를 〈단순히〉 뚫었을 뿐이며, 워싱턴의 새로운 방식은 〈일시적인〉 달러 부족을 극복했을 뿐이라는 사실을 우리가 뒤늦게 깨닫는 것은 아무래도 괜찮다. 그러나 1947년에는 아무도 46억 달러의 부족이 〈일시적〉이었다는 사실을 알지 못했다. 그리고 당시에 그 정체가 노호하는 폭포 위에서 허약한 유럽 민주주의를 밀어 떨어뜨리지는 못하리라고 누가 장담할 수 있었겠는가? 유럽 부흥 계획이 단지 시간을 벌어 주었을 뿐이라고 해도, 그것은 엄청난 기여였다. 유럽에 부족해 보였던 것은 바로 시간이었기 때문이다. 마셜 플랜은 경제 프로그램이었으나, 그것이 막은 위기는 정치적인 위기였다.

마셜 플랜의 장기적인 혜택을 평가하기는 더욱 어렵다. 몇몇 관찰자들은 미국의 명백한 실패에 실망했다. 유럽인들은 미국이 애초에 희망했던 것만큼 서로 협력하여 계획을 조정하지 못했다. 그리고 유럽이 실질적으로 획득한 협력적 관행과 제도에 미국의 노력이 기여한 바가 있다고 해도 사실상 그 영향은 간접적이었을 뿐이다. 그러나 유럽의 최근 과거에 비춰 볼 때, 이러한 방향에서 취해진 모든 시도는 진보를 의미했다. 그리고 마셜의 초대는 최소한 서로 불신했던 유럽 국가들로 하여금 마주 앉아서 자신들의 대응을, 궁극적으로는 더 많은 일들을 조화롭게 조정하도록 강제할 수는 있었다. 1949년 1월 3일 자 『더 타임스*The Times*』지에 실린 기사는 그렇게 얼토당토않은 얘기는 아니었다. 〈지난해의 협력을 위한 노력을 두 대전 사이의 격렬한 경제적 민족주의와 비교해 보면, 마셜 플랜이 유럽사에 희망에 찬 새 시대를 열고 있다고 해도 무방하다.〉

실질적인 혜택은 심리적이었다. 마셜 플랜이 실제로 유럽인들에게 자신감을 갖도록 도와줬다고 말할 수 있을 것이다. 마셜 플랜 덕에 그들은 쇼비니즘, 공황, 권위주의적인 문제 해결 방식이라는 전통과 완전히 결별할 수 있었다. 또한 경제 정책 수립 과정의 조정을 비정상적인 것이 아니라 정상적인 것으로 보이게 했다. 마셜 플랜으로 1930년대의 자기보호적인 무역 정책과 금융 정책은 처음에는 경솔하게 보였고, 그다음에는 불필요하게, 마지막에는 어리석게 보였다.

만일 마셜 플랜이 유럽의 〈미국화〉의 청사진으로 제시되었다면, 이 중 어느 것도 가능하지 않았을 것이다. 전후 유럽인들은 미국의 원조와 보호에 의존해야 하는 굴욕적인 상황을 너무나 잘 인식했기에, 미국이 강력히 압박했다면 틀림없이 정치적인 역풍을 맞았을 것이다. 미국은 실제로 유럽 정부들이 국내의 타협과 경험을 통해 수립한 정책을 이행하도록 허용하고 천편일률적인 회복 프로그램을 피함으로써 적어도 단기적으로는 서유럽 통합에 대한 몇 가지 희망을 보류해야만 했다.

유럽 부흥 계획은 진공 속으로 떨어진 것이 아니었기 때문이다. 서유럽은 사유재산과 시장 경제, 그리고 근자에 몇 년은 예외이지만 안정된 정체가 오랫동안 수립되어 있던 지역이었기 때문에 미국의 도움에서 이익을 얻을 수 있었다. 그러나 바로 그렇기 때문에 스스로 결정을 내려야 했고, 결국 계속 그렇게 하겠다고 고집하게 되었다. 영국의 외교관 올리버 프랭크스가 말했듯이, 〈마셜 플랜은 미국의 달러를 유럽인들의 수중에 두어 회복의 도구를 구매하게 하는 일이었다〉. 그 나머지는(태환 화폐, 좋은 노사 관계, 균형 예산, 무역 개방) 유럽인들에게 달렸다.

그러나 명백한 대조는 미국의 희망과 유럽의 실제 사이가 아니라 1918년과 1945년 사이에서 드러났다. 두 차례의 전후 시절은 우리가 지금 회상할 수 있는 것보다 더 많은 점에서 괴이할 정도로 유사했다. 미국은 이미 1920년대에 유럽에 미국의 생산 기술과 노사 관계를 채택하라고 권고했다. 1920년대에 많은 미국인 관찰자들은 유럽의 구원이 경제 통합과 자본 투자에 있다고 보았다. 그리고 1920년대의 유럽인들도 미래에 자신들을 인도하고 현재에 실질적인 도움을 줄 수 있는 안내자를 대서양 건너편에서 찾았다.

그러나 가장 큰 차이는 미국이 제1차 세계 대전 후에는 보조금이 아니라 차관만 제공했다는 사실이었다. 그리고 이 차관도 거의 언제나 민간 자본 시장을 통해 공급되었다. 그 결과로 차관은 대개 단기 차관이었고 정가표가 따라붙었다. 대공황의 시작으로 차관이 회수되자 그 효과는 재앙에 가까웠다. 이 점에서 현저한 차이가 드러난다. 1945년에서 1947년까지 불안한 시기가 지난 후 미국의 정책 입안자들은 제1차 세계 대전 후의 오류를 어느 정도 수정했다. 마셜 플랜은 실제로 한 일뿐만 아니라 조심스럽게 피하고자 했던 일의 관점에서도 중요하다.

그러나 유럽의 문제 중에는 유럽 부흥 계획이 해결하지도 못하고 피하지도 못했던, 그렇지만 다른 모든 문제의 해결에 관건이었던 문제가 하나 있었다. 독일 문제였다. 독일이 회복되지 않고는 프랑스의 계획도 물거품이 될 수밖에 없었다. 이를테면 프랑스는 마셜의 대충자금을 로렌에 거대한 제강소를 새로 건설하는 데 쓸 예정이었는데, 독일의 석탄이 없다면 쓸모없는 짓이었다. 독일의 석탄을 구매하는 데 쓸 마셜 플랜의 신용 공급은 매우 충분했다. 그런데 만일 석탄이 없다면 어떻게 되는가? 1948년 봄에 독일의 산업 생산은 여전히 1936년의 절반에 머물렀다. 영국이 북서 독일의 점령 지구에 거주하는 무력한 주민들을 부양하는 데만 미증유의 금액(1947년 한 해에만 3억 1700만 달러)을 쏟아붓는 동안 그 경제는 결코 회복될 수 없었다. 저지대 국가들과 덴마크의 교역 경제도 독일이 그들의 생산품을 구매하지 못하자 빈사 상태에 떨어졌다.

마셜 플랜의 논리는 독일의 생산물에 대한 모든 규제의 제거를 요구했다. 그 목적은 독일이 다시 한번 유럽의 경제에 결정적으로 기여할 수 있게 하는 것이었다. 실제로 국무장관 마셜은 자신의 계획이 독일로부터 전쟁 배상금을 받아 내려는 프랑스의 희망을 끝내는 것이었음을 처음부터 분명하게 밝혔다. 결국, 요점은 독일을 예속적인 천민 국가로 만드는 것이 아니라 발전시키고 통합시키는 것이었다. 1920년대의 사건들을 비극적으로 되풀이하지 말아야 했다. 패배한 독일로부터 전쟁 배상금을 뽑아내려는 노력이 실패로 돌아가자 (돌이켜 보면 실패였다) 프랑스는 불안정해졌고 독일은 분개했으며 히틀러가 등장했다. 이를 피하려면 마셜 플랜은 프랑스와 독일이 똑같이 실질적이고 지속적인 이익을 볼 수 있는 더 폭넓은 정치적 해결책의 일부로 작동해야 했다. 이는 미국인과 그 친구들에게 분명했다. 전혀 모호하지 않았다. 전후 독일 문제의 해결이 유럽의 미래로 가는 열쇠였고, 이 점은 프랑스나 영국, 미국뿐만 아니라 소련에서도 명백했다. 그러나 그러한 해결이 어떤 형태를 띠어야 하는가는 전체적으로 더 논쟁적인 문제였다.

4장
불가능한 해결

당대에 살지 않았던 사람들은 전후 시기의 유럽 정치가 독일의 부활이라는 공포에 얼마나 크게 지배되었는지, 그러한 일이 결코 다시 일어나지 않으리라는 점을 확인하는 데 얼마나 몰두했는지 판단하기 어려울 수 있다.

― 마이클 하워드 경

결코 실수하지 말라. 그리스를 제외한 발칸 반도 전체가 볼셰비키 국가가 되어 가고 있으며, 발칸의 공산화를 막기 위해 내가 할 수 있는 일은 없다. 폴란드를 위해서도 내가 할 수 있는 일은 없다.

― 윈스턴 처칠(1945년 1월)

나는 르네상스 시대의 독재자들이 생각났다. 아무런 원칙도 없고, 온갖 방법을 동원하며, 화려한 말씨도 없다. 언제나 〈예〉 아니면 〈아니오〉이다. 〈아니오〉일 경우에 그의 뜻에 기대를 걸어 볼 수는 있을 것이다.

― 스탈린에 대한 클레먼트 애틀리의 촌평

5년이란 시간 동안 우리는 엄청난 열등 콤플렉스를 얻었다.

― 장폴 사르트르(1945년)

〈벨기에인이나 프랑스인, 러시아인의 얘기를 들어 보지 않고 유럽인이 독일인을 어떻게 생각하는지 이해할 수 있는 사람은 이 세상에 아무도 없다. 그들에게 선량한 독일인이란 오직 죽은 독일인뿐이다.〉 1945년 일기에 이 글을 남긴 사람은 3장에서 언급했던 미국 군대의 참관인 솔 파도버이다. 파도버의 평은 전후 유럽의 분열을 설명할 때 꼭 명심해야 한다. 유럽에서 제2차 세계 대전의 목적은 독일의 패퇴였고, 전투가 지속되는 한 다른 모든 고려 사항은 거의 무시되었다.

전시에 연합국의 주된 관심사는 서로를 전쟁에 붙들어 두는 것이었다. 미국과 영국은 스탈린이 히틀러와 단독으로 강화를 맺지는 않을까 늘 걱정했다. 특히 소련이 1941년 6월 이후 상실한 영토를 회복한 뒤에 그런 걱정은 더욱 심해졌다. 스탈린은 제2전선(서부 전선) 구축의 지연을 러시아의 진을 빼서 그 희생의 대가를 얻지 못하도록 하려는 서방 연합국의 책략으로 간주했다. 양 진영 모두 전쟁 이전의 유화 정책과 조약들을 상대편을 신뢰할 수 없는 증거로 볼 수 있었다. 연합국은 오직 공동의 적에 의해서만 결합했던 것이다.

이 상호 간의 불편함은 전시에 주요 연합국 세 나라 사이에 체결된 협정과 협약을 이해할 수 있게 해준다. 1943년 1월에 카사블랑카에서 유럽의 전쟁은 독일의 무조건 항복으로만 종결될 수 있다는 합의가 이루어졌다. 열한 달 뒤 테헤란에서 〈삼 거두〉(스탈린, 루스벨트, 처칠)는 전후 독일의 해체, 폴란드와 소련 사이의 소위 〈커즌 라인Curzon Line〉¹ 회복, 유고슬라비아의 티토 권위 인정, 이전의 동프로이센 항구 쾨니히스베르크(칼리닌그라드)를 통한 소련의 발트해 출입 권리에 원칙적으로 합의했다.

이러한 협약들로부터 명백하게 이득을 본 자는 스탈린이었으나, 그때까지 히틀러에 맞선 싸움에서 소련군이 가장 중요한 역할을 수행했기 때문에 스탈린이 이익을 보는 것은 합당했다. 처칠이 1944년 10월에 모스크바에서 스탈린과 마주하여 그 유명한 〈비율 협정〉에 서명했던 이유도 마찬가지였다. 처칠은 단지 소련이 이미 확실하게 장악하고 있던 땅을 소련의 독재자에게 양보했을 뿐이다. 처칠이 급하게 갈겨써서 탁자 건너편의 스탈린에게 건넸고 스탈린이 〈그 위에 자신의 푸른 연필로 커다란 표시를 남겨〉 작성된 이 협정에서, 영국과 소련은 전후 유고슬라비아와 헝가리를 50 대 50의 원칙으로 통제하기로 합의했다. 루마니아는 90퍼센트, 불가리아는 75퍼센트가 소련의 통제를 받게 되었으며, 반면 그리스는 90퍼센트가 〈영국〉의 통제를 받게 되었다.

이 비밀 〈거래〉에 관해 말할 것이 세 가지 있다. 첫째, 헝가리와 루마니아에 관한 비율은 순전히 정해진 공식에 따랐다. 진짜 문제는 발칸 국가들이었다. 둘째, 앞으로 살펴보겠지만 양측은 대체로 거래를 시인했다. 그러나 셋째, 이 거래는 관련 당사국들의 관점에서는 매우 가혹한 조치로 보였겠지만 정말로 큰 의미가 없었다. 1945년 2월에 열린 얄타 회담도 마찬가지였다. 서방 연합국들이 폴란드를, 그리고 러시아와 독일 사이의 여타 소국들을 팔아 치운 그 순간, 중부 유럽의 정치 사전에 〈얄타〉는 서방의 배신과 동의어로 등재되었다.

1 제1차 세계 대전 이후 영국 외무장관이 제안한 폴란드와 소련 사이의 국경선.

그런데 얄타 회담은 실제로 전혀 중요하지 않았다. 연합국은 전부 분명히 〈해방 유럽에 관한 선언〉[2]에 서명했다. 〈해방된 국민들이 이러한 (민주적) 권리를 행사할 수 있는 상황을 조성하기 위해, 세 나라 정부는 해방된 유럽 국가나 추축국의 유럽 내 위성 국가였던 나라의 국민들을 공동으로 지원하여……〉 대의 정부를 구성하고 자유 선거를 실시하도록 할 것이다. 그리고 갇혀 버린 국민들의 불만 가득한 대변인들은 바로 이 약속에 관한 전후 소련의 냉소적 태도를 서방의 면전에 내던졌다. 이러한 태도는 충분히 이해할 만했다. 그러나 얄타에서 결정된 사항은 테헤란이나 다른 곳에서 이미 합의된 것뿐이었다.

얄타 회담에 관해 가장 확실하게 말할 수 있는 것은 오해에 관한 인상적인 연구 과제를 제공했다는 점이다. 이 경우 특히 루스벨트가 자신의 환상에 당한 희생자였다. 왜냐하면 그때쯤이면 스탈린은 동유럽에서 서방의 허락 없이도 원하는 것은 무엇이든 할 수 있었기 때문이다. 적어도 영국은 이 점을 완벽하게 이해하고 있었다. 1939년과 1940년에 추진된 독소 조약의 비밀 의정서에 의거하여 스탈린에 양도된 동유럽 영토는 다시 한 번 확고하게 소련의 수중에 들어갔다. 얄타 회담이 열리던 기간에(1945년 2월 4일~2월 11일) 전후 폴란드를 경영하기 위해 소련의 화물열차에 탑승하여 서쪽으로 이동한 폴란드 공산당의 〈루블린 위원회〉는 이미 바르샤바에 안착했다.[3]

사실상, 얄타 회담은 전후 독일을 위한 준비라는 진정으로 중요한 문제를 미결로 남겼다. 너무나 중요하면서도 처리하기 곤란한 문제

---

2 얄타 협정의 두 번째 항목 — 옮긴이주.
3 1943년에 런던의 폴란드 망명 정부가 카틴 학살에 대한 국제적인 조사를 요구하자 스탈린은 망명 정부와 관계를 끊었다. 독일이 그 위치를 폭로하고 그곳이 포로로 잡힌 폴란드 장교들이 소련에 의해 대량 학살된 장소라고 주장한 것은 맞는 얘기였다. 소련 당국과 서방의 소련 지지자들은 그때 이후로 반세기 동안 강하게 그 사실을 부인했다.

였기 때문이다. 그리고 서방의 지도자들이 전쟁 막바지 몇 달 동안 스탈린으로부터 더 나은 타협을 이끌어 낼 가능성은 없었다. 폴란드인과 기타 국민들에게 유일한 희망은 스탈린이 서방의 호의에 대한 보답으로 그들에게 좀 더 관대하게 대하는 것이었다. 그러나 스탈린은 어쨌든 서방의 호의를 이미 얻었고, 히틀러의 패망 이후로도 오래도록 협력을 요청했던 측은 서방 연합국이었지 스탈린이 아니었다. 독일과 싸울 때(나중에는 그 당시에 추정되었듯이 일본과 싸울 때에도) 소련은 전쟁에 머물러야 했다. 중부 유럽의 문제는 평화가 올 때까지 미루어 둘 수 있었다. 만약 그렇지 않았더라면, 20만 명의 폴란드인이 바르샤바에서 희망도 없는 봉기를 일으켰다가 독일군에 학살당하는데도 소련군은 비스와강 건너편에서 바라보기만 했던 1944년 8월에 루스벨트와 처칠은 더 강력하게 항의했을 것이다.

서방 지도자들은 폴란드의 지하 운동인 국내군Armia Krajowa을 〈권력에 굶주린 한 줌의 모험가와 범죄자들〉로 보는 스탈린의 견해를 공유하지 않았지만, 노르망디에 상륙한 지 겨우 6주가 지난 상황에서 주요 군사 동맹국과 반목할 생각은 분명히 없었다. 연합국의 이러한 태도는 그때나 그 이후에나 폴란드인들에게는 전쟁의 목적을 배반한 것이었다. 어쨌거나 영국과 프랑스는 1939년 9월에 독일이 폴란드를 침공하자 전쟁을 선포하지 않았는가. 그러나 서방 연합국들 편에서 볼 때 스탈린이 동유럽에서 자유롭게 행동할 수 있도록 내버려 둔 논거는 자명했다. 전쟁의 목적은 독일의 패배였던 것이다.

이 목적은 마지막까지 주된 동력이었다. 1945년 4월, 독일은 이미 심한 타격을 입어 허울뿐인 상황이었는데도, 루스벨트는 여전히 이렇게 선언할 수 있었다. 전후 독일을 위한 준비에 관해서도 〈우리의 태도는 최종 결정을 연구하고 연기하는 것이어야 한다〉. 이러한 입장에는 충분한 이유가 있었다. 독일 문제의 해결을 모색하는 일은 명민한 관찰자들이 이미 간파했듯이 끔찍하게 어렵다는 것이 드러나고 있었으며, 전시의 협력자들을 결속했던 반독일 동맹을 되도록 길게 유지하는 것이 이치에 맞았다. 그러나 그 결과로 전후 유럽의 형세는 우선 전시의 거래와 협약이 아니라 독일이 항복했을 당시 점령군이 어디에 있었는지에 따라 결정되었다. 스탈린은 〈해방 유럽에 관한 선언〉의 호의적인 자구를 의아하게 여겼던 몰로토프에게 이렇게 말했다. 〈우리는 그 선언을 우리 식대로 이행할 수 있다. 중요한 것은 병력의 상호관계이다.〉

남동부 유럽에서 전쟁은 1944년 말에 소련군이 발칸반도의 북부를 완전히 장악한 상황에서 끝났다. 1945년 5월, 중부 유럽과 동유럽에서 소련군은 헝가리와 폴란드, 그리고 체코슬로바키아의 대부분을 해방하고 재점령했다. 소련 군대는 프로이센을 관통하여 작센으로 진입했다. 서유럽에서는 영국과 미국이 각각 북서 독일과 남서 독일에서 사실상 별개의 전쟁을 수행했는데, 아이젠하워는 분명 러시아에 앞서 베를린에 도달할 수 있었으나 워싱턴의 만류에 단념했다. 처칠도 서방의 베를린 진격을 보고 싶었겠지만, 루스벨트는 장군들의 인명 손실에 대한 염려와(제2차 세계 대전에서 미국군이 입은 인명 손실의 4분의 1이 앞선 겨울에 벨기에의 아르덴에서 벌어진 벌지 전투에서 발생했다) 스탈린의 독일 수도에 대한 관심을 다 의식하고 있었다.

결과적으로 독일과 (미군이 프라하 전방 18마일까지 진격하여 서부 보헤미아의 플젠[4] 지역을 해방했다가 곧 소련군에 넘겨주었던) 체코슬로바키아에서 아직까지는 〈동〉유럽과 〈서〉유럽이 아니었던 지역을 분할하는 경계선이 전투 결과가 암시했던 것보다 약간 더 서쪽에 그어졌다. 그렇지만 아주 약간이었다. 패튼 장군이나 몽고메리 장군이 맹렬하게 몰아붙였더라도 최종적인 결과는 크게 바뀌지 않았을 것이다. 그동안 그 남쪽에서는 1945년 5월 2일에 유고슬라비아

---

4 체코 공화국 서부 보헤미아의 도시. 필스너 맥주로 유명하다 — 옮긴이주.

의 인민해방군과 영국의 제8군이 트리에스테에서 대면함으로써 중부 유럽에서도 가장 세계적인 그 도시를 관통하여 최초의 진정한 냉전 전선이 될 경계를 그었다.

물론 〈공식적인〉 냉전은 아직 오지 않았다. 그렇지만 냉전은 몇 가지 측면에서 1945년 5월이 오기 훨씬 전에 시작되었다. 독일이 적으로 남아 있는 한, 소련과 그 전시 동맹국들을 갈라놓은 깊이 잠복한 싸움과 적대감을 잊기는 쉬웠다. 그러나 그 적대감은 분명히 존재했다. 4년간 공동의 적에 맞서 생사를 넘나들며 같이 싸웠다고 거의 30년간 지속되었던 상호 간의 의심이 사라지지는 않았다. 실상 이들은 협력하던 중에도 방심하지 않았다. 유럽에서 냉전은 제2차 세계 대전이 끝난 후가 아니라 제1차 세계 대전의 종결에 뒤이어 시작되었다.

냉전이 제1차 세계 대전이 끝난 후 시작되었다는 사실은 지극히 분명했다. 1920년에 폴란드는 신생국 소련과 필사적으로 싸웠고, 영국에서 처칠이 두 대전 사이에 쌓은 명성은 부분적으로는 1920년대 초의 공산주의에 대한 공포와 반볼셰비즘이란 화제에 힘입었으며, 프랑스에서 1921년부터 1940년 5월 독일이 침공하기까지 반공산주의는 국내 문제에서 우파가 내놓을 수 있는 가장 강력한 패였다. 스페인 내전에서 공산주의의 중요성을 강조하는 것은 스탈린과 프랑코에 똑같이 좋았다. 그리고 당연하게도 소련에서도 마찬가지였다. 스탈린은 서방과 국내의 그 패거리들이 소련의 토대를 뒤흔들고 공산당의 실험을 망치려는 음모를 꾸미고 있다고 고발함으로써 권력을 독점하고 당내 비판자들을 숙청했다. 1941년에서 1945년에 이르는 시기는 서방 민주주의 국가들과 소련의 전체주의 사이에 벌어진 국제적 투쟁의 서곡에 지나지 않았다. 그 투쟁의 형세는 대륙의 심장부에서 등장하여 양측에 위협을 가한 파시즘과 나치즘 때문에 모호해졌으나 근본적으로 변하지 않았다.

1941년에 러시아와 서방을 결합한 것은 독일이었다. 독일은 1914년 이전에도 성공적으로 두 진영을 결합했다. 그러나 동맹의 운명은 예정되어 있었다. 1918년에서 1934년까지 중부 유럽과 서유럽을 향한 소련의 전략 때문에(좌파를 분열시키고 체제 전복과 폭력적 저항을 부추기는 것) 〈볼셰비즘〉은 본질적으로 이질적이며 호전적인 이미지로 고착되었다. 4년간 논란의 대상이었던 불안한 〈인민 전선〉 동맹은, 당시 소련에서 시범 재판과 대량 학살이 벌어지고 있었는데도, 이러한 인상을 지우는 데 일조했다. 그러나 1939년 8월에 몰로토프-리벤트로프 조약이 체결되고 이듬해 스탈린이 히틀러와 협력하여 양국 사이의 이웃나라를 분할함으로써 인민 전선 시기의 선전 효과는 크게 훼손되었다. 1941년에서 1945년 사이에 소련군과 소련 시민이 보여 준 영웅적 행위와 나치의 전대미문의 범죄만이 이러한 초기의 기억들을 지우는 데 도움이 되었다.

　　소련은 서방에 대한 불신을 거둔 적이 없었다. 그 불신의 뿌리는 물론 1917년을 지나 훨씬 더 먼 과거로 거슬러 올라가지만, 이후 불신은 더욱 커졌다. 1917년에서 1921년에 이르는 내전기에 서방이 군사적으로 개입한 일과 이후 15년간 소련이 국제기구와 국제적인 사건에 관여하지 않았던 일도 이러한 불신에 일조했으며, 소련과 나치 독일의 파괴적인 싸움을 보고도 특히 영국과 프랑스가 어부지리를 얻을 요량으로 전혀 유감스럽게 생각하지 않았으리라는 소련의 직관적 인식도 불신을 키우는 데 한몫했다. 전시에 동맹이 결성되고 독일을 패퇴시킨다는 공동의 관심사가 분명했는데도, 서로에 대한 불신은 놀라울 정도로 심했다. 전시 동안 서방과 동쪽 진영 사이에 민감한 정보를 교환한 적이 거의 없었다는 사실은 암시하는 바가 크다.

　　따라서 전시 동맹의 해체와 뒤이은 유럽의 분열은 실수가 아니라 노골적인 이기심 혹은 적대감의 소산이었고, 그 뿌리는 역사 속에 있었다. 제2차 세계 대전 이전에 미국과 영국을 한편으로 하고 소련을 다른 편으로 하는 양 진영 사이의 관계는 언제나 팽팽한 긴장이었다. 문제는 어느 나라도 유럽 대륙이라는 광대한 영역에 대해 책임을 지지 않았다는 사실이다. 게다가 그 나라들은 여러 가지 고려 사항 중에서도 특히 프랑스와 독일의 존재 때문에 분열되었다. 그러나 1940년에 프랑스가 굴욕을 당하고 5년 뒤에 독일이 패배함으로써 모든 것이 달라졌다. 유럽에서 냉전의 반복은 언제나 가능했지만 불가피하지는 않았다. 냉전은 다양한 이해 당사국들의 목적과 욕구가 궁극적으로 양립 불가능했기 때문에 성립되었다.

미국은 독일의 공격 덕분에 처음으로 유럽 내에서 강대국이 되었다. 미국이 압도적인 힘을 지니고 있다는 사실은 소련군의 위업에 매혹된 사람들에게도 자명했다. 미국의 국민 총생산은 전시에 두 배로 증가했으며, 1945년 봄이면 미국은 전 세계 제조업 생산 능력의 절반, 식량 공급의 대부분, 국제 재정 적립금의 거의 전부를 책임졌다. 미국은 1200만 명을 무장시켜 독일과 그 동맹국들과 싸우게 했으며, 일본이 항복할 무렵 미국의 함대는 전 세계의 모든 함대를 합한 것보다도 컸다. 미국은 그 힘으로 무엇을 하려 했는가? 제1차 세계 대전 직후 미국 정부는 그 힘을 행사하지 않기로 결정했다. 제2차 세계 대전 이후 상황은 어떻게 달라졌는가? 미국은 무엇을 원했는가?

애초에 미국이 독일에 관해 지녔던 의도는(미국의 전쟁 수행 노력의 85퍼센트가 독일에 맞선 전쟁에 투입되었다) 매우 가혹했다. 루스벨트 대통령이 사망한 지 2주 지난 뒤인 1945년 4월 26일 합동참모본부의 작전명령 JCS 1067이 트루먼 대통령에게 제출되었다. 특히 미국의 재무장관 헨리 모건소의 견해를 반영한 그 명령서는 다음과 같이 권고했다.

〈독일의 잔인한 전쟁과 나치의 광적인 저항으로 독일 경제가 파탄에 이르고 혼란과 고통이 불가피해졌다는 사실과, 스스로 자초한 일에 대한 책임을 면할 수 없다는 사실을 독일 국민으로 하여금 뼈저리게 인식하게 해야 한다. 독일은 해방되기 위해서가 아니라 패배한 적국으로서 점령될 것이다.〉 그리고 모건소 자신이 말했듯이, 〈이번에는 독일이 패배한 국가라는 사실을 모든 독일인이 깨달아야 한다는 점이 지극히 중요하다〉.

요컨대 1945년의 정책 입안자들이 돌이켜볼 때 독일인들에게 그들이 저지른 죄과의 크기와 그들이 받은 응보를 인식시키지 못한 것은 베르사유 조약의 주된 실수였으며, 이를 되풀이하지 않는 것이 중요했다. 따라서 독일 문제에 대한 미국의 초기 태도는 당연히 비무장과 탈나치화, 산업 능력의 감축이었다. 그 목적은 독일의 군사적·경제적 재원의 박탈과 주민의 재교육이었다. 이 정책은 적어도 부분적으로는 지체 없이 실행되었다. 국방군은 공식적으로 해산되었고(1946년 8월 20일), 탈나치화 일정은 2장에서 살펴보았듯이 특히 미국 점령 지구에서 착수되었다. 독일의 산업 능력과 산업 생산은 엄격하게 제한되었는데, 1946년 3월의 〈전후 (독일) 경제 수준 계획〉에 따라 특히 제강 부문이 엄격한 규제를 받았다.

그러나 〈모건소 전략〉은 미국 행정부 안에서 처음부터 강력한 비판을 받았다. (미국이 통제하는) 독일을 사실상 전산업 사회 상태로 되돌려 놓아서 무슨 이득이 있겠는가? 전쟁 이전 독일의 최상급 농지는 대부분 소련이 장악했거나 폴란드로 이전되었다. 반면 서독은 땅도 없고 먹을 것도 없는 피난민들로 뒤덮였다. 도시의 생산력이나 산업 생산력을 제한하면 독일을 굴복시킬 수는 있겠지만 먹여 살리고 재건할 수는 없게 된다. 매우 엄청날 수밖에 없는 그 부담을 승리한 점령국들이 져야 한다. 승전국들은 머지않아 이 책임을 독일 국민에 떠넘겨야만 할 것이며, 그 순간 독일의 경제 재건을 허용해야만 할 것이다.

자국의 〈강경한〉 초기 노선을 비판했던 미국인들은 이러한 염려에 또 다른 고려 사항을 덧붙였다. 독일인들에게 자신들의 패배를 인식하도록 강요하는 것은 아무래도 좋았다. 그러나 독일인들에게 더 나은 미래의 전망을 조금도 제시하지 않는다면, 예전과 똑같은 결과가 반복될 터였다. 다시 말해서 굴욕을 당하여 분노한 국민은 우파나 좌파의 선동가들에 휘둘리기 쉬웠다. 전임 대통령 허버트 후버는 1946년에 트루먼에게 이렇게 표현했다. 〈당신은 복수를 가질 수도 있고 평화를 가질 수도 있다. 그러나 둘 다 가질 수는 없다.〉 미국의 독일 문제 처리에서 균형이 〈평화〉 쪽으로 점점 더 기울었다면, 그 이유는 대체로 미소 관계의 전망이 어두웠기 때문이었다.

워싱턴의 유력 인사들 사이에서는 소련과 서방의 이익이 양립할 수 없으므로 알력이 생길 수밖에 없고 따라서 세력권의 경계를 명확히 정하는 것이 전후 문제들을 풀어내는 신중한 해법일 수 있다는 생각이 처음부터 분명했다. 이는 조지 케넌의 견해였다. 케넌은 1945년 1월 26일에 이렇게 썼다. 왜 〈우리는 (소련과) 점잖게, 명확하게 타협할 수 없었는가? 솔직하게 유럽을 두 세력권으로 분할하고, 우리는 소련의 세력권을 침해하지 않고 소련은 우리의 세력권을 침해하지 않기로 할 수 없었는가? ……그리고 우리에게 허용된 행동의 범위가 어느 정도였든지 간에, 우리는 적어도…… 전쟁에 뒤이어 안정된 토대 위에서 품위 있게 삶을 회복할 수는 있었다〉.

6주 후 모스크바 주재 미국 대사인 에버럴 해리먼은 루스벨트 대통령에게 보낸 비망록을 통해 소련이 동유럽에서 보인 행태에 대한 대책을 제안했는데, 이 대책은 좀 더 비관적이면서도 은연중에 대결적이었다. 〈만일 우리가 20세기의 야만족이 유럽을 침공하여 동유럽의 더 넓은 지역에 억압을 확대하는 것을 받아들일 생각이 없다면, 소련의 오만한 정책을 저지할 방법을 찾아야만 한다. ……우리가

지금 이 문제에 단호하게 대처하지 않는다면, 역사는 다음 세대의 시기를 소련의 시대로 기록할 것이다.〉

해리먼과 케넌은 소련의 행태에 대응하는 방식에서 본질적으로 달랐으나, 스탈린이 하는 일은 똑같이 설명했다. 그러나 다른 미국 지도자들은 훨씬 더 낙관적이었으며, 1945년 봄에만 그랬던 것도 아니었다. 다른 미국 외교관이자 위에 인용된 케넌 편지의 수취인이었던 찰스 볼런은 전후 문제가 민족자결과 강대국의 협력이라는 폭넓은 원리를 토대로 해결될 수 있다고 믿었다. 독일 문제의 해결책을 안출해 내는 데 소련의 지속적인 협력이 필요하다고 인식했던 볼런과 전후 국무장관을 지낸 제임스 번스같은 사람들은 연합국이 추축국과 그 위성 국가였던 나라들을 군사적으로 점령하고 얄타 회담에서 윤곽이 드러난 방침에 따라 자유선거를 실시해야 한다고 믿었다. 이들은 나중에 가서야 — 소련이 특히 루마니아와 불가리아에서 연합국 통제위원회의 후원을 받아 어떻게 움직였는지 관찰한 후에 — 이러한 목적들의 양립 불가능성을 인정했고, 케넌이 선호한 독립된 세력권이라는 현실 정치를 받아들이게 된다.

초기 낙관론의 한 가지 근거는 스탈린이 조금도 대결과 전쟁을 조장할 생각이 없다는 견해였다. 당시 이런 견해는 널리 유포되어 있었다. 1946년 6월, 아이젠하워 장군은 트루먼 대통령과 합동참모본부에 직접 이렇게 설명했다. 〈나는 공산주의자들이 전쟁을 원한다고 믿지 않는다. 지금 그들이 무력 분쟁으로 무엇을 얻겠는가? 공산주의자들은 소화할 수 있는 것은 이미 거의 다 얻었다.〉 좁은 의미에서는 아이젠하워가 옳았다. 스탈린은 미국과 전쟁할 생각이 없었다(이 견해가 맞다면 소련이 이전의 동맹국과 전적으로 협력할 뜻이 있었다는 결론이 합리적이지만, 그렇지도 않았다). 만약 그렇다면 핵무기를 독점하고 있는 미국은 소련과 연락을 유지하고 공동의 문제들에 대해 상호 모순되지 않는 해결책을 구하면서 어떤 위험도 감수할 필요가 없었다.

그 밖에 전후 초기 미국 정책의 다른 요소는 미국이 창설을 돕고 진정으로 성공하기를 원했던 새로운 국제기구들이었다. 당연하게도 그중 가장 유명한 것은 1945년 10월 24일에 헌장이 비준되고, 1946년 1월에 창립총회가 소집된 국제 연합이다. 그러나 당시에 정책 입안자들에게 더 중요했던 것은 〈브레턴우즈〉 협정과 연관된 금융 기관과 경제 기구들, 협약들이었다.

두 대전 사이의 경제적 붕괴는 특히 미국인들에게는 유럽(그리고 세계) 위기의 근원으로 보였다. 통화가 태환되지 않고 국가들이 무역 확대에서 서로 이익을 얻지 못하면, 제1차 세계 대전 이후의 금융 체제가 무너졌던 1931년 9월의 나쁜 시절로 되돌아가는 것을 막을 길이 없었다. 경제학자들과 정치인들은 케인스의 인도를 받아 (1944년 7월 뉴햄프셔주 브레턴우즈 회의소 모임의 배후 인물) 전쟁 이전 국제 금융 체제의 대안을 모색했다. 금본위제보다는 약간 덜 엄격하고 통화 수축 효과도 덜해야 했지만, 변동 환율 제도보다는 더 믿을 만하고 서로를 더 잘 유지하는 것이어야 했다. 케인스의 주장에 따르면, 이 새로운 제도가 무엇이 되든지 국내 경제의 중앙 은행 역할을 수행하는 일종의 국제 은행이 그 제도를 관리할 필요가 있었다. 말하자면 그런 기관이 고정 환율을 유지하는 동시에 외환 거래를 장려·촉진해야 했다.

이것이 브레턴우즈 합의의 본질이다. 국제 통화 기금이 (미국 돈으로) 〈국제 무역의 팽창과 균형 있는 성장을 촉진하기 위해(제1조)〉 설립되었다. 국제 연합 안전보장이사회를 모델로 설치된 최초의 이사회에는 미국과 영국, 프랑스, 중국, 러시아의 대표가 참여했다. 국제무역기구의 창설이 제안되었고, 이 제안은 결국 1947년에 관세 무역 일반 협정GATT으로 실현되었다(나중에 세계 무역 기구WTO로 바뀐다). 회원국들은 관세와 계약 당사자들의 다른 특권에, 더불어 무역 관행 규약과 규정 위반과 분쟁의 처리 절차에 관한 규약에 동의했다. 이 모든 것은 무역에 대한 종전의 〈중상주의적〉 태도와 극적인 단절을 이루었으며, 적절한 시기에 자유 무역의 새로운 시대를 열 의도로 추진되었다.

브레턴우즈 협정의 목적과 새로운 〈세계은행〉을 포함했던 그 제도들 안에는 각국의 실행에 대한 전례 없이 강한 외부의 간섭이 내재해 있었다. 게다가 통화는 태환 화폐가 되어야 했다. 이는 각 통화의 미국 달러에 대한 지속적인 관계를 위한 토대였고, 예측 가능한 국제 무역을 유지하기 위한 필요조건이었다. 화폐의 태환성은 실제로는 문제가 많았음이 밝혀졌다. 영국과 프랑스는 태환성에 반대했는데, 영국의 경우 보호받는 〈파운드화 지역〉이 있고[5] 전후 경제가 취약했기 때문이었고, 프랑스는 〈강한 프랑〉에 대한 오랜 집착과 여러 부문과 생산품에 다중 환율을 유지하려는 열망 때문이었다. 프랑스의 경우 이는 지난 시절의 신(新)콜베르주의적 유산이었다. 10년에 걸쳐 완전 태환성이 확립되었고, 프랑과 파운드는 마침내 각각 1958년과 1959년에 브레턴우즈 체제에 합류했다(1959년 5월에 도이치마르크Deutschmark가, 1960년 1월에 이탈리아 리라lira가 뒤를 이었다).

그러므로 전후 브레턴우즈 체제는 갑자기 등장한 것이 아니었다. 브레턴우즈 체제에 참여한 나라들은 1940년대 말까지는 보편적인 국제적 태환성을 기대했지만, 다가오는 냉전의 (아니면 마셜 플랜의) 정치적·경제적 귀결을 감안하지 못했다. 달리 말하자면, 더 나

---

5 인도와 영국의 몇몇 자치령은 상당한 양의 파운드화를 보유했는데, 이 파운드화는 주로 전쟁 동안에 신용 대부로 형성된 것이다. 파운드화가 종전 직후 자유롭게 달러로 교환되었다면 이 많은 보유고는 소진되었을 것이며, 따라서 이미 빈약했던 영국의 외환 보유고를 더욱 약화시켰을 것이다. 워싱턴은 미국 차관을 제공하는 조건으로 태환성을 강요했는데, 영국이 초기의 재앙 같은 태환성 실험 시기가 지난 후인 1947년에 파운드화 관리를 재개한 이유도 바로 여기에 있었다.

은 국제적 체제를 위한 방안과 제도를 기획한 자들은 모두가 혜택을 보는 안정된 국제 협력의 시대를 이상적으로 가정했다. 소련은 원래 브레턴우즈에서 제안된 금융 제도에 반드시 포함되어야 했다. 소련은 국제 통화 기금에 세 번째로 많은 분담금을 기부할 나라가 될 예정이었다. 미국인들은 (그리고 몇몇 영국인들은) 순진하게도 러시아의 정책 입안자들이(아니면 프랑스의 정책 입안자들은 확실히) 이 제안을 수용하리라고 생각했다. 어쨌든 그들은 편리하게도 러시아나 프랑스, 그 밖의 다른 어느 나라와도 협의하지 않고 계획을 세움으로써 이 장애물을 피해 갔다.

그렇지만 미국인들은 국제적 무역과 금융이 더욱 안정되면 상호 이익을 얻을 수 있으며 이는 결국 국가별 전통과 정치적 불신의 극복으로 이어질 것이라고 진정으로 기대했다. 그래서 소련이 1946년 초에 느닷없이 브레턴우즈 체제에 참여하지 않겠다고 선언했을 때, 미국 재무부는 정말로 당혹스러웠다. 그리고 조지 케넌이 1946년 2월 22일 밤 모스크바에서 보낸 그 유명한 〈긴 전문Long Telegram〉은 스탈린이 어떤 생각으로 그러한 조치를 취했는지 설명하기 위한 것이었다. 〈긴 전문〉은 미국이 다가오는 대결을 처음으로 의미 있게 인정한 것이었다.

문제를 이런 식으로 설명하면 케넌을 제외한 미국 외교 정책 수립자들은 대단히 단순한 사람들이 되어 버린다. 아마 그랬을 것이다. 상원의원 에스티스 키포버나 월터 리프먼 같은 사람들도 물론 단순했다. 그들은 소련이 동유럽과 기타 지역에서 보인 행태에 관하여 들은 얘기를 믿으려 하지 않았다. 미국의 많은 지도자들은 적어도 1946년 중반까지는 전쟁 중에 스탈린과 협력했던 그 관계가 확실히 지속되리라고 믿는 것처럼 말하고 행동했다. 심지어 루마니아 공산당 지도부의 원로인 (그리고 훗날 자국에서 벌어진 시범 재판의 희생양이 된) 루크레치우 퍼트러슈카누조차 1946년 여름에 파리강화

조약 협상이 진행될 때 이러한 논평을 내놓을 정도였다. 〈미국인들은 미쳤다. 미국은 러시아인들이 요구하고 기대하는 것보다 훨씬 더 많이 주고 있다.〉[6]

그러나 미국의 정책이 단순히 순진하기만 한 것은 아니었다. 1945년에 그리고 이후 한동안 미국은 되도록 빠른 시일 내에 유럽에서 벗어나기를 진정으로 원했다. 따라서 미국은 자신들의 참석이나 감독이 필요하지 않은 효과적인 해결책을 수립하는 데 열심일 수밖에 없었다. 이와 같은 전후 미국의 태도는 오늘날 잘 기억되지도 않고 이해되지도 않는다. 그러나 당시에는 그것이 미국인들에게 제일 먼저 떠오른 생각이었다. 루스벨트가 얄타에서 설명했듯이, 미국은 독일의 점령 지구에 (따라서 유럽에) 2년 이상 머물리라고는 예상하지 않았다.

이 일을 완수하라는 강한 압력이 트루먼에게 가해졌다. 대여협정의 갑작스러운 종결은 유럽에 대한 경제적·군사적 개입을 줄이는 전체적인 과정의 일부였다. 미국의 방위비는 1945년에서 1947년 사이에 6분의 5가 감소했다. 유럽에서 전쟁이 끝날 무렵 미국은 전투태세가 완비된 97개 지상군 사단을 배치하고 있었는데, 1947년 중반이면 12개 사단만 남아 있었고, 그나마 대부분은 병력이 모자랐으며 행정 업무에 관여했다. 나머지는 귀국하여 해산했다. 주둔군의 축소와 철수는 미국 유권자들의 기대를 충족했다. 1945년 10월에 해외문제를 국내 문제보다 우선시했던 유권자는 겨우 7퍼센트뿐이었다. 그러나 유럽의 미국 동맹국들은 대혼란을 겪었다. 동맹국들은 미국이 두 대전 사이의 고립주의를 반복하지는 않을지 진지하게 걱정했는데, 이 생각은 절반은 맞고 절반은 틀렸다. 영국인들이 알고 있었

6 케넌은 이렇게 말했다. 〈워싱턴에 있는 우리 국민의 지도자들은 아무 생각이 없다. 베리야 시절의 러시아 비밀경찰의 지원으로 이루어진 소련 점령이 점령당한 민족들에게 어떤 의미였는지 그들은 아마 상상도 못 할 것이다.〉

듯이, 소련이 1945년 이후 서유럽을 침공할 경우 미국의 전략은 영국과 스페인, 중동의 주변부 기지로 즉각 후퇴하는 것이었다.

그러나 미국의 외교관들은 유럽에 대한 군사적 개입을 감축하는 중에도 뛰어난 학습 효과를 보여 주고 있었다. 처음에는 전시 협약과 소련의 선의를 믿었던 번스 장관은 1946년 9월 6일 슈투트가르트에서 행한 연설에서 독일 청중을 이렇게 안심시키려 했다. 〈독일에 점령군의 주둔이 요청되는 한, 미국 군대는 그 점령군의 일부가될 것이다.〉이 말이 유럽을 방어하겠다는 다짐은 분명 아니었지만, 미국이 소련과 함께 일하는 어려움에 점점 더 크게 좌절하고 있음을보여 주었다. 아마도 6월에 트루먼이 쓴 편지가(〈나는 러시아인들의 응석을 받아주는 데 지쳤다〉) 그러한 좌절감을 불러일으켰을 것이다.

위안이 필요했던 국민은 독일인들만이 아니었다. 특히 영국인들은 미국이 유럽의 골칫거리를 피해 보려는 욕망을 분명하게 드러내자 마음을 졸였다. 워싱턴에서 누구나 다 영국을 사랑하지는 않았다. 부통령 헨리 월리스는 1946년 4월 12일의 연설에서 이렇게 청중을일깨웠다. 〈우리는 러시아와 공유한 것이 전혀 없지 않았지만, 영국의 경우에도 공통의 언어와 문학적 전통을 제외하면 매한가지이다.〉물론 월리스는 공산주의에 〈부드럽기로〉유명했지만, 미국이 영국과 유럽에 관여하는 것을 싫어하는 마음은 정치권이 폭넓게 공유했다. 윈스턴 처칠이 1946년 3월에 미주리주 풀턴에서 그 유명한 〈철의 장막iron curtain〉연설을 했을 때, 『월 스트리트 저널』의 논평은신랄했다. 〈처칠의 풀턴 연설에 대한 이 나라의 반응은 미국이 어떠한 나라와도 동맹이나 동맹과 유사한 관계를 원하지 않는다는 확실한 증거이다.〉

특히 처칠은 월리스나 『월 스트리트 저널』의 논설위원에 놀라지않았을 것이다. 처칠은 일찍이 1943년에 영국 제국의 해체를 봐야겠다는 루스벨트의 욕망을 완벽하게 간파했다. 실제로 루스벨트가 적어도 소련을 자제시키는 것만큼이나 전후 영국의 축소에도 관심을 갖고 있는 듯했던 시절이 있었다. 1944년에서 1947년에 이르는 기간 동안 미국에 일관된 전략이 있었다면, 그 전략은 스탈린과 유럽 대륙에 관해 해결을 보고 영국에 압력을 행사하여 해외 제국을 포기하고, 자유 무역과 파운드의 태환성을 수용하도록 하며, 유럽에서 신속하게 철수하는 것이었다. 이 중에서 오직 두 번째 목적만 달성되었다. 세 번째는 첫 번째 목적을 달성할 수 없었기에 좌절되었다.

영국의 관점은 사뭇 달랐다. 1944년 내각의 한 분과위원회는 소련과 협상할 때 명심해야 할 다음의 네 가지 주요 관심 영역을 제시했다. 1) 중동의 석유, 2) 지중해 연안, 3) 〈필수적인 해상 교통〉, 4) 영국 산업 능력의 유지와 보호. 그러나 이 중 어느 영역도(영국이 그리스에 관여한 이유였던 두 번째를 제외하면) 엄밀한 의미에서 유럽에 직접적인 관계가 없다는 사실에 주목해 볼 수 있다. 동유럽은 언급되지 않았다. 영국의 지도자들이 스탈린과 협상하면서 신중을 기했다면, 이는 중부 유럽에 대한 스탈린의 계획을 걱정했기 때문이 아니라 장차 소련이 중앙아시아와 근동에서 보일 행태를 예견했기 때문이다.

이러한 영역 설정은 영국이 계속해서 중요하게 여긴 동아시아와 인도, 아프리카, 카리브해 지역을 생각해 보면 이해가 된다. 그러나 바로 그 같은 제국적 망상(벌써 그렇게 부르는 사람들이 있었는데, 그들이 단지 워싱턴에만 있었던 것은 아니다) 때문에 유럽 문제에 관해서는 영국의 전략가들이 동맹국 미국보다 훨씬 더 현실적이었다. 런던의 관점에서 볼 때 전쟁의 목적은 독일의 패배였다. 그러므로 만일 동유럽에 소련 종주권이 확립되는 것이 독일의 패배를 얻는 대가라면 어쩔 수 없이 받아들여야 했다. 영국은 유럽 문제를 여전히 세력 균형의 관점에서 바라보았다. 외무부의 윌리엄 스트랭은

이렇게 썼다. 〈독일이 서유럽을 지배하는 것보다 러시아가 동유럽을 지배하는 게 더 낫다.〉

스트랭이 이렇게 쓴 때는 1943년이다. 러시아의 지배 범위가 명확해지던 1945년이 되면, 영국의 지도자들은 미국의 지도자들보다 더 비관적이었다. 1945년 2월 부쿠레슈티에서 소련의 공작으로 쿠데타가 발생하고 뒤이어 소련이 루마니아와 불가리아를 강하게 압박하자, 그 지역이 소련의 헤게모니 때문에 치러야 할 대가가 커지고 있음이 분명해졌다. 그렇지만 영국은 그 지역의 상황이 개선되리라는 분별없는 희망은 품지 않았다. 외무장관 어니스트 베빈은 미국의 외무장관 번스에게 이렇게 말했다. 〈이 나라들에서 우리는 한패의 도둑이 다른 패거리의 도둑으로 바뀌는 것을 각오하고 있어야 한다.〉

유럽 문제에서 영국이 두려워한 것은 소련이 동유럽을 통제할 수도 있다는 사실이 아니었다. 소련의 동유럽 통제는 1944년 말엽이면 이미 기정사실이었다. 영국의 진정한 두려움은 패배하여 분노에 차 있는 독일까지도 소련이 그 세력권에 포함하여 대륙 전체를 지배할지도 모른다는 데 있었다. 그런 일을 방지하려면, 1944년 가을 영국 참모본부가 추정했듯이, 독일을 분할하여 그 서쪽 지역을 점령할 필요가 있었을 것이다. 그 경우 1945년 3월 영국 재무부 비밀문서에 담긴 결론처럼, 독일에 관한 모든 결의를 잊고 독일의 서부 지역을 서유럽 경제에 완전히 통합하는 것이 독일 문제에 대한 한 가지 해답일 수 있었다. 육군 참모총장 앨런 브룩 장군은 1944년 7월 27일자 일기에서 이렇게 털어놓았다. 〈독일은 유럽에서 더 이상 위압적인 국가가 아니다. 러시아는…… 지금부터 15년 안에 틀림없이 중대한 위협이 될 것이다. 그러므로 독일을 육성해야 한다. 점차적으로 키워 서유럽 연방의 일원이 되게 해야 한다. 그렇지만 유감스럽게도 이 모든 일은 러시아와 영국, 미국의 신성 동맹 밑에 숨겨 진행해야 한다.〉

물론 이는 4년 뒤에 일어난 일과 대동소이하다. 연합국 중에서 마침내 등장한 해결책을 가장 많이 기대하고 추구한 나라는 영국이었다. 그러나 영국은 그러한 결말을 강요할 위치에 있지 않았으며, 강력하게 강요할 처지는 더욱 아니었다. 전쟁이 끝날 무렵, 영국이 미국과 소련의 적수가 아니라는 사실은 분명했다. 영국은 독일과 영웅적으로 싸우느라 힘을 소진했고, 더는 강대국의 외양조차 유지할 수 없었다. 영국군 병력은 최대였을 때 550만 명이었으나 1945년 유럽 승전기념일과 1947년 봄 사이에 110만 명으로 감축되었다. 1947년 여름, 영국은 중유를 절약하기 위해 해군의 기동작전까지 취소해야 했다. 미국 대사 윌리엄 클레이턴은 동정심을 드러내며 이렇게 말했다. 〈영국은 우리의 도움을 받는다면 어떻게든 영국 제국과 그 지도력을 보존할 수 있으리라는 희망을 간신히 붙잡고 있다.〉

　　이러한 상황에서 영국이 소련의 공격이 아니라 미국의 후퇴를 걱정했다는 사실은 이해할 만하다(영국의 정책은 소련의 침략이 전쟁 이외의 형태를 띨 것이라는 가정 위에 수립되었다). 여당인 노동당 내부의 소수는 떠나는 미국을 기분 좋게 바라보았을 것이며, 대신 전후에 중립 성향의 일종의 유럽 방위 동맹을 신뢰했을 것이다. 그러나 총리 클레먼트 애틀리는 그러한 환상을 전혀 지니지 않았다. 그는 노동당 동료 페너 브록웨이에게 보낸 편지에서 그 이유를 설명했다.

　　〈(노동당 내의) 몇몇 사람들은 유럽에서 제3의 세력을 구축하는 데 전력을 다해야 한다고 생각했다. 당연히 매우 훌륭한 생각이다. 그러나 당시에는 그럴 만한 정신적 토대나 물질적 토대가 없었다. 남아 있는 유럽으로는 러시아에 맞설 수 없었다. 우리는 세계적인 강국에 대항하고 있기 때문에 세계적인 강국이 필요했다. ……미국의 억지력이 없었다면, 러시아인들은 정면으로 진격을 시도했을지도 모른다. 러시아인들이 실제로 그런 생각을 했는지는 모르겠지만

그럴 가능성을 무시해 버리고 말 일은 아니었다.〉

그렇지만 미국인들을 신뢰할 수 있었는가? 영국의 외교관들은 1937년의 중립법Neutrality Act[7]을 잊지 않았다. 그리고 당연하게도 미국의 해외 개입이 갖는 양면성도 잘 알고 있었다. 과거에 영국이 지녔던 태도와 크게 다르지 않았기 때문이다. 영국은 18세기 중반부터 1914년 프랑스에 영국원정군BEF을 파견할 때까지는 대리자를 이용하여 싸우기를 선호했다. 말하자면 영국은 상비군을 유지하지 않았고, 대륙의 교전에 참여해도 오래 끌지 않으려 했으며, 유럽 땅에 항구적으로 군대를 주둔시키지 않았다. 영국이 예전처럼 유럽의 전쟁을 타국의 병사들로 수행하던 해상 강국이었다면 러시아는 물론 스페인과 네덜란드, 스위스, 스웨덴, 프로이센을 동맹국으로 의지할 수 있었을지 모른다. 그러나 세월은 변했다.

그리하여 1947년 1월, 영국은 핵무기 프로그램을 추진하기로 결정했다. 그러나 그 선택의 의미는 미래에 있었다. 종전 직후의 상황에서 영국이 바랄 수 있는 최선은 미국이 계속해서 유럽에 관여하도록 분위기를 조성하고(협상을 통한 해결을 신뢰하는 미국을 공개적으로 지지함으로써), 동시에 여전히 현실성이 있다면 소련과 협력을 지속하는 것이었다. 독일의 복수에 대한 두려움이 어떤 문제보다 우선하는 한, 이 정책은 그럭저럭 지속될 수 있었다.

그러나 1947년 초에 그 정책은 확실히 허망하게 사라졌다. 소련이 당면한 진정한 위험이었는지 아닌지는 명확하지 않았다(얼마 지나지 않은 1947년 12월, 베빈조차 러시아보다는 장래에 소생할 독일이 더 큰 위협이라고 생각했다). 그렇지만 고통스러울 정도로 분명했던 사실은 독일의 어중간한 상태가, 다시 말해 해결되지 못한 정치

---

7 미국 의회는 1936년, 1937년, 1939년에 일련의 중립법을 통과시켰다. 이는 외국, 특히 유럽의 분쟁에 관여하지 않겠다는 고립주의의 표현이었다. 1937년의 중립법은 스페인 내전에 대한 대응으로서 미국의 기업체나 개인이 교전 당사자를 지원하지 못하도록 엄격하게 규제했다 — 옮긴이주.

적 논의에 경제가 볼모로 잡혀 있고 영국은 자신들의 점령 지구에서 엄청난 부담을 떠맡고 있는 상태가 오래 지속될 수는 없다는 것이었다. 따라서 그 시기를 끝내고 대륙 문제에서 일종의 잠정 협정을 수립한 다음 이후 단계로 넘어가기를 가장 열망했던 나라는 영국이었다. 영국은 독일에 맞선 두 차례의 긴 전쟁을 처음부터 끝까지 치렀으며, 두 번 다 모진 고생 끝에 승리를 얻었지만 그로 인해 쇠락했기 때문이다.

영국은 미국이 그들의 대륙으로 후퇴하기를 원한다고 의심했던 만큼, 시절이 더 좋았다면 자신들도 섬으로 물러나고 서유럽의 안전은 전통적인 수호자인 프랑스에 맡겼을 것이다. 이러한 생각은 1938년까지 영국의 전략적 계산의 기본 원리였다. 다시 말해 대륙에서 가장 강력한 군사력을 지닌 프랑스는 중부 유럽에 대한 독일의 야심뿐만 아니라 그 동쪽에서 향후 있을 소련의 위협에 맞설 대항마가 될 수 있었다. 유럽의 (유일한) 강국이라는 프랑스의 이미지는 뮌헨에서 흔들렸지만, 동유럽의 대사관 사무국 밖에서는 아직 깨지지 않았다. 따라서 1940년 5월과 6월, 뫼즈강을 건너 피카르디를 관통한 독일군 기갑 부대의 급습에 위대한 프랑스 군대가 박살났을 때, 지진과도 같은 충격이 유럽을 강타했다. 예상할 수 없었던 일인 만큼 충격은 더욱 컸다.

깊은 상처를 남긴 6주 만에, 유럽 국가 간 관계의 기본적인 준거는 완전히 바뀌었다. 이제 프랑스는 강대국을 떠나 강국조차 아니었고, 훗날 드골이 온갖 노력을 기울였어도 결코 강국의 지위를 회복하지 못했다. 1940년 6월의 완패 뒤에 굴욕적이고 비굴했던, 품위를 상실한 4년간의 점령기가 이어졌다. 그동안 페탱 원수의 비시 정권은 독일의 빌 사이크스에 유라이어 힙의 역할을 수행했다.[8] 프랑스의 지

8 각각 찰스 디킨스의 소설 『올리버 트위스트』와 『데이비드 코퍼필드』에 나오는 인물. 빌 사이크스Bill Sikes는 다른 사람을 지배하거나 해치는 위협적인 인물이며, 유라이어 힙Uri-

도자들과 정책 입안자들은 공개적으로는 어떻게 이야기했든 간에 자신들의 나라에 무슨 일이 닥쳤는지 모를 리가 없었다. 1944년에 파리가 해방된 후 한 주일이 지난 시점에서 프랑스의 어느 국내 정책 문서는 이렇게 말하고 있었다. 〈만일 프랑스가 다음 세대에 세 번째 공격에 굴복해야 하는 일이 발생한다면, 결국 영원히 굴복하게 되는 것은 아닌지…… 두려워해야 한다.〉

이는 비밀 문서였다. 프랑스의 전후 정치인들은 공개적으로는 프랑스가 승리한 연합국 동맹의 일원으로 인정받아야 한다는 주장을 고수했다. 세계 강국으로서 동료 국가들과 동등한 지위를 가져야 한다는 것이었다. 이러한 환상은 어느 정도 유지될 수 있었는데, 다른 국가들도 프랑스가 그러한 권리를 지닌 듯 가장하는 편이 나았기 때문이다. 소련은 서방에서 〈영-미〉에 대한 불신을 공유할 전술적인 동맹국을 원했고, 영국은 되살아난 프랑스가 유럽의 변호인단에서 자국의 역할을 대신하고 영국이 유럽 본토에 관하여 져야 할 책임을 덜어 주기를 원했다. 심지어 미국도 파리를 상석에 앉힘으로써 큰 이익은 아니더라도 약간은 이득을 볼 수 있다고 생각했다. 그래서 프랑스는 유엔 안전보장이사회 상임이사국 지위를 받았으며, 빈과 베를린의 합동 군정에서 역할을 부여받았고, (영국의 고집으로) 프랑스 국경에서 소련의 국경선의 서쪽까지 이어진 남서부 독일의 미국 점령 지구에서 일부가 잘려 나가 프랑스의 점령지가 되었다.

그러나 이러한 격려 조치들은 이미 콧대가 꺾인 국민에게 한 번 더 굴욕을 안겨 주었을 뿐이다. 그리고 프랑스는 처음에는 예상대로 과민하게 반응했다. 연합국 통제위원회에서 포츠담 회담의 삼 거두가 프랑스는 그 모임의 일원이 아니라는 근거에서 내린 결정들의 이행을 프랑스는 끊임없이 방해하거나 거부했다. 프랑스 임시 정부는 프랑스인 피난민과 추방 난민들이 프랑스의 독립적이고 배타적인

ah Heep은 자기비하와 비굴함, 불성실로 다른 사람을 질리게 하는 인물이다 ─ 옮긴이주.

활동의 일부로서 관리되어야 한다고 생각했다. 이 때문에 프랑스 임시 정부는 처음에는 추방 난민을 처리하는 과정에서 구제 부흥 사업국과 연합국 군정들과 협력하기를 거부했다.

프랑스의 전후 정부는 특히 연합국의 의사를 결정하는 최고위급 회의에서 자신들이 배제되었다는 느낌을 아주 강하게 받았다. 프랑스의 전후 정부는 (1920년 이후 미국이 유럽에서 철수한 일과 1940년 7월 영국이 메르스엘케비르9에서 프랑스 함대를 파괴한 일을 기억하며) 영국과 미국을 각각 신뢰할 수 없지만 두 나라가 함께할 때에는 더욱 신뢰할 수 없다고 생각했다. 이는 특히 드골이 민감하게 느낀 감정이었다. 드골은 전시에 런던에 손님으로 있을 당시 받았던 굴욕적인 대접과 프랭클린 루스벨트가 자신을 하찮게 대한 일을 결코 잊지 못했다. 프랑스는 자신들과 직접적으로 관련된 문제를 영국과 미국이 결정하고 정작 자신들은 아무런 영향력도 행사할 수 없다고 믿게 되었다.

영국처럼 프랑스도 최소한 명목상으로는 제국이었다. 그러나 점령기에 프랑스와 해외 식민지의 관계는 소원해졌다. 프랑스는 아프리카와 동남아시아에 중요한 식민지를 보유했지만 언제나 대륙의 강국이었다. 소련이 아시아에서 보인 움직임이나 다가오는 중동 위기는 프랑스의 입장에서는 영국과 달리 간접적인 문제였다. 정확하게 말하자면, 프랑스의 시야가 좁아졌기에 유럽은 예전보다 넓어 보였다. 그리고 유럽에서 프랑스는 여러 모로 관심을 받을 만했다. 두 대전 사이에 프랑스의 외교가 가장 활발했던 지역인 동유럽에 대한 프랑스의 영향력은 사라졌다. 1938년 10월, 전쟁신경증에 걸린 에드바르트 베네시가 털어놓은 얘기는 유명하다. 〈프랑스에 충성한 것

---

9 Mers El Kébir. 알제리 북서쪽 지중해에 면한 오랑주의 항구 도시. 1940년 7월 3일, 영국 해군은 프랑스 함대가 독일군 수중에 들어가지 못하도록 항구에 정박 중이던 프랑스 함대를 공격했다 — 옮긴이주.

은…… 내가 역사 앞에 저지른 가장 큰 실수가 될 것이다.〉 그리고 베네시의 환멸은 그 지역에서 일반적이었다.

이제 프랑스의 시선은 독일에 고정되었다. 아니 병적으로 고착되었다고 해야 옳다. 여기에는 합당한 이유가 있었다. 1814년에서 1940년 사이에 독일은 다섯 번이나 프랑스를 침공했고, 그중 세 차례에 대한 기억은 아직도 생생했다. 프랑스는 영토와 자원의 손실, 인적 손실과 고통으로 헤아릴 수 없이 많은 희생을 치렀다. 프랑스 외무부의 본거지인 케도르세가(街)에는 1918년 이후 복수심에 불탄 독일의 회생을 억제할 통제 체제와 동맹 체제를 구축하지 못했다는 회한이 떠나지 않았다. 히틀러의 패배 이후 프랑스의 최우선 과제는 같은 실수를 되풀이하지 않는 것이었다.

따라서 독일 문제에 관한 프랑스의 초기 태도는 매우 분명했고, 그 직접적인 뿌리는 1918~24년의 교훈이었다. 외부인들이 보기에는 제1차 세계 대전 이후의 각본을 되풀이하는 듯했다. 다만 이번에는 타국의 군대로 했다는 점이 달랐다. 프랑스의 정책 입안자들은 독일의 철저한 무장 해제와 경제 해체를 추구했다. 무기 생산과 이와 관련된 생산은 금지되어야 했고 배상금을 지불해야 했으며 (독일 노동자들의 프랑스 내 의무적 노역을 포함하여) 농산물과 목재, 석탄, 기계류는 징발되고 이전되어야 했다. 루르와 자를란트 그리고 라인란트 일부의 광산 지대는 독일에서 분리되어야 했고, 그 자원과 생산물은 프랑스가 처분할 수 있어야 했다.

만약 이러한 일정이 독일에 강요되었다면, 몇 년 안에 독일은 확실하게 파괴되었을 것이다. 독일의 파괴는 절반쯤은 인정된 그 일정의 목적이었기 때문이다(프랑스에서는 매력적인 정치 일정이었다). 그리고 이러한 계획은 독일의 풍부한 1차 자원을 프랑스의 재건 계획에 투입하는 데에도 도움이 될 것이었다. 특히 모네 계획은 사실상 독일 석탄을 인도받을 수 있다는 가정 위에 수립되었다. 독일 석탄이 없다면 프랑스의 제강업은 무용지물이었다. 1938년에도 프랑스는 세계 최대 석탄 수입국으로서 석탄과 코크스 소요량의 약 40퍼센트를 외국에서 구매했다. 1944년이면 프랑스의 국내 석탄 생산량은 1938년에 비해 절반 이하로 감소했다. 그러므로 해외 석탄 의존도는 더욱 커졌다. 그러나 국내 석탄 생산량이 1938년 수준을 회복했던 1946년에도 프랑스의 석탄 수입은(1천만 톤) 필요한 양에 여전히 크게 못 미쳤다. 독일의 석탄과 코크스가 없다면 전후 프랑스의 회복은 사산될 수밖에 없었다.

그러나 프랑스의 계산에는 수많은 구멍이 있었다. 우선 25년 전에 케인스가 프랑스 정책에 제기한 것과 똑같은 반대에 직면했다. 독일의 자원이 프랑스의 재건에 필수적이라면 그 자원을 파괴하는 것은 이치에 맞지 않았다. 그리고 독일인들에게 자국 내에서는 아무런 개선의 전망도 없이 낮은 생활 수준을 감내하게 하면서 프랑스를 위해 일하도록 강제할 방법은 전혀 없었다. 전후 독일에서 외국의 억압에 대한 민족주의적 반발을 자극할 위험성은 1940년대에도 20년 전과 마찬가지로 분명해 보였다.

그렇지만 전후 독일에 관한 프랑스의 계획에 제기된 가장 중대한 반대는 그 계획이 서방의 프랑스 동맹국들의 이익이나 계획을 고려하지 않았다는 점이다. 이는 당시 프랑스가 그 동맹국들에 나라의 안전뿐만 아니라 생계까지 크게 의존했다는 사실에 비추어 볼 때 경솔한 처신이었다. 서방 연합국들은 1947년에 프랑스가 제멋대로 자를란트와 관세통화동맹을 맺은 것 같은 부차적인 문제들에 관해서는 프랑스의 요구를 수용할 수 있었다. 그러나 독일의 미래라는 기본적인 문제에서 프랑스는 〈영-미〉를 자국의 뜻에 따르도록 강제할 수단을 전혀 갖지 못했다.

프랑스와 소련의 관계는 약간 달랐다. 두 나라는 지난 반백 년 동안 동맹을 맺었다가 깨뜨리기를 반복했으며, 러시아는 프랑스 대중의 애착에서 여전히 특별한 자리를 차지했다. 전후에 실시된 일련의 여론 조사를 보면 프랑스인들은 여전히 소련에 적지 않게 동정적이었다.[10] 따라서 독일 패배 직후 프랑스의 외교관들은 이해관계가 자연스럽게 일치하므로(똑같이 독일을 두려워하고 〈영-미〉를 의심한다는 점에서) 소련이 프랑스의 외교적 목표를 지속적으로 지지하리라고 기대했다. 드골도 처칠처럼 소련을 〈러시아〉로 여기고 〈러시아〉라고 칭했으며, 전체적인 역사적 유비 속에서 추론했다. 이 프랑스 지도자는 1944년 12월에 독일의 침략 재발에 대비하여 다소 무의미한 프랑스-러시아 조약을 협상하기 위해 모스크바로 가던 중에 수행원들에게 자신이 4백 년 전 프랑수아 1세가 쉴레이만 대제와 협상했듯이 스탈린과 협상하고 있다고 말했다.[11] 차이가 있다면, 〈16세기 프랑스에는 무슬림이 없었다〉.

그러나 스탈린은 프랑스의 환상을 공유하지 않았다. 스탈린은 프랑스를 도와 영-미 외교 정책의 영향력을 상쇄하는 균형추 기능을 수행할 생각이 없었다. 이러한 사실을 프랑스는 마지막에 가서야 명확하게 알게 되었다. 1947년 4월, 모스크바에 연합국 외무장관들이 모인 자리에서 몰로토프는 라인란트를 분리하고 루르 공업지대를 외국이 통제하도록 하자는 조르주 비도의 제안을 거부했다. 그렇지만 프랑스는 정책의 독립성을 확보하기 위해 계속해서 다른 방도를 모색했다. 석탄을 확보하고 강철과 농산물을 판매할 시장을 확보하기 위해 체코슬로바키아와 폴란드와 협상을 추진했으나 실패했다. 그리고 프랑스 전쟁장관은 뒤늦게 1947년에 가서야 프랑스가 국제적인 중립을 채택해야 한다고 (비밀리에) 제안할 수 있었다. 미국과 소련 두 나라와 동시에 예방적인 협정이나 동맹을 체결하고 양국 중

10 1945년 2월, 프랑스의 재건을 어느 나라가 가장 많이 돕겠느냐는 질문에 응답자의 25퍼센트가 소련이라고 답했고 미국이라고 답한 사람은 24퍼센트였다.
11 16세기 초, 프랑수아 1세와 오스만 제국의 쉴레이만 대제는 동맹을 맺고 공동의 적인 합스부르크 왕가의 카를 5세에 대적했다 — 옮긴이주.

어느 나라든 자국을 공격하면 나머지 한 나라와 함께 침략국에 맞서자는 계산이었다.

1947년 프랑스는 결국 이러한 환상을 포기하고 서방의 동반자라는 위치로 되돌아왔는데, 그 이유는 세 가지였다. 첫째, 프랑스의 독일 전략은 실패했다. 독일의 해체도 예정되지 않았고 배상도 없을 것이었다. 프랑스는 독일 문제에서 자신들의 해결책을 강요할 처지에 있지 않았으며, 어느 나라도 그 제안을 원하지 않았다. 프랑스가 초기의 태도를 버린 두 번째 이유는 1947년 중반의 절망적인 경제 상황에 있었다. 유럽의 다른 지역처럼 프랑스에서도 (앞서 보았듯이) 미국의 지원은 물론이고 독일의 회복도 절실하게 필요했다. 미국의 지원은 간접적이기는 했으나 분명히 프랑스가 독일의 회복 전략에 동의한다는 조건에서만 가능했다.

그러나 세 번째 이유가 결정적이었다. 프랑스 정치인들과 프랑스의 국민감정은 1947년 후반에 뚜렷하게 변했다. 소련이 마셜 플랜을 거절하고 코민포름이 등장하면서(다음 장에서 논의하겠다), 강력한 프랑스 공산당은 성가신 연정 상대에서 국내외의 모든 프랑스 정치를 자유롭게 비판하는 정당으로 변모했다. 많은 사람들에게 프랑스는 1947년 후반부와 1948년 내내 내란으로 치닫는 것처럼 보일 정도였다. 동시에 파리에는 독일의 복수에 대한 걱정과 소련의 침공이 임박했다는 새로운 이야기가 결합되어 전쟁의 불안이 드리웠다.

이러한 상황에서, 그리고 몰로토프의 거절에 뒤이어 프랑스는 마지못해 서방으로 눈을 돌렸다. 1947년 4월 미국 국무장관 조지 마셜이 미국이 〈프랑스를 신뢰해도〉 되는지 물었을 때, 외무장관 비도는 (시간이 주어진다면, 그리고 프랑스가 내전을 피할 수 있다면) 〈그렇다〉고 대답했다. 당연히 마셜은 별다른 감명을 받지 못했다. 열한 달 뒤 마셜이 비도를 〈신경과민증〉 환자로 묘사했을 때나 매한가지였다. 마셜이 보기에 프랑스가 독일의 위협을 걱정하는 것은 〈시대

착오적이고 비현실적〉이었다.[12]

이 점에서 마셜의 판단은 분명히 옳았지만 프랑스의 가까운 과거에 대한 공감의 부족을 드러낸다. 따라서 1948년 프랑스 의회가 영-미의 서독에 대한 계획을 297대 289라는 근소한 표 차이로 간신히 승인한 것은 결코 사소히 다룰 문제가 아니었다. 프랑스는 선택의 여지가 없다는 사실을 잘 알고 있었다. 프랑스는 경제 회복을 원한다면, 미국과 영국이 독일의 부활이나 소련의 팽창에 대비하여 어느 정도 안전 보장을 제공해 주기를 원한다면 결정에 따라야 했다. 더욱이 그때 프랑스는 인도차이나의 식민지 전쟁에서 큰 타격을 입었기에 미국의 지원이 절실했다.

미국과 영국은 되살아나는 독일의 군사적 위협을 막아 주겠다고 프랑스에 확언할 수 있었으며, 미국의 정책은 독일의 경제 회복을 약속할 수 있었다. 그러나 이러한 약속으로도 프랑스의 오랜 딜레마는(어떻게 독일의 물자와 자원을 이용할 우선권을 확보할 것인가) 해결되지 않았다. 무력이나 병합으로써 목적을 달성할 수 없다면 다른 방법을 찾아야 했다. 이후 몇 달 동안 프랑스인들의 머릿속에 떠오른 해결책은 독일 문제의 〈유럽화〉였다. 다시 비도의 말을 들어 보자. 비도는 1948년 1월에 이렇게 말했다. 〈경제적 차원뿐만 아니라 정치적 차원에서도…… 독일을 유럽에 통합하는 것을 하나의 목표로서 연합국과 독일에 제시해야 한다…… 이것이…… 정치적으로는 지방분권적이나 경제적으로는 번영하는 독일에 생명과 일관성을 부여할 유일한 방법이다.〉

요컨대 독일을 파괴할 수 없다면 일종의 유럽 체제에 합류하게 하여 군사적으로 해악을 끼치지 않고 경제적으로 큰 이득을 가져오게 하라는 얘기였다. 이러한 착상이 1948년 이전에 프랑스 지도자들의

12 마셜은 독일의 위협에 대한 공공연한 강조가 엄밀히 국내용이라는 사실을 비도로부터 알아내고도 크게 안심하지 못했던 듯하다.

머릿속에 떠오르지 않았다면, 그들의 상상력이 부족했기 때문이 아니라 그것이 최후의 수단으로 인식되었기 때문이다. 프랑스의 독일 문제를 풀어내는 〈유럽적〉 해결책은 원래의 〈프랑스적〉 해결책이 일단 포기된 후에야 채택할 수 있었으며, 프랑스 지도자들이 이를 받아들이기까지 3년의 시간이 걸렸다. 그 3년 동안 사실상 프랑스는 300년의 역사를 갑자기 부정하는 사태를 감수해야 했다. 당시 상황에서 이는 결코 작지 않은 성과였다.

1945년에 소련의 상황은 정확히 프랑스의 정반대였다. 20년 동안 유럽의 일에서 사실상 배제되어 있었던 러시아가 이제 다시 전면에 등장했다. 스탈린은 정부 간 협의에서 또 거리에서 위신과 영향력을 얻었다. 이는 소련 인구의 회복력과 소련군의 성공 덕이었다. 그리고 반드시 언급해야 할 것인데, 나치가 소련에 가장 열렬히 반대했던 나라들까지 적으로 돌렸기 때문이었다.

새로이 발견된 볼셰비키의 매력은 힘의 유혹이었다. 당시 소련은 실제로 매우 강력했기 때문이다. 소련군은 독일의 침략을 받은 후 첫 여섯 달 동안 막대한 손실을 입었지만(소련군은 병력 400만 명, 항공기 8천 대, 전차 1만 7천 대를 잃었다) 1945년에 유럽 역사상 가장 큰 군사력을 지닐 정도로 회복되었다. 1946년 내내 헝가리와 루마니아 두 곳에만 약 160만 명의 소련군이 주둔했다. 스탈린은 동유럽과 중부 유럽의 광대한 지역을 직접적으로나 간접적으로(유고슬라비아의 경우) 통제했다. 그나마 몽고메리 휘하의 영국군이 빠르게 진격하여 스탈린의 군대가 북부 독일을 지나 멀리 덴마크 국경까지 전진하는 것을 가까스로 막을 수 있었다.

서방의 장군들이 잘 알고 있었듯이, 스탈린이 명령을 내렸다면 그 무엇도 소련군의 대서양 진격을 막지 못했을 것이다. 물론 미국과 영국은 전략 폭격 능력에서 명백히 우세했고, 또 미국은 핵폭탄을 보유하고 있었다. 스탈린은 1945년 7월에 포츠담에서 트루먼으로부터 그렇다는 말을 듣기 전부터 그 사실을 알고 있었다. 스탈린은 분명히 소련의 핵무기 보유를 원했다. 그래서 소련은 독일의 동부 지역과 특히 우라늄 광상이 있었던 체코슬로바키아를 통제하겠다는 주장을 끝까지 포기하지 않았다. 몇 년 안에 20만 명의 동유럽인들이 소련 핵 계획의 일부로서 이 광상들에서 일하게 된다.[13]

그러나 핵폭탄은, 소련 지도자들을 근심스럽게 만들었고 스탈린으로 하여금 미국의 동기와 계획을 이전보다 더 크게 의심하게 했지만, 소련의 군사적 계산을 바꾸지 못했다. 소련의 군사적 계획은 스탈린의 정치적 목적에서 비롯했으며, 이는 다시 소련과 러시아의 장기적인 목표에서 나왔다. 그 첫 번째는 영토에 관한 것이었다. 스탈린은 볼셰비키가 1918년의 브레스트-리톱스크 조약으로, 또 2년 뒤 폴란드와 전쟁을 치르면서 잃어버린 땅을 되찾기 원했다. 이러한 목표는 1939년과 1940년에 히틀러와 맺은 조약의 비밀 조항으로 부분적으로 달성했다. 나머지는 히틀러 덕분에 되찾았다. 히틀러는 1941년 소련을 침공하기로 결정했고, 소련군은 베를린으로 진격하던 중에 분쟁의 대상이었던 영토를 다시 차지했다. 그렇게 소련은 베사라비아와 부코비나(루마니아로부터), 카르파티아 루테니아(체코슬로바키아로부터), 서부 우크라이나(폴란드로부터), 동부 핀란드, 발트삼국, 동프로이센의 쾨니히스베르크(칼리닌그라드)를 점령하고 병합했는데, 이는 전부 적국 파시스트와 불미스러운 거래로 얻은 것이 아니라 승리의 전리품으로 제시될 수 있었다.

소련 편에서 볼 때 이러한 영토 확장의 의미는 이중적이었다. 우선 천민 신분에 마침표를 찍었다. 이는 스탈린에게 상당히 중요한 문제였다. 스탈린은 이제 세계 문제에서 유라시아의 거대한 권역을

13 1945년 3월의 체코-소련 비밀 협정의 조건에 따라, 소련은 서부 보헤미아의 야히모프 광상에서 우라늄을 채굴하고 추출할 권리를 얻었다.

대변할 지도자였다. 소련이 유엔 안전보장이사회의 거부권 제도를 고집한 것은 그 새로운 권력을 상징적으로 보여 주는 사건이었다. 그러나 영토는 위신을 드러내는 데 그치지 않았다. 무엇보다 안전을 의미했다. 소련의 관점에서 볼 때 서쪽의 〈제방〉, 즉 외부에서 특히 독일이 소련을 침공하려면 반드시 지나야 하는 넓은 띠 모양의 지역은 안전에 지극히 중요했다. 스탈린은 얄타에서, 그리고 포츠담에서 한 번 더 러시아와 독일 사이의 그 지역이 통째로 소련에 흡수되지 않는다면, 〈파시스트와 반동분자가 없는〉 우호적인 정권들이 그곳을 관리해야 한다는 입장을 분명히 밝혔다.

이 마지막 구절의 해석은 나중에 논란의 여지가 있는 것으로 판명된다. 그러나 1945년에 미국과 영국은 스탈린에게 그 문제에 관해 의견을 내놓을 생각이 없었다. 소련은 자신들의 안전을 원하는 대로 규정할 권리를 얻은 듯했다. 마치 소련이 이전의 추축국들(독일, 오스트리아, 헝가리, 루마니아, 불가리아, 핀란드)로부터 배상금과 전리품, 노동, 물자를 짜낼 권리가 있다고 처음부터 인정된 것 같았다. 돌이켜 보건대 이 같은 영토 장악과 경제적 약탈을 유럽의 동쪽 절반이 볼셰비키화하는 과정의 첫 단계로 보고 싶은 생각이 든다. 그리고 당연한 얘기지만 실제로 그렇게 입증되었다. 그러나 당시에는 누구에게도 명확하지 않았다. 서유럽 관찰자들이 보기에 소련의 전후 초기 태도는 익숙하고 전통적이어서 안심이 되었다.[14] 그리고 전례도 있었다.

전체적으로, 러시아 공산당 정권은 그 이데올로기적 주장과 목표를 진지하게 고려하지 않고는 이해할 수 없다. 그렇지만 볼셰비키의 신조를 잘 몰라도 소련의 외교 정책을 꽤나 잘 이해할 수 있는 경우들이 있었으며, 1945~47년도 그중 하나다. 방법은 간단하다. 차르

14 물론 폴란드에서는 소련의 태도가 전혀 안심을 주지 못했다. 너무나 익숙했기 때문이다.

의 정책에 주목하면 된다. 러시아가 이웃 나라를 〈보호〉한다는 핑계로 지배자로 우뚝 서게 된 전략을 처음으로 사용한 이는 표트르 대제였다. 러시아 제국을 남쪽과 남서쪽으로 확대한 이는 예카테리나 대제였다. 러시아 제국이 유럽에 관여할 수 있는 발판을 마련한 이는 차르 알렉산드르 1세였다.

1945년에 그랬듯이 폭군의 몰락에 뒤이어 서로 믿지 못하는 승전 국들이 유럽 대륙의 균형을 재확립하려 모였던 1815년 빈 회의에서 알렉산드르 1세의 목적은 매우 명확했다. 소국들의 관심사는 열강의 관심사에 뒤로 밀릴 수밖에 없었다. 영국의 관심은 해외에 있었고 유럽 본토에서는 러시아에 필적할 만한 강국이 없었기에, 차르는 유럽 대륙의 전후 협정에서 중재자 역할을 담당하게 되었다. 각 지역의 항의는 협정 전반에 대한 위협으로 여겨져 침묵을 강요받았다. 러시아의 안전은 차르의 통제를 받는 영토에(서유럽 군대가 다시 아무런 제지도 받지 않고 모스크바에 도달하는 일은 없어야 했다), 그리고 그 안에 거주하는 자들을 강압적으로 새로운 체제에 적응시킬 수 있는가에 달려 있었다.

이 같은 설명에서 1945년 소련의 계산과 맞지 않는 부분은 아무것도 없다. 알렉산드르 1세와 그의 대신들이 1944년 11월에 외무 인민 위원부 부인민위원 이반 마이스키가 쓴 아래의 정책 메모를 보았다면 분명 아무런 흠결도 발견하지 못했을 것이다. 〈우리에게 가장 유리한 상황은 전후 유럽에 단 하나의 육상 강국(소련)과 단 하나의 해상 강국(영국)이 존재하는 것이다.〉 물론 130년의 시차가 있기에 모든 것이 완전히 똑같지는 않다. 1945년에 중앙아시아와 근동에 대한 스탈린의 관심은 알렉산드르 1세의 관심보다 더 컸다(알렉산드르 1세의 계승자들이 그곳에서 매우 의욕적으로 활동하기는 했다). 반대로 소련의 전략가들은 콘스탄티노플과 보스포루스 해협, 발칸반도 남부에 관한 차르의 집착을 완벽하게 공유하지는 않았다. 그러나 연속성이 차이점보다 훨씬 더 두드러진다. 양자는 말하자면 세르게이 사조노프(1914년 전쟁이 발발할 당시 러시아의 외무대신)의 계산에 의해 연결된다. 사조노프는 이미 그때 미래의 동유럽은 공격당하기 쉬운 소국들의 집합이 되리라고 예견했다. 그 나라들은 명목상 독립 국가여도 실제로는 대러시아의 속국이나 다름없을 것이었다.

스탈린은 이와 같은 차르의 유럽 내 외교 정책의 영원한 주제들에 자신만의 독특한 계산을 추가했다. 스탈린은 서방 경제의 붕괴를 진정으로 바랐으며, 마르크스주의 이론뿐만 아니라 두 대전 사이의 선례에서 추정하여 영국과 미국이 축소되는 세계 시장을 두고 제국주의적 경쟁자로서 〈불가피하게〉 충돌하리라고 과장했다. 이로부터 스탈린은 소요가 확산되는 시기가 온다고, 따라서 소련은 자체의 이익을 확정할 필요가 있다고 추론했으며, 또 서방 동맹국들이 특히 중동에 관해서, 그리고 아마도 독일에 관해서도 진정으로 〈분열〉할 가능성이 있다고 추론했다. 그래서 스탈린은 그 지역에 관한 해결책을 도출하려고 서두르지 않았다. 스탈린은 믿었다. 시간은 자신의 편이라고.

그렇다고 스탈린이 안심하지는 않았다. 반대로 수세적이고 의심하며 경계하는 태도가 소련 외교 정책의 일반적인 특징이 되었다. 1946년에 조지 케넌은 이런 태도를 〈세상사에 대한 크렘린의 신경증적 견해〉라고 설명했다. 이러한 연유로 1946년 2월 9일 볼쇼이 극장의 그 유명한 연설이 나오게 되었다. 스탈린은 소련이 전쟁 전처럼 산업화, 전쟁 대비, 자본주의와 공산주의 간의 충돌의 불가피성을 다시금 강조하고 있다고 선언했으며, 이미 명백해진 사실을 재차 명쾌히 밝혔다. 소련은 마음에 들 때만 서방과 협력하겠다는 것이었다.

여기에 새로운 것은 없었다. 스탈린은 볼셰비키가 1921년 이전에, 그리고 1927년과 인민 전선의 개시 사이에 다시 채택했던 〈강경〉 노선으로 후퇴하고 있었다. 볼셰비키 정권은 언제나 불안정했으며(어쨌거나 그 정권은 좋지 않은 계제에 매우 적대적인 환경에서 소수파의 쿠데타로 탄생했다), 스탈린은 폭군이라면 으레 그렇듯이 나라 안팎의 위협 세력과 적을 도발해야 했다. 게다가 스탈린은 제2차 세계 대전이 박빙의 승부였다는 사실을 누구보다 잘 알고 있었다. 독일은 1941년 (히틀러의 원래 일정대로) 한 달만 일찍 침공을 개시했다면 소련을 아주 쉽게 물리쳤을 것이다. 소련 지도부는 진주만 공격 이후의 미국처럼, 그 새로이 얻은 지위가 〈기습 공격〉과 도전을 받지 않을까 늘 걱정했다. 과대망상증이라 해도 될 정도로 걱정이 심했지만, 미국의 경우보다는 이유가 더 타당했다. 그리고 러시아는 프랑스보다 훨씬 더 오랫동안 계속해서 독일을 주된 위협으로 여겼다.[15]

그러면 스탈린은 무엇을 원했는가? 스탈린이 장차 소련과 서방의 관계가 냉각되리라 예상했고 자신이 가진 자산을 최대한 이용하고 서방의 약점에 편승하려 했다는 데에는 의심의 여지가 없다. 그러나 스탈린이 그 이상의 명확한 전략을 지녔는지는 전혀 분명하지 않다. 전후 소련의 동독 점령을 연구한 역사가 노먼 네어마크는 이렇게 결론 내린다. 〈소련을 움직인 것은 사전에 수립한 계획이나 이데올로기적 명령이 아니라 점령 지구에서 벌어진 구체적인 사건들이었다.〉 이러한 결론이 우리가 스탈린의 일반적인 방식에 관해 알고 있는 것과 일치하며, 동유럽 밖의 사례에도 똑같이 적용된다.

소련은 분명 가까운 시일 안에 제3차 세계 대전이 발발하리라고는 생각하지 않았다. 1945년 6월에서 1947년 말 사이에 소련군은 1136만 5천 명에서 287만 4천 명으로 축소되었다. 이는 (비록 야전에는 잘 무장된 자동화 사단을 포함하여 많은 부대를 남겨 두었지

---

15 전하는 바에 따르면 1990년에 소련 외무장관 예두아르트 셰바르드나제는 40년에 걸쳐 미국과 냉전을 치렀는데도 자신의 손자들이 전쟁놀이를 할 때에는 여전히 독일이 적군이었다고 말했다.

만) 미국군과 영국군의 감축 비율에 견줄 만하다. 물론 소련의 계산은 당대 서유럽인들에게 전혀 자명하지 않았으며, 스탈린을 주의 깊은 실용주의자로 이해한 사람들조차 이를 절대적으로 확신할 수는 없었다. 그렇지만 회고록에서 소련이 유리한 상황을 이용하기를 좋아했지만 그러한 상황을 만들기 위해 위험을 무릅쓸 의도는 없었다는 듯이 얘기했던 몰로토프의 말은 분명 진실이었다. 〈우리의 이데올로기는 가능하다면 공격 작전에 찬성한다. 그렇지 않다면 우리는 기다린다.〉

스탈린 자신은 위험을 회피하기로 유명했다. 그때나 그 이후에나 몇몇 평자들이 조금 더 빨리, 조금 더 전방에서 〈봉쇄〉를 실행하지 못한 서방의 실패를 아쉬워한 것도 이 때문이다. 그러나 그 시절에 새로운 전쟁을 원한 사람은 아무도 없었다. 파리나 로마의 안정을 해치지 않도록 스탈린을 설득하기는 쉬웠던 반면(그곳에는 스탈린의 군대가 없었기 때문이다), 동쪽에서 소련의 주둔은 누구나 인정했듯이 협상할 수 있는 문제가 아니었다. 불가리아와 루마니아의 연합국 통제위원회에서 소련은 영국이나 미국의 원망에 주목하는 시늉조차 하지 않았다. 하물며 현지의 원망은 말해 무엇 하겠는가. 체코슬로바키아의 상황만 어느 정도 모호했다. 소련군이 오래전에 철수했기 때문이다.

스탈린은 소련 방식으로 성심껏 행동했을 뿐이다. 스탈린과 그의 동료들은 〈자신들의 몫〉인 절반의 유럽을 점령하여 통제하려는 소련의 계획을 서방 연합국들이 알고 있다고 추정했으며, 자신들이 그 점령 지구에서 보인 행태에 대한 서방의 항의를 요식 행위로, 민주주의 체제의 하찮은 위선으로 치부하려 했다. 그래서 소련 지도부는 서방이 동유럽의 자유와 자율을 요구하면서 자신들의 수사적 표현을 지나치게 진지하게 받아들이는 것처럼 보이자 진짜 분노했다. 〈벨기에와 프랑스, 그리스 등지에서 어떻게 정부가 조직되고 있는지

우리는 알지 못한다. 우리가 이러저러한 성격의 정부를 좋아한다고 말하지도 않았지만 누구도 우리의 의사를 묻지 않았다. 우리는 간섭하지 않았다. 그곳이 영-미의 군사 활동 지역이었기 때문이다.〉

누구나 제2차 세계 대전은 앞선 전쟁처럼 포괄적인 강화 협정으로 종결되리라고 예상했으며, 실제로 1946년 파리에서 다섯 개 조약이 체결되었다. 이로써 루마니아와 불가리아, 헝가리, 핀란드, 이탈리아의 영토 문제와 기타 문제들이 해결되었다. 1951년까지는 사실상 독일과 교전하고 있었던 노르웨이는 예외였다.[16] 그러나 이러한 상황 전개가 관련 당사국 국민들에게 얼마나 중요했던 간에(그리고 루마니아와 불가리아, 헝가리의 경우 이러한 과정은 그들이 소련의 지배에 맡겨졌음을 알리는 신호였다), 결국 어느 열강도 그 문제들을 놓고 서로 대결하는 위험을 감수하지 않으려 했기 때문에 그 협약들이 체결될 수 있었다.

그러나 독일 문제는 전혀 달랐다. 특히 러시아에게 독일은 대단히 중요했다. 전쟁이 독일에 관한 것이었던 만큼 평화도 마찬가지였고, 독일의 복수라는 유령이 프랑스를 괴롭혔던 것만큼이나 소련의 생각에도 끝까지 따라다녔다. 포츠담에서 스탈린과 트루먼, 처칠이 만났을 때(1945년 7월 17일에서 8월 2일까지 진행되었고, 영국 총선에서 노동당이 승리한 후에는 애틀리가 처칠을 대신했다), 동유럽에서 독일인을 추방하는 것, 독일을 점령 목적으로 행정적으로 분할하는 것, 〈민주화〉와 〈탈나치화〉, 〈카르텔 금지〉라는 목표에 관해서는 합의 도출이 가능했다. 그러나 이러한 일반적인 공통 목적을 넘어서는 문제를 다루면서 어려움이 시작되었다.

16 이탈리아는 모든 식민지를 잃었고, 소련과 유고슬라비아, 그리스, 알바니아, 에티오피아에 3억 6500만 달러를 배상금으로 지불했으며, 이스트리아반도를 유고슬라비아에 할양했다. 국경 도시 트리에스테의 처리는 이후 8년 동안이나 미해결 상태로 남았다.

독일 경제를 하나의 단위로 취급하자는 합의가 이루어졌지만, 소련이 그 점령 지구 밖으로 재화와 용역, 금융 자산을 이전할 권리가 인정되었다. 더불어 소련은 동독 지역이 공급한 식량과 원료의 대가로 서방 점령 지구에서 지불된 배상금의 10퍼센트를 추가로 받았다. 그러나 이러한 협정은 동쪽과 서쪽의 경제적 자원을 뚜렷이 구분되는 별개의 자원으로 취급하는 모순을 낳았다. 따라서 배상금은 (제1차 세계 대전 이후와 마찬가지로) 처음부터 결정적인 문제였다. 러시아인들은 (그리고 프랑스는) 배상금을 원했고, 소련 당국은 처음부터 다른 점령국들의 동의가 있든 없든 주저 없이 독일의 공장과 설비를 해체하여 이전했다.

독일과 폴란드의 새로운 국경선에 관한 최종적인 합의는 없었으며, 민주화라는 공동의 토대조차 이행 단계에서는 실질적인 어려움에 직면했다. 따라서 연합국 지도자들은 의견 차이를 인정하고 일정을 연기하기로 합의했으며 외무장관들에게 나중에 다시 만나 회담을 계속하라고 지시했다. 그리하여 2년에 걸친 연합국 외무장관 회담이 시작되었다. 이들은 소련과 미국, 영국 정부를 대표했고 뒤늦게 프랑스 대표가 합류했다. 첫 번째 회의는 포츠담 회담이 끝나고 두 달이 지난 뒤에 런던에서 열렸으며, 마지막 회의도 1947년 12월 런던에서 있었다. 목적은 원칙적으로 전후 독일에 대한 명확한 타협안을 작성하고 연합국과 독일·오스트리아 사이의 평화 협정을 준비하는 것이었다. 독일 문제에서 소련과 서방을 가르는 태도의 차이는 이러한 회합, 특히 1947년 3·4월에 모스크바에서 열린 회합에서 분명해졌다.

영-미의 전략은 한편으로는 신중한 정치적 계산에 의해 추진되었다. 만일 서방 점령 지구의 독일인들이 계속해서 지치고 가난한 상태에 놓여 있게 되면, 그리고 아무런 개선의 전망도 제시받지 못하면, 조만간 나치즘이나 공산주의에 의존하게 될 터였다. 그러므로 미국과 영국의 군사 정부가 점령한 독일 지역에서는 민간 제도와 정치 제도를 복구하여 독일인들에게 국내 문제에 대한 책임을 맡기는 쪽으로 일찌감치 강조점이 바뀌었다. 그 덕에 당시 막 정치에 입문한 독일 정치인들은 전쟁이 종결되었을 때 기대할 수 있었던 것보다 훨씬 더 큰 힘을 얻었고 주저 없이 그 힘을 이용했다. 상황이 개선되지 않고 점령군이 자신들의 충고를 귀담아듣지 않는다면 장래에 독일 국민의 정치적 신의를 보증할 수 없다고 넌지시 일렀던 것이다.

서방 연합국들에는 다행스럽게도, 베를린과 독일 동부의 소련 점령 지구에서 공산주의자들의 점령 정책은 불만이 가득한 독일인들의 감정과 표를 끌어들일 수 없었다. 미국이나 영국, 프랑스가 분개한 독일인들의 눈에 아무리 인기가 없었다고 해도, 그 대안은 더 나빴다. 스탈린은 종전 직후에 독일 공산당원들에게 독일의 통합 유지를 요구하라는 지령을 내렸는데, 만일 스탈린이 진정으로 독일의 통합을 원했다면 이 같은 소련의 전술은 중대한 실책이었다. 소련은 처음부터 자국 점령 지구에 연합국의 동의 없이 사실상의 공산당 정권을 수립했으며 닥치는 대로 빼내고 강탈함으로써 포츠담 협약을 무용지물로 만들고 있었다.

스탈린에게 선택의 여지가 많지는 않았다. 공산당이 독일을 통제할 가망은 전혀 없었으며, 사실 무력에 호소하지 않고는 소련 점령 지구를 통제하기에도 벅찼다. 1946년 10월 20일에 치러진 베를린시 선거에서 공산당 후보들은 사회 민주당과 기독교 민주당에 한참 뒤처졌다. 그래서 소련의 정책은 눈에 띄게 가혹해졌다. 그러나 이번에는 서방 점령국들이 어려움에 직면했다. 1946년 7월까지 영국은 자국 점령 지구(북서 독일의 공업 도시 지역)의 주민들을 먹이기 위해 11만 2천 톤의 밀과 5만 톤의 감자를 수입해야 했다. 대금은 미국의 차관으로 지불했다.

영국이 독일로부터 배상금으로 뽑아 낸 자금은 기껏해야 2900만 달러였으나, 영국 정부가 부담해야 할 점령 비용은 한 해에 8천만 달러였다. 영국 정부가 국내에서 빵의 배급을(전쟁 중에도 피할 수 있었던 임시방편이었다) 강행할 수밖에 없던 때에도, 영국의 납세자들이 그 차액을 부담했다. 영국 재무장관 휴 돌턴의 생각에는 영국이 〈독일에 배상금을 지불하고 있었다〉. 미국인들은 그와 같은 경제적 압박을 받지 않았고 미국 점령 지구는 전쟁으로 그다지 큰 피해를 입지 않았지만, 그들에게도 상황은 조금도 나을 것이 없었다. 특히 미국 군대는 수백만 명의 굶주린 독일인들에게 식량을 공급하는 비용을 자체 예산으로 부담했기 때문에 기뻐할 수 없었다. 조지 케넌은 이렇게 말했다. 〈독일의 무조건 항복으로…… 우리는 독일의 한 구역을, 근대에 들어선 후 단 한 번도 경제적 자급을 달성한 적이 없으며 전시 상황과 독일의 패배로 자급 능력이 더욱 줄어 재앙에 처한 구역을 홀로 책임져야 했다. 우리는 그 책임을 받아들였을 때 점령 지구의 경제를 회복시킬 아무런 계획도 갖지 못했고, 다만 훗날 국제적인 협약에 따라 모든 것이 결정되기를 바랐다.〉

독일인들은 이러한 딜레마와 공장과 설비가 해체되어 동쪽으로 옮겨지는 데 거세게 분노했고, 이에 미군 군정청장 클레이 장군은 소련이 포츠담 협정에 따른 의무를 다하지 못했다면서 1946년 5월에 미국 점령 지구에서 소련으로(다른 어느 곳으로도) 배상금이 전달되는 것을 일방적으로 중지시켰다. 이 조치는 첫 번째 갈림길이었지만, 그 이상은 아니었다. 프랑스도 소련처럼 여전히 배상금을 원했고, 연합국에 참여했던 네 나라 모두 공식적으로는 아직도 1946년의 〈산업 수준〉 협정에 전념했다.[17] 협약에 따르면 독일의 생활 수준은 (영국과 소련을 제외한) 유럽 평균보다 낮게 억제되어야 했다. 게다가 영국의 내각은 1946년 5월에 모였을 때 여전히 피점령국 독일을 동쪽과 서쪽으로 절반씩 공식적으로 분할하는 데 주저했다. 그로

17 앞에서 언급된 전후 (독일) 경제 수준 계획을 말한다 — 옮긴이주.

써 유럽의 안전에 초래될 영향을 받아들일 수 없었던 것이다.

그러나 점령국 네 나라가 합의를 도출하지 못하리라는 점이 점차 분명해졌다. 뉘른베르크 본 재판이 1946년 10월에 종결되고 다음 달에 파리강화조약의 조건이 최종적으로 결정되자, 전시 연합국들의 결속을 유지한 것은 독일에 대한 공동 책임뿐이었다. 따라서 모순이 점점 더 부각되었다. 미국과 영국은 1946년 말에 자신들의 점령 지구 경제를 이른바 〈이국 공동 지구〉로 통합하기로 합의했다. 그러나 그 조치도 독일의 확고한 분할을 뜻하지는 않았으며, 이국 공동 지구를 서방에 통합한다는 의미는 더욱 아니었다. 오히려 그 반대였다. 석 달 뒤인 1947년 2월, 프랑스와 영국은 과시하듯 됭케르크 조약에 서명하여 향후 독일이 침공하는 경우에 상호 지원하기로 약속했다. 그리고 미국 국무장관 마셜은 1947년 초에 여전히 낙관적이었다. 독일의 경제적 난제를 해결하기 위해 어떠한 계획이 마련되었든 간에 독일의 분할을 초래할 필요는 없다고 믿었던 것이다. 적어도 이 점에서는 서방과 동구 진영의 견해가 외견상 일치했다.

진정한 균열은 1947년 봄에(3월 10일에서 4월 24일까지) 모스크바에서 열린 미국과 영국, 프랑스, 소련의 외무장관 회담 때 나타났다. 독일·오스트리아를 위한 강화 협정에 관하여 합의를 모색하려고 다시 소집된 외무장관 회담이었다. 그때쯤이면 양보할 수 없는 최소 요구 사항은 명확했다. 영국과 미국은 독일이 자립할 뿐만 아니라 유럽 경제 전반의 회복에도 기여하도록 서독 경제를 재건하기로 결정했다. 소련 대표는 서방 점령 지구로부터 다시 배상금을 받아 내기를 원했고, 이를 위해 포츠담에서 애초에(비록 모호했지만) 구상된 대로 독일의 경제적·행정적 통합을 원했다. 그러나 그때 서방 연합국들은 더는 단일한 독일 행정부를 수립하려 애쓰지 않았다. 그렇게 되면 서방 점령 지구의 독일 주민을 포기해야 했을 뿐만 아니라(이때쯤이면 그 자체로 정치적 고려 사항이었다) 군사적으로 균형이 맞지 않았던 당시 상황에서 그 나라를 사실상 소련의 통제 영역으로 넘겨주어야 했기 때문이다.

독일의 미국 군정에서 정치 고문을 맡고 있던 로버트 머피가 인정했듯이 〈실제로 철의 장막이 펼쳐진 때는…… 1947년 모스크바 회의였다〉. 어니스트 베빈은 모스크바에 도착하기 전에 이미 독일에 관해 합의를 이끌어낼 수 있으리라는 진지한 기대는 포기했다. 그러나 마셜에게는(그리고 비도에게도) 그때가 중요한 순간이었다. 몰로토프와 스탈린에게도 틀림없이 마찬가지였을 것이다. 6월 27일에서 7월 2일까지 파리에서 마셜의 극적인 새 계획을 논의하기 위해 사국 외무장관들의 다음번 회담이 열릴 때쯤이면, 미국과 영국은 (5월 23일에) 이미 새로이 형성된 이국 공동 지구의 〈경제회의〉에 독일 대표의 참석을 허용하기로 결정한 상태였다. 그 회의는 서독 정부의 배아와도 같았다.

이 시점부터 상황은 급박하게 돌아갔다. 이제 양측 모두 더 양보하지 않았고 그럴 생각도 없었다. 미국과 영국은 러시아와 독일 사이의 단독 강화를 오랫동안 두려워했으며 그러한 사태를 예방하기 위해 지연과 양보를 여러 차례 묵인했다. 하지만 두 나라는 이제 예상할 수 없는 우발적 사태의 발생을 우려할 필요가 없게 되었다. 8월에 미국과 영국은 이국 공동 지구의 생산을 일방적으로 증가시켰다(소련과 프랑스는 일제히 비판을 쏟아 냈다). 합동참모본부의 작전 명령 JCS 1067(〈모건소 계획〉)은 JCS 1779로 대체되었는데, 이 명령은 서방 점령 지구의 경제적 통합과 독일의 자치 지원이라는 미국의 새로운 목적을 공식적으로 승인했다.[18]

사국 외무장관인 몰로토프와 베빈, 마셜, 비도는 1947년 11월

18 이는 손쉬운 조정이었음이 판명되었다. 어느 미국 부사관은 프랑스에서 냉대를 받고 난 뒤 독일에서 환대를 받자 놀라면서도 기뻐했다. 〈빌어먹을, 이 사람들은 프랑스인보다 더 깨끗하고 정말 놀랍도록 더 친절하다. 우리와 비슷한 사람들이다.〉 Earl Ziemke, *The U. S. Army in the Occupation of Germany, 1944~46* (Washington DC, 1985), p. 142에서 인용.

25일에서 12월 16일까지 런던에서 마지막으로 모였다. 그 모임은 기이했다. 그들 사이의 관계는 이미 사실상 끊어져 있었기 때문이다. 서방 연합국들은 독자적인 서유럽 복구 계획을 진행했고, 스탈린은 두 달 전에 코민포름을 설립하여 프랑스와 이탈리아의 공산당에 국내 정치에서 비타협적 노선을 취하라고 지령을 내렸으며 이제는 소련 진영이 된 공산당이 통제하는 국가들을 엄격하게 단속했다. 외무 장관들은 예전처럼 연합국이 통제하는 단일한 독일 정부의 수립 가능성과 최종적인 강화 협정의 다른 조건들을 논의했다. 그렇지만 독일의 공동 관리나 미래의 계획에 관한 합의는 없었으며, 회담은 향후 회의 일정도 잡지 못한 채 결렬되었다.

대신 영국과 프랑스, 미국 세 나라는 회의를 연장하여 독일의 미래를 논의했다. 회의는 1948년 2월 23일에 런던에서 다시 열렸다. 같은 주간에 체코슬로바키아 공산당은 쿠데타에 성공했다. 체코슬로바키아 공산당의 쿠데타는 스탈린이 초기 전략을 완전히 포기했으며 이제는 서방과 합의하는 것이 아니라 대결하는 것이 불가피함을 인정했다는 신호였다. 프라하의 쿠데타 직후 프랑스와 영국은 됭케르크 조약을 3월 17일의 브뤼셀 조약으로 확대하여 영국과 프랑스, 베네룩스 국가들을 상호 방위 동맹으로 결합했다.

이제 그 무엇도 서방 지도자들을 막을 수 없었다. 런던 회의는 마셜 플랜을 서독까지 확대하고 서독 국가의 정부를 수립할 계획을 세우기로 신속히 합의했다(자르를 독일에서 일시적으로 분리하고 독립적인 기관이 루르의 산업을 감독하게 하자는 프랑스 대표의 제안과 맞바꾸어 승인된 합의였다). 이 계획은 포츠담 회담의 협정 정신으로부터 명백하게 이탈했다. 베를린의 연합국 통제위원회 소련 대표인 바실리 소콜롭스키 장군은 (소련이 똑같은 협약을 빈번히 위반한 일은 인정하지 않으면서) 정식으로 항의했다.

3월 10일, 소콜롭스키는 서독에 대한 계획은 독일 주민에게 자본가의 이해관계를 강요하여 그들에게서 사회주의를 열망하는 의사 표명의 기회를 빼앗는 것이라고 비난했으며, 서방 강국들이 베를린에 주둔하여 동독 문제에 개입하는 것은 권한 남용이라는 소련의 주장을(소콜롭스키에 따르면 베를린은 소련 점령 지구의 일부였다) 되풀이했다. 열흘 후인 3월 20일, 베를린에서 열린 연합국 통제위원회 회의에서 소콜롭스키는 서방 연합국들이 〈서독에서 취한 일방적인 조치들〉을 비난했다. 그 조치들은 〈그 평화로운 나라의 이익에, 그리고 그 나라의 평화적인 통합과 민주화를 원하는 평화를 사랑하는 독일인들의 이익에 반한다〉는 것이었다. 그런 후에 소콜롭스키와 소련 대표단은 회의장을 떠났다. 차후 회의 날짜는 결정되지 않았다. 독일의 연합국 공동 점령은 끝났다. 그로부터 두 주도 채 지나지 않은 4월 1일, 베를린의 소련 군정 당국은 서부 독일과 서방 연합국이 점령한 베를린 사이의 육상 교통을 방해했다. 유럽의 진정한 냉전이 시작되었다.

〈누가 냉전을 시작했는가?〉라는 질문을 던져 봐야 별 소득이 없다는 점이 여기서 분명히 드러난다. 냉전이 독일에 관한 것인 한, 모든 관련 당사국은 자신들에 맞서는 통합된 독일보다 실제의 최종 결과를(분할된 나라) 선호했을 것이다. 1945년 5월에는 누구도 이러한 결과를 계획하지 않았지만, 그 결과에 큰 불만을 품은 나라는 없었다. 몇몇 독일 정치인들은 나라가 분할된 덕에 출세했다. 콘라트 아데나워가 대표적인 경우였다. 만일 독일이 4개 점령 지구로 존속했거나 통일되었다면, 가톨릭 지역인 서쪽 끝 라인란트 출신의 그다지 눈에 띄지 않는 지방 정치인이 최고의 지위에 오르는 일은 결코 없었을 것이다.

그러나 아데나워가 독일의 분할을 얼마나 마음속으로 반겼는지는 몰라도 하나의 목표로서 지지할 수는 없었다. 독일 연방 공화국 초기에 아데나워의 주된 상대였던 사회 민주당의 쿠르트 슈마허는 서(西)프로이센 출신의 개신교도였고 독일의 통일을 집요하게 옹호했다. 슈마허는 아데나워와는 대조적으로 단일한 독일 국가를 얻는 대가로 독일의 중립화를 기꺼이 수용하려 했다. 이는 짐작컨대 스탈린이 제의하려 했던 바와 같았다. 그리고 슈마허의 견해는 아마도 당시 독일에서 인기가 더 많았을 것이다. 그래서 아데나워는 신중하게 처신해야 했으며 독일 분할에 대한 책임이 점령국들에게 똑같이 있음을 확실하게 해야 했다.

1948년이면 미국도 영국처럼 분할된 독일을 보는 것이 불쾌하지 않았다. 서쪽의 더 큰 부분에서 미국의 영향력이 우세했기 때문이다. 선견지명을 가지고 이러한 결말을 예상했던 조지 케넌 같은 사람들은 소수였다(케넌은 일찍이 1945년에 미국은 〈독일의 자국 점령 지구를…… 동쪽에서 위협할 수 없을 정도로 번영하고 안전하며 우월한 독립 국가로 만들 수밖에 없다〉고 결론 내렸다). 미국도 스탈린처럼 이 시기에는 즉흥적으로 움직였다. 미국의 몇 가지 중요한 결정과 선언, 특히 1947년 3월의 트루먼 독트린은 스탈린으로 하여금 타협을 그만두고 한 걸음 물러나 완고하게 행동하도록 재촉했다. 이런 의미에서 유럽 분열에 대한 책임은 미국 정부의 무감각한 태도에 있다거나 더 나쁘게 해석해서 계산된 비타협적 태도에 있다는 설이 때때로 제기된다. 그러나 현실은 그렇지 않았다.

트루먼 독트린을 예로 들자면, 그것은 소련의 계획에 거의 아무런 영향도 미치지 못했다. 1947년 3월 12일 트루먼 대통령은 의회에서 이렇게 선언했다. 〈소수 무장 세력이나 외부 강제력이 시도한 정복에 저항하는 자유로운 국민을 지지하는 것이 미국의 정책이어야 한다.〉영국은 1947년 2월에 경제 위기를 겪은 이후에 그리스와 터키를 계속 지원할 수 없었는데, 트루먼의 선언은 그런 사태에 대한 직접적인 대응이었다. 미국이 영국의 역할을 떠맡아야 했다. 따라서 트루먼은 해외 지원 예산의 400만 달러 증액을 승인해 달라고 의회에 요청했다. 트루먼은 자금을 확보하기 위해 공산주의 폭동의 위기라는 맥락에서 자신의 요구를 제시했던 것이다.

의회는 트루먼의 말을 진지하게 받아들였지만, 모스크바는 그렇지 않았다. 스탈린은 원조의 주된 수혜국인 터키나 그리스에 별 관심이 없었고 트루먼의 인기 영합 행위가 자신의 고유한 관심 영역에 영향을 미치지 못하리라는 점을 완벽하게 이해했다. 오히려 스탈린은 계속해서 서방 진영이 균열될 가능성이 매우 크다고 생각했다. 동부 지중해에 대한 책임은 영국에 있다는 미국의 가정이 그 균열의 징후이자 전조였다. 스탈린이 무엇 때문에 동유럽에 관한 계획을 조정했는지 몰라도, 어쨌거나 미국 국내 정치의 수사적 표현이 영향을 미친 것은 분명 아니었다.[19]

독일과 유럽이 분열하게 된 직접적인 원인은 오히려 이 시기 스탈린의 실수에 있다고 보아야 한다. 스탈린은 통합된 독일이 중부 유럽의 허약한 중립국으로 남아 있기를 바랐을 것이다. 중부 유럽에서 스탈린은 1945년과 이후 몇 년 동안 비타협적인 완고함과 대결 전술로 유리한 상황을 망쳐 버렸다. 스탈린이 독일인의 분노와 절망이라는 과실이 자신에게 굴러 들어올 때까지 독일이 붕괴하도록 내버려 두기를 원했다면, 이는 중대한 오산이었다. 물론 서부 독일의 연합국들이 스탈린이 성공하는 것이 아닐까 우려했던 순간들이 있기는 했다. 이 점에서 유럽의 냉전은 소련 독재자의 인성과 그가 통치하던 체제의 불가피한 귀결이었다.

그럼에도 독일이 스탈린의 발밑에 있다는 사실은 변함이 없었다. 그 점은 스탈린의 적들도 잘 알고 있었다. 1948년 2월 13일에 마셜

19 1947년 9월, 최고소비에트 의장 안드레이 즈다노프는 언제나 그랬듯이 자신의 주인을 대변하면서 코민포름 창설 대회에 참석한 대표들에게 트루먼 독트린은 적어도 소련에 대한 것인 만큼 영국에 대한 것이기도 하다고 보고하려 했다. 〈왜냐하면 그것은 영국이 지중해와 근동에서 유지했던 세력권에서 축출되었음을 의미하기 때문이다.〉

은 국가 안전 보장 회의에서 이렇게 말했다. 〈걱정스러운 것은 우리가 불장난을 하고 있는데 불을 끌 것이 없다는 사실이다.〉 소련은 그저 마셜 플랜을 받아들이고 대다수 독일인들에게 중립적인 독립국 독일을 원하는 모스크바의 선의를 납득시키기만 하면 되었다. 그렇게 되었다면 1947년에 유럽에서 우세의 향방은 달라졌을 것이다. 마셜이나 베빈, 그들의 조언자들은 그러한 책략을 어떻게 생각하든 막지 못했을 것이다. 스탈린이 그러한 전술적 계산을 할 수 없었다는 사실을 서방의 공으로 돌릴 수 없다. 딘 애치슨Dean Acheson이 다른 계제에 말했듯이, 〈그러한 적을 둘 수 있어서 우리는 운이 좋았다〉.

돌이켜 보건대, 유럽 대륙의 심장부에서 초강대국 독일의 힘을 축소하기 위해 잔혹한 전쟁을 치르고 난 후, 승전국들이 거대한 독일을 억누르기 위한 전후 조치에 합의하지 못하고 결국 그 회복된 힘에서 개별적으로 이득을 취하고자 그 나라를 분할했다는 사실은 다소 역설적이다. 독일이 다시 문제가 되는 일이 없도록 예방할 유일한 방법은 논의의 조건을 바꾸고 그것이 해결책이라고 선언하는 것이었음이 분명해졌다(처음에는 영국에, 그다음에는 미국에, 뒤늦게 프랑스에, 마지막으로 소련에). 이는 불편했지만 어쨌든 효과가 있었다. 점령된 독일에서 영국 정보장교로 복무했던 노엘 애넌은 이렇게 말했다. 〈공산주의를 궁지에 몰아넣자고 히틀러와 기꺼이 함께하려 했던 국민과 동맹을 맺으니 불쾌했다.〉 그러나 독일인들에게 서구식 민주주의 국가를 건설하도록 장려하는 것이 서방이 기대할 수 있는 최선이었다.

5장
냉전의 도래

오스트리아 제국이 무수히 많은 크고 작은 공화국들로 조각나는 광경을 상상해
보라. 세계적인 러시아 군주국을 위해서는 최상의 토대가 아닌가!
— 프란티셰크 팔라츠키(1848년 4월)

유고슬라비아는 그리스의 마케도니아를 취하고자 한다. 유고슬라비아는 알바
니아도 원하며, 심지어 오스트리아와 헝가리의 일부도 원한다. 이는 이치에 맞
지 않는다. 나는 유고슬라비아인들의 행동 방식이 마음에 들지 않는다.
— 이오시프 스탈린(1945년)

소련군이 북해에 도달하는 데에는 장화만 있으면 된다.
— 데니스 힐리

유럽의 질서라는 개념은 독일이 꾸며낸 것이 아니다. 그것은 절대적으로 필요
한 개념이다.
— 폴앙리 스파크(1942년 4월)

이것이 우리가 뼛속 깊이 알고 있는 것이다. 우리는 할 수 없다.
— 앤서니 이튼(1952년 1월)

〈이 전쟁은 과거의 전쟁과 다르다. 영토를 점령하는 자는 누구나 그곳에 자신의 사회 체제도 강요한다. 누구나 자신의 군대가 도달하는 곳까지 그 체제를 강요한다.〉 밀로반 질라스가 자신의 책 『스탈린과 나눈 대화 *Conversations with Stalin*』에서 전한 이오시프 스탈린의 유명한 경구는 독창적인 듯하지만 실제로는 그렇지 않다. 제2차 세계 대전은 군사적 결말이 사회 체제를 결정한 최초의 전쟁이 결코 아니었다. 16세기의 종교 전쟁은 1555년 아우크스부르크에서 끝났는데, 그곳에서 통치자들은 〈지역을 통치하는 자가 종교를 결정한다〉는 원칙에 따라 자신의 영토 안에서 자신이 선택한 종교를 확립할 권한을 획득했다. 그리고 19세기 초 유럽의 나폴레옹 정복 전쟁 초기 단계에서 군사적 성공은 프랑스 모델에 입각한 사회 혁명과 제도 혁명을 매우 빠르게 전파시켰다.

그렇지만 스탈린의 요점은 명확했고, 공산당이 동유럽을 접수하기 한참 전에 질라스에게 분명히 밝혔다. 소련 편에서 보면 전쟁은 독일을 패퇴시키고 서부 국경에서 러시아의 세력과 안전을 회복하기 위해 수행되었다. 독일은 어떻게 되든 상관없었지만, 독일과 러시아를 가르는 지역이 불확실한 상태에 있어서는 안 되었다. 핀란드에서 유고슬라비아까지 북에서 남으로 이어지는 궁형(弓形) 지역은 침략당하기 쉬운 소국들을 포함했는데, 두 대전 사이에 그 정부들은 한결같이 소련에 적대적이었다(체코슬로바키아는 예외였다). 특히 폴란드와 헝가리, 루마니아는 시종일관 모스크바에 우호적이지 않았으며 자국을 향한 소련의 의도를 의심했다. 소련이 선수를 쳐서 병합한 곳이 아닌 지역에서 스탈린이 수용할 수 있는 단 한 가지 결과는 소련의 안전을 결코 위협하지 않을 신뢰할 만한 정권들을 수립하는 것이었다.

그렇지만 그러한 결과를 보장할 유일한 방법은 동유럽 국가들의 정치 체제를 소련 체제에 맞추는 것이었고, 이는 처음부터 스탈린이 원하고 의도하던 바였다. 한편으로 이 일은 매우 간단해 보였을 수 있다. 루마니아나 헝가리의 옛 엘리트들은 신임을 잃었고, 따라서 그들을 제거하고 새로이 시작하기는 어렵지 않았을 것이다. 여러 곳에서 소련 점령군은 처음에는 해방자요 변화와 개혁의 선구자로 환영받았다.

그러나 다른 한편으로 소련은 서쪽 이웃 국가들의 내정에서는 위압적인 군대 주둔 외에 다른 수단을 거의 갖지 못했다. 그 지역 대부분에서 그 이전 사반세기 동안 공산주의자들의 공적 생활과 합법적인 정치 활동은 거의 금지되었다. 공산당이 합법적으로 활동하던 곳에서도 1927년 이후 대부분의 시기 동안 그들은 소련과, 그리고 소련이 강요한 엄격한 종파적 전술과 동일시되었기에 동유럽 정치에서 의미 없는 주변 세력으로 격하되었다. 소련은 모스크바에 피신한 폴란드, 헝가리, 유고슬라비아 그리고 기타 지역의 많은 공산주의자들을 투옥하고 숙청함으로써 동유럽 공산당의 허약성에 가일층 기여했다. 폴란드의 경우 두 대전 사이 폴란드 공산당 지도부가 거의 전부 일소되었다.

따라서 헝가리 공산당 지도자인 라코시 마차시가 1945년 2월 모스크바에서 부다페스트로 돌아왔을 때, 그는 겨우 4천 명에 불과한 헝가리 공산주의자들의 지지 외에는 기대할 것이 없었다. 루마니아에서는 공산당 지도자 아나 파우케르에 따르면 거의 2천 만 명에 달하는 인구에서 공산당원은 채 1천 명도 안 되었다. 불가리아의 상황도 별반 다르지 않았다. 1944년 9월에 공산당원은 약 8천 명을 헤아렸을 뿐이다. 공산당과 승리를 거둔 빨치산 저항 운동이 동일시되었던 보헤미아의 공업 지대와 유고슬라비아에서만 공산주의는 대중적 기반이라 할 만한 것을 보유했다.

따라서 신중하기 이를 데 없고 어쨌거나 여전히 서방 강국들과 협력 관계를 유지하고 있던 스탈린은 처음에는 스페인 내전기에 쌓은 공산당의 경험과 1930년대 인민 전선 시기를 거치면서 이미 친숙했던 전술을 추구했다. 〈인민 전선〉 정부를 수립하고 공산당과 사회당 그리고 여타 〈반파시즘〉 정당들의 제휴를 독려한 이 전술은 혁명적이라기보다는 신중하고 〈민주적〉이며 개혁적이었다. 종전 무렵 혹은 그 직후에 동유럽의 모든 나라에는 그러한 연립 정부가 들어섰다.

유럽을 분열시킨 책임을 둘러싸고 계속되는 학자들 간의 논란을 고려할 때, 스탈린도 동유럽 지역의 대리인들도 자신들의 장기적인 목적에 관해 전혀 의심하지 않았다는 사실을 강조할 필요가 있다. 연립은 공산당이 역사적으로 허약했던 지역에서 권력에 이를 수 있는 길이었다. 연립은 목적을 위한 수단이었을 따름이다. 동독 공산당의 지도자였던 발터 울브리히트는 1945년 추종자들이 당 정책이 곤혹스럽다는 견해를 표명하자 은밀히 이렇게 설명했다. 〈모든 것은 명확하다. 당의 정책은 민주주의적인 정책으로 비쳐야 한다. 그러나 우리가 모든 것을 통제해야만 한다.〉

사실상 통제가 정책보다 더 중요했다. 〈조국 전선〉이나 〈거국일치 내각〉, 〈반파시즘 정당들의 연합〉 등 동유럽의 모든 연립 정부에서 공산당이 몇몇 핵심 부처를 통제하려 한 것은 우연이 아니었다. 신문 발행에 대한 면허의 교부와 철회 권한은 물론 경찰력에 대한 권한을 당에 부여한 내무부, 숙청과 법정과 판사에 대한 통제권을 보유한 법무부, 토지 개혁과 토지 재분배를 관리하면서 수백만 명의 농민에게 호의를 베풀고 그들의 충성을 매수할 위치에 있었던 농업부 등이 바로 그러한 부처들이었다. 공산당은 또한 〈탈나치〉 위원회와 지역 위원회, 노동조합의 핵심 직위에 포진했다.

이와는 반대로 동유럽 공산당은 대통령이나 총리, 외무장관의 직책은 서둘러 요구하지 않았다. 이러한 직책들은 보통 연립 상대편인 사회당이나 농민당, 자유당에게 넘겨주었다. 이러한 상황은 종전 직후 공산당이 소수파로 있던 정부의 직위 배치 경향을 반영했으며 서방측을 안심시켰다. 지역 주민들은 속지 않으려고 나름대로 대책을 강구했으나 공산당의 전략은 여러 점에서 안심해도 될 정도로 온건했다. 공산당은 토지를 집단화하기는커녕 토지를 소유하지 못한 자들에게 분배해야 한다고 주장했다. 〈파시스트〉 재산의 몰수 외에는 국유화나 국가 소유를 강요하지 않았다. 공산당은 확실히 그 이상 요구하지 않았고, 대체로 일부 연립 상대편들보다 요구하는 바가 적었다. 그리고 〈사회주의〉가 목적이라는 말도 없었다.

1945년과 1946년에 공산당이 언급한 목표는 1848년에 완결되지 못한 부르주아 혁명을 〈완수〉하고, 재산 재분배와 평등과 민주주의적 권리가 언제나 충분하지 못했던 일부 유럽에서 그것들을 보장하는 것이었다. 이러한 목표는 적어도 표면적으로는 그럴 듯했으며, 그 지역과 서유럽 내에서 스탈린과 그의 의도를 좋게 생각하고자 했던 많은 사람들에게 매력적이었다. 그러나 정작 공산주의자들의 이러한 목표가 주었던 매력은 동독과 오스트리아, 헝가리에서 치러진 일련의 지방 선거와 전국 선거를 통해 급격하게 감소했다. 그 나라들의 공산당은 영향력 있는 지위로 밀고 들어가는 데는 성공했지만 투표함을 통해 공권력을 장악하지는 못할 것 같다는 사실이 아주 일찍 분명해졌다(헝가리의 경우 1945년 11월에 치러진 부다페스트 지방 선거에서 이 같은 사실이 분명히 드러났다). 공산당 후보들은 군사 점령과 경제 후원이라는 온갖 이점을 지니고도 오랜 전통을 지닌 자유당, 사회 민주당, 농민당 대표들에게 끊임없이 패배했다.

그 결과, 공산당은 선거 대신 공개적인 테러와 탄압이 동반된 은밀한 압박 전략을 채택했다. 1946년에, 그리고 1947년에 들어서도 공산당은 상대편 후보들을 〈파시스트〉나 〈부역자〉라고 비방하면서 협박과 폭행, 체포를 일삼고 재판하여 투옥하거나 심지어 총살하기도 했다. 〈인민〉의용대가 공포와 불안의 분위기를 조성하면, 그다음에 공산당 대변인들이 자신들을 정치적으로 비판하는 자들에게 그 책임을 뒤집어씌웠다. 공산당 출신이 아닌 자로서 공격받기 쉽고 인기 없는 정치인들은 공개적인 비난의 표적이 되었다. 반면 그 동료들은 자신은 당하지 않으리라는 기대 속에 이러한 부당한 대우에 찬성했다. 불가리아에서 일찍이 1946년 여름에 농민연합 상임집행부 22명 중 7명과 집행위원회의 80명 중 35명이 투옥된 것도 이러한 경우였다. 농민연합 소속 기자인 쿠네프에게 씌운 혐의가 전형적인 경우였다. 그는 어느 기사에서 이렇게 비난받았다. 〈명백히 범죄적인 방식으로 불가리아 정부를 정치적·경제적 몽상가라고 칭했다.〉

농민당과 자유당, 여타 주류 정당들은 만만한 표적으로 드러났다. 그들은 파시즘이나 반민족적 정서의 오명을 뒤집어썼고 차례로 무대에서 사라졌다. 공산당의 야심을 가로막은 훨씬 더 복잡한 장애물은 공산당의 개혁적 포부를 공유했던 사회당과 사회 민주당이었다. 중부 유럽이나 동유럽의 사회 민주당원들을 〈파시즘〉이나 부역 혐의로 고발하는 일은 쉽지 않았다. 그들은 대개 공산당원만큼이나 탄압의 희생양이었기 때문이다. 그리고 압도적으로 농촌 사회였던 동유럽에서 산업 노동자 계급은 전통적으로 공산당이 아니라 사회당에 충성했다. 따라서 사회당을 공격하는 일은 쉽지 않았고, 공산당은 대신 그들과 연합하기로 결정했다.

더 정확히 말하자면 사회주의자들로 하여금 자신들과 동맹을 맺도록 했다. 이러한 동맹 전술은 공산당의 전통적인 비책이었다. 1918년부터 1921년까지 레닌의 초기 전술은 유럽의 사회주의 정당들을 분열시킨 다음, 급진 좌파를 새로 형성된 공산주의 운동으로 분봉시키고 나머지 잔당을 반동적이며 역사에 뒤처진 세력으로 비난하는 것이었다. 그러나 이후 20년 동안 공산당이 소수파에 머물자, 모스크바의 방식은 변경되었다. 공산당은 대신 (대개는 더 큰) 사회주의 정당들에 좌파 〈통합〉이라는 전망을 제시했다. 그렇지만 반드시 공산당의 후원을 통해 통합이 이루어져야 했다. 해방 이후 동유럽이 처한 상황에서 이러한 방법은 많은 사회주의자들에게 합리적인 제안으로 보였다.

서유럽에서도 프랑스와 이탈리아 사회당의 몇몇 좌경 당원들은 단일한 정치 세력으로 통합하자는 공산당의 권유에 이끌렸다. 동유럽에서 이러한 압력은 말 그대로 저항할 수 없는 압력이었음이 드러났다. 이 과정은 독일의 소련 점령 지구에서 시작되었다. 점령 지구에서 공산당은 훨씬 더 큰 세력이었던 사회당 〈동맹자들〉과 통합하기로 (1946년 2월 모스크바에서 열린 비밀회의에서) 결정했고, 그 결과 두 달 후 사회주의통일당이 창당되었다(새로이 통합된 정당이 〈공산주의〉라는 낱말을 고의로 피했다는 점이 이러한 통합 사례들의 특징이었다). 이전에 동부 독일에서 사민당을 이끌던 지도자들의 상당수는 통합을 흔쾌히 받아들였으며 새로운 정당과 뒤이어 탄생한 동독 정부에서 존경받는 지위를 얻었다. 새 정당에 이의를 제기하거나 반대했던 사회주의자들은 비난받고 제명되었으며, 최소한 강제로 공적 생활에서 쫓겨나거나 추방되었다.

나머지 소련 진영에서 이와 유사한 공산당과 사회당의 〈연합〉은 약간 더 늦은 1948년 중에 이루어졌다. 루마니아에서는 1948년 2월에, 헝가리와 체코슬로바키아에서는 6월에, 불가리아에서는 8월에, 폴란드에서는 12월에 연합이 이루어졌다. 그때쯤이면 사회당들은 통합 문제를 둘러싸고 분열을 거듭했고, 소멸되기 훨씬 전에 이미 사실상의 정치 세력이 아니었다. 그리고 독일에서 그랬던 것처럼, 공산당에 운명을 걸었던 사회 민주당원들은 곧 무의미한 직위로 보상받았다. 공산주의 국가 헝가리 최초의 수장은 1948년 7월 30일에 임명된 전 사회당원 서커시트시 아르파드였다.

동유럽의 사회 민주당원들은 견딜 수 없는 처지에 놓였다. 서유럽의 사회주의자들은 자주 그들에게 공산당과 통합하라고 권고했는데, 순진하게도 그렇게 함으로써 모두가 다 이익을 보리라고 믿었거나 공산당의 행위를 온건한 방향으로 이끌 수 있으리라고 기대했기 때문이었다. 1947년, 동유럽의 독립적인 사회당들은(즉 공산당 동지들과 협력하기를 거부했던 사회당원들은) 〈진보〉 세력의 동맹에 장애가 된다는 이유로 국제 사회주의 조직에 가입할 수 없었으며, 국내에서는 굴욕과 폭력에 시달렸다. 심지어 공산주의를 받아들인 곳에서도 그들의 상황은 거의 개선되지 않았다. 1948년 2월, 루마니아의 양당 〈통합〉 대회에서 공산당 지도자 아나 파우케르는 사회당원이었던 동료들에 대해 체계적인 방해 공작을 폈고, 반동 정부에 굴종하고 소련을 〈비방〉했다는 죄목으로 고발했다.

공산당은 주요 정적들을 살해하거나 투옥하거나 동화시킨 후에 1947년과 그 이후의 선거에서 정말로 좋은 성과를 거두었다. 잔존한 정적들에 대한 폭력적 공격, 투표소에서 가한 위협, 명백한 개표 부정도 선거 승리에 일익을 담당했다. 선거에 이어 구성된 정부에서는 일반적으로 공산당이나 새로이 결성된 〈노동자〉당 또는 〈통합〉당이 눈에 띄게 두드러졌다. 연립 상대편은 정부에 참여하더라도 의미 없는 명목상의 역할에 머물렀다. 소련은 이처럼 통일전선 동맹으로부터 공산당의 권력 독점으로 이행하는 과정을 관리하면서, 1948년과 1949년에 국가 통제, 집산화, 중간 계급의 파괴, 실제의 적과 가상의

적에 대한 숙청과 처벌이라는 과격한 정책으로 회귀했다.

소련이 동유럽을 지배한 초기 국면에 대한 이 같은 설명은 그 지역의 모든 국가에 공통되는 과정을 기술하고 있다. 스탈린의 계산은 일반적으로 국가별 차이를 무시했다. 스탈린은 공산당이 합법적인 수단이나 외견상 합법적인 수단으로 정당하게 권력을 장악하리라고 기대할 수 있었던 곳에서는 적어도 1947년 가을까지 이러한 방식을 좋아했던 것으로 보인다. 그러나 핵심은 합법성이 아니라 권력이었다. 그렇기에 공산당은 일단 선거에서 승리하여 사법적·정치적 제약을 피할 수 있다는 점이 명확해지면 외국의 공감을 잃더라도 전술을 더 대결적으로 바꾸고 사법적·정치적 제약 따위는 거의 신경 쓰지 않았다.

그럼에도 지역적 편차는 상당했다. 불가리아와 루마니아에서 소련의 지배는 가혹했다. 한편으로는 양국이 소련과 전쟁을 치르기도 했고, 또 한편으로는 현지 공산당이 약했기 때문이기도 했다. 하지만 가장 큰 이유는 두 나라가 처음부터 지리적으로 소련의 영역에 명백하게 할당되었다는 사실에 있었다. 불가리아의 공산당 지도자이자 전임 코민테른 서기장이었던 게오르기 디미트로프는 일찍이 1946년 10월 공산당에 반대하는 당에 투표하는 자는 누구나 반역자로 간주될 것이라고 노골적으로 선언했다. 그랬는데도 공산당 반대파는 차기 총선에서 465석 중 101석을 차지했다. 그러나 반대파의 운명은 이미 결정되어 있었다. 점령군인 소련군과 현지 동맹자들이 모든 반대자를 노골적으로 제거할 수 없었던 유일한 이유는 서방 연합국과 협력하여 불가리아 평화 협정을 체결하고, 공산당이 이끄는 정부가 불가리아의 합법적 권력임을 영-미로부터 승인받아야 했기 때문이었다.

평화 협정들이 체결되자 공산당은 지체 없이 행동에 나섰다. 사건들의 연표는 이 같은 실상을 잘 보여 준다. 1947년 6월 5일, 미국 상원은 소피아와 부쿠레슈티에 주재한 미국 외교관들의 걱정에도 불구하고 불가리아와 루마니아, 헝가리, 핀란드, 이탈리아와 맺은 파리강화조약을 비준했다. 바로 그다음 날, 불가리아의 주요 반공 정치인이었던 농민연합 지도자 니콜라 페트코프가 체포되었다(페트코프는 순응적인 농민연합 당원들과 달리 공산당의 조국전선에 합류하기를 거부했다). 페트코프에 대한 재판은 8월 5일에 시작되어 그달 15일까지 계속되었다. 9월 15일 불가리아 평화 협정이 공식적으로 발효되었고, 나흘 뒤 미국은 소피아 정부를 외교적으로 승인하겠다고 제안했다. 페트코프는 96시간 만에 처형되었다. 미국의 공식적인 성명이 나오기까지 선고가 지연되었기 때문이다. 페트코프가 재판을 받고 살해되자 불가리아 공산당은 더는 장애물을 걱정하지 않아도 되었다. 소련 장군 세르게이 비류조프는 소련군이 〈부르주아〉 정당들에 맞서 싸우는 불가리아 공산당을 지원하는 문제를 논의하면서 이렇게 회고했다. 〈우리에겐 이 비열한 자들을 분쇄하려 애쓰는 불가리아 인민의 노력에 대한 지원을 철회할 권리가 없었다.〉[1]

루마니아 공산당의 지위는 불가리아보다 더 약했다. 불가리아에는 최소한 러시아에 우호적인 감정의 역사가 있어서 공산당이 그 힘에 의지해 볼 수는 있었다. 소련은 (1940년에 강제로 헝가리에 할양된) 북부 트란실바니아의 루마니아 반환을 보장했지만, 소련에 병합된 베사라비아나 부코비나를 되돌려줄 생각은 없었으며 불가리아에 병합된 남동부 루마니아의 남부 도브루자 지역도 반환할 생각이 없었다. 그 결과 루마니아 공산당은 상당한 영토의 손실을 정당하다고 인정할 수밖에 없었다. 두 대전 사이에 소련이 베사라비아와 루마니아 영토를 요구했을 때와 비슷하게 난처한 상황에 처했던 것

1 불가리아는 그 시기에 사실상 열광적인 친독일주의에서 극단적인 소련애호주의로 매우 크게 변했다.

이다.

　루마니아 공산당 지도자들은 적어도 루마니아의 전통적인 기준에 따르면 루마니아인이 아닌 경우가 많았는데, 이 점이 더 나빴다. 아나 파우케르는 유대인이었고, 에밀 보드너라슈는 우크라이나인, 바실레 루카는 트란실바니아계 독일인이라는 배경을 가진 인물이었다. 나머지는 헝가리인이거나 불가리아인이었다. 외국인들이 들어앉아 있는 곳으로 인식된 루마니아 공산당은 소련 군대에 전적으로 의존했다. 국내에서 그들의 생존은 대중의 표를 획득하는 것이 아니라(조금도 실제적인 목표로 여겨지지 않았다) 얼마나 신속하고 효과적으로 국가를 점령하고 반대파인 자유주의 중도파의 〈역사적〉 정당들을 분열시키고 파괴하는가에 달려 있었다. 공산당 지도자들은 이 과제에 매우 정통했음을 입증했다. 일찍이 1948년 3월에 치러진 전국 선거에서 정부 측 후보들은 414석 중 405석을 얻었다. 불가리아와 (엔베르 호자[2]가 남부 토스크 사회를 동원하여 북부 게그의 부족 저항을 막았던 알바니아와) 마찬가지로 루마니아에서도 전복과 폭력은 여러 대안 중 하나가 아니라 권력에 이르는 유일한 방법이었다.

　폴란드도 제2차 세계 대전 이후에는 소련의 영역으로 들어갈 운명이었다. 이는 폴란드가 베를린에서 모스크바에 이르는 길에 놓여 있고, 또한 오랫동안 러시아 제국의 서쪽을 향한 야심을 방해하는 장애물이었으며, 무엇보다 폴란드인 스스로 소련에 우호적인 정부를 선택할 가능성이 거의 없었기 때문이다. 그러나 폴란드와 발칸 국가들을 가르는 차이는 폴란드가 히틀러의 동맹자가 아니라 희생자였다는 사실에 있었다. 수십만 명의 폴란드 병사들이 동부 전선과

　2　1908~1985. 제2차 세계 대전 말부터 1985년에 사망할 때까지 알바니아의 지도자였던 공산당 제1서기. 토스크와 게그는 알바니아어의 두 방언으로 그 방언을 사용하는 주민들을 가리키기도 한다 — 옮긴이주.

서부 전선에서 연합국 군대와 함께 싸웠고, 폴란드인들은 전후의 전망에 기대를 품었다.

실제로 드러난 전망은 그렇게 나쁘지 않았다. 소련 당국이 자신들이 바르샤바에 도착했을 때 미리 준비해 놓은 정부로 집무하게 하려고 1944년 7월에 설립한 〈루블린 위원회〉는 비록 대중적 기반을 확보할 수 없었지만 청년층에서 어느 정도 지지를 얻었다. 이는 폴란드 공산당이 소련의 〈호의〉로부터 다소간 실질적인 혜택을 입었다는 증거였다. 독일의 실지(失地) 탈환 정책에 대한 효과적인 방어(당시에는 진정한 고려 사항이었다)를 보장받았으며, 국가 간 교환 정책을 통해 폴란드에 잔존한 우크라이나 소수 민족이 〈일소〉되었고, 동부 출신의 폴란드 소수 민족이 새로운 국경선 안에 재정착했다. 이러한 사정 덕에 변방의 폴란드 공산주의자들은 명백한 약점에도 불구하고(이들도 다수가 유대계였다) 폴란드 민족의 전통에서, 심지어 민족주의적인 정치적 전통에서도 자리를 요구할 수 있었다.

그렇지만 폴란드 공산당도 선거에서는 언제나 하찮은 소수당이었다. 스타니스와프 미코와이치크의 폴란드 농민당은 1945년 12월에 당원 수가 약 60만 명을 헤아렸는데, 이 수치는 공산주의자들의 폴란드 노동당(1948년 12월 사회주의자들을 흡수한 뒤에는 폴란드 통합노동당으로 당명이 바뀌었다) 활동가들 수의 열 배였다. 그러나 전시 망명정부의 총리였던 미코와이치크는 자신의 정당이 폴란드인의 정당답게 나치와 소련 둘 다 반대해야 한다고 주장함으로써 치명적인 약점을 드러냈다.

스탈린은 훗날의 사건들이 보여 주듯이 폴란드 〈사회주의〉의 성공 여부에 다소 무관심했다. 그러나 폴란드의 정책, 특히 외교 정책의 전반적인 기조에는 결코 무관심하지 않았다. 실제로 독일이 고립되면서 폴란드의 외교 정책은 적어도 유럽에서는 스탈린에게 다른 무엇보다 중요했다. 그 결과 농민당은 꾸준히 밀려났고 그 지지자들은 협박을 받았으며 그 위신은 공격당했다. 1947년 1월, 조작된 것이 명백한 의회 선거에서 공산당이 이끌던 〈민주연합〉은 80퍼센트를, 농민당은 겨우 10퍼센트를 득표했다.[3] 아홉 달 뒤 생명의 위협을 느낀 미코와이치크는 폴란드를 떠났다. 전시 국내군은 공산당 당국에 맞서 몇 년 더 게릴라전을 수행했으나, 그들의 싸움도 절망적이기는 마찬가지였다.

폴란드의 정치 상황에 대한 소련의 관심은 너무나 분명했기에 폴란드가 전시에 얄타 회담 전후로 지녔던 환상은 비실제적인 것으로 보일 수 있다. 반면 헝가리에서 〈헝가리식 사회주의의 길〉이란 개념은 완전히 공상적이지만은 않았다. 전후 헝가리는 이를테면 소련군이 서쪽의 오스트리아로(나중에 남쪽의 유고슬라비아로) 이동할 필요가 있을 경우 안전한 통로로서 중요했다. 대중이 공산당을 전폭적으로 지지했더라면, 소련의 고문들은 〈민주적〉 전술을 기꺼이 실제보다 더 오래 끌고 가려 했을 것이다.

그러나 헝가리에서도 공산당은 늘 인기가 없었다. 심지어 부다페스트에서도 그랬다. 소농당은(다른 나라의 농민당과 동일한 정당) 반동세력으로, 심지어 파시스트로 낙인 찍혔는데도 1945년 11월에 실시된 전국 선거에서 절대 과반수를 확보했다. 사회당의 지원을 받은 공산당은(사회당 지도자인 케트히 안너는 공산당이 창피를 무릅쓰고 선거 부정을 저지르리라고는 믿지 않았다) 소농당 대표 몇 명을 의회에서 축출하는 데 성공했고, 그들의 지도자인 코바치 벨러는 1947년 2월에 음모죄와 소련군에 해로운 간첩 행위를 한 죄로 고발당했다(코바치는 시베리아로 유배되었다가 1956년에 돌아온다). 공산당원 내무장관인 러이크 라슬로가 파렴치하게 조작한 1947년 8월

3 무장한 러시아인들이 폴란드의 중대한 선거를 감독한 것이 이번이 처음은 아니었다. 1772년에 치러진 의회 선거에서 폴란드인들이 나라의 분할을 결정할 대표들을 뽑을 때 외국 군대는 원하던 결과를 보장받기 위해 위협적으로 대기하고 있었다.

의 새 선거에서 소농당의 득표율이 15퍼센트로 감소했는데도 공산당은 고작 22퍼센트를 확보하는 데 그쳤다. 이러한 상황에서 사회주의에 이르는 헝가리의 방식은 동쪽 이웃 국가들의 방식에 급속하게 수렴되었다. 1949년 5월에 치러진 차기 선거에서 〈인민 전선〉은 95.6퍼센트의 득표로 신임을 받았다.

돌이켜 보건대 1945년 이후 민주주의적 동유럽을 기대하는 일은 언제나 절망적이었음을 쉽게 알 수 있다. 중부 유럽과 동유럽에는 토착 민주주의 전통이나 자유주의 전통이 부재했다. 두 대전 사이에 이 지역 정권들은 부패하고 권위주의적이었으며 어떤 경우에는 잔학하게 사람들을 죽이기도 했다. 과거의 지배 계층은 흔히 돈으로 매수되었다. 두 대전 사이의 진정한 지배 계급은 관료였다. 관료를 배출한 사회 계급은 공산 국가에도 행정 간부를 공급하게 된다. 권위주의적 후진국에서 공산당의 〈인민 민주주의〉로 이행하는 과정은 〈사회주의〉의 그 모든 수사적 표현과 무관하게 매우 짧은 기간에 쉽게 이루어졌다. 역사가 그렇게 방향을 바꾼 것은 그다지 놀랍지 않다.

더군다나 루마니아, 폴란드, 헝가리에서 1939년 이전의 정치가와 정책으로 되돌아간다는 것은 생각할 수 없는 일이었다. 하지만 공산주의 외에는 별다른 대안이 없었기 때문에 반공산주의는 약화될 수밖에 없었다. 적어도 1949년 이후 소비에트의 테러가 그 전모를 드러낼 때까지 이러한 사정은 크게 변하지 않았다. 프랑스 공산당 지도자 자크 뒤클로는 1948년 7월 1일 공산당 일간지 『뤼마니테 *L'Humanité*』에서 이 나라들이 끔찍했던 과거로 회귀하지 않고 독립을 지키려면 소련을 보증인으로 내세우는 것이 최선의 방법이 아니겠느냐고 음흉한 질문을 던졌다. 사실 당대의 많은 사람들은 사태를 정확히 그렇게 이해했다. 처칠도 마찬가지였다. 〈언젠가 독일인들은 영토의 반환을 원할 것이고, 폴란드는 그들을 막을 수 없을 것이다.〉

그 시점에서 소련은 루마니아와 폴란드의 새로이 확정된 국경의 보호자를 자처했다. 그 지역 전역에서 추방된 독일인 등에게서 빼앗아 재분배한 토지는 말할 것도 없었다.

이는, 비록 필요했던 일이었지만, 소련군이 어디에나 있음을 일깨웠다. 우크라이나 제3전선의 제37군은 1944년 9월에 루마니아를 점령하고 있던 부대에서 파견되어 불가리아에 주둔했고, 1947년에 강화조약이 체결될 때까지 그곳에 머물렀다. 소련군은 헝가리에 1950년대 중반까지(그리고 1956년 이후 다시), 루마니아에는 1958년까지 주둔했다. 독일 민주 공화국은 40년에 달하는 그 존속 기간 내내 소련군이 점령하고 있었으며, 소련군 부대는 정기적으로 폴란드 국경을 통과했다. 소련은 그 지역을 떠날 의사가 없었다. 따라서 그곳의 미래는 훗날 발생한 사건들이 보여 주듯이 거대한 이웃 국가의 운명과 긴밀하게 결합되었다.

물론 체코슬로바키아는 뚜렷한 예외였다. 많은 체코인들은 러시아를 해방자로 환영했다. 그들은 자국을 히틀러에게 넘긴 뮌헨협정 때문에 서유럽 열강에 아무런 환상도 품지 않았으며, 에드바르트 베네시의 런던 망명 정부는 1945년이 되기 훨씬 전부터 소련과 주저 없이 친분을 유지한 유일한 정부였다. 1943년 12월 베네시는 몰로토프에게 이렇게 자신의 입장을 표명했다. 〈중대한 문제들에 관하여 (우리는)…… 언제나 소련 정부 대표들이 동의할 만한 방식으로 말하고 행동할 것이다.〉 베네시는 러시아나 소련에 포위되어 있는 위험성을 그의 조언자인 작고한 대통령 토마시 마사리크만큼 경계하지는 않았던 것 같다. 그러나 베네시도 바보는 아니었다. 체코슬로바키아가 소련과 우호 관계를 맺으려 했던 이유는 1938년 이전 프랑스와 긴밀한 유대를 맺으려 했던 이유와 똑같았다. 체코슬로바키아는 중부 유럽의 공격받기 쉬운 소국이었고 보호자가 필요했다.

체코슬로바키아는 역사적으로 다원주의적인 정치 문화를 지녔고 도시와 산업이 발달한 나라였다. 전쟁 이전에는 자본주의 경제가 번성했고 전후에는 서유럽 지향적인 사회 민주주의 정책이 존재했다. 체코슬로바키아는 이처럼 여러 면에서 〈동〉유럽 국가들 중 가장 서구적이었지만 1945년 이후 소련의 영토 〈조정〉으로 동쪽 끝의 카르파티아-루테니아를 상실하면서도 역내에서 소련의 가장 가까운 동맹국이 되었다. 동유럽과 남동부 유럽의 전시 망명 정부의 총리들 중 유일하게 베네시만 자신의 정부와 함께 귀국할 수 있었던 이유도 바로 여기에 있다. 1945년 4월 베네시는 7명의 공산당원과 11명의 다른 정당 출신 인사들로 정부를 구성했다.

클레멘트 고트발트의 지도를 받던 체코 공산당은 선거로 권력을 장악할 기회가 왔다고 믿었다. 전쟁 이전에 치러진 마지막 선거였던 1935년 선거에서 체코 공산당은 84만 9천 표(전체의 10퍼센트)를 획득하는 상당한 성과를 거두었다. 그들은 소련군에 의존하지도 않았다. 소련군은 1945년 11월 체코슬로바키아에서 철수했기 때문이다(다른 곳과 마찬가지로 프라하에도 소련이 외교 조직을 통해 비밀경찰을 유지하고 있기는 했다). 비록 심리적으로는 부담이 되었지만 진정으로 자유로웠던 1946년 5월의 선거에서 체코슬로바키아 공산당은 보헤미아·모라비아의 체코 선거구에서 40.2퍼센트를, 대체로 가톨릭 농촌 지역인 슬로바키아에서 31퍼센트의 표를 획득했다. 더 나은 성적을 낸 정당은 슬로바키아 민주당뿐이었는데, 그 호소력은 당연히 주민의 3분의 1을 차지하는 슬로바키아인들에 국한되었다.[4]

체코 공산당은 성공이 지속되리라고 기대했다. 그렇기에 그들은 마셜 원조의 가능성을 처음에는 환영했으며, 향후 선거 전망을 강화하기 위해 대대적인 당원 모집 운동에 착수했다. 총인구가 1200만 명에 불과한 나라에서, 당원 수는 1945년 5월 약 5만 명에서 1946년

---

4 체코 지역의 농민당과 그 협력자인 슬로바키아의 인민당은 나치 정책을 묵인했다는 이유로 전후에 정당 활동이 금지되었다.

4월 122만 명으로 증가했고 1948년 1월 131만 명에 이르렀다. 공산당은 지지를 확보하기 위해 확실히 보호와 압박의 수단을 이용했을 뿐 그 이상을 강구하지는 않았다. 그리고 다른 곳에서 그랬던 것처럼 필수적인 부처를 장악하고 경찰 등 핵심적인 직책에 당원을 앉히는 예방책을 강구했다. 그러나 체코슬로바키아의 토착 공산당원들은 1948년의 선거를 기대하며 동쪽 국가들의 방식과는 여전히 많이 달라 보이는 〈체코식 길〉을 통해 정권을 완전히 장악할 준비를 하고 있었다.

체코슬로바키아 공산당이 아무런 도움을 받지 않고도 승리하리라는 고트발트의 확신을 소련 지도부가 믿었는지는 확실하지 않다. 그러나 적어도 1947년 가을까지 스탈린은 체코슬로바키아를 내버려 두었다. 체코인들은 주데텐란트의 독일인을 내쫓았으며(이 때문에 그들은 독일의 적의에 노출되었고 따라서 소련의 보호에 한층 더 의존해야만 했다), 경제 계획과 국유화, 근면한 노동에 대한 전후 베네시 정부의 강조는 소련 초기 스타하노프 운동[5]의 수사적 표현과 분위기를 생각나게 했다. 프라하의 거리에는 공산당이 권력을 독점하기는커녕 정권도 수립하지 못했던 때부터 베네시 대통령의 초상과 나란히 스탈린의 초상이 걸려 있었다. 1947년 여름, 외무장관 얀 마사리크와 그의 동료들은 모스크바의 명령에 따라 망설이지 않고 마셜 원조를 거부했다. 요컨대 스탈린은 체코슬로바키아의 처신에서 불평할 것이 없었다.

그럼에도 1948년 2월 공산당은 프라하에서 정치 쿠데타를 실행에 옮겼으며, 비공산당 출신 장관들이 (공산당원의 경찰 침투라는 중요하지만 모호한 문제를 두고) 신중하지 못하게 사임한 것을 이용하여

5 1935년 2차 5개년 계획 중에 시작된 사회주의적 경쟁 운동. 여섯 시간 만에 102톤의 석탄을 캐내어 할당량의 열네 배에 이르는 성과를 냈던 알렉세이 스타하노프의 이름을 따라 명명되었다 — 옮긴이주.

국가의 통제권을 장악했다. 프라하의 쿠데타는 엄청나게 중요했다. 정확히 쿠데타가 소련에 매우 우호적이며 어느 정도 민주적인 국가에서 발생했기 때문이었다. 이 쿠데타에 서방 연합국들은 정신이 번쩍 들었다. 서방은 그 사건으로부터 공산주의가 서진하고 있다고 추론했다.[6] 쿠데타는 핀란드인들을 구원했다. 스탈린은 체코의 쿠데타로 독일 등지에서 초래된 문제들 때문에 헬싱키와 타협하여 우호조약을 체결할 수밖에 없었다(처음에는 사회 민주당을 분열시켜 그들을 〈핀란드 국민 방위 동맹〉의 공산주의자들과 결합하는 동유럽식 해결책을 핀란드에 강요하려 했다. 물론 권력은 공산주의자들이 차지할 터였다).

프라하의 사건은 서유럽 사회주의자들에게 동유럽의 정치 현실에 눈뜨게 했다. 1948년 2월 29일, 연로한 레옹 블룸은 프랑스 사회주의 신문인『르 포퓔레르 *Le Populaire*』에 매우 영향력 있는 글을 기고했다. 블룸은 서유럽 사회주의자들이 동유럽 동료들의 운명에 관해 거리낌 없이 말하지 못했다고 비판했다. 프라하 덕에 프랑스와 이탈리아, 그 밖에 다른 곳의 비공산주의 계열의 좌파 상당수가 이제 서방 진영에 확고히 자리 잡게 되었다. 그 결과 소련의 영향력 밖에 있던 나라들에서 공산당은 고립되고 점차 무력해졌다.

만일 스탈린이 이러한 결과를 완벽하게 예상하지 못한 채 프라하 쿠데타를 공작했다면, 이는 그가 자신의 의지를 어떤 식으로든 소련 진영 전체에 강행하려는 계획을 갖고 있었기 때문이 아니었다. 체코슬로바키아가 큰 구도에서 매우 중요했기 때문도 아니었다. 프라하에서 발생한 일은, 그리고 이전의 동맹국들에 대한 소련의 정책이 방해와 이의 제기에서 공공연한 대결로 빠르게 변하고 있었던 독일

6 서유럽의 여론은 1948년 3월 10일 마사리크의 사망에도 영향을 받았다. 마사리크는 외무부에 있는 자신의 방 창문에서 바닥으로 〈추락〉했다고 전해졌다. 사망의 정확한 정황은 전혀 밝혀지지 않았다.

에서 동시에 벌어지고 있던 일은 스탈린이 초기의 방식과 전략으로 회귀한 결과였다. 일반적으로 말하자면, 이러한 전환은 스탈린이 유럽과 독일의 문제를 원하는 대로 처리할 수 없었던 자신의 무능력에 불안을 느꼈기 때문에 초래되었다. 또한 유고슬라비아 사태로 점점 더 초조해졌기 때문이기도 한데, 이것이 더 큰 이유였다.

1947년, 요시프 브로즈 티토가 지도하는 유고슬라비아 공산당 정권은 독특한 지위를 차지하고 있었다. 유고슬라비아 공산당은 유럽 공산당 중에서 유일하게 지역의 동맹국들이나 외국의 도움에 의존하지 않고 그들만의 힘으로 권력을 장악했다. 영국은 1943년 12월 공산당의 경쟁자인 체트니치 빨치산에 대한 지원을 중단하고 티토를 지지하기로 입장을 바꾸었다. 종전 직후 구제 부흥 사업국이 유럽의 다른 어느 곳보다 유고슬라비아에 더 많은 자금을(4억 1500만 달러) 지원했으며, 그중 75퍼센트가 미국 돈이었다. 그러나 당대인들에게 중요했던 것은 유고슬라비아 공산당 빨치산만이 독일과 이탈리아 점령군에 맞서 성공적으로 저항했다는 사실이었다.

승리에 고무된 티토의 공산당은 해방된 동유럽의 다른 곳에서 형성되던 성격의 동맹에 전혀 관계하지 않았고, 즉시 모든 적들을 파괴하는 데 착수했다. 1945년 11월, 전후 처음으로 치러진 선거에서 유권자들은 분명한 선택을 제시받았다. 티토의 〈인민 전선〉인가……아니면 공개적으로 〈반대파〉라는 딱지가 붙은 무덤인가? 1946년 1월, 유고슬라비아 공산당은 소련을 직접적인 모델로 삼아 헌법을 채택했다. 티토는 정적들의 대량 체포와 구금, 처형 그리고 토지의 집단 농장화를 강행했다. 인접한 헝가리와 루마니아의 공산당이 여전히 융통성이 있다는 이미지를 보여 주기 위해 조심스럽게 처신할 때였다. 유고슬라비아는 유럽 공산주의에서 최첨단을 걷고 있었다.

유고슬라비아 공산당이 전략적으로 중요한 지역을 확실하게 장악한 것은 표면적으로 소련에 유리해 보였다. 소련과 유고슬라비아 사이의 관계는 따뜻했다. 소련은 티토와 그의 당을 무조건 칭찬했으며 그들의 혁명적 성과에 크게 열광했다. 유고슬라비아를 다른 나라들이 본받아야 할 모범으로 추켜세웠다. 그에 대한 답례로 유고슬라비아 지도자들은 기회가 있을 때마다 소련에 경의를 표하고 있음을 강조했다. 그들 스스로 볼셰비키의 혁명 모델과 혁명 정부를 발칸반도에 도입했다고 생각했다. 밀로반 질라스는 이렇게 회상했다. 〈우리는 모두 정신적으로 이미 (소련을) 좋아하게 되어 있었다. 그리고 우리는 모두 그 강대국의 충성 표준만 아니었다면 계속 소련에 헌신했을 것이다.〉

그러나 유고슬라비아의 볼셰비즘에 대한 헌신은 스탈린의 관점에서는 언제나 조금은 〈지나치게〉 열성적이었다. 앞서 보았듯이 스탈린은 혁명보다 권력에 관심이 더 많았다. 소련이 공산당의 전략을 결정해야 했고, 언제 온건한 방법을 요구하고 언제 과격한 방침을 채택해야 할지도 소련이 결정해야 했다. 소련은 세계 혁명의 기원이자 원천으로서 혁명의 한 가지 모델이 아니라 유일한 모델이었다. 적절한 상황이 오면 작은 공산당들은 선례를 따를 수 있었지만 소련의 손아귀에서 벗어나면 안 되었다. 이는 스탈린이 보기에 티토에 늘 붙어 다녔던 약점이었다. 남동부 유럽에 공산주의의 표준을 세우려는 야심을 지녔던 이 전직 빨치산 장군은 소련의 예상을 앞질렀다. 혁명의 성공으로 자만에 빠진 티토는 왕보다 더한 왕정주의자가 되고 있었다.

스탈린이 〈미숙한〉 티토에 좌절했다는 기록은 일찍이 1945년 1월에 찾아볼 수 있지만, 그가 이러한 결론에 갑자기 도달하지는 않았다. 티토가 자만하여 유고슬라비아의 자생 혁명을 소련 혁명의 대항 모델로 내세우고 있다는 의견이 모스크바에서 강했지만, 스탈린과 티토 사이의 불화는 지역 정책의 실제적인 문제들에서 발생했다. 티토 치하의 유고슬라비아는 알바니아와 불가리아, 그리고 그리스의 일부를 확대된 유고슬라비아로 병합하여 새로운 〈발칸 연방〉을 수립하려는 야심을 품었다. 발칸반도의 초기 역사에 뿌리를 둔 이러한 생각은 유고슬라비아의 국경 너머에서도 어느 정도 호소력이 있었다. 발칸 연방은 소피아의 공산당 지도자 중 한 명인 트라이초 코스토프가 볼 때 불가리아에 경제적으로 의미가 있었으며, 전쟁을 앞두고 그 나라들의 전망을 심히 어지럽혔던 소국 민족주의와의 더욱 철저한 결별을 상징했다.

스탈린은 처음에는 발칸 연방에 관한 논의에 반대하지 않았고, 코민테른에서 스탈린과 막역한 사이였으며 불가리아 공산당의 최초 지도자였던 게오르기 디미트로프는 1948년 1월까지도 그 가능성에 대해 공공연히 이야기했다. 그러나 남동부 유럽의 모든 나라를 공산당이 통치하는 공동의 연방 제도로 포괄한다는 이 매력적인 계획에는 두 가지 문제가 있었다. 지역 공산당들의 상호 협력의 토대로 첫발을 내딛은 것이, 스탈린의 의혹에 찬 시선에는, 그중 한 나라가 지역의 헤게모니를 장악하려는 시도처럼 비친 것이다. 스탈린이 머지 않아 티토의 야심을 꺾으려 했던 이유는 아마도 이 한 가지 때문이었을 것이다. 그러나 결정적으로 티토는 서방에서도 스탈린에게 곤란한 문제들을 만들고 있었다.

유고슬라비아는 그리스의 폭동을 공개적으로 지지하고 조장했다. 1944년에도 그랬거니와 3년 뒤 그리스 내전이 재차 불붙었을 때도 그랬다. 후자가 문제였다. 그 지원은 티토의 다소 자아도취적인 행동주의에(그리스 공산당이 자신의 성공을 모방하도록 돕는 것) 부합했으며, 분쟁 대상인 그리스 마케도니아Greek Macedonia의 〈슬라브인〉 지역에서 유고슬라비아의 이익을 확보한다는 생각도 있었다. 그러나 처칠과 트루먼이 분명하게 밝혔듯이 그리스는 서방의 관심 영역이었다. 스탈린은 그리스를 두고 서방을 도발하는 데는 관심이 없었다. 그리스는 스탈린에게 부차적인 문제였다. 그리스 공산당은 순진하게도 봉기를 일으키면 소련이 지원하리라고, 나아가 소련군이 개입하리라고 기대했다. 그러나 그럴 가능성은 전혀 없었다. 오히려 반대로 스탈린은 그리스 공산당을 잃어버린 대의를 추구하는 모험적인 오합지졸로 여겼으며 미국의 개입을 초래할 가능성이 높다고 보았다.

그러므로 티토가 도발적으로 그리스의 반란자들을 지원하자 스탈린은 짜증이 났고(스탈린은 유고슬라비아의 지원이 없었다면 그리스의 복잡한 사태는 오래전에 평화적으로 해결되었으리라고 추론했는데, 이는 옳은 판단이었다)[7], 발칸반도의 신참과 스탈린의 관계는 더욱 소원해졌다. 그러나 티토가 스탈린을 당혹하게 만들고 흥분한 영-미를 더욱 자극한 곳은 남부 발칸만이 아니었다. 트리에스테와 이스트리아반도에서 유고슬라비아의 영토에 대한 야망은 이탈리아 강화조약에 관한 연합국의 합의를 방해했다. 1947년 9월 마침내 강화조약이 체결되었을 때, 트리에스테 지역의 미래는 결정되지 않았고, 연합군이 유고슬라비아의 지배를 막기 위해 그곳에 계속 주둔했다. 인접한 오스트리아 남단의 카린티아에서 티토는 유고슬라비아에 유리한 영토상의 해결을 요구했던 반면, 스탈린은 미해결의 현상 유지를 원했다(그렇게 되면 동부 오스트리아에, 따라서 헝가리에도 군대를 유지할 수 있었으므로 명백히 소련에 이익이었다).

이런 식으로 티토는 유고슬라비아의 영토회복주의와 빨치산의 혁명적 열정을 결합하여 스탈린을 점점 더 난처하게 했다. 『영국 공식 제2차 세계 대전사 *Official British History of the Second World War*』에 따르면 1945년 5월 이후 서방 군부에서는 제3차 세계 대전이 곧

---

7 티토가 스탈린과 관계를 절연하고 난 뒤 1949년 7월 유고슬라비아에 접한 그리스 국경을 봉쇄하자, 그리스 공산당의 저항은 즉시 붕괴되었다.

발발한다면 트리에스테 지역에서 시작될 것이라는 믿음이 널리 퍼져 있었다. 그러나 스탈린은 제3차 세계 대전을 일으킬 생각이 없었으며, 북동부 이탈리아의 어느 구석에 있는지도 모르는 땅을 두고는 분명 더욱 그럴 생각이 없었다. 스탈린은 또한 이탈리아 공산당이 평판이 안 좋은 이웃 공산 국가의 영토적 야망 때문에 곤경에 빠지는 꼴을 보고 싶지 않았다.

이 모든 이유에서 스탈린은 개인적으로 이미 1947년 여름이면 유고슬라비아에 격노한 상태에 있었다. 불가리아 수도의 철도역이 스탈린과 디미트로프의 포스터뿐만 아니라 티토의 포스터로 뒤덮인 것이나 헝가리 공산당이 유고슬라비아식 공산주의 통치의 모방을 말하기 시작한 것도 스탈린을 기쁘게 했을 리 없다. 전하는 바에 따르면 노예처럼 굴종했던 라코시조차 1947년 말 모스크바 회의 때 스탈린의 면전에서 티토를 칭찬했다. 티토는 소련과 서방 연합국의 외교적 관계에서 골칫거리였고, 국제공산주의 운동 내부에 불화를 야기했다.

외부에서 볼 때, 공산주의 체제는 〈중앙〉인 소련이 결정하여 운영하는 단일한 국가나 마찬가지였다. 그러나 스탈린이 보기에 사정은 더 복잡했다. 1920년대 말부터 전쟁이 발발할 때까지 소련은 사실상 중국을 제외한 전 세계 공산주의 운동을 지배했다. 그러나 전쟁으로 모든 것이 변했다. 소련은 독일에 항전하면서 애국심과 자유, 민주주의, 그 밖에 여러 가지 〈부르주아적〉 목표에 호소할 수밖에 없었다. 공산주의는 혁명의 칼날을 잃어버렸고, 의도적으로 폭넓은 반파시즘 동맹의 일부가 되었다. 이는 물론 전쟁 이전의 인민 전선 전술이기도 했지만, 1930년대에 소련은 재정 지원과 사적인 개입, 테러를 통해 외국의 정당들을 엄격하게 통제할 수 있었다.

그러나 1943년 코민테른의 붕괴가 상징하듯이 소련은 전쟁을 치르며 통제력을 상실했고, 이는 종전 직후에 완전히 회복되지 않았다. 유고슬라비아 공산당은 유럽에서 유일하게 소련의 개입 없이 권력을 장악한 공산당이었지만, 이탈리아와 프랑스에서도 공산당은 소련에 계속 충성하면서도 외부의 조언이나 명령을 받지 않고 일상의 토대 위에서 활동했다. 이탈리아와 프랑스의 공산당 지도자들은 스탈린의 의도에 내밀히 관여하지 않았다. 이들은 체코 공산당처럼, 그러나 그들보다는 소련의 지도를 더 적게 받으며, 나름대로 프랑스식 또는 이탈리아식 〈사회주의에 이르는 길〉을 추구했다. 연정에 참여하고 국민적 목표와 공산주의의 목표를 아무 문제없이 양립 가능한 것으로 취급했다.

이 모든 것은 1947년 여름부터 변했다. 1947년 5월 프랑스 정부와 이탈리아 정부에서 공산당 출신 장관들이 축출되었다. 이는 갑자기 닥친 일이었고, 프랑스 공산당 지도자인 모리스 토레즈는 자신의 당이 곧 연립 정부에 재차 합류하리라는 기대를 한동안 버리지 않았다. 1947년 6월 스트라스부르에서 개최된 당 대회에서 토레즈는 전면적인 반대를 옹호하는 자들을 〈모험가들〉로 평했다. 서유럽의 공산당들은 마셜 플랜에 어떻게 대응해야 할지 확신을 갖지 못했으며, 스탈린의 거부에서 뒤늦게 단서를 얻었을 따름이었다. 소련과 서유럽 공산당 사이의 의사소통은 대체로 빈약했다. 프랑스 공산주의자들이 공직에서 쫓겨난 후, 소련 최고소비에트 의장 안드레이 즈다노프는 토레즈에게 비밀 서신을 보냈다(체코 공산당 지도자인 고트발트에게 편지의 사본을 보냈다는 점이 의미심장하다). 〈많은 사람들은 프랑스 공산당의 처신이 (우리와) 협의하여 나온 결과로 생각한다. 그러나 당신도 알다시피, 이는 사실이 아니며 당신들이 취한 조치는 중앙위원회에서 경악 그 자체였다.〉

서유럽의 공산당들은 분명하게 하강 곡선을 탔다. 토레즈에게 서신이 발송된 지 몇 주 지나지 않은 6월 2일, 소련은 동유럽 국가들과 통상조약을 체결하고 있었다. 통상조약 체결은 마셜 플랜과 그것이 동유럽 지역에서 소련의 영향력에 가한 위협에 대처하기 위한 공동 대응의 일환이었다. 그때까지 스탈린의 암묵적 동의를 받아 프라하와 파리, 로마에서 추진된 협력 정책은 즈다노프가 화해할 수 없는 두 개의 〈진영〉 이론을 공표함으로써 신속하게 대결 정책으로 대체되었다.

스탈린은 새로운 방법을 실천하기 위해 1947년 9월 말에 폴란드의 슈클라르스카 포렝바에서 회의를 소집했다. 폴란드와 헝가리, 루마니아, 불가리아, 체코슬로바키아, 유고슬라비아, 프랑스, 이탈리아의 공산당이, 그리고 당연히 소련 공산당도 초청되었다. 회의가 내세운 표면상의 목적은 〈코민포름〉의 창설이었다. 코민테른을 계승한 단체인 이 조직의 과제는 국제 공산주의 활동을 〈조정〉하고 모스크바와 위성 정당들 사이의 의사소통을 개선하는 일이 될 터였다. 그러나 그 회의와 (겨우 세 번 모이고 1956년에 해체된) 코민포름의 진정한 목적은 국제 공산주의 운동에서 소련의 지배를 재확립하는 것이었다.

스탈린은 20년 전에 볼셰비키 당 내부에서 그랬던 것과 똑같이 〈우파〉 일탈자들의 평판을 깎아내리고 그들에게 형벌을 가하는 작업에 착수했다. 슈클라르스카 포렝바에서 프랑스와 이탈리아의 대표들은 유고슬라비아 대표인 에드바르트 카르델과 밀로반 질라스의 혁명 전략에 관한 거만한 강의를 들어야만 했다. 즈다노프와 게오르기 말렌코프를 비롯한 소련의 대표들은 두 사람의 모범적인 〈좌익 사상〉을 특별히 언급하여 칭찬했다. 서유럽 공산당들은 (명백히 비판의 표적이었던 체코 공산당과 슬로바키아 공산당 대표들과 더불어) 허를 찔렸다. 그들이 국내 정치에서 추구했던 종류의 평화 공존은 끝났다. 〈반제국주의 민주 진영〉(즈다노프가 한 말이다)이 형성되고 있었으며, 새로운 노선을 따라야 했다. 차후 소련은 공산당들이 소련의 이익에 더 많은 주의를 기울이고 자국의 고려 사항보다 소련의 이익을 우선할 것을 바랐다.

슈클라르스카 포렝바 회의 이후 공산당의 전술은 도처에서 대결로 바뀌었다. 마셜 플랜에 반대하는 파업과 시위, 캠페인이 벌어졌으며, 동유럽에서는 권력 장악이 가속화되었다. 프랑스 공산당 중앙위원회는 1947년 10월 29일과 30일에 파리에 모여 과거에 동맹자였던 사회당의 명예를 실추시키기 위한 작업에 공식적으로 착수했다. 이탈리아 공산당의 전술 전환에는 시간이 좀 더 걸렸지만, 1948년 1월에 개최된 당 대회에서 이탈리아 공산당도 〈새로운 노선〉을 채택했고, 그 초점은 〈평화를 위한 투쟁〉이 될 것이었다. 그 결과, 서유럽 공산당들은 분명하게 상처를 입었다. 그들은 국내 정치에서 뒤처졌으며, 이탈리아의 경우 바티칸과 미국 대사관이 반공산주의 진영 편으로 폭넓게 개입한 1948년 총선거에서 큰 타격을 입었다.[8] 그러나 그것은 중요하지 않았다. 즈다노프의 〈두 진영〉 이론에 따르면, 서방의 공산당들은 이제 부차적인 훼방꾼의 역할만 위임받았다.

그때까지 스탈린 외교에 장애물이었던 유고슬라비아의 극단적 혁명주의가 이제는 자산이 되리라고 생각할 수 있었다. 그리고 유고슬라비아 공산당에 주역이 맡겨진 슈클라르스카 포렝바 회의에서는 실제로 그렇게 보였다. 그 밖의 다른 나라 대표들은 유고슬라비아가 슈클라르스카 포렝바에서 보인 짐짓 겸손한 체하는 우월감과 특권을 결코 용서하지 않았음이 분명했다. 소련과 유고슬라비아 사이가 틀어진 뒤 도처의 공산당들은 너무나 기뻐 〈티토주의적 일탈〉을 비난했으며, 망신을 당한 발칸반도의 동지를 비방하고 경멸하는 데에는 소련의 격려도 거의 필요 없었다.

그러나 티토와 스탈린 사이의 불화는 1948년 2월에 스탈린이 발칸 연방 개념을 비난하고 다음 달 소련이 무역 협상을 철회한 데 이

---

8 이탈리아 공산당의 득표는 1948년 선거에서 약간 증가했으나 사회당의 표는 크게 감소했다. 승리한 기독교 민주당의 표는 좌파의 표를 모두 합친 것보다 400만 표나 많았다.

어 베오그라드의 소련 군사 고문과 민간인 고문을 소환함으로써 공개적으로 시작되었다. 양측 모두 최선의 의도로 상대를 대했다는 주장을 담은 일련의 형식적인 의견과 비난을 주고받았으며, 결국 티토가 다가오는 제2차 코민포름 회의의 참석을 거부함으로써 불화는 정점에 달했다. 그다음 분열은 1948년 6월 28일에 열린 코민포름 회의에서 유고슬라비아를 조직에서 추방한다는 정식 결의안으로 완성되었다. 추방의 이유는 유고슬라비아의 해방과 사회주의적인 변혁에서 소련과 소련군이 수행한 선도적인 역할을 인정하지 않았다는 것이었다. 공식적으로 유고슬라비아는 민족주의적인 외교 정책을 수행하고 올바르지 않은 국내 정책을 추구했다고 고발되었다. 사실, 유고슬라비아는 스탈린의 권력 독점에 대한 〈좌익 반대파〉의 국제적인 대표였으므로 갈등은 불가피했다. 스탈린은 티토의 동료 공산주의자들에게 소련이 이견을 허용하지 않으리라는 점을 매우 분명히 하기 위해서라도 티토와 관계를 끊을 필요가 있었다.

물론 티토는 꺾이지 않았다. 그러나 티토와 유고슬라비아는 겉보기보다 훨씬 더 취약한 상태였고, 서방의 지원이 확대되지 않았다면 소련의 경제 제재와(1948년에 유고슬라비아 무역의 46퍼센트가 소련 진영과의 거래였는데, 한 해 뒤에 이 수치는 14퍼센트로 감소했다) 소련의 개입이라는 명백한 위협을 견디기 어려웠을 것이다. 확실히 유고슬라비아는 그 완고한 행동 때문에 수사학적으로 큰 대가를 치렀다. 이후 2년 동안 코민포름은 꾸준히 공격을 강화했다. 티토는 간살스러운 레닌주의 악담 사전에서 〈배반자 티토와 그의 선동자들〉, 〈범세르비아계와 유고슬라비아 부르주아 전체의 새로운 차르〉가 되었다. 그의 추종자들은 〈비열한 반역자들과 제국주의자의 고용인들〉, 〈전쟁과 죽음의 진영에서 온 재난의 사자, 배반의 전쟁광, 히틀러의 장한 상속자들〉이었다. 유고슬라비아 공산당은 〈밀정, 앞잡이, 살인자들의 패거리〉, 〈제국주의자들이 던져준 뼈를 갉작거리며 미국 자본을 얻으려 짖어 대는, 미국의 가죽 끈에 묶인 개들〉로 비난받았다.

티토와 그의 추종자들에 대한 공격이 스탈린 개인숭배의 만개와 다가오는 숙청과 시범 재판의 시기와 일치한다는 점은 많은 것을 암시한다. 스탈린이 티토에게서 진정으로 위협과 도전을 보고, 다른 공산주의 정권과 정당의 충성과 복종을 좀먹는 효과를 두려워했다는 것은 의심의 여지가 없기 때문이다. 코민포름은 자체 신문과 출판물에서 〈자본주의에서 사회주의로 이행하는 시기에 나타나는 계급투쟁의 심화〉와 당의 〈지도적 역할〉을 강조했는데, 이는 1945년 이후 유고슬라비아 공산당의 정책이 바로 그랬다는 사실을 사람들에게 일깨우는 위험스러운 일이었다. 이로부터 서서히 소련과 스탈린에 대한 충성이 강조되었다. 사회주의에 이르는 〈국가적〉 길이나 〈특수한〉 길은 전부 거부되었고, 〈경계의 배가〉가 요구되었다. 스탈린주의의 제2빙하기가 시작되고 있었다.

만일 스탈린이 동유럽에서 자신의 권위를 거듭 주장하는 수고를 마다하지 않았다면, 이는 대체로 스탈린이 독일에서 주도권을 상실하고 있었기 때문이었다.[9] 1948년 6월 1일 서방 연합국들은 런던에 모여 별개의 서독 국가를 수립하려는 계획을 발표했다. 새로운 통화인 도이치마르크가 6월 18일에 공표되어 사흘 뒤부터 유통되었다(그 지폐는 극비리에 미국에서 인쇄되어 미군의 호위를 받아 프랑크푸르트로 운송되었다). 옛 제국 마르크는 폐기되었으며, 모든 독일 거주자는 그중 40마르크까지는 새로운 마르크와 1 대 1의 비율로, 그다음부터는 10 대 1의 비율로 교환할 권리를 가졌다. 새 마르크는

---

9 소콜롭스키 장군이 독일의 연합국 통제위원회에서 뛰쳐나가기 정확히 48시간 전인 1948년 3월 18일에 소련의 고문들이 유고슬라비아에서 철수한 것은 우연의 일치가 아니었다.

처음에는 (저축을 해치고 실질 가격을 높였으며 대다수 사람들에게 상품을 구매할 수 없게 만들었기 때문에) 인기가 없었지만, 농민과 상인이 신뢰할 만한 교환 수단을 받고 고정된 가격에 기꺼이 판매하려 했던 물품들이 상점에 쌓이면서 곧 수용되었다.

6월 23일, 이에 대응하여 소련은 새로운 동독 마르크를 발행하고 베를린과 서독을 연결하는 철로를 끊어 버렸다(3주 후 운하도 폐쇄한다). 다음 날 베를린의 서방 군정은 동쪽 지구의 새로운 화폐를 서베를린으로 확대하려는 소련의 기도를 막았다. 이는 중요한 원칙의 문제였다. 베를린 시는 4국 통치 구역이었고, 그때까지 서쪽 지구는 소련이 점령한 동독의 일부로 취급되지 않았기 때문이다. 소련군이 베를린에 이르는 지상 연결로에 대한 통제를 강화하자 미국과 영국 정부는 공중 보급로로 자국 지구에 물품을 공급하기로 결정했고, 6월 26일 첫 번째 수송기가 (서)베를린의 템펠호프 공항에 착륙했다.

베를린 공수는 1949년 5월 12일까지 지속되었다. 열한 달 동안 서방 연합국은 27만 7,500회의 비행에서 73명의 승무원이 목숨을 잃는 대가를 치르며 약 230만 톤의 식량을 운반했다. 스탈린이 베를린을 봉쇄한 목적은 (포츠담 의정서에 연합국의 지상 접근이 문서로 보장되지 않았음을 이용하여) 서방으로 하여금 도시를 포기하든지 별개의 서독 국가 수립 계획을 포기하든지 둘 중 하나를 선택하도록 압박하는 것이었다. 이것이 스탈린이 진정으로 원한 바였으나(베를린은 스탈린에게 언제나 협상의 수단이었다) 결국 스탈린은 둘 중 어느 것도 얻지 못했다.

서방 연합국은 그들 몫의 베를린을 고수했다(스스로도 놀랐거니와 서베를린 시민들에게는 놀랍도록 고마운 일이었다). 또한 프라하 쿠데타에 이어 베를린 봉쇄가 이어지자 서방 연합국들은 서독을 위한 계획을 더 단호하게 추진했으며, 독일인들은 나라의 분할을 더 잘 받아들이게 되었다. 1949년 4월, 프랑스가 이국 공동 지구에 합류하여 4900만 명을 포괄하는 단일한 서독 경제 단위가 창출되었다(소련 지구의 인구는 1700만 명이었다).

스탈린의 외교적 모험이 대부분 그렇듯이, 베를린 봉쇄도 계산된 공세의 일부가 아니라 즉흥적으로 이루어진 조치였다(서방이 당시에 이러한 사실을 알지 못했다고 비난받을 수는 없다는 말이다). 스탈린은 베를린 때문에 전쟁에 돌입할 생각은 없었다.[10] 그리하여 봉쇄가 실패로 돌아가자 소련의 지도자는 정책을 변경했다. 1949년 1월 31일 스탈린은 서독 국가 수립 연기와 봉쇄 중단을 맞바꾸자고 공개적으로 제안했다. 서방 연합국은 그렇게 양보할 뜻이 없었지만, 회의를 소집하여 그 문제를 논의하기로 합의가 이루어졌다. 5월 12일 소련은 봉쇄를 중단했다. 그 대가로 얻은 것은 5월 23일로 예정된 외무장관 회담뿐이었다.

회담은 곧 개최되었고 한 달 동안 지속되었으나, 예견되었다시피 아무런 공동의 토대도 마련하지 못했다. 실제로 그 회담은 본의 서독 의회위원회가 서독 정부를 수립하는 〈기본법〉을 발효시켰을 때 시작되었다. 한 주 뒤, 스탈린은 상보적인 동독 국가 수립 계획을 발표함으로써 이에 대응했다. 그 국가는 10월 7일에 공식적으로 창설되었다.[11] 회담이 결렬된 6월 20일이면 서독의 군정은 미국과 영국, 프랑스의 고등판무관들로 대체된다. 독일 연방 공화국이 탄생했다. 물론 연합국이 약간의 개입 권한과, 필요하다고 판단될 경우 직접 통치를 재개할 권리도 보유하기는 했다. 1949년 9월 15일, 한 달 전 선거에서 기독교 민주당이 좋은 결과를 얻었기에 콘라트 아데나워

10 만약 스탈린이 전쟁을 원했다면, 실질적인 장애물은 없었을 것이다. 1948년 봄, 소련은 베를린 인근에 300개 사단을 주둔시켰다. 유럽 전역의 미군은 겨우 6만 명이었고, 그중 베를린 주둔 병력은 7천 명에도 못 미쳤다.

11 기본법은 〈이행기의 정치 생활에 새로운 질서를 부여하기 위해〉, 즉 의도적으로 나라가 통일될 때까지만 유지하기로 한 임시적인 법이었다.

가 공화국의 첫 번째 총리가 되었다.

베를린 위기는 세 가지 중대한 결과를 낳았다. 첫째, 두 개의 독일 국가가 탄생했다. 독일의 분할은 연합국들이 4년 전에는 전혀 원하지 않았던 결과였다. 두 개의 독일은 서방 강국들로서는 매력적이고 달성할 만한 가치가 있는 목표였다. 실제로 그때 이후로 독일의 통일이 바람직하다는 온갖 입에 발린 말들이 있었지만 서둘러 통일을 보고 싶은 사람은 아무도 없었다. 9년 후 영국 총리 해럴드 맥밀런은 통일된 독일에 대해 어떻게 생각하느냐는 프랑스 대통령 샤를 드골의 물음에 이렇게 대답했다. 〈이론상 하는 말이다. 이론상으로 우리는 언제나 통일을 지지해야 한다. 그래도 위험은 없다.〉 독일인들의 충성을 두고 연합국과 경쟁할 수도 없고 연합국을 압박하여 계획을 포기하게 할 수도 없다고 판단한 스탈린에게 별개의 동독 국가는 그나마 최악의 결과는 아니었다.

둘째, 베를린 위기로 미국은 처음으로 상당한 규모의 군대를 유럽에 무한정 주둔시키겠다고 천명했다. 이러한 약속은 영국 외무장관 어니스트 베빈의 업적이었다. 트루먼에게 베를린 공수가 감행할 만한 일이라는 점을 납득시킨 사람은 마셜과 (베를린의 미국 군정청장) 클레이 장군이었지만, 그 후 그렇게 추진하도록 미국을 움직인 이는 베빈이었다. 프랑스는 1948년 7월 18일부터 9월 10일까지 의회에 지배적인 다수가 없는 정치적 위기를 겪고 있었기 때문에 베를린 위기에 별로 관여하지 못했다.

셋째, 앞의 두 가지 결과에 뒤이은 것으로, 베를린 위기는 서방이 군사 계획을 재검토하는 직접적인 원인이 되었다. 서방이 소련의 공격으로부터 독일을 보호하려 한다면, 그럴 수단을 갖출 필요가 있었다. 미국은 베를린 위기가 시작될 때부터 영국에 전략 폭격기를 배치했으며, 그 폭격기들은 핵폭탄을 운반할 설비를 갖추었다. 당시 미국은 56기의 핵폭탄을 보유했다. 그러나 미국은 핵폭탄 사용 정책을 전혀 수립하지 못한 상태였으며(특히 트루먼은 핵폭탄 사용을 주저했다), 유럽에 대한 미국의 전략적 가정은 소련이 진격한다면 대륙에서 철수한다는 것이었다.

군사적인 재검토는 체코의 쿠데타로 시작되었다. 쿠데타의 여파로 유럽에서 불안이 고조되었고, 전쟁이 일어날지도 모른다는 소문이 무성했다. 일반적으로 과장을 좋아하지 않았던 클레이 장군까지도 이 같은 널리 퍼진 두려움을 공유했다. 〈여러 달 동안 나는 논리적인 분석에 입각하여 적어도 10년 동안은 전쟁이 일어나지 않을 것이라고 느꼈고 또 그렇게 주장했다. 그러나 지난 몇 주 동안 나는 소련의 태도에 미묘한 변화가 있음을 감지했다. 그것이 무엇인지 명확히 알 수 없지만, 나는 전쟁이 돌발할 수 있다는 느낌을 받았다.〉 바로 이러한 분위기 속에서 미국 의회는 마셜 플랜 법안을 통과시켰고 유럽의 동맹국들은 1948년 5월 17일에 브뤼셀 조약에 서명했다. 그러나 브뤼셀 조약은 영국과 프랑스, 베네룩스 국가들에게 〈독일의 공격이 재개될 경우에 상호 지원의 조치로 협력〉할 의무를 지우는 50년 기한의 관습적인 조약이었던 반면, 유럽의 정치인들은 자신들이 소련의 압력에 무력하게 노출되어 있음을 점점 더 뚜렷이 인식하게 되었다. 이 점에서 그들은 매우 취약했다. 네덜란드의 외무장관인 디르크 스티커르는 이렇게 회고했다. 〈우리 유럽은 미국 대통령 트루먼으로부터 지원해 주겠다는 구두 약속만 받았다.〉

미국에 새로운 방식으로 접근한 나라는 영국이었다. 베빈은 1948년 1월 22일 의회 연설에서 영국의 안보 요구는 이제 대륙의 안보와 분리할 수 없다는 점을 근거로 영국이 대륙 인접 국가들과 함께 공동 방위 전략에, 즉 일종의 〈서유럽 연합〉에 참여해야 한다고 밝혔다. 이러한 생각은 영국이 과거의 사고방식을 버렸음을 의미했다. 서유럽 연합은 공식적으로는 브뤼셀 조약으로 시작되었으나, 베빈이 3월 11일에 마셜에 보낸 전갈에서 설명했듯이 그러한 협정은 북대서양 전체의 안보라는 관념으로 확장되지 않는다면 불완전할 수밖에 없었다. 스탈린이 바로 그때 〈불가침〉 조약을 체결하자고 노르웨이를 거세게 압박하고 있었기에 마셜은 그 점에서 한층 더 크게 공감했다.

그래서 베빈의 강권으로 영국과 미국, 캐나다의 대표들이 워싱턴에서 비밀리에 회합을 갖고 대서양 방어를 위한 조약의 초안을 작성했다. 1948년 7월 6일 베를린 공수가 개시된 지 열흘이 지나고 유고슬라비아가 코민포름에서 축출된 직후 이 회담은 브뤼셀 조약의 다른 회원국들에게 공개되었고, 그중에 프랑스는 〈영-미〉가 다시 자신들을 배제한 채 세계를 정리하고 있다는 사실을 깨닫고 불쾌감을 느꼈다. 이듬해 4월, 미국과 캐나다 그리고 10개 유럽 국가들은 북대서양 조약 기구 창설에 합의했고 조약을 체결했다.

북대서양 조약 기구는 놀라운 결과물이었다. 1947년까지도 미국이 유럽의 군사 동맹에 참여하리라고 예상한 사람은 거의 없었다. 사실, 미국 의회에는 특히 (북대서양 조약 기구 회원국들에게 공격받을 경우 상호 지원을 의무화한) 조약 제5조를 못마땅해하는 사람들이 많았으며, 의회는 석 달간 토의를 거친 후에야 그 조약이 유럽-미국 동맹이라기보다는 대서양 방위 조약을 상징한다는 이유로 승인했다. 실제로 딘 애치슨은 상원에서 행정부의 입장을 진술하면서 미국은 유럽에 지상군을 대폭적으로 배치하지는 않을 것이라고 조심스럽게 강조했다.

그리고 이것이 진정 미국의 의도였다. 미국이 유럽의 동맹에 처음으로 말려든 이유는 워싱턴의 많은 사람들이 북대서양 조약 기구를 마셜 플랜을 보듯이, 다시 말해 유럽인들이 좀 더 안심하고 자신들의 일을(이 경우 방위 문제를) 더 잘 처리하도록 돕는 방편으로 보았기 때문이다. 북대서양 조약 기구는 그 자체로는 유럽의 군사

제2차 세계 대전 이후의 중부 유럽과 동유럽

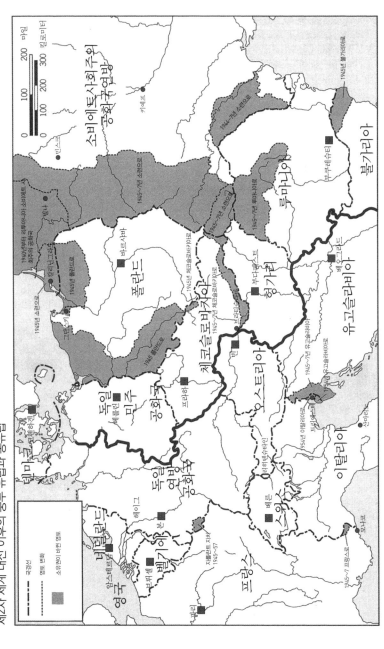

적 균형을 전혀 바꾸지 못했다. 서유럽에 주둔한 14개 사단 중 미군은 2개 사단뿐이었다. 서방 동맹국들은 지상에서는 12 대 1로 여전히 열세에 있었다. 1949년에 미국 참모본부는 라인 강변을 효과적으로 방어할 수 있으려면 빨라야 1957년은 되어야 할 것이라고 계산했다. 1949년 4월 9일, 워싱턴의 헌법회관에서 북대서양 조약 조인식이 진행될 때, 악단이 「나는 가진 것이 전혀 없네I've got plenty of nothing)를 연주한 것은 매우 적절했다.

그럼에도 유럽이 보는 상황은 매우 달랐다. 미국은 군사 동맹에 큰 의미를 부여하지 않았지만, 월터 베델 스미스가 국무부 정책기획국의 동료들에게 충고했듯이 유럽은 〈지원을 서약하는 종잇조각에 우리보다 훨씬 더 큰 중요성을 부여〉했다. 유럽이 군사 동맹에 큰 의미를 부여했다는 사실은 전혀 놀랄 일이 아니었다. 왜냐하면 유럽은 그 밖에 가진 것이 전혀 없었기 때문이다. 최소한 영국은 여전히 섬이었다. 그러나 프랑스는 다른 모든 나라들과 마찬가지로 독일의 공격에, 그리고 이제는 러시아의 공격에도 매우 취약했다.

따라서 북대서양 조약 기구는 특히 프랑스에는 이중으로 매력적이었다. 소련군에 대한 방어선을 동쪽으로 더 이동시킬 수 있었다. 조약이 체결되기 몇 달 전에 찰스 볼런이 말했듯이, 〈(프랑스가) 붙들고 있던 한 가지 흐릿한 자신감은 얼마나 되었든 간에 자신들과 소련군 사이에 미군 병력이 있다는 사실이다〉. 그리고 더 중요한 점은 북대서양 조약 기구가 독일의 복수에 대비한 재보험증권의 기능을 수행하리라는 것이었다. 실제로 프랑스 정부가 제1차 세계 대전의 결과를 여전히 마음속에 굳게 간직하고 있는 상황에서 서독 국가의 승인을 받아들인 것도 오로지 북대서양 조약 기구의 보호 약속 때문이었다.

그리하여 프랑스는 북대서양 조약 기구를 독일의 부활에 대비한 담보물로 환영했다. 프랑스는 앞선 3년 동안 외교적 수단으로 그러한 보장을 얻으려 했지만 헛수고였다. 네덜란드와 벨기에도 북대서양 조약 기구를 장래 있을지도 모를 독일의 복수를 막을 수단으로 보았다. 이탈리아는 공산당의 비판으로부터 알치데 데가스페리를 보호하려는 목적에서 포함시켰다. 영국이 볼 때 북대서양 조약은 미국을 유럽의 방위에 계속 관여하게 하려는 노력에서 거둔 뛰어난 성취였다. 그리고 트루먼 행정부는 의회와 미국 국민에게 그 조약이 소련의 북대서양 공격을 막기 위한 방책이라고 선전했다. 1952년 북대서양 조약 기구의 초대 사무총장을 맡았던 이즈메이 경의 명언은 그렇게 나온 것이다. 북대서양 조약 기구의 목적은 〈러시아를 막고, 미국을 붙들어 두고, 독일을 억누르는 것〉이었다.

북대서양 조약 기구는 허세였다. 훗날 영국의 국방장관이 된 데니스 힐리는 회고록에서 이렇게 말했다. 〈대다수 유럽인에게 북대서양 조약 기구는 다른 하나의 전쟁을 예방하지 못한다면 무용지물이었다. 유럽인들은 전쟁을 치르는 데 흥미가 없었다.〉 북대서양 조약의 독창성은 조약으로 성취할 수 있는 것이 아니라 그 상징에 있었다. 북대서양 조약 기구는 마셜 플랜처럼(그리고 그 기원이었던 브뤼셀 조약처럼) 전쟁의 결과로 유럽(그리고 미국)에 찾아온 가장 중대한 변화, 즉 정보를 공유하고 방위와 보안, 무역, 통화 규제, 그 밖의 여러 가지 문제에서 협력하겠다는 의지를 보여 주는 실례였다. 어쨌거나 평시의 연합국 통합 사령부는 관행으로부터 전례 없이 이탈한 것이었다.

그러나 북대서양 조약 기구는 1949년 협약에서 완벽한 형태로 출현하지는 않았다. 1950년 봄 서유럽을 현실적으로 방어할 수 있는 유일한 희망은 독일의 재무장이었는데, 미국은 프랑스와 다른 유럽 국가들에게 이 점을 어떻게 설명해야 할지 여전히 걱정하고 있었다. 독일의 재무장은 모두를 불편하게 하고 스탈린의 예기치 못한 반응을 초래할 수 있다고 생각되었기 때문이다. 어쨌든 귀중한 자원을 재무장에 쓰기를 원하는 나라는 아무도 없었다. 무방비 상태의 대결 대신으로 중립이 지닌 매력은 독일과 프랑스에서 똑같이 점차 커지고 있었다. 바로 그 순간에 한국 전쟁이 발발하지 않았다면(합리적인 반사실적 가정이다. 거의 일어나지 않을 뻔했기 때문이다) 실로 최근 유럽사의 윤곽은 매우 달라 보였을 것이다.

스탈린이 1950년 6월 25일 김일성의 남한 침공을 지원한 것은 그의 가장 중대한 오산이었다. 미국인들과 서유럽인들은 즉시 한국이 주의를 돌리기 위한 기만전술이나 전주곡에 불과하며 다음 차례는 독일이라고 (잘못된) 결론을 내렸다. 발터 울브리히트는 신중하지 못하게 다음으로는 독일 연방 공화국이 몰락하리라고 떠벌여 이러한 추론을 조장했다. 소련은 8개월 전 핵폭탄 시험을 성공리에 마쳤고, 이 때문에 미국의 군사 전문가들은 소련의 전쟁 대비 상태를 과장했다. 그러나 그러한 상황에서도 (1950년 4월 7일에 제출된) 국가 안전 보장 회의 문서 제68호에 요청된 예산안 증액은 한국 전쟁이 없었다면 거의 틀림없이 승인받지 못했을 것이다.

유럽 전쟁의 발발 가능성은 크게 과장되기는 했어도 전혀 없지는 않았다. 스탈린은 공격을(서독이 아니라 유고슬라비아에 대한 공격을) 심사숙고했으나 서방의 재무장 때문에 포기했다. 그리고 서방이 한국에 개입한 소련의 의도를 오해했듯이, 스탈린도 정확히 말하면 미국이 병력을 증강하고 있다는 정보부의 통지를 받고 미국이 동유럽의 자국 통제 지역을 공격할 계획을 갖고 있다고 오해했다. 그러나 이러한 가정과 오해는 당시에는 전혀 명확하지 않았으며, 정치인들과 장군들은 제한된 정보와 과거의 선례를 토대로 되는 대로 일을 처리했다.

서방 재무장의 규모는 실로 인상적이었다. 미국의 방위 예산은 1950년 8월의 155억 달러에서 트루먼 대통령이 국가비상사태를 선포한 뒤인 이듬해 12월에 700억 달러로 급증했다. 1949년 국민 총생산의 4.7퍼센트에 불과했던 미국의 방위비 지출은 1952년에서 1953년 사이에 국민 총생산의 17.8퍼센트로 급증했다. 북대서양 조약 기구의 미국 동맹국들은 미국의 요청에 응하여 방위비 지출을 늘렸다. 1946년 이후 꾸준히 감소하던 영국의 방위비는 1951년에서 1952년 사이에 국민 총생산의 거의 10퍼센트에 달할 정도로 증가했으며, 이러한 증가 속도는 종전 직후의 열띤 재무장 시기보다 더 빨랐다. 프랑스도 그에 필적하는 수준으로 방위비 지출을 증액했다. 모든 나토 회원국에서 방위비가 증가했고 1951년에서 1953년 사이에 절정에 달했다.

이 갑작스러운 군비 투자의 비약은 경제에 충격을 가했는데, 이것도 전례 없던 일이었다. 특히 독일에서는 기계류와 공구, 차량, 그 밖에 연방 공화국만이 유일하게 공급할 수 있는 다른 생산품들에 대한 주문이 홍수를 이루었다. 이러한 사정은 서독이 무기 제조를 금지당하여 다른 것에 집중할 수 있었기 때문에 한층 더 심했다. 서독의 강철 생산고 하나만 보더라도 1946년 250만 톤, 1949년 900만 톤에서 1953년 거의 1500만 톤으로 증가했다. 유럽과 그 밖의 세계와 교역하며 생긴 달러 적자는 1년 만에 65퍼센트로 하락했다. 미국이 해외에서 무기, 군장 비축, 포좌 설치, 부대 등에 엄청난 금액을 썼기 때문이다. 토리노의 피아트는 제트기 지상 지원 장비로 미국과 처음으로 계약을 체결했다(이 계약은 로마 주재 미 대사관이 정치적인 이유로 본국에 촉구했다).

그러나 경제 뉴스가 다 좋지만은 않았다. 영국 정부는 방위 공약 이행을 위해 복지 부문의 공공 지출을 줄여야 했다. 이러한 선택으로 집권 노동당은 분열했고 1951년 선거에서 패배했다. 정부 지출로 인플레이션이 가속화되면서 서유럽의 생활비는 상승했다. 프랑스의 소비자 물가는 한국 전쟁 발발 이후 2년 동안 40퍼센트가 상승했다. 서유럽은 이제 막 마셜 원조의 혜택을 보기 시작했기에 전시 경제나 마찬가지인 상태를 오랫동안 유지할 형편이 아니었다. 1951년 미국의 상호안전보장법Mutual Security Act은 이러한 상황을 인식하고 사실상 마셜 플랜을 종결하고 이를 일종의 군사 지원 프로그램으로 전환하려는 시도였다. 1951년 말, 미국은 서유럽을 군사적으로 지원하는 데 거의 50억 달러에 가까운 돈을 썼다.

그 결과, 유럽인들의 자신감을 진작하기 위한 심리적 부양책이었던 북대서양 조약 기구는 미국과 그 동맹국들이 외견상 무한했던 미국 경제의 자원에 의존하여 평시로는 전례 없는 수준의 병력과 장비를 구축한 중대한 군사적 서약으로 바뀌었다. 아이젠하워 장군은 연합군 총사령관이 되어 유럽으로 돌아왔으며, 연합국 군사령부와 사무국은 벨기에와 프랑스에 자리 잡았다. 북대서양 조약 기구는 이제 분명히 하나의 동맹이었다. 그 주된 과제는 군사 정책 입안가들이 말한 유럽의 〈전진 방어〉, 다시 말해 독일의 한가운데에서 소련군과 대결하는 것이었다. 그 역할을 수행하기 위해, 1952년 2월 리스본에서 열린 북대서양 조약 기구 이사회 회의에서 동맹이 2년 안에 96개의 새로운 사단을 구성할 필요가 있다는 데 합의가 이루어졌다.

그러나 미군의 주둔이 의미가 있기는 했지만 북대서양 조약 기구가 목표를 달성하는 방법은 단 한 가지, 즉 서독의 재무장이었다. 비록 트루먼 대통령은 처음에 주저했지만, 한국 전쟁 때문에 미국은 이 민감한 문제를 제기할 수밖에 없다고 생각했다(딘 애치슨이 1950년 9월 외무장관들의 회담에서 공식적으로 제기했다). 한편으로는 유럽이 해방된 지 겨우 5년밖에 지나지 않은 상황에서 어느 나라도 독일의 손에 다시 무기를 쥐어 주기를 원하지 않았다. 다른 한편으로는 꼭 3년 전 이국 공동 지구의 경제적 어려움에서 유추해 볼 때, 러시아의 공격으로부터 서독을 방어하느라고 수십 억 달러를 투입하는데 서독에 아무런 기여도 요구하지 않는 것은 무엇인가 잘못된 것처럼 보였다.

물론 소련은 서독의 재무장을 흔쾌히 받아들이려 하지 않았다. 그러나 1950년 6월 이후 소련이 어떻게 느끼는지는 주된 고려 사항이 아니었다. 영국은 주저하기는 했지만 연합국의 확실한 통제 아래 독일을 무장시키는 것 외에 달리 대안이 없음을 깨달았다. 독일의 재무장에 늘 가장 단호히 반대한 나라는 프랑스였다. 분명 프랑스는 자신들이 독일의 재무장을 위한 보호자가 되는 꼴을 보려고 북대서양 조약 기구에 가입하지는 않았다. 프랑스는 1954년까지 독일의 재무장을 차단하고 연기시키는 데 성공했다. 그러나 훨씬 전부터 프랑스의 정책은 주목할 만한 변화를 겪어 독일의 제한적인 회복을 다소 침착하게 받아들일 수 있었다. 프랑스는 강대국들 중에서 가장 약한 나라로 축소된 것이 슬프고 실망스러웠지만, 새로운 유럽의 발기인이라는 새로운 소명에 착수했다.

이러저러한 형태의 유럽 연합이라는 발상은 새롭지 않았다. 19세기에 중부 유럽과 서유럽에는 그다지 성공적이지 못한 관세 동맹이 다양하게 존재했으며, 제1차 세계 대전 전에도 유럽의 미래는 그 이질적인 부분들을 결합시키는 데 있다는 관념에 의거하여 이따금씩 이상주의적인 대화가 이루어지기도 했다. 제1차 세계 대전은 그러한 낙관적 견해를 없애 버리기는커녕 더 강하게 만든 것으로 보인다. 프랑스의 정치인이자 유럽의 조약들과 제안들을 열성적으로 내놓은 장본인이었던 아리스티드 브리앙이 주장했듯이, 과거의 경쟁을 극복하고 유럽적으로 생각하고 유럽적으로 말하며 유럽적으로 느낄 시간이 도래했다. 1924년 프랑스의 경제학자 샤를 지드는 유럽 전역의 다른 사람들과 같이 〈유럽 관세 동맹을 위한 국제 위원회〉를 출범시켰다. 3년 뒤에 영국 외무부의 어느 차관보는 유럽 대륙이 〈범유럽주의〉 관념에 관심이 큰 데 〈깜짝 놀랐다〉고 고백했다.

제1차 세계 대전으로 프랑스와 독일이 기이하게도 서로 의존 관계에 있음을 더 잘 인식하게 되었다는 얘기는 더 지루하다. 일단 전후의 혼란이 진정되고 프랑스가 독일로부터 강제로 배상금을 얻어 내려던 성과 없는 노력을 포기한 후, 1926년 9월에 프랑스와 독일, 룩셈부르크, 벨기에, (당시에는 자치권을 지녔던) 자르 지역이 철강 생산을 규제하고 과잉 생산력을 예방하기 위해 국제 철강 조약에 서명했다. 비록 이듬해에 체코슬로바키아와 오스트리아, 헝가리가 합류했지만, 그 조약은 전통적인 성격의 카르텔일 뿐이었다. 그러나 독일 총리 구스타프 슈트레제만은 그 조약에서 장래의 초국적 협정의 배아를 분명하게 보았으며, 그렇게 생각한 사람이 슈트레제만 혼자만도 아니었다.

1920년대의 여타 야심적인 사업들처럼 그 철강 조약도 1929년의 위기와 뒤이은 공황을 가까스로 넘겼다. 그러나 철강 조약은 1919년에 프랑스의 제철업자들에게 이미 분명했던 상황을 인지한 결과였다. 프랑스의 철강 산업은 알자스로렌을 반환받은 결과로 규모가 두 배가 된 후에 독일의 코크스와 석탄에 철저히 의존해야 했고 따라서 장기적인 협력의 토대를 마련해야만 했다. 독일도 똑같이 느끼고 있었다. 나치가 1940년에 프랑스를 점령한 후 지불·인도 제도에 관하여 페탱과 합의했을 때, 이는 사실상 프랑스의 자원을 독일의 전쟁 수행에 강제로 사용하는 것이나 매한가지였는데도, 양측에서 공히 많은 사람들이 이 최신의 프랑스-독일 협력에서 새로운 〈유럽〉 경제 질서의 씨앗을 확인했다.

그리하여 훗날 자유 프랑스군에 의해 처형되는 비시 정권의 고위 행정관 피에르 퓌슈는 관세 장벽이 제거되고 단일한 유럽 경제가 단일 통화로 대륙 전체를 포괄하는 전후 유럽의 질서를 구상했다. 퓌슈가 그려 본 질서는(알베르트 슈페어와 다른 많은 사람들이 공유했다) 나폴레옹의 대륙 봉쇄 체제를 히틀러의 후원으로 경신한 것으로 볼 수 있었으며, 1930년대에 경제 정책 수립에서 좌절을 경험한 젊은 세대의 대륙 관료들과 전문가들에게 호감을 얻었다.

그러한 방안들이 특별히 매력적이었던 것은 대체로 국가별 과제의 이기적인 투사가 아니라 범유럽적 공동 이익이라는 관점에서 제시되었기 때문이다. 그 계획들은 독일이나 프랑스의 계획이 아니라 〈유럽〉의 계획이었으며, 전쟁 중에 나치의 점령에서 무엇인가 유익한 것이 나오리라고 간절히 믿고 싶었던 사람들로부터 찬탄을 받았다. 나치가 형식적으로는 유럽의 대부분을 명백히 통합했다는 사실 때문에(국경선의 제거, 재산의 수용, 교통망의 통합 등) 그러한 발상은 더욱 가능한 듯했다. 그리고 과거로부터, 또 상호 적대 관계로부터 해방된 유럽의 매력은 해외에서도 사라지지 않았다. 나치가 패배한 지 4년이 지난 1949년 10월 조지 케넌은 딘 애치슨에게 서유럽 문제에서 독일의 중요성이 증대되는 데 대한 염려를 이해하지만, 〈전쟁 동안 그곳에 살면서 히틀러의 신질서가 문제였던 이유는 그것이 히틀러의 질서였기 때문이라는 생각이 종종 들었다〉고 털어놓았다.

케넌의 발언은 사견이었다. 1945년 이후 전시의 신질서에 관하여 공개적으로 좋게 말하려던 사람은 거의 없었다. 신질서의 비효율성과 불신을 케넌은 상당히 과소평가했다. 물론 유럽 내부의 경제 협력 사례는 줄지 않았다. 예를 들어 장 모네는 1943년에 그랬듯이 전쟁 이후에도 계속해서 〈번영과 사회 진보〉를 누리려면 〈유럽 국가들이…… 《유럽 통합체》를 형성해야 하며, 그것이 그들을 하나의 단위로 만들 것〉이라고 믿었다. 그리고 1947년 1월에 처칠이 부추겨 성립된 〈유럽 통합 운동〉에 열광하는 자들도 있었다.

윈스턴 처칠은 유력 인사로는 일찍부터 일종의 유럽 의회를 옹호했다. 1942년 10월 21일, 처칠은 외무장관 앤서니 이든에게 이렇게 썼다. 〈내 생각은 온통 유럽에, 유럽의 영광을 재현하는 데 있다고 인정해야만 하겠다. ……만일 러시아 볼셰비키 공산주의가 유서 깊은 유럽 국가들의 문화와 독립을 뒤덮는다면 이는 헤아릴 수 없는 재앙이 될 것이다. 지금 말하기는 어렵지만, 나는 유럽 가족이 일종의 유럽 회의의 지도를 받아 한 몸처럼 단결하여 행동할 수 있다고 믿는다.〉그러나 전후의 정치적 상황은 그러한 이상이 실현되기에는 순조롭지 못했다. 기대할 수 있는 최선은 유럽 회담을 위한 포럼의 창설이었다. 1948년 5월 헤이그에서 열린 유럽 통합 운동 대회가 바로 그러한 것을 제안했다. 이 제안에서 탄생한 〈유럽 회의Council of Europe〉는 1949년 5월 스트라스부르에서 시작되었으며 그해 8월 그곳에서 첫 번째 회합을 가졌다. 여기에는 영국과 아일랜드, 프랑스, 베네룩스 국가들, 이탈리아, 스웨덴, 덴마크, 노르웨이의 대표들이 참석했다.

유럽 회의는 권한도 권위도, 즉 어떠한 법률적·입법적·행정적 자격도 지니지 못했다. 그 〈대표자들〉은 아무도 대표하지 않았다. 유럽 회의가 1950년 11월에 발표한 유럽 인권 조약ECHR은 나중에 더 큰 의미를 갖게 되지만, 그 가장 중요한 자산은 존재한다는 사실 자체뿐이었다. 처칠은 1946년 9월 19일 취리히에서 연설하며 이렇게 인정했다. 〈유럽 가족의 재창조를 향한 첫걸음은 프랑스와 독일의 협력일 수밖에 없다.〉그러나 종전 직후 프랑스는 앞서 보았듯이 그러한 협력 관계를 생각할 기분이 아니었다.

그런데 프랑스 북쪽의 작은 이웃나라들은 훨씬 더 빠르게 움직였다. 전쟁이 끝나기도 전에 벨기에와 룩셈부르크, 네덜란드의 망명 정부들은 〈베네룩스 협약〉에 조인하여 관세 장벽을 철폐하고 노동과 자본, 서비스의 실질적인 자유로운 이동을 기대했다. 베네룩스 관세 동맹은 1948년 1월 1일에 발효되었고, 뒤이어 베네룩스 국가들과 프랑스, 이탈리아 사이에 그러한 협력을 더 넓은 영역으로 확대하는 방안을 두고 단편적인 대화들이 있었다. 그러나 〈작은 유럽〉을 위한 이러한 방안들은 모두 절반쯤 완성된 상태에서 독일 문제에 걸려 좌초했다.

1947년 7월 파리의 마셜 플랜 협상자들이 결론지었듯이, 〈독일 경제는 유럽 경제에 통합되어 생활 수준의 전반적인 향상에 기여해야 한다〉는 데 누구나 동의했다. 문제는 방법이었다. 서독은 1949년에 국가가 된 이후에도 대륙의 나머지 부분과 유기적으로 연결되지 않았다. 마셜 플랜과 연합국의 점령이라는 장치를 통해 연결되어 있었지만, 둘 다 일시적이었다. 대부분의 서유럽인들은 독일을 여전히 협력자가 아닌 위협으로 인식했다. 네덜란드는 경제적으로 늘 독일에 의존했으며(1939년 이전 네덜란드의 〈통계에 잡히지 않는〉 소득의 48퍼센트가 네덜란드의 항구와 운하를 통한 독일 무역에서 발생했다), 독일 경제의 부활은 그들에게 극히 중요했다. 그러나 1947년에는 네덜란드 주민의 겨우 29퍼센트만이 독일에 〈우호적인〉 태도를 지녔고, 네덜란드 사람에게 독일은 경제적으로 회복되어야 했지만 정치적·군사적으로는 허약한 상태에 머물러야 했다. 벨기에인들도 이러한 견해에 진심으로 공감했다. 두 나라 모두 영국이 관여하여 균형을 잡아 주어야만 안심할 수 있었고, 그렇지 않을 경우 독일과 화해한다는 생각은 할 수 없었다.

이 같은 교착 상태는 1948년에서 1949년 사이에 벌어진 국제적인 사건들로 해소되었다. 프라하의 쿠데타, 서독 국가 수립에 관한 합의, 베를린 봉쇄, 북대서양 조약 기구 계획으로 조르주 비도와 로베르 쉬망 같은 프랑스 정치인들은 독일에 대한 태도를 재고해야 한다는 점을 분명하게 인식했다. 이제 루르와 라인란트를 포함하는 서독 국가가 성립해야만 했다. 자그마한 자를란트만이 독일 국토의 몸통에서 잠시 분리되었는데, 자르 지역의 석탄은 코크스를 만들기에는 적합하지 않았다. 새로 탄생한 독일 연방 공화국의 자원을 어떻게 프랑스에 이익이 되게 통제하고 동원할 것인가?

1949년 10월 30일, 딘 애치슨은 신생국 서독을 유럽의 일원으로 통합하는 데 프랑스가 주도적으로 나서 달라고 쉬망에게 간청했다. 프랑스는 무엇인가 해야 할 필요가 있다는 사실을 잘 인식하고 있었다. 장 모네가 훗날 조르주 비도에게 일깨웠듯이, 미국은 분명히 시장이 이미 포화 상태인 시점에서 새로이 독립한 서독에 강철 생산 확대를 권하여 프랑스로 하여금 철강 산업을 보호하게 하고 그로써 무역 전쟁을 촉발하게 할 것이었다. 3장에서 보았듯이 모네의 계획은(더불어 프랑스의 회복은) 이 딜레마의 성공적인 해결에 달려 있었다.

장 모네는 바로 이러한 상황에서 프랑스 외무부에 훗날 역사에서 〈쉬망 플랜〉으로 알려진 제안을 내놓았다. 쉬망 플랜은 입안에 5년이나 걸렸지만 진정한 외교적 혁명이었다. 쉬망 플랜은 본질적으로 매우 단순했다. 쉬망의 말은 이랬다. 〈프랑스 정부는 프랑스-독일 석탄과 강철의 생산 전체를 다른 유럽 국가들의 참여를 허용하는 조직 내부의 공동 상급 기구로 관리하게 하자고 제안한다.〉석탄과 강철의 카르텔 이상이었지만 유럽 통합의 청사진은 결코 아니었던 쉬망의 제안은 1945년 이래로 프랑스를 괴롭혔던 문제의 실질적인 해결을 의미했다. 쉬망의 구도에 따르면, 상급 기구는 경쟁을 촉진하고 가격 정책과 직접 투자를 결정하며 참여국들을 대신하여 구매하고 판매할 권한을 갖게 된다. 그러나 특히 루르와 독일의 여타 필수적인 자원의 통제권을 독일로부터 넘겨받기로 되어 있었다. 쉬망 플랜은 프랑스의 한 가지 문제(유일한 문제)를 유럽 차원에서 해결하는 것이었다.

로베르 쉬망은 1950년 5월 9일에 계획을 발표했고, 하루 전에 딘 애치슨에게 통보했다. 영국은 사전에 고지받지 못했다. 케도르세 가에 위치한 프랑스 외무부는 이 점에서 약간 유쾌했다. 프랑스는 영-미가 여러 차례 자신들과 협의하지 않고 결정을 내린 데 대해 작은 보복을 가했는데, 쉬망의 계획을 알리지 않은 것이 그 첫 번째였다.

영-미가 프랑스를 무시한 가장 최근의 일은 꼭 8개월 전에 영국이 파운드화를 일방적으로 30퍼센트 평가절하 한 것이었다. 그때 영국은 유일하게 미국과 사전 협의를 거쳤고, 나머지 유럽 국가들은 따라갈 수밖에 없었다.[12] 기이하게도 모네와 여타 사람들을 자극하여 위와 같은 나름의 해법을 제시하게 한 것은 바로 이처럼 유럽 국가들이 경제적 이익을 추구하느라 서로 간에 소통이 부재하여 초래된 위험을 떠올리게 하는 이 사건이었다.

서독 정부는 즉각 쉬망의 제안을 환영했다. 콘라트 아데나워는 아주 기쁘게 쉬망에 답하면서 〈프랑스 정부의 계획은 불신과 침묵으로 마비될 지경에 이른 두 나라의 관계에 건설적인 협력을 향한 신선한 자극을 주었다〉고 발표했다. 아데나워는 측근들에게 솔직하게 말했다. 〈그것은 우리의 돌파구가 될 것이다.〉 독일 연방 공화국은 처음으로 다른 독립 국가들과 동등한 조건으로 국제기구에 가입했다. 그리고 이제 아데나워가 원했듯이 서방 동맹에 결속되었다.

서독은 쉬망 플랜을 비준한 첫 번째 나라였다. 이탈리아와 베네룩스 국가들이 독일의 뒤를 따랐다. 네덜란드는 처음에는 영국이 가입하지 않은 상태라서 참여를 공언하는 데 주저했다. 영국은 쉬망의 초청을 거부했고, 영국 없다면 스칸디나비아가 참여할 일도 없었다. 그래서 유럽 석탄 철강 공동체를 창설하는 1951년 4월의 파리 조약에 서명한 서유럽 국가는 겨우 6개국이었다.

당시에도 주목을 받았던 이 공동체의 한 가지 특징은 상세히 언급할 만한 가치가 있을 것 같다. 1951년에 조약에 서명한 6개국 외무장관들은 모두 자국의 기독교 민주당 당원이었다. 주요 회원국의 유력한 정치인 세 명은(알치데 데가스페리, 콘라트 아데나워, 로베르 쉬망) 모두 그들 나라의 변방 출신이었다. 데가스페리는 북동부 이탈

12 프랑스 재무장관 앙리 쾨유는 프랑스 주재 미국 대사에게 〈성실함이라고는 조금도 없는〉 영국의 태도에 대해 불평했다.

리아의 트렌토, 아데나워는 라인란트, 쉬망은 로렌 출신이었다. 데 가스페리가 태어났을 때(그리고 그가 성년에 이르기까지) 트렌토 는 오스트리아-헝가리 제국의 일부였고, 데가스페리는 빈에서 공부 했다. 쉬망은 독일 제국에 병합된 로렌에서 성장했다. 아데나워처럼 쉬망도 청년기에 가톨릭 협회들에 가입했다. 아데나워가 10년 전에 가입했던 협회들과 사실상 동일한 단체였다. 세 사람은 서로 만났을 때 공통 언어인 독일어로 대화했다.

세 사람에게, 그리고 두 언어 국가인 룩셈부르크, 두 언어 국가이 자 두 문화 국가인 벨기에, 그리고 네덜란드의 동료 기독교 민주당 원들에게도 유럽 협력 사업은 경제적으로는 물론 문화적으로도 의 미가 있었다. 그들은 자신들이 청년이었을 때의 세계주의적 유럽을 박살낸 문명의 위기를 극복하는 데 유럽 협력 사업이 도움이 되리 라고 생각했고, 이는 합리적이었다. 쉬망과 그의 동료들은 오랫동안 정체성이 복합적이고 국경이 자주 변경되곤 했던 자국의 변두리 출 신이라서 주권의 부분적인 소실 전망에 그다지 괴롭지 않았다. 새로 운 유럽 석탄 철강 공동체에 속한 6개 회원국 모두 최근에 전쟁과 점 령으로 주권이 무시되고 짓밟힌 경험을 갖고 있었기에 잃어버릴 주 권이 많지도 않았다. 그리고 사회적 결속과 집단적 책임이라는 기 독교 민주당의 공통 관심사 때문에 이들 모두는 공동의 이익을 위 해 집행권을 행사하는 초국적 〈상급 기구〉라는 개념이 불편하지 않 았다.

그러나 북쪽에서는 사정이 달랐다. 스칸디나비아와 영국 같은 프 로테스탄트 국가들에게 (또는 슈마허 같은 북독일인의 프로테스탄 트 관점에서) 유럽 석탄 철강 공동체는 권위주의적인 냄새가 났다. 1948년에서 1968년까지 스웨덴 총리를 지낸 사회 민주당의 타게 엘 란데르는 실제로 가입을 주저했던 이유를 새로운 공동체에서 압도 적 다수를 차지하고 있는 가톨릭에 돌렸다. 베빈의 선임 고문인 케네스 영거는 쉬망 플랜을 알고 난 후 5일이 지난 1950년 5월 14일 자 일기에 자신은 일반적으로는 유럽의 경제적 통합에 찬성하지만, 그 새로운 제안은 〈한편으로는…… 가톨릭의 《사악한 인터내셔널》을 공고화하는 첫걸음일 뿐이다. 나는 언제나 그것이 유럽 회의를 배후 에서 조종하는 강한 세력이 되리라고 생각했다〉고 적어 놓았다. 당 시 이러한 생각은 극단적인 견해가 아니었으며 드물지도 않았다.

유럽 석탄 철강 공동체는 〈사악한 인터내셔널〉이 아니었다. 특별 히 효과적인 경제적 수단도 분명히 아니었다. 상급 기구는 모네가 의도했던 성격의 권한을 전혀 행사하지 못했기 때문이다. 대신에 유 럽 석탄 철강 공동체는 이 시기에 존재했던 다른 모든 국제적 제도 혁신처럼 유럽인들이 자신감을 회복하여 전진할 수 있는 심리적 여 유를 제공했다. 10년 후 아데나워가 맥밀런에게 설명했듯이, 유럽 석탄 철강 공동체는 경제 조직이라고 할 수도 없었다(따라서 영국 이 한발 비켜선 것은 옳았다). 모네의 상상력은 번득였지만, 유럽 석 탄 철강 공동체는 유럽 통합 계획이 아니라 조약 체결 당시 서유럽 국가들의 상호 관심을 보여 주는 최소 공통분모였을 따름이다. 유럽 석탄 철강 공동체는 경제의 가면을 쓴 정치적 매개 수단, 다시 말해 프랑스와 독일의 적대 관계를 극복하기 위한 장치였다.

한편, 유럽 석탄 철강 공동체가 다루기로 했던 문제들은 저절로 해결되고 있었다. 1949년 마지막 사분기에 독일 연방 공화국의 산업 생산고는 1936년 수준을 회복했고, 1950년 말에 이르면 3분의 1가 량 초과했다. 1949년 서독의 대유럽 무역 수지는 원료(특히 석탄) 수 출에 의존했다. 한 해 뒤인 1950년에는 국내 산업에 연료를 공급하 느라 원자재를 소비했기 때문에 무역 수지가 적자였다. 1951년, 서 독의 무역 수지는 공산품 수출 덕에 다시 흑자로 돌아섰고 향후 수 년 동안 흑자가 지속되었다. 1951년 서독의 수출은 1948년 수준의 여섯 배 이상 증가했으며, 독일의 석탄과 완제품, 무역은 유럽 경제의 부흥을 촉진시켰다. 실제로 1950년대 말에 이르면 서유럽은 석탄 공급 과잉의 효과로 괴로운 처지에 놓이게 되었다. 이러한 결과가 어느 정도로 유럽 석탄 철강 공동체의 영향 때문인지는 다소 의심스러운 문제이다. 서독의 산업 기계를 최대로 가동한 것은 쉬망이 아니라 한국이었다. 그러나 이 문제는 결국 그다지 중요하지 않았다.

유럽 석탄 철강 공동체가 실제 주장했던 바에 훨씬 못 미쳤다면, 다시 말해서 초국적 조직에 전념하겠다는 프랑스의 약속이 단지 그들이 늘 불신했던 독일을 통제하기 위한 수단에 지나지 않았다면, 유럽의 경제 부흥이 경쟁과 고용, 가격에 경미한 영향만을 미쳤던 상급 기구의 활동에 힘입은 바가 거의 없다면, 영국은 왜 합류를 거부했는가? 영국의 고립이 왜 그렇게 중요해 보였을까?

영국은 유럽의 관세 동맹에 반대할 이유가 전혀 없었다. 영국은 적어도 다른 유럽 국가들의 관세 동맹은 크게 지지했다. 영국을 불편하게 한 것은 비록 두 가지 물자의 생산과 가격 결정만 관리하기는 했지만 상급 기관에 내포된 초국적 집행부라는 개념이었다. 런던의 태도는 이 점에서 한동안 분명했다. 1948년 베빈이 노동당 내각과 훗날의 유럽경제협력기구에 대한 미국의 제안을 논의했을 때, 그의 주된 관심은 〈사무국(또는 독립적인 의장)이 자의적인 조치를 취하지 못하도록 예방하기 위해…… 국가의 대표들이 실질적인 통제권을 보유해야 한다〉는 데, 그리하여 〈조직이 개별 회원국에 지시를 내리는 일이 없어야 한다〉는 데 있었다.

영국은 국가의 통제권을 포기하기 싫었기 때문에 모네가 유럽 석탄 철강 공동체에 두었던 목적을 받아들일 수 없었다. 그런데 영국은 대륙이 자신들의 일에 끼어드는 데 유럽 석탄 철강 공동체가 작은 역할을 하리라 생각했다. 그 의미가 불분명했기에 더욱 위험했다. 베빈은 애치슨에게 영국의 참여 거부의 정당성을 이렇게 설명했다.

〈그토록 지극히 중요한 문제들이 걸린 경우, 우리는 잘 알지도 못한 채 처신할 수는 없으며, (나는) 미국도 비슷한 처지에 있게 되면 똑같이 생각하리라고 확신한다.〉베빈은 측근들에게 유럽 회의를 걱정하며 더 화려하게 표현했다. 〈우리가 판도라의 상자를 열면 어떤 트로이의 목마가 튀어나올지 모른다.〉

영국의 추론은 부분적으로 경제적인 것이었다. 영국 경제는, 특히 무역에 의존한 부문은 대륙의 이웃들보다 훨씬 더 건전한 상태에 있는 듯했다. 1947년 영국의 수출은 금액 면에서 프랑스와 이탈리아, 서독, 베네룩스 국가들, 노르웨이, 덴마크의 수출 총액과 엇비슷했다. 당시 서유럽 국가들이 주로 상호 간에 교역했던 반면, 영국은 전세계와 통상 관계를 맺고 있었다. 실제로 1950년 영국의 대유럽 교역은 1913년 수준보다 훨씬 낮았다.

그러므로 영국의 관료들이 보기에 전망이 매우 불투명한 나라들과 구속력 있는 경제 협약에 참여했다가는 얻을 것보다 잃을 것이 더 많았다. 쉬망의 제안이 나오기 한 해 전에 고위 공직자들이 비공개로 표명한 영국의 입장은 이랬다. 〈유럽과 장기적으로 경제 협력을 유지하는 것은 매력적이지 않다. 기껏해야 자원이 유출될 뿐이다. 최악의 경우에 우리 경제가 심각한 손상을 입을 것이다.〉여기에 대륙의 협정에 참여하는 데 대한 노동당의 염려를 덧붙여야만 한다. 그 협정은 국내에서 〈사회주의적〉 정책, 즉 50년 전 노동당을 창당한 산업별 노동조합의 공동 이익과 긴밀히 연관된 정책을 제한할 수도 있었기 때문이다. 현직 총리 허버트 모리슨은 1950년 쉬망의 초청에 대해 내각에 이렇게 설명했다. 〈이것은 전혀 쓸모없다. 우리는 응할수 없다. 더럼의 광부들도 용인하지 않을 것이다.〉

그리고 그때는 영연방이 있었다. 1950년에 영연방은 아프리카와 남아시아, 오스트랄라시아, 아메리카의 광대한 영역에 걸쳐 있었으며, 그 대부분은 여전히 영국이 지배했다. 말레이반도에서 황금 해안(가나)에 이르는 식민지 영토는 순수한 달러 소득원이었고, 영국에 상당한 금액을 남겨 주었다. 이것이 그 악명 높은 〈파운드 잔고 sterling balances〉였다. 영연방은 원료와 식량의 주요 원천이었으며, 영연방 혹은 대다수 사람들이 여전히 지칭하듯이 제국은 영국민의 정체성을 구성하는 필수 요소였다. 아니면 적어도 당시에는 그렇게 보였다. 대부분의 정책 입안자들에게 영국을 유럽 대륙 체제의 일부로 만드는 것은 실제로 가능하지도 않을 뿐더러 명백히 경솔한 짓이었다. 그러한 체제는 영국을 이와 같은 생존의 다른 한 차원에서 잘라 낼 것이기 때문이었다.

그때 영국은 유럽의 한 부분이었지만 또한 전 세계에 걸친 영어권 제국 공동체의 일부였다. 그리고 미국과 매우 특수한 관계를 맺고 있었다. 영국민은 미국에 대해 양면적인 태도를 취하는 경향이 있었다. 먼 곳에서 미국을 자국의 옹색한 생활과 대비되는 〈호사스러운 소비자의 천국〉(맬컴 브래드버리)[13]으로 인식하면서도 바로 똑같은 이유에서 미국에 분개했다. 그러나 영국 정부는 훗날 〈특별한 관계〉로 불리게 되는 양국 관계에 대한 믿음을 끊임없이 강조했다. 이 특별한 관계는 영국이 전시에 얄타와 포츠담에서 3대 강국의 하나로 〈최고위급 회담〉에 참석하고 1952년의 성공적인 폭탄 실험에 이어 세 번째 핵 강국이 된 그 위상에 어느 정도 힘입었다. 또한 전시에 긴밀했던 양국 간의 협력에도 의존했다. 그리고 자신들을 제국의 정점에 있을 때 밀어낸 나라를 향한 영국인 특유의 우월감도 작용했다.[14]

미국은 영국이 유럽과 공동 운명체가 되기를 주저하자 실망감을

13 1932~2000. 영국의 작가, 문화 비평가 — 옮긴이주.
14 이러한 관점은 영국의 전후 차관 협상이 진행되는 동안 익명의 시에서 훌륭하게 포착되었다.

　　워싱턴에서 핼리팩스 경은
　　케인스 경에게 속삭였다
　　〈그들이 돈 가방을 쥐고 있는 게 사실이다
　　그러나 두뇌는 우리가 모두 가졌다.〉

드러내며 제국의 지위를 보존하려는 영국의 고집에 염증을 느꼈다. 그러나 1950년에 영국이 취한 태도는 단순히 제국주의적 자기기만이나 심술만은 아니었다. 장 모네가 훗날 회고록에서 인정했듯이, 영국은 침공당하거나 점령당하지 않았다. 〈영국은 역사를 떨쳐버릴 필요를 못 느꼈다.〉 영국이 경험한 제2차 세계 대전은 영국 해협 건너편에서 기억되듯이 국가와 국민이라는 건물이 부식되어 갈라진 틈이 아니라 국민적 화해와 결집의 계기였다. 전쟁은 프랑스에서는 정치 문화에 내재된 모든 문제를 드러냈지만, 영국에서는 올바르고 좋은 국민적 제도와 관행을 모조리 확증한 듯했다. 제2차 세계 대전은 대다수 영국인에게 독일과 영국 사이의 전쟁이었으며, 영국은 자신들이 승자이고 정당했음을 입증했다.[15]

이처럼 고난을 견디고 감내하며 극복할 수 있는 능력에 대한 조용한 자부심은 영국을 대륙과 구분 짓는 특징이었다. 그로부터 전후 시대의 정치 문화도 형성되었다. 1945년 선거에서 노동당은 역사상 처음으로 확실하게 의회의 다수를 확보했으며, 폭넓게 국유화와 사회 개혁을 단행했다. 그 결과, 세계 최초의 보편적 복지 국가가 탄생했다. 정부 개혁은, 국민의 뿌리 깊은 관습과 기호는 거의 바꾸지 못하여 놀랄 정도였지만, 대체로 인기가 있었다. 프리스틀리[16]는 1949년 7월 『뉴스테이츠먼New Statesman』에 이렇게 썼다. 〈우리는 자유주의의 진정한 마지막 기념물인 사회주의 군주국이다.〉

전후 영국의 국내 정치는 사회 정의와 그에 따른 제도 개혁에 관한 문제들에 사로잡혀 있었다. 이러한 상황의 출현은 앞선 정부들이 사회적 불평등을 처리하는 데 계속해서 실패한 탓이 컸다. 긴요했던 보건과 교육, 교통, 주택, 연금 등에 대한 공공 지출을 둘러싼 논의에

15 독일인들이 전쟁을 이러한 관점에서 기억하지 않는 것은 이해할 만하다. 그들은 훗날 잉글랜드 축구팀 응원단의 노래와 영국의 타블로이드판 신문의 머리기사에서 〈훈족〉, 〈독일 병정〉 등으로 신비화된다.

16 1894~1984. 영국의 작가, 방송인 — 옮긴이주.

뒤늦게 다시 집중하는 것은 많은 사람들이 보기에 나라가 최근에 치른 희생에 대한 당연한 보답이었다. 그러나 이는 또한 대부분의 영국 유권자들이(그리고 많은 영국 국회의원들이) 자신들의 나라가 얼마나 가난했는지, 독일과 영웅적으로 싸우고 승리하느라 얼마나 많은 대가를 치렀는지 전혀 몰랐음을 의미했다.

1945년에 영국은 지급 불능 상태에 있었다. 영국은 다른 어느 나라보다 더 철저하게, 더 오래 동원되었다. 1945년에 전체 고용 인구가 2150만 명이었는데 그중 1천 만 명의 남녀가 무장했거나 무기를 만들고 있었다. 윈스턴 처칠은 영국의 전쟁 수행 노력을 국가의 제한된 자원에 맞추어 조정하기는커녕 무일푼이 될 때까지 온 힘을 다 쏟았다. 미국에서 빌리고 영국의 해외 자산을 매각하여 자금과 물자의 유동성을 유지했다. 전시의 어느 재무장관이 주장했듯이, 이 시기에 〈영국은 세계 최대 채권국에서 세계 최대 채무국으로 바뀌었다.〉

이는 전후에 되풀이된 영국의 통화 위기를 설명해 준다. 영국은 급감한 수입으로 막대한 달러 채무를 변제하려 분투했다. 마셜 플랜이 영국의 산업 투자나 현대화에 거의 아무런 영향도 미치지 못한 한 가지 이유도 여기에 있다. 대충자금의 97퍼센트가(다른 어느 나라보다 많은 비율이다) 국가의 채무를 지불하는 데 쓰였다. 이러한 문제들은 전후 영국과 유사하게 궁핍한 상황에 처한 중간 크기의 유럽 국가들에서도 매우 심각했을 것이다. 영국의 경우 그 문제들은 제국이 감당해야 할 전 세계적 규모의 부담 때문에 크게 악화되었다.

영국이 강대국으로 존속하는 데 든 비용은 1939년 이래로 크게 증가했다. 1934년에서 1938년까지 영국이 군사와 외교 활동에 지출한 비용은 연간 600만 파운드였다. 하지만 1947년에 영국 정부는 군사비 지출에만 2억 900만 파운드의 예산을 배정했다. 1950년 6월 한국 전쟁이 발발하기 직전에, 다시 말해 전쟁 발발로 방위비 지출이 증가하기 전에, 영국은 영구적인 〈중국 기지China Station〉 외에 대서양과 지중해, 그리고 인도양에 각각 완전한 함대를 보유했다. 영국은 전 세계에 120개의 공군 비행대를 유지했고, 홍콩과 말레이반도, 페르시아만, 북아프리카, 트리에스테, 오스트리아, 서독, 그리고 영국 본토에 영구적으로 군대가 주둔했다. 그 밖에 식민지 공무원은 물론 비용이 많이 드는 대규모 외교·영사·정보 조직들이 세계 도처에 퍼져 있었다. 이러한 비용은 얼마 전에 영국이 인도에서 철수함으로써 감소하기는 했지만, 여전히 상당한 부담이었다.

영국이 이처럼 과도하게 팽창한 상황에서 빚지지 않고 지낼 수 있는 유일한 방법은 전례 없이 엄격한 자제와 자발적 궁핍을(이 시기의 특징으로 많이 언급되었다) 자청하는 것이었다. 자부심 강한 승전국 영국은 어쩐 일인지 패배하고 점령당하고 약탈당했던 바다 건너의 그 어느 나라보다 더 옹색하고 가난하고 어둡고 냉혹해 보였다. 모든 것이 배급되고 규제되고 통제되었다. 편집자이자 평론가인 시릴 코널리는 시절이 가장 좋았을 때에도 비관적인 인물이기는 했지만 1947년 4월에 쓴 글은 미국과 영국의 상황을 비교하면서 당대의 분위기를 매우 잘 포착하고 있다.

여기서 자아는 매우 억압되어 있다. 우리 대부분은 남자와 여자가 아니라 초라하고 지친, 과도하게 억제된 거대한 거세된 집단의 일원이다. 칙칙한 색깔의 의복, 식량 배급 장부와 살인에 관한 이야기들, 시기심이 가득한 구세계의 완전한 무관심. 우리는 고통에 찌든 국민이다. 그리고 런던은 이러한 분위기의 상징이다. 이제 대도시 중에서 가장 크고 가장 슬프며 가장 지저분한 런던에는 칠도 하지 않고 사람도 살지 않는 집들이 수마일에 걸쳐 늘어섰으며, 고깃간에는 고기가 없고, 주점엔 맥주가 없고, 한때 활기가 가득했던 동네들은 개성을 모두 상실했고, 광장은 기품을 잃었다. ……꾀죄죄한 비옷을 입은 사람들이 늘 찌푸린 채 철제 접시 덮개처럼 낮게 내려앉은 하늘 아래 카페테리아의 녹색으로 얼룩진 고리버들 공예품 주변을 떼 지어 몰려다닌다.

그때는 내핍의 시절이었다. 수출을 확대하기 위해 (즉 필수적인 외화를 벌어들이기 위해서) 거의 모든 것이, 이를테면 고기, 설탕, 의복, 휘발유, 외국 여행, 심지어 사탕까지도 배급되었다. 1946년부터는 빵도 배급되었다. 빵의 배급은 1948년 7월까지 계속되었는데 전쟁 중에도 없던 일이었다. 정부는 1949년 11월 5일 과시하듯 〈통제의 제거〉를 축하했다. 그러나 바로 그 통제들 중 여럿은 한국 전쟁으로 말미암아 재차 강요되었고, 영국에서 기본 식량 배급은 다른 서유럽 국가들보다 한참 늦은 1954년에 가서야 종결되었다. 전후 영국의 거리 풍경은 소련 진영의 시민들에게는 익숙했을 것이다. 어느 영국 주부는 이 시기를 이렇게 회고했다. 〈무엇을 원하든 줄을 서야 했다. 우리는 무엇을 얻기 위해 줄을 서는지도 모른 채…… 줄의 끝에 무엇인가 있다는 사실을 알기 때문에 그 줄에 합류했다.〉

영국인들은 놀라울 정도로 궁핍을 잘 견뎌 냈다. 한편으로는 최소한 사회 전체가 공평하게 고통을 분담하고 있다는 믿음이 있었기 때문이었다. 배급과 규제에 대한 누적된 불만과 노동당 내각의 몇몇 장관들(특히 재무장관 스태퍼드 크립스)에게 배어든 청교도적 온정주의는 1950년대 선거에서 보수당이 만회하는 한 가지 원인이 되기는 했다. 영국의 전후 첫 세대는 달리 선택의 여지가 없었으며 정부가 최선의 방책을 알고 있다고 생각했다. 소설가 데이비드 로지는 청년기를 이렇게 회상했다. 그들은 〈신중하고 고집하지 않고 작은 행운에도 감사하며 욕구를 절제했다〉. 이러한 태도는 이후 세대와 현저히 대비된다. 그리고 행운도 그렇게 작아 보이지는 않았다. 더럼 광부 노조의 경험 많은 지도자인 샘 왓슨은 1950년 노동당 연례 회의에서 이렇게 말했다. 〈빈곤은 제거되었다. 굶주림은 없다. 환자들은 간호받고 있다. 노인들을 소중히 돌보고 있으며, 아이들은 기회의 땅에서 자라고 있다.〉

영국은 여전히 계급으로 분열된 사회였다. 그리고 복지 국가의 혜택은 앞서 보았듯이 주로 〈중간층〉에게 돌아갔다. 그러나 전후 입법의 결과로 소득과 부가 재분배된 것은 사실이었다. 국민의 최상위 부자 1퍼센트가 차지하는 국부의 몫은 1938년 56퍼센트에서 1954년에 43퍼센트로 하락했고, 실업의 실질적인 소멸은 전쟁 이전의 암울했던 시기에 비추어 상황이 낙관적임을 보여 주었다. 1946년에서 1948년 사이에 15만 명의 영국인이 캐나다와 오스트레일리아, 뉴질랜드로 이민을 떠났고, 더 많은 사람들이 이민을 생각하고 있었다. 그러나 1951년 초에는 최악의 내핍 생활이 끝난 것처럼 보였다.

험프리 제닝스가 당대에 찍은 1951년의 영국에 관한 다큐멘터리 영화 「가족의 초상Family Portrait」은 그 순간의 감동을 훌륭하게 포착했다. 제목 자체가 그 나라에 독특한 무엇을 가리킨다. 프랑스나 이탈리아, 독일, 벨기에의 어떤 다큐멘터리 영화 제작자도 그런 제목을 쓸 생각은 하지 못했을 것이다. 그 영화는 영국다움을 찬양한다. 사람들이 최근 전쟁에서 겪은 고통과 영광을 강렬하게 그리면서 영국이라는 나라가 가진 독자성에 대한 자부심의 편린을 드러내고 있다. 과학과 진보, 디자인과 노동이 크게 강조되었다. 그리고 잉글랜드의 이웃이나 동맹국들은 전혀 언급되지 않았다. 1951년의 영국은 마치 따로 떨어져 1940년에 있는 나라처럼 묘사되었다.

1828년에 독일 시인 하인리히 하이네는 이미 잘 알려진 견해를 다시 제시했다. 〈영국인들이 의회의 토론에서 하나의 원칙을 입 밖에 내는 일은 좀처럼 없다. 그들은 오직 유익한지 무익한지만 토론하며, 찬성인지 반대인지 그 사실만을 밝힌다.〉 영국은 1950년에 로베르 쉬망의 초청을 거절했다. 유럽의 경제 사업에 합류하는 것이 무용하다고 보았고 대륙 문제에 관여하는 것을 오랫동안 불편하게 여겼기 때문이다. 그러나 유럽 석탄 철강 공동체에서 한발 비켜서 있으려는 영국의 결정은 본능적이고 심리적이며 나아가 감정적인 결정이었다. 영국 현대사가 지닌 극단적인 특수성의 산물이었다. 1952년 1월, 앤서니 이든은 뉴욕의 청중에게 영국의 결정을 이렇게 요약하여 설명했다. 〈이것이 우리가 뼛속 깊이 알고 있는 것이다. 우리는 할 수 없다.〉

결정은 최종적이지 않았다. 그렇지만 일단 결정이 내려지자 그것은 치명적인 것으로 드러났다. 영국이 (그리고 영국을 좇아 스칸디나비아 국가들이) 참여하지 않은 서방의 〈작은 유럽〉 내에서 권력은 애초대로 프랑스한테 돌아갔다. 프랑스는 상황이 달랐다면 영국이 행사했을지도 모를 권력을 정당하게 행사했으며, 결국 〈유럽〉을 자신의 생각대로, 즉 그 제도와 정책을 프랑스의 선례에 가까운 형태로 만들었다. 당시 사태의 진전에 유감을 표했던 사람들은 영국인들이 아니라 대륙의 유럽인들이었다. 많은 저명한 유럽 지도자들은 영국의 합류를 진정으로 원했다. 벨기에의 정치가이자 유럽의 정치가였던 폴앙리 스파크는 과거를 회고하며 유감스러운 듯 말했다. 〈도덕적 지도력은 원하기만 했다면 당신들 것이었다.〉 훗날 모네도 과거를 뒤돌아보며 영국이 그 권위에 경쟁할 상대가 없었을 때 주도권을 쥐기로 선택했다면 상황이 얼마나 달라졌을까 궁금해했다. 10년 뒤였더라면 영국은 재고했을 것이다. 그러나 전후 유럽에서 10년은 매우 오랜 시간이었고, 그때 이미 주사위는 던져졌다.

6장
회오리바람 속으로

말하고 싶은 것을 말하라 — 공산주의자들은 더 영리했다. 그들은 웅대한 계획을, 누구나 제자리를 찾을 완전히 새로운 세계를 위한 계획을 지녔다. ……자신들에게는 애초에 목가의 기질이 없음을 깨닫고 그래서 그 나라를 떠나기를 원한 사람들은 처음부터 있었다. 그러나 당연하게도 목가란 모두를 위한 하나의 세계이므로, 국외로 이주하기를 원했던 사람들은 은연중에 목가의 정당성을 부인하고 있었다. 그들은 국외로 나가는 대신 구금되었다.
— 밀란 쿤데라

그래서 사람들에게 생각하지도 판단하지도 말라고 가르칠 필요가 있었고, 존재하지 않는 것을 보라고 강요할 필요가 있었으며, 누구에게나 분명한 것의 정반대를 주장할 필요가 있었다.
— 보리스 파스테르나크, 『닥터 지바고』

나는 수용소에서 나라에서 벌어지는 일 전반에 대한 빈틈없는 이해와 스탈린의 종교적 숭배를 어떻게든 결합해 낸 사람들을 많이 만났다.
— 예브게니야 긴즈부르크, 『회오리바람 속으로 들어가는 여행』

스탈린주의는 영혼의 살해를 뜻한다. 궤변가들이 무슨 말을 하든지, 공산주의 지식인들이 어떤 거짓말을 하든지, 스탈린주의의 종착지는 바로 그것이다. 공산주의의 십계명이 정신에 들어박히려면 영혼은 죽임을 당해야만 한다.
— 알렉산드르 바트

이곳에서 그들은 먼저 사람을 목매달고 그다음에 심문했다.
— 몰리에르, 『푸르소냑 씨』

1945년 이후 몇 년간 소련이 보여 준 행보는 서방 관찰자들의 기를 죽이기에 충분했다. 소련군은 도보로 행진했고, 짐승이 끄는 수레로 무기와 군수품을 운반했다. 병사들은 휴가를 받지 못했고, 머뭇거리는 자들에게는 일말의 자비도 없었다. 1941년과 1942년에만 15만 7,593명이 〈비겁〉하다는 이유로 처형되었다. 그러나 소련은 위태로운 출발 이후 거대한 나치 제국보다 더 많이 생산했고, 독일군과 싸워 그 엄청난 군부의 심장을 도려냄으로써 승리를 얻었다. 적군에게나 우군에게나 소련이 제2차 세계 대전에서 거둔 승리는 볼셰비키의 업적을 증언했다. 스탈린의 정책은 옹호되었고, 그가 전쟁 이전에 저지른 범죄는 대체로 잊혔다. 스탈린이 잘 이해했듯이, 성공은 승리의 공식이다.

　　그러나 소련은 성공을 위해 유례없이 큰 희생을 치렀다. 제2차 세계 대전의 모든 승전국 중에서, 아니 승자와 패자를 가릴 것 없이 모든 참전국 중에서 소련은 항구적인 경제적 손해를 입은 유일한 나라였다. 측정 가능한 인적·물적 손실은 막대했으며, 그 영향은 향후 몇십 년간 지속되었다. 1950년에 모스크바에서 공부했던 체코 공산당원 즈데네크 믈리나르시는 그 수도가 〈빈곤과 후진성…… 작은 나무 집들의 거대한 촌락〉에 빠져 있었다고 회상했다. 도시를 벗어나면 상황은 더욱 나빴다. 벨라루스와 우크라이나, 서부 러시아 전역에서

도로와 교량, 철도가 고의로 파괴되었다. 1950년대 초의 곡물 수확량은 1929년 수확량보다 적었는데, 그 1929년의 수확량은 차르 시절의 평시 수확량보다도 훨씬 적은 것이었다. 소련에서 제일 좋은 경작 지대 일부에서 전쟁이 벌어졌고, 말과 소, 돼지, 기타 동물 수십만 마리가 도살되었다. 1930년대의 의도적인 징벌적 기근에서 전혀 회복하지 못한 우크라이나는 1946년에서 1947년에 이르는 겨울과 봄에 한 번 더 기근에 직면했다(이번에는 인위적인 것이 아니었다).

그러나 전쟁 기간에는 결국 소련 생활의 지속적인 준군사화로 판명될 현상도 나타났다. 중앙 지도 덕분에, 또 전차와 대포, 항공기 생산에 혹독하게 힘을 집중한 덕분에, 전시에 소련은 놀랍도록 효율적인 전쟁 조직으로 변모했다. 소련은 인간의 삶과 복지에는 무관심했으나 다른 모든 면에서는 총력전을 수행하기에 매우 적합했다. 전시에 형성된 일군의 당 관료들 즉 브레즈네프 세대는 방위 산업의 대규모 생산고가 곧 권력과 성공이라고 생각했으며, 이후 40년간 늘그 모델을 염두에 두고 국가를 운영한다. 계급 투쟁과 대결이라는 오래 지속된 레닌주의적 은유는 이제 실제 전쟁의 자랑스러운 기억과 연결될 수 있었다. 소비에트 당-국가는 대애국 전쟁이라는 새로운 창설 신화를 획득했다.

나치가 침략하여 국토와 주민을 유린한 덕에, 1941년부터 1945년까지 러시아에서 벌어진 전쟁은 위대한 애국 전쟁이 되었다. 스탈린은 러시아의 민족적·종교적 정서가 자동적으로 표출되도록 조장했다. 침략자 독일에 대항한 거대한 싸움이라는 공동 목표가 일시적으로 당과 당의 목적을 대체하도록 내버려두었던 것이다. 소련의 뿌리가 과거 러시아 제국에 있음을 강조한 이 같은 조치는 전후 스탈린의 중부 유럽 침략에도 도움이 되었다.

앞서 보았듯이, 스탈린이 유럽에서 원한 것은 첫째가 안보였다. 그러나 스탈린은 자신이 서쪽에서 거둔 승리로 얻게 될 경제적 이익에도 관심이 있었다. 폴란드에서 불가리아에 이르기까지 중부 유럽의 소국들은 제2차 세계 대전이 발발하기 훨씬 전부터 독일의 지배를 받으며 살았다. 특히 1930년대에 나치 독일은 그 나라들의 주요 교역 상대였고 외국 자본의 원천이었다. 전쟁 중에 이 관계는 단순화되어 주인과 노예의 관계로 변했고, 독일은 전쟁 수행을 위해 토지와 사람으로부터 뽑아 낼 수 있는 만큼 최대의 자원을 뽑아냈다. 1945년 이후에는 소련이 말 그대로 독일이 남긴 것을 넘겨받아, 동유럽을 자국 경제에 부속시켜 마음대로 착취할 수 있는 자원으로 삼았다.

소련은 히틀러의 동맹국이었던 헝가리와 루마니아로부터 배상을 받아 냈다. 이는 독일의 소련 점령 지구로부터 받아 낸 배상과 마찬가지로 소련이 입은 손실을 보상하기에는 상대적으로 미미했지만, 배상하는 나라의 입장에서는 상당한 희생이었다. 1948년 루마니아가 소련에 지불한 배상금은 국민 소득의 15퍼센트였고, 헝가리의 경우 17퍼센트였다. 스탈린은 소련에 맞서지 않은 나라들에도 그 정도는 요구했으나 이를 응징이 아니라 〈우애〉로 포장했다.

1950년대 말까지 소련은 동독과 루마니아, 헝가리로부터 그 나라들을 통제하는 데 쓴 것보다 훨씬 많이 뽑아낸 것으로 추정된다. 체코슬로바키아에서는 본전치기를 했다. 반면 1945년에서 1960년 사이에 소련은 불가리아와 특히 폴란드에 많이 원조를 제공했는데, 이는 두 나라가 교역과 여타 물품의 인도로 소련에 공급한 것보다 많았을 것이다. 식민주의를 연구한 역사가들은 식민국과 식민지 사이의 경제적 관계에서 그렇게 들쭉날쭉한 경제적 이익의 유형을 익히 보았으며, 이 점에서 소련과 그 서쪽 나라들 사이의 관계는 전형적인 〈제국주의적〉 관계였다(다만 소련의 경우에는 제국의 중심이 종속된 주변부보다 더 가난하고 더 후진적이었다).

스탈린이 다른 제국 건설자들과, 나아가 차르와 달랐던 점은 자신이 통제하는 곳에서 집요하게 소련과 동일한 형태의 정부와 사회를 재생산하려 했다는 것이다. 스탈린은 1939년과 1941년 사이에 동부 폴란드에서, 1940년과 1945년에 (나치로부터 빼앗아 재점령한) 발트 국가들에서 다시 그랬던 것처럼, 동유럽을 소련식으로 개조하는 작업에 착수했고, 공산당이 통제하는 작은 나라들에 소련의 역사와 제도, 관행을 재현하는 데 공들였다.

알바니아와 불가리아, 루마니아, 헝가리, 체코슬로바키아, 폴란드, 그리고 독일 민주 공화국은 어느 학자가 적절하게 표현했듯이 〈지리적으로 인접한 복제 국가들〉이 되었다.[1] 각국은 소련 헌법을 모델로 삼아 헌법을 채택해야 했다(1947년 12월에 불가리아에서 최초로 그 같은 헌법이 채택되었고, 1952년 7월 폴란드에서 마지막으로 채택되었다). 각국은 경제 〈개혁〉을 진행해야 했고, 5개년 계획을 채택하여 자국의 제도와 관행을 소련에 일치시켜야 했다. 그리고 소련의 집권 공산당을 추종하는 공산당 기구의 통치를 받아야 했다.[2]

위성 국가에 소련 사회를 재현하려는 스탈린의 동기 역시 매우 단순했다. 전후 동유럽에 평화와 땅, 식량, 새로운 시작에 대한 욕구가 널리 퍼진 것이 공산당의 권력 장악을 용이하게 했을 수는 있지만 소련 정책에 대한 현지의 지지를 보장하지는 않았다. 동유럽인들은 파시스트보다는 공산당이나 일종의 민주적 사회주의를 선호했으나, 이들이 공산당의 통치를 실제로 경험하고도 그런 마음을 유지하리라고 기대할 수는 없었다. 독일의 복수를 막아 주겠다는 소련의 보장조차 조만간 힘을 잃었다.

스탈린은 위성 국가들의 확고한 충성을 확보해야 했고 그 유일한 방법을 알고 있었다. 먼저 당이 권력을 독점해야 했다. 1949년 8월에 공포된 헝가리 헌법의 자구를 빌리자면, 당은 다른 모든 정당을

---

1 캘리포니아 주립 대학교(버클리)의 케네스 조웻Kenneth Jowett 교수가 한 말이다.
2 독일 민주 공화국의 제도는 소련이 볼 때에는 그 중간적 입장을 반영하여 다소 독특했다. 그러나 그 법률과 관행의 정신은 나무랄 데 없이 완벽한 정통이었다.

제거하거나 흡수하여 〈지도적 역할〉을 맡아 유지해야 했다. 당은 사회적 이동의 유일한 매개체이자 유일한 후원의 원천이며 정의의 집행자였다(당이 법원을 통제했다). 국가 기관들을 독점하여 국가 자체와 불가분의 관계에 있었고, 또 소련으로부터 직접 지령을 받았던 각국의 공산당과 국가 보안기관은 소련의 명령을 이행하는 가장 직접적인 수단이었다.

둘째, 당-국가가 경제적 결정권을 독차지해야 했다. 이는 간단한 문제가 아니었다. 동유럽 국가들의 경제는 상당히 다양했다. 어떤 나라는 상당히 큰 규모의 노동 계급이 있는 근대적이고 도시적인 공업 경제였고, 대다수의 다른 나라들은 가난한 농촌 경제에 머물러 있었다. 폴란드와 헝가리 같은 나라는 꽤 큰 국영 부문을 갖추었는데, 그 기원은 독일의 경제적 침탈에 대비한 전쟁 이전의 보호 전략까지 거슬러 올라간다. 체코슬로바키아 같은 다른 나라에서는 전쟁 전에 재산과 사업이 대체로 개인의 소유였다. 몇몇 나라와 지역에서는 상업 부문이 성장하고 있었고, 다른 곳들은 소련의 일부와 유사했다. 동유럽 대부분은 대공황의 영향으로, 또 대공황에 대처하기 위해 채택한 자립적인 보호 정책의 영향으로 고통을 받았다. 그러나 앞서 보았듯이 몇몇 산업 부문은, 특히 헝가리와 슬로바키아에서, 전쟁 중에 독일의 군수 생산 투자로부터 실질적으로 혜택을 받았다.

나라별로 이렇게 사정이 달랐는데도, 공산당은 권력 장악 후 곧 동유럽 전역에 획일적인 경제를 강요했다. 우선 국가는 〈사회주의〉를 사회적 관계가 아닌 소유의 문제로 재정의한 레닌주의에 따라 아직까지 공공의 소유가 아니었던 서비스와 상업, 공업 부문의 대규모 회사들을 몰수했다. 이어 국가는 50명 이상의 직원을 고용한 모든 회사를 넘겨받거나 과세 등의 조치로 파산시켰다. 1948년 12월에 이르면 체코슬로바키아에는 20명 이상의 직원을 둔 사기업은 거의 남아 있지 않았다. 같은 시기에 헝가리 산업의 83퍼센트, 폴란드 산업의 84퍼센트, 루마니아 산업의 85퍼센트, 그리고 불가리아 산업의 98퍼센트가 국가의 재산이 되었다.

동유럽에서 재산을 소유한 중간 계급을 제거하는 손쉬운 방법 중 하나는 화폐 개혁이었다. 화폐 개혁은 강압적 자본 과세 같은 이전의 강탈 방식을 새롭게 바꾼 것으로 농민과 사업가의 현금 저축을 효과적으로 파괴하는 장치였다. 루마니아는 두 차례 화폐 개혁을 단행했다. 1947년 8월에는 고도 인플레이션을 끝낸다는 정당한 목적이 있었으나, 1952년 1월에는 농민들이 앞선 4년 동안 저축한 돈이 (농민들은 돈을 쓸 데가 없었다) 사라지는 것을 지켜봐야 했다.

소련과 마찬가지로 소련이 지배하는 동유럽에서도 농민의 운명은 정해져 있었다. 전후 초기 농촌에서 이루어진 개혁으로 많은 농민들이 작은 땅뙈기를 분배받았다. 그러나 이러한 개혁은 정치적으로는 인기를 끌었을지 모르나 동유럽 지역의 오랜 농업 위기를 악화시키기만 했다. 농기계와 비료에 대한 투자는 너무 적었고, 불완전 고용 상태의 농업 노동자가 너무 많았으며, 농산물 가격은 50년 동안 꾸준히 하락했다. 동유럽의 공산당들은 확고하게 권력을 장악할 때까지는 효과 없는 토지 재분배를 적극적으로 장려했다. 그러나 1949년부터는 점점 더 신속하고 공격적으로 〈네프맨nepman〉과 〈쿨라크〉를 파괴하는 쪽으로 선회했다.

농업 집단화의 초기 국면에서, 소농지 보유 농민들은(이때쯤이면 대지주는 거의 남아 있지 않았다) 그들의 화폐 소득을 초과할 때가 많았던 징벌적 과세, 새로운 집단농장과 국영농장에 유리한 차별적인 가격과 할당량, 배급 장부의 지급 보류, 자녀들에 불리한 차별(중등 교육 거부)로 처벌을 받았다. 그러한 조건 속에서도 대다수가 경제적으로 보잘것없는 2헥타르 미만의 〈극소 농지microfundia〉에 의존하여 살았지만 놀랄 만큼 많은 자영농이 명맥을 유지했다.

루마니아에서는 1950년 가을 수십만 명의 농민이 강제로 집단농장에 등록되고 정권이 무제한으로 폭력을 행사했다. 하지만 훗날 대통령이 되는 니콜라에 차우셰스쿠는 1962년에 가서야 〈일정보다 3년 앞당겨〉 농업 집단화를 완수했다고 자랑스럽게 선언할 수 있었다. 불가리아에서는 1949년부터 5개년 계획이 두 차례 진행되었다. 그사이 경작 가능한 농지는 사사로운 개인의 수중에서 완벽하게 제거되었다. 농업 집단화가 상당히 늦었던 체코 땅에서는(1956년에도 대부분의 농지는 개인이 경작했다) 농지의 95퍼센트가 이후 10년 동안 몰수되었고, 후진적이고 접근이 불편한 슬로바키아 지역에서 그 비율은 조금 더 낮았다(85퍼센트). 그러나 이곳에서도 헝가리와 동유럽 전역에서 그랬듯이 자영농은 명목상으로만 잔존했다. 자영농에 불리했던 조치들과 시장과 유통망의 파괴는 그들의 가난과 파멸을 보장했다.

때로 기상천외했던 소련의 불합리한 경제적 관행은 소련 진영 전역에서 충실하게 재생되었다. 1948년 9월 30일 루마니아 공산당의 게오르게 게오르기우데지는 〈우리는 농촌의 자본주의 분자들을 희생시켜 사회주의적 축적을 달성하고자 한다〉고 선언했다. 하지만 루마니아는 농촌 경제에 〈자본주의 분자들〉이라고는 눈 씻고 찾아보려 해도 없는 나라였다. 슬로바키아에서는 1951년 한 해 동안 도시의 사무원들과 정부 직원들을 들로 내보내는 운동까지 있었다. 〈7만 명 생산 운동〉이라는 그 운동은 비참한 결과를 낳으며 곧 포기되었다. 그러나 빈에서 동쪽으로 겨우 50마일(약 80킬로미터) 떨어진 곳에서 이렇게 마오쩌둥주의가 때 이르게 실천되었다는 사실은 당대의 분위기에 관해 많은 이야기를 들려준다. 동시에 새로 소련에 병합된 발트 국가들에서 그랬듯이, 공산당의 토지 개혁은 이제까지 값싼 식량을 풍족하게 누리던 국가들에 장기적이고 일상화된 식량 부족을 초래했다.[3]

3 소련에 완전히 병합된 발트 국가들의 경우, 동유럽의 다른 국가들보다 훨씬 더 사정이

이 명백한 정책 실패를 다루기 위해, 각 나라는 〈기생 생활〉과 〈투기〉, 〈사보타주〉를 금하는 소련식 법률을 도입했다. 1952년 3월 27일 판사이자 체코슬로바키아 국회의원이었던 즈덴카 파트스호바는 동료 의원들에게 이렇게 말했다. 〈촌락의 부가 실제로 어느 정도인지 밝히는 일이 형사 소송의 최우선 과제이다. ……(농업) 생산물의 생산 방해와 출하 거부는 사보타주로서 엄하게 처벌해야 한다.〉 이와 같은 1930년대 소련의 수사적 표현을 충실한 모방한 것이 암시하듯이, 농민에 대한 적의와 농업 집단화의 성공적인 이행은 정통 스탈린주의의 주된 시금석이었다.

소련이 고취한 산업 계획의 이행은 단기적으로는 그렇게 두드러진 재난이 아니었다. 중앙 통제 경제가 매우 잘 관리할 수 있는 것들이 몇 가지 있었기 때문이다. 토지의 집산화와 소규모 사업의 파괴로 광산과 공장에서 일할 수 있는 노동자가 양산되었다. 공산당은 소비재와 서비스를 희생하여 중공업 제품 생산에 투자한다는 한 가지 목적을 강조했고, 이 때문에 생산고는 전례 없이 증가했다. 어디서나 아주 거창한 목표를 지닌 5개년 계획이 채택되었다. 총생산 수치로 볼 때 공업화 첫 세대가 달성한 성장률은 인상적이었다. 특히 사실상 무에서 출발한 것이나 다름없는 불가리아나 루마니아 같은 나라들은 경이로운 성장률을 기록했다.

동유럽에서 도시화가 가장 크게 진척된 국가인 체코슬로바키아에서도 농업에 고용된 주민의 숫자는 1948년에서 1952년 사이에 18퍼센트가 감소했다. 독일의 소련 점령 지구에서 강철 생산량은 1946년 12만 톤에서 1953년 200만 톤 이상으로 증가했다. 동유럽

어려웠다. 1949년, 북부 에스토니아의 집단농장(콜호스kolkhoze)들은 남쪽으로 400킬로미터 떨어진 라트비아와 보조를 맞추기 위해 수확이 시작되기도 전에 곡물의 출하를 요구받았다. 1953년에 그때까지는 부유했던 에스토니아의 농촌 상황은 매우 악화되었다. 어느 정도였는가 하면 소들이 바람에 날려가서 제 힘으로는 원래 자리로 다시 돌아올 수 없을 만큼 허약했다.

의 일부는(폴란드 남서부, 부쿠레슈티 남서쪽의 산업 지대) 거의 하룻밤 새에 바뀌었다. 크라쿠프 근처의 노바후타처럼, 완전히 새로운 도시들이 건설되어 철강과 공작 기계를 생산하는 수천 명의 노동자들을 수용했다. 준군사적이고 획일적이었던 두 대전 사이 소련의 첫 세대 공업화가 더 작고 적당한 규모로 소련 진영 전역에서 다시 실행되고 있었다. 동유럽 공산당들은 러시아 공산당처럼 19세기 서유럽 산업 혁명을 축약하여 속성으로 재현하고 있었다.

이러한 관점에서 볼 때, 1945년 이후의 동유럽 경제사는 같은 기간 서유럽의 경제 회복 유형과 대체로 닮아 있다. 마셜 플랜이 그 전략에 수반된 고통을 덜어 주기는 했지만 서유럽에서도 소비재와 서비스 공급보다는 생산성과 성장을 위한 투자가 우선시되었다. 서유럽에서도 몇몇 공업 부문과 지역은 낮은 수준에서 출발했으며, 1950년대에 특히 이탈리아와 프랑스에서 시골이 도시로 급격하게 탈바꿈했다. 그러나 유사성은 이것이 전부이다. 공산주의 동유럽 경제사의 특징적인 현상은 소련식 공업화 첫 세대가 석탄과 철강, 공장, 아파트 단지뿐만 아니라 기괴한 왜곡과 모순도 낳았다는 사실이다. 게다가 그 왜곡과 모순의 정도는 소련보다 더 심했다.

1949년 코메콘(경제 상호 원조 회의)이[4] 설립된 데 이어, 공산 국가 간 교역 규칙이 정립되었다. 각국은 소련과 양자 무역을 해야 했으며(나치 시대의 요구를 되풀이한 것으로 소련은 한 번 더 나치 독일의 역할을 대신했다), 공산주의 국제 경제에서 교섭할 권리조차 부여받지 못했다. 그리하여 동독과 체코슬로바키아, 헝가리는 소련에 공업 완제품을 (소련이 정한 가격으로) 공급했으며, 폴란드와 루마니아는 식량과 일차 산업 제품의 생산과 수출을 특화했다. 그 대

4 코메콘의 초기 참여국들은 불가리아, 체코슬로바키아, 헝가리, 폴란드, 루마니아, 소련이었고, 그 직후 알바니아와 독일 민주 공화국이 합류했다. 훗날 유고슬라비아, 몽골, 중국, 북한, 북베트남도 회원국이 되었다. 1963년에 코메콘 가입국들이 국제 무역에서 차지한 몫은 12퍼센트였다. 1979년에는 9퍼센트였고, 그마저 하락하고 있었다.

가로 소련은 원료와 연료를 제공했다.

우리가 이미 주목했던 기이한 역전, 즉 제국이 원료를 공급하고 식민지가 완성품을 수출하는 현상을 제외하면, 이 구조는 유럽의 해외 식민화 과정을 연상시킨다. 비유럽 식민지들의 경우처럼 동유럽에서도 토착 경제는 기형적 발전과 저개발의 고통을 겪었다. 몇몇 나라들은 완제품 생산을 금지당했고, 다른 나라들은 특정 제품을 (체코슬로바키아에서는 신발을, 헝가리에서는 트럭을) 대량으로 제조하여 소련에 판매하라는 지시를 받았다. 비교 우위의 경제학은 전혀 주목받지 못했다.

1930년대의 소련 모델은 광대한 구역과 풍부한 원료, 무한하고 값싼 비숙련 노동이라는 소련의 독특한 상황에 대처하기 위해 임시변통으로 급조되었기 때문에 헝가리나 체코슬로바키아 같은 작은 나라들에는 전혀 들어맞지 않았다. 그 나라들은 원료는 부족했지만 숙련된 산업 노동자들이 있었고, 고부가가치 상품의 국제 시장이 오랫동안 확립되어 있었다. 체코의 사례는 특히 놀랍다. 보헤미아와 모라비아의 체코 지역은(1914년 이전에 이미 오스트리아-헝가리 왕국의 산업 중심지였다) 가죽 제품과 자동차, 첨단 기술을 응용한 무기 제조, 다양한 사치품을 특화하여 프랑스보다 일인당 생산량이 많았다. 산업 기술 수준과 생산성, 생활 수준, 외국 시장 점유율로 평가할 때, 1938년 이전의 체코슬로바키아는 벨기에에 견줄 만했으며 오스트리아와 이탈리아보다는 훨씬 앞서 있었다.

1956년에 공산 국가 체코슬로바키아는 오스트리아와 벨기에, 그 밖의 서유럽 국가들에게 뒤처졌을 뿐만 아니라, 20년 전의 자국보다 훨씬 더 비효율적이었고 훨씬 더 가난했다. 1938년에 체코슬로바키아와 오스트리아의 일인당 자동차 소유 비율은 비슷한 수준이었다. 1960년에 라디오 소유 비율은 1대 3이었다. 체코는 여전히 경쟁 우위를 지닌 생산품으로도(주로 소화기 제조) 더는 이익을 얻지 못했다. 오로지 소련의 주인에게만 수출하도록 제약을 받았기 때문이다. 오스트라바의 고트발트 제강소 같은 거대 공장의 설립에 관해 말하자면 폴란드와 독일 민주 공화국, 헝가리, 루마니아, 불가리아, 소련의 제강소와 아주 똑같았는데, 그것은 체코인들에게 급속한 산업화가 아니라 강요된 후진성을 상징했다(체코슬로바키아에서는 철광석 자원이 크게 부족했는데도 강철 생산을 기반으로 하는 속성 공업화 계획이 추진되었다). 어느 한 나라에서 일차 산업이 전례 없이 성장하여 단 한 번 큰 이익이 나면, 이는 곧 다른 모든 위성 국가에 똑같이 적용되었다. 1950년대 중반이면 소련의 동유럽은 〈계획된〉 노후화로 이미 꾸준히 쇠락하는 단계에 접어들었다.

소련 진영의 경제에 대한 이 간략한 설명에는 두 가지 부분적인 예외가 있다. 폴란드에서도 다른 곳과 마찬가지로 원시적인 공업화가 열성적으로 추진되었지만, 농업 집단화는 없었다. 스탈린은 폴란드 농민들을 강제로 집단농장에 몰아넣는 일이 불가능하다는 점을 이해했던 것 같다. 그러나 스탈린은 이러한 이유만으로 주저하지는 않았을 것이다. 폴란드를 다룰 때 소련이 보인 신중함은 순전히 방법상의 문제였다. 동유럽의 다른 종속 국민들과는 대조적으로 폴란드인 중에는 러시아의 노예가 되는 데 반대하여 반란을 일으킬 능력과 성향을 지닌 자들이 많았으며, 러시아의 장교들과 관료들은 수세대에 걸쳐 이 사실을 익히 알고 있었다. 소련의 지배는 다른 어느 곳보다 폴란드에서 더욱 확실하게 분노를 몰고 왔다.

소련의 시각에서 보자면, 폴란드의 반대는 골칫거리였으며(전시 폴란드 지하 운동의 잔당은 최소한 1940년대 말까지 공산당 정권에 반대하여 게릴라전을 수행했다) 외견상 부당해 보였다. 폴란드가 전쟁 이후에 동부 습지 6만 9천 평방마일을 소련에 양도하고 그 대신 꽤 괜찮은 농지 4만 평방마일을 얻지 않았다면 어떻게 되었을까? 폴란드에게 소련은 누구나 예상했던 독일의 부활을 막아 주는 유일한 담보가 아니었던가? 게다가 폴란드는 이제 전쟁 이전의 소수 민족들을 떨쳐 버렸다. 유대인은 독일이 살해했고, 독일인과 우크라이나인은 소련에 의해 추방되었다. 폴란드가 복잡했던 그 역사의 어느 때보다도 더 〈폴란드다웠다〉면 이는 소련 덕분이었다.

국가 간 관계는, 특히 소련 진영에서, 고마움이나 고마움의 부재로 결정되지 않았다. 소련에 폴란드의 사용 가치는 다른 무엇보다 독일이나 서방의 공격을 막아 주는 완충 지대 역할에 있었다. 폴란드가 사회주의 국가가 되는 것은 바람직했지만, 안정되고 믿을 만한 나라가 되는 것은 절대적으로 필요했다. 폴란드 국내의 평온을 대가로, 스탈린은 비록 비효율적이고 이데올로기적으로 말끔하지 못했지만 자영농과 가톨릭교회의 공개적인 활동을 기꺼이 용인했다. 이는 그 남쪽이나 동쪽에서는 상상할 수 없는 일이었다. 폴란드 대학교들도 사실상 간섭받지 않았는데, 이는 이웃 나라 체코슬로바키아나 다른 곳의 고등 교육 기관에서 교수진을 제거했던 숙청과 현저하게 대비되었다.

다른 예외는 당연히 유고슬라비아였다. 스탈린과 티토 사이가 틀어지기 전까지, 유고슬라비아는 앞서 보았듯이 모든 동유럽 국가들 중에서도 사회주의에 이르는 길에서 가장 〈앞선〉 나라였다. 티토의 첫 번째 5개년 계획은 소련 진영의 다른 어느 곳보다 높은 산업 투자율을 목표로 삼아 스탈린을 능가했다. 유고슬라비아는 다른 위성 국가들에서 집산화가 시작되기 전에 이미 7천 개의 집단농장을 건설했고, 전후에는 효율적인 억압 기구를 도처에 포진시켰다. 이는 소련보다 앞선 것이었다. 빨치산이 전시에 운영했던 보안 기관은 전면적인 경찰 조직으로 확대되었고, 그 과제는 티토의 말에 따르면 〈이러한 성격의 유고슬라비아를 좋아하지 않는 자들을 공포에 몰아넣는 것〉이 되어야 했다.

스탈린과 결별할 당시 유고슬라비아의 일인당 소득은 이웃 나라

알바니아를 제외하면 유럽에서 가장 낮았다. 이미 가난했던 유고슬라비아는 4년간 전쟁과 내란을 겪으며 더욱 궁핍해졌다. 유고슬라비아가 전쟁을 경험하고 얻은 쓰라린 유산은 그 민족 구성 때문에 더욱 복잡해졌다. 유고슬라비아는 유럽 최후의 진정한 다민족 국가였다. 1946년의 인구 조사에 따르면, 유고슬라비아의 전체 인구 1570만 명 중 세르비아인이 650만 명, 크로아티아인이 380만 명, 슬로베니아인이 140만 명, 대부분 보스니아에 거주한 무슬림이 80만 명, 마케도니아인이 80만 명, 알바니아인이 75만 명, 헝가리인이 49만 6천 명, 몬테네그로인이 40만 명, 왈라키아인이 10만 명이었다. 그 밖에 숫자가 불분명한 불가리아인, 체코인, 독일인, 이탈리아인, 루마니아인, 러시아인, 그리스인, 터키인, 유대인, 집시 등이 있었다.

이들 중에서 1946년의 헌법에 따라 개별적으로 인정된 민족은 세르비아인과 크로아티아인, 슬로베니아인, 몬테네그로인, 마케도니아인뿐이었다. 물론 이들도 다른 소수 민족들처럼 자신들을 〈유고슬라비아인〉으로 여기도록 권고받기는 했다.[5] 이들이 유고슬라비아인으로서 지닌 전망은 실로 암울했다. 로런스 더럴[6]은 1940년대 말 베오그라드에서 그리스인 친구에게 보낼 편지를 쓰면서 유고슬라비아에 대해 이렇게 말했다. 〈이곳 상황은 매우 암담하네. 한창 전쟁 중인 것이나 진배없고, 혼잡스럽고 가난하다네. 공산주의로 말하자면, 친애하는 테오도르, 이곳을 잠시 방문하기만 해도 누구나 자본주의가 싸워 지킬 만한 가치가 있다고 확신하게 될 것이네. 자본주의가 비록 그 온갖 혈흔으로 사악하기는 하지만, 이 무기력하고 소름 끼치는 경찰국가는 그보다 더 암울하고 더 메마르고 더 절망적이

---

5 1946년 헌법에 따르면 유고슬라비아를 구성하고 있는 공화국들, 즉 세르비아, 크로아티아, 슬로베니아, 보스니아, 마케도니아, 몬테네그로는 자유롭게 연방에서 이탈할 수 있었지만, 7년 뒤에 이 권리를 빼앗겼다.

6 1912~1990. 영국의 소설가, 시인, 극작가. 1948년부터 1952년까지 베오그라드에 머물렀다 ─ 옮긴이주.

라네.〉

  티토는 스탈린과 결별한 직후 처음 몇 달 동안 실제로 더 과격해
졌고, 더 심한 〈볼셰비키〉가 되었다. 마치 자신의 주장이 정당함을,
자신을 비판하는 소련의 거짓을 증명하려는 듯했다. 그러나 그러한
태도를 아주 오랫동안 지속하기란 불가능했다. 외부 지원이 없는 상
태에서, 그리고 소련의 침공 가능성이 현실적으로 아주 높은 상황에
서, 티토는 서방에 지원을 요청했다. 1949년 9월, 미국 수출입은행
은 유고슬라비아에 2천만 달러를 대출해 주었다. 다음 달 유고슬라
비아는 국제 통화 기금으로부터 300만 달러를 빌렸고, 그해 12월에
는 영국과 무역 협정을 체결하고 800만 달러를 차관으로 받았다.

  티토는 소련의 위협 때문에 방위비 지출을 1948년 그 초라한 국민
소득의 9.4퍼센트에서 1950년에 16.7퍼센트로 늘릴 수밖에 없었다.
군수 산업은 안전을 위해 보스니아 산악 지대로 이전되었다(1990년
대 전쟁에서 다소 중요한 문제가 된다). 1950년 미국 의회는 세계적
냉전에서 유고슬라비아의 중요성을 확신하고 유고슬라비아 비상원
조법Yugoslav Emergency Relief Assistance Act에 따라 5천만 달러의
원조를 추가로 제공했으며, 이어 1951년 11월에는 유고슬라비아가
상호안전보장법에 따라 군사적 지원을 받을 수 있도록 협정을 체결
했다. 1953년, 유고슬라비아의 경상수지 적자는 미국의 원조로 완전
히 보전되었다. 1949년에서 1955년까지 티토가 서방으로부터 지원
받은 액수는 12억 달러에 달했고, 그중 갚은 돈은 5500만 달러에 불
과했다. 1945년 5월 이후 유고슬라비아가 트리에스테를 둘러싸고
이탈리아와 서방과 벌인 줄다리기는 1954년 10월 5일 유고슬라비아,
이탈리아, 영국, 미국이 양해 각서에 서명함으로써 해결되었다.

  유고슬라비아 정권은 서방의 원조 덕에 1948년 소련과 관계를 절
연하기 전처럼 계속해서 중공업과 방위 산업을 육성할 수 있었다.
그러나 유고슬라비아 공산주의 연맹(유고슬라비아 공산당)은 권위

주의적 권력의 온갖 통제 수단을 유지했지만 전후 시기의 극단적 볼셰비즘은 포기했다. 1951년 봄, 연방 정부(중앙 정부)는 철도와 항공, 수상 교통과 우편 업무만 통제했다. 다른 공공사업과 모든 경제사업은 개별 공화국들이 관리했다. 1953년 3월 30일, 농민에게 집단농장에서 탈퇴하고 자신의 토지를 회수할 수 있도록 허용한 법령이 포고되면서, 1954년이면 농지의 80퍼센트가 다시 개인의 소유로 바뀌었다. 7천 개의 집단농장 중 남은 것은 겨우 1천 개뿐이었다.

스탈린은 히틀러에 승리를 거두면서 국내외에서 〈자신의〉 소련군의 영광에 힘입어 전보다 훨씬 더 강력한 존재로 부상했다. 전쟁전에 이미 상당히 진척되어 있었던 소련 독재자를 둘러싼 개인숭배는 이제 정점에 달했다. 제2차 세계 대전을 다룬 소련의 대중적인 다큐멘터리들은 사실상 단독으로 전쟁을 승리로 이끌고 전략을 수립하고 장군 한 명 없이 전투를 지휘하는 스탈린을 보여 주었다. 스탈린은 변증법에서 식물학까지 삶의 거의 모든 영역에서 도전을 용납하지 않는 최상의 권위로 선언되었다. 소련의 생물학자들은 허풍쟁이 뤼센코[7]의 이론을 채택하라는 지시를 받았다. 뤼센코가 획득 형질의 유전 불가능성에 관한 자신의 이론이 공식적으로 채택되어 소련 농업에 적용된다면 생각지도 못한 농업의 개선을 이룰 수 있다고 스탈린에게 약속했기 때문이었다(그러나 그 결과는 재앙에 가까웠다).[8] 1949년 12월, 스탈린의 일흔 번째 생일에 기구에 매단 탐조등 불빛에 드러난 그의 초상은 크렘린의 밤하늘을 비추고 있었다. 시인들은 앞다투어 지도자를 찬양했다. 라트비아 시인 발디스 루크스가 1951년에 지은 이행시가 대표적이다.

7 1898~1976. 스탈린 시대의 소련 생물학자. 획득 형질이 유전된다는 라마르크 이론을 토대로 유전학을 전개했다 — 옮긴이주.

8 스탈린이 핵물리학자들을 그냥 내버려두고 그들의 계산을 주제넘게 미리 예측하려 하지 않았다는 사실은 의미심장하다. 스탈린은 미쳤을 수는 있어도 어리석지는 않았다.

곱게 짜여 우리의 심장이 된 붉은색 아름다운 털실과도 같은
우리의 형제요 아버지, 당신의 이름은 스탈린.

독재자에 대한 이러한 신(新)비잔티움 방식의 아첨과 스탈린에게
거의 마법과 같은 힘을 돌리는 것은 끊임없이 음울해지는 폭정과 테
러를 배경으로 전개되었다. 스탈린은 1941년에 볼가 독일인을 강제
로 이주시켰고, 이어 전쟁 막바지에는 러시아 민족주의의 탈을 뒤집
어쓰고 서부와 남서부 접경 지대, 특히 캅카스의 여러 소수 민족들
을 동쪽의 시베리아와 중앙아시아로 쫓아냈다. 그들은 체첸족, 잉구
시족, 카라차이족, 발카르족, 칼미크족, 크림 타타르족 등이었다. 이
와 같은 소수 민족의 잔인한 처리는 전혀 새롭지 않았다. 1939년에
서 1941년 사이에 수십만 명의 폴란드인과 발트인이 동쪽으로 추방
당했고, 1930년대에는 우크라이나인이 추방되었으며, 더 거슬러 올
라가 1921년에도 추방된 자들이 있었다.

종전 직후에 소련 전역에서 진행된 부역자와 반역자의 재판도 민
족주의적 정서를 반영했다. 1945년에서 1947년 사이에 폴란드와 헝
가리, 불가리아의 농민당 지도자들이 체포되어 재판을 받고 총살되
었다. 그들의 죄목은 실제의 범죄와 가공의 범죄가 뒤섞인 것으로
파시스트에 동조했다는 혐의부터 전시의 부역과 서방을 위한 간첩
활동까지 다양했다. 그러나 어느 경우든 검사들은 불가리아와 헝가
리, 폴란드의 〈국민〉 대표로서 그들의 애국심과 진실성을 공격하는
데 각별히 주의를 기울였다. 1946년에 재판을 통해 징역형을 선고
받고 3년 뒤 감옥에서 사망한 불가리아의 크라스틴 파르타코프처럼
공산당을 포용하기를 거부한 사회주의자들도 인민의 적으로 몰려
처벌을 받았다.

이렇게 초기의 공개 재판에 희생된 비공산주의자들의 경우에 두
드러진 점은, 진정으로 독일에 운명을 걸었고 따라서 그 활동이 널

리 알려진 사람들을 제외하면 아무도 혐의를 인정한 바가 없고, 〈반민족적〉이라고 추정된 그들의 범죄를 자백한 바가 없다는 사실이다. 1947년 8월, 소피아에서 열린 농민당 지도자 니콜라 페트코프와 〈공모자들〉의 시범 재판은 명백한 조작이었는데, 다섯 명의 피고인 중 네 명이 고문과 거짓 증거에 맞서 자신들이 무죄임을 선언했다.[9]

1948년 유고슬라비아 위기로 스탈린의 태도는 바뀌었다. 유고슬라비아는 많은 나라에 소련의 대안으로 어느 정도 매력이 있었다. 티토는 스탈린과 달리 제국주의적 태도를 드러내지 않았고(발칸 지역에서는 예외였다), 유고슬라비아의 지도자들은 소련의 도움 없이 나라를 해방하여 공산주의 체제를 수립했기에 아직까지 국민적 정서를 토대로 혁명을 수행하려 했던 동유럽 공산당들에게 매력적인 선례로 다가왔다. 스탈린은 자신의 권력 독점을 위협하는 것에 편집증이 있기로 유명했다. 그렇다고 스탈린이 티토와 〈티토주의〉에서 진정한 위험을 본 것이 완전한 실수라는 뜻은 아니다. 따라서 그때 이후로 민족주의는(〈소국 민족주의〉, 〈부르주아 민족주의〉) 지역적 자산이 아니라 주된 적이 되었다. 〈민족주의자〉라는 용어는 1948년 코민포름 회의에서 유고슬라비아의 〈일탈〉을 비난하는 데 쓰여 공산주의의 수사적 표현에서 처음으로 경멸적인 의미를 얻었다.

그러나 국내의 비공산당 계열 반대자들이 전부 죽거나 투옥되고 망명한 마당에, 소련의 권력 독점이 과연 진정한 위험에 노출되었을까? 지식인들은 매수되거나 협박당했다. 군부는 소련 점령군이 확고히 지배했다. 민중의 대규모 항의가 공산당 정권에는 유일하게 중대한 위협이었다. 〈노동자와 농민〉 국가라는 신임장을 심각하게 침해할 수 있었기 때문이다. 그러나 인민 민주주의 체제가 초창기에

---

9 그럼에도 그들은 처형되었다. 페트코프가 사망한 지 3주 뒤, 정권은 그의 사후 『고백』을 출간했다. 그러나 날조된 것이 너무나 명백하여 공산 국가 불가리아에서도 곧 골칫거리가 되고 말았다. 당국은 그 일에 대해 말하기를 중단했고, 경솔하게 출판을 결정했던 불가리아 비밀경찰 총수는 즉시 총살되었다.

스스로 대변한다고 주장했던 프롤레타리아에게 언제나 인기가 없지는 않았다. 오히려 그 반대였다. 중간 계급의 파괴와 소수 민족의 축출로 농촌의 농민, 산업 노동자, 그리고 그 자녀들에게는 상향 이동의 전망이 열렸기 때문이다.

기회는 특히 사다리의 맨 아래쪽에서 그리고 정부의 일자리에서 풍부했다. 직업을 얻을 수 있었고, 집세를 보조받아 아파트에 입주할 수 있었으며, 학교에서는 〈부르주아〉의 자녀들에게 허용되지 않은 자리가 노동자 자녀들을 위해 마련되었다. 능력보다는 정치적 신뢰도가 더 중요했으며, 고용은 보장되었고, 팽창하던 공산주의 관료제는 구역 조직자부터 경찰의 심문 전문가에 이르기까지 신뢰할 만한 남녀를 모집했다.[10] 소련 진영의 동유럽 주민은 대부분, 특히 가장 후진적인 지역의 주민들은 적어도 이 시기에는 아무런 이의 없이 운명을 받아들였다.

이러한 일반화의 예외로는 두 가지가 유명한데, 둘 다 소련 진영의 가장 선진적인 도시 지역인 보헤미아의 공업 지대와 소련이 점령한 베를린 거리에서 발생했다. 1953년 5월 31일에 시행된 체코슬로바키아의 〈화폐 개혁〉은 표면상으로는 〈과거에 자본가였던 자들을 궤멸시키기 위한 조치〉였지만 (뒤이은 물가 상승 때문에) 산업 노동자의 임금을 12퍼센트 삭감하는 효과를 낳았다. 한때 좋은 보수를 받는 숙련 노동자들을 기반으로 선진적인 산업 경제를 이룩했던 곳에서 노동 조건이 지속적으로 악화되고 있었는데, 이에 더하여 화폐 개혁이 시행되자 서부 보헤미아의 주된 공업 중심지인 플젠의 슈코다[11] 공장에서 노동자 2만 명이 대규모 시위를 벌였고, 이어 1953년

10 1966년까지도 폴란드 공무원의 5분의 4는 초등 교육밖에 받지 못했다. 폴란드는 놀랍도록 교육 수준이 낮은 관료층이 움직였다.

11 플젠의 슈코다는 오스트리아-헝가리 왕국의 주요 무기 제조 회사였다. 독일군이 판처 35와 38로 명명한 전차를 이미 제2차 세계 대전 이전에 제작했으며, 종전 후에는 원자로와 무궤도 버스 등을 생산했다 — 옮긴이주.

6월 1일 수천 명의 노동자들이 베네시와 전쟁 이전 대통령이었던 토마시 마사리크의 초상을 들고 시청으로 행진했다.

한 도시에 국한되었던 플젠의 시위는 어이없이 실패했다. 그러나 며칠 뒤에 북쪽으로 수십 마일 떨어진 곳에서 독일 민주 공화국의 공식적인 기준 노동량이 임금 인상 없이 대폭 증가함으로써 훨씬 더 큰 항의의 불꽃이 타올랐다. 이미 소련의 주인들보다 한층 더 완고했던 인기 없는 정권이 이를 강요했다. 소련은 개혁과 타협을 수용하여 숙련 노동자의 서방 유출을 방지하라고 동독 공산당 지도부에 충고했으나, 그들은 충고를 무시했다. 6월 16일, 동독 전역에서 약 40만 명의 노동자가 파업에 들어갔고, 베를린의 시위는 그중 최대 규모였다.

독일 노동자들도 플젠의 시위대처럼 경찰에 의해 쉽게 진압되었다. 그러나 희생이 없지 않았다. 소련군의 전차가 진입했을 때 거의 300명이 살해되었고, 수천 명이 체포되었으며 그중 1,400명이 장기 징역형을 선고받았다. 200명의 〈주동자〉가 총살되었다. 베를린 봉기는 공산당에 헌신했던 베르톨트 브레히트가 문학적으로 정권에 반대 의사를 표명한 유일한 경우였다.

6월 17일의 봉기에 이어
작가동맹의 비서는
스탈린 거리에서 소식지를 배포하게 했다
그곳에서 누구나 이해할 수 있었다.
국민은 정부의 신뢰를 잃었으며
두 배로 노력해야만 다시 신뢰를 회복할 수 있다는 사실을.
상황이 이렇다면
정부가 국민을 해산하고
새로운 국민을 뽑는 것이 더 간단하지 않을까?

소련 제국의 서쪽 끝, 산업화된 지역의 분노한 반정부 노동자들은 공산주의의 초라한 몰골을 드러냈지만, 결코 소련의 권력을 위협하지는 못했다. 그리고 플젠과 베를린의 봉기가 스탈린 사망 이후에 일어났다는 사실은 우연이 아니다. 스탈린 시대에 진정으로 위협적인 도전은 공산당 조직 내부에서 제기되었다. 유고슬라비아 불화의 진짜 의미는 바로 그것이었고, 따라서 스탈린이 상황에 맞게 변화를 주어 초기의 방법으로 되돌아간 것도 〈티토주의〉에 직접 대응하기 위한 것이었다. 1948년부터 1954년까지 공산주의 세계는 다른 한 세대의 체포와 숙청, 특히 정치적인 〈시범 재판〉을 겪었다.

이 시기에 있었던 숙청과 재판의 주요 선례는 물론 소련이 1930년대에 보여 준 테러였다. 그때에도 주요 희생자들은 공산주의자들이었다. 목적은 당에서 〈반역자들〉을 제거하고 총서기의 정책과 권위에 대한 여타 도전을 일소하는 것이었다. 1930년대에 주모자로 추정된 인물은 레프 트로츠키였다. 트로츠키는 티토처럼 스탈린의 신세를 지지 않은 진정한 공산주의 영웅이었고 공산주의의 전략과 실천에 관해 자신만의 고유한 견해를 지닌 인물이었다. 1930년대의 테러는 스탈린이 지닌 무제한의 권력과 권위를 확고히 했고 또한 그 힘을 드러냈다. 그리고 이러한 전후의 숙청은 동유럽에서 유사한 목적에 쓰이게 된다.

그러나 1930년대의 모스크바 재판은, 특히 1938년 니콜라이 부하린의 재판은 독특한 혁신적 연극으로서 혁명이 그 자식들뿐만 아니라 그 건설자들까지 먹어치우는 섬뜩한 광경을 보여 주어 충격을 주었다. 반면, 이후 수십 년간 위성 정권하에서 이루어진 재판과 숙청은 의도적으로 과거 소련의 경험을 아무런 부끄럼 없이 모방했다. 마치 위성 정권들은 현실성을 보여 주려 애쓸 필요조차 없다고 말하는 듯했다. 그리고 위성 정권들은 결국 일련의 길었던 사법적 숙청의 종국에 다다랐다.

동유럽의 공산당 정권들은 전후의 반역 재판과 반공산주의 정치가들에 대한 정치 재판 이외에도 교회를 처벌하고 폐쇄하기 위해 법정을 이용했다. 폴란드만이 예외였다. 그곳에서는 가톨릭교회와 공공연히 대적하는 것이 너무나 위험하다고 판단되었기 때문이다. 1949년, 불가리아의 연합 프로테스탄트 교회 지도자들은 〈자본주의 회복〉을 노린 음모를 꾸몄다는 이유로 재판에 회부되었다. 그 전해에 루마니아의 귀일교회(歸一敎會, 가톨릭)는 새로운 공산당 정권의 강압에 의해 좀 더 고분고분한 루마니아 정교회에 합병되었다. 이는 멀리 18세기의 러시아 차르 시대까지 거슬러 올라가는 오랜 박해의 전통에서 벗어나지 않는다. 프라하에서는 몇몇 가톨릭 사제들이 두 가지 별개의 사안에서 바티칸(그리고 미국)을 위해 간첩 노릇을 했다고 고발되어 재판을 받았으며, 10년 징역형에서 종신형까지 선고를 받았다. 1950년대 초에 체코슬로바키아의 감옥에는 8천 명의 수사와 수녀가 수감되어 있었다. 투옥된 추기경 민드센치[12]를 대신하여 1949년 1월에 헝가리 가톨릭교회 수장직을 계승한 몬시뇨르 그로스는 합스부르크 왕가의 복위를 위해 활동했다는 혐의와 티토주의자들과 음모를 꾸미며 헝가리 파시스트들을 무장시키려 한 혐의로 유죄 판결을 받았다.

공산주의자들의 재판은 명백하게 두 부류로 나뉘었다. 1948년부터 1950년까지 지속된 첫 번째 경우는 티토와 스탈린 사이의 불화에 대한 즉각적인 반응이었다. 알바니아의 공산당원 내무장관 코치 조제는 1949년 5~6월에 재판을 받고 유죄 판결을 받았으며, 다음 달에 교수형에 처해졌다. 티토주의 혐의를 받은 조제의 경우에는 알바니아가 소련의 후원을 받고 있던 때에 그가 실제로 발칸반도에 관한

---

12 1892~1975. 공산주의와 헝가리 공산당 정권에 강하게 반대했다. 1944년 11월에 화살십자당 정권에 반대했다는 이유로 체포되어 반역죄로 기소되었다가 이듬해 석방되었다 ― 옮긴이주.

티토의 계획을 지지했다는 특징이 있다. 조제의 사례는 비밀리에 처리되었다는 사실만큼이나 이 점에서도 약간 특이했다.

알바니아 재판에 이어 불가리아 공산당의 창설자 중 한 사람인 트라이초 코스토프의 체포와 재판, 처형이 있었다. 두 대전 사이 불가리아의 통치자들에게 고초를 겪어 불구가 된 코스토프[13]는 티토의 적으로 알려져 있었고 불가리아를 발칸 연맹에 통합하려는 티토의 계획에 비판적이었다(티토는 코스토프를 싫어했고 그러한 감정은 상호적이었다). 그렇지만 어쨌든 스탈린은 코스토프를 신뢰하지 않았고(코스토프는 신중하지 못하게 소련과 불가리아 사이의 경제 협약이 조국에 불리하다고 비판했다), 코스토프는 민족주의 범죄를 예증하기 위한 재판의 이상적인 후보자였다.

코스토프와 그의 〈집단〉은(〈트라이초 코스토프의 불충한 간첩 행위와 그 파괴 집단〉) 1949년 12월 전쟁 이전의 불가리아 파시스트들과 협력했으며, 영국 정보부를 위해 간첩 행위를 했고, 티토와 음모를 꾸몄다는 죄목으로 고발되었다. 계속된 고문에 마침내 죄를 〈자백〉한 자술서에 서명한 코스토프는 재판정에 가서는 앞서 인정한 조서의 낭독을 거부했고, 심문자들에게 했던 진술을 공개적으로 철회했으며, 무죄를 주장하면서 법정에서 끌려 나갔다. 이틀 후인 1949년 12월 16일 코스토프의 교수형이 집행되었고, 그의 〈공모자들〉은 스탈린과 그의 경찰 책임자 라브렌티 베리야[14]가 재판이 시작되기 전에 내린 결정에 따라 장기 징역형을 선고받았다. 코스토프의

13 1924년, 스물일곱 살의 코스토프는 불가리아 경찰에 체포되어 고문을 당했다. 코스토프는 자신이 (지하) 공산당을 배반할까 봐 소피아의 경찰청 4층 창문 밖으로 뛰어내렸고, 이때 두 다리가 부러졌다.

14 1899~1953. 소련의 정치인. 비밀경찰 국장과 내무인민위원을 역임했다. 1930년대의 대숙청으로 유명하고 제2차 세계 대전 이후로 스탈린의 사망 직후까지 가장 큰 영향력을 행사했다. 스탈린 사후 짧은 기간 동안 자유화 운동을 벌인 것이 빌미가 되어 흐루쇼프의 명령에 따라 처형되었다. 2천 명의 폴란드 장교와 지식인을 잔인하게 살해한 카틴의 처형을 담당했던 장본인이기도 하다 ─ 옮긴이주.

경우는 공개 재판에서 자백을 철회하고 무죄를 주장한 유일한 동유럽 공산주의자라는 점에서 특별했다. 이 때문에 심각하지는 않았지만 국제적으로 당혹스러운 일들이 있었고(코스토프 재판은 서방에서 라디오로 방송되었고 널리 보도되었다), 재발을 방지하라는 지령이 떨어졌다. 실제로 그런 사태는 다시 발생하지 않았다.

코스토프의 처형 직전, 헝가리 공산당은 자국에서 장래 〈티토〉가 될 자를 시범 재판에 올렸다. 공산당원 내무장관 러이크 라슬로였다. 각본은 불가리아의 경우와 똑같았다. 말 그대로 동일했고 단지 사람만 바뀌었을 뿐이다. 고발, 상세한 내용, 자백이 전부 일치했는데, 두 재판 모두 소련의 각본이었기에 놀랍지 않았다. 러이크 자신은 죄가 없지 않았다. 공산당 출신의 내무장관으로서 다른 많은 사람들을 투옥하고 그보다 더 심한 짓도 했기 때문이다. 그러나 러이크의 경우, 그의 〈반역 활동〉을 〈외세에 고용된 첩보원〉으로 강조하고자 기소에 세심한 주의를 기울였다. 소련의 점령은 헝가리에서 특히 인기가 없었고, 소련은 러이크를 〈민족주의적 공산주의〉의 영웅으로 만드는 모험은 할 생각이 없었다.

결과적으로 그런 위험은 없었다. 러이크는 당당하게 자신의 노선을 밝혔던 것이다. 영-미의 대리인으로서 헝가리 공산주의를 붕괴시키기 위해 활동했음을 인정했고, 자신의 진짜 이름은 라이히라는 사실과(헝가리 혈통이 아니라 독일계라는 말이다) 자신이 1946년에 〈내가 그들이 원하는 것을 전부 이행하지 않는다면〉 전시에 헝가리 나치에 부역했던 일을 폭로하겠다고 협박한 유고슬라비아 정보부에 채용되었다는 사실을 법정에 알렸다. 러이크와 동료 〈공모자들〉의 재판 과정은 1949년 9월 16일 러이크의 자백을 포함하여 라디오 부다페스트가 생중계했다. 미리 결정된 평결은 9월 24일에 발표되었다. 러이크와 다른 두 명은 사형 선고를 받았다. 형은 교수형으로 10월 15일에 집행되었다.

러이크와 코스토프의 공개 재판은 동유럽 공산당과 공산당 정권이 티토주의자를 사냥하기 위해 시작한 비밀 재판과 비밀 법정에서 빙산의 일각에 불과했다. 최악의 영향을 받은 곳은 유고슬라비아에 가장 가까운 〈남부 접경〉 공산 국가들인 불가리아와 루마니아, 알바니아, 헝가리였다. 헝가리는 티토주의의 점진적인 침투에 대한 스탈린의 두려움이 조금 더 확실했던 곳이었다. 유고슬라비아와 지리적으로 가깝고 세르비아의 보이보디나 지역에 헝가리인 소수 민족이 많았으며 1947년 양국이 외교 정책에서 긴밀히 협력했기 때문이다. 헝가리에서만 약 2천 명의 공산당 간부들이 즉결 처형되었고 15만 명이 다양한 형기의 징역형을 선고받았으며 약 35만 명이 당에서 축출되었다(축출은 종종 직업과 아파트, 각종 특권, 고등 교육을 받을 권리의 상실을 의미했다).

폴란드와 동독에서도 수천 명의 남녀가 투옥되었지만 박해가 중요한 시범 재판으로 이어지지는 않았다. 폴란드에도 티토와 코스토프, 러이크의 역할을 떠맡을 후보자가 존재했다. 폴란드 통합노동자당 총서기이자 폴란드 내각 부의장이었던 브와디스와프 고무우카였다. 그는 폴란드의 농업 집단화 계획을 대놓고 비판했으며, 사회주의에 이르는 폴란드 〈민족의 길〉 담론에 공공연히 참여했다. 실제로 고무우카는 이 때문에 폴란드 공산당의 스탈린 충성파로부터 비판을 받았으며, 1948년 8월에는 볼레스와프 비에루트가 그를 대신하여 총서기가 되었다. 다섯 달 뒤 고무우카는 내각에서 사임했고, 1949년 11월에는 당에서 제명되었다. 그해 12월에 비에루트는 고무우카와 그의 민족주의 〈집단〉, 티토주의를 공개적으로 비난했다.

바르샤바의 사회 보험 행정관으로 좌천된 고무우카는 1951년 7월 마침내 체포되었다가 1954년 9월에야 석방되었다. 그렇지만 고무우카는 해를 입지 않았고 바르샤바에서는 티토주의식 재판도 없었다. 폴란드에서도 재판이 있었다. 그중 하나는 일단의 장교들이 반국가적 음모를 꾸몄다고 고발된 사건이었는데, 이는 1951년 고무우카가 체포되던 날에 시작되었다. 그리고 소련 정보부가 기획한 구도에 따라, 고무우카는 유니테리언 교회의 전후 유럽 구제 사업 책임자였던 미국인 노엘 필드를 중심으로 조직된 복잡한 연락망을 통해 러이크와 티토 등의 인물과 연결된 것으로 되어 있었다. 거물 간첩들과 티토주의자들을 연결하는 필드의 가공 접선망은 부다페스트에 본부를 두었는데 러이크와 다른 사람들의 고발에 이미 이용되었고, 고무우카에게 불리한 주된 증거가 될 터였다.

그러나 폴란드는 헝가리식으로 공개리에 전면적으로 마녀사냥을 수행하라는 소련의 압력에 저항할 수 있었다. 비에루트는 10년 전 모스크바에 망명한 폴란드 공산당이 스탈린의 손에 처형된 일을 떠올리며 폴란드가 체포와 숙청, 재판의 소용돌이에 너무 깊숙이 빠질 경우 자신의 운명이 어떻게 될지를 예상했다. 시기적으로도 폴란드는 운이 좋았다. 고무우카에 대한 사건 기록 준비가 지연되었고 (고무우카는 심문에 굴복하지 않았고 조작된 자백 문서에 서명하기를 거부했다), 결국 폴란드 재판이 개시되기 전에 스탈린은 사망했고 그의 심복인 베리야는 살해되었다. 최종적으로 몇몇 소련 지도자들은 그 이른 시기에 폴란드 공산당 지도부를 만천하가 보는 가운데 해체하는 것은 분명히 경솔한 일이라고 판단했다.

그러나 체코슬로바키아에는 그러한 억제 요인이 적용되지 않았다. 그곳에서 최대의 시범 재판은 1952년 11월 프라하에서 상연되었다. 체코의 주된 시범 재판 가운데 하나는 러이크와 코스토프의 숙청 직후인 1950년부터 준비되었다. 그러나 마침내 재판이 시작되었을 때는 강조점이 바뀌었다. 티토는 여전히 적이었고, 서방을 위한 간첩 활동이라는 죄목은 기소장에서 여전히 두드러졌다. 그러나 〈반국가 모반 단체 지도부 재판〉에 피고로 앉은 14명 중에서 11명이 유대인이었다. 이것이 우연이 아니라는 사실은 범죄인 명부의 첫 장부터 분명하게 드러났다. 〈트로츠키주의자요 티토주의자인 부르주아-민족주의 반역자들과 체코슬로바키아 인민의 적들〉은 또한 주로 〈시온주의자〉였다.

스탈린은 언제나 반유대주의자였다. 그러나 제2차 세계 대전이 발발할 때까지 유대인에 대한 스탈린의 혐오는 다른 범주의 사람들을(구볼셰비키, 트로츠키주의자, 좌우의 일탈자, 지식인, 부르주아 등등) 파멸시키는 데 아무런 곤란 없이 묻혀 있었기에, 유대인 출신이라는 사실은 그들의 운명에 거의 부차적이었다. 어쨌든 공산주의가 종족적 편견이나 종교적 편견과 무관하다는 것은 신조의 문제였다. 따라서 소련의 대의가 1935년부터 1939년 8월까지, 또 1941년 6월 이후로 〈반파시즘〉의 기치와 결합하자, 유럽의 유대인은 다름 아닌 이오시프 스탈린에게서 가장 훌륭한 동지를 발견했다.

유럽의 공산당, 그중에서도 특히 중부 유럽과 동유럽 공산당에는 상당히 많은 유대인 당원이 있었다. 두 대전 사이 폴란드와 체코슬로바키아, 헝가리, 루마니아의 유대인은 억압받고 미움 받는 소수민족이었다. 세속의 유대인 청년들이 정치적으로 선택할 수 있는 길은 거의 없었다. 시온주의나 분트 운동Bundism,[15] 사회 민주주의(그것이 합법적인 곳에서), 공산주의가 전부였다. 이 중에서 가장 비타협적으로 반민족적이었고 규모가 컸던 공산주의가 두드러지게 호소력을 지녔다. 소련은 당장에는 어떤 약점을 지녔든 간에 중부 유럽과 동유럽이 과거의 권위주의 체제와 미래의 파시스트 체제 사이에서 선택해야 하는 상황에 직면했을 때 혁명적 대안을 제공했다.

소련의 매력은 전쟁으로 더욱 커졌다. 1939년 독일의 공격 이후 소련이 점령한 폴란드에 남아 있던 유대인들은 빈번히 동쪽으로 강

15 분트Bund는 유대인 노동 운동 조직으로 전쟁 이전 차르 러시아에 기원을 두고 있으며 두 대전 사이에는 폴란드에 국한되어 활동했다.

제로 이송되었고, 많은 사람들이 질병과 고초로 사망했다. 그러나 유대인이 체계적으로 절멸되지는 않았다. 소련군이 우크라이나와 벨라루스를 통과하여 발트 국가들과 루마니아, 헝가리, 체코슬로바키아, 폴란드, 독일로 진주함으로써 이 나라들에 남아 있던 유대인들은 목숨을 구했다. 아우슈비츠도 소련군이 해방했다. 스탈린이 유대인을 구하기 위해 제2차 세계 대전에서 싸운 것은 분명 아니다. 그러나 히틀러가 승리했다면, 다시 말해 독일과 그 부역자들이 스탈린그라드 전투 때까지 획득한 영토를 계속 통제했다면, 수백만 명의 유대인이 추가로 몰살했을 것이다.

공산당이 동유럽을 접수했을 때 그 지도층에는 유대인 출신이 많았다. 특히 최고위층 바로 아래 단계에서 두드러졌다. 폴란드와 헝가리의 공산당 경찰국장이 유대인이었고, 경제 정책 기획자와 행정관, 저명한 기자, 당 이론가에도 유대인이 많았다. 헝가리에서는 당지도자가(라코시 마차시) 유대인이었고, 루마니아와 체코슬로바키아, 폴란드에서도 당 지도자가 유대인은 아니었지만 핵심 지도부가 대부분 유대인이었다. 소련 진영 전역의 유대인 공산주의자들은 말하자면 모두 스탈린 덕을 보았다. 유대인 공산주의자들은 종종 긴 망명 생활을 끝내고 귀국했을 때 고국에서 공산주의자로나 유대인으로나 그다지 환영 받지 못했다. 전쟁과 점령의 경험 때문에 지역 주민들은 전보다 한층 더 유대인에 분개했다(아우슈비츠 죽음의 행렬에서 도망쳐 전쟁 막바지에 프라하로 돌아간 헤다 마르골리우스에게 어느 이웃은 물었다. 〈왜 돌아왔는가?〉).[16] 동유럽의 유대인 공산주의자들은 스탈린의 명령을 아마 그 누구보다도 더 잘 수행하리라는 기대를 받았을 것이다.

16 Heda Margolius Kovály, *Under a Cruel Star* (1986) 참조. 폴란드와 헝가리, 체코슬로바키아에서는 전쟁 이전 10년 동안 살해된 유대인보다 제2차 세계 대전이 끝난 후 18개월 동안 살해된 유대인이 더 많았다.

종전 직후에 스탈린은 유대인 부하들에게 어떤 적의도 보이지 않았다. 국제 연합에서 소련은 시온주의를 열렬히 지지했으며, 중동 지역에서 영국의 제국주의적 야심을 방해할 장애물로서 유대인 국가의 건설에 찬성했다. 국내에서 스탈린은 소련을 지지하기 위해 수립된 유대인 반파시스트위원회 활동을 호의적으로 생각했다. 이 위원회는 전쟁 중에 소련 내부와 (특히) 외국의 유대인 여론을 동원하여 나치에 맞서 싸웠다. 소련의 유대인들은 소련의 통치를 받던 다른 많은 사람들처럼 전쟁 중의(스탈린이 누구의 도움이든 받으려 했고 또 받았던 전쟁) 세계주의적인 분위기가 승전 이후에 더 관대한 시기로 전환되리라고 생각했다. 분별없는 가정이었다.

실제는 그 반대였다. 앞서 보았듯이 스탈린은 전쟁이 끝나기도 전에 모든 민족들을 동부로 추방했고, 유대인에 대해서도 확실히 유사한 계획을 품고 있었다. 중부 유럽에서 그랬듯이 소련 땅에서도 마찬가지였다. 비록 유대인은 다른 어떤 민족보다도 많은 것을 잃었지만, 다른 사람들이 겪은 모든 고난의 책임을 유대인에게 돌리는 것이 익숙하고 쉬웠다. 전시의 러시아 민족주의에 대한 호소를 보면, 소련의 수사적 표현은 옛 러시아 반유대주의의 슬라브족 배외주의 언어와 매우 유사했다. 러시아 민족주의에 대한 호소는 분명 정권에 불리하지 않았다. 스탈린에게 이는 대중의 반유대주의를 성공리에 이용한 히틀러에 대한 평가에서 알 수 있듯이 자신의 익숙한 영토, 즉 반유대주의로 되돌아가는 것을 의미했다.

나치의 야만적 행위에 담긴 명백하게 인종주의적 성격을 경시하는 것은 여러 가지 이유에서 늘 소련의 목적에 부합했다. 바비야르[17]에서 우크라이나 유대인을 학살한 사건은 공식적으로 〈평화를 사랑

17 Babi Yar. 우크라이나 수도 키예프에 흐르는 시내. 1941년 9월 29일과 30일 이틀 동안 나치 독일은 이곳에서 현지 부역자들의 도움을 받아 3만 3,771명의 유대인을 학살했다 ─ 옮긴이주.

하는 소련 시민의 살해〉로 기념되었다. 마치 전후 아우슈비츠 기념 행사가 〈파시즘 희생자들〉을 일반적으로 언급하는 데 그친 것과 같다. 마르크스주의 사전에 인종주의는 없었다. 지역 사회들은 유대인들을 살아 있을 때에는 매우 싫어했지만 죽은 후에는 사회의 일원으로 받아들였다. 그러나 유대인의 세계주의적 성격은(스탈린이 독일의 공격을 받던 몇 달간의 암울했던 시기에 도움을 기대했던 국제적인 연대) 이제 냉전의 전선이 자리를 잡으면서 다시 한번 유대인에게 불리하게 작용했고, 전시의 국제적인 접촉과 연락은 스탈린의 눈에는 소급하여 책임을 물어야 할 일이 되었다.

첫 번째 희생자는 전시 반파시스트위원회의 유대인 지도자들이었다. 위원회의 발기인이자 러시아 이디시 극장의 주요 인사였던 솔로몬 미호엘스가 1948년 1월 12일에 피살되었다. 1948년 9월 11일에 이스라엘 대사 골다 메이어의 모스크바 도착은 유대인의 열광이 자연스럽게 분출하는 계기였다. 신년제Rosh Hashanah와 속죄일Yom Kippur에 거리 시위가 있었으며 이스라엘 사절단 주위에서는 〈내년에는 예루살렘에서〉라는 노래가 울려 퍼졌다. 어느 때가 되었든 스탈린은 이러한 도발을 용납하기 어려웠을 것이다. 스탈린은 곧 새로운 이스라엘 국가에 대한 열의를 잃었다. 이스라엘은 막연하게나마 사회주의적인 성향을 지녔지만 역내에서 소련의 동맹국이 될 의사는 분명히 없었다. 민감한 순간에 유대인 국가가 놀랍도록 미국에 우호적이었다는 사실은 더욱 나빴다. 베를린 봉쇄는 이제 막 시작되었고, 소련과 티토의 불화는 심각한 국면으로 접어들고 있었다.

1948년 9월 21일, 『프라우다Pravda』는 시온주의에 대한 노선 변화를 분명하게 보여 주는 일리야 예렌부르크의 기사를 게재했다. 1949년부터 『프라우다』에는 〈조국 없는 국제인〉, 〈애국심 없는 연극 평론가들의 무리〉, 〈근본 없는 세계인들〉, 〈정체불명의 인간들〉, 〈여권 없는 방랑자들〉을 공격하는 기사가 등장했다. 이디시어를 쓰는 학교와 극장은 폐쇄되었고 이디시 신문은 금지되었으며 도서관은 문을 닫았다. 유대인 반파시스트위원회도 1948년 11월 20일에 탄압을 받았다. 다음 달, 여전히 남아 있는 지도자와 예술가, 작가, 정부 직원들이 체포되어 3년 동안 투옥되었다. 고문을 견디지 못하고 〈반소련〉음모에 가담했다고 자백한 그들은 의심의 여지없는 시범 재판의 대상이었다.

심문을 지휘한 보안대 대령 블라디미르 코마로프는 유대인들이 워싱턴과 텔아비브의 지령을 받아 소련을 해치려는 대규모 음모를 꾸몄다는 데까지 혐의를 확대하려 했다. 코마로프는 수감자 중 한 명인 솔로몬 로좁스키[18]에게 이렇게 말했다. 〈유대인은 비천하고 비열한 인간들이다. 모든 유대인은 불결한 사생아이며, 당의 모든 반대 세력은 유대인으로 구성되어 있고, 소련 전역의 유대인은 반소련 음모를 꾸미고 있다. 유대인은 모든 러시아인을 절멸하기를 원한다.〉[19] 그러나 이처럼 공공연한 반유대주의에는 스탈린도 당혹스러웠을지 모른다. 결국 (모두 유대인인) 14명의 피고가 1952년 여름 군사법정에서 비밀리에 재판을 받았다. 단 한 사람을 제외하고 전부 처형되었다. 유일한 생존자인 리나 시테른은 10년 징역형을 받았다.

그동안 반유대주의 흐름은 위성 국가들에서 힘을 더해 가고 있었다. 유대인 대부분이 전쟁을 견뎌 낸 루마니아에서는 1948년 가을에 시온주의에 반대하는 운동이 시작되어 이후 6년 동안 다양한 강도로 지속되었다. 그러나 루마니아 유대인 사회가 규모가 컸고 미국과 연결되어 있었기에 유대인 사회에 대한 직접적인 공격은 억제되

---

18 1878~1952. 러시아의 유대인 혁명가. 레닌의 동료이자 정부와 노조에서 중요한 역할을 했으며 정보국장을 역임했다 — 옮긴이주.

19 Joshua Rubenstein and Vladimir Naumov (eds.), *Stalin's Secret Pogrom: The Postwar Inquisition of the Jewish Anti-Fascist Committee* (Yale University Press, 2002), p. 52. 코마로프 자신도 훗날 흔한 과정을 거쳐 투옥되고 처형된다. 그는 최후까지 자신의 반유대주의 공적을 언급하며 탄원했다.

었다. 실제로 루마니아는 한동안 유대인들이 나라를 떠날 수 있도록 허용하는 방안을 찾고 있었다. 1950년 봄부터 비자 신청이 허용되었고, 1952년 4월에 중단될 때까지 약 9만 명의 유대인이 루마니아를 떠났다. 그들은 전부 이스라엘로 갔다.

루마니아의 시범 재판 계획은 (비유대계) 루마니아 공산당 지도자 루크레치우 퍼트러슈카누에 집중되었다. 퍼트러슈카누는 농업 집단화에 관해 공개적으로 회의를 표명함으로써 자연스럽게 티토주의에 찬성한다는 혐의를 받았다. 그는 루마니아판 〈러이크 재판〉 후보자가 되었으며, 1948년 4월에 체포되었다. 그러나 심문관들이 퍼트러슈카누를 재판에 보낼 준비를 마쳤을 때 표적이 바뀌었고 그에 대한 소송은 아나 파우케르 사건과 뒤섞였다. 파우케르는 유대인이었다. 몰다비아의 유대인 쇼체트(제사용 동물을 죽이는 사람)의 딸로 태어난 파우케르는 루마니아 역사상 유대인으로는 최초로 정부 각료가 되었다(그리고 세계 최초의 여성 외무장관이었다). 파우케르는 또한 신조와 정책 문제에서 강경론자로 유명했는데, 이 때문에 주민의 비위를 맞추려는 루마니아 지도부에 좋은 표적이 되었다.

스탈린의 죽음이 파우케르 등을 시범 재판에 올리려던 루마니아 공산당 지도자 게오르게 게오르기우데지의 계획을 무산시켰다. 대신 1953년과 1954년 초에 루마니아 공산당은 〈제국주의의 대리인〉에게 고용된 시온주의 간첩으로 고발된 조무래기들을 일련의 비밀 재판에 부쳤다. 희생자들은 (우파) 수정시온주의의 진짜 회원부터 시온주의로 덧칠된 유대인 공산주의자에 이르기까지 다양했는데 이스라엘과 불법적으로 관계를 맺었다거나 전시에 나치에 부역했다는 죄목으로 고발되었다. 그들은 10년형에서 종신형까지 징역형을 선고받았다. 마지막으로 퍼트러슈카누는 6년 동안 감옥에서 괴로운 시간을 보낸 후 1954년 4월에 재판을 받았다. 영국을 위해 간첩 활동을 했다고 고발된 퍼트러슈카누는 유죄 판결을 받고 처형되었다.

파우케르는 퍼트러슈카누보다 운이 좋았다. 소련의(처음에는 스탈린, 나중에는 몰로토프) 보호를 받은 파우케르는 〈시온주의자〉로서 직접적인 표적이 된 적은 없었다. 그녀는 1952년에 당에서 축출되고도 살아남았으나 행방이 묘연했다가 1960년에 사망했다. 루마니아 공산당은 다른 동유럽 공산당보다 더 작고 더 고립되어 있었는데 내분으로 언제나 혼란스러웠다. 〈우파〉 퍼트러슈카누와 〈좌파〉 파우케르의 패배는 사악하리만치 효율적이었던 독재자 게오르기우데지에게는 무엇보다 당파의 승리였다. 게오르기우데지의 통치 방식은 (그의 계승자 니콜라에 차우셰스쿠의 방식과 마찬가지로) 발칸 지역의 구식 권위주의 통치를 소름 끼치도록 연상시켰다.

루마니아 유대인들은 이 시기에 정당과 정부에서 숙청당했다. 동독과 폴란드에서도 마찬가지였는데, 이 두 나라에서 공산당의 한 파당은 당 내부의 〈세계인〉에 반대하여 대중의 반유대주의 정서를 동원하는 데 성공했다. 특히 동독은 비옥한 토양이었다. 1953년 1월, 모스크바에서 〈의사들의 음모〉[20]가 전개될 때 동독의 저명한 유대인들과 유대인 공산주의자들은 서방으로 피신했다. 동독 중앙위원회 위원이었던 한스 엔드레츠키는 〈국가의 적〉인 유대인을 공공 생활에서 추방하라고 요구했다. 그러나 시기가 좋았든 아니면 신중함의 발로였든, 다행히 세 나라 모두 소련이 계획하여 프라하에서 시행한 것과 같은 전면적인 반유대주의 시범 재판은 피했다.

슬란스키 재판은 알려진 대로 공산당 시범 재판의 고전이다. 재판은 3년에 걸쳐 매우 세심하게 준비되었다. 우선 일군의 슬로바키아 공산당 지도자들, 특히 1950년에 〈부르주아 민족주의〉로 고발되어 체포된 체코슬로바키아 외무장관 블라디미르 클레멘티스를 〈조사〉

20 소련에서 최고 권위를 자랑하는 유대인 의사들의 소련 지도부 독살 음모. 스탈린 사후, 소련 지도부는 이 사건이 조작되었다고 발표했다 — 옮긴이주.

해야 했다. 그들에 더하여 다양한 중간급 체코 공산주의자들이 슬로바키아인들과 함께 러이크의 경우와 유사한 노선에 따라 티토주의-트로츠키주의 음모에 가담했다고 고발되었다. 그러나 사건에 연루되어 1950년과 1951년 두 해 동안 감옥에서 보낸 사람들 중에 스탈린이 요구한 주요 공개 재판에서 대표자와 주모자 역할을 할 만큼 고위직에 있던 사람은 아무도 없었다.

1951년 봄, 소련 경찰청장 베리야는 조사의 방점을 티토주의 음모에서 시온주의 음모로 변경하라고 체코에 지시했다. 그때 이후로 전체 사업은 소련 정보부가 장악했다. 코마로프 대령과 다른 한 명의 장교가 프라하로 파견되어 조사를 담당했고, 체코 비밀경찰과 공산당 지도부는 그들의 명령을 받았다. 저명한 인사를 희생양으로 삼을 필요가 있었기 때문에 소련은 체코의 서열에서 대통령 클레멘트 고트발트에 다음가는 당 총서기 루돌프 슬란스키에 주목했다. 고트발트가 명목상의 수령으로 쓸모 있고 당에 충성하는 고분고분한 인물이었던 반면, 슬란스키는 (러이크처럼) 탁월한 스탈린주의자였지만 유대인이었다.

고트발트는 처음에는 슬란스키의 체포를 주저했다. 두 사람은 지난 3년간 동료들을 숙청하는 데 긴밀히 협력했고, 총서기가 연루되었다면 고트발트 자신이 다음 차례가 될 수 있었기 때문이다. 그러나 소련은 슬란스키가 미국 중앙정보국과 연결되어 있다는 조작된 증거를 제시하면서 체포를 고집했고, 고트발트는 이에 굴복했다. 1951년 11월 23일에 슬란스키는 체포되었다. 이후 며칠 동안 여전히 자유로웠던 저명한 유대인 공산주의자들이 슬란스키에 이어 투옥되었다. 이제 정보부가 슬란스키와 그 협력자들의 경우를 중대한 사건으로 꾸미기 위해 투옥된 자들로부터 자백을 받아내고 〈증거〉를 끌어내는 과제를 떠맡았다. 희생자들이 (특히 전 총서기인 루돌프 슬란스키가) 야만적인 고문에 맞서 어느 정도 저항한 덕분에, 이 일은 거의 일 년을 끌었다.

1952년 마침내 기소장이 완성되었다. 이어서 진술서, 기소장, 미리 결정된 형량, 재판의 각본이 모스크바로 보내져 스탈린의 재가를 받았다. 다시 프라하에서는 정식 재판의 〈최종 연습〉이 진행되었고, 전 과정이 녹음되었다. 이러한 조치는 가능성은 없었지만 피고 중한 명이 코스토프처럼 공개 법정에서 자백을 번복하는 경우에 〈생중계〉를 대신하기 위한 것이었다. 실제로는 필요 없었다.

재판은 1952년 11월 20일에 시작되어 27일까지 계속되었다. 재판은 확립된 전례를 따랐다. 피고들은 하지도 않은 행위와 발언으로 (동료 피고인들을 포함한 다른 증인들에게서 강제로 받아낸 자백에 의거하여) 고발되었고, 실제로 행하기는 했으나 새로운 의미가 부여된 일들로 비난받았으며(피고 중 세 명은 무역 거래에서 이스라엘에 혜택을 주었다는 혐의를 받았지만, 그러한 무역상의 특혜는 당시 소련의 정책이었다), 검사는 클레멘티스를 〈유고슬라비아 인민의 처형자이며 제국주의의 끄나풀인 티토〉와 만났다는 이유로 고발했는데, 그때 클레멘티스는 체코슬로바키아의 외무차관이었고 티토는 아직 소련의 총애를 받고 있었다.

이 모든 절차에서 재판의 두 가지 특징이 드러났다. 검사와 증인은 피고인 대다수가 유대인임을 거듭 강조했다. 〈세계인 루돌프 마르골리우스〉, 〈슬란스키…… 공산당 내 모든 유대인의 희망〉, 〈국제 시온주의 대표자〉 등등. 〈유대인 혈통〉(때로는 〈시온주의 기원〉)은 공산주의와 체코의 목적에 반대한 죄가 있다는 추정의 근거였다. 그리고 체코슬로바키아 라디오를 통해 방송된 검사들의 말은 모스크바 재판에서 안드레이 비신스키 검사가 했던 거친 욕설을 능가했다. 〈구역질 나는 반역자들〉, 〈개 같은 인간들〉, 〈늑대들〉, 〈이리처럼 잔인한 히틀러의 후계자들〉 등등의 표현이 체코 신문에도 그대로 등장했다.

재판이 나흘째 되던 날, 프라하의 공산당 일간지 『루데 프라보 *Rudé právo*』의 사설은 〈이 냉정하고 냉혹한 인간들을 보면 혐오감에 몸이 떨린다. 반역자 슬란스키는 이 외국 분자들, 어두운 과거를 지닌 어중이떠중이들〉을 보증하고 있다고 논평했다. 글쓴이의 설명에 따르면 어떤 체코인도 그러한 범죄를 저지를 수는 없었다. 〈조국이 없는 냉소적인 시온주의자들만이…… 달러에 팔려 버린 영악한 세계인들만이〉 그럴 수 있었다. 〈그들을 이 범죄 행위로 인도한 것은 시온주의, 부르주아 유대 민족주의, 종족적 쇼비니즘이었다.〉

열네 명의 피고 중 일곱 명이 사형을 선고받고 처형되었으며, 세 명은 종신형을 선고받았다. 한 달 후 고트발트는 체코슬로바키아 공산당 전국회의에서 전 동료들에 관해 이렇게 말했다. 〈은행가와 기업가, 부농은 보통 우리 당에 입당하지 않는다. 그러나 그들이 유대인 출신이거나 시온주의 성향을 지녔다면, 아무도 그들의 계급적 기원에 주목하지 않았다. 작금의 상황은 우리가 반유대주의를 거부하고 유대인의 고초를 존중했기에 발생했다.〉

슬란스키 재판은 범죄자들의 가장 무도회, 즉 공개 극장에서 벌어진 사법적 살인이었다.[21] 프라하 재판도 그에 앞서 모스크바에서 진행된 반파시스트위원회 재판처럼 소련의 유대인 의사들을 체포하기 위한 전주곡이었다. 그들의 〈음모〉는 1953년 1월 13일 자 『프라우다』지에 발표되었다. 〈시온주의자 테러리스트 집단〉으로 안드레이 즈다노프를 살해했고 〈영-미 부르주아〉와 협력하여 음모를 꾸몄으며 (사망한 〈부르주아 유대 민족주의자〉 솔로몬 미호엘스뿐만 아니라) 미국 유대인 합동분배위원회와 공모하여 〈유대 민족주의〉의 대의를 발전시킨 죄로 고발된 이 유대인 내과 의사들은 슬란스키의 형 선고 후 석 달이 지나지 않아 재판에 회부된다.

21 생존자들은 훗날 모두 석방되었다. 물론 그들과 동료 희생자들은 1968년까지는 완벽하게 복권되지도 않았고 혐의를 벗지도 못했다.

크렘린이 이 재판을 소련 유대인을 집단적으로 체포하여 비로비잔(유대인에게 지정된 동부의 〈고향〉)과 중앙아시아로 추방하기 위한 핑곗거리로 구상했다는 징후들이 있다. 중앙아시아에는 이미 1939년에서 1941년 사이에 많은 폴란드 유대인들이 이송되어 정착했다. 내무부 출판국은 〈왜 유대인을 나라의 공업 지대에서 다른 곳으로 이주시켜야 하는가?〉를 설명하는 책자 100만 부를 인쇄하여 배포했다. 그러나 스탈린조차 이를 주저했던 것 같다(일리야 예렌부르크는 스탈린에게 유대인 의사들의 시범 재판이 서방 여론에 파괴적인 영향을 미칠 것이라고 경고했다). 어쨌든 스탈린은 결정을 내리지 못하고 1953년 3월 5일에 사망했다.

스탈린의 편견은 설명이 필요하지 않다. 러시아와 동유럽에서 반유대주의는 보상을 주었기 때문이다. 더 흥미로운 것은 숙청과 기소, 자백, 재판의 완전한 연극을 상연한 스탈린의 의도이다. 요컨대 소련의 독재자가 결국에 재판을 원했던 이유는 무엇이었을까? 소련은 원한다면 소련 진영 어느 곳에서든 〈행정 절차〉를 통해 누구든지 제거할 수 있었다. 재판은 비생산적일 수 있었다. 허위가 명백한 증거와 자백이, 대수롭지 않게 몇몇 개인과 사회 집단을 선별하여 표적으로 삼은 것이 외국의 관찰자들에게 소련의 재판 절차가 진실하다는 점을 납득시키려는 의도에서 나왔을 리는 없었다.

그렇지만 공산 국가 진영에서 시범 재판은 정의의 문제가 아니었다. 오히려 재판은 본보기에 의한 일종의 대중 교육이었다. 시범 재판은 공산당의 유서 깊은 제도로서(소련에서 처음으로 선보인 시범 재판은 1928년까지 거슬러 올라간다) 그 목적은 소련 체제의 권위 구조를 실례로써 증명하는 것이었다. 시범 재판은 대중에게 누가 옳고 누가 그른지 말해 주었고, 정책의 실패를 비난했으며, 충성과 복종을 칭찬했고, 심지어 대본을 쓰기도 했다. 대본은 공적 문제를 토론하는 데 사용된 승인된 용어였다. 루돌프 슬란스키는 체포된 이후 늘 〈간첩 슬란스키〉로만 언급되었다. 〈간첩〉은 의식적인 호칭으로 일종의 정치적 푸닥거리 기능을 수행했다.[22]

시범 재판의(1936년 비신스키가 저술한 『소련 범죄조사교범 Soviet Manual of Criminal Investigation』의 용어로는 법정) 목적은 명백히 〈프롤레타리아 여론의 동원〉이었다. 1953년 1월의 체코슬로바키아 〈법원 조직법〉이 노골적으로 요약하고 있듯이, 법원의 기능은 〈체코슬로바키아 공화국을 향한 시민의 헌신과 충성을 교육하는 것〉이었다. 1948년에 부다페스트에서 열린 어느 재판의 피고였던 로버트 보걸러[23]는 당시 이렇게 썼다. 〈우리의 대본이 작성된 방식으로 판단하건대, 우리의 《유죄》를 입증하는 것보다 우리의 비유적 정체성을 확립하는 것이 더 중요했다. 우리 모두는 각자의 증언에서 코민포름 출판국과 라디오를 위해 자신을 《폭로》해야만 했다.〉

피고는 정치적 비판자나 반대자로 추정되었다가 파렴치한 음모자의 무리로 격하되었고, 그 목적은 돈과 반역이 되었다. 소련의 제국적 방식에 결부된 서투름 때문에 때로는 이 목적이 감추어졌다. 대도시 부다페스트의 여론을 동원하려는데 〈부농에 맞선 투쟁〉에 반대한 자들의 실수를 거듭 늘어놓아 봤자 무슨 소용인가? 그러나 〈대중〉에게 들은 대로 믿으라고 요구하지는 않았다. 단지 들은 대로 말하도록 가르쳤을 뿐이었다.

공개 재판의 한 가지 용도는 희생양을 확인하는 것이었다. 공산당

22 대본은 매우 세밀했다. 1952년 앙드레 마르티 André Marty가 비공식적으로 프랑스 공산당 중앙위원회의 재판을 받았을 때, 〈고발자〉 레옹 모베스 Léon Mauvais는 마르티가 공산당원이 트로츠키주의자를 언급할 때 〈자연스럽고 습관적으로〉 사용했던 낱말인 〈트로츠키주의 찌꺼기〉나 〈트로츠키주의 끄나풀〉 대신 〈트로츠키주의 인터내셔널〉이란 말을 썼다고 고발했다. 마르티는 정해진 용어를 사용하지 않았다는 이유만으로도 중대한 혐의를 받았다.

23 빈에 거주하며 헝가리에서 일했던 미국인. 미국을 위해 간첩 활동을 한 혐의로 헝가리에서 체포되었다가 17개월 복역 후 협상을 통해 석방되었다 — 옮긴이주.

의 경제 정책이 미리 공언한 성과를 내지 못한 경우, 소련의 외교 정책이 차단되거나 타협으로 수정할 수밖에 없을 경우, 누군가 책임을 져야 했다. 그렇지 않고서야 무오류의 지도자가 저지른 과실을 어떻게 설명하겠는가? 후보자는 많았다. 슬란스키는 체코슬로바키아 공산당 안팎에서 널리 미움을 받았다. 러이크는 가혹한 스탈린주의자 내무장관이었다. 그리고 공산당 지도자나 장관이라면 누구나 이제는 실패로 여겨진 인기 없는 정책을 추진했다는 이유로 잠재적인 희생자로 기다리고 있었다. 프랑스 혁명 전쟁에서 패배한 장군들이 흔히 반역죄로 고발되었듯이, 공산당 장관들도 자신이 실행한 정책이 종종 말 그대로 좋은 성과를 내지 못했을 때 사보타주를 했다고 자백했다.

자백의 이점은, 책임 전가의 핑곗거리라는 상징적인 효용 말고도, 공산당의 신조를 확인했다는 데 있었다. 스탈린의 세계에서 의견 차이란 있을 수 없었다. 오직 이단뿐이었다. 비판자는 없었고 오직 적뿐이었다. 실수란 없었고 오로지 범죄뿐이었다. 재판은 스탈린의 덕을 예증하고 스탈린의 적의 범죄를 확인하는 데 이용되었다. 이는 스탈린의 편집증과 스탈린을 둘러싼 의심의 문화가 얼마나 심각했는지 설명해 준다. 러시아의 열등함, 좀 더 일반적으로는 〈동부의〉 열등함에 대한 뿌리 깊은 근심, 서방의 영향력과 서방의 풍요가 내던지는 유혹에 대한 두려움은 그 문화의 일부였다. 1950년에 소피아에서 열린 〈불가리아의 미국 간첩〉 재판에서 피고들은 〈선택된 민족은 지리적으로 모두 동쪽에서 시작했는데도 서쪽에만 산다〉는 견해를 전파한 죄로 고발되었다. 기소장에는 피고들이 〈비굴한 자기 비하의 감정〉을 드러낸 자들로 기술되어 있다. 서방의 간첩들이 그러한 감정을 성공리에 이용했다는 것이다.

그리고 서방은 언제나 떨쳐버려야 할 위협이었다. 물론 서방의 진짜 간첩들이 있었다. 1950년대 초 한국 전쟁 발발에 뒤이어, 미국은 동유럽의 안정을 깨뜨릴 수 있는지 심각히 계산했으며, 미국 정보부는 실패하기는 했지만 여러 차례 소련 진영에 침투하려 했다. 이 때문에 미국 중앙정보국과 함께 일했다거나 영국 정보부를 위해 간첩 활동을 했다는 공산당원들의 자백은 피상적이나마 그럴듯하게 들렸다. 그리고 스탈린은 생애 마지막에 실제로 전쟁을 예상했던 것 같다. 1951년 2월『프라우다』지와 한〈인터뷰〉에서 스탈린은 자본주의와 공산주의의 대결이 불가피하며 그 가능성이 점점 커지고 있다고 설명했다. 1947년부터 1952년까지 소련 진영은 항구적인 전시 편제를 갖추고 있었다. 체코슬로바키아의 무기 생산은 1948년에서 1953년 사이에 일곱 배가 증가했고, 한층 더 많은 소련군이 동독으로 이동했으며, 전략 폭격기 부대를 설립하려는 계획이 수립되었다.

따라서 체포와 숙청, 재판은 다가오는 대결을 공개적으로 알리는 장치였으며, 소련의 전쟁 공포가 정당하다는 변명이자 레닌주의 정당의 군살을 빼서 전쟁에 대비하려는 (이전부터 친숙했던) 전략이었다. 서방의 공산당원들과 동조자들에게 러이크가 영-미와 공모하여 공산당을 전복하려 했다는 1949년의 고발은 신빙성이 있었다. 슬란스키 등에 대한 고발도 소련 진영의 그 어느 나라보다 체코슬로바키아에 서방과 연결된 자들이 많다는 널리 인정된 사실에 의존했다. 그렇지 않다면 그 재판들은 지나친 재판이었을 것이다. 그런데 왜 러이크였나? 왜 슬란스키였나? 희생양은 어떻게 선정했는가?

스탈린은 소련의 힘이 미치지 않는 서방에서 한때를 보낸 공산주의자라면 거기서 무슨 일을 했든 상관없이 누구라도 의심해야 했다. 1930년대에 스페인 내전에서 활동한 공산주의자들이(동유럽과 독일 출신들이 많았다) 제일 먼저 의심을 받았다. 러이크 라슬로는 스페인에서 (〈라코시 대대〉의 정치위원으로) 근무했으며, 슬란스키의 공동 피고 중 한 명이었던 오토 슐린크[24]도 마찬가지였다. 프랑코의

24 1912~1952. 제2차 세계 대전 이후 체코슬로바키아 브르노 지역의 당 서기를 역임했

승리 이후 많은 스페인 전사들이 프랑스로 피신했으며 결국 수용소로 들어갔다. 그곳에서 상당수가 프랑스 레지스탕스에 합류했으며 독일인과 프랑스에 피신했던 다른 외국 공산주의자들과 함께 한 조가 되었다. 그들은 프랑스 공산당이 지하 조직인 이민노동자단MOI의 분대로 조직하기에 충분할 만큼 많았다. (슬란스키 재판의 또 다른 피고인) 아르투르 론돈[25] 같은 저명한 전후 공산주의자는 전쟁 중에 이민노동자단에서 활동하면서 많은 서방 사람들과 접촉했으며, 이 때문에 스탈린의 의심을 받았고 훗날 불리한 처지에 놓이게 되었다.

전시에 소련에서 활동했던 유대인 반파시스트위원회는 서방과 교류하여 나치의 잔학 행위를 기록으로 남기라는 명령을 받았다. 이 활동은 이후 그들에게 전가된 범죄 혐의의 토대가 되었다. 전쟁 기간을 멕시코에서 보낸 파울 메르커 같은 독일 공산주의자들과 런던에서 일하다 나중에 외무장관이 된 클레멘티스 같은 슬로바키아 공산주의자들, 나치가 점령한 유럽에 있었던 모든 사람들이 서방 첩보원과 접촉했다거나 비공산당 계열의 저항 투사들과 지나치게 가까웠다는 고발에 취약했다. 부헨발트에서 생존한 체코 공산주의자 요세프 프랑크가 슬란스키 재판에서 받은 혐의는 수용소에서 〈계급의 적〉인 의심스러운 인물들과 사귀었다는 것이었다.

스탈린이 전혀 걱정하지 않은 공산주의자들은 모스크바에서 크렘린의 엄밀한 조사를 받으며 오랫동안 시간을 보냈던 자들이었다.

다. 시범 재판에서 사형을 선고 받고 처형되었다 ─ 옮긴이주.

25 1915~1986. 체코슬로바키아의 공산주의 정치인. 모라비아 오스트라바의 유대인 집안에서 태어났다. 1937년에 국제여단의 일원으로 스페인 내전에 참여했으며, 공화파의 패배 이후 프랑스로 건너갔다가 대전 중에 나치에 체포되어 강제수용소로 보내졌다. 프라하로 귀국하여 공산당의 지도적 인사가 되었으나, 슬란스키 재판의 공동 피고로서 시온주의자, 트로츠키파, 티토주의자라는 혐의로 기소되어 종신형을 선고 받았다. 1955년에 석방되고 1963년에 복권되었다. 파리로 이주하여 프라하 재판에 관한 이야기를 〈고백 L'aveu〉이라는 제목으로 써냈다. 이 책은 코스타 가브라스가 영화로 제작해 유명해졌다 ─ 옮긴이주.

그들에 대해서는 이중으로 안심할 수 있었다. 소련이 훤히 감시하는 가운데 수년을 보냈기에 외국인과 접촉했더라도 그 횟수는 적었으며, 또 1930년대의 숙청을 잘 넘겼다면(그동안 폴란드와 유고슬라비아, 여타 공산당의 망명 지도부는 대부분 제거되었다) 소련의 독재자에 아무런 이의 없이 복종하리라고 기대할 수 있었다. 다른 한편 고국에 남아 있던 〈민족적〉 공산주의자들은 신뢰할 수 없는 사람들로 여겨졌다. 그들은 보통 전쟁이 끝난 후 소련군의 특별 대우로 귀국한 모스크바의 동지들보다 국내에서 더 영웅적인 업적을 이루었으며, 따라서 인기가 더 많았다. 그리고 그들은 지역적인 또는 민족적인 〈사회주의에 이르는 길〉에 관해 자신들만의 독특한 견해를 형성하곤 했다.

이러한 이유에서 〈민족적〉 공산주의자들은 거의 언제나 전후 시범 재판의 주된 희생자였다. 러이크는 〈민족적〉 공산주의자였던 반면, 그의 재판을 연출했던 라코시나 게뢰[26]는 〈모스크바 계열〉이었다(게뢰도 스페인에서 활동하기는 했다). 그 밖에 그들을 구분할 잣대는 없었다. 체코슬로바키아에서 나치에 저항하는 슬로바키아 민족 봉기를 조직한 사람들은 (슬란스키를 포함하여) 소련의 의심을 받을 만한 준비된 희생자들이었다. 스탈린은 체코슬로바키아를 해방한 영예를 다른 사람과 나눌 생각이 없었다. 크렘린은 믿을 만하고 영웅적이지 않으며 상상력이 없는 〈모스크바 계열〉을 선호했으며, 그들이 누군지도 알고 있었다. 바로 클레멘크 고트발트 같은 인간들이었다.

트라이초 코스토프는 전쟁 중에 불가리아 공산당 빨치산을 이끌다 체포되었다. 전쟁이 끝난 후에는 모스크바에서 귀국한 게오르기

---

26 1898~1980. 쿤 벨러의 공산당 정권이 무너진 뒤 소련으로 들어가 20년 동안 국가보안위원회 요원으로 활동했다. 1956년 7월에 라코시를 대신하여 헝가리 공산당 총서기에 올랐으나 헝가리 폭동의 두 번째 날인 10월 25일 초기 대응에 실패한 책임을 지고 물러났다 ─옮긴이주.

디미트로프 다음으로 높은 자리를 차지했으나, 1949년에 전시 이력이 불리하게 작용하여 하차했다. 폴란드의 고무우카는 나치 치하에서 마리안 스피할스키[27]와 함께 무장 저항 운동을 조직했다. 그러나 전쟁 이후 스탈린은 비에루트와 다른 모스크바 계열의 폴란드인들을 지지했다. 스피할스키와 고무우카는 훗날 둘 다 체포되었고, 앞서 보았듯이 간신히 시범 재판의 배역을 피했다.

예외도 있었다. 루마니아에서는 모스크바 계열이자 나무랄 데 없는 스탈린주의자였던 아나 파우케르와 〈민족적〉 공산주의자인 퍼트러슈카누의 몰락을 공작했던 사람이 그 역시 〈민족적〉 공산주의자인 게오르기우데지였다. 코스토프조차 1930년대 초에는 모스크바에서 코민테른의 발칸 지역 담당 부서에서 일했다. 코스토프는 또한 검증된 티토 비판자였다(물론 이 점에서는 그 나름의 이유가 있었다. 코스토프는 티토가 불가리아를 희생시켜 세르비아의 영토적 야심을 채우려 한다고 생각했다). 그러나 코스토프는 그 덕에 구원을 받기는커녕 자신의 범죄 행위만 더욱 악화시켰다. 스탈린은 의견 일치나 동의에는 관심이 없었다. 오로지 맹종만을 원했다.

마지막으로, 재판의 희생자들과 그들의 혐의를 선정하는 데에는 개인적인 원한의 해결과 냉소적인 도구주의라는 중요한 요소가 있었다. 1952년 12월 17일 카롤 바칠레크는 체코 공산당 전국회의에서 이렇게 설명했다. 〈누가 유죄이고 누가 무죄인가라는 문제는 결국 당이 국가보안부의 도움을 받아 결정할 것이다.〉 몇몇 경우에 국가보안부는 우연의 일치를 근거로 또는 환상에 빠져 인민들에 불리하게 사건을 조작했고, 다른 경우에는 고의로 자신들이 사실로 알고 있는 것의 정반대를 주장했다. 그래서 슬란스키 재판의 피고 중 두 사람은 모스크바에 체코 물품의 대금을 과다하게 청구했다고 고발

27 1906~1980. 폴란드의 군인이자 공산당 정치인. 전후 공산당 정권에서 바르샤바 시장을 비롯하여 여러 관직을 역임했다 — 옮긴이주.

되었다. 일반적으로 위성 국가에서 생산된 물품의 가격은 소련에 유리하도록 의도적으로 낮게 평가했다. 소련만이 예외를 허용할 수 있었다. 그러나 체코의 〈과다 청구〉는 소련의 관행이었다. 검사가 잘 알고 있었듯이 정보부 활동에 쓸 현금을 프라하를 통해 서방으로 보내는 방법이었던 것이다.

우파 〈일탈〉과 좌파 〈일탈〉을 동시에 범한 죄로 고발된 아나 파우케르의 혐의도 마찬가지로 냉소적이었고 조직적인 개인 비방 운동의 일환이었다. 파우케르는 처음에는 농업 집단화에 〈비판적〉이었지만 나중에는 농민들이 원하지 않는데도 집단화를 강요했다. 러이크는 1947년에 헝가리 경찰 내부의 공산당 연락망을 해체했다고 고발되었다. 사실 러이크는 훨씬 더 강력한 사회 민주당 경찰 조직을 해산하기 위한 구실로 (1947년 선거 직전에 공식적인 승인을 받아) 이를 실행했다. 훗날 러이크는 다른 정당들에 대한 금지는 유지하면서 비밀리에 공산당 연락망을 재건했다. 그러나 러이크의 행동은 당시에는 흠잡을 데 없이 정당했지만 그를 제거할 때가 되자 소련의 맷돌에 갈릴 곡물일 따름이었다.

주요 시범 재판의 피고는 모두 공산당원이었다. 다른 공산당원들은 공개 재판 없이, 심지어 재판 절차도 없이 숙청당했다. 그러나 소련과 위성 국가들에서 스탈린에 희생된 자들은 당연하게도 압도적 다수가 공산주의자가 아니었다. 체코슬로바키아에서 1948년~1954년 사이에 징역형이나 노동수용소 처분을 받은 자들 중 공산주의자는 겨우 0.1퍼센트에 지나지 않았다. 동독에서는 1950년 2월 8일 슈타지[28]가 창설되어 공산당원뿐만 아니라 전 사회를 감시하고 통제할 임무를 떠맡았다. 스탈린은 서방에서 교류하거나 체험했던 공산주의자들은 물론 소련 진영 밖에서 살았던 사람이라면 누구나

---

28 Stasi. 독일 민주 공화국의 비밀경찰이자 정보부. 공식 명칭은 국가보안부Ministerium für Staatssicherheit이며 슈타지는 약칭이다 — 옮긴이주.

일상적으로 의심했다.

따라서 당연하게도 이 시기에 사실상 동유럽 주민 전체가 크렘린의 의심을 받았다. 전후 소련 내부의 억압이 덜 포괄적이었다는 얘기는 아니다. 마치 1813년에서 1815년 사이에 러시아가 서방의 영향에 노출되어 1825년의 데카브리스트 반란[29]이 촉발되었다고 여겨졌듯이, 스탈린도 전시 교류를 통한 오염과 저항을 두려워했다. 따라서 나치의 점령이나 투옥에서 살아남은 소련 시민이나 병사는 누구나 의심의 대상이었다. 1949년 최고 소비에트 상임 집행위원회는 강간죄를 범한 병사들에게 10년에서 15년의 노동수용소 형을 부과하는 법률을 통과시켰는데, 그 진정한 동기는 동독과 오스트리아 전역에서 소련군이 저지른 만행을 비난하는 것이 아니라 귀국하는 소련 병사들을 마음대로 처벌할 수 있는 수단을 만드는 것이었다.

제2차 세계 대전 종전 직후에 소련과 동유럽 시민들에게 내려진 처벌의 규모는 대단했으며, 소련 밖에서는 완전히 새로운 현상이었다. 재판은 억압이라는 빙산의 일각이었다. 투옥과 유형, 강제노동이 뒤따랐다. 1952년 스탈린의 두 번째 테러가 절정에 달했을 때 소련의 교정노동수용소에는 170만 명이 억류되어 있었고, 그 외에 교정노동식민지에 80만 명, 〈특별 정착지〉에 275만 3천 명이 있었다. 〈정상적인〉 굴라크 형은 25년으로, (생존자의 경우) 시베리아나 중앙아시아로 유형을 보내는 것이 일반적이었다. 산업 노동력이 50만 명을 넘지 않는 불가리아에서는 아홉 명 중 두 명이 노예 노동자였다.

체코슬로바키아에서는 1950년대 초에 1300만 명의 인구 중 10만 명의 정치범이 있었던 것으로 추산된다. 여기에는 사실상 모든 점에

29 군 장교들이 병사들을 이끌고 니콜라이 1세의 즉위에 반대한 폭동. 자신들이 원하는 후보를 권좌에 올리려는 궁정 쿠데타의 성격을 지녔으나 자유주의적 정책을 내걸어 러시아 혁명 운동의 시작으로 간주되었다 — 옮긴이주.

서 강제 노동자였던 수만 명의 광산 노동자는 포함되지 않았다. 감옥으로 사라진 남녀를 공지나 재판 없이 조용히 사살하는 〈행정적 제거〉는 다른 형태의 처벌이었다. 희생자의 가족은 그들이 〈사라졌다〉는 사실을 알기까지 일 년 이상을 기다릴 수도 있었다. 석 달 뒤면 그 사람들은 공식적인 통지나 확인이 없어도 법률적으로 사망자로 추정되었다. 체코슬로바키아에서 테러가 절정에 이르렀을 때, 신문에는 매일 약 서른 건에서 마흔 건 정도 그러한 고지가 실렸다. 이런 식으로 사라진 사람이 수만 명이었다. 그 밖에 수십만 명이 권리와 아파트와 직업을 빼앗겼다.

헝가리에서는 1948년에서 1953년 사이 약 100만 명이(전체 인구는 1천만 명이 채 안 되었다) 체포나 기소, 투옥, 추방을 겪은 것으로 추산된다. 헝가리 가족의 셋 중 하나가 직접적인 영향을 받았다. 슬란스키의 〈공모자〉 중 한 사람의 부인이었던 프리트지 뢰블[30]은 프라하 외곽 루진의 감옥에 일 년 동안 갇혀 있었고, 심문을 맡았던 러시아인들은 그녀를 〈역겨운 유대인 매춘부〉라고 불렀다. 뢰블은 석방된 뒤 북부 보헤미아의 공장으로 추방되었다. 수감자들과 추방된 자들의 부인은 직업과 아파트와 휴대품을 빼앗겼다. 운이 좋다면 기껏해야 잊히는 것이 최고였다. 요세피네 란게르가 그런 경우였다. 그녀의 남편인 오스카르 란게르는 슬란스키 재판의 증인이었는데 훗날 비밀 재판에서 22년 징역형을 선고 받았다. 요세피네와 그 딸들은 6년 동안 지하실에서 살았다.

박해는 아마도 루마니아에서 최악이었을 것이다. 그리고 확실히 가장 오래 지속되었다. 100만 명 이상이 감옥에 억류되거나 노동수용소, 다뉴브강-흑해 운하의 노예 노동에 투입되었다. 운하 건설 중에 수만 명이 사망했는데 그 수치에 소련으로 이송된 자들은 포함되지 않았다. 게다가 루마니아는 감옥의 가혹한 상황과 다양한 〈실험〉

30 Fritzi Löbl. 종신형을 선고 받은 에브젠 뢰블Evžen Löbl의 아내이다 — 옮긴이주.

감옥으로 주목을 받을 만했다. 특히 피테슈티의 감옥에서는 1949년 12월부터 1952년 말까지 수감자들에게 신체 고문과 심리적 고문을 통해 상호 〈재교육〉할 것을 권고했다. 대부분의 희생자들은 학생과 〈시온주의자〉, 공산당 출신이 아닌 정치적 억류자였다.

공산 국가는 선전포고 없이 시민들과 영구적인 전쟁을 벌이고 있었다. 레닌처럼 스탈린도 적의 필요성을 이해했으며, 외부의 적과 특히 내부의 적에 맞선 끝없는 동원은 스탈린주의 국가의 논리적 귀결이었다. 1952년 6월 11일, 체코슬로바키아 검사회의에서 법무장관 슈테판 라이스는 이렇게 말했다.

(검사는)…… 세상에서 가장 잘 발달한, 유일하게 올바르며 진실한 학문, 즉 소련의 법학에 의존해야만 하며 소련의 법률 실천의 경험을 완벽하게 이용해야 한다. ……늘 심해지는 계급 투쟁은 우리 시대의 불가피한 숙명이다.

공산주의의 수사학에서 크게 애용된 그 호전적인 용어는 충돌로 이어질 수밖에 없는 이러한 상황을 반영했다. 군사적인 은유는 차고 넘쳤다. 계급 갈등은 동맹, 대중 접촉, 선회 기동, 정면 공격을 요구했다. 어디서나 선거 결과 공산당은 99퍼센트의 지지를 받았는데도 적은 증가하고 있었다. 그러므로 전투는 한층 더 굳은 결의로 수행해야 하고 소련의 국내 역사는 소련 진영 전역에서 정성껏 재현되어야 했다. 스탈린은 이러한 기이한 사실을 설명하기 위해 계급 전쟁은 사회주의가 다가올수록 더욱 심해진다고 주장했다.

주적은 표면적으로 농민과 부르주아였다. 그러나 실제로는 나치의 경우처럼 대체로 지식인이 가장 쉬운 표적이었다. 안나 아흐마토바[31]에 대한 안드레이 즈다노프의 악독한 공격은(〈수녀 아니면 매춘

31 1889~1966. 안나 고렌코라는 필명으로 활동했던 러시아의 시인 — 옮긴이주.

부, 아니 차라리 수녀인 동시에 매춘부로 매춘과 기도를 결합했다. 아흐마토바의 시는 국민에게서 너무 멀리 떨어져 있다.))[32] 종교, 매춘, 대중과의 유리처럼 스탈린주의가 전통적으로 지식인에 반대하여 내세운 주제들을 반영했다. 아흐마토바가 대다수 중부 유럽 지식인들처럼 유대인이었다면 그림은 좀 더 완벽했을 것이다.

비교할 수 있었던 자들은 두 대전 사이 헝가리나 폴란드, 루마니아의 심문자와 감옥이 〈인민 민주주의〉의 심문자와 감옥보다는 훨씬 낫다는 데 의견의 일치를 보였지만, 동유럽에서 정치적 탄압과 검열, 독재 정치는 스탈린주의가 도래하기 전에도 결코 미지의 현상이 아니었다. 1947년 이후에 공산 국가가 이용했던 통제와 테러의 수단은 스탈린의 사람들이 완성했지만, 대체로 동쪽에서 수입할 필요는 없었다. 그곳에 이미 있었기 때문이다. 루마니아 공산당 정권의 국가보안부Securitate[33]를 위해 피테슈티 감옥을 설립하여 운영한 에우젠 투르카누가 두 대전 사이에 파시스트 운동인 강철수비대[34]의 이아시 대학교 학생 활동가였다는 사실은 우연이 아니다.

그러나 공산주의자들의 당-국가와 이전의 권위주의적 체제를 구분하는 것은 억압 기구의 효율성이 아니었다. 권력과 자원이 독점되어 거의 외세의 이익을 위해서만 남용되었다는 사실에 있었다. 소련은 과도기의 혼란을 최소화하며 나치의 점령을 이어받았고, 유럽의 동쪽 절반을 꾸준히 세력권 안으로 깊이 끌어들였다(12년간의 나치 독재에서 벗어난 동독 시민들에게 이행은 훨씬 더 순조로웠다). 이 과정과 그 귀결은(제조 공정에서 학계의 호칭까지 동유럽이 가진 모

<hr />

32 Catherine Merridale, *Night of Stone: Death and Memory in 20th-Century Russia* (2000), p. 249.

33 루마니아 공산당의 비밀경찰 — 옮긴이주.

34 Garda de Fier. 1927년부터 제2차 세계 대전 초기까지 존속했던 루마니아의 반유대주의, 반헝가리, 민족주의 파시스트 운동 — 옮긴이주.

든 것의 〈소련화〉와 〈러시아화〉) 조만간 가장 완강한 스탈린주의자들을 제외한 모든 사람을 소원하게 한다.

그리고 그것은 공산주의 이행에 양면적 태도를 보였던 많은 사람들의 기억을 흐릿하게 만드는 부수적인 효과도 있었다. 훗날, 스탈린주의의 공적 언어에 내재된 반유대주의적이고 때때로 외국 혐오적인 어조가 소련은 물론 동유럽 여러 곳에서 지지를 받았다는 사실을 잊기는 쉬웠다. 경제적 민족주의는 지역에 폭넓게 뿌리를 내렸기에, 몰수와 국유화, 통제, 국가의 노동 규제는 전혀 생소하지 않았다. 예를 들어 체코슬로바키아에서 1946년에 시작된 2개년 계획때 반항하는 노동자는 노동수용소로 추방될 수 있었다(1946년에서 1948년까지 대부분의 체코 판사들이 이 형벌을 적용하기를 거부했다는 것 또한 사실이기는 했다).

그러므로 비록 바르샤바나 프라하의 대다수 청년들이 공산주의의 미래에 걸었던 큰 희망을 고려하지 않은 판단이기는 하지만, 소련의 동유럽 인수 초기 국면에서는 훗날 회고할 때 생각하듯이 일방적이고 잔인한 이행은 아니었다. 그러나 1941년에서 1942년까지 나치가 소련으로부터 〈해방한〉 지역에서 잔학한 짓을 저질러 우호적일 수도 있었던 지역 정서를 멀어지게 했듯이, 스탈린도 곧 위성 국가들의 환상과 기대를 없애 버렸다.

소련의 음울한 경제사의 속성판을 서쪽의 더 발달한 나라들에 강요했던 결과는 앞에서 이미 언급했다. 공산당 관리자들이 시종일관 의존할 수 있었던 유일한 자원은 노동집약적 생산으로, 그들은 이를 한계점까지 밀어붙였다. 1948년에서 1953년 사이 동유럽에서 자행된 스탈린주의 테러가 20년 전 소련에서 벌어진 테러와 그토록 유사했던 이유가 바로 이것이다. 두 경우 모두 강제적인 산업화 정책과 관련이 있었다. 중앙 계획 경제는 광부와 농민에게서 강제로 잉여가치를 뽑아내는 데 실제로 매우 효과적이었다. 그러나 이것이 그들이 할 수 있는 전부였다. 소련 진영의 농업은 점점 더 뒷걸음질 쳤다. 1960년에 지역 농민들에게 현지 상점에 쌓인 것을 구매하여 그들의 (도저히 달성할 수 없고 임의로 정해진) 버터 출하 할당량을 채우라고 권고했던 프룬제(오늘날 키르기스스탄의 비슈케크)의 관료들은 때로 터무니없었던 소련의 비효율을 전형적으로 보여 주었다.

재판과 숙청, 그에 수반된 거짓 논평들은 동유럽의 공적 영역에 남은 모든 것의 품격을 떨어뜨리는 데 이바지했다. 정치와 정부는 의심과 두려움에 마음이 산란한 타락한 집단이 자신들의 이익을 위해 저지른 부패와 전제적인 탄압과 동의어가 되었다. 이러한 상황은 물론 그 지역에서 전혀 새로운 경험이 아니었다. 그러나 공산당의 실정에는 독특하게 냉소적인 성격이 있었다. 시대에 뒤진 악습은 이제 평등과 사회 진보라는 화려한 용어 속에 공들여 새겨졌다. 두 대전 사이의 과두 체제도 나치 점령자들도 필요성을 느끼지 못했던 위선이었다. 그리고 이 실정 또한 외세의 거의 독점적인 이익에 적합했다. 소련의 통치가 국경 밖에서 그토록 심한 분개의 대상이 되었던 이유가 바로 여기에 있다.

동유럽은 소련화의 영향으로 대륙의 나머지 절반으로부터 끝없이 멀어져 갔다. 서유럽이 극적인 변화와 전례 없는 번영의 시기에 진입하던 순간에 동유럽은 혼수상태에 빠져 들었다. 저항과 예속의 반복으로 얼룩진 타성과 체념의 겨울은 거의 40년이나 지속된다. 마셜 플랜이 서유럽의 경제 회복에 약 140억 달러를 투입했던 바로 그 시기에 스탈린이 배상금과 강제적인 물품의 인도, 총체적으로 불리한 무역 왜곡을 강요함으로써 동유럽에서 거의 동일한 금액을 뽑아냈다는 사실은 징후적이다.

동유럽은 언제나 서유럽과 달랐다. 그러나 동유럽과 서유럽의 구분이 그 대륙이 스스로를 이해하는 유일한 방식은 아니었으며 가장 중요한 방식은 더더욱 아니었다. 지중해 유럽은 북서 유럽과 확연히 달랐다. 국가들 내부에, 그리고 국가들 사이에 드러난 역사적 경계에서 정치보다 종교가 훨씬 돋보였다. 제2차 세계 대전 이전 유럽에서는 동서 간의 차이보다 북과 남의 차이, 부자와 가난한 자의 차이, 도시와 농촌의 차이가 한층 더 중요했다.

따라서 소련의 통치가 빈의 동쪽에 있는 나라들에 던진 충격은 어떤 점에서는 러시아 자체에 가한 충격보다 훨씬 더 명료했다. 러시아 제국은 어쨌든 일부만 유럽이었다. 그리고 표트르 대제 이후 러시아의 유럽적 정체성은 레닌의 쿠데타 이전 백 년 동안 크게 의문시되었다. 볼셰비키는 유럽의 역사와 문화에서 소련을 난폭하게 끊어 냄으로써 러시아에 영구적으로 엄청난 폭력을 행사했다. 그러나 서방을 의심하고 그 영향력을 두려워했던 것은 전례가 없지 않았다. 그러한 사고방식은 1917년이 되기 훨씬 전부터 자의식이 강한 슬라브주의자들의 저술과 행동에 깊이 뿌리내렸다.

중부 유럽과 동유럽에는 그러한 선례가 없었다. 폴란드인과 루마니아인, 크로아티아인 등이 스스로 유럽 문명의 변두리에 널리 퍼진 척후병이 아니라 유럽의 핵심 유산을 지키는 저평가된 수호자라고 생각한 것은 그들의 불안정한 소국 민족주의의 일부였으며, 체코인과 헝가리인이 (매우 온당하게도) 자신들이 대륙의 심장부에 살고 있다고 이해한 것도 마찬가지였다. 카르파티아-루테니아에서 트리에스테까지 과거 합스부르크 제국의 독일어를 말하는 지식인들이 늘 빈을 쳐다보았듯이, 루마니아와 폴란드의 지식인들은 사상과 예술의 흐름을 알기 위해 파리를 쳐다보았다.

물론 그 통합된 세계주의적 유럽은 늘 소수 민족들에게만 존재했다. 그리고 그 유럽은 1918년에 소멸했다. 그렇지만 베르사유에서 탄생한 새로운 국가들은 처음부터 허약했으며 어쨌거나 일시적이었다. 따라서 두 대전 사이는 평화도 전쟁도 아닌 일종의 휴지기였으며, 그때 제국이 해체된 이후 중부 유럽과 동유럽의 운명은 여하튼 미정인 상태였다. 가능성이 가장 높았던 결말은(부활한 독일이 슈체친[35]에서 이스탄불에 이르는 영역에서 옛 제국을 사실상 상속받는 것) 히틀러의 실수 덕분에 간신히 모면했다.

대신 독일의 해법이 아닌 러시아의 해법이 강요되어 유럽의 취약한 동쪽 절반이 대륙의 본체에서 잘려 나갔다. 이러한 분리는 당시 서유럽인들에게 큰 관심사가 아니었다. 유럽의 분할로 가장 직접적인 영향을 받았으나 불쾌감을 표출할 처지가 아니었던 독일 국민을 제외하면, 서유럽인들은 대체로 동유럽의 실종에 냉담했다. 실제로 서유럽인들은 곧 이 상황에 매우 익숙해졌고, 어쨌거나 자국에서 벌어지는 놀라운 변화에 매우 열중해 있었기 때문이다. 발트해에서 아드리아해까지 침투할 수 없는 무장 방벽이 세워지는 것은 너무나 당연해 보였다. 그러나 장벽 동쪽의 국민들은 망각된 대륙의 더러운 구석에 처박혀 자신들보다 더 부유하지도 않고 자신들의 줄어 드는 자원에 기생하는, 어느 정도 이질적인 강대국의 자비에 의존해야 했다. 그들에게는 역사 자체가 삐걱거리며 서서히 멈춰 섰다.

35 폴란드 서(西)포메라니아주의 도시 — 옮긴이주.

7장

문화 전쟁

우리 모두는 앞선 시대를 거부했다. 나는 그 사실을 주로 문학을 통해 알았다. 내가 볼 때 그 시대는 어리석음과 야만의 시대였다.

— 밀란 시메치카

〈20세기의 한가운데에서 모든 행동은 소련의 사업에 대한 한 가지 태도의 채택을 가정하고 또 포함한다.〉

— 레몽 아롱

나는 옳았으나 결국 틀렸고, 반면 당신과 당신 부류는 틀렸으나 결국 옳았다.

— 피에르 쿠르타드(에드가 모랭에게 한 말)

좋든 싫든, 사회주의의 건설은 특권을 갖는다. 사회주의를 이해하려면 누구나 그 운동을 신봉하고 그 목적을 채택해야 하기 때문이다.

— 장폴 사르트르

사람들이 그릇된 이유에서 옳은 일을 하는 것을 막을 수는 없다. ……자신이 사악한 무리 속에 있는 것을 보게 될까 두려워하는 마음은 정치적 결백의 표현이 아니다. 그것은 자신감이 부족하다는 표시이다.

— 아서 케스틀러

유럽에서 파시즘과 민주주의 사이의 투쟁이 끝나자마자, 후세대에는 당혹스러울 만큼 신속하게, 공산주의자와 반공산주의자를 가르는 새로운 불화가 이를 대체했다. 소련에 찬성하는가 아니면 반대하는가로 정치적·지적 태도를 정리하는 것은 전후 유럽의 분할과 더불어 시작되지는 않았다. 그렇지만 동유럽과 서유럽, 좌파와 우파를 가르는 선은 바로 이 전후 시기, 즉 1947년에서 1953년 사이에 유럽의 문화생활과 지적 생활 속에 깊이 새겨졌다.

그러기에 매우 좋은 상황이었다. 두 대전 사이에 극우파는 대부분의 사람이 편한 마음으로 회상할 수 있는 것보다 더 많은 지지를 받았다. 브뤼셀에서 부쿠레슈티까지 1930년대의 언론과 문학에는 인종주의와 반유대주의, 극단적 민족주의, 교권주의, 정치적 반동이 차고 넘쳤다. 전쟁 이전과 전시에 파시스트나 극단적 보수주의의 정서를 지녔던 지식인과 기자, 교사는 1945년 이후에 새로이 찾은 진보주의자나 급진파의 신임장을 큰 소리로 확언할 만한 충분한 이유가 있었다(아니면 일시적으로나 영원히 잊혀야 했다). 파시스트 정당이나 신문은 물론 극단적 보수주의의 신념을 지닌 정당이나 신문도 이제는 어쨌든 금지되었기 때문에(그 반대 상황이 현실이었던 이베리아반도만 예외였다), 정치적 충성의 공개적 표현은 중도파와 좌파에 국한되었다. 유럽에서 우파 사상과 여론은 빛을 잃었다.

그러나 비록 히틀러와 무솔리니, 그 추종자들의 몰락으로 공개적인 글쓰기와 행위의 내용은 눈에 띄게 바뀌었지만, 그 기조는 거의 그대로 유지되었다. 파시스트의 묵시론적 주장, 마치 진정한 변화는 불가피하게 철저한 파괴를 통해서만 달성될 수 있다는 듯한 폭력적이고 〈최종적인〉 해결에 대한 요구, 자유 민주주의의 타협과 〈위선〉에 대한 염증과 마니교적 선택들(전부 아니면 전무, 혁명 아니면 타락)에 대한 열광. 이러한 욕구는 극좌파에도 똑같이 이용될 수 있었고, 1945년 이후에 실제로 그렇게 이용되었다.

민족과 퇴보, 희생, 죽음 등에 몰두했던 두 대전 사이의 파시스트 작가들은 제1차 세계 대전에 주목했다. 1945년 이후의 좌파 지식인들을 만들어 낸 것도 전쟁의 경험이었지만, 그들이 경험한 전쟁은 모든 타협 가능성이 배제된 선 대 악, 자유 대 노예 상태, 저항 대 협력이라는 공존할 수 없는 도덕적 대안들의 충돌이었다. 나치나 파시스트의 점령에서 해방된 것은 근본적인 정치적·사회적 변화의 계기로 널리 환영받았다. 전시의 참화를 혁명적 효과로 바꾸고 새롭게 시작할 수 있는 기회였기 때문이다. 그리고 앞서 보았듯이, 그 기회가 표면상 사라지고 즉시 〈정상적인〉 생활이 회복되었을 때, 기대의 좌절은 매우 쉽게 냉소주의로 바뀌거나 아니면 화해할 수 없는 두 정치 진영으로 다시 양분된 세계 속에서 극좌파로 이어졌다.

전후의 유럽 지식인들은 서둘러 타협했다. 그들은 젊었다. 제1차 세계 대전에서는 청년 세대가 죽임을 당했다. 그러나 제2차 세계 대전 후에 무대에서 사라진 사람들은 대체로 그보다 나이가 많고 신임을 잃은 자들이었다. 그들 대신에 1914-18년의 전쟁을 알기에는 너무 젊지만 그 다음 전쟁에서 잃어버린 세월을 간절히 만회하고 싶었던 작가와 예술가, 기자, 정치 활동가들이 출현했다. 그들의 정치 교육은 인민 전선과 반파시스트 운동 시기에 이루어졌다. 대개 전시 활동의 결과로 대중의 갈채와 영향력을 얻은 전후의 유럽 지식인들은 전통적인 기준으로 볼 때 유달리 젊었다.

프랑스의 장폴 사르트르는 전쟁이 끝났을 때 마흔 살이었다. 시몬 드 보부아르는 서른일곱 살, 그들 중 영향력이 가장 컸던 알베르 카뮈는 겨우 서른두 살이었다. 구세대 중에서는 1885년생인 프랑수아 모리아크만이 그들과 견줄 만한 영향력을 지녔다. 이탈리아의 구세대 유명 인사 중에서는 1866년생인 나폴리의 철학자 베네데토 크로체만 남아 있었다. 파시즘 이후의 이탈리아에서는 1900년에 태어난 이냐치오 실로네가 영향력 있는 지식인들 중 연장자에 속했다. 소설가이자 정치 평론가인 알베르토 모라비아는 서른여덟 살이었고, 공산주의자 편집자이자 작가인 엘리오 비토리니는 그보다 한 살 적었다. 대중적인 지식인과 작가가 나치에 대한 호의와 전쟁으로 매우 큰 희생을 치른 독일에서는 하인리히 뵐이 전쟁이 끝날 때 겨우 스물여덟 살이었다. 하인리히 뵐은 히틀러가 패배한 지 2년이 지나서 〈47그룹〉을 결성한 신세대의 자의식 강한 작가들 중 가장 재주가 뛰어났던 인물이었다.

동유럽에서는 전쟁 이전의 지식인 엘리트들이 극단적 보수주의나 신비적 민족주의, 그보다 더 조악한 이념들로 더럽혀졌기에 청년의 사회적 승격이 훨씬 더 두드러졌다. 체스와프 미워시는 1951년에 영향력 있는 책『포로의 마음 The Captive Mind』을 출간했을 때 겨우 마흔 살이었고 이미 정치적 망명 생활을 하고 있었는데 결코 전형에서 벗어난 경우라고 할 수 없었다. 예지 안제예프스키는(미워시의 책에 나오지만 전혀 돋보이지 않는다) 갈채를 받은 전후 폴란드에 관한 소설『재와 다이아몬드 Ashes and Diamonds』를 30대에 출간했다. 1922년에 태어난 타데우시 보로프스키는 아우슈비츠에 관한 회고록『신사 숙녀 여러분, 가스실은 이쪽입니다 This Way for the Gas, Ladies and Gentlemen』를 출간했을 때 아직 20대 중반이었다.

동유럽 공산당 지도자들은 두 대전 사이에 대체로 정치범이나 모스크바의 망명객으로, 아니면 둘 다 겪으며 견뎌 낸 나이가 약간 많은 사람들이었다. 그렇지만 그들 바로 밑에는 일단의 매우 젊은 남녀들이 포진했는데, 소련이 후원하는 권력 인수에 이상주의적으로 헌신했던 것이 그들의 성공에 중요한 역할을 했다. 헝가리의 로손치 게저는 자신과 비슷한 사람 수백 명과 함께 헝가리 공산당을 권좌에 올리려는 계획을 꾸몄을 때 아직 20대였다. 하지만 로손치는 1956년 헝가리 폭동 이후 소련의 탄압에 희생된다. 헤다 코발리의 남편인 루돌프 마르골리우스는 체코슬로바키아 공산당 정권의 장관으로 임명되었을 때 서른다섯 살이었다. 그는 1952년 12월에 열린 슬란스키 재판의 피고 중 한 명이었다. 그 재판의 다른 피고였던 아르투르 론돈은 공산당이 권력을 장악했을 때 서른세 살로 더 젊었다. 론돈은 프랑스 저항 운동에서 정치 교육을 받았다. 그는 공산당 지하 운동에 참여한 다른 많은 사람들처럼 매우 어린 나이에 정치적·군사적 책임을 수행하는 법을 배웠다.

동유럽과 서유럽에서 똑같이 중간 계급 지식인들은 공산주의의 미래에 열광했다. 그리고 그 열광에는 프롤레타리아, 즉 육체노동자 계급에 대한 독특한 열등감이 수반되었다. 종전 직후에는 숙련 노동자가 귀했다. 이러한 현상은 집단적 기억 속에 아직 생생했던 대공황 시기와는 현저히 대조적이었다. 석탄을 채굴해야 했으며, 도로와 철도, 건물, 송전선을 재건하거나 교체해야 했다. 공구를 제작하여 다른 상품을 만드는 데 써야 했다. 이 모든 일에 숙련 노동자가 부족했다. 앞서 보았지만 난민수용소의 젊고 유능한 사람들은 가족이 있는 여성이나 온갖 〈지식인〉과 달리 일자리와 보호 시설을 찾는 데 어려움이 없었다.

그 한 가지 결과는 산업 노동과 산업 노동자의 전반적인 지위 상승이었다. 그들을 대표한다고 주장하는 정당들에는 명백한 정치적 자산이었다. 자신의 사회적 기원을 알고 당혹스러웠던 중간 계급 출신의 교육받은 좌익 성향 남녀는 공산주의에 투신하여 불편한 마음을 진정시켰다. 특히 프랑스와 이탈리아의 많은 예술가들과 작가들은 공산당에 입당하지는 않았어도 〈프롤레타리아 앞에 엎드렸고〉(아서 케스틀러), (사회주의 리얼리즘 대 파시즘이라는 구도에서 전형적으로 단호하고 남성적이며 억세다고 여겨진) 〈혁명적 노동 계급〉을 거의 우상의 지위로 드높였다.

이러한 현상은 유럽 전역에서 나타났고 공산주의 정치를 초월했지만(유럽에서 〈노동자주의workerism〉를 옹호한 지식인 중 가장 유명한 사람은 장폴 사르트르인데, 그는 프랑스 공산당에 입당하지 않았다), 그러한 정서가 실질적인 결과를 낳은 곳은 동유럽이었다. 영국과 프랑스, 독일 등지의 학생과 교사, 작가, 예술가는 (분열 이전의) 유고슬라비아로 몰려들어 맨손으로 철도 재건을 도왔다. 1947년에 이탈로 칼비노는 이와 유사하게 체코슬로바키아에 관계한 이탈리아 출신 젊은 자원자들에 관하여 열정적으로 서술했다. 전후의 청년 세대는 새로운 시작에 전념하고 실제든 상상의 산물이든 노동자 공동체를 숭배하고 소련을(그리고 모든 것을 정복하는 소련군을) 찬양함으로써 자신들의 사회적 기원과 국민적 과거에서 떨어져 나왔다.

공산당원이나 당시의 상황에서는 일반적으로 공산당원을 의미했던 〈마르크스주의자〉가 되겠다는 결심은 대체로 젊은 나이에 이루어졌다. 그래서 체코 사람 루데크 파흐만[1]은 이렇게 말했다. 〈나는 1943년에 마르크스주의자가 되었다. 나는 열아홉 살이었고, 돌연 내가 모든 것을 이해했으며 모든 것을 설명할 수 있다는 생각에 매료되었다. 내가 전 세계의 프롤레타리아와 함께 먼저 히틀러에 맞서, 그다음 만국의 부르주아에 맞서 싸우게 되리라는 생각도 마찬가지

---

1 1924~2003. 체스 그랜드마스터였던 체코슬로바키아의 정치 활동가. 1972년에 당국의 탄압을 받은 후 허가를 받아 서독으로 이민했다 — 옮긴이주.

였다.) 체스와프 미워시처럼 그 같은 신조의 매력에 푹 빠지지 않은 자들조차 공산주의의 사회 개혁을 분명하게 환영했다. 〈폴란드의 반봉건 구조가 마침내 박살 나고 젊은 노동자와 농민에게 대학이 개방되고 농업 개혁이 이행되며 나라가 드디어 산업화의 길에 접에 드는 것을 기쁘게 바라보았다.〉 밀로반 질라스는 티토의 가까운 조력자로서 경험했던 것을 회상하며 이렇게 말했다. 〈전체주의는 최초에는 열광이자 확신이었다. 나중에 가서야 조직과 권위, 출세주의가 되었다.〉

공산당은 처음에는 지식인에게 아첨했다. 지식인들에게 공산당의 목표는 나치의 폭력적인 반지성주의는 물론 자기 조국의 소국다운 편협함과 현저히 다른 매력이 있었기 때문이다. 공산주의는 많은 청년 지식인들에게 확신의 문제라기보다는 신념의 문제였다. 알렉산드르 바트가(폴란드 공산당을 탈당한 다른 한 사람) 얘기했듯이, 폴란드의 세속 지식인들은 〈세련된 교리문답〉을 갈망했다. 적극적인 공산주의자가 된 사람들은 비록 소수의 동유럽 학생과 시인, 작가, 소설가, 기자, 교수뿐이었지만, 이들은 종종 그 세대에서 가장 재주가 많은 사람들이었다.

그러므로 파벨 코호우트는 훗날 반체제 인사요 탈공산주의 시대의 수필가이자 극작가로 국제적인 명성을 얻었지만, 조국 체코슬로바키아에서 처음에는 대중의 눈에 새로운 정권을 지극히 열광적으로 지지한 사람으로 비쳤다. 코호우트는 1969년에 과거를 회고하며 1948년 2월 체코에서 쿠데타가 일어난 날에 군중이 가득 들어찬 구시가 광장에서 당 지도자 클레멘트 고트발트를 보았을 때 〈확신에 찬 감동〉을 느꼈다고 설명했다. 여기 〈정의를 찾아 떠난 이 인간 군중에 그리고 그들을 결정적인 전투로 이끈 이 사람(고트발트)에게서〉 스무 살 난 코호우트는 〈코메니우스[2]가 헛되이 찾아 헤맨 안전

2 1592~1670. 보편 교육을 주창한 체코인 교육자, 과학자, 작가. 〈안전의 중심〉은 코메

의 중심Centrum Securitatis)을 발견했다. 4년 후 공산당의 신조를 받아들인 코호우트는 「우리의 공산당에 바치는 칸타타」를 썼다.

> 당을 노래로 환영하자!
> 그 젊음의 특징은 기적의 청년 일꾼들
> 당은 백만 명의 이성을 지녔으며
> 수백만 명의 힘을 지녔다
> 스탈린과 고트발트의 말씀은
> 당의 대군이다.
>
> 꽃피는 오월의 한가운데
> 멀리 떨어진 국경
> 고성 위에 깃발이 나부낀다
> 〈진실이 이기리라!〉는 말과 함께
> 이 말은 영광스럽게 실현되었다
> 노동자의 진실이 승리하였다!
> 영광스러운 미래를 향해 조국은 떠오른다
> 고트발트의 당에 영광을!
> 영광을!
> 영광을![3]

코호우트 세대에는 이런 종류의 신념이 널리 확산되었다. 미워시가 말했듯이, 작가는 생각할 필요가 없으며 단지 이해하기만 하면 된다는 것이 공산주의의 원칙이었다. 그리고 이해조차 헌신을 요구

니우스가 1625년경에 쓴 저작의 제목이다. 인간은 안전의 중심인 신으로부터 멀어질수록 혼란에 휩싸이고 사악한 무리에 휩쓸린다는 의미를 담고 있다 ― 옮긴이주.
  3 인디애나 대학교의 마시 쇼어 교수의 번역을 필자가 약간 수정했다. 루데크 파흐만을 인용하는 데에도 쇼어 교수에게 빚을 졌다.

했다. 헌신이야말로 그 지역의 청년 지식인들이 희구하던 바였다. 즈데네크 믈리나르시는(1946년 열다섯 살의 나이로 체코슬로바키아 공산당에 입당했다) 이렇게 썼다. 〈우리는 전쟁의 자식들이다. 실제로는 그 누구와도 싸우지 않았지만 종전 직후까지 전시의 정신 상태를 유지했고 그래서 마침내 무엇을 위해 싸울 기회가 생겼다.〉 믈리나르시 세대는 오로지 전시와 나치 점령기만을 알고 있었는데, 그때는 〈이편 아니면 저편이었지 중간은 없었다. 따라서 우리의 독특한 경험 때문에 우리는 올바른 의미의 승리란 아주 단순하게 다른 편의 일소, 파멸을 뜻한다는 생각에 빠졌다〉.[4]

몇몇 동유럽 청년들이 순수한 열의를 지니고 (작가 루드비크 바출리크가 체코 공산당에 입당하며 여자 친구에게 외쳤듯이, 〈그 혁명적 분위기 속에서……〉) 공산주의에 투신했다고, 소련이 그들 나라의 지배권을 넘겨받은 일에 대한 모스크바의 책임이 줄지는 않는다. 그러나 열의는 이후의 각성과 환멸이 어느 정도였는지 설명하는 데 도움이 된다. 질라스처럼(1911년생) 약간 나이 많은 공산주의자들은 그 자신이 말했듯이 언제나 〈열정의 조작은 속박의 씨앗〉이라는 점을 이해했을 것이다. 더 젊은 전향자들은 공산당 규율의 엄격함과 스탈린주의 권력의 실체를 알고는 정신이 아찔했다.

그러므로 1948년 이후 즈다노프가 〈두 문화〉 이론을 강요하며 식물학에서 시에 이르기까지 〈올바른〉 입장을 채택하라고 우겼을 때 동유럽 인민 민주주의는 큰 충격에 휩싸였다. 당 노선에 대한 지식인들의 굴종은 어쨌거나 억압과 정통이라는 공산주의 이전의 유산을 물려받은 소련에서는 오래전부터 있었지만, 합스부르크 왕실의 상당히 자비로운 통치에서 벗어나 이제 막 등장한 국가들에서는 쉽지 않은 일이었다. 19세기에 중부 유럽에서는 지식인과 시인이 국민을 대변하는 습관을 익히고 책임을 떠맡았지만 이제 공산주의 체제

---

4 Zdeněk Mlynář, *Night Frost in Prague* (London, 1980), p. 2.

에서 그들의 역할은 달라졌다. 지식인은 일단 추상적인 〈인민〉을 표현하고 나면 (실재하는) 독재자의 문화적 주구와 다름없었다. 더 나빴던 것은 독재자가 자신의 실수를 떠안을 희생양을 선택하는 과정에서 지식인이 세계인이나 〈기생충〉, 유대인이라는 비난을 받으며 희생되었다는 사실이다.

따라서 동유럽 지식인들이 공산주의에 품었던 열정은 가장 강력했던 곳인 체코슬로바키아에서도 스탈린의 사망으로 대체로 자취를 감추었다. 그것은 〈수정 공산주의〉나 〈개혁 공산주의〉라는 이름으로 간신히 몇 년 더 명맥을 유지했을 뿐이다. 공산 국가들 내부의 분열은 이제 공산주의와 그 적 사이의 분열이 아니었다. 중대한 구분은 한 번 더 당국과(경찰과 관료, 어용 지식인을 갖춘 당-국가) 다른 모든 사람들 사이에 이루어졌다.

이런 의미에서 냉전의 단층선은 동유럽과 서유럽 사이가 아니라 동유럽과 서유럽 각각의 내부에 생겼다. 동유럽에서는 앞서 보았듯이 공산당과 당 기구가 사회의 나머지 부분과 선전포고 없는 전쟁을 수행했다. 공산주의 체제와 얼마나 친밀한가에 따라, 다시 말해 공산주의 덕분에 이러저러한 형태로 실질적인 사회적 이익을 맛본 사람들과 공산주의 때문에 차별과 실망과 억압을 겪은 사람들 사이에 새로운 전선이 형성되었다. 서유럽에서도 동일한 단층선에 따라 지식인들이 양편으로 갈라섰다. 그러나 이론상의 공산주의에 대한 열광은 실제 공산주의의 직접 경험과 반비례 관계에 있다는 것이 하나의 특징이었다.

당대 동유럽의 운명에 대한 이 무지의 만연은 서방의 무관심 증대와 결합하여 동유럽의 많은 사람들에게 당혹감과 좌절감을 안겨 주었다. 동유럽의 지식인들과 일반 사람들에게 문제는 주변부에 위치한 자신들의 상황이 아니었다. 이는 그들이 오래전부터 감수했던 운명이었다. 1948년 이후 동유럽인들의 괴로움은 이중으로 배척되었다는 데 있었다. 소련의 존재 때문에 고유의 역사로부터 배척되었고, 서유럽의 저명한 지식인들이 동유럽의 경험이나 사례에 주의를 기울이지 않음으로써 서유럽의 의식 속에서도 배척되었다. 1950년대 초 동유럽인들이 서유럽에 관해 쓴 글에는 상처와 당혹감이 반복적으로 나타난다. 그 느낌은 미워시가 『포로의 마음』에서 설명한 대로 〈실연〉의 감정이었다. 망명한 루마니아인 미르체아 엘리아데[5]는 1952년 4월에 이렇게 썼다. 유럽은 그 몸의 일부가 절단된 것을 모르는가? 〈이 모든 나라들이 유럽 《안》에 있고, 이 모든 국민들은 유럽 공동체에 속하기 때문이다.〉

그러나 동유럽은 이제 유럽 공동체에 속하지 않았다. 그리고 그것이 요점이었다. 스탈린이 방어선을 유럽 중심부 깊숙한 곳에 파놓는 데 성공함으로써 동유럽은 방정식에서 사라졌다. 제2차 세계 대전 이후에 유럽의 지적 생활과 문화생활의 무대는 급격하게 축소되었으며, 폴란드와 체코 등이 즉시 그 무대에서 사라졌다. 그리고 공산주의의 도전이 서유럽의 토론과 논쟁의 한가운데에 있었는데도, 동쪽으로 몇십 마일 떨어진 곳의 〈현실에 존재하는 공산주의〉가 겪는 실제 경험은 거의 주목받지 못했다. 공산주의를 가장 열렬히 찬미했던 자들도 전혀 주목하지 않았다.

전후 서유럽의 지적 상황은 최근의 사람들이 방문한다고 해도 알아보기 힘들었을 것이다. 20세기 첫 30년 동안 유럽 문화의 기관실이었던 독일어권의 중부 유럽은 이제 존재하지 않았다. 1918년에 합스부르크 제국이 몰락한 후, 이미 과거의 그림자에 불과했던 빈은 베를린처럼 4개 연합국이 분할했다. 시민들을 먹이지도 입히지도 못했던 빈이 대륙의 지적 생활에 기여하기란 불가능했다. 오스트

---

5 1907~1986. 루마니아인 종교 사학자, 종교 철학자. 학술 저작 외에 몇 편의 자전적 소설도 남겼다 — 옮긴이주.

리아의 철학자와 경제학자, 수학자, 과학자는 헝가리와 이중 왕국에 속했던 다른 지역의 당대인들처럼 (프랑스나 영국, 영국령, 미국으로) 망명했거나 당국과 협력했거나 그도 아니면 죽임을 당했다.

독일은 폐허가 되었다. 독일 지식인들이 떠난 1933년 이후에 정권과 거래하여 타협하지 않은 사람은 거의 아무도 없었다. 나치에 협력한 것으로 악명 높은 마르틴 하이데거의 경우도 큰 영향력을 지닌 그의 철학 저작에 어떤 영향을 미쳤는지 논란이 있었다는 것만 제외하면 유별난 현상이 아니었다. 수만 명의 작은 하이데거들이 학교와 대학, 지역과 중앙의 관료 기구, 신문사, 문화 단체에서 열정적으로 나치와 타협했다. 그들은 그렇게 열성적으로 글쓰기와 처신을 나치의 요구에 맞게 조절했다.

두 개의 독일이 존재한다는 사실은 전후 독일의 사정을 더욱 복잡하게 했다. 동독은 〈좋은〉 독일의 과거, 말하자면 반파시스트의 진보적이고 계몽된 독일을 독점적으로 상속했다고 주장했다. 많은 지식인과 예술가는 소련 점령 지구와 그 계승자인 독일 민주 공화국에 운명을 걸고 싶어 했다. 본의 연방 공화국은 탈나치화 작업을 불완전하게 수행했고 독일의 최근 과거를 직접 대면하기를 주저했지만, 동독은 반나치 신임장을 자랑스럽게 강조했다. 공산당 당국은 〈나머지〉 독일의 범죄를 상기시키기를 원하는 역사가나 극작가, 영화 제작자를(몇 가지 금기를 존중하는 한) 환영했다. 바이마르 공화국 시절부터 살아남은 최고의 인재들 일부가 동쪽으로 이주했다.

일이 이렇게 된 한 가지 이유는 소련이 점령한 동독이 동쪽 진영에서 유일하게 서방의 도펠갱어를 지닌 나라였고, 따라서 동독의 지식인들이 루마니아나 폴란드의 작가들에게는 허용되지 않은 방식으로 서방의 청중에 다가갈 수 있었기 때문이었다. 검열과 탄압을 참을 수 없다면, 적어도 1961년에 베를린 장벽이 건설되기 전까지는 베를린의 횡단 지점을 통해 서쪽으로 되돌아올 선택권이 남아 있었다. 그래서 베르톨트 브레히트는 독일 민주 공화국에 살기로 결정했고, 크리스타 볼프 같은 젊은 작가들도 그곳에 남기로 했으며, 훗날의 반체제 인사인 볼프 비어만처럼 훨씬 더 젊은 작가들은 공부하고 글을 쓰기 위해 동쪽으로 이주했다(비어만의 경우 열일곱 살인 1953년에 이주했다).[6]

〈물질주의적〉 서방 출신의 급진적 지식인들의 마음을 끌었던 것은 진보적이고 평등주의적이며 나치에 맞서 싸웠고 연방 공화국의 건전한 대안이라는 독일 민주 공화국의 자기표현이었다. 연방 공화국은 한때 거론하고 싶지 않았던 역사에 무겁게 짓눌린 듯했으나 동시에 정치적 뿌리가 없었고, 문화적으로는 그 나라를 만들어 낸 서방 연합국들 특히 미국에 의존하여 이상하게도 무게감이 없었다. 연방 공화국 초기의 지적 생활에는 정치적 지향이 없었다. 좌우의 어느 쪽이든 정치적 극단의 과격한 선택은 공적 생활에서 명백히 배제되었고, 뵐 같은 청년 작가들은 (이후 등장할 세대와는 현저히 다르게) 정당 정치에 관여하기를 주저했다.

문화적 출구는 분명히 부족하지 않았다. 1948년에 이르러 일단 종이와 인쇄 용지의 부족이 해결되었고 유통망도 복구되어 200종이 넘는 문학지와 시사 잡지가 독일의 서방 지구에서 판매되었으며 (그러나 이 중 여럿이 화폐 개혁 뒤에 사라졌다), 신생 연방 공화국에는 양질의 신문들이 유달리 폭넓게 존재했다. 그중에서도 함부르크에서 발행된 『디 차이트*Die Zeit*』가 주목할 만했다. 그러나 서독은 여전히 유럽의 지적 생활의 주류에서 벗어난 주변부였으며, 여러 해 동안 그 상태로 남는다. 베를린에서 활동한 서방 기자이자 편집자 멜빈 라스키[7]는 1950년 독일의 지적 상황을 이렇게 얘기했다. 〈내

6 브레히트의 특징은 오스트리아 여권을 소지함으로써 위험을 분산시켰다는 것이다.
7 1920~2004. 미국인 기자, 지식인. 제2차 세계 대전에서 종군한 뒤 베를린에 머물다가 그곳에서 사망했다. 영국의 문학지 『인카운터*Encounter*』의 편집장으로 있었다 ─ 옮긴이주.

생각에 근대사에서 일찍이 그 어떤 민족이나 국민도 그토록 철저히 소진되고 영감과 재능을 빼앗긴 적은 없었다.〉

국내외의 많은 관찰자들은 신생 공화국에 크게 실망했다. 과거에 독일이 보여 준 문화적 우수성을 생각하면 이는 충분히 납득할 만했다. 그토록 많은 독일의 문화유산이 나치의 목적에 이용되어 더럽혀지고 자격을 잃은 상황에서, 독일인이 유럽에 어떻게 이바지할 것인지 이제 분명하지 않았다. 독일의 작가들과 사상가들은 독일 특유의 딜레마에 사로잡혔고, 이는 충분히 이해할 만했다. 카를 야스퍼스는 나치 시대 이전의 지식인 중에서는 유일하게 1945년 이후의 논의에 활발하게 참여한 주요 인사였다. 그런데 야스퍼스가 독일 내부의 논의에 기여한 단 한 편의 논문, 즉 1946년에 쓴 『전쟁 책임론*Die Schuldfrage*』으로 가장 잘 알려져 있다는 사실은 의미심장하다. 그러나 전후 첫 10년간, 서유럽의 공적 대화가 격렬해지고 분열적으로 정치화했던 시절에 서독 지식인들을 뒤처지게 한 가장 주된 요인은 바로 그들 자신이었다. 그들 스스로 이데올로기 정치를 애써 기피했기 때문이다.

이유는 매우 달랐지만 영국도 이 시기 유럽의 지적 생활에서 대체로 중요하지 않았다. 영국에도 유럽을 분할한 정치적 논거들이 없지 않았다. 두 대전 사이의 반전론을 둘러싼 대결과 대공황, 스페인 내전은 노동당과 좌파 지식인들을 분열시켰으며, 이 분열은 시간이 지난 뒤에도 잊히지 않았다. 그러나 두 대전 사이 영국에서는 파시스트도 공산주의자도 사회적 불만을 정치 혁명으로 발전시키지 못했다. 파시즘은 대체로 런던에서도 가장 빈곤한 지역에 국한되어 1930년대에 잠깐 동안 대중적 반유대주의에 편승했다. 영국 공산당은 스코틀랜드의 조선업과 잉글랜드 웨스트미들랜즈의 몇몇 광산 지역과 공장들에서 일찍 기반을 잡았지만 그 밖의 지역에서는 전혀 큰 지지를 얻지 못했다. 선거에서 한때나마 최고의 성과를 거둔

1945년에도 당의 득표수는 겨우 10만 2천 표(전국 투표율의 0.4퍼센트)에 불과했으며 두 명을 의회에 진출시켰다. 그리고 두 사람 모두 1950년 선거에서 낙선했다. 1951년 선거에서 영국 공산당은 약 4천 900만 명의 인구에서 겨우 2만 1천 표를 얻는 데 그쳤다.

그때 영국에서 공산주의란 정치적 추상 명사였다. 그렇지만 런던의 지식인 사회와 대학들에서 마르크스주의에 대한 지적 공감이 억제되지는 않았다. 페이비언 사회주의자들은 처음부터 볼셰비즘의 매력에 이끌렸는데, 이를테면 H. G. 웰스는 레닌의 정책에서, 심지어 스탈린의 정책에서도 친숙하고 공감이 가는 것을 발견했다. 가장 많이 알고 있는 사람들이 위로부터 실행하는 사회 공학이 바로 그것이었다. 그리고 영국 좌파의 유력한 정치인들은 당시 외무부 관리들처럼 독일과 러시아 사이에 낀 작은 나라들을 위해 일할 시간이 없었다. 좌파 정치인들은 언제나 그 작은 나라들을 큰 골칫거리로 여겼다.

이러한 문제들이 영국 해협 건너편에서는 격렬한 논쟁을 불러일으키지만, 공산주의는 영국의 지식인들을 그 정도로 동원하거나 분열시키지 못했다. 1947년 조지 오웰은 이렇게 말했다. 〈잉글랜드인은 스스로도 못 견딜 정도로 지적 문제에 관심이 없다.〉 잉글랜드의 지적·문화적 논의는 국내 문제에 집중되었다(정도는 조금 덜할지 모르지만 영국의 나머지 지역도 마찬가지였다). 이는 국운의 〈쇠락〉에 대한 오랜 불안의 첫 번째 징후라고 할 만했다. 영국이 숙적에 맞선 6년간의 전쟁을 이제 막 승리로 끝냈고 전례 없는 복지 자본주의 실험에 착수했다는 사실은 전후 영국의 양면적인 분위기를 잘 보여 준다. 그러나 문화 비평가들은 실패와 악화의 징후들에 푹 빠져 있었다.

그래서 T. S. 엘리엇은 『문화의 정의에 대한 노트Notes Towards the Definition of Culture』(1948)에서 이렇게 역설했다. 〈우리 시대는 몰

락의 시대이며, 문화 수준은 50년 전보다 더 낮다. 그리고 몰락의 증거들이 인간 활동의 전 부분에서 발견된다.〉 영국 방송 공사는 이와 유사한 관점을 드러내며 1946년 라디오로 제3프로그램Third Pro-gramme을 시작했다. 제3프로그램은 고결한 정신과 수준 높은 문화를 담은 제작물로 명백히 〈양질의 프로그램〉을 격려하고 보급하는 데 목적이 있었으며, 대륙이었다면 〈지식인intelligentsia〉으로 여겨질 사람들을 겨냥했다. 그러나 고전 음악과 주제 강연, 진지한 토론을 뒤섞어 놓음으로써 분열을 일으킬 만하거나 정치적으로 민감한 주제들을 애써 피했고, 그 점에서 확실히 영국적이었다.

영국은 유럽 문제에 관심이 없지 않았다. 유럽의 정치와 문학은 정기적으로 주간지와 기타 여러 정기 간행물의 표지를 장식했으며, 영국의 독자들은 뜻만 있으면 쉽게 정보를 얻을 수 있었다. 유럽이 얼마 전에 입은 상처의 크기를 영국이 모르지도 않았다. 시릴 코널리는 1945년 9월 자신이 발행하는 잡지 『수평선Horizon』에 당대 유럽의 상황에 관하여 이렇게 썼다. 〈유럽은 도덕적으로나 경제적으로나 전쟁에서 패배했다. 유럽 문명의, 우리가 그 노란 불빛 속에서 자랐고 또 읽고 쓰고 사랑하고 여행했던 유럽 문명의 거대한 천막은 이제 무너졌다. 밧줄은 닳아 헤졌고, 가운데 기둥은 부러졌으며, 의자와 탁자는 모두 산산이 부서졌다. 천막은 텅 비었으며, 관람석의 장미꽃은 시들었다……〉

영국인(특히 잉글랜드인) 평자들은 이처럼 대륙의 상황에 관심을 두기는 했지만, 마치 유럽의 문제와 영국의 문제는 알아볼 수 있을 정도로 서로 관련되어 있어도 중요한 점에서 다르다는 듯이, 한발 비켜서 있었다. 몇 가지 주목할 만한 예외가 있지만,[8] 영국의 지식인들은 유럽 대륙의 논쟁에서 중요한 역할을 수행하지 못하고 단지 방

---

8 당연히 가장 유명한 인사는 아서 케스틀러였다. 그러나 케스틀러는 헝가리인이나 오스트리아인, 프랑스인, 유대인이라고 해도 문제가 없는 사람이었다.

관자로서 관찰하기만 했다. 대체로 말하자면 유럽의 긴급한 정치적 문제들은 영국에서 지적 관심만 불러일으켰고, 반면 대륙에서 지적 관심을 받는 주제들은 영국에서는 설령 주목을 받아도 보통 학계에만 국한되었다.

이탈리아의 상황은 거의 정반대였다. 서유럽에서 그 시대의 재앙을 가장 직접적으로 경험한 나라는 이탈리아였다. 이탈리아는 20년 동안 세계 최초의 파시스트 정권이 통치했다. 독일군에 점령당했고, 그다음에는 서방 연합국에 의해 해방되었다. 거의 2년 동안 국토의 4분의 3에 걸쳐 지속된 느린 속도의 소모전과 파괴전으로 국토는 폐허가 되었고 사람들은 극도의 빈곤에 시달렸다. 게다가 1943년 9월부터 1945년 4월까지 북부 이탈리아는 사실상 전면적인 내란으로 몸살을 앓았다.

추축국의 하나였던 이탈리아는 서유럽과 동유럽 양쪽으로부터 의심을 받았다. 티토와 스탈린 사이가 틀어지기 전까지 이탈리아와 유고슬라비아 사이의 국경 분쟁은 가장 불안하고 폭발 가능성이 컸던 냉전의 경계선이었다. 소련 진영 밖에서 가장 큰 공산당은 이탈리아에 존재했기에 이탈리아와 이웃한 공산 국가들 간의 불편한 관계는 더욱 복잡해졌다. 이탈리아 공산당은 1946년에 435만 표(전체의 19퍼센트)를, 1953년에는 612만 2천 표(전체의 23퍼센트)를 얻었다. 같은 해 이탈리아 공산당에 당비를 납부한 당원은 214만 5천 명이었다. 이탈리아 공산당은 특정 지역에서(특히 볼로냐 시 주변의 에밀리아로마냐) 권력을 독점했고, 피에트로 넨니가 이끄는 이탈리아 사회당의 지지를 받았으며,[9] 명민하고 신중한 지도자 팔미로 톨리아티가 널리 인기를 끌었기에 당의 영향력은 더욱 커졌다.

9 이 시기의 이탈리아 사회당은 서유럽 사회당들 중에서도 유달리 공산당과 가까웠고 공산당에 종속되어 있었다는 점에서 독특했다. 사회당이 공산당에 종속된 현상은 동유럽에서 훨씬 잘 알려진 형태였다.

이 모든 이유로 전후 이탈리아의 지적 생활은 고도로 정치화했고 공산주의 문제와 긴밀히 결합했다. 이탈리아 청년 지식인의 압도적 다수는 베네데토 크로체의 그늘 밑에서 성장했고, 그중에는 파시즘에 이끌린 자들도 있었다. 크로체는 헤겔의 관념론과 19세기 자유주의 정치를 독특하게 혼합하여 반파시스트 지식인 세대에 윤리적 준거를 제공했다. 그러나 전후 상황에서 윤리적 준거의 제공만으로는 분명 충분하지 않은 듯했다. 이탈리아는 정치화한 교권주의(교황 피우스 12세의 보수적인 바티칸과 미국이 지원하는 기독교 민주당의 동맹)와 정치적 마르크스주의의 완전한 양자택일의 선택에 직면했다.

이탈리아 공산당은 동유럽과 서유럽의 다른 공산당들과 구분되는 특별한 면모를 지녔다. 이탈리아 공산당은 처음부터 지식인들이 이끌었다. 안토니오 그람시와 20년 전 당을 건설했던 초기 당원들처럼, 톨리아티도 대다수 유럽 공산당 지도자들보다 훨씬 더 지적이었고 또 지성을 존중했다. 게다가 제2차 세계 대전 이후 당은 지식인을 당원이나 동맹자로서 환영했고 당의 수사법에서 지식인에게 혐오감을 줄 만한 표현을 완화하기 위해 노력했다. 실제로 톨리아티는 의식적으로 직접 공식을 만들어 공산주의의 매력을 이탈리아 지식인에 맞추려 했다. 〈절반은 크로체, 절반은 스탈린.〉

그 공식은 대단히 성공적이었다. 이탈리아 공산당에서 가장 유능한 청년 지도자들 몇몇이 크로체의 자유주의적 반파시즘에서 정치적 마르크스주의로 나아가는 행보를 보였다. 이를테면 조르조 아멘돌라, 루초 롬바르도 라디체, 피에트로 인그라오, 카를로 카솔라, 에밀리오 세레니 같은 자들이었는데, 이들은 모두 철학계와 문학계에서 활동하다가 공산주의 정치 운동에 입문했다. 1946년 이후에는 전시 저항 운동의 열망을 실천에 옮기지 못한 행동당에 환멸을 느낀 사람들이 여기에 합류했다. 청년의 공산주의 입문은 이탈리아의 공적 생활에서 세속적이고 과격한 비마르크스주의적 대안에 대한 희망이 사라졌음을 뜻했다. 한 작가는 당시의 그 젊은이들을 〈부끄러워하는 크로체의 제자들〉이라고 칭했다.

이탈리아 공산당은 정체된 국가에서 진보와 근대성의 대변자로, 실질적인 사회 개혁과 정치 개혁에 대한 최선의 희망으로 나타났다. 그 결과 생각이 비슷한 학자들과 작가들이 당에 몰려들어 당과 당의 정책에 존경과 지성의 후광을, 나아가 보편주의의 후광까지 부여했다. 그러나 유럽이 분할되면서 톨리아티의 전략은 점점 더 큰 압박을 받았다. 1947년 9월 제1차 코민포름 회의에서 소련이 이탈리아 공산당을 비판한 것은 이탈리아 공산주의자들을 (프랑스 공산주의자들과 마찬가지로) 더 엄격히 통제하려는 스탈린의 결심을 드러냈다. 이탈리아 공산당의 정치 전술은 소련과 좀 더 긴밀한 조정 절차를 거쳐야 했으며, 문화 영역에 대한 관용적 태도는 즈다노프의 비타협적인 〈두 문화〉 이론으로 대체되어야 했다. 그동안 미국은 1948년 선거에서 기독교 민주당을 위해 요란하게, 그렇지만 성공적으로 개입했고, 자유 민주주의 제도 안에서 활동한다는 톨리아티의 전후 정책은 차츰 고지식하게 보였다.

그때 톨리아티가 어떤 의혹을 품었든 간에 그에게는 더 엄격한 통제와 스탈린주의 규범을 강요하는 것 말고 다른 대안은 없었다. 이는 당내 지식인들의 공공연한 이의를 촉발했다. 그들은 그때까지 문제시 하지 않았던 당의 정치적 권위와 자신들의 자율 영역으로 소중히 여겼던 〈문화〉 영역을 마음대로 구분했다. 공산당 문화 잡지 『일 폴리테크니코 *Il Politecnico*』의 편집장 엘리오 비토리니가 1947년 1월에 톨리아티에게 답장으로 보낸 공개서한에서 상기시켰듯이, 〈문화〉는 진리를 위해 희생하는 경우가 아니라면 정치에 종속될 수 없었다.

1930년대를 모스크바에서 보냈고 1937년에서 1938년까지 코민테른의 스페인 작전에서 주된 역할을 수행했던 톨리아티는 다르게 알고 있었다. 공산당에서는 누구나 상부로부터 지시를 받았으며, 모든 것은 정치에 종속되었다. 〈문화〉는 소련 칙서의 유효성이 부정되는 안전지대가 아니었다. 비토리니와 그의 동료들은 문학과 예술, 사상에서 당의 노선을 수용해야 했고, 그럴 수 없다면 떠나야 했다. 이후 몇 년 동안 이탈리아 공산당은 소련의 권위에 좀 더 충실했고, 비토리니와 많은 지식인들은 머잖아 흩어졌다. 그러나 톨리아티가 소련에 확고히 충성했는데도, 이탈리아 공산당은 신조에 얽매이지 않는 〈분위기〉를 결코 잃지 않았다. 이탈리아 공산당은 주요 공산당으로서는 유일하게 지식인의 이견과 사상의 자율성을 관용했고 나아가 포용했다. 이탈리아 공산당은 훗날 이러한 평판의 덕을 보게 된다.

실제로 비공산당 계열 좌파에 대한 톨리아티의 비판은 이탈리아 공산당은 다른 공산당과 다르다는 국내와 (특히) 국외에 널리 퍼진 인식 때문에 늘 길을 잘못 들었다. 이냐치오 실로네가 훗날 인정했듯이 이탈리아 사회당과 그 외의 정파는 자신들을 탓할 수밖에 없었다. 이탈리아에서 공산당과 사회당은 적어도 1948년까지는 긴밀한 관계를 유지했고 그 결과로 비공산당 마르크스주의자들도 소련을 비판하는 데 주저했기에, 이탈리아 정치에서 좌경 색채가 분명한 세력이 공산주의의 대안으로 등장하지 못했다.

이탈리아는 공산당이 상대적으로 호감을 얻었다는 점에서 서유럽의 특별한 경우였다. 그리고 다른 이유에서도 이탈리아는 전형적이지 않았다. 1943년 무솔리니의 몰락이 20년에 걸친 통치 기간 중에 많은 이탈리아 지식인들이 저지른 공모 행위를 가릴 수는 없었다. 무솔리니의 극단적 민족주의는 특히 외국 문화와 외국의 영향에 적대적이었다. 파시즘은 평범한 외국 생산품에 부과했던 것과 유사한 보호와 대체의 자급 정책을 문학과 예술에도 적용하여 〈애국적〉

지식인들을 유난히 편애했다.

따라서 많은 이탈리아 지식인이(특히 젊은 지식인들) 불가피하게 파시스트 국가로부터 후원과 보조를 받았다. 그것이 아니면 망명하거나 침묵하는 수밖에 없었다. 엘리오 비토리니도 파시스트 문학상 경합에서 수차례 수상했다. 비토리오 데시카는 전후 네오리얼리즘의 대표자가 되었지만 파시즘 시대의 영화에 출연했던 유명한 배우였다. 데시카의 동료로 네오리얼리즘 영화감독인 로베르토 로셀리니는 전후에 명백히 공산주의에 정치적으로 찬동하는 영화를 만들었지만 불과 몇 년 전까지 무솔리니 치하의 이탈리아에서 당국의 지원을 받아 다큐멘터리와 특별 장편 영화를 찍었다. 로셀리니만 그런 것이 아니었다. 1943년까지 성인이 된 이후로는 평화 시대 정부를 경험하지 못한 수백만 명의 이탈리아인에게 무솔리니의 통치는 정상적인 질서였다.[10]

그러므로 전후에 이탈리아 지식인 대다수가 견지했던 도덕적 입장은 그 나라 전체의 매우 이중적인 국제적 지위를 반영했다. 이탈리아는 전후 유럽의 일에서 중앙 무대를 차지하기에는 과거의 권위주의 체제에 너무나 거북하게 연루되어 있었다. 어쨌든 이탈리아는 이상하게도 오랫동안 근대 유럽 문화의 주변에 머물렀다. 역사와 제도가 지방 분권적이었다는 것도 한 가지 이유일 수 있다. 나폴리와 피렌체, 볼로냐, 밀라노, 토리노는 각각 자체의 대학교와 신문, 학술원, 지식인층으로 고유의 작은 세계를 형성했다. 로마는 권위의 원천이자 보호의 원천이었으며 권력의 중심지였지만, 결코 국민의 문화생활을 독점하지 못했다.

---

10 데시카의 「구두닦이Sciuscià」에서 어느 소년원 원장은 파시스트 경례를 할 뿐만 아니라(원장은 이 습관을 버릴 수 없었다) 범죄율이 낮았던 무솔리니 시대에 대한 향수를 숨김없이 드러낸다.

그러므로 결국 제2차 세계 대전 이후에 진정으로 유럽적인 지적 생활의 장소가 될 수 있는 곳은 단 한 곳뿐이었다. 한 국가의 수도인 그 도시의 망상과 분열은 대륙의 문화적 조건 전체를 반영하고 규정할 수 있었다. 경쟁 도시들은 감금되었고 자멸했으며 그렇지 않으면 지엽적 문제들에 빠졌다. 1920년대 이래로 유럽 국가들이 차례로 독재 정권에 굴복하면서 정치적 난민과 지식인 망명객들은 프랑스로 향했다. 일부는 전쟁 중에도 잔류하여 레지스탕스에 합류했는데 그 와중에 많은 사람들이 비시 정권과 나치에 희생되었다. 일부는 런던이나 뉴욕, 남아메리카로 피신했다가 해방 이후에 돌아왔다. 체스와프 미워시나 헝가리 역사가이자 정치 언론인 프랑수아 페이퇴[11] 같은 사람들은 동유럽에서 공산당 쿠데타가 발생하자 어쩔 수 없이 도망쳤는데, 그 시점에서 곧장 파리로 간 것은 일견 당연했다.

그래서 프랑스는 자연스럽게도 한 번 더 지식인 무적자(無籍者)들의 유럽 내 안식처이자 근대 유럽의 사상과 정치가 교환되는 정보 센터가 되었다. 카를 마르크스, 하인리히 하이네, 아담 미츠키에비치, 주세페 마치니, 알렉산드르 게르첸이 모두 파리에서 망명 생활을 했던 1840년대 이후로 처음 있는 일이었다. 따라서 전후 파리의 지적 생활은 이중으로 세계주의적이었다. 유럽 전역의 남녀들이 거기에 참여했을 뿐만 아니라, 지역의 여론과 논쟁이 확대되어 더 넓은 국제적 청중에게 전달되는 유일한 무대였다.

그래서 프랑스 문화는 다시 한번 국제적 이목을 끌었다. 프랑스가 1940년에 완전히 패배하고 4년간 독일에 점령당하는 치욕을 겪었으며 페탱 원수의 비시 정권은 도덕적으로 명료하지 못했고(혹은 그보다 더 나빴고) 전후 시대의 국제 외교에서 미국과 영국에 당혹스러울 정도로 종속되어 있었다는 사실도 상관없었다. 프랑스 지식인

11 헝가리 출신의 프랑스 역사가. 헝가리어 이름은 페이퇴 페렌츠Fejtő Ferenc이다 ─ 옮긴이주.

들은 시대의 대변자로서 국제적으로 특별한 의의를 획득했으며, 프랑스의 정치적 논의에 내포된 경향은 세계 전체의 이데올로기적 분열의 축소판이었다. 파리는 한 번 더, 마지막으로 유럽의 수도가 되었다.

이러한 결과의 역설을 당대인들도 놓치지 않았다. 그것은 이 시기 프랑스 지식인들을 세간의 주목을 받게 한 역사적 기회였다. 프랑스 지식인들의 관심사가 다른 사람들의 관심사에 못지않게 지역적이었기 때문이다. 전후 프랑스는 다른 나라들처럼 원한의 해결, 식량 부족, 정치의 불안정이라는 문제의 해결에 몰두했다. 프랑스 지식인들은 다른 세계의 정치를 자신들의 망상에 비추어 재해석했고, 파리가 프랑스 내에서 갖는 자기도취적 거만함은 자기비판 없이 세계 전체에 투영되었다. 케스틀러가 인상적으로 묘사했듯이, 전후 프랑스 지식인들은(〈생제르맹데프레의 작은 바람둥이들The Little Flirts of Saint-Germain-des-Près〉) 〈벽에 난 구멍으로 역사의 방탕한 짓을 엿보는 톰〉이었다.[12] 그러나 역사는 프랑스 지식인들에게 특권적 지위를 허용했다.

훗날 프랑스 지식인 사회의 특징이 되는 분열은 즉각 눈에 띄지는 않았다. 1945년 장폴 사르트르가 『레 땅 모데른Les Temps Modernes』을 창간했을 때, 편집위원회는 시몬 드 보부아르와 모리스 메를로퐁티뿐만 아니라 레몽 아롱까지도 포함하여, 좌파 정치와 〈실존주의〉 철학을 둘러싼 폭넓은 합의를 반영했다. 실존주의 철학에는 알베르 카뮈도 포함되었다(카뮈는 자신이 실존주의에 포함되는 것을 싫어했다). 카뮈는 당시 사르트르와 시몬 드 보부아르와 절친한 친구 사

---

12 생제르맹데프레는 프랑스 파리 중앙부, 센강 강변에 있었던 수도원 및 부속 교회나 이 부근을 이르는 이름이다. 제2차 세계 대전 후, 이 일대의 카페에 실존주의자들이 모여 활동한 것으로 유명하다. 〈엿보는 톰〉은 관음증을 뜻하는 속어이다. 〈생제르맹데프레의 작은 바람둥이들〉은 아서 케스틀러가 1955년에 발표한 *The Trail of the Dinosaur & Other Essays*에 포함된 글의 제목이다 — 옮긴이주.

이였으며, 일간지 『콩바Combat』의 논설란 기고문으로 전후 프랑스에서 가장 큰 영향력을 행사한 작가였다.

이 사람들은 모두 어느 정도 〈저항 실존주의적résistantialiste〉 태도를 공유했다(물론 레지스탕스에 적극적으로 참여한 사람은 카뮈뿐이었다. 아롱은 런던의 망명 정부 자유 프랑스France Libre에 있었고, 다른 사람들은 대체로 곤란 없이 점령기를 보냈다). 메를로퐁티의 말에 따르면, 프랑스 지식인들에게 전시의 투쟁은 〈생존 대 행동〉의 딜레마를 극복하게 해주었다. 이후 프랑스 지식인들은 역사 〈속에〉 있었으며 철저하게 역사에 참여해야 했다. 이제 상황은 지식인들에게 정치적 선택을 거부하는 사치를 허용하지 않았다. 진정한 자유는 이 진리를 받아들이는 데 있었다. 사르트르는 말했다. 〈자유롭게 된다는 것은 하고 싶은 일을 하는 것이 아니라 할 수 있는 일을 하기를 원하는 것이다.〉

사르트르와 그의 세대가 전쟁으로부터 배웠다고 주장한 다른 교훈은 정치적 폭력의 불가피함, 따라서 어느 정도는 바람직함이었다. 이러한 주장은 근래의 경험에 대한 프랑스만의 독특한 해석이 결코 아니었다. 1945년까지 많은 유럽인들은 30년간의 군사적 폭력과 정치적 폭력을 경험했다. 대륙 도처의 청년들은 공공연한 폭행과 언어 폭력을 당했다. 19세기 선조들이 보았다면 충격을 받았을 것이었다. 그리고 근대 정치의 수사법은 폭력과 투쟁의 요구를 수용하게 하는 〈변증법〉을 제공했다. 『에스프리Esprit』의 편집장이자 기독교 좌파의 유력 인사였던 에마뉘엘 무니에는 1949년 많은 사람들을 대변하여 확실하게 주장했다. 자본주의가 날마다 희생자들에게 〈백색 테러〉를 자행하는 때에 폭력이나 계급투쟁에 반대하는 것은 위선이라고.

그러나 프랑스에서 폭력적 해결에 대한 호소는 단지 근래의 경험을 미래로 투사한 것에 그치지 않았다. 그것은 오랜 유산의 흔적이

기도 했다. 부역과 내통과 반역의 고발, 처벌과 새로운 출발의 요구
는 해방과 더불어 시작된 것이 아니라 유서 깊은 프랑스의 전통을
재현한 것이었다. 1792년 이래로 혁명과 반혁명이라는 프랑스 공적
생활의 두 극단, 말하자면 군주제에 대한 찬반, 혁명에 대한 찬반, 로
베스피에르에 대한 찬반, 1830년 헌법과 1848년 헌법에 대한 찬반,
파리 코뮌에 대한 찬반은 그 나라의 이중의 분열을 구현하고 강화했
다. 어떤 나라도 그토록 오랫동안 지속적으로 양극 정치를 경험하지
않았으며, 국민적 혁명의 신화에 관한 전통적인 역사 서술은 이 점
을 수십 년 동안 프랑스의 학동들에게 되풀이하여 가르쳤다.

   게다가 프랑스는 서유럽의 어느 국민 국가보다도 더 지식인 계층
이 폭력을 공공 정책의 도구로 인정하고 나아가 숭배하기까지 한 나
라였다. 조르주 상드는 친구와 센강을 걸었던 일을 기록하고 있다.
그 친구는 프롤레타리아 유혈 혁명의 논거를 절박하게 주장했다. 센
강이 붉게 물들 때에만, 파리가 불타고 가난한 자들이 정당한 자리
를 차지할 때에만, 정의와 평화가 이길 수 있다고 친구는 설명했다.
거의 정확히 100년 뒤에 영국의 작가 피터 퀘널은 『뉴 스테이츠먼
New Statesman』에서 〈매우 많은 프랑스 작가를 지배하고 있는 듯한
거의 병적인 폭력의 숭배〉를 묘사했다.

   따라서 1957년에 85세로 사망할 때까지 프랑스 국회의장을 지낸
급진당Rad의 원로 정치인 에두아르 에리오가 프랑스가 해방되던
날 〈프랑스가 우선 피투성이 살육전을 거쳐야〉만 정상적인 정치 생
활이 회복될 수 있을 것이라고 말했을 때, 중도파의 배불뚝이 의원
의 말이었는데도 그 말을 이상하게 들은 프랑스 사람은 아무도 없었
다. 프랑스의 독자들과 작가들은 역사적 변화와 정화의 유혈극은 동
전의 양면이라는 생각에 오래전부터 익숙해져 있었다. 사르트르와
당대인들이 공산주의 폭력은 일종의 〈프롤레타리아 휴머니즘〉이요
〈역사의 산파〉라고 역설했을 때, 그 사람들은 스스로 인식했던 것보

다 훨씬 더 관습적이었다.

이처럼 프랑스의 환상 속에서는 혁명적 폭력이 익숙했다. 여기에 예전의 프랑스-러시아 동맹에 대한 우호적인 기억이 덧붙여져, 프랑스 지식인들은 소련의 잔학 행위에 대한 공산당의 조직적인 옹호를 명백히 동정적으로 받아들이기 쉬웠다. 변증법 또한 도움이 되었다. 마르셀 페쥐는 사르트르의 『레 땅 모데른』에서 슬란스키 재판에 관해 논평하면서 정적의 살해는 전혀 잘못이 아니라고 독자들에게 일깨웠다. 프라하에서 잘못된 것은 폭력의 희화였다. 〈공산주의의 시각에서 이 폭력이 정당하다고 해도 그 사람들을 죽일 때 사용했던 의식 (시범 재판)은 폭력의 희화로 보인다. 어쨌든 고발의 이유는 분명하다.〉

소련 진영을 방문한 프랑스 지식인들은 건설 중인 공산주의를 보았던 그 누구보다도 더 열광했다. 그래서 시인이자 초현실주의자인 폴 엘뤼아르는 1948년 10월 부쿠레슈티에서 청중에게 이렇게 말했다(청중은 분명히 망연자실했을 것이다). 〈나는 이제는 누구도 웃지 않는 나라에서 왔다. 그곳에서는 아무도 노래하지 않는다. 프랑스는 어둠 속에 있다. 그러나 당신들은 행복의 빛을 발견했다.〉 이듬해 소련이 점령한 헝가리에서 이렇게 말한 이도 바로 엘뤼아르였다. 〈어느 국민이든 자기 땅에서 주인이 되기만 하면 된다. 그러면 몇 년 안에 행복은 최상위 법이 될 것이고, 기쁨은 나날의 지평선이 될 것이다.〉

엘뤼아르는 공산주의자였지만, 공산당에 가입한 적이 없는 많은 지식인과 예술가도 그의 정서를 공유했다. 1948년, 체코에서 쿠데타가 성공하자 시몬 드 보부아르는 공산당이 어디서나 승리에 다가서고 있다고 확신했다. 보부아르와 같은 시대를 살았던 폴 니장[13]이 수

---

13 1905~1940. 프랑스의 철학자. 장폴 사르트르와 같은 리세를 다니며 친구가 되었고, 프랑스 공산당에 입당했다. 됭케르크 전투에서 전사했다 — 옮긴이주.

년 전에 썼듯이, 혁명적 철학자는 혁명을 떠맡을 계급을 선택할 때만 쓸모가 있으며, 공산당은 자칭 그 계급의 대표자였다. 현실에 참여하는 지식인은 진보와 역사의 편에 서야만 했다. 이따금씩 나타나는 도덕적 부침은 개의치 말아야 했다.[14]

프랑스 지식인들에게 공산주의 문제가 갖는 중요성은 프랑스 공산당의 편재성이 낳은 결과이기도 했다. 프랑스 공산당은 이탈리아 공산당처럼 큰 규모였던 적은 없지만 (절정기에 당원이 80만 명이었다) 종전 직후 선거에서는 훨씬 더 성공적이었다. 1946년에 28퍼센트를 득표했다. 그리고 프랑스 공산당은 이탈리아 공산당과 달리 중도우파의 통합 가톨릭당과 대결할 필요가 없었다. 오히려 프랑스 사회당이 두 대전 사이에 오랫동안 공산주의 전술을 경험한 덕에 냉전 초기에 공산당과 무조건 제휴하지는 않았다(물론 일부 당원은 공산당과 제휴하기를 원했을 것이다). 그래서 프랑스 공산당은 다른 어느 공산당보다 더 강한 동시에 더 많이 고립되었다.

프랑스 공산당은 또한 지식인을 특별히 매정하게 대했다. 프랑스 공산당은 이탈리아 공산당과 아주 대조적으로 늘 고집 세고 둔감한 당 관료들이 지도했다. 1932년부터 1964년에 죽을 때까지 당을 운영했던 광부 출신의 모리스 토레즈가 좋은 사례였다. 스탈린이 보기에 토레즈의 가장 중요한 자질은 체코슬로바키아의 고트발트처럼 아무런 질문 없이 지시를 이행하리라고 기대할 수 있다는 점이었다. 1939년에서 1940년까지 이어진 거짓 전쟁 동안 프랑스 군대를 탈영한 토레즈가 이후 5년을 모스크바에서 지냈다는 사실은 우연이 아니다. 따라서 프랑스 공산당은 다소 완고하기는 했지만 믿을 만한 위성 정당이요, 스탈린주의 노선을 변호하고 실천할 편리한 수단이었다.

14 폴 엘뤼아르는 소련의 문화 정책에 불안을 느꼈으면서도 자신의 지역 당 세포의 노동 계급 동지들 앞에서 즈다노프의 정책을 비판하기를 거부했다. 엘뤼아르는 클로드 루아 Claude Roy에게 이렇게 설명했다. 〈가엾은 것들, 그것은 노동자들을 실망시킬 뿐이다. 노동자들이 투쟁에 참여하는 것을 방해해서는 안 된다. 노동자들은 이해하지 못할 것이다.〉

지도력과 지침, 규율 그리고 〈노동자들〉과 함께 행동할 전망을 찾던 전후 학생 세대에 프랑스 공산당의 엄격함은 적어도 몇 년 동안 마치 체코나 폴란드의 공산당이 처음에는 학생들의 열정을 불러일으켰듯이 일정한 매력을 지녔다. 그러나 더 오랜 역사를 지닌 프랑스 지식인들은 공산당의 문화위원들이 당 일간지 『뤼마니테』 등의 과장된 지면에서 열정적으로 정통 신조를 강요하는 것을 보고 자신들의 진보적인 신념을 날마다 의심했다. 프랑스 공산당에 운명을 걸었던 작가나 학자는 이탈리아의 비토리나 런던의 공산당 역사가 집단처럼 재량권을 기대할 수 없었다.[15]

이런 이유 때문에 파리 지식인들의 친화 관계는 냉전기 유럽의 신념과 견해의 단층선을 보여 주는 가장 확실한 기준이다. 파리에서는 다른 곳과 달리 지적인 분열이 국내외의 정치적 분열의 형세를 따라갔다. 동유럽의 시범 재판은 파리에서 유달리 격렬한 논쟁의 대상이었다. 공산주의자 희생자들 다수가 프랑스에서 거주하고 활동한 이력을 지녔기 때문이다. 러이크 라슬로는 스페인 내전 후에 프랑스에 수용되었고, 아르투르 론돈은 프랑스 레지스탕스에서 활동했으며 저명한 프랑스 공산주의자와 결혼했고 훗날 어느 프랑스 공산주의자의 장인이 되었다. 〈앙드레 시몬〉은(슬란스키 재판의 다른 희생자인 오토 카츠) 1930년대에 파리에서 활동했기 때문에 파리의 기자 사회에서 매우 유명했다. 트라이초 코스토프는 파리에서 불가리아 외무부 직원으로 근무하여 잘 알려진 인물이었다. 소피아에서 코스토프의 체포는 카뮈의 『콩바』 1면을 장식했다.

파리는 두 차례 중요한 정치 재판이 진행된 곳이기도 했다. 소련의 중간 관료로서 1944년 4월에 미국으로 망명한 빅토르 크라프

---

15 파리에 살던 프랑수아 페이퇴는 몇 년 뒤에 이탈리아 공산당은 비록 표현이 억제되기는 했어도 자신이 쓴 동유럽사를 따뜻하게 환영했지만 프랑스 공산당은 단지 또 한 명의 배반자가 쓴 작품이라고 비난했다고 적었다.

첸코는 1946년에 회고록 『나는 자유를 선택했다 I Chose Freedom』를 출간했다. 이 책은 이듬해 5월에 동명의 제목으로 프랑스에 등장했고 소련의 숙청과 학살, 그리고 특히 소련 강제수용소 제도인 굴라크에 대한 설명 때문에 지식인 사회를 소란스럽게 했다. 1947년 11월, 폴란드에서 코민포름 회의가 열려 프랑스 공산당 지도자들이 소련의 새로운 강경 노선에 따르지 못했다는 이유로 과거의 잘못까지 들추어져 비난받은 지 두 달 후, 당의 지식인 잡지인 『레 레트르 프랑세즈 Les Lettres françaises』에는 크라프첸코의 책이 미국 정보부가 조작한 거짓말로 가득하다고 주장하는 일련의 기사가 게재되었다. 그 잡지는 1948년 4월에 이러한 혐의를 과장하여 되풀이했고, 크라프첸코는 명예훼손으로 고소했다.

1949년 1월 24일에서 4월 4일까지 지속된 재판에서 크라프첸코는 자신을 옹호하는 다소 모호한 증거들을 연이어 제시했다. 그러나 피고들은 한 다발의 진술서를 제출함으로써 위세를 과시했다. 진술서들은 프랑스의 주요 비공산주의자 지식인들이 작성한 것으로, 그중에는 레지스탕스 소설가 베르코르(장 브륄레르), 내과 의사이자 노벨상 수상자인 프레데리크 졸리오퀴리, 레지스탕스 영웅이자 파리 근대미술관 관장이었던 미술평론가 장 카수, 그 외 여러 사람이 있었다. 이 사람들은 모두 프랑스 공산당의 레지스탕스 이력은 나무랄 데가 없으며 소련의 혁명적 신임장에는 반박의 여지가 없고 크라프첸코의 주장에 내포된 의미는 설령 그 주장이 진실이라고 해도 받아들일 수 없다고 증언했다. 판결에서 크라프첸코는 1프랑이라는 상징적 배상금을 받았다. 1프랑의 배상금은 모욕적이었다.

이와 같은 진보 좌파의 〈도덕적〉 승리는 동유럽의 1차 주요 시범 재판들과 동시에 이루어졌으며, 몇 달 뒤 사르트르가 〈우리는 소련과 앵글로색슨 진영 사이에서 선택해야만 한다〉고 주장한 데서 알 수 있듯이 지식인의 소련에 대한 찬반 입장의 채택과도 시기적으로 일치했다. 그러나 많은 소련 비판자들에게 크라프첸코는 이상적인 대변인이 결코 아니었다. 유럽의 반공 지식인들에게 오랫동안 소련의 비밀정보원으로 활동하다 결국 미국에 망명하기로 결정한 크라프첸코는 전혀 매력이 없었다. 대다수 반공 지식인은 소련의 진보적 신임장 독점을 부정하고자 했던 만큼이나 미국과도 거리를 유지하려 했기 때문이다. 1950년 1월, 사르트르와 메를로퐁티는 그러한 사람에게는 동지애의 감정을 느낄 수 없다고 썼다. 크라프첸코는 〈러시아자체의 마르크스주의적 가치〉가 몰락하는 생생한 증거였던 것이다.

그러나 다른 재판은 무시하기가 좀 더 어려웠다. 부다페스트에서 러이크 라슬로가 처형된 지 4주 뒤인 1949년 11월 12일, 다비드 루세는 『르 피가로 리테레르 Le Figaro littéraire』에서 나치 수용소에 수감되었던 자들에게 소련 강제수용소에 관한 조사를 도와 달라고 호소했다. 루세는 소련의 교정노동법에 의거하여 그 수용소들이 관료들이 주장한 바와 같은 재교육 기관이 아니라 소련의 경제 제도와 형법 제도에 통합된 강제수용소 체제였음을 입증했다. 한 주 뒤, 역시 『르 피가로 리테레르』에서 공산당원 작가인 피에르 데와 클로드 모르강은 루세가 전거를 날조하고 비열하게 소련을 비방했다고 비난했다. 루세는 이들을 명예훼손으로 고발했다.

이 대결의 등장인물들은 대단히 흥미로웠다. 루세는 결코 크렘린의 배반자가 아니었다. 루세는 프랑스인이었고, 오랫동안 사회주의자였으며, 한때 트로츠키주의자였고, 레지스탕스 영웅이자 부헨발트와 노이엔가메의 생존자였으며, 사르트르의 친구이자 1948년 사르트르와 함께 혁명민주주의연합이라는 단명한 정치 운동을 공동으로 설립한 사람이었다. 그런 사람이 소련이 강제소용소나 노동수용소를 운영했다고 비난하는 것은 당대의 일반적인 정치적 제휴 관계를 격하게 파괴하는 행위였다. 피에르 데도 레지스탕스 활동으로 체포되어 마우트하우젠으로 이송된 전력이 있었다. 레지스탕스에 가담했고 수용소에서 생존한 두 명의 좌파가 이런 식으로 충돌했다는 사실은 과거의 정치적 동맹과 충절이 이제 공산주의라는 단일한 문제에 비해 얼마나 경시되었는지 잘 보여 주었다.

루세의 증인 명부에는 소련 수감 제도에 관한 전문가들이 다수 포함되었다. 매우 신뢰할 만한 그 증거들은 마르가레테 부버노이만의 극적인 증언에서 절정에 달했다. 부버노이만은 소련 수용소뿐만 아니라 라벤스브뤼크의 경험도 증언했다. 몰로토프-리벤트로프 조약의 부분 변경에 따라 스탈린이 부버노이만을 나치에 다시 넘겼고 그래서 라벤스브뤼크로 보내졌다. 루세는 승소했다. 나아가 동시대 사람들의 양심과 의식에 충격을 던져 주었다. 1950년 1월 평결 직후, 모리스 메를로퐁티는 〈사실들이 러시아 체제의 의미에 의문을 던졌다〉고 고백했다. 시몬 드 보부아르는 실화 소설 『레 망다랭 Les Mandarins』에 소련 진영의 새 소식에 관한 주인공들의 근심 어린 토론을 삽입할 정도로 불편한 감정을 느꼈다(보부아르는 잘 보이려는 듯 연대기를 재정리하여 사르트르와 그의 동료들이 일찍이 1946년에 그러한 문제들을 알고 있었던 것처럼 보이게 했다).

공산당들은 루세 같은 자들에 맞서기 위해, 그리고 〈진보적〉 지식인들을 줄 세우기 위해 〈반파시즘〉이라는 도덕적 수단을 활용했다. 반파시즘은 익숙하다는 매력이 있었다. 많은 유럽인이 1930년대의 반파시스트 인민 전선 동맹에 참여하면서 처음으로 정치에 동원되었다. 대부분의 사람들은 제2차 세계 대전을 파시즘에 맞서 싸워 거둔 승리로 기억했고, 프랑스와 벨기에에서는 특히 전후 시기에 승전을 파시즘에 대한 승리로만 축하했다. 〈반파시즘〉은 더 단순한 시대로 이어지는 안전하고 보편적인 연결점이었다.

공식 좌파가 보인 반파시즘 수사법의 핵심에는 정치적 충성에 대한 단순한 이원적 견해가 들어 있었다. 말하자면 우리는 그들이 아닌 것이다. 그들은(파시스트, 나치, 프랑코 당, 민족주의자) 우파이고, 우리는 좌파다. 그 사람들은 반동적이며, 우리는 진보적이다. 그 사람들은 전쟁을 대표하며, 우리는 평화를 대변한다. 그 사람들은 악의 세력이며, 우리는 선의 편이다. 클라우스 만[16]이 1935년에 파리에서 한 말을 빌리자면 이렇다. 〈파시즘이 무엇이든 간에, 우리는 파시스트가 아니며 파시즘에 반대한다.〉 반파시즘의 적대자들은 대부분 자신들의 정치를 특히 반공주의로 규정하기 때문에(나치는 전시에 덴마크와 루마니아처럼 멀리 떨어져 있는 나라들의 보수주의 엘리트에게 반공주의를 들어 호소하기도 했다), 이 완벽한 대칭은 비록 논쟁의 여지가 있지만 공산당에 유리하게 작용했다. 친공산주의나 적어도 반공주의 반대는 반파시즘의 논리적 본질이었다.[17]

물론 소련은 전후 시기에, 특히 독일을 대신하여 미국이 적으로 등장한 후에는 자신들의 반파시즘 이력에 이목을 집중시키는 데 열중했다. 반파시즘 수사법은 이제 미국을 겨냥했다. 우선 복수심에 사로잡힌 파시스트들을 보호했다고 미국을 비난했으며, 더 나아가 미국 자체를 파시스트의 원형이라고 묘사했다. 당연한 이야기지만 유럽에는 진정으로 파시즘의 부활을 두려워하거나 폐허로부터 네오파시즘에 공감하는 사람들이 출현하지 않을까 두려워한 사람들이 많았기 때문에, 공산당의 이러한 전술은 더욱 효과적이었다.

〈반파시즘〉도 저항과 동맹이라는 맥락 속에 있었기에 사라질 듯 사라지지 않았던 전시 소련의 좋은 이미지, 다시 말해 많은 서유럽인이 쿠르스크와 스탈린그라드의 영웅적 승리자들에 대해 느꼈던 진정한 공감과 연관되었다. 시몬 드 보부아르는 회고록에서 대담한 주장으로 그러한 공감을 얘기했다. 〈소련과 우호 관계를 맺는 데 단서는 없다. 러시아 국민의 희생은 그 지도자들이 국민의 희망을 체

---

16 1906~1949. 독일의 작가. 토마스 만의 아들이다 — 옮긴이주.
17 그래서 에마뉘엘 무니에는 1946년 2월에 『에스프리』에 이렇게 썼다. 〈반공주의는…… 파시즘의 귀환을 구체화하는 필요충분조건이다.〉

현하고 있음을 증명했다.〉 에드가 모랭에 따르면, 스탈린그라드 전
투는 모든 의심과 모든 비판을 일소했다. 스탈린그라드 전투는 또한
서방 연합국이 파리를 해방하는 데에도 도움을 주었고, 따라서 현지
의 기억에서 서방 연합국의 죄는 더욱 크게 다가왔다.

그러나 지식인층이 러시아를 애호한 데에는 이와 같은 이유 말고
도 다른 무언가가 있었다. 이 점에서 동쪽으로 겨우 몇 마일 떨어진
곳에서 어떤 일이 일어나고 있었는지 돌이켜 볼 필요가 있다. 서방
지식인들의 공산주의에 대한 열광이 절정에 달했을 때는〈굴라시 공
산주의〉[18]나〈인간의 얼굴을 한 공산주의〉 시대가 아니라 공산주의
정권이 가장 잔혹했을 때인 1935년에서 1939년 사이, 그리고 1944년
에서 1956년 사이의 시기였다. 작가와 교수, 예술가, 교사, 기자는 스
탈린의 허물을 비난하기는커녕 그 허물 때문에 빈번히 스탈린을 찬
양했다. 스탈린의 통제 밖에 있던 자들이 스탈린이라는 인물과 스탈
린 숭배에 가장 크게 반했던 때는 스탈린이 산업적 규모로 인민을
학살하고 있을 때, 시범 재판이 마치 연극처럼 소련 공산주의를 가
장 섬뜩하게 보여 주었을 때였다. 대의를 찾는 선의의 남녀들이 스
탈린 숭배를 거역할 수 없도록 만든 것은 수사법의 표현과 현실 사
이의 터무니없이 넓은 간극이었다.[19]

공산주의는 히틀러나 (특히) 자유 민주주의도 감히 흉내 낼 수 없
는 방식으로 지식인을 흥분시켰다. 공산주의는 이국적이었고, 그 규
모는 웅대했다. 레몽 아롱은 1950년〈유럽 좌파가 피라미드 건설자
를 신이라고 믿은…… 바보같이 우스꽝스러운 깜짝쇼〉를 언급했다.
그런데 이러한 현상이 정말로 그렇게 놀라운 일이었을까? 한 예로,

18 1962년에서 1989년까지 헝가리 인민 공화국에서 실천한 공산주의의 한 형태. 굴라
시는 헝가리에서 인기 있는 요리의 이름이다. 소비재 생산을 통한 국민의 욕구 충족을 강조
했다 — 옮긴이주.
19 이와 마찬가지로 서구에서 마오쩌둥의 숭배는 문화 혁명이 최고조에 달했을 때, 즉
마오쩌둥이 작가와 예술가와 교사를 박해했을 때 바로 그 이유 때문에 절정에 올랐다.

장폴 사르트르는 정확히 〈피라미드 건설자〉가 최후의 정신 나간 사업에 착수했던 바로 그 순간에 공산당에 가장 강하게 이끌렸다. 소련이 중대한 일을 추구하고 있고 그 대망에 비추어 결점은 정당화되고 용서받을 수 있다는 생각은 합리주의적 지식인에게 특히 더 매력적이었다. 파시즘이라는 빠지기 쉬운 죄악은 지엽적인 목표를 추구했다. 그러나 공산주의는 완벽하게 보편적이고 초월적인 목적을 향했다. 많은 비공산주의자 관찰자들이 고발한 공산주의의 범죄는 이를테면 역사와 거래하는 비용으로서 용서 받았다.

그러나 그런 상황에서도 냉전 초기 서유럽에는 스탈린에 대해, 소련에 대해, 자국 공산당에 대해 좀 더 공개적으로 비판할 수도 있었던 사람들이 다수 존재했다. 그러나 그들은 정적에게 이로울지도 모른다는 생각에 비판을 자제했다. 이러한 비판의 억제 또한 〈좌파 안에는 적이 없다〉고(스탈린 자신은 거의 주목하지 않았던 규칙이었다) 주장한 〈반파시즘〉의 유산이었다. 진보적인 불리에 신부는 프랑수아 페이퇴에게 러이크 재판에 관해 쓰지 말라고 만류하면서 공산당의 죄악에 이목을 집중시키는 것은 〈제국주의자의 도구가 되는 짓〉이라고 설명했다.[20]

소련에 반대하는 집단에 이용될지도 모른다는 이러한 두려움은 새롭지 않았다. 그러나 1950년대 초까지도 이러한 염려는 유럽 지식인들의 논의에서, 특히 프랑스에서 중요한 고려 사항이었다. 에마뉘엘 무니에와 그의 『에스프리』 집단의 많은 사람들은 동유럽의 시범 재판 때문에 프랑스 공산당과 거리를 둔 이후에도 〈반공주의자〉가 되었다는 암시를, 더 나쁘게는 이제 〈반미주의자〉가 아니라는 암시를 주지 않으려고 각별히 주의를 기울였다. 반공주의에 대한 반대는 그 자체로 정치적인 목적이자 문화적인 목적이 되어 가고 있었다.

20 레몽 아롱이 신랄하게 지적했듯이, 이 시기의 〈진보주의는 공산주의의 주장을 마치 독립적인 사색에서 저절로 나온 것처럼 제시하는 데〉 있었다.

그래서 유럽의 문화적 경계선의 한편에는 공산주의자들과 그들의 친구와 옹호자, 즉 진보주의자들과 〈반파시스트들〉이 있었다. 다른 한편에는 (소련 진영 밖에) 이들보다 훨씬 더 많은, 그렇지만 명백히 이질적인 반공주의자들이 있었다. 반공주의자는 트로츠키주의자에서 네오파시스트까지 다양했기에, 소련을 비판하는 자들은 흔히 자신들이 다른 점에서는 혐오했던 정견을 지닌 자들과 기반이나 희망을 공유하고 있음을 깨달았다. 그와 같은 신성하지 못한 동맹은 소련의 주된 공격 대상이었으며, 때로는 공산주의를 비판하는 자유주의자들에게 공개적으로 견해를 밝히도록 설득하기가 힘들었다. 그들은 반동의 오명을 쓰지는 않을까 두려웠던 것이다. 아서 케스틀러는 1948년 뉴욕의 카네기 홀에서 대규모 청중에게 이렇게 설명했다. 〈우리는 사람들이 그릇된 이유에서 옳은 일을 하는 것을 막을 수는 없다……. 자신이 사악한 무리 속에 있는 것을 보게 될까 두려워하는 마음은 정치적 결백의 표현이 아니다. 그것은 자신감이 부족하다는 표시이다.〉

종전 후 첫 10년 동안 진정으로 반동적인 지식인은 드물었다. 당당하게 우파임을 자처했던 프랑스의 자크 로랑이나 로제 니미에조차 불신임된 과거를 일종의 신보헤미안적 향수로 동경하고 자신들의 정치적 부적절함을 명예 기장처럼 과시함으로써 자신들의 대의에 희망이 없음을 기꺼이 인정했다. 좌파가 순풍을 타고 역사를 자기편으로 만들었다면, 새로운 세대의 우파 지식인들은 드리외 라로셸과 에른스트 윙거 같은 두 대전 사이 작가들의 진정 퇴폐적이며 죽음을 희구하는 유아론(唯我論)을 사교와 의상의 스타일로 바꿈으로써(그래서 대처 시절의 애늙은이들young fogey[21]의 선구가 되었다) 반항하는 패자가 되었음을 자랑했다.

21 이 용어는 일반적으로 시대에 뒤진 오래된 스타일의 복식을 입는 보수적인 청년들을 지칭한다 ─ 옮긴이주.

적어도 프랑스와 영국에서는 30년간 변함없이 공산당을 혐오했던 보수적 지식인들이 더 전형적이었다. 이탈리아와 마찬가지로 이 두 나라에서도 적극적인 가톨릭 지식인들이 반공 논쟁에서 두드러진 역할을 수행했다. 에벌린 워와 그레이엄 그린은 영국 문화생활 속에 유능하지만 우울했던 가톨릭 전통주의자들을 위해 남겨진 공간에서 힐레어 벨록과 C. K. 체스터턴을 계승했다. 그러나 영국의 보수주의자들이 근대적 삶의 공허함에 분노하거나 근대적 삶에서 벗어나 완전히 은둔했던 반면, 프랑수아 모리아크 같은 〈프랑스〉 가톨릭교도는 매우 자연스럽게 정치적 좌파와 논쟁을 주고받았다.

전후 오랫동안 공적인 문제에 관여했던 모리아크가(여든 줄에 들어서도 『르 피가로Le Figaro』에 정기적으로 기고했고 1970년 여든다섯 살을 일기로 사망했다) 제기한 논법은 언제나 윤리적이었다. 처음에는 알베르 카뮈와 전후 숙청의 타당성에 관해 논쟁했고, 이후 동료 보수주의자들과 알제리 전쟁에 관해 논쟁했으며(모리아크는 그 전쟁을 비난했다), 그리고 자신이 혐오했던 공산주의자들과 늘 논쟁했다. 모리아크가 1949년 10월 24일 『르 피가로』의 독자에게 설명한 바에 따르면, 프랑스 공산당이 당시 진행 중이던 부다페스트 시범 재판의 정당성을 주장한 것은 〈정신의 외설une obscénité de l'esprit〉이었다. 모리아크는 이 시기에 공산주의의 범죄에 대해 도덕적으로 명료한 태도를 취했지만 동시에 〈미국 사회〉의 이질적인 가치도 똑같이 도덕적으로 혐오했다. 유럽의 많은 보수주의자처럼 모리아크도 냉전이 요구한 미국과의 제휴에 늘 조금은 불편했다.

레몽 아롱 같은 현실적인 자유주의자에게 그런 문제는 없었다. 유럽의 정치적 중도파의 다른 많은 〈냉전 투사〉처럼, 아롱도 미국에 대해서는 제한적으로만 찬성했다. 아롱은 이렇게 쓴 적이 있다. 〈내가 볼 때 미국 경제는 인류의 모델도 아니고 서유럽의 모델도 아니다.〉 그러나 아롱은 전후 유럽 정치의 기본적인 진실을, 다시 말해 그때 이후로 국내외의 분쟁은 서로 뒤얽혀 있다는 점을 이해했다. 1947년 7월 아롱은 이렇게 썼다. 〈우리 시대에는 국민들과 마찬가지로 개인에게도 전 지구적 선택, 즉 지리적 선택이 사실상 다른 모든 선택을 결정한다. 사람은 자유로운 나라들의 세계에 있든지 아니면 소련의 가혹한 통치를 받는 나라에 있든지 둘 중 하나이다. 지금부터 프랑스인은 누구나 무엇을 선택할지 결정해야 할 것이다.〉 아롱은 이렇게 말하기도 했다. 〈이 싸움은 선과 악의 투쟁이 결코 아니다. 조금 더 나은 것과 혐오스러운 것 사이의 투쟁이다.〉

그때 자유주의 지식인들은, 아롱이나 루이지 에이나우디처럼 대륙적인 신념을 지닌 자들이든 이사야 벌린처럼 영국적 의미의 지식인이든, 역사가 강요한 미국과의 관계를 대부분의 보수주의자들보다는 언제나 분명 편하게 받아들였다. 이상하게 보일 수는 있지만, 사회 민주당도 마찬가지였다. 프랭클린 루스벨트에 대한 기억이 아직도 생생했고 이 시기에 유럽인과 상대했던 많은 미국 외교관과 정책 수립자가 뉴딜주의자였던 것이 한 가지 이유였다. 그들은 경제 정책과 사회 정책에서 국가의 적극적인 역할을 장려했으며 정치적으로 좌파에 공감했다.

그러나 지식인들이 미국과의 관계를 편하게 받아들인 것은 또한 미국 정책의 직접적인 결과이기도 했다. 미국의 노총과 정보부, 국무부는 노동조합을 기반으로 하는 온건한 사회 민주당과 노동당을 특히 프랑스와 벨기에에서 공산주의의 전진을 막는 최선의 장벽으로 여겼다(정치 지형이 달랐던 이탈리아에서는 기독교 민주당에 희망을 걸며 자금을 대량으로 쏟아부었다). 이러한 정책은 1947년 중반까지는 성공을 장담할 수 없는 투자였을 것이다. 그러나 그해 봄에 프랑스와 벨기에, 이탈리아의 정부에서 공산당이 배제된 후에, 특히 1948년 2월 프라하 쿠데타가 발생한 후에, 서유럽의 사회주의자들과 공산주의자들의 관계가 소원해졌다. 공산주의 노동조합과 사회주의 노동조합이, 그리고 공산당이 지도하는 파업자들과 사회주의 정부 각료의 명령을 받은 군대가 격렬히 충돌했다. 게다가 동유럽에서 사회주의자들이 체포되고 투옥되었다는 소식이 더해져, 서유럽의 많은 사회 민주주의자들은 소련 진영의 확실한 적으로 변했으며 미국의 은밀한 자금을 받아들일 준비가 되어 있었다.

냉전은 프랑스의 레옹 블룸이나 독일의 쿠르트 슈마허 같은 사회주의자들에게 정치적 선택을 강요했다. 이는 적어도 한 가지 점에서는 익숙했다. 그들은 과거의 공산주의자들을 알고 있었으며, 인민 전선 이전의 암울한 시기에 벌어진 혹독한 동족상잔의 싸움을 기억할 만큼 경험이 많았다. 젊은 세대는 이러한 편안함이 없었다. 1930년대에 잠시 알제리 공산당에 입당했다가 곧 탈당한 알베르 카뮈는 전쟁을 겪고 나서 당대의 많은 사람들처럼 공산주의자와 사회주의자, 여타 온갖 급진 개혁가들로 구성된 레지스탕스 동맹을 확고하게 신뢰했다. 카뮈는 1944년 3월에 알제리에서 이렇게 썼다. 〈반공주의는 독재의 시작이다.〉

카뮈는 프랑스의 전후 재판과 숙청 기간에 처음으로 의심을 품었다. 그때 공산당은 유일한 레지스탕스 정당으로서 강경노선을 채택했고, 수천 명에 달하는 부역자와 부역자로 추정된 자들의 추방과 투옥, 사형선고를 요구했다. 그 후 1947년부터 정치적·지적 충성에 동맥경화가 일어나자 카뮈는 자신이 정치적 동맹자들의 신념을 의심하고 있음을 알게 되었다. 카뮈는 처음에는 단합을 위해 이러한 의심을 습관적으로 억눌렀다. 1947년 6월 『콩바』의 편집인을 그만둔 카뮈는 이제 3년 전처럼 정치적으로 자신만만하거나 낙관적이지 못했다. 같은 해 출간된 카뮈의 소설 『페스트La Peste』를 보면, 그가 정치적 동지들의 냉혹한 현실주의를 거북하게 느꼈다는 점이 분명히 드러난다. 카뮈는 등장인물 중 한 명인 타루의 입을 빌려 이렇게 말했다. 〈나는 직접적이든 간접적이든 사람들을 죽게 하거나 혹은

사람에 의한 사람의 살해를 정당화하는 모든 것을 거부하기로 결심했다.〉

그럼에도 카뮈는 공공연히 속내를 드러내거나 이전 동료들과의 관계를 정리하기를 망설였다. 공개적으로는 여전히 스탈린주의에 대한 진정한 비판과 미국의 인종주의와 자본주의 진영에서 자행된 여타 범죄들에 관한 〈객관적〉 언급 사이에서 균형을 맞추려 했다. 그러나 루세 재판과 동유럽의 시범 재판은 카뮈의 남은 환상을 끝내 버렸다. 카뮈는 개인 노트에서 이렇게 털어놓았다. 〈내가 후회하는 한 가지는 객관적 실체에 너무 많이 양보했다는 점이다. 객관적 실체를 지향하는 것은 때때로 순응의 행위다. 오늘날 상황은 분명하며, 그렇다면 설령 그 객관적 실체가 사회주의라도《전체주의적》이라고 말해야 한다. 나는 어떤 의미에서 결코 다시는 정중하지 못할 것이다.〉

이 말은 2년 전인 1947년 6월 펜클럽 국제대회의 어느 연설을 무의식적으로 반영했다. 그때 이냐치오 실로네는 〈지성의 존엄과 지식인의 무능La Dignité de l'Intelligence et l'Indignité des Intellectuels〉에 관해 말하면서, 자신과 자신의 동료 좌파 지식인들의 침묵에 공개적으로 유감을 표명했다. 〈우리는 만인의 자유, 인간의 존엄 등의 원리를 마치 병참부에 보관된 전차처럼 구석에 처박아 두었다.〉 실로네가 리처드 크로스만이 1950년에 편집한 『실패한 신The God That Failed』에 좋은 글을 기고했듯이, 카뮈도 그 이후 한층 더 신랄하게 〈진보주의적〉 환상을 비판했는데, 혁명적 폭력에 대한 비난이 절정에 달했던 1951년의 평론집 『반항하는 인간L'Homme révolté』은 파리의 좌파 지식인 사회에 속한 옛 친구들과 단절하는 마지막 계기가 되었다. 사르트르에게 급진적 지식인의 첫 번째 의무는 노동자를 배신하지 않는 것이었다. 실로네처럼 카뮈도 자신을 배신하지 않는 것이 가장 중요한 일이었다. 결국 문화에서도 냉전의 전선은 형성되었다.

지난 수십 년을 돌아보건대, 이 시기 냉전의 수사법과 현저한 대비를 완벽하게 포착하기는 어렵다. 스탈린은 아직 골칫거리가 아니었다. 오히려 그 반대였다. 1948년 6월 모리스 토레즈는 이렇게 표현했다. 〈사람들은 우리에게 《스탈린주의자》라는 말을 내던짐으로써 우리 공산주의자들을 모욕할 수 있다고 생각한다. 그런데 우리에게 그 꼬리표는 명예이다. 우리는 그 온전한 이름을 얻기 위해 열심히 노력한다.〉 그리고 앞서 보았듯이 유능한 비공산주의자들 중 많은 사람이 스탈린의 범죄를 최소화하고 그 범죄를 변명할 방법을 모색함으로써 소련의 지도자를 비난하기를 주저했다. 소련 왕국에 대한 희망에 찬 환상에는 미국에 관해 널리 퍼진 (그릇된) 불안이 동반되었다.[22]

미국은 신생 독일 연방 공화국과 함께 공산주의자들의 날카로운 언어 공격을 감당해야 했다. 언어폭력은 교활한 전술이었다. 미국은 유럽의 경제 재건을 넉넉하게 지원하고도, 그리고 몇몇 곳에서는 바로 그랬기 때문에 서유럽에서 폭넓게 인기를 얻지 못했다. 1947년 7월, 프랑스의 성인 중 마셜 원조가 프랑스의 독립에 심각한 위협이 되지 않는다고 믿은 사람은 겨우 38퍼센트였다. 1948년의 전쟁 소동과 2년 후 일어난 한국 전쟁은 미국의 동기를 더욱 의심하게 했다. 공산주의자들은 미국 군대가 한국에서 생물학 무기를 사용한다고 비난했는데, 이런 날조된 얘기를 믿은 사람들이 있었다.[23]

문화 영역에서 공산주의자들은 선수를 칠 필요성을 못 느꼈다. 미

22 이러한 정서는 1948년 4월 프라하에서 발행된 한 공산주의 초등교사의 첫 수업에 관한 보고서에 우연히 풍자적으로 묘사되었다. 〈학생들, 여러분은 모두 알고 있습니다. 미국 사람들은 땅에 구덩이를 파고 살며, 이윤을 전부 가져가는 소수 자본가들의 노예입니다. 그러나 러시아에서는 누구나 행복하고, 우리 프라하 사람들도 클레멘트 고트발트 정부 덕에 매우 행복합니다. 이제 학생들, 큰 소리로 나를 따라 해요. 우리는 모두 만족하며 고트발트 정부에 찬성합니다.〉

23 이 문제는 아직도 논란이 되고 있다 — 옮긴이주.

국의 지배를, 즉 국민적 자율성과 주도권의 상실을 두려워한 사람들이 정치적 색채에 관계없이 〈진보〉 진영으로 들어왔기 때문이다. 미국은 서유럽의 가난해진 의존 국가들에 비해 경제적으로 식욕이 왕성했으며 문화적으로 반(反)계몽주의적이었다. 끔찍한 조합이었다. 마셜 플랜 2차 연도이자 나토 계획이 완성된 해인 1949년 10월, 프랑스의 문화비평가 피에르 에마뉘엘은 『르 몽드』의 독자들에게 미국이 전후 유럽에 준 주된 선물은······ 남근이라고 알려 주었다. 스탕달의 나라에서도 〈남근은 신이 되는 과정에 있다〉고 말한 것이다. 3년 후 『에스프리』의 기독교도 편집자들은 독자들에게 이렇게 상기시켰다. 〈우리는 미국 문화가 유럽 국민들의 정신적·도덕적 단결의 뿌리를 공격함으로써 우리 국민의 복지에 가한 위험을 처음부터 경고했다.〉

그동안 미국의 가공품이 유럽 대륙 전역에 시나브로 확산되고 있었다. 1947년에서 1949년 사이에 코카콜라는 네덜란드와 벨기에, 룩셈부르크, 스위스, 이탈리아에 병 음료 공장을 열었다. 서독이 설립된 지 5년 만에 그곳에만 96개 공장이 들어섰고, 그로써 서독은 미국을 제외한 가장 큰 시장이 되었다. 저항의 목소리는 벨기에와 이탈리아에서 시작되었지만, 코카콜라의 계획이 대중을 폭발시킨 곳은 프랑스였다. 『르 몽드』에 코카콜라가 1950년 프랑스 내 판매 목표량을 240만 병으로 정했다는 내용이 밝혀지자, 큰 반대가 일었다. 공산당은 이러한 반대를 부추기기는 했으나 조종하지는 않았고, 다만 코카콜라의 유통 기구가 미국의 첩보망으로서 이중의 역할을 수행하리라고 경고하는 데 그쳤다. 1950년 3월 29일 『르 몽드』는 사설에서 이렇게 썼다. 〈코카콜라는 유럽 문화의 그단스크이다.〉

〈코카콜라 식민지화Coca-Colonization〉를 둘러싼 소동에는 가벼운 측면도 있었지만(코카콜라가 회사 상표를 네온등으로 에펠탑 등에 부착하려 한다는 소문이 돌았다), 그 밑바탕에 깔린 정서는 심각했다. 영화에서 음료에 이르기까지 미국 문화가 지닌 저속함과 미국이 유럽에 들어오면서 숨겼던 이기심과 제국주의적 야심은 좌파든 우파든 많은 유럽인이 흔히 알고 있는 내용이었다. 소련은 유럽에 즉각적으로 위협이 될 수 있었지만, 장기적으로 더욱 방심할 수 없는 도전을 제기한 쪽은 미국이었다. 이러한 견해는 한국 전쟁이 발발한 이후로 믿음을 얻었다. 그때 미국이 서독의 재무장을 강행했기 때문이다. 공산주의자들은 이제 서독의 〈나치 전력자들〉에 대한 공격과 미국이 〈파시스트의 복수〉를 후원하고 있다는 비난을 조합할 수 있었다. 전시 점령기에 촉진되었다가 해방 이후로는 침묵했던 〈영-미〉에 대한 민족주의적 적개심은 이탈리아와 프랑스, 벨기에에서, 그리고 독일에서도 브레히트와 여타 동독 작가들에 의해 먼지 구덩이에서 다시 튀어나와 전투에 투입되었다.

막 시작되었으나 널리 퍼진 전쟁의 공포와 유럽 엘리트층의 미국 것에 대한 의심을 이용하려고, 스탈린은 국제적인 평화 운동을 출범시켰다. 1949년부터 스탈린이 죽을 때까지 〈평화〉는 소련의 문화 전략에서 중심을 차지했다. 평화 운동은 1948년 8월 폴란드의 브로츠와프에서 개최된 〈세계 지식인 대회〉로 시작되었다. 브로츠와프 회의에 뒤이어 제1차 〈평화 대회〉가 1949년 4월 파리와 프라하, 뉴욕에서 거의 동시에 열렸다. 평화 운동 자체는 전형적 〈전위〉 조직으로서 표면상으로는 프레데리크 졸리오퀴리 같은 저명한 학자와 지식인이 이끌었다. 그러나 공산당이 그 다양한 위원회를 통제했고 그 활동은 코민포름과 긴밀히 통합되었다. 부쿠레슈티에서 간행되는 코민포름의 기관지는 아예 〈영원한 평화를 위하여, 인민 민주주의를 위하여〉로 제목을 바꾸었다.

평화 운동은 그 자체만 놓고 보면 큰 성공이었다. 〈평화 투사들의 세계대회 상임위원회〉가 1950년 3월 스톡홀름에서 시작한 호소는 (소련 진영에서 끌어 모은 수천만 명의 서명에 더하여) 서유럽에서 수백만 명의 서명을 받았다. 실제로 이러한 서명 작업은 운동의 주된 활동이었고, 특히 프랑스에서 가장 큰 지지를 얻었다. 그렇지만 다른 전위 조직들도 평화 운동의 후원을 받아 소련은 평화 편이며 미국은(그리고 그 친구인 한국과 유고슬라비아, 서유럽의 정부들은) 전쟁 패거리라고 강력히 주장했다. 파리에서 『뉴요커』를 위해 일했던 재닛 플래너는 1950년 5월에 이런 인상을 받았다. 〈당시 공산당의 선전은 특히 공산주의자가 아닌 사람들에게서 그때까지 공산당이 거둔 그 어떤 승리보다도 더 큰 성공을 거두었다.〉

공산당은 대중운동을 순전히 도구로 간주했다. 평화 운동은 언제나 소련 정책의 수단일 뿐이었으며, 1951년에 평화 운동이 스탈린의 국제 전략 변화를 본받아 갑자기 〈평화 공존〉이라는 주제를 채택한 이유도 바로 거기에 있었다. 공산당은, 특히 동유럽의 공산당은 동조자들의 환상을 은밀히 비웃었다. 평화 운동 지지자들은(대부분 프랑스와 이탈리아, 인도 사람들이었다) 인민 민주주의 체제들을 조직적으로 방문하는 동안 환대와 존경을 받았지만 등 뒤에서는 〈비둘기〉로 조롱받았다. 평화 운동 지지자들은 레닌의 〈유용한 바보들〉의 새로운 세대였다.

공산당이 제한적이나마 많은 서유럽인의 공감을 확보하고 특히 프랑스와 이탈리아의 공산당이 미국을 의심하는 문화 엘리트들의 지지를 얻자, 일군의 서유럽 지식인이 뒤늦게 단호한 반응을 보였다. 문화 투쟁에서 스탈린의 부전승을 걱정한 그 지식인들은 자신들만의 문화적 〈전선〉을 만드는 데 착수했다. 1950년 6월 베를린에서 문화 자유 대회가 개최되었다. 그 대회는 앞선 해의 모스크바 평화 운동에 대응하여 계획되었으나, 한국 전쟁의 발발과 시기가 일치하여 더 큰 의미를 얻었다. 회의는 의도적으로 파리가 아닌 베를린에서 열기로 결정되었다. 대회는 처음부터 소련에 맞서 문화 투쟁을 벌일 작정이었다.

문화 자유 대회는 버트런드 러셀, 베네데토 크로체, 존 듀이, 카를 야스퍼스, 프랑스 가톨릭 철학자인 자크 마리탱의 공식적인 후원으로 성립되었다. 이 노인들은 새로운 모험에 존경받을 만한 지위와 권위를 부여했으나, 그 배후의 정치적 추진력과 지적 에너지는 중간 세대의 자유주의적 지식인이나 공산주의에서 전향한 지식인에서 유래했다. 아서 케스틀러, 레몽 아롱, A. J. 에어, 마가레테 부버노이만, 이냐치오 실로네, 니콜라 치아로몬테, 시드니 훅이 그들이었다. 이 사람들은 다시 일군의 청년들의 지원을 받았다. 대부분이 미국인이었던 그 청년들은 문화 자유 대회 활동의 일상 계획과 행정을 담당했다.

문화 자유 대회는 결국 전 세계 서른다섯 나라에 사무소를 열었다. 그러나 관심의 초점은 유럽, 그중에서도 프랑스, 이탈리아, 독일에 있었다. 목표는 주로 문화 잡지의 발간과 배포를 통해 지식인과 학자를 공산주의에 맞선 투쟁에 규합하고 동원하며 그들의 기운을 북돋는 것이었다. 영국의 『인카운터*Encounter*』, 프랑스의 『프뢰브*Preuves*』, 이탈리아의 『프레센테*Presente*』, 독일의 『데어 모나트*Der Monat*』가 그와 같은 목적으로 발행된 잡지였는데, 이 중 어느 잡지도 폭넓은 독자층을 확보하지 못했다. 가장 성공적이었던 『인카운터』가 1958년에 1만 6천 부를 발행했고, 같은 해 『프뢰브』의 독자는 겨우 3천 명이었다. 그러나 내용은 질적으로 거의 한결같이 우수했고, 기고자들은 전후 최고의 작가들이었다. 이들이 중요한 틈새를 메웠다. 특히 프랑스의 『프뢰브』는 중립주의적이고 평화주의적인, 공산주의에 동조하는 잡지나 명백한 공산주의 잡지가 지배하는 문화적 환경에서 유일하게 자유주의적이며 반공적인 논의의 장을 제공했다.

포드 재단은 문화 자유 대회의 활동을 공개적으로 지원했고, 미국 중앙정보국은 은밀히 비용을 부담했다. 거의 모든 활동가와 기고자는 몇 년 뒤 그 사실이 공개될 때까지 이러한 사실을 전혀 모르고 있었다. 미국 정부가 유럽 반공주의의 문화적 출구를 암암리에 보조했다는 사실의 의미는 아마도 지금 되돌아볼 때 생각되는 만큼 중대하지는 않았을 것이다. 공산주의 〈전위〉 잡지들과 온갖 종류의 문화적 생산물이 소련의 은밀한 지원을 받았던 시절에, 미국이 후원했다고 해서 문화 자유 대회의 몇몇 작가들이 당황하는 일은 분명 없었을 것이다. 아서 케스틀러와 레몽 아롱, 이냐치오 실로네가 공산주의에 강경한 방침을 채택하는 데 미국의 공식적인 권고는 필요 없었고, 문화 자유 대회가 워싱턴의 후원자들의 마음에 들기 위해 미국에 대한 비판적 견해를 완화했다거나 자기검열을 거쳤다는 증거는 전혀 없다.

미국은 이러한 성격의 문화 전쟁에는 신참이었다. 소련은 1925년 〈대외문화교류협회〉를 설립했으며, 프랑스와 독일, 이탈리아는 1914년 이전부터 해외 〈문화 외교〉에 적극적으로 뛰어들었다. 미국은 제2차 세계 대전 직전까지 그러한 활동에 예산을 배정하지 않았으며, 1946년에 가서야 풀브라이트 프로그램을 설치하여 진지하게 첫발을 내딛었다. 미국의 유럽 내 문화 사업과 교육 사업은 1947년 가을까지는 〈민주주의적 재교육〉을 겨냥했으며, 그때 이후에야 실제로 반공주의가 주요 전략적 목표가 되었다.

1950년이면 미국의 유럽 내 문화적 교류와 정보 제공 프로그램은 미국 해외공보국[24]이 종합적으로 관장했다. 이제 미국 해외공보국은 서부 독일과 오스트리아의 미국 군정 정보과와(이 나라들의 미국 점령 지구에서 언론과 문화의 모든 출구를 완벽하게 통제했다) 더불어 서유럽의 문화생활에 막대한 영향력을 행사할 수 있었다. 냉전이 절

---

24 United States Information Agency(USIA). 1953년에서 1999년까지 존속했던 미국 정부 기관. 미국의 국익을 위해 외국 사회에 미국의 정책을 설명하고 옹호하며 미국 시민과 외국 시민들의 국제적 교류를 증진하는 등의 목적으로 활동했다 — 옮긴이주.

정에 달했던 1953년에 미국의 대외 문화 프로그램은 (은밀한 보조와 민간 재단을 제외하고도) 1만 3천 명을 고용했고 1억 2900만 달러를 소비했는데, 대부분이 서유럽 엘리트 지식인들의 마음과 정신을 얻기 위한 싸움에 쓰였다.

공산주의 언론이 이름 붙인 이른바 〈평화를 위한 투쟁〉은 문화 〈전선〉에서 〈책의 전투Battle of the Book〉로(레닌주의의 특징인 군사 용어에 주목하라) 수행되었다. 최초의 교전은 1950년 이른 봄에 프랑스와 벨기에, 이탈리아에서 벌어졌다. 엘사 트리올레와 루이 아라공 같은 저명한 공산주의 작가들이 여러 지방 도시를 방문하여 독자와 대화를 나누고 사인회를 열어 공산주의 세계의 문학적 신임장을 자랑했다. 실제로 이러한 활동은 공산주의의 주장을 그다지 크게 드높이지 못했다. 전후 프랑스에서 많이 팔린 인기 도서 두 권은 아서 케스틀러의 『한낮의 암흑*Darkness at Noon*』과 빅토르 크라프첸코의 『나는 자유를 선택했다』였기 때문이다(1945년부터 1955년까지 10년 동안 각각 42만 부와 50만 3천 부가 팔렸다). 그러나 요점은 책의 판매가 아니라 공산주의가 문화를(프랑스 문화를) 대변한다는 점을 독자와 여타 사람들에게 깨닫게 하는 것이었다.

미국의 대응은 도서관과 신문 열람실이 딸린 〈아메리카 하우스〉를 설립하고 강연과 회합, 영어 교실을 주최하는 것이었다. 1955년이면 유럽에 그러한 아메리카 하우스 예순아홉 곳이 문을 열었다. 몇몇 지역에서 그 충격은 대단했다. 마셜 플랜 시기에 전국적으로 영어책이 1억 3400만 권이나 보급되었던 오스트리아에서는 빈과 잘츠부르크의 주민 상당수가(빈은 사국 행정부의 통치를 받았고, 잘츠부르크는 미국 점령 지구에 속했다) 현지의 아메리카 하우스를 방문하여 책을 빌려 보고 신문을 읽었다. 영어 공부가 프랑스어와 고전어의 학습을 대체하여 오스트리아 고등학생의 첫 번째 선택이 되었다.

아메리카 하우스 프로그램은 때때로 미국이 지원하는 라디오 방송망처럼 (〈라디오 자유 유럽〉은 한국 전쟁이 발발하고 한 달이 지났을 때 뮌헨에서 시작되었다) 미국 정부의 조잡한 선전 명령 때문에 훼손되었다. 매카시 선풍이 하늘을 찔렀을 때 아메리카 하우스의 관장들은 서가에서 책을 없애느라 많은 시간을 허비했다. 부적절한 저작을 냈다고 여겨진 수십 명의 작가들 중에는 혐의가 명백한 존 도스 파소스, 아서 밀러, 대실 해밋, 업튼 싱클레어뿐만 아니라 앨버트 아인슈타인, 토마스 만, 알베르토 모라비아, 토머스 페인, 헨리 소로도 포함되었다. 적어도 오스트리아에서는 많은 사람들이 보기에 〈책의 전투〉에서 가장 실제적인 적은 때때로 미국이었다.

서방에는 다행스럽게도 미국의 대중문화에는 미국의 어리석은 정치적 처신으로도 손상되지 않는 매력이 있었다. 공산당은 공식적으로 미국의 재즈와 미국 영화를 퇴폐적이라고 거부했는데, 이것이 요제프 괴벨스의 견해를 가깝게 반영했다는 점에서 크게 불리한 입장에 처했다. 동유럽 공산 국가들이 재즈를 퇴폐적이고 이질적인 음악으로 금지한 반면, 〈라디오 자유 유럽〉은 동유럽에 평일 오후 매일 세 시간씩 대중음악을 송출했고 정시에 10분씩 뉴스를 끼워 넣었다. 당대의 다른 보편적 매체인 영화는 공산 국가들에서 규제를 받았지만, 서유럽 전역에서는 누구나 미국 영화의 매력에 흠뻑 빠져 들었다. 소련의 선전에는 이와 견줄 만한 것이 없었으며, 서유럽의 진보주의자들조차 종종 미국의 음악과 영화에 이끌려 당 노선에 찬성하지 않았다.

냉전 초기의 문화적 경쟁은 균형을 이루지 못했다. 유럽의 문화 엘리트 사회에는 자신들이 이데올로기적 분열을 뛰어넘어, 심지어 철의 장막에 가교를 놓아 문화를 공유하고 있으며 미국은 그 문화에 위협에 가하고 있다는 생각이 여전히 널리 퍼져 있었다. 특히 프랑스인들이 이러한 생각을 고수했는데, 이는 전후 초기에 미국의 통제에서 벗어나 독립적으로 국제 정책을 추구하려는 외교관들의 노력이 반영된 결과였다. 점령지 베를린의 프랑스 문화사절단 단장이었던 펠릭스 뤼세가 영국 대표나 미국 대표보다 소련 대표 알렉산드르 딤시츠와 훨씬 더 잘 지냈고, 파리의 상관들처럼 파리에서 베를린, 레닌그라드까지 이어지는 문화 축의 복원을 꿈꾸었다는 사실은 의미심장하다.

미국은 유럽의 호의를 얻으려고 수억 달러를 쏟아부었지만, 그 결과로 나온 간행물과 문화 상품은 대체로 고압적이어서 역효과만 낳았고, 유럽 지식인 사회의 타고난 의심만 확인한 꼴이 되었다. 독일에서는 미국이 공산당의 범죄에 지나치게 주목했는데, 많은 사람들은 이러한 미국의 행태를 나치의 범죄를 잊게 하거나 상대화하려는 의도적인 책략으로 보았다. 이탈리아에서는 바티칸의 무시무시한 반공산주의 운동 때문에 실로네와 비토리니 등이 제시한 반스탈린주의 주장의 효력이 반감되었다. 서구 지식인들은 스탈린주의 문화 정책이 화가와 시인의 영역을 직접적으로 침범한 미술과 문학 분야에서만 일관되게 소련과 거리를 두었다. 그리고 이 분야에서도 미국의 〈선전〉에 볼모가 되지는 않을까 하는 두려움에 지식인들의 반대는 약해졌다.[25]

반대로 소련은 서유럽 주민 대다수의 공감을 얻기 위한 싸움에서 급속하게 기반을 상실했다. 공산당의 득표율은 1940년대 말 이래로 이탈리아를 제외하면 어디서나 꾸준히 하락했으며, 여론 조사를 신뢰할 수 있다면 공산당에 투표한 자들조차 종종 자신들의 표를 저항의 상징으로 아니면 계급적 연대나 지역 사회에 대한 연대의 표현으로 여겼다. 대부분의 유럽 지식인이 소련 진영에 대한 호감을 빠르

25 〈우리는 우리가 잘 알고 있는 분야에서는 바보 같은 짓을 용납하지 않았다. 그러나 우리가 잘 알지 못하는 문제들에서 저질러진 범죄는 용서했다.〉 프랑스 시인 클로드 루아의 말이다. 루아는 극우파 악숑 프랑세즈와 가까이 지냈으나 전쟁 중에 프랑스 공산당에 입당했다.

게 거두어들인 것은 1956년의 격변 이후였지만, 대다수 서유럽인의 대서양 지향성은 이미 훨씬 전에 결정되었다.

종결부
구유럽의 종말

전쟁 이후 삶은 놀랍도록 변하지 않았다.

― 데이비드 로지

〈나는 어린 시절을 벽돌과 매연, 굴뚝, 자갈길이 있는 공업 도시와 인근의 교외에서 보냈다. 짧은 거리를 이동할 때는 전차를 탔으며 멀리 움직일 때는 기차를 이용했다. 매끼 밥을 먹을 때마다 신선한 음식을 구입했는데, 미식가였기 때문이 아니라 냉장고가 없었기 때문이었다(빨리 상하지 않는 음식은 지하실에 보관했다). 내 어머니는 날마다 쌀쌀할 때 일어나서 거실의 난로에 불을 지폈다. 수돗물은 섭씨 1도가 되어야 나왔다. 혹한이었다. 우리는 편지로 연락했으며 주로 신문에서 새 소식을 들었다(그렇지만 서류 정리함만 한 크기의 라디오를 갖고 있다는 점에서 우리는 충분히 현대적이었다). 어린 시절의 학교 교실에는 아래가 불룩한 난로와 펜촉을 담글 잉크병이 딸린 2인용 책상들이 있었다. 우리 소년들은 열두 살 때 장엄 영성체 의식을 할 때까지는 짧은 바지를 입었다. 그 정도이다. 그러나 이러한 얘기는 여태까지 알려지지 않았던 카르파티아 사람들의 얘기가 아니라 전후 서유럽의 사정이었다. 그곳에서 〈전후 시대〉는 거의 20년간 지속된 시절이었다.〉[1]

벨기에 작가 뤽 상테가 1950년대 공업지대 왈론을 묘사한 이 글의 내용은 이 시기 서유럽 대부분의 지역에 똑같이 적용될 수 있을 것이다. 종전 후 이너런던의 퍼트니 지구에서 성장했던 이 작가는 몹

[1] Luc Sante, *The Factory of Facts* (1998), p. 27.

시 여원 할머니가 운영하는 어두침침한 과자 가게에 자주 들렀던 일을 회상한다. 그 노인은 상태에게 꾸짖듯이 이렇게 말했다. 「여왕의 즉위 50년제 때부터(즉 1887년 이래로. 노인이 말한 여왕은 당연히 빅토리아 여왕이다) 너 같은 꼬맹이들에게 눈깔사탕을 팔았어.」[2] 같은 거리에 있던 잡화점(센즈버리 상점)에는 바닥에 톱밥이 깔려 있었으며, 줄무늬 셔츠를 입은 건장한 남자들과 빳빳하게 풀을 먹인 앞치마를 두르고 모자를 쓴 명랑한 젊은 여성들이 직원으로 일하고 있었다. 가게의 모습은 벽에 걸려 있던 갈색 사진들과 정확히 일치하는 듯이 보였는데 그 사진들은 가게가 처음 문을 열었던 1870년대에 찍은 것들이었다.

제2차 세계 대전 종전 후 처음 10년간 일상생활은 여러 가지 본질적인 특징에서 50년 전의 남녀에게 충분히 익숙했을 것이다. 그 시기에 석탄은 여전히 영국에 필요한 연료의 10분의 9를 충족했고, 벨기에와 신생 유럽 석탄 철강 공동체의 기타 회원국들에 필요한 연료의 82퍼센트를 차지했다. 런던은 여전히 주기적으로 습한 안개 속에 가려졌는데, 어디서나 석탄을 땠던 것이 한 가지 이유였다. 이런 런던의 풍광은 빅토리아 시대 말기의 산업 도시 이미지와 매우 유사했다. 이 시기에 제작된 영국 영화에는 사회적 배경이나(예를 들면, 1948년의 「윈슬로 보이The Winslow Boy」) 시대적 분위기에서 에드워드 시대의 감성이 뚜렷이 남아 있다. 「흰 옷을 입은 남자The Man in a White Suit」(1951)에서 당대의 맨체스터는 모든 핵심적인 면에서(손수레, 주택, 사회적 관계) 19세기의 장소로 묘사된다. 이를테면 사장과 노조 지도자는 똑같이 생산의 능률에 아무리 해롭다고 해도 경영상의 아마추어리즘을 도덕적 덕목으로 취급했다. 300만 명의

---

2 빅토리아 시대를 암시한 사람은 상태뿐만이 아니다. 당시 영국 총리였던 윈스턴 처칠은 자신이 1898년 9월에 수단의 옴두르만에서 영국군의 마지막 기병 진격에 참여했다고 청중에게 일깨우고는 했다.

영국인 남녀가 허가받은 무도장에 매주 출입했으며, 1950년대 초에 요크셔주의 허더스필드에만 70개의 노동자 클럽이 있었다(두 종류의 사회 활동 모두 청년에게는 시들해졌다).

시간이 멈추었다는 느낌은 유럽 대륙 대부분의 지역에서도 마찬가지로 느낄 수 있었다. 벨기에의 시골 생활은 밀레가 묘사한 것과 다름이 없었을 것이다. 이를테면 나무 갈퀴로 건초를 모으고 도리깨로 밀짚을 타작하며 과일과 야채를 손으로 따서 말이 끄는 수레에 싣고 운반하는 풍경이었다. 베레모를 쓴 남자들이 집으로 돌아오는 길에 카페 드 라 페[3](1910년대의 전형적인 이름) 구석에서 바게트를 집어 드는 프랑스의 지방 도시나 프랑코의 권위주의 통치로 아스픽 젤리처럼 굳어 버린 스페인처럼, 벨기에와 영국에도 여전히 에드워드 시대가 지속되는 것처럼 보였다. 전후 유럽을 따뜻하게 한 것은 여전히 19세기 경제적 혁명의 남은 불씨였다. 그 혁명은 명이 다하여 꺼지고 있었지만 문화적 관습과 사회적 관계의 흔적을 침전물처럼 남겼고, 그렇게 남은 흔적은 비행기와 핵무기로 이루어진 새 시대와 점점 더 어울리지 못했다. 전쟁은 상황을 되돌려 놓았다. 1920년대와 1930년대를 뜨겁게 달군 현대화의 열정도 퇴조했으며, 구시대의 생활 질서가 부활했다. 이탈리아에서는 유럽 대부분의 농촌 지역처럼 아이들이 여전히 초등 교육을 마치자마자 (마치지 못하는 경우가 더 많았다) 인력 시장에 뛰어들었다. 1951년에 열세 살이 지난 후까지 학교에 다니는 이탈리아 어린이는 아홉 명에 한 명꼴이었다.

종교는, 그중에서도 가톨릭은 권위를 회복하여 짧게나마 좋은 시절을 누렸다. 스페인의 가톨릭 성직자단은 반종교 개혁을 재개할 수단을 얻었고 정치적 지원도 받았다. 1953년의 정교협약으로 프랑코

---

3 Café de la Paix. 〈평화의 카페〉라는 뜻. 파리에는 파리 오페라 극장의 설계자인 샤를 가르니에가 설계한 유명한 카페 드 라 페가 있다 — 옮긴이주.

는 교회에 납세와 온갖 국가 간섭을 면해 주었을 뿐만 아니라 마음
에 들지 않는 저술이나 연설은 무엇이든 검열을 요구할 수 있는 권
리를 부여했다. 그 대가로 성직자단은 종교와 국민적 정체성의 보수
적인 융합을 유지하고 강화했다. 실제로 교회는 이제 너무나 철저하
게 국민적 정체성과 국민의 의무라는 담론에 통합되어 초등학교의
주요 역사 교과서인 『나는 스페인 사람이다 Yo soy español』(1943년
초간)는 에덴동산에서 시작하여 헤네랄리시모(대원수)로 끝나는 흠
없는 단일한 역사를 가르쳤다.[4]

　여기에 죽은 자들, 즉 지난 내전에서 승리한 측의 〈순교자들〉에 대
한 새로운 숭배가 덧붙여졌다. 반교권파 공화주의에 희생된 자들에
헌정된 수천 곳의 기념 장소에서 스페인 교회는 헤아릴 수 없을 만
큼 많은 의식과 기념행사를 준비했다. 종교와 시민적 권위, 승리의
축전을 적절하게 혼합하여 성직자단의 정신적인 독점권과 기억에
관련된 독점권을 강화했다. 가톨릭교회도 프랑코가 필요했지만 프
랑코는 훨씬 더 절실하게 가톨릭교회가 필요했다. 전후에 국제 사회
와 〈서방〉에 대한 스페인의 약한 연결을 달리 어떻게 유지하겠는가?
그래서 프랑코는 사실상 가톨릭교회에 무제한의 여지를 허용하여
현대 스페인 속에 구체제의 〈십자군〉 정신을 재현하게 했다.

　서유럽 다른 곳의 가톨릭교회는 대중의 충성을 두고 적대적인 세
력들과 경쟁해야 했다. 그러나 심지어 네덜란드에서도 가톨릭 성직
자단은 전후 첫 번째 선거에서 반대파인 노동당에 투표한 유권자들

---

4 고등학교 역사 교과서에서 프랑코의 권력 장악에 담긴 뜻은 명백했다. 〈스페인의 미
래는 300년이 지나 과거의 운명과 결합했다! ……옛날의 행진은 멈추지 않았다. ……그 길
을 따라 죽은 자와 산 자가 기독교 신앙에 충만하여 전진한다. 방향을 잃고 파국적인 동란
을 겪은 한 세계는 그 신앙 속에서 중심을 잡고 안주한다. ……이것은 신이 오늘날의 스페인
을 위해 남겨 두신 웅대한 과업이다. ……제국을 통해, 신께로 가는…… 특별한 운명이다!〉
Feliciano Cereceda, *Historia del imperio español y de la hispanidad* (Madrid, 1943),
pp. 273-74; Carolyn Boyd, *Historia Patria: Politics, History and National Identity in
Spain, 1875~1975* (Princeton, 1997), p. 252에서 인용.

을 파문할 정도로 자신감에 차 있었다. 교황 피우스 12세의 사망이 구질서의 종식을 알린 지 2년이 지난 1956년에, 이탈리아인 열 명 중 일곱 명이 여전히 일요일 미사에 정기적으로 참석했다. 플란데런에서 그랬듯이 이탈리아에서도 교회는 전체 주민에서 압도적 다수를 차지한 왕정주의자와 여성, 노인 사이에서 특별히 성과가 좋았다. 1947년 3월 이탈리아 헌법 제7조는 무솔리니가 1929년에 교회와 체결한 정교협약의 조건들을 승인했다. 이를 통해 가톨릭 성직자단은 교육에 대한 영향력과 결혼과 도덕에 관한 모든 일을 감독할 권한을 유지했다. 공산당조차 톨리아티의 고집에 따라 마지못해 그 법에 찬성했다. 그랬는데도 교황청은 이듬해 이탈리아 공산당에 투표한 사람들의 파문을 중단하지 않았다.

프랑스의 가톨릭 성직자단과 그 정치적 지지자들은 1880년대의 교회와 국가 간 싸움을 짧게나마 되풀이했던 〈학교 전쟁guerre scolaire〉에서 특별 교육권을 주장할 정도로 자신만만했다. 주된 논점은 가톨릭 학교에 대한 국가의 자금 지원이라는 해묵은 문제였다. 자금 지원은 전통적인 요구였지만 매우 잘 선택한 문제였다. 이탈리아나 독일과 마찬가지로 프랑스에서도 19세기의 반교권주의를 추동했던 힘은 대체로 사라졌거나 최신의 이데올로기적 투쟁으로 흡수되었던 반면, 아이들의 교육비와 교육의 질은 교회 가기를 자주 빼먹는 사람들까지도 동원할 수 있을 것으로 생각되었다.

1940년대와 1950년대에 유럽의 전통적인 종교들 중에서 적극적인 지지자가 증가한 것은 가톨릭뿐이었다. 이러한 지지자 증가는 부분적으로는 가톨릭교회만이 교회와 직접 결합된 (그리고 몇몇 경우에는 교회의 지지를 받아 신세를 진) 정당이 있었기 때문이다. 독일과 네덜란드, 벨기에, 이탈리아, 프랑스, 오스트리아가 그러했다. 그리고 또 한편으로는 바로 이 시기에 유럽에서 가장 느리게 변했던 지역의 주민들이 전통적으로 가톨릭이었기 때문이기도 했다. 그러나 다른 무엇보다도 가톨릭교회는 신도들에게 당시 매우 심하게 결핍되었던 것, 다시 말해 연속성과 안전의 느낌, 안도감을 제공할 수 있었다. 그때는 10년 동안 격변을 겪은 후였고 향후 더 극적인 변화에 돌입할 순간이었다. 이러한 과도기에 가톨릭교회에 특별한 매력을 부여한 것은 가톨릭교회와 구질서의 결합이요 덧붙여 현대성과 변화에 반대한 가톨릭교회의 확고한 태도였다.

북서 유럽의 다양한 개신교 교파에는 그러한 매력이 없었다. 독일에서는 비가톨릭 주민의 상당 부분이 이제 공산주의의 통치를 받았다. 그리고 1945년 개신교 지도자들의 슈투트가르트 죄의 고백Stutt-garter Schuldbekenntnis이 절반쯤 인정했듯이, 독일복음교회는 히틀러와 타협했던 탓에 지위가 다소 하락했다. 그러나 다른 곳과 마찬가지로 서독에서도 문제는 개신교 교회가 현대 세계의 대안을 제시하지 못하고 그 세계와 조화롭게 사는 방법을 제시한 데 있었다.

관례적으로 개신교나 복음교회 목사의 영적 권위는 국가의 경쟁자가 아니라 하위 협력자로서 얻은 것이었다. 그렇기 때문에 이 시기에 중부 유럽의 개신교 교회는 공산 국가의 압력에 저항할 수 없었다. 그러나 서유럽 국가가 시민의 영적·물질적 보호자라는 확장된 역할을 수행하자, 공중예절과 공중도덕의 중개자로서 교회와 국가 사이의 구분은 더욱 불분명해졌다. 따라서 1940년대 말과 1950년대 초는 이행기로 보인다. 사회적 존경의 관습과 신분과 권위의 자기주장은 여전히 강력했지만, 현대 국가는 집단행동의 중재자로서 교회를, 심지어 계급마저 서서히 대체했다.

그 시대의 특징은 1948년에 영국 방송 공사가 내부용으로 마련한 지침서(『영국 방송 공사 프로그램: 작가와 제작자를 위한 지침BBC Variety Programmes. Policy Guide for Writers and Producers』, 1948)에 훌륭하게 요약되어 있다. 공공 방송사가 스스로 떠안은 도덕적 책임의식은 매우 분명하다. 〈(영국 방송 공사가) 청취자에게 행사할 수 있는 영향력은 엄청나며, 따라서 높은 수준의 취향을 충족시킬 책임도 크다.〉 종교에 관한 농담은 금지되었다. 이를테면 유행이 지난 음악적 취향을 〈B. C.〉, 즉 〈크로스비⁵ 이전Before Crosby〉으로 묘사할 수 없었다. 〈변소〉를 언급할 수 없었고 〈남성의 여성다움〉에 관한 농담도 할 수 없었다. 작가는 전쟁의 긴장이 약간 누그러졌을 때 유행했던 농담을 사용하거나 〈겨울이 다가온다〉의 경우처럼 여성의 속옷을 저속하게 중의법으로 암시해서는 안 되었다. 성적 암시는 종류를 불문하고 금지되었다. 예를 들면, 〈토끼〉나 그와 같은 〈동물의 습관〉을 얘기하는 것은 금기였다.⁶

이뿐만이 아니다. 국회의원은 공인의 〈품위를 해치거나 어울리지 않는〉 라디오 프로그램에 출연할 수 없었으며, 〈파업이나 노사 분규〉를 조장할 수 있는 농담이나 언급도 모조리 금지되었다. 〈암시장 Black Market, 건달Spivs, 수벌Drones〉 같은 용어는(〈건달〉과 〈수벌〉은 교활한 인간이나 경범죄자를, 〈암시장〉은 식량 배급과 여타 규제를 교묘하게 회피한 모든 판매자와 구매자를 통틀어 지칭한다) 영국이 최소한 몇 년간 전쟁의 그늘 속에 살았다는 점을 보여 준다. 1950년대에 들어선 이후에도 영국 방송 공사는 제작자를 견책할 수 있었다. 인기 있는 라디오 희극 「얼간이 쇼The Goon Show」의 피터 이튼은 〈데니스 블러드녁 소령〉(피터 셀러스가 연기했다)에게 〈전투가 한창일 때 쓰레기통을 비웠다〉고 제국훈장OBE을 수여했다는 이유로 (그리고 배우에게 〈트래펄가 광장에서 쉬 소리를 내며 비둘기를 쫓는 여왕의 목소리를 흉내 내게〉 했다는 이유로) 징계를 받았다.

이러한 구속은, 그리고 이에 동반된 고압적인 에드워드 시대 개혁주의의 특징은 아마도 영국 특유의 현상이었을 것이다. 그러나 그

5 미국의 가수이자 배우 빙 크로스비Bing Crosby ― 옮긴이주.
6 전시 영국의 해학은 대체로 물자 부족과 가벼운 성적 풍자, 과도한 특권을 누리는 미군에 대한 숨겨진 분노에 집중되었다. 때때로 세 가지 소재가 동시에 이용되기도 했다. 〈새로 나온 실용적인 속바지 얘기 들어봤나? 양키 한 놈이면 구멍 난다네!〉

분위기는 대륙 전역에서도 익숙했을 것이다. 학교와 교회에서, 국영 라디오에서, 신문의 뻔뻔스럽게 생색내는 문체에서, 심지어 타블로이드 신문의 문체와 공인의 말과 옷차림에서도, 유럽인은 여전히 앞선 시대의 관습과 규제에 매우 강하게 종속되어 있었다. 우리는 이미 그 시대의 많은 정치 지도자들이 다른 시대의 사람이었다는 사실에 주목했다. 이를테면 영국의 클레먼트 애틀리는 공업 지대의 빈민가 방문이라는 빅토리아 시대의 임무를 맡았다면 자리에서 물러나지 않았을 것이며, 영국의 현대 복지 국가 이행 과정을 감독했던 그 총리가 제1차 세계 대전 이전 런던의 이스트엔드에서 자선 활동을 하며 공적 생애를 시작해야 했던 것은 대체로 어울렸다.

우리는 이러한 옛 이미지의 유럽, 즉 앞선 시절의 속도로 움직이며 전쟁으로 한 차례 변화를 겪었고 전쟁 이전의 일상과 관행에 구속된 유럽에 그 주된 여흥의 원천이 띤 명백히 현대적인 형태를 대비해야 한다. 이 시대는 영화의 황금기였다. 영국에서 영화 관람은 종전 직후에 절정에 이르렀다. 1946년 전국의 5천 개 극장에서 1700만 표가 판매되었다. 그해에 영국인 세 명 중 한 명이 매주 극장에서 영화를 관람했다. 관람률이 이미 하락세에 접어든 1950년에도 보통의 영국인은 한 해에 스물여덟 번 극장에 갔으며, 이 수치는 전쟁 발발 직전 해보다 40퍼센트나 높았다.

영국의 영화 관람객은 1950년대 내내 꾸준히 줄었지만, 대륙의 영화 관람객은 지속적으로 증가했다. 프랑스에서는 1950년 전반기 동안 1천 개의 새로운 극장이 개관했고, 서독에서도 거의 같은 숫자의 극장이 문을 열었다. 이탈리아에서는 3천 개의 새로운 극장이 문을 열어 1956년이면 전국 극장 수가 도합 1만 개에 이르렀다. 그 전해에 이탈리아에서는 약 800만 표가(인구가 대체로 비슷한 영국에 비해 절반 수준) 판매되어 영화 관람이 최고점에 달했다. 1940년대 말에 최대였던 프랑스의 영화 관객 수는 영국에 한참 못 미쳤고 심지어 이탈리아의 관객 수에도 가까웠던 적이 없었다.[7] 1959년에 가서야 영화 관람이 절정에 달하기는 했지만, 서독도 마찬가지였다. 그러나 다른 어떤 기준으로 보더라도 관람객은 많았다. 스페인에서도 1947년에 성인의 영화 관람률은 유럽에서 높은 축에 들었다.

전후에 이처럼 영화에 대한 열정이 강했던 한 가지 이유는 전시에 영화에 대한, 특히 미국 영화에 대한 욕구가 해소되지 못했기 때문이다. 게다가 나치와 무솔리니(1938년 이후), 프랑스의 페탱 정권이 대부분의 미국 영화를 금지했고, 전시에 전반적으로 영화가 부족하여 상황은 더욱 나빠졌다. 1946년 이탈리아 매표소 영수증의 87퍼센트가 외국 영화를(주로 미국 영화) 위한 것이었고, 1939년에서 1950년대 말까지 마드리드에서 상영된 약 5천 편의 영화 중에서 4,200편이 외화(역시 주로 미국 영화)였다. 1947년에 프랑스에 수입된 미국 영화는 340편이었던 반면 프랑스 영화 산업은 40편의 영화를 제작했다. 그리고 미국 영화는 많았을 뿐만 아니라 인기도 있었다. 전후에 베를린에서 상업적으로 가장 성공한 영화는 찰리 채플린의 「황금광 시대Gold Rush」와 (1941년에 제작되었으나 종전까지 유럽에서는 볼 수 없었던) 「몰타의 매The Maltese Falcon」였다.

그러나 전후에 미국은 변덕스러운 대중의 취향을 통해서만 유럽의 극장을 지배하지는 않았다. 정치적 맥락도 있었다. 이탈리아에서는 1948년의 중요한 선거 때 미국의 〈포지티브 필름〉 영화가 홍수처럼 밀려들었다. 국무부는 그해에 반공주의자들의 표를 끌어 모으기 위해 파라마운트사에 「니노츠카Ninotchka」(1939)를 다시 배포하라고 권고했다. 반대로 프랑스에서는 존 포드가 만든 「분노의 포도Grapes of Wrath」 배급을 늦추라고 요구했다. 대공황 시기의 미국이 나쁘게 묘사되어 프랑스 공산당에 이용당할 수 있었기 때문이다. 일반적으

---

7 그러나 영화 전문 간행물은 두 나라의 간행물을 합친 것보다 프랑스의 간행물이 더 많았다.

로 미국 영화는 미국이 지닌 매력의 일부였고, 그 자체로 문화적 냉전의 귀중한 자산이었다. 세르게이 에이젠슈타인의 「전함 포템킨」에 묘사된 오데사를 보고 큰 감명을 받고 그러한 미적 인식을 정치적인 애호로 전환할 수 있던 자들은 오직 지식인뿐이었다. 그러나 험프리 보가트의 진가는 지식인을 포함하여 누구나 알아볼 수 있었다.

그렇지만 미국 영화의 유럽 맹공에는 다른 무엇보다 경제적 고려가 숨어 있었다. 미국 영화는 늘 유럽에 수출되었고 그곳에서 돈을 벌었다. 그러나 제2차 세계 대전 이후 국내 영화 관람객 감소와 제작비 증가에 힘들어진 미국 제작사들은 유럽 시장 진출을 유달리 강하게 추진했다. 반대로 유럽 정부는 미국 제품에 국내 시장을 개방하는 데 그 어느 때보다 강하게 주저했다. 국내 영화 산업은 특히 영국과 이탈리아에서 여전히 중요한 요소였기에 미국의 〈헐값 판매〉에 맞서 보호해야 했고, 달러는 미국 영화를 수입하는 데 허비하기에는 너무나 부족했고 귀했다.

일찍이 1927년에 영국 의회는 수입 한도를 정한 법을 통과시켰다. 그 법에 의하면 1936년까지 영국에서 제작된 영화가 영국에서 배급되는 모든 영화의 20퍼센트가 되어야 했다. 제2차 세계 대전 후인 1948년에 영국 정부는 한도를 30퍼센트로 높이는 것을 목표로 삼았다. 프랑스와 이탈리아, 스페인은 모두 유사한 목표나 훨씬 더 야심적인 목표를 추구했다(물론 독일 영화 산업은 보호를 요구할 수 없었다). 그러나 할리우드의 심한 로비 때문에 국무부는 유럽의 교섭자들을 계속해서 압박했으며, 미국 영화의 진입을 허용하는 협정은 종전 직후 미국과 유럽 동맹국들 사이에 체결된 모든 주요 양자 무역 협정이나 차관 협정의 일부가 되었다.

그리하여 프랑스는 1946년 5월에 체결된 블룸-번스 협약의 조항에 따라 보호 무역주의적 한도를 프랑스에서 제작된 영화의 55퍼센트에서 30퍼센트로 마지못해 축소했다. 그 결과, 일 년이 못 되어

1945년 독일의 패전 직후, 베르겐벨젠 강제수용소에 수용되었던 자들의 시신 수백 구가 널린 시골길을 따라 한 소년이 지나가고 있다. 전후 독일의 성인이라면 누구나 그랬듯이, 이 소년도 시선을 옆으로 돌리고 있다.

1946년 키예프, 전쟁 범죄로 유죄 판결을 받은 후 공개리에 교수형에 처해진 독일군 병사들. 전후에 재판과 처형을 실행한 소련의 동기가 얼마나 복잡했든 간에, 독일군과 친위대, 현지의 부역자들이 저지른 섬뜩한 범죄는 엄연한 현실이었다.

전시 유고슬라비아의 체트니치 (민족주의) 저항운동의 지도자였던 드라자 미하일로비치가 1946년 6월 군사 법정에 앉아 있다. 공산주의 빨치산들에게 체트니치는 외국의 점령군만큼이나 중대한 위협이었다. 전쟁이 끝난 후 티토는 그들을 가차없이 억압했다. 미하일로비치는 1946년 7월 18일에 총살되었다.

1944년 8월, 미군이 프랑스의 도읍 라발을 해방한 지 채 몇 시간이 지나지 않았을 때 독일 점령군과 〈매춘 협력〉을 했다고 고발되어 머리털을 밀린 채 읍내를 끌려 다니는 프랑스 여인. 프랑스와 벨기에, 네덜란드에서 수천 명의 여성이 유사한 보복을 당했다.

1947년 2월, 혹독한 겨울이 절정에 달했을 때 런던의 여성들이 석탄을 얻으려고 줄지어 서 있다. 연료의 부족은 너무나 심각해서 이 여성들 대부분은 한 주일치 배급량을 받기 위해 하루 종일 기다려야 했다. 유모차는 아기가 아니라 석탄을 나르기 위해 가져왔다.

1946년 8월 6일, 동부 런던 스트래퍼드에서 한 여인과 그 아이들이 가족 수당을 받고 있다. 이날은 가족 수당이 처음으로 지급된 날이다. 전후 유럽의 복지 국가들은 중간 계급이나 노동 계급의 삶의 기회를 극적으로 향상시킴으로써 진정한 사회 혁명을 성취했다.

마셜 원조 1 1949년 2월 3일, 마셜 플랜에 따른 카리브해 설탕 첫 인도분이 런던 부두에 도착하고 있다. (환영 나온 인사들은 맨 왼쪽이 노동부 장관 존 스트레이치, 가운데가 마셜 플랜 대표 엘머 토머스.)

마셜 원조 2 1949년 크리스마스의 아테네. 〈마셜 플랜 밀가루〉로 만든 빵을 그리스의 고아들에게 나눠 주고 있다. 가난해진 그리스에서도 마셜 플랜의 사기 진작 효과는 경제 회복에 대한 물질적 기여만큼이나 중요했다.

마셜 원조 3 〈세계 인민들은 전쟁의 슬픔이 되풀이되기를 원하지 않는다.〉— 이오시프 스탈린. (달걀에 딸려 온 소총은 〈북대서양 조약〉이라는 글씨가 적힌 문서로 싸여 있다.) 서방의 소련 지지자들이 프랑스어가 적힌 깃발을 들고 행진하는 것에 주목하라.

1948년 2월 25일에 새로운 정부의 구성을 선언하는 클레멘트 고트발트를 보기 위해 프라하의 바츨라프 광장에 모인 체코인들. 관객들의 상반되는 표정에 주목하라. 모두가 공산당의 쿠데타에 낙담한 것은 결코 아니었다.

1948년 7월, 요시프 브로즈 티토의 초상이 베오그라드의 한 건물에 걸려 있다. 스탈린은 1948년 봄에 공산주의 유고슬라비아와의 관계를 끊었는데, 유고슬라비아 공산당의 정책 때문이 아니라 티토의 반항과 개인숭배, 모스크바가 공산주의 권위를 독점하는 데 대한 그의 도전에 짜증 났기 때문이었다.

1948년 6월, 베를린의 템펠호프 공항에 착륙하는 미국 비행기. 열한 달 동안 지속된 베를린 봉쇄는 스탈린이 저지른 중요한 전략적 실수였다. 그 때문에 독일의 중립이라는 환상이 사라졌으며, 서방 연합국들이 베를린에 관여하게 되었으며, 나토의 성립이 촉진되었다.

〈창조에 참여하다.〉 미국 국무장관이자 〈봉쇄〉 정책의 배후 인물인 딘 애치슨, 전후 영국 외무장관으로 대서양 동맹을 처음으로 구상한 어니스트 베빈, 유럽 석탄 철강 공동체를 제안했던 프랑스의 정치인 로베르 쉬망. (* 〈창조에 참여하다Present at the Creation〉는 딘 애치슨의 회고록의 제목이다.)

인간의 얼굴을 가진 사회주의. 1949년에 모스크바의 환영 연단에 있는 〈엉클 조Uncle Joe〉. (* 엉클 조는 서방 언론이 붙여 준 스탈린의 별명이다.) 〈나는 르네상스 시대의 독재자들이 생각났다. 아무런 원칙도 없고, 온갖 방법을 동원하며, 화려한 말씨도 없다. 언제나 예 아니면 아니오이다. 아니오일 경우 할 수 있는 일은 그의 뜻에 기대를 걸어 보는 것이다.〉 (영국 총리 클레먼트 애틀리)

1953년 6월 17일에 동베를린에서 발생한 봉기는 소련 진영에서 국민이 〈정부의 신임을 잃을〉 수도 있음을 보여 주는 첫 번째 신호였다. 브레히트가 조소하듯 제안한 〈국민을 해산하고 새로운 국민을 뽑으라〉는 대안은 전혀 시도해 보지 않은 것은 아니었지만 실현 불가능한 것으로 입증되었다.

1949년 9월 23일, 재판받는 마지막 날의 러이크 라슬로 (가운데). 공산당 정권의 내무장관이었던 러이크 라슬로는 수많은 무고한 자들의 죽음에 책임이 있었다. 그러나 재판을 받고 처형된 덕에 후대에는 순교자가 되었다.

1952년 무렵 소련의 굴라크에서 일하는 노동자들. 스탈린의 두 번째 테러가 절정에 달했던 그해에 소련의 노동수용소에는 170만 명의 재소자들이 있었으며, 그 외에도 교정노동식민지에 80만 명, 〈특별정착지〉에 275만 3천 명이 있었다. 굴라크 형은 〈보통〉 25년이었다.

1954년에 레닌그라드 도서관에서 희귀본을 보고 감탄하는 장폴 사르트르. 이 시기에 사르트르가 공산주의에 탐닉한 것은 이데올로기보다는 낭만적인 환상(그리고 반미주의)에 기인했다. 그러나 이 때문에 이후 몇십 년 동안 사르트르의 국제적인 명성은 훼손되고 전후의 영예는 희미해진다.

1952년 뮌헨의 〈라디오 자유 유럽Radio Free Europe〉을 방문한 레몽 아롱(왼쪽). (오른쪽에 있는 사람은 〈라디오 자유 유럽〉을 위한 지식인 협력 모임의 고문 프랑크 뭉크Frank Munk이다.) 아롱은 반자유주의적 시대에 살았던 자유주의자였지만, 여러 동료 지식인들은 종종 그의 정치적 선택을 이해할 수 없었다. 〈정치란 선과 악이 아니라 더 나은 것과 아주 싫은 것 사이에서 선택하는 것이다.〉

프랑스 국내의 영화 제작은 절반으로 줄었다. 영국의 노동당 정부도 비슷하게 미국 영화 수입을 막는 데 실패했다. 오직 프랑코만이 (1955년부터 1958년까지 미국의 제작자들이 스페인 시장의 〈보이콧〉을 시도했는데도) 미국 영화의 스페인 진입을 제한하는 데 성공했다. 프랑코는 여론에 반응하거나 자신의 결정이 가져올 부수적인 정치적 결과를 미리 고려할 필요가 없었기 때문이다. 그렇지만 앞서 보았듯이 스페인에서도 미국 영화는 스페인 자국에서 제작된 영화보다 수적으로 크게 웃돌았다.

미국은 자신들이 무엇을 하는지 알고 있었다. 유럽 정부들이 1949년 이후에 국내 영화 제작자들에게 보조금을 지급하기 위해 영화표에 세금을 부과하자, 미국의 제작자들은 외국의 영화 제작에 직접 투자했으며, 영화 제작을 위한 유럽 내 촬영지 선택은 종종 현지의 〈국내〉 보조금을 얼마나 얻어 낼 수 있는가에 좌우되었다. 그렇게 되자 머지않아 유럽 정부들은 자신들이 국내의 매개자를 통해 간접적으로 할리우드에 보조금을 지급하고 있음을 깨달았다. 1952년에 미국 영화 산업이 거둔 수입의 40퍼센트가 해외에서 창출되었는데, 그중 대부분은 유럽에서 얻은 것이었다. 6년 뒤 그 수치는 50퍼센트에 육박하게 된다.

미국이 유럽 시장을 지배한 결과로, 이 시기 유럽 영화가 언제나 유럽인 영화 관객의 경험이나 감수성을 보여 주는 가장 믿을 만한 길잡이는 아니었다. 특히 영국의 관람객은 당대의 영국다움에 대한 인식을 자신들 고유의 직접적인 경험만큼이나 할리우드 영화에 표현된 영국에 의거하여 형성할 가능성이 매우 높았다. 1940년대의 영화 중에서 「미니버 부인Mrs. Miniver」(1942)은 완전한 할리우드 작품이었다(가정의 용기와 인내, 중간 계급의 과묵함과 참을성의 자질이 가장 잘 드러나는 됭케르크의 재난을 배경으로 상징적으로 전개되는 매우 영국적인 이야기). 그러나 「미니버 부인」은 그 영화를 처음으로 본 영국인 세대에는 국민적 기억과 자화상을 가장 충실하게 묘사한 작품으로 오랫동안 남을 것이다.

미국 영화를 그토록 흥미롭게 했던 것은, 극장의 어두컴컴한 공간에 던져진 마력과 광채를 넘어, 영화의 〈품질〉이었다. 미국 영화는 잘 만들어졌고, 대개 유럽의 제작자가 지닌 자원으로는 실현 불가능한 영사막 위에 펼쳐졌다. 그러나 미국 영화는 1930년대의 〈엉뚱한〉 희극이나 낭만적인 공상 이야기처럼 〈현실 도피적〉이었다. 실제로 1940년대 후반에 큰 인기를 끌었던 미국 영화 몇 편은 (훗날 대륙의 찬미자들이 칭했듯이) 〈누아르 영화film noir〉였다. 그 영화들의 장치는 탐정소설이나 사회적 드라마일 수도 있었지만, 그 분위기와 영화적 구성은 앞선 시대의 미국 영화보다 더 어둡고 음울했다.

이 당시 현실 도피적 영화를 더 잘 만들 것 같았던 자들은 유럽인인 경우가 많았다. 슈바르츠발트나 바이에른 알프스의 동화 같은 전경을 무대로 삼은 1950년대 초반의 공허한 이야기들이 그랬고, 「피카딜리 사건Piccadilly Incident」(1946), 「파크 레인 거리의 봄Spring in Park Lane」(1948), 「메이페어의 오월Maytime in Mayfair」(1949) 같은 가벼운 장르의 영국 희극 영화가 그랬다. 이 세 편은 모두 허버트 윌콕스의 작품으로 런던의 사교계인 (그리고 비교적 파괴되지 않은) 웨스트엔드가 무대였고 안나 네이글이나 마이클 윌딩, 렉스 해리슨이 사교계에 처음 진입하는 재치 있고 변덕스러운 귀족으로 등장한다. 이에 못지않게 잊을 수 없는 이탈리아 영화나 프랑스의 영화는 보통 농민과 귀족이 이따금 정비사나 사업가로 대체되는 최신판 코스튬 드라마였다.

전후 유럽 최고의 영화들은(훗날의 관객들이 가장 쉽게 평가할 수 있는 작품들) 불가피하게 어떤 방식으로든 전쟁을 다루었다. 해방기에는 잠시 〈레지스탕스〉 영화들이 홍수를 이루었다. 예를 들자면 다음과 같다. 프랑스의 「총살 집행반Peloton d'exécution」(1945), 「최후의 심판Le Jugement dernier」(1945),「철도 전투La Bataille du Rail」
(1946), 이탈리아의「로마: 무방비 도시Roma città aperta」(1945),「파
이자Paisà」(1946),「생의 어느 날Un Giorno della vita」(1946). 이 영화
들은 전부 영웅적 저항자들과 비겁한 부역자들과 야만적인 독일인
사이의 도덕적 간극을 표현했다. 이 영화들에 바로 뒤이어 베를린
의 (문자 그대로, 그리고 정신적인) 폐허 더미에서 찍은 일군의 영화
들이 나타났다. 로베르토 로셀리니의「독일 0년Germania anno zero」
(1947), 오스트리아에서 망명한 미국인 감독 빌리 와일더의「외교
문제A Foreign Affair」(1948), 볼프강 슈타우테의「살인자들은 우리
가운데에 있다Die Mörder sind unter uns」(1946)가 그러한 영화들이
다. 슈타우테의 작품은 그 시대에 독일 영화로는 유일하게 나치의
잔학 행위에 담긴 도덕적 의미를 다루어 주목을 받았다(그러나 영화
속에서 〈유대인〉이란 말은 결코 들을 수 없다).

이 영화들 중 세 편,「무방비 도시」와「파이자」,「독일 0년」은 로
베르토 로셀리니의 작품이다. 로셀리니는「구두닦이」(1946)와「자
전거 도둑」(1948),「움베르토 디Umberto D」(1952)를 감독한 비토리
오 데시카와 더불어 1945년에서 1952년 사이에 이탈리아 영화제작
자들을 국제 영화계의 전면에 부상시킨 네오리얼리즘 영화의 시대
를 대표하는 인물이다. 네오리얼리즘 영화는 일링 스튜디오스Ealing
Studios에서 제작된 당대의 영국 희극 한두 편, 그중에서도「핌리코
행 여권Passport to Pimlico」(1949)처럼 전쟁의 피해와 파괴를, 특히
도시의 참화를 영화의 배경으로, 또 어느 정도로는 주제로도 삼았다.
그러나 영국 최고의 영화도 이탈리아 걸작들의 우울한 휴머니즘에
는 결코 다가가지 못했다.

이 영화들에 담긴 단순한 〈진실〉은 당시 있는 그대로의 유럽 세계
가 아니라 바둑판처럼 얽히고설킨 전시의 기억과 신화를 지나온 세
계를 반영한다. 노동자들, 피해를 입지 않은 농촌, 무엇보다 어린아

이들(특히 소년들)은 계급과 부, 탐욕, 부역, 사치와 향락에 대비되어 (도시가 파괴되고 궁핍한 중에도) 좋은 것, 타락하지 않은 것, 현실적인 것을 대표했다. 미국인은 대체로 등장하지 않았다(「구두닦이」에서 자신의 신발을 닦게 하는 미군이나, 「자전거 도둑」에서 가난에 빠져 전단지를 붙이는 사람과 나란히 등장하는 리타 헤이워스의 포스터는 예외이다). 이것이 바로 유럽인들의 유럽이다. 파괴되어 절반만 남은 도시의 변두리에서 살아가는 유럽인의 모습이 거의 다큐멘터리처럼 영화에 담겼다(전쟁 중에 군대에서 얻은 다큐멘터리 영화 제작 경험에서 도움을 받았다). 그 영화들도 1952년 이후에는 전후 유럽 세계 자체가 사라지듯 사라진다. 다만 기이하게도 네오리얼리즘은 스페인에서 마지막 여생을 누리게 된다. 그곳에서 루이스 가르시아 베를랑가가 1952년에 「환영합니다. 마셜 씨Bienvenido Mister Marshall」를 감독했으며, 후안 안토니오 바르뎀은 3년 뒤 「자전거 선수의 죽음Muerte de un Ciclista」을 제작했다.

영화 관람은 그 시대의 다른 여흥과 마찬가지로 집단적인 즐거움이었다. 이탈리아의 소도시 주민들은 대다수가 주말 영화를 관람하고 논평했는데, 이는 공개적으로 음미하는 공동의 오락이었다. 영국에서는 어린이를 위한 토요일 아침 쇼에서 화면에 갑자기 노래가 나타나면 관중은 낱말에서 낱말로 통통 튀는 흰색의 작은 공에 맞추어 노래를 따라 부르곤 했다. 한 회고록의 저자는 전후 런던 남부에서 보냈던 어린 시절을 떠올리며 그 시절의 노래를 이렇게 떠올린다.

우리는 토요일 아침에 온다
모두에게 미소로 인사하며.
우리는 토요일 아침에 온다
그 일이 꽤 보람 있는 일이라는 것을 알면서.
오데온 극장의 회원으로서 우리 모두는

어른이 되면 좋은 시민이 될 작정이다

그리고 자유의 투사가 될 작정이다.[8]

가르치려는 어조는 눈에 띄지 않았고(어쨌든 그렇게 공공연한 형태를 띠지는 않았다) 몇 년 안에 사라진다. 그러나 이 꾸밈없는 구식 음조는 그 순간을 훌륭하게 포착하고 있다. 비둘기 기르기와 속도 경주, 그레이하운드 경주와 같이 노동자들에게 인기 있던 오락은 이 시기에 절정에 달했다가 꾸준히 쇠퇴했는데, 1950년대 말부터 퇴조 속도가 빨라졌다. 그러한 여흥의 기원이 후기 빅토리아 시대에 있다는 사실은 구경꾼들이 쓴 모자의 모양에서 알아볼 수 있었다. 베레모(프랑스)와 챙이 달린 납작한 모자(영국)는 둘 다 1890년대 전후에 유행했고 1950년에도 여전히 표준이었다. 소년들은 누구나 입고 다니는 짧은 바지를 제외하면 아직도 자기 할아버지처럼 옷을 입었다.

춤도 유행했다. 춤의 유행은 대체로 미군 덕이었는데, 미군이 들여온 스윙swing과 비밥be-bop은 무도장과 나이트클럽에서 널리 연주되었으며 라디오가 이를 대중화했다(1950년대 중반 이전에 전축을 가질 여유가 있던 사람은 거의 없었으며, 주크박스는 아직 무도장의 생음악 연주 악단을 밀어내지 못했다). 다음 10년간 나타났던 세대 차이는 아직 드러나지 않았다. 크리스티앙 디오르는 1947년 2월 〈뉴룩New Look〉을 선보였다. 뉴룩의 매우 자유분방한 스타일은 전시의 옷감 부족을 강조하려는 의도에서 나온 것으로, 발목까지 내려오는 치마에 어깨는 〈양의 발 모양〉으로 가득 채웠고, 풍성한 곡선과 주름이 돋보였다. 능력이 되는 여성들은 나이를 불문하고 뉴룩을 즐겨 입었다. 외모는 여전히 나이보다는 계급(그리고 소득)의 함수였다.

8 Trevor Grundy, *Memoir of a Fascist Childhood* (1998), p. 19.

물론 세대 간의 알력도 있었다. 전쟁 중에 런던의 건달과 파리의 〈멋쟁이들〉이 똑같이 미국의 영향을 받은 〈주트슈트zootsuit〉를 입고 다녔는데, 노인들은 이를 소름 끼치도록 싫어했다. 1940년대 후반에는 보헤미안과 지식인들이 더플코트duffle coat에 열광했는데, 그때까지 벨기에 어부의 전통적인 외투였던 이 옷은 젊은이들 사이에서 시작되던 내려 입기의 유행을 암시했다. 파리의 나이트클럽 〈르 타부Le Tabou〉는 1947년 4월에 문을 열었는데, 최신 유행을 좇는 이 클럽 안에서는 의상의 관용이 중요하게 다루어졌던 반면, 1949년에 발표된 프랑스 영화 「7월의 약속Rendez-vous de juillet」은 버릇없는 청년 세대의 엄숙함 부족을 강조했다. 영화에서는 전통적인 부르주아 가정의 판에 박힌 아버지가 점심때 넥타이를 매지 않고 밥을 먹겠다고 고집 부리는 막내아들의 행동에 소스라치듯 놀란다.

그러나 이 모든 행위들은 사춘기 반항의 작은 변화로서 조금도 새롭지 않았다. 전후 유럽 사람들 대부분은 나이를 불문하고 주로 성공에 관심이 있었다. 1950년대 초, 이탈리아 가정의 넷 중 하나가 빈곤 속에 살았으며, 나머지 대부분 가정의 형편도 그다지 나을 것이 없었다. 실내 화장실을 갖춘 집은 둘에 하나가 채 못 되었으며, 욕실을 갖춘 집은 겨우 여덟에 하나였다. 최악의 상황에 처했던 이탈리아 남동부 지역에서 빈곤은 고질적이었다. 크로토네의 마르체사토에 있는 쿠토 마을에서는 9천 명의 주민이 단 하나의 공동 우물에서 식수를 공급받았다.

메초조르노는 극단적인 경우였다. 그러나 서독에서는 1950년에 4700만 명의 주민 중 1700만 명이 주로 살 곳이 없어서 여전히 〈가난한 자〉로 분류되었다. 런던에서도 가옥이나 공동 주택의 대기자 명부에 이름을 올린 가정은 평균 잡아 7년을 기다려야 집을 구할 수 있었다. 그동안은 새로운 주거지의 건축이 수요를 따라잡을 수 있을 때까지 무주택자를 보호하기 위해 도시 주변의 공터에 설치한 사각

형의 철제 공간인 〈조립식 간이 주택〉에 살아야 했다. 전후 선거에서 〈주택〉은 언제나 대중의 최우선 관심사였다. 데시카의 「밀라노의 기적Miracolo a Milano」(1951)에서 집 없는 군중은 이렇게 노래한다. 〈우리는 살 집을 원한다. 집이 있어야만 우리와 우리 아이들은 내일을 믿을 수 있다.〉

전후 유럽의 소비 유형은 대륙의 계속되는 빈곤과 대공황과 전쟁의 지속적인 영향을 반영했다. 식량 배급은 영국에서 가장 오래 계속되었다. 영국에서 빵의 배급은 1946년 7월부터 1948년 7월까지 시행되었고, 의복 쿠폰은 1949년까지 유효했으며, 전시의 의복 배급제utility clothing scheme와 가구 배급제utility furniture scheme는 1952년에 가서야 포기되었다. 1953년 6월 여왕 엘리자베스 2세의 즉위식 때에 일시적으로 배급제가 중단되고 모든 사람이 추가로 1파운드의 설탕과 4온스의 마가린을 받은 일도 있었지만, 육류와 여타 식량의 배급은 1954년이 되어야 최종적으로 종결되었다.[9] 그러나 식량 배급이 곧 사라졌던 (그래서 암시장도 곧이어 소멸했던) 프랑스에서도 식량 공급에 대한 전시의 강박 관념이 누그러진 것은 빨라야 1949년이었다.

거의 모든 것이 공급이 부족하거나 크기가 작았다. 영국의 노동당 정부가 건설하고 있던 새로운 가족 주거지는 선망의 대상이었는데 그 권장 규모는 겨우 900평방피트(약 84제곱미터)에 침실 세 개짜리 주택이었다. 자동차나 냉장고를 보유한 유럽인은 극소수였다. 대부분의 대륙 나라들보다 생활 수준이 높았던 영국에서 노동 계급 여성은 자신들의 어머니와 할머니가 그랬듯이 걷거나 대중교통을 이용하여 하루에 두 차례 식량을 구입했다. 먼 곳에서 들어온 물품은

---

9 동유럽의 식량 배급은 체코슬로바키아와 헝가리, 폴란드, 불가리아에서는 1953년, 루마니아에서는 1954년, 알바니아에서는 1957년, 동독에서야 1958년에야 폐지되었다. 그러나 공산주의 경제는 체계적으로 식량 부족을 유발했기에 서유럽과의 비교는 부적절하다.

이국적이었고 값이 비쌌다. 규제와 제한, 봉쇄에 대한 의식은 외국 여행의 통제와(소중한 외환을 아끼기 위한 조치였다) 외국인 노동자와 기타 이민자를 배제하는 입법으로 더욱 강해졌다(프랑스 공화국은 1930년대와 점령기 이후 외국인 노동자와 기타 원치 않는 외국인의 입국을 막기 위해 제정된 모든 법률의 효력을 전후에도 유지했다. 대체로 숙련 노동자에게 그나마 필요할 때만 예외를 허용했다).

1940년대와 1950년대 초의 유럽은 여러 면에서 1913년보다 덜 개방적이고 덜 유동적이었으며 더 편협했다. 분명 더 황폐하기도 했는데, 비단 베를린에만 해당되는 얘기는 아니다. 전쟁의 결과인 베를린의 잡석더미는 1950년까지도 겨우 4분의 1만 치워졌다. 영국의 사회사가 로버트 휴이슨은 이 시기의 영국을 〈낡아빠진 기계로 일하는 기진맥진한 국민〉이라고 묘사했다. 1940년대 말에 미국의 산업 설비는 대부분 제작된 지 5년 미만이었지만, 전후 프랑스에서 기계류의 평균 나이는 20년이었다. 전형적인 프랑스 농민은 다섯 명분의 식량을 생산한 반면, 미국의 농부는 이미 그 세 배를 생산했다. 40년 간의 전쟁과 경제적 침체는 모진 희생을 요구했다.

게다가 〈전후 시대〉는 오래 지속되었다. 역사가들이 전후의 힘들었던 시절을 그 이후 번영했던 몇십 년의 밝은 빛에 비추어 설명하면서 가정했던 것보다는 확실히 더 길었다. 유럽인은 당시에 정보에 밝은 사람이든 그렇지 않은 사람이든 자신들에게 갑자기 닥칠 변화의 규모를 예상하지 못했다. 지난 반백 년의 경험을 통해 많은 사람들이 회의적 비관론에 빠졌다. 제1차 세계 대전 직전에 유럽은 낙관적인 대륙이었으며, 정치가들과 평론가들은 확신을 갖고 미래를 기대했다. 제2차 세계 대전 이후 30년 동안 사람들은 끔찍했던 과거에 단호하게, 신경질적으로 시선을 고정했다. 많은 평자들은 그보다 더 심한 세상을, 말하자면 다른 전후의 공황, 극단주의 정치의 재등장, 세 번째 세계 대전을 예상했다.

그러나 유럽인이 20세기 전반에 자초한 집단적 불행은 그 규모만으로도 강한 비정치화 효과를 가져왔다. 제2차 세계 대전 이후의 암울한 시기에 살았던 유럽인들은 제1차 세계 대전 이후의 방식을 따라 극단적인 해결책에 호소하는 대신 정치를 외면했다. 이러한 상황에 담긴 함의는 당시에는 알아채기가 쉽지 않았다. 파시스트 정당이나 공산당이 일상적인 생존의 어려움을 이용하는 데 실패한 것, 집단행동의 목적과 언어로서 경제가 정치를 대체한 것, 가내 오락과 가내 소비가 출현하여 공적 참여를 대신한 것에서만 어렴풋이 확인할 수 있었다.

그리고 무엇인가 다른 일이 벌어지고 있었다. 1946년 5월 『뉴요커』의 재닛 플래너가 지적했듯이, 전후 프랑스의 〈실용〉품 생산에서 (속옷 다음으로) 두 번째로 우선시되었던 품목은 유모차였다. 유럽인은 수년 내 처음으로 다시 아이를 갖기 시작했다. 영국에서 1949년의 출생률은 1937년에 비해 11퍼센트 증가했고, 프랑스에서는 33퍼센트가 증가하여 미증유의 증가율을 기록했다. 이 놀라운 출생률의 폭발은 1913년 이래로 인구상의 주된 표지가 조기 사망이었던 대륙에서 중대한 의미를 지니고 있었다. 당대인 대다수가 예견할 수 있었던 것보다 더 많은 점에서 새로운 유럽이 탄생하고 있었다.

2부

번영과 불만
1953~1971

8장
안정의 정치

많은 사람들에게, 심지어 제2차 세계 대전으로 확실해지기 전에도, 유럽 국가들이 세계의 지배권을 두고 자신들끼리 싸울 수 있던 시절이 완전히 지나갔음은 분명했을 것이다. 이 점에서 유럽은 이제 더 기대할 것이 없으며, 아직도 세계 권력을 열망하는 유럽인이 있다면, 그런 사람들은 분명 정신 병원의 수많은 나폴레옹처럼 절망이나 조롱에 희생될 것이다.

— 막스 프리슈(1948년 7월)

우리가 그곳에 군대를 주둔시켰기에 유럽인들은 자신들의 역할을 하지 않았다. 유럽인들은 자신들을 방어하기 위해 병사를 제공하는 희생을 감수할 생각이 없었다.

— 드와이트 아이젠하워

프랑스가 핵 정보를 갖는 데 반대하는 주된 논거는 독일에 영향을 주어 독일로 하여금 똑같이 하도록 부추기는 효과를 낼 수 있다는 것이었다.

— 존 F. 케네디

당신도 알겠지만 조약이란 소녀나 장미와 같다. 다시 말해서, 지속되는 동안만 지속한다는 얘기다.

— 샤를 드골

정치 제도만이 한 국민의 성격을 형성할 수 있다.

— 마담 드 스탈

영국의 역사가 J. H. 플럼은 18세기 초 영국의 정치적 안정을 다룬 고전적인 연구에서 이렇게 썼다. 〈사람들은 일반적으로 정치적 안정은 산호처럼 천천히 성장한다고 믿는다. 그러한 믿음은 대체로 버크와 19세기 역사가들의 생각에 영향을 받았다. 다시 말해 정치적 안정은 시간과 환경, 분별, 경험, 지혜 등이 축적되어 수백 년에 걸쳐 더디게 이루어진다는 말이다. 그러나 나는 반드시 그렇지만은 않다고 생각한다. ……정치적 안정은 사회에 종종 매우 빠르게, 물이 얼듯이 느닷없이 찾아온다.〉[1] 1950년대 초반, 전혀 예기치 않게 유럽에서 이 같은 일이 벌어졌다.

앞서 보았듯이 1945년부터 1953년 초까지 유럽인들은 제2차 세계 대전이 드리운 그늘에서 제3차 세계 대전이 일어날지도 모른다는 불안감 속에서 살았다. 1919년의 실패한 정리는 정치인의 마음속이나 대중의 마음속에서 똑같이 아직도 생생했다. 동유럽에 강요된 공산주의는 제1차 세계 대전에 뒤이은 혁명적 불안정을 또렷하게 생각나게 했다. 프라하의 쿠데타, 베를린의 긴장, 극동의 한국 전쟁은 1930년대의 연이은 국제적 위기를 불편하게 연상시켰다. 1951년 7월, 서방 연합국들은 자신들과 독일 사이의 〈전쟁 상황〉이 종결되

---

1 J. H. Plumb, *The Growth of Political Stability in Early Eighteenth-Century England 1675~1725* (London, 1967), p. x vii.

었다고 선언했으나, 빠르게 악화되는 냉전 환경 속에서 평화 협정은 아직 없었으며 조만간 체결될 전망도 없었다. 아직 해결되지 않은 독일 문제나 다른 것에서 파시즘이 다시 비옥한 토양을 발견하는 일은 없으리라고 확신할 수도 없었다.

국가 간 동맹과 국제기구, 국가 간 협정이 거미줄처럼 확산되었어도 국제 사회의 화합이 보장되지는 않았다. 그중에서 유럽 회의, 유럽 석탄 철강 공동체, 유럽 지불 동맹 그리고 특히 북대서양 조약 기구가 국가 간 관계를 새로운 안정적 체계 위에 올려놓은 씨앗이었다는 사실을 알 수 있게 된 것은 이제 와서 뒤늦게 얻은 식견 덕분이다. 1950년에 유럽 회의가 발표한 인권조약 같은 문서의 영향력은 향후 오랫동안 지속되었다. 그러나 당시에 그러한 문서와 그 문서들을 발표한 기관은 선의로 출발했으나 불운했던 1920년대의 조약이나 동맹과 상당히 유사했다. 따라서 당대인들이 이러한 조약에 회의적이었다고 나무랄 수는 없다.

그렇지만 서유럽은 스탈린의 사망과 한국 전쟁의 종식과 더불어 어디로 가는지도 모른 채 정치적으로 대단히 안정된 시기에 진입했다. 대륙의 서쪽 절반에 있던 국가들은 40년 만에 처음으로 적어도 자기들끼리는 전쟁을 하지 않았으며 임박한 전쟁의 위협 속에 살지도 않았다. 국내의 정치 투쟁도 진정되었다. 이탈리아를 제외하면 공산당은 어디서나 정치권의 주변부로 서서히 물러났다. 파시즘의 부활이라는 위협도 공산당의 정치 집회를 제외하면 이제 어디서도 설득력을 갖지 못했다.

서유럽인들이 새로이 누린 안녕은 냉전의 불확실성 덕분이었다. 정치적 대결의 국제화와 그에 따른 미국의 개입은 국내의 정치적 갈등에서 가시를 빼내는 데 도움이 되었다. 과거였다면 거의 확실하게 폭력과 전쟁으로 이어졌을 정치 문제들이(해결되지 않은 독일 문제, 유고슬라비아와 이탈리아의 영토 분쟁, 피점령국 오스트리아의 미래) 전부 강대국의 대결과 협상이라는 맥락 속에서 억제되고 적절하게 처리되었다. 강대국들의 논의에서 유럽은 발언권이 거의 없었다.

독일 문제의 해결책은 여전히 나오지 않은 상태였다. 1950년의 공포가 사라진 뒤에도, 즉 스탈린이 당장에 중부 유럽에서 〈다른 한국 전쟁〉을 시도할 계획이 없다는 사실을 서유럽 지도자들이 깨달은 후에도, 양측은 합의에 이를 만큼 가깝게 다가서지는 않았다. 서방의 공식 입장은 1949년에 출현한 두 개의 독일이 단일한 민주국가로 재통합되어야 한다는 것이었다. 그러나 재통합은 모든 독일인이 어떤 정치 체제에서 살 것인지 스스로 자유롭게 결정할 수 있을 때까지 가능하지 않았다. 그동안은 독일 연방 공화국(서독)이 모든 독일 국민의 대변자로 간주될 것이었다. 그러나 미국은 내심 독일의 영구 분단이 싫지만은 않았다. 서유럽 국가들도 마찬가지였다. 1959년 2월 존 포스터 덜레스²는 아이젠하워 대통령에게 이렇게 말했다. 〈현상 유지에 찬성하는 논거는 많이〉 있지만 그러한 입장은 〈우리가 공공연히 취할 태도〉는 아니다.

기이하게도 소련의 태도도 이와 매우 유사했다. 말년에 스탈린은 독일의 통일을 원하며 통합된 독일이 무장을 하지 않는다면 독일의 중립을 기꺼이 받아들일 용의가 있다는 소련의 공식적인 견해를 유지했다. 1952년 봄, 스탈린은 일련의 외교 문서를 통해 독일을 점령한 네 나라가 독일의 통일을 위한 평화 협정을 체결하자고 제안했다. 통일된 독일은 중립국이자 비무장 국가여야 했으며, 점령국은 모두 철수하고 모든 독일인의 자유선거를 통해 정부를 구성해야 했다. 역사가들은 그동안 스탈린의 제안을 받아들이지 않은 미국 정부를 비판해 왔다. 그들이 보기에 이는 냉전을 종식시키거나 최소한 가장 위험한 대결의 문제를 제거할 〈기회의 상실〉이었다.

2 1888~1959. 1953년에서 1959년까지 국무부 장관을 지냈다. 냉전 초기의 주요 인물로서 공산주의에 대한 공격적인 태도를 옹호했다 — 옮긴이주.

서방 지도자들이 스탈린의 제안을 진지하게 받아들이지 않고 거부한 것은 분명한 사실이다. 그렇지만 나중에 밝혀졌듯이 서방 지도자들이 옳았다. 소련의 지도자들은 자신들의 제안을 중요하게 여기지 않았으며, 미국과 영국, 프랑스가 점령군을 철수하고 비무장 중립국 독일이 분열된 대륙의 한복판에서 자유롭게 떠다니도록 허용하리라고는 크게 기대하지 않았다. 스탈린과 그의 후계자들은 독일 영토에 미군이 계속 주둔한다고 해서 하등 문제될 게 없었다. 당대의 소련 지도자들이 보기에는 미군의 서독 주둔은 독일의 복수를 방지하는 확실한 보장책 중 하나였다. 그것은 독일의 무장을 해제하고 소련의 세력권 안에 두는 방안과 기꺼이 맞바꿀 만한 가치가 있었다 (소련은 이러한 목적의 실현을 위해서라면 기꺼이 동독의 피보호자들과 그 민주공화국을 포기했을 것이다). 그러나 이에 미치지 못하는 것과는 결코 바꿀 수 없었다.

러시아는 어떤 대가를 치르더라도 서독의 재무장만큼은 막으려 했다. 소련 정책의 핵심은 독일의 재통합에 관해 서방과 합의하는 것이 아니라 임박한 독일의 재무장을 저지하는 것이었다. 미국은 히틀러가 패배한 지 겨우 5년이 지난 시점에 한국 전쟁의 직접적인 귀결로서 그 문제를 제기했다. 트루먼 정부의 대외 군사 원조 확대 요구가 의회의 승인을 받으려면, 독일을 포함하여 미국의 동맹국들이 자신들의 대륙을 방어하는 데 기여한다는 점을 보여 주어야 했다.

미국 국무장관 딘 애치슨이 1950년 9월 독일의 재무장에 관해 영국과 프랑스와 처음으로 논의했을 때, 프랑스는 격렬하게 반대했다. 일찍이 프랑스는 북대서양 조약 기구가 자국의 동쪽 측면을 보호하겠다는 미국의 확고한 약속을 대표하기는커녕 독일의 재무장을 숨기기 위한 구실에 지나지 않는다고 의심했는데, 이 논의는 그 의심이 옳았음을 증명했다. 독일조차 나름의 이유로 주저했다. 콘라트 아데나워는 이러한 환경 변화로 자신에게 기회가 찾아왔음을 완벽하게 이해했다. 독일 연방 공화국은 재무장 기회를 선뜻 잡는 대신 자제했다. 서독은 자국이 서방의 방위에 기여하는 대가로 독일 연방 공화국의 완벽한 국제적 승인과 연합국이 억류한 독일인 전범의 사면을 요구했다.

프랑스는 자신들이 모르게 이러한 거래가 이루어질 것으로 예상 했기에 반대 제안을 내놓음으로써 독일의 북대서양 조약 기구에 대한 군사적 기여라는 논의의 다음 단계를 선점했다. 1950년 10월, 프 랑스 외무장관 르네 플레방은 쉬망 플랜과 유사한 유럽 방위 공동 체의 설립을 제안했다. 이 공동체는 의회와 각료회의, 법원 외에 자 체의 유럽 방위군EDF을 갖게 될 터였다. 미국은 영국과 마찬가지로 그 견해가 달갑지 않았지만 유럽의 방어라는 문제를 해결하는 차선 책으로서 찬성하기로 했다.

그리하여 1952년 5월 27일 유럽 방위 공동체EDC 조약이 체결되 었다. 부속 문서에 따르면 일단 모든 서명국이 조약을 인준하면 미 국과 영국이 유럽 방위군에 전적으로 협력하며 독일의 군사적 점령 은 종결될 것이었다. 소련이 독일의 무장을 해제하는 평화 조약을 제시하여 무산시키려 했으나 실패하던 것이 바로 이 협약이었다. 서 독의 연방 의회는 1953년 유럽 방위 공동체 조약을 비준했고, 베네 룩스 국가들이 뒤를 따랐다.[3] 이제 프랑스 의회만 비준하면 서유럽 은 독일의 파견대를 포함한 각국 파견대를 통합하고 혼합한 일종의 유럽군을 확보하게 될 것이다.

그러나 프랑스는 여전히 불행했다. 1953년 11월 재닛 플래너는 이 렇게 말했다. 〈유럽 방위 공동체 문제는 미국인에게는 러시아에 관 한 문제이지만 프랑스 국민에게는 독일에 관한 문제이다.〉 미국은

---

3 1951년 3월, 네덜란드는 국내의 정서가 대체로 중립에 찬성했는데도 미국의 압력을 받아 방위비 예산을 두 배로 증액하고 1954년까지 5개 사단을 배치 완료한다는 데 마지못 해 동의했다.

주저하는 프랑스한테 실망했다. 1953년 12월에 열린 북대서양 조약 기구 이사회에서 아이젠하워 정부의 신임 국무장관 존 포스터 덜레스는 유럽 방위 공동체가 무산될 경우 미국 정책을 〈괴롭지만 재검토할 수밖에 없다〉고 협박했다. 그러나 플레방 플랜이 프랑스 총리가 창안한 생각이었는데도, 공개 토론 과정에서 프랑스는 여하튼 독일의 재무장을 지지할 생각이 없다는 사실이 드러났다. 게다가 독일의 재무장과 유럽 군대를 제안한 시점이 너무 좋지 않았다. 프랑스 군대는 베트남에서 굴욕적인 패배에 직면했고, 신임 프랑스 총리 피에르 망데스프랑스는 자신의 허약한 연립 정부의 운명을 국민의 적의 재무장이라는 인기 없는 제안에 맡기는 것은 경솔한 짓이라고 생각했다. 망데스프랑스의 계산은 옳았다.

따라서 유럽 방위 공동체 조약이 마침내 의회의 비준을 받기 위해 상정되었을 때, 망데스프랑스는 이 안건을 정부의 신임이 걸린 문제로 취급하지 않았고, 조약은 1954년 8월 30일에 반대 319표, 찬성 264표로 부결되었다. 유럽 방위 공동체 계획은 중단되었고 더불어 재무장한 독일이 유럽군에 참여하는 계획도 무산되었다. 좌절한 아데나워는 벨기에 외무장관 폴앙리 스파크와 룩셈부르크 총리 요제프 베흐와 나눈 대화에서 망데스프랑스가 보인 행태의 원인이 그의 〈유대인적 특성〉에 있다고 말했다. 독일 총리에 따르면 망데스프랑스는 프랑스의 민족주의적 감정에 동조함으로써 유대인이라는 결점에 대해 과잉 보상을 받았다. 망데스프랑스는 유럽 방위 공동체의 실패를 이렇게 설명했는데, 이것이 더 그럴듯했다. 〈유럽 방위 공동체 안에서 통합은 너무 과했고 영국의 참여는 너무 적었다.〉

유럽과 그 동맹국 미국은 출발점으로 되돌아갔다. 그러나 상황은 이제 매우 달라져 있었다. 한국 전쟁은 종결되었고 스탈린은 죽었으며 북대서양 조약 기구는 국제 무대의 항수(恒數)였다. 프랑스는 유럽 방위 문제를 잠시 미루어놓는 데 성공했으나, 언제까지나 그럴 수는 없었다. 프랑스 의회가 유럽 방위 공동체에 관해 표결한 지 몇 주 만에 서방 연합국들은(미국, 영국, 프랑스) 런던과 파리에서 두 차례 서둘러 회합을 가졌다. 영국 외무장관 앤서니 이든의 주도로 일련의 제안⁴(소위 런던 협약)이 급히 승인되었는데, 이 제안들은 후속 파리 조약에서 최종적으로 완성되어 다음 반백 년 동안 유럽 방위 정책의 토대를 형성하게 된다.

이든은 〈너무 적은 영국의 참여〉 문제를 극복하기 위해 영국군(4개 사단)을 유럽 대륙에 영구히 (중세 이래 처음으로) 주둔시키겠다고 제안했다. 1948년의 브뤼셀 조약이 서유럽 연합WEU으로 확대되고, 독일과 이탈리아도 서유럽 연합에 가입할 것이었다(앞서 보았듯이 1948년 조약의 명백한 목적이 독일에 대비한 상호 보호였음은 물론이다). 이에 대한 회답으로 프랑스는 독일 연방 공화국이 최대 50만 명의 병력을 유지한다는 데 동의하고 독일은 주권 국가로서 북대서양 조약 기구에 가입하기로 했다.⁵

이 조약들이 비준되고 효력을 발하자, 독일 점령군 법령은 소멸했고 이름뿐인 서방 연합국들은 과거의 적과 형식적으로 강화를 맺었다. 연합군 병력은 독일의 재범을 방지하기 위해 독일 연방 공화국에 계속 주둔했지만, 유럽 주둔군의 일부로서 상호 동의하에 남았다. 프랑스인들은 이 새로운 계획을 결코 만장일치로 환영하지는 않았다. 그러나 프랑스는 서독이 플레방 플랜보다 1954년의 조약들에서 훨씬 더 관대한 조건을 획득했는데도 이의를 제기할 처지가 아니었다. 자신들이 제시한 대안을 스스로 파괴했기 때문이다. 독일을 둘러싼 국제적 논쟁에서 프랑스 최악의 적이 프랑스였던 때는 그때가 처음이 아니었다. 파리 조약에 대한 프랑스의 찬성이 매우 양

---

4 이든의 말에 의하면, 아침에 목욕하다가 퍼뜩 떠오른 생각이 기초가 되었다고 한다.
5 독일의 재무장에 가해진 유일하게 명백한 제한은 그때나 그 이후에나 독일의 핵무기 계획을 절대적으로 금지한다는 것이었다.

면적이었다는 사실은 이해할 만하다. 1954년 12월 30일, 그 조약들은 의회의 비준 투표에서 찬성 287표 대 반대 260표로 통과되었다. 겨우 27표 차였다. 프랑스가 주저한 경우라면, 러시아는 분명히 불쾌했다. 서독이 북대서양 조약 기구에 편입되고 독일 연방 공화국의 연합국 최고위원회가 폐지된 지 열흘 후인 1955년 5월 15일, 소련은 바르샤바 조약의 성립을 선언했다. 폴란드와 체코슬로바키아, 헝가리, 루마니아, 불가리아, 알바니아, 소련은 통합 사령부를 갖춘 〈우호, 협력, 상호 지원〉 동맹을 결성했다. 소련은 영국과 프랑스와 맺은 전시 동맹 조약들을 파기했고, 상황이 불가피하다는 사실을 인정하면서 동쪽의 독일 민주 공화국이 완전한 주권 국가임을 역설하고 독일 민주 공화국을 바르샤바 조약에 편입시켰다. 독일 문제의 해답은 정확하게 제시되지 않았다. 그러나 두 개의 독일이 각각 국제 동맹에 편입됨으로써 독일 문제를 잠시 제쳐 놓을 수 있게 되었다. 당분간은 분할된 과거의 수도, 즉 베를린의 아직도 해결되지 않은 딜레마가 독일 문제를 대신하게 된다.

독일의 가까운 미래가 해결되었기에, 양측은 서둘러 부차적인 갈등과 긴장에 역점을 두었다. 크렘린의 새로운 인물들, 특히 니키타 흐루쇼프는 유럽 내의 〈평화 공존〉이라는 자신들의 실천 과제를 진지하게 떠맡았고 향후 대결의 위험성을 최대한 줄인다는 미국의 희망을 공유했다. 바르샤바 조약이 공표된 다음 날, 점령 4개국은 오스트리아 국가조약에 서명했다. 오스트리아는 중립적인 독립국이 될 예정이었다. 북대서양 조약 기구에도 바르샤바 조약에도 참여하지 않은 채 자신들의 운명을 자유롭게 선택할 수 있어야 했다.[6] 점령 4개국 군대는 모두 철수해야 했다. 소련은 오스트리아의 동부 점령 지구에서 이미 약 1억 달러를 뽑아냈으면서도 추가로 얻을 경제적

6 원문에는 오스트리아의 중립에 관한 조항이 없었다. 오스트리아 의회가 그 조약에 관해 토의하는 중에 그러한 내용을 삽입했다

이익을 오스트리아에 1억 5천만 달러에 〈매입〉하게 하는 의무를 지움으로써 마지막 한 푼까지 가혹하게 챙겨 갔다.

그동안 남쪽에서는 유고슬라비아와 이탈리아가 트리에스테를 둘러싼 교착 상태를 끝내자는 데 합의했다. 1954년 10월 미국과 영국이 중재한 협정에서 트리에스테 시는 이탈리아 영토로 존속하되, 슬로베니아인 주민이 압도적으로 많았던 그 주변의 배후지는 유고슬라비아에 귀속되었다. 트리에스테 협약은 이 시기의 많은 협약들처럼 〈임시〉 협약으로 이해됨으로써 손쉽게 이루어진 측면이 있다. 미국 주재 이탈리아 대사였던 알베르토 타르차니의 말을 빌리자면, 트리에스테에 관한 협약은 〈임시 협약과 유사했지만 실제로는 최종 협약이었다〉.

오스트리아, 유고슬라비아, 이탈리아에 관한 협약은 1955년 7월 제네바에서 열린 정상회담(포츠담 회의 이후 첫 번째)과 국제 연합에 열여섯 개 국가가 새로이 회원으로 가입한 것이 상징하듯 유럽의 일에 새롭게 〈화해〉 분위기가 등장하여 10년간에 걸친 동서의 교착 상태가 깨졌기 때문에 가능했다. 제네바에서는 아이젠하워와 흐루쇼프, 이든 사이의 회담 분위기가 우호적이었을 뿐만 아니라 여전히 소련이 관리하고 있는 약 1만 명의 독일인 전범의 운명도 해결되었다. 이는 제네바에서 해결된 가장 중요한 문제였다. 소련 지도자들은 1955년에 아데나워가 모스크바를 방문하고 외교 관계를 수립한 데 대한 화답으로 독일인 전범의 귀국에 동의했다. 그중 9,626명이 같은 해에 석방되었고, 나머지는 1956년 1월 말에 석방되었다. 한편 독일의 작은 이웃 나라들도 서독 정부와 어느 정도 결말을 보았다. 덴마크는 1955년에 미미한 국경 문제들과 전쟁 범죄에 대한 보상에 관하여 독일과 합의했고, 벨기에는 한 해 뒤에 합의에 도달했다(그러나 룩셈부르크 대공국은 1959년에, 네덜란드는 1960년에 가서야 독일과 협정을 체결했다). 실제로는 누구도 그렇게 말하지 않았지만, 유럽 전쟁의 범죄와 처벌 그리고 그 여파에 관한 이야기는 끝나고 있었다.

이렇게 마음을 놓을 수 있는 상황은 국제적으로 중요한 군비 경쟁을 배경으로 전개되었다. 그 시대의 두 강대국이 철저히 무장하고 핵 전쟁의 돌발 가능성에 대비하는 중에도 유럽의 평화 정착이 이루어졌다는 이 역설적인 사실은 기이하게 보일 수 있지만 실제로 그렇지 않았다. 향후 전쟁이 발발할 가능성이 가장 높은 지역은 여전히 중부 유럽이었지만, 유럽 국가들은 미국과 소련이 전략적으로 핵무기와 핵무기를 발사할 대륙 간 탄도탄을 더 강조했기 때문에 경쟁의 절박함에서 해방되었다. 유럽 국가들은 그 영역에서 초강대국들의 자원에 맞설 수 없었다. 그래서 이 시기에 서유럽은 미국이나 소련과는 매우 다른 방식으로 냉전을 경험했다.

미국의 핵무기 비축량은 1950년대를 지나며 급속하게 증가했다. 미군이 사용할 수 있는 핵무기는 1946년 9개에서 1948년에 50개, 1950년대에 들어서 170개로 늘었고, 1952년에 841개에 달했다가 폭발적으로 증가하여 독일이 북대서양 조약 기구에 가입할 당시에는 약 2천 개가 되었다(7년 후 쿠바 위기 직전에는 2만 8천 개가 된다). 미국 공군은 폭탄을 투하하기 위해 B-29 폭격기 비행단을 전진 배치했다. 1948년 베를린 봉쇄가 시작될 때 50대 정도에 불과했던 B-29 폭격기는 5년 뒤 1천 대를 훨씬 넘었다. 최초의 대륙 간 폭격기인 B-52는 1955년 6월에 실전에 배치되었다. 유럽에서는 소련이 병력과 재래식 무기에서 압도적으로 유리했기에, 미국의 전략에서는 불가피하게 공중 투하 핵무기가 중심이 되었다. 1950년 3월 10일, 트루먼 대통령이 수소폭탄 개발을 서두르라는 명령을 비밀리에 내린 후에 그러한 상황은 더 심화되었다.

트루먼의 결정은 소련이 1949년 8월 핵폭탄 실험에 성공함으로써 촉발되었다. 미국과 소련의 핵 역량 차이는 줄어들고 있었다. 미국이 처음으로 성공한 열핵폭탄 실험은 1952년 11월 1일에 태평양의 환초 엘루겔라브에서 실행되었다. 세미팔라틴스크에서 실행된 소련의 첫 번째 열핵폭탄 실험은 겨우 열 달 후인 1953년 8월 12일에 발표되었다. 다음 달, 미국의 전술 핵무기가 처음으로 서독에 도착했고, 이듬해 1월 덜레스는 북대서양 조약 기구가 〈핵무기를 보유해야〉 한다는 아이젠하워의 〈뉴룩New Look〉 정책을 발표했다. 유럽의 전장에서 전술 핵무기를 사용하겠다는 위협은 동맹의 방위 전략의 한 부분이 되어야 했다. 서방이 정말로 핵무기를 발사할 수도 있다는 점을 소련이 믿게 하려면, 핵무기와 재래식 무기 사이의 구분을 없애야 했다. 1954년 4월 덜레스는 북대서양 조약 기구 이사회에 이렇게 설명했다. 〈미국은 현재의 위협에 맞서 북대서양 조약 기구 지역을 방어하려면 핵무기 사용 능력이 필수적이라고 생각한다. 요컨대 그러한 무기는 이제 사실상 재래식 무기로 취급되어야만 한다.〉

북대서양 조약 기구의 핵 무장과 유럽 대륙의 안정이 동시에 이루어진 것은 우연이 아니었다. 소련의 관점에서도 중부 유럽과 서유럽에서 재래식 무기로 전쟁을 벌이는 것은 전략적인 관심사에서 벗어나고 있었다. 소련도 핵무기를 비축했다. 1950년에 5개로 시작했지만 50년대 말에는 약 1,700개를 보유했다. 그러나 소련은 유럽의 전장이 아니라 대양 건너편으로 핵무기를 발사할 수단을 개발하는 데 중점을 두었다. 러시아에서 겨우 수백 마일 떨어진 독일에 핵무기 기지를 두려는 미국 계획의 효과를 상쇄하겠다는 뜻이었다.

존 F. 케네디가 1960년에 대통령 선거 운동을 하면서 언급했던 유명한 〈미사일 갭missile gap〉은 신화였으며 소련의 선전이 성공리에 행사된 것이었다. 소련이 교육과 기술에서 우월하다는 당대의 널리 퍼진 설명도 마찬가지였다. 독일 총리 헬무트 슈미트가 그 말을 하기 20년 전에, 흐루쇼프와 몇몇 고참 동료들은 이미 자신들이 통치하는 제국이 기본적으로 〈미사일을 가진 오트볼타〉[7]였음을 직관적으로 이해했다. 그러나 소련은 분명 탄도 역량을 발전시키는 데 큰 노력을 쏟았다. 소련은 1957년 8월 처음으로 대륙 간 탄도탄의 시험 발사에 성공했다. 미국보다 다섯 달을 앞섰다. 이어 1957년 10월 4일 인공위성 스푸트니크를 발사하여 자신들이 (미국의 위협에 맞서) 무슨 일을 할 수 있는지 보여 주었다.[8]

탄도 무기에, 즉 소련의 오지에서 미국의 표적 지점에 핵탄두를 떨어뜨릴 수 있는 대륙 간 탄도탄에 남달리 큰 매력을 느꼈던 사람은 니키타 흐루쇼프였다. 탄도 무기는 재래식 무기보다 저렴했다. 흐루쇼프는 탄도 무기 덕분에 소비재 생산에 자원을 전용하면서도 중공업과 군부와 좋은 관계를 유지했다. 그리고 양 진영이 모두 인정했듯이, 대전이 발발할 가능성이 그 어느 때보다 적다는 기묘한 결과가 나타났다. 핵무기 때문에 소련과 미국은 둘 다 외견상 더 호전적인 나라가 되었으나(핵무기를 사용할 준비가 되어 있고 또 사용할 의지가 있어 보인다는 점이 중요했다) 실제로는 한층 더 자제했다.

미국에게 핵무기는 또 다른 매력이 있었다. 미국은 지도자들이 유럽의 일에 말려들지 않으려고 최선의 노력을 다했는데도 피할 수 없었고, 그렇지만 여전히 벗어날 방법을 찾고 있었다. 유럽의 핵무장은 성공적인 탈출 방법이 될 수 있었다. 유럽에 핵무기를 배치하면 유럽의 심장부에 미군이 대규모로 무한정 주둔해야 하는 상황을 떠올릴 필요가 없게 될 것이다. 정치인이나 군사 전략가나 똑같

7 Haute-Volta. 과거에 프랑스의 식민지였던 서아프리카의 부르키나파소. 헬무트 슈미트가 소련을 이렇게 비유했다 — 옮긴이주.

8 소련의 무기 시위에 당황한 나라는 미국만이 아니었다. 1960년, 영국의 보수당 출신 총리 해럴드 맥밀런의 개인적인 결론은 이와 같았다. 〈그 사람들(소련)은 이제 공격을 무서워하지 않는다. 소련은 최소한 서방만큼은 핵 능력을 보유했다. 국내 (통신) 선로가 부설되었다. 경제는 활력을 띠었으며 물질적 부의 경쟁에서도 곧 자본주의 사회를 능가할 것이다.〉

이 소련이 공격하면 대량의 핵으로 보복하겠다는 미국의 확약만으로도 유럽이 사실상 스스로 방어할 수 있는 날이 오기를 기대했다. 1953년에 아이젠하워가 되풀이했듯이, 미군의 유럽 주둔은 늘 〈해외의 우리 친구들에게 확신과 안심을 주기 위한 미봉책〉으로 여겨졌다.

미국이 유럽을 떠나겠다는 계획을 결코 실현시킬 수 없었던 이유는 여러 가지였다. 1950년대 말쯤, 미국은 유럽에 집단적 통제로써 핵 억지력을 보유하라고 강요했다. 그러나 영국도 프랑스도 그러한 생각을 좋아하지 않았다. 그 정부들이 원칙적으로 핵무기에 반대했기 때문이 아니었다. 영국은 1952년에 오스트레일리아의 사막에서 처음으로 플루토늄 폭탄을 폭발시켰고, 14달 후 첫 번째 원자폭탄이 공군에 인도되었다. 당시 영국 정부는 군사적·경제적 이유로 대륙 방어 전략에서 핵 억지력 전략으로 전환하는 데 상당한 열의를 보였다. 실제로 영국은 아이젠하워가 〈뉴룩〉 전략을 제시하도록 설득하는 데 중요한 역할을 했으며, 핵폭탄을 투하할 수 있는 폭격기를 영국 땅에 배치하는 데 전혀 반대하지 않았다.[9]

프랑스도 원자폭탄 계획을 갖고 있었다. 프랑스는 1960년에 가서야 독자적으로 원자폭탄 실험에 성공하지만 이미 1954년 12월에 망데스프랑스는 원자폭탄 계획을 승인했다. 그러나 영국도 프랑스도 핵무기에 대한 통제권을 유럽의 통합 방위 기구에 양도할 의향은 없었다. 특히 프랑스는 미국이 핵무기 발사 장치에 독일이 접근하도록 허용할 수도 있다는 암시를 줄 때마다 의혹의 눈길을 보냈다. 미국은 마지못해 유럽 내 미군 주둔이 불가피하다고 인정했다. 바로 이것이 유럽의 동맹국들이 듣고 싶었던 말이었다.[10]

9 영국이 핵무기 사용에 관해 어떤 견해를 갖고 있었는지는 분명하지 않았다. 당시 (1952년) 처칠-트루먼의 공동 성명에는 〈비상사태가 벌어졌을 때 이 기지들의 사용은 당시의 상황에 비추어……공동으로 결정할 문제가 될 것이다〉라고 모호하게 표명되었다.

10 미국이 1956년 11월 영국과 프랑스에 수에즈 운하에서 철수하라고 압력을 가하자,

미국과 유럽을 결속시킨 두 번째 사안은 베를린 문제였다. 1948~1949년의 봉쇄 실패로 과거의 독일 수도는 일종의 무방비 도시가 되었다. 동베를린과 서베를린은 여러 점령 지구를 종횡으로 교차하는 전화선과 교통망으로 연결되었다. 베를린은 또한 동유럽에서 서유럽으로 이동하는 유일한 통로였다. 서방으로 도망치려는 독일 민주 공화국의 독일인은 일단 동베를린의 러시아 점령 지구로 와서 서방 점령 지구로 넘어간 다음 서베를린과 독일 연방 공화국의 나머지 지역을 연결하는 도로와 철길을 따라 걸으면 되었다. 그렇게 도착한 사람들은 자동적으로 서독의 시민권을 획득했다.

그 여행에 위험이 전혀 없지는 않았으며, 난민들은 휴대할 수 있는 것만 가져올 수 있었다. 그러나 어떤 것도 젊은 동독인들의 탈출 감행을 막지는 못했다. 1949년 봄에서 1961년 8월까지 280만 명에서 300만 명에 이르는 동독인이 베를린을 통과하여 서방으로 들어왔다. 그 수치는 동독 인구의 약 16퍼센트에 달했다. 탈출한 사람들 중 많은 이가 교육을 받은 전문직 남녀로 동독의 미래였다. 그러나 탈출한 사람들 중에는 1952년에 단행된 농업 집단화를 피해 도망한 수천 명의 농부들도 있었고, 1953년 6월의 폭압적인 탄압 이후 체제를 포기한 노동자들도 있었다.

따라서 베를린의 기묘한 위치는 동독의 공산당 정권에 늘 골칫거리였으며 선전 활동의 재앙이었다. 1959년 12월, 동독 주재 소련 대사가 모스크바에 보낸 통지는 적절했다. 〈베를린에 사회주의 세계와 자본주의 세계를 연결하는 개방된, 요컨대 통제되지 않는 경계가 존재함으로써 주민들은 뜻하지 않게 그 도시의 두 세계를 비교하게 되고, 비교는 유감스럽게도 독일 민주 공화국의 베를린에 늘 우호적이

북대서양 조약 기구 회원국들은 전쟁이 나면 미국이 위험에 처한 유럽인들을 내버려 두고 자신들의 대륙으로 후퇴할지도 모른다는 두려움을 갖게 되었다. 그래서 워싱턴은 미국의 허약한 동맹국들을 안심시키기 위해서는 우선 베를린에 관해, 그다음으로는 쿠바에 관해 확고한 태도를 보일 필요가 있음을 이해했다.

지는 않았다.〉베를린의 상황은 다른 나라들은 물론이요 소련에도 쓸모가 있었다. 베를린은 냉전 시대의 주된 초소이자 첩보 활동의 중심지였다. 1961년경 70여 개의 서로 다른 기관들이 베를린에서 암약하고 있었고, 소련의 첩보 기관들이 가장 큰 성공을 거둔 곳도 베를린이었다.

그렇지만 소련 지도자들은 독일의 분할을 수용하고 동쪽 점령 지구를 완전한 주권 국가로 격상시킨 후에는 인적 자원의 꾸준한 유출을 무한정 좌시할 수 없었다. 그렇지만 소련이 베를린을 다시 한번 국제 사회의 직접적인 관심의 대상으로 만들고 그 도시의 지위를 두고 3년에 걸쳐 국제적인 위기를 조성했을 때, 이것이 동독 통치자들의 상처 받은 감정을 고려한 결과는 아니었다. 1958년, 소련은 미국이 서독을 이번에는 핵무기로 무장시키려는 것은 아닌지 다시 걱정했다. 앞서 보았듯이 이러한 걱정은 완전히 터무니없는 것은 아니었다. 일부 서유럽인들도 그런 염려를 공유했기 때문이다. 그래서 흐루쇼프는 베를린을 서독의 핵무장을 저지하는 지렛대로 이용하려 했다(그렇지 않다면 러시아는 이 도시의 운명에 무관심했을 것이다). 소련은 실제로 서독의 핵무장에 위기의식을 느꼈다.

〈베를린 위기〉의 첫 번째 단계는 1958년 11월 10일에 시작되었다. 그날 흐루쇼프는 모스크바에서 서방 강국들을 향해 공개 연설을 했다.

제국주의자들은 독일 문제를 국제적 긴장의 영구적인 원천으로 변환시켰다. 서독의 지도부는 독일 민주 공화국에 적대하는 군사적 열의를 자극하느라 온갖 책동을 다하고 있다. ……아데나워 총리와 국방장관 슈트라우스의 연설, 연방군의 핵무장, 다양한 군사 훈련, 이 모두가 서독 지도부가 추진하는 정책 방향을 명확하게 드러낸다. ……이제 포츠담 협정의 서명국들이 남은 기간의 베를린 점령 통치를 포기하고 독일 민주 공화국 수도에 정상적인 상황을 회복시킬 때가 분명히 도래했다. 소련은 지금까지 베를린에서 소련 기관들이 수행했던 기능을 주권 국가인 독일 민주 공화국에 인계하려 한다.

흐루쇼프의 이 같은 공격은 보름 후 그 소련의 지도자가 서방에 여섯 달 안에 베를린 철수를 결정하라고 요구하여 더욱 화급해졌는데, 그 표면상의 목적은 미국이 베를린을 포기하고 베를린이 〈자유 도시〉가 되도록 허용하게 하는 것이었다. 만일 미국이 그렇게 한다면, 서유럽을 방어하겠다고 약속한 미국의 신뢰도는 전체적으로 큰 손상을 입고 서독과 그 외 지역에 중립적인 반핵 정서가 확산될 것이었다. 그러나 소련은 서방 강국들이 베를린에 꼼짝 않고 계속 머물겠다고 고집해도 서독에 핵무기를 공급하지 않겠다는 약속만 확고히 한다면 자신들의 제안이 받아들여지지 않아도 상관없었다.

서방 지도자들은 최종적인 조약이 체결되지 않았는데도 소련이 동베를린을 동독 정부와 제도 안에 완전히 통합한 것은 포츠담의 약속을 위반한 것이라고 주장하며 베를린에 관해 어떠한 양보도 하지 않았다. 그러자 흐루쇼프는 다시 시도했다. 1959년 여름 제네바에서 열린 일련의 외무장관 회담이 실패로 돌아간 후에, 흐루쇼프는 1960년에 한 번 더, 그리고 1961년 6월에 다시 자신의 요구를 되풀이했다. 서방 군대의 베를린 주둔은 중단되어야 했다. 그렇지 않으면 소련은 일방적으로 베를린에서 철수하여 독일 민주 공화국과 개별적으로 평화 조약을 체결하고, 서방에 그 점령 지구의 운명을 독립 국가 동독과 협상하게 할 작정이었다. 1958년 여름부터 1961년 여름이 지날 때까지 베를린을 둘러싼 위기는 당장에라도 터질 듯 끓어올랐으며, 외교적 신경전이 치열했고, 동독인의 탈출은 홍수를 이루었다.

1961년 6월, 흐루쇼프는 미국의 신임 대통령 존 F. 케네디와 빈에서 만나 정상회담을 하며 최후통첩을 전달했다. 1960년 5월 흐루쇼 프와 아이젠하워 사이에 열릴 예정이던 정상회담은 소련이 개리 파 워스가 조종하던 U2기를 격추하고 미국이 (처음에는 그 문제에 관해 아는 바가 전혀 없다고 부인했지만) 마지못해 실제로 고도 정찰을 시행했다고 시인함으로써 취소되었다. 흐루쇼프는 케네디와 회담하며 그해 말까지 베를린 문제가 해결되지 않으면 서방이 베를린에서 보유한 권리를 〈폐지〉하겠다고 위협했다.

케네디는 전임자였던 아이젠하워처럼 서방은 그 책무를 결코 포기하지 않겠다고 주장함으로써 공개적으로 강경 노선을 취했다. 미국은 포츠담 협정을 권리로서 지키고 있었고, 특히 미군의 독일 주둔 비용을 대기 위해 방위비 예산을 확대하고 있었다. 그러나 미국은 비공식적으로는 훨씬 더 융통성이 있었다. 피보호국인 서독과 달리 동독 국가의 실체를 받아들였고, 아데나워와 특히 국방장관 프란츠 요제프 슈트라우스가 최근에 내뱉은 공격적 논조의 발언에 대한 소련의 불안을 이해했다. 독일 상황에서 진전을 보려면 무엇이든 해야만 했다. 1960년 3월 28일 아이젠하워가 맥밀런에게 말했듯이, 서방은 〈향후 50년간 동전 위에 서 있을〉 수 없었다. 케네디는 같은 마음에서 빈에서 흐루쇼프를 만나 미국은 〈소련과 동유럽의 유대 관계를 해칠 생각〉이 없다는 점을 납득시켰다. 미국은 독일의 동쪽 점령 지구와 과거에 독일 영토였으나 지금은 폴란드와 체코슬로바키아, 소련이 된 지역을 포함하여 러시아가 보유했던 영토, 보유할 수 있었던 영토를 몰래 승인했던 것이다.[11]

케네디가 워싱턴으로 돌아온 직후, 동독 당국은 탈출하려는 자들의 여행을 규제했다. 미국 대통령은 이러한 조치에 대한 직접적인 대응으로 서방이 서베를린에 약속한 바를 공개적으로 재천명하고

---

11 케네디의 발언은 당시 기밀이었을 뿐만 아니라, 정상회담 문서가 30년 후 처음 공개되었을 때에도 빠져 있었다.

그럼으로써 그 도시의 동쪽 절반이 소련의 영향권 안에 있음을 넌지시 인정했다. 베를린을 통한 탈출의 속도는 그 어느 때보다 빨라졌다. 7월에 서독을 향해 떠난 사람은 3만 415명이었고, 1961년 8월 첫주에 추가로 2만 1,828명이 뒤를 이었다. 이들 중 절반은 스물다섯 살 미만이었다. 이러한 속도라면 독일 민주 공화국은 곧 텅 비게 될 터였다.

흐루쇼프의 대응은 베를린이라는 고르디우스의 매듭을 끊어 버리는 것이었다. 8월 6일, 소련은 파리에 모인 연합국 외무장관들이 합의를 도출되지 못하면 독일 민주 공화국과 별도로 평화 조약을 체결하겠다고 위협했다. 자신들의 제안이 거부되자 소련은 동독에 말 그대로 양 진영을 최종적으로 분리하는 경계선을 긋도록 허용했다. 1961년 8월 19일, 동베를린 당국은 병사들과 노동자들에게 도시를 가르는 격벽 건설 임무를 맡겼다. 사흘 만에 조야한 방벽이 세워졌다. 베를린의 두 절반 사이를 아무 때나 넘어가지 못하도록 예방하기에는 충분했다. 뒤이은 몇 주 동안 방벽은 더 높아지고 보강되었다. 탐조등과 철조망, 감시 초소가 추가로 설치되었다. 방벽에 가까이 붙은 건물의 문과 창문은 처음에는 막아 놓았다가 나중에는 벽돌을 쌓아 봉쇄했다. 거리와 광장도 절반씩 잘렸고, 분할된 도시를 넘나드는 모든 통신은 엄밀한 감시를 받거나 완전히 단절되었다. 베를린에 장벽이 세워졌다.

서방은 표면적으로는 깜짝 놀랐다. 1961년 10월에 사흘 동안 소련과 미국의 전차들이 각각의 점령 지구를 가르는 검문소(마지막까지 양 지구를 연결했던 지점)에서 대치했다. 그동안 동독 당국은 서방 강국들이 애초의 4국 간 협정에 따라 동쪽 지구에 접근할 권리를 확인하고 계속 주장할 의지가 있는지 시험했다. 소련은 지역의 미군 사령관이 비타협적 태도로 일관하자(미군 사령관은 동독은 연합군의 활동을 방해할 아무런 권리가 없다고 주장했다) 마지못해 검문소 접근을 허용했다. 비록 양 진영이 사실상 개별 점령 지구의 행정을 지역의 독일 당국에 양도하기는 했지만 점령국 네 나라는 모두 이후 30년 동안 그곳에 존속했다.

무대 뒤편에서는 많은 서방 지도자들이 장벽의 출현에 남몰래 안도했다. 3년 동안 베를린은 마치 1948년에 그랬던 것처럼 국제적 대결의 발화점이 될 징후를 보였다. 케네디와 다른 서방 지도자들은 개인적으로는 베를린을 가로지르는 장벽이 전쟁보다는 훨씬 좋은 결말이라는 데 동의했다. 서방 지도자들은, 공개석상에서 어떻게 말했든 간에, 병사들에게 〈베를린을 위해 죽으라〉고 요구하는 것은 상상할 수 없었다. 딘 러스크(케네디 행정부의 국무장관)가 조용히 말했듯이, 베를린 장벽은 쓸모가 있었다. 〈현실적으로 말하자면 장벽 덕분에 베를린 문제가 더 쉽게 해결될 가능성이 있다.〉

베를린 위기의 결말은 두 강대국이 때때로 인정했던 것보다 훨씬 더 많은 공통점을 지녔다는 사실을 보여 주었다. 미국은 만일 소련이 베를린에서 연합국이 갖는 지위를 다시 문제 삼지 않으면 베를린의 동독 정부 실체를 인정하고 핵무기를 요구하는 서독의 압력을 물리칠 작정이었다. 양측 모두 중부 유럽의 안정에 이해관계가 있었다. 그러나 미국과 소련 둘 다 각자의 독일 피보호국이 제기하는 요구와 불평에 대응하는 데 지쳤다는 것이 더 적절한 지적이다. 냉전의 첫 10년간 분할된 독일의 양쪽 정치인들은 미국과 소련의 후견인을 이용하는 데 비할 데 없이 큰 수단을 부여받았다. 강대국들은 각자 〈자신들의〉 독일인의 신뢰를 잃을까 두려워했고, 그래서 아데나워와 울브리히트가 〈흔들리지 말라〉고 자신들을 윽박지르게 내버려 두었다.

앞서 살펴보았듯이 소련은 독일의 동쪽 점령 지구에서 처음부터 보호국 수립에 착수하지는 않았지만 나중에 이를 차선책으로 받아들였으며, 베를린의 사랑받지 못한 허약한 공산당 정권을 강화하기 위해 엄청난 노력을 기울였다. 반면 동독 공산당은 소련이라는 후원자가 자신들에게서 손을 떼지는 않을까 언제나 전전긍긍했다.[12] 따라서 동독 공산당은 베를린 장벽이 건설되자 어느 정도 안심했다. 물론 장벽이 제거되면 평화 조약이 체결되도록 압력을 행사해 달라는 자신들의 요구를 흐루쇼프가 거부하자 실망하기는 했다. 서독 정부로 말하자면, 〈친구들〉(미국)이 자리를 털고 일어나 떠나 버리지 않을까 늘 걱정했다. 미국은 서독 정부가 자신들이 확고히 지원하고 있다는 점을 확신하도록 언제나 극진한 노력을 기울였다. 그렇지만 장벽이 세워지고 미국이 묵인했다는 사실이 분명하게 드러나자, 서독의 근심은 커져만 갔다. 그래서 미국은 장벽이 세워진 이후에도 그 점령 지구를 결코 떠나지 않겠다고 거듭 약속했다. 1963년 6월 케네디가 〈나는 베를린 사람이다Ich bin ein Berliner〉라고 선언한 배경에도 바로 이러한 염려가 있었다. 1963년 미국은 유럽 전역에 25만 명의 병력을 주둔시켜 러시아처럼 분명하게 그곳에 오랫동안 존속했다.

장벽이 건설됨으로써 이제 베를린은 세계와 유럽의 위험 지대가 아니었다. 접근 문제에 관한 공식적인 합의에 도달하기까지는 10년의 세월이 더 필요했지만, 1961년 11월 이후 베를린은 중요하지 않았고, 서베를린은 점점 더 정치적인 관심에서 멀어졌다. 러시아도 관심을 잃었지만, 기이하게도 서방은 이 사실을 그 즉시 명확하게 파악하지 못했다. 이듬해 쿠바 위기가 발생했을 때, 케네디와 그의 고문들은 흐루쇼프가 독일에 관하여 오랫동안 품어 왔던 목적을 달성하기 위해 마키아벨리적인 복잡한 책략을 꾸미고 있다고 확신했다.

트루먼과 애치슨이 한국 침략을 소련이 분할된 독일의 국경선을 넘어오기에 앞서 실행한 준비 행위일 수 있다고 보았듯이, 케네디와 그의 동료들은 소련이 미국을 공격하기 쉬운 쿠바에 미사일을 설치한 것은 베를린에서 양보를 받아 내기 위한 일종의 협박이라고 보았

12 1990년에 드러나듯이, 동독 공산당의 우려에는 근거가 있었다.

다. 쿠바 위기가 시작되고 처음 열흘 동안 미국의 지도자들은 서베를린 문제를, 그리고 그 분열된 도시에서 흐루쇼프가 보일 대응 조치를 무엇으로든 〈중화할〉 필요가 있다는 점을 한시도 잊은 적이 없었다. 1962년 10월 22일 케네디는 영국 총리 해럴드 맥밀런에게 이렇게 설명했다. 〈나는 흐루쇼프의 은밀하고 위험스러운 움직임이 베를린과 관계가 있을 수 있다는 것을 당신에게 구태여 지적할 필요를 느끼지 못한다.〉

문제는 케네디가 소련의 새로운 허세와 선전을 지나치게 심각하게 받아들이고 미소 관계를 베를린 문제를 중심으로 이해했다는 데 있었다. 이 때문에 쿠바 위기의 의미는 극적으로 확대되었고, 케네디는 10월 19일 측근들에게 이렇게 알렸다. 〈나는 우리에게 만족스러운 대안이 있다고 생각하지 않는다. ……문제는 쿠바만이 아니다. 베를린도 있다. 그리고 지금 우리는 유럽에서 베를린이 얼마나 중요한지, 우리에게 동맹국들이 얼마나 중요한지 인식하고 있기 때문에, 딜레마에 빠져 있다. 그렇지 않다면 해답은 매우 간단할 것이다.〉 사흘 전 쿠바 위기가 시작되었을 때 국무장관 딘 러스크는 소련의 조치를 나름대로 해석하여 이렇게 요약했다. 〈나도 베를린이 이 일에 매우 깊이 관련되어 있다고 생각한다. 흐루쇼프가 베를린에 관하여 진정 이성적으로 대응하고 있는지 처음으로 의심이 들었다.〉

그러나 곧 밝혀졌듯이 흐루쇼프는 베를린에 관해 완전히 이성적이었다. 소련은 실제로 유럽에서 압도적으로 우세한 통상 전력을 유지했고, 원하기만 하면 언제라도 서베를린(그리고 서유럽 대부분)을 점령할 수 있었을 것이다. 그러나 미국이 온갖 수단(사실상 핵무기를 의미한다)을 다 동원하여 서베를린의 자유를 지키겠다고 맹세한 마당에, 흐루쇼프는 독일 때문에 핵전쟁을 무릅쓸 의향은 없었다. 훗날 워싱턴 주재 소련 대사는 회고록에 이렇게 썼다. 〈케네디는 흐루쇼프와 그의 동맹자들이 베를린을 두고 결정적인 조치를 취할 준비를 완료했다고 과대평가했다. 베를린 장벽의 건설은 사실상 그들이 취할 수 있는 가장 공격적인 조치였다.)[13]

초강대국들은 베를린과 쿠바를 뒤로 하고 첫 번째 냉전의 불확실한 문제들을 놀랍도록 기민하게 해결했다. 1963년 6월 20일 워싱턴과 모스크바 사이에 〈핫라인〉이 설치되었고, 한 달 뒤에는 미국과 소련, 영국이 모스크바에서 회담을 열고 부분적 핵실험 금지 조약 LTBT을 체결했다. 10월 10일에 발효된 이 조약은, 그 공공연한 목적보다는 〈배후에 숨은 의미〉 때문에 유럽에 상당히 중요했다.

두 강대국 모두 중국이나 서독에 핵무기가 들어가지 않기를 원했는데, 이러한 희망이 조약의 진짜 목적이었다. 독일의 비핵화 약속은 소련이 베를린의 타협으로 얻으려 했던 보상이었다. 그렇기에 미국은 타협을 이끌어내기 위해 서독에서 기꺼이 나쁜 평판을 자초했다. 서독은 미군의 계속적인 주둔을 대가로 독일의 핵무장 거부를 수용했지만 다소 분개했다. 마치 베를린 분할을 수용할 때와 같았다. 반면 그 조약으로 소련의 전략적 관심이 유럽에서 다른 대륙으로 이동했다는 점이 분명하게 확인되었다.

유럽에서 냉전이 안정화되고 냉전이 〈열전〉으로 전환될 가능성이 그 어느 때보다 줄어들었으며 또 그러한 문제들이 대체로 자신들의 손을 떠났다는 사실 때문에 재래식 병기에 의한 교전은 시대에 뒤졌다는 확신이 퍼졌고, 서유럽 사람들은 크게 안심했다. 1953년에서 1963년 사이 많은 평자들에게 전쟁은 적어도 유럽 대륙에서는 전혀 생각할 수 없었다(다른 곳에서는 갈등을 해결하는 방법으로 늘 전쟁이 선호되었다). 만일 전쟁이 발발한다면, 강대국들의 엄청난 핵무

---

13 Anatoly Dobrynin, *In Confidence* (Times Books, 1995), p. 46. 흐루쇼프는 진정으로 전쟁을 혐오했다. 쿠바 위기가 절정에 달했던 10월 26일, 흐루쇼프는 케네디에게 이렇게 써 보냈다. 〈정말로 전쟁이 발발한다면, 우리에게는 전쟁을 중단시킬 힘이 없을 것이다. 그것이 전쟁의 논리이기 때문이다. 나는 두 차례 전쟁에 참여했고, 전쟁은 도시와 마을을 휩쓸어 도처에 죽음과 파괴의 씨앗을 퍼뜨리고 나서야 끝난다는 사실을 안다.〉

기 때문에 틀림없이 상상할 수 없을 정도로 참혹한 결과가 수반될 것이며, 따라서 전쟁은 어느 한편의 오산에 따른 결과일 수밖에 없었다. 그럴 경우, 유럽인들에게 그 귀결을 완화할 가능성은 거의 없었다.

누구나 상황을 이렇게 이해하지는 않았다. 비록 소수였지만 같은 증거를 토대로 핵무장 해제를 집요하게 요구한 운동도 있었다. 1958년 2월 17일, 런던에서 영국 핵무장 해제 운동CND이 시작되었다. 이 운동은 처음부터 명백하게 영국 급진 정치의 위대한 이의 제기 전통에서 출발했다. 핵무장 해제 운동의 지지자들은 대체로 좌파 성향의 교육받은 자들로 비폭력적이었으며, 그 요구는 우선 러시아나 미국이 아니라 자신들의 정부를 겨냥했다(비록 1950년대 말에는 미국이 제공하는 미사일과 잠수함이 없으면 영국의 폭탄은 결코 표적에 도달할 수 없다는 것이 분명했는데도, 영국의 두 주요 정당은 모두 독립적인 핵 억지력을 보유할 필요성을 확신했다).

영국 핵무장 해제 운동은 절정기였던 1962년에 올더마스턴의 핵무기 시설로 가는 연례 항의 행진에 1만 5천 명의 지지자를 집결시킬 수 있었다. 그러나 영국의 운동은 서독과 베네룩스 국가들의 유사한 성격을 지닌 운동들과 함께 1960년대를 지나며 쇠퇴했다. 반핵 운동가들은 부분적 핵실험 금지 조약 이후 적절성을 상실했다. 유럽의 절멸이 임박했다는 주장이 신뢰를 얻기는 점점 더 힘들었으며, 급진적 의제에서 새로운 주제들이 군축을 대신했기 때문이다. 소련의 반체제 핵물리학자인 안드레이 사하로프의 관심도 임박한 핵전쟁으로 인한 대량 살상의 위험에서 점점 더 벗어났다. 사하로프의 관심은 자신의 말마따나 〈전 세계적인 문제에서 개별 인간의 보호〉로 바뀌었다.

핵무장 해제를 생각해 본 서유럽인이라면 대부분 해제에 찬성했다. 그 점에는 의심의 여지가 없었다. 1963년의 투표 결과를 보면 특히 이탈리아 사람들은 모든 핵무기의 폐지를 환영했다. 프랑스 사람들은 이탈리아인만큼은 아니었지만 핵무기 폐지론자였고, 반면 독일인과 영국인은 비록 핵에 반대하는 사람들이 뚜렷하게 다수를 차지하기는 했지만 의견이 갈렸다. 그러나 유럽의 핵 문제는 1920년대와 1930년대 초의 군축에 관한 위험한 논쟁과는 대조적으로 사람들의 마음을 크게 움직이지 못했다. 지나치게 추상적이었기 때문이다. 겨우 영국과 프랑스만 (명목상에 불과했지만) 핵무기를 보유했고, 다른 나라들 중에서는 서독 정치권의 소수만이 핵무기를 희구했다.

이탈리아와 덴마크, 네덜란드는 이따금 자국 영토에 미군 기지가 있다는 사실을 걱정했다. 그 때문에 전쟁이 발발하면 위험에 처할 수 있기 때문이었다. 그러나 걱정을 불러일으킨 무기는 초강대국의 소유였고, 매우 합리적이게도 유럽인 대다수는 소련과 미국의 결정에 아무런 영향을 미칠 수 없다고 결론지었다. 실제로 미국의 냉전 수사학의 표현이 이데올로기적으로 매우 날카로웠던 까닭에, 즉각적인 핵전쟁의 위협이 일단 사라지자, 많은 서유럽인들은 미국에 자신들을 보호하도록 허용함으로써 사실상 미국에 은혜를 베풀었다고 생각했다. 그래서 서유럽인들은 어떤 식으로든 핵무장 해제에 관한 논쟁에 참여하는 대신, 자신들의 일에만 열중했다.

1950년대에 유럽의 정치 무대에서 가장 주목할 만한 측면은 겉으로 드러난 변화가 아니라 드러나지 않은 변화에 있었다. 전후 유럽에 민주적인 자치 국가가, 전쟁을 벌일 수단도 열망도 없었고 겉으로 표명하지는 않았지만 〈실험하지 않는다No experiments〉를 일반적인 정치적 신조로 삼은 연로한 자들이 이끄는 국가가 재등장한 데에는 놀라운 점이 있다. 정치적 열기는 계속 유지되리라는 널리 퍼진 예상과 달리 뜨거웠던 지난 40년을 뒤로한 채 식어 갔다. 얼마 지나지 않은 과거의 참화가 대중의 기억 속에 생생한 상태에서, 대다수 유럽인은 대중 동원의 정치에서 등을 돌리면서 안도했다. 행정과 서비스의 제공이 혁명적 기대와 경제적 절망을 대신하여 유권자의(여러 지역에서 여성이 처음으로 포함되었다) 주된 관심사가 되었다. 그리고 정부와 정당은 그러한 관심에 부응했다.

변화는 특히 이탈리아에서 두드러졌다. 이탈리아는 포르투갈, 스페인, 그리스 같은 다른 지중해 국가와 달리 비록 불완전했어도 민주주의 체제가 되었고 전후 내내 그 체제를 유지했다. 이는 적지 않은 성과였다. 이탈리아는 밑바닥 깊은 곳까지 분열된 나라였다. 실제로 이탈리아가 하나의 국가로 존재한다는 사실 자체가 오랫동안 논쟁의 대상이었고 훗날 다시 논쟁적인 문제로 부각된다. 1950년대 초 이래의 연구를 보면, 오로지 이탈리아어만으로 의사를 소통하는 성인 이탈리아인은 다섯 명에 한 명도 채 안 되었다. 많은 이탈리아 사람들은 무엇보다 자신들의 거주 지역이나 광역 지구에 지속적으로 일체감을 지녔고, 일상 대화에서는 대체로 그 지역 방언이나 지방어를 사용했다. 이러한 현상은 특히 중등 교육을 받지 못한 사람들(이 시기의 주민 대다수)에게 해당했다.

남부 이탈리아, 즉 메초조르노의 후진성은 유명했다. 전시에 잠시 나폴리에 배치된 적이 있었던 영국군 장교 노먼 루이스는 어디서나 볼 수 있었던 나폴리의 수상 운송업자들이 〈폼페이의 벽화 속에 묘사된 모습과 조금도 다르지 않은〉 점에 크게 놀랐다. 피에몬테 출신의 의사로 레지스탕스에서 활동한 데 대한 처벌로 무솔리니에 의해 추방당했던 카를로 레비는 남부 이탈리아의 황량한 고지대에 있는 어느 오지 마을의 삶을 기록한 고전적인 저작 『에볼리에서 멈춘 그리스도Cristo si è fermato a Eboli』(1945년 초판 출간)에서 이와 비슷한 관찰 내용을 기록했다. 그러나 남부는 변하지 않았을 뿐만 아니라 가난하기도 했다. 1954년 의회가 조사한 바에 따르면, 이탈리아 극빈층 가구의 85퍼센트가 로마 이남에 거주했다. 남동부 이탈리아의 아풀리아에 사는 농촌 노동자는 기껏해야 롬바르디아 지방의 농촌 노동자가 받는 임금의 절반을 벌 수 있었다. 그해 이탈리아의 일인당 평균 소득을 100으로 치면, 북서부 부유한 지역에 있는 피에몬테의 수치는 174였고, 남쪽 끝의 칼라브리아의 수치는 겨우 52였다.

전쟁으로 이탈리아의 역사적 분열은 더 심해졌다. 북부는 1943년 9월부터 시작하여 거의 2년 동안 독일의 통치와 정치적 저항을 경험했고 이후 연합군이 과격해진 도시들을 점령했던 반면, 남부 이탈리아는 서방 연합군의 진주로 사실상 전쟁에서 벗어났다. 따라서 파시스트로부터 물려받은 메초조르노의 사회 구조와 행정 체계는 무솔리니를 제거한 무혈 쿠데타 이후에도 손상되지 않은 채 존속했다. 오랫동안 지속된 북부와 남부의 정치적·경제적 차이에 이제 현저하게 다른 전쟁의 기억이 덧붙여졌다.

이탈리아 정부는 전후 농업 개혁에 실패하자 곤란한 〈남부 문제〉를 새로운 방식으로 다루게 되었다. 1950년 8월 이탈리아 의회는 국부를 빈곤한 남부로 돌리기 위해 남부 기금이라고 할 수 있는 메초조르노 기금Casa per il Mezzogiorno을 설치했다. 기금 자체는 새로운 발상이 아니었다. 이탈리아 정부가 남부의 가난과 절망을 해결하기 위해 노력을 기울인 것은 적어도 20세기 초의 개혁 지향적이었던 조반니 졸리티 정권까지 거슬러 올라간다. 그러나 종전의 노력은 성과가 없었고, 이탈리아 남부 주민들의 비애를 해결하는 유일하게 효과적인 방법은 근대 이탈리아가 탄생한 이래 늘 그랬듯이 여전히 이민이었다. 그렇지만 메초조르노 기금은 과거의 그 어느 계획보다 훨씬 더 많은 자원을 투입했고 성공 전망도 더 밝았다. 기금이 새로운 이탈리아 공화국의 핵심적인 정치 과정에 매우 잘 맞았기 때문이다.

공화제 국가의 기능은 앞선 파시스트 국가와 크게 다르지 않았다. 공화국은 파시스트 국가로부터 그 관료의 대부분을 상속받았다.[14]

14 1971년까지도 이탈리아 고위 공직자의 95퍼센트는 파시즘의 몰락 이전에 공직에 첫발을 들인 사람들이었다.

말하자면 이탈리아 정부의 역할은 많은 시민에게 고용과 공공사업, 복지를 제공하는 것이었다. 시민들에게 로마의 중앙 정부는 유일한 피난처였다. 이탈리아 국가는 다양한 중개자와 지주 기관을 통해서(그중 일부는 산업재건공사IRI나 국립 사회복지 공사INPS처럼 무솔리니가 설립했고, 나머지는 국립 탄화수소 공사ENI처럼 1950년대에 설립되었다) 이탈리아 경제의 상당 부분을, 즉 에너지와 운송, 공학 기술, 화학, 특히 식량 생산 부문을 소유하거나 통제했다.

그러한 전략에 반대하는 경제적 논거가 무엇이든 간에(그 전략의 뿌리는 부분적으로는 파시스트가 두 대전 사이에 추진했던 경제적 독재에 있었다), 그 사회적·정치적 이점은 명확했다. 1950년대 초 산업 재건 공사는 21만 6천 명을 고용했다. 국가 관료 기구의 여러 부문을 포함한 나머지 기관들이 수십만 명을 더 고용했다. 도로 건설, 도시 주택 건설, 농촌 관개 사업 등의 계약 노동에 투입된 메초조르노 기금과 국가가 새로운 공장과 상업 활동에 지급한 보조금은 국가 고용 자체와 마찬가지로 중앙에서 공급한 자금의 다른 풍부한 원천이었다. 남부 지방의 인구는 전체의 3분의 1이 조금 넘었지만, 1950년대 중반에 이르면 공무원 다섯 명 중 세 명이 남부 출신이었다.

이러한 제도는 상당히 많은 부패와 범죄의 기회를 제공했다. 이 점에서도 공화국은 통일 국가 초기까지 거슬러 올라가는 전통에 직접적으로 닿아 있다. 기묘하게도 이탈리아 국가를 통제하는 자는 누구나 직접적으로든 간접적으로든 호의를 베풀기에 적당한 위치에 있었다. 전후 이탈리아에서 정치는 겉으로 드러난 종교적인 열정이나 이데올로기적인 열정과 상관없이 기본적으로 국가를 차지하여 특권과 후원의 수단을 확보하기 위한 투쟁이었다. 그리고 이러한 수단을 확보하고 조작하는 문제로 말하자면, 수법과 계획에서 기독교 민주당의 알치데 데가스페리와 그 후계자들을 능가할 자가 없었다.

기독교 민주당은 1953년에 그리고 1958년에 한 번 더 40퍼센트

이상을 득표했다(기독교 민주당의 득표율은 1970년대 말까지 38퍼센트 아래로 내려간 적이 없다). 기독교 민주당은 군소 정당들로 이루어진 중도파와 연합하여 계속 이탈리아를 통치하다가 1963년에 비공산당 계열의 좌파 소수 정당들로 협력 상대를 바꾸었다. 기독교 민주당의 가장 강력한 지지 세력은 전통적으로 가톨릭을 믿는 베네치아와 베네토 지방 유권자들을 제외하면 남부 사람들, 다시 말해 바실리카타와 몰리세, 칼라브리아, 사르데냐, 시칠리아의 주민들이었다. 이곳에서 소도시 유권자들을 기독교 민주당에 끌어들이고 수세대 동안 충성하게 했던 것은 신념이 아니라 공공사업이었다. 남부 지방 어느 시청의 기독교 민주당 출신 시장이나 지방 의회 의원은 전기와 실내 변소, 농촌 융자, 도로, 학교, 공장, 일자리 등을 약속하여 당선되고 재선되었다. 그리고 당이 권력을 독점한 덕분에 공약을 이행할 수 있었다.

이탈리아의 기독교 민주당은 여러 면에서 서독과 네덜란드, 벨기에의 유사 정당들과 닮았다. 그들에게는 이데올로기의 보따리가 없었다. 확실히 데가스페리와 그의 후계자들은 바티칸 당국과 정기적으로 만나려 노력했고, 바티칸이 찬성하지 않는 법안은 제안하지도 지지하지도 않았다. 전후 이탈리아는 어떤 점에서는 1861년 이후 신생 이탈리아 국가가 공격적으로 드러냈던 반교권적인 세속주의에 교회가 복수하는 계기였다. 그러나 가톨릭교회가 이탈리아 정치에서 수행한 적극적인 역할은 그 옹호자들과 비판자들이 흔히 주장했던 것보다는 작았다. 사회를 통제하는 주된 수단은 중앙의 강력한 내각이었다. 데가스페리가 종전 직후 동유럽 공산당들처럼 당이 내무부를 확실하게 통제하도록 애썼다는 사실은 의미심장하다.

기독교 민주당이 정착시킨, 보호와 지지의 클라이언텔리즘clientelism 체제는 얼마 지나지 않아 이탈리아 정치 전반의 특징이 되었다. 다른 정당들은 선례를 따르는 길밖에 선택의 여지가 없었다. 이탈리아 공산당은 자신들이 통제했던 도시와 지구에서, 특히 〈붉은〉 볼로냐와 그 주변의 에밀리아 지역에서 그들의 친구를 지원하고 그들의 피보호자를 도왔다. 도시의 노동자들과 포강 하류 유역의 농촌 노동자들이 바로 그들이었다. 차이가 있다면, 기독교 민주당이 지배한 남부의 자치단체들이 부패했다는 점은 널리 인정되었고 마피아와 연계되었다는 소문도 돌았던 반면 공산당은 적절하고 정직하게 행정을 수행했다는 점이다. 1950년대에 대규모 부패 사건은 거의 기독교 민주당의 전유물이었다. 이후에는 북부의 대도시를 통치했던 사회당이 성공적으로 기독교 민주당을 모방했다. 정치에서 부패는 대체로 기회의 부산물이다.

이탈리아식 정부는 특별히 유익했다고 할 수는 없지만, 작동하는 데 문제는 없었다. 시간이 지나면서 공적 활동과 시민 활동의 전 영역이 사실상 정치 계파 속으로 흡수되었다. 기독교 민주당은 전 산업을 〈식민지로 삼았다〉. 신문과 라디오(나중에는 텔레비전)의 통제권과 일자리는 기독교 민주당과 사회당, 공산당이 나누어 가졌으며, 이제는 다소 줄어든 반교권적 구식 자유주의자들의 지지자들도 이따금 보살핌을 받았다. 일자리와 혜택은 지역과 광역, 전국에서 행사되는 정치적 영향력에 비례하여 창출되고 배분되었다. 노동조합에서 운동 동호회까지 모든 사회단체가 기독교 민주당, 사회당, 공산당, 공화당, 자유당으로 분열되었다. 경제적 관점에서 볼 때, 이 체제는 엄청난 낭비를 초래하고 개인의 창의성과 재정의 효율성을 저해했다. 이탈리아의 〈경제 기적〉은 (앞으로 살펴보겠지만) 체제 덕이 아니라 그런 체제가 존재했는데도 일어났던 것이다.

그럼에도 이탈리아의 전후 안정은 경제적 성과와 그에 따른 사회 변화를 가능하게 한 결정적인 조건이었다. 그리고 안정의 토대는 역설적으로 들리겠지만 방금 설명한 매우 특이한 제도에 있었다. 이탈리아에는 어느 한 정당이나 정책을 지지하는 안정적 과반수가 존재하지 않았고, 비례대표제라는 복잡한 선거 제도 때문에 의회는 지나치게 분열되어 법률에 합의할 수가 없었다. 전후 공화주의 헌법은 1956년까지 법률을 재결할 헌법재판소를 갖지 못했으며, 지방자치의 필요성에 대해서도 많은 논의들이 있었으나 그 후 14년이 지나서야 의회의 표결에 부쳐졌다.

그러므로 프랑스 제4공화국의 경우처럼 그리고 몇 가지 같은 이유에서, 이탈리아는 사실상 중앙 정부의 임명직 행정관들이나 여러 초국가적 기관들 중 하나가 운영했다. 이와 같은 명백히 비민주적인 결과 때문에 역사가들은 이탈리아 정치 체제를 다소 경멸하듯 다루었다. 독직과 뇌물, 부패, 정실 정치, 단순 갈취의 기회는 아주 많았고 특히 기독교 민주당의 실질적인 일당 독점에 유리하게 작용했다.[15] 그러나 이탈리아 국가와 사회는 이러한 제도에서도 과거로부터 물려받은 어려운 과제와 새로이 닥친 난제들에 맞서 뛰어난 활력을 보여 주었다. 캐나다나 덴마크를 기준으로 평가할 때, 1950년대의 이탈리아는 공적 청렴도와 제도적 투명성이 부족해 보인다. 그렇지만 투쟁으로 얼룩진 이탈리아 국민의 과거나 전통적으로 이탈리아의 비교 대상이었던 지중해 연안의 다른 유럽 국가들을 기준으로 보면, 이탈리아는 엄청난 도약을 이루었다.

전후 이탈리아의 조건은 몇 가지 중요한 측면에서 오스트리아와 엇비슷했다. 두 나라 모두 독일 편에 서서 싸웠고, 따라서 전후에 고초를 겪었다(이탈리아는 소련과 그리스, 유고슬라비아, 알바니아, 에티오피아에 총액 3억 6천만 달러를 배상금으로 지불했다). 오스트리아도 이탈리아처럼 가난하고 불안정한 국가였고, 얼마 전의 과거

---

15 그렇지만 이탈리아의 더 이른 역사에 비춰 보면 그 나라의 제도적 부패가 미국의 외교 정책 탓이라는 주장은 전적으로 옳지만은 않다. 다음을 보라. Eric J. Hobsbawm, *The Age of Extremes. A History of the World, 1914~1991* (New York, 1994), pp. 238-39.

를 생각할 때 전후 오스트리아의 부활은 전혀 예상할 수 없는 일이 었다. 오스트리아의 유력한 두 정치 집단은 두 대전 사이에 서로 지독하게 싸웠다. 대부분의 오스트리아 사회 민주당 당원들은 1918년에 합스부르크 제국의 잔해로부터 축소되어 등장한 오스트리아 국가를 경제적으로나 정치적으로나 무의미한 존재로 여겼다. 사회 민주주의자들이 보기에 옛 이중왕국의 독일어권 주민들은 논리상 병합을 통해 동포 독일인들과 결합해야 했으며, 베르사유 조약의 자결 조항이 일관되게 적용되었다면 그렇게 되었을 것이었다.

오스트리아의 좌파의 가장 강력한 지지자들은 언제나 빈과 동부 오스트리아의 도시 중심지에 거주하는 노동자 계급이었다. 두 대전 사이 오스트리아 제1공화국 시기 동안, 농촌 지역과 알프스 지역, 가톨릭 신앙이 강한 지역 등 다른 지역은 변화와 외부인을 의심하는 보수적인 지역 정당인 기독교사회당에 투표했다. 기독교사회당은 사회 민주당과 달리 대체로 도시화한 개신교 지역인 독일에 통합되어야 한다는 범게르만주의적 충동을 보이지 않았다. 또한 빈의 노동자 운동이 제시한 사회 민주주의 정책에 공감하지도 않았다. 그래서 1934년 우파가 공작한 쿠데타로 〈붉은 빈Rotes Wien〉[16]의 사회 민주당 거점이 파괴되었고 더불어 오스트리아 민주주의도 파괴되었다. 1934년부터 나치가 침공할 때까지 오스트리아에서는 권위주의적인 교권주의 정권이 통치했으며 가톨릭 당이 배타적으로 권력을 행사했다.

오스트리아의 첫 번째 민주주의 경험은 비참했으며 그 유산은 전후 공화국을 무겁게 짓눌렀다. 오스트리아 인민당으로 다시 태어난 기독교사회당은 1938년에 독일의 지배에 반대했던 일을 자랑스럽게 떠벌렸다. 그러나 그보다 꼭 4년 전에 오스트리아 민주주의를 파괴하는 데 단독으로 기여했던 일에 대해서는 철저하게 침묵했다. 이

---

16 1918년에서 1934년까지 사회 민주당이 민주적으로 통치했다고 붙여진 빈의 별칭이다 — 옮긴이주.

제는 사회당으로 알려진 사회 민주당은 두 차례 이상, 즉 1934년의 내란에서 그리고 이후 나치의 손아귀 아래서 희생당했음을 주장할 수 있었다. 이러한 주장은 정당했지만 과거에 그들이 품었던 병합에 대한 열의를 덮어 감추었다. 사회당 지도자이자 1955년 오스트리아 국가조약에 의해 설립된 독립 공화국의 초대 대통령이었던 카를 레너 박사는 1938년까지도 원칙적으로 오스트리아와 독일의 통합을 열렬히 지지했다.

따라서 두 정당 모두 과거를 숨기는 데 이해관계가 있었다(전후 오스트리아에서 초기의 탈나치화 시도가 어떻게 되었는지 앞에서 살펴보았다). 사회당은 빈에서 다수당이었고(빈의 인구는 총인구의 4분의 1이었다), 반면 인민당은 알프스 계곡의 농촌과 소도시 유권자들의 충성을 꽉 잡고 있었다. 오스트리아는 정치적으로 거의 정확히 절반으로 나뉘었다. 1949년 선거에서 인민당은 12만 3천 표 차이로 사회당을 능가했으며, 1953년에는 사회당이 3만 7천 표 차이로 앞섰고, 1956년에는 인민당이 다시 12만 6천 표 차이로 승리했다. 1959년의 선거 결과는 2만 5천 표 차이로 사회당의 승리였으며, 1962년에는 다시 역전되어 인민당이 총 450만 표를 조금 넘는 유효 투표 중 겨우 6만 4천 표 차이로 승리를 거두었다.

유례를 찾기 어려울 정도로 적은 표 차이는 두 대전 사이의 매우 유사했던 공화국 선거를 떠올리게 했다. 그리하여 가톨릭 오스트리아와 사회주의 오스트리아는 문화적 내전으로 퇴화한 새로운 의회 정치를 맞이했다. 제3의 정당, 즉 당혹스러울 정도로 나치 전력자들의 표에 의존했으며 어쨌거나 선거가 거듭될 때마다 표를 잃었던 자유당의 도움을 받고도 어느 정당도 안정된 정부를 구성할 수 없었으며, 논란이 된 법률안은 무엇이든 쓰라린 기억만 되새기게 할 뿐이었다. 오스트리아 민주주의의 전도는 밝지 못했다.

그렇지만 오스트리아는 과거의 역사를 되풀이하지 않았을 뿐만 아니라 짧은 시간 안에 나라를 알프스의 모범적인 민주주의 체제로, 다시 말해 안정적이고 번영하는 중립국가로 포장해 냈다. 이러한 성과는 부분적으로 지척에 소련군이 존재하여 불편했다는 사실에 기인했다. 소련군은 니더외스터라이히주를 점령했고 1955년 이후에야 동쪽으로 겨우 몇 킬로미터 후퇴했다. 이러한 상황은 오스트리아가 세 개의 공산 국가(유고슬라비아, 헝가리, 체코슬로바키아)를 이웃으로 두었다는 사실을, 또 공격당하기 쉬운 지리적 위치 때문에 국내외로 타협적이고 투쟁을 기피하는 정책을 추구하는 것이 현명하다는 점을 일깨웠다. 게다가 냉전 때문에 오스트리아는 서방의 자유롭고 민주적인 국가라는, 내부적으로는 형성할 수 없었을 정체성을 제휴를 통해 부여받았다.

그러나 전후 오스트리아가 성공적으로 정치 안정을 이룬 주된 원인은 전쟁 이전에 나라를 분열시켰던 이데올로기적 대결을 피해야 한다는 널리 퍼진 인식에 있었다. 오스트리아가 존재해야 했기 때문에(1945년 이후에는 오스트리아가 독일에 병합되는 문제를 생각할 수 없었다) 정치 집단들은 공존의 길을 모색해야 했을 것이다. 지도자들이 찾은 해결책은 영구적인 제휴를 통해 나라를 통치하여 대결 가능성 자체를 제거하는 것이었다. 정치에서 두 주요 정당은 공동 집권에 합의했다. 그래서 1947년부터 1966년까지 사회당과 인민당의 〈대연정〉이 오스트리아를 통치했다. 각료는 조심스럽게 배분했는데, 총리는 주로 인민당이 배출했고 사회당은 외무장관 등을 차지했다.

전후 오스트리아에서 모든 공공사업과 대부분의 언론 매체, 그리고 은행 업무에서 벌목에 이르기까지 경제의 상당 부분을 포괄했던 공공행정 부문에서도 유사하게 책임의 소재가 나뉘었는데, 이는 비례 배분 제도Proporz[17]로 알려졌다. 거의 모든 수준에서 직위는 합

---

17 기본적으로 연정 내에서 내각의 장관직 등 행정직을 배분하는 것을 말한다. 득표수가 고려되었다 — 옮긴이주.

의에 의해 두 집권 정당 중 어느 한 당이 추천한 후보들로 채워졌다. 시간이 흐르면서 이 〈나눠 먹기〉 제도는 오스트리아인의 삶 속에 깊숙이 뿌리 내렸고, 후원자와 피보호자를 연결하는 사슬을 형성했다. 이 연쇄 관계는 협상을 통해서든 지지와 지위의 교환을 통해서든 사실상 모든 분쟁을 수습했다. 노동 쟁의는 대결보다 중재로 다루어졌다. 쌍두(雙頭) 국가가 상호 공유한 혜택과 보상의 제도 속으로 분쟁 당사자들을 편입시킴으로써 이견을 피하려 노력했기 때문이다. 이 시기의 전례 없는 번영으로 대연정은 의견 차이나 이해관계의 충돌을 덮어 감출 수 있었고, 사실상 나라의 균형의 토대였던 합의를 확보할 수 있었다.

오스트리아 사회의 일부 집단들은(소상점주, 독립 수공업자, 외딴 지역의 농민, 직업 때문에 또는 곤란한 견해를 지녔기 때문에 혜택과 지위의 그물망 밖으로 밀려난 모든 사람들) 불가피하게 배제되었다. 그리고 어느 한편이 압도적으로 우세한 지구에서는 때로 비례 배분은 무시되고 우세한 당의 당원들이 지위와 혜택을 독점했다. 그러나 보통 대결을 피하라는 압력이 이기심을 극복했다. 오스트리아가 새로 얻은 중립이 〈합스부르크〉, 〈독일〉, 〈사회주의〉, 〈기독교〉 등 더 투쟁적이었던 과거의 정체성에 관한 거북한 기억을 대체하여 국가 정체성의 표지로서 열광적으로 채택되었듯이, 연립 정부와 비례 배분 제도 행정에 내포된 탈이데올로기적(실제로는 탈정치적) 의미도 오스트리아의 공적 생활을 규정하게 되었다.

언뜻 볼 때 이러한 현상은 정치적 불안정을 해결하는 방법에서 오스트리아와 이탈리아를 구별되게 하는 듯하다. 이탈리아의 주된 정치적 분열은 결국 공산당과 가톨릭을 갈라놓았고, 이러한 병치에서 〈탈이데올로기적〉이라는 관념은 전혀 연상되지 않았기 때문이다.[18]

18 1945년 선거에서 오스트리아 공산당은 겨우 유효 투표수의 5퍼센트에 불과한 17만 4천 표를 획득했고 네 명의 의원을 당선시켰다. 이후 공산당은 오스트리아 정치에서 아무런

그러나 사실 두 나라의 사례는 매우 비슷했다. 톨리아티와 공산당의 두드러진 특징은 전후 시대 내내 혁명적 전위라는 고유의 위신까지 희생하면서 정치 안정에, 다시 말해 민주주의적 공적 생활의 제도들을 보존하고 강화하는 데 역점을 두었다는 데 있다. 그리고 이탈리아 역시 혜택과 일자리 체제를 통해 관리되었다. 이 체제는 비록 심히 편향되어 한편에 유리했지만 오스트리아의 비례 배분 제도와 어느 정도 닮았다.

이탈리아가 정치 안정을 위해 참을 수 없는 수준의 극단적인 공적 부패를 대가로 치렀다면, 오스트리아가 치른 희생도 실체는 덜 명확했지만 똑같이 치명적이었다. 일찍이 서방의 어느 외교관은 전후 오스트리아를 〈대역이 공연하는 오페라〉로 설명했는데, 이는 아주 적절한 지적이었다. 빈은 제1차 세계 대전의 결과로 제국의 수도로서 존재 이유를 상실했고, 나치의 점령과 제2차 세계 대전 중에는 유대인을, 다시 말해 시민 중에서 가장 세계주의적인 지식인 계층의 상당 부분을 잃었다.[19] 1955년에 러시아가 떠나자 빈에는 분할된 베를린이 보여 준 수상쩍은 매력조차 없었다. 실제로 오스트리아가 괴로웠던 과거를 훌륭하게 극복했음을 보여 주는 척도는 많은 방문객들에게 그 가장 두드러진 특징이 마음을 편하게 해주는 단조로움이었다는 사실이다.

그렇지만 점점 더 번창하는 〈알프스 공화국〉의 조용한 매력의 이면에서 오스트리아도 나름대로 부패했다. 그리고 오스트리아가 안정을 되찾는 데에는 이탈리아의 경우처럼 어느 정도 국민적 망각이 필요했다. 대부분의 유럽 국가들이(이탈리아는 특히 더) 최소한 독일 점령군에 국민적으로 저항했다는 신화를 자랑할 수 있었지만, 오

역할도 하지 못했다.

19 1938년의 병합 직전에 빈의 유대인은 18만 9천 명이었으나, 1945년 빈이 해방되었을 때에는 1천 명도 채 남아 있지 않았다.

스트리아는 전시에 저항한 경험에 대해 말할 것이 전혀 없었다. 그리고 서독과도 다르게 자신들이 저지르거나 용인한 범죄를 적어도 공개적으로 인정해야 하는 상황에 처하지도 않았다. 오스트리아는 기묘하게도 동독과 닮았다. 매우 단조롭게 관료적 성격을 띤 도시의 편의 시설만 닮은 것이 아니었다. 두 나라 모두 임의적인 지리적 표현에 불과했다. 두 나라에서 전후의 공적 생활은 새로운 정체성을 그럴듯하게 조작하여 공동으로 소비하자는 암묵적인 합의에 의거했기 때문이다. 다만 오스트리아의 경우가 훨씬 더 성공적이었을 뿐이다.

개혁적인 기독교 민주당, 의회의 좌파, 물려받은 이데올로기적 분열이나 문화적인 분열을 정치가 양극화하고 불안정해질 때까지 밀고 나가지는 말자는 폭넓은 합의, 시민의 비정치화는 제2차 세계 대전 이후 서유럽에 정착된 현상의 뚜렷한 특징이었다. 이탈리아나 오스트리아의 유형은 거의 어느 곳에서나 다양한 형태로 발견된다. 심지어 스칸디나비아에서도 정치적 동원은 1930년대 중반에 정점에 달한 이후 꾸준히 하강 곡선을 그렸다. 이를테면 스웨덴에서 노동절 기장의 연간 판매량은 1939년에서 1962년까지 지속적으로 하락했다가(전쟁 말기에 잠깐 동안은 완전히 사라졌다) 열정을 지닌 새로운 세대가 등장하고서야 다시 상승했다.

베네룩스 국가들에서는 국가를 구성하는 여러 공동체(네덜란드의 가톨릭과 개신교도, 벨기에의 왈롱 공동체와 플랑데런 공동체)가 오랫동안 공동체에 기반을 둔 별개의 사회 구조(자윌런zuilen)로 조직되었고, 이 구조가 인간 활동의 대부분을 망라했다. 개신교가 압도적으로 우세했던 네덜란드에서 가톨릭은 개신교도 동료 시민과는 다른 방식으로 기도하고 다른 교회를 다녔을 뿐만 아니라 투표도 다르게 했으며 다른 신문을 읽었고 자신들만의 라디오 프로그램을 청취했다(텔레비전이 등장한 후에는 다른 채널을 시청했다). 1959년에 네덜란드의 가톨릭계 아이들 중 90퍼센트가 가톨릭 초등학교에 다녔고, 같은 해에 네덜란드 가톨릭계 농민의 95퍼센트가 가톨릭 농민조합에 소속되었다. 가톨릭은 가톨릭 단체에서 여행하고 수영하고 자전거를 타고 축구를 했으며 가톨릭 조합에 보험을 들었고 때가 되면 당연히 따로 매장되었다.

북부 벨기에의 네덜란드어를 말하는 사람들의 일상도 일생에 거쳐 비슷하게 구분되었고, 이 때문에 프랑스어를 말하는 왈론 사람들과의 차이가 확연하게 드러났다. 물론 이 경우 두 공동체 모두 압도적으로 가톨릭 사회이기는 했다. 그러나 벨기에에서 자월런은 언어 공동체뿐만 아니라 정치 공동체도 규정했다. 가톨릭 노동조합이 있었는가 하면 사회주의 노동조합도 존재했고, 가톨릭 신문과 사회주의 신문이 있었으며, 가톨릭 라디오 방송과 사회주의 라디오 방송이 개별적으로 존재했다. 각각은 네덜란드어 권역과 프랑스어 권역으로 다시 나뉘었다. 당연히 양국의 소규모 자유주의 단체는 공동체적 성격이 그다지 두드러지지 않았다.

전쟁과 점령의 경험, 그리고 앞선 시절에 시민들을 분열시킨 투쟁의 기억은 이러한 공동체 간 구분을 뛰어넘어 협력하려는 경향을 촉진했다. 극단적인 성격이 더 강한 운동들, 특히 플란데런 민족주의자들은 나치에 기회주의적으로 협력하여 신뢰를 잃었고, 일반적으로 전쟁은 주민들의 기존 정당에 대한 귀속감을 약화시켰다. 물론 정당과 연계된 지역 사회 활동에 대한 일체감은 줄어들지 않았다. 벨기에와 네덜란드의 가톨릭당(벨기에의 기독교사회당과 네덜란드의 가톨릭인민당)은 1940년대 말부터 1960년대 말까지 또는 그 이후까지 고정적으로 정부에 참여했다.[20]

베네룩스 국가들의 가톨릭당은 수사적 표현에서는 온건한 개혁

---

20 벨기에에서는 유서 깊은 가톨릭당이 초교파적이며 더 근대적이고 개혁적이라는 면모를 강조하기 위해 당명을 기독교당으로 바꾸었다. 기독교 사이의 구분이 실제로 중요했던 네덜란드에서는 가톨릭당이 그 옛 명칭을 유지했다.

주의 정당이었고 다른 나라들의 기독교 민주당과 매우 유사하게 활동했다. 이를테면 가톨릭 공동체의 이익을 보호하고, 중앙 정부에서 자치단체에 이르기까지 전 수준에서 행정부에 참여하고, 국가를 통해 광범위한 사회적 지지자들의 요구에 대처했다. 이러한 설명은 종교에 대한 관계만 제외하면 주요 야당에도, 즉 네덜란드의 노동당과 벨기에 노동자당(훗날의 사회당)에도 잘 들어맞는다. 이 두 정당은 빈번히 반교권적 수사법을 드러냈던 지중해의 과격한 사회주의 정당보다 북서 유럽의 노동조합에 기반을 둔 노동 운동에 훨씬 더 가까웠으며, 가톨릭 정당과 권력을 두고 경쟁하면서(이권을 분배하면서) 크게 불쾌함을 드러내지 않았다.

이처럼 전후 저지대 국가들에서는 자립적 문화 공동체들과 중도좌파와 중도우파의 개혁주의적 정당들이 독특한 방식으로 혼합된 덕에 정치적 균형이 확립되었다. 물론 언제나 그렇지는 않았다. 특히 벨기에는 플란데런 분리주의자들과 레옹 드그렐이 설립한 파시즘 정당인 렉시스트당Parti Rexiste이 동시에 의회 체제를 위협했던 1930년대에 심각한 정치 폭력을 목도했다. 1960년대 초에는 공동체 간 투쟁이 또다시 한층 더 파괴적인 승부를 경험하게 된다. 그러나 정치와 행정을 담당한 옛 엘리트들(그리고 지역의 가톨릭 성직자단)은 1945년에 일시적으로 지배권이 흔들리기는 했지만, 곧 권력을 회복하여 복지와 여타 개혁을 폭넓게 허용했다. 따라서 자월런은 1960년대까지도 살아남았다. 이는 경제가 무서운 속도로 변하는 시대에 문화적이고 제도적인 안정 장치의 기능을 수행할 정도로 오랫동안 살아남은 정치 이전 시대의 시대착오적 흔적이었다.

전후 유럽에서 가장 극적이고 분명 가장 중요했던 정치 안정의 사례도 돌이켜 보면 전혀 놀랍지 않다. 독일 연방 공화국은 1955년 북대서양 조약 기구에 가입할 즈음 이미 이른바 경제 기적Wirtschaftswunder의 도상에 올라 있었다. 그러나 서독은 양 진영의 많은 평자들의 예상이 빗나갔다는 점에서 훨씬 더 주목할 만했다. 그들은 최악의 상황을 예견했지만, 서독은 콘라트 아데나워의 지휘로 신나치즘의 스킬라와 친소련 중립 정책의 카리브디스 사이에서 안전하게 운항했으며, 국내외의 우려를 극복하고 서방 동맹국 내에 안전하게 닻을 내렸다.

전후 독일의 제도는 의도적으로 바이마르 공화국의 실패가 재현될 위험성을 최소화하려는 목적에서 수립되었다. 정부의 권한은 분산되었다. 행정과 서비스 제공의 기본적인 책임은 나라의 광역 행정 단위인 주Land를 중심으로 발전했다. 바이에른이나 슐레스비히홀슈타인 같은 일부 주는 한때 독립적인 독일 국가였으나 19세기에 독일 제국에 흡수되었다. 북서부의 라인란트베스트팔렌 같은 다른 주들은 행정 편의를 위해 옛 영토 단위를 결합하거나 분할한 것이었다.

서베를린은 1955년에 하나의 주가 되었으며, 주의 대표단으로 구성되는 연방 상원Bundesrat에 정당하게 대표를 보냈다(반면 직접 선거로 구성한 연방 하원Bundestag의 서베를린 대표들은 본회의 투표권이 없었다). 중앙 정부의 권한은 이전 시대에 비해 상당히 제한되었다. 프로이센 전통의 권위주의적 정부에 히틀러 등장의 책임을 돌렸던 서방 연합국이 재발 방지를 위해 중앙 정부의 권한을 축소했다. 반면 연방 하원은 선출된 총리와 그 정부를 아무 때나 내쫓을 수 없었다. 그러려면 성공이 보장될 만큼 의회의 지지를 충분히 얻는 차기 후보를 미리 준비해야만 했다. 이러한 제약은 지난 시절 바이마르 공화국의 특징이었던 정치 불안과 허약한 정부의 반복을 예방하기 위한 것이었지만, 동시에 콘라트 아데나워와 그 뒤를 이은 헬무트 슈미트, 헬무트 콜 같은 강력한 총리의 장기 집무와 권위에 기여하기도 했다.

이와 같이 대립을 피하거나 억제하려는 관심은 서독 공화국의 공적 문화 전체를 형성했다. 〈사회적 시장〉 입법의 목적은 노동쟁의의 위험이나 경제적 분쟁의 정치화를 줄이는 것이었다. 1951년의 공동결정법Montan-Mitbestimmungsgesetz에 따라 석탄과 제강, 제철의 중공업에 종사하는 거대 회사들은 종업원 대표들을 감사회에 포함시켜야 했다. 이 관행은 훗날 다른 부문과 소규모 사업체로 확산되었다. 연방 정부와 주 정부는 여러 경제 부문에서 활동했다. 그리고 기독교 민주당이 이끌었던 1950년대의 국가는 국유화에 따른 독점을 원칙적으로 반대했지만 전체 석탄과 철 생산의 40퍼센트, 발전소의 3분의 2, 알루미늄 생산의 4분의 3, 그리고 결정적으로 독일 은행 대다수를 소유하거나 통제했다.

달리 말하자면 권력의 분산이 곧 정부의 불간섭을 뜻하지는 않았다. 서독의 지방 정부와 중앙 정부는 직접적으로든 간접적으로든(지주회사를 통해서) 경제에 적극적으로 개입했기에 사적 이윤뿐만 아니라 사회적 평화에도 이바지하는 정책과 관행을 장려할 수 있었다. 은행은 실업계와(보통 은행가들이 이사회에 참여했다) 정부 사이의 중개자로서 결정적인 역할을 수행했다. 독일의 옛 경제적 관행이, 특히 가격 결정과 합의에 의한 시장 분점이 되풀이됐다. 특히 지역 차원에서는 나치 시대 관료나 사업가, 은행가가 거의 제거되지 않았으며, 1950년대 말에 서독 경제 대부분은 앞선 시대의 거대한 트러스트와 카르텔에 익숙했을 방식으로 운영되었다.

이 사실상의 코포러티즘은 미국인 관리자들이 신생 독일 공화국을 생각하며 염두에 두었던 체제는 아니었을 것이다. 트러스트의 힘이 히틀러의 발흥에 기여했다는 생각이 널리 퍼져 있었고, 어쨌거나 트러스트는 자유 시장에 해로웠다. 아데나워 정부에서 오랫동안 경제부 장관을 지낸 경제학자 루트비히 에르하르트가 제 길을 갔더라면, 서독 경제는 그리고 더불어 서독의 사회적 관계는 매우 다른 모습을 띠었을 것이다. 그러나 통제된 시장과 정부와 실업계 사이의 유착 관계는 일반적인 사회적 원리로서, 또 실제적인 이유에서 기독교 민주당의 계획에 확고하게 자리 잡았다. 노동조합과 기업 집단은 대체로 협력했다. 이 시기 경제라는 떡이 빠르게 커졌기 때문에 대부분의 요구는 다툼 없이 조정되었다.

기독교민주연합은 1949년 독일 연방 공화국의 첫 선거 때부터 1966년까지 계속 통치했다. 콘라트 아데나워는 1963년 여든일곱의 나이로 사임할 때까지 서독 공화국의 업무를 중단 없이 책임졌다. 아데나워를 총리로 하는 기독교민주연합이 오랫동안 연이어 권력을 누렸던 데에는 여러 가지 이유가 있다. 하나는 전후 서독에서 가톨릭교회가 유지했던 강력한 지위였다. 개신교도가 압도적으로 많았던 지역인 브란덴부르크, 프로이센, 작센이 공산당의 수중에 떨어진 상황에서 가톨릭은 서독 인구의 절반을 넘었다. 유권자 대다수가 보수적 가톨릭교도였던 바이에른에서 기독교사회연합은 견고한 권력 기반을 갖추었으며 그 기반을 이용하여 아데나워 정부의 하급 연정 상대로서 영구적인 지위를 확보하였다.

아데나워는 가톨릭교회가 비스마르크의 문화 투쟁Kulturkampf의 표적이 되었던 빌헬름 제국 초기를 기억할 만큼 나이가 많았다. 그래서 아데나워는 자신이 새로운 세력 균형으로부터 과도한 이익을 얻지 않도록, 그럼으로써 교회와 국가 사이의 관계를 둘러싸고 새로운 갈등을 유발하지 않도록 조심했다. 더군다나 나치 치하에서 독일 교회가 보여 준 명백히 용감하지 못했던 처신의 여파가 아직 남아 있었다. 따라서 아데나워는 처음부터 기독교 민주당이 지닌 사회적 측면의 보편적인 호소력을 강조함으로써 자신의 당을 배타적인 가톨릭 정당이 아니라 전국적인 기독교의 선거 도구로 만들고자 했다. 이 점에서 아데나워는 분명히 성공했다. 기독교민주연합과 기독교사회연합은 1949년에 치러진 첫 번째 선거에서 근소한 차이로 사민당에 승리했으나, 1957년에 양 당의 득표는 거의 두 배에 이르렀고, 총투표에서 승자가 차지한 몫은 50퍼센트를 넘었다.

기독교민주연합과 기독교사회연합 동맹이 성공한 한 가지 이유는(두 당의 득표율 합계는 늘 전국 투표의 44퍼센트 이상이었다) 이탈리아의 기독교 민주당처럼 폭넓은 유권자층에 호소했다는 데 있었다. 바이에른 기독교사회연합은 저지대 국가들의 유사 정당들처럼 호소력이 제한적이어서 한 지역 내의 교회에 나가는 보수적인 집단의 표만 끌어 모았다. 그러나 아데나워의 기독교민주연합은 문화적 문제들에서 전통적으로 보수적이기는 했지만(많은 소도시와 농촌 사회에서 기독교민주연합의 지역 활동가들은 가톨릭교회와 기타 기독교 단체와 제휴하여 영화 프로그램 등을 감독하고 검열했다) 다른 점에서, 특히 사회 정책에서는 매우 보편적이었다.

이런 식으로 독일의 기독교 민주당은 독일 정치에서 지역과 종파를 초월하는 기반을 확립했다. 따라서 농촌과 도시, 고용주와 노동자의 표를 동시에 기대할 수 있었다. 이탈리아의 기독교 민주당이 국가를 식민지로 삼았다면, 독일의 기독교민주연합은 쟁점을 선점했다. 아데나워 시기의 기독교 민주당은 경제 정책, 사회사업과 사회 복지, 그리고 특히 여전히 민감한 주제인 동서의 분열과 국외로 추방된 많은 독일인에 관해 다수 의견을 대변하는 보호 정당으로서 그 위치를 확고히 하였다. 이는 독일의 정치 문화에서 새로운 출발이었다.

기독교민주연합이 성공한 데 따른 주된 희생양은 사회 민주당이었다. 상황에 비추어 볼 때 사민당은 북부와 동부에서 전통적으로 사회주의적이었던 유권자들을 빼앗겼다는 사실을 감안하더라도 형편이 더 좋았어야 했다. 아데나워의 반나치 경력에는 오점이 있었다. 아데나워는 1932년까지도 히틀러를 책임 있게 행동하도록 만들 수 있다고 믿었다. 쾰른 시장 자리에서 쫓겨났던 1933년에, 그리고 전쟁 막바지에 잠시 동안 정권의 반대자로서 투옥됨으로써 한 차례 더 나치로부터 혐의를 받았던 일은 아데나워로서는 매우 다행스러운 일이었다. 이처럼 점수를 딸 일이 없었더라면, 서방 연합국들이 아데나워가 탁월한 지위로 오르도록 후원했을지 의심스럽다.

반면 사민당 지도자 쿠르트 슈마허는 처음부터 단호하게 나치에 반대했다. 1932년 2월 23일 제국의회에서 슈마허가 국가사회주의를 〈인간 속에 숨어 있는 돼지에 끊임없이 호소하는 짓〉이라고 비난했던 일화는 유명하다. 1933년 7월에 체포된 슈마허는 이후 거의 12년 동안 강제수용소에서 지냈다. 그곳에서 손상된 건강은 회복되지 않았고 결국 수명도 단축시켰다. 수척하고 구부정했던 슈마허는 개인적으로 영웅적 행위를 보여 주었고, 전쟁이 끝난 후에는 독일이 그 범죄를 인정해야 한다고 일관되게 주장했다. 그렇기에 슈마허는 당연하게도 사회주의자들의 지도자였을 뿐만 아니라 전후 독일에서 동료 독일인들에게 명확한 도덕적 나침반을 제공할 수 있는 유일한 대표적 정치인이었다.

그러나 슈마허는 그렇게 많은 장점을 지녔는데도 유럽의 새로운 국제 체제를 파악하는 데에는 이상할 정도로 느렸다. 프로이센의 크라이스슈타트에서 태어난 슈마허는 통합된 중립국 독일이라는 전망을 포기하고 싶지 않았다. 슈마허는 공산주의자들을 혐오하고 불신했으며 공산주의자들에 대해 어떠한 환상도 품지 않았다. 그러나 그는 독일이 민정으로 이양되면 평화롭게 스스로 운명을 결정할 수 있을 것이고 그렇게 되면 사회주의자들에게 상서로운 환경이 조성되리라고 진지하게 믿었던 것 같다. 따라서 슈마허는 서방 지향적 태도를 보이고 독일의 영구 분단을 기꺼이 묵인하려 했던 아데나워에 강한 적의를 느끼며 반대했다. 사회주의자들에게 정치적으로 중립인 통합 주권 국가 독일의 회복은 그 어떤 국제 관계보다 우선해야 했다.

슈마허는 특히 아데나워가 서유럽 통합 계획에 열의를 보이는 데 자극을 받았다. 슈마허가 볼 때 1950년의 쉬망 플랜의 의도는 〈카르텔이 지배하는 보수적이고 교권적인 자본주의〉 유럽을 만드는 것이었다. 여기서 슈마허가 완전히 잘못 생각했는지 아닌지는 핵심을 벗어난 질문이다. 슈마허의 근심은 사민당이 실질적으로 제시할 대안이 전혀 없었다는 데 있었다. 사민당은 전통적으로 사회주의 정책이었던 국유화와 사회 보장에 국가의 통일과 중립의 요구를 결합하여 1949년에 실시된 독일 연방 공화국 첫 번째 선거에서 693만 5천 표로 총투표의 29.2퍼센트를 획득함으로써(기독교민주연합과 기독교사회연합이 얻은 표보다 42만 4천 표가 적었다) 상당히 훌륭한 성과를 냈다. 그러나 1950년대 중반에 이르러 서독은 서방 동맹과 유럽 연합 결성의 초기 계획에 확고하게 결합했고 실패하리라는 사민당의 경제적 예언은 그릇되었음이 증명되었다. 사민당으로서는 어찌할 도리가 없었다. 1953년과 1957년 선거에서 사민당의 득표는 아주 약간 증가했을 뿐이다. 그들의 유권자 층은 정체했다.

슈마허가 때 이르게 죽은 지 7년이 지난 1959년에 와서야 새로운 세대의 독일 사회주의자들이 등장하여 당이 70년 동안 헌신했던 마르크스주의를 공식적으로 포기하고 부득이 서독의 현실과 타협했다. 전후 독일 사회주의에서 마르크스주의가 수행한 역할이 있다면, 이는 오로지 수사법적 표현의 기능이었다. 사민당은 아무리 늦게 잡아도 1914년 후로는 진정으로 혁명적인 대망을 품지 않았기 때문이다. 그렇지만 독일 사회주의자들은 과격한 사회주의의 낡아빠진 공식을 단념하기로 결정함으로써 스스로 해방되고 본질적으로 사고를 개조할 수 있었다. 많은 사람들이 새로운 유럽 경제 공동체에서 독일이 떠맡은 역할을 여전히 못마땅해 했지만, 사회주의자들은 독일의 서방 동맹 참여를 감수했으며 아데나워의 권력 독점에 도전할 수 있으려면 노동 계급의 핵심에 의존하기보다 계급을 뛰어넘는 국민 정당Volkspartei이 되어야 한다는 점을 받아들였다.

사민당의 개혁가들이 성공했음은 곧 입증되었다. 사민당은 1961년과 1965년 선거에서 상당한 성과를 거두었고, 그 덕에 1966년에 빌리 브란트가 이끄는 사민당이 바이마르 시대 이후 처음으로 집권하는 〈대〉연정이 수립되었다. 그렇지만 사민당은 이러한 전망 개선의 대가를 기이하게 치르게 된다. 독일 사회 민주당은 아데나워의 정책 대부분에 원칙적으로 반대하는 동안 무심코 서독 공화국의 안정에 기여했다. 독일 연방 공화국에서 공산당의 성과는 보잘것없었다(공산당은 1947년에 겨우 5.7퍼센트를, 1953년에는 2.2퍼센트를 얻었고, 1956년에는 서독 헌법재판소에 의해 금지되었다). 그리하여 사민당은 좌파 정치를 독점했고 당시 존재하던 과격한 반체제 청년들을 당내로 흡수했다. 그러나 일단 사민당과 기독교 민주당이 공동으로 집권하면서 온건하고 개혁적인 의제들을 채택하자, 사민당은 극좌파의 충성을 잃었다. 이제 안정을 해치는 새로운 정치적 과격파는 의회 밖에서 활동 공간을 확보하게 된다.

서독 정치인들은 나치의 직접적인 계승자의 등장을 걱정할 필요가 없었다. 공화국의 기본법이 그러한 정당의 출현을 명백하게 금지했기 때문이다. 그러나 나치 전력을 가진 유권자들이 수백만 명이 었고, 그들 대부분은 다양한 주류 정당에 뒤섞여 있었다. 그리고 다른 유권자들이 있었다. 동프로이센과 폴란드, 체코슬로바키아 등지에서 추방된 독일인 소수 민족인 추방 난민Vertriebene이 바로 그들이었다. 대략 1300만 명에 달하는 추방된 독일인 중에서 거의 900만 명이 서방 연합국 점령 지구에 정착했다. 1960년대 중반까지 베를린을 통해 난민이 꾸준히 유입되었고, 동쪽에서 쫓겨난 150만 명의 독일인이 추가로 서독에 도착했다.

추방 난민은 대체로 소농과 상점주, 사업가였는데 그 수가 너무 많아 무시할 수가 없었다. 추방 난민은 〈독일인 소수 민족Volksdeutsche(국외 거주 독일인)〉이었으므로 시민이자 난민으로서 그들이 보유한 권리는 1949년의 기본법에 명시되었다. 공화국 초기에 추방 난민은 다른 독일인보다 주택과 직업을 적절히 제공받지 못할 가능성이 더 컸으며, 선거 때에 투표하러 나올 동기가 매우 강했다. 왜냐하면 추방 난민의 목적은 다른 모든 것에 앞서 단 한 가지, 즉 소련 진영의 나라들에 두고 온 자신들의 땅과 재산을 회복할 권리를 얻거나 그 일이 실패할 경우에는 손실 보상을 요구할 권리를 얻는 것이었기 때문이다.

추방 난민 외에 전쟁에 참여했던 수백만 명의 퇴역 군인들이 있었다. 1955년에 흐루쇼프가 나머지 전쟁 포로들을 귀환시키는 데 동의한 후에는 훨씬 더 많았다. 퇴역 군인과 그들의 대변자들도 추방된 자들처럼 자신들이 전쟁과 전후의 정리 과정에서 부당하게 기만당한 희생자라고 생각했다. 독일, 특히 독일 군대의 처신이 그 고초를 재촉했다거나 그 구실을 제공했음을 암시하는 견해는 격한 분노의 대상이었다. 아데나워 시대의 독일이 좋아한 자기 이미지는 희생자였다. 말하자면 세 번이나 희생되었다는 이야기였다. 첫 번째는 히틀러에게 당했다. 나치에 저항하는 여자 의사에 관한 이야기인 「마지막 다리Die letzte Brücke」(1954)나 「카나리스Canaris」(1955) 같은 영화들이 엄청난 성공을 거두면서 대부분의 선량한 독일인은 전쟁 때 히틀러에 저항했다는 관념을 널리 퍼뜨렸다. 두 번째는 적들의 손에 당했다. 폭격에 망가진 전후 독일의 도시 풍경은 전장뿐만 아니라 후방에서도 독일인은 적들의 손에 끔찍한 고초를 당했다는 생각을 부추겼다. 그리고 마지막으로 전후 선전의 악의적인 〈왜곡〉에 당했다. 전후의 선전은 의도적으로 독일의 손실은 축소한 반면 범죄는 과장했다는 것이다. 많은 사람들이 그렇게 믿었다.

연방 공화국 초기에 이러한 정서가 중대한 정치적 반격으로 전화할 수도 있다는 몇 가지 징후가 있었다. 이미 1949년 선거에서 공산당 의석의 세 배이자 자유민주당 의석과 거의 맞먹는 48개 의석이 포퓰리즘 성향이 강한 다양한 우파 민족주의 정당에 돌아갔다. 난민의 정치 조직 결성이 허용되자 〈추방 난민과 공권을 박탈당한 자들의 블록Block der Heimatvertriebenen und Entrechteten〉이 등장했다. 1950년 슐레스비히홀슈타인(나치당의 농촌 근거지)의 지방 선거에서 〈블록〉은 23퍼센트를 획득했다. 이듬해 니더작센 근처에서 유사한 유권자 층에 호소했던 사회주의제국당은 11퍼센트를 얻었다. 콘라트 아데나워가 독일의 과거를 직접적으로 비난하지 않으려고 그토록 조심하고 독일의 계속되는 문제, 특히 포츠담 협정에서 야기된 문제들을 두고 소련과 서방 동맹국들을 노골적으로 비난했던 것은 결코 무시할 수 없었던 이러한 유권자들을 염두에 두었기 때문이다.

아데나워와 기독교민주연합은 난민과 지지자들의 요구를 충족하기 위해 동독에 대한 강경 노선을 유지했다. 국제 관계에서 서독 정부는 최종적인 평화 회의가 열릴 때까지 1937년의 독일 국경선이 법적으로 유효하다고 주장했다. 연방 공화국은 1955년의 할슈타인 원칙Hallstein Doctrine에 의거하여 독일 민주 공화국을 승인하는(그럼으로써 1949년 기본법에 따라 모든 독일인을 대표한다는 서독 정부의 주장을 암묵적으로 부인하는) 모든 나라와 외교 관계를 맺지 않았다. 유일한 예외는 소련이었다. 1957년에 티토가 동독을 승인하자 아데나워는 유고슬라비아와 외교 관계를 단절하여 서독 정부의 단호함을 증명했다. 이후 10년 동안 독일과 동유럽 사이의 관계는 얼어붙었다.

1950년대의 정부는 국내 문제에서는 난민을 지원하고 귀환한 포로들과 그 가족들을 서독 사회에 통합하는 데 상당한 재원을 쏟아부었을 뿐만 아니라 독일의 최근 과거를 명백히 무비판적으로 바라보라고 권고했다. 1955년에 독일 외무장관은 그해 칸 영화제에서 알랭 레네의 다큐멘터리 「밤과 안개Night and Fog」가 상연된 데 대해 공식적으로 항의했다. 그 영화는 연방 공화국이 북대서양 조약 기구에 완전한 회원국으로 가입하려는 시점에서 서독과 다른 나라들 사이의 관계를 해칠 수 있었다. 공식 항의 문구에 따르면 그 영화는 〈고통스러운 과거를 강조하고 상기시킴으로써 영화제의 국제적인 화합을 방해할 것〉이었다. 프랑스 정부는 지체 없이 항의를 받아들였으며, 영화 상영은 취소되었다.[21]

이러한 조치는 결코 일시적인 탈선이 아니었다. 서독 내무부는 1957년까지 볼프강 슈타우테가 하인리히 만의 『신하 Der Untertan』[22]를 원작으로 제작한 (동독) 영화의 상영을 금지했다. 독일의 권위주의가 깊은 역사적 뿌리를 지녔다는 암시가 싫었기 때문이다. 이러한 상황은 전후 독일이 집단적 기억상실증을 심하게 앓고 있다는 견해를 확증해 주는 듯했다. 그러나 현실은 좀 더 복잡했다. 독일인들은 잊었다기보다 선택적으로 기억했다. 서독의 관료 사회는 1950년대 내내 독일의 과거를 편안하게 바라보라고 권고했다. 그러한 시각에 따르면 국방군은 영웅적이었던 반면 나치는 소수였으며 적절한 처벌을 받았다.

그때까지 투옥되어 있던 전범들은 일련의 사면을 통해 꾸준히 석방되어 민간인 생활로 복귀했다. 그동안 동유럽과 수용소에서 자행된 최악의 독일 전쟁 범죄는 대부분 전혀 조사되지 않았다. 1956년에 슈투트가르트에 주 법무부 본청이 세워졌지만, 지역 검사들은 일부러 조사를 속행하지 않았다. 1963년에 가서야 서독 정부는 검사들에게 조사하라는 압력을 가했다. 그리고 연방 정부가 20년으로 규정되어 있는 살인죄의 공소시효를 연장한 1965년 이후에 효과는 더욱

21 이에 대해 레네는 이렇게 응수했다. 〈당연히 나는 국가사회주의 정권이 칸에 대표를 보내리라고는 생각하지 못했다. 물론 지금은 알고 있다.〉
22 황제 빌헬름 2세를 광적으로 찬양하는 디더리히 헤슬링을 그리고 있다. 헤슬링은 아무 생각 없이 권위에 복종하며 독일 국가의 민족주의적 목적에 헌신한다. 1918년에 출판되어 독일 제국의 극단적 민족주의에 대한 비판으로 널리 인기를 끌었다 — 옮긴이주.

컸다.

　이러한 문제들에 대한 아데나워의 태도는 복잡했다. 한편으로는 신중하게 침묵을 지키는 편이 진실을 공개하여 대중을 자극하는 것보다 낫다는 점을 명백하게 인식했다. 그 세대의 독일인들은 도덕적으로 지나치게 많이 타협했기 때문에 침묵의 대가를 치르지 않고는 민주주의가 작동할 수 없었다. 침묵 이외의 다른 조치는 우파를 부활시킬 위험이 있었다. 슈마허는 유대인이 독일인의 손에 고초를 겪었다는 사실을 공개리에 감동적으로 얘기했고, 독일 대통령 테오도어 호이스는 1952년 11월 베르겐벨젠에서 〈누구도 우리에게서 이 수치를 거두어 갈 수 없다*Diese Scham nimmt uns niemand ab*〉고 선언했다. 아데나워는 이들과 달리 그 문제에 관해 거의 아무런 말도 하지 않았다. 실제로 아데나워는 유대인의 희생을 언급한 적은 있지만 가해자 독일인에 대해서는 전혀 이야기하지 않았다.

　반면 아데나워는 배상해야 한다는 압력에는 저항할 수 없다는 점을 인정했다. 1952년 9월 아데나워는 이스라엘 총리 모셰 샤렛과 유대인 생존자들에게 수년에 걸쳐 1천억 도이치 마르크를 넘는 액수를 지불하기로 합의했다. 이러한 합의는 국내 정치에서는 아데나워에게 다소 모험이었다. 1951년 12월의 조사에 따르면, 서독인 중에서 유대인에 대해 〈죄의식〉을 느끼는 사람은 겨우 5퍼센트에 불과했기 때문이다. 이에 더하여 독일이 유대인에게 어느 정도 배상할 책임이 있다고 인정한 사람이 29퍼센트였다. 나머지는 〈실제로 무슨 짓을 저지른〉 사람들만이 책임이 있고 배상해야 한다고 생각한 자들(응답자의 약 3분의 2)과 〈유대인들도 제3제국 시기에 당한 일들에 대해 부분적으로 책임이 있다〉고 생각한 자들(21퍼센트)로 나뉘었다. 1953년 3월 18일에 연방 하원에서 배상 합의를 토론할 때에 공산당은 반대했고 자유민주당은 기권했으며 기독교사회연합과 아데나워의 기독교민주연합은 분열하여 많은 의원들이 모든 배상*Wiedergut-*

machen에 반대했다. 아데나워는 배상 합의에 대한 의회 승인을 받아 내기 위해 야당인 사회 민주당 표에 의존해야 했다.

당시에는 독일에서 나치가 부활할 수도 있다는 두려움이 각국에 널리 퍼져 있었는데, 아데나워는 서독의 동맹국들을 자신이 원하는 방향으로 조금씩 이끌기 위해 그러한 불안을 몇 차례 이용했다. 아데나워의 생각에, 서방 연합국들은 독일이 유럽의 방어에 참여하기를 원한다면 독일의 행위를 비난하거나 난처한 과거를 들추어 내는 일은 삼가야 했다. 또한 독일 국내의 반발을 무마하려면 동독에 대한 소련의 계획을 거부하는 아데나워를 확고하게 지지해야 했다. 이런 식이었다. 서방 연합국들은 아데나워가 무슨 일을 꾸미는지 완벽하게 이해했지만, 독일의 여론도 파악했다. 그래서 서방 연합국들은 아데나워에게 상당한 재량을 허용했다. 자신만이 서방 연합국과 수용하기 훨씬 더 어려운 대안들 사이에 서 있으며, 자신이 국내의 분란을 잠재우려면 외국의 양보가 필요하다는 아데나워의 주장을 받아들였던 것이다. 심지어 아이젠하워도 1951년 1월 국방군과 나치를 동일하게 취급하는 우를 범했다고 밝히기에 이른다. 〈독일군 병사들은 조국을 위해 용감하고 영예롭게 싸웠다〉는 말이다. 아이젠하워에 이어 연합군 총사령관으로 부임한 리지웨이 장군도 같은 의미에서 1953년 연합군 최고위원회에 동부 전선의 전쟁 범죄로 형을 선고받은 모든 독일인 장교의 사면을 요청했다.

회담 상대자들은 아데나워의 처신을 좋아하지 않았다. 특히 딘 애치슨은 서독 정부가 마치 승전국인 서방 연합국들에게 은혜를 베풀듯이 문명국가들의 공동체에 합류하기로 합의하기 전에 조건을 정해야겠다고 주장하는 데 매우 분개했다. 그렇지만 미국이나 영국이 이따금 공개적으로 불만을 표명할 때나 그들이 서독의 등 뒤에 숨은 소련에 말하고 있다는 암시가 있을 때마다, 아데나워는 재빠르게 상황을 이용하여 정치적인 이점을 취했다. 독일의 유권자들에게 독일의 동맹국들이 변덕스럽다는 점과 국민적 이익을 돌보기 위해서는 자신만을 의지해야 한다는 점을 일깨웠던 것이다.

1950년대에는 독일의 재무장에 찬성하는 국내의 견해가 그다지 강하지 않았다. 패전 후 겨우 11년밖에 지나지 않은 1956년 새로운 서독 군대인 연방군Bundeswehr이 창설되었는데도 분위기는 그다지 열광적이지 않았다. 아데나워도 국제적인 압력에 부응할 뿐이라고 주장함으로써(그의 생각으로는 일말의 진실을 담고 있었다) 모호한 태도를 보였다. 1950년대 초에 소련이 후원했던 〈평화 운동〉의 한 가지 성과는 많은 서독인들에게 〈중립〉을 선언하면 통합과 안전 둘 다 얻을 수 있다고 납득시켰다는 점이다. 1950년대 초의 여론 조사에 따르면 성인의 3분의 1 이상이 어떤 조건에서든 독일의 통합과 중립에 찬성했고, 거의 50퍼센트 정도는 전쟁이 발발할 경우 연방 공화국이 중립을 선언하기를 원했다.

유럽에서 세 번째 세계 대전을 촉발할 가능성이 가장 컸던 것이 독일의 상황 그 자체였다고 보면, 이러한 염원은 이상하게 보일 수 있다. 그러나 독일 국가가 미국의 사실상의 보호국으로서 갖는 특권적 지위가 독일의 일부 시민들에게는 안전의 원천인 동시에 분노의 원천이기도 했다는 사실은 전후 서독의 기이한 현상 중 하나였다. 그리고 독일에서 전쟁이 발발하면 전술 핵무기가 타국이 배타적으로 통제하는 가운데 사용될 수 있다는 것이 1950년대 후반에 가서 분명해졌을 때, 그러한 정서는 더 강해졌다.

1956년으로 돌아가 보면, 아데나워는 연방 공화국이 언제까지 〈핵 보호국〉으로 남을 수는 없다고 경고했다. 1960년대 초에 서방 연합국들이 이 민감한 주제에 관해 소련과 타협하고 서로 협력하여 독일의 핵무기 보유를 결코 허용하지 않기로 했다는 사실이 명확하게 드러나자, 아데나워는 격분했다.[23] 잠시나마 서독 공화국의 위

23 아데나워는 의도하지 않았지만 숨은 의미를 드러내는 과장법으로 핵확산 금지 조약

싱턴에 대한 충성은 드골의 파리로 옮겨간 듯했다. 두 나라는 영-미의 고압적인 일처리에 대한 분노와 미국이 유럽의 보호국들에 대해 아무런 책임도 지지 않고 교묘히 빠져나간다는 의심을 공유했기 때문이다.

프랑스가 독립적인 핵 억지력을 열망함으로써 서독을 부추기는 선례를 제공했다는 사실은 분명했다. 드골은 이 점을 능숙하게 이용하여 서독으로 하여금 미국 친구들을 단념하게 하려고 했다. 드골은 1963년 1월 14일, 영국의 유럽 경제 공동체 가입에 〈반대한다!〉고 대답했던 바로 그날 핵보유국 지위를 얻고자 열망했던 서독에 〈동조한다〉고 말했다. 그리고 다음 주에 드골은 그 〈동조〉를 프랑스 독일 우호 조약[24]으로 전환했다. 그러나 그 조약은 요란하게 팡파르를 울렸지만 허울뿐이었다. 아데나워의 당 내부에서 많은 사람이 그 명백한 충성의 전환을 거부했다. 그해 말에 동료들은 공모하여 아데나워를 권좌에서 끌어내리고 북대서양 조약 기구에 대한 충성을 재확인했다. 드골로 말하자면 독일에 일말의 환상도 품지 않은 사람이었다. 여섯 달 전 프랑스 대통령은 함부르크에서 극도로 열광적이었던 군중에게 이렇게 말했다. 「프랑스와 독일의 우정 만세! 당신들은 위대한 국민이다! *Es lebe die Deutsch-französische Freundschaft! Sie sind ein grosses Volk!*」 그러나 비서에게 이렇게 덧붙였다. 「이들이 아직도 진정 위대한 민족이라면, 내게 이토록 환호할 리는 없겠지.」

어쨌든 서독의 지도자는 양국 관계가 얼마나 냉각되었든 간에 프랑스라는 가공의 대안을 위해 감히 미국과 관계를 끊지는 못했다. 그럼에도 아데나워의 외교 술책은 독일이 불가피하게 미국에 굴종해야 하는 상황 저변에 깔린 분노의 분위기에 영향을 미쳤다. 우리는 전후 연방 공화국이 미국적인 모든 것을 열광적으로 환영했으며,

을 〈모건도 플랜의 제곱Morgenthau Plan squared〉이라고 했다.
24 1963년 1월 22일의 엘리제 조약 — 옮긴이주.

이 시기에 중부 독일과 남부 독일에 주민들의 자유를 지켜 주기 위해 군사 시설과 기지, 수송선, 영화, 음악, 식량, 의복, 껌, 현금을 들고 들어온 미군이 현지 주민들로부터 폭넓게 사랑받고 수용되었다고 가정했다. 돌이켜 보건대 이러한 가정은 너무 성급했다.

현실은 훨씬 더 복잡했다. 서독 주민들은 미국(그리고 영국)의 병사 개개인은 분명 대체로 좋아했다. 그러나 (소련군이 아니라) 서방에 의해 〈해방되었다〉는 데 대한 초기 안도감이 서서히 약해지자 숨어 있던 다른 감정들이 드러났다. 힘들었던 전후의 연합국 점령기는 나치 시대의 삶과 좋지 않게 대비되었다. 냉전기에 일부 사람들은 미국이 소련과의 갈등은 〈자신들의〉 몫인데도 독일을 그 중심에 두어 위험에 노출시켰다고 비난했다. 많은 보수주의자들, 특히 가톨릭이 우세한 남부의 보수주의자들은 히틀러가 등장한 원인을 서방이 끼친 〈세속화〉의 영향에 돌렸으며, 독일이 근대의 세 가지 악, 즉 나치즘과 공산주의와 〈아메리카니즘〉 사이에서 〈중도〉를 걸어야 한다고 주장했다. 그리고 서독이 서방 동맹의 동쪽 변경에서 점점 더 두드러짐에 따라 나치 독일이 소련의 아시아 대군에 맞서 유럽의 문화적 보루로서 자임했던 역할이 은연중에 상기되었다.

게다가 서독의 아메리카화는, 그리고 도처에 존재하는 외국 점령군은 대중이 열망했던 깨끗한 독일과 눈에 띄게 대비되었다. 그러한 이미지는 1950년대 초에 특히 과거에 대한 향수를 불러일으키는 국내 영화가 공급됨으로써 강화되었다. 소위 〈고향Heimat〉 영화라고 불리는 이 영화들은 전형적으로 남부 독일의 산악 지대 풍경을 배경 삼아 특정 시대나 지방의 의상을 입은 등장인물들의 사랑과 충성, 친교에 관한 이야기를 주제로 다루었다. 뻔뻔스러울 정도로 저급했던 이 영화들은 대중적으로 큰 인기를 끈 오락물이었는데, 종종 나치 시대의 영화를 모방했고 때로는 제목도 똑같았다(예를 들어 1950년의 「슈바르츠발트의 처녀Schwarzwaldmädel」는 1933년에 제작된 동명의 영화를 개작한 것이다). 한스 데페 같이 나치 시대에 활약했던 감독들의 작품이나 그들에게 배운 루돌프 쉰들러 같은 좀 더 젊은 감독들의 영화도 마찬가지였다.

「광야는 푸르다Grün ist die Heide」(1951), 「미소의 나라Das Land des Lächelns」(1952), 「흰 수수꽃다리가 다시 필 때Wenn die Alpenrosen blüh'n」(1953), 「빅토리아와 그 경기병Viktoria und ihr Husar」(1954), 「충성스런 경기병Der treue Husar」(1954), 「게이 마을The Gay Village」(1955), 「에델바이스가 필 때Wenn die Alpenrosen blüht」(1955), 「슈바르츠발트에서 온 로지Rosie from the Black Forest」(1956) 등의 영화 제목은 폭탄이나 난민으로 고통받지 않은 나라와 국민을, 즉 건강한 전원의 오염되지 않고 행복하며 화사한 〈독일적 깊이〉를 일깨웠다. 그리고 그 영화들이 담고 있는 초시간성은 독일이 동쪽과 서쪽의 점령군으로부터 자유로울 뿐만 아니라 얼마 전에 저지른 죄악으로 더럽혀지지 않은 깨끗한 땅과 민족이라고 암시함으로써 위로를 주었다.

〈고향〉영화는 연방 공화국 초기의 지방주의와 보수주의를, 다시 말해 진정으로 간섭 받고 싶지 않은 욕구를 반영했다. 이러한 비군사적 정서는 성인 인구의 과도한 여초 현상에 의해 촉진되었다고 볼 수 있다. 전후 첫 번째로 실시된 1950년 인구 조사에서 이혼한 여성이나 편모가 꾸리는 가구가 전체의 3분의 1이었다. 소련에서 살아남은 전쟁포로들이 1955년과 1956년에 귀환한 이후에도 그 불균형은 계속되었다. 1960년에 연방 공화국의 여성은 126 대 100으로 남성을 초과했다. 가족과 가정 문제가 일반 사람들에게는 가장 중요했다. 이 점에서는 영국이나 프랑스도 큰 차이가 없었다. 많은 여성들이 전쟁 막바지와 종전 직후의 끔찍했던 개인적 경험을 안고 정규직으로 일하며 홀로 아이들을 양육했던 여성의 세계에서[25] 국민이나 민

25 현대 독일의 주요 유명 인사 중 많은 사람이(이 글을 쓰던 당시인 2005년의 연방 정

족주의, 재무장, 군사적 영광, 이데올로기적 대결 따위의 수사법적 표현은 관심을 끌지 못했다.

새로운 공적 목표를 채택하여 신뢰를 상실한 과거의 야심을 대체하려 한 것은 다분히 의도적이었다. 콘라트 아데나워는 1952년 2월 4일 내각에 쉬망 플랜이 국민에게 얼마나 중요한지 설명하면서 이렇게 말했다. 〈국민은 새로운 이데올로기를 부여받아야 한다. 그것은 유럽의 이데올로기일 수밖에 없다.〉 서독은 국제기구에 가입함으로써 스스로 주권을 회복할 것 같았다는 점에서 독특했다. 그리고 유럽이라는 개념은, 명백히 쉬망이 바라던 대로, 독일민족주의의 핵심이 제거되면서 생긴 독일 공공생활의 빈자리를 메울 수 있었다.

지식인 엘리트와 정치 엘리트가 볼 때 이렇게 에너지를 다른 데로 돌린 것은 효과적이었다. 그러나 거리의 여성이 볼 때 과거의 정치를 진정으로 대신한 것은 새로운 〈유럽〉이 아니라 생존과 번영의 사업이었다. 영국 노동당 정치인 휴 돌턴에 따르면 전쟁 말기에 윈스턴 처칠은 독일이 〈살찌되 허약했으면〉 좋겠다는 희망을 피력했다. 그리고 실제로 처칠이 기대할 수 있었던 것보다 더 빠르고 더 효과적으로 그렇게 되었다. 히틀러가 패망한 뒤 20년 동안 서독은 구태여 정치로부터 생산과 소비로 주의를 돌릴 필요가 없었다. 서독은 일치단결하여 전심으로 그 방향으로만 움직였기 때문이다.

만들고 저축하고 구매하고 소비하는 행위는 대다수 서독인의 주된 활동이었을 뿐만 아니라 공적으로 확인되고 승인받은 국민적 삶의 목적이었다. 작가 한스 마그누스 엔첸스베르거는 몇 해 뒤에 이 기이한 집단적 변화와 연방 공화국 시민들이 전력으로 일하며 보여 준 열성에 관해 숙고하면서 이렇게 말했다. 〈독일인들이 결점을 장점으로 바꾸었다는 생각을 거부하면 독일인들의 수수께끼 같은 에

부 총리와 외무장관을 포함하여) 그 당시의 아이들로 편부모 가정에서 바깥일을 하는 어머니에 의해 양육되었다.

너지를 이해할 수 없다. 독일인들은 말 그대로 정신이 나갔고, 이 점이 그들의 향후 성공의 조건이었다.〉

그리하여 히틀러의 몰락 이후 비도덕적인 명령에 맹목적으로 순종했다고 국제적으로 비난받았던 독일인들은 근면한 복종이라는 결점을 국민적 장점으로 바꿔 놓았다. 조국의 완전한 패배와 뒤이은 점령이 가져온 파괴적인 충격 때문에 독일인들은 강요된 민주주의 체제를 수용할 수 있었다. 이는 10년 전만 해도 누구도 상상할 수 없었다. 1950년대의 독일인들은 하이네가 백 년 전에 처음으로 독일 민족에게서 관찰한 〈통치자에 대한 헌신〉이 아니라, 완제품을 생산하면서 보여 준 효율과 세부 작업, 품질에 대한 전심을 다한 헌신으로 국제적인 존경을 받았다.

번영을 이루기 위한 새로운 헌신은 명백히 환영받았다. 특히 노년의 독일인들이 크게 환영했다. 1960년대에 들어와서도, 예순을 넘긴 많은 독일인들은(권위 있는 자리에 앉은 사람들은 거의 모두 포함된다) 여전히 카이저 시대의 삶이 더 좋았다고 생각했다. 그러나 뒤이은 상황에 비추어 보면, 노년 세대가 연방 공화국의 수동적인 일상생활로써 제공받은 안전과 평안은 대용물로 받아들일 만한 것의 수준을 뛰어넘었다. 그러나 그들보다 젊은 세대의 시민들은 더 의심이 많았다. 이 〈의심많은 세대〉는, 다시 말해 바이마르 공화국 말기에 태어나 나치를 경험할 만큼은 나이를 먹었으나 그 범죄에 대한 책임을 지기에는 너무 젊은 남녀들은 새로이 수립된 독일의 질서를 유달리 불신했다.

1927년에 태어난 작가 귄터 그라스나 사회 이론가 위르겐 하버마스 같은 사람들에게 서독은 민주주의자가 없는 민주주의 체제였다. 서독 시민들은 히틀러에서 소비주의로 충격적일 만큼 쉽게 뛰어넘었다. 번영을 이룸으로써 범죄의 기억을 덜었던 것이다. 그라스 같은 이들은 독일이 정치에서 개인의 재산 축적으로 방향을 전환했다는 사실에서 과거와 현재의 시민적 책임에 대한 부정을 읽어 냈다. 그들은 서베를린 시장 에른스트 로이터가 1947년 3월 〈먹는 것이 우선이고 도덕은 그다음이다Erst kommt das Fressen, dann kommt die Moral〉라는 베르톨트 브레히트의 금언에 이의를 제기한 데 대해 열렬하게 찬동했다. 그는 이렇게 말했다. 「〈먹는 것이 우선이고 도덕은 그다음이다〉라는 문장보다 더 위험한 문장은 없다. 우리는 이 문장이 표현하는 잘못된 교훈을 허용했기 때문에 굶주리고 추위에 떨고 있다.」

하버마스는 훗날 〈헌법 애국주의Verfassungspatriotism〉의 추구에 깊이 관계했다. 하버마스가 보기에 헌법 애국주의는 동포들에게 권고하기에 적절한, 그리고 권고하는 것이 현명한 유일한 국민감정이었다. 그러나 하버마스는 일찍이 1953년에 『프랑크푸르터 알게마이네 차이퉁』지에 게재한 사설에서 마르틴 하이데거가 나치즘의 〈내적 위대함〉을 암시하는 하이델베르크 대학 강의록을 원래대로 재간행되도록 허용했다고 공격하여 대중의 주목을 받았다. 당시 그 사건은 국제적인 관심을 불러일으키지 못했으나, 그럼에도 훗날 진행된 매서운 질문의 전조가 됨으로써 하나의 이정표가 되었다.

1945년생인 라이너 베르너 파스빈더는 1979년에 제작한 영화 「마리아 브라운의 결혼Die Ehe der Maria Braun」에서 청년 비판자들에게 비친 연방 공화국의 몇 가지 결점을 날카롭게 해부한다. 여주인공 마리아 브라운은 〈모든 남자들이 위축되어 보이는〉 독일의 패배의 잔해 속에서 삶을 추스르며, 〈감정을 위해서는 나쁜 시절이야〉라고 선언한 다음 냉정하게 〈과거〉를 잊는다. 그리고 마리아는 기죽지 않고 국민적인 관심사인 돈 버는 일에 매진한다. 마리아는 돈 버는 데 놀랍도록 뛰어났다. 그러면서 냉소로 무장한 여주인공이 처음에 지녔던 약점은 사라졌다. 마리아는 남편 헤르만에게 여전히 〈충성〉하면서도 다른 남자들의(미군 병사 한 명[흑인]을 포함한다) 재력과 호의, 고지식함을 이용한다. 독일군 병사인 헤르만은 소련에 감금되어 있으나 그가 전시에 쌓은 공적은 일부러 모호하게 처리되었다.

마리아의 관계와 성취, 안락한 생활은 모두 현금으로 평가된다. 결국 마리아는 온갖 물품으로 가득 찬 새 집을 마련하여 되돌아온 남편을 맞을 계획을 세운다. 두 사람은 결혼의 행복 속에서 만족을 누리기 직전이었다. 그때 두 사람과 그들의 재산은 하룻밤 새에 산산이 사라져 버린다. 초현대식 부엌에서 가스 마개가 열려 있었던 것이다. 그동안 라디오는 1954년 월드컵에서 서독이 승리했다는 내용을 광분하여 외쳐 댔다. 새로운 유럽 속에서 새로운 독일이 새로 발견한 특성, 즉 번영과 타협, 정치적 해체, 국민적 기억이라는 잠자는 사자를 깨우지 말자는 무언의 합의는 파스빈더와 체제에 반대하는 분개한 다음 세대의 독일인들이 과거의 결점에 주목하는 것을 방해하지 못했다. 새로운 특성은 새로운 가면을 뒤집어 쓴 과거의 결점이었다.

9장
잃어버린 환상

인도를 잃는다면 우리는 끝장이다.
— 1940년대에 널리 회자되었던 네덜란드 속담

이 대륙 도처에 변화의 바람이 불고 있고, 좋든 싫든 이러한 (아프리카) 의식의 성장은 정치적인 사실이다.
— 해럴드 맥밀런, 1960년 2월 3일 케이프타운 연설

영국은 제국을 잃었고 아직 다른 역할을 찾지 못했다.
— 딘 애치슨, 1962년 12월 5일 웨스트포인트 연설

헝가리 인민공화국 각료회의 의장 너지 임레입니다. 오늘 아침 이른 시간에 소련군이 우리의 수도에 대한 공격을 감행했습니다. 합법적이고 민주적인 헝가리 정부를 전복시키는 의도가 분명합니다. 우리의 군대는 싸우고 있습니다. 정부는 제자리를 지키고 있습니다. 국민 여러분과 세계의 여론에 이를 알리는 바입니다.
— 너지 임레, 1956년 11월 4일, 오전 5시 20분 헝가리 라디오에서

국민에게 교훈을 주기 위해 외국 군대를 요청하는 것은 중대한 실수다.
— 요시프 브로즈 티토(1956년 11월 11일)

제2차 세계 대전 막바지에 스스로 통치하기는커녕 먹고 살기에
도 힘에 부쳤던 서유럽 국민들은 여전히 비유럽 세계의 많은 부분을
지배하고 있었다. 유럽 식민지의 토착 엘리트들도 놓치지 않았던 이
외견상의 역설은 잘못된 결과를 낳았다. 영국이나 프랑스, 네덜란드
의 많은 사람들에게 자국이 아프리카와 아시아, 중동, 아메리카에
보유한 식민지와 제국의 재산은 유럽 전쟁에서 당한 피해와 굴욕을
진정시키는 진통제였다. 식민지는 전쟁에서 국가에 절대적으로 필
요한 자원으로서 그 물질적 가치를 증명했다. 특히 영국과 프랑스는
식민지가 제공한 넓은 영토와 식량, 인력이 없었다면 독일과 일본과
싸울 때 이전보다 훨씬 더 불리한 처지에 놓였을 것이다.

이러한 사정은 특히 영국의 경우에 더 명백해 보였다. 〈잉글랜드
England〉, 〈브리튼Britain〉, 〈브리튼 제국British Empire〉은 (나처럼)
전후 영국에서 자란 사람이라면 그 누구에게나 동의어나 마찬가지
였다. 초등학교 지도에서 세계는 제국을 나타내는 붉은색으로 잔뜩
칠해져 있었다. 역사 교과서는 영국이 인도와 아프리카에서 벌인 정
복의 역사를 자세히 다루었다. 짧은 뉴스 영화, 라디오의 속보 뉴스,
신문, 화보 잡지, 어린이용 이야기, 만화, 운동 경기, 과자 깡통, 과일
통조림의 딱지, 고깃간의 유리창. 이 모두는 영국이 역사적으로나
지리적으로나 국제적인 해상 제국의 중심에 존재한다는 사실을 떠

올리게 했다. 식민지와 자치령의 도시와 강, 정치인의 이름은 영국 내 그 이름들만큼이나 친숙했다.

영국은 오래전에 북아메리카의 〈첫 번째〉 제국을 상실했다. 그 이후의 제국은 정확히 〈일시적으로 정신이 나가서〉[1] 획득한 것은 아니었지만 그렇다고 의도적인 결과물도 아니었다. 치안 유지와 공공사업, 행정에 많은 비용이 들었으며, (북아프리카의 프랑스 통치령도 마찬가지였지만) 제국은 케냐와 로디지아 같은 곳의 농민과 농장주의 소규모 이주민 계층이 가장 열렬히 고맙게 여기고 옹호했다. 캐나다와 오스트레일리아, 뉴질랜드의 〈백인〉 자치령과 남아프리카는 독립국이었지만, 영국 왕권에 대한 공식적인 충성과 영국에 느끼는 정서적인 유대, 그 나라들이 공급할 수 있는 식량과 원료, 군대는 사실상 영국의 자산으로 여겨졌다. 나머지 영국 제국으로 말하자면 당장에는 물질적 가치보다 전략적 효용이 더욱 두드러졌다. 영국이 동아프리카에 보유한 땅은 중동과 아라비아반도와 인도양 주변의 여러 보호령과 항구처럼 영국 제국의 주요 자산인 인도에 부속된 영토로 생각되었다. 인도는 당시 스리랑카와 버마(미얀마)는 물론이고 장차 파키스탄과 방글라데시가 될 지역도 포함했다.

유럽의 모든 제국들은 이따금씩 우연히 획득한 것이었으며 (영국령 인도에 이르는 육로와 해로를 제외하면) 논리적 일관성이나 경제적 이득을 늘 염두에 둔 채 습득한 것이 아니었다. 스페인은 이미 제국의 대부분을 상실했다. 처음에는 영국에 빼앗기고 나중에는 이주자들의 독립 요구에 잃었으며 가장 최근에는 점점 더 강해지는 미국에 빼앗겼다. 이 때문에 그때나 지금이나 스페인에서는 반미 정서가 사라지지 않고 있다. 남은 식민지라고는 모로코와 적도 기니의 작은

---

1 영국의 역사가 존 실리(John Robert Seeley, 1834~1895)의 『영국의 팽창 *The Expansion of England*』(1883)에 나오는 다음 구절의 일부이다. 〈우리는 말하자면 세계의 절반을 일시적으로 정신이 나가서 정복한 것 같다〉— 옮긴이주.

지역뿐이었는데, 이마저 1956년에서 1968년 사이에 (언제나 현실주의자였던) 프랑코가 포기해 버렸다.

그러나 아프리카와 아시아의 대부분은 제국의 수도가 직접 지배했든, 유럽의 교육을 받은 현지 지식인으로 구성된 통치 계급이 지배했든, 아니면 유럽의 주인에게 협력했던 토착 통치자를 거쳤든 여전히 유럽인의 수중에 있었다. 따라서 그러한 사람들만 알고 있었던 전후 유럽의 정치인들은 제국 전역에서 새로운 세대의 활동가들 사이에 급속히 확산된 민족주의적 정서를 대체로 알지 못했다(인도는 예외였겠지만, 그곳에서도 유럽인들은 민족주의적 정서의 규모와 그 단호함을 오랫동안 과소평가했다).

그리하여 영국이나 기타 유럽 식민국 가운데 그 어느 나라도 해외 식민지에 대한 영향력이 곧 와해되리라고는 예상하지 못했다. 영국 역사가 에릭 홉스봄이 증명했듯이, 유럽 식민 제국의 종말은 1939년 청년 공산주의자들을 위한 세미나에 참석한 영국 학생들과 그 식민지 출신 학생들에게도 아주 먼 훗날의 일처럼 보였다. 그 후 6년이 지난 시점에서도 세계는 여전히 지배자와 피지배자, 권력자와 권력을 갖지 못한 자, 부자와 가난한 자로 나뉘어 있었으며, 그 간극은 가까운 미래에 메워질 것 같지 않았다. 심지어 전 세계적인 독립 운동이 힘을 받은 지 한참 지난 1960년에도 세계 총생산의 90퍼센트와 제조업의 경제적 부가가치의 80퍼센트가 서유럽과 북아메리카의 몫이었다.

유럽 식민국 가운데 가장 작고 가장 가난한 나라였던 포르투갈은 앙골라와 모잠비크의 식민지에서 매우 유리한 가격으로 원료를 빼냈으며, 그 식민지들은 어느 모로 보나 국제 경쟁력이 없는 포르투갈 수출품의 전용 시장이 되었다. 그리하여 모잠비크는 자국 주민들이 먹을 식량을 재배하지 못하고 포르투갈 상품 시장을 위해 목화를 재배했다. 이러한 왜곡은 상당한 이윤을 냈지만 현지 주민은 일상적으로 기근에 시달렸다. 이러한 상황에서, 그리고 실패하기는 했지만 식민지에서 몇 차례 폭동이 일어나고 국내에서는 군사 쿠데타가 발생하는 동안에도, 포르투갈 식민지의 해체는 오랫동안 지연되었다.[2]

유럽의 국가들이 식민지가 없다고 국정 운영에 문제가 생기지는 않았겠지만, 당시 식민지가 외국의 지배 없이 홀로 생존할 수 있다고 생각한 사람은 거의 없었다. 유럽의 해외 신민들의 자치와 실질적인 독립에 찬성했던 자유주의자들과 사회주의자들조차 그러한 목표가 실현되려면 수십 년은 더 지나야 한다고 예상했다. 1951년까지도 영국의 외무장관인 노동당의 허버트 모리슨이 아프리카 식민지의 독립을 〈열 살짜리 어린아이에게 현관 열쇠와 은행 계좌, 엽총을 주는 것〉에 비교할 만한 일로 여겼다는 사실을 기억해 둘 필요가 있다.

그러나 세계 대전은 그때까지 대부분의 유럽인들이 알던 것보다 훨씬 더 큰 변화를 초래했다. 영국은 전쟁 중에 동아시아의 보호령을 일본에 내주었다가 일본의 패전 이후 되찾았다. 그렇지만 옛 식민국의 지위는 근본적으로 훼손되었다. 영국은 1942년 2월에 싱가포르에서 항복하여 굴욕을 당했고, 아시아의 영국 제국은 다시 회복되지 못했다. 비록 영국군이 버마와 인도가 일본에 넘어가지 않도록 막아 낼 수 있었지만, 무적의 유럽이라는 신화는 영원히 깨져 버렸다. 1945년 이후 아시아에서 식민국들은 전통적인 권리를 포기하라는 압력에 직면했고, 그러한 압력은 점점 더 거세졌다.

2 포르투갈의 독재자 안토니우 드 올리베이라 살라자르 박사는 (1961년 2월에 시작된 앙골라 반란이 7년째 계속되고 있던) 1968년에 포르투갈의 아프리카 식민지인 앙골라와 모잠비크를 언제 독립시킬 생각이냐는 질문에 이렇게 대답했다. 〈몇백 년이 걸리는 문제이다. 500년 이내에는 독립시킬 것이다. 그동안 그 나라들은 지속적으로 발전해야 한다.〉 (다음을 보라. Tom Gallagher, *Portugal. A Twentieth-Century Interpretation*, 1983, p. 200.) 그러나 당시 살라자르가 근대 세계를 원칙적으로 거부한 일은 전설과도 같다. 살라자르는 1950년대 내내 자신의 나라에서 코카콜라를 몰아내는 데 성공했다. 코카콜라의 축출은 프랑스도 이룰 수 없던 일이었다.

그 지역에서 가장 오래된 식민국인 네덜란드가 입은 상처는 특히 심각했다. 네덜란드 동인도회사와 그 회사를 발전시켰던 무역 상사는 국민적 신화의 일부로서 황금기로 직접 이어지는 연결 고리였으며 네덜란드의 상업과 항해의 영광을 상징했다. 또한 동인도제도의 원료, 특히 고무는 전후의 암울하고 가난한 시대에 네덜란드 경제를 구원해 주리라고 널리 추정되었다. 그러나 네덜란드는 일본이 패한 지 2년도 지나지 않아 또다시 전쟁에 돌입했다. 네덜란드의 동남아시아 보호령(오늘날의 인도네시아)에 14만 명의 네덜란드 군인(직업 군인, 징집병, 자원병)이 묶여 있었고, 인도네시아 독립 혁명은 태평양과 카리브해, 남아메리카의 나머지 네덜란드 통치령 전역에서 찬사와 모방을 낳았다.

뒤이은 유격전은 4년 동안 계속되었고, 네덜란드의 군인과 민간인 사상자는 3천 명이 넘었다. 1945년 11월 17일 민족주의 지도자 수카르노가 일방적으로 선언한 인도네시아의 독립은 1949년 12월 헤이그에서 열린 회담에서 네덜란드 당국으로부터(그리고 눈물을 글썽였던 여왕 윌리야나로부터) 최종 승인을 받았다. 유럽인들은 줄지어 〈고국〉으로 향했다(사실상 그들 중 많은 사람이 동인도제도 태생으로 네덜란드에 가본 적이 없었다). 1957년 말, 수카르노 대통령이 네덜란드인들의 인도네시아 내 사업을 금지하자 네덜란드 〈본국 귀환자〉 수는 수만 명에 이르렀다.

탈식민화의 경험은 전쟁으로 인한 피해로 이미 심한 타격을 입은 네덜란드의 공적 생활을 한층 더 비참하게 만들었다. 식민지 주민이었던 많은 사람들과 그 친구들은 일본의 점령이 중단된 공백기에 네덜란드가 식민지 권력을 재차 주장하지 못한 책임을 좌파에 돌리며 〈선정(善政)의 신화〉를 공격했다. 반면 (주둔군의 대다수를 차지했던) 징집병들은 그저 누구도 자랑스럽게 생각하지 않은 식민지 전쟁이 끝나 무사히 집으로 돌아가게 되어 기쁠 따름이었다. 많은 네덜란드인은 국제 연합이 협상을 통해 권력을 이양하라고 요구함으로써 군사적 승리를 방해했다고 느꼈으며, 이러한 정서는 매우 빠르게 국민의 기억 속에 각인되었다.

결국 네덜란드는 강압에 의해 식민지에서 철수했고, 이 때문에 국민의 정서는 빠른 속도로 〈유럽〉을 희구하게 되었다. 제2차 세계 대전으로 네덜란드가 국제적인 문제에서, 특히 인접국들의 문제에서 비켜서 있을 수 없다는 사실이 증명되었고, 인도네시아의 상실은 공격당하기 쉬운 유럽의 소국이라는 네덜란드의 현실적인 위치를 시의 적절하게 되새기게 했다. 그리하여 네덜란드는 부득이 변신하여 유럽의 경제적 통합을, 그리고 나중에는 정치적 통합을 매우 열렬히 지지했다. 그러나 이 과정에 고통이 없지는 않았으며, 국민의 집단적 감성이 하룻밤에 뒤바뀌지도 않았다. 1951년까지도 전후 네덜란드 정부의 군사 계획과 군비 지출 목표는 유럽의 방어가 아니라 (네덜란드가 브뤼셀 조약과 북대서양 조약 기구에 가입했는데도) 식민지를 끝까지 붙들고 버티는 데 있었다. 네덜란드 정치인들은 밀려드는 후회를 억누르며 아주 서서히 과거에 중요하게 여겼던 문제들을 포기하고 유럽 문제에 전념하게 된다.

정도의 차이는 있지만, 이러한 사정은 서유럽의 모든 식민국이나 식민지를 상실한 국가에 들어맞는다. 자국의 경험과 선입견을 서방의 나머지 지역에 투사하는 미국의 학자들은 제2차 세계 대전 이후 유럽에 뚜렷하게 드러났던 이러한 특징을 이따금 간과한다. 미국에서는 냉전이 중요했고, 외교와 국내 정치에서 우선시된 문제들과 수사법적 표현은 이 점을 반영했다. 그러나 네덜란드와 영국, 프랑스는 그 시절을 넓은 영역에 퍼진, 통치하기가 점점 더 어려워진 식민지에서 큰 희생을 치르면서 유격전을 수행하며 보냈다. 1950년대 대부분에 걸쳐 전략상의 골칫거리는 민족독립 운동이었지 소련과 그 야심이 아니었다. 물론 몇몇 경우에는 두 가지가 중첩되기도 했다.

프랑스 제국도 영국 제국과 마찬가지로 1919년 이후 패전한 추축국으로부터 빼앗은 아시아와 아프리카의 보호령 재분배로부터 이득을 얻은 적이 있다. 1945년에도 해방된 프랑스는 이런 식으로 아프리카의 사하라 사막 이남의 넓은 구역과 카리브해와 태평양의 몇몇 섬 보호령은 물론 시리아와 레바논을 또다시 지배했다. 그러나 프랑스 제국의 〈보석〉은 인도차이나 보호령과 지중해의 북아프리카 해안을 따라 형성된 오래된 정착지였다. 튀니지와 모로코, 그리고 알제리의 대부분이 여기에 해당한다. 그러나 프랑스의 역사 교과서에서 식민지의 위치는 영국 해협 건너편 나라에 비해 더 모호했다. 한 가지 이유는 프랑스가 공화국이었다는 사실에 있다. 공화국에 제국의 영토란 어울리지 않았다. 다른 이유로는 초기에 정복했던 많은 식민지가 오래전에 영어를 쓰는 지배자들에게 넘어갔기 때문이다. 이집트와 수단, 어퍼나일 지역의 지배권을 두고 영국과 대결했다가 후퇴했던 1898년의 〈파쇼다 사건〉을 기억하는 프랑스 사람은 1950년에도 수백만 명에 달했다. 프랑스에서 제국을 말하는 것은 승리뿐만 아니라 패배도 연상시킬 수 있었다.

반면 프랑스의 학동들에게 부단히 제시된 〈프랑스〉의 이미지는 대양을 횡단하는 연속된 공간, 누구에게나 프랑스의 시민적이고 문화적인 특성이 개방되어 있는 공간이었다. 사이공에서 다카르까지 초등학교 교과서는 〈우리 선조 갈리아인〉에 관해 가르쳤고, 비록 원칙이었을 뿐이었지만 문화적 동화의 미덕을 찬양했다. 그러한 문화적 동화는 영국이나 네덜란드, 벨기에, 스페인, 포르투갈의 식민지 관료들이라면 절대로 생각할 수 없었을 것이다.[3] 본국 정부가 매우 소중한 식민지 재산을 외국 땅이 아니라 본국의 연장된 행정 구역으로 진지하게 다룰 수 있었던 나라는 오직 프랑스뿐이었다. 따라서

3 프랑스의 주장은 때때로 사실이었다. 1945년에 프랑스령 적도아프리카의 총독 펠릭스 에부에Félix Éboué는 프랑스의 식민지 고위 관료였는데, 흑인이었다.

〈알제리〉는 단지 지리적 표현일 뿐이었다. 알제리로 지칭되는 지역은 프랑스의 3개 도département로 관리되었다(그렇지만 유럽인 거주자들만이 완전한 시민권을 누렸다).

전쟁 중에 프랑스는 영국과 네덜란드와 마찬가지로 소중하게 여겼던 동남아시아의 식민지를 일본에 빼앗겼다. 그런데 프랑스의 경우 일본의 점령이 늦었던 데다가(1945년 3월까지도 프랑스령 인도차이나는 비시 정권이 통치했다) 어쨌거나 프랑스가 1940년에 국내에서 당한 패배보다는 비교할 수 없을 정도로 작은 상처를 안겼다. 프랑스가 유럽에서 굴욕을 당함으로써 그 해외 제국의 상징적인 의미는 한층 더 돋보였다. 만일 프랑스가 자신들이 보기에 (1954년에 아이젠하워가 묘사했듯이) 〈무기력하고 절망적인 원형질 덩어리〉로 격하되지 않았다면, 이는 대체로 선도적인 식민 강국의 위신을 유지했던 덕분이다. 따라서 식민국의 지위를 유지하는 일은 상당히 중요한 문제였다.

아프리카에서는 1944년 2월 초에 열린 브라자빌 회담에서 드골이 프랑스의 위신을 회복했다. 벨기에령 콩고에서 흘러나오는 강 건너편, 프랑스령 적도아프리카의 수도에서 자유프랑스군의 이 지도자는 프랑스 식민지의 미래상을 다음과 같이 독특하게 표현했다.

〈프랑스의 아프리카에서, 우리의 깃발 아래 사람들이 살고 있는 모든 나라와 마찬가지로, 사람들이 태어난 곳에서 프랑스의 깃발로부터 도덕적으로나 물질적으로 이익을 얻지 못한다면, 자신들의 일을 관리하는 데 참여할 수 있는 수준에 서서히 오를 수 없다면, 진정한 진보는 있을 수 없다. 이런 일을 해내는 것이 프랑스의 의무이다.〉

드골이 정확히 무엇을 의미했는지는 분명하지 않다. 흔히 그렇듯이 아마 의도적이었을 것이다. 그러나 드골의 발언은 분명 식민지 해방과 사실상의 자치를 언급한 것으로 받아들여졌다. 상황도 순조로웠다. 프랑스의 여론은 식민지 개혁에 적대적이지 않았다. 앙드레 지드가 『콩고 여행Voyage au Congo』(1927)에서 강제노동 관행을 통렬히 비난한 덕에 유럽이 중앙아프리카에서 저지른 범죄에 대한 대중의 의식은 전쟁 전에 이미 상당히 높아졌다. 반면 미국은 불길하게도 식민지에 반대한다는 견해를 표명했다. 미국 국무장관 코델 헐은 발전이 늦은 유럽 식민지들의 국제적 관리와 나머지 식민지의 조기 자치에 찬성하는 듯한 발언을 했다.[4]

가난하고 고립된 프랑스어권 아프리카에서 진행된 개혁 논의는 특히 식민 본국 프랑스가 해방되지도 않은 마당에 부담이 없었다. 동남아시아는 다른 문제였다. 1945년 9월 2일, 베트남의 민족주의 지도자이자 1920년 12월 투르 대회에 참석하여 프랑스 공산당의 창당 당원이 되었던 호치민은 자국의 독립을 선언했다. 두 주가 지나기 전에 영국군이 남부의 도시 사이공에 도착했고, 한 달 뒤 프랑스군이 도착했다. 한편 그때까지 중국이 지배했던 베트남의 북쪽 지역은 1946년 2월에 프랑스령으로 회복되었다.

이 시점에서 협상을 통한 자치나 독립의 가능성이 높았다. 파리 당국이 민족주의자 대표들과 회담을 열었기 때문이다. 그러나 1946년 6월 프랑스의 장군이자 현지 전권대사인 티에리 다르장리외는 민족주의자들이 지배한 북쪽과 (그 나라의 남부 지방인) 코친차이나를 분리하겠다고 일방적으로 선언함으로써, 타협을 도출하려는 본국 정부의 시험적인 노력을 방해했고 호치민과 프랑스 정부 사이의 대화를 깨뜨렸다. 그해 가을 프랑스는 하이퐁 항구를 폭격했고, 베트민(베트남독립연맹)은 하노이의 프랑스를 공격했다. 첫 번째 베트남 전쟁이 시작된 것이다.

4 몇몇 자료를 보면, 드골은 유럽인 정착민들, 특히 알제리의 정착민들이 프랑스에서 이탈하여 남아프리카의 선례에 따라 인종차별주의적 국가를 수립할 기회를 잡을 수 있다고 걱정하여 식민지 자치에 관한 공개적 논의를 방해했다. 이후의 사건들이 보여 주듯이 이는 쓸데없는 걱정이 아니었다.

전후에 인도차이나에서 권위를 재확립하려던 프랑스의 노력은 정치적으로나 군사적으로나 파국을 낳았다. 호치민은 프랑스 국내 좌파들에게 민족독립투사이자 공산주의 혁명가로서 이중의 신뢰를 얻었다. 이 두 가지 정체성은 호치민의 빛나는 국제적 이미지에서 그랬듯이 그의 사상 속에서도 불가분의 관계로 얽혀 있었다.[5] 젊은 이들을 인도차이나의 〈더러운 전쟁〉에 내보내 싸우다 죽게 만드는 것은 대부분의 프랑스 유권자들에게는 아무런 의미도 없는 짓이었다. 그리고 호치민이 권력을 장악하도록 내버려 두는 것이 분명 자격이 모자라는 바오다이를 지지하는 것보다 더 경솔한 처사인지는 분명하지 않았다. 바오다이는 프랑스가 1949년 3월 그 나라의 새로운 〈황제〉로 세운 인물이었다.

반면 프랑스 장교단은 분명히 베트남에서 전쟁을 속행하려는 열의를 지녔다. 그곳에서 훗날 알제리에서 그랬듯이 프랑스의 군사적 전통은(아직 남은 전통이 있었다면) 위태로워 보였으며, 프랑스군 최고 사령부는 능력을 입증해야 했다. 그러나 경제적 사정에 비추어 볼 때, 프랑스는 본국에서 멀리 떨어진 식민지에서 외부의 지원 없이 오랫동안 전쟁을 계속할 능력을 전혀 지니지 못했다. 프랑스의 인도차이나 전쟁에 재정을 지원한 나라는 미국이었다. 미국은 처음에는 간접적으로 지원했다. 프랑스는 미국의 차관과 원조 덕에 상당한 자원을 전투에 투입할 수 있었지만, 베트남에 패배를 안기기 위한 전쟁은 점점 더 많은 비용을 요구했고 결국 성공하지 못했다. 사실상 미국이 전후 프랑스 경제의 현대화에 힘쓸 때, 프랑스는 자신들의 부족한 자원을 전쟁에 쏟아부었다.

1950년부터 미국의 지원은 좀 더 직접적으로 이루어졌다. 미국

---

5 호치민이 동지와 적에게 똑같이 국제 공산주의의 우상으로 확증된 때는 1950년 1월 14일이었다. 그날 마오쩌둥과 스탈린이 새로이 선포된 베트남 민주주의 공화국을 최초로 승인했다.

은 (한국 전쟁이 발발하고 한 달이 지난) 그해 7월부터 동남아시아의 프랑스 군대에 대한 군사 지원을 급격하게 늘렸다. 프랑스는 실패할 운명이었던 유럽 방위 계획을 지지하기로 동의하고 서독의 북대서양 조약 기구 가입을 양해하기에 앞서 열심히 흥정했다. 프랑스는 그 대가로(워싱턴 내부자들의 기분을 상하게 했겠지만, 미국으로 하여금 자국을 보호하도록 허용한 대가로) 미국으로부터 매우 풍부한 군사적 지원을 얻어 냈다. 1953년을 기준으로 볼 때, 프랑스는 그때까지 유럽 국가들 중 현금이든 현물이든 미국의 지원에 가장 크게 의존했던 나라였다.

1954년에 가서야 워싱턴은 지원 중단을 선언했다. 프랑스는 운이 다한 디엔비엔푸 주둔군을 구출하기 위해 공수 지원을 요청했고, 점점 더 무모해졌던 이 요청을 미국이 거부했던 것이다. 거의 8년에 걸친 잔혹한 전투가 성과 없이 끝난 후에, 미국은 프랑스가 인도차이나에서 과거에 누렸던 권위를 되찾을 수 없을 뿐만 아니라 호치민의 정규군과 유격대의 적수가 되지 못한다는 사실을 분명하게 깨달았다. 미국이 볼 때 프랑스는 돈만 낭비했을 뿐 점점 더 위험한 투자 대상이 되어 갔다. 1954년 5월 7일에 디엔비엔푸가 항복하고 프랑스가 휴전을 요청했을 때, 놀란 사람은 아무도 없었다.

프랑스령 인도차이나의 몰락은 인도차이나를 끝까지 붙들려 했던 프랑스의 마지막 연립 정부의 붕괴와 피에르 망데스프랑스의 총리직 인수를 재촉했다. 피에르 망데스프랑스가 이끄는 프랑스는 협상에 나섰고 1954년 7월 21일 제네바에서 협정에 서명했다. 그 조건에 따라 프랑스는 인도차이나에서 철수했고, 그 결과 〈북〉베트남과 〈남〉베트남이라는 두 개의 독립국가가 출현했다. 정치적 관계와 제도는 향후 선거로 결정될 예정이었다. 그러나 선거는 결코 실시되지 않았고, 과거 프랑스 식민지의 남쪽 절반을 유지하는 부담은 미국 홀로 떠안게 되었다.

프랑스인은 아무도 인도차이나의 이탈을 유감스럽게 생각하지 않았다. 네덜란드와는 달리 프랑스는 그 지역에 그렇게 오래 머무르지 않았다. 그리고 비록 미국이 첫 번째 베트남 전쟁의 비용을 지불하기는 했지만(당시 프랑스인 중에서 이런 사실을 아는 사람은 매우 적었다), 그곳에서 싸우고 죽은 사람은 프랑스 병사들이었다. 특히 프랑스의 우파 정치인들은 전쟁을 더 효과적으로 수행하지 못했다고 망데스프랑스와 그 후계자들을 질책했지만, 더 좋은 대안을 제시했던 사람은 아무도 없었고 거의 모두가 속으로는 베트남에서 손을 뗀 것에 만족했다. 오직 프랑스 군대만이, 더 정확히 말하자면 직업 군인인 장교단만이 계속 불만을 품었다. 일부 젊은 장교들, 그중에서도 특히 레지스탕스나 자유프랑스군에서 처음으로 복무를 시작하면서 정치 문제에서 독립적으로 판단하는 습관을 익혔던 자들은 분노했다. 조직적이지는 않았지만 그러한 분노는 위험했다. 젊은 장교들은 파리의 정치 지도자들이 전장의 프랑스 군대를 또다시 부당하게 대우했다고 불평했다.

인도차이나를 잃으면서 프랑스의 관심은 북아프리카로 향했다. 이는 한 가지 점에서 거의 완전한 사실이었다. 제네바 협정이 조인된 지 정확히 14주 만인 1954년 11월 1일에 알제리 봉기가 시작되었기 때문이다. 그러나 북아프리카는 오랫동안 파리 사람들의 관심이 집중된 곳이었다. 1830년 프랑스가 오늘날의 알제리에 처음 발을 내딛은 이후, 그곳의 식민지는 프랑스의 더 큰 야망, 다시 말해 대서양 연안부터 수에즈 운하에 이르는 사하라 아프리카를 지배하려는 훨씬 더 오래된 야망의 일부였다. 동쪽에서 영국의 방해를 받은 프랑스는 대신 서부 지중해와 사하라 사막 건너편의 중서부 아프리카에서 우세를 차지하는 데 만족했다.

퀘벡 같은 아주 오래된 정착지와 카리브해의 몇몇 섬을 제외하면, 북아프리카(주로 알제리)는 프랑스의 식민지로는 유일하게 유럽인들이 대규모로 영구히 정착한 곳이었다. 그러나 많은 유럽인들이 프랑스 태생이 아니라 스페인이나 이탈리아, 그리스 등지에서 온 사람들이었다. 심지어 알제리 프랑스인의 상징인 알베르 카뮈도 절반은 스페인 사람이고 절반은 프랑스 사람이었다. 그리고 카뮈의 프랑스인 선조들은 아주 최근에야 도착했다. 프랑스가 인구 과잉을 보인 지는 아주 오래되었지만, 프랑스는 수세대 동안 국외 이민이 없는 나라였다. 이 점에서 러시아나 폴란드, 그리스, 이탈리아, 스페인, 포르투갈, 스칸디나비아, 독일, 아일랜드와 (그리고 심지어 영국과도) 달랐다. 프랑스 사람들은 원래 식민하는 사람들이 아니었다.

그럼에도 만일 프랑스 밖에 다른 프랑스가 있었다면, 그곳은 알제리였다. 이는 앞서 보았듯이 알제리가 기술적으로 식민 본국의 행정 구조의 일부로서 프랑스 안에 존재한다는 사실로 확인된다. 가장 유사한 사례는 얼스터Ulster였다. 얼스터는 과거의 식민지 안에 있는 다른 해외 위요지로서 제도상으로는 〈본토〉에 병합되어 있었고 오래된 정착민 사회가 확립되어 있었다. 정착민들이 제국의 중심부에 느끼는 애착은 본국 시민 대다수에는 크게 중요하지 않았겠지만 실로 매우 중요했다. 알제리가 언젠가 독립국이 될 수 있다는 생각은 (따라서 주민들 중에서 아랍인과 베르베르족의 수가 압도적으로 우세하기 때문에 아랍인이 알제리를 통치한다는 생각은) 그곳의 소수 유럽인들에게는 일고의 가치도 없었다.

그러므로 프랑스 정치인들은 오랫동안 알제리에 관해 생각하기를 피했다. 1936년 단명에 그친 레옹 블룸의 인민 전선 정부를 제외하면 어떤 프랑스 정권도 프랑스령 북아프리카에서 식민지 관료들이 저지른 통탄할 만한 실정에 진지하게 주목하지 않았다. 제2차 세계 대전 전후의 프랑스 정치인들과 지식인들은 페르하트 압바스 같은 온건한 민족주의자들을 잘 알고 있었지만, 프랑스가 조만간 〈자치〉라는 알제리인들의 온건한 목표를 인정하리라고는 누구도 진정으로 예상하지 못했다. 그럼에도 아랍 지도부는 처음에는 낙관적이었다. 히틀러의 패배로 오랫동안 고대했던 개혁이 가능하리라고 보았던 것이다. 그래서 아랍 지도부는 연합군의 북아프리카 상륙에 뒤이어 1943년 2월 10일에 성명서를 발표하면서, 1789년의 이상에 대한 충성과 〈우리들이 수용하여 소중히 간직하고 있는 프랑스 문화와 서구에 대한 애정〉을 강조하려고 무척이나 애썼다.

그렇지만 아랍 지도부의 호소는 들리지 않았다. 해방된 프랑스의 정부는 아랍인의 감정에 일말의 관심도 보이지 않았다. 이렇게 냉담한 태도 때문에 1945년 5월 알제리 동부의 카빌리아 지역에서 폭동이 발생했고, 봉기는 강경하게 진압되었다. 이 시기의 울분과 좌절된 기대는 결국 1954년 11월 1일에 조직적인 반란을 초래했는데, 그때까지도 타협은 의제에 오르지 않았다. 알제리 민족 해방 전선FNL을 이끈 젊은 세대의 아랍 민족주의자들은 프랑스에 우호적인 구세대의 온건한 전략을 경멸했다. 젊은 민족주의자들의 목표는 〈자치〉나 개혁이 아니라 독립이었다. 프랑스 정부들은 이 목표를 심사숙고할 수 없었다. 결과는 8년간의 지독한 내란이었다.

프랑스 당국은 뒤늦게 개혁을 제안했다. 기 몰레의 새로운 사회당 정부는 1956년 3월 알제리에 인접한 프랑스 식민지인 튀니지와 모로코의 독립을 승인했다. 이는 아프리카 대륙에서 식민국이 항복한 첫 번째 사례였다. 그러나 몰레는 알제를 방문했을 때 수많은 유럽인 정착민들로부터 썩은 과일 세례를 받았다. 프랑스 정부는 난처했다. 비밀리에 활동하는 민족 해방 전선은 수용할 수 없는 요구를 제기했고, 이제는 프랑스령 알제리 방어위원회가 이끄는 알제리의 유럽인 정착민들은 아랍인 이웃과의 모든 타협을 거부했다. 프랑스의 전략은 이제 민족 해방 전선을 무력으로 진압한 후에 정착민들에게 정치 개혁과 약간의 권력 공유 조치를 수용하라고 강요하는 것이었다.

프랑스 군대는 곧 민족 해방 전선의 유격대와 혹독한 소모전에 돌입했다. 양측 모두 일상적으로 협박과 고문, 살인, 노골적인 테러에 의존했다. 아랍과 유럽이 연이어 매우 잔인한 암살과 보복을 반복한 끝에, 1956년 12월, 몰레의 정치적 대변인인 로베르 라코스트는 프랑스 공수부대 대령 자크 마쉬에게 필요하다면 어떤 수단을 동원해서라도 알제의 민족주의 반란자들을 궤멸하라고 재량권을 부여했다. 1957년 9월에 이르러 마쉬는 총파업을 분쇄하고 알제 전투에서 반란자들을 진압함으로써 승리를 거두었다. 아랍 주민들은 끔찍한 대가를 치렀으나, 프랑스의 명성은 회복이 불가능할 정도로 훼손되었다. 그리고 유럽인 정착민들은 여느 때처럼 프랑스 정부의 장기적인 의도를 의심했다.[6]

1958년 2월, 프랑스 공군은 국경 너머의 튀니지 도시 사키에트를 알제리 민족주의자들의 기지로 제공되었다는 혐의로 폭격했다. 이 때문에 새로이 수립된 펠릭스 가야르 정부는 난처해졌다. 국제적인 항의가 잇따랐고, 영-미는 복잡하게 뒤얽힌 알제리의 혼란을 해결하겠다고 〈중재〉를 제의했다. 프랑스 정부가 자신들을 포기하려 한다는 알제리 유럽인들의 두려움은 점점 더 커졌다. 파리와 알제의 경찰과 군인은 정착민들의 주장에 공감한다는 견해를 공공연히 드러냈다. 가야르 정권은 4월 15일에 사퇴했다. 열흘 후 알제에서 프랑스령 알제리의 유지와 드골의 권좌 복귀를 요구하는 대규모 시위가 벌어졌다. 집회를 조직한 자들은 공안위원회를 구성하여 동일한 명칭을 지녔던 프랑스 혁명의 제도를 도발적으로 모방했다.

5월 15일, 피에르 플림랭이 이끄는 프랑스 정부가 들어선 지 48시간이 지나서 알제리 주둔 프랑스군 사령관인 라울 살랑 장군은 알제의 포룸에서 환호하는 군중에게 드골의 이름을 외쳤다. 공적 생활에

6 질로 폰테코르보의 1965년 작 영화 「알제리 전투La Battaglia di Algeri」는 이 사건들을 훌륭하게 묘사했다.

서 은퇴하여 동부 프랑스 콜롱비의 고향 마을로 낙향한 후 칩거하고 있던 드골은 5월 19일 기자회견을 통해 대중 앞에 다시 나타났다. 무장 반란군이 코르시카섬을 장악했고, 파리에는 공수부대의 낙하가 임박했다는 소문이 떠돌았다. 5월 28일 플림랭은 사퇴했고, 대통령 르네 코티는 드골에게 정부 구성을 요청했다. 드골은 사양하는 척도 않고 6월 1일에 집무를 시작했으며, 이튿날 국회로부터 전권을 위임받았다. 드골은 우선 알제로 건너갔다. 그곳에서 6월 4일에 열광적으로 환호하는 병사들과 고마워 어쩔 줄 모르는 유럽인들에게 드골은 모호하게 선언했다. 〈나는 여러분을 이해한다Je vous ai compris.〉

새로운 프랑스 총리는 실제로 알제리의 지지자들을 이해했다. 그들이 생각하는 것보다 더 잘 이해했다. 알제리의 유럽인들 사이에서 드골의 인기는 엄청났다. 알제리의 유럽인들은 드골을 구세주로 여겼다. 1958년 9월의 국민 투표에서 드골은 프랑스에서 80퍼센트를 얻었지만 알제리에서는 96퍼센트를 득표했다.[7] 그러나 질서와 합법성을 흔들림 없이 존중했다는 점은 드골이 지닌 뚜렷한 특징 중 하나였다. 자유 프랑스군의 영웅으로서 비시 정권을 비타협적으로 비판했으며 1944년 8월 이후 프랑스 국가의 신뢰를 회복한 인물인 드골은 (다수가 과거에 페탱주의자였던) 알제리 반란자들의 친구가 아니었고, 반란에서 제 몫을 다했던 자유 사상을 지닌 청년 장교들의 친구는 더욱 아니었다. 드골이 이해한 자신의 첫 번째 과제는 프랑스에서 정부의 권위를 회복하는 일이었다. 두 번째 목표는 이와 연관된 것으로서 정부의 권위를 극적으로 뒤흔든 알제리의 충돌을 해결하는 것이었다.

파리와 알제가 마주보고 돌진하고 있다는 사실은 한 해가 지나기 전에 분명해졌다. 국제 여론은 점점 더 민족 해방 전선과 그들이 내

---

7 국민 투표로 제5공화국이 새로 수립되었다. 드골은 석 달 뒤 제5공화국 초대 대통령으로 선출되었다.

세운 독립 요구에 유리하게 전개되었다. 영국은 자국의 아프리카 식민지에 독립을 인정했다. 1960년 6월, 벨기에조차 마침내 콩고를 해방했다(그러나 너무나 무책임하게 해방하여 참혹한 결과를 낳았다)[8]. 식민지 알제리는 빠른 속도로 시대에 뒤처졌고, 드골은 이 점을 완벽하게 이해했다. 드골은 프랑스의 식민지였던 나라들의 〈연방〉을 구성하기 위한 첫 번째 단계로 이미 〈프랑스 공동체Communauté française〉를 설립했다. 자립하기에는 너무 허약하고 그래서 이후 얼마 동안은 프랑스에 완전히 의존할 수밖에 없는 사하라 사막 남쪽 나라들에서는 프랑스 교육을 받은 엘리트들에게 형식적으로 독립이 승인될 것이었다. 1959년 9월, 프랑스의 대통령은 취임한 지 1년이 지나서 알제리에 〈자결권〉을 제안했다.

알제리의 장교들과 정착민들은 이 제안을 배반의 증거로 여겨 분노를 터트렸고 전면적인 반란 계획을 세우기 시작했다. 음모와 쿠데타가 있었으며 혁명도 이야기되었다. 1960년 1월 알제에는 방어벽이 세워졌고, 〈극단적 애국자들〉은 프랑스 경관에 총격을 가했다. 그렇지만 반란은 드골의 비타협적 태도에 직면하여 실패했고, (마쉬와 그의 상관인 모리스 샬 장군 같은) 신뢰할 수 없는 고위 장교들은 알제리에서 다른 곳으로 조심스럽게 재배치되었다. 그러나 소요는 계속되었고, 결국 1961년 4월에 새로이 형성된 비밀군사조직OAS이 사주한 군사 폭동의 실패로 끝을 맺었다. 음모를 꾸민 자들은 드골을 움직이는 데 실패했다. 드골은 프랑스 국영 라디오에서 〈소수의 퇴역 장군들이 주도한 군사 혁명 선언〉을 계속해서 비난했다. 쿠데타로 큰 희생을 치른 것은 프랑스 군대의 사기와(아직도 남은 것이 있었다면) 국제적 평판이었다. 알제리에서 복무하는 아들을 둔 프랑스 남녀의 압도적 다수는 알제리의 독립이 불가피할 뿐만 아니라 바

---

8 1960년에 벨기에가 콩고를 포기했을 때, 콩고인 대학 졸업자는 겨우 서른 명이었는데 그들이 채워야 할 행정부의 고위 관직은 4천 개에 달했다.

람직하다는 결론을 내렸다. 프랑스를 위해서 빠르면 빠를수록 좋았다.[9]

영원한 현실주의자였던 드골은 제네바 호숫가의 온천 도시 에비앙에서 민족 해방 전선과 협상을 시작했다. 1960년 6월과 1961년 6월과 7월에 진행된 초기 회담에서는 공통의 토대를 마련하는 데 실패했다. 1962년에 재개된 회담은 좀 더 성공적이었다. 꼬박 열흘 동안 논의한 끝에 양측은 3월 19일 합의에 도달했으며, 민족 해방 전선은 거의 8년 동안 계속된 싸움을 끝내고 휴전을 선언했다. 드골은 7월 1일 에비앙에서 도출된 합의 조건에 따라 국민 투표를 실시했으며, 프랑스 국민은 알제리라는 족쇄로부터 벗어나는 데 압도적인 찬성을 표시했다. 이틀 후 알제리는 독립국이 되었다.

그러나 알제리의 비극은 거기서 끝나지 않았다. 비밀군사조직은 완전한 지하 조직으로 성장하여 우선 프랑스령 알제리를 보호하고 그 일이 실패하면 그다음으로 자신들의 〈대의〉를 저버린 자들을 응징하겠다고 공언했다. 1962년 2월에만 비밀군사조직 첩보원들과 폭탄에 의해 553명이 살해되었다. 프랑스 문화부 장관 앙드레 말로와 드골을 암살하려던 화려한 시도는 실패했다. 단 한 번에 그치기는 했지만 대통령이 차를 몰고 파리 근교 프티 클라마르를 지날 때 급습하려던 계획은 거의 성공할 뻔했다. 1960년대 처음 몇 년 동안 프랑스는 단호하고도 점점 더 필사적으로 변했던 테러의 위협에 시달렸다. 결국 프랑스 정보부가 비밀군사조직을 파괴했지만, 그 기억은 쉽게 잊히지 않았다.

그동안 수백만 명의 알제리인이 자신들의 의사와는 무관하게 프랑스로 망명해야 했다. 유럽의 피에누아르[10] 대부분이 남부 프랑스

9 1954년에서 1962년 사이에 200만 명의 프랑스 병사들이 알제리에서 복무했고, 그중 120만 명은 의무병이었다.

10 pieds-noirs. 알제리 출신 프랑스인 — 옮긴이주.

에 정착했다. 첫 세대는 프랑스 당국이 자신들의 대의를 저버리고 재산과 일자리를 강제로 빼앗은 데 대해 오랫동안 불만을 품었다. 알제리의 유대인도 나라를 포기하고 일부는 이스라엘로 향했고, 많은 사람들은 앞서 비슷한 경우를 당한 모로코의 유대인처럼 프랑스로 건너가서 조만간 서유럽 최대의 (그리고 세파르디[11]가 압도적 다수를 차지하는) 유대인 공동체를 형성하게 된다. 많은 아랍인들도 독립국가 알제리를 떠났다. 일부는 민족 해방 전선의 억압적이고 교조적인 통치를 예상하여 떠났고, 다른 사람들, 특히 프랑스에 협력했거나 경찰과 군 당국에서 보조자로 일했던 자들은(이른바 아르키 harkis) 승리한 민족주의자들을 피해 달아났다. 이러한 사태는 충분히 예견되었다. 실제로 많은 사람들이 붙잡혀 끔찍한 보복을 당했다. 그러나 프랑스로 무사히 피신한 자들조차 프랑스로부터 어떠한 감사도 받지 못했으며, 그 희생에 대한 사례나 보상도 없었다.

프랑스는 알제리의 상처를 서둘러 잊으려 했다. 1962년의 에비앙 협약으로 프랑스인의 삶에서 거의 50년에 걸쳐 지속되었던 전쟁과 전쟁의 공포는 종식되었다. 주민들은 전쟁이라면 진저리를 쳤다. 위기와 전투, 위협, 소문, 음모에 지쳤다. 제4공화국은 정확히 12년간 존속했다. 사랑받지 못했으며 아무도 그 몰락을 애통해하지 않았던 제4공화국은 효율적인 정부가 부재하여 처음부터 허약했다. 이는 비시 정권의 유산이었다. 전후 입법자들은 비시 정권의 경험 때문에 대통령의 지위를 강력하게 만들기를 주저했던 것이다. 다수당에 유리했고 불안정한 연립 정부를 초래했던 의회 제도와 선거 제도도 공화국에 불리하게 작용했다. 그 시기에 사회는 전례 없이 변화했으나, 이 또한 결정적인 반발을 불러왔다. 남서부 프랑스 깊숙한 곳인 생세레 출신의 서적상 피에르 푸자드는 〈빈민, 약자, 빼앗긴 자, 억압당한 자, 모욕당한 자des petits, des matraqués, des spoliés, des laminés,

---

11 Sephardi. 이베리아반도 출신 유대인 ― 옮긴이주.

des humiliés)를 보호하기 위해 유럽에서 처음으로 단일 문제에 관해 항의하는 정당을 창설했다. 1956년 총선거에서 52명의 반체제적 〈푸자드당〉 인사들이 의회에 입성했다.

그러나 전후 첫 번째 프랑스 공화국은 다른 무엇보다도 식민지에서 벌인 싸움 때문에 몰락했다. 제4공화국은 구체제처럼 전쟁 비용 때문에 무력해졌다. 프랑스는 1955년 12월에서 1957년 12월 사이에 경제가 꾸준히 성장했는데도 통화 보유고의 3분의 2를 잃었다. 외환 관리, 다중 환율(훗날 소련 진영에서 운영했던 제도와 비교할 만하다), 외채, 적자 예산, 만성적인 인플레이션은 1947년부터 1954년까지 그리고 1955년부터 또다시 계속된 식민지 전쟁의 감당하기 어려웠던 비용 탓이라고 할 수 있었다. 그리고 결국 전쟁은 실패였다. 제4공화국의 모든 정부는 성격을 불문하고 이러한 장애에 부딪쳐 분열하고 몰락했다. 제4공화국은 불만을 품은 군대가 없었더라도 역사상 최악의 군사적 패배와 수치스러웠던 4년간의 점령을 겪은 지 꼭 10년 만에 맞이한 그러한 도전을 견뎌 내느라 쪼들리기는 마찬가지였을 것이다. 그만큼 오래 존속했다는 사실이 오히려 경이로운 일이었다.

샤를 드골의 프랑스 제5공화국의 제도는 정확히 앞선 공화국의 결점을 피하기 위해 구상되었다. 의회와 정당의 중요성은 축소되었으며, 행정부는 극적으로 강화되었다. 헌법상 대통령은 정책 수립에서 상당한 감독권과 발의권을 지녔고, 국무총리에 절대적인 영향력을 행사했다. 대통령은 사실상 마음대로 국무총리를 임명하고 해임할 수 있었다. 드골은 알제리의 충돌을 성공리에 해결한 후 차후로 공화국 대통령은 (그때까지 유지된 관행처럼 의회가 간접선거로 선출하는 것이 아니라) 직접선거와 보통선거로 선출하자고 제안했다. 이 수정 헌법은 1962년 10월 28일의 국민 투표로 곧 승인되었다. 이제 프랑스 대통령은 그 제도와 자신의 경력과 인격으로, 그리고 그 대안에 대한 프랑스인의 기억에 힘입어 세계 그 어느 국가나 정부의 자유로이 선출된 수반보다 더 큰 권력을 보유했다.

드골은 국내 문제에서는 일상의 업무를 국무총리에 맡기는 데 대체로 만족했다. 1958년 12월 27일에 새로운 프랑화를 발행하면서 시작된 급진적 경제 개혁 정책은 일찍이 국제 통화 기금이 권고한 바에 따른 것으로, 프랑스의 불안한 재정을 안정시키는 데 직접적으로 기여했다. 드골은 관료적 매력이 풍부한 사람이었지만 타고난 과격파여서 변화를 두려워하지 않았다. 청년기에 군제 개혁에 관해 쓴 논문인 「직업 군대를 향하여 Vers l'armée de métier」에는 이렇게 쓰여 있다. 〈무엇이든 부단히 새로워지지 않으면 살아남을 수 없다.〉 따라서 프랑스의 운송 시설과 도시 계획, 국가가 관리하는 산업 투자에서 나타난 가장 중요한 변화들이 드골이 권력을 잡고 있을 때 구상되고 시작되었다는 사실은 놀랍지 않다.

그러나 이러한 변화는 드골이 추구한 다른 국내의 근대화 사업들처럼, 특히 프랑스의 역사적인 공공건물을 전부 복원하고 청소하려는 앙드레 말로의 야심 찬 계획처럼, 언제나 프랑스의 위신 회복이라는 더 큰 정치적 목표의 일부로서 추진되었다. 드골은 스페인의 프랑코 장군처럼 경제 안정과 근대화를 대체로 국민적 영광을 회복하는 투쟁의 무기로 이해했다(드골은 다른 점에서는 프랑코와 아무런 공통점이 없었다). 프랑스는 적어도 1871년부터 꾸준히 쇠락했다. 군사적 패배와 외교적 굴욕, 식민지로부터의 철수, 경제 악화, 국내의 불안정이 암울한 궤적을 그리며 연이었다. 드골의 목적은 프랑스 쇠락의 시대를 끝내는 것이었다. 드골은 전쟁 회고록에서 이렇게 썼다. 〈내게는 줄곧 프랑스에 관한 관념이 있었다.〉 이제 드골은 그 관념을 실행에 옮길 수 있었다.

프랑스의 대통령이 선택한 영역은 외교 정책으로서 개인의 취향과 국가 이성이 똑같이 강조한 영역이었다. 드골은 프랑스가 연속적으로 겪은 굴욕에 오랫동안 과민했는데, 1940년에 적국 독일에 당한 굴욕보다 그 후 내내 동맹국 영-미에 당한 굴욕에 더욱 민감했다. 드골은 전시에 런던에서 지낼 때 프랑스의 가난한 대변자로서 대체로 무시되고 고립되었다는 느낌을 떨칠 수 없었는데, 그 당혹스러운 경험을 결코 잊지 않았다. 드골은 군사적 현실을 이해했기 때문에, 1940년 7월에 메르스엘케비르에서 프랑스가 자랑하던 지중해 함대가 영국군에 의해 침몰될 때 프랑스 국민과 아픔을 함께했지만 그 고통을 표현하지 못했다. 그렇지만 그 상징적인 의미는 마음에 남아 있었다.

미국에 대한 드골의 감정이 양면적인 데에는 특별한 이유가 있었다. 워싱턴의 프랭클린 루스벨트는 드골을 전혀 중요하게 생각하지 않았다. 미국은 전시에 비시 정권과 상당히 오랫동안 좋은 관계를 유지했다. 그것은 분명 신중하고 바람직한 태도가 아니었다. 프랑스는 전시 연합국의 협상에 참여하지 못했다. 그 덕에 훗날 드골은 개인적으로는 인정했던 얄타 협정에 책임질 일이 없다고 냉소적으로 말할 수 있었지만, 그 기억은 가슴에 사무쳤다. 그러나 최악의 굴욕은 전쟁에서 이긴 후의 일이었다. 프랑스는 독일에 관한 모든 주요 결정에서 사실상 배제되었다. 영국과 미국은 정보를 공유했지만 프랑스는 거기에 끼지 못했다(그렇게 되면 정보가 누설되어 위험한 상황이 초래되리라고 추정되었기 때문인데, 이는 옳았다). 핵 〈클럽〉에도 프랑스는 포함되지 않았고, 그리하여 프랑스는 국제적인 군사 계획에서 전례 없이 무의미한 존재로 전락했다.

설상가상, 프랑스는 아시아의 식민지 전쟁에서 미국에 철저히 의존했다. 1956년 10월 영국과 프랑스, 이스라엘이 공모하여 나세르의 이집트를 공격했을 때, 영국에 압력을 가하여 물러나도록 한 자는 아이젠하워 대통령이었다. 프랑스는 격분했지만 무기력했다. 한 해 뒤인 1957년 11월, 프랑스의 외교관들은 영국과 미국의 무기가 튀니지에 인도되자 분에 겨워 씩씩거렸다. 그 무기들이 결국 알제리 반란자들의 손에 넘어가지는 않을지 두려웠기 때문이다. 그렇지만 어쩔 도리가 없었다. 1958년에 드골이 집무를 시작한 직후, 북대서양 조약 기구의 미국인 사령관 노스태드 장군은 드골에게 프랑스 땅에 배치된 미국 핵무기에 관해 상세히 통보받을 자격이 없다고 퉁명스럽게 말했다.

드골이 대통령의 권한을 완벽하게 장악한 후 시행한 외교 정책의 배경은 바로 이러했다. 드골은 미국에 아무것도 기대하지 않았다. 미국은 핵무기부터 국제적인 준비 통화로서 달러가 갖는 특권적 지위에 이르기까지 자국의 이해관계를 다른 서방 동맹국들에 강요할 수 있었으며, 또 그렇게 하리라고 예상되었다. 미국은 신뢰할 수 없었지만, 적어도 예측은 가능했다. 프랑스의 정책이 인도차이나에서 그리고 수에즈에서 또다시 그랬듯이 워싱턴에 의존하지 않는다는 사실이 중요한 것은 아니었다. 프랑스는 할 수 있는 한 최선을 다해서, 예를 들면 스스로 핵무기를 확보함으로써 자국의 입장을 고수해야 했다. 그러나 영국에 대한 드골의 태도는 더 복잡했다.

드골은 다른 대부분의 평자들처럼 영국이 유럽과 미국 사이의 어중간한 위치에 있으려 한다고 짐작했다. 다시 말해 드골은 영국이 선택을 강요받는다면 유럽의 이웃 국가들보다 대서양의 동맹국을 선택하리라고 추측했는데, 이는 합리적이고 정확했다. 이러한 추측은 1962년 12월에 매우 강력하게 확인되었다. 그때 영국 총리 해럴드 맥밀런은 바하마제도의 나소에서 케네디 대통령을 만나 미국이 영국에 잠수함 탑재 핵미사일 폴라리스를(다국적군 전력의 일부로서 영국의 핵무기를 사실상 미국의 통제에 둠) 비치하는 협정을 수용했다.

드골은 격노했다. 맥밀런은 나소로 가기 전에 랑부예에서 드골과 회담을 가졌지만, 프랑스 대통령에게 다가올 일에 대해 아무런 암시도 주지 않았다. 그러므로 나소는 프랑스의 등 뒤에서 벌어진 또 하나의 〈영-미〉 간 합의였다. 게다가 프랑스는 논의의 상대가 되지도 못한 채 유사한 조건으로 똑같은 폴라리스 미사일을 제공받음으로써 모욕까지 당했다. 드골 대통령이 1963년 1월 14일에 가진 기자 회견에서 프랑스가 영국의 유럽 경제 공동체 가입 신청을 거부한다고 선언한 데에는 이러한 배경이 있었다. 영국이 미국의 위성 국가가 되고자 한다면 그럴 수 있다. 그러나 동시에 〈유럽〉 국가가 될 수는 없었다. 앞에서 다루었듯이 그동안 드골은 눈을 돌려 독일 연방 공화국과 조약을 체결했다. 그 조약은 전혀 실속이 없었지만 상징적 의미만큼은 컸다.

프랑스가 라인강 너머의 옛 적과 제휴함으로써 영-미의 압력에 취약한 자국의 처지를 보강할 수 있다는 생각은 전혀 새롭지 않았다. 1926년으로 거슬러 올라가 보자. 프랑스 외교관 자크 세두는 자신의 정치적 상관들에게 보내는 비밀 서한에 이렇게 적었다. 〈유럽을 지배하기 위해서는 독일과 대적하기보다 협력하는 것이 더 낫다. ……프랑스와 독일이 화해하면 우리는 그만큼 더 빨리 영-미의 속박에서 벗어날 수 있다.〉[12] 1940년에 페탱을 지지했던 보수적 외교관들의 계산도 비슷한 맥락 속에 있었다. 그러나 1963년의 상황에서 독일과 맺은 조약은 실제 아무런 차이도 낳지 못했다. 프랑스로서는 서방 동맹에서 이탈할 계획이 전혀 없었고, 드골은 동유럽의 전후 해결을 바꾸어 보려는 독일의 구도에 말려들 생각이 전혀 없었다.

1963년의 조약과 독일과 프랑스 사이의 새로운 우호 관계로 분명하게 확인된 것은 프랑스가 결정적으로 유럽을 향해 돌아섰다는 사실이었다. 샤를 드골이 20세기로부터 배운 교훈은 프랑스는 유럽의 사업에 투자하고 그것을 프랑스의 목적에 유리하게 실현해야 한다

---

12 Fernand L'Huillier, *Dialogues franco-allemands 1925~1933* (Strasbourg, 1971), pp. 35-36에서 인용.

는 것이었다. 그래야만 잃어버린 영광의 회복을 기대해 볼 수 있었다. 알제리는 가버렸다. 식민지도 사라지고 있었다. 영-미는 늘 그랬듯이 매정했다. 프랑스는 과거의 영향력을 일부라도 되찾고 싶었지만, 지난 몇십 년 동안 연속적으로 패배하고 실패한 까닭에 선택의 여지가 없었다. 프랑스가 수에즈에서 작전을 중단하라는 미국과 영국의 압력에 순응할 수밖에 없었던 바로 그날에 아데나워는 프랑스 총리 기 몰레를 이렇게 안심시켰다. 〈유럽이 당신의 복수가 될 것이다.〉

영국이 제국에서 손을 떼는 과정은 한 가지 중요한 점을 제외하면 프랑스의 경우와 매우 달랐다. 영국이 상속한 식민지는 더 크고 더 복잡했다. 영국 제국은 소련 제국처럼 전쟁을 거치면서 타격을 입었지만 온전히 살아남았다. 영국은 기본적인 식량 공급에서 제국의 생산자들에게 크게 의존했다(식량을 자급했고 주로 열대 지방에 있는 식민지는 매우 다른 상품을 생산했던 프랑스와는 경우가 달랐다). 그리고 몇몇 전장에서, 특히 북아프리카에서 영연방 병력은 영국 병사들보다 많았다. 영국 주민들은 앞서 보았듯이 프랑스 주민보다 훨씬 더 강하게 제국을 의식했다. 런던이 파리보다 훨씬 더 컸던 한 가지 이유는 항구와 상업상의 물자 집산지, 제조업의 중심지, 금융 중심지라는 제국적 역할로 번성했다는 데 있었다. 1948년 영국 방송 공사 지침은 방송인들에게 비기독교도가 압도적으로 많은 해외의 청취자들을 염두에 두라고 권고했다. 〈불교도와 힌두교도, 무슬림을 경멸하듯 언급하는 것은 물론이고 예의에 어긋나게 언급하는 것도 깊은 상처를 입힐 수 있으므로 절대적으로 피해야 한다.〉

그러나 1945년 이후 영국은 현실적으로 제국의 유산을 유지할 희망이 없었다. 나라의 자원은 과도하게 분산되어 어찌할 방도가 없었으며, 인도 제국을 유지하는 비용만 계산해 봐도 이제는 경제적 이익이나 전략적 이익으로 상쇄되지 않았다. 1913년에 인도 아대륙에 대한 수출은 영국 전체 수출의 거의 8분의 1에 달했으나, 제2차 세계 대전 후에는 겨우 8.3퍼센트에 불과했고 그마저도 계속 하락했다. 어쨌든 이제 독립의 압력에 저항할 수 없다는 사실은 거의 누구에게나 분명했다. 1931년에 웨스트민스터법으로 영연방을 창설한 입안자들의 의도는 식민지를 신속하게 독립시켜야 할 필요성을 제거하는 것이었다. 식민지에 자치령이나 반자치령 체제를 허용하여 충성과 복종으로써 영국 왕권에 계속 결속되도록 독려했고, 동시에 제국의 지배라는 불쾌한 올가미를 벗겨 주었다. 그러나 이제 영연방은 과거 식민지들의 지주 조직이 되어야 했다. 독립국가가 된 그 나라들은 영연방 가입으로 구속을 받겠지만 이는 어디까지나 나라의 이익과 국민감정이 허용하는 만큼만 그럴 것이었다.

인도와 파키스탄, 버마는 1947년에 독립을 승인받았고, 실론(스리랑카)은 그 이듬해에 독립했다. 그 과정에 유혈 사태가 전혀 없지는 않았지만(수백만 명의 힌두교도와 무슬림이 민족 정화와 뒤이은 주민 교환의 와중에 학살당했다) 식민국은 상대적으로 상처를 입지 않은 채 철수했다. 그러나 인접한 말라야에서는 공산주의 폭동이 발생했다. 1948년 6월 영국 정부는 비상사태를 선포했고 12년 후 반란 세력이 결정적으로 패배하자 해제했다. 그러나 전체적으로 볼 때 영국이 남아시아로부터 떠나는 과정은 인도와 그 인접 국가들로부터 철수한 식민지 주민과 관리가 수천 명에 달했는데도 예상보다 질서 정연했고 큰 상처를 남기지 않았다.

중동 문제는 더 복잡했다. 영국은 1948년에 신탁통치령인 팔레스타인에서 굴욕적으로, 그렇지만 (마찬가지로 영국의 관점에서 볼 때) 비교적 피는 적게 흘리고 그 책임을 포기했다(아랍인과 유대인 사이의 무력 공격은 영국이 무대에서 철수한 뒤에 벌어진 일이었다). 영국과 미국이 공동으로 석유 이권을 지녔던 이라크에서, 미국은 점차 영국을 몰아내고 지배적인 제국 세력으로 등장했다. 그러나 영국이 식민지 해방의 기이한 드라마를 경험하고 역사적 규모의 패배를 겪었던 곳은 역설적이게도 관습적인 의미에서 한 번도 영국의 식민지였던 적이 없는 이집트였다. 영국은 1956년의 수에즈 위기 때 프랑스에는 이미 매우 익숙한 일이었던 국제적 창피를 처음으로 경험했다(국가가 쇠락하고 있다는 증거이자 쇠락을 재촉했던 사건이었다).

영국이 이집트에 관심을 둔 이유는 오로지 인도가 중요했기 때문이다. 거기에 훗날 석유의 필요성이 첨가되었다. 영국 군대는 수에즈 운하가 개통된 지 13년이 지난 1882년에 카이로를 장악했다. 당시 운하는 프랑스가 수에즈운하회사를 통해 관리했다. 이집트는 제1차 세계 대전이 발발할 때까지 사실상 영국인 주재관이 지배했으며, 1914년부터 1922년까지 영국의 보호령이었다가 그 후 독립했다. 한동안 안정적이었던 양국 관계는 1936년의 조약으로 공식화되었다. 그러나 1952년 10월에 군 장교들이 국왕 파루크를 내쫓고 세운 이집트의 새 정부는 조약을 파기했다. 전략적으로 중요한 수로의 우선 통행권을 상실할까 두려웠던 영국은 운하 지구를 다시 점령하여 조약 파기에 대응했다.

2년이 지나지 않아 혁명군 장교 중 한 명인 가말 압둘 나세르가 정부의 수장이 되었으며, 영국군에 이집트 땅에서 떠나라고 강력히 요구했다. 영국은 타협을 원했다. 이집트의 협력이 필요했기 때문이다. 영국은 수에즈 운하를 통해 운반하고 파운드화로 지불하는 값싼 석유에 점점 더 크게 의존했다. 석유 공급이 중단되거나 아랍이 파운드화를 받지 않겠다고 거절하면, 영국은 달러를 구매하고 다른 곳에서 석유를 사느라 귀중한 통화 보유고를 써야 했다. 게다가 다른 약점도 있었다. 당시 외무장관이었던 앤서니 이든은 1953년 2월 영국 내각에 이렇게 조언했다. 〈군사적 점령은 무력으로 유지할 수 있지

만, 이집트의 경우 점령의 기반이 되는 기지는 관리를 맡을 현지인이 없으면 무용지물이다.〉

따라서 1954년 10월 영국은 1956년까지 수에즈 기지에서 철수하겠다는 협정에 서명했다. 다만 여하간의 공격이나 지역 국가들에 의해 영국의 이익이 위협당할 경우 영국군의 이집트 주둔은 〈재개〉될 수 있다는 단서가 붙었다. 약속은 지켜졌고, 1956년 6월 13일에 마지막 영국 병사가 시한에 맞게 철수했다. 그러나 그때쯤 나세르 대령은(1954년 11월에 자신이 이집트 대통령이라고 선언했다) 당연하게도 골칫거리가 되고 있었다. 나세르는 아시아와 아프리카의 독립국들이 새로이 형성한 운동에서 두드러진 인물이었다. 그 나라들은 1955년 4월 인도네시아의 반둥에서 회의를 열어 〈모든 형태의 식민주의〉를 비난했다. 나세르는 아랍 전역의 과격파에게 카리스마적 횃불이었다. 나세르는 서서히 소련의 관심도 끌었다. 1955년 9월 이집트는 체코슬로바키아와 중요한 무기 거래를 했다고 발표했다.

그래서 1956년이면 영국은 나세르를 지극히 중요한 수로를 가로막은 과격한 독재자일 뿐만 아니라 다른 사람들에게 모범을 보인 위협적인 인물로 여기게 되었다. 이든과 그의 조언자들은 나세르를 히틀러에 비유하곤 했다. 달래야 할 대상이 아니라 역량을 집중하여 처리해야 할 위협이었다. 프랑스도 이러한 견해를 공유했지만, 나세르가 수에즈 운하를 위협했다거나 소련 진영과 점점 더 우호적인 관계를 형성했기 때문이 아니라 북아프리카의 프랑스 국민에게 파괴적인 영향력을 미칠 수 있었기 때문이다. 미국도 이집트 대통령을 달가워하지 않았다. 나세르는 1956년 7월 18일 인도 총리 자와할랄 네루와 함께 유고슬라비아에서 티토와 만나 〈비동맹〉 공동 성명을 발표했다. 이 성명은 명백히 이집트를 서방에 대한 의존에서 벗어나게 하는 조치였다. 미국은 곧 불쾌한 반응을 보였다. 1955년 11월 나일강의 아스완 댐 건설에 미국이 재정을 지원하는 문제로 회담을 개시했던 미국 국무장관 덜레스는 7월 19일에 회담을 중단했다. 한 주 뒤인 7월 26일 나세르는 수에즈운하회사를 국유화했다.[13]

서방 강국들의 초기 대응은 공동전선이었다. 영국과 미국, 프랑스는 런던에서 회의를 소집하여 대응 방안을 결정하기로 했다. 회의는 지체 없이 열렸으며, 8월 23일에 자신들의 〈안〉을 작성했고 오스트레일리아 총리 로버트 멘지스가 나세르에게 제시하기로 했다. 그러나 나세르는 그 안을 거부했다. 런던 회의에 참석한 국가들은 9월 19일부터 21일까지 다시 모였고, 이번에는 수에즈운하사용국협회를 결성하는 데 합의했다. 그동안 영국과 프랑스는 수에즈 운하에 관한 논란을 국제 연합에 회부하겠다고 선언했다.

이 시점까지 특히 영국은 나세르의 행위에 대응하면서 미국과 보조를 맞추려고 노력했다. 영국은 여전히 미국에 큰 빚을 지고 있었으며 미상환 차관에 대해 이자를 지불하고 있었다. 영국은 1955년에 파운드화에 대한 압박 때문에 일시적으로 이자의 지불 중단을 고려하기도 했다. 영국은 늘 이 지역에 대한 미국의 저의를 크게 의심했다. 영국 편에서 볼 때 미국은 중동에서 영국을 밀어내고 대신 들어앉을 책략을 숨기고 있었으며, 미국 대변인이 이따금씩 반식민주의적 수사를 즐기면서 현지 엘리트들을 부추겼던 까닭도 바로 거기에 있었다. 그러나 양국 관계는 전반적으로 좋았다. 한국 전쟁은, 그리고 냉전의 동력은 양국이 1940년대에 상호 간에 품었던 적의를 덮어버렸고, 영국은 미국이 국제 무대에서 자신들의 이익과 노선을 지지하리라고 생각했다. 그래서 영국의 지도자들은 아이젠하워로부터 영국은 나세르가 제기한 위협을 지나치게 걱정하고 있다는 말을 들었는데도 때가 되면 미국은 언제나 자신들을 지원하리라고 확신했다.

13 운하 자체는 언제나 이집트 영토 안에 있었고 이집트의 일부였음은 논의의 여지가 없는 명백한 사실이었다. 그러나 그 수입은 대부분 외국 소유의 회사로 들어갔다.

1년 전에 늙은 처칠의 뒤를 이은 영국 총리 앤서니 이든이 성가신 이집트인들과 마지막 협상에 나섰던 상황은 바로 이러했다. 영국과 프랑스는 공적으로는 어떠한 태도를 보였든 간에 국제 연합의 번거로운 절차를 견디지 못했다. 영국과 프랑스는 외교적 해결을 원하지 않았다. 나세르의 도발로 다양한 회의가 소집되고 국제적인 방안이 논의되었지만, 영국 정부는 비밀리에 프랑스와 협의하여 공동으로 이집트 침공 계획을 세웠다. 10월 21일, 양국이 세브르에서 가진 일급비밀 회의에 이스라엘이 합류함으로써 이 계획에 이스라엘이 포함되었다. 이스라엘의 관심은 매우 노골적이었다. 이집트와 이스라엘 사이의 국경선은 1949년 휴전으로 고정되어 있었으나 양측은 이를 일시적인 국경으로 간주했고, 특히 가자에서는 국경선을 넘나드는 습격이 빈번했다. 이집트는 일찍이 1951년 7월에 아카바만을 봉쇄하여 이스라엘의 교역과 이동의 자유를 제한했고, 이스라엘은 이를 제거하기로 결심했다. 이스라엘은 줄곧 나세르를 몰락시키려 했고 시나이반도 주변에서 자국의 영토와 안보 이익을 확보하려 했다.

세브르의 음모자들은 합의에 도달했다. 이스라엘은 시나이반도에서 이집트군을 공격하기로 했다. 그래서 반도의 서쪽 끝에 있는 수에즈 운하를 포함하여 반도 전체를 점령할 때까지 진격할 작정이었다. 프랑스와 영국은 양측에 철군을 요구하는 최후통첩을 공포한 다음, 표면상으로는 국제 사회를 위해 행동하는 공정한 제3자로서 이집트를 공격하기로 했다. 먼저 공습을 하고, 그다음 바다에서 공격할 계획이었다. 운하를 장악한 후에 이집트는 그토록 중요한 자원을 공정하고 효율적으로 운영할 능력이 없다고 주장하면서 이전의 상태를 회복하고 나세르를 치명적으로 뒤흔들 작정이었다. 이 계획은 실로 극비였다. 10월 21일에서 24일까지 사흘간 논의 끝에 서명된 이 협약에 대해 알았던 사람은 영국에서도 이든과 네 명의 선임 장관들뿐이었다.

처음에는 모든 일이 계획에 따라 순조롭게 진행되었다. 10월 29일, 국제 연합 안전보장이사회가 (소련의 거부권 행사로) 수에즈 운하에 대한 해결책에 합의하는 데 실패하고 두 주가 지나서, 그리고 세브로의 회합이 있은 지 한 주가 지나서, 이스라엘 군대는 시나이반도로 진입했다. 동시에 영국 함대가 몰타의 기지에서 동진했다. 이튿날인 10월 30일 영국과 프랑스는 이스라엘의 철수를 요구하는 국제 연합 동의안에 거부권을 행사했으며, 이스라엘과 이집트에 최후통첩을 전하여 양측은 교전을 중단하고 영국과 프랑스 군대의 운하 지구 점령을 받아들이라고 요구했다. 야비한 행위였다. 다음 날 영국과 프랑스의 비행기가 이집트의 비행장을 공격했다. 이스라엘은 국제 연합의 교전 중지 요구를 무시하고 48시간 만에 시나이반도와 가자의 점령을 완료했다. 이집트는 수에즈 운하에 배를 침몰시켜 선박 통행을 효과적으로 봉쇄했다. 이틀 후인 11월 5일 영국과 프랑스의 첫 번째 지상군이 이집트에 상륙했다.

그리고 그때부터 음모는 조금씩 폭로되었다. 11월 6일 드와이트 아이젠하워가 미국의 대통령으로 재선되었다. 미국 정부는 영국과 프랑스의 기만에 격노했고, 동맹국들이 진정한 의도를 숨기고 거짓말을 한 데 대해 크게 분개했다. 영국과 프랑스는 1950년 삼국선언 Tripartite Declaration의 문구와 정신을 명백히 위반했다. 그 선언에 따르면 영국과 프랑스, 미국은 이스라엘과 아랍 사이에 충돌이 벌어질 경우 공격자에 맞서 개입할 의무가 있었다. 미국은 특히 영국에 공적으로나 사적으로 상당한 압력을 행사하여 이집트 침략을 중단하라고 요구했으며, 심지어 영국 파운드화를 유지하는 일에서 〈손을 떼겠다〉고 위협하기도 했다. 이든은 그와 같은 미국의 노골적인 반대에 충격을 받았고, 또 파운드화의 빠른 유출을 견뎌 낼 수 없었기에 잠시 주저하기도 했지만 곧 항복했다. 11월 7일, 영국의 첫 번째 공수부대가 사이드 항구에 강하한 지 이틀 만에 영국군과 프랑스군은 전투를 중단했다. 같은 날 국제 연합은 이집트에 평화유지군을 파견하기로 결정했으며, 나세르는 11월 12일에 이집트의 주권이 침해되지 않아야 한다는 단서를 내걸고 평화유지군 파견을 수용했다. 사흘 후 국제 연합 평화유지군은 이집트에 도착했고, 12월 4일 시나이반도에 진입했다.

그동안 영국과 프랑스는 수에즈에서 철군한다고 선언했다. 철수는 12월 22일에 완료되었다. 영국의 파운드와 달러 보유고는 위기 중에 2억 7900만 달러가 감소했다. 미국은 재정 지원을 약속했다(영국은 미국 수출입은행이 5억 달러의 신용 한도를 제공하는 형태로 지원을 받았다). 12월 10일, 국제 통화 기금은 영국에 5억 6147만 달러의 차관을 승인하고 추가로 7억 3800만 달러를 약속했다고 발표했다. 이스라엘은 아카바만과 티란 해협의 통행권을 보장하겠다는 미국의 공개적인 약속을 받은 후에 1957년 3월 첫 주에 가자에서 철군했다. 수에즈 운하의 정리 작업은 영국과 프랑스의 철수가 완료된 지 한 주 지나서 시작되었고, 1957년 4월 10일 운하는 다시 개통되었다. 소유주는 여전히 이집트였다.

각국은 수에즈 운하 사태에서 나름의 교훈을 얻었다. 이스라엘은 프랑스의 무기에 의존했지만 자국의 이익을 미국의 이익에 최대한 가깝게 일치시켜야 미래가 보장된다는 점을 매우 분명하게 깨달았다. 1957년 1월 미국 대통령이 〈아이젠하워 독트린〉을 선언한 이후로는 더욱더 그랬다. 아이젠하워 독트린에서 미국은 중동에서 〈국제 공산주의〉의 공격이 있을 경우 무력을 사용하겠다고 천명했다. 나세르가 옛 식민국들과의 대결에서 승리하자 비동맹 세계에서 나세르의 지위는 크게 고양되었다. 프랑스가 두려워했듯이, 나세르가 아랍의 민족주의자들과 그 지지자들에 미친 도덕적 영향력과 모범은 이제 더없는 절정에 이르렀다. 이집트에서 실패한 것은 프랑스가 알제리에서 더 큰 곤란을 겪을 것임을 예고했다.

미국에 수에즈의 모험은 몸을 풀 기회였던 동시에 자국의 책임을 상기시키는 사건이었다. 아이젠하워와 덜레스는 미국의 지원을 당연하게 여기는 몰레와 이든의 태도에 분개했다. 그들은 프랑스와 영국 때문에 애를 먹었다. 계획과 실행이 한심하기 짝이 없던 원정을 비밀리에 수행했을 뿐만 아니라 그 시기도 문제였다. 수에즈 위기는 소련의 헝가리 점령과 시기가 거의 일치했다. 영국과 프랑스는 단 하나의 아랍 국가를 겨냥하여, 그것도 영토상의 주권을 행사한 데 대한 보복으로 빤히 들여다보이는 제국주의적 책략에 탐닉함으로써, 소련이 독립국가를 침공하고 그 정부를 파괴한 사건에서 세계의 관심을 빼앗았다. 영국과 프랑스는 자국의 이익을 서방 동맹 전체의 이익보다 우선시했던 것이다. 미국이 보기에 이는 시대착오적이었다.

이 일로 소련이 선전에 이용할 매우 큰 선물을 받았다는 사실은 더욱 나빴다. 소련은 수에즈 위기에서 거의 아무런 역할도 하지 못했다. 소련은 11월 5일에 프랑스와 영국, 이스라엘에 교전을 중단하지 않으면 군사 행동에 들어가겠다고 위협했지만, 이 위협은 사태의 추이에 별다른 영향을 미치지 못했으며, 흐루쇼프와 그의 동지들에 겐 위협을 실행에 옮길 계획이 없었다. 그러나 프랑스와 영국은 소련으로 하여금 비록 상징적이었지만 피해를 당한 쪽의 보호자 역할을 수행하도록 함으로써 소련에 하나의 역할을 맡겼다. 소련은 훗날 이따금씩 이 역할을 즐겁게 써먹었다. 수에즈 위기 덕에 중동과 아프리카에 냉전의 분열과 냉전적 수사법이 깊숙이 파고들었다.

수에즈의 오판이 가져온 충격을 가장 쓰라리게 느꼈던 나라는 영국이었다. 많은 사람들이 의혹을 갖기는 했지만, 나세르를 겨냥한 음모의 전모가 공개되기까지는 여러 해가 걸렸다. 그러나 몇 주 지나지 않아 앤서니 이든은 사퇴해야 했고, 자신이 승인한 군사 전략이 적절하지 못했다는 사실 때문에, 또 미국이 그 전략을 거부했다는 사실이 널리 알려짐으로써 창피를 당했다. 집권 보수당은 선거에서 특별히 크게 패배하지는 않았지만(보수당은 1956년 선거에서 수에즈 원정 계획에 다소 마지못해 참여했던 해럴드 맥밀런의 지도 아래 낙승했다), 영국 정부는 외교 정책을 근본적으로 재검토해야 했다.

수에즈 위기에서 얻은 첫 번째 교훈은 영국이 이제는 전 세계적으로 식민지를 유지할 수 없다는 사실이었다. 영국은 수에즈의 경우가 매우 분명하게 보여 주었듯이 군사적 자원과 경제적 자원이 부족했고, 그 한계가 너무나 명백하게 증명된 뒤라서 더 강화된 독립 요구에 대면할 가능성이 높았다. 그리하여 식민지 해방은 수단(1956년)과 말라야(1957년)만 영국과 유대를 끊었던 대략 10년간의 휴지기가 지난 후, 특히 아프리카에서 빠르게 진행되었다. 첫 주자는 황금해안Gold Coast으로, 1957년에 독립국가 가나를 수립하여 자유를 얻었다. 1960년에서 1964년 사이에 영국 고관들이 전 세계를 여행하며 유니언잭을 내리고 새로운 정부를 수립함으로써 추가로 17개 영국 식민지가 독립 기념식을 가졌다. 1950년에 겨우 여덟 개 국가였던 영연방 회원국은 1965년에 스물한 개 국가로 늘었고, 향후 더 늘어나게 된다.

영국 제국의 해체 과정은 알제리의 상흔이나 1960년 벨기에가 콩고를 포기한 뒤의 파국적인 결말과 비교할 때 상대적으로 평화로웠다. 그렇지만 예외가 있었다. 동아프리카와 특히 남아프리카에서 제국의 해체는 서아프리카의 경우보다 더 많은 논쟁을 불러일으켰다. 해럴드 맥밀런은 1960년 케이프타운에서 행한 유명한 연설에서 남아프리카 사람들에게 〈이 대륙 도처에 변화의 바람이 불고 있고, 좋든 싫든 이러한 (아프리카) 의식의 성장은 정치적인 사실이다〉라고 말하면서 우호적인 반응을 기대하지 않았으며, 실제로 받지도 못했다. 남아프리카의 백인 주민들은 1948년 이래로 시행 중인 아파르트

헤이트(인종분리) 통치 체제를 유지하기 위해 1961년 공화국을 선포하고 영연방에서 이탈했다. 4년 후 인접국 남로디지아에서 백인 이주민들이 일방적으로 독립과 자치를 선언했다. 두 나라에서 모두 소수 지배자들은 이후로도 몇 년 더 자신들의 통치에 반대하는 자들을 가혹하게 억압하는 데 성공했다.

그러나 남아프리카는 여느 경우와 달랐다. 다른 곳에서는, 예를 들어 동아프리카에서는 남아프리카 백인에 못지않게 특권을 누렸던 백인 정착민 사회가 운명을 받아들였다. 영국은 대다수가 반대하는 식민 통치를 강제로 지탱할 자원도 욕구도 없다는 사실이 분명해졌다. 이는 영국군이 케냐의 마우마우Mau-Mau 폭동에 맞서 은밀하고 잔인하게 더러운 전쟁을 수행했던 1950년대 초까지만 해도 자명하지 않았지만, 이제 유럽인 이주민들은 상황을 피해 갈 수 없음을 인정하고 신속하게 떠났다.

1968년 노동당 정부의 해럴드 윌슨은 1956년 11월의 사건에서 불가피하게 최종적인 결론을 이끌어 냈다. 그는 차후로 영국이 〈수에즈 동쪽〉에서 유지했던 여러 기지와 항구, 중계항, 연료 보급항, 기타 제국 시대의 시설에서, 특히 아라비아반도의 전설적인 천연 항구 아덴에서 영국군이 철수한다고 선언했다. 영국은 이제 더는 대양 전역에서 권력과 영향력을 갖고 있다고 자부할 수 없었다. 영국은 이러한 결말에 대체로 안도했다. 1776년 영국의 첫 번째 제국에 황혼이 비칠 때 애덤 스미스가 예견했듯이, 〈찬란하고 화려한 제국의 장비〉를 내버리는 것이 부채를 줄이고 〈미래에 대한 시각과 계획을 현실의 평범한 처지에 맞추는〉 최선의 방법이었다.

영국 사회의 절대 다수가 보기에 수에즈 위기가 준 두 번째 교훈은 영국이 다시는 미국의 반대편에 서지 말아야 한다는 것이었다. 그렇다고 두 나라의 견해가 언제나 일치해야 한다는 뜻은 아니었다. 예를 들어 영국은 베를린과 독일 문제에 관해서는 소련에 양보할 의향이 훨씬 더 많았고, 이 때문에 1957년에서 1961년 사이에 영-미 관계가 약간 냉각되었다. 그러나 해럴드 맥밀런은 미국이 언제나 우방을 지원하지는 않으리라는 점을 깨달았기에 프랑스의 드골이 내린 것과 정확히 정반대의 결론에 도달했다. 이후로 영국 정부는 얼마나 망설였든 간에, 미국의 특정 조치에 대해 얼마나 양면적인 감정을 느꼈든 간에, 미국의 입장을 충실하게 따를 작정이었다. 그렇게 해야만 미국의 선택에 영향을 미칠 수 있고 중요한 순간에 미국의 지원을 기대할 수 있었다. 이와 같은 전략의 재조정은 영국과 유럽에 중대한 의미를 지니게 된다.

영국 사회에서는 수에즈 위기의 영향이 지속적으로 감지되었다. 영국, 특히 잉글랜드의 분위기는 1950년대 초에 눈에 띄게 낙관적이었다. 1951년에 보수당 정권이 들어서고 경제가 호황에 돌입하리라는 첫 번째 전조가 엿보이자 누구에게나 찾아볼 수 있었던 전후 초기의 음울한 분위기가 사라졌다. 새 여왕의 즉위 첫해에 영국인들은 자족감을 느끼며 아늑한 인디언서머를 즐겼다. 영국인은 최초로(식민지인 안내자의 적절한 도움을 받아서) 에베레스트 산을 정복했으며(1953년), 최초로 1마일을 4분대에 주파했다(1954년). 게다가 원자를 쪼개고 레이더를 발명했으며 페니실린을 발견하고 터보 제트 엔진을 설계하고 그 외의 많은 일을 한 자들이 영국인이었다. 그 나라는 이러한 사실을 자주 되새겼다.

열광이 다소 지나쳐 〈새로운 엘리자베스 시대〉라는 별칭을 얻은 이 시절의 분위기는 당대의 영화에 잘 표현되어 있다. 「즈느비에브 Geneviève」(1953)나 「집 안의 의사Doctor in the House」(1954)처럼 1950년대 전반기에 영국에서 가장 큰 인기를 끌었던 영화들은 매우 의기양양하고 발랄하며 풍요롭고도 자신만만한 남부 잉글랜드를 묘사했다. 배경과 등장인물은 이전처럼 음울하거나 억눌리지 않았지만 나머지 다른 점에서는 모든 전통이 변함없이 유지되었다. 등장인물들은 모두 쾌활했고 젊었으며 교육을 받은 사람들이었고 중간 계급 출신이며 표준어를 사용했고 예의 바르고 정중했다. 이것이 바로 영국이었다. 무대에 처음 서는 배우는 여전히 궁정에서 접대를 받았고(시대에 뒤처지고 점점 더 불합리했던 의식으로, 1958년에 마침내 여왕이 폐지했다), 보수당의 하원 의원들은 다섯에 한 명꼴로 이튼 칼리지를 나왔으며, 1955년에 노동 계급 출신으로 대학교에 다닌 학생의 비율은 1925년보다 더 높지 않았다.

이 시기의 영국 영화는 다정한 사교계 이야기에 더하여 전쟁 영화를 꾸준히 제공했다. 「목마The Wooden Horse」(1952), 「잔혹한 바다 The Cruel Sea」(1953), 「댐 폭파대The Dam Busters」(1954), 「조각배의 영웅들Cockleshell Heroes」(1955), 「라플라타강 전투The Battle of the River Plate」(1956) 등이 그러한 영화들이다. 모두 정도의 차이는 있으나 제2차 세계 대전에서 활약했던 영국 영웅들의 일화에(특히 해전을 강조했다) 충실한 이 영화들은 영국인들이 스스로 당당해야 할 이유를, 그리고 자부심을 느껴야 할 이유를 상기시키며 위로를 주었다. 이 영화들은 계급과 직업을 초월한 전우애의 의미에 각별히 주목함으로써 전투를 미화하지 않으면서도 영국의 전쟁이라는 신화에 탐닉했다. 사회적 긴장이나 계급 간의 차이가 엿보이는 경우에도, 그 분위기는 대결이나 분노가 아니라 보통 서민적인 재치와 회의론의 분위기였다. 약간의 사회적 논평을 제시하는 데 그치지 않고 더 나아간 영화로는 일링 스튜디오의 희극 중에서도 가장 신랄한 작품인 찰스 크라이튼의 「라벤더힐가(街)의 강도The Lavender Hill Mob」(1951)뿐이었다. 그리고 그 영화에서 표현된 사회성은 영국식 푸자디즘poujadism이다. 온순하고 평범한 중산층 사람들의 분노와 꿈이었던 것이다.

1956년부터 분위기는 확연히 어두워졌다. 「콰이강의 다리The Bridge on the River Kwai」(1957)나 「됭케르크Dunkirk」(1958) 같은 전

쟁 영화들에는 마치 1940년의 확신에 찬 유산이 깨지기 시작한 듯이 질문과 의심의 저류가 흘렀다. 전형적인 옛 유형의 전쟁 영화였던 1960년 작 「비스마르크호의 침몰Sink the Bismarck」은 이상할 정도로 시대에 맞지 않았으며 일반적인 경향에 어긋났다. 새로운 분위기를 전한 것은 존 오즈번의 개척적인 희곡 「성난 얼굴로 돌아보라 Look Back in Anger」였다. 1956년에 처음 공연된 이 작품은 2년 뒤 영화로 제작되었는데 인상적일 만큼 원작에 충실했다. 이 좌절과 환멸의 드라마에서 주인공 지미 포터는 포기할 수도 변화시킬 수도 없는 사회와 결혼으로 숨이 막힌다. 포터는 처 앨리슨의 부르주아적 배경을 욕한다. 반면 앨리슨은 화내는 노동 계급 출신 남편과 늙어 가는 아버지 사이에서 괴로워한다. 과거에 식민지 주민이었던 앨리슨의 아버지는 이제는 이해할 수 없는 세계에 혼란스러워하고 상처를 받는다. 앨리슨은 아버지에게 조언한다. 「아버지는 모든 것이 변했기 때문에 고통스러워해요. 지미는 모든 것이 똑같기 때문에 고통스러워하고요. 그리고 두 사람 모두 그 사실을 직시하지 못하고 있어요.」

수에즈 위기가 발생하던 당시 영국의 불안한 분위기에 대한 이러한 진단은 미묘한 차이는 잘 드러내지 못했겠지만, 실제처럼 느껴졌다. 「성난 얼굴로 돌아보라」가 극장에서 상연되던 시기에 비슷한 성격을 지닌 영화들이 많이 있었다. 그 영화들의 원작은 대개 1950년대 후반에 쓰인 소설이나 희곡이었다. 이를테면 「꼭대기 방Room at the Top」(1959), 「토요일 밤과 일요일 아침Saturday Night and Sunday Morning」(1960), 「장거리 주자의 고독The Loneliness of the Long-Distance Runner」(1962), 「사랑의 한 가지 유형A Kind of Loving」(1962), 「이 운동선수의 삶This Sporting Life」(1963) 같은 영화들이었다. 1950년대 초의 영화에 출연했던 자들은 모두 표준어를 구사하는 중간 계급 출신의 깔끔한 배우들(케네스 모어, 더크 보가드, 존 그렉슨, 렉스 해리슨, 제프리 킨) 아니면 보통 유대인 역할을 맡았던 매력적인 런던 〈타임〉의 배우들(시드니 제임스, 앨피 베이스, 시드니 태플러, 피터 셀러스)이었다. 일상생활을 거칠게 묘사했다고 해서 〈키친 싱크 드라마kitchen-sink dramas〉라는 별칭을 얻은 그 이후의 영화들에는 톰 커트니, 앨버트 피니, 리처드 해리스, 앨런 베이츠 같은 일군의 젊은 신인 배우들이 출연했다. 이 영화들의 무대는 대체로 북부의 노동 계급 사회였으며 그 사회에 어울리는 강세와 어투를 썼다. 그리고 이 영화들은 영국을 분열되고 실망스러우며 냉소적이고 편견으로 가득하며 파렴치한 세계로, 환상이 깨져 버린 세계로 묘사했다. 1950년대 초와 1960년대 초 영화의 유일한 공통점은 여성은 언제나 종속적인 역할을 맡았고 모두가 백인이라는 사실이다.

제국의 환상이 수에즈에서 깨졌다면, 영국 중산층이 지녔던 섬나라 특유의 확신은 이미 한동안 공격받고 있었다. 1956년의 재앙은 단지 붕괴를 촉진했을 뿐이다. 영국 국가대표 크리켓 선수단이 서인도제도 선수단에 처음으로 패했던 사건의 상징적 의미는 3년 뒤인 1953년에 영국 축구 선수단이 국립 경기장에서 초라한 헝가리 선수단에게 6 대 3이라는 전례 없는 골 차이로 패배했을 때 분명해졌다. 영국이 전 세계에 전파한 두 가지 놀이의 국제 경기에서 영국은 이제 최고가 아니었다.

이와 같이 국민적 쇠락을 보여 주는 비정치적 척도는 이 시기의 영국이 비정치적 사회였기 때문에 더 큰 충격으로 다가왔다. 수에즈 위기 때 야당이었던 영국 노동당은 이든의 실패를 유리하게 이용할 수 없었다. 이제 유권자들이 정당 정치의 틀에서 경험을 해석하지 않았기 때문이다. 서유럽의 다른 곳에서 그랬듯이 영국 사람들도 소비하고 즐기는 데 점점 더 많은 관심을 두었다. 종교에 대한 영국민의 관심은 약해졌으며, 더불어 집단적 동원을 좋아했던 취향도 성격을 불문하고 약화되었다. 자유주의적 본능을 지닌 보수당 정치가 해럴드 맥밀런은 에드워드 시대 신사 계급을 가장한 중간 계급 출신의 정치적 기회주의자였지만 이러한 이행기에 매우 적합한 지도자였다. 맥밀런은 해외에서는 식민지로부터의 철수를 그리고 국내에서는 평화로운 번영을 선전했는데, 노년의 유권자들은 이 같은 결과에 상당히 만족했으며 청년들만 점차 환멸을 느꼈다.

제국의 상실은 국가의 나아갈 바가 어디인지 걱정하는 영국민의 우려에 직접적으로 이바지했다. 제국의 영광이 사라진 후 영연방은 대체로 영국의 식량 공급원 역할을 했다. 영연방 특혜 관세, 다시 말해 영연방 회원국에서 수입되는 물품에 적용되는 유리한 관세 덕에 영연방에서 수입되는 식량은 값이 저렴했으며, 1960년대 초에 영국 수입 총액의 약 3분의 1을 차지했다. 그러나 영국의 수출에서 영연방으로 나가는 물품이 차지하는 몫은 꾸준히 감소했다. 많은 수출이 이제는 유럽을 향했다(1965년에 처음으로 영국의 대유럽 교역이 대영연방 교역을 추월한다). 수에즈의 패배 이후 캐나다와 오스트레일리아, 남아프리카, 인도는 모두 영국의 쇠퇴를 간파했으며 그에 따라 미국과 아시아 그리고 곧 〈제3〉세계라는 별칭을 갖게 될 지역으로 교역과 정책의 방향을 조정했다.

영국에 관해 말하자면 이렇다. 미국은 영국에 없어서는 안 될 동맹국이었는지는 모르지만 새로운 목적 의식을 제공할 수는 없었으며, 더욱이 국민적 정체성을 쇄신해 줄 수는 없었다. 오히려 반대로 영국이 미국에 의존한다는 사실 자체가 영국민의 근본적인 취약성과 고립 상황을 증언했다. 그래서 비록 본능이나 문화, 교육으로 보면 영국인이 유럽 대륙을 바라보도록 만들 것은 전혀 없었지만, 영국의 많은 정치인들과 여타 사람들에게(맥밀런도 예외는 아니었다) 나라의 미래는 어떤 식으로든 영국해협 건너편에 있다는 사실이 점점 더 분명하게 드러났다. 영국이 유럽이 아니라면 다른 어디에서 국제적 지위의 회복을 기대할 수 있었겠는가?

〈유럽 기획European project〉은 1950년대 중반까지 전혀 진전을 보이지 못했다. 프랑스 의회는 유럽 군대라는 제안을 거부했고, 더불어 유럽 내 공동 작업 강화에 대한 모든 논의를 거부했다. 베네룩스 모델에 따른 다양한 지역 협약이 체결되었으나(1954년에 결성된 스칸디나비아의 〈북유럽 공동 시장〉이 대표적이다) 그보다 더 야심 찬 계획은 의제에 오르지 못했다. 유럽 협력의 옹호자들은 1955년 봄에 공표된 유럽 원자력 공동체Euratom(유라톰)를 들 수 있었겠지만, 원자력 공동체는 석탄 철강 공동체와 마찬가지로 프랑스가 주도한 사업이었고, 그 성공 여부는 대체로 기술적인 한정된 과제에 달려 있었다. 이것이 시대의 분위기였다. 영국이 여느 때처럼 유럽 통합의 전망에 회의적인 태도를 보였을 때, 이는 결코 불합리하지 않았다.

새로운 출발의 노력은 매우 적절하게도 베네룩스 국가들에서 시작되었다. 베네룩스 국가들은 국가 간 연합의 경험이 가장 많았고 국민적 정체성이 희석되어도 잃을 것이 거의 없었기 때문이다. 유럽의 지도적인 정치인들, 특히 벨기에 외무장관 폴앙리 스파크는 적어도 당분간은 정치적 통합이나 군사적 통합을 실현할 수 없다는 점을 분명하게 인식했다. 어쨌든 1950년대 중반에 이르러 유럽인은 앞선 10년간의 군사적 점령기와는 전혀 다른 것에 관심이 있었다. 강조점은 분명히 유럽의 경제적 통합에 놓여야 했다. 경제는 전통적인 감정을 해치지 않고도 국가적 이익과 협력을 조화롭게 추구할 수 있는 영역이었기 때문이다. 스파크는 네덜란드 외무장관과 함께 1955년 6월 이탈리아의 메시나에서 회의를 소집하여 이 전략을 검토했다.

메시나 회의에는 유럽 석탄 철강 공동체 회원국인 여섯 나라 외에 영국이 (낮은 지위의) 〈참관인〉 자격으로 참여했다. 스파크와 협력자들은 관세 동맹, 무역 협정, 기타 국가 간 협력의 통상적인 사업들에 관해 일련의 제안을 내놓았다. 전부 영국이나 프랑스의 감정을 건드리지 않기 위해 조심스럽게 조합되었다. 프랑스는 이 제안들에 열중하면서도 신중했고, 영국은 명백히 망설였다. 메시나 회의 이후 협의는 스파크가 의장을 맡은 일종의 국제적 계획위원회에서 계속되었다. 위원회의 임무는 더욱 완전하게 통합된 유럽 경제, 즉 〈공동 시장〉을 확실하게 권고하는 것이었다. 그러나 1955년 11월 영국은 떨어져 나갔다. 영국은 늘 연방 직전 단계의 유럽이 탄생하지는 않을까 의구심을 품었는데, 그럴 가능성을 보고 놀랐던 것이다.

그러나 프랑스는 뛰어들기로 결정했다. 1956년 3월 스파크 위원회가 공동 시장에 찬성하는 공식 권고안을 보고하자 프랑스는 동의했다. 영국의 참관인들은 여전히 망설였다. 영국인들은 배제되는 위험을 분명히 인식하고 있었다. 영국 정부의 어느 위원회는 스파크의 권고안이 공개되기 몇 주 전에 비밀리에 이렇게 평했다. 〈메시나 회의에 참여한 국가들이 영국을 배제한 채 경제 통합을 달성하면, 이는 유럽에서 독일이 주도권을 쥐게 됨을 뜻한다.〉[14] 그러나 이 같은 평가와 친영국 인사인 스파크의 권고, 몇 달 뒤 수에즈에서 드러난 파운드화 권역의 허약성도 영국으로 하여금 〈유럽인들〉에게 자국의 운명을 내맡기도록 할 수 없었다. 유럽 경제 공동체EEC를 (그리고 원자력 기구 유라톰을) 설립하는 조약이 1957년 3월 25일 로마에서 조인되고, 1958년 1월 1일부터 발효되었다. 브뤼셀에 본부를 둔 새로운 유럽 경제 공동체는 7년 전 유럽 석탄 철강 공동체에 가입했던 바로 그 여섯 나라로 구성되었다.

로마 조약의 중요성을 과대평가하지는 말아야 한다. 조약은 대체로 장래의 선의를 선언한 것이었다. 서명국들은 관세 인하와 조화에 관한 일정을 마련했고, 경우에 따른 통화 협력의 가능성을 제시했으며, 상품과 화폐와 노동의 자유로운 이동을 위해 협력하기로 합의했다. 조약 문구의 대부분은 향후 규정을 수립하고 집행하기 위한 기

---

14 Alan Milward, *The European Rescue of the Nation-State*(Berkeley and Los Angeles, University of California Press, 1992), p. 429에서 인용.

본적인 절차를 마련하는 데 할애되었다. 진정으로 의미 있는 유일한 혁신은(177조에 의거하여 각국 법원이 최종적인 판결을 받기 위해 사건을 회부할 유럽 재판소를 설립하는 것) 훗날 엄청나게 중요한 것으로 입증되지만 당시에는 거의 주목을 받지 못했다.

유럽 경제 공동체의 토대는 강함이 아니라 약함이었다. 스파크가 1956년 보고서에서 강조했듯이 〈유럽은 한때 제조업을 독점했고 해외 속령에서 귀중한 자원을 획득했지만, 오늘날 유럽의 대외적 지위는 약해졌고 그 영향력은 쇠퇴했으며 발전 능력은 분열 탓에 사라졌다.〉 영국이 유럽 경제 공동체 가입을 거부했던 이유는 자국의 처지를 정확히 이러한 관점에서, 〈아직도〉 이해하지 못했다는 데 있었다. 따라서 유럽 공동 시장이 점점 더 커져 가는 미국의 힘에 도전하기 위한 계산된 전략의 일부라는 관념은(훗날 미국의 정책 담당자들 사이에 어느 정도 퍼진 생각이다) 매우 불합리하다. 새로이 형성된 유럽 경제 공동체는 전적으로 미국의 안전 보장에 의존했기 때문이다. 미국의 안전 보장이 없었다면, 회원국들은 결코 공동 방어와 관련된 온갖 일을 제쳐둔 채 경제 통합에만 전념할 수 없었을 것이다.

회원국들에서도 모든 사람이 다 새로운 제안들에 완전히 만족한 것도 아니었다. 프랑스에서는 드골주의자를 포함하여 많은 보수적인 의원들이 〈국가적〉 이유에서 로마 조약 비준을 거부했던 반면, 피에르 망데스프랑스를 포함한 일부 사회주의자들과 급진 좌파는 영국이 참여하지 않는 〈작은 유럽〉의 형성에 반대했다. 안심이 되지 않는다는 것이 이유였다. 독일에서는 아데나워의 경제장관이자 열정적인 자유 무역주의자 루트비히 에르하르트가 신중상주의적 〈관세 동맹〉에 비판적이었다. 독일과 영국의 유대를 해치고 교역의 흐름을 제한하여 가격을 왜곡할 수 있었기 때문이다. 에르하르트가 보기에 유럽 경제 공동체는 〈거시 경제의 관점에서 터무니없는 짓〉이었다. 어느 학자가 명민하게 지적했듯이 상황은 다르게 전개될 수도 있었다. 〈에르하르트가 독일을 통치했다면 농업 부문을 제외한 영-독 자유 무역연합이 결성될 가능성이 더 높았을 것이고, 경제적 배제 효과로 프랑스는 결국 가입할 수밖에 없었을 것이다.〉[15]

그러나 그런 일은 일어나지 않았다. 그리고 유럽 경제 공동체의 최종적인 형태는 그렇게 될 수밖에 없는 나름의 논리를 갖고 있었다. 1950년대가 지나면서 대륙의 서유럽 국가들 사이에 교역이 점차 증가했고, 특히 각 나라는 서독과 점차 더 많이 교역했다. 따라서 유럽의 경제 회복은 서독의 시장과 제품에 더욱 의존하게 되었다. 게다가 전후 유럽 국가들은 모두 계획과 규제, 성장 목표의 설정, 온갖 종류의 보조금 등으로 경제 문제에 깊이 관여했다. 그러나 수출의 장려, 사양 산업에서 새로운 산업으로 자원의 이동, 농업이나 운송 같은 보호 받는 부문의 지원 등은 전부 국가 간 협력이 필요했다. 서유럽의 어느 나라 경제도 자급 능력을 갖추지 못했기 때문이다.

그러므로 이렇게 서로에게 유리한 협력의 흐름을 추동한 것은 국가적 이익의 추구였지 쉬망의 석탄 철강 공동체가 정한 목표가 아니었다. 석탄 철강 공동체는 이 시기에 경제 정책을 형성하기에 적합하지 않았다. 지역적 이익의 보호와 육성이라는 똑같은 관심사가 1939년 이전에는 유럽 국가들을 안으로 돌려세웠지만 이제는 국가들을 더 긴밀히 결합시켰다. 장애물이 제거되고 최근 과거로부터 교훈을 얻었다는 점이 이러한 변화를 촉진한 가장 중요한 요인이었을 것이다. 예를 들어, 네덜란드는 유럽 경제 공동체의 높은 대외 관세가 국내 가격의 인상을 초래할 가능성에 결코 즐겁지만은 않았고, 또한 이웃 나라 벨기에처럼 영국의 불참을 불안하게 여겼다. 그렇지만 주요 교역 상대국들을 잃는 위험을 감수할 수는 없었다.

독일의 이해관계는 복잡했다. 독일은 유럽의 주요 수출국으로서

---

15 Andrew Moravcsik, *The Choice for Europe. Social Purpose and State Power from Messina to Maastricht*(Ithaca, Cornell University Press, 1998), p. 137.

서유럽 내부의 자유 무역에 점점 더 많은 관심을 가졌다. 독일의 제조업자들이 동유럽에서 중요한 시장을 잃어버렸고 착취할 식민지도 없었기 때문에 더욱 관심이 많아졌다. 그러나 관세의 보호를 받는 유럽 관세 동맹이 여섯 나라로 한정된 것은 에르하르트가 이해했듯이 반드시 독일의 합리적인 정책 목표는 아니었다. 에르하르트와 여타 많은 독일인은 영국인들처럼 더 넓고 좀 더 느슨한 유럽 자유 무역 지대를 더 좋아했을 것이다. 그러나 아데나워는 외교 정책의 원칙상 이해관계가 서로 얼마나 달랐든 간에 프랑스와 관계를 끊을 생각이 없었다. 게다가 농업 문제도 있었다.

20세기 전반, 유럽에는 너무 많은 비효율적 농민이 있었다. 그들은 생존을 보장할 만큼 지불할 수 없는 시장을 위해 간신히 그에 족한 만큼만 생산했다. 그 결과는 빈곤, 이민, 농업 파시즘이었다. 제2차 세계 대전 직후의 배고팠던 시절에는 특히 더 많이 생산하기 위해 경작 농민을 격려하고 지원하는 온갖 정책이 시행되었다. 캐나다와 미국에서 수입한 달러 표시 식량에 대한 의존도를 줄이기 위해 효율성보다는 생산량 증대를 장려하는 데 역점을 두었다. 농민은 전쟁 이전에 겪었던 농산품 가격 하락을 두려워할 필요가 없었다. 유럽의 농업 생산고는 1951년에 가서야 전쟁 이전 수준을 회복했으며, 어쨌거나 농민의 소득은 보호 무역과 정부의 가격 보전 정책 덕에 실질적으로 보장되었기 때문이다. 따라서 1940년대는 어떤 의미에서 유럽 농민의 황금기였다. 1950년대 동안 농촌의 잉여 노동력이 도시의 새로운 일자리로 흡수되었는데도 생산량은 지속적으로 증가했다. 유럽의 농민은 점점 더 효율적인 농민으로 바뀌었다. 또한 결국 영구적인 공공복지가 되어 버린 제도로부터도 계속 혜택을 받았다.

이러한 역설은 특히 프랑스에서 두드러졌다. 1950년에 프랑스는 여전히 식량 순수입국이었다. 그러나 이후 프랑스의 농업 생산고는 급격하게 증가했다. 프랑스의 버터 생산은 1946년에서 1956년 사이에 76퍼센트가 증가했고, 치즈 생산은 1949년에서 1957년 사이에 116퍼센트가 증가했다. 사탕무로 제조한 설탕은 1950년에서 1957년 사이에 201퍼센트가 증가했다. 보리와 옥수수의 생산량은 같은 기간에 각각 348퍼센트와 815퍼센트라는 경이적인 증가율을 보였다. 이제 프랑스는 자급할 수 있었을 뿐만 아니라 잉여 식량을 갖게 되었다. 1957년에서 1961년에 이르는 제3차 현대화 계획은 육류와 우유, 치즈, 설탕, 밀에 한층 더 많은 투자가 이루어지도록 장려했다(밀은 프랑스의 강력한 농업조합의 영향력이 가장 컸던 북부 프랑스와 파리 분지의 주 생산물이었다). 프랑스의 공적 생활에서 토지가 갖는 상징적 의미와 농촌의 표가 지닌 현실적인 중요성을 늘 의식했던 프랑스 정부는 그동안 가격 보전 정책을 유지하면서 이 모든 식량을 판매할 해외 시장을 찾으려 애썼다.

이 문제는 프랑스가 유럽 경제 공동체 가입을 결정하는 데 핵심적인 역할을 수행했다. 유럽 공동 시장에서 프랑스가 가졌던 주된 경제적 관심은 외국 시장, 특히 독일이나 영국의 육류와 낙농품, 곡물 시장에 진입할 때 받을 특혜였다. 바로 이 때문에, 더불어 가격 보전 정책을 지속하겠다는 약속과 프랑스 잉여 농산물을 구매하겠다는 유럽의 다른 협력국들의 공언 덕에, 프랑스 의회는 확신을 갖고 로마 조약에 찬성했다. 프랑스는 독일의 비농산품 수출에 시장 개방을 약속하는 대가로 자국 농업 보증 제도의 짐을 유럽 경제 공동체의 동료 회원국들에 효과적으로 전가했고, 그럼으로써 감당할 수 없을 만큼 과도했던 (그리고 정치적으로 폭발하기 쉬웠던) 장기적 부담을 덜어 냈다.

유럽 경제 공동체의 그 유명한 공동 농업 정책CAP에는 바로 이러한 배경이 있었다. 공동 농업 정책은 1962년에 협의를 시작하여 1970년에 형태를 갖추었다. 유럽의 정찰 가격이 상승하자 유럽에서 생산된 모든 농산물이 너무 비싸 세계 시장에서 경쟁할 수 없게 되었다. 효율적으로 운영되는 네덜란드의 낙농 협동조합이 처한 사정도 생산성이 떨어졌던 독일의 작은 농장보다 나을 것이 없었다. 전부 공통의 가격 구조에 종속되었기 때문이다. 1960년대 동안에 유럽 경제 공동체는 이 문제를 해결하기 위해 일련의 관례와 규정을 만드는 데 전념했다. 모든 항목의 식품에 목표 가격이 설정될 예정이었다. 그리고 유럽 경제 공동체의 대외 관세로 수입 농산물 가격은 그 수준까지 인상되게 된다. 이러한 조치들은 효율성은 적고 가격은 높게 책정했던 유럽 경제 공동체의 생산자들의 바람에 대체로 들어맞았다.

차후 유럽 경제 공동체는 매년 회원국의 모든 잉여 농산물을 〈목표〉 가격보다 5~7퍼센트 낮은 수준에서 구매하게 된다. 그리고 보조금 지급을 통해 공동 시장 밖에서 더 낮은 가격에 판매함으로써 잉여 생산물을 해소하게 된다. 명백하게 비효율적인 이러한 절차는 아주 구식으로 흥정한 결과였다. 독일의 소농은 사업을 계속하려면 많은 보조금을 받아야 했다. 프랑스와 이탈리아의 농민은 특별히 높은 가격을 받지 않았다. 그러나 누구도 감히 그들에게 생산 제한을 지시하지는 못했고, 하물며 생산물 값으로 시가만 받으라는 요구는 더욱 가당치 않았다. 대신 각국은 자국 농민에게 원하는 것을 주었고, 그 비용의 일부는 도시의 소비자들과 납세자들에게 떠넘겼다.

공동 농업 정책의 전례가 전혀 없지는 않았다. 북아메리카에서 수입되는 값싼 곡물을 겨냥했던 19세기 말 유럽의 곡물 관세가 이와 유사했다. 1930년대 초, 경기가 바닥까지 내려갔을 때 잉여 농산물을 수매하거나 보조금을 지급하여 생산을 감축하도록 함으로써 농산물 가격을 유지하려는 다양한 시도가 있었다. 독일은 1938년에 프랑스와 체결했으나 결코 이행되지 않았던 협약에서 프랑스가 독일의 화학 제품과 기계공업 제품에 자국 시장을 개방하는 대가로 프랑스의 농산물 수출을 수용하겠다고 약속했다(전시에 점령된 파리에서 〈유럽의 프랑스La France européenne〉라는 기치로 열린 박람회는 프랑스 농업의 풍요로움과 프랑스가 히틀러의 새로운 유럽에 참여함으로써 얻을 혜택을 강조했다).

현대 농업은 이러저러한 정치적 동기에서 비롯한 보호에서 자유로웠던 적이 없다. 1947년에서 1967년 사이에 대외 관세를 90퍼센트나 낮춘 미국조차 이러한 무역 자유화에서 농업을 제외하려고 주의를 기울였다(지금도 그렇다). 그리고 농산물은 관세 무역 일반 협정의 심의에서도 초기 단계부터 배제되었다. 그렇기에 유럽 경제 공동체는 조금도 독특하지 않았다. 그렇지만 공동 농업 정책의 뒤틀린 결과는 아마도 특이했을 것이다. 유럽의 생산자들이 한층 더 효율적으로 바뀌면서(높은 소득을 보장받았기에 최상의 장비와 비료에 투자할 수 있었다), 생산량은 특히 정책의 혜택을 받은 품목에서 수요를 크게 초과했다. 정책은 현저하게 왜곡되어 프랑스의 큰 농업 회사들이 특화하곤 했던 곡물과 가축에 유리했던 반면, 과일과 올리브, 채소를 재배하는 남부 이탈리아의 농민들은 거의 혜택을 받지 못했다.

1960년대에 세계 식량 가격이 하락하자 유럽 경제 공동체의 식량 가격은 터무니없이 높은 수준에 묶여 버렸다. 유럽의 옥수수와 소고기는 공동 농업 정책이 시작된 지 몇 년 지나지 않아 세계 가격보다 두 배 높은 가격에 팔렸고, 버터는 네 배 높은 가격에 팔렸다. 1970년이면 공동 시장 행정관의 5분의 4가 공동 농업 정책에서 일했으며, 농업이 전체 예산의 70퍼센트를 차지했다. 세계 최고 수준의 몇몇 공업국들에서 이런 상황이 벌어진다는 것은 기괴한 일이었다. 단일 국가라면 어느 나라도 그렇게 불합리한 정책을 유지할 수 없었겠지만, 각국 정부는 공동체 전체에 부담을 떠넘기고 이를 공동 시장의 더 큰 목적에 연결하여 적어도 단기적으로는 이익을 얻었다. 도시의 빈민들만 (그리고 유럽 경제 공동체에 속하지 않은 농민도) 공동 농업 정책으로 큰 손해를 입었고, 도시 빈민의 경우 대체로 다른 방식을 통해 보상을 받았다.

물론 이 단계에서 대부분의 서유럽 국가들은 유럽 경제 공동체의 회원국이 아니었다. 공동 시장이 시작되고 한 해가 지난 뒤, 여전히 초국적 유럽 블록의 출현을 피하려 했던 영국은 유럽 경제 공동체가 회원국들과 다른 유럽 국가들, 영연방을 포함하는 산업 자유 무역 지대로 확대하자고 제안했다. 충분히 예견되었듯이, 드골은 그러한 발상을 거부했다. 이 제안에 응하여, 그리고 영국의 주도로, 1959년 11월 스톡홀름에 여러 나라가 모여 유럽 자유 무역 연합EFTA을 결성했다. 회원국들은(오스트리아, 스위스, 덴마크, 노르웨이, 스웨덴, 포르투갈, 영국, 그리고 나중에 아일랜드와 아이슬란드, 핀란드가 합류했다) 대체로 부유했고 주변부에 속했으며 자유 무역을 열렬히 지지했다. 포르투갈을 제외하면 그 나라들의 농업은 규모는 작았으나 고도로 효율적이었고 세계 시장을 겨냥했다.

이런 이유로, 또 (특히 스칸디나비아 국가들의 경우) 영국과 긴밀한 관계에 있었다는 이유로, 유럽 자유 무역 연합 회원국들에게 유럽 경제 공동체는 필요 없었다. 그러나 유럽 자유 무역 연합은 최소주의적 조직이었고(지금도 그렇다), 진정한 대안이 아니라 유럽 경제 공동체의 결점에 대한 대응으로 등장했다. 또한 유럽 자유 무역 연합은 공산품에만 적용되는 자유 무역 지대였으며, 농산물은 알아서 가격을 찾으라고 내버려졌다. 오스트리아나 스위스, 스웨덴 같은 일부 작은 회원국들은 고부가가치 공산품을 생산했고 여행지로 매력이 있었다는 점에서 특정한 시장을 확보하여 번성했다. 덴마크 같은 다른 나라들은 육류와 낙농 제품의 판매 시장으로 영국에 크게 의존했다.

그러나 영국도 스칸디나비아와 알프스의 작은 동맹국들이 줄 수 있는 것보다는 훨씬 더 큰 공산품 수출 시장이 필요했다. 해럴드 맥밀런 정부는 여전히 유럽 경제 공동체의 정책 형성에 영향을 미칠 수 있기를 기대했지만 도리가 없음을 인식하고 1961년 7월에 정식으로 유럽 경제 공동체 가입을 신청했다. 런던이 메시나 회담에서 오만하게 이탈한 지 6년 만이었다. 아일랜드와 덴마크는 영국 경제와 긴밀히 결합되었기에 영국을 따라 신청했다. 영국의 신청이 성공적이었는지는 불확실하다. 유럽 경제 공동체 회원국 대부분은 여전히 영국의 가입을 바랐지만 동시에 로마 조약의 핵심 목표를 지키겠다는 런던의 약속을 믿지 않았고, 이러한 불신은 정당했다. 그러나 이 문제는 미결로 남았다. 앞서 보았듯이, 1963년 1월 드골이 영국의 가입을 공개적으로 거부했기 때문이다. 수에즈 위기 이후 사태가 얼마나 빨리 전개되었는지는, 영국이 그때까지도 얕보았던 유럽 공동체로부터 가입을 거절당하자 맥밀런이 자신의 일기에 절망적인 심정으로 적어 내린 다음과 같은 글에서 짐작할 수 있다. 〈몇 년 동안 내가 노력했던 모든 일이…… 수포로 돌아갔다. 우리의 정치는 국내외에서 모두 실패했다.〉

영국은 다시 시도하는 수밖에 달리 방도가 없었다. 영국은 1967년에 재차 유럽 경제 공동체 가입을 시도했으나 6개월 뒤에 이루어진 표결에서 프랑스 대통령은 또다시 거부하여 조용히 복수했다. 드골이 사임하고 뒤이어 죽은 후인 1970년에 마침내 영국과 프랑스 사이에 세 번째 협상이 시작되어 가입 신청이 받아들여졌다(영국과 영연방 간의 교역이 매우 크게 감소하여 영국 정부가 더는 유럽 경제 공동체 비회원국들에 대한 제3자 무역특혜 보장을 요구할 필요가 없었던 것이 부분적인 성공의 이유였다). 그러나 영국과 덴마크, 아일랜드의 가입이 승인된 1973년에 유럽 경제 공동체는 이미 뚜렷한 형태를 갖추고 있었고, 신입 회원국들은 한때 영국의 지도자들이 맹목적으로 희망했듯이 유럽 경제 공동체의 구체적인 형태에 영향을 미칠 위치에 있지 않았다.

유럽 경제 공동체는 서독이 공동체의 재정을 책임지고 프랑스가 정책을 지시하는 프랑스-독일 공동 관리 체제였다. 따라서 유럽 공동체의 일원이 되고자 했던 서독의 바람은 비싼 대가를 지불했으나, 아데나워와 그의 계승자들은 수십 년 동안 한 마디 불평 없이 프랑스와 굳게 동맹을 유지하며 그 값을 치렀다. 영국이 보기에는 놀라운 일이었다. 그동안 프랑스는 농업 보조금과 농업 이전금을 주권의 상실 없이 〈유럽화〉했다. 이 문제는 프랑스의 외교 전략에서 언제나 최우선 과제였다. 1955년의 메시나로 되돌아가 보면, 프랑스 외무장관 앙투안 피네는 프랑스의 목적을 완벽하리만큼 명확하게 밝혔다. 초국적 행정 기구는 좋았지만, 각국 정부 간에 만장일치로 이루어진 결정이 우선한다는 단서가 붙어야 했다.

유럽 경제 공동체의 첫 10년간 드골이 다른 회원국들을 위협했을 때도 이 목적을 염두에 두고 있었다. 원래의 로마 조약에 따르면 모든 주요 결정은 (새 회원국의 가입 허가를 제외하면) 정부 간 각료회의에서 다수결로 내려야 했다. 그러나 프랑스 대통령은 1965년 6월 정부 간 회담에서 철수하고 동료 지도자들이 농업 자금 조달을 프랑스의 요구에 맞게 조정하기로 동의할 때까지 복귀하지 않음으로써 공동체의 활동을 방해했다. 1966년 1월, 다른 국가들은 향후 각료회의가 더는 다수결로 사안을 결정할 수 없다고 마지못해 인정했다. 이것이 원 조약의 첫 번째 위반 사례였고, 프랑스의 부당한 권력 사용을 보여 주는 좋은 증거였다.

그럼에도 불구하고 유럽 경제 공동체의 초기 업적은 인상적이었다. 1968년에 공동체 내부의 관세를 정해진 일정보다 훨씬 앞당겨 철폐했다. 6개 회원국 간의 교역은 같은 기간에 네 배로 증가했다. 농업 노동력은 매년 4퍼센트씩 꾸준히 줄었으며, 반면 일인당 농업 생산성은 1960년대에 연평균 8.1퍼센트씩 증가했다. 첫 10년이 끝날 무렵 유럽 경제 공동체는 드골의 그림자가 드리워졌음에도 반드시 필요한 조직이라는 분위기를 만들어 냈고, 이 때문에 다른 유럽 국가들이 줄지어 유럽 경제 공동체에 가입하려 했다.

그러나 문제점도 있었다. 브뤼셀의 중앙집권적인 집행부와 임명직 이사회의 지시를 받는, 높은 물가의 이기적인 관세 동맹은 유럽이나 나머지 세계에는 진정한 이익을 주지 못했다. 실제로 프랑스의 요구로 실행된 보호 무역 협정과 간접 보조금 체제는 브레턴우즈 협정 이후에 출현한 국제 교역 체제의 정신과 제도에 전혀 어울리지 않았다. 유럽 경제 공동체의 관리 체제가 (눈에 띄게) 프랑스 체제를 모델로 삼았다는 점에서, 그 나폴레옹 시대의 유산은 좋은 징조가 아니었다.

마지막으로, 유럽 경제 공동체 초기 프랑스의 영향력으로 만들어진 새로운 〈유럽〉은 국민 국가의 최악의 특성을 아대륙 차원에서 모조리 재생산했다는 비난에 취약했다. 서유럽 재건의 대가가 일종의 유럽 중심적인 지역주의일 수 있다는 결코 작지 않은 위험이 상존했던 것이다. 유럽 경제 공동체의 부는 점점 더 크게 증가했지만, 그 세계는 매우 작았다. 어떤 점에서는 프랑스나 네덜란드가 해외 여러 곳의 민족과 지역에 자신들의 국민 국가를 개방했을 때 알았던 세계보다도 실제로 훨씬 더 작았다. 당시 상황에서 이러한 사실은 대다수 서유럽인에게 조금도 중요하지 않았다. 어쨌든 그들에겐 선택의 여지가 없었기 때문이다. 그러나 조만간 그러한 선택은 미래에 대해 곤란한 함의를 갖는 명백히 편협한 〈유럽〉관을 낳게 된다.

1953년 3월 요시프 스탈린이 사망하자 불안한 후계자들은 권력 투쟁을 벌였다. 처음에는 비밀경찰의 수장인 라브렌티 베리야가 독재자의 유일한 상속자로 등장할 듯했다. 그러나 바로 그 때문에 동료들은 같은 해 7월에 공모하여 베리야를 암살했고, 잠시 동안 게오르기 말렌코프를 거쳐 두 달 뒤에 소련 공산당 제1서기로 승인된 자는 니키타 흐루쇼프였다. 그는 결코 스탈린의 잘 알려진 측근이 아니었다. 이 점은 다소 기묘했다. 왜냐하면 정신병자 같은 기질을 지니기는 했지만 베리야는 개혁의 옹호자였고, 아직 〈탈스탈린주의〉라는 용어가 쓰이지도 않은 상황에서 그러한 태도를 드러냈기 때문이다. 베리야는 스탈린 사후 체포되기 전까지 짧은 기간 동안 〈의사들의 음모〉가 있었다는 주장을 부인했고, 굴라크에서 일부 수용자들을 석방했으며, 위성 국가의 개혁을 제안하여 현지 당 지도자들을 당황하게 만들기도 했다.

명목상으로는 집단 지도 체제였으나 흐루쇼프가 점차 일인자로 등장한 새로운 지도부는 베리야가 옹호했던 길을 따를 수밖에 없었다. 수년간의 억압과 궁핍에 이어 스탈린이 사망하자 변화를 바라는 항의와 요구가 갑자기 물밀 듯 몰려왔다. 1953년과 1954년에 시베리아의 노릴스크와 보르쿠타, 켄기르에 있는 노동수용소에서 폭동이 발생했다. 크렘린이 폭동을 제압하는 데에는 전차와 비행기, 상당한 병력이 필요했다. 그러나 일단 〈질서〉가 회복되자 흐루쇼프는 베리야의 전략으로 복귀했다. 1953년에서 1956년 사이에 약 500만 명에 이르는 수형자들이 굴라크에서 석방되었다.

인민 민주주의 체제들에서 스탈린 사후의 시기를 돋보이게 한 것은 1953년의 베를린 폭동뿐만이 아니었다(6장을 보라). 불가리아처럼 잔뜩 겁먹은 벽촌의 제국 전초에서도 반대가 있었던 것이다. 같은 해 5월과 6월에 그곳의 담배 공장에서 노동자들이 폭동을 일으켰다. 어느 곳에서도 소련의 지배는 위태롭지 않았지만, 소련 당국은 대중적 불만의 크기를 매우 진지하게 받아들였다. 이제 흐루쇼프와 그 동료들의 당면 과제는 스탈린과 그의 난폭한 정치를 매장하되 스탈린주의 테러로 건설된 체제와 당이 권력을 독점한 덕에 얻은 이점을 훼손하지 않는 것이었다.

흐루쇼프의 전략은 이후 드러난 대로라면 네 가지였다. 첫째, 앞서 보았듯이 흐루쇼프는 서독의 재무장과 서독의 북대서양 조약 기구 가입, 바르샤바 조약 기구의 창설에 뒤이은 때라 서방과의 관계를 안정시킬 필요가 있었다. 둘째, 소련은 동시에 유고슬라비아를 필두로 〈비동맹〉 세계로 연결되는 가교를 놓았다. 흐루쇼프와 니콜라이 불가닌 원수는 1955년 5월 7년 동안 얼어붙어 있던 양국 관계를 다시 녹이기 위해 유고슬라비아를 방문했다. 셋째, 소련은 위성 국가의 당 개혁가들을 격려하기 시작했다. 극단적 스탈린주의자들의 〈실정〉에 대한 조심스러운 비판과 몇몇 희생자들의 복권을 허용했으며, 시범 재판과 집단 검거, 당 숙청으로 이어지는 악순환을 끝냈다.

흐루쇼프는 바로 이러한 상황에서 통제된 개혁의 네 번째 단계로 (그리고 그가 이해하기로는 마지막 단계로) 신중하게 나아갔다. 바로 스탈린과 관계를 끊는 것이었다. 무대는 소련 공산당 제20차 당 대회였다. 1956년 2월에 열린 당 대회에서 흐루쇼프는 그 유명한 〈비밀 연설〉로 총서기의 범죄와 오류, 그리고 그에 대한 〈숭배〉를 비난했다. 돌이켜 보건대, 이 연설은 신화적 분위기를 연출했으나 획기적인 의미를 과장해서는 안 된다. 니키타 흐루쇼프는 공산당원이자 레닌주의자였으며 적어도 당 지도부의 동료들만큼은 진정으로 믿음을 지닌 자였다. 흐루쇼프는 스탈린의 행위를 자백하고 열거하는 까다로운 목표를 스스로 설정했으나, 그 책임은 오로지 스탈린에게만 한정했다. 흐루쇼프가 생각한 자신의 과제는 스탈린의 시신 위에 오명과 책임을 쌓아 둠으로써 공산당 사업의 정통성을 확증하는 것이었다.

2월 25일의 연설은 분량과 어법에서 완전히 상투적이었다. 연설의 대상은 당 엘리트였으며, 스탈린에게 죄를 물을 수 있는 공산주의 교리의 〈곡해〉를 설명하는 데 국한되었다. 그 독재자는 〈당 생활의 규범을 무시하고 집단 지도 체제라는 레닌주의 원리를 짓밟았다)고 고발당했다. 다시 말해 스탈린은 모든 일을 독단으로 결정했다는 이야기였다. 따라서 스탈린 밑에서 일하던 동료들은(흐루쇼프는 1930년대 초부터 그중 한 명이었다) 스탈린의 범죄적 폭정에 대한 책임이 없었으며 그의 정책 실패에 대한 책임은 더더욱 없었다. 흐루쇼프는 레닌의 오점 없는 지위와 레닌주의적 통치 체제, 그리고 스탈린의 후계자들을 보호하고 고양시키기 위해 스탈린 개인의 결점을 상세히 열거하는 위험을 무릅썼다. 곧 자신의 연설을 듣는 복종적인 간부들의 감정에 충격을 가하고 상처를 주는 위험을 감수했다. 이는 계산된 행동이었다.

비밀 연설은 적어도 소련 공산당 내부에서는 그 목적을 달성했다. 연설은 스탈린 시대의 잔악무도한 행위와 재앙을 인정하는 동시에 현재의 공산당 지도부는 아무런 책임도 없다는 허구를 보존함으로써 스탈린주의 시대와 확실하게 선을 그었다. 그리하여 흐루쇼프는 안전하게 권력을 장악했으며 비교적 자유롭게 소련 경제를 개혁하고 테러 기구를 관대하게 바꾸었다. 이제 옛 스탈린주의자들은 주변부로 밀려났다. 몰로토프는 6월 티토가 모스크바를 답방하기 하루 전날 밤에 외무장관 직에서 쫓겨났다. 흐루쇼프의 동시대인들과 레오니트 브레즈네프 같은 더 젊은 공산당 비밀 정보부원들로 말하자면 스탈린의 범죄에 협력했다는 점에서 흐루쇼프만큼이나 유죄였으며, 따라서 스탈린의 주장을 부정하거나 스탈린의 진실성을 공격할 위치에 있지 않았다. 통제된 탈스탈린주의는 거의 모두에게 편리했다.

그러나 흐루쇼프의 스탈린 공격은 비밀이 될 수 없었고, 그 점이 실패의 원인이었다. 연설은 소련에서 1988년에 가서야 공식적으로 출판되지만, 서방 정보기관들은 며칠 만에 낌새를 알아차렸다. 서방 공산당들도 비록 흐루쇼프의 의도에 관여하지는 않았지만 마찬가지로 이 사실을 알고 있었다. 그래서 흐루쇼프가 스탈린을 비난했다는 소문이 몇 주 안에 사방에 나돌았다. 효과가 나타났고 사람들은 흥분했다. 스탈린과 그의 활동에 대한 비난은 공산당원들을 혼란과 근심에 휩싸이게 했다. 그러나 또한 위안을 주기도 했다. 많은 사람들이 보기에, 공산당은 이제 비판자들의 격한 비난을 부인하거나 해명할 필요가 없게 될 것이었다. 일부 서방 공산당원들과 동조자들은 떨어져 나갔지만, 나머지는 그대로 있었고 그 믿음도 다시 새로워졌다.

흐루쇼프가 스탈린을 포기했다는 얘기가 가져온 충격은 동유럽에서 훨씬 더 극적인 효과를 발했다. 흐루쇼프의 스탈린 비난은 소련의 지도자가 근자에 티토와 화해하고 4월 18일에 빈사 상태의 코민포름을 해산한 맥락에서 이해되었다. 이는 소련이 이제 다른 경로의 〈사회주의에 이르는 길〉을 우호적으로 바라보고 테러와 억압을 공산당의 통치 수단으로는 거부했음을 암시하는 듯했다. 공개적으로 말하는 것이 처음으로 가능할 것으로 생각되었다. 체코의 작가 야로슬라프 사이페르트는 1956년 4월 프라하의 작가 대회에서 이렇게 설명했다. 〈작가들이 진실을 말할 필요가 있다는 말을 이 대회에서 듣고 또 들었다. 이는 최근에 작가들이 진실을 말하지 않았다는 것을 의미한다. ……이제 모든 것이 끝났다. 악몽은 사라졌다.〉

체코슬로바키아에서는(그 나라의 공산당 지도자들은 과거에 자신들이 보인 스탈린주의 행태에 관해 입을 꾹 다물고 침묵을 지켰다) 테러의 기억이 아직 너무나 생생하여 모스크바에서 전해진 소문이 정치 행위로 전화할 수 없었다.[16] 이웃의 폴란드에서는 탈스탈린주의의 충격파에 따른 영향이 매우 달랐다. 그해 6월, 폴란드 군대는

---

16 스탈린주의 지도부는 확고하게 유지되었고, 재판은 2년 더 비공개로 진행되었으며, 1955년 5월 1일 프라하가 내려다보이는 언덕에 엄청나게 크고 기괴한 스탈린 조상이 세워졌다. 탈스탈린주의는 10년 뒤에야 체코슬로바키아에 나타나면서 극적인 귀결을 낳았다.

서쪽 지역의 도시 포즈난에서 (3년 전 동베를린의 경우처럼) 임금과 작업 속도를 둘러싼 분쟁으로 촉발된 시위를 진압하라는 명령을 받았다. 그러나 진압 명령은 가을 내내 널리 퍼져 있던 불만에 부채질을 해댄 꼴이 되었다. 더군다나 폴란드의 공산화는 결코 다른 곳만큼 철저하지 않았으며, 당 지도자들은 전후의 숙청을 대체로 무사히 견뎌 냈다.

1956년 10월 폴란드 통합노동당은 대중의 마음을 통제하지 못할수도 있다는 걱정에 소련군 원수 콘스탄티 로코솝스키를 폴란드 국방장관 직에서 해임하고 정치국에서 제명하기로 결정했다. 당은 동시에 브와디스와프 고무우카를 제1서기로 선출하여 스탈린주의자볼레스와프 비에루트를 대체했다. 이 조치는 지극히 상징적이었다. 고무우카는 몇 년 전만 해도 감옥에 있었으며 간신히 재판을 모면했다. 폴란드 대중에게 그는 폴란드 공산주의의 〈국민적〉 얼굴을 대표했으며, 따라서 많은 사람들은 그의 승진을 국내 지지자들과 모스크바의 더 높은 권위 사이에서 선택을 강요받았던 노동당의 암묵적인도전 행위로 이해했다.

소련 지도자들도 사태를 그렇게 이해했다. 흐루쇼프와 미코얀, 몰로토프, 그리고 세 명의 다른 상급 간부들은 10월 19일 바르샤바로날아갔다. 목적은 고무우카의 제1서기 지명을 봉쇄하고 로코솝스키의 추방을 막으며 폴란드에 질서를 회복하는 것이었다. 흐루쇼프는또한 목적 달성을 위해 소련 전차 여단에게 바르샤바로 진격하라고명령했다. 그러나 흐루쇼프는 공항 활주로부터 고무우카와 격렬한논쟁을 벌인 끝에 생각을 바꾸었다. 흐루쇼프는 폴란드에서 소련의이익을 지키는 최선의 방법은 사태를 벼랑 끝으로 몰고 가서 폭력적인 대결을 조장하기보다는 폴란드 당 내부의 새로운 상황을 인정하는 것이라고 결론지었다. 고무우카는 답례로 자신이 통제권을 회복할 수 있으며 권력을 포기하거나 바르샤바 조약 기구에서 폴란드를 탈퇴시키거나 소련군의 철수를 요구할 의사가 없다는 점을 러시아에 납득시켰다.

흐루쇼프와 고무우카의 권력이 불균등했다는 점을 고려하면 새로운 폴란드 지도자가 조국의 파국을 막는 데 성공했던 것은 놀라운 일이었다. 그러나 흐루쇼프는 대화의 상대편을 잘 이해했다. 다음 날 모스크바로 돌아와서 소련 정치국에 설명했듯이, 바르샤바 주재 소련 대사 포노마렌코는 〈고무우카를 크게 오해했다〉. 공산당이 폴란드를 통제하는 대가로 약간의 인물 교체와 공적 생활의 자유화를 허용해야 했지만, 고무우카는 철저한 당원이었고 거리의 대중이나 당의 반대자들에게 권력을 넘겨 줄 생각은 전혀 없는 인물이었다. 고무우카는 또한 현실주의자였다. 자신이 폴란드의 소요를 잠재우지 못하면, 남은 대안은 소련군의 진주였다. 고무우카가 이해하기로 탈스탈린주의는 흐루쇼프가 소련의 영토상의 영향력이나 정치적 독점을 포기하려 했다는 의미는 아니었기 때문이다.

그래서 〈폴란드의 10월〉은 뜻밖에 좋은 결과를 낳았다(당시에는 바르샤바가 두 번째로 소련에 점령당할 때가 얼마나 임박했는지 거의 아무도 몰랐다). 그러나 헝가리의 상황은 다른 식으로 전개되었다. 그런 사실이 그때 바로 분명하지는 않았다. 헝가리의 스탈린주의 지도부는 일찍이 1953년 7월 (소련의 주도로) 개혁 성향의 너지 임레로 대체되었다. 너지는 고무우카처럼 때 이르게 숙청되고 투옥되었기 때문에 헝가리가 막 지나온 테러와 실정의 시절에 책임질 일이 없었다. 실제로 너지가 당 지도자로서 처음 취한 조치는 베리야의 지원을 받아 자유화 일정을 제시한 것이었다. 수용소와 노동수용소는 폐쇄되었고, 농민은 원할 경우 콜호스(집단농장)를 떠날 수 있었다. 일반적으로 농업은 더 많은 장려금을 받도록 되어 있었으며, 비현실적인 공업 생산 목표는 포기되었다. 1953년 6월 28일, 무엇을 감춘 듯 모호한 어법이 두드러진 헝가리 당 비밀 결의안은 이렇게 밝히고 있다. 〈무리한 중공업 발전이 확보할 수 없는 자원과 원료를 전제하고 있는 한, 잘못된 경제 정책은 모험일 뿐만 아니라 다소간 의 허풍도 드러낸다.〉

소련의 견지에서 보면 너지는 분명히 보통의 선택은 아니었다. 1949년 9월 너지는 라코시 마차시의 극단적 스탈린주의 노선을 비판했으며 헝가리 정치국원 중에서 러이크 라슬로의 처형을 반대했던 단 두 사람 중 한 명이었다. 이 때문에, 그리고 농업 집단화를 비판했다는 이유로 너지는 결국 당 지도부에서 축출되어 공개적으로 〈자아비판〉을 해야 했고 자신의 〈기회주의적 태도〉와 당 노선에 충실하지 못했던 과오를 인정했다. 그럼에도 너지는 논리적인 귀결이었다. 경제처럼 정치 엘리트도 스탈린주의의 폭정에 파괴된 나라에 변화의 시점이 도래했기 때문이다. 1948년에서 1953년 사이 라코시가 통치하던 시절에 약 480명의 공인이(러이크와 여타 공산당원 희생자는 포함되지 않았 수치이다) 처형되었고, 같은 기간에 900만 명에 못 미치는 전체 인구 중에서 15만 명 이상이 투옥되었다.

너지는 1955년 봄까지 집무했다. 너지가 복귀한 후 라코시와 다른 헝가리 공산당의 열성 당원들은 성가신 동료를 뒤흔들려고 늘 공작했고 결국 소련을 설득했다. 소련이 확대된 북대서양 조약 기구의 위협에 직면하고 인접국 오스트리아가 중립국으로 독립할 시점에서 너지가 확고한 통제력을 유지하리라고 기대할 수 없다는 이야기였다. 소련 공산당 중앙위원회는 곧 너지의 〈우편향〉을 비난했다. 너지는 자리에서 쫓겨났으며(나중에 당에서도 추방된다), 라코시 일파가 권좌에 복귀했다. 흐루쇼프의 연설이 있기 꼭 8개월 전에 이와 같이 개혁이 후퇴했다는 사실은 소련 지도자가 스탈린의 평판을 떨어뜨릴 때조차 공산당 권력의 순조로운 행사를 방해할 생각이 전혀 없었다는 사실을 미리 보여 준다.

헝가리 공산당 내부의 공인받지 못한 〈너지 그룹〉은 한두 해 동안 일종의 비공식적 〈개혁〉파의 역할을 수행했는데, 전후 공산주의 체제에서 그러한 사례로는 첫 번째였다. 한편, 라코시의 귀환은 소련으로부터 우호적이지 못한 주목을 받았다. 흐루쇼프는 앞서 보았듯이 소련과 유고슬라비아 사이의 관계 복원에 열중했다. 그런데 라코시는 병적인 양상을 띠었던 티토 반대 운동의 초기 국면에서 각별히 두드러진 역할을 했다. 헝가리 시범 재판에서, 특히 러이크 재판에서 〈티토주의〉가 그토록 맹렬히 비난받은 것은 우연이 아니다. 헝가리 공산당은 이러한 상황 전개에서 고발자의 역할을 떠맡았고 당 지도부는 그 임무를 의욕적으로 수행했다.

그래서 라코시는 소련의 계획에는 시대착오적인 장애물이자 골칫거리가 되고 있었다. 1956년 6월 모스크바에서 소련과 유고슬라비아의 고위급 협상이 진행되고 있을 때, 과거의 나쁜 시절과 매우 밀접한 관계가 있으며 개전의 정이 전혀 안 보이는 스탈린주의자를 부다페스트의 권좌에 앉혀 두는 것은 쓸데없는 도발처럼 보였다. 라코시의 과거 행적과 현재의 비타협적 태도가 헝가리 대중의 항의를 자극했기 때문에 더욱 그러했다. 라코시는 최선의 노력을 다했다. 1956년 3월, 라코시는 헝가리 신문 『서버드 네프Szabad Nép(자유로운 국민)』에 베리야와 그의 보좌관인 헝가리 경찰 페테르 가보르를 격하게 비난하는 기사를 게재했다. 그는 흐루쇼프의 〈개인숭배〉 비난을 세세하게 모방하면서 무고한 자들을 처형한 그들의 범죄를 〈폭로〉한 일을 축하했다. 그렇지만 라코시의 시대는 지나갔다. 1956년 7월 17일, 아나스타스 미코얀은 부다페스트로 날아가서 격식도 없이 라코시의 직책을 빼앗았다. 이것으로 끝이었다.

소련은 라코시의 자리에 완벽한 스탈린주의 전력을 지닌 다른 인사인 게뢰 에르뇌를 승진시켰다. 게뢰의 등용은 실수로 판명되었다. 게뢰는 변화를 인도할 수도 억압할 수도 없었다. 10월 6일, 부다페스트 당국은 특히 베오그라드를 향한 의사 표시로서 러이크 라슬로와 시범 재판에서 희생된 그의 동료들의 공개 이장을 허용했다. 러이크 재판의 생존자 중 한 사람인 사스 벨러는 묘비 옆에서 이렇게 말했다.

날조된 혐의를 뒤집어쓰고 처형된 러이크 라슬로의 유해는 7년 동안 비명도 없는 무덤에 누워 있었다. 그러나 러이크의 죽음은 헝가리 국민과 전 세계에 경고의 신호가 되었다. 이 관의 옆을 지나는 수십만 명의 사람들은 죽은 자에게만 경의를 표하려는 것이 아니기 때문이다. 하나의 시대 전체를 매장하는 것이 이들의 강렬한 희망이자 단호한 결의이다. 이 추잡한 시절의 탈법과 전횡, 도덕적 부패는 영원히 묻혀 있어야 한다. 그리고 강압 통치와 개인숭배를 집행했던 자들이 초래한 위험은 영원히 저주받아야 한다.

이제 와서 러이크의 운명이 공감을 불러일으켰다는 점은 다소 기이했다. 러이크 자신이 수없이 많은 무고한 (비공산주의자) 희생자들을 교수대로 보냈기 때문이다. 그러나 기이하든 아니든, 러이크의 이장으로 생겨난 불꽃은 헝가리 혁명에 불을 붙이게 된다.

1956년 10월 16일, 지방 도시 세게드의 대학생들이 공식적인 공산당 학생 조직과 무관한 〈헝가리 학생 연맹〉을 조직했다. 한 주일 만에 전국 각지에서 학생 단체들이 우후죽순처럼 등장했고, 10월 22일 부다페스트 대학교 학생들이 발표한 〈16개조〉 성명서는 그 절정이었다. 학생들은 산업과 농업의 개혁, 더 완전한 민주주의, 언론의 자유, 그리고 공산당 통치의 수없이 많은 자질구레한 제한과 규제의 철폐를 요구했다. 더욱 불길했던 것은 이들이 너지 임레의 총리 취임과 라코시와 그의 동료들이 그 범죄로 재판받는 것을 보고자 했으며 소련군의 철수도 원했다는 것이다.

다음 날 10월 23일에 학생들은 부다페스트 의회 광장에 집결하여 자신들의 요구를 옹호하는 시위를 벌였다. 당국은 어떻게 대응할지 몰라 쩔쩔맸다. 게뢰는 우선 시위를 금지했다가 다시 허용했다. 같은 날 오후 시위가 격화되자, 게뢰는 그날 저녁 헝가리 라디오가 방송한 연설에서 집회와 그 조직자들을 비난하기에 이르렀다. 한 시간 뒤 격분한 시위대는 도시 한복판의 스탈린 조상을 부숴 버렸고, 소련 군대가 부다페스트에 진입하여 군중을 공격했으며, 헝가리 공산당 중앙위원회는 밤새 회의를 했다. 이튿날 아침 8시 13분, 너지 임레가 헝가리 총리에 취임했다는 발표가 있었다.

당 지도자들이 너지의 복귀로 혁명이 끝나리라고 기대했다면 큰 오산이었다. 너지 자신은 확실히 질서를 회복하려 했다. 너지는 권력을 잡은 지 한 시간도 지나지 않아 계엄령을 선포했다. 너지와 헝가리의 새 지도부에 참여한 사람들은 (같은 날 모스크바에서 비행기를 타고 도착한) 수슬로프와 미코얀과 가진 회담에서 시위대와 협상할 필요가 있다는 견해를 고수했다. 이들이 돌아가 10월 26일에 소련 공산당 중앙위원회 상임 집행위원회 특별회의에 보고했을 때, 카다르 야노시[17]는 과거 당의 잘못으로 당으로부터 소외된 충성스러운 대중과, 너지 정부가 고립시키기를 원하는 무장 반혁명 세력을 구분하는 것이 가능하고 중요하다는 점을 그들에게 설명했다.

카다르의 구분은 소련의 몇몇 지도자를 설득할 수는 있었겠지만, 헝가리의 현실을 반영하지는 못했다. 학생 단체들과 노동자위원회, 혁명적 〈국민위원회〉는 나라 전역에서 자발적으로 결성되었다. 경찰과 시위대의 충돌은 반격과 폭력을 초래했다. 헝가리 공산당 지도부는 처음에는 일부의 조언을 무시하고 봉기를 민주혁명으로 인정하지 않았다. 대신 고집스럽게 〈반혁명〉으로 여겨 시위대를 한편으

---

17 카다르는 너지가 3년 전에 석방한 인물로서 10월 25일에 헝가리 공산당 제1서기에 임명되었다. 게뢰의 경호대가 그날 아침 의회 광장에 모인 비무장 시위대에 발포하자, 카다르가 게뢰를 대신했다.

로 끌어들일 기회를 잃어버렸다. 너지는 시위가 처음 발생한 지 거의 한 주일이 지난 10월 28일에 가서야 라디오로 무장 충돌의 중단을 제안했고, 저항이 지닌 정통성과 혁명적 성격을 인정했으며, 혐오스러운 비밀경찰을 폐지하겠다고 약속했고, 소련군의 부다페스트 철수가 임박했다고 발표했다.

소련 지도부는 어떤 의구심을 품었든 헝가리 지도자의 새로운 해결 방식을 승인하기로 했다. 수슬로프는 너지가 라디오 연설을 하던 날에 귀국하여 보고하면서 그 대중운동을 당이 통제하는 대가로 새로운 양보안을 제시했다. 그러나 헝가리 사태는 소련의 예측을 앞질렀다. 이틀 후인 10월 30일, 공산당의 부다페스트 본부가 공격당하고 건물 경호원 스물네 명이 사망한 후 너지의 목소리는 다시 헝가리 라디오를 탔다. 너지는 차후 정부가 〈1945년에 다시 등장한 연립 정당들 간의 민주적 협력〉을 토대로 수립될 것이라고 발표했다. 다시 말하자면, 너지는 여러 정당이 참여하는 정부를 구성하고 있었다. 너지는 이제 반대파에 대적하기는커녕 자신의 권위를 점점 더 대중운동 위에 세우고 있었다. 너지는 심지어 〈자유롭고 민주적인 독립국가〉 헝가리의 탄생을 축하하는 마지막 말에서 신뢰를 잃은 형용사 〈사회주의〉를 처음으로 생략했다. 그리고 너지는 소련에 부다페스트를 비롯한 헝가리 전역에서 〈소련군의 철수 개시〉를 공개적으로 호소했다.

너지의 도박, 즉 헝가리에서 질서를 회복할 수 있다는 믿음, 따라서 드러나지는 않았지만 가능성은 충분했던 소련의 개입을 피할 수 있다는 진정한 믿음은 내각에 참여한 다른 공산주의자들의 지지를 받았다. 그러나 너지는 주도권을 놓쳤다. 인민봉기위원회, 정당, 언론이 전국 도처에서 급속하게 팽창했다. 반러시아 정서도 어디서나 확인되었는데, 러시아 제국이 1848~1849년의 헝가리 반란을 진압했던 얘기도 빈번히 회자되었다. 그리고 가장 중요했던 것은 소련의 지도자들이 너지에 대한 신뢰를 차츰 잃었다는 사실이다. 10월 31일 오후 너지가 헝가리의 바르샤바 조약 탈퇴를 위한 협상을 시작했다고 선언했을 때 이미 그의 운명은 결정되었을 것이다.

흐루쇼프 일파는 헝가리에서(폴란드와 마찬가지로) 통제 불능의 〈반혁명〉이 발생한다면 개입하겠다는 태도를 항상 견지했다. 그러나 소련 지도자들은 처음에는 이러한 방식의 선택을 주저했던 것 같다. 10월 31일에 가서야 중앙위원회 상임 집행위원회는 소련군이 헝가리 영토에서 철수하는 문제에 관해 헝가리 지도부와 〈적절히 협상할〉 의사가 있다는 성명을 발표했다. 그러나 소련은 이렇게 양보하기는 했지만 티미쇼아라의 루마니아 학생 시위와 헝가리 혁명가들에 공감하는 불가리아 지식인들의 〈적대적인 정서〉에 관한 보고를 듣고 있었다. 이런 얘기는 새로운 해결책의 채택을 촉구했다. 소련의 지도자들은 오랫동안 두려워했던 오염 효과가 시작된다고 생각했던 것이다.

그리하여 철군 협상을 약속한 다음 날, 흐루쇼프는 공산당 간부회의에 이제 사태는 의심의 여지없이 명확하다고 통보했다. 〈제국주의자들〉은 철군을 소련이 약하다는 증거로 해석할 것이니, 반대로 소련은 〈헝가리의 질서 회복에서 주도권을 잡아야〉 했다. 루마니아와 우크라이나에 주둔한 소련군 사단들은 곧 헝가리 국경으로 이동하라는 명령을 받았다. 이 소식을 들은 헝가리 총리는 소련 대사 유리 안드로포프를 소환하여 헝가리는 소련군의 새로운 이동에 항의하여 바르샤바 조약 회원국 지위를 일방적으로 포기한다고 통보했다. 그날 저녁, 11월 1일 7시 50분에 너지는 라디오를 통해 헝가리는 차후 중립국임을 선언했으며 국제 연합에 새로운 지위를 승인해 달라고 요청했다. 나라 전체가 크게 환영했다. 폭동이 시작된 이래 파업을 계속하던 부다페스트의 노동자위원회는 업무에 복귀하라는 호소에 응했다. 너지는 마침내 헝가리에서 자신의 의도를 의심했던 사람들을 대부분 자기편으로 만들었다.

너지가 역사적 선언을 한 바로 그 저녁, 카다르 야노시는 은밀하게 모스크바로 불려갔고 그곳에서 흐루쇼프는 부다페스트에 소련이 지지하는 새로운 정부를 수립할 필요가 있음을 그에게 납득시켰다. 어쨌든 소련군이 진입하여 질서를 회복할 것이었다. 남은 문제는 자신들과 협력하는 영광을 얻을 헝가리인이 누구인가라는 문제였다. 카다르에게 너지와 동료 헝가리인들을 배반하기를 주저하는 마음이 있었는지 모르겠지만, 그렇다 해도 그는 흐루쇼프한테 설복당했다. 흐루쇼프는 7월에 게뢰를 총리에 앉혔을 때 자신들이 실수했다는 사실을 이제는 알고 있다고 강조했고, 카다르는 이러한 사탕발림에 넘어갔다. 부다페스트에 일단 질서가 회복되면 같은 실수가 되풀이되지는 않을 것이었다. 흐루쇼프는 부쿠레슈티로 출발하여 루마니아와 불가리아, 체코의 지도자들을 만나 헝가리에 개입할 계획을 조정했다(그 전날 하급 대표단이 폴란드의 지도자들을 만났다). 그동안 너지는 소련의 군사 활동 증가에 계속 항의했고, 11월 2일 국제 연합 사무총장 다그 함마르셸드에게 헝가리와 소련을 중재하고 서방이 헝가리의 중립을 승인하도록 해달라고 요청했다.

다음 날 11월 3일에 너지 정부는 소련군과 군대의 철수에 관해 협상을 개시했다(정확히 말하면 협상이 열렸다고 생각했다). 그러나 헝가리 협상단은 그날 저녁 헝가리의 퇴쾰에 있는 소련군 사령부로 돌아오자마자 체포되었다. 그 직후, 11월 4일 오전 4시에 소련의 전차가 부다페스트를 공격했으며, 한 시간 뒤 소련이 점령한 동부 헝가리의 한 방송은 새로운 정부가 너지 임레를 대체했다고 전했다. 너지는 이에 대응하여 헝가리 국민에게 전하는 마지막 라디오 연설을 통해 침략자에 맞서 저항하라고 호소했다. 그다음에 너지와 최측근 동료들은 부다페스트의 유고슬라비아 대사관으로 피신했고, 그곳에서 보호를 받았다.

군사적 결과는 뻔했다. 강력한 저항이 있었지만 소련군은 72시간 만에 부다페스트를 장악했고, 카다르 야노시 정부는 11월 7일에 선서를 했다. 일부 노동자위원회는 한 달 더 존속했고(카다르는 노동자위원회를 직접 공격하지 않기로 했다), 1957년까지 파업이 간헐적으로 이어졌다. 1956년 11월 22일 소련 공산당 중앙위원회에 제출된 비밀 보고서에 따르면 헝가리의 탄광은 생산 능력의 10퍼센트밖에 채굴하지 못했다. 그러나 새로운 정권은 한 달 이내에 사태를 주도하기에 충분할 만큼 자신감을 되찾았다. 1월 5일, 〈파업의 유발〉에 사형을 확정했으며, 억압은 본격적으로 시작되었다. 전투 중에 죽은 헝가리인이 약 2,700명이었고 추가로 341명이 이후 재판을 받아 처형되었다(1961년 마지막 사형 집행이 있었다). 도합 약 2만 2천 명의 헝가리인이 〈반혁명〉에 가담했다는 이유로 징역형을(많은 사람이 5년 이상을) 선고받았다. 그 외에 1만 3천 명이 정치범 수용소에 보내졌으며, 1963년 3월에 일반사면이 선포될 때까지 직장을 잃고 엄격한 감시를 받은 자들은 더욱 많았다.

추정컨대 전 인구의 2퍼센트를 넘는 약 20만 명이 소련의 점령 이후 헝가리를 떠나 피신했는데, 대부분은 청년이었고 많은 사람들이 부다페스트와 도시화된 서부 지역 출신의 교육받은 전문직 엘리트였다. 피난민들은 미국과(미국은 약 8만 명을 받아들였다) 오스트리아, 영국, 서독, 스위스, 프랑스, 그 밖의 여러 곳에 정착했다. 한동안 너지와 그의 동료들의 운명은 확인되지 않았다. 너지 일행은 부다페스트의 유고슬라비아 대사관에서 거의 3주를 보낸 뒤에 속임수에 걸려들어 11월 22일에 대사관을 떠났다가 그 즉시 소련 당국에 체포되어 루마니아의 감옥에 유폐되었다.

카다르가 이전의 친구와 동지를 어떻게 처리할지 결정하기까지는 몇 달이 걸렸다. 시가전에 참여했던 젊은 노동자들과 병사들에 대한 보복은 국제적인 항의를 피하기 위해 최대한 신속히 처리되었다. 그랬는데도 작가 갈리 요제프와 오베르소브스키 줄러처럼 여러 저명한 작가들의 경우 관대한 처리를 바란다는 국제적인 요청이 있었다. 너지의 운명은 특히 민감한 문제였다. 1957년 4월, 카다르와 그의 동료들은 너지와 〈공범자들〉을 헝가리로 데려와 재판을 받게 하기로 결정했으나, 재판 절차는 1958년까지 지연되었고 재판은 완전히 비밀리에 진행되었다. 1958년 6월 15일, 피고들은 모두 반혁명을 선동했다는 죄목으로 유죄로 판결되어 사형에서 장기 징역형까지 다양하게 선고를 받았다. 작가 비보 이스트반과 (장래 공산주의가 종식된 이후 헝가리 대통령이 되는) 괸츠 아르파드는 종신형을 선고 받았다. 실라지 요제프와 로손치 괴저는 재판이 시작되기 전에 감옥에서 살해당했다. 너지 임레와 멀레테르 팔, 기메시 미클로시는 1958년 6월 16일 새벽에 처형되었다.

소련 제국의 작은 전초에서 짧은 기간에 벌어진 가망 없는 폭동이었던 헝가리 봉기는 이후 세계의 형성에 파괴적인 충격을 가져왔다. 우선 헝가리 봉기는 서방 외교관들에게는 실례로 배우는 교훈이었다. 그때까지 미국은 공식적으로는 동유럽의 소련 위성 국가들을 그 통제에서 벗어나게 할 가능성이 없음을 인정하면서도 〈저항 정신〉을 꾸준히 격려했다. 국가 안전 보장 회의 정책보고서 제174호(1953년 12월)에 따르면 〈향후 적당한 때에 위성 국가들의 해방을 가능하게 할 상황을 조장하는〉 데 비밀공작과 외교적 지원이 이루어졌다. 그러나 1956년 7월 그해의 격변을 설명하기 위해 작성한 이후의 비밀 정책 문서는 이렇게 강조했다. 〈미국은 소련의 위성 국가 지배를 끝내기 위해 전쟁을 이용할 준비는 되어 있지 않다.〉 (NSC5608/1 「동유럽의 소련 위성 국가에 대한 미국의 정책」)

실제로 1953년 베를린 폭동이 진압된 이후 미국 국무부는 소련이 얼마 지나지 않아 그 〈점령 지구〉를 확고하게 장악했다고 결론지었다. 〈불개입〉은 서방의 유일한 동유럽 전략이었다. 그러나 헝가리의 반란자들은 이런 내막을 알 수 없었다. 많은 헝가리인은 미국 사회의 수사법적 표현에 담긴 비타협적 논조와 라디오 자유 유럽이 쏟아 내는 방송에 고무되어 서방의 지원을 진정으로 기대했다. 라디오 자유 유럽의 망명 방송인들은 헝가리인들에게 무기를 들라고 권고했으며 외국의 지원이 곧 있으리라고 약속했다. 막상 그러한 지원이 없자, 패배한 반란자들이 쓰라린 마음으로 환멸을 느낀 것은 당연했다.

서방 정부들이 무엇인가 좀 더 해볼 생각이 있었더라도, 그 당시의 상황은 매우 나빴다. 헝가리 폭동이 발생한 바로 그날, 프랑스와 영국의 대표들이 세브르에서 이스라엘과 비밀 회담을 하고 있었다. 특히 프랑스는 북아프리카 문제에 몰두해 있었다. 외무장관 크리스티앙 피노는 10월 27일 국제 연합 안전보장이사회의 프랑스 대표에게 보내는 일급 기밀문서에서 이렇게 설명했다. 〈헝가리 문제에 관하여 안전보장이사회에 제출된 결의안 초안에 알제리에서 우리가 하는 일에 방해가 될 수 있는 결정이 담겨서는 안 된다. ……우리는 특히 조사위원회의 구성에 반대한다.〉 영국 외무장관 셀린 로이드는 나흘 후에 소련에 헝가리 개입을 그만두라고 호소해야 한다는 모스크바 주재 영국 대사의 제안에 대한 대응으로, 총리 앤서니 이든에게 앞의 경우와 비슷한 맥락에서 이렇게 썼다. 〈지금 그런 전갈을 할 때가 아니라고 생각한다.〉

흐루쇼프는 10월 28일 중앙위원회 간부회의 동지들에게 이렇게 설명했다. 〈영국과 프랑스는 이집트에서 정말로 곤경에 빠졌다.〉[18] 아이젠하워는 선거운동의 마지막 주를 보내고 있었다. 아이젠하워가 재선된 날은 부다페스트에서 매우 혹독한 전투가 벌어지던 날이

---

18 소련 지도자가 영국과 프랑스의 침공이 시작되기 사흘 전인 10월 28일에 이 사실을 알고 있었다는 사실은 소련 정보부가 당시 서방 연합국들이 두려워했던 것 이상으로 훨씬 뛰어났음을 암시한다.

었다. 국가 안전 보장 회의는 소련이 침공한 지 사흘이 지난 후에야 헝가리 문제를 논의했다. 미국의 전체 전략에서 거의 중요하지 않은 나라였기 때문인지, 너지가 취한 조치들, 특히 일당통치의 포기를 온전히 평가하는 데 늦었던 것이다(비슷한 시기의 폴란드 위기는 워싱턴에서 훨씬 더 큰 주목을 받았다). 그리고 헝가리가 11월 8일 국가 안전 보장 회의의 의제로 올랐을 때, 아이젠하워의 주도로 합의된 전체적인 내용은 모든 일이 프랑스와 영국의 잘못이라는 것이었다. 프랑스와 영국이 이집트를 침공하지 않았다면 소련은 헝가리에 적대할 구실을 갖지 못했으리라는 얘기였다. 아이젠하워 행정부는 양심에 거리낄 것이 없었다.

그래서 소련 지도자들은 이익을 얻을 기회를 포착했고 잡았다. 공산주의자들이 보기에 너지가 제기한 진정한 위협은 경제 자유화도 검열 완화도 아니었다. 헝가리의 중립 선언조차 소련이 보기에는 〈도발적〉이었지만 너지를 파멸시킬 근거는 되지 못했다. 크렘린이 용서할 수 없었던 것은 헝가리 공산당이 권력의 독점, 즉 〈당의 지도 역할〉을 포기했다는 사실이었다(폴란드에서 고무우카는 이를 절대로 허용하지 않으려고 무척 애썼다). 그처럼 소련의 관행에서 이탈하는 것은 민주주의를 끌어들일 날카로운 비수로서 여러 곳의 공산당에 저주를 퍼붓는 행위였다. 다른 위성 국가의 공산당 지도자들이 너지의 퇴위를 결정한 흐루쇼프에게 쉽게 동조했던 이유도 바로 그것이었다. 체코슬로바키아 정치국이 11월 2일에 모여 〈필요하다면 모든 조치를 동원하여 헝가리 인민 민주주의를 유지〉하는 데 적극적으로 기여하겠다는 의사를 표명했을 때, 그러한 뜻이 진정이었다는 점에는 의심의 여지가 없다.[19]

19 폴란드의 고무우카조차 소련의 논거에 쉽게 동의했다. 너지의 바르샤바 조약 탈퇴는 폴란드에서 근심의 원인이었다. 폴란드는 독일이 주장한 영토 수정론을 두려워했기에 소련의 무기로 보장되는 안보 제도에 특별한 이해관계를 갖고 있었다. 그러나 1957년 5월 고무우카가 흐루시초프와 만난 자리에서 비록 성공하지는 못했지만 소련 지도자에게 너지를 재

티토조차 결국 헝가리 공산당의 통제력 와해와 국가보안기구의 붕괴가 위험한 선례를 남길 것이라고 인정했다. 처음에 유고슬라비아의 지도자는 헝가리의 변화를 탈스탈린주의가 한층 더 나아간 증거로 보고 환영했다. 그러나 10월 말경, 부다페스트 사태에 마음이 바뀌었다. 유고슬라비아는 헝가리에 인접했고 보이보디나 지역에는 헝가리인 소수 민족이 다수 살고 있었으며 그에 따른 위험이 크다는 점이 마음에 걸렸기 때문이다. 11월 2일에 흐루쇼프와 말렌코프가 수고스럽게도 비행기를 타고 아드리아해의 섬에 있는 티토의 요양소로 와서 앞으로 있을 침공에 대해 간단하게 설명하자, 티토는 근심스러웠지만 곧 이해했다. 티토의 주된 관심은 헝가리에 수립될 괴뢰 정부에 라코시와 기타 낡은 사상을 버리지 못한 스탈린주의자들이 포함되지 않는 것이었다. 흐루쇼프는 이 점에서 티토를 안심시킬 수 있어서 기뻤다.

이틀 뒤, 티토가 너지와 그의 정부에 참여했던 열다섯 명의 관료들과 그들의 가족에게 피난처를 제공하자 흐루쇼프의 좋았던 기분은 확실히 가셨다. 유고슬라비아의 결정은 헝가리 위기가 극에 달했을 때 러시아가 순교자를 만드는 데에는 관심이 없다는 가정에서 내려졌던 것으로 보인다. 그러나 소련 지도자들이 불쾌함을 표시했을 때, 특히 너지 일행이 카다르가 직접 안전을 약속한 상태에서 대사관을 떠난 후 납치된 뒤로, 티토는 곤란한 처지에 놓였다. 그는 공적으로는 카다르의 새 정부를 승인했지만, 비공식적으로는 사태의 진전에 대한 불쾌함을 구태여 감추려 들지 않았다.

소련이 형제 공산 국가의 일에 아무런 구속도 받지 않고 개입한 선례는 유고슬라비아 공산당 지도부에게 호의적으로 받아들여질 리가 만무했다. 소련과 유고슬라비아의 관계는 재차 악화되었고, 유고슬라비아 정권은 서방과 아시아의 비동맹 국가들과 교섭하기 시

판에 회부하지 말라고 설득했다는 사실은 지적할 필요가 있다.

작했다. 소련의 헝가리 침공에 대한 티토의 반응은 복합적이었다. 티토는 소련의 지도자들처럼 공산주의 질서의 회복에 안도했으나, 그 이행 방식은 위험한 선례를 만들었고 고약한 경험을 남겼다.

다른 곳의 반응은 대체로 티토보다는 덜 양면적이었다. 흐루쇼프의 비밀 연설은 일단 서방으로 새어 나가자 특정한 공산주의 신념의 종말을 뜻했다. 그러나 연설은 또한 스탈린주의 이후의 개혁과 쇄신을 가능하게 했으며, 흐루쇼프는 레닌주의 혁명의 순수성을 보호하기 위해 스탈린을 희생시킴으로써 당원들과 당에 동조하는 진보주의자들에게 붙잡을 수 있는 신화를 제공했다. 그렇지만 절망적인 부다페스트 시가전은 이처럼 〈개혁된〉 새로운 소련 모델의 환상을 흩어 버렸다. 공산주의 권력은 겨우 전차의 포신에 의존할 수밖에 없다는 사실이 한 번 더 확실하게 폭로되었다. 그 나머지는 변증법이었다. 서유럽 공산당은 피를 흘리기 시작했다. 이탈리아 공산당의 자체 집계로 보면, 1955년에서 1957년 사이에 약 40만 명이 탈당했다. 톨리아티는 헝가리 위기가 최고조에 달했을 때 소련 지도자들에게 이렇게 설명했다. 〈당은 헝가리에서 벌어진 일련의 사건을 해명하는 데 매우 애를 먹었다. 또한 지도부에 대한 찬성을 이끌어내기도 어렵게 되었다.〉

프랑스나 영국, 그외 다른 곳과 마찬가지로 이탈리아에서도 떼 지어 탈당한 자들은 교육받은 젊은이들이었다.[20] 이탈리아의 젊은 공산당원들은 비공산주의 계열의 좌파처럼 스탈린 사후 소련의 개혁 약속과 헝가리 혁명에 마음이 이끌렸다. 헝가리 혁명에는 노동자위원회와 학생의 주도, 집권 소비에트 정당까지도 새로운 노선을 채택하고 환영할 수 있다는 암시가 있었다. 해나 아렌트는 독재에 맞선

---

20 특히 (오랫동안 흐루쇼프의 스탈린 비난에 대해 아는 바가 없다고 부인했던) 프랑스 공산당처럼 후진적인 조직에서 많은 당원이 탈당한 이유는 소련 진영에서 발생한 일 때문이 아니라 지역의 지도부가 그 일에 관한 모든 논의를 금지했기 때문이었다.

민주주의, 폭정에 맞선 자유의 확산을 진정으로 보여 주는 것은 (너지의 정당 회복 조치가 아니라) 위원회의 등장이라고 생각했다. 종국에는 공산주의와 자유를 동시에 이야기할 수도 있을 것처럼 보였다. 당시 파리에서 비밀리에 활동하던 스페인 공산주의자 청년 호르헤 셈프룬은 훗날 이렇게 표현했다. 〈비밀 연설은 우리를 해방했다. 그 연설로 우리는 최소한 이성의 마비로부터…… 벗어날 기회를 얻었다.〉 그러나 헝가리 침공 이후 희망의 순간은 사라졌다.

일부 서방 관찰자들은 너지 임레가 반혁명을 주도했다는, 아니면 반혁명에 휩쓸렸다는 공산당의 공식 주장을 받아들임으로써 소련 개입의 정당성을 주장하려 하거나 적어도 그렇게 설명하려고 시도했다. 사르트르는 〈우파 정신〉이 헝가리 봉기의 특징이라고 주장했는데, 과연 사르트르다웠다. 그러나 부다페스트와 다른 곳의 봉기자들이 어떤 동기를 갖고 있었든 간에(봉기자들의 동기는 당시 분명하게 드러난 것보다 훨씬 더 다양했다), 외국의 관찰자들에게 큰 인상을 심어 준 것은 헝가리 폭동이 아니라 소련의 진압이었다. 공산주의는 이제 혁명이 아니라 탄압과 영구히 결부되었다. 서방의 좌파는 40년 동안 볼셰비키의 폭력을 혁명적 자신감과 역사의 진보를 얻는 비용으로 용서하고 심지어 찬양하면서 러시아에 대한 기대를 버리지 않았다. 소련은 서방 좌파의 정치적 환상을 그럴듯하게 보여 주는 거울이었다. 1956년 11월, 그 거울은 박살났다.

헝가리의 작가 비보 이스트반은 1957년 9월 8일 자 메모에 이런 소견을 밝혔다. 〈소련은 헝가리 혁명을 분쇄하면서 공산주의 세력에 기여했던 《동조》 운동들(평화 운동, 여성 운동, 청년 운동, 학생 운동, 지식인 운동 등)에 통렬한 일격을 가했다. 아마도 치명적이었을 것이다.〉 비보의 통찰력은 뛰어났다. 스탈린주의 테러라는 기이한 매력을 빼앗기고 부다페스트에서 장갑차로 무장한 평범함이 낱낱이 폭로된 소련 공산주의는 서유럽의 대다수 동조자들과 찬미자들에게 매력을 상실했다. 프랑스 시인 클로드 루아처럼 〈스탈린주의의 악취〉를 피하려 했던 공산주의 이탈자들은 〈우리의 콧구멍을 반대쪽 지평선으로〉 돌렸다. 1956년 이후, 역사의 비밀은 이제 인민 민주주의 체제들의 어둑한 공장이나 역기능만 나타나는 콜호스가 아니라 색다른 영역에서 발견되었다. 소수의 개조 불가능한 레닌주의 옹호자들은 점점 움츠러들면서도 과거를 고수했으나, 베를린에서 파리까지 새로운 세대의 서방 진보주의자들은 대체로 유럽 밖에서, 아직까지 〈제3세계〉라고 불리지는 않았던 곳의 열망과 격변에서 위로와 모범을 찾았다.

동유럽에서도 환상은 깨졌다. 10월 31일, 부다페스트의 어느 영국 외교관은 첫 번째 전투가 한창이었을 때의 상황을 이렇게 보고했다. 〈헝가리 국민이 극악무도한 학살을 견디고 저지하는 것은 기적에 가깝다. 헝가리 국민은 이를 결코 잊지 못할 것이고 용서하지 않을 것이다.〉 그러나 소련의 전차가 전하는 의미를 명심해야 할 사람들은 헝가리인들만이 아니었다. 루마니아의 학생들은 이웃 헝가리를 지지하는 시위를 벌였다. 동독의 지식인들은 소련의 조치를 비판했다는 이유로 체포되어 재판에 회부되었다. 소련에서 젊은 레오니트 플류시처럼 그때까지 헌신적이었던 공산주의자들의 눈을 가린 장막을 찢어버린 것은 1956년의 사건이었다. 부다페스트의 폐허 속에서 루마니아의 파울 고마나 독일 민주 공화국의 볼프강 하리히 같은 새로운 세대의 반체제 지식인들이 태어났다.

물론 신뢰를 상실한 체제에 환멸을 느낀 백성들이 먼 곳을 바라보거나 먼 과거의 농민 폭동에 대한 믿음에 다시 불을 지필 수는 없었다는 사실이 동유럽의 다른 점이었다. 동유럽 주민들은 이제 공산주의 체제의 약속을 믿지 않았지만, 부득이 그 체제 속에서 그 체제와 더불어 살아야만 했다. 동유럽인들에게 1956년에 벌어진 일련의 사건은 누적된 실망의 정수였다. 탈스탈린주의를 약속함으로써 잠시 부활했던 공산주의에 대한 기대는 소멸했다. 그리고 서방의 구원자들에 대한 기대도 마찬가지로 사라졌다. 흐루쇼프의 스탈린에 관한 폭로나 시범 재판 희생자들의 복권 조치는 그때까지만 해도 공산주의 체제에 부활과 해방의 씨앗이 담겨 있다는 암시를 주었으나, 헝가리 사태 이후 지배적인 정서는 냉소적인 체념이었다.

소득이 없지는 않았다. 공산주의 체제의 동유럽 주민들이 이제 침묵했고 질서가 회복되었다는 바로 그 이유 때문에, 흐루쇼프 시대의 소련 지도부는 조만간 비록 제한적이었지만 지역에(기이하게도 특히 헝가리에) 일정 정도의 자유화를 허용했다. 헝가리에서 카다르는 1956년의 반란자들과 그 동조자들을 처벌하여 보복한 뒤에 모범적인 〈탈정치적〉 공산 국가를 수립했다. 헝가리 국민은 당의 권력과 권위의 독점을 아무런 이의 없이 수용한 데 대한 보답으로 생산과 소비에서 엄격하게 제한되기는 했지만 진정한 자유를 얻었다. 누구에게도 공산당을 신뢰해야 한다고 요구하지 않았으며, 그 지도자들을 신뢰하라는 요구는 더더욱 없었다. 다만 최대한 반대 표명을 자제하라는 요구만 있었을 뿐이다. 국민의 침묵은 암묵적인 동의로 해석할 수 있었기 때문이다.

그 결과로 등장한 〈굴라시 공산주의〉 덕에 헝가리는 안정을 되찾았다. 그리고 헝가리 사태의 기억 때문에 적어도 다음 10년 동안은 다른 소련 진영에서도 안정이 확보되었다. 그렇지만 이것도 대가를 치러야 했다. 공산주의 체제의 지배를 받으며 살았던 대다수 사람들에게, 〈사회주의〉 제도는 한때 갖추었던 급진적이고 전향적이며 유토피아적인 전망을 모두 잃었다. 그러한 전망은 1950년대 초까지만 해도 특히 청년들에게 사회주의 제도가 지닌 매력의 일부였다. 그러나 이제는 단지 감내해야 할 생활양식일 뿐이었다. 그렇다고 이러한 사정이 사회주의 제도가 오래 지속될 수 없음을 의미하지는 않았다. 1956년 이후에 소련 체제의 지배가 일찍 끝나리라고 예상한 사람은 없었다. 실제로 그 점에서는 1956년 이전보다도 더 낙관적이었다. 그러나 1956년 11월 이후 동유럽의 공산 국가들은 소련과 마찬가지로 수십 년에 걸친 정체와 부패, 냉소의 황혼으로 서서히 추락했다.

소련도 대가를 치르게 된다. 1956년은 여러 점에서 레닌과 그 후계자들이 성공적으로 구축한 혁명적 신화가 패배하고 붕괴되는 해였다. 여러 해가 지난 뒤인 1992년 11월 11일, 보리스 옐친은 헝가리 의회 연설에서 이렇게 인정하게 된다. 〈1956년의 비극은…… 소련 정권의 지울 수 없는 오점으로 영원히 남을 것이다.〉 그러나 이는 소련이 희생자들에게 강요한 고통에 비하면 아무것도 아니었다. 33년 뒤인 1989년 6월 16일, 부다페스트에서 자유 시대 이행을 축하하던 수십만 명의 헝가리인들은 또 다른 이장 의식을 거행했다. 이번에는 너지 임레와 그 동료들이었다. 너지의 묘 앞에서 발언한 사람들 중에는 나중에 총리가 되는 청년기의 빅토르 오르반이 있었다. 오르반은 모인 군중을 향해 이렇게 말했다. 〈우리가 파산의 무거운 짐을 떠맡아야 했고 원치 않게 떠밀려 들어갔던 아시아의 막다른 길에서 탈출하는 길을 찾아 헤매야 했던 것은 유혈 진압된 혁명의 직접적인 결과이다. 사실, 1956년에 헝가리 사회주의노동자당은 오늘의 청년에게서 미래를 빼앗았다.〉

10장
풍요의 시대

솔직해지자. 국민 대다수에게 이처럼 좋은 시절은 없었다.
— 해럴드 맥밀런(1957년 7월 20일)

애드매스admass는 생산성 증대에 인플레이션, 생활 수준의 향상, 강력한 힘을 지닌 광고와 판매 기술, 대중 매체, 문화 민주주의 그리고 대중적 정신과 대중적 인간의 창조가 더해진 이 체제 전체에 내가 붙여 준 이름이다.
— J. B. 프리스틀리

「이 사람들을 보라! 원시인들을!」
「이들은 어디서 왔는가?」
「루카니아.」
「거기가 어딘가?」
「저 아래 밑바닥!」
— 루치노 비스콘티 감독, 「로코 형제들」(1960년)

우리는 해가 밝게 비추는 곳으로 간다,
우리는 푸른 바다가 있는 곳으로 간다.
우리는 영화에서 그곳을 보았다.
이제 정말인지 확인해 보자.
— 클리프 리처드, 「서머 홀리데이」(1959년)

아메리카 시대에 산다는 것은 매우 따분한 일이다 — 물론 미국인이 아닐 경우에.
— 지미 포터, 「성난 얼굴로 돌아보라」(1956년)

1979년 프랑스 작가 장 푸라스티에는 제2차 세계 대전 이후 30년 간 프랑스에 나타난 사회적·경제적 변화를 연구한 『영광스러운 30년: 1946년에서 1975년까지 진행된 보이지 않는 혁명 *Les trente glorieuses: ou, La Révolution invisible de 1946 à 1975*』을 출간했다. 제목을 잘 선택했다. 서유럽에서 히틀러의 패망에 뒤이은 30년 은 실로 〈영광스러웠다〉. 엄청나게 빠른 경제 성장과 더불어 미증유 의 번영의 시대가 시작되었다. 서유럽 경제는 한 세대 만에 40년간 의 전쟁과 대공황으로 잃어버린 지반을 회복했고, 유럽의 경제적 성 취와 소비 행태는 미국을 닮아 갔다. 유럽인들은 잡석 더미의 폐허 에서 자신감 없이 비틀거리며 벗어난 지 10년도 못 되어 풍요의 시 대로 접어들었다. 유럽인들 스스로도 깜짝 놀랐고 약간 당황하기도 했다.

전후 서유럽 경제사는 전쟁 직전과 정반대라고 보면 된다. 보호 무역과 긴축을 강조한 1930년대의 맬서스주의는 포기되었고 대신 무역 자유화가 지지를 받았다. 정부들은 지출과 예산을 삭감하지 않 고 오히려 늘렸다. 거의 어느 곳에서나 산업 기반 시설과 기계류에 대한 장기적인 공적·사적 투자 방침이 유지되었다. 노후한 공장과 설비는 최신의 것으로 보완되거나 대체되었고 효율성과 생산성 증 대가 뒤따랐다. 국제 무역은 현저하게 증가했다. 일하는 젊은이들은 물품 종류의 확대를 요구했고 그 값을 지불할 수 있었다.

전후 경제의 〈대호황〉은 곳에 따라 약간의 시차가 있었다. 독일과 영국에 먼저, 그다음 프랑스와 이탈리아에 찾아왔다. 그리고 세제나 공공 지출, 투자에 관해 어디에 강조점을 두었는지에 따라 호황의 경험도 달랐다. 전후 대부분의 정부들이 처음으로 지출한 경비는 다른 무엇보다 산업 기반 시설의 현대화, 말하자면 도로와 철도, 주택, 공장의 건설이나 개선에 쓰였다. 일부 국가들은 소비 지출을 의도적으로 억제했고, 그 결과로 앞서 보았듯이 많은 사람들은 전후 초기를 비록 완화됐어도 빈곤이 지속된 시기로 경험했다. 상대적인 변화의 크기도 당연히 출발점에 따라 달랐다. 부유한 나라일수록 변화의 즉각적이고 극적인 성격은 덜했다.

그럼에도 모든 유럽 국가에서 국가의 힘과 복지를 측정하는 새로운 기준으로 인정된 일인당 국내 총생산과 국민 총생산은 꾸준히 증가했다. 1950년대 서독의 일인당 국민 총생산의 연평균 증가율은 6.5퍼센트였다. 이탈리아는 5.3퍼센트, 프랑스는 3.5퍼센트였다. 그렇게 높게 유지된 성장률의 의미는 그 나라들의 이전 실적과 비교해야 제대로 평가할 수 있다. 1913년에서 1950년까지 독일의 연평균 성장률은 겨우 0.4퍼센트였고, 이탈리아는 0.6퍼센트, 프랑스는 0.7퍼센트였다. 독일 경제는 번영의 시기였던 1870년 이후 빌헬름 시대에도 겨우 1.8퍼센트의 연평균 성장률을 달성하는 데 그쳤다.

1960년대에 들어서면 성장률은 낮아졌지만, 서유럽 경제는 역사적으로 볼 때 여전히 여느 때보다 높은 수준으로 성장했다. 1950년에서 1973년 사이에 독일의 일인당 국내 총생산은 실질 가치로 세 배 이상 늘었다. 프랑스의 일인당 국내 총생산은 150퍼센트 증가했다. 이탈리아의 경제적 성과는 출발점이 더 낮았음을 감안하면 한층 더 훌륭했다. 역사적으로 가난했던 나라들의 경제적 성취는 눈부시게 개선되었다. 1950년에서 1973년 사이에 오스트리아의 일인당 국내 총생산은 3,731달러에서 1만 1,308달러로 증가했고, 스페인은 2,397달러에서 8,739달러로 증가했다. 네덜란드 경제는 1950년에서 1970년 사이에 매년 3.5퍼센트씩 성장했다. 그 이전 40년간의 연평균 성장률의 일곱 배였다.

그 주된 요인은 해외 무역의 지속적인 증가였다. 해외 무역은 대부분의 유럽 국가들에서 전체 국민 생산보다 훨씬 더 빠르게 증가했다. 전후 서유럽 정부들은 국제 교역의 장애물을 제거한 것만으로도 앞선 시절의 정체를 극복하는 효과를 보았다.[1] 주된 수혜국은 서독이었다. 전 세계 공산품 수출에서 독일이 차지하는 몫은 1950년에 7.3퍼센트에서 꼭 10년이 지난 후 19.3퍼센트로 증가하여 독일 경제를 1929년 대공황 이전에 국제 교역에서 차지했던 지위로 되돌려 놓았다.

1950년 이후 45년 동안 전 세계 수출 규모는 16배가 늘었다. 이 시기 세계 무역에서 차지하는 비중이 여전히 10퍼센트 내외에 머물렀던 프랑스 같은 나라조차 국제 무역의 엄청난 증가로부터 큰 이익을 얻었다. 실제로 모든 공업국이 이 시기에 이득을 보았다. 제2차 세계 대전 이후 비서구 세계로부터 수입되는 원료와 식량의 가격이 꾸준히 하락한 데 반해 공산품 가격은 지속적으로 인상되었기 때문에 교역 조건은 공업국에 현저히 유리해졌다. 서구는 〈제3세계〉와 30년간에 걸쳐 불평등 교역을 하며 특혜를 입었고 돈을 찍어 낼 일종의 면허를 얻었다고 할 수 있다.[2]

그러나 서유럽 경제 호황의 두드러진 특징은 그 결과물인 사실상의 유럽 통합이었다. 훗날 유럽 경제 공동체에 가입한 나라들은 로

<hr>

1 그러나 과거의 규제가 제거되는 속도를 과장해서는 안 된다. 예를 들어 이탈리아 정부는 1960년대 들어서도 파시즘 시대에 정해진 외국 차에 대한 관세와 수입할당제를 유지하여 국내 생산자(특히 피아트)를 보호하는 것이 정치적으로 더 신중한 조치라고 이해했다. 영국 정부도 비슷한 전략을 추구했다.

2 제3세계로부터 벌어들인 돈은 대부분 바로 그 제3세계에 차관으로 되돌아갔으며, 제3세계는 채무로 큰 타격을 입었다.

마 조약 이전에도 주로 자기들끼리 교역했다. 1958년에 독일 수출은 (금액으로) 29퍼센트가 프랑스와 이탈리아, 베네룩스 국가들로 갔고, 30퍼센트는 다른 유럽 국가들을 향했다. 로마 조약 조인 직전에 벨기에 수출의 44퍼센트는 이미 훗날 유럽 경제 공동체 회원국이 될 나라들로 갔다. 오스트리아나 덴마크, 스페인처럼 몇 년 더 지나기까지 유럽 경제 공동체에 정식으로 가입하지 않은 나라들도 이미 그 교역망에 통합되어 있었다. 오스트리아는 장래의 유럽 연합에 가입하기 20년 전인 1971년, 수입의 50퍼센트 이상을 유럽 경제 공동체에 처음부터 참여했던 6개 국가로부터 들여왔다. 유럽 공동체(훗날의 유럽 연합)는 유럽의 경제적 통합의 토대를 놓지 않았다. 이미 진행 중인 과정의 제도적 표현이었을 뿐이었다.[3]

전후 경제 혁명에서 결정적이었던 또 다른 요소는 유럽 노동자들의 생산성 증대였다. 1950년에서 1980년 사이에 서유럽의 노동 생산성은 그 이전 80년간의 생산성보다 세 배가 늘었다. 시간당 국내 총생산은 일인당 국내 총생산보다 훨씬 더 빠르게 증가했다. 노동 인구가 얼마나 더 많았는지 감안하면 효율성의 증진이 현저했고 거의 어디서나 노사 관계가 개선되었다는 것을 알 수 있다. 이 또한 어느 정도는 따라잡기의 결과였다. 30년간의 정치적 격변과 대량 실업, 투자 부족, 물리적 파괴로 유럽 대부분은 1945년 이후 역사적으로도 매우 낮은 저점에서 출발해야 했다. 당대에 현대화와 기술 혁신에 대한 관심이 없었더라도, 경제적 성취는 다소 개선되었을 것이다.

그러나 생산성이 지속적으로 증대된 배경에는 노동의 성격이 근본적으로 영구히 변했다는 사실이 숨어 있다. 1945년에 유럽 대부분은 여전히 산업 사회에 진입하지 못했다. 지중해 국가들과 스칸디나

3 흔히 그렇듯이 영국은 달랐다. 1954년에 영국 수출의 74퍼센트는 유럽 밖으로, 즉 대체로 그 식민지와 영연방으로 나갔다. 영국이 마침내 유럽 경제 공동체에 합류한 1973년에도, 1992년에 유럽 연합을 결성하게 될 12개 나라에 대한 수출은 전체의 3분의 1에 불과했다.

비아, 아일랜드, 동유럽은 아직도 기본적으로 농업 사회였고, 어느 기준으로 보나 후진국이었다. 1950년 유고슬라비아와 루마니아에서 성인 노동 인구의 4분의 3이 농민이었다. 스페인과 포르투갈, 그리스, 헝가리, 폴란드에서는 두 사람 중 한 명이 농업에 종사했고, 이탈리아에서는 다섯 명당 한 명이 농업 종사자였다. 오스트리아에서는 고용 인구의 3분의 1이 농장에서 일했다. 프랑스에서는 열 사람 중 거의 세 명이 이러저러한 성격의 농부였다. 서독에서도 노동 인구의 23퍼센트가 농업에 종사했다. 영국에서만 그 수치는 5퍼센트에 불과했고 또 벨기에에서도 그 정도가 낮아서(13퍼센트) 19세기 산업 혁명이 진정으로 탈농업 사회를 열었다고 말할 수 있었다.[4]

이후 30년이 지나는 동안 엄청나게 많은 유럽인이 경작지를 포기하고 도시에서 일자리를 얻었다. 그리하여 1960년대에 매우 큰 변화가 나타났다. 1977년이면 토지에서 일하는 이탈리아인은 노동인구의 16퍼센트에 머물렀다. 북서쪽의 에밀리아로마냐 지역에서 노동 인구 중 농업 종사자는 1951년 52퍼센트에서 1971년에 겨우 20퍼센트로 급락했다. 오스트리아에서는 전국적으로 12퍼센트로 하락했으며, 프랑스는 9.7퍼센트, 서독은 6.8퍼센트였다. 스페인에서도 1971년에 농업 종사자는 겨우 20퍼센트였다. 벨기에(3.3퍼센트)와 영국(2.7퍼센트)의 농민은 통계상으로 (정치적으로는 아닐지라도) 무의미했다. 농업 경영과 낙농품 생산은 더욱 효율적이었으며, 노동 집약적 산업에서 멀어졌다. 특히 덴마크와 네덜란드 같은 나라들에서 버터와 치즈, 돼지고기 제품은 이문이 많이 남는 수출품이었고 국내 경제의 대들보였다.

농업이 국내 총생산에서 차지하는 비율도 꾸준히 하락했다. 이탈리아에서 농업이 전국 생산에서 차지하는 몫은 1949년에서 1960년 사이에 27.5퍼센트에서 13퍼센트로 떨어졌다. 하락한 만큼의 몫을

---

4 비교하자면, 1950년에 미국의 농업 종사자는 노동 인구의 12퍼센트였다.

넘겨받은 주요 부문은 (정부 고용을 포함한) 삼차 산업이었다. 과거에 농민이었던 많은 사람과 그 자녀들이 결국 삼차 산업으로 몰려들었기 때문이다. 이탈리아와 아일랜드, 스칸디나비아의 일부, 프랑스 같은 몇몇 지역은 단 한 세대 만에 농업 경제에서 서비스에 입각한 경제로 직접 이동하여 사실상 영국이나 벨기에가 거의 한 세기 동안 밟은 공업 경제의 단계를 건너뛰었다.[5] 1970년대 말이 되면 영국과 독일, 프랑스, 베네룩스 국가들, 스칸디나비아, 알프스 국가들의 대다수 노동 인구가 서비스 부문, 즉 통신, 운송, 금융, 공공 행정 등에서 일했다. 이탈리아와 스페인, 아일랜드는 그 뒤를 바짝 따라갔다.

대조적으로 동유럽 공산 국가의 농민은 압도적 다수가 노동 집약적이고 기술적으로 지체된 광업과 제조업으로 몰려갔다. 체코슬로바키아에서 삼차 서비스 산업의 고용은 1950년대에 실제로 하락했다. 석탄과 철광 생산량은 1950년대 중반에 벨기에와 프랑스, 서독, 영국에서 점차 감소했던 반면, 폴란드와 체코슬로바키아, 동독에서는 계속 증가했다. 공산당이 원료 채취와 일차 산품 생산을 독단적으로 강조하여 초기에는 총생산과 일인당 국내 총생산이 급증했다. 그렇게 공산당 통제 경제의 공업에 대한 강조는 단기적으로 (서방의 많은 관찰자들에게도) 인상적인 성과를 낸 듯했다. 그러나 그 지역의 미래에는 흉조였다.

한 세기 전에 영국이 농촌에서 도시로, 농업에서 공업으로 바뀌면서 탁월한 지위에 올랐듯이, 농업의 쇠퇴만으로도 유럽의 성장은 상당 부분 설명되었을 것이다. 반면 영국에는 저임금의 제조업이나 서비스 부문으로 이전될 농촌의 잉여 인구가 남아 있지 않았고, 그 결과 후진적 상황으로부터 신속히 빠져나옴으로써 효율성의 증대를

5 스웨덴은 예외이다. 전후 스웨덴이 번영하게 된 비결은 고부가가치 제품의 특화된 생산에 있었다. 그러나 스웨덴은 저렴한 (핀란드) 이민 노동자들을 쉽게 쓸 수 있었고 수력발전 산업 덕에 석유 파동의 충격도 약하게 겪었다. 스웨덴은 스위스처럼 특별한 사례에 속하며 그 이유도 여러 가지로 비슷하다.

꾀할 수 없었다. 이 사실은 이 시기 영국의 성취가 왜 상대적으로 빈약했는지 설명해 준다. 이 시기 영국의 성장률은 프랑스나 이탈리아에(또한 루마니아에도) 늘 뒤처졌다. 같은 이유에서 이 시기 네덜란드는 인접한 공업국 벨기에보다 뛰어난 성과를 보였다. 농촌의 잉여 노동력을 그때까지 발달하지 않은 공업과 서비스 부문으로 〈일시에〉 이전시킴으로써 이득을 보았던 것이다.

유럽의 경제 기적에서 정부와 계획의 역할은 평가하기가 더욱 어렵다. 일부 지역에서는 거의 쓸데없었던 것처럼 보인다. 예를 들어 북부 이탈리아의 〈새로운〉 경제를 움직인 에너지는 간접비와 투자비를 적게 쓰고 세금은 조금만 내거나 전혀 내지 않았던 수천 개의 작은 기업들에서(기본적으로 가족으로 구성되었고 종종 계절 농업 노동자가 더해졌다) 나왔다. 1971년 이탈리아 노동력의 80퍼센트가 종업원이 100명 미만이거나 종종 그보다 더 적은 기업에서 일했다. 이탈리아 중앙 정부가 회계 부정과 지역 담합, 건축 비리 등을 눈감아 준 것 말고 이 회사들의 경제적 노력을 지원하는 데 어떤 역할을 했는지는 분명하지 않다.

동시에 국가는 개인의 역량이나 민간 투자의 범위를 넘어서는 대규모 변화에 자금을 공급하는 데 결정적인 역할을 했다. 유럽의 민간 자본은 오랫동안 부족했고, 미국에서 들어온 민간 투자금은 1950년대 말에 가서야 조금씩 마셜 원조나 군사적 지원을 대체했다. 세계은행으로부터 대규모 차관을 얻어 유지했던 이탈리아의 메초조르노 기금은 산업 기반 시설과 농업 개선에, 즉 농지 개간, 도로 건설, 배수 시설, 관개 수로 등에 우선 투자되었고, 그다음에 새로운 산업 설비에 쓰였다. 메초조르노 기금은 남부에 투자할 의향이 있는 민간 기업들에 대출, 보조금, 세금 감면 등의 유인을 제공했다. 기금이 수행한 매개 역할 덕에 국영 지주회사들은 새로운 투자의 60퍼센트까지 남부에 쏟아부을 수 있었으며, 1957년 이후에는 기금의 지원으로 반도 남쪽 3분의 1 전역에 열두 곳의 〈성장 지역〉과 서른 곳의 〈핵심 성장 지역〉이 지정되었다.

메초조르노 기금은 다른 곳의 대규모 국가 사업과 마찬가지로 비효율적이었고 심하게 부패했다. 기금의 혜택은 대부분 특혜를 받은 해안 지역으로 흘러 들어갔고, 기금으로 생겨난 새로운 산업은 대체로 자본 집약적이어서 일자리를 거의 창출하지 못했다. 그 지역의 농업 개혁 중에 형성된 많은 소규모 〈독립〉 농장들은 여전히 국가에 의존했으며 이탈리아의 메초조르노를 일종의 반영구적 복지 지역으로 만들었다. 그럼에도 1970년대 중반이 되면 한 세대의 기억 속에서는 유럽에서도 가장 절망적이고 후진적인 지역이었던 남부에서 일인당 소비는 두 배로 늘어났고 지역의 소득은 연평균 4퍼센트 증가했다. 유아 사망률은 절반으로 떨어졌고, 전기 가설은 거의 완료 단계에 있었다. 북부 공업 지역의 도약 속도를 생각할 때(앞서 보았듯이 어느 정도는 남부 출신 노동자들 덕분이었다) 놀라운 점은 기금이 로마 이남에서 경제 기적을 이루는 데 실패했다는 사실이 아니라 그 지역이 어쨌거나 더 악화되지 않고 그 상태를 유지할 수 있었다는 사실이다. 이 점에서 이탈리아 당국은 얼마간 칭찬받을 만하다.

다른 곳에서도 정부의 역할은 다양했지만, 결코 무시할 수 없는 수준이었다. 프랑스는 나중에 〈유도 계획indicative planning〉이라 부르게 되는 역할에 정부의 임무를 국한했다. 다시 말해 권력을 지렛대 삼아 일부 선택된 지역과 산업, 심지어 생산품에도 자원을 투입하고, 전쟁 이전에 큰 타격을 입혔던 맬서스주의적 투자 부족을 의식적으로 보상했다. 정부 관리들은 국내 투자를 상당히 효율적으로 통제할 수 있었는데, 이는 특히 전후 초기에 통화 관련 법률과 국제 자본의 제한된 이동성이 외국과의 경쟁을 억제했기 때문이다. 프랑스와 다른 여러 나라의 은행가와 사채업자들은 해외에서 단기 수익을 내는 것이 더 유리했지만 그럴 자유가 없었기에 부득이 국내에

투자했다.[6]

두 대전 사이의 갈등과 (정치와 금융의) 불안정의 기억이 지속된 서독 당국은 경제 활동을 계획하고 지도하려는 열의에서 프랑스나 이탈리아보다 한참 뒤졌다. 하지만 사회적 갈등, 특히 고용주와 노동자 사이의 갈등을 예방하고 완화하기 위한 준비에는 훨씬 더 많은 주의를 기울였다. 특히 파업이나 임금 폭등의 위험을 줄이기 위한 협상과 〈사회 계약〉을 장려하고 지원했다. 그 결과로 사기업 부문과 그 협력 상대였거나 그들이 직접 소유한 은행은 미래를 위해 투자하는 경향이 강했다. 장기적인 임금 억제에 대해 노동자들의 동의를 기대할 수 있었기 때문이다. 서독의 현장 노동자들은 스칸디나비아의 경우처럼 비교적 유순하게 처신한 대가로 고용과 낮은 인플레이션을, 특히 급격한 누진세로 재정을 충당하는 포괄적인 공공복지 혜택을 보장받았다.

영국 정부는 경제에 더 직접적으로 개입했다. 1945년에서 1951년 사이에 노동당 정부가 단행한 국유화 조치는 이후 정권을 이어받은 보수당 정부들도 대체로 그대로 두었다. 그러나 두 정당 모두 장기적인 경제 계획이나 과감한 노사 관계 개입은 삼갔다. 적극적으로 관여한 경우는 저축이나 소비를 촉진하기 위해 이자율과 한계 세율 구간을 조작하는 수요 관리 형태를 취했다. 이러한 조치는 단기적인 방책이었다. 이 시기 영국 정부들은 정당을 불문하고 1930년대의 끔찍했던 실업을 예방하는 것을 주된 전략적 목표로 설정했다.

그래서 서유럽 전역에서 정부와 고용주, 노동자는 서로 협력하여 정부의 대규모 지출, 누진세, 임금 인상 억제라는 선순환을 만들어 냈다. 앞서 보았듯이 이러한 목표는 이미 전시나 전후에 계획경제와

6 과거의 관행과 비교해 보면 사정이 잘 드러난다. 프랑스 산업화 초기에 파리의 큰 투자은행들조차 나라의 산업 기반 시설 현대화를 지원할 재원이 없었고 정부로부터 어떠한 도움이나 격려도 받지 못했다. 1945년 당시 낡아 빠진 프랑스의 공장과 도로, 철도, 공공시설은 이러한 결점의 생생한 증거였다.

어떤 형태든 〈복지 국가〉가 필요하다는 합의가 도출됨으로써 분명해졌다. 따라서 그 목표는 정부 정책과 집단적 의지의 합작품이었다. 그러나 그 미증유의 성공을 촉진한 조건은 정부 활동의 직접적인 범위를 벗어난 것이었다. 유럽 경제의 기적과 뒤이은 사회적·문화적 격변을 촉발한 것은 유럽 인구의 급속하고 지속적인 증가였다.

유럽의 인구는 과거에도 급증한 때가 있었다. 가장 최근에 인구가 급증한 시기는 19세기 중반이었다. 그러나 그러한 인구 급증은 대체로 지속적인 인구 성장으로 이어지지는 않았다. 전통적 농업으로 부양할 수 있는 인구에 한계가 있었거니와 전쟁이나 질병 때문이기도 했고, 새로운 과잉 인구가, 특히 젊은이들이 더 나은 삶을 좇아 외국으로 이민을 떠났기 때문이기도 했다. 그리고 20세기에 인구 성장은 전쟁과 이민 때문에 앞선 시대의 출생률 증가로 기대할 수 있는 수준보다 한참 낮게 유지되었다.

제2차 세계 대전 직전의 출생률은 제1차 세계 대전에서 한 세대의 청년들을 잃은 파급 효과에 1930년대의 경제 공황과 내전, 정치 불안이 겹쳐 유럽 일부에서는 기록적으로 낮은 수준까지 하락했다. 영국에서 정상 출산 비율은 1천 명당 15.3명에 불과했다. 벨기에는 15.4명, 오스트리아는 12.8명이었다. 프랑스에서는 1939년에 출생률이 1천 명당 14.6명이었는데, 사망률은 제1차 세계 대전 기간과 1919년에 그리고 1929년에 다시 출생률을 초과했으며, 1935년에서 1944년까지 매년 출생률을 초과했다. 내전기 스페인처럼, 프랑스에서도 전체 인구는 꾸준히 감소했다. 지중해 유럽의 다른 곳과 빈의 동쪽에서 출생률은 더 높았다. 때로는 서유럽의 두 배에 달했다. 그러나 유아 사망률이 높았고 전 연령대에서 사망률이 높았기 때문에 그 지역에서도 인구 증가는 뚜렷하지 않았다.

전후의 베이비붐은 이러한 맥락에서, 그리고 제2차 세계 대전

이 초래한 인구학적 재난을 배경으로 이해해야 한다. 1950년에서 1970년 사이에 영국 인구는 13퍼센트 증가했고, 이탈리아의 인구는 17퍼센트가 늘었다. 이 시기 서독 인구는 28퍼센트 증가했고, 스웨덴은 29퍼센트, 네덜란드는 35퍼센트가 증가했다. 몇몇 경우에는 국내의 인구 증가에 유입 이민이 더해졌다(네덜란드로 식민지인들이 귀국했고, 동독인들과 다른 난민들이 독일 연방 공화국으로 들어왔다). 그러나 프랑스에서는 외부 요인이 아주 작은 역할을 했을 뿐이다. 1946년 전후 첫 인구 조사와 1960년대 말 사이에 프랑스 인구는 거의 30퍼센트나 증가했다. 기록상 프랑스에서 가장 큰 증가율이었다.

따라서 1950년대와 1960년대에 유럽의 가장 현저한 특징은 당대의 거리 풍경에서 확일할 수 있었듯이 아이들과 청년의 숫자였다. 유럽은 40년간의 단절 이후 다시 젊어지고 있었다. 대부분의 나라에서 전후에 출산이 정점에 이르렀던 때는 1947년에서 1949년 사이였다. 1949년에 프랑스에서 태어난 아기는 86만 9천 명이었다. 61만 2천 명이었던 1939년과 비교된다. 1960년에 네덜란드와 아일랜드, 핀란드에서는 주민의 30퍼센트가 열다섯 살 미만이었다. 1967년 프랑스인 세 명 중 한 명이 스무 살 아래였다. 전후에 수백만 명의 아기가 태어났을 뿐만 아니라 전례 없이 많은 수가 살아남았다.

영양과 주거, 의료 조건이 개선된 덕분에 이 시기 서유럽의 유아 사망률은(정상 출산아 1천 명당 돌이 되기 전에 사망한 아이들의 숫자) 급감했다. 벨기에의 유아 사망률은 1950년에 53.4명이었는데 1970년에는 21.1명이었다. 변화는 대부분 첫 10년 동안 나타났다. 이탈리아는 63.8명에서 29.6명으로, 프랑스는 52.0명에서 18.2명으로 하락했다. 노인들도 적어도 서유럽에서는 더 오래 살았다. 서유럽에서는 같은 기간 사망률도 급격히 하락했던 것이다. 동유럽의 유아 생존율도 출발점의 수치가 훨씬 더 낮기는 했지만 개선되었다. 유고슬라비아의 유아 사망률은 1950년에 1천 명당 118.6명에서 20년 후

55.2명으로 떨어졌다.[7] 소련에서도, 물론 공화국마다 차이가 있었지만, 유아 사망률은 1950년에 1천 명당 81명에서 1970년에 25명으로 하락했다. 그러나 공산 국가의 출생률은 서방보다 더 빠르게 낮아졌고, 1960년대 중반부터는 꾸준히 악화되는 사망률(특히 남성의 사망률)에 따라잡혀 그보다 더 낮아졌다.

제2차 세계 대전 이후 유럽인의 생식력 회복을 설명하는 견해는 여러 가지가 있지만, 대부분은 낙관론에 공짜 우유의 조합으로 환원된다. 1913년에서 1945년 사이 인구 그래프가 골짜기를 이루던 동안, 각국 정부는 출산 장려에 힘썼다. 애국심의 강요와 가족 〈법〉, 기타 법률을 통해 인력과 주택, 일자리, 안전의 만성적 부족을 보충하려 했지만 성과는 없었다. 그러나 이제, 전후의 성장이 고용 안정과 소비 경제로 전화하기도 전에, 평화와 안전, 국가의 출산 장려의 효력이 동시에 나타났다. 이 사실만으로도 유럽은 1940년 이전의 어떤 출산 촉진 선전으로 달성할 수 없었던 수준에 도달하기에 충분했다.

제대 군인과 귀환한 전쟁 포로, 정치 난민은 아이마다 지급되는 현금 수당은 물론 아이가 있는 부부에 유리한 배급과 배정 계획에 고무되었다. 이들은 기회가 생기면 곧바로 결혼하여 가정을 꾸렸다. 그리고 다른 것도 있었다. 1950년대 초, 서유럽 국가들은 시민에게 단지 희망과 사회적 안전망뿐만 아니라 풍부한 일자리도 제공했다. 1930년대 서유럽의 평균 실업률은 7.5퍼센트(영국은 11.5퍼센트)였는데, 1950년대에는 이탈리아를 제외하면 어디서나 3퍼센트 이하로 하락했다. 서유럽은 실업률 통계가 작성된 이래 처음으로 완전 고용을 경험하고 있었다. 이제 여러 부문에서 고질적인 노동력 부족 현상이 나타났다.

---

7 1950년에 유고슬라비아와 폴란드, 루마니아, 알바니아는 열 명 중 한 명 이상이 돌이 되기 전에 사망한 나라들이었다. 서유럽에서 가장 뒤처진 나라가 포르투갈이었는데, 1950년에 유아 사망률이 1천 명당 94.1명이었다.

조직 노동자들은 이러한 여건을 지렛대로 활용해 영향력을 행사할 수 있었지만, 노동조합들은(영국은 명백히 예외적인 경우였다) 힘을 행사하는 데 서툴렀거나 힘의 행사를 주저했다. 이는 두 대전 사이의 시기가 남긴 유산이었다. 전투적이고 정치적인 노동조합은 대공황과 파시스트 억압의 충격에서 아직 완전히 회복되지 못했던 것이다. 노동조합 대표자들은 전국적인 협상 상대로 새로이 존중받은 것에 대한 보답으로 1950년대 내내 그리고 1960년대 초에 노동력 부족에 편승하여 목전의 이익을 취하기보다 고용주와 협력하기로 결정한 경우가 많았다. 1955년 프랑스에서 자동차 산업 노동자 대표들과 국유화된 자동차 회사 르노 사이에 최초로 생산성 협약이 체결되었을 때, 노동자가 얻은 주된 소득이 임금이 아니라 당시로는 혁신적이었던 3주간의 유급 휴가 권리였다는 사실은 시각의 변화를 보여 주었다.[8]

서유럽에서 과거의 육체노동자 노동조합이 더는 중요하게 여겨지지 않았던 다른 이유가 있다. 그 기반, 즉 육체노동에 종사하는 남성 숙련 노동자층이 쇠퇴한 것이다. 1960년대에 들어서야 분명해지기는 했지만, 석탄과 철강, 직물 등 19세기 산업의 일자리는 줄어들고 있었다. 삼차 산업에서 점점 더 많은 일자리가 창출되었고, 그 일자리는 여성이 많이 차지했다. 직물 제조와 가사 노동 같은 몇몇 직업은 수십 년 동안 여성이 점령했다. 그러나 전쟁 이후 이 두 부문에서 똑같이 고용 기회는 급격히 감소했다. 여성 노동력은 이제 하녀나 직공으로 일하는 독신 여성이 아니라 상점과 사무실, 그리고 간호와 교육처럼 임금이 낮은 일부 직종에서 일하는 나이 든 여성들로(흔히 기혼자였다) 점차 구성되었다. 1961년 영국의 고용 노동자는

---

8 이듬해인 1956년 3월 이 권리는 모든 프랑스 노동자에게 확대되었다. 르노 사의 노동자들은 1962년에 4주의 유급 휴가를 확보했는데, 다른 노동자들이 이러한 선례를 따르기까지는 7년의 세월이 걸렸다.

3분의 1이 여성이었고, 고용 여성 세 명 중 두 명꼴로 사무직이나 비서직에서 일했다. 나이 든 여성들이 전통적으로 (공식적) 고용 인구에 들지 않았던 이탈리아에서도 1960년대 말에 노동력의 27퍼센트가 여성이었다.

1950년대와 1960년대 초에 이루어진 놀랄 만한 대규모 이주는 번창했던 북서 유럽의 탐욕스러운 노동력 요구로 설명이 된다. 이주는 세 가지 형태를 띠었다. 첫째, 남성들은 (그리고 정도는 덜하지만 여성과 아동도) 자국 내에서 농촌을 버리고 도시로 갔으며 더 발전된 지역으로 이주했다. 스페인에서는 1950년 이후 20년 동안 100만 명이 넘는 안달루시아 주민이 북쪽의 카탈루냐로 이동했다. 1970년에 안달루시아 태생으로 고향을 떠나 타지에서 거주한 사람이 160만명이었고, 그중 71만 2천 명이 바르셀로나 한 곳에 살았다. 포르투갈의 빈곤한 알렌테주 지역 주민들은 상당수가 리스본으로 떠났다. 이탈리아에서는 1955년에서 1971년 사이에 약 900만 명이 국내의 한지역에서 다른 지역으로 이주했다.

이런 형태의 인구 이동은 지중해 지역에만 국한되지 않았다. 1950년에서 1961년 사이에 독일 민주 공화국을 포기하고 서독으로 향한 수백만 명의 젊은이는 정치적 자유를 선택했겠지만 서쪽으로 건너오면서 급여가 좋은 일자리와 더 나은 생활도 꿈꾸었다. 이 점에서 이들은 당대의 스페인인이나 이탈리아인, 그리고 1945년 이후 중부와 북부의 농촌 지역에서 도시로 몰려든 250만 명의 스웨덴 사람들과 별반 다르지 않았다. 이러한 이주는 대체로 소득 불균형 때문이었다. 그러나 촌락 생활의 고달픔과 고립, 냉혹함, 그리고 전통적인 농촌 위계질서의 영향력을 피하려는 열망도 특히 젊은이들에게는 한 가지 이유가 되었다. 남은 사람들의 임금과 그들이 이용할 수 있는 토지의 양이 늘어난 것은 이러한 이주의 부수적인 소득이었다.

이주자들이 취한 두 번째 길은 유럽 내의 한 나라에서 다른 나라로 이주하는 것이었다. 물론 유럽의 이민은 전혀 새롭지 않았다. 그러나 1870년에서 1926년 사이에 조국을 떠났던 1500만 명의 이탈리아인은 대개 대양을 건너 미국이나 아르헨티나로 갔다. 이러한 사정은 같은 기간에 이민을 떠났던 수백만 명의 그리스인과 폴란드인, 유대인이나 앞선 세대의 스칸디나비아인과 독일인, 아일랜드인에도 해당된다. 제1차 세계 대전 이후에도 비록 소수였지만 이탈리아와 폴란드의 광부와 농장 노동자들이 프랑스로 이주하는 경향이 분명히 있었다. 그리고 1930년대에는 나치즘과 파시즘을 피해 서쪽으로 간 정치적 망명객들이 있었다. 그러나 유럽 내부의 이주, 특히 일자리를 찾기 위한 이주는 예외적인 경우였다.

1950년대 말에 이 모든 상황이 변했다. 국경을 넘는 노동력의 이동은 종전 직후부터 시작되었다. 1946년 6월의 협정에 이어 벨기에가 이탈리아에 석탄을 공급하겠다고 약속한 데 대한 보답으로 수십만 명의 이탈리아 청년 노동자들이 왈론 지역의 탄광에서 일하기 위해 조직적인 호위를 받으며 이동했다. 그러나 1950년대에 북서 유럽의 경제는 역내 인구 성장만으로는 부족할 정도로 팽창했다. 〈베이비붐〉 세대는 아직 노동 시장에 진입하지 못했는데 노동력 수요는 절정에 달했던 것이다. 특히 독일 경제의 발전 속도가 빨라지자 서독 정부는 부득이 외부에서 저렴한 노동력을 구할 수밖에 없었다.

1956년 아데나워 총리는 로마에 갔을 때 독일로 여행하기를 원하는 모든 이탈리아 노동자에게 무료로 교통 편의를 제공하겠다고 했으며 남부의 실업자들을 알프스 너머로 보내 달라고 이탈리아에 공식적인 협조를 요청했다. 이후 10년간 서독은 이탈리아뿐만 아니라 그리스와 스페인(1960), 터키(1961), 모로코(1963), 포르투갈(1964), 튀니지(1964), 유고슬라비아(1968)와도 협정을 체결했다. 외국인 노동자(체류 노동자Gastarbeiter)는 독일에서 일자리를 얻으라는 권고를 받았다. 단 체류는 순전히 일시적이라는 단서가 붙었다. 결국은 본국으로 돌아가야 한다는 뜻이었다. 이들은 스웨덴의 핀란드 이민 노동자들이나 영국의 아일랜드 노동자들처럼 대부분 25세 이하였으며 거의 가난한 농촌이나 산지 출신이었다. 대다수는 비숙련 노동자였다(그러나 일부는 오로지 일자리를 얻고자 자신의 〈기술이 필요 없는〉 단순 작업을 받아들였다). 독일과 여타 북서 유럽 국가들에서 외국인 노동자들이 벌어들인 돈은 고국의 경제를 부양하는 데 중요한 역할을 했다. 고국에서는 그들의 이탈로 일자리와 주택에 대한 경쟁이 완화되었는데도 외부의 도움이 필요했다. 1973년에 터키에서 노동자 해외 송출이 거둔 수입은 수출 소득의 90퍼센트를 차지했고, 그리스와 포르투갈, 유고슬라비아에서는 50퍼센트를 차지했다.

이러한 주민 이동이 초래한 인구학상의 충격은 중대한 의미를 지녔다. 이주 노동자는 공식적으로는 〈임시〉 체류자였으나 실제로는 영구히 고국을 떠났다. 돌아간다 해도 수십 년 후 은퇴한 다음에 돌아갔다. 1945년에서 1970년까지 700만 명의 이탈리아인이 조국을 떠났다. 1950년에서 1970년 사이에 전체 그리스 노동력의 4분의 1이 외국으로 일자리를 찾아 나갔다. 이민이 절정에 달했던 1960년대 중반에 매년 11만 7천 명이 그리스를 떠났다.[9] 1961년에서 1974년 사이에 150만 명의 포르투갈 노동자들이 외국에서 직업을 얻은 것으로 추산된다. 이는 포르투갈 역사상 최대의 인구 이동으로 포르투갈에 겨우 310만 명의 노동력만 남겨 놓았다. 1950년에 전체 인구가 고작 830만 명에 불과했던 나라에 150만 명은 극적인 수치였다. 파리 등지에서 가사 노동 일자리를 구하려는 젊은 여성의 이주는 특히 농촌에 두드러진 영향을 미쳤다. 그런 지역에서 젊은 성인의 부족은 카부베르드와 아프리카의 포르투갈 식민지 출신 이주자들이 도착

9 그 결과, 1960년대 말부터 관광이 발달하자 실제로 그리스에는 가장 보잘것없는 일들에 종사할 노동자가 부족했다.

하고 난 후에야 부분적으로 보충되었다. 포르투갈 북부의 농촌 지역 자치 단체인 사부갈의 인구는 이주로 인해 1950년의 4만 3,513명에서 30년 후 1만 9,174명으로 감소했다.

〈수입〉 국가의 경제적 이득은 엄청났다. 1964년, 대부분 이탈리아인이었던 스위스의 외국인 노동자는 전체 노동력의 4분의 1을 차지했다. 스위스의 관광 산업은 쉽게 고용하고 쉽게 해고할 수 있는 저렴한 계절노동자에 크게 의존했다. 서독에서는 1973년이 정점이었는데, 약 280만 명의 외국인 노동자가 대체로 건축업과 금속 가공, 자동차 제조 부문에서 일했다. 이들은 전국 노동력의 8분의 1이었다. 그해에 프랑스의 등록된 외국인 노동자는 230만 명으로 전체 노동인구의 11퍼센트였다. 많은 외국인 노동자는 가사 노동에 고용된 여성으로서 요리사나 청소부, 관리인, 아이 봐주는 사람으로 일했다. 포르투갈 출신이 압도적으로 많았다.

이들은 대부분 영주권을 갖지 못했으며, 현지인 노동자들에게 안전과 복지, 정년을 보장한 노동조합과 고용주 사이의 협약에 포함되지 못했다. 따라서 그들을 받아들인 고용주와 나라에 아무런 책임도 없었고, 장기적 비용도 들지 않았다. 1980년대까지도 독일의 〈체류 노동자〉는 신입 사원 수준의 지위와 임금에 묶여 있었다. 그렇지만 소득의 상당 부분을 집으로 보내면서 최선을 다해 살았다. 마르크나 프랑으로 받은 수입은 얼마가 되었든 고향에서 올릴 수 있는 잠재적 수입의 몇 배에 해당했다. 체류 노동자들의 상태는 프랑코 브루사티의 1973년 작 영화 「빵과 초콜릿Pane e Cioccolata」에서 가볍게 묘사된 루체른의 쓸쓸한 이탈리아 노동자의 상태와 비슷했다.

1973년에 서독 한 곳에만 약 50만 명의 이탈리아인과 53만 5천 명의 유고슬라비아인, 60만 5천 명의 터키인이 있었다.[10] 스위스인이

---

10 꼭 15년 전인 1958년, 공식적인 통계 기록으로 이탈리아인은 2만 5천 명, 유고슬라비아인은 4천 명이었고, 터키인은 통계에 잡히지도 않았다.

나 프랑스인, 벨기에인, 영국인처럼 독일인도 그렇게 많은 외국인이 자신들의 땅에 갑자기 물밀듯 몰려 들어오는 것을 그다지 달가워하지 않았다. 잘 알지도 못하는 나라에서 들어온 많은 외국인과 함께 사는 것은 대부분의 유럽인에게 익숙하지 않은 경험이었다. 이따금씩 외국인 노동자 사회에 대한 편견과 폭력이 있었어도 사람들이 대체로 잘 견뎠다면, 이는 체류 노동자들이 본국 주민과 따로 떨어져 대도시 바깥의 황량한 근교에서 지냈고 완전 고용 시절에 경제적으로 아무런 위협이 되지 않았기 때문이다. 적어도 포르투갈과 이탈리아, 유고슬라비아 출신 기독교도는, 다시 말해 피부색이 검은 사람들이나 무슬림이 아니라면, 신체와 문화에서 〈동화〉될 수도 있었고 언젠가는 분명 떠날 것이라고 생각되었기 때문이다.

그러나 그러한 고려 사항은 제3의 노동력 수입원, 즉 과거나 현재의 유럽 식민지 출신 이주자들에는 적용되지 않았다. 이 부류에 속한 사람들의 숫자는 처음에는 별로 중요하지 않았다. 아시아와 아프리카, 남아메리카, 태평양의 과거 제국 보유지에서 네덜란드와 벨기에, 프랑스로 돌아온 많은 사람들은 백인 전문직 종사자였거나 아니면 은퇴한 농민이었다. 1969년에 프랑스에 살던 알제리 국민도 겨우 60만 명으로 이탈리아나 스페인 출신 거주자보다 적었다.

심지어 영국에서도 1950년대 정부들은 기차와 버스, 자치 단체의 공공시설에 근무할 인력을 충원하기 위해 카리브해 지역 사람들의 이민을 적극적으로 장려했는데, 그 숫자는 특별히 두드러지지 않았다. 1951년 인구 조사 때 서인도제도(대체로 바베이도스) 출신으로 영국에 거주했던 사람은 1만 5천 명이었고 그중 4천 명이 런던에 살았다. 1959년에 서인도제도에서 영국에 도착한 이민자들은 매년 1만 6천 명 내외였다. 영연방의 다른 곳에서 들어온 이민자들은 훨씬 더 적었다. 1959년에 인도와 파키스탄에서 이민한 자들은 겨우 3천 명이었다. 이 숫자는 훗날, 특히 영국 정부가 우간다의 독재자 이디 아민이 추방한 동아프리카 아시아인의 입국에 마지못해 동의했을 때 늘어나지만, 1976년까지도 영국 인구에서 〈유색인〉은 겨우 185만 명으로 전체의 3퍼센트에 머물렀다. 그리고 그중 40퍼센트는 영국에서 태어났다.

물론 이 사람들은 다갈색 피부나 검은 피부를 지닌 사람들이었고, 영연방 시민으로서 제국의 수도에서 영주권과 사실상의 시민권을 보유했다는 차이가 있다. 영국 정부는 이미 1958년에 서부 런던에서 발생한 폭동을 계기로 역사적으로 백인 사회였던 곳에 〈너무 많은〉 이민자들의 진입을 허용하면 위험할 수 있다는 점을 인식했다. 그래서 경제적으로는 비숙련 이민자들을 받아들여야 한다는 논거가 강력했고 전체 숫자도 아직 미미한 수준이었지만, 영국은 비유럽 이민을 억제하기 시작했다. 그 첫 번째 조치는 1962년에 제정한 영연방 이민법으로 〈고용 증명서〉를 처음으로 도입했고, 유색인의 영국 이민을 엄격하게 통제했다. 이를 계승한 1968년의 법은 영국 시민권을 최소한 부모 중 한 명이 영국인인 자들에게만 제한함으로써 그 조치를 훨씬 더 강화했다. 그리고 1971년의 다른 법은 공공연히 유색인을 겨냥하여 영국에 거주하는 이민자들의 부양가족 입국을 엄격하게 규제했다.[11]

이러한 법률들의 순수한 효과는 비유럽인의 영국 이민을 시작된 지 20년이 채 못 되어 끝내는 것이었다. 그때 이후로 영국 인구에서 유색인종이 차지하는 몫이 증가한 것은 영국에 거주하는 아프리카와 카리브해, 남아시아 출신자들의 출생률이 증가했기 때문이었다.

11 이처럼 식민지인의 이민에 대한 가혹한 제한 조치는 두 주요 정당의 주류 견해를 반영했다. 그러나 노동당 정부의 총리 클레먼트 애틀리는 한 세대도 안 되는 기간 전인 1948년 7월 다른 계제에 이렇게 썼다. 〈영국의 신민은 자치령 출신이든 식민지 출신이든 (그리고 인종이나 피부색에 상관없이) 자유로이 영국에 입국할 수 있어야 한다는 것이 전통적인 견해다. 생각건대, 특히 우리가 엄청난 수의 외국인 노동자를 수입하는 마당에 그런 전통을 가볍게 내버릴 수는 없다.〉

반면 이와 같이 흑인과 아시아인의 영국 입국 권리를 철저히 제한한 결과, 일단 정착한 사람들에게는 삶의 기회가 상당히 개선되는 당연한 결과를 낳았다. 1965년의 인종관계법으로 공공장소에서 차별이 금지되었고 고용 차별을 개선할 방안이 도입되었으며 인종 혐오를 선동하는 행위는 처벌 받았다. 11년 뒤에 이를 계승한 법에 따라 최종적으로 인종에 근거한 모든 차별은 불법으로 규정되었으며 인종 평등위원회가 설립되었다. 영국의(그리고 나중에는 프랑스의) 새로운 비유럽인 주민들은 어떤 점에서는 알프스 이북에서 일자리를 얻은 이류 유럽인보다 운이 좋았다. 영국의 안주인들은 이제 더는 〈흑인과 아일랜드인과 개 출입 금지〉라는 푯말을 박아 놓을 수 없었다. 그러나 스위스의 공원에서는 이후로도 얼마 동안 〈개와 아일랜드인〉의 출입을 금지하는 경고문이 붙어 있었다.

북유럽의 외국인 노동자와 다른 정착민의 상황은 의도적으로 불안정하게 유지되었다. 네덜란드 정부는 스페인과 유고슬라비아, 이탈리아 (나중에 터키와 모로코, 수리남) 출신의 노동자들에게 입국하여 직물, 광산, 조선 분야에서 일자리를 얻으라고 권고했다. 그러나 옛 산업들이 문을 닫자, 이 노동자들은 실직했고 보통은 자신과 가족이 입을 충격을 완화할 보험이나 사회적 안전망은 없었다. 1965년 서독의 외국인법에는 1938년에 나치가 처음으로 공포한 〈외국인에 관한 경찰 규칙〉이 포함되어 있었다. 외국인 노동자는 당국의 임의적 처분에 내맡겨진 일시 체류자로 규정되고 취급되었다. 그러나 1974년에 유럽 경제가 바닥을 기고 많은 이민 노동자들이 더는 필요 없게 되자, 그들은 영구 거주자가 되었다. 그해에 독일에서 태어난 아이들의 17.3퍼센트가 〈외국인〉의 아이였다.

이러한 주민 이주에 따른 결과를 과소평가해서는 안 된다. 단기 체류자와 국내 이주자, 국가 간 이주자, 해외에서 유럽으로 들어온 이주자의 수를 전부 합하면 약 4천만 명에 이른다. 이처럼 취약하고 대체로 조직되지 않은 형태의 값싼 노동자가 많지 않았다면 유럽의 대호황은 불가능했을 것이다. 저임금의 말 잘 듣는 노동자들이 끊임없이 유입된 까닭에 전후 유럽 국가들과 민간 부문의 고용주들은 대단히 큰 이익을 보았다. 그런데도 유럽 국가들은 사회적 비용을 충분히 지불하기를 빈번히 기피했다. 대호황이 끝나고 잉여 노동력을 해고해야 할 때가 오자, 제일 먼저 피해를 입은 사람들은 이민자들과 이주 노동자들이었다.

새로운 노동자들은 다른 모든 사람들과 마찬가지로 물건을 만들기만 한 것이 아니었다. 그들은 상품을 구매했다. 이는 매우 새로운 현상이었다. 역사의 기록을 보건대 대다수 유럽인은 다른 세계의 사람들처럼 네 가지 종류의 재화를 소유했다. 부모로부터 상속받은 것, 스스로 만든 것, 다른 사람들과 교환한 것, 현금으로 구매해야 했던 소수의 품목으로 거의 언제나 자신들이 알고 있는 사람이 만든 것. 19세기의 산업화로 도회지 주민들의 세계는 변했다. 그러나 유럽의 여러 농촌에서는 제2차 세계 대전까지, 심지어 전쟁이 끝나고 한참 더 지나서도 전통적인 경제가 큰 변화 없이 작동했다.

그때까지 전통적인 가계 예산 지출에서 가장 큰 몫을 차지한 것은 식량과 의복이었다. 그 두 가지에 주택 비용을 더하면 가구 소득의 상당한 몫이 사라졌다. 대다수 사람들은 현대적인 의미에서 물건을 구매하거나 〈소비〉하지 않았다. 그들은 그저 생활을 유지했을 뿐이다. 20세기 중반까지 유럽 주민의 압도적 다수에겐 〈가처분 소득〉이란 말 자체가 모순이었다. 1950년까지도 평균적인 서유럽 가구는 현금 지출의 절반 이상을 생활필수품에, 즉 식량과 술과 담배에 썼다. 지중해 유럽에서 그 수치는 눈에 띄게 더 높았다. 옷값과 주거비를 더하면, 필수적인 물품 이외의 것에 쓸 돈은 거의 남지 않았다.

그러나 다음 세대에 모든 것이 변한다. 1953년 이후 20년 동안 서독과 베네룩스 국가들에서 실질 임금은 거의 세 배 가까이 증가했다. 이탈리아의 소득 증가율은 한층 더 높았다. 심지어 영국에서도 이 시기 보통 시민의 구매력은 거의 두 배 가까이 증가했다. 1965년 영국에서 식량과 의복에 들어간 비용은 전체 소비의 31퍼센트에 불과했고, 1980년 북서 유럽 사람들이 식량과 의복에 들인 돈은 평균적으로 전체 지출의 4분의 1에 못 미쳤다.

사람들은 여분의 돈이 있었고 그 돈을 쓰고 있었다. 1950년에 서독의 소매상들은 스타킹을(종전 직후에는 〈사치〉품의 상징이었다) 90만 켤레 팔았으나 4년 후인 1953년에는 5800만 켤레를 팔아 치웠다. 보다 전통적인 상품에서 이러한 소비 혁명의 효과는 상품의 포장 방법과 판매 규모에 나타났다. 슈퍼마켓은 이러한 구매력 증대의 영향이 가장 극적으로 감지되는 1960년대부터 등장했다. 1961년 네덜란드에는 겨우 7개의 슈퍼마켓이 있었는데 10년 후에는 520개로 늘었다. 같은 기간에 이웃 나라 벨기에의 슈퍼마켓 숫자는 19개에서 456개로 늘었고, 프랑스에서는 49개에서 1,883개로 증가했다.[12]

슈퍼마켓의 원리는 대체로 주부였던 구매자들이 원하거나 구매 충동을 느낄 수 있는 제품들이 편리하게 한자리에 모여 있다면 한번 장보러 나왔을 때 더 많은 돈을 쓰게 된다는 것이었다. 그러나 이는 곧 여성들이 식품을 집에 가져갔을 때 보관해 둘 곳이 있음을 가정했고, 결국은 냉장고가 있어야 함을 의미했다. 1957년 대부분의 서유럽 가정은 아직 냉장고를 소유하지 못했다(당시 냉장고 소유 비율은 서독의 12퍼센트에서 이탈리아의 2퍼센트 미만까지 다양했

12 이탈리아는 예외였다. 1971년에 538개에 달하는 이탈리아 슈퍼마켓이 전체 구매에서 차지한 몫은 5퍼센트 미만이었고, 거의 모든 사람이 지역의 전문 상점에서 계속 구매했다. 20년이 지난 뒤에도 사정은 마찬가지였다. 1991년이면 서독의 식료품 판매점 수는 3만 7천 개로 줄었고, 프랑스에서는 겨우 2만 1,500개밖에 안 되었지만, 이탈리아의 식료품 가게는 전부 18만 2,432개에 달했다. 주민 일인당 점포 숫자를 따지자면 이탈리아보다 많은 곳은 폴란드뿐이었다.

다). 그 이유는 기술적이라기보다는 (1950년대 중반이면 노르웨이 의 일부 농촌 지역과 이탈리아의 남부 지대와 고지대를 제외한 서유럽 전역에 사실상 완벽하게 전기가 공급되었다) 논리적인 것이었다. 주부들이 한 번 나갔을 때 썩기 쉬운 음식을 많이 구매하여 집으로 가져올 여력이 생길 때까지는 구태여 목돈을 들여 냉장고를 살 필요가 없었다.[13]

따라서 1974년 이후에는 냉장고가 없다는 사실이 오히려 사람들의 이목을 끌게 될 만큼, 냉장고의 대중화는 얼마나 많은 사회적 변화가 있었는지 알려 주는 상징적 지표였다. 벨기에와 영국에서는 가구의 82퍼센트가 냉장고를 갖고 있었고, 프랑스에서는 88퍼센트, 네덜란드와 서독에서는 93퍼센트가 냉장고를 소유했다. 가장 놀라운 일은 이제 이탈리아 가구의 94퍼센트가 냉장고를 소유했다는 사실이다. 이는 유럽에서도 가장 높은 비율이었다. 실제로 이탈리아는 유럽 최대의 냉장고 생산국이자 〈백색 가전〉 생산국이 되었다. 1951년 이탈리아 공장에서 생산되는 냉장고는 겨우 1만 8,500대였는데, 20년 후에는 연간 524만 7천 대가 생산되었다. 이는 유럽의 나머지 전체 생산량을 다 합한 것보다 많았으며 미국의 생산량과 거의 대등했다.

가정용 냉장고처럼 세탁기도 이 시기에 등장했다. 세탁기의 목표도 새롭게 유복해진 주부의 노동을 줄이고 주부에게 구매 품목의 확대를 조장하는 것이었다. 그러나 세탁기가 유행하기까지는 냉장고보다 더 오랜 시간이 걸렸다. 한편으로는 1950년대 중반 벨기에와 이탈리아, 오스트리아, 스페인, 그 외 프랑스와 스칸디나비아 여러 곳에서 수돗물이 공급되는 가구가 전체의 절반에 못 미쳤기 때문

---

13 〈문화적〉 반대도 있었다. 1952년, 프랑스 공산주의자 작가 로제 바양은 이렇게 주장했다. 〈프랑스 같이 일 년에 두 달만 빼고는 늘 너무나 서늘해서 음식 용기에 담아 창가에 내놓기만 해도 고기가 보름 이상 보존되는 나라에서 냉장고는《상징》이며 (미국의)《속임수》이다.〉

이며, 다른 한편으로는 여러 지역에서 전기 송전망이 한 집에서 용량이 큰 전기 기구를 둘씩이나 사용하는 것을 견뎌 낼 수 없었기 때문이기도 했다.[14] 대부분의 서유럽 가정이 실내 화장실과 위생 배관이 완벽하게 갖추어진 집에서 살던 1972년에도 세 집에 두 집 정도만 세탁기와 라디오를 보유했다. 라디오는 10년 단위로 볼 때 꾸준히 증가했으나 증가 속도는 느렸다. 세탁기는 여러 해 동안 가난한 사람들, 특히 세탁기가 가장 필요한 대가족의 구매 능력을 벗어나 있었다. 1970년대 중반 이후에 등장한 광고에서 세탁기가 식기세척기처럼 부유한 중간 계급의 가내 장신구로 연출된 데는 이런 사정도 작용했을 것이다.

세탁기와 냉장고의 가격은 점점 더 저렴해졌다. 한쪽에서는 투자가 이루어지고 다른 쪽에서는 수요가 지속적으로 커져 가격이 하락하자, 장난감이나 의복처럼 과거 어느 때보다 더 큰 규모로 제조되었다. 다른 곳에 비해 대량 생산에서 언제나 뒤처졌던 프랑스에서도 1948년에서 1955년까지 이어진 베이비붐 초기에 장난감 산업의 생산고는 350퍼센트가 증가했다. 그러나 새로 고용된 수백만 명의 상품 소비자들은 생산과 소비의 선순환을 통해 집 안이 아니라 집 밖에서 가장 중대한 충격을 가져왔다. 유럽의 번영을 보여 주는 단일 척도로서 가장 중요했던 것은 가정용 승용차가 촉발한 혁명이었다.

1950년대까지 자동차는 대다수 유럽인에게 사치품이었으며, 많은 곳에서 거의 볼 일이 없었다. 주요 도시에서도 자동차는 아주 최근에야 등장했다. 사람들은 대부분 여흥을 즐기려고 먼 거리를 이동하는 일은 하지 않았으며, 일터나 학교에 갈 때 기차와 전차, 버스 같은 대중교통을 이용했다. 1950년대 초에 스페인에서 개인 소유 자동차는 (택시를 제외하면) 겨우 8만 9천 대였다. 31만 4천 명당 한 대

---

14 프랑스 전기Electricité de France는 1963년에 가서야 도시 송전선의 용량을 늘려 여러 전기 기구의 동시 가동을 충족시켰다. 농촌에서도 몇 년 뒤에 가능했다.

꼴이었다. 1951년에 프랑스에서 자동차를 소유한 가구는 열두 집에 하나였다. 영국에서만 자동차 보유가 대중적 현상이었다. 1950년에 영국의 개인 승용차는 225만 8천 대였다. 그러나 지리적 분포는 불균등했다. 전 승용차의 거의 4분의 1이 런던에 등록되어 있었다. 영국에서도 대부분의 농촌 지역에서는 프랑스나 이탈리아만큼 자동차가 없었다. 그러나 영국의 경우에도 런던 시민 중 다수가 자동차를 보유하지 못했고, 수천 명의 시장 상인, 과일 장수 등은 여전히 말이나 마차를 타고 일터로 갔다.

자동차 보유는 다음 20년간 눈부시게 증가한다. 영국에서는 1930년대의 초기 도약이 전시와 전후의 결핍으로 중단되었으나, 1950년에서 1980년까지 10년마다 자동차 보유 대수가 두 배로 증가했다. 영국의 자동차는 1950년 225만 대에서 1964년 800만 대로 늘어났으며, 1960년대 말이면 1150만 대에 도달했다. 이탈리아 사람들은 전쟁이 발발할 때에 겨우 27만 대, 1950년에 34만 2천 대(대런던Greater London의 자동차 수보다도 적었다)를 보유했으나, 1960년에 200만 대, 1965년에 550만 대, 1970년에 1천만 대를 넘었으며 5년 뒤에는 약 1500만 대로 국민 일곱 명당 한 대꼴로 추산되었다.[15] 프랑스의 자동차는 1950년대에 200만 대 미만에서 거의 600만 대까지 증가했고, 다음 10년 동안 다시 두 배가 늘었다. 1950년대 말에 영국에서 처음으로 주차 시간 자동 표시기가 보급되고 1960년대가 지나는 동안 프랑스와 다른 곳으로 확산되었다는 사실은 자동차가 얼마나 급속하게 보급되었는지를 잘 보여 준다.[16]

15 기하급수적인 증가는 펠리니의 「8 1/2」(1963)의 첫 장면에서 훌륭하게 포착되었다. 펠리니 자신의 기준으로 보아도 도시의 교통 체증은 의외의 결과로서 불과 몇 년 전만 해도 믿기 어려웠을 현상이었다.

16 이러한 혁신에 대한 각국의 반응은 역사적 선례를 따랐다. 영국의 운전자는 시간 계측기의 요금을 일종의 독단적인 과세로 간주하여 지불을 거부했다. 프랑스인은 계측기의 목을 잘라 버림으로써 인정할 수 없다는 뜻을 명백히 했다.

유럽인들이 사적인 용도를 위해 그토록 엄청나게 많은 자동차를 구매한 것은 단지 쓸 돈이 많았기 때문만은 아니었다. 대공황과 전시에 막혔던 욕구를 풀어 줄 수 있는 차들이 많았다. 1939년이 되기 한참 전에도 유럽의 몇몇 자동차 제조 회사들은(독일의 포르셰, 프랑스의 르노와 시트로앵, 영국의 모리스) 대공황 이후 개인용 자동차 수요가 증대할 것에 대비하여 새로운 종류의 가정용 승용차 출시를 고려했다. 새로운 모델은 기능에서 20년 전에 생산된 헨리 포드의 모델 T처럼 신뢰할 수 있고 대량 생산이 가능하며 가격 부담이 없어야 했다. 전쟁 때문에 지연되었던 이러한 모델들이 1950년대 초 새로 설치된 생산 라인에서 점점 더 많이 쏟아져 나왔다.

서유럽에는 나라마다 지배적인 형태와 모델의 자동차가 있었지만 본질적으로 전부 상당히 비슷했다. 폭스바겐 비틀, 르노 4CV, 피아트 500과 600, 오스틴 A30, 모리스 마이너는 문짝 두 개짜리의 작은 가정용 승용차였다. 값도 저렴했고 운영비도 적게 들었으며 수리하기도 쉬웠다. 차체는 주석으로 얇게 만들었고 엔진은 작고 구동력이 크지 않았으며(연료를 최대한 적게 소모하도록 설계되었다) 부속품과 내부 설비는 최소한으로 장착했다. 폭스바겐과 르노, 피아트는 엔진을 후미에 두었고, 후륜구동 방식을 채택하여 운전자 앞쪽의 공간에 전지나 예비 타이어, 시동 손잡이, 연장 따위를 넣어 둘 수 있게 했다.

엔진을 앞쪽에 장착한 모리스는 당대의 경쟁 차종이었던 포드 파퓰러처럼(런던 근처 다게넘에 있는 포드 영국 공장에서 내수용으로 생산되었다) 좀 더 높은 수준의 안락함을 추구했고, 나중에 문짝 네 개짜리 모델로 출시되는데 이는 당시에 더 큰 번영을 구가했던 영국에 어울렸다. 프랑스의 시트로앵은 아주 독특한 2CV를 내놓았다(처음에는 황소가 끄는 달구지를 대체하려는 농부들을 겨냥하여 출시했다). 문은 네 개였고 지붕과 좌석은 떼어 낼 수 있었으며 중간 크기의 오토바이 엔진을 달았다. 1950년대의 소형차들은 문화적 차이는 있었지만 그 목적은 같았다. 모든 가정이 자동차를 소유할 수 있게 하는 것이었다.

유럽의 전후 운송 혁명이 시작된 이후 몇 년 동안 자동차 공급은 수요를 따라잡을 수 없었다(동유럽에서는 1989년까지 이러한 상황이 이어졌다). 그래서 한동안 자전거와 오토바이, 사이드카가 혼잡하게 뒤섞여 돌아다녔다. 사이드카는 자동차를 살 여유가 없거나 아직 얻지 못한 사람들이 임시로 사용한 가정용 운송 수단이었다. 스쿠터가 프랑스와 이탈리아에서 등장했다. 특히 이탈리아에서는 1949년 11월 13일 로마에서 전국적인 스쿠터 경기가 처음으로 열린 이래 스쿠터 시장이 폭발적으로 성장했다. 도시의 자유와 기동성을 상징하는 스쿠터는 편리하고 가격도 합리적이었으며 젊은이들에게 큰 인기를 끌었다. 이탈리아에서 만들거나 이탈리아를 다룬 당대의 모든 영화에서 멋지게 등장했으며 특히 베스파 모델이 주목받았다.

그러나 1960년대에 들어서면 자동차는 서유럽에서 확고하게 우위를 점하여 철도 교통을 도로 교통으로, 대중교통을 개인적인 교통 수단으로 대체해 버렸다. 철도망은 제1차 세계 대전 이후에 총연장이나 이용객 수에서 절정에 이르렀다. 그러나 이제 수익성이 없는 노선은 감축되었고, 수천 마일의 철로가 제거되었다. 영국의 철도는 1946년에 9억 100만 명의 승객을 운송하여 역사상 최고치에 근접했다. 그러나 그 이후 승객 수는 매년 감소했다. 서유럽의 다른 곳에서는 철도 교통이 오히려 잘 버텼다. 벨기에와 네덜란드, 덴마크 등 효율적인 철도망을 갖춘 작고 인구 밀도가 높은 나라들에서 철도 교통은 실제로 증가했다. 그렇지만 도로 교통의 증가 속도보다는 훨씬 느렸다.

점점 더 많은 사람이 자동차를 이용하면서 버스를 이용하는 사람들의 숫자도 처음으로 줄어들었다. 1948년에서 1962년 사이 영국의 혼잡한 수도에서 런던교통공사의 버스와 전차, 무궤도 전차, 그리고 지하철망을 통한 전체 승객 운송은 통근자들이 승용차를 이용하면서 연간 39억 5500만 명에서 24억 8500만 명으로 하락했다. 유럽의 도로 사정은 분명 좋지 못했으나(독일을 제외하면 1920년대 말 이래로 전국 도로망을 눈에 띄게 개선한 나라는 없었다), 개인과 가족은 자유로이 나들이할 때, 이를테면 도시 변두리에 새로 들어선 대형 슈퍼마켓으로 장을 보러 갈 때나 주말 소풍을 나갈 때, 연중 한 차례 휴가를 떠날 때 자동차를 점점 더 많이 이용했다.[17]

그때까지 유럽에서 휴가 여행은 귀족과 유복하고 문화를 갈망하는 중간 계급의 전유물이었지만 새로운 현상은 아니었다. 그러나 〈관광〉도 다른 모든 경제 부문처럼 전쟁과 경기 침체를 거쳤다. 스위스 관광 산업의 투숙객은 1913년 2190만 명에 이르렀으나 1950년대 중반까지 그 수치를 회복하지 못했다. 그리고 1950년대 관광의 급격한 발전은 다른 양상을 띠었다. 사적인 운송 수단과 유급 휴가를 즐기는 사람들이 늘어나면서 관광이 장려되고 촉진되었다. 1960년이면 유럽 대륙의 대다수 고용인은 법으로 2주간의 유급 휴가를 보장받았으며(노르웨이, 스웨덴, 덴마크, 프랑스는 3주), 점차 집 밖에서 휴가를 보냈다.

여가 여행은 대중 관광으로 바뀌었다. 대형 관광버스를 타고 해변으로 여행을 가던 공장 노동자와 농장 노동자의 전통을 상업적 국내 여행과 국외 여행으로 확대한 장거리 버스 여행사가 번창했다. 영국의 프레디 레이커Freddie Laker 같은 풋내기 항공 사업가들은 전쟁에

---

17 대형 슈퍼마켓은 단일 평면에 최소한 2만 5천 평방피트(약 2,320제곱미터)의 공간을 갖추고 대체로 도심에서 최소한 2마일 이상 떨어진 곳에 자리 잡은 슈퍼마켓으로, 1960년대 말 유럽에 최초로 등장했다. 1973년이면 서유럽에 이러한 거대 상점이 약 750개 점포가 있었으며, 그중 620개가 프랑스와 서독에 있었다. 같은 해 이탈리아에는 단 세 개뿐이었다. 20년 후 프랑스에는 통틀어 8천 개의 대형 슈퍼마켓이 있었고, 이탈리아에는 그때도 고작 118개뿐이었다.

서 쓰고 남은 다코타Dakota 터보 프로펠러 비행기를 구매하여 이탈리아와 프랑스, 스페인에 새로 개장한 여름휴가 휴양지로 전세 노선을 개설했다. 전쟁 전에 이미 그리 넉넉하지 않은 휴가객들과 야외 생활에 열광했던 사람들 사이에서 인기를 끌었던 야영은 1950년대 후반에 주요 산업이 되었고, 해변과 전원의 야영지와 야영 장비 상점, 안내 서적, 전문 의류 판매점이 양산되었다. 북유럽과 서유럽의 해안과 시골에 있는 오래된 휴양지도 번창했다. 새로이 발견된(재발견된) 장소들도 화려한 안내 책자와 대중의 신화 속에서 유명세를 치렀다. 한때 에드워드 시대 신사들이 겨울철에 즐겨 찾은 조용한 피신처였던 프랑스의 리비에라는 새로운 장르의 〈휴가〉 영화에서 매력적이고 젊게 변신했다. 1956년 로제 바딤은 「그리고 신은 여자를 창조했다Et Dieu…… créa la femme」에서 생트로페를 샛별 브리짓 바르도를 선보이는 장소로 〈발명했다〉.

누구나 생트로페나 스위스에 갈 여력이 있었던 것은 아니었다. 물론 프랑스와 이탈리아의 해변과 산악 지대는 영국이나 독일의 여행객들에게는 여전히 비용이 많이 들지 않는 곳이기는 했다. 파운드와 도이치 마르크를 환율이 낮은 프랑과 리라로 환전하여 사용할 수 있었기 때문이다. 그러나 영국인과 네덜란드인, 그리고 특히 독일인에게 여전히 수요가 많았던 국내 해변 휴가 비용은 정말로 저렴했다. 캐나다 출신의 무대 설치 노동자로서 1936년에 스케그니스에서 사업을 시작했던 빌리 버틀린은 공업화한 잉글랜드 해안가를 따라 전략적으로 휴양소를 설치하고 완벽한 시설을 갖춘 〈저렴하고 즐거운〉 가족 휴가를 판매함으로써 1950년대에도 계속 재산을 긁어모았다. 어느 평자는 그 휴양소를 냉소적으로 되돌아보며 〈숙박 시설을 갖춘 월마트〉라고 치부했다. 그렇지만 버틀린 휴양소는 당시 엄청난 인기를 끌었으며, 비록 인정받지는 못했지만, 훗날 좀 더 세계적인 세대가 집단 휴양 시설로 선호했던 프랑스의 클럽 메드에 제도적 선구자가 되었다고 할 수 있다.

약간 더 대담한 것으로는 스페인의 지중해 해안을 따라 새로 개장한 휴양지를 들 수 있다. 방문객들은 아침밥을 주는 민박이나 펜션, 아니면 여행 상품 판매자가 단체 예약한 해변의 수수한 호텔 중에서 선택할 수 있었다. 그리고 이 모든 곳으로 이제 자동차를 타고 갈 수 있었다. 여름 휴가철 옷을(휴가용 의복 자체가 새로운 생산품으로 새로운 풍요의 증거였다) 입은 수백만 명의 가족 여행객들은 자기 소유의 피아트와 르노, 폭스바겐, 모리스에 끼어 타고(공식 휴가일이 8월의 몇 주간을 중심으로 뭉쳐 있기 때문에 종종 같은 날에) 오래전에 설계된 탓에 좁고 제대로 보수되지 않은 도로를 따라 먼 곳의 해변으로 갔다.

그 결과, 1950년대 말부터 끔찍한 교통 체증이 새로운 현상으로 나타났고 상황은 매년 악화되었다. 여행객들이 지나는 간선도로는 예상할 수 있었다. 런던에서 남서쪽의 콘월로 이어지는 A303 도로, 파리에서 지중해 해안으로 이어지는 6번 국도와 7번 국도, 파리에서 스페인 국경으로 가는 9번 국도가 있었다(1955년에 이 길을 따라 스페인으로 간 관광객 수는 수천 명에 불과했는데 1962년에는 300만 명, 2년이 더 지난 뒤엔 700만 명을 헤아렸다. 프랑코 치하의 스페인에서는 프랑스의 프랑까지도 특히 드골의 통화 재평가 이후에는 쓸모가 컸다).[18] 독일 관광객들은 중세 교역로를 따라 남쪽으로 내려가 오스트리아의 티롤을 거쳐 브레너 고개를 넘어 이탈리아로 몰려들었고, 그 수는 계속 증가했다. 스페인과 마찬가지로 이 시기에 외국인 관광에 문호를 개방한 유고슬라비아도 많은 사람들이 지속적

---

18 1959년에서 1973년 사이 스페인 방문객 수는 300만 명에서 3400만 명으로 증가했다. 이미 1966년에 스페인을 찾는 연간 관광객 수는 1730만 명으로 프랑스나 이탈리아를 찾는 관광객 수를 훨씬 뛰어넘었다. 스페인의 북동쪽 지중해 연안은 반세대 만에 전(前)산업 사회 경제에서 신용카드 시대로 완전하게 이행했다. 하지만 이러한 현상이 미적·심리적 차원에 미친 영향은 반드시 긍정적이지만은 않았다.

으로 찾았다. 유럽의 공산 국가 중에서는 유일하게 개방된 이 나라를 찾은 외국인 관광객은 1963년에 이미 170만 명이었는데 10년 후에 연간 약 630만 명에 달했다.

대중 관광은 환경에 악영향을 끼친다는 적절한 지적이 있었지만 이익 재분배 효과를 냈던 것은 분명하다. 부유한 북유럽 사람들이 그때까지 빈곤했던 지중해 땅으로 몰려가자, 건축 노동자와 요리사, 웨이터, 객실 접객원, 택시 운전사, 매춘부, 짐꾼, 공항 관리 직원 등의 일자리가 생겨났다. 별다른 기술이 없는 그리스와 유고슬라비아, 이탈리아, 스페인의 젊은이들이 처음으로 일자리를 찾아 외국으로 떠나는 대신 고국에서 저임금 계절노동에 종사할 수 있었다. 일을 구하기 위해 경제가 팽창 일로에 있는 북부로 이주하지 않고 자기 나라에서 똑같은 경제에 종사했던 것이다.

외국 여행이 정신을 넓혀 주지는 않았을 것이다. 외국의 목적지는 인기를 끌면 끌수록 더 빠르게 기후를 제외한 모든 본질적인 측면에서 관광객의 출발 지점과 닮아 갔다. 실제로 1960년대와 그 이후의 대규모 관광 사업이 성공한 이유는 영국인과 독일인, 네덜란드인, 프랑스인, 기타 이제 막 첫걸음을 내딛은 여행객들을 이국적이고 낯선 의외의 환경에서 격리된 채 동포들에 둘러싸여 최대한 편안하게 느끼도록 만든 데 있었다. 그러나 정기적으로 (매년) 멀리 떨어진 곳으로 간다는 단순한 사실, 그리고 갈 때마다 자가용과 전세 비행기 등 새로운 교통수단을 이용한다는 사실만으로도, 그때까지 고립되어 있던 사람들은 (그리고 특히 그들의 자녀들은) 훨씬 더 큰 세계로 열린 창을 제공받았다.

1960년대까지 유럽인의 압도적 다수가 이용할 수 있는 정보와 여론, 오락의 주된 원천은 라디오였다. 사람들은 라디오에서 뉴스를 들었고, 공통된 국민 문화가 존재했다면 사람들은 보거나 읽은 것이 아니라 들은 것을 통해 그러한 문화를 형성했다. 당시 유럽의 모든 나라에서 라디오는 국가가 통제했다(프랑스에서는 자정이 되면 전국의 방송망이 차단되었다). 방송국과 기지국, 주파수는 중앙 정부가 허가했고 소유자도 대체로 중앙 정부였다. 국경 밖으로 방송을 송출하는 소수의 라디오 방송국은 보통 선박이나 섬에 자리를 잡았는데, 일상 회화에서 〈해적〉으로 지칭되었다는 사실은 암시하는 바가 크다.

라디오는 이미 전쟁 전에 널리 보급되었고 1960년이면 거의 누구나 보유했다. 그해 소련에서는 다섯 명 중 한 명이 라디오를 소유했고, 프랑스와 오스트리아, 스위스에서는 네 명 중 한 명, 스칸디나비아와 동독에서는 세 명에 한 명꼴로 라디오를 보유했다. 사실상 거의 모든 가정이 라디오를 갖고 있었던 셈이다.[19] 대부분의 가정용 라디오는 커다랗고 다루기 힘든 두 대전 사이의 진공관 라디오에서 조금도 발전이 없었다. 대체로 한 가정이 한 대씩 갖고 있었다. 라디오는 거실이나 부엌의 좋은 자리를 차지했으며, 부득이 가족이 한 자리에 모여 청취해야 했다. 이 점에서 자동차에 부착된 라디오도 거의 변화가 없었다. 가족들은 함께 여행하고 함께 라디오를 들었으며 부모가 방송을 선택했다. 따라서 진공관 라디오는 자연히 보수적인 방송 매체였다. 내용도 그랬거니와 라디오가 장려하고 지지했던 사회적 경향도 보수적이었다.

트랜지스터 라디오가 등장하면서 이 모든 상황이 변했다. 1958년에 트랜지스터 라디오는 여전히 귀했다. 예를 들어 프랑스 전역에 겨우 26만 대밖에 없었다. 그러나 3년 후인 1961년이면 프랑스의 트랜지스터 라디오는 225만 대로 늘어난다. 1968년에는 프랑스 사람 중 열에 아홉이 라디오를 보유했는데, 그중 3분의 2가 휴대용 모델

19 이베리아반도와 남부 발칸 지역은 예외였다. 그곳에서 1960년에 라디오 보유 정도는 대체로 35년 전의 서유럽과 견줄 만했으며, 사람들은 뉴스와 음악을 듣기 위해 여전히 카페에 몰려들었다.

이었다. 십 대 청소년들은 이제 보통은 저녁 식사 후로 정해진 〈가족 청취 시간〉에 어른의 취향에 맞는 뉴스와 드라마를 듣기 위해 가족과 함께 둘러앉아 있을 필요가 없게 되었다. 십 대는 이제 프랑스 국영 라디오의 「동무들 안녕Salut les Copains」과 영국 방송 공사의 「가요 모음Pick of the Pops」 같은 자신들만의 방송을 들었다. 개인별로 라디오를 듣게 되자 프로그램은 대상을 구체적으로 정하게 되었다. 그리고 국영라디오 제도가 변화에 재빨리 적응하지 못하자, 〈주변부〉 라디오 방송국들이 기회를 잡았다. 이런 라디오 방송국들은 합법적이었지만 국경 너머에서 송출하고 상업 광고로 재정을 충당했는데, 예를 들면 라디오 룩셈부르크, 라디오 몬테카를로, 라디오 안도라 등이 있었다.

전지를 쓰는 트랜지스터 라디오는 가볍고 휴대할 수 있었으며, 따라서 이동성이 증가하는 시대에 잘 맞았다. 라디오의 자연스러운 자리는 관광객이 몰리는 해변이나 공원이었다. 그러나 라디오는 여전히 청각 매체였고, 그래서 시각이 점점 더 중요해지는 시대에 적응하는 데 한계가 있었다. 노인들에게는 라디오가 정보와 계몽, 오락의 주된 원천이었다. 또한 공산 국가에서 라디오는 〈라디오 자유 유럽〉과 보이스 오브 아메리카, 그리고 특히 영국 방송 공사 세계 방송 BBC World Service으로부터 검열을 거치지 않은 뉴스와 여론을 들을 수 있는 유일한 수단이었다. 그러나 장소에 상관없이 젊은이들은 무엇보다 대중음악을 청취했다. 다른 것들은 점차 텔레비전을 통해 보았기 때문이다.

유럽에서 텔레비전 방송의 보급은 더뎠으며 일부 지역에서는 매우 늦었다. 영국에서 정규 방송 송출은 1940년대에 시작되었으며, 많은 사람들이 1953년 엘리자베스 여왕 즉위식을 생중계로 시청했다. 1958년이 되면 텔레비전 방송 면허가 라디오 방송 면허보다 많았다. 영국에는 1960년대가 되기 전에도 가정용 텔레비전 수상기가 1천만 대나 보급되었다. 이와 대조적으로 프랑스엔 1953년에 겨우 6만 대가 있었다(당시 서독에는 이미 20만 대, 미국에는 1500만 대가 보급되어 있었다). 1960년에도 프랑스에서 텔레비전 수상기를 갖춘 가정은 여덟 집에 한 집 정도로, 인구 규모가 비슷한 영국의 5분의 1이었다. 이탈리아의 텔레비전 보급률은 훨씬 더 낮았다.

그러나 1960년대가 지나면서 텔레비전은 거의 모든 곳에서 유행했다. 작은 흑백 텔레비전 수상기는 가장 평범한 축에 드는 가정에서도 구할 수 있었으며 점차 집안 가구의 필수품이 되었다. 1970년 서유럽에서 평균 네 명당 한 명꼴로 텔레비전 수상기를 보유했다. 영국에선 그 비율이 좀 더 높았고 아일랜드에선 좀 더 낮았다. 프랑스와 네덜란드, 아일랜드, 그리고 (냉장고뿐만 아니라 텔레비전 수상기에서도 유럽 최대 생산국인) 이탈리아 등 당시 몇몇 나라에서는 전화보다 텔레비전을 더 원한 가정이 많았다. 그렇지만 후대의 기준으로 보면 텔레비전 시청 시간은 그렇게 많지 않았다. 이탈리아 성인의 4분의 3이 한 주에 시청한 시간은 13시간 미만이었다. 동독에서는 전 세대의 3분의 2가 텔레비전 수상기를 한 대씩 보유했다(반면 냉장고를 보유한 가정은 절반에 못 미쳤다). 체코슬로바키아와 헝가리, 그리고 일찍이 1954년부터 핀란드 텔레비전 방송을 시청할 수 있었던 에스토니아의 텔레비전 수상기 보급률은 그보다 약간 뒤졌다.

텔레비전이 가져온 충격은 복합적이었다. 텔레비전의 소재는 처음에 그다지 혁신적이지 않았다. 국가가 방송 채널을 소유했기 때문에 프로그램의 정치적·도덕적 내용은 어린이나 성인에게 매한가지로 엄격하게 규제되었다. 상업 방송은 1955년에 영국에서 시작했으나 다른 곳에서는 매우 늦게 등장했으며, 대부분의 유럽 국가에서는 1970년대에 들어서야 민영 텔레비전 채널의 허용 문제가 제기되었다. 텔레비전이 처음 등장했을 때, 프로그램 편성은 대체로 관습적이었고 고리타분했으며 상당히 오만했다. 프로그램은 전통적인 규범과 가치를 뒤흔들기보다는 그 타당성을 확인했다. 이탈리아에서 1954년에서 1956년까지 이탈리아 방송 공사RAI의 수장이었던 필리베르토 구알라는 직원들에게 자신들의 프로그램이 〈가족 제도의 토대를 훼손〉하거나 〈천한 본능을 일깨울 수 있는 태도나 자세, 구체적인 내용〉을 표현하는 것이 아니라고 이야기했다.[20]

채널은 어느 곳이나 한 개 아니면 많아야 두 개였으므로 선택 범위는 매우 좁았고, 방송은 오후와 저녁에 겨우 몇 시간 송출되었다. 그럼에도 텔레비전은 사회적 전복의 매체였다. 누구에게나 동일한 경험과 공통의 시각적 문화를 제공함으로써 외진 지역 사회의 고립과 무지를 끝내는 데 크게 기여했다. 〈프랑스인〉이나 〈독일인〉, 〈네덜란드인〉이 된다는 것은 이제 초등 교육이나 공공 축제보다는 각 가정으로 밀고 들어온 이미지들을 통해 국가를 이해함으로써 형성되었다. 〈이탈리아인〉은 좋든 싫든 100년간의 통일된 중앙 정부가 아니라 국영 방송에서 스포츠와 호화 쇼를 시청하는 공동의 경험을 통해 정체성을 확인했다.

텔레비전은 특히 중앙 정치를 국내의 중심 문제로 만들었다. 텔레비전이 등장하기 전까지 파리나 본, 로마, 런던의 정치는 엘리트들만의 일이었다. 멀리 떨어져 있는 지도자들은 육신에서 떨어져 라디오를 통해 흘러나오는 목소리나 생기 없는 신문지상의 사진, 판에 박힌 뉴스 영화에 양식화된 형태로 짧게 등장하는 모습으로나 알 수 있었다. 그런데 이제 20년이 채 못 되는 짧은 기간 안에 정치 지도자들은 텔레비전과 사이좋게 지내야 했다. 시청자 대중에게 권위와 확신을 전해 줄 수 있었으며 평등주의자의 편안함과 따뜻한 친밀감을 가장할 수도 있었다. 대부분의 유럽 정치인들은 미국의 정치인들보

---

20 Paul Ginsborg, *A History of Contemporary Italy. Society and Politics 1943~1988* (1990), p. 240.

다 그러한 연기의 준비가 훨씬 부족했다. 많은 노인 정치인들은 텔레비전 카메라 앞에 섰을 때 가련해 보일 정도로 실수를 연발했다. 적응력이 더 뛰어난 젊은 후보자들은 막대한 이득을 보았다. 영국의 보수당 정치인 에드워드 히스는 회고록에서 자신의 적인 노동당 당수 해럴드 윌슨이 매체에서 거둔 성공에 관해 이렇게 언급해야 했다. 텔레비전은 〈적절하게 조작할 능력을 지닌 허풍쟁이라면 누구나 악용할 수 있었다. 그 점은 다음 10년간 입증되었다.〉

텔레비전은 같은 시각 매체인 영화를 직접적으로 위협했다. 영상 오락으로서 대안이 되었을 뿐만 아니라 장편 영화가 집 안까지 들어온 까닭에 최신 개봉작이 아니면 구태여 밖으로 나갈 필요가 없었다. 1946년에서 1958년 사이에 영국 영화관은 관객의 56퍼센트를 빼앗겼다. 유럽 다른 곳의 관객 숫자는 좀 더 천천히 줄어들었지만 오십보백보였다. 영화관을 찾는 현상은 지중해 유럽에서 가장 오래 유지되었다. 이탈리아의 경우가 특별했는데, 1970년대 중반까지도 관객 수준이 매우 일정했다. 그런데 이탈리아 사람들은 정기적으로 (보통 매주) 영화를 관람했을 뿐만 아니라, 영화를 만들기도 했다. 1950년대 중반에 로마에서 영화 산업은 건설업에 이어 두 번째로 많은 사람을 고용했고, 유명한 작가 감독들의 고전적인 작품뿐만 아니라 미인 대회 수상자와 잠깐 반짝했다 사라지는 풋내기 여배우들이 출연하는 영화들도 끝없이 쏟아져 나왔다가 기억 속에서 금방 사라졌다.

그러나 결국 이탈리아의 영화 산업조차 쇠퇴했고 관람객 수도 급감했다. 할리우드처럼 풍부한 자원이 없었던 유럽의 영화 제작자들은 규모나 〈생산액〉에서 미국 영화와 경쟁할 수 없었고, 〈뉴웨이브〉든 키친싱크 드라마든 가족 코미디든 점점 더 〈일상생활〉 영화에 국한했다. 유럽 영화는 사회 활동이었으나 이제 예술의 한 형태로 쇠락했다. 1940년대와 1950년대의 관객은 어떤 영화가 상영되든 상관없이 자동적으로 지역의 영화관을 찾았으나, 이제는 관심이 가는 특정 영화를 볼 때에만 영화관에 갔다. 대신 텔레비전 시청자는 어떤 프로그램이 〈방송 중〉이든지 되는 대로 보며 여흥을 즐겼다.

텔레비전은 〈젊은〉 매체였는데도 특히 국가의 규제를 받은 탓에 문화적으로 신중했던 초창기 몇 년 동안 노인 시청자들에게 큰 인기를 누렸다. 일찍이 라디오를 청취하거나 외출하여 영화관에 갔던 성인 남녀는 이제 집 밖에 나가지 않고 텔레비전을 시청했다. 상업 스포츠, 특히 축구나 개 경주 같이 전통적으로 관객 동원력이 큰 스포츠가 타격을 입었다. 관중들이 더 편리하고 편안한 대안적인 여흥의 원천을 찾은 것이 그 첫 번째 이유였고, 스포츠가 곧 주말에 텔레비전으로 방송되었다는 것이 두 번째 이유였다. 젊은이들이나 밖에서 떼 지어 몰려다녔다. 그리고 젊은이들의 오락 취향도 서서히 변했다.

1950년대 말부터 유럽 경제에는 베이비붐의 상업적 효과가 최대로 나타났다. 첫째, 갓난아이와 걸음마를 시작한 아기, 어린이를 위한 상품, 즉 유모차와 아기 침대, 기저귀, 이유식, 아동복, 운동 장비, 책, 게임 도구, 장난감 등이 폭발적으로 증가했다. 그다음으로 학교 관련 업무와 교육 사업이 엄청나게 팽창했고, 그 결과로 교사가 증가했을 뿐만 아니라 교복과 책상, 교과서, 학교 설비, 계속 증가하는 교육용 제품들의 새로운 시장이 열렸다. 그러나 이 모든 재화와 용역의 구매자는 성인, 즉 부모와 친척, 학교 행정 직원, 중앙 정부였다. 1957년 무렵부터, 유럽 역사상 처음으로 젊은이들이 스스로 물건을 구입했다.

그때까지 청소년은 별개의 소비자 집단이 아니었다. 실제로, 〈청소년〉은 존재하지도 않았다. 전통적인 가족과 지역 사회에서 아이들은 학교를 떠나 직업 전선에 들어설 때까지 계속 아이들이었고, 직업 전선에 들어서면 젊은 어른이 되었다. 지위가 아니라 연령으로 세대를 규정지은 〈십 대teenager〉라는 새로운 중간 범주에는(아이도 아니고 어른도 아니었다) 선례가 없었다. 그리고 몇 년 전까지만 해도 그들(십 대)이 별개의 소비자 집단을 대표할 수 있다고는 생각은 전혀 할 수 없었다. 대다수 사람들에게 가족은 언제나 생산의 단위였지 소비의 단위가 아니었다. 가족 내의 젊은 구성원이 홀로 현금을 벌어들여도 이는 가족 소득의 일부였고 공동 비용의 지출에 쓰였다.

그러나 실질 임금이 급속하게 증가하면서 대부분의 가정이 주 소득자의 수입으로 생계를 유지할 수 있었을 뿐만 아니라 과거보다 더 잘 살았다. 부모가 맞벌이를 한다면 그 가능성은 더욱 컸다. 열네 살에 학교를 졸업한 아들이나 딸이(그 시절 대부분의 서유럽 유년 세대는 대체로 그 나이에 학교를 떠났다) 집에서 같이 살면서 안정된 직업을 가졌거나 시간제로 일을 해도 이제는 매주 금요일 소득의 전부를 자동적으로 집에 넘겨주리라고 기대할 수 없었다. 1965년에 프랑스에서 여전히 부모와 동거했던 열여섯 살에서 스물네 살 사이의 젊은이 중 65퍼센트가 자신들이 벌어들인 소득 전부를 마음대로 썼다.

이와 같은 사춘기의 새로운 소비력은 의상에서 가장 즉각적이고 명백하게 표현되었다. 베이비붐 세대가 미니스커트와 긴 머리를 발견하기 한참 전에, 바로 전 선배들은(종전 직후가 아니라 전쟁 중에 태어난 세대) 1950년대 말의 갱단 숭배에서 자신들의 모습을 찾았다. 몸을 꽉 죄는 어두운 옷차림을 한(가죽일 때도 있고 스웨이드 가죽일 때도 있었지만 언제나 날카롭게 잘려 있었고 왠지 모르게 위협적이었다) 〈블루송 누아르blousons noirs〉(프랑스), 〈할프슈타르커 Halbstarker〉(독일과 오스트리아), 〈신크누타르skinnknuttar〉(스웨덴)는 런던의 테디보이teddy boy처럼 냉소적이고 냉담한 태도를 가장했다.[21] 「난폭한 놈The Wild One」의 말런 브랜도와 「이유 없는 반항 Rebel Without a Cause」의 제임스 딘과 닮은 모습이었다. 그러나 이따금 폭력이 분출하기는 했지만(가죽 옷을 입은 청년 갱단이 카리브해 출신 이민자들을 공격했던 영국에서 가장 심각했다), 이 젊은이들과

21 각각 건달패(프랑스), 불량배(독일과 오스트리아), 폭주족(스웨덴), 불량배(영국)를 뜻한다 — 옮긴이주.

그 의복이 주로 위협한 것은 연장자들의 예절 의식이었다. 이 젊은 이들은 다르게 보였기 때문이다.

특정 연령의 고유한 의복은 독립심과 반항의 표현으로서 중요했다. 그것은 새로운 현상이었다. 과거에 젊은 성인은 아버지와 어머니가 입던 것과 똑같은 옷을 입는 수밖에 달리 대안이 없었다. 그러나 경제적 관점에서, 십 대의 소비 습관이 가져온 가장 중요한 변화는 의복이 아니었다. 젊은이들은 의복에 많은 돈을 썼지만, 음악에는 한층 더 많은, 아니 훨씬 더 많은 돈을 썼다. 1960년대 초에 아주 자동적이었던 〈십 대〉와 〈대중음악〉의 결합에는 문화적 토대는 물론 상업적 토대도 존재했다. 미국과 마찬가지로 유럽에서도 십 대의 기여 없이도 가족 생활비가 충분해지자, 해방된 사춘기 청년들이 처음 한 일은 축음기를 사는 것이었다.

엘피판은 1948년에 발명되었다. 이듬해 아메리카 라디오RCA는 한 면에 한 곡씩 녹음된, 분당 45회 회전하는 〈싱글〉을 판매했다. 유럽에서는 판매량이 미국만큼 빠르게 증가하지는 않았어도(미국의 음반 판매량은 1955년 2억 7700만 달러에서 4년 후 6억 달러로 증가했다) 어쨌든 늘어났다. 영국의 젊은이들은 초기에는 유럽 대륙보다 미국의 대중음악에 더 많이 노출되었는데, 평자들에 따르면 대중음악은 1965년 빌 헤일리 앤 히즈 카미츠Bill Haley & His Comets와 플래터스The Platters가 출연한 영화 「록 어라운드 더 클락Rock Around the Clock」이 상영된 날부터 폭발적으로 증가했다. 영화 자체는 그다지 많은 것을 요구하지 않는 록 음악 영화의 기준으로 보더라도 평범했으나, (헤일리가 연주한) 동명의 타이틀 곡에 한 세대의 영국 십 대는 감전된 듯 갑자기 활기를 띠었다.

재즈에 전혀 큰 매력을 느끼지 못한 노동 계급 십 대들은 즉시 미국 대중음악의 혁명에 이끌렸다(그리고 그 결과로 영국 음악에도 이끌렸다). 미국의 대중음악은 선율이 강렬하고 아름다웠으며 쉽게 이

해되고 섹시했으며 무엇보다 그들의 음악이었다.[22] 그렇지만 분노
는 없었고, 폭력은 더욱 없었다. 심지어 섹스도 음반 회사 제작자들
과 영업 담당자, 라디오 방송국 임원진에 의해 철저하게 감추어졌다.
그 이유는 초창기의 대중음악 혁명이 1950년대의 현상이었기 때문
이다. 1960년대의 문화적 탈바꿈에 동반된 것이 아니라 그 문화적
변화에 선행했던 것이다. 결과적으로 대중음악 혁명은 빈번히 공식
적인 비판의 대상이 되었다. 지역 의회의 공안위원회는 엘비스 프레
슬리의 단연 월등한 록 뮤지컬 「제일하우스 록Jailhouse Rock」을 금
지했던 것처럼 「록 어라운드 더 클락」을 인정하지 않았다.

　웨일스의 스완지 시 유지들은 영국인 스키플[23] 연주자인 로니 도
니건을 〈부적절한〉 인물이라고 생각했다. 1950년대 말에 록 가수로
는 평범했던 영국인 토미 스틸은 안식일에 포츠머스에서 연주할 수
없었다. 조니 알리데는 진 빈센트나 에디 코크란 같은 미국 록 가수
들을 모방하려 한 프랑스인으로 절반쯤 성공했는데, 1960년에 그의
첫 음반이 출시되었을 때 프랑스의 보수적인 지식인 세대는 격분했
다. 돌이켜 보건대, 서유럽 전역의 부모와 교사, 성직자, 학자, 정치
가들이 드러낸 끔찍하게 혐오스럽다는 반응은 이상하게도 어울리
지 않았다. 헤일리와 도니건, 스틸, 알리데 등은 10년이 채 지나지 않
아 시대에 뒤져 가망이 없었다. 그들은 무해한 선사 시대의 유물이
되어 버렸다.

　1950년대 말과 1960년대 초 유럽의 십 대들은 세계를 바꾸겠다는
열망을 품지 않았다. 그들은 안전과 적당한 풍요 속에서 성장했다.

22　재즈의 한계는 강조할 필요가 있을 것이다. 재즈는 1960년대의 미국 민속음악처럼
소수의 서유럽 사람들만이 그 진가를 인정하고 구매했다. 재즈 애호가들은 보통 교육받은
계층의 부르주아나 보헤미안이었고(둘 다 해당되는 경우가 대부분이었다) 로큰롤에 열광
하던 이들보다 평균적으로 나이가 많았다. 동유럽의 상황은 조금 달랐다. 그곳에서 재즈는
미국 (그리고 흑인) 음악이었다. 따라서 이국적인 동시에 파괴적이었고, 서방 음악이었으나
과격했다. 그리고 좀 더 서방적이지 못하다는 비난을 달고 다녔다.

23　skiffle. 1950년대 영국에서 유행한 민요조의 재즈 — 옮긴이주.

그들 대부분은 단지 다르게 보이기를 원했다. 여행하고 음악을 연주하고 이것저것을 구매하고자 했다. 이 점에서 자신들이 좋아하는 가수들과 트랜지스터 라디오에서 들었던 프로그램의 디스크자키들의 행동과 취향을 반영했다. 그렇지만 이들은 장차 혁명적 변화를 낳게 될 작은 씨앗이었다. 이 시기의 십 대는 부모들보다 더욱 동질적이어서, 소비자 붐을 예고하고 일으킨 광고 산업의 표적이 되었다. 갈수록 더 많은 상품이 제조되고 판매되었으며 전례 없이 다양한 형태로 출현했다. 자동차와 의복, 유모차, 포장 식품, 가루비누 등 전부 놀랄 정도로 다양한 형태와 크기와 색깔로 시장에 나왔다.

광고는 유럽에서 긴 역사를 갖고 있다. 신문, 특히 1890년대부터 번성했던 대중지는 언제나 광고를 실었다. 이탈리아에서는 1950년대가 되기 훨씬 전부터 어지럽게 널린 거리의 광고판과 현수막이 오랫동안 도시의 경관을 해쳤으며, 20세기 중반에 프랑스를 여행한 사람이라면 누구나 농가의 벽과 도시의 테라스에서 생라파엘St Raphaël이나 뒤보네Dubonnet를 마시라고 권하는 그림에 익숙했을 것이다. 사진은 물론 상업 광고 노래도 유럽 전역의 극장에서 오랫동안 뉴스 영화와 동시 상영관의 삼류 영화에 따라다녔다. 그러나 그러한 전통적 광고는 특정인을 대상으로 한 제품 생산이나 연령대나 취향으로 나뉜 시장을 고려하지 않았다. 반면 1950년대 중반부터는 소비자 선택이 마케팅의 주요 고려 사항이 되었다. 전쟁 이전의 유럽에서는 사업 비용에서 아직 상대적으로 작은 부분이었던 광고가 이젠 중요한 역할을 떠맡았다.

게다가 영국에서 상업 방송 초기에 텔레비전을 통해 광고된 청소 용품과 아침밥 대용의 시리얼이 주부와 아이들을 겨냥한 데 반해, 라디오 몬테카를로 등의 광고는 주로 〈청소년〉 시장을 겨냥했다. 십 대가 재량껏 소비했던 물품들 즉 담배와 술, 원동기 자전거, 오토바이, 적당한 가격의 유행 옷, 신발과 양말, 화장품, 머리 용품, 보석,

잡지, 음반, 축음기, 라디오 등은 그때까지 아직 열리지 않은 거대한 현금의 보고였다. 광고 대행사들이 떼 지어 이 기회에 편승했다. 영국에서 소매 광고에 지출된 금액은 1951년 1억 200만 파운드에서 1978년 25억 파운드로 증가했다.

프랑스에서 사춘기 청소년을 겨냥한 잡지 광고에 든 비용은 1959년에서 1962년에 이르는 결정적인 시기에 400퍼센트가 증가했다. 많은 사람들에게 광고에 그려진 세계는 여전히 가질 수 없는 세계였다. 1957년의 여론조사에 따르면 프랑스의 대다수 젊은이는 자신들이 선택한 여흥을 즐길 수 없고 자신들이 상상하는 휴가를 떠날 수 없으며 자신들만의 운송 수단을 갖지 못했다고 불평했다. 그러나 조사에 응한 젊은이들이 이미 이러한 재화와 서비스를 절대로 바랄 수 없는 환상이 아니라 빼앗긴 권리로 여겼다는 점은 뜻하는 바가 크다. 같은 기간, 영국 해협 건너편에서 한 무리의 중간 계급 활동가들이 상업 광고의 직접적인 충격과 광고로 판매하는 상품의 만개에 심사가 불편하여 유럽 최초의 소비자 안내서를 출판했다. 의미심장하게도 책 제목은 〈무엇What〉이 아니라 〈어느 것Which?〉이었다.

이것이 바로 영국의 소설가 J. B. 프리스틀리가 1955년에 〈애드매스admass〉라고 묘사한 멋진 신세계였다. 이는 당대의 다른 많은 관찰자에게 매우 단순하게 말해서 〈미국처럼 되기〉, 다시 말해 현대 미국의 모든 관행과 열망을 유럽에 받아들이는 것이었다. 많은 사람들이 미국화를 근본적인 이탈이라고 생각했지만 이는 사실 새로운 경험은 아니었다. 유럽은 적어도 30년 동안 〈미국처럼 변했다〉. 그리고 그러한 변화를 두려워했다.[24] 미국 방식의 생산 라인과 〈테일러주의〉 작업 속도의 유행은 사람들이 미국 영화와 패션에 매혹당한

---

24 미국 작가 윌리엄 스테드는 1902년에 『세계의 미국화The Americanization of the World』를 출간함으로써 이러한 경향을 예견했다. 하지만 이 정도일 줄은 짐작하지 못했을 것이다.

경우처럼 제2차 세계 대전 이전에도 이미 오래된 이야기였다. 두 대전 사이 유럽 지식인들은 모든 사람 앞에 놓여 있는 미국적 현대성의 〈영혼 없는〉 세계를 한탄했다. 그리고 나치와 공산당도 자신들이 뉴욕과 그러한 모범의 확산이 상징하는 무제한의 미국 자본주의와 뿌리 없는 〈잡종〉 세계주의에 맞서 싸우는 문화와 가치의 수호자라고 크게 떠벌였다.

유럽인들의 상상 속에 언제나 존재했지만 그리고 서유럽 전역의 기지에 미국 병사들이 물리적 실체로서 주둔하고 있었지만, 대다수 유럽인은 미국을 잘 몰랐다. 미국인은 이 시기 대륙의 유럽인 대부분이 전혀 모르는 언어였던 영어를 말했다. 미국의 역사와 지리는 유럽의 학교에서 연구되지 않았다. 미국 작가들은 소수의 교육받은 계층에도 알려져 있지 않았다. 미국의 정치 제도는 소수의 특별한 사람들을 제외한 거의 모두에게 불가사의였다. 미국 여행에는 오랜 시일이 걸리고 많은 비용이 들었기 때문에 할 수 있는 사람이 거의 없었다. 부자(그중에서도 일부), 노동조합 운동가와 기타 마셜 원조의 지원 대상으로 선정된 자들, 수천 명의 교환 학생들만이 미국을 여행했다. 그 밖에 미국을 여행한 사람들이라면 1900년 이후 미국으로 이민을 떠났다가 노년에 시칠리아나 그리스의 섬들로 귀국한 수많은 그리스인과 이탈리아인뿐이었다. 동유럽 사람들은 종종 서유럽 사람들보다 미국에 더 많은 연결 고리를 지니고 있었다. 많은 폴란드인이나 헝가리인이 미국에 건너가 사는 친구나 친척을 알고 있었거니와 할 수만 있다면 미국으로 건너가려 했던 사람은 더욱 많았기 때문이다.

확실히, 미국 정부와 여러 사설 기관들(특히 포드 재단)은 유럽과 미국 사이의 간극을 메우려고 최선을 다했다. 1950년대와 1960년대 초는 아메리카 하우스America House에서 풀브라이트 장학생에 이르기까지 미국의 대외 문화 투자가 활발했던 시절이었다. 일부 지역에서, 특히 독일 연방 공화국에서 그 영향은 심대했다. 1948년에서 1955년 사이에 1만 2천 명의 독일인이 미국으로 건너가 한 달 이상 체류했다. 서독인 전 세대는 미국의 군사적·경제적·문화적 그늘 밑에서 성장했다. 루트비히 에르하르트가 언젠가 자신을 〈미국의 발명품〉이라고 묘사했을 정도였다.

그러나 이러한 종류의 미국의 영향력과 사례는 기이하게도 미국의 직접적인 경제적 관여에 의존하지 않았다는 점을 강조할 필요가 있다. 1950년에 미국은 서방 주식 자본의 5분의 3을 소유했고 그와 비슷한 크기의 생산고를 차지했으나, 대서양 건너편에서 발생한 수익은 거의 갖지 못했다. 1945년 이후의 투자는 주로 미국 정부에서 나온 것이었다. 1956년 미국의 대유럽 민간 투자는 겨우 41억 5천만 달러에 그쳤다. 하지만 이후 가파르게 증가했고 1960년대에 비약적으로 치솟아 1970년 245억 2천만 달러에 이르렀다. 당시 이러한 사정 때문에 미국 경제력의 성장을 경고하는 출판물이 쏟아져 나오는 소동이 벌어졌다. 1967년에 간행된 장자크 세르방슈레베르의 평론집 『미국의 도전 Le Défi américain』이 대표적이다.

유럽에서 미국 경제의 존재감은 직접적인 경제 투자나 여타 경제 수단이 아니라 미국과 유럽에 똑같이 영향을 미쳤던 소비 혁명에서 감지되었다. 유럽인은 이제 미국 소비자들에게는 이미 일반화된 전화기와 백색 가전, 텔레비전, 사진기, 청소 용품, 포장 식품, 화려하면서도 저렴한 의류, 자동차와 차 부속품 등 엄청나게 많은 제품들을 만나게 되었다. 이러한 풍요와 소비는 하나의 생활양식, 즉 〈미국적 생활양식〉이었다. 젊은이들에게 〈미국〉의 매력은 그 과감한 현대성에 있었다. 미국은 추상명사로서 과거의 반대말이었다. 거대했고 개방적이었으며 번영했다. 그리고 젊었다.

앞서 지적했듯이, 〈미국화〉의 한 가지 측면은 대중음악이었다. 물론 이조차 새로운 양식은 아니었다. 〈래그타임 ragtime〉은 1903년 빈에서 처음으로 연주되었고, 미국의 댄스 밴드와 재즈 악단은 제2차 세계 대전 전후로 널리 보급되었다. 대중음악은 특별히 일방적인 과정도 아니었다. 현대의 대중음악은 대체로 수입된 장르와 토착 장르가 뒤섞인 잡종이었다. 영국의 〈미국〉 음악과 프랑스나 독일의 〈미국〉 음악 사이에는 미묘한 차이가 있었다. 특히 프랑스인의 취향은 고국의 편견을 피해 파리로 도망친 흑인 공연 예술가들의 영향을 받았다. 그래서 프랑스 문화 속의 〈미국〉이란 개념에는 인종주의적 이미지가 뚜렷하게 주입되었다.

1950년대에 미국의 모범은 주로 영화라는 매체를 통해 유럽의 청중들에게 충격을 가져다주었다. 유럽 관객들은 거의 아무런 제한 없이 할리우드가 수출하는 모든 작품을 볼 수 있었다. 1950년대 말, 미국은 연간 500편의 영화를 유럽에 판매했는데, 당시 유럽의 전체 제작 편수는 450편에 불과했다. 물론 미국 영화는 언어에서 불리했다(여러 곳에서, 특히 이탈리아에서 영화 전체를 지역 언어로 재녹음하기는 했다). 그리고 이는 일정 연령 이상의 관객이 계속 자국 영화를 더 좋아한 이유 중 하나였다. 그러나 그 자녀들의 느낌은 달랐다. 젊은 관객들은 점차 미국의 장편 영화를 감상했다. 그리고 그 영화들은 종종 히틀러나 스탈린을 피해 도망쳤던 유럽인 감독이 만든 것이었다.

당대의 비평가들이 보기에 미국의 대중문화는 체제 순응주의에 물들었고, 대중 관객을 겨냥하여 제작한 영화는 직간접적으로 정치적 메시지를 실어 전달했다. 비평가들은 이 때문에 유럽 청년들의 감수성이 오염되거나 무뎌질까 봐 걱정했다. 그렇지만 영향이 있었다고 한다면 방향은 오히려 그 반대였던 것으로 보인다. 유럽의 청년 관객은 미국 주류 영화의 선전 내용을 걸러 냈다. 20년 전 부모들이 그랬던 것처럼 화면 위에 묘사된 〈좋은 삶〉을 부러워했지만, 미국적인 연애와 가정사의 판에 박힌 이야기들이 보여 주는 진부함과 순진함을 크게 비웃었다. 그렇지만 동시에 이따금 파괴적이었던 연기자들의 옷차림에는 매우 세심하게 주의를 기울였다.

미국 영화에서 연주된 음악은 라디오를 통해 카페와 술집, 무도장에서 다시 들을 수 있었다. 영화 속에 묘사된 반항적인 미국 청년의 보디랭귀지는 당대 유럽의 청년들에게는 유행의 성명서가 되었다. 유럽의 젊은이들은 〈미국식〉으로 옷을 입었다. 1963년 5월, 파리의 벼룩시장에 〈진짜 리바이스〉 청바지가 처음 등장했을 때 수요가 공급을 한참 초과했다. 미국 청년들의 유니폼인 청바지와 티셔츠는 계급적 함의를 전혀 내포하지 않았다(적어도 최고급 의상 디자이너들의 전유물이 되기 전까지는 그랬다. 그리고 그때 나타난 차이도 사회적 지위가 아니라 물질적 재원의 차이였다). 실제로 중간 계급이나 노동 계급이 똑같이 착용했던 청바지는 전통적인 〈하향식〉 의상 발달의 정반대 경우를 보여 주었다. 진짜 작업복이 상층으로 보급되었던 것이다. 청바지는 또한 명백히 청년의 옷이었다. 1950년대 말의 영화들에서 모방된, 몸에 꼭 맞는 다른 많은 의복들처럼, 청바지는 나이 많은 사람한테는 어울리지 않았다.

청바지는 오토바이와 코카콜라, (남자와 여자의) 부풀린 머리, 인기 대중음악 가수처럼 아주 짧은 시간 안에 서유럽 전역에서 현지에 맞게 변화했다(동쪽으로 더 가면 영화와 영화에서 돋보였던 제품들 둘 다 얻을 수 없었다). 청바지는 더 폭넓은 양식의 일부였다. 공상 과학, 탐정, 서부극 등 보통의 미국 영화 주제들은 유럽 판으로 바뀌었다. 수백만 명의 서독인은 미국에 단 한 번도 가보지 못한 자국 작가들의 문고판 소설을 읽고 카우보이에 대해 알게 되었다. 1960년에 독일어로 쓰인 〈서부극〉 소설은 독일 연방 공화국 한 곳에서만 한 해에 9100만 부가 팔렸다. 벨기에 소년 탐정 『땡땡Tintin』에 이어 두 번째로 인기 있던 유럽의 만화 등장인물은 벨기에의 다른 작품 『럭키 루크Lucky Luke』였다. 불행하지만 매력적인 카우보이 루크는 프랑스어와 네덜란드어로 된 만화에 주 1회 등장하여 인기를 끌었다. 실제의 미국이든 상상 속의 미국이든 미국은 온갖 장르의 가벼운 오락에서 자연스러운 무대가 되었다.

미국이 유럽의 젊은이들에게 준 충격은 이미 널리 한탄의 대상이었던 〈세대 차이〉에 직접적으로 일조했다. 연장자들은 도처에서 실제와 가공의 아메리카니즘을 떠들어 댔던 유럽 젊은이들의 버릇을 목격했고 유감스럽게 생각했다. 어느 연구에 의하면 1960년대에 오스트리아와 독일의 신문에서 그러한 〈아메리카니즘〉은 열네 배 증가했다. 1964년에 프랑스의 평론가 르네 에티앙블은 영어 사용에 따른 오염이 프랑스어에 가한 해로움을 위로하듯 설명하는 『프랑글레를 할 줄 아나요*Parlez-vouz Franglais?*』를 출간했다.

미국 문명과 그 모든 표현을 원칙적으로 불신하고 혐오하는 반미주의는 전형적으로 문화 엘리트에 국한되었다. 문화 엘리트의 영향력 때문에 반미주의는 실제보다 더 넓게 확산되어 있는 것처럼 보였다. 프랑스의 앙드레 시그프리드(그의 1954년 작 『미국의 풍경 *Tableaux des États-Unis*』은 두 대전 사이에 벌어진 논쟁의 모든 분노와 반유대주의를 되풀이했다) 같은 문화적 보수주의자들은 장폴 사르트르 같은 문화적 급진파에 동의했다. 미국은 기술, 표준화, 순응주의에 빠졌으며 사상의 독창성을 상실하고 히스테리에 사로잡힌 청교도들의 나라라는 얘기였다. 그러한 문화적 불안은 미국이 던져준 도전이나 위협보다는 유럽 안에서 일어나는 변화의 속도와 더 많은 관계가 있었다. 유럽의 십 대들이 미래를 이전에는 한 번도 경험해 보지 못한 미국과 동일시했듯이, 부모들은 실제로는 존재한 적도 없는 유럽을 상실한 책임을 미국에 돌렸다. 그 유럽은 정체성과 권위와 가치에서는 안정적이었지만, 현대성과 대중 사회의 신호에는 무감했다.

독일이나 오스트리아, 또는 많은 노인들이 여전히 미국을 해방자로 여긴 이탈리아에서는 아직 이러한 정서가 널리 퍼지지 않았다. 반대로 미국의 발흥으로 식민 강국의 지위에서 추방된 영국과 프랑스에는 반미주의 신봉자들이 상당히 많았다. 모리스 뒤베르제는 1964년 3월 주간지 『렉스프레스L'Express』에서 공산주의는 이제 위협이 되지 못한다고 천명했다. 〈지금 당장 유럽에 위협이 되는 단 한 가지는 미국 문명이다.〉 미국 문명은 시인 루이 아라공이 13년 전에 간단히 정리했듯이 〈욕조와 냉장고의 문명〉이었다. 그러나 욕조와 냉장고, 그리고 실내 화장실과 중앙난방, 텔레비전, 자동차로 가득 찬 문명은 거만한 파리 지식인들로부터 멸시를 받았지만 대다수 유럽인은 그러한 상품들을 원했다. 그것들이 미국 제품이기 때문이 아니라 안락하고 편리함을 대표했기 때문이다. 역사상 처음으로 편리함과 안락함이 대다수 유럽인이 손을 뻗으면 잡을 수 있는 곳에 놓여 있었다.

두경제 이야기

독일은 아이들로 넘치는 나라다. 끔찍한 생각이지만 장기전으로 갔다면 결국 독일이 승리했을지도 모른다.

— 솔 파도버(1945년)

만일 우리가 두 차례의 세계 대전에서 패배하는 데 성공했다면, 그래서 거의 3천만 파운드에 가까운 채무를 지는 대신 우리의 모든 부채를 청산하고 해외에 군대를 주둔시키지 않았다면, 우리는 독일처럼 부자가 되었을 것이다.

— 해럴드 맥밀런

1953년과 1954년에 (영국 재무장관 R. A.) 버틀러가 여러 번의 연설에서 축하했던 영국 경제의 번영과 힘은 거대하게 솟구친 독일 경제의 물결이 유럽의 소함대를 대동하고 영국 해안에 밀려와 부딪친 번영의 마지막 파도였다. 돌이켜보건대, 1954년은 영국에겐 최후의 멋진 환상의 여름 같았다.

— 앨런 밀워드

전후 서유럽 역사의 두드러진 특징은 서독과 영국의 경제적 성취였다. 독일은 한 세대가 지나기도 전에 두 번이나 패전을 겪었다. 도시는 박살 났고, 통화는 붕괴되었으며, 남성 노동력은 사망하거나 포로수용소에 갇혔고, 운송과 공공사업의 기반 시설이 철저히 파괴되었다. 영국은 분명히 제2차 세계 대전에서 유일하게 승리한 유럽 국가였다. 폭격에 의한 파괴와 인적 손실을 차치하면, 도로와 철도, 조선소, 공장, 광산 등 국가 기반 시설은 전쟁을 거치면서 아무런 해도 입지 않았다. 그러나 1960년대 초에 독일 연방 공화국은 급속하게 발전하여 유럽의 발전소로 번창한 반면, 영국은 성장률에서 서유럽의 다른 나라들보다 한참 뒤처진 낙오자가 되어 있었다.[1] 서독 경제의 규모는 이미 1958년에 영국 경제의 규모를 능가했다. 많은 평자들에게 영국은 유럽의 환자가 되고 있었다.

운명이 이처럼 기이하게 역전된 근본 원인은 교훈적이다. 1950년대에 독일이 경제 〈기적〉을 이루게 된 배경은 1930년대의 회복이었다. 나치는 통신, 군수, 운송 수단 제조, 광학, 화학, 엔지니어링, 비철금속 등 전쟁 수행을 위한 경제에 투자했다. 그러나 그 성과는 뜻

---

[1] 1960년에 독일 경제는 연평균 9.0퍼센트의 성장률을 기록한 데 반해 영국 경제의 연평균 성장률은 2.6퍼센트에 불과했다. 이 수치는 당시 선진국 중에서 사실상 〈선진국〉에 한참 먼 나라였던 아일랜드를 제외하면 최저 성장률이었다.

밖에도 20년 후에 찾아왔다. 루트비히 에르하르트의 사회적 시장 경제의 뿌리는 알베르트 슈페어의 정책에 있었다. 실제로 전후에 서독 재계와 정부에서 고위직에 올랐던 많은 젊은 관리자와 계획가는 히틀러가 통치할 때 공직에 첫발을 내딛었다. 이들은 독일 연방 공화국의 각종 위원회와 계획 기관, 회사에 나치 관료들이 지지했던 정책과 관행을 도입했다.

독일 재계의 핵심적인 기반은 전쟁에도 큰 피해를 입지 않았다. 제조업체, 은행, 보험 회사, 도매상 모두 1950년대 초에 사업에 복귀하여 탐욕스러운 해외 시장에 제품과 서비스를 제공했다. 점점 더 높게 평가된 도이치마르크도 독일의 전진을 방해하지 못했다. 그 덕에 수입 원료 가격이 낮아진 반면, 독일 제품에 대한 외국의 수요는 억제되지 않았다. 독일 제품은 기술적으로 발전한 고부가가치 제품의 전형이었으며, 가격이 아니라 좋은 품질 때문에 판매되었던 것이다. 어쨌든 종전 후 첫 10년 동안은 경쟁 상대가 거의 없었다. 스웨덴이나 프랑스, 네덜란드의 회사들은 공학 제품이나 도구가 필요할 경우 선택의 여지없이 독일 제품을 독일이 부르는 값에 구매해야 했다.

독일 기업은 더 효율적인 새로운 방법을 찾는 데 지속적으로 투자함으로써 비용을 절감했다. 고분고분한 노동자들 덕이 컸다. 독일 연방 공화국은 사실상 무진장 공급되는 저렴한 노동력에서, 다시 말해 동독에서 탈출한 숙련된 젊은 기능공, 발칸 출신의 반숙련 기계공과 조립공, 터키와 이탈리아 등지에서 들어온 비숙련 노동자들로부터 이익을 보았다. 이들은 모두 지속적인 고용에 안정된 경화로 임금을 받는 데 감사했으며, 1930년대에서 물려받은 노년 세대의 유순한 독일인 노동자들처럼 말썽을 일으키지 않았다.

그 결과는 한 가지 산업만 참고해도 잘 설명된다. 1960년대에 독일의 자동차 회사는 품질과 신뢰성으로 명성을 얻는 데 성공했다.

슈투트가르트의 메르세데스 벤츠와 뮌헨의 베엠베 같은 회사는 우선은 국내에서 그리고 점차 외국에서도 거의 고정된 시장에 갈수록 더 비싼 차를 판매할 수 있었다. 앞서 나치가 그랬듯이, 서독 정부는 그러한 〈국가 대표 선수〉를 지원했다. 초기에는 좋은 조건으로 자금을 대출하여 보호했고, 또 은행과 기업의 결합을 장려하여 독일 회사들이 투자에 쓸 자금을 언제라도 공급할 수 있게 했다.

폭스바겐의 경우, 그 토대는 이미 1945년에 마련되었다. 폭스바겐은 전후 서독 산업의 많은 회사들처럼 자유로운 시장 경제의 모든 이점을, 특히 제품의 수요 증대를 충분히 이용했다. 경쟁이나 연구, 개발, 설비에 들어가는 비용 때문에 장애를 겪지도 않았다. 회사는 1939년 이전에는 자원을 무한정 공급받았다. 나치즘, 전쟁, 군사적 점령 모두 폭스바겐 덕에 성공했다. 연합군 군사 정부는 폭스바겐을 우호적으로 바라보았는데, 그 생산 능력이 전쟁 이전에 확립되었기에 추가로 노력을 들이지 않고도 이용할 수 있었기 때문이었다. 대량으로 생산되는 가정용 소형차의 수요가 폭증했을 때 국내에서 폭스바겐 비틀의 경쟁 상대는 사실상 없었으며, 판매 가격을 낮게 고정했는데도 비틀은 이익을 냈다. 나치 덕분에 폭스바겐에는 청산해야 할 빚이 전혀 없었다.

영국에도 영국자동차BMC라는 〈국가 대표 선수〉가 존재했다. 영국자동차는 모리스와 오스틴 같은 종전의 독립적인 자동차 제조업체들이 합쳐진 복합 기업으로서 훗날 레일랜드자동차와 합병하여 브리티시 레일랜드BL가 된다. 브리티시 레일랜드는 1980년까지도 제품을 영국의 상징처럼 판매하고 있었다. 〈국기를 운전하라. 오스틴을 구매하라.〉 그리고 영국의 자동차 회사들은 독일 회사들처럼 해외 판매 비중을 점차 늘렸다. 그러나 유사성은 그것이 전부이다.

종전 이후 영국 정부들은 특히 영국자동차에 해외에서 최대한 많은 차를 판매하도록 촉구했다(미국인 소유의 포드나 제너럴 모터스의 영국 내 자회사들에 대한 영향력은 적었다). 이는 막대한 전쟁 채무를 상쇄하기 위한 필사적인 노력의 일환이었다(1940년대 말에 정부가 설정한 공식 수출 목표는 영국이 생산한 자동차의 75퍼센트였다). 영국자동차는 당연히 의도적으로 신속한 출고를 위해 품질 관리를 경시했다. 그 결과, 영국산 자동차의 품질은 조악해졌는데, 처음에는 문제가 되지 않았다. 영국 회사들은 고정 시장을 확보하고 있었다. 그리고 대륙 유럽의 자동차 회사들은 생산 규모에서 아직 경쟁 상대가 되지 못했다. 1949년 영국은 나머지 유럽 전체보다 더 많은 승용차를 생산하고 있었다. 그러나 품질이 저급하고 사후 관리가 나쁘다는 평판은 한 번 떠돈 후에는 떨쳐 버리기가 불가능했다. 유럽의 구매자들은 더 좋은 국산 자동차가 생산되자마자 너나 할 것 없이 영국산 자동차를 내버렸다.

영국 자동차 회사들이 차종 전체를 새로 고치고 생산 라인을 현대화하기로 결정했을 때, 독일식으로 말하자면 현금 투자와 대출에 의지할 거래 은행이 없었다. (이탈리아의 피아트나 프랑스의 르노처럼) 국가가 적자를 보전해 줄 수도 없었다. 게다가 정부의 심한 정치적 압력에 공장과 물류 센터를 비경제적인 지역에 건설했다. 정부의 지역 정책에 부응하고 지역 정치인들과 노조를 달래기 위한 조치였다. 경제적으로 비합리적인 이 전략이 포기되고 약간의 정리 합병이 이루어진 후에도, 영국의 자동차 회사들은 여전히 절망적으로 세분되어 있었다. 1968년 브리티시 레일랜드의 공장은 60개였다.

영국 정부는 자동차 회사들의 비효율성을 심하게 조장했다. 종전 이후 당국은 강철이 부족했는데도 자동차 회사에 전쟁 이전의 시장 점유율을 토대로 강철을 공급함으로써 경제의 주요 부분을 과거의 틀에 맞춰 고정했으며, 더 효율적일 수도 있었던 새로운 회사들을 결정적으로 궁지에 몰아넣었다. 공급의 보장, 인위적으로 조성된 높은 제품 수요, 경제적으로 비효율적인 행위를 강요하는 정치적 압력의 결합으로 영국의 회사들은 파산했다. 1970년이면, 유럽과 일본의 자동차 회사들이 영국 회사들의 시장을 넘겨받았고 품질과 가격에서 그들을 밟고 올라섰다. 1970년대 초의 석유 파동, 유럽 경제 공동체 가입, 그리고 마지막까지 보호되었던 자치령과 식민지 시장의 소멸로 영국의 독립적인 자동차 시장은 결국 종말을 고했다. 1975년에 영국에서 유일하게 자동차를 대량으로 생산하던 브리티시 레일랜드가 쓰러졌고 국유화를 통해 자금 지원을 받아 구제되어야 했다. 몇 년 뒤, 이익이 날 만한 부문은 베엠베가 헐값에 인수한다.

자율적인 영국 자동차 부문의 쇠퇴와 최종적인 소멸은 영국의 경제적 경험 전체를 대표할 수 있다. 영국 경제는 처음에는 그렇게 나쁘지 않았다. 1951년에 영국은 여전히 유럽의 주요 제조업 중심지로서 프랑스와 독일의 생산량을 합한 것보다 두 배를 더 생산했다. 완전 고용을 달성했으며, 비록 다른 곳보다 더디긴 했지만 꾸준히 성장했다. 그러나 두 가지 약점이 큰 타격을 입혔다. 하나는 역사적 불운의 산물이었고 나머지는 스스로 자초한 일이었다.

영국 특유의 국제 수지 위기는 대체로 독일과 일본에 맞서 6년간 전쟁하면서 늘어난 채무 때문이었다. 여기에 전후 효율적인 방위 전력을 유지하는 데 들어간 엄청난 비용이(1955년에 세입의 8.2퍼센트가 방위비로 지출되었는데 독일의 지출은 그 절반에도 못 미쳤다) 부가되었다. 1950년대에 여전히 국제 거래의 주요 결제 수단이었던 파운드화는 과대평가되어 있었다. 영국은 파운드화의 만성적인 대달러 결손을 메우기 위해 해외에서 상품을 많이 판매해야 했지만 고평가된 파운드화 때문에 판매가 어려웠다. 식량과 필수 원료는 전적으로 수입해야 했던 섬나라 영국은 역사적으로는 제국과 영연방의 보호된 시장과 교역하는 특권을 통해 그러한 구조적 약점을 보충했다.

그러나 널리 퍼진 시장과 자원은 종전 초기에는 다른 유럽 국가들이 되찾으려 애썼던 유리한 조건이었지만, 일단 유럽, 특히 유럽 경제 공동체 지역의 경기가 회복되자 그러한 시장과 자원에 의존하는 것은 크게 불리한 조건으로 바뀌었다. 영국은 보호받지 못한 해외 시장에서 미국과 그리고 나중에는 독일과 경쟁할 수 없었고, 영국의 대유럽 수출은 다른 유럽 제조업자들에 비해 한참 뒤처졌다. 1950년에 영국 공산품 수출은 전 세계 수출가의 25퍼센트를 차지했으나, 20년 뒤에는 겨우 10.8퍼센트에 불과했다. 영국은 그들 몫의 세계 시장을 잃었고, 오스트레일리아와 뉴질랜드, 캐나다, 아프리카 식민지들의 전통적인 공급자들은 이제 다른 시장에도 눈을 돌렸다.

따라서 영국의 상대적인 경제적 쇠퇴는 어느 정도 불가피했다. 그러나 영국 스스로 초래한 면도 과소평가해서는 안 된다. 제2차 세계 대전 이전에도 영국의 제조업은 비효율적이라는 평판을 얻었는데 이는 당연했다. 과거의 성공에 기대어 아무런 노력도 하지 않았기 때문이다. 케인스는 영국 경제의 전후 전망을 평하면서 이렇게 비웃었다. 〈이 나라의 시간당 임금은 (대체로) 2달러이고, 미국에선 5달러이다. ……영국 제조업체들의 유명한 비효율성도 산업의 폭넓은 영역에서 자신들에게 유리했던 초기의 비용 차이를 상쇄할 수 없다(누군가는 기대하겠지만). 물론 몇몇 중요한 경우에는 가까스로 상쇄했다고 인정할 수 있다. ……입수 가능한 통계에 따르면, 우리가 이전에 그 제품을 전혀 생산하지 않았더라면 비용 면에서는 전 세계를 이겼을 것이다.〉[2]

한 가지 문제는 노동력이었다. 영국 공장의 직원들은 전통적으로 말 그대로 수백 개의 유서 깊은 직종별 조합으로 조직되어 있었다. 1968년에 브리티시 레일랜드 자동차 공장에는 246개의 서로 다른 노동조합이 있었고, 경영진은 작업 속도와 임금의 세세한 부분들을 이 노동조합들과 개별적으로 협상해야 했다. 그때는 완전 고용의 시

2 Peter Hennessy, *Never Again. Britain 1945~1951* (1993), p. 117.

절이었다. 실제로 완전 고용의 유지는 이 시기 모든 영국 정부의 가장 중요한 사회적 목표였다. 따라서 인력과 장비가 놀아 썩어 갔던 1930년대의 끔찍한 상황으로 되돌아가는 것을 피하려는 단호한 결의는 성장이나 생산성, 효율성 등 모든 고려 사항에 우선했다. 노동조합은 그리고 특히 노동조합의 지역 대표자인 대의원shop steward은 전후 그 어느 때보다 더 강력했다. 노동 계급의 전투성과 경영진의 무능함을 동시에 드러냈던 파업은 전후 영국 경제의 고질적인 현상이었다.

영국 노동조합 지도부가 독일의 사례를 좇아 투자와 안정, 성장을 대가로 현장의 우호적인 관계와 임금 억제를 제안했다고 해도, 고용주들 대부분은 미끼를 물 가능성이 없었다. 1930년대로 돌아가 보자. 훗날 노동당 정권의 총리가 되는 클레먼트 애틀리는 영국 경제의 곤란한 문제를 투자 부족과 혁신의 결여, 노동력의 유동성 부재, 열등한 경영진으로 정확하게 지적했다. 그러나 애틀리나 그의 후계자들이나 막상 정권을 잡았을 때 썩은 부위를 도려내기 위해 할 수 있는 일은 없어 보였다. 독일 산업이 나치즘과 전쟁으로 초래된 변화를 이점으로 물려받았던 반면, 영국의 경쟁력이 부족한 오래된 산업은 변화에 대한 뿌리 깊은 두려움과 불황을 물려받았다.

직물과 광업, 조선, 강철, 경(輕)엔지니어링 공장들은 모두 전후에 개혁과 구조 개편이 필요했다. 그러나 이 산업들이 비효율적인 작업 관행을 공격하기보다는 노동조합의 편의를 도모하기로 결정했듯이, 영국의 공장 관리자들은 새로운 시장에서 새로운 제품으로 새로이 출발하기보다는 차라리 적은 투자, 연구 개발의 제한, 저임금, 고객층의 감소라는 악순환 속에서 움직이기를 선택했다. 해결책은 분명하지 않았다. 케인스를 또다시 인용해 보자. 〈미국 공군이 애석하게도 지리 측정에서 약간의 실수를 범하여(적에게 많은 것을 원하기엔 이미 너무 늦었다) 북동 해안과 랭커셔의 모든 공장을, 책임자들을 제외하면 아무도 없을 시간에, 낱낱이 파괴한다면, 우리는 무서워할 것이 없다. 우리가 달리 어떻게 성공에 필수적인(그렇게 보인다) 풍부한 무경험을 또다시 얻을 수 있겠는가. 나는 짐작도 못하겠다.〉

프랑스도 유사한 경영상의 무능력과 무기력을 물려받았지만, 공공 투자와 공격적인 유도 계획으로 이를 극복했다. 반면 영국 정부는 단체 협약과 수요 관리, 간곡한 권고에 국한했다. 1945년 이후 그처럼 대대적으로 국유화를 단행한 정부, 1970년이면 국민 총생산의 47퍼센트를 소비한 책임이 있는 정부에 이러한 경고는 기이한 역설 같았다. 그러나 영국 정부는 운송과 의료, 교육, 통신 부문의 대부분을 소유하고 운영하면서도 전체적인 국가 전략적 목표는 갖지 못했다. 그리고 경제는 사실상 방치되었다. 중앙 정부의 전권을 이용하여 영국 경제의 침체라는 문제를 해결하는 일은 후대의 자유 시장주의자 개혁가들에게, 그리고 국가를 근본적으로 혐오하는 보수당의 총리에 남겨졌다. 그러나 그때쯤엔 영국의 잘못 적용된 〈옛〉 경제를 겨눈 비판의 일부는 다른 이유로 비틀거리던 독일 경제에도 퍼부어졌다.

11장
사회 민주주의 시대

정부에 중요한 일은 잘하든 못하든 개인이 이미 하고 있는 일을 하는 것이 아니라 현재 아무도 하지 않는 일을 하는 것이다.

— 존 메이너드 케인스(1926년)

도전은 미국이 아니라…… 서독이나 프랑스에서 올 것이다. 다시 말해 도전은 얼마나 잘못되었든 간에(내 생각에 그들은 여러 가지 근본적인 점에서 잘못되었다) 마침내 경제 계획과 공적 소유의 물질적 성과를 수확할 수 있는 그 나라들로부터 올 것이다.

— 어나이린 베번(1959년)

우리 국민은 민주주의와 적당한 하수 시설에 찬성한다.

— 존 베처먼

나는 우리가 밖을 내다볼 수 있고 사람들은 안을 들여다볼 수 있게 교회 창문을 열어젖히고 싶다.

— 교황 요한네스 23세

사진은 진실이다. 영화는 1초에 스물네 번 진실이다.

— 장뤼크 고다르

1960년대는 유럽 국가들이 정점에 이른 시기였다. 19세기 서유럽에서 시민과 국가의 관계는 군사적 필요와 정치적 요구 사이에 이루어진 타협의 산물이었다. 다시 말해 새로 선거권을 획득한 시민들의 현대적 권리는 왕국을 보호할 오래된 의무의 이행과 상계되었다. 그러나 1945년 이래로 그 관계의 특징은 국민이 국가에 봉사하는 것이 아니라 그 반대가 이루어지는 사회 복지 혜택과 경제 전략의 조밀한 조직이었다.

세월이 더 흐르면, 모든 것을 망라하려는 서유럽 복지 국가의 야심은 매력의 일부를 상실한다. 가장 큰 이유는 약속을 지킬 수 없었기 때문이다. 국가는 약속을 절반이라도 지키려 했지만 실업과 인플레이션, 노령화한 인구, 경기 침체 탓에 극복할 수 없는 제약을 안았다. 국내 경제 정책을 입안하고 집행할 수 있는 정부의 능력은 국제 자본 시장과 현대 전자통신의 변화로 불구가 되었다. 그리고 가장 중요한 것은 개입주의적 국가의 정통성 자체가 허물어졌다는 사실이다. 국내에서는 공공 부문 기관들과 생산자들의 완고함과 비효율에 의해, 외국에서는 소련 진영의 사회주의 국가들이 보여 준 만성적인 경제 기능 장애와 부정할 수 없는 정치적 억압의 증거에 의해 무너졌다.

그렇지만 이 모든 것은 미래의 일이었다. 현대 유럽 복지 국가의 절정기에는, 행정 기구가 여전히 광범위한 권위를 행사했고 그 진실성도 공격을 받지 않았기에, 놀랄 만한 합의가 이루어졌다. 법을 집행하고 국토의 안전을 보장하며 재화와 용역을 분배하는 일뿐만 아니라 사회적 단합과 도덕의 유지, 문화의 활력을 위한 전략의 기획과 실천에서도, 아무런 구속도 받지 않는 시장보다 국가가 언제나 더 좋은 성과를 내리라는 것이 널리 퍼진 믿음이었다. 그러한 문제들을 계몽된 이기심에 맡겨 둔다면, 즉 상품과 사상을 자유 시장의 작동에 맡겨 두면 더 좋을 것이라는 생각은 유럽의 주류 정치권과 학계에서 케인스 이전 시대의 진기한 유물로 간주되었다. 기껏해야 대공황의 교훈을 배우지 못한 것이요, 최악의 경우 분쟁의 유인이자 인간의 가장 천한 본능에 은근히 호소하는 행위였다.

그때 국가는 좋은 것이었고, 또 큰 부분을 차지하기도 했다. 1950년에서 1973년 사이에 프랑스에서 정부 지출은 국내 총생산의 27.6퍼센트에서 38.8퍼센트로 증가했고, 서독에서는 30.4퍼센트에서 42퍼센트로, 영국에서는 34.2퍼센트에서 41.5퍼센트로, 네덜란드에서는 26.8퍼센트에서 45.5퍼센트로 증가했다. 당시 국내 생산은 역사상 그 어느 시기보다 더 빠르게 증가하고 있었다. 지출 증가의 대부분은 보험, 연금, 보건, 교육, 주택에 들어갔다. 스칸디나비아에서는 국민 소득 중 사회 보장 한 부문에 투입된 몫이 1950년에서 1973년 사이에 덴마크와 스웨덴에서 250퍼센트 증가했고, 노르웨이에서는 세 배로 증가했다. 오직 스위스에서만 전후 국민 총생산에서 국가가 소비한 몫이 비교적 낮게 유지되었으나 (1980년까지 30퍼센트에 미달했다), 그곳에서도 겨우 6.8퍼센트에 불과했던 1938년과 비교하면 극적인 차이를 보였다.

전후 유럽 자본주의의 성공담에는 어디서나 공공 부문의 역할 증대가 따라다녔다. 그러나 국가 개입의 성격은 상당히 다양했다. 대륙 유럽의 국가들은 대체로 산업의 직접 소유를 삼가고 간접 통제를 선택했다(대중교통과 통신은 예외였다). 종종 이론상 자율적인 기관들을 매개로 했는데, 문어발처럼 여러 곳에 관여했던 이탈리아의 산업재건공사가 가장 크고 가장 유명한 사례였다(8장을 보라).

산업재건공사 같은 복합 기업은 종업원과 소비자뿐만 아니라 다양한 정당과 노동조합, 사회 복지 기관, 심지어 교회에도 편의를 제공했다. 산업재건공사는 이러한 단체들을 후원하고 그 단체들의 영향력을 확대했다. 이탈리아 기독교 민주당은 촌락에서 국가의 수도에 이르기까지 모든 차원에서 다방면의 공공사업과 국가가 통제하거나 보조금을 지급하는 생산물을, 다시 말해 교통, 전자 매체, 은행, 에너지, 엔지니어링 산업과 화학 산업, 건축업, 식량 생산을 〈식민지로 삼았다〉. 정당 다음으로 큰 수혜를 입은 자들은 수백만 명에 달하는 토지 없는 농민의 자녀와 손자들이었다. 이들은 그 결과물로 탄생한 관료제에서 확실한 일자리를 발견했다. 이탈리아 국립 전쟁고아 공사는 고아 70명당 12명을 고용했으며, 연간 예산의 80퍼센트를 급여와 행정 비용으로 소비했다.

벨기에의 상황도 이와 비슷했다. 브뤼셀 중앙 정부는 공공 부문 회사들을 통제함으로써 지역의 불만을 완화하고, 서비스와 일자리, 비용이 많이 드는 사회 기반 시설 투자를 통해 서로 다투는 지역 공동체들과 언어 공동체들을 매수할 수 있었다. 프랑스에서는 전후의 국유화로 영향력과 후원의 망이 형성되어 오랫동안 유지되었다. 프랑스 전기EdF는 나라에서 제일가는 에너지 공급 회사였다. 그러나 또한 대단히 많은 종업원을 고용한 회사이기도 했다. 프랑스 전기는 종전 직후에 제정된 법까지 거슬러 올라가는 협약에 의거하여 프랑스에서 올린 매출액의 1퍼센트를 매년 당시의 우세한 노동조합 운동, 즉 노동총동맹CGT이 관리하는 사회기금에 적립했다. 이 기금에서 제공되는 휴가 수당과 기타 수당은(직원들의 고용 기회는 말할 것도 없다) 노동총동맹의 보호자인 프랑스 공산당에 향후 수십 년 동안 유익하고 정치적으로 중요한 지렛대였다.

따라서 국가는 다양한 방법으로 상업과 정치, 사회의 수레바퀴를 매끄럽게 돌렸다. 그리고 전문가로나 관료로나 국가에 기득권을 지닌 수백만 명의 남녀를 고용하고 그들에게 보수를 지급할 책임을 직간접적으로 져야 했다. 영국의 주요 대학 졸업자들은 당대 프랑스의 그랑제콜 출신자들처럼 대체로 민간 부문에서 직업을 구하지 않았고 공업과 상업에서 일자리를 찾는 경우는 더욱 드물었다. 대신 교육과 의료, 사회 복지, 공법, 국영 전매 회사, 정부 행정 부문 등에 취직했다. 1970년대 말이면, 벨기에의 전체 대학 졸업자의 60퍼센트가 공익사업이나 공적 보조를 받는 사회 정책 부문에서 직업을 얻었다. 유럽의 국가들은 자체적으로 공급할 수 있는 재화와 용역을 위해 독특한 시장을 만들어 냈다. 또한 고용과 영향력의 선순환을 형성했는데, 이는 거의 보편적으로 인정을 받았다.

무엇을 국가의 목적으로 내세울 것인지에 대한 원칙적인 차이로 좌파와 우파, 기독교 민주당과 공산당, 사회당과 보수당이 소란스럽게 대립할 수도 있었으나, 거의 모두가 국가가 제공한 소득과 영향력의 기회로부터 얻을 것이 있었다. 계획가이자 조정자, 조력자, 중재자, 공급자, 관리자, 보호자인 국가에 대한 믿음은 널리 확산되었으며 거의 모든 정치적 경계를 뛰어넘었다.[1] 복지 국가는 명백히 사회적이었으나 사회주의와는 거리가 멀었다. 그 점에서 서유럽에서 전개된 복지 자본주의는 진정으로 이데올로기에서 벗어난 현상이었다.

그렇지만 전후 유럽의 일반적인 합의 속에는 독특한 시각, 즉 사회 민주주의자들의 시각이 존재했다. 사회 민주주의는 언제나 잡종

---

1 독일과 이탈리아의 자유주의 정당들과 사상가들은 영국 보수당의 소수 자유 시장주의 분파처럼 이러한 견해를 수용하지 않았다. 그리고 한편으로는 이러한 견해를 받아들이지 않았기 때문에, 거의 아무런 영향력도 행사하지 못했다.

이었다. 실제로 좌우의 적들이 한가지로 사회 민주주의에 반대하면서 제기했던 논거가 바로 잡종이라는 주장이었다. 이론상 끝없는 탐색의 실천이었던 사회 민주주의는 20세기 초 유럽 사회주의자들 세대에 허용된 통찰력의 결과였다. 즉 현대 유럽의 심장부에서 19세기의 사회주의 몽상가들이 예언한 과격하고 근본적인 사회 혁명은 미래가 아니라 과거에 있다는 이야기였다. 폭력적인 도시의 변란이라는 19세기의 모범은 산업자본주의의 부정의와 비효율을 해결하는 방책으로서 바람직하지 않을 뿐만 아니라 그 목적을 달성할 가능성도 없었다. 또한 폭력적 변란은 차고 넘쳤다. 모든 계급의 현 상태는 점진적이고 평화로운 방법으로써 진정으로 개선될 수 있었다.

그렇다고 사회 민주주의가 19세기 사회주의의 근본적인 신조를 포기했다는 뜻은 아니다. 20세기 중반의 유럽 사회 민주주의자들의 압도적 다수는 비록 마르크스와 그 후계자를 자칭한 자들과 거리를 유지하기는 했지만, 자본주의는 본래 기능 장애를 타고났으며 사회주의가 도덕적으로나 경제적으로 더 우월하다는 생각을 신념으로 간직했다. 사회 민주당이 공산당과 다른 점은 자본주의의 임박한 멸망의 불가피성이나 정치 활동으로 그 시기를 재촉해야 한다는 관념에 구속당할 생각이 없었다는 데 있다. 사회 민주당은 대공황 시대를 겪으면서 국가의 재원을 이용하여 자본주의적 생산양식과 시장경제의 제한 없는 작동에 부수되는 사회적 병리 현상을 제거하는 것이 자신들의 과제라고 이해하게 되었다. 다시 말해서 사회 민주주의는 경제적 이상향이 아니라 좋은 사회의 건설을 과제로 삼았다.

사회 민주주의의 정치는 훗날의 사건들이 보여 주듯이 참을성없는 젊은이들에게는 언제나 매력적이었던 것은 아니다. 그러나 1914년 이후 끔찍한 시절을 보낸 사람들은 직관적으로 사회 민주주의에 이끌렸다. 사회 민주주의는 1960년대 중반이면 서유럽 일부에서 정치가 아니라 생활양식이었다. 이 점이 가장 극명하게 드러났던 곳이 스칸디나비아였다. 1945년에서 1964년 사이에 덴마크 사회 민주당의 총선 득표율은 33퍼센트에서 42퍼센트로 증가했으며, 같은 기간 노르웨이 노동당은 43퍼센트에서 48퍼센트 사이로 득표했고, 스웨덴 사회 민주당으로 말하자면 전후 득표율이 45퍼센트 이하로 떨어진 적이 없었다. 1968년 선거에서는 50퍼센트를 넘기기도 했다.

이 득표율에서 놀랄 만한 것은 숫자 자체가 아니다. 오스트리아 사회당도 거의 그만큼 좋은 성과를 낸 적이 있었고, 1951년 영국 총선에서 클레먼트 애틀리의 노동당은 (보수당이 전체 득표에서 조금 뒤졌는데도 더 많은 의석을 차지하기는 했지만) 48.8퍼센트를 얻었다. 주목해야 할 것은 그 일관성이었다. 스칸디나비아의 사회 민주당들은 해마다 전체 투표의 3분의 2 이상을 확보했으며, 그 결과로 수십 년간 중단 없이 정권을 담당했다. 때때로 고분고분한 군소 정당들이 참여하는 연립 정부를 이끌기도 했으나 대체로 단독으로 정부를 통제했다. 1945년에서 1968년 사이 덴마크 정부는 열에 여덟을 사회 민주당이 이끌었고, 같은 기간 노르웨이 정부는 다섯 차례 구성되었는데 세 정부가 사회 민주당 정권이었으며 네 차례 수립된 스웨덴 정부는 전부 사회 민주당 정부였다. 인적 구성에도 연속성이 존재했다. 노르웨이의 에이나르 게르하르센은 총 14년 동안 두 차례 사회 민주당 정부를 이끌었으며, 스웨덴에서 타게 엘란데르는 1946년에서 1969년까지 23년 동안 당과 국가를 지도했다.[2]

스칸디나비아 사회는 특정한 이점을 물려받았다. 해외 식민지나 제국주의적 야심을 가진 적이 없었고 사회적으로 동질적인 소규모 국가들이었으며 오랫동안 입헌국가를 유지했다. 1849년의 덴마크 헌법은 의회 정부의 권력은 제한하면서도 언론과 종교의 자유는 폭

---

2 같은 기간 열세 차례 정부가 수립되어 열한 명의 서로 다른 총리가 지도했던 이탈리아나, 1945년에서 1968년 사이에 스물세 개의 정부와 열일곱 명의 총리를 냈던 프랑스와 비교해 보라. 당 지도자들의 장기적인 집무는 스웨덴의 특수성이었다. 엘란데르의 전임자였던 페르알빈 한손은 1926년에서 1946년까지 스웨덴 사회 민주당의 대표였다.

넓게 인정했다. 스웨덴의 1809년 헌법은(당시에는 노르웨이의 헌법이기도 했다) 비례대표제와 시범적인 옴부즈만 제도[3](이는 훗날 스칸디나비아 전역에 채택되었다)를 포함한 근대적인 정치 제도를 확립했으며, 정당정치 제도가 발전할 수 있는 안정된 틀을 제공했다. 이 헌법은 1975년까지 효력을 발휘했다.

그러나 스칸디나비아는 역사적으로 가난한 곳이었다. 숲과 농장, 어업, 작은 일차 산업이 존재한 지역이었고, 그나마 대부분은 스웨덴에 있었다. 특히 스웨덴과 노르웨이의 노사 관계는 만성적인 분규로 곤란을 겪었다. 두 나라의 파업 빈도는 20세기 초 세계에서 가장 높은 축에 들었다. 1930년대의 대공황 시기 동안 이 지역의 실업은 고질적이었다. 1932년에서 1933년 사이에 스웨덴 노동력의 3분의 1이 일자리를 잃었으며, 노르웨이와 덴마크에서는 성인 노동력의 40퍼센트가 실직했다. 이 수치는 영국이나 독일, 또는 미국의 공업화한 주들이 경험한 최악의 실업율과 비견할 만하다. 스웨덴에서 위기는 폭력적인 대결을 낳았다. 특히 1931년 오달렌에서는 군대가 제지 공장에서 발생한 파업을 진압했다(이 사건은 스웨덴 영화감독 보 비더베리가 1969년에 제작한 영화 「오달렌 31」로 잘 기억되고 있다).

스칸디나비아가, 특히 스웨덴이 두 대전 사이에 경제적으로 침체된 유럽 변경의 다른 사회들과 다른 길을 걸었다면, 그 공은 대부분 사회 민주주의자들에게 돌아가야 한다. 스칸디나비아의 사회주의 정당들은 대체로 독일 사회주의 운동과 기타 제2차 인터내셔널의 사회주의 운동들과 과격한 신조와 혁명의 대망을 공유했지만 제1차 세계 대전 이후 이를 포기했으며 1930년대에 자본과 노동 사이의 역

---

3 Ombudsman. 스웨덴에서 처음 설립될 당시에는 국왕으로부터 독립되어 법의 준수를 감독하는 기관이었으나, 오늘날 일반적으로 시민이 공공기관의 부당한 대우에 관해 제기한 불만을 조사하는 기관을 뜻한다 ― 옮긴이주.

사적 타협을 향해 나아갔다. 1938년 살트시에바덴에서 스웨덴 고용주와 노동자의 대표들이 협약에 서명했는데 이는 향후 스웨덴의 사회적 관계에 토대를 놓게 된다. 살트시에바덴 협약은 1945년 이후에 독일과 오스트리아에서 형성된 신(新)코포러티즘적 사회 협력의 전조였다. 그러한 협력은 파시스트가 후원한 경우를 제외하면 대전 이전에는 사실상 알려지지 않았다.[4]

스칸디나비아의 사회 민주당은 〈프롤레타리아〉로 추정된 유권자들에게 아무런 환상도 품지 않았으므로 그러한 타협에 열려 있었다. 반면 다른 사회주의 정당들은 핵심적인 지지 세력으로 〈프롤레타리아〉에 의존했다. 스칸디나비아의 사회주의 정당들이 오로지 노동 계급의 표에만 의존했더라면, 나아가 중간 계급 개혁가들과 연합한 노동 계급에 의존했더라도, 언제나 소수파에 머물렀을 것이다. 그들의 정치적 전망은 그 지역에서 압도적이었던 농촌 주민들의 지지를 끌어들일 수 있는가 없는가에 달려 있었다. 그러므로 스칸디나비아의 사회 민주당은 유럽의 거의 모든 사회당이나 사회 민주당과는 달리 농촌에 대한 본능적인 반감 때문에 상처를 입지 않았다. 농촌에 대한 반감은 〈백치 같은 농촌 생활〉이라는 마르크스의 언급부터 〈쿨라크(부농)〉에 대한 레닌의 혐오에 이르기까지 유럽 좌파 대부분의 특징이었다.

두 대전 사이에 쓰라린 고초를 겪은 중부 유럽과 남유럽의 빈곤한 농민들은 나치나 파시스트, 단일 문제 정당인 농업 포퓰리즘에는 준비된 지지자들이었다. 그렇지만 유럽의 북쪽 끝에 있던 농민과 벌목

---

4 살트시에바덴 협약은 몇 가지 점에서 그 전해에 스위스에서 체결된 노동평화Arbeits-frieden와 닮았다. 노동평화에서 스위스의 고용주와 노동자는 비대결적 단체교섭 제도를 수립하자는 데 합의했고, 이는 스위스의 향후 안정과 번영에 영구적인 초석이 되었음이 입증된다. 그러나 스위스의 노동평화가 경제적인 거래에서 정부를 배제하려는 의도를 지녔던 반면, 살트시에바덴 협약은 공동의 이익을 위해 소유주와 노동자와 협력할 것을 정부에 촉구했다.

꾼, 소작농, 어부는 똑같이 고초를 겪었으나 점차 더 많은 숫자가 사회 민주당을 지지했다. 사회 민주당이 농업협동조합을 적극적으로 지원했고(특히 상업적 영농이 비록 규모는 작지만 널리 보급되고 효율적으로 영위되고 있던 덴마크에서 중요했다) 이를 통해 오랫동안 유지되었던 사적 생산과 집단적 목적, 〈후진적〉 농촌과 〈근대적〉 도시를 가르는 사회주의적 구분을 희미하게 만들었기 때문이다. 다른 나라에서는 그러한 구분이 선거에서 큰 손해를 입혔다.

이와 같은 노동자와 농민의 동맹은(스칸디나비아의 농민이 유별나게 독립적이었고 그 지역이 사제나 지주에 굴종했던 농촌의 전통에서 벗어난 열렬한 프로테스탄트 사회였기에 가능했다) 장기간 존속하여 유럽에서 가장 성공적인 사회 민주주의의 토대가 되었다. (처음에는 농민당과 사회 민주당, 나중에는 사회 민주당 내부에서 이루어진) 〈적녹Red-Green(노동자-농민)〉 동맹은 다른 곳에서는 생각할 수 없었지만 스칸디나비아에서는 모범이 되었다. 사회 민주당은 전통적인 농촌 사회와 산업 노동자가 손을 맞잡고 도시화 시대로 진입하는 도구였다. 그런 의미에서 스칸디나비아의 사회 민주주의는 단지 여러 정치 운동의 하나가 아니라 근대성의 형식 그 자체였다.

1945년 이후 전개된 스칸디나비아 복지 국가들의 기원은 1930년대의 두 가지 사회 협약, 즉 고용주와 고용인 사이의 협약과 노동자와 농민 사이의 협약에 있다. 스칸디나비아 〈모델〉의 특징이 된 사회 복지와 기타 공적 부조는 보편성과 평등을(급격한 누진세로 자금을 모아 전 국민의 사회적 권리와 균등한 소득, 정액 급부금을 보장하는 것) 강조함으로써 이러한 기원을 반영했다. 따라서 스칸디나비아 모델은 대륙 유럽의 전형적인 제도와 현저한 대조를 이룬다. 대륙 유럽의 모델은 국가가 가족과 개인에게 소득을 이전하거나 되돌려줌으로써 본질적으로는 보조금을 받는 사적 서비스(특히 보험과 의료)를 위해 현금을 지출할 수 있게 도와주는 제도였다. 그러나 스칸디나비아 복지 제도는 이미 1914년 이전에 보편적이고 포괄적이었던 교육을 제외하면 구상에서 이행까지 단번에 이루어진 것이 아니라 점진적으로 형성되었다. 보건은 특히 지체되었다. 덴마크에서는 1971년에 가서야 전 국민의 의료보험이 도입되었다. 북해 건너편 영국에서 어나이린 베번에 의해 국가 의료 제도NHS가 시작된 지 꼭 23년 만이었다.

게다가 밖에서 볼 때 단일하게 보였던 북유럽의 제도는 사실상 나라마다 매우 달랐다. 덴마크는 〈스칸디나비아〉적 특징이 가장 약했다. 덴마크는 농산물(특히 낙농품과 돼지고기) 판매에서 해외 시장에 크게 의존했던 까닭에 다른 유럽 지역의 정책과 정치 상황 전개에 더욱 민감했다. 그러나 덴마크의 숙련 노동자는 직종을 기반으로 하는 전통적인 충성과 조직으로 분열되어 있었다. 이 점에서 덴마크는 이를테면 노르웨이보다는 영국에 가까웠다. 실제로 덴마크의 사회 민주당은 1960년대에 부득이 영국을 모방하여 불안정한 노동 시장에 가격과 임금의 통제를 강요했던 적이 적어도 한두 번 있었다. 영국의 기준으로 보면 그 정책은 성공적이었다. 그러나 요구 수준이 더 높은 스칸디나비아의 척도로 볼 때 덴마크의 사회 관계와 경제적 성과는 늘 걱정스러웠다.

노르웨이는 전체 북유럽 사회에서 (아이슬란드를 제외하면) 가장 작고 가장 동질적인 나라였다. 또한 전쟁으로 가장 큰 손실을 입은 나라이기도 했다. 게다가 외해에서 석유가 발견되기 전에도 노르웨이의 상황은 독특했다. 노르웨이는 냉전의 최전선에 자리한 국가였으므로 작은 나라인 덴마크나 중립국인 스웨덴보다 훨씬 더 많은 방위비를 지출했으며, 북유럽 국가들 중에서 가장 긴 지형을 가진 나라로 400만 명이 안 되는 적은 주민이 유럽에서 가장 긴 1,752킬로미터의 해안선을 따라 실처럼 길게 이어져 살았다. 널리 산개한 도시와 촌락은 예나 지금이나 전적으로 어업에 생계를 의존했다. 사회 민주당 정부든 아니든 오슬로의 중앙 정부는 국가 재원을 사회적인 목적과 자치 단체의 목적에 충당하지 않을 수 없었다. 중앙에서 지방으로 보낸 교부금은(특히 나라의 3분의 1인 북극권을 위한 교통, 통신, 교육, 전문가와 용역의 제공) 노르웨이 국민 국가의 핏줄이었다.

그 특이함은 시간이 흐르면서 스칸디나비아의 표준으로 여겨지기는 했지만, 스웨덴도 독특하기는 마찬가지였다. 주민 수가 노르웨이와 덴마크 인구를 합친 정도였던(스톡홀름 시 전체 인구는 노르웨이 인구의 45퍼센트에 해당한다) 스웨덴은 단연 스칸디나비아 사회에서 가장 부유하고 공업화가 가장 크게 진척된 곳이었다. 1973년 스웨덴의 철광 생산은 프랑스와 영국, 독일의 생산량을 합한 것에 견줄 만했고, 미국 생산량의 거의 절반에 달했다. 제지와 펄프 생산, 해운에서는 세계 제일이었다. 노르웨이의 사회 민주주의가 오랫동안 빈곤한 사회의 부족한 재원을 정리하고 할당하며 분배함으로써 존립했다면, 스웨덴은 1960년대에 이미 세계에서 가장 부유한 나라 축에 들었다. 스웨덴의 사회 민주주의는 공동선을 위해 부와 서비스를 분배하고 균등하게 만들었다.

스칸디나비아 전역에서, 특히 스웨덴에서 생산 수단의 사적 소유와 이용은 전혀 문제시되지 않았다. 1918년 이후 핵심 신조와 정책을 늘 국가 소유의 장점에 대한 뿌리 깊은 믿음에 두었던 영국의 노동 운동과 달리 스웨덴 사회 민주당은 사적 개인에게 자본과 주도권을 맡겨 놓는 데 만족했다. 중앙에서 재원을 할당하는 정부의 실험에는 처치 곤란한 골칫거리였던 영국자동차와 같은 사례가 스웨덴에서 되풀이된 적은 없었다. 볼보와 사브, 기타 사기업은 흥하든 망하든 자유로이 내버려두었다.

실제로 〈사회주의〉 스웨덴의 산업 자본은 서유럽 그 어느 곳보다 더 적은 소수의 개인 수중에 집중되었다. 정부는 사사로운 부의 축적이나 상품 시장과 자본 시장에 전혀 개입하지 않았다. 노르웨이에서도 15년간 사회 민주당 정부가 통치한 후에 국가가 직접 소유하거나 운영하는 경제 부문은 기독교 민주당의 서독보다 사실상 더 작았다. 그러나 덴마크와 핀란드에서 그랬듯이 이 두 나라에서 국가가 했던 일은 가혹한 누진세를 거두어 사적 이윤을 공익을 위해 재분배한 것이었다.

많은 외국인 관찰자들이나 대부분의 스칸디나비아인들에게 그 결과는 자명했다. 1970년에 스웨덴은 핀란드와 더불어 주민 일인당 구매력으로 평가할 때 세계 4대 경제에 속했다(나머지 두 나라는 미국과 스위스였다). 스칸디나비아인들은 세계의 나머지 대부분의 사람들보다 더 오래, 더 건강하게 살았다(세 세대 전의 고립되고 빈곤한 북유럽 농민들에게는 깜짝 놀랄 만한 일이었다). 교육과 복지, 의료, 보험, 퇴직, 여가 등에 대한 서비스와 편의 시설 공급에서 어떤 나라도 (특히 미국, 그리고 사실상 스위스도) 이들에 필적하지 못했다. 북유럽 국가의 시민들은 경제적 안전과 신체의 안전 속에서 자신들의 만족스러운 삶을 추구했는데 이 점에서도 마찬가지로 견줄 대상은 없었다. 1960년대 중반이면 유럽의 〈얼어붙은 북부〉는 거의 신화적인 지위를 획득했다. 스칸디나비아 사회 민주주의 모델은 다른 곳에서 쉽게 모방할 수 없었으나, 전 세계적으로 칭송되었으며 널리 부러움을 샀다.

입센과 뭉크로부터 잉마르 베리만에 이르기까지 북유럽 문화에 친숙한 사람이라면 누구나 스칸디나비아 생활의 다른 측면을 인식할 것이다. 자신을 심문하는 듯한 태도와 우울증 초기 증상과 같은 특성이 그것인데 이 시기에 일반적으로는 우울증 성향, 알코올 중독, 높은 자살률로 이해되었다. 1960년대에, 그리고 그 이후에도 때때로 스칸디나비아 정치를 비판하는 보수주의자들은 이러한 단점의 책임을 지나친 경제적 안정과 중앙 지도로 초래된 도덕적 마비에 돌리면서 즐거워했다. 그리고 그때 스칸디나비아에서는 사람들이 공개적인 장소에서 (그리고 영화에서) 옷을 벗고 (널리 퍼진 소문에 의하면) 전혀 모르는 사람과 사랑을 나누는 경향이 있었다. 이는 보기에 따라서는 모든 것을 제공하고 아무것도 금하지 않는 도가 넘치게 강력한 국가가 사람들의 마음에 상처를 입혔다는 다른 증거였다.[5]

이러한 점이 스칸디나비아 〈모델〉에 반대할 수 있는 최악의 내용이라면, 스웨덴과 다른 북유럽 국가들의 사회 민주당이 자신들이 거둔 성공에 싱글벙글대더라도 비난할 바는 아닐 것이다. 그렇지만 비판자들은 요점을 파악했다. 모든 것을 포괄하는 국가에는 실제로 어두운 측면이 존재했던 것이다. 국가가 더 좋은 사회를 만들 수 있는 능력을 갖추었다는 20세기 초의 신뢰는 여러 형태를 띠었다. 스칸디나비아 사회 민주당은 영국 복지 국가의 페이비언 개혁주의처럼 온갖 종류의 사회 공학에 폭넓게 매료되어 탄생했다. 그래서 소득과 지출, 고용, 정보를 조정하는 데 국가를 이용했으나, 조금만 정도가 지나치면 개개인의 삶에 어설프게 관여하려는 유혹이 도사리고 있었다.

인종 개량의 〈과학〉인 우생학은 채식주의나 산책처럼(이 둘은 종종 같은 사람들에게 호소력을 지녔다) 에드워드 시대의 일시적 유행을 넘어섰다. 정치적 차이에 상관없이 모든 사상가들이 채택한 우생학은 특히 선의의 사회 개혁가들에게 잘 들어맞았다. 누군가의 사회적 목적이 인류의 조건 전반을 개선하는 것이라면, 현대 과학이 작은 개선을 덧붙일 수 있는 기회를 제공한다면, 왜 마다하겠는가? 인류의 불완전한 조건을 예방하거나 제거하는 것에서 불완전한 인간을 예방(또는 제거)하는 것으로 나아가서는 안 될 이유가 어디에 있

5 1973년에 서유럽의 자살률은 실제로 가장 발전되고 번영한 나라들인 덴마크와 오스트리아, 핀란드, 서독에서 제일 높았고, 빈곤한 변방 국가들에서 가장 낮았다. 덴마크의 인구 대비 자살률은 이탈리아의 여섯 배, 아일랜드의 열네 배였다. 자살률이 높다는 사실이 번영이나 기후, 위도, 음식, 종교, 가족 구조, 복지 국가가 사람들의 기분을 처지게 하는 효력을 지녔다는 증거였는지는 당대인들에게 명료하지 않았으며 지금도 여전히 그렇다.

는가? 20세기 초에 과학적으로 조작할 수 있는 사회적 계획이나 유전학적 계획의 매력은 널리 확산되었고 전적으로 존중받을 만했다. 전후 유럽에서 우생학이 철저하게 신뢰를 상실한 것은 오로지 나치 탓이었다. 아니면 그렇게 널리 추정되었다. 대용 인체 측정학ersatz anthropometrics으로 시작한 나치의 〈위생학적〉 야심은 가스실로 끝을 맺었다.

그러나 수년 후에 판명되었듯이 스칸디나비아의 정부들은 인종 위생학의 이론과 실천에 대한 관심만은 버리지 않았다. 1934년에서 1976년 사이에 노르웨이와 스웨덴, 덴마크에서 불임 계획이 추진되었는데, 모두 사회 민주당 정부의 후원을 받거나 사회 민주당 정부가 숙지한 상태에서 이루어졌다. 이 시기에 약 6천 명의 덴마크인, 4만 명의 노르웨이인, 6만 명의 스웨덴인이(90퍼센트가 여성이었다) 〈위생〉상의 목적으로, 다시 말해 〈주민 개량을 위해〉 불임 시술을 받았다. 이러한 계획을 배후에서 추진한 지적 기구인 스웨덴 웁살라 대학교의 인종생물학 연구소는 이 주제가 최고로 유행할 때인 1921년에 설립되어 55년이 지난 뒤에야 폐쇄되었다.

이 슬픈 이야기가 사회 민주주의에 관해 무엇을 말해 주는지는 분명하지 않다. 다만 비사회주의, 비민주주의 사회와 정부였다면 분명 더 심한 행태를 보였을 것이다. 전후 스칸디나비아에서 정부는 어떤 일이 공동 이익으로 판단되면 놀랄 정도로 별다른 감독을 받지 않은 채 자유롭게 실행에 옮겼다. 국가의 정통성 덕이었고, 시민들이 대체로 이의를 제기하지 않고 국가에 권위와 주도권을 부여한 덕이었다. 옴부즈만은 제반 권리를 보유한 납세 시민 공동체 밖에 존재하는 자들의 학대를 조사한다는 생각은 전혀 하지 못했던 것 같다. 사회 민주당이 지배한 전후 스칸디나비아에서 누진세와 남편의 출산·육아 휴가를 〈불완전한〉 시민의 재생산 능력에 대한 강제 개입과 구분하는 선은 일부 정부들에는 결코 분명하지만은 않았던 듯하다. 이는 달리 뜻하는 바가 없다면 제2차 세계 대전의 도덕적 교훈이 생각만큼 명확하지는 않았음을 암시한다. 바로 집단적 양심이 깨끗하리라고 널리 추정된 스웨덴 같은 나라들에서 말이다.

스칸디나비아 밖에서 사회 민주주의의 이상에 가장 가깝게 다가간 곳은 서유럽의 가장자리에 위치한 다른 작은 중립국 오스트리아였다. 실제로 겉으로 드러나는 유사성은 관찰자들이 〈오스트리아-스칸디나비아 모델Austro-Scandinavian model〉을 말할 정도로 매우 컸다. 스웨덴이나 노르웨이처럼 오스트리아도 역사적으로 농업이 압도적이었던 가난한 국가에서 부유하고 안정적이며 정치적으로 평온한 복지의 오아시스로 변모했다. 오스트리아에서도 두 대전 사이의 공공연한 싸움으로 회귀하는 것을 피하기 위해 사실상의 협약에 의해 합의가 도출되었다. 협약 당사자는 사회당과 보수적인 인민당이었다. 그러나 유사성은 이것이 전부이다.

오스트리아는 실제로 〈사회주의적〉이었으나(서유럽 민주주의 국가에서 핀란드 다음으로 국유화된 부문이 가장 컸다), 특별히 사회민주당이 지배하는 국가답지는 않았다. 오스트리아에서는 브루노 크라이스키가 총리가 된 1970년에 가서야 전후 처음으로 사회당에서 정부 수반이 탄생했다. 오스트리아가 비록 시간이 흐르면서 스칸디나비아 사회 민주주의 사회와 관련된 여러 가지 사회 복지와 공공정책을(아동보호, 후한 실업 보험과 공적연금, 가족 지원, 보편적인 의료급여와 교육급여, 국가가 보조금을 지급하는 모범적인 교통) 제도로 도입했지만, 오스트리아는 예를 들어 정치적 가맹에 따라 거의 보편적으로 고용, 영향력, 지지, 자금을 할당했다는 점에서 스웨덴과 달랐다. 이와 같이 오스트리아가 정부의 재원을 정치적 선호에 따라 시장을 안정시키는 데 이용한 것은 사회적 이상보다는 과거의 상처에 대한 기억과 관계가 있었다. 오스트리아의 사회주의자들은 두 대전 사이의 경험을 교훈 삼아 사회 정책을 혁명적으로 바꾸기보

다 자국의 허약한 민주주의를 견고하게 하는 데 관심이 더 많았다.[6]

오스트리아 사회의 다른 이들처럼 오스트리아의 사회 민주주의자들도 과거를 망각하는 데 놀랍도록 뛰어났다. 다른 나라의 사회 민주주의자들이 급진적 변화에 대한 향수를 포기하기까지는 다소 더 오랜 시간이 걸렸다. 서독 사회 민주당이 당의 목적과 목표를 개정하기까지는 1959년 바트 고데스베르크 당 대회까지 기다려야 했다. 그곳에서 채택된 새로운 당 강령은 〈민주 사회주의는 유럽에서 기독교 윤리와 인도주의, 고대 철학에 그 뿌리를 두었으며 절대적 진리를 선포할 의도가 전혀 없다〉고 대담하게 주장했다. 또한 국가는 〈주로 간접적인 방법으로 경제에 영향력을 행사하는 데 활동을 국한해야〉 했다. 상품과 고용의 자유로운 시장은 절대적으로 필요했다. 〈전체주의가 지도하는 경제는 자유를 파괴한다.〉[7]

이와 같이 명백한 사실을 뒤늦게나마 인정한 것은 이듬해 벨기에 노동당이 1894년의 창당 선언문을 재확인하고 생산 수단의 집단적 소유를 요구한 일, 그리고 역시 1960년에 영국 노동당이 개혁주의 지도자 휴 게이츠켈의 권고를 따라 1918년 당 강령의 제5절에 기술되어 있는 서약의 제거를 거부한 일과 대조를 이룬다. 최근의 경험은 이러한 행동의 차이를 부분적으로 설명해 준다. 파괴적인 투쟁에 대한 기억 때문에 또 직전 과거든 아니면 바로 국경 너머든 전체주의의 위협과 가까웠다는 점 때문에 독일과 오스트리아의 사회 민주당은(이탈리아 공산당처럼) 타협의 덕목에 주의를 집중할 수 있었다.

영국의 노동당은 그와 같이 떨쳐버려야 할 악몽이 없었다. 영국의

---

6 기이하게도, 스웨덴의 사회 민주주의자들은 빈의 20세기 초 〈오스트리아 마르크스주의〉 이론가 오토 바우어와 루돌프 힐퍼딩에 오랫동안 관심을 보였다. 반면 그들을 계승한 오스트리아 사회주의자들은 대체로 기꺼이 그들을 저버렸고, 때때로 그런 자취가 남기도 했다. 예를 들면 1958년의 오스트리아 사회당 강령은 〈민주사회주의는 자본주의와 독재 사이에 존재한다〉고 분명치 않게 주장했다.

7 번역문은 다음을 참조하라. Bark & Gress, *From Shadow to Substance. A History of West Germany*, Volume 1 (1992), Chapter 16.

노동당은 또한 이 점에서 벨기에(그리고 네덜란드의) 노동당처럼 처음부터 사회주의 정당이라기보다는 다른 모든 것에 앞서 노조 가입자들의 관심(그리고 돈)이 동인이었던 노동 운동이었다. 따라서 영국 노동당은 시야가 더 좁았으나 이데올로기적 성격은 덜했다. 노동당의 대변인은 질문을 받는다면 대륙 유럽의 사회 민주당이 지닌 일반적인 목적에 쉽사리 동의했을 것이다. 그러나 영국 노동당 고유의 관심은 훨씬 더 실제적이었고 협소했다. 바로 영국(최소한 잉글랜드) 정치 문화의 변함없는 안정 때문에, 그리고 비록 줄어들고 있었지만 오랫동안 유지된 노동 계급을 기반으로 둔 덕에, 노동당은 스칸디나비아와 독일어권 복지 국가들을 만들었던 혁신적인 해결책에 별다른 관심을 보이지 못했다.

대신 영국적 타협의 특징은 수요를 조작하는 재정 정책과, 급격한 누진세와 거대한 국영 부문의 지원을 받는 고비용의 보편적인 사회적 급여였다. 이는 역사적으로 적대적이었던 불안정한 노사 관계를 배경으로 이루어졌다. 보수당과 자유당의 주류는 국유화의 본질적인 장점을 강조하는 노동당의 주장을 제외하고는 이러한 임시 조처를 대체로 지지했다. 영국의 정치도 어떤 의미에서는 과거의 충격으로 형성되었다고 한다면, 대량 실업은 어떤 희생을 치르고라도 피해야만 한다는 것이 당을 떠나 널리 인정된 견해였다.

노동당의 새로운 지도자 해럴드 윌슨이 1964년 13년간의 야당 생활 끝에 당을 다시 권좌에 올려놓고 당대의 〈뜨겁게 타오르는 기술 혁명〉을 열광적으로 이야기한 후에도, 변화는 거의 없었다. 윌슨은 1964년 선거에서 근소한 표 차이로(의석 수로 네 석) 승리했기 때문에 정치적 모험을 감행할 처지가 아니었으나, 노동당은 2년 후 선거에서 더 나은 성과를 냈어도 경제 정책이나 사회 정책에서 급격히 이탈할 가능성은 없었다. 윌슨 자신은 페이비언 이론과 케인스적 관행의 애틀리-비버리지 전통을 계승한 상속자였으며 경제적(혹은 정치적) 혁신에 아무런 관심을 보이지 않았다. 이념적 색채와 상관 없이 대부분의 영국 정치인이 그랬듯이 윌슨도 뿌리 깊이 관습적이 었고 실용주의적이었다. 공적 문제에서 근시안적 견해를 자랑했던 윌슨은 언젠가 이렇게 말했다. 〈정치에서 한 주는 오랜 시간이다.〉

모든 관계자들이 영국을 사회 민주주의 국가라고 기술하는 데 반 대하겠지만 그러한 편협한 거부를 넘어선다면 영국의 사회 민주주 의에도 분명 독특한 점이 있었다. 영국의 좌파를(그리고 당시 정치 권의 중도파와 중도 우파의 대부분을) 사로잡았던 것은 공평함이라 는 목표였다. 비버리지 개혁과 1945년의 노동당 몰표를 추동한 힘은 전쟁 이전의 노골적인 부정, 삶의 불공평함이었다. 1951년에 보수당 을 권좌에 올리고 오랫동안 그 자리에 눌러 앉혔던 힘은 보상과 서 비스를 공평하게 분배하면서도 경제를 자유화할 수 있다는 그들의 약속이었다. 영국인들은 누진세를 수용하고 보편적 의료급여를 환 영했지만, 이는 그 조치들이 〈사회주의적〉이었기 때문이 아니라 직 관적으로 느끼기에 더 공정했기 때문이었다.

급부금과 서비스를 정액으로 제공하는 영국식 제도는 유복한 전 문직 중간 계급에 지나치게 유리하다는 점에서 기묘할 정도로 퇴행 적이었다. 하지만 비록 표면적이었을지라도 이 또한 어쨌든 평등주 의에 바탕을 두었기 때문에 영국인들은 군말 없이 이 제도를 받아들 였다. 그리고 1960년대 노동당 정부의 가장 중요한 혁신은(종합 중 등 교육 제도의 도입과 선택 중등학교 입학시험 폐지는 노동당의 장 기적인 공약이었으나 1945년 이후 애틀리가 무시해 버렸다) 그 내 재적인 장점 때문이 아니라 〈반(反)엘리트주의〉적이어서 〈공정〉하 다고 간주되었기 때문에 받아들여졌다. 1970년에 윌슨이 떠난 후 보 수당 정부들이 사방에서 악영향을 경고했음에도 교육 개혁을 추구 한 이유는 바로 이 때문이었다.[8]

8 영국의 선택 공립학교 폐지는 다만 더 많은 중간 계급을 사립 학교로 몰아냈으며, 그

노동당은 노동조합의 지지에 의존한 탓에 많은 사람들이(노동당의 일부 지도자들을 포함한다) 알기에 이미 오래전에 실행되어야 했을 산업 개혁들을 지연시킬 수밖에 없었다. 영국의 노사 관계는 작업장 내의 적대적인 대결과 직종에 근거한 성과급과 임금 분쟁으로 여전히 곤란한 상황에 처해 있었는데, 이러한 현상은 스칸디나비아나 독일, 오스트리아, 네덜란드에는 사실상 존재하지 않았다. 노동당 출신 장관들은 마지못해 이 거치적거리는 유산을 제거하려 했으나 별다른 성공을 거두지 못했다. 그리고 영국이 대륙의 사회 민주주의가 이룬 업적을 전혀 모방하지 못한 이유는 부분적으로는 이 같은 실패에 원인이 있었다.

　게다가 영국의 복지 제도는 프랑스나 이탈리아의 제도보다 20년에서 30년까지 앞서 도입되었고, 보편적 특성을 띠고 있었다. 이 때문에 물질적인 평등의 영역에서도 영국이 이룩한 성취가 매우 제한적이었다는 실상은 가려졌다. 1967년까지도 영국 주민의 상위 10퍼센트가 모든 사유 재산의 80퍼센트를 소유했다. 전후 30년간 실시된 재분배 정책의 순수한 효과는 상위 10퍼센트로부터 그 밑의 40퍼센트로 소득과 자산을 이전한 것이다. 안전과 복지에서 전반적으로 개선이 이루어졌음에도 나머지 50퍼센트가 얻은 것은 거의 없었다.

　우리는 복지 국가가 훗날 대면하는 문제들을 알고 있기에 서유럽 복지 국가 시대를 종합적으로 평가할 때 불가피하게 어두운 면을 고려하지 않을 수 없다. 따라서 오늘날 1957년의 서독 사회 보장개혁법과 같은 발의는 인구와 경제의 상황이 변했을 경우에는 용납할 수 없을 정도로 예산에 큰 부담이 되었으리라는 사실을 간파하기란 어

럼으로써 노동당의 급진파가 그토록 경멸했던 교육비를 받는 〈사립 학교public school〉의 전망과 수익을 개선시켰다. 반면 선택은 성적이 아니라 소득에 따라 지속되었다. 여력이 있는 부모는 〈좋은〉 학군으로 이사를 갔다. 그리하여 가난한 집안의 아이들은 최악의 학교와 최악의 교사에 맡겨졌고, 교육의 상향 이동성 전망은 크게 줄어들었다. 영국 중등 교육의 〈종합화comprehensivisation〉는 전후 영국에서 사회적으로 가장 퇴행적인 입법이었다.

렵지 않다. 서독의 사회 보장개혁법은 노동자들에게 은퇴 시점의 임금을 기준으로 생계비 지수에 연계된 연금을 보장했기 때문이다. 그리고 역시 뒤늦게 깨달은 사실이지만 사회 민주당이 통치하던 시절에 스웨덴에서 이루어진 철저한 소득 평준화도 명백히 개인의 저축을 감소시키고 그리하여 미래의 투자를 방해했다. 정부 이전금과 정액 사회 보장 급부금을 완벽하게 이용하는 방법을 아는 자들만이 혜택을 누렸다는 사실은 당시에도 분명했다. 주로 교육받은 중간 계급이 일련의 투쟁을 통해 새로운 특권을 지켜 냈던 것이다.

그럼에도 그것이 사회 민주당의 업적이든 가부장적인 가톨릭당의 업적이든 아니면 신중한 성향의 보수주의자들이나 자유주의자들의 업적이든, 유럽의 〈유모 국가들nanny states〉이 쌓은 업적은 실제적인 것이었다. 복지 국가는 사회적 보호와 경제적 보호라는 핵심 정책에서 시작하여 자격 부여, 급부금, 사회 정의, 소득 재분배와 관련된 제도들로 옮겨갔으며, 정치적 비용을 거의 치르지 않고 이러한 실질적인 변화를 이루어 냈다. 복지 관료와 사무직 수혜자들의 창출에도 장점이 없지 않았다. 농민이 그랬듯이, 비방을 많이 받은 이 〈하층 중간 계급〉도 이젠 민주주의 국가의 제도와 가치에 기득권을 갖게 되었던 것이다. 이러한 현상은 양당이 충분히 지적했듯이 사회 민주당이나 기독교 민주당에 똑같이 좋았다. 그러나 파시스트와 공산당에는 나빴는데, 이 점이 더욱 중요했다.

이러한 변화는 앞서 언급했던 인구학상의 변화를 반영했으나, 또한 전례 없이 높은 수준의 사적인 안전, 그리고 교육적 이동성과 사회적 이동성의 강화를 반영하기도 했다. 서유럽인들은 태생에 의해 진입했던 공간과 직업, 소득층에 계속 남아 있을 가능성이 줄어든 만큼, 부모 세대의 정치 운동과 사회적 가맹에 자동적으로 일체감을 느낄 가능성도 줄어들었다. 1930년대 세대는 경제적 안정을 얻는 데 만족하고 정치적 동원과 그에 수반되는 위험에서 등을 돌렸다. 규모가 훨씬 더 컸던 세대인 1960년대의 그 자녀들은 평화와 정치 안정, 복지 국가밖에 알지 못했다. 당시 사람들은 이를 당연하게 여겼다.

국가가 시민의 고용과 복지에 점점 더 큰 영향력을 갖게 되는 동안, 시민의 도덕과 의견에 대한 국가의 권위는 지속적으로 줄어들었다. 당시에 이러한 현상은 역설이 아니었다. 유럽의 복지 국가를 옹호했던 자유당과 사회 민주당 사람들은 원칙적으로 정부가 주민의 경제적 안녕이나 의료 복지에 면밀히 주의를 기울이고 요람에서 무덤까지 시민의 복지를 보장하면서, 종교와 섹스 또는 예술적 취향이나 판단 같은 지극히 사적인 문제들에 관해서는 시민들의 견해와 관행에 전혀 간섭하지 않는 것이 지당하다고 보았다. 독일이나 이탈리아의 기독교 민주당에는 이런 구분이 쉽지 않았다. 국가가 국민의 예절과 습속에 관심을 두는 것은 그들에겐 여전히 정당했기 때문이다. 그렇지만 기독교 민주당도 점증하는 압력에 적응해야 했다.

1960년대 초까지 서유럽 전역의 공공 당국은(스칸디나비아는 예외이다) 시민의 사생활과 견해를 통제하고 억압했다. 동성애는 거의 어디서나 불법이었고 장기 징역형으로 처벌받았다. 많은 나라에서 동성애는 예술에서도 묘사될 수 없었다. 낙태는 대부분의 나라에서 불법이었다. 몇몇 가톨릭 국가에서는 피임조차 (실제로는 종종 용서되었지만) 법률상 불법 행위였다. 이혼도 어디서나 어려웠고 몇몇 지역에선 아예 불가능했다. 서유럽의 여러 지역에서 정부 기구들이 여전히 연극과 영화, 문학을 검열했고(스칸디나비아는 이 점에서도 예외이다), 라디오와 텔레비전은 거의 어디서나 공적 독점 상태에 있었다. 앞서 살펴보았듯이 내용에서 엄격한 통제를 받았고 이견이나 〈불경〉은 거의 용서 받지 못했다. 영국에서는 일찍이 1955년에 상업 텔레비전 방송이 시작되었지만, 이 또한 지나치게 엄격히 통제되었으며, 오락과 광고뿐만 아니라 〈계몽과 정보〉라는 공적으로 위임된 의무도 수행했다.

과세처럼 검열도 전쟁으로 촉진되었다. 영국과 프랑스에서는 두 차례의 세계 대전 동안 행동과 의견의 표현을 매우 엄격히 구속하는 조치들이 도입되었고 이후 결코 폐기되지 않았다. 이탈리아와 서독, 그리고 이 나라들이 점령했던 몇몇 국가에서 전후의 규제는 파시스트 법률의 유산이었지만 민주주의 체제의 입법자들은 그 법률들을 보존하기로 했다. 1960년까지도 여전히 효력을 지녔던 가장 억압적인 〈도덕적〉 권위들 중에서 19세기 이전에 기원을 두고 있는 것은 상대적으로 적었다(일찍이 1738년에 희곡 검사관과 부검사관의 직위가 설치되어 연극의 사전 검열을 담당했던 영국의 의전실이 아마도 가장 명백하게 시대착오적이었을 것이다). 이 법칙의 두드러진 예외는 물론 가톨릭교회였다.

보수주의자임을 공언한 교황 피우스 9세의 영향력과 후원으로 1870년에 개최된 제1차 바티칸 공의회 이후로, 가톨릭교회는 신도들의 도덕적 인도자라는 책임에 대해 단연 독단적인 포괄적 시각을 견지했다. 바티칸은 현대 국가에 의해 정치권력의 영역에서 지속적으로 밀려났던 까닭에 신도들에게 다른 방식으로 강경한 요구를 제시했다. 실제로 에우제니오 파첼리가 교황 피우스 12세(1939~1958)로 오랫동안 논쟁을 야기하며 재위할 동안, 공식 교회는 영적인 권리 주장을 지속했을 뿐만 아니라 사실상 정치에 재차 진입했다.

파첼리가 교황으로 재위할 때 바티칸은 무솔리니와 긴밀한 유대를 맺고 나치즘에 대해 양면적인 태도를 보인 일부터 스페인과 포르투갈의 가톨릭 독재자들에게 열광한 일까지 정치적으로 공공연히 반동적이었으며, 민주주의 체제의 국내 정치에서도 강경한 노선을 취했다. 특히 이탈리아의 가톨릭교도에게는 기독교 민주당에 반대하여 투표하는 행위가 영적으로 부정한 행위라는 점을 분명히 했다.

그러나 상대적으로 자유로웠던 벨기에나 네덜란드에서도 가톨릭 성직자단은 가톨릭교도의 표는 오직 가톨릭 정당으로만 가게 하라는 엄정한 명령을 받았다. 피우스 12세가 죽은 지 9년이 지난 1967년에야 네덜란드 주교는 감히 공개적으로 네덜란드 가톨릭이 비가톨릭 정당에 투표해도 파문당하지 않는다는 암시를 주었다.

이런 상황에서 전후 가톨릭 성직자단이 가족이나 도덕적 행위, 부적절한 서적과 영화에 관련된 문제들에서 비타협적 태도를 견지했다고 놀랄 일은 아니다. 그러나 1950년대 말에 젊은 가톨릭 신도들과 새로운 세대의 성직자들은 바티칸의 완고한 권위주의가 공적인 문제와 사적인 문제에서 똑같이 시대에 뒤떨어졌으며 경솔하다는 사실을 깨닫고 불쾌감을 느꼈다. 1900년으로 돌아가 보면 이탈리아에서 대부분의 결혼은 약 20년간 지속되다가 배우자의 사망으로 해소되었다. 20세기의 삼사분기가 끝날 무렵 결혼은 35년 이상 유지되었으며, 이혼할 권리에 대한 요구는 꾸준히 증가했다.

한편 전후 베이비붐으로 피임에 반대하는 인구학상의 논거는 약해졌고, 비타협적인 태도로 피임에 반대했던 교회 당국은 고립되었다. 서유럽 전역에서 미사 참석률이 낮아졌다. 이유가 무엇이든 간에(그때까지 순종했던 촌락 주민들의 지리적 이동과 사회이동, 여성의 정치적 해방, 복지 국가 시대에 들어서 가톨릭교회의 자선과 교구 학교의 중요성이 감소한 일 등) 문제는 실제적이었으며, 명민한 가톨릭 지도자들이 알고 있었듯이 이를 전통과 권위에 호소함으로써 다룰 수 없었으며, 1940년대 말의 방식처럼 반공주의를 자극한다고 해도 막을 수 없었다.

파첼리가 사망한 뒤 그를 계승한 교황 요한네스 23세는 새로운 바티칸 공의회를 소집하여 이러한 어려움을 다루고 교회의 태도와 실천을 현실에 맞게 조정하려 했다. 제2차 바티칸 공의회가 1962년 10월 11일에 소집되었다. 공의회는 이후 며칠간 작업을 진행하면서 가톨릭 기독교의 전례와 언어를 바꾸었을 뿐만 아니라(말 그대로다. 소수의 전통주의자들은 이해하지 못하고 분노했지만 라틴어는 이제 교회의 일상적 의식에서 사용되지 않았다) 현대적 삶의 딜레마에 대한 교회의 반응도 바꾸었는데 이 점이 더 중요했다. 제2차 바티칸 공의회의 선언을 보면 교회는 이제 변화와 도전을 두려워하지 않으며 자유 민주주의와 혼합 경제, 현대 과학, 합리적인 사고, 나아가 세속 정치의 반대자가 아니라는 사실이 분명했다. 다른 기독교 종파와 화해하려는 첫 번째 매우 시험적인 조치들이 취해졌으며, 유대인이 예수의 죽음에 책임을 져야 한다는 오래 지속된 설명을 고침으로써 교회에 반유대주의를 억제할 책임이 있음을 어느 정도 인정했다(많이 인정한 것은 아니다). 특히 가톨릭교회는 이제 더는 권위주의 정권의 지지 기반이 될 수 없었다. 오히려 그 반대였다. 아시아와 아프리카, 특히 라틴 아메리카에서 가톨릭교회는 권위주의 정권의 반대자들 편에 설 가능성이 높았다.

이러한 변화는 가톨릭교회 내의 개혁가들 중에서도 보편적으로 환영받지는 못했다(제2차 바티칸 공의회에 대의원으로 참석한 크라쿠프의 젊은 사제는 훗날 교황의 지위에 올라 비타협적인 가톨릭 성직자단의 도덕적 권위와 영향력을 완전히 회복하는 것을 자신의 과제로 삼게 된다). 또한 제2차 바티칸 공의회가 꾸준히 하락하던 유럽 가톨릭교도들의 종교 의식 참여율을 역전시키지도 못했다. 이탈리아에서도 전체 가톨릭교도의 미사 참석률은 1956년 69퍼센트에서 12년 뒤에 48퍼센트로 하락했다. 그러나 유럽에서 종교의 쇠퇴 현상은 결코 가톨릭 신앙에만 국한되지 않았다. 이는 아마도 그들의 능력을 벗어난 문제였을 것이다. 제2차 바티칸 공의회가 거둔 진정한 성과는, 아니면 적어도 촉진하고 인정했던 바는 대륙 유럽에서 정치와 종교가 궁극적으로 분리되었다는 사실이었다.

피우스 12세 사후에는 그 어느 교황이나 주교도 감히 투표를 통해 올바른 길을 가결하지 못하면 심각한 결과가 초래될 수 있다는 말로 가톨릭교도를 위협하지 못했다. 그리고 네덜란드와 벨기에, 서독, 오스트리아, 이탈리아에서 한때 긴밀했던 가톨릭 성직자단과 가톨릭당이나 기독교 민주당 사이의 관계에도 균열이 생겼다.[9] 가톨릭 성직자단이 유달리 큰 특권과 권력을 향유했던 프랑코의 스페인에서도 제2차 바티칸 공의회로 극적인 변화가 나타났다. 1960년대 중반까지 스페인의 지도자는 가톨릭이 아닌 종교적 믿음이나 의식의 외적 표명을 모조리 금지했다. 그러나 1966년 여전히 가톨릭교회에 특권을 부여했지만 다른 기독교 교회의 존속도 허용하는 법률을 부득이 허용할 수밖에 없었으며, 이후 4년 안에 (기독교) 예배의 완전한 자유를 인정했다. 바티칸은 이와 같이 스페인에서 가톨릭교회의 뒤늦은 〈국교 해제〉를 밀어붙이는 데 성공함으로써 프랑코 생전에 교회와 정권 사이에 틈을 벌렸고, 스페인 교회에 오랫동안 〈구체제〉와 연합했던 데에서 연유하는 몇 가지 곤란한 결과는 면하게 해줄 수 있었다.

종교와 정치 사이, 가톨릭교회와 그 최근 과거 사이의 문화적 단절rupture culturelle은(벨기에 등지에서 그렇게 칭했다) 〈60년대〉를 만드는 데 결정적인 역할을 했다. 물론 바티칸의 개혁 분위기에는 한계가 있었다(제2차 바티칸 공의회에 참여한 많은 사람들에게 공의회 배후에 놓인 전략적 추진력은 근본적인 변화를 껴안는 것이 아니라 회피하는 것이었다). 몇 년 뒤에 이탈리아나 프랑스, 서독처럼 가톨릭교도가 압도적으로 많은 나라들에서 낙태의 권리와 이혼의 자유화가 투표에 부쳐졌을 때, 교회 당국은 비록 실패하기는 했지만 맹렬히 반대했다. 교회는 이와 같이 민감한 문제들에 관해서 굴복하지 않았으며, 반대했다고 해서 공동체가 쪼개질 위험은 없었다. 〈탈

9 교권 정치의 붕괴로 정치적 반교권주의의 존재 이유가 사라졌다. 거의 200년 동안 지속되었던 불화와 망상의 순환이 종식된 것이다.

종교〉시대로 나아가는 사회에서 교회의 입지는 축소되었는데, 교회는 이를 받아들이고 최대한 이용했다.[10]

스칸디나비아와 영국, 네덜란드의 일부, 독일어를 쓰는 서유럽의 소수 민족 사회 등 비가톨릭 사회에서 시민들이 전통적인 도덕적 권위로부터 해방되는 과정은 불가피하게 더욱 넓은 영역으로 확산될 수밖에 없었으며, 그 과정은 예상보다 훨씬 더 극적이었다. 변화는 영국에서 가장 현저했다. 1950년대 말까지 영국 시민들에겐 여전히 도박과 〈음란〉하거나 정치적으로 민감한 것을 읽거나 보는 것, 동성애 행위를 옹호하는 것(물론 동성애 행위를 하는 것은 말할 것도 없다), 낙태를 하거나 낙태 시술을 해주는 행위, 공개적인 모욕이나 큰 어려움 없이 이혼하는 것은 허용되지 않았다. 그리고 살인이나 기타 중죄를 저지르면 교수형에 처해질 수 있었다.

그런데 1959년을 시점으로 인습의 실타래가 풀렸다. 그해의 음란 출판물법에 의거하여, 성인 문학 작품은 〈과학이나 문학, 예술, 학습을 위한〉 작품으로 판단될 경우 〈음란〉죄로 고발당하지 않을 수 있었다. 그때 이후로 출판사와 저자는 법정에서 작품 전체의 가치를 드러냄으로써 스스로를 변호할 수 있었으며, 〈전문가〉의 견해에 호소하여 방어할 수 있었다. 1960년 10월, 『채털리 부인의 사랑Lady Chatterley's Lover』이 유명한 시범 사례가 되었다. 펭귄 출판사는 영국에서 처음으로 D. H. 로렌스의 이 작품을 무삭제판으로 출판했다는 죄목으로 기소되었다. 이 재판은 영국인의 각별한 관심을 끌었다. 그때까지 불법이었던 단락이 드러났기 때문이 아니라 이 책이 계급 간의 에로티시즘으로 유명세를 치르고 있었기 때문이었다. 한 증인은 〈아내나 하녀〉가 이 소설을 읽도록 허용할 수 있느냐는 검사의 질문에 조금도 문제될 게 없다고 답변했다. 그렇지만 자신의 사냥터지

10 그러나 아일랜드에서는 교회의 권위와 교회의 일상 정치 개입은 상당히 오래, 90년대에 들어서도 유지되었다.

기의 손에 들어가도록 내버려 두지는 않겠다고 했다.

펭귄 출판사는 서른다섯 명의 전문가를 증인으로 세워 방어했고 음란 혐의에 대해 무죄를 얻어 냈다. 그리고 그 면소로 영국 체제의 도덕적 권위는 서서히 실추되었다. 같은 해에 영국에서 도박이 합법화되었다. 4년 뒤에 정권을 넘겨받은 노동당 정부는 사형을 폐지했으며, 훌륭한 개혁가인 내무장관 로이 젱킨스의 지도를 받아 1967년에 국가가 재정을 지원하는 가족계획 클리닉의 도입, 동성애에 관한 법률의 개혁, 낙태의 합법화를, 이듬해에는 연극 검열의 폐지를 감독했다. 1969년에는 이혼법이 뒤따랐는데, 이는 결혼 제도의 극적인 변화를 촉진했다기보다 그 한계를 폭로했다. 잉글랜드와 웨일스에서 제2차 세계 대전 직전 해에 58쌍당 한 쌍이 이혼했는데, 40년 뒤에 그 비율은 세 쌍 중 한 쌍이었다.

1960년대 영국의 자유주의적 개혁은 점진적으로 북서 유럽 전역에서 모방되었다. 빌리 브란트의 사회 민주당이 이끌던 서독의 연립 정부들은 1960년대 말과 1970년대에 유사한 개혁을 추진했다. 그러나 이 경우에는 법이나 선례보다는 연정 상대편의, 특히 경제적으로는 자유주의적이었으나 사회적으로는 보수적이었던 자유민주당의 주저가 변화를 억제했다. 프랑스에서 사형 폐지는 1981년에 프랑수아 미테랑이 권좌에 오를 때를 기다려야 했으나, 낙태와 이혼에 관한 법률은 이탈리아의 경우처럼 1970년대 초에 개정되었다. 일반적으로 말해 영국과 스칸디나비아를 예외로 하면, 해방된 〈60년대〉는 실제로는 1970년대가 되어야 유럽에 도착했다. 그러나 일단 법적 변화가 이루어지자 사회적 결과는 매우 빠르게 뒤따랐다. 벨기에와 프랑스, 네덜란드의 실제 이혼율은 1970년에서 1985년 사이에 세 배로 늘었다.

도덕과 사적인 관계의 문제에서 공공 당국의 권위가 줄었다고 국민의 문화생활에서 국가의 역할이 축소된 것은 전혀 아니었다. 오히려 정반대였다. 당대 서유럽의 폭넓은 합의에 따르면 오직 국가만이 시민의 문화적 욕구에 봉사할 수 있는 재원을 지니고 있었다. 개인과 사회는 그냥 내버려 두면 수단도 주도력도 부족할 수밖에 없었다. 식량과 주거, 고용에 못지않게 문화적 자양분을 전달하는 일도 공공 당국의 책무였다. 그 문제에 관해 사회 민주당과 기독교 민주당의 견해는 같았다. 둘 다 위대한 빅토리아 시대 개혁가들의 후예였으며, 훨씬 더 많은 재원을 손에 쥐고 있었다. 이 점에서 1960년대의 미학적 반란은 거의 아무것도 바꾸지 못했다. 새로운 〈〈반(反)〉〉 문화는 옛 문화와 똑같이 자금을 요구하고 확보했다.

1950년대와 1960년대는 위대한 문화 보조금의 시대였다. 1947년으로 돌아가 보자. 영국 노동당 정부는 극장, 교향악단, 지역 오페라단 등 지역 예술의 창의력을 진흥하기 위해 지방세에 6펜스를 가산했다. 이 조치는 1960년대 예술위원회Arts Council의 전주곡이었다. 예술위원회는 예술 교육은 물론 지역과 전국 차원의 축제와 시설을 전례 없이 폭넓게 공적으로 후원했다. 재정이 궁했던 프랑스의 제4공화국은 별 도움이 되지 않았다. 박물관들과 파리 오페라 극장, 코메디 프랑세즈 같은 전통적으로 명망이 드높았던 고급문화 현장과 국가가 독점한 라디오 방송국과 텔레비전 방송국만이 후원을 받았다. 그러나 드골이 권좌에 복귀하여 앙드레 말로를 문화부 장관에 임명한 후에 상황은 변했다.

프랑스 국가는 오랫동안 메세나(예술 후원자) 역할을 수행했다. 그러나 말로는 국가의 역할을 완전히 새로운 방식으로 이해했다. 자고로 왕실과 왕실을 계승한 공화주의 국가들의 권력과 자금은 예술가와 예술을 파리(또는 베르사유)로 끌어오고 나머지 지역은 고사시키는 데 이용되었다. 이제 정부는 지방으로 공연자와 공연을 끌어오기 위해 돈을 썼다. 프랑스의 지방 전역에 박물관과 미술관, 축제,

극장이 갑자기 우후죽순처럼 나타났다. 장 빌라르의 지도로 진행된 아비뇽 여름 축제는 이 중 가장 잘 알려진 것으로 1947년에 시작되었다. 아비뇽 여름 축제는 1950년대와 1960년대에 도약했으며, 그때 빌라르의 작품은 프랑스 극장의 변화와 쇄신에 중요한 역할을 수행했다. 잔 모로, 마리아 카사레스, 제라르 필리프 같은 프랑스의 매우 유명한 배우들은 아비뇽에서 활동했다. 프랑스 예술의 르네상스가 아비뇽과 전혀 그럴 것 같지 않았던 장소인 생테티엔, 툴루즈, 렌, 콜마르 등에서 시작된 것이다.

물론 말로는 지방의 문화생활을 장려하면서 중앙의 주도력에 의존했다. 빌라르의 계획조차 그 우상파괴적 목표에서는 전형적으로 파리식이었다. 지방에 문화를 안겨 주는 것이 아니라 주류 연극의 인습을 버리는 것, 다시 말해 〈연극과 집단 예술을 다시 소생시키고…… 다시 자유롭게 숨 쉴 수 있도록 도와주고 건축과 극시(劇詩)를 화해시키는 것〉이 요점이었다. 이는 파리를 벗어나면 더 쉽게 달성할 수 있었지만 중앙 정부의 자금과 행정적 지원이 있어야 했다. 반면 독일 연방 공화국처럼 진정으로 분권화된 국가에서는 문화와 예술은 지역의 정책과 지역 이기심의 직접적인 결과였다.

다른 서유럽 지역들과 마찬가지로 독일에서도 예술 분야의 공적 지출은 전후에 매우 극적으로 팽창했다. 그러나 서독에서 문화와 교육에 관한 문제는 주 정부가 관할했기 때문에 노력은 적지 않게 중복되었다. 모든 주와 대부분의 주요 도시에 오페라단, 음악 연주회장, 무용단, 보조금을 받는 극장과 예술 단체가 있었다. 재통일 당시 서독에는 225개의 지역 극장이 있었고, 이 극장들은 주나 시로부터 50퍼센트에서 70퍼센트까지 다양하게 예산을 지원받았다. 프랑스의 경우와 마찬가지로 이 제도의 뿌리는 과거에 있었다. 독일 전근대의 작은 군주국과 공국, 교회령 중 다수가 전임 궁정 음악가와 화가를 보유했고 이들에게 정기적으로 새로운 작품을 의뢰했다.

소득은 상당했다. 나치 이후 서독은 문화적 자신감을 상실했지만, 국가로부터 후한 재정 지원을 받은 문화 단체들은 온갖 종류의 예술가들에게 메카가 되었다. 슈투트가르트 발레단, 베를린 교향악단, 쾰른 오페라단, 만하임 국립극장, 비스바덴 주립극장 등 수많은 소규모 단체들이 수천 명의 무용수와 음악가, 배우, 지방지(地方誌) 편찬자, 극장 기술자, 사무직원들에게 안정된 일자리를(아울러 실업 급여와 의료 보험, 연금을) 제공했다. 특히 많은 무용수와 음악가가 미국을 포함한 해외에서 들어왔다. 정부로부터 지급받은 보조금으로 요금을 지불하고 이 예술가들의 공연을 보고 들은 지역 청중들도 혜택을 입었지만, 이 예술가들도 번창하는 유럽의 문화 무대로부터 그들 못지않게 큰 혜택을 입었다.

1960년대가 여러 곳에서는 1970년대 초가 되어서야 진정으로 존재했듯이, 근엄하고 딱딱하며 단조롭고 정체되었다는 1950년대의 상투적인 인상도 대체로 신화적이었다. 존 오즈번은 「성난 얼굴로 돌아보라」에서 지미 포터를 통해 전후의 번영과 자신감이 날조되었음을 욕했다. 그리고 1950년대 말에 가서야 일소된 공손한 순응의 허식에 젊은이들을 필두로 많은 관찰자들이 극도로 실망했다는 사실에는 의심의 여지가 없다.[11] 그러나 사실 1950년대에는 독창적인 작품이 많았다(연극과 문학, 영화에서 특히 많았는데 이후의 작품들보다 더 오래 관심을 끌었다). 서유럽은 권력과 정치적 위신에서 상실한 몫을 예술에서 만회하고 있었다. 실제로 1950년대 말은 유럽의 〈고급〉 예술에는 일종의 인디언서머였다. 상황은 유달리 상서로웠다. 〈유럽적 특성European quality〉(화살괄호는 훗날의 반어법적 비하의 의미를 아직 갖지 않았다)은 처음으로 대규모 공적 자금을 지원받았으나, 〈접근성〉이나 〈해석 가능성〉, 〈현실성〉에 대한 대중주의

11 오즈번이 영국민의 충성을 〈폐품 속에 채워 넣은 황금〉이라고 격정적으로 토로한 것이 대표적이다.

적 요구에는 아직 노출되지 않았다.

유럽의 극장은 1953년 3월 파리의 바빌론 극장에서 새뮤얼 베케트의 「고도를 기다리며En attendant Godot」가 첫 공연을 올리면서 모더니즘의 황금기로 진입했다. 영국 해협 건너편에서는 영국 연극단 English Stage Company이 런던의 왕립 극장에서 베케트와 동독의 베르톨트 브레히트의 작품을 올렸다. 또한 당연히 존 오즈번과 해럴드 핀터, 아널드 웨스커의 작품도 상연되었다. 이 사람들의 희곡은 모두 미니멀리즘 양식을 미학적 경멸에 결합했는데, 그 기교는 종종 관습적인 정치적 스펙트럼 속에서 위치를 정하기가 어려웠다. 영국의 주류 연극까지도 전보다 훨씬 대담해졌다. 1950년대 말 영국에서는 올리비에와 길구드, 리처드슨, 레드그레이브, 기니스 등 전례 없이 많은 연극인들이 기사 작위를 수여받았고 여기에 대학을 갓 졸업한(대부분 케임브리지 출신의) 젊은 배우들과 피터 브룩, 피터 홀, 조너선 밀러를 포함한 혁신적인 감독과 제작자 집단이 합류했다.

영국 국립극장이 1946년에 처음으로 제안되었지만 1962년에 로렌스 올리비에를 초대 감독으로 하고 연극 평론가 케네스 타이넌을 고문 겸 부감독으로 하여 정식으로 설립되었고, 런던의 사우스뱅크에 있는 상설 극장은 1976년에 가서야 개장되었다. 새로운 영국 연극의 주요 후원자이자 공연장이 된 국립극장은 왕립 셰익스피어극단과 더불어 예술위원회의 주된 수혜자였다. 그렇다고 연극이 다른 여흥보다 더 많은 인기를 누리지는 않았다. 오히려 그 반대였다. 음악당이 몰락한 이후로 연극은 주제가 명백히 프롤레타리아적일 때조차 중간 계급의 영역이었다. 극작가는 노동 계급의 생활에 관하여 쓸 수 있었지만 관람객은 중간 계급이었다.

베케트의 작품이 쉽게 영국으로 건너왔듯이, 영국의 연출가들도 해외에서 매우 편하게 활동했다. 피터 브룩은 런던에서 연출한 셰익스피어 작품으로 명성을 쌓은 후(「한여름 밤의 꿈A Midsummer

Night's Dream」이 가장 유명하다) 파리에 자리를 잡고 미학적·언어적 변경을 쉽게 공략했다. 1960년대 초가 되면 〈유럽〉 연극이나 최소한 당대 유럽의 논쟁적인 문제들을 소재로 삼은 연극에 관해 말하는 것이 차츰 가능해졌다. 1963년에 독일에서 처음 상연된 롤프 호흐후트의 「대리자Der Stellvertreter」는 교황 피우스 12세를 전시에 유대인을 돕지 못했다고 공격했다. 그러나 다음 작품인 「병사들 Soldiers」(1967)에서 호흐후트는 윈스턴 처칠에 달려들어 전시에 독일의 도시들을 소이탄으로 폭격한 일을 비난했고, 이 연극은 처음에 영국에서 상연이 금지되었다.

유럽 예술이 〈뉴웨이브〉 작가와 영화감독들에 휩쓸린 때도 1950년대였다. 이들은 종래의 서사적 관습과 관계를 끊고 섹스와 젊음, 정치, 소외 등의 주제에 주목함으로써 1960년대 세대가 자신들의 업적으로 여겼던 것들을 앞서 보여 주었다. 1950년대 서유럽의 가장 영향력 있는 소설들, 예를 들어 알베르토 모라비아의 『순응자들Il Conformista』(1951), 알베르 카뮈의 『전락La Chute』(1956), 귄터 그라스의 『양철북Die Blechtrommel』(1959) 등은 여러 면에서 후대의 그 어느 작품보다 독창적이었고 확실히 더 많은 용기를 주었다. 사춘기 이후의 자아도취를 나르시시즘적으로 설명한 프랑수아즈 사강의 『슬픔이여 안녕Bonjour Tristesse』(1953)이나 콜린 윌슨의 『아웃사이더The Outsider』(1956)조차(윌슨의 경우에는 권위주의의 인간 불신을 암시하는 데에서 그치지 않았다) 그 시대에는 독창적이었다. 작가가 각각 열여덟 살과 스물네 살에 썼던 이 작품들의 주제는, 그리고 그 성공은 1960년대의 〈청년 혁명〉을 10년 전에 예견했다.

앞서 지적했듯이 1950년대 후반과 1960년대 초에 영화 관람객 수는 줄어들었지만 그 시기는 유럽 영화가 예술성과 창의성으로 영원한 명성을 획득한 때였다. 실제로 서유럽 영화가 대중의 여흥이란 딱지를 떼고(아니면 그것에서 벗어나서) 고급문화의 영역으로 들어간 데에는 어떤 맥락이 있었을 것이다. 분명히 유럽 영화의 부흥은 관객의 요구가 추동한 것이 아니었다(관람객들에게 내맡겨졌다면 프랑스 영화는 1950년대 초의 〈양질의〉 코스튬 드라마에 계속 머물렀을 것이고, 독일 영화는 슈바르츠발트를 배경으로 한 낭만적인 〈고향〉 영화를 계속 보여 주었을 것이며, 영국의 관객은 매양 전쟁 영화와 점점 더 외설스러워지는 가벼운 코미디만 보았을 것이다). 어쨌거나 유럽의 대중 관객은 미국의 대중 영화를 계속해서 현저히 편애했기 때문이다.

기이하게도 새로운 무리의 프랑스 영화 예술가들 사이에서 혁명을 고취한 것은 미국 영화, 특히 1940년 말의 필름 누아르 형식의 음울하고 꾸밈없는 영화에 대한 그들 자신의 찬사였다. 선배들의 진부한 주제와 로코코식 장식을 멸시했던 일단의 젊은 프랑스인들은(1958년에 프랑스 비평가 피에르 빌라르가 〈누벨바그nouvelle vague〉라고 칭했던 사람들) 프랑스의 영화 제작을 먼저 이론에서, 그다음에 실천을 통해 개혁하는 데 착수했다. 새로운 잡지 『카이에 뒤 시네마Cahiers du Cinéma』에 어렴풋이 드러난 이론적 측면은 감독을 〈작가〉라는 개념으로 중점적으로 다루었다. 이 비평가들이 알프레드 히치콕이나 하워드 혹스 같은 감독들과 이탈리아의 신사실주의 감독들의 작품에서 칭찬했던 것은 〈자율성〉, 즉 촬영소 안에서 작업할 때조차 영화가 자신들의 작품임을 〈알리는〉 데 성공했던 그 방식이었다. 이 감독들은 같은 이유로 앞선 세대의 프랑스 감독들, 특히 장 비고와 장 르누아르의 영화를 옹호했고 그다음에는 무시했다.

이 모든 것은 직관적인 고상한 심미안을 암시했지만, 이를 둘러싼 이론적 음영은 매우 제한된 모임 밖에서는 별다른 관심을 받지 못했으며 종종 이해할 수도 없었다. 그러나 루이 말, 장뤼크 고다르, 클로드 샤브롤, 자크 리베트, 에릭 로메르, 아그네스 바르다, 그리고 특히 프랑수아 트뤼포가 보여 준 실천은 영화의 양상을 바꾸었다. 프랑스의 촬영소는 1958년에서 1965년 사이에 놀라운 일터로 변모했다. 말은 1958년에 「교수대로 올라가는 승강기Ascenseur pour l'écha-faud」와 「연인들Les Amants」을 감독했고, 또 「지하철을 탄 자지Zazie dans le métro」(1960)와 「사생활La Vie privée」(1961), 「도깨비불Le Feu follet(1963)을 감독했다. 고다르는 「숨이 차다À bout de souffle」(1960)[12], 「여자는 여자다Une femme est une femme」(1961), 「비브르 사 비Vivre sa vie」(1962), 「외부인들Bande à part」(1964), 「알파빌Al-phaville」(1965)을 감독했다. 샤브롤이 제작한 작품에는 「미남 세르주Le Beau Serge」(1958), 「이중 잠금À double tour」(1959), 「선한 여인들Les bonnes femmes」(1960), 「악마의 눈L'Oeil du malin」(1962) 등이 있다.

이 영화들보다 더 재미있는 리베트의 작품은 조금 더 늦게 제작되었다. 이 시기에 「클레오, 5시부터 7시까지Cléo de 5 à 7」(1961)와 「행복Le Bonheur」(1965)으로 가장 잘 알려진 바르다처럼 리베트도 종종 자기만족에 빠져들었다. 그러나 이 집단에서 가장 연장자인 에릭 로메르는 전혀 그렇지 않았다. 로메르는 훗날 구슬픈 〈도덕적 이야기들〉로 국제적인 유명세를 치렀는데, 그중 처음 두 작품인 「몽소 빵집 여자La Boulangère de Monceau」와 「수잔의 생애La Carrière de Su-zanne」는 1963년에 제작되었다. 그러나 누벨바그의 양식과 충격의 화신이 된 자는 비할 데 없이 뛰어난 인물인 프랑수아 트뤼포였다. 다른 어느 작품보다 장 피에르 레오를 (트뤼포의 자전적 〈영웅〉인) 앙투안 두아넬 역으로 세운 일련의 영화들, 특히 「대소동Les Quatre Cents Coups」(1959)[13], 「스무 살의 사랑L'Amour à vingt ans」(1962), 「도둑맞은 키스Baisers volés」(1968)로 유명해진 트뤼포는 프랑스 영

---

12 국내에는 「네 멋대로 해라」로 소개되었다 ─ 옮긴이주.

13 Les Quatre Cents Coups는 400번 때린다는 뜻이 아니라 큰 소동을 뜻한다 ─ 옮긴이주.

화 혁명의 배후에 있는 주요 이론가였을 뿐만 아니라 그때까지 가장 꾸준히 성공을 거두었던 실천가였다. 트뤼포의 독특한 영화들, 「쥘과 짐 Jules et Jim」(1962), 「부드러운 살결 La Peau douce」(1964), 「화씨 451도 Fahrenheit 451」(1966), 「마지막 지하철 Le dernier métro」(1980)은 그 예술의 고전들이다.

최고의 누벨바그 감독들은 자신들의 작품을 언제나 기분 전환용 오락이 아니라 지적 성명서로 여겼다(『카이에 뒤 시네마』의 기고자들은 자신들이 여전히 이른바 〈실존주의〉에 빚졌음을 빈번히 일깨웠다). 그렇지만 그 영화들이 환영을 받았다는 사실은 순전히 그 감독들의 힘이었다(고다르와 리베트의 후기 작품에 대해서는 마치 벽의 페인트가 마르기를 지켜보는 것 같았다는 말이 조용히 흘러나왔지만, 트뤼포나 말의 영화를 그런 식으로 보았다고 말한 사람은 아무도 없었다). 그리고 외국의 경쟁자들에게도 중요했던 것은 바로 이와 같은 지적 진중함과 시각적 접근성의 조합이었다. 프랑스 영화는 알랭 레네의 「히로시마 내 사랑 Hiroshima mon amour」(1959)에 대한 반응이 잘 보여 주듯이, 국제적인 도덕 논쟁의 매개체로서 애호되었다.

따라서 1962년에 스물여섯 명의 젊은 독일인 영화감독 집단이 오버하우젠에 모여 〈전통적인 독일 영화의 몰락〉을 선언하고 〈기존 산업의 인습과 특별한 이익집단의 통제에서 벗어난…… 독일의 새로운 장편 영화를 창작〉하려는 의도를 선언했을 때, 그 감독들은 프랑스의 영향력을 공개리에 인정했던 것이다. 장뤼크 고다르가 1957년에 『카이에 뒤 시네마』에 기고한 〈베리마노라마 Bergmanorama〉라는 제목의 유명한 글에서 스웨덴의 〈작가〉는 〈유럽 영화에서 가장 독창적인 영화 제작자〉라고 주장하면서 잉마르 베리만에게 찬사를 보냈듯이, 독일의 에드가 라이츠와 그의 동료들은 서유럽과 라틴 아메리카 전역의 젊은 영화감독들처럼 고다르와 그의 친구들에게서 단서

를 얻었다.[14]

트뤼포와 고다르, 그리고 그들의 동료들이 청년기에 보았던 미국 흑백 영화에서 칭찬했던 것은 〈기교〉의 부재였다. 반면 미국 등지의 관찰자들이 프랑스 감독들 고유의 미국 리얼리즘 반복에서 부러워했던 것은 섬세함과 지적 정교함, 다시 말해 인간의 작은 교류에도 경외심을 불러일으킬 정도의 문화적 의미를 부여하는 프랑스인 특유의 능력이었다. 에릭 로메르의 「모드의 집에서 보낸 하룻밤Ma nuit chez Maud」(1969)에서 장루이(장루이 트랭티냥이 연기하는 지방의 수학자)는 눈에 발이 묶여 지인의 여자 친구로서 매력적이고 지적인 모(프랑수아 파비앙)의 집 소파에 앉아 밤을 보낸다. 가톨릭교도인 장루이는 그 상황이 암시하는 윤리적 의미에 관해서, 집 주인과 동침해야 하는지 해서는 안 되는지 고뇌했으며, 이따금 공산주의자 동료와 도덕적 견해를 교환하느라 그 고뇌를 멈추었다. 결국 아무 일도 없었고 장루이는 집으로 돌아간다.

미국인 영화감독이, 나아가 영국인 영화감독이 그런 영화를 제작한다는 것은, 배급은 더욱더 상상하기 어렵다. 그러나 유럽과 미국의 새로운 세대의 지식인들에게 로메르의 영화는 프랑스 영화의 세련되고 염세적이고 재치 있고 암시적이며 신중하고 유럽적인 모든 것을 담고 있었다. 당대의 이탈리아 영화는 국외로 매우 폭넓게 배포되었으나 그만한 충격을 주지 못했다. 비교적 성공적이었던 작품들은 부유하고 〈섹시〉한 이탈리아와 이탈리아인이라는 새로운 이미지를 지나치게 수줍어하듯 그렸다. 그 이미지는 종종 소피아 로렌의 육체적 속성이나 잘못을 깨달은 방탕아로 분한 마르첼로 마스트로이안니의 익살스러운 역할을 중심으로 형성되었는데, 「이탈리아식 이혼Divorzio all'Italiana」(1961), 「이탈리아식 결혼Matrimonio all'Ital-

14 특히 고다르는 확실히 절충적 취향을 지녔다. 고다르는 조앤 크로퍼드를 출연시킨 니컬러스 레이의 「조니 기타Johnny Guitar」에 〈매료〉되었다고 전해진다.

iana」(1964)을 그러한 작품의 예로 들 수 있다.

마스트로이안니는 페데리코 펠리니의 「달콤한 인생 La Dolce Vita」 (1960)에서 이 역할을 처음으로 연기했지만 분위기는 아주 음울했다. 펠리니 자신은 트뤼포와 고다르가 속한 모임의 많은 사람들이 열렬히 추종한 인물인데, 특히 「8과 1/2」(1963)과 「영혼의 줄리에타 Giulietta degli spiriti」(1965)가 나온 이후에 그랬다. 옛 세대의 재능 있는 이탈리아 감독들은 아직 무대에서 사라지지 않았으나(비토리오 데시카는 사르트르의 희곡으로 「알토나의 유폐자들 I Sequestrati di Altona」(1962)을 감독했고 펠리니와 공동으로 「보카치오 70 Boccaccio' 70」을 감독했으며 60년대 말에 「핀치콘티니의 정원 Il Giardino dei Finzi-Contini」을 감독한다), 그 감독들의 작품은 특히 데시카와 영원히 결부된 1940년대의 위대한 신사실주의 영화의 정치적·미적 영향력을 결코 되찾지 못했다. 미켈란젤로 안토니오니 같은 사람들의 영향력은 더욱 컸다. 모니카 비티가 출연한 「모험 L'Avventura」 (1960), 「일식 L'Eclisse」(1962), 「붉은 사막 Il Deserto rosso」(1964)에서 안토니오니의 하드에지 촬영 기술과 매력 없고 냉소적이며 잘못을 깨닫는 등장인물들은 1960년대 후반 예술의 불만 가득한 고립된 세계를 미리 보여 주었다. 그러한 세계는 안토니오니 자신이 「확대 Blow-Up」(1966)에서 강한 자의식으로 담아냈다.[15]

이탈리아 영화는 프랑스(그리고 스웨덴) 영화의 매력적인 지성을 결여했으나 스타일은 풍부하게 공유했다. 외국인(특히 미국인) 비평가들이 보기에 대륙 유럽의 영화 장면은 예술적 자신감, 지적 자부심, 세련된 재치가 다양하게 조화를 이루는 유럽적 스타일로 식별되었다. 1950년대 말이 되면 서유럽은 불황과 전쟁에서 회복되었을 뿐만 아니라, 다시 한번 재빠른 야심가들을 끌어당기는 자석이 되었

15 「모험」은 〈정사〉, 「일식」은 〈태양은 외로워〉, 「확대」는 〈욕망〉이라는 제목으로 국내에 소개되었다.—옮긴이주.

다. 뉴욕엔 돈이 있었고 또 현대 미술도 있었을 것이다. 그러나 아메리카는 많은 미국인들이 보기에 그랬듯이 여전히 조금은 미진했다. 존 F. 케네디가 후보자로서 또 대통령으로서 지녔던 매력의 일부는 워싱턴의 측근들이 지녔던 세련된 세계주의, 즉 〈캐밀롯Camelot〉이었다. 그리고 또 캐밀롯은 대통령 부인의 유럽적 배경과 유럽 대륙적 자기표현에 많은 빚을 졌다.

재클린 케네디가 백악관에 유럽적 스타일을 수입했다고 해도 이는 전혀 놀랄 일이 아니다. 1950년대 말과 1960년대에 유럽적인 〈디자인〉은 지위와 품질의 임프리마투르imprimatur(승인의 표지)로서 그 어느 때보다 번성했다. 상품이나 사상, 인물에 결부된 유럽이라는 꼬리표는 탁월함을 보장했고, 따라서 가격 프리미엄을 보장했다. 확실히, 〈파리 제품〉은 사치품 교역에서 오랫동안 상위를 차지했으며, 그 기원은 최소한 18세기 말까지 거슬러 올라간다. 그리고 스위스의 시계는 수십 년 동안 존중되었다. 그러나 독일에서 생산된 자동차가 바로 그 사실 때문에 다른 자동차보다 더 잘 만들어졌다거나 이탈리아에서 디자인된 의류나 벨기에의 초콜릿, 프랑스의 주방 용품, 덴마크의 가구가 의심의 여지없이 최고라는 관념은 한 세대 전만 하더라도 받아들이기 힘든 것이었다.

어쨌든 영국 제품이 아주 최근까지도 이러한 평판을 유지했는데, 이는 영국이 19세기에 누렸던 공업적 우위의 유산이었다. 영국제 가정 용품과 운송 수단, 공구, 무기는 해외에서 오랫동안 높은 평가를 받았다. 그러나 1930년대와 1940년대에 영국의 생산자들은 남성 의류를 제외한 거의 모든 상품에서 자신들의 입지를 크게 손상시켜 1960년대가 되면 영국의 소매상에게 남은 유일한 시장은 선전은 요란했지만 품질은 저급했던 〈최신 유행〉 옷이었다. 영국의 소매상들은 이후 10년간 이 시장을 가차 없이 착취한다.

유럽의 상업 스타일에서 돋보였던 것은 국가별 분할뿐만 아니라 제품별 분할이었다. 피아트, 알파 로메오, 란치아 등 이탈리아의 자동차는 조잡하고 신뢰할 수 없기로 유명했으나, 그 당혹스러운 평판이 가죽 제품과 고급 의류, 나아가 지위가 조금 낮은 분야이기는 하지만 백색 가전 같은 다른 시장에서 이탈리아의 높은 입지를 뚜렷하게 해치지는 않았다.[16] 독일제 의복과 식품에 대한 국제적 수요는 거의 전무했는데, 그럴 만했다. 그러나 1965년이면 독일의 선반에서 완성되거나 독일어를 말하는 기계공들이 고안한 물품이 영국이나 미국의 상품 진열대에서 제값을 받고 판매되었다. 오직 스칸디나비아만이 폭넓은 제품군에서 품질로 보편적인 평판을 얻었으나, 그 제품들의 시장도 다양한 차이가 있었다. 부유한 외국인들은 스웨덴이나 덴마크의 최신 스타일 가구로 집을 채웠다. 다소 망가지기 쉬웠지만 매우 〈모던〉했기 때문이었다. 그러나 같은 소비자가 스타일의 결함을 무릅쓰고 스웨덴의 볼보 자동차에 이끌렸다면, 그것은 제품이 튼튼해 보였기 때문이다. 그러나 〈스타일〉과 〈가치〉라는 두 가지 특성은 이제 〈유럽〉과 불가분의 관계로 엮였고, 종종 아메리카와 대비되었다.

파리는 여전히 여성 의류에서 최신 유행의 본고장이었다. 그러나 1952년에 산레모에서 첫 번째 국제 남성복 페스티벌이 개최될 때면 이탈리아가 이미 유력한 경쟁자가 되었다. 이탈리아의 경우(프랑스나 영국과는 달리) 노동 비용이 낮았고 직물 배급에서 제한을 받지 않았기 때문이다. 프랑스의 고급 의류는 크리스티앙 디오르에서 이브 생로랑까지 그 스타일이 아무리 혁신적이었다고 해도 사회적으

---

16 어느 자동차 경주광이 확인했듯이 이탈리아인은 분명 자동차를 디자인할 수 있었다. 가정용 소형차에서 흙받이와 발판, 기타 불필요한 부품들을 처음으로 제거한 사람은 이탈리아인 차체 제작공이었다. 이 시기에 소매의 접어올린 단을 제거하고 현대 이탈리아 의복의 날카롭고 깨끗한 선과 재단을 발명한 밀라노의 재단사들과 비교할 수 있다. 이탈리아 자동차 제조업자가 어느 정도 일관되게 할 수 없는 듯했던 일은 그들의 자동차 설계사가 상상한 자동차를 제작하는 것이었다.

로 매우 관습적이었다. 1960년까지도 프랑스와 기타 여러 곳의 잡지 편집자들과 기고자들은 연례 패션쇼에 참석할 때만이 아니라 책상 앞에 앉아 일할 때에도 모자를 쓰고 장갑을 꼈다. 중간 계급 여성들이 소수의 파리 디자이너와 고급 양장점에서 옷차림의 단서를 찾는 동안은 프랑스 고급 의류의 지위는 계속 안정되었다. 그러나 1960년대 초의 유럽 여성은 이제 남성들과 마찬가지로 일상의 복장으로는 의례적인 모자를 쓰지 않았으며 유행에 맞춘 외투나 야회복도 입지 않았다. 대량 판매 의류 시장은 위와 마찬가지로 아래에서도 역할을 찾아냈다. 유럽이 스타일과 멋의 중심지로서 지녔던 명성은 확립되어 있었으나, 미래는 이전보다 더 절충적인 유행에 있었으며, 유럽은 아메리카의 의복을, 나아가 아시아의 의복을 많이 차용했다. 아메리카와 아시아의 의복을 차용하는 일은 이탈리아인이 각별히 정통한 분야였다. 파리는 사상처럼 의복에서도 유럽 무대를 지배했고 이후로도 얼마 동안은 계속 지배하게 된다. 그러나 미래는 다른 곳에 있었다.

1955년 3월 레몽 아롱은 밀라노의 문화 자유 대회 집회에서 토의 주제로 〈이데올로기 시대의 종언 the end of the ideological age〉을 제시했다. 당시 청중의 일부는 그 제안이 성급한 시도라고 생각했다(어쨌든 이데올로기는 철의 장막 건너편에서, 아니 그곳뿐만 아니라 다른 곳에서도 너무나 생생해 보였기 때문이었다). 그러나 아롱은 요점을 짚었다. 이 시기에 출현한 서유럽 국가들은 교의적 계획에서 점점 더 멀어지고 있었고, 앞서 보았듯이 복지 국가의 등장으로 구래의 정치적 원한은 완화되었다. 국가의 정책과 지출은 과거 그 어느 때보다 많은 사람들의 이해관계에 직접적으로 연결되었으나, 사람들은 이제 누가 국가를 통제할 것인가에 관해 다투지 않았다. 서유럽인들은 예상보다 빨리 (처칠이 말한) 번영과 평화의 〈햇빛 찬란한 광대한 고지)에 도달한 듯했다. 그곳에서 정치는 정부에 길을 내주었고, 정부의 역할은 점차 행정에 국한되었다.

그러나 유모국가 이외에 다른 것은 알지 못한 채 성장한 자들은 국가에는 늘 더 좋은 사회를 만들겠다는 약속을 지킬 의무가 있다고 생각했는데, 이는 유모국가의 예견 가능한 결말이었다. 탈이데올로기 시대 유모 국가의 경우도 이 점에서 마찬가지였다. 따라서 결과가 좋지 못하면 이는 국가의 잘못이었다. 친절한 관리자 계층이 관례적으로 공무를 처리한다고 해서 대중의 무관심이 자연스럽게 뒤따르지는 않았다. 적어도 이 점에서 아롱의 진단은 과녁을 빗나갔다. 그러므로 사회 민주주의의 결점에 가장 많이 염증을 느끼고 분개했던 이들은 바로 부모들이 동경했던 사회 민주주의의 천국에서 성년에 달한 세대였다. 이러한 역설을 함축적으로 보여 주는 징후는 냉전으로 분열된 양 진영에서 똑같이 진보적 국가가 유별나게 적극적인 자세를 보였던 공공 계획과 공공사업 영역에서 발견되었다.

제2차 세계 대전 이후 인구 성장과 급속한 도시화의 결합으로 도시 계획자의 수요는 전례 없이 커졌다. 전쟁 말기 많은 도심이 파괴되거나 절반쯤 포기된 동유럽에서는 전후 20년 동안 2천만 명에 이르는 사람들이 시골에서 도시로 이주했다. 1970년경 리투아니아에서는 절반에 가까운 주민들이 도시에 살았는데, 20년 전 그 수치는 겨우 28퍼센트였다. 해방 무렵에서 1970년 사이에 농업에 종사하는 주민이 50퍼센트 하락한 유고슬라비아에서는 시골에서 도시로 대규모 이주의 물결이 밀어닥쳤다. 1948년에서 1970년 사이에 크로아티아의 수도인 자그레브의 경우 규모는 두 배가 되었고 주민은 28만 명에서 56만 6천 명으로 증가했다. 연방 수도인 베오그라드도 이와 비슷하게 36만 8천 명에서 74만 6천 명으로 늘었다.

부쿠레슈티의 인구는 1950년 88만 6천 명에서 1970년 147만 5천 명으로 증가했다. 소피아의 주민 수는 43만 5천 명에서 87만 7천 명으로 늘었다. 1961년에 도시 주민 수가 농촌 인구를 추월했던 소련에서 벨라루스 공화국 수도 민스크의 인구는 1959년에 50만 9천 명이었는데 겨우 12년 후에 90만 7천 명으로 증가했다. 그 결과로 베를린에서 스탈린그라드에 이르기까지 모든 도시에서 소련 시대의 고전적인 주택 해결책이 등장했다. 싸구려에 초라하고 건축 양식상의 특징도 전혀 없고 미적인 멋(또는 기반 시설)이 부족한 회색이나 갈색의 시멘트 건물들이 수마일에 걸쳐 똑같이 늘어섰던 것이다.

도심이 파괴되지 않은 프라하나 파괴된 도시가 이전의 모형에 따라 꼼꼼하게 재건된 바르샤바와 레닌그라드 같은 곳에서는 대부분의 신축 건물은 도시 변두리에 자리를 잡아 시골까지 이어지는 긴 띠 모양의 교외 주택지를 형성했다. 다른 곳, 예를 들어 슬로바키아의 수도 브라티슬라바에서는 도시의 심장부에 새로운 빈민가가 생겨났다. 이제는 광부나 철강 노동자로 이직한 수만 명의 전직 농부들을 어쩔 수 없이 흡수한 작은 도시나 농촌 촌락으로 말하자면, 보존할 것이 전혀 없었으며 사실상 하룻밤 새에 산업 단지로 바뀌어 옛 도시의 자취가 갖는 매력조차 빼앗겼다. 집단농장 노동자들은 강제로 농업 촌락agro-town으로 이주했다. 이러한 농업 촌락은 1950년에 니키타 흐루쇼프가 개척했고 훗날 니콜라에 차우셰스쿠가 완성했다. 기술학교, 문화원, 당사 등 새로운 공공건물은 소련의 선례를 세세히 따랐다. 때로는 사회주의 리얼리즘을 의식적으로 드러냈으며, 언제나 지나치게 거대했고 좀처럼 매력이 없었다.

강요된 공업화와 농업 집단화 그리고 개인적 욕구의 과감한 무시는 공산당의 도시 계획이 초래한 재앙을 설명하는 데 도움이 된다. 그러나 서유럽의 도시 설립자들도 별반 다를 것이 없었다. 특히 지중해 유럽에서는 사람들이 농촌에서 도시로 많이 이주한 탓에 도시의 재원에 대한 압박이 상당히 심했다. 아테네 광역권 주민은 1951년 138만 9천 명에서 1971년 254만 명으로 늘었다. 같은 기간 밀라노의 인구는 126만 명에서 172만 4천 명으로, 바르셀로나의 인구는 128만 명에서 178만 5천 명으로 증가했다. 북부 이탈리아의 더 작은 도시들과 급속히 팽창하던 런던과 파리, 마드리드 등지의 외곽 지역도 상황은 비슷했다. 이 모든 지역에서 계획가들은 수요를 따라잡을 수 없었다. 동시대 공산 국가의 도시국에 근무하던 자들처럼 이곳의 계획가들도 본능적으로 균일한 주택들이 들어선 거대한 구역을 건설하려 했다. 장소는 전쟁과 도시 재개발로 말끔히 치워진 공간이나 도시 변두리의 녹지대였다. 특히 남부에서 올라온 첫 세대 이주민들이 1960년대에 판자촌에서 고층 아파트로 이사했던 밀라노와 바르셀로나에서 그 결과는 우울하게도 소련 진영을 생각나게 했다. 그뿐만 아니라 세를 얻으려는 많은 사람들이 일터 근처에서 거처를 구하지 못하는 불이익을 당했다. 따라서 그들은 어쩔 수 없이 날마다 오랜 시간 시원찮은 대중교통을 이용해야 했다. 아니면 새로 장만한 자동차를 이용하여 도시의 기간 시설을 더욱 혹사시켰다.

그러나 이 시기 서유럽 도시 건축의 꼴사나운 모습을 두고 인구 압력만 탓할 수는 없다. 〈뉴 브루털리즘New Brutalism〉은(건축 비평가 레이너 배넘이 그렇게 이름 붙였다) 우연이나 실수가 아니었다. 여러 주요 도시들이 깜짝 놀랄 정도로 상상력과 이상이 결여된 채 재건된 서독에서, 또는 런던에서(런던 주 의회의 건축과는 과감하게 직선을 사용하고 바람에 노출되었으며 르코르뷔지에의 영향을 받은 로햄프턴의 올턴Alton 단지를 허가했다) 보기 흉한 외관은 면밀한 계획의 소산으로 거의 의도된 것처럼 보였다. 영국과 이탈리아의 컨소시엄이 1957년에서 1960년 사이에 건설한 철근 콘크리트 고층 건물인 밀라노의 가공할 토레 벨라스코Torre Velasco는 그 시대의 공세적인 극단적 모더니즘의 전형이었다. 그 시대의 핵심은 과거와 연결된 모든 것을 깨뜨리는 것이었다. 1959년 3월 프랑스의 건물 심의회가 장래의 몽파르나스 탑 설계를 승인했을 때, 그 보고서는 이렇게 결론짓고 있었다. 〈파리는 과거에 빠져 있을 여유가 없다. 다가올 시대에 파리는 인상적인 변형을 겪어야만 한다.〉

그 결과, 몽파르나스 탑(또는 그 사생아인 라데팡스의 섬뜩한 종합 건물들)만이 아니라 여러 곳에 새로운 도시가 출현했다. 초고밀도의 복합 주택단지(〈단지grands ensembles〉라는 명칭은 시대상을 드러내는 징후였다)를 갖추었고 고용 기회나 지역 서비스가 부족했던 이 새로운 도시들의 자리는 파리 광역권의 변두리였다. 이 중 가장 일찍 알려졌고 따라서 가장 유명했던 것은 파리 북쪽의 사르셀에 있었는데, 그곳의 인구는 1954년에 겨우 8천 명이었다가 7년 후에 3만 5천 명으로 늘어났다. 이 단지는 사회학적으로나 미학적으로 뿌리가 없어, 프랑스 고유의 주택 설계나 도시 전통보다 당대 다른 나라의 교외 노동자 주거 단지를(예를 들면 리투아니아의 빌뉴스 변두리 라즈디나이의 놀랍도록 유사한 주거지를) 훨씬 더 닮았다.

이 같은 과거와의 단절은 의도적이었다. 삶의 다른 영역에서는 그토록 칭송받던 유럽적 〈스타일〉은 이 분야에서는 어디서도 눈에 띄지 않았다. 실제로 유럽적 〈스타일〉은 의식적으로 그리고 신중하게 회피되었다. 1950년대와 특히 1960년대의 건축은 의식적으로 비역사적이었다. 그 시대의 건축은 디자인과 규모, 재료(강철과 유리, 철근콘크리트가 가장 애호되었다)에서 과거와 관계를 끊었다.[17] 그 결과는 앞서 사라진 것들보다 반드시 상상력이 더 풍부하지는 않았다. 오히려 반대였다. 이 시기 그토록 많은 유럽 도시의 외관을 바꾼 〈도시 재개발〉 계획은 엄청난 기회의 상실이었다.

영국에서도 다른 곳과 마찬가지로, 도시 〈계획〉은 잘 봐 주어야 전술적이었으며 땜질이었다. 주택이나 서비스, 일자리, 여가를 통합하

---

17 파리의 한 비평가는 새로운 단지로 모인 수천 개의 똑같은 아파트는 〈하나의 포도주 선반에 들어 있는 서로 다른 많은 병처럼 수직의 구조물에 통합된 정말로 작은 집들〉이었다고 감탄하며 말했다. Pierre Agard, 'L'Unité de résidence' in *Esprit*, October-November 1953을 보라. 인용에 대해 니콜 루돌프 박사에게 감사한다.

려는 장기적인 전략은 존재하지 않았다(새로운 도시와 주택 단지에는 대체로 극장이 없었고, 스포츠 시설이나 적절한 대중교통은 말할 것도 없었다).[18] 목표는 적은 비용을 들여 신속하게 도시 빈민가를 쓸어버리고 늘어나는 인구에 주거지를 제공하는 것이었다. 1964년에서 1974년 사이에 런던에만 384개의 고층 건물이 급조되었다. 이 중 많은 것이 20년 이내에 포기되었다. 최악의 엉터리 건물 중 하나로 손꼽혔던 런던 이스트엔드의 〈로넌 포인트Ronan Point〉는 실제로 1968년에 저절로 붕괴되는 쓴맛을 보았다.

공공건물이라고 해서 형편이 더 낫지는 않았다. 1977년 1월에야 개관했지만 1960년대 디자인이었던 퐁피두 센터는 그 서쪽의 〈레알 단지Les Halles〉처럼 파리 중심가에 갖추어진 대중적 문화 자원의 하나가 될 수도 있었을 것이다. 그러나 결국 비참하게도 주변 지구에 통합되거나 주위의 옛 건물을 보완하는 데 실패했다. 런던 대학교의 새로운 교육 연구소도 사정은 다르지 않았다. 이 건물은 오래된 블룸즈버리의 한가운데 있는 워번 광장에 거창하게 자리 잡았다. 런던의 역사가인 로이 포터의 말을 빌리자면, 이 건물은 〈더할 나위 없이 섬뜩〉했다. 같은 맥락에서 런던의 사우스뱅크 단지도 매우 귀중한 행위 예술과 예술 활동을 결합했지만 흉하고 추해 보이는 그 높이와 균열이 간 콘크리트 외벽은 도시 비평가 제인 제이콥스가 말한 〈황폐한 도시의 폐허〉의 증거로 남아 있어 우리의 기분을 침울하게 한다.

두 차례의 세계 대전과 연장된 불경기의 여파 때문에 과거와 연결되지 않은 새롭고 신선한 것에 대한 열망이 존재했다는 점을 인정하더라도, 전후 유럽의 정치인들과 계획가들이 어째서 그렇게 많은 실수를 범해야 했는지는 여전히 분명하지 않다. 당대인들이 자신들의

---

18 그렇지만 로테르담과 비교해 보라. 독일의 폭격에 주저앉았다가 이후 천천히 재건된 이 네덜란드의 항구는 의식적으로 그리고 진정으로 〈디자인된〉 도시였다.

새로운 환경이 지닌 추함을 인식하지 못했던 것 같지는 않다. 거대한 주택 단지와 고층 건물, 신도시의 입주자들은 이를 좋아하지 않았으며, 묻는 사람에겐 이 점을 매우 분명하게 말했다. 건축가들과 사회학자들은 자신들의 계획이 한 세대도 지나기 전에 사회적으로 버림받은 자들과 폭력단을 낳으리라는 사실을 이해하지 못했을 수도 있다. 그러나 거주자들에겐 가능성이 매우 명확했다. 겨우 몇 해 전에 옛 도시와 도시 생활을 애정 어린 시각으로 동경했던 유럽 영화도 이제는 현대적 대도시의 차갑고 냉정한 비인간성에 주목했다. 고다르나 안토니오니 같은 감독들은 「알파빌Alphaville」(1965)이나 「붉은 사막Il Deserto rosso」(1964) 같은 영화에서 겉만 번지르르한 싸구려 도시 환경과 산업 환경을 필름에 담는 일을 거의 감각적으로 즐겼다.

전후 건축의 우상 파괴 운동에 희생된 특별한 경우는 철도 역사였다. 그것은 빅토리아 시대의 성취를 보석 세공하듯 구현했으며 종종 그 자체로 의미 있는 건축 기념물이었다. 철도 역사는 미국에서도 상처를 입었다(많은 사람들은 아직도 1966년 뉴욕의 펜실베이니아 역사 파괴를 관의 폭력이 무엇인지 규정하는 순간으로 기억하고 있다). 그렇지만 미국의 도시 계획가들에겐 적어도 변명의 여지가 있었다. 자동차와 비행기의 틈바구니에 끼어, 철도 산업의 미래가 매우 어두웠기 때문이다. 그러나 작은 대륙의 과밀한 환경에서 기차의 미래는 심각한 문제가 된 적이 없었다. 유럽의 헐린 역사들은 기능은 똑같았지만 멋도 없고 매력도 없는 건물로 대체되었다. 런던의 유스턴 역사나 파리의 몽파르나스 역, 베를린의 훌륭한 안할터 역의 파괴에는 아무런 실제적인 목적이 없었으며, 미학적으로 변명의 여지가 없는 짓이었다.

엄청난 규모의 도시 파괴, 그리고 과거를 정리하고 한 세대 만에 폐허에서 초현대적 상태로 도약하려는 범유럽적 충동은 응분의 대가를 받게 된다(고맙게도 1970년대에는 경기 후퇴의 도움을 받았다. 경기 침체로 공공 예산과 가계는 동시에 축소되었으며 광적인 재개발은 중단되었다). 발작과도 같은 도시 혁신이 시작되기 전인 1958년에 영국에서 일단의 보존주의자들은 빅토리아협회를 창설했다. 영국의 전형적인 자발적 조직인 이 협회는 나라의 위협받는 건축 유산을 확인하고 지키는 일에 헌신했다. 1960년대에 유사한 발상의 조직망이 유럽 전역에 출현했고, 거주자와 학계, 정치권에 압력을 행사하여 추가적인 손실을 막기 위해 공동으로 노력하게 했다. 이들 단체는 때가 너무 늦어 특정 구역이나 건물을 구하지 못할 경우 최소한 남은 것이라도 보존하는 데 성공했다. 밀라노의 마젠타가에 있는 팔라초 델레 스텔리네Palazzo delle Stelline의 정면과 내부 회랑이 그러한 경우인데, 이것이 17세기 시 고아원에서 1970년대 초에 해체되고 남은 전부였다.

유럽 도시의 물리적 역사에서 1950년대와 1960년대는 진정 끔찍한 시절이었다. 그 시기 도시 생활의 물질적 구조가 입은 손상은 경제 발전을 이룬 〈영광의 30년〉의 어두운 이면으로서 여전히 제대로 인정되지 않고 있다(이런 손실은 앞선 세기의 공업 도시화로 치른 대가와 꽤 유사하다). 훗날 주로 프랑스에서 일부 보상이 이루어지기는 했다. 프랑스에서는 계획된 현대화와 도로와 교통망에 대한 대규모 투자 덕에 가혹한 상황에 처했던 일부 교외에서 삶의 질이 뚜렷이 향상되었다. 그러나 한번 손상된 것은 결코 원상태로 되돌릴 수 없었다. 주요 도시들, 특히 프랑크푸르트와 브뤼셀, 런던은 자신들이 한 그릇의 부정한 죽을 얻자고 도시의 장자 상속권을 팔아치웠음을 너무 늦게 깨달았다.

1960년대에 가차 없이 〈쇄신〉되고 재건된 도시 경관이 특히 그곳에 살았던 젊은이들로부터 큰 원망을 샀다는 사실은 그 시대의 이율배반이었다. 그들의 집과 거리, 카페, 공장, 사무실, 학교, 대학교는

현대적이고 혹독할 정도로 〈새로웠을〉 수는 있었다. 그러나 그들 중
특권을 가장 많이 지닌 자들을 제외하면, 그 결과로 얻은 환경은 추
하고 영혼이 없으며 갑갑하고 비인간적이었다. 당시에 통용되던 용
어로 말하자면 〈인간을 소외시키는〉 것으로 경험되었다. 유럽의 자
애로운 서비스 국가에서 잘 먹고, 좋은 집에 살았으며, 좋은 교육을
받은 어린이들이 성장하여 〈체제〉에 반항했을 때, 폭발이 다가온다
는 최초의 암시가 고층 건물들이 늘어서 있고 교통 체증이 일상적이
었던 과밀한 파리 교외에 무분별하게 건설된 영혼 없는 대학 〈분교〉
의 조립식 시멘트 기숙사에서 감지된 것은 매우 적절했다.

12장
혁명의 유령

성교는 1963년에 시작되었다.
채털리의 금지가 끝난 것과
비틀즈의 첫 번째 엘피판 사이에서.
— 필립 라킨

혁명, 우리는 그것을 대단히 사랑했다.
— 다니엘 콘벤디트

우리 시대의 기이한 현상 중 하나는 참회하는 부르주아가 자족하는 압제적 프롤레타리아트에 반기를 든 일이다.
— 이사야 벌린

이제 세계의 모든 기자들이 당신들에게 굽실거리고 있다. ……친애하는 자여, 그러나 나는 아니다. 당신들은 버릇없는 응석받이의 얼굴을 가졌으며, 나는 당신들을 증오한다. 마치 내가 당신들의 아버지들을 증오했던 것처럼. ……어제 발레줄리아에서 당신들이 경찰을 폭행했을 때, 나는 경찰을 동정했다. 경찰은 가난한 사람들의 아들이기 때문이다.
— 피에르 파올로 파졸리니(1968년 6월)

우리는 둡체크와 함께 있지 않다. 우리는 마오쩌둥과 함께 있다.
— 이탈리아 학생의 구호(1968년)

문화적으로 큰 의미가 있는 순간들은 종종 나중에 되돌아볼 때에만 알아볼 수 있다. 그러나 1960년대는 달랐다. 1960년대에 살았던 사람들이 자기 시대와 자신들에게 부여한 초월적 중요성은 그 시대의 특별한 현상이었다. 전설적인 록 밴드 후The Who의 노랫말을 빌리자면, 1960년대 사람들은 그 시대의 상당 부분을 〈나의 세대에 관해 이야기하며〉 보냈다. 앞으로 보겠지만 이러한 평가는 완전히 불합리한 편견은 아니다. 그러나 예견된 대로 이는 상당한 시각의 왜곡을 초래했다. 1960년대는 실로 현대 유럽에는 엄청나게 중대한 10년이었으나, 당시 중요하게 보였던 모든 것이 역사에 흔적을 남기지는 못했다. 의복이나 생각에서 자족적인 인습 타파의 충동은 매우 일찍 시작했다. 역으로, 1960년대 말에 정치와 공무에서 시작된 진정으로 혁명적인 변화가 완전한 효력을 발휘하기까지는 몇 년 더 걸린다. 그리고 1960년대의 정치 지리는 오해를 낳을 소지가 있다. 가장 중요한 발전이 언제나 가장 잘 알려진 장소에서 일어나지는 않았기 때문이다.

1960년대 중반, 전후 인구 폭발의 사회적 충격이 도처에서 감지되었다. 유럽은 겉으로 드러난 대로 젊은이들로 가득했다. 1968년에 프랑스에서 학생 나이의 무리, 다시 말해 열여섯 살에서 스물네 살 사이의 사람들은 800만 명에 달하여 전체 인구의 16.1퍼센트를 차지했다. 앞선 시절이었다면 그러한 인구 폭발은 한 나라의 식량 공급에 막대한 부담을 주었을 것이고, 주민들은 먹고살 수는 있었겠지만 일자리의 전망은 암울했을 것이다. 그러나 경제가 성장하고 번영하던 시절에 유럽 국가들이 떠안은 주된 문제는 점점 더 늘어 가는 젊은이들에게 식량과 의복, 주택을 제공하고 나아가 일자리를 주는 문제가 아니라 그들을 교육하는 문제였다.

1950년대까지 대부분의 유럽 아이들은 대체로 열두 살에서 열네 살 사이에 초등 교육을 마친 후 학교를 떠났다. 많은 곳에서 초등 의무교육이 19세기 말에 도입되었으나 강제력은 미약했다. 스페인과 이탈리아, 아일랜드, 공산화 이전의 동유럽에서 농민의 자식들은 일반적으로 봄이나 여름, 초가을에 중도 퇴학했다. 중등 교육은 여전히 중간 계급과 상층 계급에 국한된 특권이었다. 전후 이탈리아에서 중등 교육을 마친 사람은 주민의 5퍼센트에 미치지 못했다.

전후 유럽의 정부들은 장래의 수치를 고려하여 또 광범위한 사회 개혁의 일환으로 일련의 중요한 교육 개혁을 시작했다. 영국에서 졸업 연령은 1947년에 열다섯 살로(1972년에 열여섯 살로) 높아졌다. 종전 직후 이탈리아의 아이들은 대부분 여전히 열한 살에 학교를 떠났으나 1962년에는 열네 살에 떠났다. 전 시간 수업을 다 받는 이탈리아 아이들은 1959년에서 1969년에 이르는 10년 동안 두 배로 증가했다. 프랑스에서는 1950년에 겨우 3만 2천 명에 불과했던 고등학교 졸업자는 이후 20년간 다섯 배가 넘게 늘어나 1970년이면 그 연령대의 20퍼센트를 차지했다.

이러한 교육상의 변화는 파괴적인 함의를 지녔다. 그때까지 대부분의 유럽 사회에서 문화의 단층선은 읽기와 쓰기, 초보적인 계산, 자국의 개략적인 역사만 배운 후 학교를 떠난 압도적 다수와, 열일곱이나 열여덟 살까지 학교에 다닌 후 중등학교 졸업장을 받고 이어 전문 훈련을 받거나 취직한 소수의 특권층 사이를 가르고 있었다. 유럽의 공립 중학교, 리세, 김나지움은 지배 엘리트 양성소였다. 한때 농촌과 도시의 가난한 집 자식들에게는 차단되었던 고등 교과 과정이 이제 증가 일로에 있는 모든 사회 계층의 젊은이들에게 개방되었다. 점점 더 많은 어린이들이 중등학교에 진학하여 과정을 마쳤고, 그 결과로 그들의 세계와 부모들이 아는 세계 사이에 균열이 일어났다.

이와 같이 전혀 전례가 없는 새로운 세대 차이는 사실상의 사회혁명이었다. 물론 그 영향은 아직 가족의 영역에 국한되었다. 그러나 수만 명의 어린이들이 급조된 중등학교에 쏟아져 들어오면서 전혀 다른 시대에 맞게 고안된 교육 제도의 물리적·재정적 구조는 엄청난 부담을 떠안았으며, 이때 이미 정책 입안자들은 이러한 변화가 대학에 미칠 영향을 염려하고 있었다. 대학은 그때까지 극소수 엘리트를 양성하는 곳이었기 때문이다.

1960년 이전 대다수 유럽인이 중등학교 안에 들어가 보지 못했다면, 대학교에 다닐 꿈이라도 꾸었던 사람은 훨씬 더 적었다. 19세기가 지나면서 전통적인 대학교는 약간 증가했으며, 대체로 기술교육을 담당했던 다른 3차 교육 기관도 늘었다. 그러나 1950년대에 유럽의 고등 교육은 혜택 받은 소수를 제외한 나머지 모든 이들에게 여전히 닫혀 있었다. 소수 가정만이 자녀가 버는 소득 없이 지낼 수 있어서 아이들을 열여덟 살 때까지 학교에 계속 보낼 수 있었고, 중등학교와 대학교의 학비를 부담할 여력이 있었다. 물론 빈곤층과 중간층 자녀들이 얻을 수 있는 장학금이 있었다. 그러나 프랑스 제3공화국과 제4공화국의 훌륭한 엘리트 교육 기관과 평등주의적 교육 기관을 제외하면, 이러한 장학금은 추가 교육의 정식 비용을 대기에 그다지 충분하지 않았다. 어느 곳에서도 장학금이 소득의 손실을 보충하지는 못했기 때문이다.

옥스퍼드 대학교, 케임브리지 대학교, 고등사범학교, 볼로냐 대학교나 하이델베르크 대학교, 기타 유럽의 유서 깊은 교육 기관은 초기 개혁가 세대의 선의가 무색하게 거의 모든 사람들에게 출입 금지 구역이었다. 1949년 스웨덴의 대학생 수는 1만 5천 명이었고, 벨기에의 대학생 수는 2만 명이었다. 스페인 전역에서 대학생은 겨우 5만 명이었는데, 이는 인구가 4900만 명인 영국의 대학생 수의 두 배에 못 미쳤다. 그해 프랑스의 학생 수는 13만 명을 간신히 넘었다. 그러나 이제 유럽에서 대규모 중등 교육이 정점에 달하여 대학교육도 확대해야 한다는 압력은 곧 저항할 수 없을 정도가 되었다. 많은 것이 변해야 했다.

우선, 유럽에는 더 많은 대학교가 필요했다. 많은 곳에서 3차 교육 〈제도〉 자체가 존재하지 않았다. 대부분의 국가는 무질서하게 배치된 개별 교육 기관들을 물려받았다. 명목상 독립적인 이 작고 오래된 기관들은 기껏해야 매년 수백 명의 입학생밖에 수용할 수 없을 정도로 기반 시설이 부족했으며, 대체로 공공 기반 시설을 제대로 갖추지 못하거나 전혀 갖추지 못한 지방 도시에 자리 잡았다. 그 기관들이 팽창할 여지는 없었다. 강의실과 실험실, 도서관, 주거 시설은 수천 명의 젊은이를 추가로 수용하기에는 크게 부족했다.

파도바, 몽펠리에, 본, 뢰번, 프리부르(프라이부르크), 케임브리지, 웁살라 등 유럽의 전형적인 대학 도시는 작았고 주요 도심지에서 상당히 멀리 떨어진 경우가 많았다(바로 그렇기 때문에 수백 년 전에 의도적으로 선택된 장소들이었다). 파리 대학교는 매우 중요한 예외였다. 대부분의 유럽 대학교는 미국적인 의미의 대학 구내 없이(이 점에서 영국의 대학교들, 특히 옥스퍼드와 케임브리지는 명백한 예외에 속했다) 물리적으로 주변의 도시 환경에 통합되어 있었다. 학생들은 도시에 살았고 도시민이 학생에게 숙박과 편의를 제공했다. 무엇보다 유럽의 대학교는 수백 년의 역사를 지녔는데도 자체의 물질적 재원을 거의 갖지 못했다. 그 대학들은 재정 조달에서 전적으로 도시나 국가에 의존했다.

유럽의 고등 교육이 초등 교육과 중등 교육의 급증에 따른 불길한 인구학적 팽창에 때 맞춰 대응할 수 있으려면 중앙 정부가 문제 해결에 앞장서야 했다. 영국에서, 정도는 덜하지만 스칸디나비아에서도, 이 문제에 대한 대처 방식은 지방 도시 외곽의 〈녹지대〉에 대학교를 신설하는 것이었다. 잉글랜드의 콜체스터나 랭커스터, 덴마크의 오르후스가 그런 곳이었다. 중등 과정을 마친 졸업자들이 처음으로 쏟아져 나왔을 때 이 신설 대학들은 건축학적으로는 볼품없었지만 최소한 늘어난 대학 입학 수요와 점차 증가했던 교직을 구하는 대학원생들에게 일자리를 제공하기에 적절했다.

영국의 교육 정책 입안자들은 신설 대학들을 대중 고객들에게 개방하는 대신 오래된 엘리트 체제에 통합하기로 했다. 따라서 영국의 대학교는 입학 시점에서 학생을 선택하거나 거부할 권리를 유지했다. 고등학교 졸업 국가시험에서 일정 수준 이상에 도달한 후보자들만이 대학 입학을 희망할 수 있었고, 각 대학은 자율적으로 자체 기준으로 선발한 학생들에게만(관리할 수 있는 한도 내에서) 교육받을 기회를 제공했다. 영국의 학생들은 소수 특권층이었고(1968년에 같은 연령대의 6퍼센트를 넘지 않았다), 이는 장기적으로 명백히 사회적 퇴보를 의미했다. 그러나 영국의 제도는 운 좋은 소수에게는 매우 원활하게 작동했다(그리고 이 소수를 다른 유럽 동료들이 직면한 거의 모든 문제점들로부터 보호했다).

대륙의 대학 교육은 전혀 다른 방향으로 전개되었다. 대다수 서유럽 국가들에는 중등 교육을 마치고 대학 교육 단계로 진입하는 것을 방해하는 장애물이 전혀 없었다. 누구든지 국가가 주관하는 졸업시험을 치르고 합격하기만 하면 자동적으로 대학에 갈 자격을 얻었다. 이러한 제도는 1950년대 말까지 아무런 난제도 야기하지 않았다. 해당 학생 수가 적었기에 대학으로서는 과밀을 두려워할 이유가 없었다. 어쨌든 대륙의 대다수 대학교에서 학문 연구는 오래된 관례에 따라 매우 초연하고 비체계적이었다. 도도하고 가까이 하기 어려운 교수들이 강의실을 가득 채운 익명의 학생들에게 강의를 했다. 이 학생들은 최종 기한까지 학위를 마쳐야 한다는 압박을 거의 느끼지 않았으며, 이들에게 학생 신분은 교육의 수단일 뿐만 아니라 사회적 통과의례이기도 했다.[1]

유럽의 중앙 계획가들은 대체로 대학을 신설하지 않고 기존 대학들을 확대하기로 결정했다. 동시에 추가로 장애물을 두지도 않았고 예비 선발 제도를 시행하지도 않았다. 오히려 남은 장애물을 제거하는 데 착수했고 이를 아주 잘한 일이라고 생각했다(1965년, 이탈리아 교육부는 모든 대학 입학시험을 폐지했고 학과 정원을 없앴다). 한때 특권이었던 대학 교육은 이제 단순한 권리가 되었다. 결과는 파국적이었다. 예를 들어 전통적으로 약 5천 명을 학적에 올렸던 바리Bari 대학교는 1968년이면 3만 명이 넘는 학생과 씨름하느라 고생하고 있었다. 같은 해 나폴리 대학교의 학생 수는 5만 명이었고, 로마 대학교의 학생 수는 6만 명이었다. 이 세 대학교의 등록생 수만으로도 18년 전의 이탈리아 전체 학생 수를 초과했고, 그중 많은 수가 결코 졸업하지 못한다.[2]

1960년대 말엽 이탈리아의 젊은이 일곱 명 중 한 명이 대학교에 다녔다(10년 전에는 스무 명 중 한 명이었다). 벨기에에서는 여섯 명 중 한 명이었다. 1950년 10만 8천 명의 학생을 수용하느라 전통적인 대학들이 이미 몸살을 앓았던 서독에서 1960년대 말에 대학생 수는

---

1 이러한 사정은 프랑스의 파리 공과대학École Polytechnique나 고등사범학교 같은 소규모 엘리트 학교에는 분명 적용되지 않는다. 이 학교들은 엄격한 선발시험을 거쳐 소수의 학생들에게 입학을 허용하며 이후에는 실제로 학생들을 매우 훌륭하게 가르친다. 그러나 이러한 사례는 일반적이지 않으며 대단히 비전형적이다.
2 1960년대 중반에 이탈리아 대학생의 44퍼센트만이 졸업했다. 이 수치는 1970년대가 지나면서 훨씬 더 하락한다.

거의 40만 명에 달했다. 1967년 프랑스의 대학생은 1956년의 대학 예비 학교 학생만큼 많았다. 유럽 전역에서 대학생은 그 어느 때보다 많았으며, 학생들이 경험한 대학 생활의 질은 급속히 저하되었다. 도서관과 기숙사, 강의실, 식당 등 모든 곳이 초만원이었고 누가 보아도 (새로 신설된 곳조차, 아니 그곳이 더욱) 상태가 좋지 않았다. 어디서나 매우 가파르게 증가했던 전후 정부의 교육비 지출은 초등학교와 중등학교를 세우고 교사를 공급하는 데 집중되었다. 이러한 선택은 분명 옳았고, 어쨌거나 선거 정치로 결정된 것이었다. 그러나 대가를 치러야 했다.

이 시기를 설명할 때 종종 간과되는 부분인데, 1968년에도 유럽의 젊은이 대부분이 학생이 아니었다는 사실을 기억할 필요가 있다. 부모가 농민이거나 주변부 지방 출신이든 해외에서 들어왔든 비숙련 이주 노동자라면, 그 자녀들은 더욱 교육을 받을 기회가 없었다. 당연한 일이지만 학교를 다니지 않은 이 대다수 젊은이들은 1960년대를 전혀 다르게 체험했다. 특히 많은 일들이 대학을 둘러싼 사건들과 깊은 관계가 있던 1960년대 말에는 더욱 그랬다. 이들의 의견, 특히 그들의 정치적 입장을 당대 학생들의 견해와 정치로부터 추론해서는 안 된다. 그러나 어떤 점에서 젊은이들은 이미 독특한 공통의 문화라 할 만한 것을 공유하고 있었다.

모든 세대는 저마다 새로운 세계를 경험한다. 1960년대 세대는 세계를 새롭고 〈젊은〉 것으로 경험했다. 과거의 모든 역사에서 대부분의 젊은이는 나이 든 사람들로 가득 찬 세상에 진입했다. 그 세계에서 영향력 있고 모범이 되는 지위를 차지한 이들은 어른들이었다. 그러나 1960년대 중반에는 사정이 달랐다. 문화적 생태계는 과거보다 훨씬 더 빠르게 진화하고 있었다. 제멋대로 자라 자신감으로 가득하고 문화적으로 자율적인 대규모의 성공한 세대와 불안정하고 대공황에 시달리고 전쟁에 찌든 유달리 왜소한 부모 세대 사이의 간극은 관습적인 세대 차이보다 훨씬 더 컸다. 줄여 말하더라도, 많은 젊은이들은 자신들이 보는 앞에서 자신들의 명령에 따라 마지 못해 스스로 변하는, 가치와 생활양식과 규칙을 바꾸는 사회에 자 신들이 태어났다고 생각했다. 대중음악과 영화, 텔레비전은 청년으 로 가득했고, 청중이자 시장으로서 청년에게 점점 더 크게 호소했다. 1965년이면 오로지 청년만을 위해 존재하고 청년의 후원에 의존하 는 라디오와 텔레비전 프로그램, 잡지, 상점, 제품, 산업이 존재했다.

청년 문화는 나라마다 지역의 배타적인 준거점으로서 독특한 아 이콘과 제도를 지녔지만(1963년 6월 22일에 파리의 국민 광장에 서 벌어진 코팽 축제Fête des Copains는 프랑스의 1960년대 청년 문 화를 만든 사건이었으나 사실상 다른 곳에서는 전혀 주목받지 못했 다), 그 시대 대중문화의 여러 형태는 전례 없이 쉽게 국경을 넘나들 었다. 대중문화는 정의하자면 국제적인 문화가 되고 있었다. 영어권 세계, 특히 잉글랜드에서 음악이나 의복의 트렌드가 생겨나는가 싶 으면, 이는 금세 그 남쪽과 동쪽으로 전파되곤 했다. 갈수록 시각화 하는(그래서 국경을 넘는) 문화가 이러한 전파를 촉진했는데, 지역 에서 탄생한 대안적 문화나 정치적 개입(이 경우가 더 흔하다)이 이 러한 전파를 방해하는 경우는 아주 가끔 있었다.[3]

새로운 유행은 필연적으로 상대적으로 더 부유한 젊은이들에게 돌아갔다. 음악회에 가고 신발과 옷, 화장품을 구매하며 최신 유행 머리를 할 수 있었던 이들은 유럽의 사무직 중간 계급의 자녀들이었 다. 그러나 이러한 제품의 등장은 관습적인 구분을 여봐란 듯이 깨 뜨렸다. 그 시대에 제일 크게 성공한 음악가인 비틀스와 그 모방자

3 공산주의 진영에서 〈60년대〉를 대중문화의 시절로 경험하는 일은 간접적일 수밖에 없 었다. 그러나 이 차이를 과장해서는 안 된다. 그 시대의 기준이라고 할 수 있는 비틀스로 말 하자면 동유럽의 모든 사람들이 다 알았으며 많은 사람이 그 음악을 들었다. 그리고 단지 비 틀스만이 아니다. 1966년에 프랑스의 록 스타 조니 올리데가 슬로바키아의 작은 마을 코 시체에서 공연했을 때 올리데의 음악을 들으러 온 사람은 무려 2만 4천 명이었다.

들은 미국의 (대체로 흑인이었던) 블루스 기타 연주자들의 리듬을 차용하여 이를 영국 노동 계급의 언어와 경험으로부터 직접 끌어낸 요소와 결합했다.[4] 이어서 이 고도로 독창적인 조합은 유럽 젊은 이들 고유의 초국적 문화가 되었다.

대중음악은 내용도 중요했지만 형식이 훨씬 더 중요했다. 1960년 대에 사람들은 스타일에 각별히 주목했다. 이는 전혀 새로운 현상 이 아니라고 생각할 수도 있다. 그렇지만 스타일이 그토록 직접적으 로 내용을 대체할 수 있었다는 점은 그 시대의 특성이었을 것이다. 1960년대의 대중음악은 음조와 연주 방식에서 반항적이었다. 반면 그 가사는 흔히 마음을 진정시키는 것이었는데, 어쨌거나 외국인 청 취자는 잘해 봐야 절반쯤 이해할 수 있었다. 오스트리아에서 영국이 나 미국의 대중음악을 연주하거나 듣는 일은 히틀러 세대의 충격 받 을 부모를 조롱하는 짓이었다. 약간 달랐지만, 불가피한 변화가 찾 아온 뒤, 국경 너머 헝가리나 체코슬로바키아에서도 마찬가지였다. 말하자면 음악은 사람을 대신해서 저항했다.

60년대 주류 음악 문화가 대체로 섹스에 관해 이야기하는 듯 보인 다면, 적어도 마약과 정치에 대한 관심으로 이동하기 전까지는, 이 또한 대체로 스타일의 문제였다. 전보다 더 많은 젊은이들이 전보다 더 이른 나이에 부모를 떠나 살았다. 그리고 피임약은 과거보다 더 안전하고 편리해졌으며 합법적이었다.[5] 영화와 문학에서 육체를

---

4 폴 매카트니를 제외하면 비틀스 멤버들은 리버풀의 노동 계급 출신이었다. 롤링스톤 스는 런던 중간 계급 출신이라는 구성원들의 배경에 어울리게 더 자유로운 주제를 다루었 다. 롤링스톤스는 의도적으로 스타일을 거칠게 함으로써, 또 외설스러운 사생활을 과시하 듯 널리 공개함으로써 이러한 약점을 극복했다.

5 그러나 60년대 상당 기간 동안 서유럽과 동유럽을 막론하고 여러 나라에서 피임에 관 한 정보를 나누는 일은 여전히 금기였다는 사실에 주목하라. 영국은 1961년에 피임약의 사 용을 승인했으므로 예외적인 경우였다. 영국 해협 건너편에서 가수 앙투안은 어느 날 경구 피임약이 〈모노프리 Monoprix 점포에서 판매되는〉 프랑스를 애처롭게 상상했을 뿐인데도 백만 장의 음반을 판매했다.

공공연히 노출하고 무절제한 성적 방종을 표현하는 일은 적어도 북서유럽에서 더욱 흔해졌다. 이 모든 이유 때문에 옛 세대는 성적 구속이 철저하게 무너졌다고 확신했고, 자녀들은 기꺼이 그 악몽을 키웠다.

사실 60년대의 〈성 혁명〉은 남녀노소를 떠나 압도적인 다수에게 일종의 신기루였다는 점은 거의 확실하다. 우리가 아는 한, 대부분의 젊은 유럽인의 성적 관심과 경험은 당대인들이 자주 주장했던 것만큼 급속하고 근본적으로 변하지는 않았다. 당대의 조사를 증거로 볼 때, 학생의 성생활은 앞선 세대와 크게 다르지 않았다. 60년대의 성 해방은 일반적으로 (다소 공정치 못하게) 도덕적으로 올바르고 심하게 감정을 자제했다고 묘사되는 50년대와 비교되었다. 그러나 1920년대나 유럽의 세기말, 1860년대 파리의 화류계와 비교하면 〈요동치는 60년대Swinging Sixties〉도 꽤나 유순했다.

60년대 세대는 스타일을 강조한 것에 걸맞게 유달리 다르게 보이기를 고집했다. 옷과 머리, 화장 그리고 여전히 〈패션 액세서리〉로 불리는 것들은 세대와 정치를 표현하는 핵심적인 인식표가 되었다. 런던은 그러한 유행의 원천이었다. 의복과 음악, 사진, 모델, 광고, 나아가 대중 잡지에 이르기까지 유럽인의 취향은 모두 런던에서 실마리를 끌어냈다. 영국이 칙칙한 디자인과 조악한 건축물로 기존에 얻은 평판에 비추어 볼 때, 이는 믿기 어려운 일이었고, 전통적 질서를 뒤엎는 유쾌한 반란이었다. 그리고 그것은 단명했다. 그렇지만 〈요동치는 런던Swinging London〉의(1966년 4월 『타임』지의 표현) 가짜 여명은 그 시대를 독특하게 드러냈다.

1967년이 되면 영국의 수도에 〈부티크boutique〉라는 간판을 내건 상점이 2천 개가 넘었다. 그 대부분은 뻔뻔스럽게도 카너비가(街)를 따라 늘어선 옷가게를 모방했다. 카너비가는 오랫동안 남성 동성애자가 출몰하는 곳이었으나 이제는 동성애자나 이성애자 모두에게

〈모드mod〉 패션의 중심지로 바뀌었다. 프랑스에서 최초로 의상 혁명을 암시한 의상실 〈뉴맨New Man〉은 1965년 4월 13일 파리의 랑시엔 코메디가(街)에서 문을 열었다. 일 년 안에 모방 상점들이 줄을 이었으며, 전부 최신 유행에 따라 〈딘Dean〉, 〈트웬티Twenty〉, 〈카디프Cardiff〉 등 영국식 상호를 달았다.

카너비가의 스타일은 서유럽 전역에서 모방되었는데(이탈리아에서는 정도가 덜했다), 화려한 색채에 체형을 드러내는 윤곽을 강조하여 양성 모두 입을 수 있었으며 일부러 서른을 넘은 사람들에게는 어울리지 않게 만들었다. 〈뉴 맨〉의 꽉 끼는 붉은색 코르덴 바지와 그것에 어울리는 검은 셔츠는 이후 3년간 파리의 거리 시위자들이 주로 착용한 제복이었으며 어디서나 널리 모방되었다. 이 옷들은 60년대의 다른 모든 것과 마찬가지로 남자들이 남자들을 위해 만들었지만 젊은 여인들도 입을 수 있었고 실제로 점점 더 많이 입었다. 심지어 파리의 주류 고급 양장점도 여기에 영향을 받았다. 1965년부터 그 도시의 양재사들은 스커트보다 슬랙스(느슨한 바지)를 더 많이 만들어 냈던 것이다.

파리의 양재사들은 또한 모자 생산량도 줄였다. 최후의 자기표현으로 머리카락이 머리 장식물을 대체하고 전통적인 모자는 공식 행사에 참여하는 〈노년층〉만 썼다는 점은 청소년 시장의 우위를 드러내는 징후였다.[6] 그렇지만 모자는 결코 사라지지 않았다. 의상 이행기의 두 번째 단계에서 (1950년대 말부터 내려온) 〈모드 모자〉의 기분을 좋게 하는 원색은 더 〈진지한〉 겉옷으로 대체되었는데, 이는 음악에 드러난 유사한 변화를 반영했다. 청년 의복은 이제 〈프롤레타리아적〉이며 〈근본적인〉 그 영감의 원천을 적지 않게 염두에 두

---

6 그렇지만 면적이 넓은 지방에서는 시간 지체가 있었다. 지방에서는 검은 베레모와 천 모자, 여성의 보닛까지도 여전히 일상적으로 쓰였다. 모자는 출신 지역과 사회 계급을 보여 주는 신뢰할 만한 전통적 지표로 조금 더 오래 존속했다.

고 제작하여 판매했다. 이를테면 청바지와 〈작업복〉뿐만 아니라 장화와 어두운 색의 윗도리, 가죽으로 만든 〈레닌〉 모자(19세기 헝가리 폭동자들의 〈코슈트 모자〉에 펠트를 덮어 만든 변종)도 그러했다. 이와 같이 자의식이 좀 더 분명한 정치적 패션은 영국에서는 전혀 유행하지 못했으나, 1960년대 말에 독일과 이탈리아의 과격파와 이들을 추종하는 학생들에게는 거의 공식 제복이나 다름없었다.[7]

이 두 종류의 패션에 부분적으로 겹치는 의상이 집시처럼 보이게 하는 히피족의 주름진 긴 옷이다. 히피 패션은(두드러진 과소 소비라는 비서구적이고 〈대항문화적〉이며 무성(無性)적 윤리가 특징이었고, 막연히 〈유토피아적〉이었다) 유럽 토착의 기원을 갖는 〈카너비 거리〉 패션과 〈거리 투사〉 패션과는 대조적으로 미국의 수입품이었다. 히피의 상업적 실익은 분명했으며, 따라서 1960년대 중반에 등장하여 피부에 착 달라붙으며 깔끔하게 재단한 패션의 요구에 부응했던 많은 아울렛은 곧 쌓아 놓은 상품을 교체하느라 고생했다. 이 상점들은 나아가 짧은 기간 동안이었지만, 〈마오쩌둥 패션〉 옷을 판매하려고도 했다. 날카로운 깃을 단 엉성한 윗도리에 어느 곳에서나 볼 수 있는 〈프롤레타리아〉 모자가 한 짝을 이룬 마오 패션은 세 가지 스타일을 적절하게 결합했으며, 특히 이 중국 독재자의 혁명적 통찰력이 담긴 『마오쩌둥 어록』을 액세서리로 곁들이면 금상첨화였다. 그러나 고다르가 1967년에 제작한 영화 「중국인 La Chinoise」에서 성실하게 마오쩌둥의 사상을 공부하고 그를 본받으려 했던 프랑스 학생들을 그렸음에도, 〈마오 패션〉을 좋아한 사람은 〈마오주의자들〉 중에서도 극소수였다.

대항문화의 정치와 상징은 1967년 이후에 〈제3세계〉 게릴라 반군에 대한 낭만적인 묘사와 결합하여 더욱 기세등등했으나, 그럴 때조

---

7 이러한 정치적 패션은 약간의 어려움을 겪기는 했지만 다음 10년간 스킨헤드 복장으로 발전하게 된다.

차 유럽에서 결코 완전하게 터를 잡지 못했다. 우리는 사후의 체 게 바라가 불만을 품은 서구의 사춘기 청년에게서 순교자요 예수를 닮은 포스터의 인물로서 얻은 놀라운 인기를 오도해서는 안 된다. 유럽의 60년대는 언제나 유럽 중심적이었다. 〈히피 혁명〉조차 결코 대서양을 건너지 못했다. 기껏해야 영국과 네덜란드의 해변에 밀려들어 다른 곳보다 조금 더 앞선 마약 문화와 깜짝 놀랄 만큼 독창적인 엘피판의 형태로 약간의 증거를 남겼을 뿐이다.

패션, 대중문화, 섹스 등에 나타난 60년대의 들뜬 측면을 단순히 거품이나 겉치레로 치부해서는 안 된다. 그것은 새로운 세대가 할아버지 시대와 관계를 끊는 방식이었다. 원로 정치(아데나워, 드골, 맥밀런, 그리고 흐루쇼프)는 여전히 대륙의 일을 관장하고 있었다. 60년대가 지닌 사람의 이목을 끄는 개척자의 측면들은(그 시대와 영구히 결합된 자아도취적인 방종) 한꺼번에 모아 놓으면 분명 참말 같지 않았다. 그러나 그 시대의 지지자들에게는 새롭고 신선해 보였다. 당대 예술의 차갑고 난해한 광채나 60년대 말의 냉소적인 영화들조차 얼마 전의 안락한 부르주아적 기교에 비해서는 참신해 보였고 진짜 같았다. 청년이 〈자신이 좋아하는 일을 함으로써〉, 〈제멋대로 행동함으로써〉, 〈전쟁이 아니라 사랑을 함으로써〉 세상을 바꾼다는 그 시대의 유아론적 기만은 언제나 환상이었고 오래 가지 않았다. 그러나 이 환상은 그 시대만의 환상은 아니었으며 결코 가장 어리석은 환상도 아니었다.

1960년대는 위대한 이론의 시대였다. 이 말이 무슨 뜻인지 분명히 하는 것이 중요하다. 이는 분명히 당시 생화학이나 천체 물리학, 유전학에서 진행되던 진정으로 개척적인 성과를 지칭하지 않는다. 그러한 성과는 대체로 비전문가들한테는 무시당했기 때문이다. 또한 유럽 사회 사상의 부활을 말하지도 않는다. 20세기 중반에는 헤겔이나 콩트, 마르크스, 밀, 베버, 뒤르켐에 견줄 만한 사회 이론가가 출현하지 않았다. 〈이론〉은 철학을 뜻하지도 않는다. 그 시대의 가장 유명한 서구 철학자들은(버트런드 러셀과 카를 야스퍼스, 마르틴 하이데거, 베네데토 크로체, 모리스 메를로퐁티, 장폴 사르트르) 이미 사망했거나 나이가 많았거나 아니면 다른 일에 관여하고 있었으며, 동유럽의 지도적인 사상가들은(얀 파토치카, 레셰크 코와코프스키) 아직도 자국 밖에서는 대체로 알려지지 않았다. 1934년 이전에 중부 유럽에서 활약했던 재기 넘치는 경제학자들과 철학자들, 사회 이론가들로 말하자면, 대부분의 생존자는 미국이나 영국, 오스트레일리아나 뉴질랜드로 영구히 망명하여 자기 분야에서 현대 〈앵글로색슨〉 학문의 지적 핵심을 형성했다.

〈이론〉은 새로이 통용되던 어법으로는 매우 다른 것을 의미했다. 이론은 주로 분과 학문, 특히 사회과학(역사학, 사회학, 인류학)과 나중에는 인문학과 실험 과학까지 포함하는 분과 학문의 방법과 목적에 관해 (당대의 전문 용어로) 〈질문하는interrogating〉 일에 관계가 있다. 대학교가 엄청나게 팽창한 시절에 정기 간행물과 학술지, 강사는 절박하게 〈카피copy〉를 찾았고 온갖 종류의 〈이론〉을 판매하는 시장이 등장했다. 이러한 카피를 추동한 것은 지적 공급 능력의 향상이 아니라 만족할 줄 모르는 소비자의 욕구였다.

이론 혁명의 선두에 선 분과 학문은 역사학과 비교적 유연한 사회과학이었다. 유럽에서 역사 연구의 부활은 한 세대 전에 시작되었다. 『경제사 평론Economic History Review』과 『연보: 경제, 사회, 문명 Annales: Économies, Sociétés, Civilisations』은 둘 다 1929년에 창간되었는데, 제목이 그 수정주의적 계획을 함축하고 있다. 1950년대에 영국 공산당 〈역사가 집단Historians Group〉과 영향력 있는 사회사 학술지 『과거와 현재Past & Present』가 등장했고, 잉글랜드의 버밍엄 대학교에는 리처드 호가트와 레이먼드 윌리엄스의 주도로 문화연구소가 생겨났으며, 서독의 빌레펠트 대학교에는 한스울리히 벨러를 중심으로 사회사 학파가 성립되었다.

이러한 단체들과 학회들에 관여한 이들이 생산한 학문이 반드시 우상 파괴적이지는 않았다. 실제로 그 학문은 대개 질은 매우 높았으나 방법론상으로는 종종 매우 진부했다. 그렇지만 일반적으로 교조적이지 않은, 그러나 명백히 좌파의 입장에서 해석해야 한다는 자의식이 강했다. 여기에 사회 이론으로 형성된, 그리고 계급(특히 하층 계급들)의 중요성을 강조함으로써 성립된 역사가 존재한다. 요점은 주어진 역사적 순간을 이야기하는 것이 아니며, 그것을 설명하는 것도 아니었다. 요점은 그 깊은 의미를 드러내는 것이었다. 이러한 성격의 역사 서술은 과거와 현재 사이, 학문적 고찰과 당대의 현실 참여 사이의 간극을 메우는 듯했고, 새로운 세대의 학생들은 그러한 역사 서술을 이러한 시각에서 읽었다(종종 잘못 읽기도 했다).

그러나 역사는 그렇게 많은 정치적 함의를 지녔어도 고도의 이론적 고찰이 스며들 수 없는 학문이다. 이론이 개입될수록 역사의 가치는 더 떨어진다. 1960년대의 탁월한 역사가 한두 명이 노년에 우상의 지위를 획득하지만, 그들 중 누구도(얼마나 전복적인 학문적 성과를 내놓았든 간에) 문화적 스승의 반열에 오르지는 못했다. 다른 학문들은 어느 한 사람의 시각에 의존하여 형편이 좀 더 나았거나 더 나빴다. 클로드 레비스트로스의 인도를 받은 문화인류학자들은 언어학 분야의 초기 이론을 차용하여 여러 사회에 걸친 변이와 차이에 대한 포괄적인 설명을 새롭게 제시했다. 중요한 것은 겉으로 드러난 사회적 관행이나 문화적 징표가 아니라 내적 본질, 다시 말해 인간사의 깊은 구조였다.

사람들이 〈구조주의〉라고 부른 이 같은 경향은 강한 매력을 지녔다. 구조주의는 인간의 경험을 분류하는 하나의 방법으로서 역사의 〈아날〉학파와 계통의 유사성을 지녔다. 당대의 가장 유명한 아날학파 대표자인 페르낭 브로델은 장기 지속longue durée에 관한 연구로 명성을 쌓았는데, 장기 지속은 장기간에 걸쳐 느리게 변하는 지리적 구조들과 사회적 구조들을 묘사하는 역사에 대한 조감(鳥瞰)이었다. 따라서 구조주의는 그 시대의 학문 연구 방식에 잘 어울렸다. 그러나 구조주의의 더 큰 적절성은 지식인과 비전문가가 즉시 이용할 수 있다는 점에 있었다. 구조주의는 레비스트로스를 찬미하는 동족 학문들의 학자들이 설명했듯이 표상 이론이 아니었다. 구조주의의 설명에 따르면, 사회적 규범이나 〈기호sign〉는 특정한 사람이나 장소, 사건이 아니라 폐쇄된 체계 속의 다른 기호들에 연결되어 있었다. 그러므로 구조주의는 경험을 통한 시험이나 반증에 구속되지 않았다(구조주의가 언제든 그릇된 것으로 입증될 수 있다는 말은 전혀 의미가 없었다). 그리고 그 주장의 우상 파괴적 야망은 모순이 침투할 수 없다는 이러한 특성과 결부되어 많은 추종자를 확보했다. 모든 것은 〈구조들〉의 조합으로 설명할 수 있었다. 피에르 불레즈[8]는 자신이 작곡한 작품에 〈구조〉라는 제목을 붙이면서 이렇게 말했다. 〈이것이 우리 시대의 키워드다.〉

1960년대가 지나면서 응용 구조주의의 과잉 현상이 나타났다. 인류학, 역사학, 사회학, 심리학, 정치학, 그리고 당연히 문학에서도 구조주의가 출현했다. 가장 유명한 실천가들은 대개 학문적으로 적당히 대담하고 출세의 재주를 타고난 자들로서 국제적인 유명 인사가 되었는데 텔레비전이 대중 매체가 되던 순간에 운 좋게 지적 주목을 받은 덕분이었다. 50년 전의 앙리 베르그송처럼 파리 순회강연의 스타였던 미셸 푸코는 이전 시대였다면 상류 사회의 초대를 받는 단골 인사였을 것이다. 그러나 1966년 『말과 사물Les Mots et les Choses』이 간행된 후 겨우 넉 달 만에 2만 부가 판매되자, 푸코는 거의 하룻밤 새에 명사의 지위를 얻었다.

8 Pierre Boulez, 1925~2016. 프랑스 현대 음악 작곡가이자 지휘자 — 옮긴이주.

푸코 자신은 〈구조주의자〉라는 꼬리표를 맹세코 부인했는데, 이는 마치 알베르 카뮈가 언제나 자신은 〈실존주의자〉였던 적이 없으며 실존주의가 무엇인지 진정 모른다고 주장했던 것과 같다.[9] 그러나 푸코가 무엇을 생각했는지는 정말로 중요하지 않았다. 이제 과거나 현재에 대한 명백히 전복적인 설명이라면 무엇이든 〈구조주의〉였다. 그러한 설명에서는 관습적인 단선적 해석과 범주들이 효력을 상실했으며 그 가정에 의문이 제기되었다. 더 중요한 것은 〈구조주의자들〉이 인간사에서 개인과 개인의 창의성이 지니는 역할을 최소화하거나 나아가 부정한 사람들이었다는 사실이다.[10]

그러나 모든 것이 〈구조를 지녔다structured〉는 관념은 그렇게 변화무쌍한 함의를 지녔는데도 다방면에 지극히 중요한 무엇인가를 설명하지 않았다. 페르낭 브로델이나 클로드 레비스트로스, 심지어 미셸 푸코에게도 목적은 문화 체계의 심층 작용을 밝히는 것이었다. 이러한 작업은 학문적으로 전복적인 충동일 수도 있고 아닐 수도 있었으나(브로델의 경우에는 확실히 아니었다) 변화와 이행을 숨기거나 최소화한다는 점만은 확실했다. 특히 결정적인 정치적 사건들은 이러한 연구 방식에 적용되지 않았다는 사실이 드러났다. 이를테면 사건이 특정한 단계에서 왜 변해야만 했는지 설명할 수는 있지만, 어떻게 변했는지, 개별 사회적 행위자들이 그 과정을 촉진하고자 했던 이유가 무엇이었는지는 분명하지 않았다. 따라서 인간의 선택이 제거된 구조들을 나열하여 인간 경험을 해석하는 모든 이론은 그 자

9 1960년에 이르면 〈실존주의〉는 (몇 년 뒤에 〈구조주의〉가 그랬듯이) 다목적의 표어가 되어, 마치 이전 시대의 〈보헤미안〉과 유사한 성격을 띠었다. 이를테면 비틀스의 음악을 들으러 함부르크의 레페르반에 온 할 일 없는 예술학도들은 모두 자신들이 〈실존주의자〉라고 했다.

10 이 경우에 인기 있는 심리분석 이론가인 자크 라캉이 그 범주에 포함되어야 했다는 것은 이상해 보일지도 모른다. 그렇지만 라캉은 특별한 경우였다. 라캉은 1960년대 파리의 느슨한 표준으로도 의학과 생물학, 신경학에서 이루어진 당대의 발전에 무지했다. 그런데도 영업과 명성에 별다른 해를 입지 않았다는 사실은 매우 놀랍다.

체의 가정 때문에 난처해졌다. 지적으로 전복적인 구조주의는 정치
적으로는 수동적이었다.

　60년대의 젊은이다운 충동은 세계를 이해하기 위한 것이 아니었
다. 카를 마르크스가 겨우 스물여섯 살 때 쓴 것으로 이 시기에 많이
인용되었던 『포이어바흐에 관한 테제Thesen über Feuerbach』 제11번
은 이렇게 말한다. 〈철학자는 세계를 다양한 방법으로 해석하기만
했다. 그러나 문제는 세계를 바꾸는 것이다.〉 세상을 바꾸는 문제에
관해 말하자면, 세계에 대한 해석을 포괄적인 변화의 계획과 연결하
려는 거대 이론이 여전히 존재했다. 그 지배 담론은 만사의 의미를
밝히겠다고 말하는 동시에 인간의 주도력에 여지를 남겨 두었는데,
이것이 바로 마르크스주의의 정치적 과제였다.

　60년대 유럽의 지적 친화력과 정치적 강박관념은 이처럼 마르크
스와 마르크스주의에 지속적으로 매혹되었다는 사실에 비추어 볼
때만 이해된다. 장폴 사르트르는 이 점을 1960년에 자신의 책 『변증
법적 이성 비판Critique de la raison dialectique』에서 이렇게 옮겼다.
〈나는 마르크스주의가 우리 시대가 뛰어넘을 수 없는 철학이라고 생
각한다.〉 사르트르가 지닌 부동의 신념을 누구나 다 공유하지는 않
았으나, 세계를 이해하려는 자는 누구나 마르크스주의와 그 정치적
유산을 매우 진지하게 받아들여야 한다는 데에는 정치권 전체가 성
향에 상관없이 일반적으로 동의했다. 사르트르의 동시대인으로 한
때 그의 친구였으며 지적으로는 적이었던 레몽 아롱은 일생 동안 반
공산주의자였다. 그렇지만 아롱도 마르크스주의가 그 시대를 지배
했던 사상이라고, 다시 말해 그 시대의 세속 종교라고 주저 없이(애
증이 뒤섞인 감정으로) 인정했다.

　1956년에서 1968년 사이에 유럽의 마르크스주의는 가사 상태
에 있었다. 그리고 그 상태에서 성공했다. 스탈린주의 공산주의는

1956년의 사건들이 폭로되면서 불명예를 안았다. 서구의 공산당들은 정치적으로 의미가 없었거나(스칸디나비아, 영국, 서독, 저지대 국가들), 서서히 그렇지만 분명하게 쇠락했다(프랑스). 그도 아니면 이탈리아의 경우처럼 소련의 유산에서 멀어지려 애썼다. 레닌주의 정당들의 역사와 가르침에 구현된 공식 마르크스주의는, 특히 그 정당들이 계속 통치한 지역에서, 대체로 신임을 잃었다. 서구에서 공산당에 표를 던진 사람들조차 이 문제에 관해서는 별다른 관심을 보이지 않았다.

동시에 마르크스주의 유산 중에서 소련판 마르크스주의와 구분될 수 있고 그 도덕적 파멸로부터 구원될 수 있는 부분에 관해서는 지적·학문적 관심이 컸다. 창설자의 사망 이후 늘 마르크스주의적인, 또 마르크스주의적으로 변하는 분파들과 분리파 집단들이 존재했다. 1914년이 되기 훨씬 전에 이미 진정한 계승을 주장하는 작은 정당들이 있었다. 영국 사회당SPGB처럼 그 일부는 여전히 존재한다. 그러면서 정치적 순결함을 자랑하고 자신들만의 독특한 마르크스주의 원전 해석이 옳다고 주장했다.[11] 그러나 19세기 사회주의 운동과 단체, 클럽, 협회의 대부분은 1900년에서 1910년 사이에 다목적의 사회당과 노동당으로 통합되었다. 현대 마르크스주의 논쟁의 뿌리는 그 뒤를 이었던 레닌주의의 분열에 있다.

가장 오래 끌었던 마르크스주의 〈이단〉, 다시 말해 트로츠키와 그 추종자들이라는 이단을 낳은 것은 소련 초기의 당파 투쟁이었다. 트로츠키가 멕시코에서 스탈린주의자에게 암살된 지 사반세기가 지난 시점에서 (그리고 바로 암살되었다는 사실이 적지 않게 기여했지만) 트로츠키 정당은 유럽 도처에서 찾아볼 수 있었다. 유럽 국가

11 영국 사회당은 내가 이 글을 쓰는 동안에도 계속 존재했다. 영국 사회당은 변화에 무감하고 현실성이 없다는 점으로도 불리한 영향을 받지 않을 정도로 너무나 규모가 작아서 아마 무한정 생존할 것이다.

들이 노골적으로 금지하지 않았기 때문이다. 트로츠키주의 정당들은 대체로 규모가 작았으며, 당에 명칭을 제공한 창시자를 꼭 닮은 카리스마적이고 권위주의적인 우두머리가 신조와 전술을 지시하며 지도했다. 그 독특한 전략은 〈잠입entryism〉으로, 거대한 좌파 조직들(정당, 노조, 학술 단체) 내부에서 활동하며 조직을 장악하거나 정책과 정치적 동맹을 점차 트로츠키주의 이론의 지침에 가깝게 이끄는 것이었다.

외부에서 보기에 트로츠키 정당들은, 그리고 트로츠키 정당들이 가입했던 단체로 짧은 시간 동안 존속했던 제4차 (노동자) 인터내셔널은 이상하게도 공산당과 구분되지 않는 것처럼 보였다. 양자는 똑같이 레닌에 충성했으며 오로지 트로츠키와 스탈린 사이의 피로 얼룩진 권력 투쟁의 역사에 의해서만 분리되었다. 결정적인 신조의 차이는 있었다. 트로츠키주의자들은 계속해서 〈영구 혁명〉을 이야기했으며 공식 공산당이 노동자 혁명을 한 나라에만 국한함으로써 혁명을 유산시켰다고 비난했다. 그러나 그 밖에 유일하게 뚜렷한 차이는 스탈린주의가 정치적으로 성공했고 트로츠키주의는 결백했지만 실패의 이력을 지녔다는 사실이다.

물론 트로츠키의 후대 추종자들은 바로 그 실패에 큰 매력을 느꼈다. 과거는 냉혹해 보일 수 있었다. 그렇지만 트로츠키주의자들은 잘못된 일을(1794년에 테르미도르의 쿠데타가 자코뱅을 좌절시켰듯이 관료 정치의 반동이 소비에트 혁명을 강탈한 일) 분석하면 다가올 시대에는 성공하리라고 확신했다. 그렇지만 트로츠키조차 권력의 향기를 즐겼다. 어쨌든 트로츠키도 소비에트 정권 초기에 결정적인 역할을 수행했고 따라서 정권의 일탈에 어느 정도 책임을 져야 했다. 정치적으로 순결한 새로운 세대에게 진정으로 매력적인 실패는 유럽 공산주의의 사라진 지도자들, 다시 말해 정치적 책임을 행사할 기회를 전혀 갖지 못했던 자들이었다.

그리하여 1960년대는 일군의 공산주의자들을 재발견했다. 폴란드 출신의 유대인 사회주의자로서 1919년 1월 실패할 수밖에 없었던 베를린 혁명에서 독일 의용대 병사들에게 암살당했던 로자 룩셈부르크, 헝가리 공산당의 사상가로서 강요에 의해 스스로 자신의 저작을 공개적으로 비난하기 전까지 1920년대에 저술한 정치 저작들이 역사와 문학의 해석에서 공식 공산당의 대안으로 제시되었던 죄르지 루카치, 그리고 이탈리아 공산당의 공동 설립자이자 혁명 정치와 이탈리아 역사에 관한 일군의 뛰어난 논문의 저자로 1926년부터 1937년 4월 마흔여섯 살의 나이로 사망할 때까지 파시스트의 감옥에서 고초를 겪으며 저술에 전념했던 안토니오 그람시가 바로 그런 인물들이었다.

1960년대 내내 세 사람의 저작은 여러 언어로 출판되었다. 이들은 공통점이 별로 없었지만, 확실하게 공유했던 것은 대체로 부정적이었다. 아무도 권력을 행사하지 못했으며(루카치의 경우 쿤 벨러가 부다페스트에서 1919년 3월에서 8월까지 짧은 기간 동안 공산당 독재를 시행할 때에 문화위원을 맡았다), 세 사람 모두 한때 레닌주의 방식에 반대했고(룩셈부르크의 경우 볼셰비키의 권력 장악 이전에도 반대했다), 다른 많은 사람들처럼 공식 공산당의 이론과 실천에 가려져 오랫동안 무시되었다.

룩셈부르크와 루카치, 그람시, 기타 20세기 초의 잊힌 마르크스주의자들의[12] 저술이 발굴되면서 마르크스 자신도 재발견되었다. 실제로 외견상 매우 다른 새로운 마르크스의 발굴은 이 시기 마르크스주의의 흡인력에 결정적이었다. 〈옛〉 마르크스는 레닌과 스탈린의 마르크스, 즉 민주집중제와 프롤레타리아 독재를 미리 내다보고 그 정당성을 인정해 준 신(新)실증주의적 저술을 남긴 빅토리아 시대

---

12 그람시와 거의 동시대에 활동했던 독일 마르크스주의자 카를 코르슈나 오스트리아 마르크스주의자 저술가인 오토 바우어와 루돌프 힐퍼딩.

의 사회과학자였다. 비록 이 마르크스가 자신의 후기 저작의 활용에 책임을 져야 한다고 주장할 수 없다고 해도, 그가 후기 저작에 연관되어 있다는 사실만큼은 변하지 않는다. 공산주의에 봉사했든 사회민주주의에 봉사했든 후기 저작은 구좌파의 소유였다.

1965년 무렵부터 자칭 〈신〉좌파는 새로운 전거를 구했다. 그리고 청년 카를 마르크스의 저작, 즉 1840년대 초의 형이상학적 논문과 초고에서 그 전거를 찾았다. 그때 마르크스는 막 십 대를 벗어난 나이로 헤겔 철학의 역사주의와 근원적 자유라는 낭만주의적 꿈에 흠뻑 젖은 젊은 독일 철학자였다. 마르크스 자신은 이 저작들의 일부를 출간하지 않기로 결정했다. 실제로 1848년의 혁명이 실패로 돌아간 직후 마르크스는 초기 저작들에서 단호하게 돌아서서 정치경제와 당대의 정치를 연구했고 그때 이후로는 오로지 여기에만 전념했다.

따라서 초기 마르크스의 많은 저작은 학자들에게도 널리 알려지지 않았다. 초기 저작들은 1932년에 모스크바의 마르크스엥겔스 연구소의 후원으로 처음으로 완간되었을 때 거의 주목받지 못했다. 초기 저작, 그중에서도 주로 『경제 철학 초고 *Ekonomische-philosophische Manuskripte*』와 『독일 이데올로기 *Die deutsche Ideologie*』에 관한 관심은 30년 후에나 부활했다. 전통적인 서구 좌파의 더럽고 무거운 짐을 내버리고도 마르크스주의자가 되는 일이 돌연 가능해졌다. 청년 마르크스는 현저하게 현대적인 문제들에 몰두해 있었던 것처럼 보인다. 〈소외된〉 의식을 바꿔서 인간을 자신의 진정한 조건과 능력을 알지 못하는 무지로부터 해방시키는 방법, 자본주의 사회의 우선순위를 역전시키고 인간을 자기 존재의 중심에 두는 방법, 간단히 말해 세상을 바꾸는 방법에 몰두해 있었다.

노년 세대의 마르크스 연구자들과 기존의 마르크스주의 정당들에는, 마르크스 자신이 출간하지 않기로 했던 바로 그 저작들을 이처럼 고집스럽게 강조하는 일이 전혀 중요하지 않은 듯했다. 그러나 이 또한 은연중에 전복적이었다. 누군가 원전을 읽고 마르크스를 마음대로 해석할 수 있다면, 그때 공산당 지도부의 권위는 (그리고 이 경우에는 트로츠키주의 지도부의 권위도) 틀림없이 무너질 것이며, 더불어 당시 암묵적으로 인정된 주류 혁명 정치의 핑계거리도 대부분 사라지게 된다. 따라서 주류 마르크스주의 체제가 반격을 가한 일은 놀랄 일이 아니었다. 프랑스 공산당의 주요 이론가로 국제적으로 유명한 마르크스주의 전문가이자 프랑스 고등사범학교의 교사였던 루이 알튀세르는 〈청년〉기의 헤겔파 마르크스와 〈후기〉의 유물론자 마르크스 사이에 방화벽을 세웠다고 주장했고 그럼으로써 대단한 명성과 유명세를 누렸다. 알튀세르의 주장에 따르면 후기 저작만이 과학적이며 따라서 진짜 마르크스주의적이었다.[13]

공산당과 다른 보수적 마르크스주의자들은 인문주의적인 이 새로운 마르크스가 현대의 취향과 유행에 아주 쉽게 적용될 수 있음을 정확히 내다보았다. 마르크스와 같은 19세기 초 낭만주의자가 자본주의적 근대성과 인간성을 빼앗는 산업 사회의 충격에 맞서 제기했던 불평은 탈산업 사회의 서유럽 현대인들이 〈억압적 관용〉에 맞서 보인 저항에 매우 적합했다. 번영하는 자유주의적 서구의 일견 무한했던 유연성, 즉 스펀지처럼 열정과 차이를 흡수하는 능력은 비판자들을 격분시켰다. 비판자들의 주장에 따르면 억압은 부르주아 사회에 고유한 특성이었다. 억압은 진정으로 사라질 수는 없었다. 거리에서 없어진 억압은 분명 〈어디론가〉 옮겨갔음에 틀림없었다. 억압

13 알튀세르의 주장은 마르크스에 관한 기이한 구조주의적 설명에 근거를 두었다. 이론을 추구하는 당대의 청년들이 알튀세르에 느꼈던 매력은 예수회의 교리 같은 그 모호함에 정비례했다(나이 든 학자들은 감동받지 못했다). 그러나 그 권위의 행사는 매우 명확했다. 알튀세르의 주장에 따르면 마르크스를 생각하는 적절한 방법은 단 한 가지뿐으로 바로 자신의 방법이었다. 프랑스에서 알튀세르의 별은 그의 대의를 신봉했던 당이 몰락하면서 같이 사라졌다. 오늘날 알튀세르의 모호한 매력은 앵글로색슨 학계의 맨 바깥에 자리한 과격파나 애호한다.

은 사람들의 영혼 속으로, 그리고 특히 그들의 신체 속으로 이전되었다.

바이마르 시대의 지식인으로 남부 캘리포니아에서 생을 마감한 허버트 마르쿠제는(그는 그곳에서 별 어려움 없이 자신의 옛 인식론을 새로운 환경에 맞게 고쳤다) 이 모든 사고를 융합했다. 마르쿠제의 설명에 따르면 서구 소비 사회는 이제 가진 것 없는 프롤레타리아 계급에 대한 경제적 착취에 직접 기대지 않았다. 대신 인간의 에너지를 욕구(주로 성적인 욕구)의 충족에서 상품과 환상의 소비로 돌려놓았다. 진정한 욕구는(성적·사회적·시민적 욕구) 거짓 욕구로 대체되며, 거짓 욕구의 충족은 소비자 중심적 문화의 목적이다. 마르쿠제의 이론은 매우 젊은 마르크스를 그가 가려고 했을 법한 것보다 더 멀리 끌고 갔지만 폭넓게 추종자를 얻었다. 마르쿠제의 글을 읽은 소수만이 아니라, 그의 글이 문화적으로 널리 유행하면서 많은 사람들이 그 논지의 언어와 전반적인 취지를 수용했다.

성적 욕구의 충족을 근본적인 목적으로 강조하는 것은 구세대 좌파로서는 매우 불쾌한 일이었다. 자유로운 사회에서 자유롭게 연애한다는 생각은 새롭지 않았다. 19세기 초의 몇몇 사회주의 분파는 자유연애를 신봉했으며, 소련 초기에는 도덕적 긴장 완화가 뚜렷하게 감지되었다. 그러나 유럽 급진주의의 주류 전통은 도덕과 가정 문제에서 올바를 것을 주장했다. 구좌파는 젊었을 때조차 결코 문화적으로 반체제적이지 않았으며 성적으로 대담하지 않았다. 성적 대담함은 보헤미안이나 탐미주의자와 예술가의 관심사였으며, 때로는 개인주의적이거나 정치적으로 반동적인 성향을 지닌 자들의 관심사였다.

그러나 성과 정치의 융합은 당혹스럽기는 해도 실질적인 위협은 되지 못했다. 실제로 집단 투쟁보다 개인의 욕구를 더 강조한 것은 객관적으로 반동적이었다. 고통을 감수하며 이를 지적한 공산주의자 지식인이 한둘이 아니었다.[14] 신좌파의 마르크스 해석이 갖는 진정으로 전복적인 의미는 다른 곳에 있었다. 공산주의자들과 다른 사람들은 성적 해방에 대한 논의를 간단히 처리할 수 있었다. 침실과 강의실, 작업장에서 자치를 요구했던 젊은 세대의 반권위주의적 미학도 대수롭지 않았다. 아마 경솔하게도 이 모두를 자연 질서의 일시적인 교란으로 치부했을 것이다. 훨씬 더 근본적인 공격은 마르크스 이론을 외국의 혁명적 실천과 동일한 것으로 간주하는 청년 과격파의 새로운 경향이었다. 그 세계에서는 기존의 범주와 권위는 어느 것도 적용될 수 없었다.

유럽의 역사적 좌파의 핵심 주장은 자신들이 프롤레타리아, 즉 육체노동에 종사하는 산업 노동자 계급을 대변한다는 것이었다. 사회주의와 도시 노동자를 이처럼 동일시하는 것은 단순한 선택적 친화력을 넘어선다. 그 관계는 이데올로기적 좌파의 특징적인 표지로서 좌파를 자유주의나 가톨릭의 선의의 사회 개혁가들과 구분했다. 노동자 계급의 표, 특히 남성 노동자 계급의 표는 영국 노동당, 네덜란드와 벨기에의 노동자 정당, 프랑스와 이탈리아의 공산당, 독일어권 중부 유럽의 사회 민주당이 권력과 영향력을 행사할 수 있게 해주는 토대였다.

스칸디나비아를 제외하면, 대다수 노동 대중이 사회주의자나 공산주의자였던 적은 결코 없었다. 노동자의 충성은 정치권 전역에 흩어졌다. 그랬는데도 전통적 좌파 정당들은 노동자 계급의 표에 과도하게 의존했으며, 그래서 노동자 계급과 동일시되었다. 그렇지만 1960년대 중반이 되면 이 계급은 점차 사라진다. 서유럽의 선진국

14 그들은 요점을 짚었다. 벨기에의 상황주의자인 라울 바네겜Raoul Vaneigem은 1967년에 이렇게 썼다. 〈황홀경의 쾌락을 얻을 수 있는 세계에서 우리가 잃을 것은 권태뿐이다.〉 돌이켜 보건대 그러한 표어가 재치 있는 것이었는지, 순진했는지 아니면 단순히 냉소적이었는지 확신하기 어렵다. 어쨌든 이러한 표어들도 그다지 현상을 위태롭게 하지 못했다.

들에서 광부와 철강 노동자, 조선 노동자, 금속 노동자, 직물 노동자, 철도원, 온갖 종류의 육체노동자는 대규모로 퇴직 중에 있었다. 다가오는 서비스 산업 시대에 그들을 대신하여 매우 다른 성격의 노동 인구가 등장했다.

이러한 현상은 전통적 좌파에 근심의 원천이었음에 틀림없다. 노조와 당의 가입자 숫자와 자금은 이러한 대중적 기반에 크게 의존했기 때문이다. 그러나 당대의 사회 조사에서 고전적인 유럽 프롤레타리아가 사라지고 있다는 사실이 폭넓게 감지되었는데도 구좌파는 노동자 계급이 〈토대〉임을 계속 강조했다. 특히 공산당은 여전히 비타협적이었다. 혁명적 계급은 오로지 프롤레타리아뿐이고, 그 계급의 이익을 대변하고 증진할 수 있는 당도 오직 공산당뿐이며, 공산당의 지도로 노동자 투쟁이 얻을 유일하게 올바른 결과는 50년 전 러시아에서 특허를 얻은 혁명이었다.

그러나 유럽사를 이렇게 해석하기를 고집하지 않는 사람들에게 프롤레타리아는 이제 급진적 사회 변혁에 이용할 수 있는 유일한 수단이 아니었다. 점차 〈제3〉세계로 지칭되던 곳에 대안이 있었다. 식민지에 반대하는 북아프리카와 중동의 민족주의자들, 미국의 흑인 과격파(제3세계는 전혀 아니지만 긴밀히 제휴했다), 중앙아메리카에서 남중국해까지 도처에 존재하는 농민 게릴라가 그 후보들이었다. 이러한 운동은 〈학생〉, 더 단순하게 말하자면 청년과 함께, 번영을 구가하는 서구의 착실하고 만족한 노동자 대중보다 훨씬 더 큰, 그리고 더 쉽게 동원할 수 있는 혁명적 희망의 기반이 되었다. 1956년의 여파로 서유럽의 청년 과격파는 유럽의 동쪽에서 공산당이 보여 준 실망스러운 행태에서 등을 돌리고 다른 곳에서 두루 영감을 찾았다.

이와 같은 이국적인 것에 대한 새로운 취향은 한편으로는 당대의 식민지 해방과 민족 해방 운동의 열망이 부채질했으며, 다른 한편으로는 유럽 자체의 잃어버린 환상을 타자에 투사한 결과이기도 했다. 이 새로운 취향이 의존했던 현지에 관한 지식은 놀랄 정도로 부족했다. 물론 〈농민 연구〉에서 학문적 가내 공업이 출현하고 있기는 했다. 특히 쿠바와 중국의 혁명은 유럽에는 실망스럽게도 매우 부족했던 훌륭한 특성과 업적을 부여받았다. 이탈리아의 마르크스주의 저술가 마리아안토니에타 마치오키는 당대 유럽의 비참한 상황과 마오쩌둥 중국의 혁명 이후 유토피아 사이의 대조를 서정적으로 묘사했다. 당시 중국은 문화 혁명이 절정에 달했던 때였다. 〈중국에는 소비 사회에서 발견되는 소외나 신경병, 자아 분열의 징후가 없다. 중국인의 세계는 치밀하고 통합되었으며 단연 완전하다.〉

비유럽 세계의 농민 혁명은 당시 서유럽 지식인과 학생을 사로잡았던 다른 속성도 지녔다. 그것은 폭력이었다. 물론 폭력은 동쪽으로 몇 시간만 가면 닿을 수 있는 소련과 그 위성 국가들에서 차고 넘쳤다. 그렇지만 그 폭력은 국가의 폭력, 공식 공산당의 폭력이었다. 제3세계 폭동의 폭력은 해방의 폭력이었다. 장폴 사르트르는 1961년 프란츠 파농의 『대지의 저주받은 사람들 *Les Damnés de la terre*』에 쓴 그 유명한 프랑스어판 서문에서 이렇게 말했다. 반식민주의 혁명의 폭력은 〈자기 자신을 재창조한다. ……유럽인을 쏴 죽이는 것은 일석이조이며 압제자와 압제당하는 자를 동시에 소멸시키는 것이다. 죽은 자와 자유로운 인간이 남게 되며, 생존자는 처음으로 자신의 발밑에서 국민의 땅을 느낀다.〉

이렇게 자기를 부정하는 방식으로 외국의 모범을 찬양하는 일이 유럽에서 새롭지는 않았다. 토크빌은 오래전에 18세기 프랑스의 혁명 직전 지식인들이 외국 모델에 매력을 느꼈음을 언급했고, 한때 소련 혁명도 그 점에서 호소력을 지녔었다. 그러나 1960년대에 유럽은 극동이나 남쪽 먼 곳의 모범을 경쟁적으로 모방했다. 밀라노와 베를린의 과격한 학생들은 동양의 성공적인 전략을 모방해야 한다고 생각했다. 독일의 학생 지도자 루디 두치케는 그러한 사정을 잘 보여 주었다. 두치케는 1968년 마오쩌둥주의 수사법과 트로츠키주의 전술을 조합하여 추종자들에게 〈제도를 관통하는 장정(長征)〉을 수행하라고 적극적으로 권했다.

보수적 원로들이 볼 때, 이와 같은 외부 모델의 우연한 등장은 수양이 부족한 젊은이들이 구유럽의 훌륭한 혁명적 구문을 너무 쉽게 해체하여 이데올로기의 바벨탑으로 만들어 버렸음을 보여 주는 사례였다. 이탈리아 학생들은 새로운 서비스 경제에서는 대학이 지식 생산의 중심을 이루며 따라서 학생은 새로운 노동 계급이라고 주장하면서 마르크스주의적 교환의 조건을 극단으로 밀고 나갔다. 그러나 이들은 변증법적 선례를 지녔고 일반적으로 인정된 규칙 내에서 움직였다. 몇 년 후 밀라노 학생 신문 『레 누도Re Nudo』가 〈유럽의 청년 프롤레타리아여, 지미 헨드릭스가 우리를 단결시킨다!〉라고 선언했을 때 변증법은 패러디로 추락했다. 이들을 비판했던 자들이 처음부터 주장했듯이, 60년대의 소년 소녀는 그저 진지하지 않았을 뿐이었다.

그렇지만 60년대는 여전히 매우 중요한 10년이었다. 제3세계는 볼리비아에서 동남아시아까지 소요에 휩싸였다. 소련 공산당의 〈제2〉세계는 겉으로 보기에는 안정되었지만, 그나마 오래 지속되지 않았다. 이에 대해서는 앞으로 살펴보겠다. 그리고 서구를 지도한 국가는 암살과 인종 폭동으로 흔들렸으며 베트남에서 전면전에 돌입했다. 미국의 방위비 지출은 60년대 중반을 지나며 꾸준히 증가하여 1968년에 절정에 달했다. 베트남 전쟁은 유럽에서는 결정적인 문제가 아니었으나(정치권은 정파를 불문하고 전쟁을 못마땅해 했다) 대륙 전역에서 동원의 촉매제 역할을 했다. 심지어 영국에서도 그러했는데, 그 10년간의 대규모 시위들은 명백히 미국의 정책에 반대하기 위해 조직되었다. 1968년, 베트남연대운동Vietnam Solidarity Campaign은 수만 명의 학생들을 런던 거리를 지나 그로스버너 광장의 미국 대사관으로 행진시켰다. 학생들은 분노에 찬 목소리로 베트남 전쟁(그리고 영국 정부의 뜨뜻미지근한 지원)의 종식을 요구했다.

그렇게 많은 당대의 논쟁과 요구가 경제적 안건이 아니라 정치적 안건을 둘러싸고 이루어졌다는 사실은 60년대의 독특한 상황에 관해, 또 가장 탁월한 공적 활동가들의 사회적 배경에 관해 암시하는 바가 크다. 60년대는 1848년처럼 그 자체로 지식인의 혁명이었다. 그러나 많은 참여자들이 염두에 두지는 않았지만 그 시대의 불만에는 경제적 차원이 존재했다. 전후 시대의 번영이 아직 끝나지 않았고 서유럽의 실업률은 역사에 남을 만큼 낮았지만, 60년대 초 서유럽 전역에 나타난 노사분규의 양상은 앞으로 닥칠 분쟁을 암시했다.

이러한 파업들과 1968년에서 1969년 사이에 발생한 파업의 배후에는 전후 성장의 흐름이 정점을 지나면서 실질 임금이 하락한 데 대한 불만이 자리 잡고 있었다. 그러나 불평의 진정한 근원은 노동 조건, 특히 노동자과 고용주 사이의 관계였다. 오스트리아와 독일, 스칸디나비아의 특이한 사례를 제외하면, 유럽의 공장과 사무실에서 경영자와 노동자 사이의 관계는 좋지 않았다. 밀라노나 버밍엄, 파리 공업 지대의 전형적인 작업장에서는 비타협적이고 독재적인 고용주들이 분노로 가득 찬 전투적인 노동자들을 감독했고, 양자 사이에 의견 교환은 매우 적었다. 서유럽 일부에서 〈노사 관계〉는 모순 어법이었다.

서비스업이나 전문직 세계의 일부에도 거의 동일한 상황이 적용되었다. 두 가지 두드러진 사례를 들자면, 프랑스 국영 라디오 텔레비전 조직인 프랑스 방송 공사ORTF와 원자력청에는 기자에서 기술자에 이르기까지 분노에 찬 전문직 직원들이 가득했다. 전통적 형태의 권위와 규율, 태도는 지난 10년간의 급속한 사회적·문화적 변화에 보조를 맞추지 못했다. 공장과 사무실은 아래로부터 올라가는 자극은 전혀 없이 하향식으로 운영되었다. 관리자는 직원을 마음대로 징계하거나 욕보이거나 해고할 수 있었다. 종업원들은 흔히 존중받지 못했으며, 그들의 의견은 무시되었다. 노동자의 주도권과 전문적 자율성, 나아가 〈자주 관리〉(프랑스어로 오토제스티옹autogestion)를 확대하라는 요구가 폭넓게 제기되었다.

1936년 인민 전선의 공장 점거 이후에 이러한 의제들은 유럽 노사 분규의 두드러진 특징이 아니었다. 노조와 정당은 임금 인상과 노동 시간 단축처럼 더 전통적이고 능숙하게 다룰 수 있는 요구 사항들에 집중했기 때문에, 이러한 문제들은 그들의 관심사에서 벗어나 있었다. 그러나 이러한 문제들은 허술하게 관리되는 과밀한 대학들에 관해 유사한 불평을 토로했던 과격파 학생들의 수사법과 매우 쉽게 중첩되었다(그 밖에 작업장의 투사들과 과격파 학생들 간에 공통점은 없었다).

의사 결정 과정으로부터, 따라서 권력으로부터 배제되었다는 의식은 당시에는 그 의미가 완전하게 평가되지 못한 60년대의 또 다른 차원을 반영했다. 프랑스의 정치 생활은 보통선거로 각각 두 차례씩 실시되는 입법부 선거와 대통령 선거 제도 덕에 60년대 중반이면 두 개의 정치적 계열을 중심으로 선거와 의회에서 안정된 동맹 체제로 굳어졌다. 좌파의 공산당과 사회당이 하나요, 우파의 중도파와 드골주의자들이 다른 하나였다. 정치권의 암묵적인 합의에 따라, 군소 정당과 과격파는 네 개의 큰 단위에 통합되거나 주류 정치에서 밀려나야 했다.

이유는 달랐지만 이탈리아와 독일에서도 같은 일이 벌어졌다. 이탈리아에서는 1963년부터 중도파와 좌파의 폭넓은 동맹이 국가의 정치적 공간 대부분을 장악했고, 공산당과 파시스트 전력자들로 이루어진 정당들만 배제되었다. 독일 연방 공화국은 1966년부터 기독교 민주당과 사회 민주당의 〈대연정〉이 통치했는데, 이 두 정당과 자유민주당이 연방 하원을 독점했다. 이렇게 정돈됨으로써 정치 안정과 연속성이 보장되었다. 그러나 결과적으로 서유럽의 주요 민주주의 국가 세 곳에서 급진 야당은 주변부로 밀려나는 데 그치지 않고 의회에서 완전히 쫓겨났다. 신좌파가 한동안 주장했듯이 〈그들〉이 사실상 독점적으로 〈체제〉를 운영하는 듯했다. 과격한 학생들은 부득이 스스로 〈원외〉 반대파임을 선언했고, 정치는 거리로 나갔다.

1968년 봄 프랑스 거리 정치의 가장 유명한 사례는 가장 단명한 것이기도 했다. 이 사례가 두드러진 이유는 그 효과가 지속되었기 때문이 아니라 파리 거리의 폭동이 주는 충격 효과와 특별한 상징성 때문이었다. 오월의 〈사건들〉은 1967년 가을 낭테르에서 시작되었다. 낭테르는 서부 파리의 음산한 시내 변두리로 옛 파리 대학교의 급조된 분교 중 하나가 자리 잡은 곳이었다. 낭테르의 학생 기숙사는 한동안 합법적인 학생과 〈신분을 숨긴〉 과격파, 소수의 마약 판매자와 이용자의 거처였다. 거주자는 일정하지 않았고, 숙박비는 밀렸다. 또한 공식적으로 엄격히 금지되었지만 야간에 남성 기숙사와 여성 기숙사 사이로 많은 사람들이 오갔다.[15]

낭테르의 대학 행정 당국은 성가신 일이 생길까 봐 규칙의 시행을 꺼렸다. 그렇지만 1968년 1월 그들은 〈무단 거주자〉 한 명을 내쫓았으며, 합법적인 학생인 다니엘 콘벤디트에게 기숙사를 방문한 정부의 장관을 모욕했다는 이유로 징계 조치를 내리겠다고 위협했다.[16]

15 이 점은 오랫동안 마찰의 원인이었다. 남부 파리의 안토니에 있는 학생 기숙사촌에서 토론이 있은 후 몇 달이 지난 1966년 1월, 새로 임명된 사감은 당시 기준으로는 과격한 제도를 도입했다. 이때부터 스물한 살이 넘은 남녀는 자신의 기숙사 방에 상대편 성의 기숙사생을 데려올 수 있었다. 스물한 살이 안 된 학생들은 부모의 서면 동의를 받아 그렇게 할 수 있었다. 그러한 개방은 어느 곳에서도 시작되지 않았다.

16 청년부 장관 프랑수아 미조프는 새로운 스포츠 시설의 개관식을 위해 낭테르에 왔다. 지역의 과격한 학생 콘벤디트는 왜 교육부는 기숙사 논쟁(콘벤디트의 표현에 따르자면 〈성

시위가 뒤따랐고, 3월 22일에는 파리 중심에 위치한 아메리칸 익스프레스 건물을 공격한 과격파 학생들이 체포된 데 이어 운동이 형성되었고 콘벤디트는 지도부에 포함되었다. 2주 후 낭테르 캠퍼스는 학생과 경찰의 충돌이 이어진 끝에 폐쇄되었고, 운동은(그리고 행동은) 파리 중심부 소르본과 그 주변의 유서 깊은 대학 건물들로 옮아 갔다.

뒤이은 몇 주간 드러났던 언어와 야심적인 계획에는 이데올로기가 덧씌워졌는데, 이로 인한 오해를 피하기 위해서는 오월의 사건을 촉발한 지엽적이며 명백히 이기적인 문제들을 강조할 필요가 있다. 학생들의 소르본 점거와 5월 10일에서 11일 밤사이 그리고 5월 24일에서 25일 밤사이에 이어진 시가전과 경찰과의 충돌을 이끈 지도부에는 기존 학생 조합과 하급 강사 조합의 임원들은 물론 (트로츠키주의) 공산주의혁명청년단 대표도 있었다. 그러나 이 과정에 동반된 마르크스주의 수사법은 매우 익숙하기는 했지만 본질적으로는 무정부주의적이었던 정신을 위장했다. 그 즉각적인 목표는 권위를 제거하고 권위에 수치를 안겨 주는 것이었다.

이런 의미에서 오만한 프랑스 공산당 지도부가 올바르게 강조했듯이, 오월의 사건은 혁명이 아니라 잔치였다. 무장 시위대와 거리 방책, 전략적 요충지의 건물과 교차로 점거 등 전통적인 프랑스 폭동의 모든 상징을 다 지녔으나 내용은 없었기 때문이다. 학생 군중 속의 젊은 남녀들은 대다수가 중간 계급 출신이었다. 실제로 많은 학생들이 파리 부르주아 출신으로, 프랑스 공산당 지도자 조르주 마르셰가 조롱하듯 불렀듯이 〈있는 집 자식들〉이었다. 이들이 거리에서 줄지어 프랑스 국가의 군대에 맞설 때 안락한 부르주아의 아파트

적 문제들))에 아무런 대처도 하지 않는지 물었다. 장관은 감정이 격해져서 콘벤디트에게 성적 문제가 있다면 화려한 새 수영장에 뛰어들라고 했다. 독일인의 피가 섞인 콘벤디트는 이렇게 대답했다. 〈그것이 바로 히틀러 청년단이 늘 말하던 것이다.〉

창문으로 내려다본 자들은 그 부모와 숙모들, 할머니들이었다.

드골주의자 총리 조르주 퐁피두는 재빠르게 사태의 본질을 꿰뚫었다. 퐁피두는 초기의 대결 국면 이후 자신의 당과 정부 내의 비판을 무릅쓰고 경찰을 철수시켜 파리의 학생들에게 대학교와 그 주변 구(區)에 대한 사실상의 통제권을 넘겨주었다. 퐁피두는, 그리고 대통령 드골은 잘 선전된 학생들의 활동에 당황했다. 그러나 처음에 아주 짧은 시기 동안은 깜짝 놀랐지만 이후로는 위협을 느끼지 않았다. 때가 되자 경찰, 특히 폭동 진압 경찰에(가난한 도(道) 출신으로 혜택을 입은 파리 청년들의 머리를 내려치기를 전혀 주저하지 않았던 농민의 아들들에) 의존하여 질서를 회복할 수 있었다. 퐁피두를 괴롭혔던 것은 훨씬 더 중대한 문제였다.

학생들의 폭동과 점거는 일련의 전국적인 파업과 작업장 점거를 촉발했다. 이로 인해 프랑스는 오월 말경 거의 정지 상태에 이르렀다. 최초의 몇몇 파업은, 예를 들어 프랑스 방송공사 기자들에 따르면, 학생 운동에 관한 취재의 검열과 일부 폭동 진압 경찰의 지나치게 잔인한 대응에 대한 항의로서 정치적 책임자들을 겨냥했다. 그러나 툴루즈의 항공기 제작 공장부터 전기, 석유 화학 산업들, 그리고 불길하게도 파리 외곽에 있던 거대한 르노 공장들에까지 총파업이 확산되자, 문제는 수천 명의 흥분한 학생들이 아니라는 사실이 분명해졌다.

파업과 연좌 농성, 사무실 점거, 이에 동반된 시위와 행진은 현대 프랑스에서 발생한 최대 규모의 사회적 저항 운동으로서 1936년 6월의 운동보다 그 범위가 훨씬 더 컸다. 지금에 와서 말하더라도 그 모든 일이 정확히 무엇에 관한 것이었는지 확신을 갖고 말하기 어렵다. 공산당이 이끄는 노조 조직인 노동총동맹은 처음에는 어찌할 바를 몰랐다. 노조의 조직책들이 르노 공장의 파업을 인계하려 하자 노동총동맹은 그러지 못하게 압력을 가했으며, 르노 노동자들은 임금 인상과 노동 시간 단축, 노사 협의의 확대가 약속되었는데도 정부와 노조, 고용주 사이에서 이루어진 합의를 단호하게 거부했다.

작업을 멈춘 수백만 명의 남녀는 적어도 한 가지는 학생들과 공유했다. 자신들의 특수한 지엽적 불만이 무엇이었든, 다른 모든 것에 앞서 생존의 조건에 좌절했다. 이들은 일터에서 더 나은 계약을 얻어 내는 것이 아니라 삶의 방식에서 무엇인가 변하기를 원했다. 소책자와 성명서, 연설은 바로 그러한 내용을 언급했다. 이러한 원망은 파업자들의 분위기를 희석시키고 그들의 관심을 정치적 목표에서 멀어지게 한다는 점에서 당국에는 희소식이었지만, 어찌해야 할지 모를 막연한 불안감이 엄습했다.

프랑스는 번창했으며 안전했고, 따라서 몇몇 보수주의 평론가들은 저항의 물결이 불만이 아니라 단순한 권태 때문에 생겨났다고 결론지었다. 그러나 르노 작업장처럼 노동 조건이 오랫동안 불만스러웠던 공장들뿐만 아니라 모든 곳에서 진정한 좌절감이 존재했다. 권력을 한 곳에, 소수의 제도에 집중하는 것은 오랫동안 지속된 프랑스의 관습이었는데, 제5공화국은 이를 한층 더 강화했다. 프랑스는 극소수 파리 엘리트가 운영했고 또 그렇게 보였다. 이들은 사회적으로 배타적이었으며 문화적으로 특혜를 입었고 거만했으며 계급 조직을 이루었고 냉정했다. 심지어 그 속에 있는 자들(특히 그 자녀들)도 숨이 막히는 것처럼 느꼈다.

늙어 가던 드골은 1958년 이후 처음으로 사건의 흐름을 이해하는 데 실패했다. 드골의 초기 대응은 효과 없는 텔레비전 연설이었고 그다음은 시야에서 사라지는 것이었다.[17] 드골은 이듬해 국민 투표에서 권위주의에 반대하는 국민 정서를 이용하려 했고, 프랑스의 정부와 의사 결정 과정을 지방으로 분산하는 일련의 조치를 제안했지

---

17 나중에 밝혀졌듯이 독일에 있는 프랑스 군대를 방문하여 필요할 경우 그 충성을 확보하고 이용할 수 있는지 확인하는 것이었다. 그러나 이 사실은 당시에는 알려지지 않았다.

만, 결정적으로 또 굴욕적으로 패배했다. 그 후 드골은 사임하고 은퇴했으며 자신의 고향으로 은둔하여 몇 달 뒤 그곳에서 사망했다.

반면 퐁피두는 학생 시위가 지나가기를 가만히 기다려 자신이 옳았음을 입증했다. 학생들의 연좌 농성과 빠른 속도로 더해 가는 파업 운동이 절정에 달했을 때, 확실히 상황을 더 잘 알고 있었을 몇몇 학생 지도자와 소수의 선배 정치가들은(전 총리 피에르 망데스프랑스와 장래의 대통령 프랑수아 미테랑이 포함된다) 당국이 무력하다고 선언했다. 권력은 이제 아무나 잡기만 하면 되는 것이었다. 이러한 발언은 위험스럽고 어리석었다. 당시 레몽 아롱은 이렇게 썼다. 〈보통선거로 선출한 대통령을 축출하는 것은 왕을 축출하는 것과는 다르다.〉 드골과 퐁피두는 좌파의 실수에 재빨리 편승하여 조국이 공산당의 쿠데타로 위협받고 있다고 경고했다.[18] 5월 말, 드골은 불시에 선거 시행을 공고하여 프랑스 국민에게 합법 정부와 혁명적 무정부 사이에서 선택하라고 요구했다.

우파는 선거 운동을 시작하면서 거대한 대응 시위를 무대에 올렸다. 5월 30일, 두 주 전 학생 시위보다 훨씬 더 큰 규모의 군중이 샹젤리제를 따라 행진하여 당국이 통제력을 상실했다는 좌파의 주장이 거짓임을 증명했다. 경찰은 대학 건물과 공장, 사무실을 다시 탈환하라는 명령을 받았다. 집권 드골주의 정당들은 뒤이은 의회 선거에서 결정적인 승리를 거두었다. 득표수를 5분의 1 이상 늘렸고 의회에서 압도적인 과반수를 확보했다. 노동자들은 일터로 복귀했다. 학생들은 계속 방학 중이었다.

프랑스의 오월 사건은 그 진정한 의미와는 전혀 어울리지 않는 심리적 충격을 가져왔다. 오월 사건은 전 세계의 텔레비전 시청자들에

---

18 이는 명백히 사실이 아니었다. 1968년에 프랑스 공산당에는 과격파 학생들에게 비난을 쏟아붓고 노동 운동에서 그 영향력을 보존하는 일 외에는 일관된 전략이 없었다. 권력 장악은 공산당의 능력이나 상상력을 크게 뛰어넘는 일이었다.

게 명백히 실시간으로 벌어지는 혁명이었다. 그 지도자들은 놀랍도록 텔레비전 방송에 적합한 인물들이었다. 매력적이고 논리 정연한 젊은이들이 프랑스의 청년들을 이끌고 파리의 센강 좌안의 역사적 거리를 지났던 것이다.[19] 젊은이들의 요구는(더욱 민주적인 학문 환경이든, 도덕적 검열의 종식이든, 아니면 단지 더 좋은 세상이든) 달성할 수 있었으며, 꽉 쥔 주먹과 혁명적 수사법이 무색하게 전혀 위협이 되지 못했다. 전국적인 파업 운동은 불가사의했고 불안을 야기했지만, 단지 학생들의 행동이 지닌 분위기를 강화했을 뿐이었다. 다시 말하자면 파업 운동은 아주 우연히 사회적 분노의 뇌관을 터뜨림으로써 사후 학생들의 분위기를 예고하고 나아가 분명하게 표현했다는 명예를 안았다.

무엇보다 프랑스의 오월 사건은 다른 곳이나 프랑스 자체의 과거에 있었던 혁명적 소요를 기준으로 볼 때 기이할 정도로 평화적이었다. 상당한 기물이 파손되었고, 5월 24일 〈바리케이드의 밤〉에 뒤이어 수많은 학생과 경찰이 병원에 입원하여 치료를 받았다. 그러나 양측 모두 자제했다. 1968년 5월에 살해된 학생은 한 명도 없었고, 공화국의 정치 대표자들도 공격 받지 않았으며, 그 제도의 존재 이유는 전혀 심각하게 의문시되지 않았다(그 모든 사건의 시발점인 프랑스의 대학 제도는 예외였다. 그 제도는 의미 있는 개혁 없이 지속적으로 내적 분열과 불명예를 경험했다).

1968년의 과격파는 과거 혁명들의 스타일과 소품을 풍자했다고 할 수 있을 정도로 모방했다(어쨌든 이 혁명들은 같은 무대 위에서 전개되었다). 그렇지만 1968년의 과격파는 앞선 혁명의 폭력을 되풀이하지 않았다. 그 결과로 1968년의 프랑스 〈심리극〉(아롱의 표

19 학생 지도자들 중에는 여성이 한 명도 없었다. 당시의 사진이나 뉴스 영화에서 여학생들은 남자 친구의 어깨 위에 올라타 있는 모습이었지만, 학생 부대에서 기껏해야 보조적인 보병이었다. 1968년의 청년 반란은 섹스에 관해서 많은 이야기를 했지만, 성의 불평등에는 꽤나 무심했다.

현)은 거의 즉시 동경의 대상으로서 대중적 신화의 반열에 올랐다. 그리고 생명과 에너지와 자유의 세력들이 진저리가 나는 구세계 인간들의 음울한 침체에 맞선 투쟁의 한 가지 양식이 되었다. 대중을 기쁘게 했던 몇몇 저명한 인사들은 통상적인 정치인의 길로 접어들었다. 카리스마를 지닌 대학원생으로 트로츠키주의 학생들을 지도했던 알랭 크리빈은 그때 이후로 40년 동안이나 계속해서 프랑스에서 가장 오래된 트로츠키주의 정당을 이끌고 있는 60대 지도자가 되었다. 다니엘 콘벤디트는 5월에 프랑스에서 추방되었으나 프랑크푸르트에서 존경받는 시의원이 되었으며 그 후 유럽 의회의 녹색당 의원이 되었다.

그러나 한 세대 후 이 주제에 관해 가장 많이 팔린 프랑스 서적들은 역사적으로 분석한 진지한 저술이 아니었고 당시의 교리를 담은 중요한 소책자는 더욱 아니었다. 당대의 낙서와 구호 모음집이었다. 이런 사실은 1968년 5월의 분위기가 근본적으로 비정치적이었다는 징후를 드러낸다. 도시의 담벼락과 게시판, 거리에서 추려 모은 이 재치 있는 경구들은 청년들에게 사랑하고 즐기며 권력자를 조롱하고, 전체적으로 좋다고 느끼는 대로 하라고 권했다. 그리고 그 부산물로서 세계를 바꾸라고 했다. 구호는 말한다. 〈포장도로 밑에는 해변이 있다Sous les pavés, la plage.〉 1968년 5월의 구호를 만들어 낸 자들이 결코 하지 못했던 일은 자신들의 지도자들로 하여금 누군가에게 심각한 해를 입히게 하는 것이었다. 드골을 공격할 때조차 정적이 아니라 연금을 주고 퇴직시켜야 할 장애물로 간주했다. 청년들은 짜증과 좌절을 드러냈지만, 분노는 놀랍도록 표현하지 않았다. 혁명은 희생자 없는 혁명이 될 것이었고, 이는 결국 결코 어떤 혁명도 아니라는 뜻이었다.

학생 운동의 수사법에서는 겉보기에 비슷한 점이 있었지만, 이탈리아의 상황은 매우 달랐다. 우선 갈등의 사회적 배경이 매우 독특했다. 1960년대 전반에 남부에서 북부로 대규모 이민이 있었고, 그 결과로 밀라노와 토리노, 북부의 다른 공업 도시들에서 교통과 편의 시설, 교육, 그리고 특히 주택에 대한 요구가 생겼다. 그러나 이탈리아 정부는 이러한 요구에 전혀 효과적으로 대처하지 못했다. 이탈리아의 〈경제 기적〉은 다른 곳보다 늦게 이루어졌고, 농업 사회에서 벗어나 산업 사회로 이행하는 과정은 훨씬 더 갑작스러웠다.

그리하여 공업화 첫 세대의 혼란이 현대성의 불만과 중첩되고 충돌했다. 비숙련 노동자와 반숙련 노동자는 일반적으로 남부 출신이었고 여성이 많았는데 공업화된 북부의 남성 숙련 노동자들의 기존 노조에 결코 흡수되지 못했다. 노동자와 고용주 사이의 전통적인 긴장은 이제 숙련 노동자와 비숙련 노동자, 노조원과 비노조원 사이의 싸움이 더해져 더욱 심해졌다. 피아트 공장이나 피렐리 고무 회사에서 더 많은 급여를 받고 더 잘 보호받는 숙련 직원들은 경영상의 결정(교대 시간, 임금 격차, 징계 조치)에서 더 큰 발언권을 달라고 요구했다. 비숙련 노동자들은 이러한 목표의 일부는 요구했으나 다른 것에는 반대했다. 그들은 주로 심신을 지치게 하는 성과급과 기계화된 대량 생산 라인의 무자비한 속도, 불안전한 작업 환경에 반대했다.

이탈리아의 전후 경제를 변화시킨 것은 수백 개의 작은 엔지니어링 회사와 직물 회사, 화학 회사였는데, 그 회사들의 종업원 대부분은 고용주의 요구에 맞설 법률적·제도적 수단을 전혀 갖지 못했다. 1960년대의 이탈리아 복지 국가는 졸속으로 만든 체제로서 1970년대에 들어서도 (주로 60년대의 사회적 격변 탓에) 완성되지 못하며, 많은 비숙련 노동자와 그 가족은 여전히 작업장 내 권리나 가족수당 혜택도 얻지 못했다(1968년 3월에 포괄적인 국민연금 계획을 요구하는 파업이 전국적으로 전개되었다). 전통적인 좌파 정당들과 노조는 이러한 문제를 다룰 준비가 아직 되어 있지 않았으며, 반대로 이 새로운 비숙련 노동력을 이용해 옛 노동 제도의 효력을 줄이는 데 주로 관심을 가졌다. 반(半)숙련 여성 노동자들이 작업 속도의 가속화에 불평하면서 공산주의 노조에서 탈퇴하려고 했을 때, 좌파 정당과 노조는 그들에게 대신 더 많은 급여를 요구하라고 권고했다.

이러한 상황에서, 이탈리아의 사회적 긴장으로부터 수혜를 입은 주된 세력은 기존의 좌파 조직들이 아니라 소수 〈원외〉 좌파의 비공식적 조직이었다. 그 지도자들은(공식적인 견해와는 다른 견해를 지닌 공산주의자들, 학계의 노동자 자치 이론가들, 학생 단체의 대변인들) 재빨리 공업 지대의 작업장에 나타난 새로운 불만의 원천을 확인하여 자신들의 계획 속으로 흡수했다. 게다가 대학들이 처한 상황도 이와 거의 비슷했다. 그곳에서도 전후 대량으로 유입된 새로운 비조직 노동력은 심히 불만족스러운 힘든 삶과 노동 조건에 직면했다. 옛 엘리트는 아무런 제한 없이 학생 대중에 관한 의사결정권을 행사하여 마음대로 수업 시간과 시험, 평점, 징계를 결정했다.

이런 관점에서 볼 때, 공장과 작업장의 경우에 못지않게 대학에서도 행정 관료와 기존의 노조, 기타 전문가 단체는 현상 유지에 〈객관적〉 기득권을 공유했다. 이탈리아의 학생 대다수가 도시 중간 계급 출신이었다는 사실은 그러한 추론에 전혀 방해가 되지 않았다. 권력과 권위의 편에서 보면, 학생들은 지식의 생산자이자 소비자로서 전통적인 프롤레타리아 세력보다 훨씬 더 큰 위협이 될 수 있었다. 신좌파의 사고에서 중요한 것은 한 집단의 사회적 기원이 아니라 권위의 제도와 구조를 파괴할 수 있는 능력이었다. 강의실은 그러한 일을 시작하기에 기계 공작소만큼이나 좋은 장소였다.

이 시기 이탈리아 급진 정치의 변화무쌍한 적응력은 밀라노의 리체오 liceo(중등학교)에서 배포된 다음의 요구 사항들에 잘 포착되어 있다. 선언에 따르면 학생운동의 목적은 〈평점과 낙제, 즉 학생 퇴출 제도의 폐지, 모든 학생의 교육받을 권리와 보장된 학생 장학금을 얻을 권리, 아침 총회, 학생에게 해명해야 할 교사의 책임, 모든 반동적이고 권위주의적인 교사들의 해임, 교과 과정의 상향적 결정〉이었다.[20]

이탈리아에서 60년대 후반에 일어났던 항의와 소요는 1968년 토리노에서 대학교 일부(자연과학부)의 교외 이전 계획에 학생들이 반대하면서 시작되었다. 이는 정확히 같은 시기에 시내 변두리 낭테르에서 발생한 저항에 영향을 받은 것이었다. 1968년 3월, 의회에 제출된 대학 개혁 법안에 대한 항의로 학생 폭동이 발생한 데 이어 로마 대학교를 폐쇄한 것도 비슷했다. 그러나 프랑스 학생 운동과는 달리 대학 제도 개혁에 관한 이탈리아 학생 조직가들의 관심은 〈노동자 전위대〉 혹은 〈노동자의 힘〉이라 이름 붙인 그 단체들의 명칭이 암시하듯이 늘 학생 운동과 노동 운동의 제휴에 뒤따르는 부차적인 문제였다.

1968년 9월 피렐리 사의 밀라노 공장에서 시작되어 정부가 피렐리 사에 노동자들의 핵심 요구 사항을 수용하도록 압력을 가한 시점인 1969년 11월까지 지속된 노사분규는 학생 시위대와 보조를 맞추며 그들을 격려하는 효과를 낳았다. 1969년의 파업 운동은 이탈리아 역사상 최대 규모였으며, 그 전해 수개월에 걸친 프랑스의 짧은 항의와는 전혀 다르게 이탈리아의 청년 급진파를 동원하고 정치화하는 효과를 가져왔다. 공장의 운영 방식에 관해 발언권을 요구하는 작은 노동자 집단들의 비합법 파업이 있었던 그해의 〈뜨거운 가을〉을 경험한 이탈리아 학생 이론가들과 그 추종자들의 세대는 〈부르주아 국가〉를 철저하게 거부하는 것이 올바른 전술이라고 결론지었다. 노동자 자치는 전술과 목표로서 미래에나 취할 수 있는 행로였다.

---

20 Robert Lumley, *States of Emergency. Cultures of Revolt in Italy from 1968 to 1978* (London, 1990), p. 96에서 인용.

학교나 공장에서 똑같이 개혁은 달성할 수 없었을 뿐만 아니라 바람직하지도 않았다. 타협은 패배였다.

이탈리아의 〈비공식〉 마르크스주의자들이 왜 이렇게 방향을 전환해야 했는지는 논쟁거리로 남아 있다. 이탈리아 공산당은 전통적으로 난해하면서도 적응력이 뛰어났던 그 전략 때문에 〈체제〉 내에서 활동하며 안정을 누리고 기득권을 지녔다는 비난을, 따라서 좌파 비판가들이 탓했듯이 〈객관적으로 반동〉이라는 비난을 받았다. 그리고 이탈리아 정치 체제 자체는 부패했으며 동시에 변화가 파고들 수 없는 것처럼 보였다. 1968년 의회 선거에서 기독교 민주당과 공산당은 모두 득표수를 늘렸고, 다른 정당들은 전부 패배했다. 그렇지만 이로써 원외 좌파의 불만을 설명할 수는 있지만 그들이 폭력에 호소한 이유가 완전히 설명되지는 않는다.

〈마오쩌둥주의〉는, 아니면 적어도 당시 한창 진행 중이었던 중국 문화 혁명의 무비판적 수용은 유럽의 다른 어느 곳보다도 이탈리아에서 더욱 넓게 퍼졌다. 마오쩌둥주의를 신조로 삼은 정당과 단체, 신문이 이 시기에 우후죽순처럼 생겨났다. 그들은 (멸시의 대상인 공식 공산당과 자신들을 구별하기 위해) 〈마르크스레닌주의적〉이라는 형용사에 집착하면서 중국의 홍위병에서 영감을 구하고 노동자와 지식인을 결합하는 이해관계의 일치를 강조했다. 로마와 볼로냐의 학생 이론가들은 심지어 학문 분과를 〈부르주아 사회 이전의 유물〉(그리스어와 라틴어), 〈순전히 이데올로기적인 학문〉(예를 들면 역사), 〈간접적으로 이데올로기적인 학문〉(물리학, 화학, 수학)으로 구분함으로써 베이징의 교조주의자들이 사용했던 수사법적 표현을 흉내 내기도 했다.

『지속적 투쟁 *Lotta Continua*』이라는 신문이 주동하는 운동에는 (흔히 그렇듯이 명칭이 그 과제를 요약하고 있다) 혁명적 낭만주의와 노동자주의 신조가 마오쩌둥주의적이라고 추정할 수 있는 방식으로 결합되어 구현되었다. 〈지속적 투쟁〉은 이미 폭력이 난무하던 1969년 가을에 처음으로 등장했는데, 1968년 6월 토리노 학생 시위대가 외친 구호 중에는 〈공장 내의 사회적 평화 반대!〉와 〈폭력이 지배하는 곳에서는 폭력만이 도움이 된다〉 같은 것들도 있었다. 이후 대학과 공장의 시위는 수사적 표현에서든 (〈국가를 변화시키지 말라. 박살내라!〉) 실제적이든 폭력 성향을 더 강하게 드러냈다. 이 시기 이탈리아 학생 운동에서 가장 인기가 많았던 노래는 「폭력La Violenza」이었는데 이는 충분히 납득할 수 있었다.

　당대인들은 이 모든 상황이 낳은 뜻밖의 결과를 놓치지 않았다. 영화감독 피에르 파올로 파졸리니가 로마의 빌라 보르게세 정원에서 학생과 경찰이 대치하는 가운데 말했듯이, 이제 계급의 역할은 역전되었다. 특혜를 입은 부르주아의 자식들은 혁명적 구호를 외치면서 저임금을 받으며 시민적 질서를 유지하는 임무를 떠맡은 남부 소작인의 자식들을 두들겨 팼다. 이탈리아의 최근 과거를 성년에 경험하여 기억하는 자라면 누구나 이러한 폭력의 결말이 좋지 않을 것임을 알고 있었다. 프랑스 학생들은 공적 권위는 아래로부터 시작된 붕괴에 취약하다는 확신을 갖고 움직였다. 프랑스 학생들은 토대가 굳건한 드골주의 제도들 덕에 그러한 공상에 탐닉해도 아무런 처벌을 받지 않았다. 반면 이탈리아의 과격파로서는 파시스트 시대 이후의 공화국 조직을 실제로 포기하는 데 성공할 수 있다고 믿을 만한 충분한 이유가 있었고, 또 그렇게 하고 싶었다. 1969년 4월 24일, 밀라노 무역박람회와 중앙역에 폭탄이 설치되었다. 여덟 달이 지나 피렐리 사의 분규가 해결되고 파업 운동이 종결된 후, 밀라노의 폰타나 광장에 있는 농업은행이 폭파되었다. 70년대 초의 근저에 놓인 〈긴장 전략strategia della tensione〉[21]이 시작되었던 것이다.

　21　폭파 같은 위장 테러와 공포, 선전, 거짓 정보, 심리전 등을 이용하여 여론을 조작하고 통제하는 방식 — 옮긴이주.

60년대의 이탈리아 과격파는 자국의 최근 역사를 망각했다는 비난을 받을 수 있었다. 서독에서는 그 반대였다. 1961년까지 전후 세대는 전쟁과 패배의 책임이 나치즘에 있다고 생각하도록 교육받았다. 그러나 진정 두려운 측면은 시종일관 경시되었다. 그해 예루살렘에서 진행된 아돌프 아이히만의 재판에 이어 1963년에서 1965년까지 프랑크푸르트에서 진행된 소위 〈아우슈비츠 재판〉으로 독일 대중의 관심은 때늦게 나치 정권의 악행에 쏠렸다. 프랑크푸르트에서 273명의 증인은 고발된 23명(친위대원 22명, 수용소 카포[22] 한 명)의 범죄를 크게 뛰어넘는 독일의 반인륜 범죄의 규모와 심각성을 증언했다. 1967년 알렉산더 미철리히와 마가레테 미철리히는 큰 영향력을 행사한 연구 『애도하지 못함 *Die Unfähigkeit zu trauen*』을 출간하여, 서독이 나치의 만행을 공식적으로 인정했지만 개별적인 책임의 진정한 인정은 동반되지 않았다고 주장했다.

서독의 지식인들은 이러한 인식을 강력하게 흡수했다. 기성 작가와 극작가, 영화감독들은(귄터 그라스와 마르틴 발저, 한스 마그누스 엔첸스베르거, 위르겐 하버마스, 롤프 호흐후트, 에드가 라이츠는 전부 1927년에서 1932년 사이에 출생했다) 이제 작품의 초점을 점점 더 나치즘과 그것을 매듭짓지 못한 실패에 맞추었다. 그러나 제2차 세계 대전 중이나 그 직후에 태어난 더 젊은 세대의 지식인들은 더 가혹한 입장을 취했다. 과거에 어떤 일이 있었는지에 대한 직접적인 지식이 부족했던 그들은 독일의 모든 허물을 나치즘이 아니라 서독 공화국의 실패라는 프리즘을 통해 보았다. 그리하여 루디 두치케(1940년생)나 페터 슈나이더(1940년생), 구드룬 엔슬린(1940년생), 조금 더 젊은 안드레아스 바더(1943년생), 라이너 베르너 파스빈더(1945년생)에게 서독의 전후 민주주의는 해결책이 아니라 문제였다. 연방 공화국이라는 비정치적이고 소비주의적이며 미

22 동료 죄수들을 감독하는 죄수로, 극악한 범죄자들 중에서 선발했다 — 옮긴이주.

국의 보호를 받는 누에고치는 단지 불완전하고 건망증에 걸리기만
한 것이 아니었다. 연방 공화국은 서구 지배자들과 적극적으로 공모
하여 독일의 과거를 부정하고 물질적 풍요와 반공주의 선전 속에 묻
어 버렸다. 공화국의 헌법적 속성까지도 진짜가 아니었다. 파스빈더
는 이렇게 말했다. 〈우리의 민주주의는 서구 점령 지구를 위해 공포
되었다. 우리 자신은 민주주의를 얻기 위해 싸우지 않았다.〉

60년대 독일의 과격한 청년 지식인들은 서독 공화국이 창설 세대
의 범죄를 감추었다고 비난했다. 전쟁 중에 또 종전 직후에 독일에
서 태어난 많은 남녀가 아버지를 전혀 몰랐다. 아버지가 누구였는지
무슨 일을 했는지 알지 못했다. 학교에서는 1933년 이후의 독일 역
사를 전혀 가르치지 않았다(바이마르 공화국에 대해서도 별반 다르
지 않았다). 페터 슈나이더와 같은 사람들이 훗날 설명했듯이, 전후
세대는 허공 위에 축조된 진공 속에서 살았다. 집에서도, 사실 집에
서 특히 더 아무도 〈그것〉에 관해 말하지 않았다.

1910년에서 1930년 사이에 태어난 그들의 부모들은 단지 과거에
관한 논의를 거부하는 데 그치지 않았다. 정치적 약속과 거창한 사
상에 회의적이었던 그들의 관심은 다소 거북해하면서도 끊임없이
물질적인 복지와 안정, 사회적 체면에 쏠렸다. 아데나워가 이해했듯
이, 그들이 미국과 〈서방〉에 느끼는 일체감은 〈독일인임〉이 지우는
모든 짐과 연결되지 않기를 바라는 마음에서 적잖게 연유했다. 그
결과, 그 자녀들의 눈에 부모들이 대변할 수 있는 것은 〈전무〉했다.
도덕적 유산은 물질적 성취를 오염시켰다. 부모가 대변했던 〈모든
것〉, 다시 말해 민족적 자부심, 나치즘, 부, 서구, 평화, 안정, 법, 민주
주의에 대한 거부를 토대로 삼아 반란을 일으킨 자들이 있다면, 그
들은 바로 〈히틀러의 아이들〉 즉 60년대의 서독 과격파였다.

60년대의 서독 과격파가 보기에 연방 공화국에서는 자만과 위선
이 스며 나왔다. 우선 〈슈피겔〉 사건이 있었다. 독일의 선도적인 주

간 시사지인『슈피겔』은 1962년 서독 방위 정책을 조사한 일련의 기사를 내보내면서 아데나워의 바이에른주 방위장관인 프란츠 요제프 슈트라우스의 부정 거래를 암시했다. 아데나워의 허락과 슈트라우스의 간청으로, 정부는『슈피겔』지를 탄압했다. 발행인이 체포되었고 사무실은 압수수색을 당했다. 달갑지 않은 기사를 막기 위해 파렴치하게 경찰권을 남용한 이 사건은 널리 비난을 받았다. 심지어 철저히 보수주의적이었던『프랑크푸르터 알게마이네 차이퉁』지까지도 〈이 사건은 우리 민주주의의 기능 장애를 보여 준다. 민주주의는 자유로운 언론 없이는, 불가분의 언론 자유 없이는 생존할 수 없다〉고 평했다.

그 후 4년이 지난 1966년 12월 집권 기독교 민주당은 루트비히 에르하르트에 이어 나치 전력을 지닌 쿠르트게오르크 키징거를 총리로 선출했다. 새로운 총리는 12년 동안 나치당에 당비를 납부한 당원이었고, 많은 사람들은 키징거의 지명을 참회할 줄 모르는 서독 공화국의 냉소주의를 보여 주는 확실한 증거로 여겼다. 정부의 수장이 12년간이나 히틀러를 지원했던 일을 거북하게 여기지 않는다면, 신나치 단체들이 다시 한번 정치권 언저리에 출몰하는 상황에서 누가 서독의 참회 고백이나 자유주의적 가치에 대한 헌신을 진지하게 받아들이겠는가? 그라스는 신나치가 부활하던 순간에 키징거에게 보내는 공개서한에서 이렇게 얘기했다.

〈만일 당신이 아직도 무시할 수 없는 당신의 과거로 총리직에 부담을 준다면, 이 나라의 젊은이들이 20년 전에 소멸했으나 이제 독일민족민주당NPD이라는 이름으로 부활하고 있는 당에 맞설 논거를 어떻게 찾을 수 있겠는가?〉

키징거는 1966년에서 1969년까지 3년 동안 정부를 이끌었다. 그 시기에 독일의 원외 좌파는(스스로 그러한 명칭을 붙였다) 대학들로 이동하여 극적인 성공을 거두었다. 사회주의학생연맹이 제기한 몇 가지 문제, 이를테면 과밀한 기숙사와 강의실, 가까이 할 수 없는 교수, 따분하고 상상력이 부족한 강의는 이제 서유럽 대륙 전역에서 흔하게 발견되었다. 가장 역동적인 캠퍼스는 베를린 자유 대학에(기존의 훔볼트 대학 캠퍼스가 공산권 점령 지구에 갇혀 있어 그에 대한 보상으로 1948년에 설립되었다) 있었는데, 많은 학생들이 징집을 피하기 위해 그곳으로 갔다.[23]

반군국주의는 연방 공화국과 나치 전임자를 싸잡아 비난할 수 있는 적절한 방법으로서 독일 학생 시위에서 특별한 위치를 차지했다. 이와 같은 과거와 현재의 융합은 베트남 전쟁에 대한 반대가 강해지면서 서독의 군사적 스승까지 연장되었다. 소수 급진파의 수사법에서 늘 〈파시스트〉였던 미국은 이제 훨씬 더 폭넓은 권역의 적이 되었다. 실제로 베트남에서 범죄적 전쟁을 벌였다고 〈아메리카〉를 공격하는 것은 독일의 전쟁 범죄에 관한 논의의 대용물이었다. 페터 바이스가 1968년에 쓴 희곡 「베트남 논쟁Viet Nam Diskurs」에서 미국과 나치는 노골적으로 비교되었다.

미국이 히틀러 정권보다 나을 것이 없다면, 다시 말해 당대의 구호에서 그랬듯이 미국이 곧 친위대라면, 이는 바로 독일을 베트남으로 취급하는 지름길이었다. 두 나라 모두 외국 점령군에 분할되었고, 다른 국민의 분쟁에 무기력하게 휘말렸다. 이러한 설명 방식에 따르면 서독의 급진파는 현재의 제국주의와 자본주의의 결합 그리고 과거 파시스트 시대의 제국주의와 자본주의의 결합 두 가지 전부에 대해 서독 공화국을 경멸할 수 있었다. 더 불길했던 것은 이를 통해 급

---

23 서베를린 자체는 이 시기에 일종의 대항문화의 분위기를 간직했다. 국제적인 정치적 긴장의 한가운데에서 기묘하게 고립되어 서독 정부와 워싱턴이 건네주는 기부에 의존하며 지냈던 그 도시는 과거의 시공간에 머물러 있었다. 그래서 정치적·문화적 주변을 찾았던 반체제 인사들과 과격파 등이 그 도시에 매력을 느꼈다. 서베를린이 처한 상황의 역설은(서구의 보헤미안 문화의 전초였지만 그 생존은 전적으로 미국 병사들의 주둔에 의존했다는 사실) 그곳에 거주한 많은 청년들도 놓치지 않았다.

진 좌파가 진정한 희생자는 독일인 자신이라는 주장을, 그때까지는 극우파와 동일시되었던 주장을 다시 끌어낼 수 있었다는 점이다.[24]

이제 우리는 60년대의 독일 청년들이 〈아우슈비츠 세대〉에 그토록 분노하면서도 유대인 대학살에 그다지 많은 관심을 갖지 않았던 사실을 알아도 놀랄 필요가 없다. 사실, 60년대의 독일 청년들은 자기 부모들과 마찬가지로 〈유대인 문제〉로 불편했다. 청년들은 그 문제를 〈파시즘론〉 수업을 위한 학문적 요구에 넣기를 더 좋아했다. 그럼으로써 나치즘의 인종주의적 차원을 모호하게 하고 대신 나치즘을 자본주의적 생산과 제국주의 권력과 연결하고 나아가 워싱턴과 서독 정부와도 연결했다. 진정으로 〈억압적인 국가 기구〉는 본에 있는 제국의 종복이었다. 그리고 그 제국의 하수인들에게 희생된 자는 미국의 베트남 전쟁에 반대한 자들이었다. 이러한 독특한 논리로 볼 때 학생 정치를 무자비하게 비판한 싸구려 타블로이드판 대중지 『빌트 차이퉁 Bild Zeitung』은 반유대주의 신문 『돌격병 Der Stürmer』의 부활이었고, 학생들은 새로운 〈유대인〉이었다. 그리고 나치 강제수용소는 단지 제국주의 범죄의 편리한 은유였다. 1966년 일단의 과격파는 다하우 수용소 담벼락에 이런 구호를 긁어 놓았다. 〈베트남은 미국의 아우슈비츠다.〉

그리하여 독일의 원외 좌파는 반나치 경향을 지닌 주류의 뿌리로부터 단절되었다. 과거의 사회 민주당 학생 단체들은 빌리 브란트의 사회 민주당이 키징거의 연립 정부에 참여한 데 격노하여 재빠르게 과격파로 옮겨갔다. 유럽 다른 곳의 60년대 운동들보다 더 반서구적이었음을 과시한 그 지지 분파들은 의도적으로 제3세계의 명칭을 채택했다. 마오쩌둥주의자는 물론, 〈인디언〉, 〈메스칼레로스 Mes-

---

24 이러한 전도는 1991년의 제1차 페르시아만 전쟁 때 다시 되풀이되었다. 그때 독일 내 반대파는 주저 없이 미국에는 20세기의 주된 전범의 역할을, 독일에는 그 첫 번째 희생자의 역할을 맡겼다.

caleros)[25] 등도 있었다. 이러한 반서구적 성격의 강조는 당대의 기준으로 보더라도 이국적이고 매우 색다른 대항문화의 자양분이 되었다.

60년대 문화적 혼란 중에서 특히 독일적인 현상 중 하나는 섹스와 정치를 긴밀한 관계로 엮어 놓은 것이었다. 성적 억압과 정치적 억압을 다룬 마르쿠제와 에리히 프롬, 빌헬름 라이히, 그 밖의 20세기 독일의 성적 억압과 정치적 억압에 관한 이론가들을 따라, 독일의 (그리고 오스트리아 아니면 적어도 빈의) 급진파 그룹들은 나체와 자유연애, 반권위주의적 자녀 양육을 찬양했다. 널리 알려진 히틀러의 성적 신경증은 나치즘의 증거로서 자유롭게 예시되었다. 그리고 일부 모임은 히틀러에 희생된 유대인들과 성적으로 억압적이었던 부모 밑에서 양육된 60년대 젊은이들 사이의 유사성을 기괴하고 냉담한 방식으로 한 번 더 유추해 냈다.

성적 난교를 해방으로서 적극 장려했던 마오쩌둥주의 극소 분파 〈코무네 1〉은 1966년에 자화상을 배포했다. 여기에는 일곱 명의 남녀가 벌거벗은 채 담벼락에 팔다리를 벌리고 서 있었는데, 1967년 『슈피겔』지는 이 사진을 게재하면서 다음과 같은 설명을 달았다. 〈벌거벗은 담벼락 앞에 선 벌거벗은 마오쩌둥주의자들.〉 나체를 강조한 의도는 명백히 강제수용소의 무기력한 나신을 떠올리게 하려는 것이었다. 이를테면 사진은 이렇게 말하고 있었다. 〈처음에는 히틀러에 희생당한 자들이 있었고, 이제는 반항적인 마오쩌둥주의 혁명가들의 벌거벗은 몸이 있다. 만일 독일인들이 우리의 몸에 관한 진실을 볼 수 있다면, 다른 진실도 대면할 수 있을 것이다.〉

사춘기의 난교가 구세대에게 성에 관해, 나아가 히틀러와 다른 모든 것에 관해 개방적인 태도를 지니게 하리라는 이러한 〈메시지〉는

25 메스칼레로 또는 메스칼레로 아파치라고 부르는 북아메리카 원주민. 뉴멕시코주 중남부의 보호 구역에 산다 — 옮긴이주.

그러한 문제에 관해서는 구식의 관습적인 좌파 도덕가였던 사회주의학생연맹의 지도자 루디 두치케로 하여금 〈코무네 조직원들〉을 〈신경증 환자〉라고 비난하게 했다. 의심의 여지없이 그들은 신경증 환자였다. 그러나 부르주아를 놀래키고 자극하려고 이따금 대량학살과 성적 노출증을 결합한 코무네 1의 공세적이고 시대착오적인 자기애는 그 결과가 없지 않았다. 자신의 오르가슴이 베트남보다 더 큰 혁명적 중요성을 띨 것이라고 선언했던 〈코무네 1〉의 한 조직원은 1970년대에 중동의 한 게릴라 훈련소에 다시 출현했다. 방종에서 폭력으로 이어지는 길은 다른 어느 곳보다 독일에서 훨씬 더 짧았다.

1967년 6월, 이란의 국왕에 반대하는 베를린 시위에서 경찰은 학생이었던 베노 오네조르크를 총으로 쏘아 죽였다. 두치케는 오네조르크의 죽음이 〈경찰의 살인〉이라고 선언했으며 대중의 대응을 요구했다. 며칠 안에 10만 명의 학생이 서독 전역에서 시위를 벌였다. 그때까지 서독 당국을 비판했던 저명인사 위르겐 하버마스는 며칠 후 두치케와 그의 동료들에게 불장난의 위험성을 경고했다. 하버마스는 사회주의학생연맹의 지도자에게 〈좌파 파시즘〉은 우파 파시즘만큼이나 치명적이라는 점을 일깨웠다. 평화로운 서독 정권의 〈감추어진 폭력〉과 〈억압적 관용〉을 막연하게 말하는 자들은, 그리고 자발적인 진짜 폭력 행위로 일부러 당국을 자극하여 탄압에 나서게 했던 자들은 자신들이 무슨 일을 하고 있는지 몰랐다.

이듬해 3월, 급진파 학생 지도자들은 서독 〈정권〉과 대결해야 한다고 거듭 호소하고 정부는 서베를린과 다른 지역에서 벌어지는 폭력적 도발에 보복하겠다고 위협하던 때, 그라스와 발저, 엔첸스베르거, 호흐후트와 함께 하버마스는 학생과 정부에 똑같이 공화국의 법률을 존중하라고 요청함으로써 민주주의적 이성의 지배를 재차 호소했다. 다음 달, 즉 1968년 4월 11일 두치케는 베를린에서 신나치

동조자의 총탄에 쓰러짐으로써 자신이 조장했던 폭력적 대립의 대가를 치렀다. 이어 성난 몇 주 동안 베를린에서만 두 사람이 살해당했고 400명이 부상당했다. 키징거 정부는 필요할 경우 명령 통치를 허용하는 긴급조치법을(다수의 사민당 의원의 지지를 얻어 찬성 348표 대 반대 100표로) 통과시켰으며, 서독 공화국이 꼭 35년 전의 바이마르 공화국처럼 붕괴의 찰나에 있다는 두려움을 널리 퍼뜨렸다.

K그루펜, 아우토노메, 사회주의학생연맹의 극단파 등 점점 더 폭력적으로 변하는 독일 학생 정치의 과격파는 표면상 모두 〈마르크스주의자〉였고 대체로 마르크스레닌주의자(다시 말해 마오쩌둥주의자)였다. 그중 많은 사람들이 동독이나 소련으로부터 은밀히 자금을 지원 받았다. 물론 이러한 사실은 당시에는 일반에 알려지지 않았다. 실제로 다른 곳과 마찬가지로 독일에서도 신좌파는 공식 공산주의와 거리를 유지했다. 공식 공산주의는 어쨌든 서독에서는 정치적으로 부적절했다. 그렇지만 서독 좌파의 대부분이 그렇듯이(그리고 좌파만은 아니었다), 과격파는 동쪽의 독일 민주 공화국과 모호한 관계를 유지했다.

과격파의 상당수가 지금의 동독에서 태어났거나 아니면 동쪽의 다른 나라에서, 이를테면 독일인 소수 민족 가족들이 추방된 동프로이센과 폴란드, 체코슬로바키아에서 태어난 사람들이었다. 부모 세대가 잃어버린 독일의 과거에 대해 느꼈던 향수는 동쪽의 더 나은 또 하나의 독일에 대한 자식들의 꿈속에서 무의식적으로 되풀이되었다. 이는 그다지 놀랄 일은 아닐 것이다. 동독은 주민들을 억압하고 감시하는 권위주의 체제였는데도(어쩌면 그렇기 때문에) 강경한 청년 급진파에 특별한 매력으로 다가왔다. 동독은 서독이 아닌 모든 것이었으며, 다른 무엇으로 보이려 하지도 않았다.

따라서 급진파는 연방 공화국의 〈위선〉을 증오한 까닭에 독일의 역사에 결연히 맞섰으며, 자신들의 독일에서 파시스트의 과거를 청산했다는 동독의 주장에 각별히 쉽게 움직였다. 게다가 서독을 대서양 동맹에 결속하고 그 핵심적 정치 신조를 구성한 반공주의는 특히 베트남 전쟁 시기에 신좌파의 공격 목표였고, 반공주의에 반대하는 신좌파의 입장을 설명해 준다. 공산주의의 범죄를 강조하는 것은 단지 자본주의의 범죄를 가리기 위한 조치일 뿐이었던 것이다. 다니엘 콘벤디트가 파리에서 말했듯이, 공산당은 〈스탈린주의자 깡패들〉이었겠지만, 그렇다고 자유 민주주의자들이 더 나은 것은 아니었다.

그래서 독일의 좌파는 바르샤바나 프라하에서 들려온 불평 소리에 귀를 막았다. 서독에서 60년대의 시선은 서유럽 전체와 마찬가지로 단호히 내부를 향했다. 그 시대의 문화 혁명은 대단히 지방적이었다. 서유럽 청년들이 국경 너머를 쳐다봤다면, 그곳은 먼 이국땅이었다. 그곳의 이미지는 친숙함이나 정보의 짜증스러운 속박에서 벗어나 자유롭게 떠다녔다. 서유럽의 60년대는 자국 문화에 가까운 외국 문화는 거의 알지 못했다. 루디 두치케가 1968년 봄 체코 개혁 운동의 절정기에 우애에 입각하여 프라하를 방문했을 때, 현지 학생들은 다원적 민주주의가 진짜 적이라는 두치케의 주장에 크게 당황했다. 프라하의 학생들에게는 민주주의가 목적이었기 때문이다.

13장
사건의 종언

혁명은 사회의 대다수가 소수의 지배에 맞서 벌이는 행위이다. 혁명에는 정치 권력의 위기와 강압 기구의 약화가 동반된다. 이것이 바로 혁명이 무력으로 수행될 필요가 없는 이유이다.
— 야체크 쿠론, 카롤 모젤레프스키, 『당에 보내는 공개서한』(1965년 3월)

각국 공산당은 자국에서 마르크스레닌주의와 사회주의의 원리를 자유롭게 적용할 수 있다. 그러나 공산당으로 남아 있고자 한다면 이 원리에서 마음대로 이탈할 수는 없다.
— 레오니트 브레즈네프(1968년 8월 3일)

1968년 프라하의 봄이 지난 후에야 누가 어떤 인물인지 알아볼 수 있었다.
— 즈데네크 믈리나르시

어제는 갑자기 왔다.
— 폴 매카트니

소련 진영은 당연히 1960년대를 서구와 매우 다르게 경험했다. 1956년 이후 탈스탈린주의는 서구에서 식민지 해방과 수에즈의 패배가 그랬던 것만큼이나 변화에 대한 욕구를 자극했으나, 헝가리 봉기의 분쇄로 개혁은 처음부터 당의 보호를 받을 때에만 가능하다는 점이 분명해졌다. 이는 다시 공산주의의 본류가 소련 권력이라는 점을 상기시키는 효과를 가져왔다. 중요한 것은 소련 지도부의 기분과 정책이었다. 니키타 흐루쇼프는 1964년 권좌에서 물러날 때까지 유럽 동쪽 절반의 역사를 결정했다.

흐루쇼프 세대의 소련 지도자들은 국제적 계급투쟁을 여전히 믿고 있었다. 실제로 흐루쇼프는 소비에트 혁명의 기억을 라틴 아메리카 봉기에 투사하려는 낭만적인 계획을 지니고 있었으며, 그 때문에 실수를 저질러 1962년 쿠바 위기와 자신의 몰락을 초래했다. 1960년에 공공연히 터져 모스크바의 좌파 비판자들에게 소련 모델에 대한 〈마오쩌둥주의〉 대안을 제공했던 중국과의 싸움은 단순히 지정학적 우위를 위한 싸움만은 아니었다. 그것은 부분적으로는 〈세계 혁명〉의 영혼을 차지하려는 진정한 충돌이기도 했다. 스탈린주의 이후의 소련 지도자들은 중국과 이런 식으로 경쟁하면서 모순에 빠졌다. 크렘린은 반자본주의 혁명의 본고장으로서 선동적인 목표를 지속적으로 선전하고, 소련과 위성 국가들에서 당의 권위가 약화되지 않아야 한다고 역설했다. 동시에 서방 강국들 그리고 그 시민들과의 공존을 계속 지지했다.

흐루쇼프 시절에는 실로 향상이 이루어졌다. 1959년부터 스탈린의 『소련 공산당 약사』는 소련 역사와 마르크스주의 이론의 믿을 만한 전거가 아니었다.[1] 테러 통치로 인해 등장한 제도와 관행은 그대로였다. 굴라크는 여전히 존재했고, 수만 명의 정치범이(절반은 우크라이나인이었다) 수용소와 유형지에서 계속 쇠약해져 갔다. 그렇지만 테러 통치는 완화되었다. 흐루쇼프 치하에서 직업 이동을 제한하는 스탈린 시대의 법은 포기되었고, 공식 노동일은 단축되었으며, 최저 임금제가 제정되었고, 출산 휴가가 도입되었으며, 국민연금 안이 채택되었다(1965년 이후 집단농장 농민에게 확대되었다). 요컨대, 소련과 그 위성 국가들은 적어도 형식적으로는 복지 국가 발달의 초기 단계에 접어들었다.

그러나 흐루쇼프의 더욱 야심 찬 개혁들은 약속한 잉여 식량을 생산하는 데 실패했다(1964년 10월 동료들이 흐루쇼프를 내버린 다른 한 가지 이유였다). 그때까지 〈처녀〉지로 남아 있던 카자흐스탄과 남부 시베리아 땅의 경작은 특히 비참한 결과를 낳았다. 곡물 경작에 적합하지 않은 땅에 무리하게 파종을 강행하는 동안, 매년 50만 톤의 표토가 유실되었고 수확물은 대개 잡초로 가득했다. 중앙의 계획과 지역의 부패가 희비극처럼 뒤섞인 가운데 키르기스스탄의 공산당 지도자들은 공식적으로 할당된 농장 출하량을 맞추기 위해 집단농장 농민들에게 지역의 상점에서 양식을 구매하라고 강요했다. 지방 도시에서는(특히 1962년 6월 노보체르카스크에서) 식량 폭동이 발생했다. 소련은 1963년의 비참한 수확에 이어 1964년 1월에는 서방으로부터 식량을 수입하는 나라로 전락했다.

---

1 그러나 그것을 대체한 새로운 신화적 해석은 스탈린과 그의 범죄를 거의 절반은 눈감아 주었다.

반면 흐루쇼프가 어쩌다 한 번씩 격려했던 아주 작은 규모의 사유 농장은 당혹스러울 정도로 큰 성공을 거두었다. 1960년대 초, 3퍼센트의 개인 경작지가 소련 농업 생산량의 3분의 1 이상을 차지했다. 1965년에 이르면 소련에서 소비되는 감자의 3분의 2와 달걀의 4분의 3이 사유 농장으로부터 나왔다. 폴란드나 헝가리처럼 소련에서도 〈사회주의〉의 생존은 불법이었던 〈자본주의적〉 내부 경제에 의존했고, 사회주의는 그 자본주의 경제의 존재를 못 본 체했다.[2]

50년대와 60년대의 경제 개혁은 처음부터 구조적 기능 장애를 겪고 있는 체제를 수리하기 위한 임시방편이었다. 이러한 시도는 마지못해 경제적 결정권을 분산하거나 사실상의 사적 생산을 용인한다는 의미였기 때문에, 보수적 강경론자들은 이를 불쾌하게 여겼다. 그러나 흐루쇼프가, 그리고 뒤이어 브레즈네프가 수행한 자유화는 다른 점에서는 소련 체제의 기반이었던 권력과 보호의 체계를 직접적으로 위협하지 않았다. 실제로 자유화의 성과가 그토록 적었던 이유는 소련 진영에서 경제적 향상은 늘 정치적 중대사에 밀려났기 때문이다.

문화 개혁은 또 다른 문제였다. 레닌은 언제나 자신의 원칙보다 비판자들을 더 많이 걱정했다. 레닌의 계승자들도 전혀 다르지 않았다. 흐루쇼프를 포함하여 공산당 지도부에 지식인 반대파는 심히 민감한 문제였다. 반대파가 당 안팎에서 널리 반향을 얻을 가능성이 있든 없든 상관없었다. 1956년에 흐루쇼프가 처음으로 스탈린을 탄핵한 이후, 다른 곳과 마찬가지로 소련에서도 검열이 완화되고 조심스러운 이견과 비판의 숨통이 트이리라는 낙관론이 널리 퍼졌다 (1956년은 보리스 파스테르나크가 자신의 소설 『닥터 지바고』의 초

---

2 소련 체제의 위신은 토지에서 성과를 얻어 내는 능력에 크게 의존했다. 80년의 소련 역사 대부분에서 농업은 이러저러한 방식으로 비상 체제에 있었다. 농업의 비상 체제는 18세기 유럽인이라면, 심지어 20세기에 들어서도 아프리카인 관찰자라면 특별히 생소하게 느끼지 않았을 것이다. 그러나 소련의 비상 체제는 더 높은 수준으로 유지되었다.

고를 문학 잡지 『노비미르Novy Mir』에 제출했으나 출간을 거부당한 해였다). 그렇지만 크렘린은 곧 문화적 방임주의의 등장을 걱정했다. 흐루쇼프는 제20차 당 대회가 끝난 지 3년이 지나지 않아 공격적인 대중 연설을 통해 공식 사회주의 리얼리즘 예술을 옹호했으며, 사회주의 리얼리즘을 비판하는 자들에게 비방을 멈추지 않는다면 나중에 소급해서라도 심각한 결과를 떠안을 수 있다고 경고했다. 동시에 1959년 당국은 정교회 사제들과 침례교도를 탄압했다. 이들은 스탈린의 몰락 이후 일정한 자유를 허용 받았던 일종의 문화적 반대파였다.

그러나 그 동료들은 아니더라도 흐루쇼프 자신은 확실히 예측할 수 없는 인물이었다. 1961년 10월에(소련이 베이징의 유럽 대리인인 알바니아 주재 대사관을 폐쇄한 다음 달) 개최된 소련 공산당 제22차 당 대회에서 중국과 소련 사이의 분열이 어느 정도였는지 드러났고, 소련은 전 세계적 영향력을 차지하려는 싸움에서 당황하며 동요했던 해외의 지지자들에게 새로운 얼굴을 제시하는 데 착수했다. 1962년 지방의 일개 교사였던 알렉산드르 솔제니친은 은연중에 전복적인 내용을 담은 비관적 소설 『이반 데니소비치의 하루』를 6년 전 파스테르나크를 거부했던 『노비미르』에 발표해도 된다는 허락을 받았다.

흐루쇼프가 실각하기 전 마지막 몇 년 동안 보여 주었던 상대적 관용은 소련 지도부에 대한 직접적 비판으로 확장되지는 않았다. 솔제니친의 후기 작품은 〈해빙〉이 절정에 달했을 때에도 분명 결코 출판되지 못했을 것이다. 그래도 60년대 초는 앞선 시기와 비교할 때 문학의 자유의 시대이자 조심스러운 문화적 실험의 시대였다. 그러나 1964년 10월, 크렘린의 쿠데타로 모든 것이 변했다. 흐루쇼프에 반대하여 음모를 꾸민 자들은 그의 정책 실패와 독재적 통치 방식에 염증을 느꼈다. 그러나 음모자들을 불편하게 만든 것은 다른 무엇보다 일관성 없는 정책이었다. 제1서기 자신은 허용할 수 있는 것과 허용할 수 없는 것을 정확히 알 수 있었겠지만, 다른 사람들은 명백한 관용을 오해할 수도 있었다. 실수가 일어날 수 있었던 것이다.

크렘린의 새 지도부는 통제력을 확보하고 몇 달 안에 지식인을 압박하기 시작했다. 1965년 9월, 두 명의 젊은 작가 안드레이 시냡스키와 율리 다니엘이 체포되었다. 두 사람은 아브람 테르츠와 니콜라이 아르자크라는 가명으로 다양한 소설 작품을 서구로 몰래 반출하여 출판했다. 테르츠-시냡스키는 또한 현대 소련 문학에 관한 짧은 평론 『사회주의 리얼리즘에 관하여On Socialist Realism』를 해외에서 출간했다. 1966년 2월 두 사람은 재판을 받았다. 소련의 어떤 법도 작품의 해외 출판을 금지하지 않았으므로, 당국은 그 작품들의 내용 자체가 반소련 활동 범죄의 증거라고 주장했다. 두 사람은 유죄로 판명되어 노동수용소 형을 선고받았다. 시냡스키는 7년(6년 후에 석방되었다), 다니엘은 5년이었다.

시냡스키와 다니엘의 재판은 언론을 통한 비방 탓에 대중의 주목을 받았지만, 비공개로 진행되었다. 그러나 법정에 참석한 몇몇 사람들은 재판 과정을 비밀리에 기록하고 그 사본을 만들었으며, 한 해 뒤 러시아어와 영어로 출판하여 두 사람의 석방을 요구하는 국제적 탄원을 야기했다.[3] 이 사건의 유별난 점은 스탈린 시절이 그토록 무자비하기는 했어도 그때까지 오로지 (허구적) 저술의 내용 때문에 사람이 체포되고 투옥된 경우는 처음이라는 사실이었다. 그러한 목적에서 물적 증거가 멋대로 조작되기는 했어도, 과거의 지식인은 언제나 단순히 말이 아니라 행동 탓에 고발되었다.

시냡스키와 다니엘의 처리는 상대적으로 이완되어 있던 흐루쇼프 시절의 분위기에 비추어 볼 때 심한 면이 있었기 때문에 소련

---

3 시냡스키는 석방된 지 일 년 후 프랑스로 이주했으며, 소르본에서 러시아 문학을 가르치는 자리를 얻었다. 다니엘은 러시아에 머물렀으며 그곳에서 1988년에 사망했다.

내부에서도 전례 없는 항의를 촉발했다. 소련 마지막 시절의 반체제 운동은 이 순간부터 시작한다. 두 사람이 체포되던 때에 그 때문에 지하 〈사미즈다트samizdat(지하 출판)〉가 시작되었고, 70년대와 80년대 소련 반체제 집단에서 매우 중요한 여러 인물들도 처음에는 시냡스키와 다니엘의 처리에 반대하는 항의자로서 등장했다. 당시 스물다섯 살의 학생이었던 블라디미르 부콥스키는 1967년 푸슈킨 광장에서 시민권과 표현의 자유를 옹호하는 시위를 조직한 혐의로 체포되었다. 이미 1963년에 반소련 문헌을 소지한 죄로 국가보안위원회에 체포되고 정신병원에 수용되어 강제 치료를 받은 적이 있었던 부콥스키는 이번에는 〈반소련 활동〉에 대한 처벌로 노동수용소 3년 형을 선고받았다.

시냡스키-다니엘 사건과 이 사건이 불러일으킨 반응은 소련의 상황을, 다시 말해 변한 것과 변하지 않은 것을 매우 분명하게 드러냈다. 그 정권은 그 나라 역사를 기준으로 삼지 않는다면 어느 기준으로 보더라도 확고부동하며 억압적이고 완고했다. 1956년의 신기루는 아련히 사라졌다. 과거에 관하여 또 미래의 개혁에 관하여 진실을 이야기할 수 있다는 전망은 희미해졌다. 흐루쇼프 시대의 환상은 깨졌다. 소련 정권은 서방 국가들에 겉으로는 어떤 면모를 보였든, 국내에서는 끝없는 경제 침체와 도덕적 부패의 황혼에 빠져 들었다.

그러나 동유럽의 소련 진영 위성 국가들에서는 변화의 전망이 확실히 더 상서로웠다. 일견 이러한 상황은 모순적이다. 어쨌거나 소련 시민이 스탈린 이후의 독재 정치에 직면하여 아무런 힘도 쓰지 못했다면, 헝가리나 체코슬로바키아, 그 인접 국가들의 주민은 두 배로 무력했다. 주민들이 억압적 체제에서 살았을 뿐만 아니라 통치자들도 제국의 수도에 있는 진짜 권력에 속박되어 있었기 때문이다. 소련의 절대권이라는 원칙은 1956년 11월 부다페스트에서 어렵지 않게 실례를 찾을 수 있었다. 게다가 체코슬로바키아와 루마니아에서는 앞서의 시범 재판 생존자들이 10년이 지난 뒤에도 여전히 감옥에서 쇠약해지고 있었다.

그렇지만 동유럽은 달랐다. 물론, 단지 동유럽이 최근에야 공산주의의 통치를 받았다는 데서도 그 이유를 찾을 수 있었다. 1960년대에 공산주의는 소련 주민 대부분이 알고 있는 유일한 통치 형태였다. 대애국 전쟁을 치르던 어두운 시절에는 어느 정도 정통성을 획득하기도 했다. 그러나 서쪽으로 조금 더 나아간 곳에서는 소련 점령기와 소련의 강제적인 지배권 획득에 대한 기억이 여전히 생생했다. 위성 국가의 당 지도자들은 자신들이 소련의 꼭두각시이며 따라서 자국에서 신뢰를 받지 못한다는 사실만으로도 국내 정서에 비위를 맞춤으로써 얻을 수 있는 이득에 더 민감할 이유가 충분했다.

동유럽에서 국내 정서를 달래는 일은 1956년에서 1968년 사이에 공산당 정권을 비판한 사람들이 결코 반공주의자는 아니었기 때문에 그다지 어려운 일로 보이지 않았다. 사르트르는 1956년에 발생한 헝가리 혁명의 특징이 〈우파 정신〉이라고 주장했는데, 망명한 헝가리인 학자 프랑수아 페이퇴는 이에 대해 우파는 스탈린주의자들이라고 대답했다. 그들이 〈베르사이에즈Versaillaise〉였다.[4] 〈우리는 여전히 좌파 사람들로 우리의 사상과 이상과 전통에 충실하다.〉 페이퇴는 반스탈린주의 좌파의 진실성을 강조하면서 이후 12년 동안 동유럽의 지식인 반대파가 보였던 논조를 취했다. 요점은 공산주의를 부정하는 것이 아니었으며 공산주의를 전복하는 것은 더욱 아니었다. 오히려 목적은 그토록 끔찍하게 잘못되었던 사건들을 염두에 두고 사고하며 공산주의 체제의 조건 내에서 대안을 제시하는 것이었다.

그것은 〈수정주의〉였다. 이 낱말이 이런 맥락에서 처음 사용된 것은 폴란드의 지도자 브와디스와프 고무우카가 1957년 5월에 열린 폴란드 통합노동자당 중앙위원회에서 자신을 비판하는 지식인들

4 1871년 아돌프 티에르가 파리 코뮌을 진압하기 위해 조직한 정규군 — 옮긴이주.

을 가리킬 때였다. 이 〈수정주의자들〉은(폴란드에서 가장 유명한 사람은 마르크스주의 청년 철학자 레셰크 코와코프스키였다) 대체로 1956년까지는 정통 마르크스주의자였다. 그들은 공산주의에 대한 충성을 하룻밤 사이에 저버리지 않았다. 슬로바키아 작가 밀란 시메치카의 말을 빌리자면, 그들은 공산주의를 포기하는 대신 다음 12년을 〈청사진에서 오류를 찾는 데〉 보냈다. 사람들도 당대 서구 마르크스주의자들 대다수가 그랬던 것처럼 마르크스주의의 진실성과 스탈린의 범죄를 뚜렷하게 구분할 수 있다는 생각을 고수했다.

많은 동유럽 마르크스주의자들에게 스탈린주의는 마르크스주의 이론의 비극적 패러디였으며 소련은 사회주의적 변혁의 진실성에 대한 영원한 도전이었다. 그러나 동유럽의 지식인 수정주의자들은 서방의 신좌파와는 달리 공산당과 함께 그리고 종종 공산당 안에서 계속 활동했다. 물론 이러한 선택은 불가피한 면이 있었지만 진정한 확신에서 비롯한 것이기도 했다. 장기적으로 이 시기의 개혁 공산주의자들은 이처럼 공산주의 이념의 끈을 놓지 않은 탓에 고립되고 나아가 신뢰도 상실한다. 특히 서구의 동년배가 느끼는 분위기에 점점 더 가깝게 동화된 신세대가 볼 때 더욱 그랬다. 신세대의 준거점은 과거의 스탈린주의가 아니라 현재의 자본주의였기 때문이다. 그러나 1956년부터 1968년까지 짧은 기간이었지만 동유럽의 수정주의 운동은 작가와 영화감독, 경제학자, 기자 등에게 대안적인 사회주의적 미래에 관하여 낙관적인 전망을 제공했다.

폴란드에서 가장 중요한 비판의 공간은 가톨릭교회와 그 후원으로 활동하는 기관과 단체들이었다. 그중 루블린 카톨릭 대학교와 『즈나크Znak(신호)』, 『티고드니크 포프셰흐니Tygodnik Powszechny(만인 주간)』 등의 신문이 가장 유명했다. 마르크스주의 철학자들과 가톨릭 신학자들이 자유 언론과 시민적 자유를 지키면서 공동의 기반을 발견할 수 있었다는 사실은 고무우카 시대 폴란드의 특성이었고, 이는 70년대의 동맹을 예견하게 하는 배아였다. 그러나 다른 곳에서는 공산당만이 비판의 목소리를 안전하게 낼 수 있는 유일한 공간이었다. 〈유용한〉 비판이 나올 수 있는 가장 좋은 영역은 공산당의 경제 관리였다.

그 한 가지 이유는 전통적인 마르크스주의가 정치경제학에 뿌리를 박고 있다고 이야기되었기 때문이다. 그래서 경제 정책은 (스탈린의 망령에서 일단 해방된 후에는) 지식인 반대자들을 수용할 수 있는 영역이었다. 또 다른 이유는 당시 많은 동유럽 지식인들이 여전히 마르크스주의를 매우 진지하게 받아들였으며 공산주의 경제학의 문제점을 진정한 개혁을 위한 매우 중요한 이론적 출발점으로 여겼다는 데 있었다. 그러나 경제 부문에서 가장 유용한 비판이 나오게 된 주된 이유는 60년대 초에 유럽 공산국들의 경제가 심각하게 망가졌다는 징후를 처음으로 내보였기 때문이었다.

공산주의 경제의 실패는 비밀도 아니었다. 공산주의 경제는 시민들에게 가까스로 고만고만한 식량을 공급할 수 있었을 뿐(소련에서는 이조차도 실패했다), 더 나아가지 못했다. 또한 공산주의 경제는 그러지 않아도 남아도는 산업용 기초 생산재의 대량 생산에 전념했다. 상품 수요는, 특히 소비재 수요는 점점 늘어났는데 생산은 이루어지지 않거나 아니면 양이 부족하거나 품질이 기준에 미달했다. 입수할 수 있는 상품의 유통과 판매 체계는 너무나 불량하게 관리되어 가뜩이나 부족한 물량은 인위적으로 초래된 결핍 때문에 더욱 부족해졌다. 병목 현상과 은닉, 부패가 만연했고 식량과 기타 썩기 쉬운 물품의 경우 폐기율이 높았다.

공산주의 체제 특유의 비효율성은 전후 첫 10년간은 전후 복구를 위한 수요 때문에 부분적으로 은폐되었다. 그러나 공산주의가 서방을 〈추월〉했다는 흐루쇼프의 자랑과 이제 사회주의 이행이 완료되었다는 공식 선언에 이어 60년대 초가 되면, 전쟁 피해를 복구해야 한다거나 더 많이 생산해야 한다는 권고만으로는 당의 수사적 표현과 일상적인 빈곤 사이의 간극을 메울 수 없었다. 그리고 공산주의 체제의 전진을 가로막은 책임은 훼방꾼들에, 다시 말해 부농, 자본가, 유대인, 간첩이나 서방 〈세력〉에 있다는 비난은(몇몇 지역에서는 여전히 그런 비난이 있었다) 이제 테러 시대, 즉 흐루쇼프 이후 대부분의 공산당 지도자들이 잊고 싶어 했던 시대와 결합했다. 점차 더 확실하게 인정되었지만, 문제는 틀림없이 공산주의 경제 제도 그 내부에 있었다.

자칭 〈개혁 경제학자들〉은(〈수정주의자〉는 경멸적인 함의를 지니고 있었다) 헝가리 땅에서 가장 두터운 층을 이루었다. 1961년에 카다르 야노시는 그때 이후로 당-국가는 적극적으로 반대하지 않는 자는 누구나 찬성하는 자로 여기겠다고 알렸다. 따라서 공산당의 경제적 실천을 비판하는 자들은 카다르 정권의 보호를 받으면서 처음으로 안전하게 말할 수 있다고 느꼈다.[5] 개혁 경제학자들은 1940년대와 1950년대의 토지 집단화가 실수였다고 인정했다. 또한 조금 더 조심스럽기는 했지만, 소련이 기초 산업 생산재의 대량 추출과 대량 생산에 집착했던 것이 성장의 장애물이라고 인정했다. 요컨대 소련의 무리한 공업화와 사유 재산의 파괴를 동유럽에 포괄적으로 적용한 것이 재앙이었다고 시인했다. 그리고 한층 더 과격하게, 공산당 경제가 가격 신호와 기타 시장의 유인을 집단주의적 소유와 생산의 제도에 편입할 방법이 있는지 모색하기 시작했다.

60년대 동유럽에서 진행된 경제 개혁 논쟁은 아슬아슬한 외줄타기였다. 일부 당 지도자들은 과거의 기술적 오류를 인정할 만큼 충분히 실용적이었다(또는 그 정도로 크게 걱정했다). 심지어 신(新)스탈린주의 체코 지도부조차 재앙에 가까운 제3차 5개년 계획이 절

---

5 60년대의 가장 유명한 개혁 경제학자는 체코 사람 오타 시크였지만, 영향력이 가장 크고 실제적으로 가장 큰 충격을 가져다준 사람들은 헝가리 학파였다.

반쯤 진행된 1961년에 이르면 더는 중공업을 강조하지 않았다. 그러나 중앙계획이나 집단적 소유의 실패를 인정하는 것은 다른 문제였다. 오타 시크나 헝가리의 코르너이 야노시 같은 개혁 경제학자들은 대신 〈제3의 길〉을 규정하려 했다. 즉 공동 소유와 중앙계획이라는 포기할 수 없는 요소를 지역 자율권 확대와 약간의 가격 신호, 통제의 이완을 통해 완화하는 혼합 경제를 지향했다. 결국 경제적 논거는 명백했다. 그러한 개혁이 없다면 공산주의 체제는 침체와 빈곤으로, 코르너이가 유명한 논문에서 말했듯이 〈결핍의 재생산〉으로 퇴락할 수밖에 없었다.

비판자들에게 제대로 답한 곳은 카다르가 진정한 개혁 조치들을 허용한 헝가리 한 곳뿐이었다. 1968년에 시작된 신경제 기구가 그것이었다. 집단농장은 실질적인 자율성을 인정받았으며 농장 변두리에 사유지를 두는 것이 허용되었을 뿐만 아니라 이를 지원하라는 적극적인 권고를 받기도 했다. 일부 독점은 깨졌다. 일부 상품의 가격은 세계 시장에 연동되었고 다중 환율을 통해 변동되었다. 사영 소매점이 인가되었다. 실천의 초점은 두 개의 양립 불가능한 경제 체제 사이에서 작동하는 중도의 구축이 아니라 경제의 관제 고지에 대한 정치적 통제를 약화시키지 않고도 시장 활동을 (따라서 희망하기로는 만족을 부르는 소비자의 행복을) 극대화하는 것이었다.

돌이켜 보건대, 개혁가들이 공산주의와 자본주의 사이의 〈제3의 길〉이 늘 현실적이라고 가정했다면 이는 분명 착각이었다. 그러나 이러한 착각은 개혁가들의 경제 분석에 내재한 형식적 결점 때문이 아니었다. 진짜 실수는 그들이 살고 있던 체제를 기이할 정도로 순진하게 해석했다는 데 있었다. 공산당 지도부에 중요한 것은 경제가 아니라 정치였다. 경제 개혁가들의 이론이 함축하는 바에 따르면, 정상적인 경제생활이 재개되려면 당-국가의 중앙권력이 불가피하게 약해져야 했다. 그러나 공산주의 당-국가는 그 선택에 직면하여 늘 경제적 변칙을 선택했다.

그러나 그동안 공산당 정권들은 무엇보다 안정에 관심을 쏟았다. 부상 중인 세 가지 모델이 있었다. 첫 번째 모델인 〈카다르주의〉는 쉽게 전파될 수 없었다. 그리고 헝가리 지도자는 크렘린 당국에 헝가리 〈모델〉은 전혀 없으며 단지 지역적 어려움을 실질적으로 해결하기 위한 제한적 방책만이 있을 뿐이라는 점을 납득시키려 했지만 카다르주의는 그 전략에서 너무 큰 부분을 차지했다. 헝가리의 상황은 실로 독특했다. 카다르는 여행에 굶주린 동포 헝가리인들 앞에 순응에 대한 일종의 보상으로서 번영하는 서구에 출입할 수 있는 자격을 흔들어 보였다. 이는 공산당의 실패를 암묵적으로 자인한 꼴이 되었다. 헝가리는 이제 유고슬라비아의 반체제 인사 밀로반 질라스가 1957년에 발표한 중요한 책에서 칭했듯이 〈신계급〉이 자신들을 위해 운영했다. 관료와 전문가로 구성된 교육받은 기술 관료 사회는 다른 무엇보다 자신들의 보금자리를 장식하고 생존을 보장하는 데 강한 관심을 가졌던 것이다. 진정한 해방은 생각할 수 없었으나, 억압으로 회귀하는 일은 정말로 가능할 것 같지 않았다.

〈야영지에 세워진 최고의 막사〉라 불린 카다르의 헝가리는 많은 시샘을 받았지만, 그러한 전례를 따르려 한 경우는 많지도 않았고 있다 해도 지속적이지 않았다. 두 번째 모델은 티토의 유고슬라비아로 한층 더 독특했다. 그 이유는 유고슬라비아가 이웃나라들의 문제점을 피하는 데 성공했기 때문이 아니었다. 소련의 위성 국가들이 안고 있던 여러 가지 경제적 기능 장애는 유고슬라비아인들에게도 마찬가지로 익숙했다. 따라서 유고슬라비아가 동유럽과 서유럽 사이에서 가사 상태에 빠진 것은 이데올로기적 선택이 아니라 역사적 우연의 산물이었다. 그러나 50년대와 60년대가 지나는 동안 티토는 의사 결정 과정을 일부 분산했고 공장과 노동자의 〈자율〉을 실험하도록 허용했다.

집단농장을 방문한 니키타 흐루쇼프. 〈미스터 K〉는 농업 전문가를 자처했으나 그의 실험은 대개 실패하여 재앙 같은 결과를 낳았다. 그러나 탈스탈린주의에 기여한 공로는(특히 1956년 2월의 〈비밀 연설〉) 이루 헤아릴 수 없을 정도로 컸다. 그러나 그 결말은 그의 바람을 뛰어넘었다.

1956년 11월 1일, 국제 연합에 호소한 직후의 너지 임레(가운데). 너지는 불운했던 헝가리 폭동에서 수행한 역할로 비싼 대가를 치렀다. 그러나 장기적으로는 소련이 그 추종자들의 환상을 깨뜨림으로써 더 큰 대가를 치렀다.

1961년 8월 19일, 베를린 장벽의 건설. 서방 국가들은 반대한다는 항의를 표명했음에도 베를린을 둘러싼 다년간의 위기가 그 점령된 도시의 절반을 가르는 물리적 장벽을 세우겠다는 소련의 결정으로 해결되는 것을 보고도 그다지 유감스러워하지 않았다.

「마리아 브라운의 결혼」(1978)은 영화감독 라이너 파스빈더가 전후 독일 연방 공화국의 단점을 날카롭게 분석한 작품이다. 비판적 청년들이 보기에, 서독 정부가 번영과 정치적 동원의 해제, 집단적 망각에 사로잡힌 것은 과거 독일의 결점을 가리기 위해 가면을 쓴 것이었다.

〈모든 독일인은 총리와 함께 그 수도를 걱정스럽게 주시하고 있다.〉가톨릭 지역인 라인란트 출신인 콘라트 아데나워는 프로이센의 베를린을 진정으로 혐오했다. 그러나 분할된 그 도시를 서방 연합국들로부터 양보를 얻어 내는 지렛대로 쓰지 못할 위인은 아니었다.

인도네시아 공화국이 선포되기 하루 전인 1949년 12월 26일, 자카르타의 궁전에서 철거되는 네덜란드 총독들의 초상화. 네덜란드는 자신들의 〈동인도제도〉를 잃음으로써 큰 상처를 입었다. 이제 네덜란드인들은 유럽 내의 축소된 역할에 만족해야 했다.

1954년 5월, 디엔비엔푸 전투 후 포로로 잡힌 프랑스 병사들을 호송하는 베트남 군대. 프랑스가 베트남에서 굴욕적으로 축출되자, 특히 군부는 북아프리카에 남아 있던 프랑스 소유를 포기하지 않으려 했지만, 이는 재앙이었다.

1956년 영국과 프랑스 군대의 철수를 요구하는 이집트인. 수에즈의 패배는 전후 유럽의 분수령이었다. 유럽은 점점 더 빠르게 제국에서 손을 뗐으며, 프랑스와 영국의 정치적 발전 경로가 (매우 다르게) 바뀌었다.

〈나는 줄곧 프랑스에 대해 어떤 관념을 갖고 있었다.〉 샤를 드골은 1958년 5월에 사실상 쿠데타나 다름없는 사건을 통해 권력을 잡았다. 그러나 드골은 프랑스를 세계사에 당당한 존재로 재정립했으며, 그의 제5 공화국은 앞선 정부들보다 더 안정적이었다.

비밀군사조직OAS은 알제리의 상실에 책임이 있다고 생각되는 자들에게 피의 복수극을 벌였다. 그들의 깊은 적의는 특히 자신들의 대의를 저버린 드골을 향했다. (드골주의의 상징인 로렌 십자가가 부서져 있음에 주목하라.)

1960년 7월, 콩고에서 탄자니아로 피신하는 유럽인들. 벨기에가 제국에서 후퇴한 것은 무책임한 대실수였다. 1960년에 벨기에가 수십 년에 걸친 착취 끝에 콩고를 포기했을 때, 콩고인 대학 졸업자는 겨우 서른 명이었는데 그들이 채워야 할 행정부의 고위 관직은 4천 개였다.

말풍선: 〈영국은 제국을 상실했고 아직 제 역할을 찾지 못했다 ― 케네디 대통령의 고문 딘 애치슨.〉

「저, 제가 뒷다리를 하면 안 될까요?」
1962년에 딘 애치슨이 제국이 해체된 이후의 영국의 좌절을 빈정대자(이후 그 발언은 유명해졌다), 만화가 비키는 그 말에 착상을 얻어 영국 총리 해럴드 맥밀런이 미국과 맺은 치욕스럽고도 비굴한 〈특별한 관계〉를 40년이 지난 후에도 울적할 정도로 적절하게 묘사했다.

현대성의 아이콘 1 1959년 9월, 브르노 견본시에 진열된 체코 자동차 타트라 603 모델. 소련 진영의 자동차는 공산 국가의 경제가 지닌 문제점들의 요체였다. 디자인은 형편없었고 소수 특권 계급만 이용할 수 있었다. 그렇지만 내구성은 뛰어났다.

현대성의 아이콘 2 1960년 런던에서 리무진의 내부를 들여다보는 세 명의 여성. 자동차와 냉장고, 세탁기 같은 현대의 내구재는 당시 많은 서유럽 가정이 사용했지만, 부와 계급, 특권을 드러내는 차이는 많이 남아 있었다. 리무진은 여전히 개인 운전사를 두고 썼을 것이다.

〈그리고 신은 여자를 창조했다.〉 점점 더 많은 유럽인이 휴가를 즐겼는데, 햇볕을 쬐는 즐거움은 그들의 현실적인 바람이었다. 바르도는 한때 코트다쥐르에 머물렀다. 이곳은 바르도 덕에 유명해졌지만, 그녀의 많은 친구들은 대중 관광객의 습격을 피해 떠났다.

전후 유럽 전역에서〈도시 재개발〉과 도시계획으로 고층 아파트 시대가 열렸다. 그러나 주민들에게는 인기가 없었으며 대체로 일찍 노후하고 조기에 해체되었다. 사진은 건축 중인 글래스고의〈모스 하이츠〉로 대표적인 사례였다.

1955년 7월, 런던의 엘리펀트 캐슬에 서 있는 테디 보이. 1950년대의〈잃어버린 세대〉, 즉 대공황 시대의 부모와 후대의 베이비붐 세대 사이에 낀 십 대에게는 오락이나 여흥 시설이 부족했다. 많은 사람이〈블루송 누아르〉(프랑스),〈할프슈타르커〉(독일),〈신크누타르〉(스웨덴) 같은 갱단의 폭력에 빠져들었다.

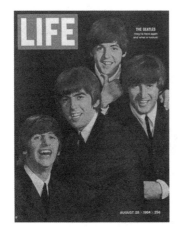

비틀스는 정말로 중요했다. 전 세계의 1960년대 세대에겐 40년이 지난 뒤에도 비틀스가 탁월한, 아마도 유일한 공통의 판단 기준이었다. 그들의 노래「서전트 페퍼Sergeant Pepper」가〈서구 문명사의 결정적인 계기〉(케네스 티넌Kenneth Tynan)는 아니었다고 해도, 비틀스의 음악이 매우 훌륭하다는 것은 엄연한 사실이다.

1968년 파리, 소르본 대학을 점령한 학생들. 마오쩌둥과 스탈린, 엥겔스, 마르크스의 초상이 보였어도 1968년의 반란자들은 명백히 교조주의자들이 아니었다. 그들 대부분은 특별히 진지하지도 않았다. 그곳에 있었던 어떤 이는 이렇게 회상했다. 우리는 단지 〈혁명을 사랑했다〉. (대니 콘벤디트)

1969년 토리노의 산 카를로 광장에서 시위하는 자동차 공장과 타이어 공장의 노동자들. 프랑스와 마찬가지로 이탈리아에서도 당국은 대학교의 일시적인 급진주의보다 대중 파업과 노동자들의 항의에 더 큰 위협을 느꼈다.

1968년 8월, 프라하. 〈모든 공산당은 마르크스레닌주의 원칙을 자유롭게 적용할 수 있다…… 그러나 공산당으로 존재하고자 하는 한 이 원칙에서 마음대로 이탈할 수는 없다〉(레오니트 브레즈네프, 1968년 8월 3일). 소련의 침공으로 프라하의 봄은 사라졌고, 더불어 공산주의에 남아 있던 환상도 모두 사라졌다.

이러한 혁신 조치들은 경제적 필연성은 물론 민족적·지리적 분열에도 기인했다. 자치 공화국들과 국민들이 서로 싸웠던 불행한 기억 말고는 거의 아무것도 공유하지 않은 연방 국가에서, 베오그라드로부터 단일한 지령이 내려오니 꼭 전쟁 이전 시대의 관행으로 되돌아가는 듯했다. 그 지역의 난해한 지형은 현지 세력의 주도권 장악에 유리했으며, 티토식의 프롤레타리아 독재는 스탈린과 관계를 절연한 덕에 소련 방식의 산업 근대화가 노정한 온갖 오류를 세세히 답습해야 한다는 압박을 받지 않았다. 유고슬라비아 모델이 나온 것은 이러한 사정 때문이었지, 이 시기 서구의 티토 찬양자들이 희망에 차서 티토의 공으로 돌렸던 창조적이고 대안적인 사회주의의 청사진 때문이 아니었다.

그래도 유고슬라비아는 달랐다. 질라스 같은 사람들이 정통 티토주의에 반대할 때 희생을 치르고서 깨달았듯이 유고슬라비아가 비판자들에게 꼭 더 부드럽지만은 않았으나,[6] 주민 일반의 필요와 욕구를 다룰 때는 (특히 서방의 지원 덕에) 더 유연했다. 유고슬라비아 수필가 두브라브카 우그레시치가 청년기의 잃어버린 유고슬라비아에 대한 향수를 글로 썼을 때, 머리에 떠오른 것은 〈진짜《윙클피커즈》[7]와 합성수지 비옷, 최초의 나일론 속옷…… 첫 번째 트리에스테 여행〉이었다. 그러한 저렴한 소비재 목록은 예를 들면 불가리아인이나 루마니아인의 기억 속에서는 훨씬 덜 생생했을 것이며, 〈첫 번째 트리에스테 여행〉은 전혀 불가능했을 것이다. 유고슬라비아인들은 부유하지 않았고 자유롭지도 않았으나, 그렇다고 밀폐된 체제에 감금되어 있지도 않았다. 〈티토주의〉는 억압적이었다기보다는 답답했다. 이 당시 이러한 구분은 중요했다.

6 질라스는 서방에서 『신계급: 공산주의 체제에 대한 분석The New Class: An Analysis of the Communist System』이 출간되었을 때 4년간 투옥되었으며, 석방 직후 4년 더 감금되었다.
7 1950년대에 영국의 로큰롤 팬들이 신던 신발. 발가락 부분이 매우 길고 뾰족하다 — 옮긴이주.

안정에 이르는 세 번째 길은 〈민족적 스탈린주의〉로서 알바니아가 선택한 길이었다. 알바니아는 편집증 환자였던 현지 공산당 독재자가 무소불위의 권력을 휘두르며 전제적으로 통치한 가난한 폐쇄 사회였다. 그렇지만 이것은 또한 점차 루마니아의 모델이 되었다. 니키타 흐루쇼프는 루마니아를 매우 싫어하여(이는 그 세대의 러시아인들 사이에서 널리 퍼진 정서였다) 공산주의 세계의 국제적인 노동 분배에서 루마니아에는 유일하게 농업적인 역할을 떠맡기려 했다. 그렇지만 부쿠레슈티의 당 지도자들은 더 부유한 선진 공산주의 경제들에 원료와 식량을 공급하는 저급한 역할을 떠맡을 생각은 없었다.

루마니아는 헝가리 봉기를 진압하고 가담자들을 투옥하는 데 편의를 제공했다. 그 덕에 소련군은 1958년에 루마니아 영토에서 철수했고, 루마니아는 점점 더 독립적인 길을 걸었다. 루마니아는 게오르기우데지와 (1965년 이후) 차우셰스쿠 시절에 소련과 중국의 싸움에 연루되기를 거부했으며 심지어 바르샤바 조약 기구가 자신들의 영토에서 기동 훈련을 하는 것도 허용하지 않았다. 루마니아의 지도자들은 티토에게 제안을 하기도 했으며(티토와 바르샤바 조약 기구 사이의 관계는 우호적인 관계가 아니라 형식적인 관계였다), 게오르기우데지는 1963년에 유고슬라비아 국회에서 연설하기도 했다. 루마니아의 지도자들은 자국의 신(新)스탈린주의적 공업화를 서유럽에서 얻은 자금과 기계로 추진했다. 루마니아와 서구 사이의 거래는 꾸준히 증가했다. 반면 코메콘 국가들과의 무역은 1960년대가 시작할 때에는 루마니아의 전체 대외 교역의 70퍼센트였으나 10년 후에는 45퍼센트로 하락했다.

널리 과시된 이 〈루마니아 우선〉 전략은 국내에서 인기가 없지 않았다. 실제로 루마니아 공산당이 집권 중에 명백히 비(非)루마니아적이었던 그 기원을 보충한 방법의 하나는 당을 민족주의라는 외투로 덮어씌우는 것이었다. 이를 시작한 사람은 게오르기우데지였으며, 차우셰스쿠는 단지 조금 더 진척시켰을 뿐이다. 그런데 이 전략은 외국에서 훨씬 더 성공했다. 유럽 내 중국의 대리자인 알바니아가 향수병에 걸린 스탈린주의자들과 마오쩌둥주의에 극도로 심취한 자들 외에 다른 누구에게도 매력을 끌지 못했던 반면, 공산 국가 루마니아의 국제적 이미지는 의아스러울 정도로 긍정적이었다. 부쿠레슈티 사람들은 단순히 소련과 거리를 유지함으로써 서유럽에서 믿기지 않을 정도로 많은 찬미자를 끌어 모았다. 1966년 8월 『이코노미스트The Economist』지는 차우셰스쿠를 〈동유럽의 드골〉이라고 불렀다.

드골로 말하자면 1968년 5월에 부쿠레슈티를 방문하여, 차우셰스쿠의 공산주의가 서구에는 적합하지 않겠지만 아마도 루마니아에는 잘 맞을 것이라고 말했다. 〈당신들에게는 그러한 체제가 유용하다. 사람들을 움직이게 하고 일이 되도록 만들었기 때문이다.〉 루마니아 공산주의가 서구에 적합하지 않았으리라는 드골의 발언은 분명 옳았다. 루마니아 공산주의 체제는 특히 사악하고 억압적이었다. 게오르기우데지와 차우셰스쿠는 소련에서 멀어짐으로써 흐루쇼프 시대의 탈스탈린주의와 개혁들을 답습해야 할 필요성에서도 벗어났다. 루마니아는 다른 위성 국가들과는 대조적으로 내부의 반대 세력에 전혀 활동의 여지를 허용하지 않았다. 60년대에 부쿠레슈티의 지식인들은 자신들의 사회에서 절연되어 국내 논쟁에서 아무런 역할도 하지 못했고(사실상 논쟁은 존재하지도 않았다), 최신의 파리 누보로망nouveau roman을 읽는 것으로 세계 시민적인 프랑스 문화에 참여했다. 루마니아의 교육받은 계층은 늘 프랑스 문화를 특별히 애호한다고 주장했다.

그러나 서방 정부들은 루마니아의 독재자들을 비난하기는커녕 할 수 있는 모든 격려를 보냈다. 1967년 1월 루마니아가 소련의 거부를 무시하고 서독을 공식적으로 승인했을 때, 관계는 훨씬 더 가까위겼다. 리처드 닉슨은 1969년 8월에 부쿠레슈티를 방문하여 미국 대통령으로는 처음으로 공산 국가에 발을 내딛었다. 민족적 공산주의는 차우셰스쿠 덕에 이익을 얻었다. 〈그 사람은 공산주의자이겠지만 우리의 공산주의자이다.〉 루마니아는 곧 바르샤바 조약 기구 회원국으로는 처음으로 관세 무역 일반 협정(1971년)과 세계은행, 국제 통화 기금(1972년)에 가입했고, 유럽 공동체로부터 특혜 관세를 받았으며(1973년), 미국으로부터 최혜국 대우를 받았다(1975년).[8]

서방 외교관들이 러시아에 반대하는 부쿠레슈티의 독재자들에게서 보았다고 생각한 것은 또 다른 티토의 싹이었다. 루마니아의 독재자들은 안정적이었으며 유순했고 국제적 혼란보다는 지역의 권력에 더 관심이 많았다. 서방의 외교관들은 적어도 한 가지 점에서는 옳았다. 티토와 차우셰스쿠는 카다르와 동독의 신스탈린주의 지도부와 마찬가지로 1960년대의 함정을 뚫고 나가는 데 성공했다. 각각 나름의 방식대로 국내의 권력과 통제력을 확보했으며 소련과 최소한 잠정 협정은 유지했다. 바르샤바와 프라하의 공산당 지도자들은 그처럼 성공하지 못했다.

1956년 폴란드 봉기가 평화로운 결과를 얻기까지는 대가가 필요했다. 고무우카 시대의 폴란드에서 가톨릭 제도와 작가들이 용납되었던 반면, 당 내부의 반대파는 심한 구속을 받았다. 폴란드 통합노동자당(공산당)은 스탈린 시대의 광포한 숙청을 피하는 데 성공했지만 여전히 뿌리 깊이 보수적이었다. 당 지도부는 1956년 소요의 재발 가능성에 촉각을 곤두세우고 있었기에 당 정책에 대한 비판은

8 루마니아 독재자에 반한 미국 대통령은 결코 리처드 닉슨으로 끝이 아니었다. 1978년에 루마니아를 방문하던 중 니콜라에 차우셰스쿠에 감명 받은 상원의원 조지 맥거번은 차우셰스쿠를 〈세계의 주요 군비 규제 옹호자의 한 사람〉으로 추켜세웠고, 차우셰스쿠 정권에 관한 끔찍한 진실이 이미 널리 알려진 1983년 9월에도 부통령 조지 부시는 차우셰스쿠가 〈유럽의 훌륭한 공산주의자 중 한 사람〉이라고 기억에 남을 만한 발언을 했다.

무엇이든지 정치적 독점에 대한 위협으로 다루었다. 그래서 〈수정주의자〉 지식인들은 체제 전반에 실망했을 뿐만 아니라 새로운 방향으로 나아갈 기회를 상실한 것에도 크게 실망했다.

1964년 여름, 바르샤바 대학의 대학원생인 야체크 쿠론과 카롤 모젤레프스키는 폴란드 인민공화국의 정치와 경제 제도를 학문적으로 비판했다. 두 사람의 학위 논문은 논조와 내용에서 흠잡을 데 없이 훌륭한 마르크스주의적 논문이었으나, 당과 사회주의청년연합은 두 사람을 축출했고 당에 반대하는 선전을 전파했다고 공식 모임에서 비난했다. 두 사람은 『당에 보내는 공개서한Open Letter to the Party』을 발표하여 1965년 3월 당의 바르샤바 대학교 지부에 제출함으로써 이에 대응했다. 책에서 저자들은 관료주의적이고 독재적인 정권이 오로지 지배 엘리트의 이익에만 봉사하고 다른 모든 사람들의 이익은 돌보지 않았으며 빈곤한 노동 대중을 무능하게 통치했고 모든 비평과 비판을 검열했다고 설명했다. 쿠론과 모젤레프스키에 따르면, 폴란드의 유일한 희망은 노동자위원회와 언론의 자유, 정치경찰의 폐지에 입각한 진정한 혁명이었다.

두 사람은 서한을 제출한 다음 날 체포되어 국가 전복을 꾀한 죄로 고발되었으며, 1965년 7월 19일 각각 3년과 3년 6개월의 징역형을 선고받았다. 당국은 특히 완벽한 마르크스주의 용어로 비판이 이루어졌다는 점과 정권의 초라한 경제적 성취를 지적하는 데 사회적 데이터를 효과적으로 사용한 점, 작금의 관료적 독재를 대체할 노동자 혁명을 요청한 점에(저자들의 주장에 도움이 되지 않았던 신트로츠키주의적 특징[9] 이다) 민감하게 반응했다. 아마도 당은 다른 무엇보다 바로 쿠론과 모젤레프스키 서한이 요청한 지적 진단과 프롤레타리아 행동의 결합을 저지하기로 결심했던 것 같다.

9 이듬해 파리에 유포되었던 『공개서한』의 프랑스어 번역본은 트로츠키주의 조직인 혁명 공산주의 청년이 배포했다.

쿠론-모젤레프스키 사건은 바르샤바 대학교에서 뜨거운 반응을 불러일으켰다. 두 학생의 비밀 재판은 충격으로 다가왔고, 두 사람의 석방뿐만 아니라 그 책과 앞선 연구 논문의 공개도 요구되었다. 선배 연구자들이 두 사람의 주장을 지지했다. 바르샤바 대학의 철학 교수였던 레셰크 코와코프스키는 이듬해, 즉 1966년 10월에 열린 폴란드 당 전당 대회 10주년 기념일에 역사연구소 학생들에게 한 연설에서 폴란드의 10월은 잃어버린 기회였다고 설명했다. 10년이 지난 후 폴란드는 특권과 비효율, 검열의 나라가 되었다. 공산주의자들과 국민 사이의 이해는 사라졌으며, 쿠론과 모젤레프스키에 대한 억압, 두 사람이 채택했던 비판에 대한 억압은 당과 국가의 몰락을 보여 주는 징후였다.

바르샤바 대학교의 동료들이 코와코프스키가 국제적으로 신뢰를 받는 마르크스주의자임을 강력히 주장했지만, 코와코프스키는 곧 〈부르주아-자유주의자〉로서 당에서 축출되었다. 그러자 스물두 명의 저명한 폴란드 공산주의 작가와 지식인이 중앙위원회에 〈자유롭고 진정한 사회주의 문화와 민주주의〉의 대변인인 〈코와코프스키 동지〉를 옹호하는 편지를 썼다. 이번에는 이들이 당에서 쫓겨났다. 1967년 봄이면 세련되지 못한 폴란드 지도부는 좌파의 비판에 분노한 나머지 진정한 지식인 반대파를 형성시켰다. 그리고 바르샤바 대학교는 학생 봉기의 중심지가 되어 자유 언론을 옹호하고 기소된 교수들을 변호했다.

바르샤바 대학교에서 자유 언론의 문제는 1968년 1월 또다시 예기치 않게 제기되었다. 1967년 11월 말 이후 바르샤바 대학교 극장은 폴란드의 국민 시인 아담 미츠키에비치의 희곡 「지아디Dziady」[10]를 연출하고 있었다. 1832년에 쓰였지만 압제에 맞서 투쟁하는 19세

---

10 〈지아디〉는 죽은 자를 기념하는 슬라브족의 축제로 말 그대로는 〈조상〉이라는 뜻이다 — 옮긴이주.

기의 반란을 묘사하고 있었다. 위험할 정도로 현재적인 의미를 지닌 이 희곡은 강렬한 흡입력으로 관객들을 빨아들이며 각성을 촉구했다. 1월 말, 공산당 당국은 연극의 상연이 취소될 것이라고 선언했다. 마지막 공연에 이어 수백 명의 학생들이 폴란드 수도에 있는 미츠키에비치 기념비로 행진하며 검열을 비난하고 〈자유 극장〉을 요구했다. 행진에 참여했던 헨리크 슐라이페르와 아담 미흐니크가 『르 몽드』의 바르샤바 통신원에게 상황을 설명했고, 통신원의 기사는 라디오 자유 유럽의 전파를 탔다. 미흐니크와 그의 동료는 지체 없이 학교에서 제명되었다.

이에 대한 반응으로 학생들이 조직한 청원의 물결이 폴란드 의회를 향했고, 폴란드 작가연맹 바르샤바 지부에서는 학생들에게 공감하는 결의안들이 채택되었으며, 코와코프스키와 기타 저명한 교수들과 작가들은 학생들을 변호하는 연설을 했다. 한 작가는 공산당이 문화를 취급하는 방식을 〈바보의 독재〉라고 부르며 공개리에 비난했다. 3월 8일 바르샤바 대학교에서 미흐니크와 슐라이페르의 제명에 항의하기 위해 모인 학생 집회를 경찰이 폭력적으로 해산시켰다. 이어 사흘 뒤에 전국적인 학생 시위가 일어났으며 바르샤바 대학교에서는 파업이 발생했다. 당내 신스탈린주의 집단들은 불길하게도 당의 통제력 상실을 이야기했고, 일부는 체코슬로바키아 형태의 〈수정주의〉가 등장할 위험성을 소련에 경고했다.

고무우카 정권은 단호하게 반격했다. 파업과 뒤이은 항의 시위들은 상당한 폭력이 동반되어 분쇄되었다(한 명의 정치국원과 두 명의 선임 각료가 이에 항의하며 사임할 정도였다). 바르샤바 대학교에서 추가로 서른네 명의 학생이 제적되고 코와코프스키를 포함하여 여섯 명의 교수가 해고되었다. 그리고 이웃 나라 체코슬로바키아에서 프라하의 봄이 진압된 데 이어(뒤에서 설명하겠다), 폴란드 당국은 소련의 침공에 반대하는 항의와 청원의 조직자들을 체포하여 재판에 회부했다. 1968년 9월에서 1969년 5월 사이에 진행된 일련의 긴 재판으로 바르샤바와 브로츠와프, 크라쿠프, 우치의 학생들과 여러 지식인들은 〈비밀 단체 가입〉과 〈반국가 출판물의 배포〉, 기타 범죄를 이유로 6개월에서 3년에 이르는 징역형을 선고받았다. 가장 극심한 형을 받은 사람은 아담 미흐니크, 얀 리틴스키, 바르바라 토룬치크 같이 초기의 학생 항의 시위에도 적극 참여했던 자들이었다.

1967년에서 1969년 사이에 폴란드에서 체포되고 추방되고 투옥되었던 학생과 교수 중에 유대인 출신이 유난히 많았다는 사실은 우연이 아니다. 1956년에 고무우카가 권좌에 복귀한 이래, 폴란드 공산당의 보수파(신스탈린주의자들)는 고무우카가 허용했던 제한된 자유화 조치마저 원상태로 되돌릴 기회를 엿보고 있었다. 이 당내 반대파는 내무장관 미에치스와프 모차르의 지휘 아래 반유대주의라는 대의를 중심으로 연합했다.

반유대주의가 동유럽과 소련에서 고질적인 현상이기는 했지만, 스탈린이 죽은 뒤로 1967년까지 공산당의 공식적인 수사적 표현에 드러나지는 않았다. 전쟁이 끝난 후, 동유럽의 생존 유대인은 대부분 서방이나 이스라엘로 갔다. 남은 사람들은 대부분 스탈린의 마지막 시절에 자행된 박해 중에 피신했다. 폴란드와 (특히) 헝가리에는 여전히 많은 유대인 공동체가 남아 있었다. 그러나 그곳의 유대인은 대부분 유대교의 예배 의식을 지키지 않았으며 일반적으로 결코 스스로 유대인이라고 생각하지 않았다. 종전 이후 태어난 자들은 흔히 자신들이 누구인지 알지도 못했다. 부모들은 함구하는 것을 신중한 처신으로 생각했다.[11]

특히 폴란드에서 여전히 상당히 많이 남아 있던 유대인 공산주의자들은(일부는 공직에 있었고 나머지는 대학교에 있거나 배우였다)

11 1960년대 중반 대략 3만 명이었던 유대인 중에서 공식적인 유대인 조직에 속한 사람은 7,500명 미만이었다.

자신들의 유대인 배경에 대체로 무심했고, 일부는 폴란드 국민 일반
도 자기들처럼 무심하리라고 가정할 만큼 순진했다. 그렇지만 유대
인은 당 내부에서 권력에 이르는 길을 찾고 나라 전체에서 선동 정
치가로서 인기를 구하던 사람에게는 누구에게나 그냥 두기 아까운
표적이었다.[12] 부족한 것은 기회뿐이었고, 1967년 6월에 발발한 이스
라엘과 그 인접 아랍 국가들 사이의 6일 전쟁은 때맞춰 기회를 제공
했다. 소련이 아랍의 주장을 지지함으로써 이스라엘과 시온주의, 그
리고 유대인에 대한 비판의 목소리가 정당한 것으로 인정받았다.

   그리하여 고무우카는 1967년 6월 19일에 행한 연설에서 최근의
분쟁에서 이스라엘을 지지했던 자들을 비난하면서 뻔뻔스럽게도
자신을 비판한 유대인들과 시온주의 국가를 뒤섞어 버렸다. 〈우리는
유대인 국적을 지닌 폴란드 시민들이 이스라엘로 되돌아가기를 원
한다면 이를 막지 않을 것이라고 나는 선언하려 한다. 모든 폴란드
시민은 단 하나의 조국, 즉 폴란드 민족의 폴란드만을 가져야 한다
는 것이 우리의 입장이다. ……이 말이 자신들을 향한 것이라고 느끼
는 사람들에게 국적이 어디든 상관없이 합당한 결론을 내리게 하라.
우리는 나라에 제5열이 존재하는 것을 원하지 않는다.〉 유대인이 폴
란드의 제5열이라는 언급은 라디오와 텔레비전으로 방송되어 수백
만 명의 폴란드인들이 들었다. 그 뜻은 명백했다.

   고무우카가 자신의 견해를 밝힌 것인지, 이전 시기의 정책 실패를
위한 희생양을 찾고 있었는지, 아니면 단지 모차르가 자신을 권좌에
서 몰아내려 할 것으로 예상해서 스탈린주의 반대파에 앞서 선수를
쓰려 했던 것인지는 전혀 분명하지 않았다. 그렇지만 고무우카의 결
정은 극적인 결과를 낳았다. 폴란드 당국은 유대인에 불리한 편견을
폴란드 전역에, 특히 당과 학술 기관에 홍수처럼 쏟아 냈다. 당의 비

---

12 1966년에 반유대주의적 위조 서적인 『시온 장로들의 규약 The Protocols of the Elders
of Zion』의 폴란드어 번역본이 당내 집단들과 대학교, 군대에 공식적으로 배포되었다.

밀 정보원들은 경제적 결함과 여타 문제들이 유대인 공산주의자들의 작품이라는 관념을 넌지시 퍼뜨렸다. 가슴속에 폴란드 민족의 이익을 간직하고 있는 〈좋은〉 공산주의자들과 진정한 소속감은 다른 곳에 둔 나머지(유대인)는 공공연히 구분되었다.

1968년, 체포되거나 제명된 유대인 학생들의 부모와 친척들도 공직이나 학계에서 쫓겨났다. 검사들은 법정에 출두한 학생들과 교수들의 이름과 혈통에 각별히 주목했다. 이러한 과정은 50년대의 슬란스키 재판과 유사 재판들에서 이미 잘 알려진 것이었으나 공산 국가 폴란드에서는 처음이었다. 광포한 반유대주의가 절정에 달했을 때, 신문들은 뉘른베르크 법에서 직접 끌어온 기준으로 유대인을 규정했다. 집권 공산당의 스탈린주의 파벌 중에 전향한 폴란드 파시스트들이 존재한다는 점을 고려하면 이는 그리 놀랄 만한 일도 아니었다.

유대인은 이제 나라를 떠나라는 권유를 받았다. 많은 사람들이 굴욕적인 조건으로 개인적으로 큰돈을 들여 가며 폴란드를 떠났다. 폴란드에 남아 있던 3만 명의 유대인 중 2만 명이 1968년에서 1969년 사이에 출발했고, 남은 사람은 대체로 노인과 미흐니크와 동료 학생들을 포함하여 감옥에서 복역 중이던 젊은이들로 수천 명에 지나지 않았다. 이러한 격변의 수혜자들 중에는 모차르와 그의 지지자들이 있었는데, 이들이 유대인들이 떠나 공석이 된 당과 정부의 직책을 넘겨받았다. 폴란드 유대인 말고도 패배자가 있다면 그 나라의 교육 기관들이었다(교육 기관들은 많은 일류 학자들과 교수들을 잃었다. 유대인이 아니었지만 유대인과 결혼한 코와코프스키도 여기에 포함된다). 고무우카는 자신이 풀어놓은 일이 무엇이었는지 뒤늦게 깨달았고 2년 후에는 그 역시 제거되었다. 그리고 폴란드의 국제적인 평판은 또다시 향후 수년 동안 유대인 소수 민족을 희생시켰다는 사실과 불가분의 관계로 연결되었다.

폴란드의 통치자들이 항의하는 학생들을 상대적으로 쉽게 고립시켜 파괴할 수 있었던 것은 지식인과 불평분자들을 나머지 국민과 성공적으로 분리했기 때문이었다. 이 전략에는 당연한 이야기지만 반유대주의가 유용한 기능을 수행했다. 학생들 스스로 이 점에서 약간의 책임을 져야 할 것이다. 특히 바르샤바 대학교의 항의와 시위에서 가장 두드러진 역할을 담당한 자들은 폴란드 공산당 노멘클라투라의 특혜를 받은 자녀들이었는데, 그들의 관심은 무엇보다 자유언론과 정치적 권리의 문제에 집중되었다. 그들의 적인 신스탈린주의자들이 재빨리 지적해 냈듯이, 바르샤바의 지식인 불평분자들은 노동 대중의 생계에는 그다지 관심을 두지 않았다. 이에 대한 대응으로 폴란드 인민 대중은 유대인과 학생, 특히 유대인 학생의 박해에 애써 무관심했다.

2년이 지난 후인 1970년에 정부가 식품 가격을 30퍼센트 인상하고 그단스크 조선소 노동자들이 항의 파업을 벌였을 때, 답례는 고의는 아니었다고 해도 비극적으로 돌아왔다. 노동자들의 주장을 누구도 지지하지 않았던 것이다. 그렇지만 폴란드의 노동자와 지식인이 당에 도전하려면 상호간의 무관심에 다리를 놓고 정치적인 동맹을 맺을 필요가 있다는 이 시기의 교훈은 조만간, 특히 아담 미흐니크와 야체크 쿠론이 잘 배우고 적용하여 역사적으로 중요한 결과를 낳았다. 최소한 이 점에서는 폴란드의 1968년은 늦기는 했지만 긍정적인 결과를 지녔다. 이웃 나라 체코슬로바키아에 관해서는 똑같은 이야기를 할 수 없었다.

60년대 초의 체코슬로바키아는 민족적 스탈린주의에서 개혁 공산주의로 불편하게 이행하던 잡종이었다. 1950년대의 시범 재판과 숙청은 프라하에는 늦게 당도했으며, 그 충격은 다른 곳보다 더 크기도 했거니와 더욱 오래 유지되었다. 옛 스탈린주의 엘리트의 회귀는 전혀 없었으며, 체코판 고무우카나 카다르도 없었다. 정권의 옹호자들은 굳건하게 자리를 지켰다. 두 개의 조사위원회가 설립되어 슬란스키와 다른 사람들의 재판을 조사했다. 첫 번째 위원회는 1955년부터 1957년까지 존속했고 두 번째는 1962년부터 1963년까지 존속했다. 두 위원회의 목적은 어떻게 해서든 현재의 통제력을 상실하는 일 없이 정권의 최근 범죄를 인정하는 것이었다.

단기적으로 보면 이 목적은 달성되었다. 스탈린주의 재판의 희생자들은 많은 경우 처음에 그들을 비난했던 동일한 정치가와 판사, 검사, 심문자의 명령으로 석방되고 복권되었다. 석방된 자들은 당원증과 약간의 돈, 쿠폰(이를테면 자동차를 살 수 있는 쿠폰)을 받았으며, 몇몇 경우에는 아파트도 돌려받았다. 처와 자식들은 다시 직장을 얻고 학교에 다녔다. 그러나 이렇게 과거의 부정을 사실상 인정했는데도, 스탈린 시대의 당 지도부는 그대로 권력을 잡고 있었다.

프랑스 공산당 지도자 모리스 토레즈처럼, 제1서기 안토닌 노보트니는 흐루쇼프의 예를 따라 소련 독재자를 비난하기 전에 몇 년을 기다리며 바람이 어느 쪽으로 부는지 확인하려 했다. 체코가 격심한 스탈린주의 테러를 경험한 것은 아주 최근의 일이었고 또 매우 극단적으로 이루어졌기 때문에 당 지도자들은 위험을 무릅쓰면서 〈실수〉를 시인하려 하지는 않았다. 그렇게 했다가 1956년 폴란드의 동란, 심지어 헝가리의 동란까지 무색하게 할 결과가 초래될까 봐 두려웠던 것이다. 그리하여 체코슬로바키아에서 탈스탈린주의는 의도적으로 최대한 지연되었다. 프라하를 내려다보는 높은 언덕의 스탈린 기념상은 슬로바키아 수도 브라티슬라바에 있는 더 작은 모사품처럼 1962년 10월까지 손상되지 않았다.[13]

13 반발을 두려워한 사람이 노보트니만은 아니었다. 1963년 4월 5일, 이탈리아 공산당 지도자 팔미로 톨리아티는 비밀리에 편지를 써서 노보트니 일파에게 슬란스키와 다른 재판에 희생된 자들의 복권 소식을 다가오는 이탈리아 선거가 끝날 때까지 지연시켜 달라고 요청했다. 이탈리아 공산당의 우두머리가 잘 이해했듯이, 겨우 10년 전에 있었던 대규모 사법

공산주의 사회 혁명의 결과는 다른 어느 곳보다 체코슬로바키아에서 더 극적으로 감지되었다. 앞서 보았듯이 이는 대체로 체코슬로바키아가 소련의 지배된 다른 모든 나라와 대조적으로 진정으로 발전된 부르주아 사회였기 때문이었다. 체코슬로바키아에서 스탈린주의 테러의 주된 희생자들은 모두 지식인으로 대개 중간 계급 출신이었으며 상당수가 유대인이었다. 체코슬로바키아의 다른 계급들은 그만큼 고초를 겪지 않았다. 노동자들의 사회적 상향 이동은, 아니 더 정확히 말하자면 다른 모든 사람들의 사회적 하향 이동은 체코와 슬로바키아 땅에서 1950년대를 구분하는 특징이었다. 체코슬로바키아의 직업 교육이 아닌 고등 교육에서 노동 계급 자녀들이 차지하는 비율은 1938년에 10퍼센트 미만이었으나 1956년에 31퍼센트로 증가했고 1963년에는 거의 40퍼센트에 달했다. 1960년대 초 체코슬로바키아에서 소득 분배는 유럽의 공산 국가 중에서 가장 평등주의적이었다.

따라서 공산당 지도부는 실로 체코슬로바키아를 1960년의 새로운 헌법이 선언했듯이 〈완전한 사회주의〉로 발전시켰다. 그러나 이러한 업적은 소련의 기준으로도 수용할 수 없을 정도의 불황을 대가로 달성되었다. 그래서 공산당 당국은 1962년 12월에 열린 제12차 당 대회에서 선진적 단계에 이른 사회주의적 발전에 맞게 〈국민 경제를 조정〉하기로, 다시 말해 침체된 경제에 활력을 불어넣기 위해 불가피한 상황을 받아들이고 최소한의 비사회주의적 개혁을 허용하기로 결정했다. 그렇지만 오타 시크와 당의 다른 개혁 경제학자들이 제안한 변화는(이를테면 노동자 장려금을 공식적인 계획이나 목표 생산량의 달성이 아니라 공장의 이윤에 연계하는 것 따위) 당의 강경론자들 사이에서 인기가 없었으며 4년 후인 제13차 당 대회에

살인을 덮어 감추는 데 자신들의 지도자들이 협력했다는 사실에 넌더리를 낼 만한 충분한 이유를 지니고 있던 자들이 체코인들만은 아니었다.

가서야 최종적으로 승인되었다.

그때쯤이면 지도부가 내내 두려워했듯이, 공적인 복권과 스탈린이 저지른 과오의 조심스러운 시인, 온건한 경제 개혁의 가능성 등이 서로 결합되어 당의 공적 생활 통제에 훨씬 더 심각하게 이의를 제기할 수 있는 길이 열렸다. 1963년에 시작된 경제 개혁을 작업 현장의 노동자들이 누구나 다 환영하지는 않았을 것이다. 그러나 스탈린주의의 족쇄가 완화될 가망성이 엿보이자 작가와 교사, 영화감독, 철학자들 사이에서 비판과 희망, 기대가 눈사태처럼 쏟아져 나왔다.

그래서 1963년에 리블리체에서 개최된 작가회의는 프란츠 카프카에게 헌정되었다. 그때까지 카프카는 금기시된 주제였다. 카프카가 독일어로 작품을 쓰는 프라하 출신의 유대인이었기 때문에 보헤미아의 잃어버린 역사를 떠올리게 한다는 것이 이유 중 하나였지만, 무엇보다 카프카의 많은 작품들이 전체주의적 통치 논리가 초래할 결과들을 당혹스러울 정도로 꿰뚫어 보았기 때문이었다. 따라서 카프카에 관한 논의의 허용은 공적 토론을 한층 더 폭넓게 자유화한다는 뜻으로 들렸다. 금지된 작가에 대한 논의에서 살해된 지도자들에 대한 언급까지는 한 걸음도 되지 않았다. 1963년 4월, 복권된 슬로바키아 작가 라디슬라프 노보메스키는 슬로바키아 작가대회에서 슬란스키 재판의 희생자로 〈동지이자 친구〉인 클레멘티스를 공개적으로 칭찬했다. 말하려는 욕구는, 즉 과거에 관해 이야기하려는 욕구는 여전히 조심스러운 〈수정주의적〉 언어로 표현되기는 했지만 이제 무대의 한가운데를 차지했다. 젊은 소설가 밀란 쿤데라가 1963년 6월 프라하의 문화 잡지 『리테라르니 노비니 *Literárni noviny*』에 글을 기고했을 때, 쿤데라의 비판은 체코 문학에 나타났던 스탈린주의적 〈일탈〉과 이 일탈에 관해 진실을 이야기할 필요가 있다는 점에 조심스럽게 한정되었다.

이 시기의 상대적으로 자유로운 분위기는 흐루쇼프의 해빙이 뒤늦게 체코에 파급된 것이었다. 브레즈네프의 쿠데타에 이어 소련의 논조에 변화가 있기는 했지만, 체코슬로바키아의 예술 르네상스는 이따금 검열과 압력으로 방해를 받으면서도 계속해서 발전했다. 외국인들이 보기에 가장 잘 알려진 징후는 몇 년 전만 하더라도 금지되었을 주제들을 조심스럽게 다룬 새로운 영화의 쇄도였다. 이르지 멘젤의 「면밀히 감시된 기차Ostře sledované vlaky」(1966)는 공산당 핵심의 전시 반나치 저항 신화를 조용히 폭로하는 영화로 요세프 슈크보레츠키가(『겁쟁이들Zbabělci』이라는 소설의 저자로, 소설에서 조심스럽게 드러낸 비슷한 주제 덕에 몇 년 후 유명해졌다) 각본을 함께 썼다. 그러나 극작가와 시인, 소설가들은(이들 중 상당수는 쿤데라를 포함하여 이 시기에 시나리오 작가를 겸했다) 훨씬 더 중요한 역할을 수행했다.

1966년 루드비크 바출리크가 출간한 『도끼Sekyra』는 자신의 아버지가 지녔던 공산주의에 대한 이상을, 그리고 그 아들이 이어받은 환멸을 소설적으로 설명했다. 1967년에 다른 작가 라디슬라스 므나치코는 『권력의 맛Ako chuti moc』이라는, 의도를 명백히 드러내는 제목으로 노보트니와 당의 노멘클라투라를 소설 형식으로 대충 위장하여 신랄하게 비판하는 책을 출간했다. 같은 해 쿤데라는 『농담Žert』을 출간했는데, 이 책은 체코슬로바키아의 스탈린주의 세대를 그린 신(新)실존주의적·자전적 소설이었다. 공식적으로는 〈사회주의 건설 시기〉였던 이 기간은 이제 지식인들의 비난을 위한 공정한 시합장이 되었으며, 1967년 여름에 개최된 제4차 체코슬로바키아 작가대회에서 쿤데라와 바출리크, 시인이자 극작가인 파벨 코호우트, 그리고 젊은 극작가 바츨라프 하벨은 당시의 공산당 지도부가 물질적·도덕적 파멸을 초래했다고 공격했다. 이들은 체코슬로바키아의 문학적·문화적 전통으로 되돌아가야 한다고, 체코슬로바키아가 다시 한번 자유 유럽의 중심에서 〈정상적인〉 자리를 되찾아야 한다고 요구했다.

이러한 공격이 체코슬로바키아의 현재 지도부를 넌지시 겨냥하고 있다는 사실은 누구나 분명하게 알았다. 이제 우리가 알고 있듯이, 크렘린 지도부는 분명 프라하의 상황을 이미 다소 걱정스럽게 주시하고 있었다. 브레즈네프는 오랫동안 체코슬로바키아를 바르샤바 조약 기구에서 이데올로기적으로는 가장 신뢰할 수 없는 나라로 여겼다. 프라하 성의 늙어 가는 스탈린주의자들이 그토록 오랫동안 물러서지 않으려 애썼던 이유는 바로 이 점을 잘 알고 있었기 때문이었다. 그들이 1967년에 출현한 지식인 반대파를 확실하게 단속하지 못한 것은 노력이 부족했기 때문이 아니었다. 스탈린주의자들은 두 가지 제약 조건 때문에 망설였다. 한 가지는 최근에 이행된 경제 개혁을 속행해야 할 필요성이었다. 그 개혁은 헝가리 노선에 따라 일정한 개방성과 이견에 대한 관용을 포함했다. 다른 하나는 슬로바키아에서 생겨난 곤란한 문제들이었다.

체코-슬로바키아는(처음에는 이렇게 알려졌다) 언제나 걱정스럽고 불안정한 나라였다. 나라의 남부와 동부에 사는 소수 민족 슬로바키아인 사회는 북서쪽의 체코인들보다 가난했고 농업적이었다. 1918년 헝가리의 지배에서 해방된 슬로바키아인들은 두 대전 사이의 다민족 국가 체코슬로바키아에서 천덕꾸러기였으며 프라하로부터 언제나 좋은 대접을 받지는 못했다. 따라서 많은 슬로바키아 정치 지도자들은 1939년에 나라가 붕괴하고 나치가 후원하는 〈독립〉 괴뢰 국가가 브라티슬라바를 수도로 출현하자 이를 환영했다. 거꾸로 전후 선거에서 공산당 후보들을 지지했던 이들은 도회적이고 사회 민주주의가 우세했던 보헤미아와 모라비아의 체코인들이었던 반면, 가톨릭교도인 슬로바키아인들은 공산당에 냉담했거나 반대했다.

그렇다고 해도 슬로바키아 지역이 공산주의 치하에서 나쁘지는 않았다. 슬로바키아의 지식인들은 부르주아 민족주의나 반공 음모로(혹은 두 가지에 다 해당되어) 공산당의 숙청에 희생되었다. 그리고 여기서 살아남은 소수의 슬로바키아 유대인은 체코의 동료 유대인들과 함께 고초를 겪었다. 그러나 슬로바키아에서 〈부르주아 민족주의자〉와 공산당원, 유대인, 지식인의 숫자는 매우 적었으며 사회에서 심하게 고립되어 있었다. 대부분의 슬로바키아인들은 가난했고 시골에서 일했다. 전후 첫 10년간의 급속한 도시화와 산업화는 그들에게 실질적인 혜택을 가져다주었다. 슬로바키아인들은 체코인들과는 대조적으로 자신들의 운명에 전혀 불만이 없었다.

그러나 1960년 이후 슬로바키아 지역의 분위기는 급변했다. 새로운 〈사회주의〉 헌법으로 지역의 주도권이나 의견에 대한 양보는 이전 헌법 때보다 훨씬 더 적었으며, 전후 재건 시기에 슬로바키아에 부여되었던 자율권은 철회되었다. 그렇지만 대부분의 슬로바키아인들에게 더욱 즉각적인 영향을 미친 것은 경제 침체였다(1964년 무렵 체코슬로바키아의 성장률은 사회주의 진영에서 가장 낮았다). 이 시기 중부 슬로바키아의 중공업은 다른 곳보다 더 심한 타격을 입었다.

1967년 1월 노보트니는 당 전문가들이 권고한, 지체된 경제 개혁을 이행할 예정이었다. 개혁 경제학자들이 권고한 의사 결정 과정의 분산과 지역 자율권의 확대는 브라티슬라바에서 환영받았다. 물론 이윤과 연계된 임금 장려금 같은 일부 개혁 조치들은 슬로바키아의 비효율적인 산업 설비에서 일하는 비숙련 노동자들에게는 전혀 매력이 없으리라고 예상되었다. 그러나 노보트니는 본능적으로 그러한 당의 통제력 완화에 저항했다. 노보트니는 제안된 변화에 수정을 가하자고 권유했다. 그 목적은 중앙계획의 제도를 강화하는 것이었다. 이는 시크와 당의 다른 경제학자들의 제안을 방해했을 뿐만 아니라, 슬로바키아의 견해를 더욱 멀어지게 했다. 슬로바키아의 공산당원들은 이제 연방의 필요성을, 프라하의 늙어 가는 공산당 기관원들과 협력하기가 어려움을 말하기 시작했다. 슬로바키아인 청소원과 건설 노동자, 교사, 점원의 오랜 불만을 반영했던 이들은 다수를 차지한 체코인들이 자신들을 멸시하고 무시한다고 느꼈다. 슬로바키아인들은 스탈린주의의 슬로바키아 공산주의자 숙청뿐만 아니라 오랫동안 잊고 있던 전쟁 이전의 모욕에 대해 이야기했다.

한편 몇 년 만에 처음으로 또 다른 질서의 분란을 암시하는 사건이 있었다. 1967년 10월 31일 프라하 공과대학교에 재학 중이던 일단의 학생들이 기숙사의 전기 공급 단축에 항의하여 스트라호프 지구에서 거리 시위에 나섰다. 그러나 〈더 많은 빛을!〉이라는 그들의 구호는 바로 어려움을 겪고 있는 현지 경제 사정을 넘어 더 많은 뜻을 담은 것으로 해석되었다. 훗날 〈스트라호프 사건〉이라고 부르게 되는 이날의 학생 시위는 경찰의 폭력에 의해 효과적으로 진압되었다. 그러나 이날의 사건은 당시의 긴장된 분위기를 악화시켰다. 공산 국가가 서방 학생들의 분위기에 면역되지 않을 수도 있다는 암시를 주었기에 더욱 그러했다.

폴란드의 고무우카처럼 노보트니도 그러한 도전에 어떻게 대응해야 할지 확신이 없었다. 반유대주의라는 대안을 갖지 못했던 노보트니는 브레즈네프의 도움을 받아 비판자들을 처리하려 했다. 그러나 1967년 12월 프라하에 도착한 소련 지도자는 체코슬로바키아 대통령에게 〈그것은 당신의 일이다〉라고 말하며 적당하다고 생각되는 대로 하라고 매우 모호하게 권고했다. 노보트니의 동료들은 기회를 잡았다. 1968년 1월 5일 체코슬로바키아 공산당 중앙위원회는 알렉산드르 둡체크를 새로운 제1서기로 선출했다.

새로운 인물은 당내 개혁파 출신으로 젊었고(마흔일곱 살로 노보트니보다 열여섯 살이 적었다) 무엇보다 슬로바키아인이었다. 지난 3년 동안 슬로바키아 공산당 지도자였던 둡체크는 많은 사람들에게 믿을 만한 후보로 적당해 보였다. 오랫동안 공산당 기관원이었으며 동시에 개혁을 지지하고 슬로바키아의 분노를 달랠 의사를 지닌 인물이었기 때문이다. 둡체크의 초기 활동을 보면 이러한 해석이 옳았음을 증명하는 것 같았다. 둡체크가 제1서기에 임명된 지 한 달 만에 당 지도부는 중단된 경제 개혁 조치를 무조건 승인했다. 기교를 부릴 줄 모르는 둡체크의 방식은 특히 청년들의 마음을 움직였으며, 당과 〈사회주의〉에 대한 그의 확실한 충성에 근심스럽게 지켜보던 크렘린과 외국의 다른 공산당 지도자들은 한동안 안심했다.

둡체크의 의도가 관찰자들이 보기에 분명하지 않았다면, 이는 둡체크 자신이 어디로 가야 할지 전혀 확신하지 못했기 때문이었을 것이다. 처음에는 이 같은 모호함이 유리하게 작용했다. 여러 파벌들이 둡체크의 지지를 얻기 위해 경쟁했고 그의 영향력을 강화했기 때문이다. 둡체크의 임명 직후 몇 주 동안 프라하에서 열린 대중 집회는 검열의 중단과 언론 자유의 확대, 50년대의 숙청과 노보트니를(당 지도부에서 축출된 후에도 여전히 체코슬로바키아의 대통령으로 있었다) 둘러싼 보수파들의 책임에 대한 성실한 조사를 요구했다. 둡체크는 파도처럼 요동친 대중의 열광을 등에 업고 검열의 완화 요청을 승인했으며 당과 체코 군대에서 노보트니 파의 숙청을 단행했다.

3월 22일 노보트니는 마지못해 사임했고, 일주일 후에 루드비크 스보보다 장군이 대통령직에 올랐다. 그 후 닷새가 지나 중앙위원회는 슬로바키아의 동등한 지위와 자치권, 과거에 희생된 자들의 복권, 정치 제도와 경제 제도의 〈민주화〉를 요구하는 〈실천 강령〉을 채택했다. 당은 강령에 명시된 〈민주공산주의에서 유례없는 실험〉을 공식적으로 승인했다. 그것은 바로 사람들이 흔히 말하는 〈인간의 얼굴을 한 사회주의〉였다. 일정 기간이 지나면(그 문서는 10년간의 이행기를 언급했다), 체코슬로바키아 공산당은 다른 정당들의 출현을 허용하고 그 정당들과 총선거에서 경쟁하게 될 것이었다. 이러한 생각은 독창적이라고 볼 수는 없었지만, 집권 공산당의 공식 기구가 공개적으로 선언했다는 점에서 정치적 지각 변동을 촉발했다. 프라하의 봄이 시작된 것이다.

1968년 봄과 여름에 체코슬로바키아에서 전개된 사건들은 당대의 세 가지 환상에 맞물려 있었다. 첫째는 둡체크가 등장하고 특히 실천 강령이 공개된 후 널리 퍼진 현상으로 작금에 논의되고 있는 자유와 개혁은 〈사회주의적〉(다시 말해 공산주의적) 사업 속으로 편입될 수 있다는 환상이었다. 지금에 와서 과거를 돌아보며 1968년의 학생들과 작가들, 당 개혁가들이 〈진정으로〉 공산주의를 자유주의적 자본주의로 대체하려 했다거나 〈인간의 얼굴을 한 사회주의〉에 대한 그들의 열정이 단순한 수사적 타협이나 습관이었다고 암시하는 것은 잘못이다. 오히려 그 반대였다. 〈제3의 길〉, 즉 개인의 자유와 집단적 목적을 다 존중하는 자유로운 제도와 양립하는 민주사회주의가 존재한다는 생각이 헝가리 경제학자들 못지않게 체코 학생들의 마음도 사로잡았다.

노보트니 세대의 신뢰를 상실한 스탈린주의와 둡체크 시대의 쇄신된 이상주의 사이의 구분은 널리 받아들여졌다.[14] 심지어 당원들이 더 잘 받아들였다. 이르지 펠리칸은 체코의 정치 재판에 관한 세 번째 보고서의(둡체크가 1968년에 의뢰했으나 그의 몰락 이후에 중단되었다) 서문에서 이렇게 말했다. 〈공산당은 엄청난 인기와 신망을 얻었다. 국민은 자발적으로 사회주의에 찬성한다는 입장을 밝혔다.〉[15] 이러한 견해는 아마도 다소 과장되었겠지만 당대의 여론에서 심하게 벗어나지는 않았다. 그리고 이것이 두 번째 환상을 키웠다.

국민이 당이 역사로부터 사회주의를 구출할 수 있다고 믿어 준다

14 1967년 12월, 당원은 체코슬로바키아 주민의 19.6퍼센트를 차지했다. 이 수치는 공산 국가 중에서도 최고로 높은 비율이다.

15 Jiří Pelikán, (ed.), *The Czechoslovak Political Trials. The Suppressed Report of the Dubček Government's Commission of Inquiry, 1968* (Stanford, 1971), p. 17.

면, 당 지도부는 국가에 대한 통제권을 상실하지 않고 이 과업을 해 낼 수 있다고 가정하게 되었다. 4월 18일에 올드르지흐 체르니크가 이끄는 새 정부가 들어섰다. 대규모 군중이 애정과 지지를 보내는 가운데(특히 전통적 노동절 축하 행사로), 고무된 새 정부는 의견의 공적 표현에 대한 거의 모든 형태의 통제를 완화했다. 6월 26일 언론 검열은 공식적으로 폐지되었다. 같은 날, 체코슬로바키아는 체코 사회주의 공화국과 슬로바키아 사회주의 공화국으로 구성되는 진정한 연방 국가가 되리라는 선언이 있었다(이 선언은 1968년 10월 28일에 법으로 확정되었는데, 둡체크의 개혁 중 이후의 탄압에서 살아남은 유일한 것이었다).

그러나 이제 여론에 대한 모든 통제를 완화한 공산당 지도부는 자체적으로 정한 행동 논리를 따르려는 모든 진영으로부터 압력을 받았다. 자유로운 공개 선거를 왜 10년이나 기다려야 하는가? 검열이 폐지된 마당에 어째서 언론 매체에 대한 형식적인 통제와 소유권이 유지되어야 하는가? 6월 27일, 『리테라르니 리스티 Literárny Listy』와 여타 체코의 간행물들에는 〈노동자와 농민, 공무원, 예술가, 학자, 과학자, 기술자〉에 전하는 루드비크 바출리크의 성명서 「2천 낱말 Dva tisíce slov」 선언이 게재되었다. 성명서는 정당의 재건, 개혁의 대의를 보호하고 발전시킬 시민위원회의 결성, 기타 당의 통제에서 벗어나 더 많은 변화를 주도할 제안들을 요구했다. 바출리크는 전투에서 아직 승리하지 않았음을 경고했다. 당내 반동분자들이 특권을 지키기 위해 싸울 것이며 〈우리의 일에 외국군이 개입하려 한다〉는 말이 떠돈다고 했다. 국민은 이들이 더 빨리 움직이는 것을 막아 공산당 내부 개혁가들의 힘을 북돋을 필요가 있었다.

둡체크는 바출리크의 성명서를 그리고 공산당이 권력 독점을 포기해야 한다는 그 함의를 거부했다. 일생 동안 공산당원이었던 둡체크로서는 이와 같은 결정적인 질적 변화(〈부르주아 다원주의〉)를 묵인할 생각이 없었으며, 어쨌든 그럴 필요성을 못 느꼈다. 둡체크에게는 사회주의 체제의 필수 속성이 보존되어야 한다면 근본적인 변화를 이끌 유일하게 적절한 수단은 당뿐이었다. 당의 인기가 높으면 높을수록 더 많은 변화를 안전하게 유도할 수 있었다. 그러나 바출리크의 성명서가 박정하게도 명백히 밝혔듯이, 당의 인기와 신뢰도는 점점 더 당이 변화를 추구할 의지를 얼마나 지녔는지에 의존했는데, 변화는 종국에 당을 권좌에서 내쫓을 것이었다. 공산 국가와 개방된 사회 사이의 단층선은 이제 완전하게 드러났다.

그리고 이번에는 이러한 상황이 1968년 여름에 국민의 관심을 세 번째 환상으로, 그리고 셋 중에서 가장 위험한 환상으로 이끌었다. 그것은 소련을 저지할 수 있다는, 소련의 동지들에게 체코슬로바키아의 사태를 전혀 두려워할 필요가 없음을 납득시킬 수 있다는 둡체크의 확신이었다. 게다가 둡체크는 체코슬로바키아 공산당이 새로 얻은 인기와 다시 활력을 찾은 사회주의적 사업에 대한 믿음의 부활로부터 소련이 무엇이든 얻을 수 있음을 납득시킬 수 있다고 믿었다. 둡체크가 이처럼 치명적으로 헛짚은 이유는 무엇보다 체코 개혁가들이 1956년의 교훈을 결정적으로 오해한 탓이다. 개혁가들이 생각하기에, 너지 임레의 실수는 바르샤바 조약 기구에서 탈퇴하고 헝가리의 중립을 선언한 데 있었다. 체코슬로바키아가 바르샤바 조약 기구에 굳건히 머물러 있고 확실하게 모스크바와 연합하고 있는 한, 레오니트 브레즈네프와 그의 동료들은 분명 자신들을 그대로 내버려 둘 것이었다.

그러나 1968년 소련은 군사적 안정보다는 당의 권력 독점 상실을 더 걱정했다. 일찍이 3월 21일 소련 정치국 회의에서 우크라이나 당 지도자 페트로 셀레스트는 체코슬로바키아의 사례가 자국을 오염시킨다고 불평했다. 셀레스트의 보고에 따르면 프라하에서 전해진 소문이 우크라이나 청년들의 분위기에 해로운 영향을 미쳤다. 폴란드와 동독의 지도자들도 같은 달 드레스덴에서 열린 회의에서 소련의 동료들에게 비슷하게 항의했다(자국 내에 골칫거리를 안고 있던 고무우카는 체코슬로바키아 정권이 폴란드가 반유대주의에 의지했다고 공공연히 비판한 것에 특히 분노했다). 프라하에는 알려지지 않았지만, 국가보안위원회 의장 유리 안드로포프는 이미 〈구체적인 군사적 조치〉가 필요할지도 모른다고 언급했다. 그리고 4월에 소련 국방장관 안드레이 그레츠코는 체코슬로바키아에서 군사 작전을 수행하기 위한 잠정 계획(훗날 〈다뉴브 작전〉이 되었던 초안)의 수립을 조용히 허가했다.

소련은 프라하에서 자유화 조치가 하나씩 취해질 때마다 한층 더 불안해졌다. 둡체크는 이 점을 틀림없이 알았을 것이다. 5월 4일에서 5일 사이에 둡체크와 다른 체코 공산당원들은 모스크바를 방문했고 동구권 지도자들은 그 나라의 사태 전개에 관한 불평의 목록을 제시했다. 그러나 둡체크가 계속해서 당이 모든 것을 통제하고 있으며 체코가 언론의 자유를 얼마나 허용하든 형제 국가로서 의무를 저버리는 일은 없을 것이라고 주장했지만, 이제 체코 군대의 신뢰성은 문제시되고 있었으며 검열을 거치지 않은 체코의 언론은 소련 반체제 인사들의 글을 게재했다. 프라하를 방문하는 러시아 학생들은 이제 고국에서 오래전부터 금지되었던 사람들과 그들의 견해에 관해 읽고 들을 수 있었다. 프라하는 서구로 열린 창문이 되고 있었다.

1968년 7월 소련은 프라하의 사건들이 당의 통제를 벗어나고 있다는 결론에 도달했다. 그리고 실제로 그랬다. 7월 14일 모스크바에서 열린 회의에서 소련과 폴란드, 동독, 불가리아, 헝가리의 당 지도자들은(체코 지도자들은 제외되었다) 형제애에 입각하여 체코슬로바키아 공산당에 반혁명의 위험을 경고하고 필요한 조치의 목록을 제시하는 서한을 보낸다는 데 의견을 같이했다. 〈체코슬로바키아의 상황은 다른 사회주의 국가들에 공통된 치명적인 이해관계를 위태롭게 한다.) 두 주 후, 소련과 체코의 지도자들은 양국 사이의 국경 치에르나나트티소우에서 만났고, 둡체크는 공산당은 개혁을 수행함으로써 당의 지위를 위험에 빠뜨리는 것이 아니라 실제로 대중의 지지를 강화하고 있다고 브레즈네프를 한 번 더 설득하려 노력했다.

소련 지도자는 납득하지 못했을 뿐만 아니라 둡체크의 전망에 점점 더 많은 회의를 느끼며 떠났다. 바르샤바 조약 기구는 체코 국경 근처에서 기동 훈련이 예정되어 있다고 발표했다. 8월 3일 브라티슬라바에서 열린 바르샤바 조약 기구 회의에서(루마니아의 차우셰스쿠는 참석을 거부했다) 브레즈네프는 차후 자신의 이름과 결합될 정책 신조를 제의했다. 〈각국 공산당은 자국에서 마르크스레닌주의와 사회주의의 원리를 자유롭게 적용할 수 있다. 그러나 공산당으로 남아 있고자 한다면 이 원리에서 마음대로 이탈할 수는 없다. ……사회주의 세계 체제의 여러 고리 중 하나를 약화시키는 것은 모든 사회주의 국가에 직접적으로 영향을 미치며, 따라서 그 나라들은 이를 무관심하게 지켜볼 수 없다.〉

이 선언은 크렘린이 어느 사회주의 국가에서든 사회주의에 대한 위협을 막기 위해 예방 조치를 취할 권리가 있다는 주장을 살짝 감추고 있는 것으로 둡체크를 주저하게 할 수도 있었다. 그렇지만 둡체크는 할 수 있는 일이 없었고, 그래서 자국 내의 개혁은 사회주의 체제에 아무런 위협도 되지 않는다는 주장을 고수했다. 8월 13일 둡체크는 의심으로 가득한 브레즈네프와 전화로 대화하면서 자신이 대중의 소련 비판을 억누르려 애쓰고 있으나 〈이 문제는 상부의 지령으로 해결될 수 없다〉고 공들여 설명했다. 만일 둡체크가 체코슬로바키아 공산당 상임 간부회의 동료들 다섯 명이 8월 3일에 러시아인들에게 비밀리에 서한을 보내 체코슬로바키아에서 공산주의 질서에 닥친 위협을 설명하고 군사 개입을 요청했다는 사실을 알았더

라면, 그는 다르게 생각했을 것이다.[16]

소련의 체코슬로바키아 침공 결정은 공식적으로 8월 18일에 가서야 내려졌다. 브레즈네프는 주저했었던 듯하나(승리가 얼마나 쉽든 간에 여파는 골치 아픈 것으로 판명되리라는 점을 직관적으로 알아챘다), 침공은 이미 오래전부터 거의 불가피했다. 소련 지도자들은 다가오는 제14차 체코슬로바키아 공산당 대회에서 당의 개혁파가 결정적으로 권력을 인수하리라고 예상했으며, 체코의 사례가 인접 국가들에 가져올 전염 효과를 정말로 두려워했다. 그레츠코는 소련군 지도자들이 모인 자리에서 침공 결정을 통고하며 이렇게 말했다. 〈제3차 세계 대전이 유발되더라도 침공은 진행될 것이다.〉 그러나 소련 지도자들은 그러한 위험은 전혀 없다는 사실을 완벽하게 알고 있었고, 미국이 베트남 문제로 여력이 없기 때문에 그렇다는 점도 알았다. 꼭 5주 전, 미국과 소련은 핵확산 금지 조약에 서명했다. 미국은 수백만 명의 잘못 인도된 체코인들을 위해 그러한 성과를 위험에 빠뜨릴 생각이 없었다. 그래서 1968년 8월 21일 폴란드와 헝가리, 불가리아, 독일 민주 공화국, 소련의 군대로 편성된 바르샤바 조약 기구 병력이 체코슬로바키아로 진격했다.[17]

침공은 약간의 수동적 저항에 직면했고 특히 프라하에서는 상당히 많은 거리 시위가 침공을 맞이했다. 그러나 체코 정부의 간곡한

16 그 요청은 전혀 자발적이지 않았다. 두 주 전 헝가리의 벌러톤 호수 근처에서 카다르 야노시가 주재한 비밀 회의에서 바실 빌라크(체코슬로바키아 당 지도부 내의 둡체크 반대자의 한 사람)는 셸레스트로부터 소련이 〈초대장〉을 좋아하리라는 조언을 들었다. 이어 나온 『공개서한』은 소련의 〈개입과 전면적인 지원〉을 청하기에 앞서 분명하게 당의 〈통제력 상실〉과 〈반혁명 쿠데타〉의 가능성, 〈사회주의가 처한 위험〉을 언급하고 있다. 그리고 이렇게 끝을 맺는다. 〈우리는 당신들이 우리의 진술을 극비로 다루기를 요청한다. 그리고 그 이유에서 우리는 개인적으로 러시아에로 편지를 쓰고 있다.〉

17 차우셰스쿠가 침공 참여나 바르샤바 조약 기구 군대의 루마니아 영토 통과를 거부했기 때문에, 불가리아 파견대는 대신 우크라이나로 공수되어야 했다. 이 나라들의 참여가 결코 이 사건에 정당성을 부여해 주지는 않았다. 그러나 공격의 책임을 최대한 많은 형제 국가들이 나누어 갖는 것이 중요했으며, 이는 다른 고려 사항들에 우선했다.

만류로 그 외의 반대는 없었다. 비우호적 영접은 소련 지도부에는 다소 놀라운 일이었다. 자신들의 전차가 폭넓은 지지를 받으리라고 기대했기 때문이다. 크렘린은 우선 둡체크와 주요 동료들을 체포하여 비행기에 태워 모스크바로 데려갔고, 그들에게 압박을 가하여 일부 계획을 포기하고 소련의 체코 점령에 동의하는 문서에 서명하도록 했다. 그러나 크렘린 역시 개혁가들이 체코와 슬로바키아 국민의 지지를 얻었음을 부득이 인정하지 않을 수 없었으며, 적어도 당분간은 그들이 체코슬로바키아를 공식적으로 관리하도록 허용해야 했다. 달리 행동하는 것은 명백히 신중하지 못한 처사였다.

그럼에도 프라하 개혁에 대한 탄압은(후에 알려진 바로는 〈정상화〉) 거의 즉각적으로 시작되었다. 차기 당 대회는 취소되었고 검열이 재도입되었으며 실천 강령의 이행에 관한 모든 논의가 종결되었다. 소련 지도자들 사이에서 프라하에 군사 독재를 강요하는 방안이 상당한 지지를 얻었다. 안드로포프와 셸레스트뿐만 아니라 독일 민주 공화국의 발터 울브리히트, 불가리아의 토도르 지프코프, 폴란드의 고무우카도 이 방안을 선호했다. 그러나 브레즈네프는 그 방안을 채택하는 대신 둡체크를 몇 달 더 집무하게 하고 체코슬로바키아를 연방 국가로 재편하는 일을 속행하도록 하면서(슬로바키아인들의 주된 요구에 양보함으로써 그들을 더 과격한 체코인들로부터 분리하려는 의도였다) 일이 어떻게 진행되는지 관찰하고자 했다. 그동안 만일에 대비하여 바르샤바 조약 기구 군대가 주둔해야 했다.

이따금 개혁을 옹호하는 학생 시위가 있었고, 보헤미아와 모라비아의 공업 도시들에서는 짧은 기간이나마 1956년의 헝가리 모델에 따른 노동자위원회 연락망이 출현했다(절정기인 1969년 1월, 이 위원회들은 비록 슬로바키아에서는 매우 약했지만 전국 노동력의 6분의 1을 대표한다고 주장했다). 그리고 카렐 대학교의 스무 살 난 학생 얀 팔라흐가 자살했다. 팔라흐는 소련의 침공과 이후의 결과에 항의하며 프라하의 바츨라프 광장에 있는 국립박물관 계단 위에서 분신했다. 팔라흐는 사흘을 버티다가 1969년 1월 19일에 화상으로 사망했다. 1월 25일에 거행된 장례식은 팔라흐와 체코슬로바키아의 잃어버린 민주주의를 위한 국민적 애도의 순간이었다.

이후 민주주의에 찬성하는 시위자들이(체코슬로바키아가 아이스하키 시합에서 소련을 물리친 다음에) 거리로 쏟아져 나왔으며, 크렘린은 이를 둡체크를 제거할 기회로 이용하여 1969년 4월 17일 과거에 둡체크의 동료였던 구스타프 후사크를 내세워 정권을 교체했다. 후사크는 슬로바키아인이자 이전 재판의 희생자였기에(스탈린 시절에 〈민족주의〉 때문에 투옥된 적이 있었다) 스탈린주의로 회귀했다는 비난을 유발하지 않고도 개혁주의 이단의 땅을 정화할 수 있는 이상적인 후보였다. 뒤이은 탄압은 과거보다는 덜 강압적이었으나 고도로 효율적이었다. 공개 재판은 삼갔지만 이후 2년 동안 체코슬로바키아 공산당에서 〈신뢰할 수 없는〉 분자들은 모두 숙청되었다(제명된 자들 중 열에 아홉은 체코인이었다). 프라하의 봄에 활동했거나 활약이 두드러졌던 남녀는 〈면담〉을 해야 했고 자신들의 행동을 비난하고 둡체크의 개혁을 거부하는 진술서에 서명하라는 요구를 받았다. 대부분이 서명했다. 거부한 자들은 직업을 잃었으며 친척들과 자녀들과 함께 사회적으로 추방당했다. 그때까지 가장 큰 희생자 집단은 당 내외를 막론하고 근자에 가시적인 역할을 수행했던 자들로, 기자와 텔레비전 아나운서, 평론가, 소설가, 극작가, 영화감독, 학생 지도자 등이었다.[18]

지식인들을 〈선별〉하여 숙청하는 일은 대개 희생자들의 동료였던

---

18 1989년 이후, 정상화 시절에 체코 비밀경찰이 그 나라의 유대인을 감시하기 위해 특별 부대를 설립했다는 사실이 밝혀졌다. 이는 당대의 폴란드뿐만 아니라 체코슬로바키아 자체의 과거가 반영된 것이기도 했다. 둡체크의 주요 동료들 중 단 한 사람만이 그의 행동을 비난하는 소련의 문서에 서명하지 않았는데, 이를 당국이 놓칠 리 없었다. 그 사람은 그 집단에서 유일한 유대인이었던 프란티셰크 크리에겔이었다.

하급 관료와 경찰, 당 관료가 담당했다. 이들의 목적은 사소한 자백을 받아 내는 것이었다. 희생자들에게 죄를 뒤집어씌우려는 것이 아니라 굴욕감을 주고 그로써 성가신 집단의 자발적인 복종을 끌어내는 데 협조를 얻기 위한 것이었다. 그 메시지는 이 나라가 1968년에 집단적으로 정신병을 앓았으며 거짓 예언자들이 그 증상인 〈히스테리〉를 이용했고 따라서 국민을 확실하게 바른 길로 인도할 필요가 있다는 것이었다. 그 과정은 소비재라는 당근과 감시의 편재라는 채찍으로 이행되어야 했다.

폭력의 위협은 당연히 언제나 잠재해 있었지만, 실제로 폭력이 행사되는 일이 드물었다는 사실은 집단적 굴욕감을 더 키우기만 했다. 체코슬로바키아는 1938년과 1948년에 그랬듯이 다시 한번 자신들의 패배에 공모자가 되고 있었다. 1972년이면 시인과 극작가는 보일러를 청소하고 유리창을 닦았으며 대학 강사들은 벽돌을 쌓았고 훨씬 더 성가셨던 그들의 학생들은 퇴학당했다. 경찰의 서류철은 쓸 만한 〈자백〉들로 가득했고, 개혁 공산주의자들은 협박을 받았거나 망명했다. 정상화 조치의 한 희생자가 신랄하게 표현한 대로, 〈질서가 회복되었다〉.[19]

공산 진영 전역에서 항의의 파문이 일었다. 1968년 8월 25일 체코슬로바키아 점령에 항의하는 붉은 광장 시위대 중에는 파벨 리트비노프(스탈린의 외무장관의 손자)와 라리사 다니엘(투옥된 소련 소설가의 부인)이 있었다. 체코슬로바키아 침공에 참여했던 동유럽 군대는 자신들이 서독이나 미국의 침략자들에 맞서 그 나라를 보호하고 있다고 믿게 되었다. 나중에 그 부대의 일부는 조용히 철수해야 했는데, 그들에 대한 신뢰는, 특히 슬로바키아를 점령한 헝가리 부대에 대한 신뢰는 심각하게 훼손되었다. 앞서 보았듯이, 폴란드에서

---

19 Milan Šimečka, *Obnovení Pořádku*(질서의 회복), (Bratislava, 1984—지하 출판). 8천 명의 체코인과 슬로바키아인이 소련 침공에 뒤이어 망명했다.

도 프라하의 억압은 학생들의 시위를 촉발한 동시에 시위를 진압하는 당국의 힘도 강화했다. 1969년 4월, 라트비아의 수도 리가에서 유대인 학생 일리야(엘리야후) 립스는 소련의 둡체크 처리에 세간의 이목을 끌기 위해 분신했다. 그때까지 소련 진영에서도 가장 친(親)러시아 국민들에 속했던 체코인과 슬로바키아인의 태도는 이제 냉정한 묵종의 자세로 변하여 돌이킬 수 없게 되었다.

그러나 이 모든 것을 억누르기는 쉬웠다. 크렘린은 사회주의 형제 국가들은 오직 제한된 주권만을 지녔으며 당의 권력 독점이 잘못되면 군사적 개입이 초래된다는 자신들의 주장을 관철했다. 국내외의 인기 상실은 안정을 위해 치러야 할 작은 대가였다. 그래야만 차후 안정이 보장될 것이었다. 1968년 이후 소련 지역의 안전은 필요하면 무력을 이용하겠다는 모스크바의 의지가 새롭게 평가됨으로서 확고하게 보증되었다. 그러나 공산주의의 기초가 대중의 동의나 개혁된 공산당의 정통성, 나아가 역사의 교훈이라는 주장은 이때 이후로 결코 가능하지 않았다. 그리고 이 점이 체코인들에게 1968년이 가져다 준 진정한 교훈이었다. 그리고 다른 모든 사람들도 곧 그렇게 느끼게 된다.

프라하의 개혁 운동은 창자까지 다 빼내져 매우 쓴맛을 보았다. 가장 열광적으로 숙청을 주도했던 자들은 불과 몇 달 전까지 가장 큰 목소리로 둡체크에 열광했던 자들이었다. 공산당의 주요 개혁가 중 한 사람이었던 즈데네크 믈리나르시는 이렇게 썼다. 〈1968년 프라하의 봄이 지난 후에야 누가 어떤 인물인지 알아볼 수 있었다.〉처음에는 둡체크가, 그다음으로는 공산당이, 그리고 마지막으로 전 사회가 소련의 상위 군주들과 그들이 고용한 현지인들 앞에 그토록 쉽게 굴복했다는 사실은 단지 굴욕에 그치지 않았다(12년 전의 헝가리와 노골적으로 비교되었다). 개혁 시대 자체의 이상과 희망 전체를 소급하여 회의적으로 바라보게 만들었던 것이다.

훗날 믈리나르시는 소련군 부대가 체코 당 지도자들의 회의장에 난입하고 정치국원들 뒤로 한 사람에 한 명씩 병사가 도열했던 1968년 8월 21일의 기억을 반추하며 이렇게 회상했다. 〈그 순간에 우리가 지녔던 사회주의 개념은 끝장났다. 그러나 동시에 사회주의는 우리의 등 뒤에서 겨누고 있는 자동화기와 어떤 식으로든 직접적으로 연관되어 있다는 사실을 우리는 알게 되었다.〉 바로 그러한 연관 관계가 1956년 헝가리에서 일어난 비극보다 훨씬 더 공산주의의 역사에 결정적인 전환점을 가져왔다.

공산주의를 개혁할 수 있다는 환상, 스탈린주의는 잘못된 길로 들어섰으며 여전히 교정될 수 있는 실수라는 환상, 민주적 다원주의의 핵심적 이상이 마르크스주의의 집산주의 구조와 양립할 수 있다는 환상. 이러한 환상들은 1968년 8월 21일에 전차에 짓밟혔고 다시 회복되지 못했다. 알렉산드르 둡체크와 그의 실천 강령은 시작이 아니라 끝이었다. 과격파나 개혁가들은 집권 공산당이 자신들의 열망을 실행하거나 자신들의 계획을 채택하기를 전혀 기대하지 않았다. 동유럽의 공산주의는 계속 비틀거렸으며 외국의 차관과 러시아의 총검의 결합이라는 있을 법하지 않은 결합으로 유지되었다. 썩어 가던 송장은 1989년에 가서야 마침내 완전히 사라진다. 그러나 공산주의의 정신은 20년 전인 1968년 프라하에서 죽었다.

60년대는 어디서나 나쁘게 끝났다. 전후 오랫동안 지속된 성장과 번영의 한 주기가 종결되면서 신좌파의 수사법과 계획도 소멸했다. 탈산업 사회의 소외와 현대적 삶의 비정한 성격에 관한 낙관적 강조는 사라지고 대신 곧 일자리와 임금이 새롭게 주목받았다.[20] 동유럽

---

20 베이비붐 세대에는 전혀 고용이 부족하지 않았다. 일자리를 찾는 일이 점점 더 어려워질 때 고용 시장에 진입한 자들은 그 직후의 세대로 1953년 이후에 태어난 집단이었다. 그 세대의 정치가 눈에 띄게 달랐던 것은 놀라운 일이 아니다.

에서 60년대가 주는 메시지는 이제 더는 〈체제〉 내부에서 활동할 수 없다는 것이었다. 철의 장막 양쪽에서 환상은 일소되었다. 진짜 과격파만이 정치적 합의 밖에 머물겠다는 결심을 고수했다. 이 약속은 미국과 라틴 아메리카에서 그랬듯이 독일과 이탈리아에서도 과격파를 비밀 활동과 폭력, 범죄로 이끌었다.

60년대의 실질적인 성과는 단기적으로는 상당히 빈약해 보였다. 열여덟 살 젊은이들이 영국에서 처음으로, 이어 다른 곳에서도 투표권을 얻었다. 대학은 시설과 교과 과정을 개선하고 학생의 요구에 좀 더 열린 자세로 대응하려 노력했지만 성공은 확실하지 않았다. 다음 10년간 거의 어디에서나 이혼과 낙태, 피임이 쉬워졌고, 성적 행위에 대한 규제는 묘사에서든 실행에서든 대체로 사라졌다. 이탈리아 노동자들은 1970년 5월의 노동자법Statuto dei Lavoratori으로 부당한 해고에 맞서 보호받을 권리를 얻었다. 모든 것을 고려할 때 이러한 변화들은 유럽 사회에 근본적인 문화적 변형을 가져왔다. 그렇지만 그것은 1968년 세대의 구호와 행동에 나타난 〈혁명〉은 전혀 아니었다.[21]

실제로 그 혁명은 처음부터 자멸적이었다. 〈소비자 문화〉를 경멸하고 혐오한다고 했던 운동은 수사적 표현과 실천 사이의 큰 괴리를 보이며 시초부터 문화적 소비의 대상이었다. 〈세계를 바꾸겠다〉는 의도를 과감하게 선포한 파리나 베를린 사람들은 편협한 망상, 나아가 육체적인 강박에 심하게 빠진 사람들인 경우가 많았으며, 뒤이은 10년간의 유아론적 〈자기중심적 정치me politics〉를 미리 보여 주듯이 자신들의 영향력을 관조하는 데 열중했다. 〈60년대〉는 채 지나가기도 전에 숭배의 대상이 되었다.

---

21 60년대의 격변은 스페인에서만 진정한 정치적 변혁을 예고했다. 그곳에서는 사회적 저항의 시기가 70년대 중반까지 지속되다가 의회민주주의 회복 운동과 혼합되었다. 이 이야기는 16장에서 다루겠다.

그러나 만일 60년대가 결국 어떤 애도도 없이 불후의 기념물도 남기지 않고 지나갔다면, 이는 아마도 그 10년간 나타난 변화가 매우 포괄적이어서 자연스럽고도 (70년대 초가 되면) 완전히 정상적으로 보였기 때문일 것이다. 그 10년의 출발점에서 유럽은 노인들에 의해 노인들을 위해(그렇게 보였다) 움직였다. 권위는 침실이나 가정, 거리, 교육 기관, 언론, 정치 그 어디서든 아무런 의문 없이 인정되었다. 그러나 10년 안에 노인들은(처칠, 아데나워, 드골) 모두 죽었다. 권위는 사회생활 대부분의 영역에서 물러나야 했거나 인정된 경우에도 공격을 받았다. 프랑스와 이탈리아 등 일부 지역에서는 이행이 매우 극적이었다. 또 다른 곳에서는, 아마 영국의 경우일 텐데, 이행은 수년에 걸쳐 이루어졌으며 그 중요성도 나중에 회고할 때에야 완전하게 평가할 수 있었다.[22]

1960년대가 정치의식이 고양된 시기였다는 사실은 그 시대의 자기기만이었다. 〈모든 사람〉, 다시 말해 적어도 스물다섯 살 아래로 교육 기관에 다니며 급진적 사상에 이끌린 모든 사람은 거리로 뛰쳐나왔고 하나의 대의를 위해 동원되었다. 따라서 대의의 축소는, 그리고 다가오는 미래의 동원 해제는, 돌이켜 보건대 광적인 정치 활동의 10년에 실패의 분위기를 덧씌운다. 그러나 60년대는 실제로 몇 가지 중요한 점에서 그 반대 이유로 극히 중요했던 10년이었다. 반으로 나뉜 대륙의 양쪽 유럽인들 모두가 이데올로기 정치에서 결정적으로 이탈한 순간이었기 때문이다.

---

22 1963년 영국의 프러퓨모 사건 Profumo Affair은(몇 달 동안 그 나라를 집어삼켰던 섹스와 계급, 약물, 인종, 정치, 스파이의 여러 얼굴을 가진 추문으로 사람들을 즐겁게 했다) 몇 년 뒤였다면 생각할 수 없었을 것이다. 몰락한 엘리트의 작은 과오는 음란한 관심을 어느 정도 계속 불러일으킬 수 있었지만, 60년대가 지난 후에는 충격을 주지 못했다(1963년 전쟁 장관이었던 존 프러퓨모가 짧은 기간 동안 크리스틴 켈러라는 쇼걸과 관계를 가졌다는 소문이 퍼졌다. 더군다나 켈러는 소련 대사관 해군 무관인 예프게니 이바노프와도 관계를 가진 것으로 알려졌다. 프러퓨모는 하원에서 부적절한 관계는 없었다고 거짓 증언했다가 결국 사임했고 해럴드 맥밀런 정부에 치명적인 타격을 입혔다 ─ 옮긴이주).

그러므로 60년대 세대는 그토록 정력적으로 혁명적 전통의 언어와 상징을 소생시키려 노력했지만, 그 세대의 구호와 계획은 혁명적 전통을 깨우기는커녕 이제 와서 보건대 혁명적 전통의 장송곡일 수 있다. 동유럽 〈수정주의〉의 막간극과 그 비극적 대단원은 마르크스주의가 하나의 실천적 운동으로서 지녔던 최후의 환상을 쫓아 버렸다. 서방의 마르크스주의 이론과 유사 마르크스주의 이론들은 지역의 현실과 어떤 관계도 맺지 않은 채 희망에 부풀었다. 그럼으로써 장래에 중요한 공적 논의에서 역할을 수행할 자격을 스스로 박탈했다. 1945년에 우익 과격파는 정치적 표현의 합법적인 매개자로서의 신뢰를 잃었다. 1970년 좌익 과격파는 그 점에서 우익 과격파를 철저하게 모방했다. 180년에 걸친 유럽의 이데올로기 정치는 종언을 고하고 있었다.

사진 출처

1부 전후 시대 1945~1953

1면, 위(베르겐벨젠의 시신): George Rodger/Time Life/Getty Images; 아래(소련의 보복, 1946): AKG Images.

2면, 위(미하일로비치 재판, 1946): John Philips/Time Life/Getty Images; 아래(프랑스의 보복, 1944): Bettmann/Corbis.

3면, 위(석탄 부족, 런던, 1947): Harry Todd/ Fox Photos/Getty Images; 아래(복지 부스, 런던, 1946): Topical Press Agency/Getty Images.

4면, 위(마셜 원조 설탕 도착): Edward Miller/Keystone/Getty Images; 가운데(마셜 원조, 그리스): Bettmann/Corbis; 아래(카툰, 마셜 원조를 거부하는 소련): Alain Gesgon/CIRIP.

5면, 위(체코 쿠데타, 1948): Bettmann/Corbis; 가운데(유고슬라비아의 티토, 1948): Walter Sanders/Time Life/Getty Images; 아래(베를린 봉쇄, 1948): AKG Images.

6면, 위(쉬망, 베빈, 애치슨):Keystone/Getty Images; 아래(아이를 안은 스탈린): Wostok Press.

7면, 위(베를린 봉기, 1953): AKG Images; 가운데(러이크 재판, 1949): Bettmann/Corbis; 아래(굴라크의 노동자들, 1949-53); Wostok Press.

8면, 위(레닌그라드의 사르트르, 1954): AFP/Getty Images; 아래(라디오 자유 유럽을 방문한 아롱, 1952): Archives familiales, Raymond Aron, Radio Free Europe.

2부 번영과 불만 1953~1971

1면, 위(소련의 흐루쇼프): Wostok Press; 가운데(너지, 틸디, 말레터): AFP/Getty Images; 아래(베를린 장벽 건설, 1961): AKG Images.

2면: 위(〈마리아 브라운의 결혼〉 포스터): Ronald Grant Archive; 아래(아데나워와 베를린 장벽, 1961): AKG Images.

3면, 위(인도네시아에서 물러나는 네덜란드, 1949): Magnum/Henri Cartier Bresson; 아래(프랑스 포로들, 인도차이나, 1954): Gamma/J. C. Labbe Collection/Katz Pictures.

4면, 위(수에즈 시위, 1956): ECPAD; 가운데(권력을 잡은 드골, 1958): Loomis Dean/Time Life/Getty Images; 아래(비밀 군사 조직 포스터): Alain Gesgon/CIRIP.

5면, 위(콩고에서 떠나는 벨기에인들, 1960): Gamma/Keystone/Katz Pictures; 아래(비키가 묘사한 영국 제국, 1962): Vicky/Evening Standard 6. 12. 1962/Center for the Study of Cartoons & Caricature, University of Kent.

6면, 위(체코슬로바키아의 자동차, 1959): Bettmann/Corbis; 가운데(영국의 자동차와 여인들, 1960): Magnum/Bruce Davidson; 아래(해변의 바르도): George W. Hales/Getty Images.

7면, 위(도시 계획, 글래스고, 1953): Haywood Magee/Getty Images; 가운데(테디 보이들, 1955): Popperfoto; 아래(비틀스, 1964): John Leonard/Time Life/Getty Images.

8면, 위(프랑스 학생들의 파업, 1968): Magnum/Bruno Barbey; 가운데(이탈리아 노동자들의 파업, 1969): Bettmann/Corbis; 아래(프라하의 봄, 1968): Battmann/Corbis.

추천 도서

    제2차 세계 대전 이후에 출간된 유럽에 관한 문헌의 양은 엄청날 뿐더러, 유럽 자체가 그렇듯이 문헌의 양 또한 꾸준히 팽창해 왔다. 여기에 올린 목록은 영어로 쓰인 책들 중 내가 가장 흥미롭게 생각하고 『전후 유럽』을 쓰는 데 도움을 받은 것들을 모아 놓은 것에 불과하다. 나는 최대한 독자들이 참조하거나 구매할 수 있을 것 같은 책에 한정해서 목록을 작성했다. 마찬가지 이유로 나는 회고록과 동시대의 몇몇 조사 보고서 외에는 주요 참고 문헌도 수록하지 않았고, 다른 언어로 출판된 책들도 목록에 올리지 않았다.

    이 도서 목록은 크게 세 부분으로 나뉜다. 첫 번째는 특정 국가나 지역을 연구한 책들과 현대 유럽사를 다룬 책들을 올렸다. 두 번째는 냉전과 이민, 문화와 예술 등 여러 가지 일반적인 주제들로 나뉘어 있다. 세 번째 부분에는 각 장별로 서술에 정보를 얻거나 크게 도움을 받은 책들을 올렸다.

    이런 식으로 서지 목록을 정리하면 불가피하게 내용이 겹친다. 그래서 냉전기의 프랑스 지식인에 대해 더 많이 알고 싶은 독자들은 〈프랑스〉, 〈냉전〉, 〈유럽과 미국〉, 〈지성인과 사상〉뿐만 아니라 2장 〈문화 전쟁〉이라는 표제 아래 실린 책들을 참조할 수 있을 것이다. 이와 비슷하게, 전후 유럽의 경제사에 대해 더 알고 싶은 독자들은 〈역사 일반〉, 〈경제〉, 〈유럽 연합〉뿐만 아니라 경제사가 강조된 여러

장, 특히 3장, 10장, 14장의 표제 아래 실린 책들을 찾아보면 도움을 얻을 수 있을 것이다. 나는 『전후 유럽』이 학생들과 전문가들에게 유용한 가이드가 되기를 희망하듯이 여기에 실린 추천 도서들도 그렇기를 바란다. 그렇지만 이 목록은 기본적으로 일반 독자를 염두에 두고 작성한 것이다.

역사 일반

Ambrosius, Gerold, and William H. Hubbard. *A Social and Economic History of Twentieth-Century Europe*. Cambridge, MA: Harvard University Press, 1989.

Blanning. T. C. W. *The Oxford History of Modern Europe*. Oxford: Oxford University Press, 2000.

Bore, Pim den, Peter Bugge, Ole Wæver, Kevin Wilson, and W. J. van der Dussen. *The History of the Idea of Europe*. Maidenhead, UK: Open University Press, 1995.

Brubaker, Rogers. *Citizenship and Nationhood in France and Germany*. Cambridge, MA: Harvard University Press, 1992.

Bullock, Alan. *Hitler and Stalin: Parallel Lives*. London: Rontana Press, 1998.

Chirot, Daniel. *The Origins of Backwardness in Eastern Europe: Economics and Politics from the Middle Ages Until the Early Twentieth Century*. Berkeley: University of California Press, 1989.

Cipolla, Carlo M. *The Fontana Economic History of Europe*. Hassocks, UK: Harvester Press, 1976.

_____. *The Twentieth Century*, Hassocks, UK: Harvester Press, 1977.

Cook, Chris, and John Paxton. *European Political Facts, 1918-90*. New York: Facts on File, 1992.

Crampton, R. J. *Eastern Europe in the Twentieth Century and After*. London: Routledge, 1997.

Crouzet, Maurice. *The European Renaissance since 1945*. New York: Harcourt Brace Jovanovich, 1970.

Davis, J. *People of the Mediterranean: An Essay in Comparative Social Anthropology*. London: Routledge & K. Paul, 1977.

Deighton, Anne. *Building Postwar Europe: National Decision-Makers and European Institutions, 1948-63*. New York: St. Martin's Press, 1995.

Dunn, John. *The Cunning of Unreason: Making Sense of Politics*. New York: Basic Books, 2000.

Fejtö, François. *A History of the People's Democracies: Eastern Europe Since Stalin*. New York: Praeger, 1971.

Ferguson, Niall. *The Cash Nexus: Money and Power in the Modern World, 1700—2000*. New York: Basic Books, 2001.

Garton Ash, Timothy. *History of the Present: Essays, Sketches, and Dispatches from Europe in the 1990s*. New York: Random House, 1999.

Gillis, John R. *Youth and History: Tradition and Change in European Age Relations, 1770-Present*. New York: Academic Press, 1981.

Glenny, Misha. *The Rebirth of History: Eastern Europe in the Age of Democracy*. London: Penguin Books, 1990.

Glover, Jonathan. *Humanity: A Moral History of the Twentieth Century*. London: J. Cape, 1999.

Graubard, Stephen Richards. *Eastern Europe-Central Europe-Europe*. Boulder, CO: Westview Press, 1991.

Gress, David, *Peace and Survival: West Germany, the Peace Movement, and European Security*. Stanford, CA.: Hoover Press, 1985.

Hitchcock, William I. *The Struggle for Europe: The Turbulent History of a Divided Continent, 1945 to the Present*. New York: Anchor Books, 2004.

Hobsbawm, E. J. *The Age of Extremes: A History of the World, 1914—1991*. New York: Pantheon Books, 1994.

_____. *Nations and Nationalism sicne 1780*. New York: Cambridge University Press, 1992.

Horn, Gerd-Rainer, and Padraic Kenney. *Transnational Moments of Change: Europe 1945, 1968, 1989*. Lanham, MD: Rowman & Littlefield, 2004.

Jackson, Gabriel. *Civilization & Barbarity in 20th-Century Europe*. Amherst, NY: Humanity Books, 1999.

James, Harold. *Europe Reborn: A History, 1914-2000*. Harlow, UK: Pearson Longman, 2003.

Johnson, Lonnie. *Central Europe: Enemies, Neighbors, Friends*. New York: Oxford University Press, 2002.

Kaldor, Mary. *The Disintegrating West*. New York: Hill and Wang, 1978.

Kennedy, Paul M. *The Rise and Fall of the Great Powers: Economic Change and Military Conflict from 1500 to 2000*. New York: Vintage Books, 1989.

Keylor, William R. *A World of Nations: The International Order since 1945*. New York: Oxford University Press, 2003.

Lange, Peter, George Ross, and Maurizio Vannicelli. *Unions, Change, and Crisis:*

French and Italian Union Strategy and the Political Economy, 1945–1980. London : Allen and Unwin, 1982.

Liberman, Peter. *Does Conquest Pay? The Exploitation of Occupied Industrial Societies.* Princeton: Princeton University Press, 1996.

Lichtheim, George. *Europe in the Twentieth Century.* London: Phoenix Press, 2000.

Magocsi, Paul R. *Historical Atlas of Central Europe.* Seattle: University of Washington Press, 2002.

Magris, Claudio. *Danube.* New York: Farrar, Straus, Giroux, 1989.

Marrus, Michael Robert. *The Unwanted: European Refugees in the Twentith Century.* Philadelphia: Temple University Press, 2002.

Mazower, Mark. *Dark Continent: Europe's Twentieth Century.* New York: Knopf, 1999.

Mény, Yves, and Andrew Knapp. *Government and Politics in Western Europe: Britain, France, Italy, Germany.* New York: Oxford University Press, 1998.

Mitchell, B. R. *European Historical Statistics, 1750–1975.* New York: Facts on File, 1980.

Naimark, Norman M. *Fires of Hatred: Ethnic Cleansing in Twenties-Century Europe.* Cambridge, MA: Harvard University Press, 2001.

Okey, Robin. *Eastern Europe, 1740–1985: Feudalism to Communism.* London: Hutchinson, 1986.

Overy, R. J. *Why the Allies Won.* New York: W. W. Norton, 1996.

Paxton, Robert O. *Europe in the Twentieth Century.* Belmont, CA: Thomson Wadsworth, 2005.

Pollard, Sidney. *European Economic Integration, 1815–1970.* London: Thames and Hudson, 1974.

Postan, Michael Moisse. *An Economic History of Western Europe.* London: Methuen, 1967.

Power, Samantha. *A Problem from Hell: America and the Age of Genocide.* New York: Basic Books, 2002.

Rakowska-Harmstone, Teresa. *Communism in Eastern Europe.* Bloomington, IN: Indiana University Press, 1984.

Reynolds, David, *One World Divisible: A Global History since 1945.* New York: W. W. Norton, 2000.

Roberts, J. M. *A History of Europe.* New York: Allan Lane, 1997.

Rothschild, Joseph, *Return to Diversity: A Political History of East Central Europe since World War II.* New York: Oxford University Press, 2000.

Rupnik, Jacques. *The Other Europe*. London: Weidenfeld & Nicholson, 1988.

Schöpflin, George. *Politics in Eastern Europe, 1945-1992*. Oxford: Blackwell, 1993.

Snyder, Timothy. *The Reconstruction of Nations: Poland, Ukraine, Lithuania, Belarus, 1569-1999*. New Haven: Yale University Press, 2003.

Stokes, Gale. *From Stalinism to Pluralism: A Documentary History of Eastern Europe since 1945*. New York: Oxford University Press, 1995.

Teich, Mikuláš, and Roy Porter. *The National Question in Europe in Historical Context*. New York: Cambridge University Press, 1993.

Urwin, Derek W. *A Political History of Western Europe since 1945*. New York: Longman, 1997.

van der Wee, Herman. *Prosperity and Upheaval: The World Economy, 1945-1980*. Berkeley: University of California Press, 1986.

Verheyen, Dirk, and Christian Søe. *The Germans and Their Neighbors*, Boulder, CO: Westview Press, 1993.

Walicki, Andrzej. *Marxism and the Leap to the Kingdom of Freedom: The Rise and Fall of the Communist Utopia*. Stanford, CA: Stanford University Press, 1995.

Watson, Peter. *A Terrible Beauty: A History of the People and Ideas That Shaped the Modern Mind*. London: Weidenfeld & Nicolson, 2000.

Weinberg, Gerhard L. *A World at Arms: A Global History of World War II*. New York: Cambridge University Press, 1994.

Wolf, Eric R. *Peasant Wars of the Twentieth Century*. Norman, OK: University of Oklahoma Press, 1999.

Wolff, Larry. *Inventing Eastern Europe: The Map of Civilization on the Mind of the Enlightenment*. Stanford, CA: Stanford University Press, 1994.

Zeman, Z. A. B. *The Making and Breaking of Communist Europe*. Oxford: Blackwell, 1991.

국가별 추천 도서

오스트리아와 스위스

Bader, William B. *Austria Between East and West, 1945-1955*. Stanford, CA: Stanford University Press, 1966.

Bischof, Günter, and Anton Pelinka. *Austro-corporatism: Past, Present, Future*. New Brunswick, NJ : Transaction Publishers, 1996.

Bouvier, Nicolas, Gordon Graig, and Gossman, Lionel. *Geneva, Zurich, Basel: History, Culture & National Identity*. Princeton: Princeton University Press, 1994.

Clute, Robert Eugene. *The International Legal Status of Austria, 1938-1955*. The

Hague: M. Nijhoff, 1962.

Fossedal, Gregory A. *Direct Democracy in Switzerland.* New Brunswick, NJ: Transaction Publishers, 2002.

Jelavich, Barbara. *Modern Austria: Empire and Republic, 1815-1986.* Cambridge: Cambridge University Press, 1987.

Pauley, Bruce F. *From Prejudice to Persecution: A History of Austrian Antisemitism,* Chapel Hill: University of North Carolina Press, 1992.

Pick, Hella. *Guilty Victim: Austria from the Holocaust to Haider.* London: I. B. Tauris, 2000.

Steinberg, Jonathan. *Why Switzerland?* Cambridge: Cambridge University Press, 1996.

Sully, Melanie A. *The Haider Phenomenon.* New York: East European Mongraphs, 1997.

Wodak, Ruth, and Anton Pelinka. *The Haider Phenomenon in Austria.* New Brunswick, NJ: Transaction Publishers, 2002.

Ziegler, Jean. *The Swiss, the Gold, and the Dead: How Swiss Bankers Helped Finance the Nazi War Machine.* New York: Penguin Books, 1999.

발칸 국가들과 터키

Altmann, Franz-Lothar, and Judy Batt. *The Western Balkans: Moving On.* Paris: Institute for Security Studies, European Union, 2004.

Bell, John D. *The Bulagrian Communist Party from Blagoev to Zhivkov.* Stanford, CA: Hoover Press, 1986.

Crampton, R. J. *The Balkans since the Second World War.* New York: Longman, 2002.

_____. *A Concise History of Bulgaria.* Cambridge: Cambridge University Press, 2005.

Glenny, Misha. *The Balkans: Nationalism, War and the Great Powers, 1804-1999.* London: Penguin Books, 2001.

Griffith, William E. *Albania and the Sino-Soviet Rift.* Cambridge, MA: MIT Press, 1963.

Hockenos, Paul. *Homeland Calling: Exile Patriotism and the Balkan Wars.* Ithaca, NY: Cornell University Press, 2003.

Iatrides, John, ed. *Greece in the 1940s: A Nation in Crisis.* Hanover, MA: University Press of New England, 1981.

Jelavich, Barbara. *History of the Balkans.* Cambridge: Cambridge University Press,

1983.

Malcomson, Scott L. *Borderlands—Nation and Empire.* Boston: Farber and Farber, 1994.

Mazower, Mark. *After the War Was Over: Reconstructing the Family, Nation, and State in Greece, 1943-1960.* Princeton, NJ: Princeton University Press, 2000.

_____. *Insice Hitler's Greece: The Experience of Occupation, 1941-44.* New Haven: Yale University Press, 1993.

_____. *The Balkans: A Short History.* New York: Modern Library, 2000.

_____. *Greece and the Inter-War Economic Crisis.* Oxford: Clarendon Press, 1991.

McNeill, William Hardy. *The Metamorphosis of Greece since World War II.* Chicago: University of Chicago Press, 1978.

Stavrou, Theofanis George, and John R. Lampe, *Redefining Southeastern Europe: Political Challenges and Economic Opportunities.* Munich: Südosteuropa-Gesellschaft, 1998.

Todorova, Maria Nikolaeva. *Balkan Identities: Nation and Memory.* New York: New York University Press, 2004.

White, Jenny B. *Islamist Mobilization in Turkey: A Study in Vernacular Politics.* Seattle: University of Washington Press, 2003.

Zürcher, Erik Jan. *Turkey: A Modern History.* London: I. B. Tauris, 2004.

베네룩스 국가들

Blom, J. C. H., and Emiel Lambrechts, eds. *History of the Low Countries.* New York: Berghahn Books, 1999.

Donaldson, Bruce. *Dutch. A Linguistic History of Holland and Belgium.* Leiden: Nijhoff, 1983.

Fitzmaurice, John. *The Politics of Belgium: A Unique Fedralism.* Boulder, CO: Westview Press, 1996.

Fox, Renée C. *In the Belgian Château: The Spirit and Culture of a European Society in an Age of Change.* Chicago: I. R. Dee, 1994.

Gladdish, Ken. *Governing from the Center: Politics and Policy-Making in the Netherlands.* De Kalb: Northern Illinois University Press, 1991.

Kossmann, E. H. *The Low Countires.* Oxford: Oxford University Press, 1978.

Mommen, André. *The Belgian Economy in the Twentieth Century.* London: Routledge, 1994.

van der Zee, Henri A. *The Hunger Winter: Occupied Holland, 1944-1945.* Lincoln: University of Nebraska Press, 1998.

체코슬로바키아

August, Fantisek, and David Rees. *Red Star Over Prague*. London: Sherwood Press, 1984.

Golan, Galia. *Reform Rule in Czechoslovakia: The Dubcek Era, 1968-1969*. Cambridge: Cambridge University Press, 1973.

King, Jeremy. *Budweisers Into Czechs and Germans: A Local History of Bohemian Politics, 1848-1948*. Princeton: Princeton University Press, 2002.

Klíma, Ivan, and Paul R. Wilson. *The Spirit of Prague and Other Essays*. New York: Granta Books, 1995.

Krejcí, Jaroslav. *Social Change and Stratification in Postwar Czechoslovakia*. London: Macmillan, 1972.

Sayer, Derek. *The Coasts of Bohemia: A Czech History*. Princeton: Princeton University Press, 1998.

Steiner, Eugen. *The Slovak Dilemma*. Cambridge: Cambridge University Press, 1973.

프랑스

Agulhon, Maurice. *The French Republic, 1879-1992*. Oxford: Balckwell, 1993.

Avril, Pierre. *Politics in France*. Harmondsworth, UK: Penguin Books, 1969.

Burrin, Philippe. *France Under the Germans: Collaboration and Compromise*. New York: The New Press, 1996.

Campbell, Peter. *French Electoral Systems and Elections since 1789*. London: Faber, 1965.

Cerny, Philip G. *Social Movements and Protest in France*. New York: St. Martin's Press, 1982.

Cerny, Philip G., and Martin Schain. *French Politics and Public Policy*. New York: St. Martin's Press, 1980.

Chapman, Herrick. *State Capitalism and Working-Class Radicalism in the French Aircraft Industry*. Berkeley: University of California Press, 1990.

Cleary, M. C. *Peasants Politicians, and Producers: The Organisation of Agriculture in France since 1918*. Cambridge: Cambridge University Press, 1989.

Crozier, Michel. *The Bureaucratic Phenomenon*. Chicago: University of Chicago Press, 1964.

Dyer, Colin L. *Population and Society in Twentieth-Century France*. New York: Holmes & Meier, 1978.

Flynn, Gregory. *Remaking the Hexagon: The New France in the New Europe*. Boulder, CO: Westview Press, 1995.

Forsé, Michel, et al. *Recent Social Trends in France, 1960-1990*. Frankfurt: Campus Verlag, 1993.

Hazareesingh, Sudhir. *Political Traditions in Modern France*. Oxford: Oxford University Press, 1994.

Hoffmann, Stanley. *Decline or Renewal? France since the 1930s*. New York: Viking Press, 1974.

_____, ed. *In Search of France*. Cambridge, MA: Harvard University Press, 1963.

Jennings, Jeremy. *Syndicalism in France: A Study of Ideas*. New York: St. Martin's Press, 1990.

Keeler, John T. S. *The Politics of Neo-Corporatism in France: Farmers, the States, and Agricultural Policy-Making in the Fifth Republic*. New York: Oxford University Press, 1987,

Larkin Maurice. *France since the Papular Front: Government and People, 1936-1996*. Oxford: Clarendon Press, 1997.

MacRae, Duncan. *Parliament, Parties, and Society in France, 1946-1958*. New York: St. Martin's Press, 1967.

Marceau, Jane. *Class and Status in France: Economic Change and Social Immobility, 1945-1975*. Oxford: Clarendon Press, 1977.

McMilan, James F. *Twentieth-Century France: Politics and Society, 1898-1991*. London: E. Arnold, 1992.

Rioux, Jean-Pierre. *The Fourth Republic, 1944-1958*. Cambridge: Cambridge University Press, 1987.

Serfaty, Simon. *France, De Gaulle, and Europe: The Policy of the Fourth and Fifth Republics Toward the Continent*. Baltimore: Johns Hopkins University Press, 1968.

Suleiman, Ezra N. *Politics, Power, and Bureaucracy in France: The Administrative Elite*. Princeton: Princeton University Press, 1974.

독일

Ahonen, Pertti. *After the Expulsion: West Germany and Eastern Europe, 1945-1990*. Oxford: Oxford University Press, 2003.

Bark, Dennis L., and David Gress. *A History of West Germany. Vols. I and II*. Oxford: Blackwell, 1993.

Calleo, David P. *The German Problem Reconsidered: Germany and the World Order, 1870 to the Present*. Cambridge: Cambridge University Press, 1978.

Craig, Gordon Alexander. *Germany, 1866-1945*. New York: Oxford University Press, 1978.

Dennis, Mike. *German Democratic Republic: Politics, Economics, and Society.* London: Pinter Publishers, 1988.

Fritsch-Bournazel, Renata. *Confronting the German Question: Germans on the East-West Divide.* Oxford: Berg, 1988.

Fulbrook, Mary. *The Divided Nation: A History of Germany, 1918-1990.* New York: Oxford University Press, 1992.

Glatzer, Wolfgang, et al. *Recent Social Trends in West Germany, 1960-1990.* Frankfurt: Campus Verlag, 1992.

Moeller, Robert. *War Stories. The Search for a Usable Past in the Federal Republic of Germany.* Berkely: University of California Press, 2003.

Nicholls, Anthony James. *The Bonn Republic: West German Democracy, 1945-1990.* London: Longman, 1997.

Pulzer, Peter G. J. *German Politics, 1945-1995.* New York: Oxford University Press, 1995.

Richie, Alexandra. *Faust's Metropolis: A History of Berlin.* New York: Carroll & Graf, 1998.

Stern, Fritz Richard. *Dream and Delusions: The Drama of German History.* New Haven, Yale University Press, 1999.

Turner, Henry Ashby. *Germany from Partition to Reunification.* New Haven: Yale University Press, 1992.

헝가리

Berend, Ivan. *The Hungarian Economic Reforms, 1953-1988.* New York: Cambridge University Press, 1988.

Gati, Charles. *Hungary and the Soviet Bloc.* Durham, NC: Duke University Press, 1986.

Heinrich, Hans-Georg. *Hungary: Politics, Economics, and Society.* Boulder, CO: L. Rienner, 1986.

Hoensch, Jörg K. *A History of Modern Hungary, 1867-1994.* London: Longman, 1996.

Kovrig, Bennett. *Communism in Hungary: From Kun to Kádár.* Stanford, CA: Hoover Press, 1978.

Tökés, Rudolf. *Hungary's Negotiated Revolution: Economic Reform, Social Change and Political Succession, 1957-1990.* Cambridge: Cambridge University Press, 1996.

이탈리아

Ben-Ghiat, Ruth. *Fascist Modernities: Italy, 1922-1945.* Berkely: University of California Press, 2001.

Bosworth, R. J. B. and Patrizia Dogliani. *Italian Fascism: History, Memory, and Representation.* New York: St. Martin's Press, 1999.

Clark, Nartin. *Modern Italy, 1871-1995.* London: Longman, 1996.

De Grand, Alxander J. *The Italian Left In the Twentieth Century: A History of trhe Socialist and Communist Parties.* Bloomington: Indiana University Press, 1989.

Doumanis, Nicholas. *Italy.* London: Hodder Arnold, 2001.

Ginsborg, Paul. *A History of Contemporary Italy: Society and Politics, 1943-1988.* London: Penguin Books, 1990.

_____. *Italy and Its Discontents: Family, Civil Society, State, 1980-2001.* New York: Palgrave/Macmillan, 2003.

Kogan, Norman. *A Political History of Italy: The Postwar Years.* New York: Praeger, 1983.,

Mack Smith, Denis. *Modern Italy: A Political History.* Ann Arbor: University of Michigan Press, 1997.

McCarthy, Patrick. *The Crisis of the Italian State: From the Origins of the Cold War to the Fall of Berlusconi and Beyond.* New York: St. Martin's Press, 1997.

Miller, James Edward. *The United States and Italy: The Politics and Diplomacy of Stabilization.* Chapel Hill: University of North Carolina Press, 1986.

Putnam, Robert. *Making Democracy Work: Civic Traditions in Modern Italy.* Princeton: Princeton University Press, 1993.

Sasson, Donald. *Contemporary Italy: Economy, Society, and Politics since 1945.* New York: Longman, 1997.

Zamagni, Vera. *The Economic History of Italy, 1860-1990.* Oxford: Clarendon Press, 1993.

폴란드

Davies, Norman. *Heart of Europe: A Short History of Poland.* Oxford: Oxford University Press, 1986.

Garton Ash, Timothy. *The Polish Revolution: Solidarity.* New Haven: Yale University Press, 2002.

Gomlka, Stanislaw, and Antony Polonsky. *Polish Paradoxes.* London: Routledge, 1991.

Gross, Jan T. *Polish Society Under German Occupation: The General gouverne-*

ment, 1939-1944. Princeton: Princeton University Press, 1979.

Quinn, Frederick. *Democracy at Dawn: Notes from Poland and Points East.* College Station: Texas A&M University Press, 1998.

Schatz, Jaff. *The Generation: The Rise and Fall of the Jewish Communists of Poland.* Berkeley: University of California Press, 1991.

Toranska, Teresa. *"Them": Stalin's Polish Puppets.* New York: Harper & Low, 1987.

Zamoyski, Adam. *The Polish Way: A Thousand-Year History of the Poles and Their Culture.* New York: F. Watts, 1988.

루마니아

Boia, Lucian. *History and Myth in Romanian Consciousness.* Budapest: Central European University Press, 2001.

Deletant, Dennis. *Communist Terror in Romania: Gheorgiu-Dej and the Police State, 1948-1965.* New York: St. Martin's Press, 2000.

_____. Ceausecu and the securitate: Coercion and *Dissent in Romania, 1965—1989.* Armonk, NY: M. E. Sharpe, 1995.

Fischer-Galati, Stephen. *Twentieth-Century Romania.* Columbia University Press, 1991.

Ionescu, Ghita. *Communism in Rumania, 1944-1962.* New York: Oxford University Press, 1964.

Mitu, Sorin. *National Identity of Romanians in Transylvania.* Budapest: Central European Unversity Press, 2001.

Shafir, Michael. *Romania, Politics, Economics, and Society: Political Stagnation and Simulated Change.* Boulder, CO: L. Rienner Publishers, 1985.

Tismaneanu, Vladimir. *Stalinism for All Seasons: A Political History of Romanian Communism.* Berkeley: University of California Press, 2003.

Verdery, Katherine. *National Ideology Under Socialism: Identity and Cultural Politics in Ceausescu's Romania.* Berkeley: University of California Press, 1991.

_____. *Transylvanian Villagers: Three Centuries of Political, Economics, and Ethnic Change.* Berkeley: University of California Press, 1983.

스페인과 포르투갈

Aguilar, Paloma. *Memory & Amnesia: The Role of the Spanish Civil War in the Transition to Democracy.* New York: Bergahn Books, 2002.

Boyd, Carolyn P. *Historia Patria; Politics, History, and National Identity in Spain, 1875-1975.* Princeton: Princeton University Press, 1997.

Carr, Raymond, and Juan Pablo Fusi. *Spain: Dictatorship to Democracy*. London: Allen & Unwin, 1981.

Gallagher, Tom. *Portugal: A Twentieth-Century Interpretation*. Manchester: Manchester University Press, 1983.

Guirao, Fernando. *Spain and the Reconstruction of Western Europe, 1945-57*: Challenge and Response. New York: St. Martin's Press, 1998.

Herr, Richard. *An Historical Essay on Modern Spain*. Berkeley: University of California Press, 1974.,

Hooper, John. *The New Spaniards*. London: Penguin Books, 1995.

Kinder, Marsha. *Blood Cinema: The Reconstruction of National Identity in Spain*. Berkeley: University California Press, 1993.

Payne, Stanley G. *Politics and Society in Twentieth-Century Spain*. New York: New Viewpoints, 1976.

Pérez-Díaz, Víctor. *Spain at the Crossroads: Civil Society, Politics, and the Rule of Law*. Cambridge, MA: Harvard University Press, 1999.

Pinto, Antonio Costa. *Salazar's Dictatorship and European Fascism: Problems and Perspectives of Interpretation*. Boulder, CO: Social Science Monographs, 1994.

Preston, Paul. *The Politics of Revenge: Fascism and the Miltary in Twentieth-Century Spain*. New York: Routledge, 1995.

_____, *Spain in Crisis: The Evolution and Decline of the Franco Régime*. Hassocks, UK: Harvester Press, 1976.

영국과 아일랜드

Addison, Paul. *Now the War Is Over: A Social History of Britain, 1945-51*. London: Jonathan Cape, 1985.

Barnett, Correlli. *The Audit of War: The Illusion and Reality of Britain as a Great Nation*, London: Macmillan, 1986.

Benson, John. *The Rise of Consumer Society in Britain, 1880-1980*. London: Longman, 1994.

Coogan, Tim Pat. *The IRA*. New York: Palgrave, 2002.

Hennessy, Peter. *Never Again: Britain, 1945-1951*. New York: Pantheon Books, 1993.

McKibbin, Ross. *Classes and Cultures: England, 1918-1951*. Oxford: Oxford University Press, 1998.

McKittrick, David. *Making Sense of the Troubles*. New York: New Amsterdam Books, 2002.

Morgan, Kenneth O. *The People's Peace: British History, 1945-1989*. Oxford:

Oxford University Press, 1990.

Parliamentary Reform 1933-1960: A Survey of Suggested Reforms. London: Published for Hansard Society by Cassell, 1961.

Patterson, Henry. *Ireland Since 1939.* Oxford: Oxford University Press, 2002.

Porter, Roy. *London: A Social History.* Cambridge, MA: Harvard University Press, 1995.

Reynolds, David. *Britannia Overruled: British Policy and World Power in the Twentieth Century.* London: Longman, 1991.

Sked, Alan, and Chris, Cook. *Post-War Britain: A Political History.* New York: Penguin Books, 1990.

Woodhouse, C. M. *British Foreign Policy since the Second World War.* New York: Praeger, 1962.

Young, Hugo. *This Blessed Plot: Britain and Europe from Churchill to Blair.* Wood-stock, NY: Overlook Press, 1999.

소련/러시아

Amalrik, Andrei. *Will the Soviet Union Survive Until 1984?* New York: Penguin Books, 1980.

Applebaum, Anne. *Gulag: A History.* New York: Doubleday, 2003.

Bardach, Janusz. *Surviving Freedom: After the Gulag.* Berkeley: University of California Press, 2003.

Butenko, I. A., and Kirill Razlogov. *Recent Social Trends in Russia, 1960-1995.* Montreal, McGill-Queen's University Press, 1997.

Deutscher, Isaac. *Russia After Stalin.* Indianapolis: Bobbs-Merrill, 1969.

Dobb, Maurice Herbert. *Soviet Economic Development since 1917.* New York: International Publishers, 1967.

Hosking, Geoffrey A. *Church, Nation, and State in Russia and Ukraine.* New York: St. Martin's Press, 1991.

_____. *The First Socialist Society: A History of the Soviet Union from Within.* Cambridge, MA: Harvard University Press, 1990.

Keep, John L. H. *Last of the Empires: A History of the Soviet Union, 1945-1991.* Oxford: Oxford University Press, 1995.

King, Charles. *The Moldovans: Romania, Russia, and the Politics of Culture.* Stanford, CA: Hoover Institution Press, 2000.

Kotkin, Stephen. *Magnetic Mountain: Stalinism as a Civilization.* Berkeley: University of California Press, 1995.

Malia, Martin E. *The Soviet Tragedy: A History of Socialism in Russia, 1917-1991.* New York: Free Press, 1994.

McAuley, Mary. *Soviet Politics, 1917-1991.* Oxford: Oxford University Press, 1992.

Nove, Alec. *An Economic History of the USSR, 1917-1991.* New York: Penguin Books, 1992.

Petrone, Karen. *Life has Become More Joyous, Comrades: Celebrations in the Time of Stalin.* Bloomington: Indiana University Press, 2000.

Polian, P. M. *Against Their Will: The History and Geography of Forced Migrations in the USSR.* Budapest: Central European University Press, 2004.

Reid, Anna. *Borderland: A Journey Through the History of Ukaine,* Boulder, CO: Westview Press, 1999.

Rosenberg, William G., and Marilyn Blatt Young. *Transforming Russia and China: Revolutionary Struggle in the Twentieth Century.* New York: Oxford University Press, 1982.

Schapiro, Leonard. *The Communist Party of the Soviet Union.* New York: Random House, 1970.

Suny, Ronald Grigor. *The Soviet Experiment; Russia, the USSR and the Successor States.* New York: Oxford University Press, 1998.

Wilson, Andrew. *The Ukrainians: Unexpected Nation.* New Haven: Yale University Press, 2002.

Yakovlev, A. N., Anthony Austin, and Paul Hollander. *A Century of Violence in Soviet Russia.* New Haven: Yale University Press, 2002.

유고슬라비아

Allcock, John B. *Explaining Yugoslavia.* New York: Columbia University Press, 2000.

Carter, April. *Democratic Reform in Yugoslavia: The Changing Role of the Party.* London: Frances Pinter, 1982.

Dedijer, Vladimir. *The Battle Stalin Lost: Memoirs of Yugoslavia, 1948-1953.* New York: Viking Press, 1970.

Drakulić, Slavenka. *How We Survived Communism and Even Laughed.* London: Hutchinson, 1992.

Judah, Tim. *The Serbs: History, Myth, and the Destruction of Yugoslavia.* New Haven: Yale University Press, 2000.

Lampe, John R. *Yugoslavia as History: Twice There Was a Country.* New York: Cambridge University Press, 2000.

_____. *Yugoslav-American Economic Relations since World War II.* Durham, NC:

Duke University Press, 1990.

Malcome, Noel. *Kosovo: A Short History*. New York: New York University Press, 1998.

Ron, James. *Frontiers and Ghettos; State Violence in Serbia and Israel*. Berkeley: University of California Press, 2003.

Tanner, Marcus. *Croatia: A Nation Forged in War*. New Haven: Yale University Press, 2001.

Unfinished Peace: Report of the International Commission on the Balkans. Washington D. C.: Carnegie Endowment, 1996.

Wachtel, Andrew. *Making a Nation, Breaking a Nation: Literature and Cultural Politics in Yugoslavia*. Stanford, CA: Stanford University Press, 1998.

West, Rebecca. *Black Lamb and Grey Falcon: The Record of a Journey Through Yugoslavia in 1937*. London: Melbourne Macmillan, 1968.

주제별 추천 도서

냉전

Cronin, James E. *The World the Cold War Made: Order, Chaos and the Return of History*. New York: Routledge, 1996.

Dockrill, M. L. *The Cold War, 1945-1963*. Atlantic Highlands, NJ: Humanities Press International, 1988.

FitzGerald, Frances. *Way out There in the Blue: Reagan, Star Wars, and the End of the Cold War*. New York: Simon & Schuster, 2000.

Gaddis, John Lewis. *The Long Peace: Inquiries Into the History of the Cold War*. New York: Oxford University Press, 1987.

_____. *We Now Know: Rethinking Cold War History*. Oxford: Oxford University Press, 1997.

Gray, William Glenn. *Germany's Cold War: The Global Campaign to Isolate East Germany, 1949-1969*. Chapel Hill: University of North Carolina Press, 2003.

Gress, David. *From Plato to NATO: The Idea of the West and its Opponents*. New York: Free Press, 1998.

Halle, Louis Joseph. *The Cold War as History*. New York: HarperPerennial, 1991.

Hanhimäki, Jussi, and O. A. Westad, eds. *The Cold War: A History in Documents and Eyewitness Accounts*. New York: Oxford University Press, 2003.

Isaacs, Jeremy, and Taylor Downing. *Cold War: An Illustrated History, 1945-1991*. Boston: Little, Brown & Co., 1998.

Leffler, Melvyn P., and David S. Painter. *Origins of the Cold War: An International*

History. London: Routledge, 2005.

Murphy, David E., Sergei A. Kondrashev, and George Bailey. *Battleground Berlin: CIA vs. KGB in the Cold War.* New Haven: Yale University Press, 1997.

Weiler, Peter, *British Labour and the Cold War.* Stanford, CA: Stanford University Press, 1988.

Zubok, V. M., and Konstantin Pleshakov. *Inside the Kremlin's Cold War: From Stalin to Khrushchev.* Cambridge, MA: Harvard University Press, 1996.

문화와 예술

Aldgate, Anthony, James Chapman, and Arthur Marwick. *Windows on the Sixties: Exploring Key Texts of Media and Culture.* London: I. B. Tauris, 2000.

Bartov, Omer. *The "Jew" in Cinema: From The Golem to Don't Touch my Holocaust.* Bloomington: Indiana University Press, 2005.

Blécourt, Willem de, and Owen Daives. *Witchcraft Continued: Popular Magic in Modern Europe.* Manchester University Press, 2004.

Carroll, David. *French Literary Fascism: Nationalism, Anti-Semitism, and the Ideology of Culture.* Princeton: Princeton University Press, 1995.

Chudo, Alicia. *And Quiet Flows the Vodka, or, When Pushkin Comes to Shove: The Curmudgeon's Guide to Russia Literature and Culture, with the Devil's Dictionary of Received Ideas, Alphabetical Reflection on the Loathsomeness of Russia, American Academia, and Humanity in General.* Evanston, IL: Northwestern University Press, 2000.

Clark, Katerina. *Petersburg, Crucible of Cultural Revolution.* Cambridge, MA: Harvard University Press, 1995.

Cohn, Ruby. *From Desire to Godot: Pocket Theater of Postwar Paris.* Berkeley: University of California Press, 1987.

Dalle Vacche, Angela. *The Body in the Mirror: Shapes of History in Italian Cinema.* Princeton: Princeton University Press, 1992.

Demetz. Peter. *After the Fires: Recent Writing in the Germanies, Austria, and Switzerland.* San Diego: Harcourt Brace Jovanovich, 1992.

Dennis, David B. *Beethoven in German Politics, 1870–1989.* New Haven: Yale University Press, 1996.

Durgnat, Raymod. *A Mirror for England: British Movies from Austerity to Affluence.* New York: Praeger, 1971.

Ellwood, David W., Rob Kroes, and Gian Piero Brunetta. *Hollywood in Europe: Experiences of a Cultural Hegemony.* Amsterdam: Free University Press, 1994.

Fehrenbach, Heide. *Cinema in Democratizing Germany: Reconstructing National Identity After Hitler.* Chapel Hill: University of North Carolina Press, 1995.

Figes, Orlando. *Nathasha's Dance: A Cultural History of Russia.* New York: Metropolitan Books, 2002.

Forrester, Sibelan E. S., Magdalena J. Zaborowska, and Elena Gapova. *Over the Wall/After the Fall: Post-Communist Cultures Through an East-West Gaze.* Bloomington, Indiana University Press, 2004.

Goetz-Stankewicz, Marketa. *Dramacontemporary: Czechoslovakia.* New York: Performing Arts Journal Publications, 1985.

Hanák, Péter. *The Garden and the Workshop: Essay on the Cultural History of Vienna and Budapest.* Princeton: Princeton University Press, 1998.

Haraszti, Miklós. *The Velvet Prison: Artists Under State Socialism.* New York: Basic Books, 1987.

Harker, David. *One for the Money: Politics and Popular Song.* London: Hutchinson, 1980.

Hewison, Robert. *Culture and Consensus: England, Art and Politics since 1940.* London: Methuen, 1995.

_____. *In Anger: British Culture in the Cold War, 1945-60.* New York: Oxford University Press, 1981.

_____. *Too Much: Art and Society in the Sixties, 1960-75.* New York: Oxford University Press, 1987.

Insdorf, Annette. *Indelible Shadows: Film and the Holocaust.* New York: Cambridge University Press, 2003.

Kaes, Anton. *From Hitler to Heimat: The Return of History as Film.* Cambridge, MA: Harvard University Press, 1989.

Laqueur, Walter, and George L. Mosse. *Literature and Politics in the Twentieth Century.* New York: Harper & Low, 1967.

Marks, Steven G. *How Russia Shaped the Modern World: From Art to Anti-Semitism, Ballet to Bolshevism.* Princeton: Princeton University Press, 2003.

Marwick, Arthur. *The Sixties: Cultural Revolution in Britain, France, Italy, and the United States, c. 1958-c. 1974.* Oxford: Oxford University Press, 1998.

Nepomnyashchy, Catharine Theimer. *Abram Tertz and the Poetics of Crime.* New Haven: Yale University Press, 1995.

O'Flaherty, Kathleen Mary Josephine. *The Novel in France, 1945-1965: A General Survey.* Cork, IE: Cork University Press, 1973.

Poiger, Uta G. *Jazz, Rock, and Rebels: Cold War Politics and American Culture in a Divided Germany.* Berkeley: University of California Press, 2000.

Rearick, Charles. *The French in Love and War: Popular Culture in the Era of the World Wars.* New Haven: Yale University Press, 1997.

Roman, Denise. *Fragmented Identities: Popular Culture, Sex, and Everyday Life in Post-Communist Romania.* Lanham, MD: Lexington Books, 2003.

Sorlin, Pierre. *European Cinemas, European Societies, 1939-1990.* New York: Routledge, 1991.

Strinati, Dominic, and Stephen Wagg. *Come on Down?: Popular Media Culture in Post-War Britain.* London: Routledge, 1992.

Suleiman, Susan Rubin, and Éva Forgács. *Contemporary Jewish Writing in Hungary: An Anthology.* Lincoln: University of Nebraska Press, 2003.

경제

Armstrong, Philip, Andrew Glyn, and John Harrison. *Capitalism since 1945.* Oxford: Basil Blackwell, 1991.

Bardou, Jean-Pierre. *The Automobile Revolution: The Impact of an Industry.* Chapel Hill: University of North Carolina Press, 1982.

Berend, T. Iván, and György Ránki. *Economic Development in East-Central Europe in the Nineteenth and Twentieth Centuries.* New York: Columbia University Press, 1974.

Crafts, N. F. R., and Gianni Toniolo. *Economic Growth in Europe since 1945.* Cambridge: Cambridge University Press, 1996.

Eichengreen, Barry J. *Europe's Postwar Recovery.* Cambridge: Cambridge University Press, 1995.

Flora, Peter, et al. *State, Economy, and Society in Western Europe, 1815-1975: A Data Handbook in Two Volumes.* Frankfurt: Campus Verlag, 1983.

Floud, Roderick, and Deirdre N.McCloskey. *The Economic History of Britain since 1700.* New York: Cambridge University Press, 1994.

Giersch, Herbert, and Holger Schmieding. *The Fading Miracle: Four Decades of Market Economy in Germany.* New York: Cambridge University Press, 1992.

Gourevitch, Peter Alexis. *Politics in Hard Times: Comparative Pesponses to International Economic Crises.* Ithaca, NY: Cornell University Press, 1986.

Hobsbawm, E. J., and Chris Wrigley. *Industry and Empire: From 1750 to the Present Day.* New York: The New Press, 1999.

James, Harold. *International Monetary Cooperation since Bretton Woods.* Washington, D. C.: IMF, 1996.

Kaplan, Jacob, and Günther Schleiminger. *The European Payments Union: Financial Diplomacy in the 1950s.* Oxford: Clarendon Press, 1989.

Kaser, Michael Charles, and E. A. Radice, eds. *The Economic History of Eastern Europe, 1919-1975.* Oxford: Clarendon Press, 1985.

Maier, Charles S. *In Search of Stability: Explorations in Historical Political Economy.* New York: Cambridge University Press, 1987.

Marglin, Stephen A., and Juliet Schor. *The Golden Age of Capitalism: Reinterpreting the Postwar Experience.* Oxford: Clarendon Press, 1990.

Mills, Dennis R. *English Rural Communities: The Impact of a Specialised Economy.* London: Macmillan, 1973.

Milward, Alan S. *The European Rescue of the Nation-State.* Berkeley: University of California Press, 1992.

Nove, Alec. *The Economics of Feasible Socialism Revisited.* London: HarperCollins Academic, 1991.

Reich, Simon. *The Fruits of Fascism: Postwar Prosperity in Historical Perspective.* Ithaca, NY: Cornell University Press, 1990.

Tsoukalis, Loukas. *The New European Economy: The Politics and Economics of Integration.* New York: Oxford University Press, 1993.

Williams, Allan M. *The Western European Economy: A Geography of Post-War Development.* New York: Taylor & Francis, 1988.

유럽 연합

Asbeek Brusse, Wendy. *Tariffs, Trade, and European Integration, 1947-1957: From Study Group to Common Market.* New York: St. Martin's Press, 1997.

Bainbridge, Timothy, and Anthony Teasdale. *The Penguin Companion to European Union.* New York: Penguin Books, 1995.

Gillingham, John. *European Integration, 1950-2003: Superstate or New Market Economy?* Cambridge: Cambridge University Press, 2003.

Henderson, W. O. *The Genesis of the Common Market.* Chicago: Quadrangle Books, 1963.

Josselin, Daphne. *Money Politics in the New Europe: Britain, France and the Single Financial Market.* Houndmills, UK: Macmillan Press, 1997.

Lipgens, Walter, and Wilfried Loth. *Documents on the History of European Integration.* Berlin: De Gruyter, 1985.

Moravcsik, Andrew. *The Choice for Europe: Social Purpose and State Power from Messina to Maastricht.* Ithaca, NY: Cornell University Press, 1998.

Nelson, Brian, David Roberts, and Walter Veit. *The European Community in the 1990s: Economics, Politics, Defense.* New York: Berg, 1992.

Stirk, Peter M. R. *European Unity in Context: The Interwar Period.* New York: Pinter Publishers, 1989.

Tugendhat, Christoper. *Making Sense of Europe.* New York: Columbia University Press, 1988.

유럽과 미국

Brenner, Michael J. *Terms of Engagement: The United States and the European Security Identity.* Westport, CT: Praeger, 1998.

Cohen, Stephen F. *Failed Crusade: America and the Tragedy of Post-Communist Russia.* New York: W. W. Norton, 2001.

De Grazia, Victoria. *Irresistible Empire: America's Advance Through Twentieth-Century Europe.* Cambridge, MA: Harvard University Press, 2005.

Diner, Dan. *America in the Eyes of the Germans An Essay on Anti-Americanism.* Princeton: Markus Wiener Publishers, 1996.

Garton Ash, Timothy. *Free World: America, Europe, and the Surprising Future of the West.* New York: Random House, 2004.

Gordon, Philip H., and Jeremy Shapiro. *Allies at War: America, Europe, and the Crisis over Iraq.* New York: McGraw-Hill, 2004.

Michta, Andrew A. *America's New Allies: Poland, Hungary, and the Czech Republic in NATO.* Seattle: University of Washington Press, 1999.

Pells, Richards H. *Not Like Us: How Europeans Have Loved, Hated, and Transformed American Culture Since World War II.* New York: Basic Books, 1997.

Servan-Schreber, Jean-Jacques. *The American Challenge.* New York: Atheneum, 1968.

이민자와 소수자

Acton, T. A. *Gypsy Politics and Social Change: The Development of Ethnic Ideology and Pressure Politics among British Gypsies from Victorian Reformism to Romany Nationalism.* London: Routledge, 1974.

Baldwin-Edward, Martin and Martin, A. Schain. *The Politics of Immigration in Western Europe.* Portland, OR: Frank Cass, 1994.

Bjørgo, Tore, and Rob Witte. *Racist Violence in Europe.* New York: St. Martin's Press, 1993.

Collinson, Sarah. *Beyond Borders: West European Migration Policy Towards the*

Twenty-First Century. London: Royal Institute of International Affairs, 1993.

Freeman, Gary P. *Immigrant Labor and Racial Conflict in Industrial Societies: The French and British Experience, 1945–1975.* Princeton: Princeton University Press, 1979.

Haus, Leah A. *Unions, Immigration, and Internationalization: New Challenges and Changing Coalitions in the United States and France.* New York: Palgrave Macmillan, 2002.

Ireland, Patrick R. *The Policy Challenge of Ethnic Diversity: Immigrant Politics in France and Switzerland.* Cambridge, MA: Harvard University Press, 1994.

King, Russell. *Mass Migration in Europe: The Legacy and the Future.* New York: Wiley, 1995.

Levy, Daniel, and Yfaat Weiss. *Challenging Ethnic Citizenship: German and Israeli Perspectives on Immigration.* New York: Berghahn Books, 2002.

Mandelbaum, Michael. *The New European Diasporas: National Minorities and Conflict in Eastern Europe.* New York: Council on Foreign Relations Press, 2000.

Philips, Mike, and Trevor Phillips. *Windrush: The Irresistible Rise of Multi-Racial Britain.* London: HarperCollins, 1998.

Preece, Jennifer Jackson. *National Minorities and the European Nation-States System.* Oxford: Oxford University Press, 1998.

Senocak, Zafer, and Leslie A. Adelson. *Atlas of a Tropical Germany: Essays on Politics and Culture, 1990–1998.* Lincoln: University of Nebraska Press, 2000.

Soysal, Yasemin Nuho glu. *Limits of Citizenship: Migrants and Post-National Membership in Europe.* Chicago: University of Chicago Press, 1994.

Teitelbaum, Michael S., and J. M. Winter. *A Question of Numbers: High Migration, Low Fertility, and the Politics of National Identity.* New York: Hill & Wang, 1998.

Winder, Robert. *Bloody Foreigners: The Story of Immigration to Britain.* London: Little, Brown, 2004.

지성인과 사상

Annan, Noel Gilroy. *Our Age: Portrait of a Generation.* London: Weidenfeld and Nicolson, 1990.

Caute, David. *Communism and the French Intellectuals, 1914–1960.* New York: Macmillan, 1964.

Chiaromonte, Nicola. *The Worm of Consciousness and Other Essays.* New York: Harcourt Brace Jovanovich, 1976.

Drake, David. *Intellectuals and Politics in Post-War France.* New York: Palgrave

Macmillan, 2002.

Enzensberger, Hans Magnus. *Europe, Europe: Forays into a Continent.* New York: Pantheon Books, 1989.

Foucault, Michel. *The Order of Things: An Archaeology of the Human Sciences.* New York: Vintage Books, 1973.

Giesen, Bernhard. *Intellectuals and the German Nation: Collective Indentity in an Axial Age.* New York: Cambridge University Press, 1998.

Goldfarb, Jeffrey C. *Beyond Glasnost: The Post-Totalitarian Mind.* Chicago: University of Chicago Press, 1991.

Harris, Frederick John. *Encounters with Darkness: French and German Writers on World War II.* New York: Oxford University Press, 1983.

Hughes, H. Stuart. *The Obstructed Path: French Social Thought in the Years of Desperation, 1930-1960.* New Brunswick, NJ: Transaction Publishers, 2002.

_____. *Sophisticated Rebels: The Political Culture of European Dissent, 1968-1987.* Cambridge, MA: Harvard University Press, 1988.

Judt, Tony. *The Burden of Responsibility: Blum, Camus, Aron, and the French Twentieth Century.* Chicago: University of Chicago Press, 1998.

Khilnani, Sunil. *Arguing Revolution. The Intellectual Left in Post-War France.* New Haven: Yale University Press, 1993.

Kolakowski, Leszek. *Main Currents of Marxism. Vol. III: The Breakdown.* New York: Oxford University Press, 1978.

Koestler, Arthur. *The Trail of the Dinosaur and Other Essays.* New York: Macmillan, 1955.

Lichtheim, George. *From Marx to Hegel and Other Essays.* London: Orbach & Chambers, 1971.

_____. *Marxism in Modern France.* New York: Columbia University Press, 1966.

Lilla, Mark. *New French Thought: Political Philosophy.* Princeton: Princeton University Press, 1994.

Lottman, Herbert R. *The Left Bank: Writers, Artists and Politics from the Popular Front to the Cold War.* Chicago: University of Chicago Press, 1998.

Lyotard, Jean François. *The Postmodern Condition: A Report on Konwledge.* Minneapolis: University of Minnesota Press, 1984.

Macciocchi, Maria Antonietta, and Louis Althusser. *Letters from Inside the Italian Communist Party to Louis Althusser.* London: NLB, 1973.

Merquior, José Guilherme. *From Prague to Paris: A Critique of Structualist and Post-Structualist Thought.* London: Verso, 1986.

Michnik, Adam. *Letters from Prison and Other Essays*. Berkeley: University of California Press, 1985.

Milosz, Czeslaw. *The Captive Mind*. New York: Vintage International, 1990.

Müller, Jan Werner. *Anohter Country: German Intellectuals, Unification, and National Identity*. New Haven: Yale University Press, 2000.

Poster, Mark. *Existential Marxism in Postwar France: From Sartre to Althusser*. Princeton: Princeton University Press, 1975.

Schivelbusch, Wolfgang. *In a Cold Crater: Cultural and Intellectual Life in Berlin, 1945-1948*. Berkeley: University of California Press, 1998.

Stern, J. P. *The Heart of Europe: Essays on Literature and Ideology*. Oxford: Blackwell, 1992.

Walicki, Andrzej. *A History of Russian Thought from the Enlightenment to Marxism*. Stanford, CA: Stanford University Press, 1979.

_____. *Stanislaw Brzozowski and the Polish Beginnings of "Western Marxism"*. Oxford: Oxford University Press, 1989.

정당과 정치 운동

Barltrop, Robert. *The Monument: The Story of the Socialist Party of Great Britain*. London: Pluto Press, 1975.

Blackmer, Donald L. M., and Annie Kriegel. *The Interantional Role of the Communist Parties of Italy and France*. Cambridge, MA: Harvard University Press, 1975.

Buchanan, Tom, and Martin Conway. *Political Catholicism in Europe, 1918-1965*. Oxford: Oxford University Press, 1996.

Cheles, Luciano, Ronnie Ferguson, and Michalina Vaughan. *The Far Right in Western and Eastern Europe*. New York: Longman, 1995.

Eley, Geoff. *Forging Democracy: The History of the Left in Europe, 1850-2000*. New York: Oxford University Press, 2002.

Evans, Rovert H. *Coexistence: Communism and its Practice in Bologna, 1945-1965*. Notre Dame, IN: University of Notre Dame Press, 1967.

Hanley, David, ed. *Christian Democracy in Europe: A Cumparative Perspective*. London: Pinter, 1996.

Hockenos, Paul, *Free to Hate: The Rise of the Right in Post-Communist Eastern Europe*. New York: Routledge, 1993.

Johnson, R. W. *The Long March of the French Left*. New York: St. Martin's Press, 1981.

Kalyvas, Stathis N. *The Rise of Christian Democracy in Europe*. Ithaca, NY: Cornell

University Press, 1996.

Kertzer, David I. *Politics and Symbols: The Intalian Communist Party and the Fall of Communism*. New Haven: Yale University Press, 1996.

Kolinsky, Martin, and William E. Paterson. *Social and Political Movements in Western Europe*. London: Croom Helm, 1976.

Krantz, Frederick. *History from Below: Studies in Popular Protest and Popular Ideology*. Oxford: Blackwell, 1988.

Lange, Peter, and Maurizio Vannicelli. *The Communist Parties of Italy, France, and Spain: Postwar Change and Continuity : A Casebook*. London: Allen & Unwin, 1981.

Leonardi, Robert, and Douglas Wertman. *Italian Christian Democracy : The Politics of Dominance*. New York: Palgrave, 1989.

Lindermann, Albert S. *A History of European Socialism*. New Haven: Yale University Press, 1983.

Markovits, Andrei S., and Philip S. Gorski. *The German Left: Red, Green and Beyond*. New York: Oxford University Press, 1993.

Morgan, Roger, and Stefano Silvestri. *Moderates and Conservatives in Western Europe: Political Parties, the European Community, and the Alliance*. Rutherford, NJ: Fairleigh Dickinson University Press, 1983.

Pelling, Henry, and Alastair J. Reid. *A Short History of the Labour Party*. New York: St. Martin's Press , 1996.

Ramet, Sabrina P. *The Radical Right in Central and Eastern Europe since 1989*. University Park: Pennsylvania State University Press, 1999.

Rémond, Réne. *The Right Wing in France from 1815-to De Gaulle*. Philadelphia: University of Pennsylvania Press, 1969.

Sassoon, Donald. *The Strategy of the Italian Communist Party: From the Resistance to the Historic Compromise*. New York: St. Martin's Press, 1981.

Schain, Martin, Aristide R. Zolberg, and Patrick Hossay. *Shadows over Europe: The Development and Impact of the Extreme Right in Western Europe*. New York: Palgrave, 2002.

Urban, Joan Barth. *Moscow and the Italian Communist Party: From Togliatti to Berlinguer*. Ithaca, NY: Cornell University Press, 1986.

Vinen, Richard. *Bourgeois Politics in France, 1945-1951*. Cambridge: Cambridge University Press, 1995.

Wall, Irwin M. *French Communism in the Era of Stalin: The Quest for Unity and Intergration, 1945-1962*. Westport, CT: Greenwood Press, 1983.

종교

Estruch, Juan. *Saints and Schemers: Opus Dei and its Paradoxes*. New York: Oxford University Press, 1995.

Fetzer, Joel and J. Christoper Soper. *Muslims and the State in Britain, France and Germany*. New York: Cambridge University Press, 2004.

Gruber, Ruth Ellen. *Virtually Jewish: Reinventing Jewish Culture in Europe*. Berkeley: University of California Press, 2002.

Klausen, Jytte. *The Islamic Challenge: Politics and Religion in Western Europe*. New York: Oxford University Press, 2005.

Karam, Azza M. *Transnational Political Islam: Relegion, Ideology, and Power*. London: Pluto Press, 2004.

Ramadan, Tariq. *Western Muslims and the Future of Islam*. New York: Oxford University Press, 2004.

Reese, Thomas J. *Inside the Vatican: The Politics and Organization of the Catholic Church*. Cambridge, MA: Harvard University Press, 1996.

복지 국가

Atkinson, Alexander, and Gunnar Viby Mogensen. *Welfare and Work Incentives: A North European Perspective*. Oxford: Oxford University Press, 1993.

Atkinson, A. B. *The Economic Consequences of Rolling Back the Welfare State*. Cambridge, MA: MIT Press, 1999.

_____, *Incomes and the Welfare State: Essays on Britain and Europe*. New York: Cambridge University Press, 1995.

Blackburn, Robin. *Banking on Death or Investing in Life: The History and Future of Pensions*. London: Verso, 2003.

Cochrane, Allan, John Clarke, and Sharon Gewirtz. *Comparing Welfare States*. London: Sage Publications in Association with the Open University, 2001.

Esping-Andersen, Gosta. *The Three Worlds of Welfare Capitalism*. Princeton: Princeton University Press, 1990.

Flora, Peter. *Growth to Limits: The Western European Welfare States since World War II*. Berlin: W. de Gruyter, 1986.

Flora, Peter, and Arnold J. Heidenheimer. *The Development of Welfare States in Europe and America*. New Brunswick, NJ: Transaction Books, 1981.

Gladstone, David. *Poverty and Social Welfare*. London: Routledge, 1996.

Lawson, Roger, and Bruce Reed. *Social Security in the European Community*. London: Chatham House, 1975.

Mishra, Ramesh. *The Welfare State in Capitalist Society: Policies of Retrenchment and Maintenance in Europe, North America, and Australia.* New York: Harvester Wheatsheaf, 1990.

_____. *The Welfare State in Crisis: Social Thought and Social Change.* New York: St. Martin's Press, 1984.

Payer, Lynn. *Medicine and Culture: Varieties of Treatment in the United State, England, West Germany, and France.* New York: Henry Holt, 1996.

Richardson, J. J., and Roger Henning. *Unemployment: Policy Responses of Western Democracies.* Beverly Hills, CA: Sage Publications, 1984.

전쟁과 기억

Best, Geoffrey. *War and Law since 1945.* Oxford: Clarendon Press, 1994.

Boym, Svetlana. *The Future of Nostalgia.* New York: Basic Books, 2001.

Cohen, Shari. *Politics Without a Past: The Absence of History in Post-Communist Nationalism.* Durham: University of North Carolina Press, 1999.

Doumanis, Nicholas. *Myth and Memory in the Mediterranean: Remembering Fascism's Empire.* New York: Macmillan, 1997.

Farmer, Sarah Benett. *Martyred Village: Commemorating the 1944 Massacre at Oradour-sur-Glane.* Berkeley : University of California Press, 1999.

Fishman, Sarah. *France at War: Vichy and the Historians.* New York: Berg, 2000.

Gildea, Robert. *The Past in French History.* New Haven: Yale University Press, 1994.

Hayner, Priscilla B. *Unspeakable Truths: Facing the Challenge of Truth Commissions.* New York: Routledge, 2002.

Jong, L. de. *The Netherlands and Nazi Germany.* Cambridge, MA: Harvard University Press, 1990.

Kramer, Jane. *The Politics of Memory: Looking for Germany in the New Germany.* New York: Random House, 1996.

Lagrou, Pieter. *The Legacy of Nazi Occupation: Patriotic Memory and National Recovery in Western Europe, 1945-1965.* Cambridge: Cambridge University Press, 2000.

McAdams, A. James. *Judging the Past in Unified Germany.* Cambridge: Cambridge University Press, 2001.

Margalit, Avishai. *The Ethics of Memory.* Cambridge, MA: Harvard University Press, 2004.

Merridale, Catherine. *Night of Stone: Death and Memory in Twentieth-Century Russia.* New York: Viking, 2001.

Paxton, Robert O. *Vichy France: Old Guard and New Order, 1940-1944*. New York: Knopf, 1972.

Rév, István. *Retroactive Justice: Prehistory of Post-Communism*. Stanford, CA: Stanford University Press, 2005.

Revel, Jacques, and Lynn Hunt. *Histories: French Constructions of the Past*. New York: New Press, 1995.

Sebald, W. G. *On the Natural History of Destruction*. New York: Modern Library, 2004.

Winter, J. M., and Emmanuel Sivan. *War and Remembrance in the Twentieth Century*. Cambridge: Cambridge University Press, 1999.

전기와 회고록

Acheson, Dean. *Present at the Creation: My Years in the State Department*. London: Hamilton, 1970.

Antonov-Ovseenko, Anton. *The Time of Stalin: Portrait of a Tyranny*. New York: Harper & Row, 1981.

Arbatov, Georgi. *The System: An Insider's Life in Soviet Politics*. New York: Random House, 1992.

Aron, Raymond. *Memoirs: Fifty Years of Political Reflection*. New York: Holmes & Meier, 1990.

Barnstone, Willis. *Sunday Morning in Fascist Spain: A European Memoir, 1948-1953*. Carbondale: Southern Illinois University Press, 1995.

Brandt, Willy. *My Life in Politics*. London: Hamish Hamilton, 1992.

Brandys, Kazimierz. *A Question of Reality*. New York: Scribners, 1980.

Brown, Archie. *The Gorbachev Factor*. Oxford: Oxford University Press, 1996.

Bullock, Alan. *Ernest Bevin, Foreign Secretary, 1945-1951*. Oxford, Ox, 1985.

Campbell, John. *Edward Heath: A Biography*. London: Jonathan Cape, 1993.

Molotov, Vyacheslav Mikhaylovich. *Molotov Remembers*. Chicago: Ivan Dee, 1993.

Chace, James. *Acheson: The Secretary of State Who Created the Modern World*. New York: Simon & Schuster, 1998.

Clare, George. *Before the Wall: Berlin Days, 1946-1948*. New York: E. P. Dutton, 1990.

Clay, Lucius D. *Decision in Germany*. Westport, CT: Greenwood Press, 1970.

Crane, Stephen Lee. *Survivor from an Unknown War: The Life of Isakjan Narzikul*. Upland, PA: Diane Publishing, 1999.

Demetz, Hanna, *The Journey from Prague Street*. New York: St. Martin's Press, 1990.

Deutscher, Isaac. *Stalin: A Political Biography.* Oxford: Oxford University Press, 1967.

Djilas, Milovan. *Wartime.* New York: Harcourt Brace Jovanovich, 1980.

Dobrynin, Anatoliy Fedorovich. *In Confidence.* New York: Random House, 1995.

Eden, Anthony. *Full Circle: The Memoirs of the Rt. Hon. Sir Anthony Eden.* London: Cassel, 1960.

Foot, Michael. *Aneurin Bevan. A Biography.* London: New English Library, 1966.

Friedländer, Saul. *When Memory Comes.* Madison: University of Wisconsin Press, 2003.

Frisch, Max, *Sketchbook, 1946-1949.* New York: Harcourt Brace Jovanovich, 1977.

Garton Ash, Timothy. *The File : A Personal History.* New York: Vintage Books, 1998.

Ginsburg, Evgeni Semenovna. *Journey into the Whirlwind.* New York: Harcourt Brace Jovanovich, 1975.

Gorbachev, Mikhail. *Memoirs.* New York: Doubleday, 1995.

Grundy, Trevor. *Memoir of a Fascist Childhood: A Boy in Mosley's Britain.* London: Heinemann, 1998.

Harris, Kenneth. *Attlee.* London: Weidenfeld & Nicholson, 1995.

Healey, Denis. *The Time of My Life.* New York: W. W. Norton, 1990.

Heath, Edward. *Travels: People and Places in My Life.* London: Sidgwick & Jackson, 1977.

_____. *The Cource of My Life.* London: Coronet Books, 1999.

Horne, Alistair. *Macmillan. Vol II: 1957-1986.* London: Macmillan, 1989.

Hörner, Helmut, and Allan Kent Powell. *A German Odyssey: The Journal of a German Prisoner of War.* Golden, CO: Fulcrum Publishers, 1991.

Kennan, George Frost. *Memoirs, 1925-1950.* London: Hutchinson, 1968.

Khruschev, Nikita. *Khruschev Remembers, translated and edited by Strobe Talbott.* New York: Bantam, 1971.

_____. *Khruschev Remember: Khruschev's Last Testament, translated and edited by Strove Talbott.* Boston: Little Brown, 1974.

Kravchenko, Victor. *I Chose Freedom: The Personal and Political Life of a Soviet Official.* New Brunswick, NJ: Transaction Books, 1989.

Kun, Miklós. *Stalin: An Unknown Portait.* Budapest: Central European University Press, 2003.

Lacouture, Jean. *De Gaulle: The Ruler, 1945-1970.* London: Harvill, 1991.

Leonhard, Wolfgang. *Child of the Revolution.* London: INk Links, 1979.

Levy, Robert. *Ana Pauker: The Rise and Fall of a Jewish Communist.* Berkeley:

University of California Press, 1988.

Lodge, David. *Out of the Shelter.* New York: Penguin Books, 1989.

Mack Smith, Denis. *Mussolini.* New York: Vintage Books, 1983.

Márai, Sándor. *Memoir of Hungary, 1944–1948.* Budapest: Corvina in Association with Central European University Press, 1996.

Milosz, Czeslaw. *Native Realm: A Search for Self-Definition.* New York: Farrar, Straus and Giroux, 2002.

Monnet, Jean. *Memoirs.* London: Collins, 1978.

Nowak, Jan. *Courier from Warsaw.* Detroit: Wayne State University Press, 1982.

Padover, Saul K. *Experiment in Germany: The Story of an American Intelligence Officer.* New York: Duell, 1946.

Pinkus, Oscar. *The House of Ashes.* Schenectady, NY: Union College Press, 1990.

Preston, Paul. *Franco: A Biography.* New York: Basic Books, 1994.

Roberts, Frank. *Dealing with Dictators: The Destruction and Revival of Europe, 1930–70.* London: Weidenfeld & Nicolson, 1991.

Ryder, Sue. *Child of My Love.* London: Harvill Press, 1997.

Sakharov, Andrei. *Memoirs.* New York: Knopf, 1990.

Sante, Luc. *The Factory of Facts.* New York: Pantheon Books, 1998.

Schwarz, Hans-Peter. *Konrad Adenauer.* Providence, RI: Berghahn Books, 1995.

Sebag-Montefiore, Simon. *Stalin. The Court of the Red Tsar.* London: Weidenfeld & Nicolson, 2003.

Semprún, Jorge. *What a Beautiful Sunday!* San Diego: Harcourt Brace Jovanovich, 1982.

Simmons, Michael. *The Reluctant President: A Political Life of Vaclav Havel.* London: Methuen, 1991.

Slingova, Marian. *Truth Will Prevail.* London: Merlin, 1968.

Souvarine, Boris. *Stalin: A Critical Survey of Bolshevism.* New York: Longmans, 1939.

Szulc, Tad. *Pope John Paul II: The Biography.* New York: Scribners, 1995.

Taubman, William. *Khrushchev: The Man and His Era.* New York: W. W. Norton, 2003.

Tec, Nechama. *Dry Tears: The Story of a Lost Childhood.* New York: Oxford University Press, 1984.

Wat, Aleksander. *My Century: The Odyssey of a Polish Intellectual.* New York: New York Review Books, 2003.

장별 추천 도서
1장 전쟁의 유산

Booker, Christopher. *A Looking-Glass Tragedy: The Controversy over the Repatriations from Austria in 1945.* London: Duckworth, 1997.

Byford-Jones, W. *Berlin Twilight.* New York: Hutchinson, 1947.

Corsellis, John, and Marcus Ferrar. *Slovenia 1945: Memories of Death and Survival after 1945.* Chicago: I. B. Tauris, 2005.

De Zayas, Alfred M. *Nemesis at Potsdam: The Expulsion of the Germans from the East,* Lincoln: University of Nebraska Press, 1989.

Flanner, Janet. *Paris Journal.* New York: Harcourt Brace Jovanovich, 1977.

Footitt, Hilary. *War and Liberation in France: Living with the Liberators.* New York: Palgrave, 2004.

Lewis, Norman. *Naples '44: An Intelligence Officer in the Italian Labyrinth.* New York: Henry Holt, 1994.

Luza, Radomir. *The Transfer of the Sudeten Germans: A Study of Czech-German Relations, 1933-1962.* New York: New York University Press, 1964.

Macardle, Dorothy. *Children of Europe: A Study of the Children of Liberated Countries, Their Wartime Experiences, Their Reactions, and Their Needs, with a Note on Germany.* London: Gollancz, 1949.

Overy, R. J. *Russia's War.* New York: Penguin Putnam, 1997.

Pearson, Raymond. *National Minorities in Eastern Europe, 1848-1945.* London: Macmillan, 1983.

Proudfoot, Malcolm Jarvis. *European Refugees, 1939-52: A Study in Forced Population Movement.* London: Faber and Faber, 1957.

Report on Conditions in Central Europe. Philadelphia: American Friends Service Committee, 1946.

Rystad, Göran. *The Uprooted; Forced Migration as an International Problem in the Post-War Era.* Lund, SE: Lund University Press, 1990.

Skriabina, Elena. *The Allies on the Rhine, 1945-1950.* London: Feffer & Simons, 1980.

Vachon, John, and Ann Vachon. *Poland, 1946: The Photographs and Letters of John Vachon.* Washington, D. C.: Smithsonian Institution Press, 1995.

Waller, Maureen. *London 1945: Life in the Debris of War.* New York: St. Martin's Press, 2004.

Wyman, Mark. *DPs: Europe's Displaced Persons, 1945-1951.* Ithaca, NY: Cornell University Press, 1998.

2장 보복

Buscher, Frank M. *The U. S. War Crimes Trial Program in Germany, 1946-1955*. New York: Greenwood Press, 1989.

Deak, Istvan, Jan Tomasz Gross, and Tony Judt. *The Politics of Retribution in Europe: World War II and Its Aftermath*. Princeton, Prin, 2000.

Domenico, Roy Palmer. *Italian Fascists on Trial, 1943-1948*. Chapel Hill: University of North Carolina Press, 1991.

Footlitt, Hilary, and John Simmonds. *France, 1943-1945*. New York: Holmes & Meier, 1988.

Kedward, H. R., and Nancy Wood. *The Liberation of France : Image and Event*. Oxford: Berg, 1995.

Lottman, Herbert R. *The Purge*. New York: Morrow, 1986.

Marrus, Michael Robert. *The Nuremberg War Crimes Trial, 1945-46 : A Documentary History*. Boston: Bedford Books, 1997.

Merritt, Anna J., and Richard L. Merritt. *Public Opinion in Occupied Germany: The OMGUS Surveys, 1945-1949*. Urbana: University of Illinois Press, 1970.

_____. *Public Opinion in Semi-Sovereign Germany: The HICOG Surveys, 1945-1955*. Urbana: University of Illinois Press, 1980.

Merritt, Richard L. *Democracy Imposed: U. S. Occupation Policy and the German Public, 1945-1949*. New Haven: Yale University Press, 1995.

Novick, Peter. *The Resistance Versus Vichy: The Purge of Collaboratiors in Liberated France*. London: Chatto & Windus, 1968.

Olsson, Sven-Olof. "German Coal and Swedish Fuel, 1939-1945." Thesis, Institute of Economic History, Gothenburg University, 1975.

Osiel, Mark. *Mass Atrocity, Collective Memory, and the Law*. New Brunswick, NJ : Transaction Books, 1997.

Stern, Frank. *The Whitewashing of the Yellow Badge: Anti-Semitism and Philo-Semitism in Postwar Germany*. Oxford: Pergamon Press, 1992.

Taylor, Lynne. *Between Resistance and Collaboration: Popular Protest in Northern France, 1940-45*. New York: St. Martin's Press, 2000.

Taylor, Telford. *The Anatomy of the Nuremberg Trials: A Person Memoir*. New York: Knopf, 1992.

Tent, James F. *Mission on the Rhine: Re-Education and De-Nazification in American-Occupied Germany*. Chicago: University of Chicago Press, 1982.

3장 유럽의 부흥

Diefendorf, Jeffry M. *In the Wake of War: The Reconstruction of German Cities after World War II*. New York: Oxford University Press, 1993.

Ellwood, David W. *Rebuilding Europe: Western Europe, America, and Postwar Reconstruction*. London: Longman, 1992.

Gimbel, John. *The Origins of the Marshall Plan*. Stanford, CA: Stanford University Press, 1976.

Harper, John Lamberton. *America and The Reconstruction of Italy, 1945-1948*. New York: Cambridge University Press, 1986.

_____, *American Visions of Europe: Franklin D. Roosevelt, George F. Kennan, and Dean G. Acheson*. Cambridge: Cambridge University Press, 1994.

Hogan, Michael J. *The Marshall Plan: America, Britain, and the Reconstruction of Western Europe, 1947-1952*. New York: Cambridge University Press, 1987.

King Russell. *Land Reform; The Italian Experience*. London: Butterworth, 1973.

Maier, Charles S., and Günter Bischof. *The Marshall Plan and Germany: West Germany Development Within the Framework of the European Recovery Program*. New York: Berg, 1991.

Milward, Alan S. *The Reconstruction of Western Europe, 1945-51*. London: Methuen, 1984.

Pelling, Henry. *Britain and the Marshall Plan*. New York: St. Martin's Press, 1988.

Schain, Martin. *The Marshall Plan: Fifty Years After*. New York: Palgrave, 2001.

Shennan, Andrew. *Rethinking France: Plans for Renewal, 1940-1946*. Oxford: Clarendon Press, 1989.

Turner, Ian D. *Reconstruction in Post-War Germany: British Occupation Policy and the Western Zones, 1945-55*. New York: Berg, 1989.

4장 불가능한 해결

Annan, Noel. *Changing Enemies: The Defeat and Regeneration of Germany*. New York: W. W. Norton, 1996.

Berend, T. Iván, et al. *Evolution of t he Hungarian Economy, 1848-1998*. Boulder, CO: Social Science Monographs, 2000.

Deighton, Anne. *The Impossible Peace: Britain, the Division of Germany and the Origins of the Cold War*. Oxford: Oxford University Press, 1990.

Gorlinzki, Yoram, and Oleg Khlevniuk. *Cold Peace: Stalin and the Soviet Ruling Circle, 1945-1953*. New York: Oxford University Press, 2004.

Hammond, Thomas Taylor. *Witnesses to the Origins of the Cold War*. Seattle:

University of Washington Press, 1982.

Kennan, George Frost, and John Lukacs. *George F. Kennan and the Origins of Containment, 1944-1946: The Kennan-Lukacs Correspondence.* Columbia: University of Missouri Press, 1997.

Kertesz, Stephen. *Between Russia and the West: Hungary and the Illusions of Peacemaking, 1945-1947.* Notre Dame, IN: University of Notre Dame Press, 1984.

Kuniholm, Bruce R. *The Origins of the Cold War in the Near East: Great Power Conflict and Diplomacy in Iran, Turkey, and Greece.* Pinceton: Princeton University Press, 1979.

Reynolds, David, ed. *The Origins of the Cold War in Europe: International Perspectives.* New Haven: Yale University Press, 1994.

Rostow, W. W. *The Division of Europe after World War II: 1946.* Austin: University of Texas Press, 1981.

Thomas, Hugh. *Armed Truce: The Beginnings of the Cold War, 1945-46.* New York: Atheneum, 1987.

5장 냉전의 도래

Åman, Anders, *Architecture and Ideology in Eastern Europe During the Stalin Era: An Aspect of Cold War History.* New York: Architectural History Foundation, 1992.

Banac, Ivo. *With Stalin Against Tito: Cominformist Spilt in Yugoslav Communism.* Ithaca, NY: Cornell University Press, 1988.

Betts, Reginald Robert. *Central and South East Europe, 1945-1948.* London: Royal Institute of International Affairs, 1950.

Djilas, Milovan. *Conversations with Stalin.* New York: Harcourt, Brace Jovanovitch, 1963.

Gillingham, John. *Coal, Steel, and the Rebirth of Europe, 1945-1955. The Germans and French from Ruhr Conflict to Economic Community.* New York: Cambridge University Press, 2004.

Hitchcock, William, I. *France Restored; Cold War Diplomacy and the Quest for Leadership in Europe, 1944-1954.* Chapel Hill: University of North Carolina Press, 1998.

Holloway, David. *Stalin and the Bomb: The Soviet Union and Atomic Energy, 1939-1956.* New Haven: Yale University Press, 1994.

Kennedy-Pipe, Caroline. *Stalin's Cold War: Soviet Strategies in Europe, 1943-1956.* Manchester, UK: Manchester University Press, 1994.

Mastny, Vojtech: *The Cold War and Soviet Insecurity: The Stalin Years.* New York: Oxford University Press, 1996.

Naimark, Norman M. *The Russians in Germany: A History of the Soviet Zone of Occupation, 1945-1949.* Cambridge, MA: Harvard University Press, 1995.

Novak, Bogdan C. *Trieste, 1941-1954: The Ethnic, Political, and Ideological Struggle.* Chicago: University of Chicago Press, 1970.

Procacci, Giuliano, and Grant Mkrtychevich Adibekov. *The Cominform: Minutes of the Three Conferences, 1947/1948/1949.* Milan:Fondazione Giangiacomo Feltrinelli, 1994.

Stirk, Peter M. R., and David Willis. *Shaping Postwar Europe: European Unity and Disunity, 1945-1957.* New York: St. Martin's Press, 1991.

Ulam, Adam B. *Titoism and the Cominform.* Cambridge, MA: Harvard University Press, 1952.

Young, John W. *France, the Cold War, and the Western Alliance, 1944-49: French Foreign Policy and Post-War Europe.* New York: St. Martin's Press, 1990.

6장 회오리바람 속으로

Blomfield, Jon. *Passive Revolution: Politics and the Czechoslovak Working Class, 1945-1948.* New York: St. Martin's Press 1979.

Brent, Jonathan, and Vladimir Pavlovich Naumov. *Stalin's Last Crime: The Plot against the Jewish Doctors, 1948-1953.* New York: HarperCollins, 2003.

Connelly, John. *Captive University: The Sovietization of East German, Czech and Polish Higher Education, 1945-1956.* Chapel Hill: University of North Carolina Press, 2000.

Constante, Lena. *The Silent Escape: Three Thousand Days in Romanian Prisons.* Berkeley: University of California Press, 1995.

Courtois, Stéphane, et al. *The Black Book of Communism.* Cambridge, MA: Harvard University Press, 1999.

Dimitrov, Georgi, and Ivo Banac. *The Diary of Georgi Dimitrov, 1933-1949.* New Haven: Yale University Press, 2003.

Grossman, Vasili Semenovich. *Life and Fate. A Novel.* New York: Harper & Row, 1986.

Hodos, George H. *Show Trials. Stalinist Purges in Eastern Europe, 1948-1954.* New York: Praeger, 1987.

Kaplan, Karel. *Report on the Murder of the General Secretary.* Columbus: Ohio State University Press, 1990.

Kennedy, Padraic. *Rebuilding Poland: Workers and Communists, 1945-1950.* Ithaca, NY: Cornell University Press, 1997.

Kersten, Krystyna. *The Establishment of Communist Rule in Poland, 1943-1948.* Berkeley: University of California Press, 1991.

Knight, Amy. *Beria: Stalin's First Lieutenant.* Princeton: Princeton University Press, 1993.

Loebl, Eugen. *My Mind on Trial.* New York: Harcourt Brace Jovanovich, 1978.

Naimark, Norman M., and L. I. A. Gibianskii. *The Establishment of Communist Regimes in Eastern Europe, 1944-1949.* Boulder, CO: Westview Press, 1997.

Ostermann, Christian, ed. *Uprising in East Germany, 1953.* Budapest: CEU Press, 2001.

Pelikán, Jiří. *The Czechoslovak Political Trials, 1950-1954.* London: Macdonald, 1971.

Péteri, György. *Academia and State Socialism: Essays on the Political History of Academic Life in Post-1945 Hungary and Eastern Europe.* Boulder, CO: Social Science Monographs, 1998.

Rubenstein, Joshua, and Vladimir Pavlovich Naumov. *Stalin's Secret Pogrom : The Postwar Inquisition of the Jewish Anti-Fascist Committee.* New Haven : Yale University Press, 2005.

Trial of the Leadership of the Anti-Conspiracy Centre Headed by Rudolf Slansky. Prague, Ministry of Justice, 1953.

Trial of Three Slovak Bishops. Prague : Orbis, Ministiry of Information, 1951.

Weiner, Amir. *Making Sense of War. The Second World War and the Fate of the Bolshevik Revolution.* Princeton: Princeton University Press, 2001.

7장 문화 전쟁

Aron, Raymond. *The Opium of the Intellectuals.* New York: W. W. Norton, 1957.

Berghahn, Volker. *America and the Intellectual Cold Wars in Europe.* Princeton: Princeton University Press, 2001.

Caute, David. *The Dancer Defects: The Struggle for Cultural Supremacy During the Cold War.* Oxford: Oxford University Press, 2003.

Crossman, Richard, ed. *The God That Failed.* New York: Harper, 1949.

Furet, François. *The Passing of an Illusion: The Idea of Communism in the Twentieth Century.* Chicago: University of Chicago Press, 2000.

Judt, Tony. *Past Imperfect. French Intellectuals, 1944-1956.* Berkeley : University of California Press, 1992.

Saunders, Frances Stonor. *The Cultural Cold War: The CIA and the World of Arts and Letters.* New York: the New Press, 2001.

Urban, G. R. *Radio Free Europe and the Pursuit of Democracy: My War Within the Cold War.* New Haven: Yale University Press, 1997.

Wagnleitner, Reinhold. *Coca-Colonization and the Cold War: The Cultural Mission of the United States in Austria after the Second World War.* Chapel Hill: University of North Carolina Press, 1994.

8장 안정의 정치

Duggan, Christopher, and Christopher Wagstaff. *Italy in the Cold War: Politics, Culture and Society, 1948-1958.* Oxford: Berg, 1995.

Frei, Norbert. *Adenauer's Germany and the Nazi Past: The Politics of Amnesty and Integration.* New York: Columbia University Press, 2002.

Harrison, Hope Millard. *Driving the Soviets up the Wall: Soviet-East German Relations, 1953-1961.* Princeton: Princeton University Press, 2003.

Harrison, Mark. *The Economics of World War II: Six Great Powers in International Comparison,* Cambridge: Cambridge University Press, 1998.

Large, David Clay. *Germans to the Front: West German Rearmament in the Adenauer Era.* Chapel Hill: University of North Carolina Press, 1996.

Schwartz, Thomas Alan. *Lyndon Johnson and Europe: In the Shadow of Vietnam.* Cambridge, MA: Harvard University Press, 2003.

Trachtenberg, Marc. *A Constructed Peace: The Making of the European Settlement, 1945-1963.* Princeton: Princeton University Press, 1999.

Wall, Irwin M. *The United States and the Making of Postwar France, 1945-1954.* New York: Cambridge University Press, 1991.

Zimmermann, Hubert. *Money and Security: Troops, Monetary Policy and West German's Relations with the United States and Britain, 1950-1971.* Washington, D. C.: German Historical Institute, 2002.

9장 잃어버린 환상

Ambler, John S. *The French Army in Politics, 1945-1962.* Columbus : Ohio State University Press, 1966

Ansprenger, Franz. *The Dissolution of the Colonial Empires.* London: Routledge, 1989.

Békés, Csaba, Malcolm Byrne, and János Rainer. *The 1956 Hungarian Revolution: A History in Documents.* Budapest: Central European University Press, 2002.

Claton, Anthony. *The Wars of French Decolonization*. London: Longman, 1994.

Connelly Matthew James. *A Diplomatic Revolution: Algeria's Fight for Independence and the Origins of the Post-Cold War Era*. New York: Oxford University Press, 2002.

Fanon, Frantz. *The Wretched of the Earth*. Harmondsworth, UK: Penguin, 1967.

Ferro, Marc. *Colonization: A Global History*. Quebec: World Heritage Press, 1997.

Haas, Ernst B. *The Uniting of Europe: Political, Social, and Economic Forces, 1950—1957*. Notre Dame, IN: University of Notre Dame Press, 2004.

Horne, Alistair. *A Savage War of Peace: Algeria, 1954-1962*. Harmondsworth, UK: Penguin Books, 1979.

Kopácsi, Sándor. *In the Name of the Working Class: The Inside Story of the Hungarian Revolution*. New York, Grove Press, 1987.

Kunz, Diane. *The Economic Diplomacy of the Suez Crisis*. Chapel Hill: University of North Carolina Press, 1991.

Kyle, Keith. *Suez*. New York: St. Martin's Press, 1991.

Litván, György, János M. Bak, and Lyman Howard Legters. *The Hungarian Revolution of 1956: Reform, Revolt, and Repression, 1953-1963*. London: Longman, 1996.

Louis, William Roger, and Roger Owen. *Suez 1956: The Crisis and Its Consequences*. New York: Oxford University Press, 1989.

Pinder, John. *Britain and the Common Market*. London: Cresset Press, 1961.

10장 풍요의 시대

Alford, B. W. E. *British Economic Performance, 1945-1975*. Cambridge: Cambridge University Press, 1995.

Berghahn, Volker Rolf. *The Americanisation of West German Industry, 1945-1973*. Cambridge: Cambridge University Press, 1986.

Berghahn, Volker Rolf, and Detlev Karsten. *Industrial Relations in West Germany*. New York: Berg, 1987.

Bogdanor, Vernon, and Robert Skidelsky. *The Age of Affluence, 1951-1964*. London: Macmillan, 1970.

Dunnett, Peter J. S. *The Decline of the British Motor Industry*. London: Croom Helm, 1980.

Franklin, S. H. *The European Peasantry: The Final Phase*. London: Methuen, 1969.

Goldthorpe, John, et al. *The Affluent Workers: Industrial Attitudes and Behaviour*. Cambridge: Cambridge University Press, 1968.

Hall, Peter, ed. *The Political Power of Economic Ideas: Keynsianism Across the Nations.* Princeton: Princeton University Press, 1989.

Harp, Stephen L. *Marketing Michelin: Advertising and Cultural Identity in Twentieth-Century France.* Baltimore: Johns Hopkins University Press, 2001.

11장 사회 민주주의 시대

Chevalier, Louis. *The Assassination of Paris.* Chicago: University of Chicago Press, 1994.

Esping-Andersen, Gøsta. *Politics Against Markets: The Social Democratic Road to Power.* Princeton: Princeton University Press, 1985.

Hall, Peter, ed. *The Political Power of Economic Ideas: Keynsianism Across Nations.* Princetion, Prin, 1989.

Levin, Bernard. *The Pendulum Years: Britain and the Sixties.* London: Jonathan Cape, 1970.

Luther, Kurt, and Peter Pulzer. *Austria 1945-1995: Fifty Years of the Second Republic.* London: Ashgate, 1998.

Molin, Karl, ed. *Creating Social Democracy: A Century of the Social Democratic Labor Party in Sweden.* College Park: Pennsylvania State University Press, 1993.

Pimlott, Ben. *Harold Wilson.* London: HarperCollins, 1992.

Ponting, Clive. *Breach of Promise: Labour in Power, 1964-1970.* London: Penguin Books, 1990.

Sassoon, Donald. *One Hundred Years of Socialism: The West European Left in the Twentieth Century.* New York: The New Press, 1996.

12장 혁명의 유령

Brown, Bernard Edward. *Protest in Paris: Anatomy of a Revolt.* Morristown, NJ: General Learning Press, 1974.

Caute, David. *The Year of the Barricades: A Journey Through 1968.* New York: Harper & Row, 1988.

Fink, Carole, et al. *1968:The World Transformed.* Cambridge: Cambridge University Press, 1998.

Hirsh, Arthur. *The French New Left: An Intellectual History from Sartre to Gorz.* Boston: South End Press, 1981.

Johnson, Richard. *The French Communist Party Versus the Students: Revolutionary Politics in May-June, 1968.* New Haven: Yale University Press, 1972.

Lumley, Robert. *States of Emergency: Cultures of Revolt in Italy from 1968 to 1978.*

London: Verso, 1990.

Seidman, Michael. *The Imaginary Revolution: Parisian Students and Workers in 1968.* New York: Berghahn Books, 2004.

Statera, Gianni. *Death of a Utopia: The Development and Decline of Student Movements in Europe.* New York: Oxford University Press, 1975.

Suri, Jeremi. *Power and Protest: Global Revolution and the Rise of Detente.* Cambridge, MA: Harvard University Press, 2003.

13장 사건의 종언

Bell, Peter D. *Peasants in Socialist Transition: Life in a Collectivized Hungarian Village.* Berkeley: University of California Press, 1984.

Fišera, Vladimir Claude. *Worker's Councils in Czechoslovakia, 1968-69. Documents and Essays.* New York: St. Martin's Press, 1979.

Golan, Galia. *The Czechoslovak Reform Movement: Communism in Crisis, 1962-1968.* Cambridge: Cambridge University Press, 1971.

Hamšík, Dušan. *Writers Against Rulers.* London: Hutchinson, 1971.

Hejzlar, Zdenek, and Vladirmir Kusin. *Czechoslovakia, 1968-69: Chronology, Bibliography, Annotation.* New York: Garland Publishers, 1975.

Heneka, A. *A Besieged Culture: Czechoslovakia Ten Years after Helsinki.* Stockholm: The Charta 77 Foundation and International Helsinki Federation for Human Rights, 1985.

Lampe, John R., and Mark Mazower. *Ideologies and National Identities: The Case of Twentieth-Century Southeastern Europe.* Budapest: Central European University Press, 2004.

Levy, Alan. *Rowboat to Prague.* New York: Grossman Publishers, 1972.

Littell, Robert. *The Czech Black Book.* New York: Praeger, 1969.

Mlynár, Zdenek. *Night Frost in Prague: The End of Humane Socialism.* New York: Karz Publishers, 1980.

Pehe, Jiri. *The Prague Spring. A Mixed Legacy.* New York: Freedom House, 1988.

Pelikan, Jirí. *Socialist Opposition in Eastern Europe: The Czechoslovak Example.* New York: St. Martin's Press, 1976.

Piekalkiewicz, Jaroslaw. *Public Opinion Polling in Czechoslovakia, 1968-69: Results and Analysis of Surveys Conducted during the Dubcek Era.* New York: Praeger, 1972.

Raina, Peter K. *Political Opposition in Poland, 1954-1977.* London: Poets' and Painters' Press, 1978.

Simecka, Milan. *The Restoration of Order: The Normalization of Czechoslovakia, 1969-1976*. London: Verso, 1984.

Skilling, H. Gordon. *Czechoslovakia's Interrupted Revolution*. Princeton: Princeton University Press, 1976.

Valenta, Jiri. *Soviet Intervention in Czechoslovakia, 1968: Anatomy of a Decision*. Baltimore: Johns Hopkins University Press, 1991.

Williams, Kieran. *The Prague Spring and Its Aftermath: Czechoslvak Politics, 1968-1970*. Cambridge: Cambridge University Press, 1997.

찾아보기

형가리 인명은 원래대로 성, 이름의 순서대로 쓰고 괄호로 형가리인임을 표시했다.

826

옮긴이 **조행복** 1966년 경기도 화성에서 태어났다. 서울대학교 대학원 서양 사학과를 졸업하고 같은 학과 박사 과정을 수료했다. 토니 주트, 티머시 스 나이더, 브루스 커밍스, 존 키건, 애덤 투즈 등 걸출한 역사가들의 현대사 저술을 우리말로 옮겼다. 옮긴 책으로『중독의 역사』,『문명의 운명』,『백인 의 역사』,『대격변』,『블랙 어스』,『브루스 커밍스의 한국전쟁』,『폭정』, 『20세기를 생각한다』,『재평가』,『세계 전쟁사 사전』,『1차세계대전사』, 『독재자들』등이 있다.

전후 유럽 1945~2005 1

발행일   2019년 5월 30일 초판 1쇄
        2024년 10월 20일 초판 4쇄

지은이   토니 주트
옮긴이   조행복
발행인   홍예빈
발행처   주식회사 열린책들

경기도 파주시 문발로 253 파주출판도시
전화 031-955-4000 팩스 031-955-4004
홈페이지 www.openbooks.co.kr 이메일 humanity@openbooks.co.kr

Copyright (C) 주식회사 열린책들, 2019, *Printed in Korea.*
ISBN 978-89-329-1971-3 04920
ISBN 978-89-329-1970-6 (세트)

이 도서의 국립중앙도서관 출판예정도서목록(CIP)은 서지정보유통지원시스템 홈페이지(http://seoji.nl.go.kr)와
국가자료공동목록시스템(http://www.nl.go.kr/kolisnet)에서 이용하실 수 있습니다.(CIP제어번호:CIP2019019016)